U0925015

"十五"国家重点图书

THE CAMBRIDGE ECONOMIC HISTORY

GENERAL EDITORS: M.M.POSTAN, Professor Emeritus of Economic History in the University of Cambridge; D.C.COLEMAN, Professor of Economic History in the University of Cambridge; and PETER MATHIAS, Chichele Professor of Economic History in the University of Oxford

剑桥经济史

M.M.波斯坦 D.C.科尔曼 彼得·马赛厄斯 主编
王春法 主译

VOLUME Ⅶ,PAPT Ⅰ

经济科学出版社
Economic Science Press

图字：01-98-2993

剑桥大学出版社

1978年第一版　1978年第一次印刷

本书根据1978年第一版1978年第一次印刷本译出

策 划 人：卢元孝
责任编辑：齐伟娜　杜　鹏　卢元孝
装帧设计：王　坦
版式设计：代小卫
责任校对：董蔚挺　王肖楠
技术编辑：刘　军

THE CAMBRIDGE ECONOMIC HISTORY OF EUROPE

VOLUME VII

THE INDUSTRIAL ECONOMIES: CAPITAL, LABOUR, AND ENTERPRISE

PART I

BRITAIN, FRANCE, GERMANY, AND SCANDINAVIA

EDITED BY
PETER MATHIAS
Chichele Professor of Economic History in the University of Oxford, and Fellow of All Souls College

AND
M.M.POSTAN
Professor Emeritus of Economic History in the University of Cambridge, and Fellow of Peterhouse

剑桥欧洲经济史

（第七卷）

工业经济：资本、劳动力和企业

（上册）

英国、法国、德国和斯堪的纳维亚

彼得·马赛厄斯 M.M.波斯坦 主编
徐强 李军 马宏生 译
谭雅玲 徐强 校订

经济科学出版社
Economic Science Press

Published by the Syndics of the Cambridge University Press
The Pitt Building, Trumpington Street, Cambridge CB2 IRP
Bentley House, 200 Euston Road, London NWI 2DB
32 East 57th Street, New York NY 10022, USA
295 Beaconsfield Parade, Middle Park, Melbourne 3206, Australia

First published 1978

Printed in Great Britain at the
University Press, Cambridge

Library of Congress Cataloguing in Publication Data (Revised)
Main entry under title:
The Cambridge economic history of Europe from the decline of the Roman empire.
Includes bibliographies and indexes.
Vol. 2 planned by Sir John Clapham and Eileen Power,
edited by M. Postan and E. E. Rich.
CONTENTS: v. I. The agrarian life of the middle ages.
v. 2. Trade and industry in the middle ages.
v. 3. Economic organization and policies in the middle ages.
I. Europe—Economic conditions. 2. Europe—History.
I. Clapham, Sir John Harold, 1873—1946, ed.
II. Power, Eileen Edna, 1889—1940, joint ed.
HC 240 . C3 330 . 9′4 41—3509

ISBN 0 521 21590 0 part 1
ISBN 0 521 21591 9 part 2
ISBN 0 521 21124 7 the set of two parts

译　序

（一）

所谓经济史，无非就是有关经济发展与经济增长过程的历史，是历史演进的经济方面，是人类在一定历史时期经济活动的总称。但是，作为经济科学领域的一门边缘学科和基础学科，经济史又是研究人类社会各个历史时期、不同国家或地区的经济活动和经济关系发展演变的具体过程及其特殊规律的学科，它既为总结历史经验和预见未来社会经济发展趋势提供依据，也为研究各个历史时期形成的经济思想、学说、政策提供历史背景。没有经济史研究的深入和发展，经济学理论的研究也就失去了依据和方向。

关于经济史在经济科学中的地位和作用，似乎没有哪位经济学家会对此加以否认，而且许多国外著名经济学家也都精心撰写过经济史著作，如刘易斯关于经济增长与波动的研究、弗里德曼关于美国货币史的研究等等。著名经济学家约瑟夫·熊彼特认为：要进行经济学研究，有三门专业知识必不可少，即经济史、经济理论与经济统计，其中经济史最为重要。“我愿立即指出，如果我重新开始研究经济学，而在这三门学科中只许任选一种，那么我就选择经济史”，这是因为，“经济学的内容，实质上是历史长河中的一个独特的过程。如果一个人不掌握历史事实，不具备适当的历史感或所谓历史经验，他就不可能指望理解任何时代（包括当前）的经济现象”，“历史的叙述不可能是纯经济的，它必然要反映那些不属于纯经济的‘制度方面的’事实，因此历史提供了最好的方法让我们了解经济与非经济的事实是怎样联系在一起的，以及各种社会科学应该怎样联系在一起”；“我相信目前经济分析中所犯的根本性错误，大部分是由于缺乏历史的经验，而经济学家在其他条件方面的欠缺倒是次要的”。[①] 麦克洛斯基更在 1976 年对经济史与经济科学的关系做了精辟入里的论述。根据麦的观点，经济史学科本身的实际价值主要表现在以下几个方面，即：它可以提供更多的经济事实，更好的经济事实，更好的经济理论，更好的经济政策，更好的经济学家；而经济学理论对经济史学科的贡献是：更多的事实，更好的事实，更好的假设，更好的数据解释，更好的历史学家。[②] 二战以后美国经济理论的发展和繁荣，实际上在很大程度上即得益于战后初期美国全国经济研究局对经济周期史的研究以及对美国历史上国民收入账户的考察，美国经济史学家越来越多地使用经济模型和假设检验来研究经济史，从而使经济史的量化趋势日益明显。这一相得益彰的结合直到今天还为人们所津津乐道。[③]

遗憾的是，这样一种良好的互动关系在中国的经济学研究中迄今还远未建立起来。在日常生活中，许多经济学家往往对经济史的功能和作用缺乏清楚的认识，甚至有这样那样的贬斥经济史的地位和作用的现象，而真正将经济理论研究与经济史研究结合起来的中国学者，至今还不多见。从某种意义上来说，目前无论是国内的经济学理论研究，还是世界经济研究，之所以迟迟不能取得较大进展的一个突出原因就是经济史研究的严重滞后影响了理论研究的深入。

（二）

就其学科体系而言，经济史学科可谓枝广叶茂，体系庞大。

---

① 约瑟夫·熊彼特：《经济分析史》第一卷，商务印书馆 1991 年版，第 29 页。
② 《新帕尔格雷夫经济学大辞典》，经济科学出版社 1996 年版“经济史”条。
③ 《新帕尔格雷夫经济学大辞典》，经济科学出版社 1996 年版“经济史”条。

按其所涉及的地理范围，可以有国别经济史、区域经济史、国际经济史（研究国际经济的兴起、崩溃与复兴的历史过程及其内在规律）、世界经济史（以世界为整体来研究世界经济的形成和发展）等；按其涉及的经济部门，可以有农业经济史、工业经济史、银行金融史、贸易史等；按其所研究的历史年代，可以有古代经济史、近代经济史、现代经济史、当代经济史等；按其研究的经济行为主体，可以有企业史、企业家史、总统经济史等；按其研究的经济专题，又可以分为经济增长史、经济危机史、通货膨胀史、钱币史、经济政策史等等。事实上，我们所阅读的经济史著作，大体上都是按照这种学科分野来撰写的。

但是，如果从研究方法来分类，则所有的经济史著作大体上都可以分为两大类，即描述性经济史和分析性经济史。描述性的经济史著作主要对经济发展的历史过程进行客观描述，所回答的主要是“是什么”的问题，即在整个社会历史发展过程中，经济方面是如何演进的？其轨迹如何？作用和意义如何？在这类经济史著作中，虽然我们也能够看出作者在立场、观点和方法乃至观察问题的角度上受到当时当地主流意识形态的影响，但是，它们一般都没有系统的理论体系、概念体系以及特定的理论研究方法，而是通过对经济活动的详尽描述来尽可能全面地反映经济发展的客观进程。一般而言，由于描述性经济史著作是任何经济史研究的基础，也是任何严肃认真的经济分析的出发点，其学术价值也主要在于其对经济发展历史进程描述的客观性与全面性，因此，越是客观详尽的描述性经济史著作，就越能够为更为深入的经济史研究和经济分析提供一个研究平台和检验经济理论正确与否的实验场，其学术价值也就越高。从方法论的角度来看，论从史出是这类著作的共同特征。

与此相反，分析性经济史主要依据某种具体的经济学理论对经济史发展过程中的某些重大问题进行具体的分析研究，从而给出自己的解释，并以此证实或者证伪某种经济学理论。它们往往更强调特定经济学理论对于经济史研究的指导意义，强调将理论与经济史研究结合起来，实际上是更加强调以论带史。在这里，明确的理论依据、内在逻辑严密的概念体系、清晰的理论分析框架以及严格的推理方法是这类著作的共同特点，其目的不仅仅是要了解经济史的一般演进过程，而且还要进一步解释某些经济事件在历史上发生的原因、内在的机理、具有的理论含义以及对于经济学理论演进的意义。在这方面，诺贝尔经济学奖获得者福格尔和道格拉斯·诺思堪称先驱。麦迪森的《世界经济二百年回顾》① 也主要是围绕着三个问题展开的：收入增长与收入差距、影响增长实绩的原因以及经济发展的不同阶段，其后所附的大量表格主要是对这些经济分析的数据支持。事实上，在经济史研究中强调用经济理论去研究历史已经成为目前学术界的一个重要趋势。

当然，这种划分也不是绝对的，而且两者之间也不存在此高彼低之别。没有一套符合历史发展真实的描述性的经济史著作，也就不可能有真正的分析性经济史，更不要谈高水平的经济学理论研究。由于描述性经济史也存在着对某些具体经济现象的深入分析和探讨，分析性经济史也需要对经济发展过程给出基本的描述，因此，具体到一部经济史著作究竟是描述性的还是分析性的，只能依据其基本倾向性做出判断。据此推断，我们可以说《剑桥欧洲经济史》是一部描述性经济史著作，尽管其中的许多作者后来成为著名的经济学家，包括诺贝尔经济学奖获得者道格拉斯·诺思以及美籍俄国经济学家格申克隆等。

（三）

既然以应用经济理论研究经济发展的历史过程已是当前经济史研究的主流，而《剑桥欧洲经济史》又主要是一部传统的经济史著作，那么，为什么我们还要选择这样一部著作介绍给国内学术界呢？这主要基于三个方面的考虑：

---

① 麦迪森：《世界经济二百年回顾》，改革出版社 1997 年版。

其一，正由于目前经济史研究的一个重要趋势是分析性经济史，因此，20世纪60年代以来出版的世界经济史著作大都受过严重的“理论污染”，是试图从不同视角对经济发展的历史进程加以解释的著作，而纯粹的描述性经济史著作却比较少见。即使是奇波拉主编的《欧洲经济史》这样的综合性经济史著作，也具有明显的制度主义色彩，充满了作者个人对经济发展历史进程的新制度主义式理解和判断。从推动经济史研究深入的角度来看，这固然不错，但是，这样的分析性经济史著作越多，就越需要一些描述性的经济史著作，以帮助我们更加准确地理解经济发展的真实历史过程，以便从中抽象出经济演变的内在规律，并据此对现有经济理论的理论假定与观点进行证实或证伪的工作。这是因为，我们研究经济史，首先就要准确地知道经济发展的真实过程是怎样的，需要对经济发展的历史过程进行客观的描述。只有在这样的基础之上，我们才能够进一步解释它为什么是这样的，才能够对这样一个过程进行深入的分析研究，以便从中发现规律性的东西。从这个意义上来说，我们首先需要的是一种比较纯粹的描述性的经济史著作，而不是以作者自己的眼光加以选取和解释的经济史著作。这样一种比较纯粹的经济史，事实上就是我们赖以进行研究的基础和标杆，也只有这种经济史著作，才能更好地发挥其经济理论实验场的功能，各种经济理论也才能够以不同的透镜来观察和解释这种经济发展的历史过程，也才能够真正还经济发展的历史以本来面目。我国世界经济史的研究一直是经济史研究领域中的薄弱环节，因而极大地影响了经济学理论研究的深入。比如说，建国以来，除了樊亢、宋则行等学者主编的四卷本《外国经济史》（人民出版社1965年版）和三卷本《世界经济史》（经济科学出版社1998年版）等著作以外，我们只有一些零散的国别经济史著作，如美国经济史、英国经济史、苏联经济史或者日本经济史等等，品种和数量都极为有限。近年来，国内学术界虽然也翻译了一些负有盛名的经济史著作，如沃勒斯坦的《世界体系论》、布劳代尔的《15至18世纪的物质文明、经济和资本主义》等，但是，从总体上看，这样一些经济史著作仍然属于分析性经济史之列，因而无法给我们提供一部比较纯粹的描述性经济史著作。

其二，《剑桥欧洲经济史》虽然名为欧洲经济史，但它所探讨和涉猎的范围绝不仅仅局限于欧洲，而是涵盖了世界各个主要地区的现代经济发展进程，包括美国、拉美、澳大利亚、东亚各国以及俄罗斯等国的现代经济发展进程，因而是一部事实上的世界经济史。我们知道，所谓世界经济史其含义基本有二：一是世界经济的历史，旨在探讨特定阶段世界经济的形成与发展，而这样一种作为人类历史新现象的世界经济孕育于地理大发现时期，形成于19世纪末期；二是世界的经济发展史，旨在探讨世界不同国家和地区经济发展的历史过程及其内在规律，这样的世界经济史自有人类以来就已经出现了。就前者而言，宋则行、樊亢主编的《世界经济史》可为其代表；就后者而言，我们迄今还没有一部综合详尽的描述性世界经济史著作，而《剑桥欧洲经济史》恰好可以弥补这方面的缺陷。众所周知，现代经济增长是从欧洲、特别是从西欧起源的，欧洲经济的发展过程很大程度上代表了整个世界的近代经济发展历程。因此，当我们以一种全球视角来考察和理解人类经济活动及其组织的演进时，欧洲作为人类先进经济活动的中心自然会首先进入我们的视野。但是，另一方面，我们在关注欧洲之发达的同时，我们也必须同样关注其他地区之为何不发达以及如何才能走向发达，关注欧洲之发达是否是建立在其他国家之不发达的基础之上的，关注两者之间是否存在一种此消彼长的关系或者说是否能够找到一种共同的繁荣之路。在这个意义上，《剑桥欧洲经济史》显然是一个比较好的选择。它本身是研究欧洲的经济发展进程的，但又不仅仅局限于欧洲国家，而是由此向外延伸至南北美洲、澳大利亚以及远东的日本、中国以及印度等，在欧洲国家与其他地区的经济互动中研究和探索欧洲的经济发展规律，从而将整个世界纳入了欧洲经济史研究的范围，而将整个近代世界经济增长的过程视为欧洲起源并向全球扩散的过程，这基本上是符合历史实际的。不仅如此。由于欧洲联盟是目前世界经济一体化程度最高的区域性经济合作组织，欧洲经济的一体化正在成为一个不可阻挡的历史潮流，因此，世界各国也都正在深入开展欧洲一体化历史与机制的研究，力求从更为广阔的历史背景中寻求欧洲统一的深刻内涵。对于正在融入经济全球化浪潮之中的中国经济界来说，《剑桥欧洲经济史》这样一部具有全球视野的综合性经济史著作显然可以为我们提供重要的借鉴。

其三，目前中国的经济发展现实与理论研究迫切需要这样一部描述性的经济史著作。我们知道，改革开放是最近二十余年来中国政治经济生活的主旋律，而目前中国也正在经历人类历史上最为波澜壮阔的体制改革与制度变迁进程。在这样一种背景之下，以制度创新和制度演进为主要研究对象的新制度经济学在中国受到广泛的欢迎与青睐，而这种新制度经济学的理论基础之一就是诺思等学者对历史上欧洲制度变迁的研究。在其代表作《西方世界的兴起》一书中，诺思运用交易成本理论和所有权理论等，对西方民族国家经济兴起的过程及原因给出了自己的独特解释，并在此基础上实现了经济史与经济理论的统一。但是，经济史是丰富多彩的，使用不同的视角去观察它必然会得出不同的结论和判断。那么，诺思从制度视角所给出的解释是否符合历史的真实？他所得出的结论是否能够应用于中国的实际？推动这种历史变迁的内在机制又是怎样维持运转的？除了诺思的解释以外，我们从那一段历史中能否找到另外的解释或者说启迪？要回答诸如此类的问题，首先就需要我们对那一段历史、特别是制度创新与演进的历史做出尽可能客观详尽的描述，并在“知其然”的基础上再进一步“知其所以然”，进而由此确认诺思理论中的真理颗粒。惟其如此，学术界对以探讨历史上的经济制度变迁为主要内容的描述性经济史著作无疑有着巨大的社会需求，而《剑桥欧洲经济史》恰恰就是这样一部以欧洲从中世纪向现代经济转变为主要内容的经济史著作。事实上，从《剑桥欧洲经济史》的总体结构中我们可以看出，它比较侧重于欧洲经济的崛起、特别是在此过程中的制度变迁与政策调整问题，中世纪末期的欧洲经济及其向现代经济的转变在其总体结构中占有很大的比重，而这一部分恰恰是近年来西方学者非常重视而我国研究又极为薄弱的一部分。从编排体例上看，《剑桥欧洲经济史》不仅非常重视欧洲国家在中世纪的经济增长积累以及在这种转变过程中的制度变迁，而且将工业化及其随后的全球扩散置于一种自然延伸的历史进程中来考察，从而可以为我们理解和把握经济变革时期的制度演进过程与机理提供更加可靠与丰富的理论依据。从某种意义上说，不了解欧洲经济史、特别是从中世纪到现代转变过程中的经济史，也就不能完全准确地理解和把握新制度经济学，在运用这些理论来解释和指导中国的经济发展现实方面也必然会出现这样那样的偏差。

（四）

《剑桥欧洲经济史》全书共八卷，是由著名经济史学家 M. M. 波斯坦等主编、剑桥大学出版社出版的一套权威经济史著作，在西方学术界久负盛名。这部著作的策划工作始于战火纷飞的 20 世纪 30 年代，约翰·克拉彭爵士和艾琳·鲍尔是丛书的主要发起人，第一卷出版于 1941 年，第八卷出版于 1989 年，从策划之始算起，历时近 60 年。数十年磨一书，这在世界出版史上可以说是比较少见的。

大体说来，《剑桥欧洲经济史》可以分为三部分：

其一，前三卷构成本书的第一部分，主要探讨欧洲经济从中世纪向现代的转变，即是什么因素决定了是欧洲经济而不是其他地区的经济率先完成了从农业社会向工业社会的转变，以及在这个转变过程中不同经济活动领域所发生的变化。其中，第一卷《中世纪的农业生活》探讨了农业与农民生活的转变过程；第二卷《中世纪的贸易和工业》则探讨了欧洲内部不同国家之间经济联系的渠道与转变；第三卷《中世纪的经济组织和经济政策》则分析了随着经济活动领域与重点的变化，经济组织方式与政府政策的相应转变与调整。事实上，近年来非常活跃的新制度经济学就是通过对这一时期欧洲经济转变的重新解释而建立起自己的理论体系的。

其二，第四卷和第五卷构成了该书的第二部分，其重点是探讨欧洲作为一个整体在16世纪和17世纪的对外扩张以及欧洲的工业革命。其中，第四卷《16世纪、17世纪不断扩张的欧洲经济》主要分析经济增长与发展赖以进行的外部环境，即人口增长、科学思想与成就、价格、贸易模式与贸易线路、劳动力供应、大规模公司的组建以及重商主义理论与政策等；第五卷《近代早期的欧洲经济组织》则主要分析工业生产的核心机制、信贷机制、国际贸易机制以及国家作为生产者、消费者以及财政当局的功能等。作者的这一内容安排实际上反映了这样一个事实，即欧洲国家在现代经济中的突出地位早在工业化开始以前就已经确立了，仅仅从工业化自身并不足以回答为什么欧洲国家在长达三百余年的时间里一直支配着世界经济的发展。

其三，本书的第三部分由第六卷、第七卷和第八卷组成，主要研究和分析工业革命以来包括美国与日本在内的西方国家经济发展的历史。其中，第六卷《工业革命及其以后的经济发展：收入、人口及技术变迁》重点分析工业革命展开的外部因素；第七卷《工业经济：资本、劳动力和企业》则主要分析现代工业经济增长的内部因素，如资本、劳动力以及企业家资源的供应等，并且主要是按国家展开分析的，包括英国、法国、德国、斯堪的纳维亚国家、美国、日本和俄罗斯等；第八卷《工业经济：经济政策与社会政策的发展》主要分析工业革命以来欧洲国家的社会经济政策及其演变。因此，大体上说，这一部分的三卷主要分析工业化的基础条件、增长因素以及政府政策变化。

应该指出的是，作为一部欧洲视角的经济史著作，《剑桥欧洲经济史》不可避免地会有这样那样的欧洲中心论倾向，对此我们应予以注意。现代意义上的经济增长是最先在欧洲、特别是在西欧发源的。无论是从工业化的国际扩散来说，还是从世界经济形成和发展的角度来看，欧洲在近现代世界经济发展中都居于中心地位。但是，这绝不意味着我们接受或者说承认欧洲中心论的合理性。欧洲中心论是一种错误的历史观，我们必须加以批判，但这绝不是说我们应该拒绝接受欧洲经济发展进程所昭示的发展模式的普遍意义。在过去的几十年里，我们在强调各民族经济发展的独特性的同时，又往往忽略了近代世界经济发展的一致性，即它在很大程度上是发端于欧洲的工业化在全球范围内的扩散过程。而在这个过程中，欧洲人所确立的制度安排、规则选择等至今仍然起着主导作用。承认这一点，事实上也就是承认了经济发展的不平衡性。至于欧洲国家的这种中心地位客观上是否合理，是否增进了整个人类的福利，那是一个价值判断问题，需要专门加以探讨。从学术研究的角度来看，无论是在哪一个时代，关注站在时代发展最前列的国家或地区，把它们作为自己模仿的榜样和赶超的对象，这无论如何都是一种理性的行为，也是一种自然的选择。从这个角度来看，把欧洲视为现代世界经济发育和成长的中心因而予以充分注意，是无可厚非的，这种做法本身也并不一定就是“欧洲中心论”的体现。当然，对于由于欧洲经济发展优于其他地区而形成的欧洲种族优越论，以及书本中可能隐含的种种欧洲殖民倾向以及作者出于自身立场、观点等对历史事实的不同理解甚至曲解，是应该予以注意和批判的。

（五）

本书的中文版翻译可谓历经坎坷，备尝艰辛。早在1998年，经济科学出版社就斥巨资向英国剑桥大学出版社购买了《剑桥欧洲经济史》（八卷本）的中文版权，并由中国社会科学院世界经济与政治研究所研究员王春法博士组织翻译，经济科学出版社方面则由卢元孝编审负责编辑事宜。双方在多次协商的基础上制定了严格的进度计划和质量标准。在随后四年多的时间里，由于主译人员的调整及其工作岗位的变化，而且翻译及编辑加工的难度远远超出了我们的想像，致使译稿完成的时间一再延迟，以致在原定的2001年12月这个最终出版日期之前，我们不得不致函剑桥大学出版社，请求推迟出版时间，并得到了理解与慷慨允诺。在这里，我们要感谢剑桥大学出版社的同行们，没有他们的理解与帮助，这样一项文化工程的命运是难以逆料的。同时，我们也要感谢经济科学出版社参与这项工作的各位编辑，没有他们的辛勤劳动和无私奉献，这部著作是难以完成的；感谢各位主译人员，在市场观念日益深入人心的情况下，他们能够甘于寂寞，勇于承担起书稿翻译的重任，从而为中国学术的繁荣做出了自己的贡献，这种精神又是何等的可贵！最后，我们还要特别感谢经济科学出版社的领导，没有他们的远见卓识和非凡气魄，这样一部宏大的经济史著作是不可能在中国面世的。目前，中国经济史学界正在经历一场声势浩大的"融入世界"运动，如果本书能够对此有所助益的话，则幸莫大焉。

需要说明的是，尽管我们一直未放松对译稿质量的要求，但是，翻译出版这样一部大型的经济史著作，还是不可避免地会有这样那样的不足之处。比如说，原书所引文献涉及大小语种数以十计，古今雅俚，纷繁复杂，其中部分虽经多方努力而无法翻译者，只好照录存疑。又比如，由于本书所涉及人名、地名繁多，时间跨度甚大，个别人名、地名因卷而异的情况也恐难以避免。另外，由于译者水平所限，译稿中其他错误也在所难免。所有这些都希望读者不吝指教，以期未来再版时加以改进。

王春法

2002年9月于北京

前　言

首先，编辑们必须为本卷多次推迟出版而道歉。遗憾的是，这种道歉成了本套丛书大多数卷本序言中通常都会出现的内容，而本卷拖延的时间更长，相应地，这种歉意应该更加诚恳。我们的编者之一戴维·乔斯林（David Joslin）于1970年10月不幸辞世，这对本卷的完成是一个巨大打击；对于经济史学科本身来说，这一损失的意义就显得更为深远。本卷还饱受集体创作带来的种种不便之苦，有些作者未能及时交稿，有些作者根本没有交稿。编辑们以及他们的编辑计划都应因此受责。在策划包括本卷在内的本套丛书最后三卷（第6卷、第7卷和第8卷）时，编辑们试图放弃经济史论著按主题分类的标准做法。由于这三卷意在叙述工业国家在其工业化过程之中及其以后的历史，编辑们认为，把这三卷的内容与这些国家的工业化和经济增长中的理论和历史问题联系起来考察较为恰当。因此，他们没有遵循以往的既有惯例，没有把经济史分为各自独立的农业、工业、商业和经济政策等部分，而是试图重新确定各位作者的写作主题，并对经济发展过程中的总体性问题给予应有的关注。这三卷中的第1卷，即本丛书第6卷，主要论述的是外部因素，即经济过程的“参数（parameters）”——地理上的扩展、人口的变化和技术变革等；本卷是这三卷中的第2卷，主要论述狭义的经济活动，讨论生产的主要要素——劳动、资本和企业家。不用说，依照国别分割不同生产要素的历史，以及据此进行的撰述，必然会产生许多问题。这是因为，古典或“新古典”的“生产函数”理论意味着各生产要素之间截然不同，而这种思维方式近来已受到许多经济学家的批评。

他们认为，所谓各种“要素”，在实践中结合得非常紧密，把它们分为独立的主体来对待必然会扭曲对经济活动的理解。对于关注现实活动的历史学家来说，这种扭曲比专注于理想模型的经济学家会显得更明显、更不合时宜。

【XVII】所有这些问题，无论是理论上的还是现实中的，在策划本卷时都预料到了。在维护与反对新古典经济学和它所宠爱的“生产函数”理论的争论中，编辑们没有偏袒任何一方，事实上他们也不敢这样做。他们围绕各“生产要素”对各章进行分类，并不表示他们认为“生产函数”真实地反映了经济生活。他们这样做纯粹是因为此举具有便利之处：用最好的、内在关系最密切的纲来把历史事实串联起来并给予解释。同时，即使编辑们把这种分类看做是权宜之举，但关于分类标准的定义和内在关系的问题还是注定要被再三提起。对此，编辑们并不感到奇怪，他们拟出了写作大纲，以此为起点与作者们进行了长时间的讨论，并对草稿反复修改，这一切又导致进一步的拖延。强求与主编的写作大纲相一致会导致作者写作困难；在某种程度上，这种困难至少应对一位作者未能完成书稿负责。在经过至少四年的一再拖延后，撰写美国劳动力那一章的经济史学家决定彻底退出写作。这个决定来得太迟，编辑们已经来不及安排其他作者撰写该章，只好带着缺憾把本卷付梓印刷了。

同样麻烦的问题是，很难使作者们将各章的写作内容限定在分配给他们的主题范围内。关于这一点，编辑们已经预料到了，并为各章酌留了许多交叉重叠的写作空间。事实证明这些空间还不够大，结果，实际写作过程使得本卷原有的大纲变得模糊了，由此而来的交叉重叠殊难避免。无疑，这需要我们在此予以特别的致歉。另外，在至少一章中，即有关斯堪的纳维亚诸国的那一章，是出于编辑的倡议，作者才忽略了这种国家与要素的明显划分。主要是由于篇幅限制，我们不想把斯堪的纳维亚国家分成单独章节，并用更多文字来叙述各国的各种生产要素情况。本着这种想法，编辑们把这一章委托给了一位作者，请他来对所有斯堪的纳维亚国家的发展进行整体叙述。

本卷的编辑计划也考虑到了各章之间可能出现的年代和地缘上的空白点以及不一致。读者感受到的年代不一致也许会比实际的不一致程度更大。各章在起止年代上差别很大。有些章，尤其是有关联合王国的那几章，叙述时间上溯到了18世纪，而另外某些章，例如有关斯堪的纳维亚和日本的那几章，主要局限在19世纪后半期。不过，事实上本应如此。或许并不需要我们来提醒读者，经济史中的历史年代并不会像政治史中的历史年代那样真正 【XVIII】
具有历史时代标识的意义。不同地点、不同时间发生的经济现象和经济活动非常相似且联系非常紧密，以至于可以被当作本质上是同时发生的，尽管这种所谓的同时代性并不是编年史意义上的。不过，我们也不能用这种“观念上的同时代性”解释所有时间界限与时间顺序上的不一致性。在有些情况下，也不能扭曲不同国家经济发展的实际进程而强求起止时间上的一致。另外，在写作中也会出现这种情况，即出于某些正当理由，作者没有把自己所写章节的时间限定在编辑给定的范围。例如，关于“联合王国资本形成”那一章中就没有超出19世纪中期的内容，因为作者范斯坦（Feinstein）博士认为，1860年以后的情况他已在另一个地方说过了；而在卡亨（Kahan）教授撰写的那一章中，由于数据的可得性和连续性以及对过去历史讨论的强调，他把对俄国资本形成的论述集中在1890~1913年这一时期。

本书中出现的地缘上的不一致，几乎完全可以归咎于成书过程的仓促。从本丛书书名（《欧洲经济史》）的严格意义上来说，本卷的内容应该局限在欧洲，而且也应该无一例外地包括所有的欧洲国家。但是，由于种种原因，编辑们不得不在某些方面超越地缘限制，而在另一些方面又使著作内容涵盖的地缘范围有所缩小。由于本丛书关注的主要是经济和历史，编辑们是从“现代的”或“发达的”意义上理解形容词“欧洲的”，因此，本丛书相应地包括了美国和日本。另一方面，本卷也未能把荷兰、比利时、意大利、西班牙、葡萄牙、奥地利和瑞士等欧洲国家包括在内。

这样做纯属偶然，主要是由于编辑们未能找到能够或者愿意从历史的角度对这些国家的经济发展予以研究的经济学家，或者愿意用一种适合于本书的方式重写历史的历史学家。编辑们也受到篇幅不足的限制，因为能够分配给（未能进入本书的）各较小国家的篇幅可能太小，有关作者不可能或不会用其他章节作者的那种写作方式去处理相应章节的内容。尽管如此，编辑们仍然希望本卷由于省略这些国家所造成的损失，在总体上会比由于包括这些国家而造成的损失小。由于本卷的主要着力点在于考察工业化过程中出现的各种问题，而大多数问题实际上在几个国家同时存在，
【XIX】因此，在这一章或那一章的不同语境下，这些问题都有幸按照惯例得到讨论。当然，对那些认为不同环境才是问题关键所在的历史学家来说，这种宽慰似乎没有多大意义。总的来说，本卷书确实存在不足，我们惟有希望在将来第二版时能够弥补这些不足。

M. M. 波斯坦

P. 马赛厄斯

【XX】1977 年 10 月

目　录

不列颠

法　国

德　国

斯堪的纳维亚

表　目

不　列　颠

法　国

德　　国

斯堪的纳维亚

图　目

第一章

导言：对增长的投入

1.1

经济学家们通常将各种投入称作“生产要素”（食、衣、住等社会产品从中得以制造出来），本卷的写作目的就是要对生产要素的发展状况进行描述，并通过这种描述增进我们对工业发展的理解。但是，很明显，尽管我们生产食物、衣服和住房等产品能力的提高是所谓“工业革命”的要义所在，却绝不是生产要素增长的直接结果。实际上，传统的生产要素（土地、劳动和资本）与一个经济体系的生产能力之间的关系，远比“投入”和“产出”这样的词语所蕴涵的意义更复杂。正因如此，我们才本着推进关于诸要素与工业发展关系研究之企图，引入关于生产要素的讨论；如上所述，我们这部书的主题就是这一关系。

把经济体系作为一个整体来讨论，并且只讨论几种生产要素，这种处理方式本身就是极为抽象的。我们进行这种抽象的意图是明显的：它可以使我们进行概括，可以让我们进行国别比较，可以引导我们进入具有潜在用途的研究领域。但这种抽象处理方式也有局限性，因为对于复杂的经济世界，这种抽象所能提供的让人感兴趣的东西很有限。与其他学者一样，我们在研究时同样感到，我们将要描述的生产要素与工业化进程之间的关系，只是在许多限制性假定之下才有效。只有当认为这些假定自身大体可靠时，作为事件起因的生产要素与工业化之间的关系和作为后续事由的研究讨论才富有意义。但如果这些假定比其他某些假定更不恰当，那么，这种关系自身的局限性就非常明显，更不用说付诸应用了。这里不想对这些替代性假定进行技术上的讨论，而只是单纯地认为，这些假定对我们有用，可以用作参考。①

首先，我们需要一些指标来说明，一场工业革命什么时候发生，其进程有多快，进行到了什么程度。某些人类福利指标似乎适合用来表示这场革命的存在和范围，可对我们现在的研究目的来说，这些指标显得太宽泛了。有许多因素影响到人的幸福，经济状况只是其中之一；饱食终日者未必总是比那些仅能果腹的人幸福。我们都熟悉富裕社会中的不满和非经济原因导致的
【1】不幸福。甚至有人认为，人类通常的心理状态并不受经济财富变化的影响。这种理论认为，人的烦恼来自于天性，如果贫穷，他会因贫穷而烦恼，如果富裕，他会因其他原因而烦恼。

当然，我们并不是非要举出上面这种极端理论来说明，对我们关注的问题而言，用福利量化的方法来处理显得外延太过宽泛。只是，我们确实认识到，还没有什么方法可以反驳这种理论。这一点足以说明，工业革命和福利之间的联系确实相当单薄。我们可以再加考察，比如，许多年来，关于工人在工业革命早期的境况是否比在此之前更好一些，历史学家们一直都存在争论。②

另一个可能的方法是结构变化指数。“工业革命”和“工业化”这两个术语经常被交互使用。这两个术语代表着某种进程，而工业在经济中的地位能够将这种进程中的某些内容反映出来。但只有当工业革命与工业在经济中的地位之间有着某种固定关系时，也就是说，只有当每个国家都必须遵循某个

---

① 与之相反的观点见 J. 罗宾逊（Robinson）的《生产函数和资本理论》，载《经济研究评论》（1953～1954 年），第 21 卷，第 81～106 页。在有关这个问题的技术性讨论的文献之中可以见到相应的概述，见 G. H. 哈考特（Harcourt）：《剑桥大学关于资本理论的一些争论》，载《经济文献杂志》，第 7 卷（1969 年），第 369～405 页。【1】（英文版注号，下同。本卷英文版为文末注，以章为单位，为了便于互见查找，特附英文版注号于注文尾部。——译者注）

② 参见以下文献：

（1）E. J. 霍布斯鲍姆（Hobsbawm）、R. M. 哈特韦尔（Hartwell）：《有关工业革命时期生活标准的讨论》，载《经济史评论》，第 2 卷，第 16 分卷（1963～1964 年），第 119～146 页；以及这一文章所引用的参考书目，尤其是哈蒙兹（Hammonds）和克拉彭（Clapham）的早期著作。

（2）M. W. 弗林（Flinn）：《实际工资的走向（1750～1850 年）》，载《经济史评论》，第 2 卷，第 27 分卷（1974 年），第 395～413 页。【2】

既定模式才能完成工业革命时，结构变化指数才可能是一种有效的度量方法。然而，历史经验的多样性纠正了上述这种简单观念，工业在一个已经经历过工业革命的社会中，比在一个尚未步入工业革命的社会中发挥着更为重要的作用，这种作用的范围由许多我们尚未了解的因素所决定。已经工业化和尚未工业化的经济之间所存在的不同，更多地取决于各个不同经济部门的不同效率，而不是这些部门的相对规模。① 因此，对于我们的目的而言，正如量化福利的方法显得太过宽泛一样，量化经济内部的结构变化则显得太过狭隘。

我们已经感受到前一碗麦片粥太烫，后一碗麦片粥太凉。很明显，我们调制的第三碗就会爽口宜人。现在来看看这碗搅拌好的粥。我们发现："在世界历史上，把现代社会与以往任何时期区别开来的特征，就是经济增长这一事实。"② 经济增长，或者说，经济社会为其成员提供更多产品和服务的能力，是一个较之福利变化更为严格的测量方法，因为它只考虑经济体系中产生出来的产品和服务。假定其他一切条件相同，产品和服务增加会使福利增加，只是不知道当经济产品增加时其他条件是否会保持不变。另一方面，作为一种度量概念，经济增长比结构变化的包容面显得更为宽泛，因为一个经济体系的增长表现在许多方面，并且增长之中会有许多不同类型的结构变化。这些结构变化的结果与我们的问题有关，因此，我们可以把关于这些结果的度量作为测度工业化进程的指数。③ 【2】

许多人从铁路的延伸、煤产量的增加和诸如此类的活动中观察工业发展过程。我们必须判断，要计算的生产量是否是这些生产活动的一个简单总和。问题在于，19 世纪时，有些煤产品被用于铁路燃料。如果分别统计这两种活动，那么就会重复计算一部分煤产品：一次是煤被开采时，另一次是煤被用于火车的动力燃料时。当然，以上我们是用具体的描述来表达一个特殊问题，显然，只要一种工业的产出是另一种工业的投入，类似问题都会出现。

很明显，较为可取的方法是对同一种产品不作重复计算。为避免重复计算，在构建度量经济增长的方法时，我们不计算生产总量，只计算那些最终被消费者直接消费掉的产品。我们称这些产品为"最终产品"，以便与那些

---

① 西蒙·库兹涅茨（Simon Kuznets）：《各国经济增长的数量方面：第二部分》，载《经济发展和文化动态》，第 2 卷，第 5 分卷（1975 年）。补遗 4。【3】

② W. A. 科尔（Cole）、菲丽丝·迪恩（Phyllis Deane）：《国民收入的增长》，见《剑桥欧洲经济史》，第 6 卷（剑桥，1965 年），第 1 页。【4】

③ 一方面是经济增长与福利，另一方面是经济增长与结构变化，这两方面的关系非常有趣。在《剑桥欧洲经济史》第 8 卷中将要对其作充分讨论，现在我们将要研究的是促使经济增长的投入。【5】

作为投入"加入到"新产品中的"中间产品"相区别。

在理论上区别中间产品与最终产品，比在实践上要更容易一些。因为在实际操作时，不可能清楚经济产品分布的每一个细节，而又必须规定一些原则，以使我们能够对商品和服务组群做出处理。应用的最广泛的原则就是：消费者购买的商品和服务属于最终产品，而企业购买的则是中间产品。

同要付诸运用的其他一般原则一样，我们必须了解这个原则本身的含义。举例来说，住在城里比住在乡村开销大，食品必须运进城市，城里人离上班的地方有一段路程，城里生存空间较贵。如果人们喜欢住在城里，即使城里没有什么经济上的激励，他们也选择居住在城里，那么这种额外的花费就是一种消费，即最终产品。但是，如果人们不喜欢住在城里，住在城里只是为了靠近工作的地方，那么，这种额外的费用对于在城里工作的人来说就是一种成本。它们就应算作是城里所生产产品成本中的一部分；并且还应该看做是中间产品，而不应包括在我们所谓的经济增长量之中。由于无法知道每个城市居住者的偏好，我们处理这一问题的原则是，假定他们在城里工作是为了住在城里，而不是为了工作而住在城里。

再看另一个例子。很明显，面包房制造面包的面粉是中间产品。那么被家庭主妇所购买，在家做面包的面粉呢？习惯上把家庭主妇看做消费者，因此，这些面粉应看做是最终产品。正如在城里居住的花费一样，这里也假定，家庭主妇在家里烤面包只是因为她们乐意如此，而不是由于养家的必然需要。这个假定符合工业化的20世纪社会的实际，因为在这个阶段，家庭
【3】 主妇可以自由地在面包房买面包，但这一假定与前工业社会却不太符合。这一假定的另一含义是，当家庭活动走出家庭成为出卖服务的商业活动之后，即使产品总量不会改变，我们所说的经济增长量也会随之增加。①

最后，来看一个比较深奥的问题。我们应该如何看待奴隶的消费呢？一方面，从奴隶主的观点看，奴隶是他的资本的一部分，奴隶的消费是维持这种资本的成本。很明显，奴隶的消费对奴隶主来说是一种中间产品，完全如燃料对于火车一样。另一方面，对于奴隶来说，他的消费代表着经济中的最终产品，他们本来认为这应该被计算为最终产品。因此，除了要确定如何看

---

① 我们习惯上把家庭主妇当作消费者，这有两个原因：首先，我们进行的度量的目的是要将它用于现代社会，并且仅仅是要试图保持这种度量在时间上的一致性。其次，家庭主妇的活动作为一个经济社会的组成部分，它的分量相对稳定，并且通常不能用于替代性场合，而把它排除在外，不会影响对投入变化——也就是经济增长——的估算。但是，应该指出的是，在第二次世界大战期间，家庭主妇在许多国家中作为工厂工人使用。这似乎是一种投入的增加，而不是资源从一种用途向另一种用途的转变。【6】

待由消费者购买的产品和服务外，还要确定谁是消费者。我们当然主张人人平等、每个人都应成为消费者；但是，一个美国国内战争以前的南部奴隶主却可能不是这样，因此，他也就可能拥有一个与我们所构建的指标不同的经济增长指标。

这个“最终产品”原则，只是初步说明如何构建我们的度量方法。仅仅依靠这种区分，是不能为所有不同情况提供具有完全适应性的方法的。回到第一个例子，煤矿把大部分煤产品卖给其他公司，这些煤产品不是最终产品，由此它们的产出就不能直接地表现在总产出量中。如果要把我们构建的度量方法与关于煤的生产的研究融合为具有逻辑一致性的整体，就需要把度量方法包含的范围从工业层面过渡到国家层面。

铁路公司购煤使用，如果把铁路公司生产的产品总价值归属于铁路公司，那么我们就把煤的价值计算在这个产品之中了，即使这部分价值不是由铁路公司生产的。为避免这种情况，我们必须提及“增加值”这一概念。它指的是一种工业产品的价值扣除企业购买的中间产品后的价值，即企业提供服务的价值中大于它所购买的原材料价格的部分。把每个企业的总价值减去中间产品的价值，就得到它的增加值，再把不同企业的增加值相加就得到总价值。同上面一样，同样可以得出面包的总价值，因为在商店购买的面包的价值等于由农民、面包师、批发商和零售商生产的价值总和。把各个企业的价值量加起来，就可以得到总量，不管这个企业是不是生产最终产品。

这种“增加值”方法，也给我们提供了一个把总量与生产要素联系起
来的方法。如果从公司的收入中减去购买的中间产品，就能得到公司的增加 【4】
值，而它正等于公司用于除中间产品之外的那些投入，也就是公司的要素支付，即对劳动、资本（包括利润和折旧）和不是由其他公司生产的原材料的投入。换句话说，一个公司的增加值，也就等于该公司生产要素支出的总和。因此，我们所度量的经济产出量，既可以看做是最终产品总量，也可以看做是由不同产业部门所追加的增加值总量，还可以看做是社会对生产要素的支出总量。当然，这个总量被经济学家称为国民产值或国民收入（这两个术语在意义上略微有些差别，但在这里可以看成是同义词）。我们通过国民收入的变化来度量经济增长，而我们还知道，这种变化实际上也相当于社会在生产要素支出量上的变化。

1. 2

前面说过，国民产值与生产国民产值的生产要素之间的关系复杂。情况的确如此，因为当对生产要素的支出随着国民产值增加时，要素数量随着产出的增加程度却可能与这种增加程度不成比例。国民产值本身可能因商品和服务价格的增加而增加，而不只是会随它们数量的增加而增加。如果要探讨产品数量与产品生产所使用的要素数量之间的关系，就必须首先找到一个方法，从而能够把我们称之为国民产值的价值总量，转变为一个不依赖于价格的量，即“实际”国民产值。

如果只有一种不变商品，因而也只有一种价格，问题就会很简单：用不同时期的产品价值除以其价格就得到该产品数量。同样，即使商品种类很多，但如果所有价格一起改变，一种价格的下降实际上等于另一种价格的下降，问题也好解决。但如果有许多种产品，价格又不同时改变，就需要选择某种价格或几种价格组合来计算价格折算因子；这样，关于产品和服务的度量（即实际国民产值）就会受我们所做出的价格组合选择的影响。很明显，不存在惟一的实际国民产值量。

这个问题也可以用如下方法表述：当价格和产量不同时变化时，有必要确定一种安排，各种产品产量的变化都以这种安排加权，从而得出一个平均
【5】值。现在已经有许多以19世纪观察家名字命名的加权方案：帕舍（Paasche）指数以当年价格作为权重；拉斯派雷斯（Laspeyres）指数以序列起始年的价格作为权重。换句话说，帕舍指数使用的是向后看的观察者权重；拉斯派雷斯指数使用的是所考察历史时期起始时段的初始者权重（这两位先生实际上都计算出了不同的价格指数，但是所属问题性质相同。在我们这里，关于“产量”指数方法的讨论，就这样被关于“价格”方式的讨论代替了，而反过来也是一样，由此也可以看出，我们所遇到的问题实际上与两位前人曾经遇到的一样）。当一个观察家用他所处的那个时期的价格作为权重，就会赋予当时相对价格较高的行业部门以相对大的权重，原因正是因为在这阶段这些行业的价格相对高于其他行业。如果相对价格的运动和工业增长之间存在某种系统关系，那么两种度量方法给出的结果就将始终不同。

我们可以看到一些关于这种系统关系的探讨。比如，有些作者把工业革命看做自发革新的结果。按照这种观点，需求模式相对比较稳定，倒是因为

某些工业中的革新降低了其产品价格，人们消费它们的产品增多（增长方式主要是由于供给曲线的改变而造成的，增长过程则表现为均衡点沿着需求曲线运动）。因此，价格和产量变化之间存在着负相关关系，相对价格降得最多的行业或企业也是产出增加最多的行业或企业。一个向前看的观察家会发现，与他所处时间相比，价格相对较高的行业的发展更快；一个向后看的观察家会发现，与他所处时间相比，价格相对较高的行业的发展相对较慢。因此，拉斯派雷斯指数会比帕舍指数显示出较高的增长率。

以上这种关于工业化程度量化的观点，尽管显得简单，但是否反映了真实世界的情况呢？读者可以参考这套经济史第6卷有关论述中的一些有见地的观点［尤其是由戴维·S·兰德斯（David S. Landes）撰写的那一章］。通过运用一些指数对这个命题进行检验可以发现，以上这种理论解说所导出的结论上的不一致性，能够在机器产出指数中找到验证，但在消费品工业指数中却不大可能存在。[①] 我们可以假定，对于资本货物生产来说，产品增长过程中供给曲线变化比需求曲线变化更为重要，而这两种曲线的变化在消费产品的增长中的重要性却是大致相当的。不过，这里并不是分析工业革命的场合，只是指出这样一种可能性，即这两种指数值之间有可能存在着系统性差异。

现在一个重要的问题是，实际经济产出的增长这一问题的研究是否可以转化为那种我们习惯称之为生产性投入的增长的研究。我们一直都在观察劳 【6】
动、资本货物和土地（或者自然资源）的供给以及供给量的增加，但这种增加可以用于“解释”经济增长吗？所谓“工业革命”的这种说法本身就预示着这没有多大可能性。尽管历史学家们会先验式地但又带有几分惊喜地发现：所有发生在18世纪后半叶的事情，都可归结为劳动、资本和自然资源的供给增加比过去快得多。于是，这件事的确比简单地给出能与不能要更复杂一些。但是，作为一件不乏趣味与重要性的事项，我们还是应该研究一下产出增长的哪些部分可以由投入的增长来解释，剩下还有哪些部分要由其他方式来解释。

我们必须先说一下这里所说的“解释（explain）”是什么意思。它不是一种“最终”解释，不是要探求土地是否为产出之母，劳动是否为产出之父，或者相反。如果说，只要一种要素对于生产过程是不可缺少的，这种要

---

① 参见以下文献：

（1）亚历山大·格申克隆：《历史图景中的经济衰退》（马萨诸塞，剑桥，1962年），第9章。

（2）艾拉·O·小斯科特：《格申克隆指数假说偏斜》，载《经济学和统计学评论》，第34卷（1952年11月），第386~387页。【7】

素就解释了产出，那我们将各要素逐一运用进来，就会对产出解释三次。实际上，这里要使用的解释是一种增量意义上的解释。我们想要说明的是，由于各种投入的变化导致了产出的变化，我们可以做到这一点。“说明（account for）”或许要比“解释”更具有描述性。要说明的是，“通过投入变化所导致的产出变化”，在逻辑意义上，与我们通过长方形边长的不断变化得到长方形面积变化的道理一样。不同之处在于，首先，在投入产出之间没有像长方形的边和面积之间那种先验的确定关系；其次，我们甚至不知道产出的变化是否能够完全由投入的变化来说明，实际上我们本来就对这种从结果反推原因的方法表示怀疑。

为了进行这种说明，我们需要了解历史学家所说的生产要素“边际产出”在某种历史环境中变化的时间路径状况。我们需要下面此类问题的答案——只是近似答案：某一年中，如果增加（或减少）了1 000个平均工人就业，而其他要素不变，产出会增加（或减少）多少？很明显，如果有的话，这些问题也只会有某种大致程度的答案。怎么定义“平均工人”呢？是否应该这样设想，他们在伦敦、布里斯托尔（Bristol）或者说在英国国内，以与这些地域范围内既定劳动供给量成比例地出现或是消失呢？其他要素是否都没有改变——甚至是房屋存量（它毕竟是资本货物）？在下面将会重新提到若干原理上的以及实际操作上的困难；但是，如果我们确实要想在投入增长和产出增长之间建立任何解析式联系的话，就必须进行一些这样的估算。

如果某种要素的边际产出是已知或可知的，那么知道这种边际产出就几
【7】乎知晓了另一个略显得更便于使用的数量，比如，我们可以由此知道“相对于某种特定生产要素的产出弹性”、一种成比例变化的边际产出。也就是说，它从原理上回答了这个问题：在某年内，如果就业上升（或下降）1个百分点而其他条件不变，产出将增加（或减少）几个百分点？如果我们试图要进行某种计算，这些弹性值是必然需要的概念。进而，准确地说，在某段时间内，特定投入对产出年均增长率贡献的正确度量，是由投入的年均增长率与该投入的产出弹性共同给出的。① 生产性投入的增长是否能够“解

① 这是一个数学上的结果，在一个不存在规模经济效应（或者说无规模经济）的经济体系中（也就是说，在这个经济中，投入增加1倍就会使产出增加1倍，其他所有因素不变），产出等于每种投入的量乘以它的边际产出。按这种逻辑关系，产出增长率就等于投入增长率乘以相对于投入的产出的弹性。必须强调的是，这是一个数学上的结果；实际中的产出增长率可能等于或者可能不等于以上所说的，这完全取决于所有其他因素实际上是否不变。【8】

释”产出增长，可以简化为这样一个问题：各种投入贡献的产出增长率加总是否就等于产出增长率本身？根据多马（Domar）的理论，我们称这种产出增长率超过这些投入贡献加总的部分为“剩余（residual）”（如果确有超出的话）。①

这种剩余确实存在，并且有时数量很大。这一点是很重要的，这种重要性不只是说说而已。前面提到过，国民产值等同于国民收入（除了主要因政府税收和补贴造成的细微差异）。任何一年中，经济社会所创造出的一切都必然可以看做是一种生产要素收益，即可以看做是工资、地租、利息或者利润——尽管这在家庭拥有和家庭经营的公司里并不总是显得很清楚。现在考察一下各种生产要素的回报率：每人的年工资、每英亩土地的年地租、资本的年利润率。如果没有剩余，一种或多种生产要素的回报率的任何增长，都会以损害其他一种或多种生产要素的回报率为代价。比如，工资增长只有当利润下降时才有可能。

换句话说，如果实际上产出的增长完全可以由投入的增长来说明，那么，在历史记录中就不会有给定的某时段的劳动力的实际工资率与利润率同步增长，甚至也不可能会存在这个增长而另一个保持不变的情况。剩余的意义就在于它提供了产出，也就是说，作为生产要素回报的各种增长全部都来自于剩余。

也有一些例外，其中最重要的一个例外，来自于不断增长的规模报酬。如果随着绝对规模的增长，一个经济体系的增长变得更富有效率，比如说所有生产要素10%的增长会使总产出的增长大于10%，那么超出10%以上的 【8】
增长就能用来维持所有生产要素报酬率的增长。关于当代工业经济不断增长的规模报酬所具有的重要地位，直至现在都还是一个悬而未决的问题。不过，关于现代的大型经济体系，我们可以大胆地假设一下，而不断增长的规模报酬很可能比作为产出增长源泉的剩余的重要性次要得多。但是，对于工业革命时期那种环境来说，似乎没有做出这种假设的基础，这时，规模经济问题所具有的重要性还需要做进一步的研究。

关于规模经济，需要强调的是，规模的“内部”经济，比如说与单个工厂规模相联系的内部经济，只是问题的一部分。而“外部”经济，也就是说，作为经济整体规模的增长，并由此导致的专业化加强和与之相联系的

---

① E. D. 多马：《论技术变化测量》，载《经济学杂志》，第71卷（1961年），第709～729页。

【9】

经济成本下降，可能至少会与“内部经济”一样重要，尤其在工业化初期更是如此。另外，一般来说，如果遵循某种处理模式，可以归功于不断增长的规模报酬的那部分经济增长，多多少少有一些会被吸收到经常性投入增长贡献的度量中去。

1.3

现在，应该分析一下这种分析方法的具体操作困难了。上面提到了把产出增长和投入增长联系起来所需要的两类数字。它们分别是关于实际产出增长率和各生产要素供给增长率的估数，以及关于每个生产要素产出弹性的估数。①

我们已经讨论了在计算实际产出增长时遇到的一些困难，计算投入增长时的困难与之相似但又不完全相同，现在来考察一下它们各自的特点。

这里很容易给出传统的三个生产要素——土地、劳动、资本——的定义，但是，很难把这些传统定义转变成切实可行的使用规则。事实上，有许多种生产要素，这样一个三元组群只不过是代表了把无数个要素分成可供分析的不同组群的一种方法。首要问题是如何确定某一特定要素属于哪个组群。

“土地”是一个经济社会拥有的自然资源的总和，也就是说，这些生利资产不是由人创造的；“劳动”包括了能够和愿意为经济生产做贡献的那部
【9】分人口；“资本”是由人创造的生利资产的总和，它常被称为“可再生资本”，以区别于土地（“不可再生资本”）。

经济体系中的经营单位使用这三种要素的服务来生产商品和服务。关于这三种要素的外延范围，是通过三种要素的存量即使用于经济体系的各要素总量来得到体现的，但在任意一年内，人们并不使用土地、劳动和资本的全部存量来生产商品和服务，人们要使用的是三种要素的服务。因此，除了定义这些要素的存量外，必须规定一种方法来计算各生产要素的投入量。

我们先从劳动开始。至少在一个重要方面，劳动不同于其他两种传统生产要素。人们能通过工作提高收入——即购买别人生产的商品和服务的能力——从而提升他们的福利水平，但也可以通过放弃工作而增加福利。对土

① 这个过程已经做过许多实验性的改良和应用，它们需要的数据略微不同。在这里对其进行讨论有些不合时宜。【10】

地或资本使用的替代可以是闲置，却并不增加任何人的幸福。然而，工作的替代则是闲暇，却能为工作者直接带来愉悦。①

因此，劳动力市场不同于其他生产要素市场。与劳动力的各种“生产性”效用相竞争的是劳动力对休闲时间的附加需求。一般来说，当一种商品的价格上升时，企业从事当前价格较高的商品生产活动，并替代其他商品的生产活动，企业由此更能获得利润（或者至少可以说，转到其他价格并非更高的商品，就不可能获得更多利润）。而劳动价格上升，对劳动者而言，开始时也有这种效应：工人都选择去工作而不是休闲，因为由此他们能用等量的工作更多地购买他们想要的商品。然而，它还有另一种影响，较高的工资意味着一个人以同样工作量有了更高的收入。他可能想用这些收入去购买商品，也可能想把这些收入全部或部分用在更多的休闲上。如果所谓的“收入效应”导致的休闲需求增加，抵消了对劳动富有吸引力的“替代效应”，工资增加实际上就有可能会减少劳动供应量。由此，我们提出“向后弯曲”的劳动供给曲线，因为劳动供给量因价格上升而减少了。向后弯曲劳动供给曲线是工业化的一个障碍，因为工人生产率的提高可能被劳动供给总量的下降而抵消。这一障碍在其他生产要素身上不可能出现，不过，是否真有这一障碍妨碍劳动要素供给增加，历史上也是一个备受争议的问题。

这个历史性问题比较复杂，因为对工作和休闲两者做出区分，这本身就
是相当现代的观念。在现代生活中，宗教仪式是一种休闲活动，而在前现代 【10】
社会，人们却是相当严肃地对待它的。那些相信超自然生命积极介入人类事务的人，是否把宗教仪式看成娱乐活动？这确实令人怀疑。同样，当做衣服或做其他东西的家庭工人在“生产”活动结束，转而履行一个家庭主妇的“责任”或者坐下来聊天消遣时，也很难对以上二者的工作与休闲性质做出某种划分。由此可以说，确定一个工作周的时间和改变这一工作周的时长，在过程上明显不同——它们可能涉及完全不同的作用过程与作用力量，并可能对生产有着十分不同的影响。

现在要讨论的是，如何对劳动服务总量进行度量。让我们的讨论从考察单个工人或者一组完全同质的工人的劳动服务开始。

最简单的劳务指标是劳工队伍的规模。这个指标通常是惟一可以获得的数据指标。实际上，我们不经常观察劳工队伍本身，而是通过假定总人口或

---

①　应该清楚，我们讨论的是工人自愿放弃工作。非自愿失业对大多数人来说都不是一件高兴的事。还应该指出的是，土地闲置对于某些人如自然资源保护者来说是一件令他们高兴的事，但
是，这与其说是普遍规律，还不如说是一种特例。【11】 【629】

总人口中某一群体有一个稳定的劳动参与率，从而再从人口统计数据中将它衍生出来。当然，这些数据一直都存在着很严重的缺陷，但我们还是要继续使用这种计算方法。只是，正如在对国民产值进行度量时那样，这里不禁要问，我们正在度量的是什么东西？

要计算能够工作的人们的数量，就是要计算出潜在劳动投入，而不是实际劳动投入：不考虑失业。这是因为，实际上我们不可能找到有关 20 世纪之前失业情况的可靠资料，也不可能对可以找到的失业资料进行校正。不过，也正因如此，对潜在投入量所作的度量就会与实际产出量的度量不相匹配（另一方面，通常在工业研究中，产出都是用生产能力的数据来计算的，我们设想，如果这里也采用这种度量方式，那倒是能和以上这种关于潜在投入的度量结果相匹配）。

同样，我们也不考虑人们工作时工作量的不同。这意味着，要假定一个男性劳动力的产出时不依赖于他工作时间的长短，也就是假定一个一天工作 8 小时的人与一个一天工作 10 小时或 12 小时的人生产同样多的产品。这样一来，上面提到的有关向后弯曲供给曲线的问题就不存在了，因为不管一个人工作多长时间，我们认为他总是生产同样多产品。另外，19 世纪的历史令人费解。从 19 世纪早期开始，工人们要求缩短工作时间，受到了雇主们强烈而持续的反对［少数违反常规的实业家如罗伯特·欧文（Robert Owen）除外］。如果雇主们缩短工作时间不会造成任何损失，那他们怎么还会反对呢？简单地以担心工人懒惰作为理由，来解释雇主们的反对似乎是说不
【11】通的。

当工作时间变化时，有几个因素可能会使产出保持不变。比如说，有可能发生如下情况：如果工作时间缩短，工人们会更加努力工作；如果工作时间缩短，疲劳程度降低，他们就不再毁坏机器并且少犯错误；如果工作时间缩短，工人们会士气高涨——如果这些情况发生，就意味着在任何既定的时间内，生产率会有所提高。工作时间缩短时工作强度提高这个假说，给我们提出了一个类似于供给曲线向后弯曲的问题。在这一问题中，工作时间与强度这两种因素相互之间有着此消彼长的关系，它们都在影响着工资率既定时的劳动量提供。在理论上，我们无法弄清楚在一定的时间里哪种因素作用更大，这是一个经验证据问题。同样，工作强度的增加对时间缩短的弥补程度也是一个经验观察问题。如通常的研究那样，人们对此有几种解释（均出自于研究 20 世纪的观察家）。

没有观察家认为，工作强度随着工作时间变化而变化的模式会在所有条

件下完全一样。另外，他们似乎都认为，任何单个工人的产出都有一个最高值，这个最高值出现于他完全精疲力竭之前。劳埃德·G·雷诺兹（Lloyd G. Reynolds）断言，这个最高产出量出现在一个人每周工作 40 ~ 50 小时之时。爱德华·F·丹尼森（Edward F. Denison）在他关于美国经济增长研究的文章中说，如果一个人一周工作大约 49 小时（1929 年一个正常工作周的时间），他的产出量能够达到最高值。后来，他在一项更全面的研究中认为，对非农业工人而言，每周再比他（她）们 1960 年时的周工作时间多 10 小时，或者说，对于美国和西北欧的工人来说，周工作时间分别达到54 ~ 59 小时时，产出就会达到最高点（丹尼森认为，农业工人每人每年的产出不取决于其工作时间，也就是说，在整个报告时期范围内，工作时间延长具有精确而完全的抵消效应）。最后，P. J. 费尔多恩（Verdoorn）认为，周工作时间为 60 小时时，单个人产出最多。①

尽管这些结论在细节上有些出入，但现在人们普遍认为，在当代工作环境下，一个每周工作 60 小时以上的人比一个每周工作不足 60 小时的人产出少。考虑到随着营养状况的改善和工厂经验的增加，工人们持续长时间工作的能力很可能会提高，因此，以上结论对于 19 世纪来说更正确。由此，这些发现意味着，就 19 世纪的劳动使用来说，10 小时工作日可能不是最有效率的，因为同一工人日工作 10 小时或更长时间时的总产出肯定要少于日工作不到 10 小时的总产出。我们是否应该相信以上推论，并且是否应该重新 【12】
审查今天分析工作时间变化的方法呢？本卷有关论述或许会提供某些答案。

以上已经很顺利地由谈论工作强度过渡到谈论每周工作时间，我们还注意到，减少工作时间的方法有很多。日工作时间、周工作天数、年工作周数，这些工作条件都是可以改变的。哪一种变化比较重要呢？前面的讨论假定所有变化都在周这个单位内，然而，周末和假期时间的延长也可以提高劳动者的工作效率。只是，相对于对周工作时间改变所产生影响的了解，我们对假期作用的了解并不更多。过去某些学者做出的一些判断或许可以在这方面给予我们帮助。

例如，据估计，在法国大革命时期，一年有 111 天节日。② 因此，18 世纪法国的工人平均每周工作 5 天（假定他们在节日里无论做什么都不算工作）。这可能表明，他们的工作时间比 19 世纪通常的 6 天要少，也可能仅仅

---

① 见于爱德华·F·丹尼森：《增长率为何不同》（华盛顿，1967 年），第 6 章。【12】

② G. E. 吕德（Rudé）：《法国革命时期巴黎的价格、工资和人口流动》，载《经济史评论》，第 2 卷，第 6 分卷（1953 ~ 1954 年），第 248 页。【13】

意味着工人们一周内工作时间分配上的不同。总之，这种不同会影响劳动的生产率吗？

到目前为止，不论其组成是特定的单个工人，还是许多具有相同特征的劳动者，我们对劳动力队伍都是按同质劳动供给来分析的。现在转而考察一下工人属性并不相同时的情况。这时，对劳动服务的衡量来说，劳动力数量指标就不够用了，因为它没有显示出劳动质量的变化。工人们之间有许多不同，必须研究这些不同是否有可能对劳动力增长率造成影响，如果可能，如何调整我们的数据。

首先，工人在智力上存在差异。由于没有任何相反的证据和原因，可以假定，不同人员之间的智能分布不会随着时间变化而发生变化。当劳动力规模加大时，有才智的人——和较有才智的人——的量与劳动力总量完全成比例地增加。同样，尽管希望有才智的人比相对较少才智的人赚得更多，但我们还希望仅源于智力原因的工资分配保持稳定，并且任何一个人工资的变化都能作为所有工资变化的指标。由此，对工人们智力的不同不必做出什么精确考察。

其次，工人拥有的技能不同（这里将工作中获得的技能和正规教育中获得的技能区分开来）。如果这些技能纯粹是经验的结果，如果每个人都可
【13】随着年龄增长而获得，如果劳动者的年龄构成保持稳定，那么我们可以用对待智力问题的方法对待工作技能。在以上假设下，工作技能总有一个总量，这个总量会随着劳动力规模的增加而增加，因而，不需要在劳动力简单数量规模之外对技能总量进行特别的考虑。尽管每个人获得技能的速度都不相同，但是可以假定，每个人获得技能的才智是稳定的，并且，不考虑人与人之间这种才智的不同，就像不考虑不同人之间的智能不同一样。如果年龄结构发生变化，我们可以对工作技能总量作一个简单的调整。

然而，假设终归是假设，我们不能这么简单地看待技能和经验之间的关系。当工作变化时，经验的重要性也发生变化。当传统的学徒制度被废除后，技能的传播方式也改变了。随着教育越来越普及，在职获取技能的能力无疑增加了。随着工人更加习惯于企业纪律，他们学习的愿望可能增加；随着工人更加适应城市生活，他们专心于工作的能力可能也会增加。由此，如果考虑到劳动者总是在调整和适应这些变化，必须对劳动投入量作一个调整，这可以依照与处理教育相同的方法来处理——这在下面叙述——关于调整的大小程度，我们仍不很清楚。我们感觉到，在进行直接度量之前，还必须开展经验数据的处理工作。

最后，工人教育背景存在差异。通过在一些极端假定下进行对照观察，教育的主要问题就会显现出来。首先假定人们在学校中没有学到任何有经济价值的东西，这些无论如何本来是应该学习的。那么学校的经济功能就是从缺少才智的人（这些人没有完成学业）中挑选出有才智的人（这些人完成了学业）。在这个假定下，有才智的人原本就应该非常富有生产能力，即使没有上学也应如此。尽管我们观察到受教育最多的人赚的工资最高，但是在这里教育水平的提高并不会促使我们提高对劳动产出的估计；在这里工资分布只是工资随智力差异的分布，而前面已经说到了，这种分布随时间变化将保持稳定（即使学校不教授任何有经济价值的东西，仍有理由保留学校。学校的选择功能值得付出成本，人们喜欢学校如同他们喜欢休闲一样）。

现在让我们做出完全相反的假定，即假定人们的天生智力没有差异，工人之间的差异纯粹来自于教育。那么任何工资差别将不涉及智力的稳定贡献，而只涉及教育成果。这里想表示出因人口教育水平提高而导致的社会劳务质量的改变；或者，用现在的术语，我们想表示“人力资本”随着劳动【14】
力质量的提高而得到的提高（与对其他任何资本的价值估算一样，关于人力资本价值的估算问题将会得到简短讨论——尽管在讨论生产和生产要素时它通常包含在劳动之中）。

有理由假定，如果某个人赚的钱两倍于另一个人，是因为他生产的产品两倍于另一个人（在后面将要提到的有关劳动流动的条件限制之下）。在此假定下，我们认为一个受过大学教育的工人的高工资反映了他的高生产率，而高生产率（根据我们前面的假定）又来自于教育。这时，可以像构建实际国民产值指数那样构建一个劳动服务指数。于是，我们找出在某个基本时期内不同教育水平工人的工资，并以这些工资作为权重，把各个时间点上的工人数量与其教育水平联系起来。这里不估算“人力资本”这个存量的价值，但要有一个指标，并使用这一指标来表征受教育者相对未受教育状态时劳动效率的增加。需要注意的是，这个指标是建立在工人之间没有天生智力差异、只有教育差异的假定基础之上的。

很明显，这个假定和另一个极端的替代性假定——教育什么也不教——都是没有根据的。真实情况是，工资差异反映了教育和智力两方面的差异。于是，问题就成为：可归因于教育方面的差异有多大——对这个问题还没有满意的答案。丹尼森认为，工资差异的 3/5 归因于教育，他是以一个 14 岁离开学校的工人的工资计算工资差异的。换句话说，丹尼森认为，如果所有的工人都与这个受过 8 年教育的工人智力一样的话，那么原本观察到的工资差异就会是现在的工资差异的3/5。[①]我们没有更好的方法验证这种假说，因为无法区分教育结果和智力影响，测试智力的方法越来越成为测试教育的方法，也不清楚有多少历史资料能用来解决这个难题。

因此，除非像丹尼森那样，使用某个已经很特定与具体的假定，否则，就不能把教育投资当作国民产值增长的一个影响因素。因为如果不用这样一种假定，就无法把教育报酬从天生的智力报酬中分离出来。[②] 要么必须忽略这个重要的投入，要么必须依据一种传统的、其价值至今尚未被证明的方法来得到它。

前面已经讨论了工人之间的不同点，另外，还有由于劳动力市场变化而
【15】导致的劳动力特征的变化。例如，劳动力流动有许多壁垒，工人必须要到别处才能找最好的工作，他也许不愿意或做不到这一点。他或许不愿离开一个传统职业而换一个更适合他的工作。他或许进入不了有职位需要并且也能很好胜任的社会阶层中。因此，劳动力也许不能被充分利用。不过如果劳动力的实际生产率能与它的完全市场潜力之间保持稳定关系，那也不必为之担心，类似于对智力差别做出的处理，劳动力流动因素仍然属于我们可加分析的对象范围。从另一方面看，如果劳动在地域和职业间的流动增加——正如工业革命时期发生的那样——那么，除了要考虑劳动力规模增长，也要考虑同样规模的劳动力总体其劳动服务量的增长。

一般来说，没有必要对随时间流逝而保持稳定的那些劳动力的各种属性特征详加探究。我们感兴趣的是要对劳动力供给总体所提供的服务程度的变化进行度量，如果一个浑然一体的总体的组成部分一起变化，可以用其中任一成分作为一个变化指数。另外，如果不同成分以不同速度变化，那么就面临着一个类似于在计量国民产值时遇到的指数问题。这时，在不同时间上辨别谁是谁之前，必须先确定工人之间特性的不同以及这种不同产生的原因。在每种情况下，必须确定：某一属性是否是自生的和不可更改的，并且是否随着作为劳动力总体上的规模变化而变化；或者这种属性是否是不断变化的环境的结果，并且它的这种变化是否还有着一种只属于自己的速率。

---

① 丹尼森：《增长率为何不同》，第8章。【14】

② 我们不能通过时间序列分析对教育报酬进行估算，因为我们假定知识水平并没有增加，而教育水平的增长与其他投资、城市化和工业化的增长有关，而且也不可能区别它们各自的作用。【15】

1.4

然而，估算劳动服务中遇到的这些问题，与资本和土地服务价值估算中问题的复杂性相比，真是小巫见大巫。对劳动力中劳动服务的计算，我们拥有一种天然方法。虽然这个天然的指标有许多问题，但还是可以试图对之加以改进；这本身就表明，劳动力服务估算的可估程度起点很高。当讨论可再生和不可再生资本时，我们并没有这种优势，必须从零开始。

首先必须把两种形式的资本从中间产品中区分出来。上面说过，由企业购买的产品和服务是中间产品。现在要对这个定义进行修改，我们认为，由企业购买的产品和服务，在一年内被用掉的是中间产品，而超过一年的我们 【16】
把它们归类为资本，包括“资本”，有时也包括土地，这取决于这种“土地”资产是否具有可再生性。铁路公司购买的煤是中间产品，但购买的铁是资本，因为其使用期超过了一年。

关于年限的这种区别是非常重要的。我们以一年为基础来计算国民产值，并且我们还想再有一种计算多年国民产值的方法。铁路公司在一年内用完它购买的大部分煤，第二年年初时情况和第一年年初一样。相反，铁路公司在某年年内买的铁轨到第二年还在手上，第二年年初时的情况就会与第一年年初时不同，如果把铁轨归为中间产品，就会发现在铁路服务的生产量上面有一个难以解释的增长。为避免出现这种情况，我们把铁轨归类为资本，在计算增加值时，只有其折旧，即被用去的并且也要从产出中减去的量，才从总产出中减掉。未被折旧的铁轨作为资本由当年转到下一年，资本货物超过其折旧的量被定义为投资，这些量加上消费就得到国内收入或国民产值。①

以上的讨论，指出了两种计算可再生资本存量的公式。我们可以把任一时间内现有的全部未折旧资本加起来；或者可以把以前年份中的投资加起来，并减去其中的折旧。这两种方法在概念上是相同的，但他们的对比通常都会遇到价格变化的问题。1840 年建造一个砖厂的费用大大不同于今天建造一个砖厂的费用，也大大不同于现代社会建造一个作用相同的预加应力混

① 我们这里讨论的是国民净产值和净投资。由于难以获得折旧的数据，因此它经常被忽略，在此前提下，它们也就是所谓的国民总产值和总投资。【16】

凝土工厂的费用。我们应该以哪种价格评估这个工厂呢？

这个问题在理论上非常重要，因为资本的本质属性在这一问题中得以体现。为建于1840年工厂的估值选择一个价格，就是在选择这个工厂的当代对等物。由此，工厂可能是1840年工厂的现代复制品，每个细枝末节都照搬19世纪的构造，也可能是一个同样房屋面积的现代混凝土与玻璃材料工厂。在前一种情况下，是物理性质决定了资本单位；在后一种情况下，是经济性质决定了资本单位。

虽然这个问题在理论上非常重要，但将其应用到历史研究上却会遇到很大困难。关于最近这些年，我们拥有足够的数据，这使得可以对互为替代关系的若干资本的概念作一个选择。但是，关于18世纪与19世纪，没有足够
【17】的数据根据上述任一方式来使用有关价格指数。因此，让我们先分析一下暗含于已能付诸使用的价值加总方法中的若干假定。

最坏的情况——这种情况并不少见——是根本没有单一的资本价格指数。那么，为得到资本形成的实际价值，必须使用批发价格指数来对名义投资量进行紧缩化处理。通常，没有标准化商品，就不可能有价格指数，而大多数批发价格指数也确实集中于像农产品和衣服这样有统一规格的商品。它们一般并不包括许多资本货物的价格，因此，研究者可以在讨论中不太精确地假定，批发价格指标度量的是消费品价格变化，并且认为这一假定也不会太离谱。

然而，用通过消费品计算出的批发价格指数来对投资量进行紧缩化处理，这种操作本身否认了“资本”能够称作为独立的商品类别。它导致的思维方式意味着，投资就是一种储存消费品以备将来之用的行为，也就是一种积累消费品而不是消费消费品的行为。这可以从下面的论证中看出来。任一时候，价格所计量的都是生产不同商品的相对成本。如果一个国家决定今年比去年少投资1英镑或1法郎，那么就会因此产生1英镑或1法郎价值的额外消费品。推而广之，如果一个国家根本不投资，那么就会产生与其放弃的投资价值相等的消费品。① 因此，投资代表了被放弃的消费，我们可以通过计量被放弃的消费的数量来计算投资；也就是说，通过像计算过去的消费

① 这种推广包含了经济边际转换率在相应范围内保持不变的假定，实际上也就是假定生产可能性曲线是平直的。这种假定经常被约翰·斯图尔特·米勒（John Stuart Mill）和其他人使用，但现在已不太受宠了。如果不作这种假定，放弃投资所能生产的额外消费品就可能少于预先注入的投资，因为资源使用时间不同，效率也会不同；在作这种考虑的前提下，正文中的论点就仅仅是近似真实。【17】

品产量那样的方式对其进行计算。

我们设想在另一种情况下条件不至于过差，假定拥有这样一个价格指数，它所计量的是资本形成的投入价格：木材、砖块、铁（19世纪后期是钢），以及把这些构成成分结合成资本的劳动，如果专门用它来对投资价值进行度量，情况就会稍微好一些。之所以说相对较好，是因为它提供了另一种选择，不过，这种新价格指数仍有许多旧指数的特点。它也否定资本货物的存在，通过被用掉的资源而不是生产的资本来计算过去的投资。似乎正是由于经济体系使用了其资源来积累中间产品、原材料和劳动，才使得资本价格指数的计算可以在以后通过计算用掉的这些项目的价值来进行。

我们是通过把资本从中间产品中区分出来而开始这个讨论的。前面说过，资本由货物存量——本年度生产但没有被用完而留到下一年的产品——组成。为了计算这些资本存量，我们需要知道哪些产品组成了这些存量，在这个问题上，价格指数选择和相关假定的选择在道理上是一样的。使用一个批发价格指数意味着（我们假定）资本货物存量是由消费产品（或其等同物）组成；使用投入价格指数意味着（我们假定）资本货物存量由这些投入组成。无论哪种情况，投资只不过是货物存量的增加。没有哪种特定形式的产品被永久 【18】
地看成为资本货物，并且也没有什么产品要特别地与其他产品分开计算。

这是一个流行于19世纪末奥地利经济学家中间的投资理论，它更适合于农业社会而不是工业社会。酒和树随着年代增值，经济可以通过拥有这些商品存量而更有效地利用社会资源。奥地利人归纳总结这些以及类似的例子之后得出结论，延期消费本身就是生产。资本形成就是货物存量的积累，资本就是等待的能力。

没有人否认延期使用的能力是资本特性的一个重要方面，但今天很少有人会同意这种能力是资本惟一值得考虑和注重的方面。仅有货物存量的积累是不够的，重要的是积存的都是一些什么货物。我们不只是为了生产而储存消费品或者投入。储备特殊的产品，这些产品因其在未来生产中的有用性而与众不同。我们称这些产品为“资本货物”。如果能够在计量这些产品的存量价值的过程中也考虑到社会生产它们的能力在发生变化，岂不更好？构建一个适用于这个目的的价格指数有许多问题，但目前受到可以获得数据的限制，同时这些问题也与本卷讨论的主题不大相关，这里就不对其进行讨论了。①

① 对于这些问题的简要讨论，见J. W. 肯德里克（Kendrick）：《资本计量的一些理论观点》，载《美国经济学会：文献和会议论文集》，第51卷（1961年），第102~111页。【18】

现在转而讨论一下不同种类资本形成活动性质的不同之处。当劳动力的规模——通过上面已讨论过的一种方法计算——改变时，如果还要保持资本一劳动比率的稳定，资本存量的规模也必须改变。伴随劳动力的增长并仅仅是用来维持现有资本一劳动比率的资本形成被称为“资本广化（capital-widening)”；另外，能够使资本一劳动比率提高的资本形成称为“资本深化(capital-deepening)”。无论劳动力是否增加，资本深化都可以发生，并且资本广化和资本深化可以同时发生。

前面曾提到，国民产值的持续增长是工业发展的一个标志。我们有理由进一步认为，人均国民产值的增加应该也是一种衡量工业发展的方法。这种方法的缺点是忽视了由工业发展所引发的人口增长，但也有优点，它集中量化了一个有代表性的社会个体成员消费能力的增长。① 如果使用这种方法，
【19】资本广化和资本深化之间的区别就非常重要。当经济中的劳动力增加时，需要某些投资用于维持现有人均产出，这些投资用于维护人均资本的稳定并保持人均产出不变；而增加人均产出的投资必须是除资本广化之外的投资。一般来说，如果投资总量保持不变，人口增长较快的国家比人口增长较慢或人口保持稳定的国家，其人均国民收入的增长也会相对较少。由此看来，尽管不能确认资本存量增长的精确速度，但仅知道资本形成中资本广化和资本深化是如何区分的，也对思考问题具有启发意义。

现在把目光转到剩下的一个生产要素——土地，它是原始的资源或“不可再生资本”。各国拥有的自然资源禀赋各有不同，在解释经济生产时应当考虑到这个实际情况。与在计算原始资源时遇到的困难相比，以前讨论劳动和资本时遇到的计算问题可以说无关紧要。与资本一样，对土地的计算也没有一种类似于劳动力数量那样的天然计算方法。然而，与资本又不同，自然资源是不可能被生产和不能再生的，因此要对其进行估价或者说要计算它的生产成本，并不是一件容易的事情。

另外，技术的多变性，会使得这个问题进一步复杂化。由于托马斯转炉法（Thomas process）的发明，人们可以使用贝西默（Bessemer）转炉冶炼含磷的矿石，这使得洛林（Lorraine）地区矿山的矿石价值大增。同样，由于可以在香皂生产中替代牛脂和其他动物产品，棕榈油及其相关产品的价值提高了。基于同样原因，在技术发展到能将它们应用到产品和服务的生产过

① 见P.M. 迪恩、W.A. 科尔：《英国的经济增长：1688～1959》（剑桥，1962年）。这一文献讨论的是18世纪英国的此类问题。【19】

程中之前，石油、铝和铀以及蕴藏它们的矿山是没有多大价值的。

这些问题似乎还没有完，还有一个资源发现的问题。新大陆（The New World）有许多财富，但在新大陆发现之前，它对旧大陆有什么价值呢？美国购买路易斯安那（Louisiana）用了1 500万美元，很难知道有什么紧缩指数能把这个价格转变成美国大平原现在的价值。许多年来，没有一点迹象表明，波斯湾（Persian Gulf）周围的土地下面藏有液体财富；就我们所知，我们站立的土地下或许同样也有未被发现的宝藏。

把这些资源发现和利用的事件按年代顺序排列一下是一件既有趣又有用的事情，但是，我们还想知道每个国家现有自然资源的总量，以便能使关于土地的讨论与关于其他投入的讨论相一致。然而，由于上面提到的这些原 【20】
因，我们只能找到一种计算任一既定时期内已得到使用的资源的方法——那些不被使用或甚至没被发现资源的价值则不可能知道。但是，有点办法总比没有好，我们来看一看其中的一种方法。

最原始——但出于同样原因，也最容易使用——的方法是国家的面积或人口密度。这种方法假定资源均匀地分布于其土地上，因此，除了极端的例子之外，比如将19世纪的澳大利亚和20世纪的印度进行对比，一般来说，这种方法对我们帮助不大。一种特定资源如可耕地或煤的数量，可以是一种替代性方法，但这种方法局限性太大，只能用于具有很强限定性的一些具体研究中。如果说，我们应该使用几种不同资源的总量，那我们就面临随着时间变化，对不同资源的估值不同而引发的指数值变化的问题。

某种出口函数也可用来作为资源禀赋的一个指标。① 一国用于出口的产品产量取决于该国对其拥有的相对较丰富的资源进行利用的情况，出口与国民产值之比给我们提供了一个资源禀赋指标。但这种方法有严重缺陷。美国明显地有很好的自然资源禀赋，但是，美国的出口与其国民产值的对比数量，比许多资源禀赋差于美国并且面积小于美国的国家要小得多。不列颠19世纪的对外贸易量相对较大，是由于当时不列颠执行的是自由贸易政策。20世纪30年代，各国的出口都有所下降，然而这并不表明因国际贸易的萧条使世界的自然资源减少了。国家大小、商业政策的性质和国际事务状况——以及自然资源禀赋——都影响着该国的出口量。然而，尽管如此，我们还是很难找到一个比这更好的资源禀赋指标。

---

① H. 切纳里（Chenery）：《工业增长的模式》，载《美国经济评论》，第50卷（1960年），第647～649页。【20】

1.5

设想一下，我们要通过某种方式构建关于实际产出增长率和主要生产要素使用状况的估数。如果没有这些估数，哪怕是提出投入增长能够在多大程度上解释产出增长这一定量问题都没有可能。即使拥有这些估数，要计算出这一定量问题的答案也需要另外一个数字，即每种投入的边际产出或产出弹性，或至少是它们在我们所关注时期的平均值。[①] 这些弹性有一种与增长率
【21】非常不同的性质。它们根本不能被直接观察到，而必须进行推断。

要这样做，大体上只有两种途径：一是从对产出和投入量的观察结果中直接进行统计推断，正如可以从对价格、数量和相关变量的观察结果中推断出需求曲线一样。这种方法当然有许多优点，但也有一个很大缺陷，即需要投入在一个相当长时期内独立变化的大量观察数据。我们不可能拥有这种涵盖过去一个多世纪的统计资料；实际上，即使有当时的数据，也不容易满足投入数量上独立变化的要求。或许，就现在拥有的投入量和产出量的历史资料而言，最能让我们期待的，只能说是可以根据这些资料对由间接方法得出的结果进行检验。

要对边际产出和产出一投入弹性进行间接估算，需要一定的前提条件，即以下命题成立：在竞争性市场环境中，每种单位生产要素（用产出单位计量）的报酬大约相当于它的边际产量。这就等于说，在各种生产要素所贡献的总产出之中，某要素报酬的比例是产出相对于该要素的弹性。

这个方法的最大优点是它只需要要素报酬的数据——工资率、租金、利润——或者只需要某一经济体系或工业行业的产出在各种不同要素投入之间的分配比例数据。即使在缺乏关于投入和产出量有用数据的情况下，这些资料也有效。这种间接方法的缺点是，它的有效性依赖于某种假定性很强的前提：土地、劳动力和资本市场是接近完全竞争性质的，并且市场大致维持在均衡状态（即要素报酬与边际产出相同，这种边际产出是生产组织适应环境变化的标志）。就平常经济条件而言，人们就不轻易接受这些假定，在经济发生快速发展与全面变化时，使用这些假定则容易给人误导。并且，在这种情况下，数据本身可能就会发生某种程度剧烈的并且是系统性的变化，从

① 见以上本导言第二部分。【21】

而对使用者提出警告。如此看来，如果说能够进行边际产出或产出弹性的计算，那惟一可行的方式也只能是通过对数据进行适当校验这种间接估算方式来进行。

即使我们能够这样做，并且即使部分产出的增长可归因于投入的增长而其余部分作为剩余，其结果也只具有比喻或抽象意义上的大致有效性，即它仅仅只是一种统计总量之间的关系。当某人说，20 多年里劳动投入的增长【22】
解释了产出增长中的一个特定部分时，他是在说，如果就业增长比其实际增长慢一点的话，产出增长也会比其实际增长慢一点，他还会表达出这种程度究竟是多大，如此而已。现在，“劳动”和“产出”（以及“资本”和“土地”）都成了特定的统计学概念。具体来说，存在许多种情况或者说有无数种情况。在这些情况下，总的“劳动投入”增长率会存在一些不同：地区差异、工业构成、职业结构等方面中的每一个或全部都有可能会不同。尽管总量相同，但与这每一种具体各异、相互有着此现彼消替代关系的情形相适应，产出也会做出某种细节性反应。再就资本货物来说，也是这样。当某些由统计数据表现出来的“资本存量”保持不变时，某些具体的资本货物却正在老化并在被新产品所取代。只有在极特殊的情况下，总量之间才存在着确定的对应关系。此时，才可以说，如果其他投入的增长与过去一样不变，而一种投入的增长率以某种方式某种程度变得更大或更小，那么产出的增长率将会由此更大或更小。

尽管如此，还是有人会认为，有时产出增长的剩余贡献非常大，有时则相当小。并且，使用现有的数据和或多或少的总量方法，或许有可能把一种情形与另一种情形区别开来。

设想我们能估算某段时间的产出增长率以及每种主要投入对该增长率的贡献（即进行该投入的增长率结果和相对于该投入的产出弹性的估计）。我们还设想，计算出的贡献量总和没有达到产出的增长率，存在一个剩余。①如果说，自然厌恶真空，那么核算者则憎恨差额。我们能对剩余来源给出某种说法吗？尽管我们不能从数量上给予解释。

能说的有些在前面已经提到了，但把它们放在这里一块儿说比较合适。一般来说，组成这种剩余的项目有两类。第一类称之为计量误差，尽管这个名字会产生误导。我们所说的这些误差不只是统计上的（统计误差很多，

---

① 这是有关 20 世纪的一个主要结果。见 R. M. 索洛：《技术变化和综合生产函数》，载《经济学和统计学评论》，第 39 卷（1957 年），第 312 ~ 320 页。【22】

但它们可以被设想为具有非偏斜的随机性)，而更倾向于是由于低估投入增长率而导致的系统的概念性误差。第二类差额可以看做包含生产率真实增长的余额，它们在几种不同的处理方式下都会发生。

在所有计量性误差——或者像一位计量经济学家所说的“规定性误差(specification error)”——之中，最重要的在前面的讨论中已经描述过了。
【23】在历史的长河中，生产要素的供给在数量和质量上都有变化。比如说，劳动者所受教育增加，劳动者变得更健康、更熟练、更为适应或更不适应工业化工作；资本货物会程度不同地更加耐用、更精密、更有效，最后完全变成另一种产品。原则上说，应该把每一等级的工人、每种不同的设备，都作为一种独立生产要素来计算。然而，在实践中经常只能把它们归结在一起通称为劳动和资本。

把这些性质实际不同的投入归结集合成几个大的集合体的结果——即使区别了受过教育和未受教育的劳动——是忽略了发生在投入质量上面的许多增长。如果不是全部增长的话，至少用于生产投入的部分增长的程度因此而被低估了，而这些投入增长解释不了的产出部分被高估了。即使是属于同一时代的数据资料，这种被高估部分的大小，也还备受争议。①

应该指出的是，对产出质量提高考虑得不够，也会导致低估产出增长率。但对这种偏差的纠正反而会增加解释不了的剩余。另一方面，在自给自足和那种地方性实物交易正被市场交易取代的经济体系中，统计序列的覆盖范围可能扩大，产出增长率可能被高估。这种误差几乎只是统计资料意义上的，这意味着，即使是统计误差也能对相当长时期内的增长率造成偏差。

当然，即使对投入和产出的质量变化尽可能地做出调整，仍然还可能会留下一个正的剩余量，它能够作为经济系统生产率增长的真实反映。就生产要素质量恒定时其回报全部增长程度的量化来说，我们可以获得关于这种生产率增长的估数（需要注意的是，工资率显著增长中的某些部分是由劳动投入的平均质量改善引起的，它不是工资的一般性增长，因为如果每一质量级别的劳动都作为单独生产要素来计算，那么它们各自对应的工资都会显著增加)。我们可以根据其来源来对这种生产率的真正增长进行细分。三种主要来源是规模报酬的不断增加、资源配置效率的提高和技术进步，但很难判

① D. W. 乔根森（Jorgenson）、Z. 格里利科斯（Griliches）：《对生产率变化的解释》，载《经济研究评论》，第34卷（1967年），第249～283页；E. F. 丹尼森：《生产率分析中的某些主要问题：对由乔根森和格里利科斯所做的一个估计的评论》，载《当代商务概览》，第49卷（1969年），第1～27页。【23】

断三者的相对重要性。

前面已经提到过，生产规模的扩大是经济增长的源泉之一，并且极为重要。关于规模经济，经济学家区分了只涉及单个生产单位的内部规模经济，与整个经济体系规模扩大时在生产专业化加强的作用下所产生的外部规模经济。规模经济扩大，也许常常还伴随有生产技术的变化。原则上说，规模报酬的增长应该与实际的技术进步区分开来，因为仅仅伴随着规模变化而来的 【24】
（广义）技术变化应该是可逆的。一个经济经历长时期规模紧缩而没有（狭义）技术上的进步，（相对地说）（广义）技术就会退步。但是，实际上，我们当然观察不到整个经济长时期的衰退（不过，对个别行业的研究可能会有助于阐明这个问题）。规模增长和技术知识增长会同时发生，因此，即便是使用复杂的统计分析，要想把这两种因素的影响区别开来，也得费很多工夫。

较高生产率的第二个源泉是现有资源在各行业和各地区之间获得更为有效的配置。在大多数工业经济中，即使就那些工业化已久的工业经济来说，似乎在某些行业和职业中，劳动和其他生产要素的边际产出（以及收益）也低于其他行业和职业。通常这些行业是萎缩性行业（农业尤其是小规模农业当然是主要的例子），但又萎缩得不够快，从而足以防止其要素报酬跌落到在经济体系其他地方可能达到的水平之下。在这种情况下，资源由低生产率行业向高生产率行业的任何转移都可增加实际产出，而总投入量却不会相应增加。在快速工业化时期，或者在经济活动的构成和地域发生重大变化时，这种增长模式最为常见。资源被僵持在低生产率行业不流动，并非完全由于惯性、非货币优势或是信息不灵。例如，劳动从农业向工业流动的速度也许是由于受到了投资于工业（以及房地产业）的资本投资率的限制。在这种情况下，人们似乎产生一种这样的感觉，即由于资源转移而带来的整个产出的增长应该归因于资本投入。然而，应该注意，在追加资本的投资活动提高了工业活动中使用的其他资源的生产率并促使产出增长之时，真正的资本投入贡献发生，而我们要对这两种产出增长的方式进行区分。

由资源配置提高导致的潜在收益也可以通过其他途径实现；例如，取消产出的垄断限制，或者结束对妇女、黑人或其他人在就业上的歧视。如果这些途径的效应只影响小部分劳动力的话，则由此而实现的潜在收益数量也是很小的。

产出剩余增长的最后一个主要组成部分当然是技术进步本身。大多数时候我们宁愿希望它是一个很大的组成成分，尤其是在被我们称之为第一次、 【25】

第二次、第三次工业革命的那些时期。由于这个原因，我们很关注纯粹的技术变化理论。但还没有发现直接计量技术进步对产出增长贡献的任何方法。对专利统计和诸如此类方法的研究也还没有结果。[①] 当缺乏更好的方法时，通常的方法是把技术进步当作最终剩余。我们尽可能多地区分了经济增长的许多组成部分，至于剩下的部分，至少能够为技术变化的贡献度量提供一个上限。

对历史学家来说，这种处理特别不能令人满意，这些历史学家知道技术进步是首先发生在特定地区、特定行业中的具体现象。很显然，它没有影响极限。除了过分间接外，总量估算方法还有一个缺点，那就是把所有其他要素计量的误差都集中到经济增长的剩余项，也就是度量“技术变化”的项目之中。这是一种完全属于微观经济学的方法，它有这样一种缺点：当一个特定的发明能精确地被描述时，不仅能在该发明出现的那个行业找到它所蕴涵的意义，而且其意义还能扩散到整个经济中，这就不再是微观意义上的事情。对描述和分析技术变化的这两种（宏观、微观）方法进行比较的想法，提示我们是否可以进行某种实验。我们注意到，分解投入对产出的增长贡献，以得出生产率增长的剩余部分的方法，既能应用于一种工业中的产出和投入，也可应用于整个经济的产出和投入。因而，可以针对一种工业部门进行某种分析，然后把它分解残值的结果与经济史学家关于同一工业中技术的实际与具体变化的记载进行对比。这是一件很有意思的事情。我们可以期待它们应该会取得某种一致。

如果目的是要说明产出的增长，那么很显然，在生产中应用发明比发明本身更重要。这种重要性达到这样的程度，以至于出于应用的需要，特定革新的应用要求劳动者拥有特殊技能或者要求对主要新型设备进行重大投资，这些要求是否能得到满足及其满足程度，又可能会影响生产中革新应用的速度。这是经济增长的各种源泉相互作用的另一个例子，它在实践上比理论上更难把握。只是，这种新型资本的增加应该看做是资本投入的增加还是剩余的增加呢？

只有在技术变革已经获得应用的情况下，投入和产出的统计数据才能反映出技术变革的结果，而新知识的应用与已经存在一段时间的技术知识的扩散或模仿二者之间，又不能在统计数据上区别开来。然而，这二者的实质区
【26】别非常重要，可是要获得它，必须在简单计算之外再进行额外统计。我们提

① J. 施默克勒尔（Schmookler）：《发明与经济增长》（马萨诸塞，剑桥，1966 年）。【24】

到上述内容，其要义在于，在许多情况下，新技术的扩散问题也部分地是投入问题。

无论如何，正在讨论的投入和产出关系是一种相对机械的关系。这种关系和生产效率的发展演化相互关联，在这种正式意义上，这种关系也解释着被称为经济增长的产出增长。然而，产出增长中至少还有一些同样重要的东西也需要做出解释，但使用上面这种方法却不能做出这种解释。比如说，就业增长占产出增长的大部分，并且当劳动质量提高被恰当地加权时，它占的比重会更大。然而，这种对比投入和产出的方法却不能告诉我们为什么劳动供给增长得不够快或不够慢，或者为什么它不进行更大与更小程度的流动——从这里流到那里，从农村到城市，从农场到工厂。或者说，就生产效率或要素报酬对劳动力和劳动力流动的反向影响来说，它不能揭示出什么东西。例如，究竟在多大的程度上，劳动力的发展变化是对工资提高、人口增减或其他更复杂的事物做出的一种反应。

与之相类似，一方面，知道有多少产出增长可归因于资本投资是十分重要的；而另一方面，也需要探求一下这些投资是如何被激励和筹集的，至少这种探求是一件有趣的事情。投资意愿首先是对工业赢利机会的一个反应呢，还是由其他原因激发的呢？或者，储蓄供应是实现资本增长的主要限制因素吗？无论如何，储蓄来源也是一个问题，无论是全新的储蓄还是原有储蓄的增加。

因此，经济发展似乎可以从各主要投入的演变的角度来解释和分析，但这种视角有局限性，它在两端都遗漏了一些东西。从结果这一端看，当计算主要生产要素对产出增长的贡献时，会使若干剩余留了下来。这些剩余，或其中主要的一部分，可以确认为是随着技术进步产生的。然而，困难之处是，如何把这个间接方法与关于发明和革新的更详尽说明相互联系起来。

从填入数据的另一端看，则需要对投入自身的演变做出解释，而且既不能忽视投入的质量也不能忽视投入的数量。无疑，首先要用经济学的方式来做出这种解释，我们需要把投入变化看做价格与收益变化、产出和产品分配变化的某种反应。这种反作用使经济成为一个相互联系的系统。另外，还要从态度和信仰、机会和权力等方面对投入变化进行解释。只有采用这些方式并综合考虑多种因素，才能够免于经济体系在观察者面前变为一个孤立的体系。【27】

第二章

大不列颠的资本形成[①]

2.1 合理性问题

推测：在零星、有缺陷的资料或没有资料的基础上形成的观点。

上面的定义，非常好地表达出了以下工作（对1760～1860年间资本积累进行估算）所得出的许多结果的真正特点。我们即将非常清楚地看到，目前，可资利用的有关这个时期的资料所提供的相关信息是如此缺乏，以至于我们难以对某些关键部门（尤其是制造业）乃至整个经济进行哪怕是具有适度可信程度的估算。在关键时候，只能依靠推测。相应地，这些结果都稍嫌武断和粗浅；最多只能说，它们表明了下列指标的大致数量幅度：每10年期国内、海外固定资产和存货的资本支出规模以及相应资本存量的增

① 要说明的是，本章的写作受惠于菲丽丝·迪恩（Phyllis Deane）、约翰·吉纳利斯（John Ginarlis）和布莱恩·米切尔（Brian Mitchell），他们友好地允许使用他们未出版的作品。同时，笔者也非常感谢斯坦·恩格曼（Stan Engerman）、罗德里克·弗拉德（Roderick Floud）、唐纳德·麦克洛斯基（Donald McCloskey）、罗宾·马修斯（Robin Matthews）、悉尼·波拉德、迈克尔·汤普森（Michael Thompson）和尼克·冯·通塞尔曼（Nick von Tunzelmann），这些同事为本章的初稿提出了建设性意见。需要特别说明的是，他们对现在这一版本中遗留的缺点不承担责任。【1】

长程度，国内固定资本在部门间近似的分配比例，100 多年来和人口增长以及国民经济增长有关的资本变动的大概模式和变化率。

就应该为总体估算工作提供正确素材基础的单个部门来说，仍有如此繁多的工作要做，而这时就要试图对这个时期的经济总量进行新的估算，这样做的合理性何在？我们认为，首先，关于不列颠①早期工业化时期历史研究有着重要意义；其次，现有估数还存在不确定性；另外，我们想把其他人所曾开展的关于单个部门的估数成果综合起来，这些关于单个部门的估数，其基础资料来自于以前的学者以它们为对象而开展的资料综合工作，以及后续学者围绕这些综合成果而开展的有关分析；进而，我们还认为，一次规模更宏大、组织更系统的估算工作会对这一领域的研究有特别的贡献——所有这些理由都使得新估算的开展具有合理性。然而，或许这显得有些自相矛盾，因为以不变价格对资本形成和资本存量进行连续、全面的估算，显然又制造了新的麻烦，并给已经脆弱的基础强加了更大负担。但与这种不利因素形成对照的是，从这种相互关联的体系构架中，又可以得到一些好处。例如，关于资本存量的资料能用来对资本流量进行估算，或对其进行校验。而且，在【28】
估算的过程中，我们还需要调和这个体系各个组成部分之间的关系，也需要不断延伸指标序列，从而能够提供其他可获取资料所提供不了的数据调整与核查功能。

我们还将通过以下的估算，不断地阐释与展现新估算所具有的合理性。现在可以对这种合理性作以下大致归纳：尽管有种种局限性，这些新得出的估数序列还是能为关于 1860 年之前的资本存量估算构建一个新基础，它比迄今为止所有的估数序列都更可靠。

因此本章主要是试图以 1760～1860 年间每 10 年的资本形成和 1760 年、1800 年、1830 年和 1860 年这 4 年的资本存量——前者以现价和不变价格两种价格计算，后者以不变价格计算——为对象，构建某种能将大概数量程度反映出来的估数。在这一领域，尽管近年来研究界努力做了许多工作，但由于所面临的定量研究方面的困难，学者们至今仍然没有对这类问题做出过全面估算。

以下 2.2 节，将对现有的估数进行回顾；2.3 节将简单地论述当前进行

① 通常意义上的不列颠（Britain）包括英格兰（England）、威尔士（Wales）和苏格兰（Scotland），与完整意义上的“英国（联合王国）”的差别主要在于是否包括爱尔兰（Ireland）或北爱尔兰（North Ireland），这其中的关系读者可参看有关历史工具书。但是，如果不做特别说明，本书中所说的英国，通常指的是不列颠（Britain）或大不列颠（Great Britain）。——译者注

的估算所使用的概念基础并介绍调整价格变化的程序；2.4节将讨论本章中使用的关于国内固定可再生资本（资本形成和资本存量）的估算方法；2.5节的内容包括以下方面：流动资本、农作物和牲畜、海外资产和土地；2.6节是得出全面结果，并将这些结果和现有估数进行对比；最后，在2.7节，简单地分析一下我们的研究成果所具有的意义以及它们与人口、实际收入增长之间的关系。

以下，我们将从实物资产投资方面入手，主要关注资本形成的程度和模式；① 至于资本形成的另一方面，即为资本货物组建和购置活动而开展的融资以及相关的储蓄流量，我们不拟展开研究。②

2.2 现有估数

资本形成③

直到最近，我们还几乎没有关于工业革命期间及工业革命刚结束时资本形成水平和速度的经验证据。就英国经济的整体情况而言，学者们不是没有作数量估算，就是依赖于先验判断。比如罗斯托（Rostow）和W. 阿瑟·刘易斯（Arthur Lewis）关于投入到资本积累中的国民收入所占比例就是先验的假定，当然由此给出的数量也备受争议。对于单个经济部门，研究者们也能收

---

① 关于实物资产的范围限定的惟一例外发生于对外国投资的讨论之中，它把对外国的金融资产
【630】权属也包括进来了。见第5节。【2】

② 有关资本供给的详尽讨论，见F. 克鲁泽（Crouzet）编撰的《工业革命中的资本形成》（1972年版）中的序言，第39~64页，以及那里引用的一些研究成果，包括波斯坦（Postan）和希顿（Heaton）的经典文章。而F. 克鲁泽自己的文章《工业革命时期英国的资本形成》（同上书，第163~203页）是有关工业资本来源问题的权威概述。最近也有一些关于房地产业、运输业和银行业资本供应的研究，包括：

（1）C.W. 乔克林（Chalklin）：《乔治王时代英格兰的地方市镇：建设过程研究（1740~1820）》（1974年版），第157~248页；

（2）M.C. 里德（Reed）：《铁路和资本市场的发展》；S.A. 布罗德布里奇（Broadbridge）：《铁路股金的来源》，均载M.C. 里德编撰的《维多利亚时代经济中的铁路》（1969年版），第162~228页；

（3）S.A. 布罗德布里奇：《英格兰的铁路延伸和资本市场研究（1825~1873）》（1970年版）；

（4）J.R. 沃德（Ward）：《18世纪英格兰运河开凿的财政资金》（1974年版）；

（5）M.R. 里德：《英国的铁路投资（1820~1844）》（1975年版）；

（6）B.L. 安德森（Anderson）、P.L. 科特雷尔（Cottrell）：《另一个维多利亚时代的资本市场：有关默西塞德郡（Merseyside）银行业和银行投资者研究》，载《经济史评论》，第2卷，第28分卷（1975年），第598~615页。【3】

③ 更多的论述，参见克鲁泽编撰的《工业革命中的资本形成》（第9~39页）的编者序言。【4】

集若干个分散的经济指标，比如，加盖尔（Gayer）、罗斯托（Rostow）和施瓦茨（Schwartz）就确实充分运用过这种方法。他们使用各种实物单位序列：砖产量、杉木进口、轮船制造和铁路通行里数，还有一些相关金融序列，比如国内与国外的新证券发行量、议会特批运河和收费公路筹资量。① 【29】

菲丽丝·迪恩于20世纪60年代进行的研究，可谓是第一次在这一前沿获得了一些真正进展。② 虽然她仍旧没有探索出一种属于同一时间所有部门的全面计算方法，但是，她重新检查了现有资料，这些资料包括18世纪和19世纪的经济史学家和统计学家们的作品。关于不同时间上所选类目资本支出的估算，她提出了新方法，这些类目包括圈地、住房建造、公路、码头、航运、棉织品和铁产品。对迪恩来说，这些内容涵盖了总量之中的绝大部分类目，因此她感到有理由做出一些尝试性结论，这些结论包括有关资本形成率，即对包括存货和海外投资的净资本形成的估数，这个估数以净国民收入的百分比来表示。这里可以对与这一估数有关的结论概括如下：

在17世纪和18世纪初期，资本形成率平均水平长期保持在不超过3%；③ 在18世纪中期的几十年间，它开始上升；到18世纪末以前，它的“平均水平一直保持在5%以上”，并且“可能略微超过6%——上升幅度中的大部分发生于后25年”；④ 法国战争结束后，资本和收入都增加了；在19世纪30年代，即在铁路时代来临前夕，二者保持了大致相同的增长速度；从那时起，资本形成对收入的比例又开始上升，至19世纪50年代后期，上升到10%左右。⑤

另一项重要贡献，来自于悉尼·波拉德于1965年撰写的一篇文章。⑥

---

① A. G. 盖尔（Gayer）、W. W. 罗斯托（Rostow）、A. J. 施瓦茨（Schwartz）：《英国经济增长和波动（1790～1850）》（1953年版）。【5】

② 迪恩（Deane）所做的最详尽研究是《铁路时代之前英国的资本形成》，载《经济发展和文化变化》（1961年），第9卷，重印于F. 克鲁泽编撰的《工业革命中的资本形成》第3章。与此相关的其他文献包括：

（1）P. M. 迪恩、H. J. 哈巴库克：《英国的经济起飞》，载W. W. 罗斯托编撰的《从经济起飞到经济持续增长》（1963年版）；

（2）P. M. 迪恩与W. A. 科尔：《英国经济增长（1688～1959）》（1962年版，1967年第2版）；

（3）P. M. 迪恩：《第一次工业革命》（1965年版）。【6】

③ 见迪恩：《铁路时代之前的资本形成》，第97、115页。在她的《第一次工业革命》（第154页）中，提到过在18世纪初期5%的比率，但从更早、更详细的研究中可以看出，这是她所提出的一种“最优比率”，而不是长期平均率。【7】

④ 第一个估数是由迪恩在《铁路时代之前的资本形成》（第117页）中给出的，第二个估数是在《第一次工业革命》（第154页）中给出的。【8】

⑤ 见《第一次工业革命》，第153、156页。【9】

⑥ S. 波拉德：《大不列颠的资本增长和分配（大约1770～1870年间）》，载《第三次国际经济史会议》（慕尼黑，1965年；巴黎，1968年版），第1章，第362页。【10】

这篇文章第一次试图对大不列颠在4个所选年份的所有资本支出进行估算——这个估算被十分小心地描述为只是一种“大致可能数量”。表1列出了这些估数的摘要，表中还列示了作者对国民总收入和相应的资本形成总额估数。

波拉德自己曾经估算过总资本形成额与国民总收入的比率，而迪恩则针对净资本形成率的估算做了一些工作。波拉德认为，他的研究结果能够显示出，以前的估算大大低估了收入转化为投资的比例。特别是从部分资料中推断全国总体情况时，以前的估算没有对遗漏的项目进行单独估算，这很可能会导致低估。这种说法似乎具有合理性，对于工业和贸易投资来说更是如
【30】此。但是，正如波拉德坦然承认的那样，他自己的估算过程中也包含着很多不确定因素，而只要没有更多资料，这些不确定性问题就得不到解决。

表1　波拉德提出的1770～1835年间大不列颠资本形成总额的大致数量　单位：百万英镑

	约1770年	约1790～1793年	约1815年	约1830～1835年
1. 国内固定资本形成总额	7.2	13.3	21.9	31.0
2. 存量积累	1.5	2.0	2.5	2.5
3. 国外投资和金银条	0.7	0.7	0.7	6.5
总　计	9.4	16.0	25.1	40.0
4. 国民总收入	140	175	310	360
5. 总计占国民总收入的比重（%）	6.5	9	8	11

资料来源：波拉德：《大不列颠的资本增长和分配（大约1770～1870年间）》，第1章，第362页。

由于这一节主要关注的是国内固定资本形成总额（表1第1行），因而要更仔细地考察，波拉德估算该项内容时包括了哪些组成部分。这些组成部分的情况见表2。接下来亟待开展的工作就是对包括内陆运输、农业和纺织业等具体部门的资本形成的详细情况进行研究，有关这些情况的若干估数也包含于表2中。但是，在我们（下面）尝试进行新估算之前，暂时还不会引用这些估算结果。

表 2　　波拉德提出的 1770～1835 年间大不列颠国内固定资本形成总额的大致数量

单位：百万英镑

	约 1770 年	约 1790～1793 年	约 1815 年	约 1830～1835 年
1. 农业	2.7	3.6	5.3	4.6
2. 运输业（包括航运）	1.3	2.4	3.9	6.7
3. 建筑业	2.3	5.1	8.5	11.5
4. 制造业、贸易等	0.9	2.2	4.2	8.2
总　计	7.2	13.3	21.9	31.0
5. 占国民总收入的百分比	5	7.5	7	8.5

资料来源：波拉德：《大不列颠的资本增长和分配（大约 1770～1870 年间）》，第 1 章，第 362 页。

就我们拥有的资料来说，关于 1830 年以来的情况，迪恩所做的研究工作更具有创新性，这个研究以现价和 1900 年价格两种价格对此间联合王国的国内固定资本形成总额进行了年度估算。① 我们可以把这个新数据序列中的第一个年份段与波拉德对 19 世纪 30 年代早期大不列颠（即不包括爱尔兰）的估数做一个对比（见表 3）。【31】

表 3　　1830～1835 年间国内固定资本形成总额：迪恩估数与波拉德估数比较

（年平均数）

单位：百万英镑

	迪恩（联合王国）	波拉德（大不列颠）
1. 运输业		
水运（包括轮船）	2.2	2.5
公路[a]	2.0	2.2
铁路	0.6	2.0
运输业小计	4.8	6.7
2. 住宅建设	6.0	10.0
3. 农业[b]	—	4.6
4. 工业、贸易等	2.9	8.2
5. 公共建筑等	2.0	1.5
总　计	15.7	31.0

注：a　波拉德省略了马和马车的支出。b　迪恩省略了土地清理和排水设备等的支出。

资料来源：迪恩：《对联合王国国民总产值的新估算（1830～1914）》，第 111 页；波拉德：《大不列颠的资本增长和分配（大约 1770～1870 年间）》，第 1 章，第 362 页。

① 见 P. M. 迪恩：《对联合王国国民总产值的新估算（1830～1914）》，载《收入和财富评论》，第 14 卷（1968 年）。迪恩欣然提供了作为她公开了的总计数据基础资料的组成细节。【11】

令人担心的是，我们发现迪恩新估算的数量值只有波拉德旧估数的一半。在对比中，我们必须考虑到这种可能性，即在二者之间，各个部门所包含的范围不同，但是，毕竟这两种估算是面向同一资本形成概念的。不幸的是，从表 3 中可以清楚地看出，这两位最重要的权威人士对 19 世纪 30 年代早期的国内总固定资本支出水平的意见很不一致。另外，在解决这个不一致问题之前，还必须对他们分别关于 1830 年之前和之后的估算也表示怀疑。同样，只要他们的估算存在这种数量差异，那么对资本形成过程和结果进行评论和分析就肯定不会有什么价值。

农业与工业、贸易等方面的数据差异最大。对于前者，迪恩特别省略了用于土地清理和排水设备的支出，并且似乎也省略了除住宅以外的农场建设支出，① 而波拉德则大度地将这些资产包括进来。对于工业、贸易等来说，两种估算都特别脆弱并且缺乏任何实际基础。正是由于这个原因，克鲁泽批评波拉德道："即使稍微看一看他对部门的估算就可以发现，只要还有替代可能性，他总是会偏爱选择最大的数字，因此抬高了许多估数。"② 关于差异问题，需要指出的是，笔者曾经对迪恩的估数与笔者自己准备的那些关于1856～1914
【32】年间的估数进行过比较，可以这样断定：就迪恩给出的关于 19 世纪后半期的资本形成数据序列而言，1870 年以来的数字一般来说太低了，并且这种估量不足的判定，特别适用于她所给出的关于工业、贸易等部门的投资数量。③

资本存量

当转向对 1860 年之前的固定资本存量进行估算时，就更不能做出多少说明了：自 1889 年以来，定量研究一直没有什么明显进展。这一年，罗伯特·吉芬爵士（Sir Robert Giffen）出版了他的研究成果《资本增长》。④ 在这部书里，他自己做出的关于资本存量的第一个估数，是关于 1863 年的（尽管被描述为 1865 年）。不过，吉芬还是对历史作了一个回顾，他提醒人们注意那些著作家们在 1679～1833 年间的各个不同时期做出的关于资本与国民财富的估数。表 4 列出了这些当时人士所作估数之中的最重要部分，以及吉芬自己关于 1863 年估数的计算摘要。

---

① 见迪恩：《对联合王国国民总产值的新估算（1830～1914）》，第 111 页。【12】

② 克鲁泽编撰：《工业革命中的资本形成》，第 25 页。【13】

③ C. H. 范斯坦：《联合王国的国民收入、支出和产出（1856～1965）》（1972 年版），第 191～195页。【14】

④ R. 吉芬：《资本增长》（1889 年版）。【15】

表 4　　1688～1863 年间当时人士对国民财富的估算　　单位：百万英镑

年　份	作者	范围	可再生资本[a]	土地	储备、“金银具”、铸币等	总计
1688	金—戴夫南特	英格兰	112	180	28	320
1800	比克	大不列颠	665	825	250	1 740
1812	科洪	大不列颠	837	1 079	211	2 127
1832	德·皮布雷尔	大不列颠	1 112	1 438	293	2 843
1863	吉芬	联合王国	3 749	1 864	500	6 113

注：a　包括建筑物、装备、存货、农场资本和海外资产。b　通过把科洪的估算增加 1/3 而得到，因此它不是一个独立的估算。

资料来源：吉芬：《资本增长》（1889 年版），第 43、72～108 页。

这些估数经常为大家讨论和使用，在最近，则是被迪恩、科尔和波拉德讨论和使用；① 但是，除了 1972 年出版②的一些仅从 1855 年开始的序列外（见 78 页③），还没有关资本存量的新估算。尽管所有当时人士的估数都告诉了我们一些有价值的东西，但是，当分析资本对国民收入增长的贡献时，如果用这些估数作为资本存量长期度量的基础，那估算是会存在严重缺陷的。除了作为这些估数基础的数据具有不确定性外，还必须就估算过程中的有关缺陷作四点重要说明。

首先，所有估算都是完全或很大程度上通过对收益（利润和租金）估数的资本化得到的，用这种方法得到的资本序列的概念基础与通常用作对资【33】
本（具有持久性的货物存量）进行国民核算计算的概念基础有很大不同。通常方法的实质是，对**过去的实际资本支出**进行客观积累，并按照既定某年的重置成本进行重估。④ 相反，“吉芬方法”的实质是对**未来预期收入**⑤进行主观估计，其结果很大程度上要受到既定年份的赢利率和估算人对前景判断的影响。而且，这个方法有一种内在模糊性，因为我们并不清楚这个程序究竟在多大程度上考虑到了固定资产折旧。⑥

---

① 迪恩与科尔：《英国经济增长（1688～1959）》，第 271 页；波拉德：《大不列颠的资本增长和分配（大约 1770～1870 年间）》，第 336～341 页。【16】

② 范斯坦：《联合王国的国民收入、支出和产出（1856～1965）》，第 198 页。【17】

③ 英文版页码，即中文版的边码，凡未特别注明者，同此。——译者注

④ 更多情况，参见正文第 35～36 页。【18】

⑤ 另见 J. C. 斯坦普：《英国收入和财产》（1916 年版），第 376～381 页。【19】

⑥ 对这些问题进一步的讨论，见 C. H. 范斯坦：《联合王国的国内资本形成（1920～1938）》（1965 年版），第 257～258 页。【20】

其次，通过这种估数计算出的资本—产出总比率只反映了由吉芬及其前辈们在对资本存量的每个组成部分做最初估算时应用的资本化率（年度资本购买数目），而不能提供任何其他信息。

再次，由于种种原因，总计中可靠性最脆弱的一个估数是关于工业和贸易资本的估数。在较早的估数中——如比克（Beeke）和科洪（Coquhoun）的估数—— 主要问题只是缺乏营业利润的数据；在较后的估数中，包括吉芬的估数，问题是要知道，法人企业的利润之中有多少代表着资本报酬而不是雇主的劳务报酬。吉芬根据 R. 达德利·巴克斯特（Duelley Baxter）的建议，把“行业和职业（trades and professions）”利润的 1/5 都资本化了，但这样做没有多少正当理由。① 如果该部门很重要且利润很大，那么这个缺点就非常令人遗憾。

最后，使用这个方法，不能区别固定资本和存货；还有，比如在较早的估数中，包括吉芬关于 1863 年的估数，没能区分国内和海外资产。

从对目前拥有的资料的回顾中可以看出，我们迫切需要对资本存量以及资本形成序列做进一步研究。对于前者，我们没有发现新的研究成果，并且当时人士所做估数的价值也不大。至于后者，我们发现近年来有一些值得注意的进展，但情况仍然很不令人满意。有了波拉德关于 1830 年以前的 4 个基准年的估数（表 1 和表 2），但这些估数显示出它的投资率比菲丽丝·迪恩的估数（表 3）稍高一些。从 1830 年开始，有了迪恩的年度序列，但在起始年上它只是波拉德估数水平的一半，她对后半个世纪的估数也远低于笔
【34】 者得出的估数。

2.3　概念与价格

关于新估算方法的介绍，这里先从对一些相关概念进行简单讨论开始，然后再描述用以调整价格变化的指数。

概念与定义

讨论可再生固定资产会涉及两个基本序列。**投资**的年流量 I_t，代表对国

---

① 参见以下文献：
（1）吉芬：《资本增长》，第 25 页；
【631】 （2）斯坦普：《英国收入和财产》，第 394 页。【21】

内可再生固定资产的资本支出（国内固定资本形成总数），它包括了新投资和重置成本。它或者以现价即支出发生年度的价格进行计算，或者用不变价格计算，即所有支出由既定年度的价格进行重估。相应的存量估算是关于可再生固定资产年末总存量 G_t 的估算。这种用于所有可再生固定资产购买和建设上的实际费用，以既定年份的价格进行重估，并且，所有资产都以这个价值保持在存量中，不考虑它们的年龄或状况，直到它们退出存量为止（报废或卖掉）。

当流量 I_t 和存量 G_t 都以同一年价格即以不变价格计算时，就会涉及第 3 个序列，即由于折旧和退化而在其使用寿命期末**退出**的资产流量 R_t。由于这个原因，退出（报废或卖掉）的资产应以其原始成本计算，并以既定的年度价格重估。由此，就得到基本的恒等式：

$$G_n = \sum_{t=0}^{n} (I_t - R_t)$$

如果假定所有的资产在其使用寿命期 L 年末时自动退出，[①] 就得到：

$$G_n = \sum_{t=0}^{n} (I_t - I_{t-L}) = \sum_{t=n-L}^{n} (I_t)$$

为了度量任一时点的总存量，需要估算该时点之前 L 年内——也就是说，与该时点之前各种类型资产的使用寿命相同的各个年份——包含在存量中的每种类型资产的投资支出流量。一旦知道了其中某年以前任一年份的存量，也就能通过以下这个基本关系式来计算该年的资本存量：

$$G_n = G_{n-1} + I_n - R_n$$ 【35】

由此，就有可能通过引入一组相互之间有对应关系的**净**流量和**净**存量来对这组**总量**估算的时期范围进行延伸。不过，这要预先提供出关于固定资产折旧的估数，这对我们而言，等于要在这一步骤中增加另一组比原有估数更加武断的估数，这似乎并不可取。

关于估数的概念基础的进一步讨论，读者可以参考官方研究，如《国民核算账户统计：来源和方法》，这一文献中讨论了当前官方对联合王国的估算[②]；也可以参考《联合王国的国民收入、支出和产出（1856～1965）》[③]，该文献对在官方估算发生之前的 1856～1948 年间的若干具有大致可比性的估算进行了评论。在现有数据的范围和质量都有很大局限性的前提下，我们

① 实际上当然可以知道在假定（平均）使用寿命左右的实际报废时间。【22】

② 中央统计局：《国民核算账户统计：来源和方法》（1968 年版）。【23】

③ 范斯坦：《联合王国的国民收入、支出和产出（1856～1965）》，第 182、196 页。【24】

将努力使现在的估数的概念基础与后面将要进行的关于后续年代的同类指标的估算或核算相一致。

有两点需要特别注意。首先是对价格运动的调整。在上面关于基本概念的讨论中，已经提到了需要以既定年份价格对资本支出进行重估。价格会发生变化，是因为某种类型和质量资产的建设成本，会由于投入价格或资本品生产部门的生产率变化而变化；或者是因为，这种资产的新一代产品所体现的技术进步，会导致该资产本身的质量（和市场价格）随之发生变化。一般来说，我们拥有的价格数据只能度量出以上第一种原因所导致的资本品价格变化，即使这样，度量的准确性也很小。也正因为如此，我们把一种资产在其相应建设成本增加之外而发生的所有生产率和效能的提高都直接看做质量提高；而不把它视为单位资本的价格下降，并且也不以这种下降作为逻辑基础将资本效能提高视为资本实际数量的增加。幸运的是，尽管我们的计算程序受到这种数据条件的限制，但从理论基础上讲，它也具有合理性。[①] 它对于计算资本对产出增长的贡献具有重要意义：资本货物效能的增加是每单位资本产出量增加的反映，而不是资本存量增加的反映。

其次，这里的资本形成总量是一个相当狭义的量，并且我们尽可能把用于维护和维修的支出排除掉。但是，我们不得不认真对待这一事实：在某些部门，把代表新资本形成的费用（即对将在未来核算期产生利润的资本形成）与代表维护的费用（即不增加资产的原始寿命或者提高该资产的生产或服务能力的那些资本形成）区别开来是极其困难的，因此，需要在有关估算中取近似值。[②] 这种近似尤其体现在诸如农业、公路和运河这些部门的估算之中，在这些部门里，我们部分地依赖于那些没有对新工程和维修做出区分的核算记录。然而，我们宁愿做一个粗略区分，也不愿接受一个包括维修维护费用
【36】在内的总体估数。之所以这样做，部分是因为，对于研究的主要目的来说，这些总体概念显得没有多大意义；同时也是因为，使用这种估数会破坏它与其他部门的估数以及与以后时期的总资本形成额估数之间的可比性。

对价格变化的调整

为了进行某些分析，需要一些以现价计算的资本支出序列；另外一些时

① 有关一个不同问题的详细分析，见 E. F. 丹尼森（Denison）：《质量变化、资本支出和净资本形成的理论研究》，载《资本形成问题、收入和财富研究》（1957 年），第 19 卷。【25】

② 概念问题在范斯坦的《联合王国的国内资本形成（1920 ~ 1938）》（第 7 ~ 10 页）中进一步讨论过。另见 J. P. P. 希金斯（Higgins）和 S. 波拉德的《大不列颠的资本投资略论（1750 ~ 1850）》（1971 年版）第 6 ~ 7、27 ~ 28 页。【26】

候，需要一些以不变价格计算的序列。我们需要这两种序列的愿望还会因为估算操作中某种关于经济现实的考虑得到强化：在某些经济部门里，最好的起点就是用现价进行估算；而对另外一些部门而言，只有通过使用某既定年份价格进行估算，才能取得较大进展。

关于构建两组估数的讨论，马上会遇到难以克服的问题，即缺乏描述价格变化的适当数据。这不仅因为几乎找不到资本货物的实际价格行情表，而且对于大部分时期来说，甚至很难获得资本货物行业所使用的劳动与原材料成本变动的数据；对以后的时期来说，在某种程度上，这种数据可以获得，并且以大致可以接受的限度，它们还可以对资产价格进行某种替代。① 由于我们观察的整个时期，特别是拿破仑战争期间以及战后初期，价格变化是如此之大，以至于有必要进行一些调整；虽然难以把握精确的调整幅度，但是我们至少对调整方向有信心。另外，使用相关程度最大的特定价格以及可获得的工资序列，而不是依靠现有指标总体范围更宽泛的批发价格指数，似乎显得更可取。事实上，所有这些批发价格都是由农产品价格的运动所决定，与资本品价格的关系不大。

按照以上设想，我们已经编制了三种主要指数，每一种都是通过对劳动价格序列②和原材料价格序列③进行综合而得到的，而这些劳动与原材料的使用场所正是资本品生产部门④：

---

① 参见范斯坦的《联合王国的国民收入、支出和产出（1856～1965）》，第190页。【27】

② 用于三种指数的工资序列的主要资料来源是：

（1）建筑业，吉尔博伊（Gilboy）序列，见迪恩与科尔的《英国经济增长（1688～1959）》；A. L. 鲍利（Bowley）：《统计学报》，第64卷（1901年），第107～112页。

（2）农业，见鲍利：《统计学报》，第62卷（1899年），第562页［这个序列是合并了鲍利对英格兰和威尔士（权重6）序列以及苏格兰（权重2）序列而得出的大不列颠的序列］。

（3）机械工程业，鲍利与伍德（Wood）：《统计学报》，第69卷（1906年），第190页。【28】

③ 原材料指数包括了用于资本货物工业的三种主要商品：木材、铁和砖块。

木材序列是基于1760～1807年间进口的克莱佩达（Memel）冷杉和1802～1850年的克莱佩达冷杉以及加拿大魁北克省（Quebec）黄松的价格，也包括了税收所用的资料：

（1）《木材税收特别委员会报告书》，报告案号PP1835、下院第519号、附录11；

（2）T. 图克（Tooke）和W. 纽马奇（Newmarch）的《价格史（1838～1857）》，第2～6卷。

对于所用的铁价格序列是由W. S. 杰文斯（Jevons）给出的，见《统计学报》（1865年），第28卷，第316～317页。

对于砖块，指数基于以下资料：

（1）洛德·贝弗里奇（Lord Beveridge）：《英格兰的价格和工资》（1939年），第1章，第725～730页，这一文献给出了1760～1830年间格林尼治（Greenwich）医院和工程部所支付的价格；

（2）劳顿（Laxton）有关1830年以来的《建筑工人的工资账簿》。【29】

④ 用于组合劳动和原材料序列的权重是依据一些零星资料选择的，非常不准确。可参见K. 迈瓦尔德（Maywald）的《联合王国的建筑成本指数（1845～1938）》，载《经济史评论》，第2卷，第7分卷（1954～1955年），第194页。【30】

（1）房屋和其他建筑物：由建筑业工资和原材料价格进行未加权平均处理而形成。原材料指数本身是通过对1760～1820年间进口的冷杉木材和砖块的价格，再与1810～1860年间的木材、砖块和铁的价格进行未加权平均处理而得，而这两个指数相互重合的时期是1810～1820年。

（2）农业工厂和建筑物：农业工资（权重4）、木材（权重1）和砖块（权重1）的加权平均。

（3）工厂和机器：工程师工资（权重2）指数与1780～1820年间的铁（权重1）和木材（权重1）指数以及1810～1860年间铁（权重2）的指数
【37】的加权平均。

表5中列出的这三种指数是10年平均指数，以1851～1860年的价格为100。可以看到，它们仅把一些主要投入的价格变化计算进去了，而没有估算建筑业和工程业中的生产率变化，即使就劳动和原材料成本的度量指标而言，这些指数序列也是很不完善的。就机器建造的生产率变化被忽略而言，这个指数高估了这一个世纪间的价格上升；结果，在1851～1860年以前的年份里，现价计算的资本支出水平将被低估。但需要注意的是，不变价格估

表5　　1760～1860年间价格指数

（1851～1860年间平均值=100）

时　期	（1）房屋和其他建筑物	（2）农业工厂和建筑物	（3）工厂和机器	（4）批发商品价格总指数
1761～1770	53	55	—	88
1771～1780	56	56	—	95
1781～1790	59	58	81	102
1791～1800	76	80	109	121
1801～1810	121	126	150	152
1811～1820	130	129	138	154
1821～1830	114	98	117	109
1831～1840	106	98	111	104
1841～1850	100	97	102	93
1851～1860	100	100	100	100

资料来源：（1）～（3）序列的资料来源见正文第37～38页和注释第28～30。（4）序列建立在以下国内和进口商品价格指数之上——主要是批发价格和进口商品价值——以每10年作为平均的结合时期；1761～1770年到1791～1800年间，是对消费品与生产资料的熊彼特—吉尔博伊（Schumpter-Gilboy）指数的平均；1791～1800年到1841～1850年间，是国内与进口商品的盖尔—罗斯托—施瓦茨（Gayer-Rostow-Schwartz）指数的相互平均；1841～1850年到1851～1860年，是卢梭（Rousseaux）的总指数。这三种指数见于B. R. 米切尔的《英国历史统计数据摘要》（1962年版），第468～473页。

数和资本存量不受影响，因为这些估数的求取过程不需使用这个价格指数(见56页)。

1761～1770年间和1811～1820年间，建筑物价格指数大约以150%的速度上升，之后一直到19世纪40年代以前，几乎下降了大约25%。在第一阶段，建筑工资涨了1倍，而原材料指数上升了3倍；在第二阶段，即19世纪20年代和30年代，建筑工资略有下降，此后又略有增长，原材料价格在每一个10年时期，都有很大下降。农业建筑物和农业工厂指数经历了大致相似的过程，只是在19世纪20年代显得下降得更为厉害，这时农业工资也迅速下降。1801～1810年间高峰与这一时期末期之间，“工厂和机器”指数表现出急剧下降，而这主要是因为它深受铁和木材价格大幅下降【38】的影响。

表5的最后一栏是批发商品价格总指数。建筑物指数与批发商品价格总指数二者都要与资本货物指数做比较，在2.5节中这种比较将派上用场。除了这些主要指数，我们也使用关于单个部门的专门指数，后面将对这些专门指数进行逐个描述。

2.4　资料来源与估算方法

现在准备着手进行的主要工作是：对国内固定资本形成总额和国内可再生总固定资产存量进行估算。关于前者，对1761～1770年至1851～1860年之间的每个10年时期都要进行估算，表6以1851～1860年间的不变价格计算，表7以1851～1860年间的现价计算。关于存量数据，在表8中给出了以1851～1860年价格分别对1760年、1800年、1830年和1860年这4个年份进行估算的结果，所计算的都是这4年的年末存量。在这4年中，对1860年进行估算，是我们关注的焦点，而对前3个年份的估算，则更多是推测性的。尽管如此，为了能从数量概念上将资本存量增长大致反映出来，我们还是给出关于这些年份的估数。所有估数都只与大不列颠有关。①

进行详细估算的基础，是根据生产部门、资产类型进行的分类，有13种不同估数。这些估数在各表之中，都按部门被归属到四个不同的类别中：居住与社会设施、农业、工商业、运输业。下面描述的估算程序与表6、表

① 为了将爱尔兰的资本存量包含进来，我们做了一个粗略的调整，见正文第78页。【31】

7、表 8 给出的序列顺序是一样的。这种描述意在展现主要的相关资料来源，也力图就有关估算方法提供足够信息，以便能让将来的研究者们有可能进行适当的批评与修正。不过，我们也并没有试图对每一个细节都给予非常详细的描述，或是对所使用的所有程序和假定都进行验证。

如果依照前面第 35 页上所提到的第二个方程式的逻辑方式，那工作顺序应该是先从国内固定资本形成总额的流量序列开始，然后从中衍生出对总固定资产存量的估数。但实际上，由于在很多部门中，包括对这些估算操作具有极端重要性的大多数部门，可获得的数据存在着很大限制，以至于我们不得不颠倒这个程序：先开始估算资本存量，而这种估数来自某些其他方法
【39】（例如来自于资产存量的某些统计资料），而不是从资本形成积累方法中衍生得出；然后再从资本存量中衍生出相应资本流量。因此，可以说，在某些情况下我们从估算存量开始，在其他情况下则从流量开始。

表 6　以不变价格估算大不列颠 1761 ~ 1860 年间国内固定资本形成总额

（1851 ~ 1860 年价格，年平均数，每 10 年为一计算期）

单位：百万英镑

		1761~1770	1771~1780	1781~1790	1791~1800	1801~1810	1811~1820	1821~1830	1831~1840	1841~1850	1851~1860
居住与社会设施	1. 住宅	1.49	1.38	2.17	3.35	4.58	5.82	8.91	10.28	7.60	10.25
	2. 公共建筑和工程	0.15	0.14	0.22	0.33	0.46	0.58	1.07	1.54	1.52	2.05
农业	3. 农业建筑物、农场改良与农用设备	2.18	2.62	3.31	4.26	4.06	4.45	4.08	4.71	6.16	6.90
工商业	4. 工商业建筑	0.97	0.73	2.13	2.20	3.04	4.16	6.81	8.52	8.15	10.99
	5. 工业机器和设备	0.27	0.11	1.10	0.88	0.84	1.28	2.65	3.51	4.18	5.65
	6. 采矿和采石	0.08	0.04	0.08	0.16	0.12	0.25	0.28	0.63	0.88	1.71
	7. 气和水	—	—	—	—	—	0.19	0.23	0.45	1.05	2.32
	小计（工商业）	1.32	0.88	3.31	3.24	4.00	5.88	9.97	13.11	14.26	20.67
运输	8. 铁路	—	—	—	—	—	0.10	0.10	3.67	14.11	8.78
	9. 公路和桥梁	0.53	0.52	0.53	0.49	0.47	0.78	1.15	1.19	1.02	1.01
	10. 四轮马车和四轮大马车	0.20	0.20	0.30	0.40	0.50	0.60	0.80	1.00	1.30	1.70
	11. 运河和水道	0.22	0.50	0.25	1.04	0.70	0.57	0.52	0.47	0.19	0.17
	12. 码头和港口	0.02	0.04	0.05	0.07	0.68	0.42	0.30	0.45	0.85	1.46
	13. 轮船	0.53	0.77	0.98	1.13	1.12	1.31	1.39	2.17	2.42	5.00
	小计（运输）	1.50	2.03	2.11	3.13	3.47	3.78	4.26	8.95	19.89	18.12
总　计		6.64	7.05	11.12	14.31	16.57	20.51	28.29	38.59	49.43	57.99

【40】

表 7 以现价估算 1761～1860 年间大不列颠国内固定资本形成总额

（年平均数，10 年为一平均期） 单位：百万英镑

		1761～1770	1771～1780	1781～1790	1791～1800	1801～1810	1811～1820	1821～1830	1831～1840	1841～1850	1851～1860
居住与社会设施	1. 住宅	0.79	0.77	1.28	2.55	5.54	7.57	10.16	10.90	7.60	10.25
	2. 公共建筑和工程	0.08	0.08	0.13	0.25	0.55	0.76	1.22	1.64	1.52	2.05
农业	3. 农业建筑物、农场改良和农用设备	1.20	1.47	1.92	3.41	5.12	5.74	4.00	4.62	5.98	6.90
工商业	4. 工商业建筑	0.51	0.41	1.26	1.67	3.68	5.41	7.76	9.03	8.15	10.99
	5. 工业机器和设备	0.22	0.09	0.89	0.96	1.26	1.77	3.10	3.90	4.26	5.65
	6. 采矿和采石	0.04	0.02	0.05	0.12	0.15	0.32	0.32	0.67	0.88	1.71
	7. 气和水	—	—	—	—	—	0.27	0.32	0.52	1.01	2.32
	小计（工商业）	0.77	0.52	2.20	2.75	5.09	7.77	11.50	14.12	14.30	20.67
运输	8. 铁路	—	—	—	—	—	0.10	0.10	3.85	15.25	8.78
	9. 公路和桥梁	0.33	0.33	0.39	0.49	0.63	1.03	1.19	1.15	0.99	1.01
	10. 四轮马车和四轮大马车	0.10	0.10	0.18	0.30	0.60	0.78	0.92	1.05	1.30	1.70
	11. 运河和水道	0.13	0.29	0.16	0.74	0.71	0.54	0.55	0.48	0.19	0.17
	12. 码头和港口	0.01	0.02	0.03	0.05	0.62	0.44	0.30	0.43	0.83	1.46
	13. 轮船	0.27	0.41	0.51	0.87	1.52	1.81	1.39	2.24	2.51	5.00
	小计（运输）	0.84	1.15	1.27	2.45	4.08	4.70	4.45	9.20	21.07	18.12
总 计		3.68	3.99	6.80	11.41	20.38	26.54	31.33	40.48	50.47	57.99

【41】

表 8 1760～1860 年间大不列颠国内可再生总固定资本存量

（以 1851～1860 年重置成本不变价格计算） 单位：百万英镑

		1760 年	1800 年	1830 年	1860 年
居住与社会设施	1. 住宅	191	248	390	599
	2. 公共工程和建筑	19	25	37	80
农业	3. 农业建筑物、农场改良和农用设备	210	270	340	430
工商业	4. 工商业建筑	25	75	204	460
	5. 工业机械和设备	9	26	61	160
	6. 采矿和采石业	2	4	8	35
	7. 气和水	—	—	4	42
	小计（工商业）	36	105	277	697
运输业	8. 铁路	—	—	2	268
	9. 公路和桥梁	15	28	47	66
	10. 四轮马车和四轮大马车	2	5	9	23
	11. 运河和水道	8	23	35	37
	12. 码头和港口	1	3	15	42
	13. 轮船	12	22	31	68
	小计（运输业）	38	81	139	504
总 计[a]		490	730	1 180	2 310

注：a 四舍五入到约 1 000 万英镑。

2.4.1 住宅

这个细目包括了所有住宅：房屋、农舍、公寓以及可用于居住的商店和酒吧的居住部分。① 10 年一度的人口普查报告提供了 1800 年以来每 10 年最后一年英格兰和威尔士的住宅数量。② 参考人口运动情况，③ 并且按照一个前提假定，即认为每一住宅中的人数在 18 世纪后期的生育高峰期间只是从 1761 年的 5.5 人上升到了 1801 年普查数的 5.8 人，④ 这里可以把这个序列后推到 1761 年。考察这方面的资料时，有必要区分每一家（home）人数与
【42】每一家庭（family）人数，在当时数据中，并不总有这种区分，或者很难进行这种区分。我们所使用的平均每**家**（houseful）人数——尽管与平均每**户**（household）人数相比差别很小——在这个时期中增加的这个假定，主要是以理查德·沃尔（Richard Wall）得出的结论为基础。他是在利用所有现有数据，并进行了系统研究之后得出这一结论的。⑤

至于苏格兰，它在 1881 年之前的普查数据不可用，因为普查中许多由两个或两个以上独立住宅组成的多户合租公寓的数据，比较混乱，而我们只是进行一种粗略估算，可以假定苏格兰每个住宅中的人数变化与 1761 ~

① 对住宅序列的覆盖范围以及它与其他类型建筑估计的关系的进一步考察见附录，（正文）第 94 页。【32】

② 普查所列出的 1861 年 4 月的量，是作为 1860 年末的存量，对于以前的年份也一样。对于 1851 年来说，出于普查的目的，“房屋”被定义为“在建筑物外表和界墙之内的所有空间”，并且这个定义也被适用到后来的普查中。1851 年以前，关于这个词的解释由人口调查员自己决定，但似乎显得相当一致。我们在附录中进一步考察了有人居住房屋的构成，（正文）第 95 ~ 96 页；无人居住的房屋主要包括用于办公的建筑物、仓库等，还有夜间无人居住的房屋。【33】

③ 有关 18 世纪晚期人口的估计，我们采用的是由迪恩与科尔在《英国经济增长（1688 ~ 1959）》第 6 页中给出的布朗利（Brownlee）的数字。【34】

④ 关于这个比率，基础数据情况是，总共有总数为 9 193 000 的人口居住在 1 576 000 栋房屋中。【35】

⑤ R. 沃尔（Wall）：《从已出版的资料中得出的英格兰的家户平均规模》，见 P. 拉斯雷特（Laslett）编撰的《以前的家庭与家庭成员》（1972 年版），第 159 ~ 166、196 ~ 198 页。关于比例数从 5.5 上升到 5.8，来自于从关于 1761 ~ 1801 年间人口估数之中推算出的房屋数，它大致与试图做相反计算的当时人士从样本中计算的比率相一致，也就是说，这些当时人士从非常不准确的征收和
【632】免征家庭税的房屋估数中来得出关于人口的估数。例如，J. 豪利特（Howlett）的修订本中所用的 1786 年的比率是 $5\frac{2}{3}$；弗朗西斯·艾登爵士（Sir Francis Eden）在 1800 年（仍旧在第一次普查之前）所采用的数字是 $5\frac{1}{2}$。

关于这个问题的争论、方法和估数成果的详细描述见 E. C. K. 冈纳（Gonner）的《18 世纪英格兰的人口》，载《统计学报》（1913 年）第 76 卷。以此为基础，他对 1777 年房屋数量所做的最佳估数是 1 170 000 栋，这可以与我们对 1780 年所做的 1 330 000 栋的估数相比较。【36】

1881 年间的英格兰和威尔士的变化情况一样。对后面两个数据序列进行综合，就得到关于大不列颠1760～1860 年间每 10 年之中最后一年的住宅数。在 4 个基准年中，这些数字分别为 1.45、1.87、2.93 和 4.35（以百万为单位）。

每 10 年间房屋数量的增长，实际上表示的是这 10 年中新建房子减去拆毁的房子之后的数量。由于没有任何关于被拆毁房子的直接数据，我们建构了一个序列，通过以下假定使得这个序列的计算变得可行：（1）每一时期初期的房屋存量面积和寿命，大致决定着将要被拆毁房屋的量；（2）每 10 年中新建房子的数量，大致决定着被拆毁房子的速度；（3）假定房屋平均寿命刚好 100 年。从这些假定中，可以得出一个非常近似的被拆毁房屋序列，并由此算出每两次人口普查间的增长：1761～1770 年到 1841～1850 年间是 40%，1851～1860 年到 1861～1870 年间是 35%，1871～1880 年到 1901～1910 年间下降为 30%。①

如果住宅总是大体上按统一的面积和质量标准进行建造，就能将关于每 10 年住宅的估数与住宅存量看做相互在度量单位上可比的数据，并将价值估定继续下去。当然，实际过程并非如此，因此，必须首先考察建筑管理规章的扩充、生活标准的普遍提高、影响住房供给的公共健康和卫生标准的提高以及所用建筑材料类型的变化等方面，并推断它们可能对住宅量产生的影响，然后再对数据进行某些校正处理。我们很少拥有关于这些因素作用的直接证据，但假定，在 1810 年以前，它们没有明显变化，1810 年以后，住房的面积和质量标准开始提高——开始时提高得相当缓慢，假定 1811～1820 年间每年提高 0.1%，1821～1840 年间每年提高 0.2%；接着，关于 1841～1860 年间，考虑到建筑物在一系列主要城市地区住宅面积和质量标准已经在有规律地提高；同时，虽然不是所有人口，但无疑许多人群的生活标准也开始提高，因此，我们认为此间住房标准每年上升速度稍微加快，每年上升 0.5%。这些假定意味着，例如，1860 年新建普遍住宅的面积和质量大致高于 1810 年或 1810 【43】

① 这个序列一直持续到 1910 年，从而为在此基础上评判假定的毁坏率的有效性提供了更多证据。所采用的比率的结果是，1760 年末的住宅存量大约有 79% 到 1860 年报废了（同时假定总是最老的房子被报废）；1810 年末存量中大约 95% 到 1910 年报废。再观察一下暗含的关系，1761～1860 年整一个世纪间，总的新建筑（两次普查之前的净增长加上报废的）在 1860 年 435 万栋住宅存量中占 404 万栋（93%）；对于 1811～1910 年的一个世纪来说，新建筑估计为 805 万栋，几乎等于 1910 年末所有的 815 万存量。也可以对用这种方法所得到的新建筑估数与由韦伯（Webber）和帕里·刘易斯（Parry Lewis）编制的直接估算数进行相互核对，见 J. 帕里·刘易斯的《大不列颠的房屋建筑指数（1851～1913）》，载《苏格兰政治经济学杂志》（1961 年），第 8 卷。【37】

年之前相应住宅的15%。①

继而，以1851～1860年间住房的面积和质量情况作为对照标准，将每10年中的新建住宅和4个基准年住宅存量的估数结果调整为以可比单位计量。对于存量，其标准房屋的数据就成为1.28、1.65、2.60以及4.00（以百万为单位）。

论述到这里，就可以通过把每10年中建造的（标准）房屋的数量与1791～1849年间被广泛使用的砖块产量序列联系起来，目的是要对我们的估数进行一下局部核查。② 从中可以看出，我们当前的估数低估了1791～1800年间和1821～1830年间的住宅建设水平，高估了这两个时期中间的两个10年的水平。当然，我们没有考虑砖块的主要替代物的数据序列：房子的某些部分使用石头和木材，而且砖块还用于建造数量不等或数量未知的其他建筑：运河、农场建筑物、制造厂、工厂和仓库；而且我们还没有来得及估算到砖块存量的变化。但是，这个差异似乎太大，即使加上这些因素也还是解释不了，因此，要对最初估数做一个大概调整，把原先对1791～1800年新建房屋的估数加上大约30 000，对1801～1810年间和1811～1820年间的估数则分别减去20 000和30 000，对1821～1830年则加上20 000。这些调整没有触及原来关于1830年及1830年之后或者1790年及1790年以前的住宅总数的估数，没有使它们发生什么变化。它们只是代表了对新建房屋估数进行适当比例调整（最大的调整比例发生在1791～1800年间，为17%，最小的发生在1821～1830年间，为3%）。但是，对1800年、1810年和1820年住宅总存量

---

① 尽管近年来有大量关于城市发展史的研究，但是，可以用做判断19世纪房屋规模和质量改善率的基础的可靠资料仍然非常缺乏。仅有的很少估计，见于W. 贝克尔曼（Beckerman）的《1975年的英国经济》（1965年版），第373～374、588页，这里估算的典型工人阶级的房屋在1840年和1905年间变化率为平均每年略低于1.0%，几乎所有改善都发生在1840～1880年间。另见以下文献的有关内容：

（1）W.G. 里默（Rimmer）的《1770～1840年间利兹工人的小屋》，载《托斯比协会公告》（1963年），第46卷，第178～186页；

（2）J.N. 塔恩（Tarn）的《19世纪工人阶级的住房》（1971年版）；

（3）S.D. 查普曼（Chapman）编撰：《工人阶级住房的历史——专题论文集》（1971年版）；

（4）E. 高尔第（Gauldie）的《悲惨的居所》（1974年版），第41～42页；

（5）关于一些由当时人士给出的有用证据，见于J. 霍尔（Hole）的《工人阶级的家》（1866年版）。【38】

② H.A. 香农（Shannon）：《砖——一个贸易指数（1785～1849）》，载《经济杂志》（1934年），第1卷。另见A.K. 凯恩克罗斯（Cairncross）和B. 韦伯：《大不列颠建筑业的波动（1785～1849）》，载《经济史评论》，第2卷，第9分卷（1956年）。

关于19世纪40年代的估计，我们同意G.R. 霍克（Hawke）在《英格兰和威尔士的铁路和经济增长（1840～1870）》（1970年版）第212页中提出的假定，即认为1/3的砖产量被用于铁路建设，我们把这部分排除在房屋用砖之外。【39】

估算所用的调整比例很小（2%或更少），添加上调整差额后，得到经过调整的新建住宅数量序列，我们乐于接受这个序列的合理性。经过调整后的住宅与砖块序列的关系如表 9 所示。1801～1810 年间和 1811～1820 年间相比，每间房子所用砖块的隐含数量急剧下降，这意味着新建房屋数量在第一个 10 年中可能被估算得太低（或者在最后 4 个 10 年中太高——而这很可能更具有可信性），尽管这种下降也可能部分地是由于大规模建造运河造成的结果。【44】

表 9　　1791～1850 年间房屋建设与砖块产量之间的关系

时　期	砖块量（百万）	房屋建设（标准房，千）	隐含的每栋房屋用砖量
1791～1800	6 410	223	28 700
1801～1810	8 250	305	27 100
1811～1820	8 630	388	22 200
1821～1830	12 310	594	20 700
1831～1840	13 370	685	19 500
1841～1850	10 560	507	20 800

资料来源：见正文。

最后，可以以 1851～1860 年新建房屋中每个住宅的平均价格来对这些估数做出评估。我们采用的这一平均价格为 150 英镑——这代表以1851～1860年价格建造的符合 1851～1860 年标准的一个房屋的费用，并且假定它还包括了由营建商和房地产商提供的街道改造费用。①

我们没有一个借之可以得到所需的住宅平均成本估数的直接计算程序。一个非常间接的计算方法，是把主要从 1907 年大不列颠的生产普查中得出的每个住房的平均成本回推到 1851～1860 年，这是我们第一次对大不列颠新房屋工程价值进行全面回推。由此，关于1851～1860 年，得到的房屋平均造价为 125 英镑；只是，要记住这个基本数据和这种跨越半个多世纪的回推都相当程度地不准确。②

---

① 有关营建商对城市街道改造的贡献，参见以下文献：

（1）C.W. 乔克林（Chalklin）的《乔治王时代英格兰的地方市镇：对建筑过程的研究（1740～1820）》（1974 年版）；

（2）H. 霍布豪斯（Hobhouse）的《建筑大师托马斯·丘比特》（1971 年版）；

（3）D.J. 奥尔森（Olsen）的《伦敦的城镇规划》（1964 年版）。【40】

② 有关 1907 年估值的来源，见 A.K. 凯恩克罗斯（Cairncross）：《国内和国外投资（1870～1913）》（1953 年版），第 107～109 页，有关用于向 19 世纪 50 年代外推的住宅建筑成本指数和住宅变化规模和质量指数，见范斯坦：《联合王国的国民收入、支出和产出（1856～1965）》，第 186 页。对于 1907 年地价的进一步评论，另请参看同一文献的第 195 页。【41】

表 10　　1860 年基于年度价值分类的房屋平均成本

（1851～1860 年价格）

年度价值流量（英镑）	数量（千）	占总计的比重（%）	关于成本可能大小的估数（1851～1860 年价，英镑）
5 以下	2 070	47.6	30
5～10	1 115	25.6	70
10～15	520	12.0	120
15～20	280	6.4	180
20～30	135	3.1	300
30～50	120	2.8	500
50～100	73	1.7	1 000
100 以上	37	0.8	5 000
总　计	4 350	100.0	加权平均　138

资料来源：见正文。

第二种可能是通过分别处理各种主要类别的住宅，把问题分解开来。这种方法是实际采用估数的计算基础，并且产生了一个乍看上去似乎相当高的数值；但实际上，如果充分考虑到新建住房标准的跨度范围极大且上限很高，这一数值就是非常合理的。幸运的是，我们拥有非常可靠的资料来源，在此资料基础
【45】上，我们对 1860 年大不列颠住宅总存量按年度价值进行了详细分类，① 并且以此为分类框架显示出，以 1851～1860 年价格计算的关于 8 个房屋类别中的每一类别成本的合理估数与大约为 150 英镑的加权总平均数相一致。1860 年房屋存量中，几乎有一半是以 1851～1860 年（但是实际上是标准价格）只有 30 英镑的价格来估算成本的；② 还有1/4 房屋存量的估算所用单个住宅成本是 70 英镑。③

① 年值在 20 英镑以下的（包括 185 000 住宅区商店、旅馆等）和年值在 20 英镑或 20 英镑以上的住宅总数量（不包括商店等）在附录中进行了估算（第 94 页）。20 英镑以下的房屋的分类是基于两个议会报告书（1849 年下院第 630 号和 1851 年下院第 2 号）给出的有关 1851 年的资料，这些资料总结在 W. 纽
【633】马奇的《关于英格兰和威尔士的郡和自治市镇的选民统计》中，载《统计学报》（1857 年），第 20 卷，第 187～189、230、314～321 页。同时，它的资料基础还包括一个 1874～1875 年间的住宅税统计结果（斯坦普的《英国收入和财产》，第 141 页）。对于 20 英镑和 20 英镑以上的房屋的分类是基于由斯坦普在议会报告书（下院第 428 号，1863 年）基础之上对 1860～1861 年所做的估算（同上，第 445 页）。【42】

② 这包括数量众多的小而肮脏的棚屋、小屋和贫民窟，18 世纪末期这些住宅中居住着许多家庭［参见，比如说，J. H. 克拉彭：《现代英国经济史》，3 卷本（1926～1938 年），第 1 章，第 27～41 页，以及高尔第：《悲惨的居所》，第 27～57 页］，还包括建于 19 世纪早期的最破旧的城市住房。【43】

③ 对于 19 世纪上半期的大多数城市建筑来说，这似乎是一个合理平均数。比如说，读者可以参见来自利物浦、伦敦、曼彻斯特和伯明翰的营建商和待售房屋鉴定人的证词，援引于《自治市镇建筑规则和改造特别委员会报告书》，报告号 PP. 1842，X，询问案号第 217～219、530～554、747、1318～1372、1734 号。国家住房和城镇规划委员会秘书长 H. R. 奥尔德里奇（Aldridge）在《国家住房手册》（1923 年版，第 100 页）中是这样描述的："有成千上万的住房不超过 3 000 立方英尺，所核算的 1840 年工程造价平均为每立方英尺 4.5 便士，建设成本可以认为是 64 英镑 10 先令 0 便士。"另见上注 38 所列的研究结果。【44】

接下来的两个类别，包括建于19世纪上半叶的城市中的较高级住宅和乡村小别墅，这些房屋的数量较少，其成本从120英镑到180英镑。然后是数量更少的为大多数富裕的商业和职业阶层居住的非常坚固的城市和乡村房屋，① 其单个住宅成本是从300~500英镑到1 000英镑不等。最后，对于处于顶端的（以及无法归类的）大约37 000栋最豪华的城市和乡村住宅的成本，我们采取一个相当武断但笔者认为并不过分的数值，即5 000英镑。②

在此基础上进行分类的结果见表10。我们使用的估算方法的结果是，

① 参见以下文献：

（1）J.H. 沃尔什（Walsh）：《家庭经济手册》（1857年版），第7~160页，它对19世纪中期中、上层阶级的房屋标准和建设成本作了非常详尽的讨论。他介绍的购买或建设一栋房屋的费用大致如下：

年度收入	100英镑	250英镑	500英镑	1 000英镑
房屋价格	150英镑	300英镑	800英镑	1 200英镑

（2）对于这个范围内的房屋的进一步讨论见霍布豪斯（Hobhouse）：《托马斯·丘比特》，第241~242页；

（3）一个伯明翰建筑师H. 亨明（Hemming）在他的《别墅、牧师住宅和其他房屋的设计图》（未注明出版日期）中对实际所建房屋给出了详细说明；

（4）这些房屋计划由H.-R. 希契科克（Hitchcock）在《英国维多利亚时代早期的建筑》（1954年版，第427~430页）中讨论过，并且涉及19世纪40年代和50年代的其他房屋；

（5）F. M. L. 汤普森（Thompson）的《汉普斯特德：建设一个自治市镇（1650~1964）》（1974年版），第245~295页，是一个对此类房屋建筑发展背后经济和社会力量的特别有价值的分析（例如对流行的瑞士小别墅和贝尔希泽尔的不同房产的特殊价格，上引书，第258、266、277和290页）；

（6）H.J. 戴俄斯（Dyos）：《维多利亚时代的市郊》（1961年版），第96~109页，提供了伦敦南郊的坎伯威尔（Camberwell）、佩卡姆（Peckham）和达利奇（Dulwich）有产者房屋的类似文献资料。【45】

② 我们排除了商店、旅馆等，但是，最高一类的房屋仍然包括了某些住所类地产，这些地产不是通常意义上的住宅，例如大学和学院，它们没有被排除出去，主要是因为地产权分类登记时区分不很严格（斯坦普：《英国收入和财产》，第107、112页）。但是，这个成本价格也将能够更加适当地包括这一时期用于家庭建筑上的最奢侈的支出，亦即它在价格数量范围上涵盖了从据说诺森伯兰（Northumberland）公爵于19世纪50年代花在阿尼克（Alnwick）城堡上的可称作为巨额数量的320 000英镑，再到1804~1812年为洛德·格罗夫纳（Lord Grosvenor）建造的伊顿厅（Eaton Hall）所用应称为中等数量的40 000英镑，一直再到托马斯·丘比特（Thomas Cubitt）在伦敦的格罗夫纳（Grosvenor）庄园建造的房屋的整个范围，而在最后这一类房屋中的一些较小房屋，“大约值1 700英镑，在国王街（King's Road）于19世纪40年代中期和1850~1851年建造的房屋大约售价3 000~4 000英镑，这些房屋似乎全部准备出售给孀妇、老姑娘，偶尔也出售给海军军官”。相关文献如下：

（1）有关城堡和乡村房屋，见F. M. L. 汤普森（Thompson）：《19世纪英格兰拥有地产者协会》（1963年），第87~93页；

（2）对于丘比特（Cubitt）对贝尔格莱维亚区（Belgravia）的富人所提供的房屋，见霍布豪斯（Houbhouse），上引书，第147页。霍布豪斯先生的有价值的研究包括了许多丘比特提供房屋的其他例子，价格高达15 000英镑（第46、49~50、133~136、145~146、155、163、330页）；【634】

（3）英国其他地方的类似房屋在A. J. 尤乌恩森（Youngson）的《爱丁堡经典建筑物》（1966年版）和由W. 艾森（Ison）所做的《巴什的乔治王时代的建筑物》（1948年版）和《乔治王时代布里斯托尔的建筑物》这两个研究（1952年版）中描述过；

（4）另外，还请参看希契科克（Hitchcock）的《维多利亚时代早期的建筑》，第8、9章。【46】

以 1851～1860 年价格计算，1860 年大不列颠房屋总存量的单位成本的加权平均值是 138 英镑。但是，为了让建于 1810 年以后的房屋质量和规模的提高能够获得体现并具有可比性，我们先前以 1851～1860 年的价格作为标准不变价格，对所有新建房子的估数进行了紧缩化处理。因而，现在必须对所估算的支出往上作相应调整，这样得出的以 1851～1860 年价格表示的 1851～1860年间标准房屋的成本是 150 英镑。① 同样的价格指数可以适用于关于每 10 年期的标准建房估数或较早基准年份存量估数的调整，如果假定房屋建筑的基本建筑结构没有明显变化的话。

第三个资料来源是在本章初稿完成以后才见到的，这是由 C. W. 乔克林在进行一项重要研究的过程中收集的大量数据。这一研究的对象是 1740～1820年间由 7 个地方城市组成的一组有代表性的城市群的房屋建筑过程。他这样描述 19 世纪早期的新住宅平均成本：

> 我自己的论据仅与地方城市的数据有关，当然不能用来估算全国的平均数，但我相信这个平均数至少高达 150 英镑。尽管地方城市中最小的新公寓 1800 年后的成本仅为大约 60～80 英镑，乡村农舍仅为 40～60 英镑，但是由于 500～1 500 英镑这个范围的（相对新的）房子的存在并且占有相当权重，而这足以使这个**平均数**急剧上升。这些新房子包括了一些农房、城市房屋，当然还有价值量处于中等程度的那些住宅。②

应该考虑到，不同日期上的数量存在差异，而这一点正可以用来大致证
【46】明我们现在的估数。

因此，我们采用了对每 10 年中新建房屋数量进行标准化处理之后的数字，也在这 4 个年份中采纳以 150 英镑为单个住宅平均价值而计算的住宅存量，并且由此给出了表 6 中的 1851～1860 年价格计算的资本形成序列和表 8 中的住宅存量序列。要得到表 7 中现价时的资本形成数，就要用1851～1860 年价格计算的资本形成数序列乘以表 5 第 1 栏中的房屋价格指数。

---

① 1860 年的实际房屋量是 435 万栋，或者说，与（第 44 页中所给出）400 万栋标准化房屋相比，高出 8.57%。对于价格可以做同样的比例调整，也就是说，可以或者以 138 英镑的实际成本对 435 万栋的实际房屋量进行估价，或者可以以 150 英镑的标准成本对 400 万栋标准化房屋进行估价。【47】

② 引文见于乔克林：《地方市镇》，第 309 页。

有关数量众多的房屋实际价格的例子，从 18 世纪 70 年代在伯明翰建造的价格为 35 英镑的密集型住所，到 19 世纪早年间在利物浦的大乔治广场建造的价格为 3 000 英镑的房屋，可以另参见，上引书，第 188～227 页。【48】

2.4.2　公共建筑物与公用工程

这个序列试图包括所有的公共建筑物，既包括城市礼堂、学校[①]、医院、博物馆、济贫院、监狱和教堂，也包括下水道和污水处理工程。关于1800年民用公共建筑和公共工程的价值，以两个当时人士的估数为基础，可以大致赋值为2 500万英镑（以1851～1860年价格计）。[②] 这是我们对那一时期住宅存量价值估数的10%。

根据这一比率，假定1760年公共建筑物总存量的价值也是住宅价值的10%，并进一步假定从1761～1770年间到1811～1820年间，每个10年中的资本形成也是相应的住宅支出的10%（分别为不变价格和现价）。然后假定，1821～1830年间，这个比率增加到12%；1831～1840年间，增加到15%；1841～1860年间，增加到20%。假定这种比率的增长首先是为了得到这些10年中国有和民用建筑的实际支出，这些建筑物包括白金汉宫、议会大厦、大英博物馆、国家美术馆以及国家档案馆（这些建筑费用都来源于国库），还有伦敦的皇家交易所和煤炭交易所、利物浦（Liverpool）的圣乔治宫和伯明翰的城市礼堂、苏格兰的阿什莫伦（Ashmolean）博物馆和菲茨威廉（Fitzwilliam）博物馆、林肯酒店、国家美术馆以及许多其他的交易所、市场、城市礼堂和其他不断增加英国城市规模以及繁荣程度的纪念性建筑。[③] 其次，这个序列的增长，还试图包括新近出现的地方政府主管机构不断增加着的用于公共健康和公共卫生领域的资本支出。[④]

---

① 某些学院和大学在我们的估算中包括在住宅中，见以上注解46。【49】

② 这个说法以以下文献为基础：

（1）H. 比克（Beeke）：《关于所得税产品的观察资料》（1800年版），第184页，他估算的所有的地方性、大都市的建筑物价值为2 500万英镑；

（2）P. 科洪（Colquhoun）：《英帝国财富、权力和资源论》（1815年版），第55、58页，这一文献推定1812年的价值为2 200万英镑。【50】

③ 参见J. 萨默森（Summerson）：《乔治王时代的伦敦》（1945年版，1962年第2版），对18世纪晚期和19世纪早期伦敦的主要建筑作了一个完美的概括；希契科克（Hitchcock）：《维多利亚时代早期的建筑》，页码如前所出现，第9、10章，在这里，对1830～1860年间最杰出的公共建筑作了充分描述。【51】

④ 见J. 西蒙（Simon）：《英格兰的卫生机构》（1897年版），该书对从负责维护市政场馆、下水系统等设施工作不力的主管委员，到进行集中管理的地方权力机构的管理方式变化及对应的支出活动的演变都做出了描述。这种演变是在1831～1833年间霍乱流行、埃德温·查德威克（Edwin Chadwick）和《济贫法》专员的努力以及1848年通过的《公共健康法案》的推动下发生的。另见B. 基思—卢卡斯（Keith-Lucas）：《影响英格兰卫生立法发展的某些因素》，载《经济史评论》，第2卷，第6分卷（1953～1954年），第290～296页。【52】

为了完成对这些资产总存量价值的估算，我们进一步假定，它们的平均寿命为100年。1830年存量等于1760年存量的40%加上以1851～1860年价格计算的1761～1830年间的累积支出，并且1860年的存量等于上一个世
【47】纪中总资本支出累积量。

2.4.3 农业

在国内资本积累中，农业是一个重要组成部分。农业资本积累包括了由地主和佃户支付的资本支出，这些支出包括用在农场建筑物上的资本支出（不包括住宅）；用在圈地、开垦、排水以及其他土地改良上的支出；用在农场公路上（尤其是与圈地有关）的支出；用在马车、设备和机器上的支出。它不包括牲畜和马，这些将在2.5节中讨论。

我们从现价计算资本形成序列开始来对农业部门进行估算，估数序列的资料基础来自于每10年平均总地租的估数以及以地主和佃户的资本支出表示的各一部分总地租。我们用这种方法进行估算，试图为可能的数量程度大小找到某种表达：可以对大不列颠的土地总地租进行估算，而且关于某些不动产，已经有了用在改良上面的租金的证据资料。我们假定，资本支出水平不是直接取决于公认的租金水平。我们先以一种合理方式建立英国（Britain）的土地总地租序列。我们知道能够用于收入税中的A类税①估值的1842年以后的土地总地租（包括什一税），也知道与A类收入税相对应的较早期的1806年、1808年、1810年和1814年的地租估值。② 对于1800年，有比克（Beeke）的仔细而审慎的估值③，并且我们取1760年的总租金为2 000万英镑。④ 由此，可以根据由汤普森（Thompson）、诺顿（Norton）、特

---

① 根据英国所得税法，收入分为6类，A类为拥有土地的收入，如租金和租赁收益。——译者注

② 见斯坦普：《英国收入和财产》，第49、515页。我们把这些关于19世纪50年代的估数减去200万英镑（见第96页的表31），并且对以前10年期的估数也减去相应的部分，从而去掉农舍的租金；这些估数曾经是与划到A类收入之下的土地一道估算出来的，但是，在现在的估数中，它们仍然包含有关于住宅的估计量。【53】

③ 比克在《对收入税的研究》中给出的英格兰和威尔士的总租金是2 300万英镑（见正文第20页），并且考虑到苏格兰，他在此基础上增加了1/5（见正文第183页），考虑到什一税则再增加了280万英镑。这个说法看来与较后来自A类收入税资料之中的价值估数而不是与P. M. 迪恩对英格兰和威尔士的3 300万英镑的估数更为一致，迪恩的估数见《早期国民收入估算的含义》，载《经济发展和文化动态》（1955年）第4卷，第29页。【54】

④ 这是基于由吉芬在《资本增长》（第86～94页）中援引的估数，这个估数暗示18世纪中期，英格兰和威尔士的土地和房屋的租金大约为2 000万英镑，其中土地占大约1 550英镑。加上苏格兰后，对土地租金的估数提高1/5，对什一税增加200万英镑。【55】

里斯特（Trist）以及吉尔伯特（Gilbert）编撰的农场地租序列，对基准年份之间的年度数值进行添加，从而完成关于1760～1842年的估算。[①] 结果如表11第1栏所示。

总地租中被认为用于资本支出的那部分更不确定且更加难以估算。最近霍尔德内斯（Holderness）讨论了对农业资本形成进行估算这个问题，并提供了一些有价值的线索，[②] 但他的工作仍在进行当中，我们必须等到他的工作完成后，才能获得足够多的关于这个部门的估数。然而，为了将现在这种临时估算进行下去，还是要对地主和佃户花在新工程和改良上的资本支出做出判断。我们认为，在18世纪60年代，这种资本支出达到总地租收入的6%，然后，在1795～1815年左右，在圈地和改良的巨大浪潮中，这种支出比例稳定地达到一个高峰。这个浪潮是在拿破仑战争中需求迅速增长以及农产品价格迅速上涨至极高水平的影响下形成的（表11中第2栏）。我们采用的10年平均数在一定程度上掩盖了这种高峰，但它显示出，现价时的投资从18世纪80年代的每年190万英镑上升到1811～1820年间的每年570万英镑，增长了3倍。在战后的经济萧条中这个比率降低了，后来又升高。【48】这种比率的升高意味着：在技术进步和议会贷款的刺激下，在沼泽地带和重黏土地区排水系统上发生了巨大支出，同时，农场建筑物和带顶院子、铁制器具和蒸汽机方面，也发生了形式较常见的投资，而这些投资支出（与技

① 参见以下文献：

（1）R.J. 汤普森：《对19世纪英格兰和威尔士的农场用地租金的一项调查》，载《统计学报》（1907年），第70卷；

（2）E.M. 卡勒斯—威尔逊（Carus-Wilson）编撰的《经济史随笔》第3章，第128～131页，（《一个世纪的土地价值：英格兰和威尔士》）再次出现于诺顿、特里斯特和吉尔伯特初次刊登于1889年4月20日《泰晤士报》上的一封信中；

（3）G.E. 米因盖（Mingay）：《18世纪的英格兰地产拥有者协会》（1963年），第20～23、51页。【56】【635】

② 参见这位估算者的以下文献：

（1）B.A. 霍尔德内斯：《农业资本形成》，载希金斯（Higgins）和波拉德编撰的《资本投资略论》，第159～191页；

（2）霍尔德内斯：《东英格兰地主的资本形成（1750～1870）》，载《经济史评论》（1972年）第25卷，第434～447页。

对此进行尝试性估算的其他资料包括：

（1）波拉德：《资本增长和分配》，第341～348页；

（2）F.M.L. 汤普森：《英格兰拥有地产者协会》，第212～268页；

（3）R.J. 汤普森：《一项调查》，第602～605页；

（4）米因盖（Mingay）：《英格兰拥有地产者协会》，第178～183页；

（5）D. 斯普林（Spring）：《19世纪英格兰的地产》（1963年），第47～49页；

（6）R. 佩伦（Perren）：《地主和农业转型（1870～1900）》，载《农业史评论》，第18卷（1970年），第36～51页。【57】

术改良和化肥的使用一起）对这个世纪中期几十年间英国农业“黄金时代”的形成是有所贡献的。估算结果显示，投资在19世纪20年代和19世纪50年代之间增长了大约70%。

表11列出了分别按现价和1851～1860年价格进行估算的详细情况以及作为估算结果的资本支出序列。假定财产的平均寿命是100年①，那么如第5栏表示，现价计算的序列中，从1761年开始一直到1860年，经过100年的累积，农业固定资本存量值为大约43 000万英镑。在进一步估算之前，可以把这个结果与两个替代性估算过程及其估数结果进行比较，从而核对一下我们关于1860年存量和资本支出的大致估数。先进行第一项核对。我们认为，佃户在生产工具和二轮货车等上面的支出是3 000万英镑，将它从1860年的总量中扣除②，就得到地主资本的估数值，再用这个

表11　　1761～1860年间大不列颠农场建筑、改进设备等农业固定资本形成

（年平均数）　　单位：百万英镑

时　　期	(1) 总地租 （不包括农舍）	(2) 资本支出占总地租的百分率（%）	(3) 现价计算的资本支出	(4) 价格指数 （1851～1860年=100）	(5) 以1851～1860年价格计算的资本支出
1761～1770	20	6	1.20	55	2.18
1771～1780	21	7	1.47	56	2.62
1781～1790	24	8	1.92	58	3.31
1791～1800	31	11	3.41	80	4.26
1801～1810	32	16	5.12	126	4.06
1811～1820	41	14	5.74	129	4.45
1821～1830	40	10	4.00	98	4.08
1831～1840	42	11	4.62	98	4.71
1841～1850	46	13	5.98	97	6.16
1851～1860	46	15	6.90	100	6.90

资料来源：（1）和（2）见正文，（3）=（1）×（2），（4）=表5中的第2栏，（5）=（3）÷（4）。

① 100年的期望寿命也许显得有些过长，它不仅想要包括那些如果估定其寿命为50～60年可能显得更为合适的农场建筑，而且多多少少想把对于土地的长期改良也包括进来。【58】

② 见W. J. 哈里斯（Harris）：《法国与英国财富增长比较——特别是两国农业系统》，载《统计学报》，第57卷（1894年），第555页，以及注解第159援引的其他资料。【59】

地主资本估值除以大不列颠大约 3 100 万英亩的农业土地总面积（农地和草场），得到的每英亩土地的资本价值大约为 13 英镑。为了能够对这一估数结果进行评估，我们把这个结果与 R.J. 汤普森（对英格兰和威尔士）所做的估数进行比较，他估算的由地主支付用于排水设施和篱笆、农场道路和建筑物的资本支出为平均每英亩 12 英镑。① 但是，他得出的这一数值 【49】
必须从两方面进行调整。首先，它包括了农舍和农村小型别墅的成本，而这些成本在现在的比较中应该扣除，因为它们已被包含在我们对住宅的估数之中：这样将使 R.J. 汤普森的数值每英亩减少 4 ~5 英镑。其次，他的估数明显扣除了所有发生在采伐、清理土地、除根或施泥灰等活动上的初始支出，增加这些成本和类似成本大致抵消了对相关房屋的扣除。② 这样我们得到的估数就是大约每英亩为 12 英镑，这意味着我们的估数（13 英镑）稍微偏高。

第二个替代性估数显得更不准确，它是通过把地租分成两部分，并把第二部分资本化得到的，其中第一部分用李嘉图（Ricardo）的话说，是代表了对"土地的原始的、不可毁灭的力量"的支付，第二部分是"对用于改良土地质量和用于诸如其目的在于保护和保存农产品的必要建筑物的资本支付"。③ 许多著作家都已估算了作为建筑物和土地改良收益的那部分地租，并且认为其中大部分下降了 25% ~50%。④ 如果我们假设它是 40%，并且把这一比率应用到从 1860 年的 A 类收入税中所估算出来的 4 800万英镑（扣除了用于农场住房的 200 万英镑）地租上面去，就可以

---

① R.J. 汤普森：《一项调查》，第 609 页。他用于估算的资料来源表明，尽管其估数所给出的时间属性是在 1907 年，但实际上也大致是基于 19 世纪中期的成本，也由此，它才会与我们现在以 1851 ~1860 年价格计算的估数具有可比性；另见，同上，第 621 页。【60】

② 参见以下文献：

（1）R.J. 汤普森：上引书，第 605 ~609 页；

（2）霍尔德内斯：《农业资本形成》，第 167 ~170 页；

（3）A. 佩尔（Pell）：《英格兰农业的发展》，载《皇家农业协会杂志》，第 2 卷，第 23 分卷（1887 年），第 355 ~374 页。【61】

③ D. 李嘉图：《政治经济学及赋税原理》，初版于 1817 年，重印于《大卫·李嘉图作品和通信集》，P. 斯拉法（Sraffa）编撰，2 卷本（1951 ~1973 年），第 1 卷，第 67 页。【62】

④ 一项经过最缜密考虑之后做出的估算来自 R.J. 汤普森，他在《一项调查》（第 605 ~611 页）中认为，长期改良地的地租为总利息的 42%。

J.R. 麦卡洛克（McCulloch）在《英帝国的统计报告》（1837 年版，第 535 页）中认为这个比率是 50%，后来他（在 1854 年第 4 版第 561 页中）把这个比率提高到 55%。

涉足这个问题的另有托马斯·惠特克爵士（Sir Thomas Whittaker），他在《土地的所有、使用和税收》（1914 年版，第 87 ~90 页）中曾经援引过 J.H. 萨宾（Sabin）在《一个经验丰富的土地测量员》中的观点［认为农场房屋和建筑占一个农场价值的 3/7（43%）］。

讨论过这个问题的还有汤普森（Thompson）、麦卡洛克和其他人。总的来看，这个比率至少有 50%，也可能会更大。【63】

得到大约1 900万英镑的租金值，如果以20年的购买活动来对这个租金资本化，[①] 就得到38 000万英镑的资本值，对此资本数值（假定）还应该再加上由佃租农户提供的用于生产工具上的3 000万英镑的支出。只是，41 000万英镑这一总估算值，可能很容易因为前面某些假定的改变而改变——例如用低于40%租金的比率，或者用略多于20年的购买时间来获得资本租金的乘数并推算资本——不过，在很大程度上，这个数据还是确证了我们现在关于资本形成和资本存量大致数量程度的估算。[②]

为完成对资本存量序列的估算，首先需要对1760年的存量进行估算。以现价估算，这个时期英国的农场土地大约值50 000万英镑。[③] 但是，这些土地收取的大部分为纯地租，这是因为在此之前只对它们进行过有限的改良。[④] 如果我们相当武断地认为，建筑物和改良投资部分的占比为25%，[⑤] 那么这些投资价值就是12 500万英镑，并且，由于农业资产物价指数导致的通货紧缩影响，如若以1851～1860年价格计算1760年的存量值，这一数值将上升到21 000万英镑。我们进一步假定，这些资产有70%存留到1800年，40%存留到1830年，[⑥] 那么这两个年份上的存量值，就应该是1760年以来的存留量，加上从1761年分别至这两个年份期间所发生的固定资本支
【50】出累积数。

2.4.4 工商业建筑

接下来转向工商业部门。关于这一类别，我们构建了4个独立的估数序

---

① 吉芬：《资本增长》，第30页，他对1865年和1875年的估算，所使用的对农场土地（包括改良）的购买期是30年，对建筑物的购买期是15年。因此我们所推定的这个20年购买期，对于农场土地建筑和土地改良放在一起来说，似乎是合适的。【64】

② 在进行比较时，对于通过资本化得到的估算，必须考虑到贬值的影响。请与第34页进行比较。【65】

③ 这是基于2 000万英镑的租金额，以25年的购买期进行资本化而得到的。见注文55中关于租金的部分；关于购买年限，参见米因盖（Mingay）的《英格兰拥有地产者协会》（第38～39页）和吉芬的《资本增长》（第91页）的有关内容。另见注文68。【66】

④ E.J. 科尔律治（Kerridge）的《农业革命》（1967年版）对1760年以前英格兰的草场灌水、沼泽排水和其他改良进行了非常详细的描述。但是，他的批评者认为这些革新传播得并不广［参见，例如J. 蒂尔西（Thirsh）在《历史》（1970年版，第55卷，第259～262页）中的观点］；而且其他的革新如新作物、新的耕作制度和新肥料的使用，不会造成对固定资本的太多支出。【67】

⑤ 假定建筑物和改造的购买年度少于土地的购买年度（比较注文64），这意味着前者代表的
【636】租金总额的比例要略高于25%。【68】

⑥ 基本的假定是这些资产的使用寿命是100年，而且是从1661～1670年间到1751～1760年间，以大约每10年10%的中等速度积累的。【69】

列，其总体涵盖范围包括了制造业、建筑业、销售业、公共饮食业、采矿业、采石业以及水、气供应业中的所有建筑和设备。

对19世纪中任一时期而言，关于这些建筑，惟一可以得到的可靠资料，是政府出于征税目的而给出的关于工商业房产的总年金价值（等于总租金）的评估值。因此，我们就从1860年的总年金价值开始，由此再衍生出关于总存量的估数，而这又能为估算资本形成提供基础。如果这种估算能够把工业和商业建筑分开，可能会更加理想，但由于没有可靠的统计数据支持这种区分，并且由于在现实经济生活之中，特别是对18世纪和19世纪早期来说，两者的界限比较模糊，因此我们不打算这么做。

关于被免除了住宅税的那些工商业房产的统计数据，直到1874～1875年才公布。1842～1843年以来，政府为了对这些建筑征收A类收入税，才以同样方法为基础对它们的年金价值进行了评估。但在公布的统计数据中，这种估算数量与关于住宅和其他建筑的估算数量区分不开。1860年工商业房产的年金价值的出处在本章附录中会有解释，估定为2 550万英镑。这种房产，包括了夜间上锁商店、住宅区商店中用于工商活动的部分、旅馆、酒吧、商店和仓库、办公室、工厂和其他工商业房产。

为把这个年金价值转化成以1851～1860年价格计算的关于1860年总存量估数，假定工商业建筑的总存量对年金价值的比率与住宅业中的比率相同。① 1860年住宅的年金价值是3 300万英镑（见第96页），上面以1851～1860年价格估算的1860年房产总存量为60 000万英镑，倍率为18。② 把这个倍率应用到工商业建筑的年产值中，就得到1860年工商业建筑的总存量，大约为46 000万英镑。

为了完成这一估算，我们接着把这个存量分成两部分，即认为它是通过

---

① 这一计算程序，实际上对这种估算可能导致的所有低估，以及年值不仅应包括建筑物而且还应包括建筑物之下的土地的年值这个事实，都充分地考虑到了。假定对这些因素的调整（第一种情况向上调整，第二种情况向下调整）对于住宅和工商业房产来说，比例关系一样，那么对年值的任何修正都会使倍率（总存量与年值的比率）有相应变化，而不会影响关于工商业房产总存量的估算。假定住宅和工商业房产所使用的是与吉芬、斯坦普和其他研究权威的标准操作过程中相同的倍率。【70】

② 这比吉芬所使用的19世纪中期的15年购买期的估定（《资本增长》，第14、43～45页），以及其他人对建筑物存量值的估定都显得略高。但正如上面观察到的（正文第34页），我们的资本存量，从数量概念上来说就与吉芬的略有不同，尤其是，尽管它去掉了土地价值，但明显地是在没有扣除任何折旧之前进行评估的。【71】

两个流量累积而成的。[①] 每一部分假定都已累积了 80 年。第一部分包括工厂建筑、仓库和办公室，假定对这些建筑的资本支出与工业生产的增长成正比。[②] 因而，这一部分在最后 40 年发生的迅速增长（从 1811 ~ 1820 年间每年的 140 万英镑增加到 1851 ~ 1860 年间每年的 650 万英镑），既能反映出因制造业迅速发展导致制造厂与现代工厂的大量增加，也能反映出商业建筑的快速发展。在维多利亚时代早期，它为大城市提供的数量巨大的银行与保险
【51】行业用房产，商业场所和仓库用房产变得越来越普遍。[③] 第二部分存量包括小型房屋，但其数量众多，主要表现为住宅区、夜间上锁商店、酒吧和咖啡馆，再假定这些存量资本的形成与住宅建设成比例。[④] 这部分存量资本起初保持了较高水平，但 1820 年之后，上升得较为平稳。

这两个组成部分之和，就是表 6 中以 1851 ~ 1860 年价格计算的数据序列，把标准的建筑价格指数（表 5）应用于这个数据序列，就得到以现价计算的替代序列。最后，假定以 1851 ~ 1860 年价格计算的 1760 年总存量为 2 500 万英镑，其中的 60% 存留到 1800 年，15% 存留到 1830 年，[⑤] 那么，1800 年和 1830 年的总存量就可以通过将 1760 年以前的存留总量加上相应

---

① 这种划分的基础，是如附录（第 96 页）中给出的对基本的年度总值的分析，并且进一步假定工商业房产中大约 25% 是夜间上锁商店（参见斯坦普：《英国收入和财产》，第 113 ~ 114、122 ~ 123 页）。这样计算得出的两部分的值大致相同。【72】

② 这个关于工业生产（产量）的指数序列是由霍夫曼（Hoffmann）给出的，它不包括建筑，产出水平被看做是每 10 年中后 5 年的平均。参见 W. 霍夫曼：《英国的工业（1700 ~ 1950）》（1955 年版），第 330 页。存量的一半（即 23 000 万英镑）按比例地分配到这个序列中从 1781 ~ 1790 年到 1851 ~ 1860 年之间的 8 个 10 年的变化上面。另一半应用于这个指数前两个 10 年中的变化，从而把这个估算延伸到了 1761 ~ 1770 年。【73】

③ 见希契科克（Hitchcock）：《维多利亚时代早期的建筑》，第 396 页，“维多利亚时代的早期，并没有发明商业建筑；但是它的发展相当多、相当快，使商业建筑在 40 年代第一次成为最重要的领域。维多利亚登基以来的 15 年中，所有商业房产，无论其有多重要，巨大的规模和宏伟的设计……都被大家认为是正常的。”另见上引书，第 375 页，“专门设计为仅用作办公楼的第一个建筑物”是在 1823 年，更加总结性的描述见于上引书的第 11、12 章。另见萨默森：《乔治王时代的伦敦》，第 252 ~ 253 页。【74】

④ 有关住宅性建筑、商店和酒吧的关系，参见以下文献：
（1）霍布豪斯：《托马斯·丘比特》，第 154 ~ 155、213 ~ 215 页；
（2）奥尔森（Olsen）：《伦敦的城市规划》，第 120 ~ 125、164 ~ 166 页；
（3）F. M. L. 汤普森：《汉普斯特德》，第 257、265、279 页；
（4）戴俄斯（Dyos）：《维多利亚时代的市郊》，第 148 页；
（5）D. 戴维斯（Davis）：《购物史》（1996 年版），第 12 章，这里作者给出了有关 19 世纪上半期的零售商店的一般性描述。【75】

⑤ 请与注释 69 相比较。我们还假定，资本形成以大约每 10 年 10% 的偏低速度增长，但这种情况仅涵盖 1681 ~ 1760 年这 80 年。【76】

年份支出的累积方法而得到估算。①

2.4.5 制造业和建筑业中的机器、设备等

这一序列是工业化早期资本形成最重要和最有趣的一个方面，但就所掌握的数据来说，这可能是数据最少的一个序列。它应该包括体现工业革命的所有新机器和新设备：卡特赖特（Cartwright）的织布机、瓦特（Watt）的蒸汽机、科特（Cort）的铁制品和韦奇伍德（Wedgwood）的陶器、莫兹利（Maudslay）和内史密斯（Nasmyth）的机械工具以及啤酒厂和造纸厂、面粉厂和化学工厂中引入的新铁制机器。它还应该包括所有存留下来的许多老手工设备、工具、器具、用具以及其他小东西，这些东西，单独看起来都微不足道，但加在一起则显得很重要。不幸的是，纺织工业是惟一一个能为我们进行直接估算提供一些数据基础的行业部门，但即使是在纺织业中，也仅是棉纺生产部门有一些比较可靠的资料。我们先从纺织业的机器等方面的存量开始进行估算，再由此扩展到其他部门，比如说延伸到制造业和建筑业之中，然后从中得出资本形成序列。

一个被广泛用于估算纺织工业棉纺部门固定资本成本的方法，是用每个纱锭的价格来表示总成本（即工厂、动力、预备机械和纱锭等实物资本的成本）。同样，用于织布梭口的资本支出，可以用每台织机的成本来表示。我们已经把这种方法运用于棉纺业以及纺织业的其他分支部门。对每个分支部门，我们都使用1861年大不列颠的纱锭和织布机数量，这些数据曾见于
工厂检察官的《报告书》中。并且，再由这些纱锭和织机数量，试着（以 【52】
1851～1860年价格）进一步对工厂和机器重置成本进行价值数量估算。在这个基础上，再加上对针织和边饰、印染、漂白和染色工作价值的估数。详细的估数结果和资料来源见表12。显然，除了棉纺业，其他部门的估数都只具有近似真实性。

---

① 目前由S.D.查普曼（Chapman）、D.T.詹金斯（Jenkins）和其他人对这一时期所做的估算，其资料基础主要是火险价值，这项工作将大大增加我们对工业化早期资本积累的知识。比如说，参见以下文献：

（1）S.D.查普曼：《英国棉纺工业的固定资本形成（1770～1815）》，载《经济史评论》，第2卷，第23分卷（1970年）；

（2）查普曼：《工业革命前的工业资本》，收入N.B.哈特（Harte）和K.G.庞廷（Ponting）编撰的《纺织工业和经济史：纪念朱莉娅·德莱西·曼女士论文集》（1973年版），第113～137页；

（3）D.T.詹金斯：《约克郡西区早期工厂发展（1770～1800）》，上引书，第247～280页；

（4）D.T.詹金斯：《西区毛纺工业（1770～1835）：固定资本形成研究》（1975年版）。【77】 【637】

表 12　　1860 年大不列颠纺织行业固定资本状况

		(1)	(2)	(3)			(4)
		纱锭（千）	动力织布机（千）	1851~1860 年间每单位重置成本			总价值（百万英镑）
				英镑	先令	便士	
棉纱	纺	30 267	—	1	4	0	36.3
	织	—	398	24	0	0	9.6
羊毛粗纺和精纺	纺	3 447	—	2	10	0	8.6
	织	—	65	70	0	0	4.5
丝	纺	1 337	—	1	4	0	1.6
	织	—	11	40	0	0	0.4
亚麻等	纺	656	—	4	0	0	2.6
	织	—	10	42	0	0	0.4
边饰和针织		—	—	—			4.0
结尾工作（棉纺）		—	—	—			14.0
总　计		—	—	—			82.0

资料来源：

（1）和（2）见 1861 年《报告书》，报告案号 PP1862，第 55 卷。

（3）**棉纺**。有关新工厂的、包括一切费用的每纱锭 24 先令的稳定的成本价格，被许多著作家援引过，包括阿什顿于 1841 年、贝恩斯（Baines）于 1857 年、工厂检察官于 1871 年，以及埃利森（Ellison）于 1886 年的引证，均见于 M. 布劳格（Blaug）：《19 世纪兰开夏郡的资本生产率》，载《经济史评论》，第 2 卷，第 13 分卷（1961 年），第 372~374 页。[我们所发现的惟一例外是纺织机械制造商 J. 普拉特（Platt），他给出的 1866 年的数值是 18 先令，见《论纺织业中的预梳和纺纱》，载《机械工程学院学报》（1866 年），第 240 页。这可能是由于当时的"饥荒"仍然在使价格下降]

织布。见于与棉纺同样的资料来源——贝恩斯、工厂检察官和埃利森，并同样被布劳格援引——这些资料都认为新织布梭口的全部成本是每台织机 24 英镑。

羊毛粗纺和精纺。笔者还没有见到过有关毛纺业每个纱锭所需资本成本的任何直接描述。从 R. P. 贝克因萨勒（Beckinsale）在《特罗布里奇毛纺工业（1951）》的第 113、122、130、137、180 和 191 页中转录的 J. 克拉克和 T. 克拉克关于特罗布里奇（Trowbridge）工厂的资料中可以得出，
【53】1824 年每个纱锭大约为 3 英镑 15 先令，但这作为纺纱的资本成本可能太高，因为该公司为独立织工生产衣服的毛料精加工设备投资了大量资金。一个更适当的估计或许是每个纱锭 2 英镑 6 先令，它是由黑坝（Black Dyke）精纺工厂 1837 年的资料给出的，这些资料见 E. M. 西格斯沃斯（Sigsworth）的《黑坝精纺厂（1958）》的第 171~173 页和第 207~208 页。假设毛纺需要另外的预加工设备和机器的话（梳理、梳毛等），那么羊毛纺的资本成本大约为棉纺成本的 2 倍应该是合理的，关于"马力"（动力单位）的《报告书》支持了这一点。该报告书指出，羊毛粗纺和精纺工厂的每千纱锭需要 18.4 马力，而棉纺工厂需要 9.6 马力。

毛织业的资料也同样缺乏。到目前为止，笔者只发现了两种估数。第一种估数是希顿（Heaton）的估数（没有专门的资料来源），他认为在 19 世纪 30 年代，"一个能配备 50 个织机的动力织机的梭口，大约为 5 000 英镑"，也就是说，每个织机大约 100 英镑。参见 H. 希顿（Heaton）：《为工业革命提供资金》（1937 年版），重印于克鲁泽主编的《工业革命中的资本形成》，第 86 页。第二种估数是由雅各布·贝伦爵士（Sir Jacob Behren）呈送给皇家委员会的有关 1886 年工商业萧条问题的资料，他说，一个包括所有 500 台宽幅织机和 500 台窄幅织机设备的整个工厂的总成本（包括土地）大约为 70 000 英镑（报告案号 PP1886，《证词记录》，第 21 卷，询问案第 6716 号）。以此为据，并认为同样的单价数据即每台织机为 70 英镑，也适用于 19 世纪 50 年代，并且假定它实际上已经包括了染色和收尾工作设备，因此相对于其他纺织业中的织布资本成本来说，它的水平相对较高。

丝织。资料也非常少，其相关估数主要是基于一个重要的制造商约瑟夫·格劳特（Joseph Grout）于1831年为“下议院关于丝织业的特别工作委员会”提供的证词（报告案号PP1831～1832，《证词记录》，第19卷，询问案第10、295～303号）。他对织机估计的数值是34英镑10先令（“不包括蒸汽机”），包括蒸汽机后为40英镑。他的工厂成本（不包括织机但包括土地）为每锭大约1英镑8先令，并且假定这个成本在19世纪50年代与棉纺的成本一样。

亚麻、黄麻和大麻。纺纱的数字由T. 格林伍德（Greenwood）给出，见《论亚麻纺织中梳麻与纺织机器》，载《机械工程学院学报》（1865年），第123页。编织活动的成本数值由W. 查利（Charley）给出，见《爱尔兰的亚麻及亚麻产品（1862）》，第92页。

边饰和针织。固定资本成本的主要资料基础由T. 格林伍德给出，见《机器针织和边饰加工史（1867）》，第396～397页和第449页，以及由布劳格（Blaug）所援引的有关学者关于1831年和1886年的估算，见《资本的生产率》，第371～374页。

收尾工作。为棉纺和棉织固定资本的30%。资料基础同上引书，第372～374页。

因此，作为结果，以1851～1860年价格计算的纺织业可再生固定资产的总存量的估计值为8 200万英镑。其中机器（包括发动机和辅助设备）部分占大约65%或5 300万英镑。① 这仅仅包括了机器化的工厂，因此必须对手工工人的设备作一点小的补充。这些手工工人在某些部门，特别是毛纺和毛织业中，一直到1861年时都还存在。② 1861年人口普查得出的纺织业从业人数与1861年工厂检察官报告书中的纺织工厂受雇工人数之间，存在着一个450 000人左右的差额，这为把握这一时期大不列颠手工工作情况提供了一个线索。③ 我们先试着对这一群体中每人的设备等成本赋予一个10英镑的估值，那么资本总成本由此相应增加450万英镑，并使纺织业的总资本 【54】
成本达到5 800万英镑左右。

下面以这一结果为起点进行进一步的推测，以便涵盖其余的制造业部门。能够涵盖1860年所有制造业部门的惟一可获得数值的统计指标是人口普查中的从业人口，我们把这一指标的数值作为“校准器”，用这个工人人数乘以人均资本就得到总资本存量的估数。根据1861年的普查，制造业中有大约360万工人，这些工人可以分为5个主要群体，如表13第1栏所示。

---

① 下面这些资料都支持机器等部分在纺织工业总固定资本形成中的份额占60%～70%的估计：

（1）G. 怀特（White）：《关于手织和动力机织的应用论文》（1846年），第272页；

（2）E. 贝恩斯（Baines）：《大不列颠棉纺制造业史》（1835年），第414～415页；

（3）S. J. 查普曼（Chapman）和R. J. 马奎斯（Marquis）：《棉纺工业中雇佣阶级的招募》，载《统计学报》（1911～1912年），第75卷，第301页；

（4）E. M. 西格斯沃斯：《黑坝精纺厂》（1958年版），第171～173页；

（5）范斯坦：《联合王国的国内资本形成（1920～1938）》，第145、105～106页。【78】

② 克拉彭在《现代不列颠经济史》第2章第80～88页描述了在19世纪中期的几十年，纺织工业的各个分支部门中，手工纺与织逐渐被淘汰的各不相同的速度。【79】

③ 1861年大不列颠人口的普查数据是1 180 000人，《工厂报告书》给出的数据是732 000人。参见C. 布思：《联合王国人口的职业》，载《统计学报》（1886年），第49卷，第415～419页；以及《工厂报告书》，报告案号PP1862，第55卷，第629页。【80】

对于纺织业工厂部门，从上面得出的5 300万英镑的估数中可以得出每个工厂工人大约拥有重置成本为73英镑的资本存量，同时我们给手工工人每人酌留重置成本为10英镑的资本。以此为准，假定金属制造业、造船业和机
【55】械工程业中每个工人的机器成本与纺织工厂的人均成本情况大致相同，即人均拥有75英镑；对于大量制衣业工人（男装裁缝、女装和童装裁缝、制靴和制鞋匠等），我们赋予其每人资本为5英镑；对于其余工业部门，假定平均60英镑，比纺织工厂约少20%。① 显然，需要对纺织和制衣业以外的尽可能多的单个工业部门的数量大小程度进行核对，不过在这章中，已不可能做这项工作了。还有一点要特别提请读者注意，对“金属制造和机械工程”

表13　　1860年大不列颠制造业中的机器和设备存量

		(1)	(2)	(3)	
		从业人数（千）	每个工人的机器（英镑）	1851～1860年的重置成本存量（百万英镑）	
纺织业	工厂	730	73	53	—
	手工	450	10	5	—
	总计	—	—	—	58
金属制造业、机械工程业和造船业		650	75	49	—
制衣业		1 030	5	5	—
其他制造业[a]		730	60	44	—
总计（非纺织业）		—	—	—	98
总　计		3 590	43	—	156

注：a　包括食品和饮料业、化学工业、木材家具业、造纸印刷业、制陶业、玻璃业以及皮革业。

资料来源：

（1）布思（Booth）：《联合王国的从业人口》，第415～419页；另见注释80的注③。

（2）见正文。

（3）纺织业，见正文；其他，第(1)栏×第(2)栏。

① 这些对每个工人机器资本的估算虽然显得非常粗略，但是这是在对1861年以前不同工业部门的机器化发展程度做出综合考虑的基础上给出的，这种发展程度与，比如说，克拉彭：《现代不列颠经济史》，第2章，第33～37、74～99页中显示的一样；并且我们还曾计算过1924年纺织业每个工人使用的机器的价值数，使用的是范斯坦的《联合王国的国内资本形成（1920～1938）》（第102～137页）和1924年人口普查资料；关于成衣业，缝纫机直到1860年才出现，根据一个可靠的资料来源，当年“最高估计超不过25 000台”，见N. 萨拉曼（Salamon）：《缝纫机史》（1863年版），第80页。每台缝纫机大约卖10英镑。【81】

以及“其他制造业”这两个部门的估数的估定，我们也打算援用平均数——这并不意味着这两个平均数对这两组工业部门内部的每个工业企业都合适。比如在前一类别中，金属制造部门的高资本密集度与机械工程业那些小规模、没有完全机器化的工场雇用的大量工人形成了对照：克拉彭①以调查报告形式讨论了1851年人口普查中工业企业雇用人数规模问题，在英格兰和威尔士总共667家递送了报告数据的发动机、机器制造业主中，有447家雇用1~9人，90家雇用10~19人，只有34家雇用的工人数为100人或100人以上。

把上面关于人均资本拥有的估数与从业人数相乘就会得出，除纺织业之外，其他工业的成本总数为9 800万英镑，全部制造业的成本为15 600万英镑。同时，在估算中，也应考虑到建筑和承包业内使用的设备，在这个行业中，1861年大约有63万从业者，由此，制造业和建筑业部门的总资本存量就能够增加400万英镑（每人大约6英镑），达到16 000万英镑。

为了估算更早时期的总存量，假定它与工业生产指数成比例地增长。②很明显，这种认为资本—产出率稳定的假定不能令人满意，但目前似乎还没有更好的处理方法。按照这个思路，以1851~1860年价格计算，其估算结果是，1760年总资本存量为900万英镑，1800年为2 600万英镑，1830年为6 100万英镑。③ 可以把关于1800年的估数与弗里德里克·艾登爵士（Sir Fredrich Eden）为1803年所做估数进行比较。据他估算，投资于“蒸汽机和其他昂贵机器”上的资本总数不少于4 000万英镑。④ 考虑到我们使用的是1851~1860年价格，因此对他的估数向下进行相应调整，得到一个3 000万英镑左右的数值，这大致与我们现在的估数相一致。

以1851~1860年价格计算的资本形成估数是通过假定这些资本的寿命为40年而得到的，也就是说，假定每个基准年份的存量是过去40年内的累

---

① 克拉彭，上引书，第2章，第33~35页。【82】

② 见注73。【83】

③ 另见注77以及克鲁泽：《工业革命中的资本形成》，第35~39页。【84】

④ 艾登（Eden）：《有关保险业的观察结果和报告书》，由D. 麦克弗森（Macpherson）在《商业、制造业、渔业和航运业年鉴》（1805年版），第4章，第549页；科洪（Colquhoun）在《论文集》第94页（以及注释153）中引用。这一数值是科洪自己对1812年作为6 000万英镑的估计的基础（《论文集》第56页）。同时它也为P. 德·皮布雷尔（de Pebrer）在《大英帝国的税收、岁入、支出、权力、统计和债务》（1833年版）第345页所引证参看。皮布雷尔认为机器存量在1803~1833年间增长了“1倍多”，他的说法为我们现在关于在1800~1830年间主要是机器从2 600万英镑到6 100万英镑的增长的估数提供了某些支持。【85】

积，而支出又是以与工业生产增长相一致的比例分配到每一10年时期中。[①]
【56】表5中第3栏的价格指数被用于进行现价价值转化。

2.4.6　采矿和采石业

关于这部分，也要从估算1860年资本存量开始，估算对象涵盖了所有形式的采矿与采石行业活动以及这一大类行业所有固定资产，尽管其主要资料基础还是采煤业的数据。

在20世纪早些年，经常有人认为，采煤业的资本成本为每吨10先令。例如，弗勒克斯（Flux）在1907年生产普查的总结报告中使用的就是这一数值（见第35页），并且在1919年和1925年，分别面对桑基委员会、塞缪尔委员会（Sankey and Samuel Commissions）进行作证时，这一估数也被认为是可靠的。在斯坦普勋爵（Lord Stamp）和其他人对这些委员会提供的证词中，[②] 讨论和解释了这个估数的来源、基础和精确性。似乎就是从这里开始，这个估数作为19世纪90年代的一个平均数被人提出了，但它所涉及的是采煤业的固定资产重置成本（矿井、设备等）。然而，采矿业资本支出的主要组成部分是劳动成本，而且，由于19世纪50年代矿工的工资水平要比19世纪90年代低20%～30%，[③] 因此，我们认为，对以1851～1860年价格计算的1860年末资本存量的重置成本来说，一个比上述每吨10先令的成本数显著更低的数值才显得适合。另外，还需要考虑到一个事实，即1860年以前的矿井没有1860年以后那样深。这样，我们认为，每吨7先令，对以1851～1860年价格计算的1860年成本比较合适。再考虑到早期煤矿的矿井比较浅，则关于更早的若干年，再把以上数值降低，得出那些较早基准年份的相应指标数值分别是，1830年为6先令、1760年和1800年为5先令。[④]

然后把这些估算的初步结果，应用到英国煤产品吨位数据序列[⑤]上，就

---

① 实际寿命不能确定，但考虑到这个序列的急剧增长速度，如果假定较长的寿命，（比方说假定50年或60年的寿命，）资本形成估算并不会受太大影响。【86】

② 《煤炭工业委员会证词记录》（1919年）第1卷，报告案号PP1919，第7章，询问案第771、864～865、884～885号，以及《皇家煤炭工业委员会证词记录》（1925年），第2卷（1926年），第A部分，询问案第5215、5269～5289号。【87】

③ G.H. 伍德（Wood）：《1850年以来的实际工资和享乐标准》，载《统计学报》，第72卷（1909年），第93页。【88】

④ 参见克拉彭：《现代不列颠经济史》，第1章，第432～438页，这里对采矿作业的变化进行了概括；另见S. 波拉德：《现代管理的起源》（1965年版），第62～75页。【89】

⑤ 迪恩与科尔：《英国的经济增长》，第216页，我们是根据霍夫曼（Hoffman）的《英国工业》第331页的有关数据将有关吨位数外推到1760年的。【90】

得到以 1851 ~1860 年价格计算的 4 个基准年份采煤业的总资本存量。1860 年的产量为 8 000 万吨，其价值为 2 800 万英镑，加上铁矿、铜矿和其他矿和石矿，采矿和采石业总资本存量数值就增加到大约 3 500 万英镑。同时，对其按比例进行适当调整就得到其他 3 个较早年份的产量价值估数。①

假定这些被估算的资本存量累积了大约 40 年以上，并且每 10 年的支出情况与煤产量的增长成比例，就能得到以 1851 ~1860 年价格计算的资本形成的估数序列。建筑物价格的标准指数的用处在于可以把这个数据系列转换为现价序列。

2.4.7　煤气和水

B. R. 米切尔（Mitchell）非常大度地将他所做的以现价和 1900 年价格计算的未公开发表的资本形成估数提供给我们，我们将以他的数据为基础来进行关于这一工业部门的估算。对于煤气工业，他为一个工作样本的累积资 【57】
本成本编制了估数序列，并且用这个样本覆盖地区的人均成本来表示，然后通过人口普查数据扩展覆盖到供给煤气的所有地区。他针对 1821 年以来的每个普查年份都运用这种方法，而这一序列数值每相邻 10 年的增量则可看做以现价计算的资本支出估数。

对水供给部门，米切尔则利用议会文件和公司报告，对一个样本地区 1811 年以来，每 10 年间隔的累计资本支出做出了类似估算，并且他还利用人口统计数据，使其扩展并涵盖了所有地区的全部供水用资本。与煤气一样，10 年间的增量也作为现价计算的资本支出。

在表 7 中，以现价计算的这两个序列被合并到一起（对 1811 ~1820 年间的煤气工业我们另加了 100 万英镑）。把米切尔以 1900 年价格估算的有关序列，转化为以 1851 ~1860 年价格计算的序列就得到表 6 中的估数；把从 1811 年以来的这些估数累加起来，就得到表 8 中关于 1830 年和 1860 年的资本存量的估数。1860 年的 4 200 万英镑（以 1851 ~1860 年价格计算）的存量，被我们平均分配到煤气供给和水供给两个小部门上面了。

---

① 吉芬：《资本增长》，第 43 页，关于 1863 年的矿山和采石场资本总量的估数，包括流动资本，仅为 2 100 万英镑，这个估数后来被斯坦普在《英国收入和财产》的第 391 ~392 页批评为没有意识到其被资本化的利润当中包括矿山使用费，以此论之，报酬率会更低。吉芬使用的购买期限只有 4 年，而斯坦普建议用 9.5 年，这将把 1863 年的估数提高到 5 100 万英镑。J. R. 麦卡洛克 【638】
在《商业词典》（1871 年版）第 312 页中提出，可以接受的用于煤炭业总资本的合理价估值应为 2 000万 ~2 500 万英镑。【91】

2.4.8 铁路

下面考察运输业中的6个类别，并分别形成关于资本形成的估数，先从铁路开始。

B. R. 米切尔从1831年、A. G. 肯乌德（Kenwood）从1825年就已开始对铁轨、工程和铁路全部车辆的资本支出进行估算。[①] 米切尔的估数总是显得有些偏高，对1845年以来的估算更是如此。[②] 它包括了用于更新的支出估数，但不包括维修，购买土地，以及诸如利息、付给其他公司的定金、对现有线路的购买等转移支付。我们现在的估算过程基本采用他的这个数据序列。但他的数据涵盖的内容仅限于用于铁路的支出，而不包括辅助资产，如运河、码头或旅馆等，这些我们在其他地方进行讨论。用于估算的资料源于铁路公司的账目，这些公司通过某种会计方法将支出数据记入到资产或收入账户，尽管这种方法会对资料的可靠性产生某些影响，但是在我们现在的估算过程中，它们无疑是最可靠的序列。

米切尔使用现价做出的估数见表7（对1811~1830年而言在概念外延上有一个另加），他的数据序列是一个以1869年价格计算的不变价格序列，是通过构建用于铁轨和全部车辆上的劳动专用价格指数获得的。[③] 用1851~1860年的不变价格序列对这个系列进行调整，就得到表6中的数据序
【58】列。依次对表6中从1811年以来的序列值进行累计，就得到表8中1830年和1860年时的资本存量估数。

2.4.9 公路和桥梁

在公路这一类别中，我们面对的是一种难以用上述（第35页）概念方

---

① 参见以下文献：
（1）B. R. 米切尔：《铁路的出现与联合王国的经济增长》，载《经济史杂志》（1964年），第24卷；
（2）A. G. 肯乌德：《英国的铁路投资（1825~1875）》，载《经济杂志》（1965年），第32卷【92】。

② 肯乌德关于资本支出的估数没有包括更新支出（上引书，第322页），而这可能占到19世纪50年代这两个序列差额的一半左右，剩下的差额以及1845~1849年间繁荣时期更大的差额，至今仍未能得到解释。关于这个方面，另见霍克（Hawke）：《铁路和经济增长》，第197~204页。【93】

③ 1870~1912年序列发表在H. 波林斯（Pollins）编撰的《英国的铁路》（1971年版），第112~113页。1831~1860年序列（未出版）由米切尔博士慷慨提供。【94】

法处理的资产。上述方法的一个基本假定是，所处理的资产，是在有关专门资本支出发生后，通过建设或购买活动而创造的资产，在其有限生命期内，这些资产由于有维修支出而得以维持，直至最后因贬值和退化在其生命周期结束时被废弃。[①] 公路建设一般不遵循这个模式。在我们所考察的这个时期内，的确有时建设新公路，但更经常的是在几个世纪以前——有时要追溯到罗马时代——修建的公路上进行公路再建设工作，这些工作同时包括了改造和修缮活动。另一个同样重要的难点是，由负责这些支出的管理机构保存的账目通常只区分了支出的类型（如劳动、原材料等），而没有区分工程的新旧性质，因此，研究者一般不可能根据记录资料把新工程与修缮区别开。一种解决办法是不做这种区分，在总投资估算中包含所有的修缮。但是，由于前面谈到的原因（第 37 页），这种方法不尽如人意，我们宁愿用总支出的一部分来代表新工程和重要的改造，尽管对这一部分的选择会显得相当武断。

我们主要以 J. E. 吉纳利斯（Ginarlis）所做的工作为基础，对公路资本形成进行估算。在一篇未公开发表的论文中，吉纳利斯对他所谓的用于公路的“准一净（quasi-net）”支出进行了估算。[②] 这包括新工程和用于改造、修缮、维护的所有支出，以及议会批准和法律规定的费用，但它不包括转移支付，如购置土地费、补偿费和利息。他的估数涵盖了用于收费公路、桥梁和教区公路的支出，其中也有一小部分是政府对公路和桥梁的直接支出。

对于收费公路，吉纳利斯根据从议会报告书中编制出来的数据，对 1822 ~ 1856 年的准一净公路支出进行了估算。[③] 他通过一种精细而谨慎的程序，把这个序列后推至 1750 年，即根据收费公路的修建日期、里程数以及 19 世纪 20 年代的支出水平，以及 1820 年以前一个由收费公路托拉斯账册组成的小样本，对所有收费公路进行分类。其中每一个托拉斯样本在 1750 年（或从其修建时，如果是1750 年以后修建的话）到 1820 年的资本支出模式，都根据 19 世纪 20 年代公路长度和支出水平大致相当的样本托拉斯支出 【59】

① 更详细的讨论，参见范斯坦：《联合王国的国内资本形成（1920 ~ 1938）》，第 7 ~ 10 页。【95】

② J. E. 吉纳利斯：《英国的公路和水路投资（1750 ~ 1850）》［未公开发表的博士论文，谢菲尔德大学（University of Sheffield），1970 年］。非常感谢吉纳利斯博士慷慨地允许笔者使用他的论文中的资料。当然，他对于笔者调整他的估数以使其与本章使用的概念相一致的方法不承担责任。【96】

③ 参见，例如，报告案号 PP1824，第 20 章；报告案号 PP1836，第 47 章；报告案号 PP1859，第 23 章。【97】

增长模式来确定。[①] 而关于19世纪20年代的样本情况，通过这一时期的议会文件《收费公路托拉斯支出摘要》获得有关数据，[②] 以这种方式，就可以把这个序列扩展到19世纪50年代末。一般认为，收费公路托拉斯活动使英国公路质量有了很大提高，[③] 因此，我们应当使用吉纳利斯的准一净支出中的很大一部分来表示新的工程和道路改造，用他的数据序列中的60%来形成对我们所曾定义的资本形成估数。[④]

这一估算的第二部分包括了96 000英里的教区公路。吉纳利斯对1812～1814年、1827年、1837～1839年、1841年和1847年中[⑤]的这些公路的估算以议会报告书为基础，并且依靠教区土地勘测员账册的部分样本数据，[⑥] 通过内添、外推使这些估数的时期属性包括到1750～1850年整个时期。这个样本非常小（1813年为支出的1%或更少），因此该序列的可靠性非常差。这个序列也是既包括了公路维护也包括了公路改造支出，而前者占支出的比例比收费公路中的相应比例更大。但是，有证据表明，这个时期教区公路的标准有某些提高，[⑦] 并且，我们作一个比较武断的数值假定，用吉纳利斯所估算出数值的20%作为资本形成，以《高速公路支出摘要》为基础，[⑧] 可以把1851年以来的这个序列后推到1860年。

---

① 有关更为完整的估算过程的描述，见吉纳利斯，上引书，第102～112页。账册样本包括了1822年总的收费公路总里数的5%（同上，第77页）。【98】

② 参见，例如，报告案号PP1863，第50章，第551页。【99】

③ 参见以下文献：

（1）W. 艾伯特（Albert）：《英格兰的收费公路制度（1663～1840）》（1972年版），第188～197页；

（2）W. J. 杰克曼（Jackman）：《现代英格兰运输业的发展》（1916年版），第4章，尤其是第283～302页；

（3）S. 韦布和B. 韦布（S. Webb and B. Webb）：《英国高速公路史话》（1913年版），第144、163、192页；

（4）H. J. 戴俄斯（Dyos）与D. H. 阿尔德克罗夫特（Aldcroft）：《英国的运输》（1969年版），第70～79页。【100】

④ 分别由议会报告书显示——正如用于“改善”上的支出一样——的量，大约占到关于吉纳利斯的19世纪30年代的准一净资本支出的15%（《公路和水路投资》，第115、136页），但是，用于劳动、原材料、职员和测量员的工资等上面的支出中的大部分，也应该归到新工程和改造中。【101】

⑤ 报告案号PP1818，第16章；报告案号PP1839，第44章；报告案号PP1841，第37章；报告案号PP1849，第46章；报告案号PP1852，第43章。【102】

⑥ 见吉纳利斯，上引书，第201～203页。【103】

⑦ 参见以下文献：

（1）杰克曼，上引书，第283～302页；

（2）韦布，上引书，第193～200页；

（3）D. 格里格（Grigg）：《南林肯郡的农业革命》（1966年版），第44页。【104】

⑧ 参见，比如说，报告案号PP1863，第50章，第467页。【105】

最后，吉纳利斯构建了一个有关桥梁托拉斯和桥梁公司的资本支出序列，[①] 我们把它加到经过调整的收费公路和教区公路的估数当中去，就得到上面表 7 中用现价计算的资本形成序列。它不包括与农村地区的圈地委员或城市地区的道路改善专员以及私人建造者的工作相联系的道路建设资本支出，前者包含在上述对农场建筑和改善的估数中，后者包含在住宅序列中。

为了把这个序列转换成表 6 中的 1851 ~ 1860 年价格序列，需要使用一个专门指数。这个指数是通过对农业工资（使用权重 2）代表的劳动报酬指数[②]和由吉纳利斯给出的沙砾（使用权重 1）成本序列代表的原材料价格指数[③]进行加权组合而获得的。

1860 年的公路和桥梁存量值（1851 ~ 1860 年价格）就是 1781 年以来的 80 多年中资本支出的累积总值，估定为 6 600 万英镑。为了得到早些时候的存量，首先需要对 1760 年时的存量做出某种程度的揣测，我们估定它为1 500万英镑。这一估定值是非常不精确的，[④] 假定其中的一半存留到 1800 年，1/8 存留到 1830 年。那么，这两个时点上的资本存量，就是从 1761 年到这两个时点的累积资本支出，再分别加上 1760 年前保留下来的公路资本价值。 【60】

现在来对这些估算结果进行一下评估。首先需要指出，在以1851 ~ 1860 年价格计算的 1860 年价值为 6 600 万英镑的公路存量中，收费公路占4 400万英镑，并且这时大不列颠大约有 27 000 英里的收费公路。[⑤] 因此，这意味着每英里的建筑成本大约为 1 630 英镑。这个数据也被其他建筑成本资料广泛确认。詹姆士·麦克亚当爵士（Sir James McAdam）于 1836 年告知下议院的特别工作委员会，根据他和他父亲遵循的原则，建造 4 英寸厚的沙砾路的成本是每英里 1 760 英镑。[⑥] 根据另一资料援引的数据，在 19 世纪 60 年代的苏格兰，

① 吉纳利斯，上引书，第 238 页，这个估数只涵盖到能找到账目的桥梁，众所周知这不完整。【106】

② 见本章注 28。【107】

③ 吉纳利斯，上引书，第 197、199 页。吉纳利斯根据出版的报告书所做的对用于收费公路和其他公路上面的支出细目分解，是这里给劳动和原材料分配相应权重的资料基础；参见上引书，第 134、214 页。【108】

④ 这与每年大约有以现价计的 10 万英镑的平均支出水平，共 80 年的总支出水平相一致，也就是说，它是表 7 中给出的 18 世纪 60 年代水平的大约 1/3。【109】

⑤ 19 世纪 30 年代末期，英格兰和威尔士的收费公路大约是 22 000 英里。见杰克曼（Jackman）：《运输的发展》，第 234 页。《苏格兰的收费公路和通勤公路的英里数报告书》给出的苏格兰的数字是 5 000 英里，见报告案号 PP1859，第 23 章，第 439 页。【110】 【639】

⑥《收费公路信用和税费特别委员会》，报告案号 PP1836，《证词记录》，报告案号 PP1836，第 19 章，询问案第 1441 号。另一个证词所引征的每英里的成本为 2 000 英镑，但这不是基于其自身的知识，见询问案第 461 号。我们的价格指数显示，成本在 19 世纪 30 年代和 50 年代之间不会改变很多。【111】

碎石路每平方码的成本是1先令2便士到1先令6便士；在19世纪50年代早期的伯明翰，6英寸厚的碎石路每平方码的成本是1先令6便士，假定其平均路宽为12码，那么其每英里的成本就是大约1 200~1 600英镑。①

以相似的计算，1860年的教区公路和公路干线为11.5万英里，② 而其价值为2 200万英镑，由此可以得到平均每英里的建筑成本为190英镑。如果假定这些公路的平均路宽为大约6码，③ 则每平方码平均大约为4便士。这可以与下面这些估算进行比较：麦克亚当曾引证道，要对粗糙路面进行改造，使其“平坦且坚固”，随着路面石料质地的不同，要花费从1便士到2便士不等的费用，由于某种原因，改造费用还可能会达到每码3便士，等等。他在给收费公路受托人的一封信中还提到，要用3英寸的特大石头铺设路面，就要再另加每码4便士的成本。④ 因此，现在的估算只能给出大致正确的数量程度，并且，由于关于公路里程数和不同类别公路的建筑成本，我们没有获得更为详尽的资料信息，并以适当的加权来编制平均指数，这使得不能进行更为精确的核查。

2.4.10　四轮马车和四轮大马车

这个类别的估算，试图将所有私人拥有或出租的用于运送旅客的四轮马车和四轮大马车，以及部分用于运送货物的车辆都包括进来。⑤ 其中的“马”则已经被包括在2.5节家畜之中。

我们从资本存量序列开始讨论，这些序列来自对4个基准年中每年的车辆数和其平均价格（1851~1860年）进行估算的结果。这里主要是依靠官
【61】方统计来获得这些估数：各种类型的四轮马车和四轮大马车从18世纪中期以来，都要交税、上牌照，虽然随着时间的变化，交税和上牌照的车辆范围有所不同，而且在1810年以前，也没有公布基本的统计数据，但关于

① H. 劳（Law）和D. K. 克拉克（Clark）：《公路和街道的建设》（1914年第8版），第158、162页。【112】

② 英格兰和威尔士为105 000英里，苏格兰为10 000英里（来自本章注110给出的资料）。【113】

③ 见劳和克拉克，上引书，第135页。【114】

④ 参见以下文献：

（1）J. K. 麦克亚当：《公路建设制度评论》，1822年第5版，第41~42页；

（2）R. 德弗罗（Devereux）：《约翰·劳登·麦克亚当》（1936年版），第123页，也请参见该书的第125页。【115】

⑤ 农场四轮货车和二轮马车包含在农业序列中，用于货物运输的二轮马车和大篷货车如果能用于出租则包含在现在的序列中，不满足这一要求则包含于关于铁路和制造业的估数之中。【116】

1810～1828年和1854～1869年间，我们拥有相当全面的资料，因此对于要估算的主要指标，有比较可靠的资料基础。[①] 尽管这些不同车辆用做估价的平均价格都相当近似；但幸运的是，我们有足够数据可以分别对6种类型的车辆进行估算，这比对所有规模和类型的车辆试图仅仅给出一个平均价格，要少出现一些重大错误。[②] 如此，得到的1860年总资本存量的估数大约是2 300万英镑，它包括了28万多辆四轮马车、四轮大马车和公共马车。

我们对以1851～1860年价格计算的资本支出做出估算，这一估算建立在存量估数以及假定车辆平均寿命大约为15年的基础之上。对于1810～1824年间的估算，可以通过这几年来对用于销售的四轮马车和二轮马车所征税收的统计数来进行核查。[③] 另外，由于对价格变化没有现成、适当的调节方法，因此，作为一种非常近似的处理，我们通过建造价格标准指数（表5）来把这些估数转换为现价计算的指数系列。

2.4.11　运河和水路

对运河进行估算时出现的问题与估算公路资本时遇到的问题相似，因此这里用相似的方式来处理这些问题。我们从以现价计算的资本形成估数开始，它包括三个组成部分。

---

① 见S. 道尔（Dowell）：《英格兰征税和税收史》（1884年版）多卷本，第3章，第40～58、195～209、225～230页，这里对于各种税以及18世纪马车数量的某些估数进行了概述。对于1800～1860年间的主要统计资料是：

（1）1830年的一个报告书，报告案号PP1830（下院第686号），第25章；

（2）《驿站马车等的数量报告书》，报告案号PP1865（下院第309号）第31章，第457页；

（3）《国内财政收入委员会报告（1870）》，第2卷，报告案号PP1870，第20章，546～549页，这里包含一些有用的回顾性图表。【117】

② 使用的主要资料是J. H. 沃尔什（Walsh）的《国内经济手册》（1857年版），第603页。沃尔什（Walsh）引用了所有19种马车的价格，包括各种价格从18～60英镑的轻便二轮马车，到250～300英镑的"城里制造的四轮大马车和四轮双座马车"。我们把下面的价格作为19世纪50年代的平均价格：由两匹或两匹以上的马拉的四轮马车为250英镑，由一匹马拉的四轮马车为100英镑，二轮马车为40英镑。根据这些价格得出的出租马车的价格为60英镑，邮驿马车的价格为200英镑，但这些价格更不准确。驿站马车和公共马车的价格各为100英镑。见T. C. 巴克（Barker）和M. 罗宾斯（Robbins）：《伦敦交通史》（1963年版），第1卷，第6、39页。对1870年投资于大都市地区的出租马车、四轮马车、二轮马车等的资本量进行估算的一个有趣尝试，见F. A. 佩特（Pater）的《关于……公路的蒸汽机车辊轧报告》，重印于劳和克拉克的《公路建设》附录2中，第473页。佩吉特（Paget）使用的平均价格远低于我们采用的平均价格，例如，轻便马车的价格为30英镑，出租马车为35英镑，公共马车为60英镑，四轮马车和四轮敞篷车为120英镑等。他对每种车的价格加入了4英镑的马具费用。【118】

③ 报告案号PP1870，第20章，第547页。另见科洪关于大约1812年制造四轮马车、四轮货车、二轮马车和其他交通工具的估算，对此制造费用，他另增加了80万英镑（见科洪：《论文集》，第93页）。【119】

第一部分包括所有新建运河和内陆水路的工程开支，它来自于关于每10年开工里程数和新工程每英里平均成本的估数。对于前者，我们用吉纳利斯编制的运河里程序列以及对河流进行投资以提高航行能力的河流里程序列。① 1760年它有990英里，1780年增加到1 750英里，1800年增加到2 690英里，1820年增加到3 190英里，1840年增加到3 470英里。对于每英里的平均建设成本，我们依靠的是哈德菲尔德（Hadfield）编制的关于25个运河的数据②以及吉纳利斯的数据。③

第二部分是用于改造已有运河的支出，这里把它限定在1760～1840年间。对于这部分，我们使用吉纳利斯的准一净支出（为公路作的定义）的估算方式，④ 扣除上面对新工程的估算，然后假定这个余额的20%（表示用
【62】于维修和改造的近似支出）是用于改造的支出并得出相关估值。

为了把这前两个部分的组合序列从现价转换为以1851～1860年价格计算的序列，我们采用了一个综合了建设工资（权重2）和砖块价格（权重1）的专门指数。1860年以前的一个世纪中，用于新工程和改造支出的总值以1851～1860年价格计算约为3 400万英镑，⑤ 我们把它作为1860年的存量（在加上第三部分之前）。新工程大约2 700万英镑，与之对应的建设成本大约每英里7 700英镑（1851～1860年价格），用这个价格与1760年的里程数相乘，就得到那个时期相应的运河价值。假定期初存货折旧率稳定在每10年10%（即100多年的寿命），再加上从1760年以来累积的资本支出，就得到1800年和1830年各自的存量价值。

第三部分包括驳船、泵用发动机、起重机和其他辅助设备。根据G. B.普尔（Poole）的估算，在1850年，这些资产的价值为300万英镑。⑥ 假定在其他时期资产的价值与开工的里程数所成比例与1850年相同，把前两个10年中每10年最后一年的存量分摊到该年之前的20年时期各年中

---

① 吉纳利斯：《公路和水路投资》，第252～255页。这里对内陆水路里程的估算为大约500英里，少于C. 哈德菲尔德在《运河时代》（1968年版，第208页）中的估算，因为吉纳利斯排除了不需要任何资本支出就可能通航的河流［如塞汶河（Severn）］。【120】

② 哈德菲尔德，上引书，第211～212页。【121】

③ 吉纳利斯，上引书，附录E，这里给出了一个运河样本的准一净支出序列，这里把它们用于所知道的初建年份。【122】

④ 见第59页。【123】

⑤ 每10年现价计算的相应价值为大约2 700万英镑，其中新工程为2 200万英镑。见哈德菲尔德，上引书，第49页，他估算，在1760～1850年间英格兰和威尔士建造2 600英里运河的成本为
【640】2 000万英镑。迪恩与科尔在《英国经济增长》（第138页）中认为1755～1835年间用于建造和改造的支出为2 000万英镑。【124】

⑥ G. B. 普尔：《英国商业统计》（1852年版），第47页。【125】

去——这表示假定这些资产的寿命为20年，就得到以1851~1860年价格计算的资本形成价值额。用机器价格标准指数将这一序列转换为现价序列。把这些细目的存量和流量估数加上关于前两部分的相应估数，就得到表6至表8所示的数据序列。

2.4.12　码头和港口

关于以现价计算的码头和港口投资支出，我们依靠由D. 斯旺（Swann）汇编的1761~1830年间的资料①以及米切尔针对1756~1914年所做的未公开发表的估数。这些估数有许多资料来源，包括码头公司和港口管理机构的账目以及一份议会批准的颇具价值的政府支出报告书。② 再用前面运河案例中使用的指数对这些序列进行价值缩减，就得到以1851~1860年价格计量的估数。我们把1760年时的资本存量指定为100万英镑，并对1760年以后各时期的资本形成数进行累计，就得到以后时点上的资本存量价值。

2.4.13　轮船

最后考察的项目是航运。③ 这一项目包括了所有的商业船只（货船、客船或渔船、近海船只或远洋船只），但是不包括海军船只。以1851~1860年价格计算的总资本形成序列，来自以适当的每吨成本对建造的吨位数进行的价值估定。关于吨位数，其主要部分是在英国建造且最初是在英国注册的吨位数，对此我们有1787年以来的数据，1814年以后的数据中对汽船与帆船进行了区分。④ 我们没有1760~1786年间的年度造船记录，但是有1788年 【63】

① D. 斯旺：《英格兰港口投资的速度和进展（1660~1830）》，载《约克郡经济和社会研究公告》（1960年），第7卷，第38~42页。另见A. G. 肯乌德：《英格兰和威尔士港口投资（1851~1913）》，载《约克郡经济和社会研究公告》（1965年），第17卷，第157页。【126】

② 报告案号PP1876，第65章，第541页。【127】

③ 估算航运业资本形成时遇到的问题已经由R. 克雷格（Craig）在《航运业的资本形成》，在希金斯（Higgins）和波拉德编撰的《资本投资略论》（第131~148页）之中得到过审慎的检查。现在的估算忽略了克雷格提醒注意的几个需要再改进的方面，特别是要考虑到国外和殖民地购买及出售的二手船只，我们希望他的这个有价值的序列不久能代替这里的估数序列。【128】

④ 有关1787~1805年和1814~1818年间的船只建造和最早在英国注册的船只序列，见B. R. 米切尔的《英国历史统计摘要》（1962年版），第220~221页。遗漏年份的序列根据相应的（上引书，第220页）对英国和英帝国（Empire）建造的吨位序列内推得到。对于1814年以来的年份，米切尔有一个关于联合王国的序列，使用议会报告书给出的在爱尔兰建造的吨位统计，就可以把爱尔兰排除出去，参见例如，报告案号PP1849，第52章，第187页。【129】

以来在英国注册的总吨位的汇编资料，假定1788年注册的轮船是过去25年间建造和购买的，并且建造和购买的数量变化趋势是上升的，① 就可以估算出1760～1786年间建造的吨位数。

考虑到英国船东从联合王国之外，尤其是从英属北美殖民地②和——在《航海法》于1849年被废除之后——美利坚合众国购买的吨位，克雷格（Craig）坚持认为，关于英国造船厂的船只建造数目，有增补的必要，我们认为他的意见是正确的。议会文件中的一个序列显示出1821～1860年间每年在殖民地建造、在联合王国各港口登记的船只吨位情况，但是，这些数字与同一部门汇编的其他报告书中显示的建造于殖民地并分别在1831年、1841年和1846年末各个港口注册的总吨位数不一致。③ 年度序列似乎极大地低估了英国船东从殖民地获得船只的程度。我们通过在殖民地建造和登记的总吨位可以得到各年的吨位比例，按照这一比例把在以上各年末注册的总吨位分摊到其前的20年中，④ 可以构建一个替代估数序列。1846年之后，似乎没有任何建于殖民地、注册于某一年的船只吨位的公开报告书，假定英国船东在1847～1860年间（包括19世纪50年代中期的繁荣时期）购买的建于殖民地的船只与1841～1846年间的比例大致相同。这样就得出一个英

---

① 在联合王国注册的吨位由米切尔在《英国历史统计摘要》的第217页中给出。克雷格认可25年的使用寿命符合4%的折旧率的假定，见克雷格，上引书，第140页。【130】

② 参见以下文献：

（1）克雷格，上引书，第138页；

（2）R. S. 克雷格（Craig）：《英国航运业和英国北美部分的船只制造》，载H. E. S. 费希尔（Fisher）编撰的《西南部和海洋》；

（3）埃克塞特郡（Exeter）经济历史文件第1号，1968年，第21～43页。

在对这一问题做出强调时，克雷格重复了不列颠船主的意见，这些船主发现政府忽略了以下这一与人们初步印象不同的事实："不仅在联合王国建造的船只，而且在英帝国任何地方建造的船只，在海外建造由英国人购买的船只，也允许在英国注册。实际上，不列颠建造的船只常常不到每年允许注册船只的一半。"参见《普通船主协会与国务大臣的通信》，报告案号PP1859，第2次会议，第27章，第553页。【131】

③ 每年建于殖民地的注册船只报告书见于：

（1）报告案号PP1843，下院第74号，第52章，第373～375页，讨论1821～1841年间的情况；

（2）报告案号PP1847，下院第309号，第55章，第310页，讨论1842～1846年间的情况；

（3）从那以后是每年一次（例如，关于1860年，报告案号PP1861，下院第261号，第58章，第18页）；

（4）英国注册的殖民地建造船只总吨位报告书，也由船只注册中心、海关提供，报告案号PP1843，第52章，第376～378页，讨论1831年和1841年的情况；报告案号PP1847，下院第308号，第60章，第151～153页，讨论1846年的情况。

一个存在矛盾的例子是大不列颠港口注册的殖民地船只总吨位，在1841年是335 000吨，1846年是424 000吨，净增长（即不考虑船只毁坏和出售等）是89 000吨，而1842～1846年间注册的总量只有40 000吨。【132】

④ 报告案号PP1852，第49章，第18页。【133】

国船东购买的建造于殖民地的船只吨位序列，19 世纪 20 年代其吨位为 10 万吨，19 世纪 40 年代增加到 40 万吨，19 世纪 50 年代增加到 50 万吨（大约 30% 的帆船建于英国造船厂）。①

对于最后一个部分——1849 年后购买自美国和其他国家的船只，这里采用的是有关 1850 ~ 1860 年间在外国建造、在大不列颠登记的吨位年度报告。②

再来看看平均成本。有 4 类吨位，并且需要以 1851 ~ 1860 年价格计算 4 个平均价值估数。第一个也是最重要的平均价值估数，是国内建造的帆船，包括了船身、船桅和其他使船只“可以出航”的配件的重置成本，这里采用每注册吨位 15 英镑。我们并不缺乏造船成本的个例，但再次试图在较大范围内进行适度的平均，又会牵涉到不准确性。例如，哈钦斯（Hutchins）援引的 【64】
1860 年的英国造船成本，变化范围极大，大至装备全部两套 14 年使用期的镀铜一级木制大船，其每吨成本为 16 英镑 16 先令至 21 英镑，小至 8 年使用期的低级船只，其每吨成本只有 10 英镑。③ 从所有这些资料中可以得出结论，对于英国建造的所有帆船和小船来说，平均 15 英镑似乎是合适的。④

对于英国建造的汽船，这里采用的是由迈瓦尔德（Maywald）给出的成本数，以 1851 ~ 1860 年价格计算，每吨毛重成本价格为 25 英镑 10 先令，⑤ 净重的每登记吨位价格要在此成本价格上加 55%，为 40 英镑。⑥ 建造于殖民地的吨位价比建造于英国的便宜得多——这是殖民地对英国船东和投机商产生吸引力的原因——其成本价格在每吨 10 英镑至 3 英镑 10 先令之间。19 世纪 50 年代购买自美国的船只一般质量较

① 有关 19 世纪中期英国北美部分船只建造的详细描述，见 F. W. 华莱士（Wallace）：《木制船只和自动驾驶仪》（1924 年版）。【134】

② 由年度报告书（1860 年，报告案号 PP1861，第 57 章，第 18 页）给出。报告书给出的 10 年数字似乎相当精确，可以把它们与美国卖给外国的吨位统计相核对。【135】

③ J. G. 哈钦斯：《美国的海运工业和公共政策（1878 ~ 1914）》（1941 年版），第 300、401 ~ 402 页。资料来源是美国国会特别委员会 1870 年的一份报告（林奇报告）。哈钦斯观察到，到 1860 年，价格“由于铁制帆船不断增加的产量而有一定下降，而这些帆船越来越普遍，其价格为每英吨 17 ~ 18 英镑”。在《商船特别委员会报告书（1860）》，报告案号 PP1860，第 8 章，《证词记录》， 【641】
询问案第 1059、2456、2715 ~ 2716 号中也给出了同样范围的价格。麦卡洛克（McCulloch）在《统计报告》中（1854 年版），第 2 章，第 74 页，认为在 19 世纪 50 年代早期平均每吨为 13 英镑。【136】

④ K. 迈瓦尔德：《英国商船的建造成本和价值（1850 ~ 1938）》，载《苏格兰政治经济学杂志》（1956 年），第 3 卷，第 46 ~ 52 页，认为 1851 ~ 1860 年间船身成本为平均每英吨 15 英镑 16 先令。但是，这一数值来自于 1905 ~ 1909 年间出口的汽船船身的平均值，是根据它的造船成本指数外推得到的，因此不能作为 19 世纪 50 年代帆船成本的直接证据。【137】

⑤ 上引书，第 50 页。【138】

⑥ 这个调整的基础是国会的《1861 年 1 月 1 日或此前在联合王国注册的汽船报告书》，该报告书显示出 686 000 的总吨位和 441 000 的注册净吨位，其比率为 1.55:1（报告案号 PP1861，第 58 章，第 321 页）。【139】

高，每吨大约要花 10 ~ 15 英镑。我们采用的殖民地吨位的总平均价格是 7 英镑，美国吨位是 10 英镑。① 对这四个部分进行估价、相加就得到表 6 中以 1851 ~ 1860 年价格计算的资本形成估数。

关于现价计算的资本形成估数，则是通过以相同权重将工程师工资和木材价格平均为一个综合价格指数②而获得的。它给出的帆船每吨位综合价格在 1760 ~ 1790 年间大约是 8 英镑，1801 ~ 1820 年间增加到 20 英镑，从 1821 年开始又下降到 15 英镑左右。它们与这些时期的一些资料数据大体一致。③

通过对英格兰、威尔士和苏格兰在四个基准年的注册登记吨位进行估价，就可以得到以 1851 ~ 1860 年重置成本计算的商船总存量的估数。对于 1860 年，根据以上描述的（见第 65 页）关于殖民地和外国吨位的估数，将已登记注册的帆船吨位分配到英国制造、殖民地制造、外国制造三者上面，再以上述的 1851 ~ 1860 年平均价格，来对它们以及汽船的价值额做出一一估定。同样，对于 1830 年，我们把殖民地帆船与英国帆船区分开来。对于 1760 年，使用由 R. 戴维斯（Davis）给出的英国拥有的船只吨位数据序列，从 1788 年开始的登记年向后推算，就可以得出关于该年总吨位的估数。④

2.5　流动资本、海外资产与土地

在这一节中，要对另外三类有形财富存量进行估算，并且，在必要时也

① 参见以下文献的有关内容：
（1）《下议院关于商船特别工作委员会报告书（1844）》，报告案号 PP1844，第 7 章，《证词记录》，询问案第 147、295、1179 号和第 180 页；
（2）哈钦斯，上引书，第 205、281、301 页；
（3）D.C. 诺思（North）：《美国的收支平衡（1790 ~ 1860）》，载《19 世纪美国经济趋势》（1960 年版），第 24 章，第 598 页，这里作者对收入和财富做了研究。【140】

② 见注 28 和 29。【141】

③ 参见以下文献：
（1）克雷格：《航运业资本形成》，第 143 页；
（2）J. 菲普斯（Phipps）：《孟加拉商业指南》（1823 年版），第 139 ~ 140 页；
（3）科洪（Colquhoun）：《论文集》，第 94 页；
（4）《下议院关于制造业、商业和航运业特别工作委员会报告书（1833）》，报告案号 PP1833，第 6 章，《证词记录》，询问案第 5844 ~ 5852、6481、6580 ~ 6582、6602 ~ 6608 号；
（5）哈钦斯（Hutchins），上引书，第 153、202、205、299 页；
（6）W.S. 林赛（Lindsay）：《商业航运史》（1876 年版），第 3 章，第 151 页。【142】

④ R. 戴维斯：《英格兰航运工业的兴起》（1962 年版），第 27 页，以及附录 A，第 403 ~ 406 页。【143】

估算与它们相关的流量。当然，和前面一样，这里的估数只能提供出大致数量程度。

第一类是在工业、贸易和农业发展中，以（货物）存量和在制品形式出现的流动资本。它包括：（1）非农货物存量，即国产和进口的原材料、【65】半加工产品、在制品以及由制造商和商人拥有的最终产品；（2）（已收获和尚未收获的）农作物、牲畜，包括马，不论其用于耕种还是用于经济生活的其他方面。这些流动资本与2.4节中的那些固定资本一起构成了国内可再生财富的主要部分。① 这里还要估算流动资本变化，从而得出存量增长数序列——以现价或不变价格（1851～1860年）计算的货物存量和在制品的物理增长量的价值估数——把这些加到相应的国内总固定资本形成的数据序列中，就得到资本形成总额数据序列。

第二类是由英国居民拥有的海外累积财产、由非英国居民拥有的英国净资产。这一类财产的估算，与上述那些包括了物质财产和金融资产的估算不同。一般在买进时，这些资产和债务按原始成本计算，从而其累积数的估数需要进行调整，以便使得它们可以用1851～1860年重置成本价格来表示，但对由此导致的财产升值和贬值则不作调整。② 除了这些财产，这一类别还要包括拥有的金、银币和金、银条。③ 海外资产和金、银拥有量的变化反映着对海外净投资的发展变化，把这个序列——也是现价或1851～1860年价格计算的价值估数系列——加到相应的国内资本形成序列中，就得到对大不列颠总投资的估数。

最后一类财富是土地，它包括未加改良的农场土地价值、位于住宅和其他建筑物之下的土地以及生长中的用材林的价值。这是目前为止国内不可再生有形财富中最重要的部分。之所以把它包括进来，是因为它也有价值和利润，另外，我们还要把它与国内可再生财富和海外资产进行对比。④

我们所获得的这三类估数，最多是近似值，但是这些估数足以对表6至表8中的可再生固定资本的数据序列进行增补，并且足以使得我们能够对

---

① 从国内可再生有形财富的全部存货清单中省略掉的资产有：军事资产（在现在研究的这一时期，这些资产主要是海军船只和军事营房）、耐用消费品（主要是家庭家具）和艺术品、镀金银器皿等。这些都可以看做是“非生产性”资产。【144】

② 要更进一步了解，可参见范斯坦：《联合王国的国民收入、支出和产出（1856～1965）》，第204～205页。【145】

③ 见第72页关于金银条包含在海外资产中的解释。【146】

④ 省略掉的不可再生财富是煤、铁矿和其他地下资产的价值。【147】

1760～1860年间这一个世纪中大不列颠国民财富的结构变化、增长率、投资等方面的状况给出一个大致评估。

2.5.1 非农货物存量

如果迄今还是以一种不用草料的方式来制砖，那么，在制砖中就既不知
【66】道草的好处，也没能充分利用黏土。同样，在估算工作中，虽然可以得到几个相互孤立的商品存量序列，[①] 但它们却不能为全面估算提供牢固的基础；在战后的生产情况调查（1948年）和分配情况调查（1950年）进行以前，还没有任何人对非农货物存量总数进行过直接计算。

火灾保险税征收统计数据有可能为19世纪全部非农货物存量总数的估算提供一条捷径。在这个税被完全废除之前不久的1864年，对"用于制造业或贸易目的的所有货物、成品或商品存量，或者所有机器、固定装置、工具或器械"[②]，保险税是按照一个削减税率来征收的。从1863～1864年间留存下来的关于削减了的税率以及关于较高税率的税收申报表中可以计算出，加入保险的货物存量、机器等的价值是加入保险的财产总价值的33%；把这个比例数应用于1860年大不列颠的已保险财产，得到的机器设备与货物存量等的价值大约为3.3亿英镑。[③] 如果从中扣除1860年工业机器和设备的价值（表8），得到的货物存量价值为1.7亿英镑。

这确实可以作为货物存量价值的最低限度，因为即使机器等的估算有些过低（比较第78页的内容），也肯定不是所有的现货和机器都入了保险，它所包含的财产也肯定不总是以其充分的价值投保。[④] 但是，我们了解到，在所有的财产形式中，"生产商和贸易商的易损毁货物存量"是"最充分地投保的"，[⑤] 鉴于1860年火灾保险发展的程度，1860年非农货物存量的全部

---

① 例如，有关棉花，见T. 埃利森（Ellison）：《大不列颠的棉花贸易》（1886年版），表1。有关生铁，见凯恩克罗斯（Cairncross）：《国内和海外投资》，第159页。【148】

② 《维多利亚27年法令》，第18章。农业存货保险从1833年后免于征税，因此不影响现在的计算。【149】

③ 见《国内税收委员会报告书》，报告案号PP1870，第20章，第1册，第151页，载有两种税率的税收收据；第2册的第132页上，提到了1860年不列颠已上保险财产价值。【150】

④ 有关火灾保险范围的讨论，参见：

（1）S. 布朗（Brown）：《论大不列颠火灾保险的发展》，载《保险杂志》（1858年），第7卷；

（2）《火灾保险税修订报告》，报告案号PP1863，第26章（G. 库德）；

（3）C. 沃尔福德（Walford）：《论火灾和火灾保险》，载《统计学报》（1877年），第40卷，第409页。【151】

⑤ 《火灾保险税修订报告》，报告案号PP1863，第26章，第29页。【152】

价值可能在2亿~2.5亿英镑之间。

我们发现，仅有的另一个估算是由环球保险公司主席弗里德里克·艾登爵士（Sir Frederic Eden）所做的关于1800年左右的估算。其结果如下：[①]

英国用于国内消费的制成品	76 000 000 英镑
英国用于出口的制成品	40 000 000 英镑
大不列颠的外国商品	40 000 000 英镑
总 计	156 000 000 英镑

注：在这个总量中，估计有1/4或者有39 000 000英镑是可保险的。

从较远的时间距离来观察20世纪可以发现，在两次世界大战之间，非农货物存量和在制品的账面价值占到了现价计算的最终总支出（即GDP加上进口）的20%；在战后的1948~1958年间，这一比率为30%左右，到了20世纪60年代末，它下降到25%。[②] 可以预计，货物存量与周转量的比率，【67】
在19世纪尤其是19世纪30年代以后呈下降趋势，而这又是因为运输和交通的发展，降低了生产和分配过程中各个阶段必须拥有的货物存量相对规模，[③] 尽管在某种程度上，这两种降低效应又可能被所供应商品的种类与形式的增加抵消。

根据上述讨论，通过假定非农货物存量1760年、1800年、1830年占最

---

① 艾登的文章被广泛引用，但似乎并没有发表。他对现货的估数被约翰·辛克莱爵士（Sir John Sinclair）在《英帝国财政收入史》（1804年第3版，第3章，第290~292页）中和沃尔福德【642】
（上引书，第403~404页）以上文引用的形式再现（7 600万英镑产出的详细情况）。

麦克弗森（Macpherson）在《商业、制造业、渔业和航运业年鉴》（第4卷，第549页）中的看法略微不同，他把进口看做5 500万英镑，从而使总量达到17 100万英镑。关于其中3 900万英镑的估数，估算者作了如下描述："在不列颠和外国的商品中，除了东印度公司的仓库中未投保的商品以外，还有手头的可投保的商品为3 900万英镑。"这个估数明显地被科洪曲解了（《论文集》，第55~57页），他把1812年"在制品、成熟期和完成期的产品"的价值等同于艾登关于年度产出价值的估数（即11 600万英镑），并且增加了3 700万英镑的外国商品。在这一点上，他为洛（Lowe）、皮布雷尔（见参考书目）和后来的波拉德（《资本增长和分配》，第358页）所追随。【153】

② 关于两次世界大战之间的资料，见范斯坦的《联合王国的国内资本形成（1920~1938）》（第25页）对货物存量的讨论（这里估算得非常不准确）和《联合王国的国民收入、支出和产出（1856~1965）》第T11页对以市场价计算的最终支出的讨论。战后的资料，是中央统计局在《国民收入和支出》中所作的有关估数。以上比率暗示，关于两次世界大战之间的货物存量数值，可能被低估了。这一点，为其他证据所支持，见范斯坦的《联合王国的国民收入，支出和产出（1856~1965）》，第203页，注2。【154】

③ 关于19世纪中期货物存量对营业额比率下降的程度，有一位学者做出了非常有说服力的论述，见库德的《火灾保险税修订报告》（见注151），第29页。【155】

终总支出的30%，1860年占25%，① 就可以得出关于4个基准年份非农货物存量价值的现价估数。然后，用批发物价总指数来得出用1851～1860年价格表示的价值额估算结果。② 所选的这几个年份的有关数据情况，见表14。表14第5行中1851～1860年价格计算的非农货物存量估数被移到了表15，这些数值的有效位被四舍五入到以千万英镑为单位，以表示它们的近似性质。

表14　　1760～1860年间的非农场货物存量

指　标	1760年	1800年	1830年	1860年
1. 最终支出（百万英镑）	120	294	392	858
2. 货物存量占最终支出的百分率（%）	30	30	30	25
3. 以现价计算的货物存量（百万英镑）	36	88	118	215
4. 价格指数（1851～1860年=100）	90	128	106	103
5. 1851～1860年价格时的货物存量（百万英镑）	40	69	111	209

表15　　1760～1860年间大不列颠流动资本、海外资产、硬币和金银条以及土地存量的估数[a]

（1760～1860年价格）　　单位：百万英镑

大　类	小　类	1760年	1800年	1830年	1860年
流动资本	非农货物存量	40	70	110	210
	农产品、牲畜和马	140	190	220	240
	总　计	180	260	330	450
海外资产	海外资产累积净所有	-20	10	90	360
	金、银币和金银条	20	30	60	100
	总　计	0	40	150	460

① 关于1800～1860年间GDP的估数来自于迪恩与科尔的《英国经济增长（1688～1959）》，第166页。为了把它外推到1760年，我们使用了他们计算的以1800年数据为新权重基础的实际加权产出指数（请参考，同本注前所出现文献，第79页），并且使用了米切尔在《英国历史统计摘要》（第469页）中给出的熊彼特—吉尔博伊（Schumpeter-Gilboy）指数来进行价格变化调整。并且，在实现以上目标的过程中，我们假定，关于1801年的GDP的估数，与1795～1799年的价格一致，而不是与1801年异常的通胀价格相一致。【156】

② 关于1760～1800年间，我们所用的价格指数是熊彼特—吉尔博伊指数，关于1790～1850年间使用的是加盖尔—罗斯托—施瓦茨（Gayer-Rowtow-Schwartz）指数，关于1840～1860年间使用的是卢梭指数。以所选年份为中心的3年平均数，被分别用到了1760年、1830年和1860年3个年份上，对于1800年，我们采用的是1795～1799年指数的平均数（比较注156）。而前面3个指数也都在米切尔的《英国历史统计摘要》（第468～473页）中得到了重新编制。【157】

续表

大　类	小　类	1760 年	1800 年	1830 年	1860 年
土　地	农业用地（包括林地）	900	940	990	1 000
	其　他	60	100	190	420
总　计		960	1 040	1 180	1 420

注：a　所有的价值都四舍五入到约千万英镑。
资料来源：见正文。

【68】

表 16　1761 ~ 1860 年间资本货物存量、年增量及海外净投资[a]

（每 10 年平均数，现价和不变价格）　单位：每年百万英镑

时　期	货物存量和在制品的有形价值增量		海外净投资[b]	
	现价	1851 ~ 1860 年价格	现价	1851 ~ 1860 年价格
1761 ~ 1770	1.0	1.0	0.5	0.5
1771 ~ 1780	2.0	2.0	0.5	1.0
1781 ~ 1790	2.0	2.0	1.5	1.5
1791 ~ 1800	3.5	3.0	1.5	1.5
1801 ~ 1810	1.5	1.0	-3.0	-2.0
1811 ~ 1820	3.0	2.0	7.5	5.0
1821 ~ 1830	4.5	4.0	8.5	7.5
1831 ~ 1840	3.5	3.5	4.5	4.5
1841 ~ 1850	4.5	5.0	6.5	6.5
1851 ~ 1860	3.5	3.5	20.0	20.0

注：a　四舍五入到约 50 万英镑。b　包括金银币和金银条的净变化。
资料来源：见正文。

从表 14 第 5 行中，也能估算以不变价格表示的货物存量价值的期间增量：1760 ~ 1800 年间的年平均增量要少于 100 万英镑，1800 ~ 1830 年间的年平均增量增加到 140 万英镑，在 1860 年的前 30 年间年均增量超过了 300 万英镑。对表 16 中所列的序列，可以把它们延伸（用与上面所用的相同方法），从而得到每 10 年期的货物存量价值期间增量的估数，得到的结果序列再以现价重新估算。①

2.5.2　农产品、牲畜和马

就 1867 年之前大不列颠农业的统计资料来说，官方的统计数据序列显

① 同样使用价格总指数，但现在使用的是每 10 年的年度平均；这个指数在表 5 第 4 栏中给出（见第 38 页）。【158】

得不连贯，但幸运的是，1867 年以后，农业以其重要性吸引了一些细心观察家的注意力，并促使他们对农业进行了一些研究。他们编制出了关于农业产出和资本的若干估算成果，这些都为现在的估算提供了适当起点。① 尽管如此，最终结果肯定还相当程度地是推测与近似意义上的。尤其在涉及饲料作物估数同牲畜价值估数的关系时，更是如此。

我们的第一项工作，是对以 1851 ~1860 年价格表示的 4 个基准年份的已收获和尚未收获的作物、牲畜和马进行估算。这些细目的总计包括了
【69】佃户或“占有者（occupiers）”资本的主要部分和非农业马匹，但不包括机器、设备等——这些已经包含在农业固定资本的综合估数中（见第 48 页）。

对于农作物，我们从估算 4 个年份中每年的小麦、大麦、燕麦和黑麦产量或亩数与单位产量开始。② 对于这几种作物，每种作物产量已经以 1851 ~

---

① 第一个对佃户资本详尽、全面的估算是关于 1874 年的，由 R. E. 特恩布尔（Turnbull）于 1896 年所作（同时还有对 1893 年的估算），见《皇家农业委员会证词记录（1896）》，报告案号 PP1896，第 17 章，附录 A，第 541 ~542 页。

有关 1893 年详尽的估算还有，H. 鲁（Rew）：《农场岁入和资本》，载《皇家农业协会杂志》，第 3 卷，第 6 分卷（1895 年），第 44 ~45 页，以及哈里斯（Harris）对 1894 年的估算，见《一项对比》，第 553 ~555 页。

以上这些估算都包括到整个联合王国，这种地域范围也正如最近以来由 A. J. 博勒姆与 A. J. 贝勒比（Bellerby）编制的关于 1867 ~1938 年间的连续数据序列一样，见于《1939 年以前联合王国农场占有者的资本》，载《农场经济学家》，第 7 卷，第 6 分卷（1953 年版），第 263 页。

另请参看斯坦普：《英国收入和财产》，第 386 ~388 页。【159】

② 有关英亩数、产量、生产的估算主要是基于以下文献：

（1）迪恩和科尔，上引书，第 62 ~66 页（对 1760 ~1800 年的估算）；

（2）艾登，其估算由辛克莱（Sinclair）在《财政收入史》中所引用，第 3 章，第 291 页（关于 1800 年的估算）；

（3）J. 米德尔顿（Middleton）：《米德尔塞克斯郡农业论》（1807 年版），第 637 ~645 页（关于 1800 年的估算）；

（4）W. 史蒂文森（Stevenson）在由 D. 布鲁斯特（Brewster）编撰的《爱丁堡（Edinburgh）百科全书》（1815 年和 1830 年版，第 734 ~737 页）中有关英格兰的文章对 1800 年和 1830 年的估算；

（5）麦卡洛克，载《统计报告》，1837 年第 1 版，第 1 章，第 528 ~537 页，以及 1854 年第 4 版，第 549 ~563 页（关于 1830 年、1860 年的估算）；

（6）J. 凯尔德（Caird）：《1850 年和 1851 年的英格兰农业》（1851 年版），第 522 页（关于 1860 年的估算）；

（7）P.G. 克雷吉（Craigie）：《农业生产统计》，载《统计学报》，第 46 卷，1883 年，第1 ~44 页（关于 1800 ~1860 年的估算）；

（8）J. B. 劳斯（Lawes）与 J. H. 吉尔伯特（Gibert）：《小麦的国内生产、进口、消费和价格
【643】（1852/1853、1891/1892）》，载《皇家农业协会杂志》，第 3 卷，第 4 分卷（1893 年），第 132 页。

所有以上这些资料来源的数据估算都依据 1867 年以来的官方统计数据，米切尔的《英国历史统计摘要》第 78 ~90 页的概述中有关于这些数据的总结。【160】

1860年**政府公报**平均价格作为计算价格估算过了。① 加上豌豆、黄豆、土豆、萝卜和其他饮料作物、亚麻和蛇麻，这个数据序列的数据将增加60%。② 最后，根据博勒姆（Boreham）的研究，③ 我们假定，已收获和尚未收获的作物存量占到作物产量的85%。④

至于牲畜，我们已经对4个基准年份中大不列颠的牲畜数量进行了估算，⑤ 并以与1851～1860年的存储价大致相符的价格基础来对其进行计价估值。存储价结果如下：所有的母牛、小母牛和其他牛平均为9英镑10先令；绵羊和羔羊平均为1英镑15先令；猪为2英镑。⑥ 加上驴、山羊、家禽，所估算的价值要增加2%。最后，考虑到这一时期牲畜重量和质量的提高，对1760年、1800年和1830年的估数，要进行某种程度的折扣，对其分别减去20%、10%和5%。⑦ 4个年份中的农业马匹和非农马匹平均价格（1851～1860年）被估定为20英镑。⑧ 这些估算结果列示如下：

---

① 报告案号PP1878～1879，第65章，第438页。【161】

② 这主要是依据这些作物的产出价值与注160中征引的资料中给出的主要谷物之间的产出比率关系；尤其参考了其中艾登和麦卡洛克的资料。【162】

③ 博勒姆和贝勒比，上引书，第262页。【163】

④ 作为对这种方法的检查，我们把同样的程序应用于特恩布尔对1874年联合王国生产的8 000万英镑的小麦、大麦、燕麦、黑麦的估算。把它增加60%，然后取其总量的85%就得到10 900万英镑，这样我们就可以与特恩布尔自己的估算数12 200万英镑做出比较，虽然两者有些差别，但应该注意到的是，后者是通过分别对投资于肥料、石灰、种子、谷物、干草和稻草等存量资本，以及培植作物、草料等人力和马力开支进行价值估算，然后再进行综合编制而形成的［皇家农业委员会，前引书（见本章注释159），第541～545页］。【164】

⑤ 特别地，请参看：

（1）迪恩和科尔：《英国经济增长》，第68～74、195页；

（2）史蒂文森：《爱丁堡百科全书》，第732页；

（3）麦卡洛克：载《统计报告》（1854年），第1章，第493、499、504～505页。【165】

⑥ 这些价格是以特恩布尔使用的1874年价格为基础（皇家农业委员会，上引书，第542页），根据绍尔贝克（Sauerbeck）的牛肉、羊肉、猪肉和咸肉批发价格指数调整到了1851～1860年间的水平。A. 绍尔贝克：《日用品和贵重金属价格》，载《统计学报》（1886年），第49卷，第643页。

由布雷思韦特·普尔（Braithwaite Poole）曾经提出（《英国商业统计》，第59页）的1851年的相关价格情况包括有：牛为9英镑，羊为1英镑5先令，猪为2英镑10先令。【166】

⑦ 迪恩与科尔，上引书，第69～71页，在这里对仍然存在很大不确定性的这个问题作了简要说明。【167】

⑧ 特恩布尔（皇家农业委员会，上引书，第542页）所使用的1874年价格为25英镑。

其他相关估数还见于麦卡洛克，上引书，第1章，第493页，他采用的1846年价格为12～15英镑。

而F. M. L. 汤普森（见于希金斯与波拉德，上引书，第186页）提出，19世纪20年代农场马匹的价格是20英镑。

另外，佩吉特（Paget）在《公路辊轧报告》（第473～474页）中对19世纪70年代早期都市中的出租马车、车厢与马匹做出的估算为平均大约28英镑。【168】

	1760 年	1800 年	1830 年	1860 年
	百万英镑			
已收获和尚未收获的作物	56	69	83	89
牲　畜	66	89	99	109
农场马匹	16	27	28	25
其他马匹	4	11	14	17
总　计	142	196	224	240

这些总量四舍五入到 1 000 万英镑并被移入表 15 中。

这里可以简单地测试一下上述估数的可靠性，如果以每英亩资本的形式来表示这些估数（把 1860 年为止大不列颠的耕地总面积当作是稳定的，即 3 000 万英亩），并通过农产品批发价格指数①把它们调整为现价，就得到以下结果：

年　份	1760	1800	1830	1860
【70】 每英亩农场主的资本（英镑）	3.5	10.6	8.0	8.4

与上述相应时期的佃户资本估数相比较，以上这些数值似乎是合理的，由有关学者做出的有关佃户资本的估数包括：由阿瑟·扬（Arthur Young）对 1770 年英格兰和威尔士做出的每英亩 4 英镑的估数；由史蒂文森所做的 1800 年每英亩 10 英镑的估数；由麦卡洛克对 1837 年和 1846 所做的每英亩 6 ~7 英镑的估数；通过把博勒姆对 1867 ~1873 年联合王国的估数调整到以 1860 年价格表示，从而得到的每英亩 9 英镑 10 先令的估数；以及通过把特恩布尔对 1874 年联合王国所做的估数调整到以 1860 年价格表示，从而得到的每英亩 8 英镑的估数。②

最后，通过利用上述序列的数值变化，可以得到关于农作物和牲畜对以

① 有关 1800 ~1860 年卢梭（Rousseaux）农业产品指数，根据熊彼特—吉尔博伊的消费品指数后推到 1760 年，它源于米切尔：《英国历史统计摘要》，第 469 ~472 页。【169】

② 参见以下文献：

（1）A. 扬：《在英格兰北部的游历》（1770 年版），第 4 章，第 498 页；

（2）史蒂文森：《爱丁堡百科全书》，第 773 页；

（3）麦卡洛克，上引书，第 561 页；

（4）博勒姆与贝勒比：《1939 年以前联合王国农场占有者的资本》，第 263 页，以及特恩布尔，皇家农业委员会，上引书，第 541 页；对这二者都根据卢梭农业产品价格指数进行了调整，并将农业工具等排除在计算之外了。【170】

1851～1860 年价格表示的货物存量价值增加的贡献的估数。以年增长数来表示，1760～1800 年间平均每年增加 140 万英镑，1800～1830 年间平均每年增加90 万英镑，1830～1860 年间平均每年增加 50 万英镑。为了编制表 16，在 4 个基准年之间，我们以大概程度添加各年的估数，就得到每 10 年的平均数。用批发价格总指数[①]调整这个序列，就得到用现价表示的估数。

2.5.3　海外净资产拥有量

我们已有伊姆拉精心构建的 1815 年以来的资本净出口序列，他的序列是通过对经常账户的年度结余进行估算，并且扣除了所估算出的金、银条和金银币的净进口数量之后得到的。[②] 为了得到以 1851～1860 年购买力表示的海外资产累积净拥有量的估数，这里以伊姆拉关于 1815 年末 1 000 万英镑净额估数作为起点，加上每 5 年积累的净额，再用批发价格总指数[③]进行紧缩，这样就得到所需要的关于 1830 年和 1860 年净拥有量价值的估数。

我们已经有来自英国和荷兰的资料，它们对 1760 年做出了详细估算。这些估数显示，1760 年荷兰在英国的总投资在 2 500 万～3 000 万英镑之间，考虑到其他国外财产，这个指标的数值能达到大约 3 000 万～5 000 万英镑。[④] 与此相反，英国在海外有多少投资我们不知道，但可以认为是在1 000 万～1 500 万英镑之间；而其海外净负债，用 1851～1860 年价格计算，则有 2 000 万英镑。我们认为，在 1800 年，在英国的国外财产已减少到大约2 500 万～3 000 万英镑，[⑤] 英国的海外投资增加到大约 3 500 万～4 500 万英镑，存在大约

---

① 见表 5 最后一栏，以及第 38 页。【171】

② A. H. 伊姆拉（Imlah）：《英国统治下的世界和平中的经济因素》（1958 年版），第70～72 页。没有进行调整，因为这个序列涉及的是联合王国而不是大不列颠。【172】

③ 它与前面表 5 最后一栏的指数相同，但采用的是 5 年平均数。【173】

④ 参见以下文献：

（1）A. 卡特（Carter）：《荷兰的海外投资（1738～1800）》，载《经济杂志》（1953 年），第 20 卷，第 330～340 页；

（2）辛克莱（Sincalir）：《财政收入史》，第 3 章，附录 V，第 161 页；

（3）C. 威尔逊（Wilson）与 A. 卡特：《18 世纪荷兰在英格兰的投资》中的有关注释，载《经济史评论》，第 2 卷，第 7 分卷（1960 年），第 434～444 页。【174】

⑤ 在 1806 年，大约有 1 850 万英镑的国债免于征税，因为这部分国债为别国所有，参见 C. K. 霍布森（Hobson）：《资本出口》（1914 年版），第 96 页。在银行和东印度公司里也有外国财产。

另请参见卡特，上引书，第 339～340 页；以及伊姆拉，上引书，第 66 页。【175】　【644】

1 000万英镑的净余额。① 关于这 4 个基准年份的结果如表 15 所示。

为了编制表 16，需要对以现价和以1851～1860 年价格计算的每 10 年海外资本流量进行估算。关于 1815～1860 年，我们已有伊姆拉对前者的估算数据以及对后者进行紧缩处理后的序列。对于 1760～1815 年，可以假定英国的海外资产拥有量大体在稳定增长，并且可以根据现有的资料对英国的对
【71】 外投资进行调整，在此基础上，就可以在海外累积净余额的既有估算数据的所属年份之间进行数据添加。②

2.5.4 金、银币和金银条

金银净进口的一部分会用于制造金银器皿、珠宝等，但这并不影响现在的估算。③ 其余的金银将被计算到英国硬币和金银条的货币占有量中。因为它们对外国人而言是一种潜在权利，可以把它们等同于海外资产，并且货币金银的变化可以看做英国海外净投资的一部分。④

有关 19 世纪英国流通中的金、银币，有许多不同的估数，⑤ 根据这些

---

① 比克（Beeke）在《所得税研究》（第 185 页）中认为，大约在 1800 年，英国居民拥有的外国财产价值至少有 10 000 万英镑，这与（而实际上它可能是来自于）威廉·配第（William Pitt）（《演讲录》1806 年版，第 3 章，第 317 页）在 1789 年给出的英国居民从在西印度群岛（West Indies）（400 万英镑）和爱尔兰（100 万英镑）拥有的财产中获得的 500 万英镑净收益的估数相符合。而不可能与伊姆拉从 1815 年仅有的 1 000 万英镑的净额开始的估算数相一致，即使是考虑到伊姆拉的序列反映的是联合王国的情况从而不包括在爱尔兰发生的投资这一事实，也不具有一致性。因此，很有可能，配第和比克夸大了英国的国外财产。【176】

② 请特别参看，卡特，上引书，第 330～340 页。【177】

③ 从经常账户的净余额中扣除总的金银净进口，就得到关于海外资产净买进的估数（伊姆拉，上引书，第 44～46 页），而且这些都用于工业目的，它们自动地被当作等同于任何其他进口的原材料。而这就是现代联合王国采用的国民核算方法，参见《国民核算账户统计：来源和方法》，第 448 页。【178】

④ 因为大部分的货币财产都表现为在公众中流通的铸币，而不是英格兰银行中的储备，因此我们似可反驳说，19 世纪货币的净增不等同于海外资产；但是，我们当然还可设想，从理论上（如果还不是实践上）有可能用纸币代替金属铸币，因此可以将（替换出来的）金银用作国际储备。【179】

⑤ 请特别参见以下文献：

（1）W.S. 杰文斯（Jevons）关于 1868 年的估数，重印于《货币和金融研究》（1909 年版），第 238～250 页；

（2）纽马奇（Newmarch）关于 1844 年和 1856 年的估数，参见图克（Tooke）和纽马奇：《价格史》，第 6 章，附录 22，第 696～703 页；

（3）A. 德尔·马尔（del Mar）：《贵重金属史》（1880 年版），第 209～211 页；

（4）E.V. 摩根（Morgan）：《中央银行的理论和实践（1797～1913 年）》（1943 年版），第 35 页；

（5）科洪：《论文集》，第 55 页；

（6）比克，上引书，第 184 页。

1860 年以后，关于这方面的有价值资料，见于 W.E. 比奇（Beach）：《英国的国际黄金流动和银行政策（1881～1913）》，1935 年版，第 43～91 页。【180】

估数，我们认为4个所选年份流通中的硬币和英格兰银行[①]拥有的金银条情况如下：

年　份	1760	1800	1830	1860
金银条和金、银币（百万英镑）	20	30	60	100

同样的价值也出现在表15中，因为黄金的价格在1851～1860年与这些被选年份大体相当。

因此，金、银货币拥有量的年度净增长在1760～1800年间大约为25万英镑，1800～1830年间大约为100万英镑，1830～1860年间大约为130万英镑。这些估数构成了表16的计算基础。列示在表16中的数据序列，就是根据它们，再通过上面所援引的资料中的有关数据进行内推计算而形成的。[②]

2.5.5　农场用地（包括林地与农场）

为了对未改良的农场土地价值进行粗略估算，我们先采用对4个所选年份的农场土地和建筑总地租（包括什一税）的估数，并对1760年以25年的购买期，对1800年和1830年以28年的购买期，对1860年以30年的购买期，将这些租金分别资本化。[③] 然后，从中扣除关于农场建筑、排水系统和其他改良措施导致的资金支出价值估数。[④] 作为估算结果，以现价计的未改良农场土地价值列示如下：

①　见米切尔：《英国历史统计摘要》，第441～446页。【181】

②　见注释180。很难使现在关于1815～1860年间金银货币财产增长的估算与伊姆拉给出的关于金银净进口的估算相一致。例如，现在的估算显示，在1830～1860年有4 000万英镑的增长，考虑到工业消费，我们期望总的净进口会大于这一数值，但实际上伊姆拉的总量只有3 000万英镑，因此很可能伊姆拉低估了1858年以前的进口，对此也找不到可用的官方记录。见伊姆拉：《英国统治下的世界和平》，第44～46页。如果是这样，海外资产净买进序列可能被略微高估了。【182】

③　租金是基于对A类收入税的土地的估价（见第48页）。比克（上引书，第20页和183页）对大约1800年的净租金采用了30年的购买期，这与总租金的26年的购买期相一致。另见米因盖（Mingay）：《英格兰拥有地产者协会》，第38～39页。对19世纪中期总租金的30年购买期，也同时被例如吉芬（《资本增长》，第13、30、43页，1865年和1875年情况）和斯坦普（《英国收入和财产》，第382页）所采用。【183】

④　表8中第3行的估算经过调整，排除了佃户工具等，并且根据以表5第2栏所用的序列为基础的农业工程和建筑价格指数转换为现价。【184】

年　份	1760	1800	1830	1860
农场土地（百万英镑）	380	630	820	1 020

假定这一结果包括了林地与农场的资本值。[①] 为了得到以不变价格表示的序列，本可以通过土地价格指数来进行紧缩化处理，但我们没有可用的合适的价格指数。[②] 所以，改为把以 1860 年价格计未改良农场土地调整到以
【72】1851～1860年价格计，得到的结果为 10 亿英镑，并且假定，如果不计算由于对荒地、石南地和沼泽地等进行排水改造与圈占而导致的新耕地开发，这个数值会与早些年间以不变价格表示的数值相同。这种因改造与圈占导致的农地面积的增加，其精确值还不为人所知，但可能是在 300 万英亩左右。大概变化情况是，在 1760～1800 年间，英亩数增加了大约 5%，到 1830 年时又增加 5%，在 1860 年增加大约 1%，达到大约 3 100 万英亩。[③] 以此计算为基础而得到的估数，列示于表 15。[④]

2.5.6　其他土地

辛格估算的 1861 年英格兰和威尔士的城市地租价为 1 400 万英镑。[⑤] 它代表了（如所评估，那些进入 A 类收入税的）房屋和其他非农建筑总地租的 26%。如果把同样比例应用于：（1）关于苏格兰房屋等建筑的总租金的估算；（2）关于铁路、矿山及其他不包括在 A 类收入税中的地产收入的估算，将会使城市总地租金增加到 2 100 万英镑左右。[⑥] 如果它的投资期推定

---

① 根据斯坦普的权威著作，上引书，第 24～25 页，它明确反对吉芬的观点，上引书，第 18 页。【185】

② 诺顿、特里斯特和吉尔伯特曾经有过一个土地价格序列，上引书，（见本章注释 56），但这
【645】个序列以相当小的样本为基础，因此似乎不能令人满意。【186】

③ G. 斯莱特（Slater）：《英格兰的农民和公地圈占》（1907 年版），第 267 页；W. H. R. 库尔特勒（Curtler）：《我国土地的圈占和重新分配》（1920 年版），第 138～139 页。【187】

④ 和上文所示用现价表示的数据序列一起理解，这些估数显示出，未改良土地价格相对于批发价格总指数增加很快（见注释 157），在 1800～1860 年间，土地的实际价值大约增长了 1 倍。【188】

⑤ 见 H. W. 辛格（Singer）：《英格兰和威尔士城市土地租金和房屋租金指数（1845～1913）》，载《经济杂志》（1941 年），第 9 卷，第 223 页。城市土地租金定义为用于城市地产经营时的土地收入和用于农业用地时的土地收入的差额。【189】

⑥ 有关铁路等的总估价，参见斯坦普，上引书，第 220 页；关于地租在这些财产的总利润之中占到大约 25% 的比率，参见，上引书，第 351～352 页。【190】

为 20 年，就会得到 42 000 万英镑左右的资本值，① 其中，用于住宅和工商业建筑物的土地分别为 16 000 万英镑和 15 000 万英镑左右，用于铁路的土地为大约 7 000 万英镑。②

若能假定在 3 个较早年份，在 4 个细目（住房，工商业建筑，铁路，矿山、运河和煤气厂）的每一细目中，土地价值对建筑物与工程的比例与 1860 年时的比例相同，那就可以以此为依据，得到关于以 1851～1860年价格表示的这 3 个较早年份中的地价的估数。其结果如表 15 第 6 行所示。

2.6　与其他估数的比较

在 2.4 节和 2.5 节中，已对各组成部分的数据序列进行过比较，并且还在尽可能的情况下，与其他人所作的估数和我们通过替代性程序得出的估数作了对照与比较，下文所做的比较将局限在与固定资本形成总数和总资本存量相关的若干估数成果。

固定资本形成

对于国内总固定资本构成，可以先与 2.1 节中提到的波拉德的“大致数量程度”作一个比较。这个比较并不是严格与精确意义上的，因为这两 【73】
个估数涉及的变量所属时间不同；但是即使持有这样一种保留态度，从表 17 中也还是可以看出，关于约 1770 年的现在估数，要比波拉德的估数低得多，而关于 1815 年，现在估数比他的估数要高得多。因此，这一时期的固定资本形成增长速度比他原先提出的速度要快 1 倍多。对于最后一个时期，大致在1830～1835年间，两种估数非常吻合。

---

① 我们以前在对总资本存量进行估算时，使用了非住宅建筑总租金，但是为此目的采用的倍率特别考虑到了土地租金部分，因此在估算中没有重复。见注释 70。【191】

② 这个估数可以与米切尔在《铁路的出现》第 335 页中给出的关于 1830～1860 年间铁路公司用于购买土地的 4 500 万英镑的年度支出累计数相比较。考虑到部分因为铁路建设而导致的地价升值，可以预计，现在做出的估数会超过购买的原始成本。【192】

表 17　1770~1835 年间大不列颠总固定资本形成：范斯坦估数、波拉德估数比较

（年平均数，现价）　单位：百万英镑

	约 1770 年	约 1790~1793 年	约 1815 年	约 1830~1835 年
1. 波拉德	7.2	13.3	21.9	31.0
2. 范斯坦：现在的估数	4.0	11.4	26.5	28.2
3. 1 减去 2	3.2	1.9	-4.6	2.8
4. 3 占 2 的百分比（%）	80	17	-17	10

资料来源：

第 1 行，波拉德：《大不列颠的资本增长和分配（大约 1770~1870 年间）》，第 362 页。

第 2 行，见表 7。用于与约 1770 年的估数相比较的是 1771~1780 年间的平均数；用于与大约 1790~1793 年的估数相比较的是 1791~1800 年的平均数；用于与约 1815 年估数相比较的是 1811~1820 年间的平均数。对于 1830~1835 年，关于每个细目中的所谓“现在的估数”都是以迪恩在《对联合王国国民总产值的新估算（1830~1914）》中对 1831~1840 年所作年度估数为基础，然后把这 10 年来的估数按比例对半分得到的（迪恩非常大度地给我们提供了她所公开发表的作为总计数据基础的年度数据）。

检查这些估数中的组成部分（见表 2 和表 7），则会发现更大的差异。对于大约 1770 年，在现在的估数中，除了运输业之外，其他各项都比波拉德的估数低，而其中又以农业和建筑业（住宅和公共建筑）的绝对差额最大。对大约 1790~1793 年间，关于建筑业的估算差异几乎是形成两个总计所有差额的原因，关于其他部门，估数则基本相一致。在下一个时期即大约 1815 年，又有一个部门占到了这两个估算差额的大部分，不过这次是制造业和贸易业。如果用以现价计的约 1815 年与约 1770 年的国内总固定资本形成额的比值，来表示 1770~1815 年间总固定资本的增长程度的话，那么这两种增长程度估数的对比情况如下：

	波拉德	现在的估数
农业	2.0	3.9
运输业	3.0	4.0
建筑业	3.7	9.8
制造业、贸易等	4.7	14.9
总　计	3.0	6.7

如上所示，这一时期的变动差额程度，运输业是最小的，在制造和贸易等行业中则是最大的。我们还可以发现，新估数与原估数给人留下的总的印象是
【74】非常不同的。

对于1830～1835年间，这里可以把现在的估数与波拉德估数相互比较的时间属性延长，以涵盖迪恩数据序列包括的最初若干年份。而关于波拉德与迪恩的两种估数，已经相互对比过了（见表3和31～32页）。我们早就发现，两种数据序列表达出来的铁路时代前夕英国的固定资本形成的大致数量完全不同。再如表18显示，现在的新估数只比波拉德的估数低300万英镑（10%），在所有各主要项目中的补偿差额为100万～150万英镑，而与迪恩的估数相比，则要高1 200多万英镑（44%）。在公共建筑和公共工程业与运输业（第2行和第5行）方面，所估数量在三者之间都有着大致一致性，但在住宅方面，现在估数比迪恩的估数要高很多。第二个重要差异是在具有关键重要性的工商业部门中，在这里，现在估算的950万英镑，是迪恩估算的300万英镑的3倍多。第三个重要差异是在农业中，这不是估算问题，因为迪恩明显地省略了用于农场建筑、土地清理、排水设备和其他土地 【75】
改良上的支出。

表18　1830～1835年间的固定资本形成：范斯坦估数、波拉德估数、迪恩估数比较

（年平均数，现价）　　单位：百万英镑

	(1) 波拉德 （大不列颠）	(2) 迪恩 （联合王国）	(3) 范斯坦：现在的估数 （大不列颠）
1. 住宅	10.0	6.0	8.7
2. 公共建筑和工程等	1.5	2.0[a]	1.5
3. 农业	4.6	—[b]	3.4
4. 工商业	8.2	2.9	9.5
5. 运输业	6.7	4.8	5.1
总　计	31.0	15.7	28.2

注：a　包括用于海军、陆军和军火部门的新工程和建筑以及海军舰只上的支出［迪恩：《对联合王国国民总产值的新估算（1830～1914）》，第111页］。这些项目在现在的估数中却不被视为资本支出。见范斯坦：《联合王国的国民收入、支出和产出（1856～1965）》，第192页。

b　在迪恩的估算中，农具和农业机械包含在工商业中；农业建筑和工程完全被省略了（上引书，第111页）。

资料来源：

（1）波拉德：《大不列颠的资本增长和分配（大约1770～1870年间）》，第362页。

（2）迪恩：《对联合王国国民总产值的新估算（1830～1914）》，第104页，以及她所慷慨提供的单个部门的未公开资料。

（3）见表7和表17的注释。

我们发现，如果把现在估数与迪恩所作估数的对比一直延续到1860年，同样的三个部门——工商业、农业和（较次要的）住宅业——的差额也占这两种估数差额的大部分。其对比见表19。这个差额从绝对值来看，相当稳定，到了19世纪50年代，这一差额与现在估数对比的程度相对下降了一点，但仍然相当高（32%）。表20对19世纪50年代的各行业资本估数进行了详细对比，它所揭示的情况，完全体现了前两个10年时期的特征。大概迪恩也不会再想为其关于农场建筑和工程的省略做出辩解，实际上这两种估数的不一致主要集中在工商业部门的资本支出水平上：迪恩的估数给出的是每年900万英镑，而新估数给出的是每年2 100万英镑。尽管关于这个部门的估算，确有许多不确定因素，但是很难相信这些因素会把真实水平差别夸大得如此严重，以至于应该缩减一半多——特别是1831～1860年这一时期，因为在这一时期，关于A类收入税和住宅税的评估，估算者拥有相当可靠的资料基础。由于这一部门不仅对这个估算过程而且对我们理解这个时期的经济发展也非常重要，因此从对表18、表19和表20的分析中可以得出一个明显结论：关于资本形成的后续研究者将来应将注意力集中于这一领域。

表19　　1831～1860年间固定资本形成：范斯坦估数与迪恩估数比较

（年平均数，每10年期平均，现价）　　单位：百万英镑

	1831～1840年	1841～1850年	1851～1860年
1. 迪恩（联合王国）	22.9	34.5	39.7
2. 范斯坦：现在的估数（大不列颠）	40.5	50.5	58.0
3. 2减1	17.6	16.0	18.3
4. 3占2的百分比（%）	43	32	32

资料来源：
第1行：迪恩：《对联合王国国民总产值的新估算（1830～1914）》，第104页。
第2行：见上文表7。

表 20　　1851 ~ 1860 年固定资本形成的部门分类：范斯坦估数、迪恩估数的比较

（年平均数，每 10 年为 1 平均期，现价）　　单位：百万英镑

	(1) 迪恩（联合王国）	(2) 范斯坦：现在的估数（大不列颠）
1. 住宅	7. 4	10. 3
2. 其他公共建筑和工程	4. 9[a]	2. 0
3. 农业	—[b]	6. 9
4. 工商业	9. 0	20. 7
5. 运输业	18. 4	18. 1
总　　计	39. 7	58. 0

注：a　见表 18 的注释 a；b　见表 18 的注释 b。

资料来源：(1) 迪恩：《对联合王国国民总产值的新估算（1830 ~ 1914）》，第 104 页，以及她所慷慨提供的关于单个部门的未公开资料。(2) 见上文表 7。【76】

最后是对总固定资本形成估数的全部内容进行对比，这种对比，是对笔者现在的估数与笔者过去公开发表的关于 1856 年以后各年估数二者之间时间相重叠的部分进行对比。表 21 给出的就是这种对比，它只能按资产类型而不是按部门进行对比。从总量上看，现在的估数要高 2 100 万英镑（36%），

表 21　　1856 ~ 1860 年间固定资本形成：按资产类型分类，范斯坦前后所作估数比较

（年平均数，现价）　　单位：百万英镑

	(1) 范斯坦：以前的估数 （联合王国）	(2) 范斯坦：现在的估数 （大不列颠）
1. 住宅	6	9. 5
2. 非住宅建筑和工程		
a. 农场	—	7. 0
b. 铁路、码头和港口	8	8
c. 其他	7	18. 5
3. 工厂和机器	10	7
4. 轮船	5	5
5. 交通工具	1	3
总计	37	58

资料来源：(1) 范斯坦：《联合王国的国民收入、支出和产出（1856 ~ 1965）》，表 39，第 T85 页，以及辅助表格。(2) 见上文表 7 关于 1851 ~ 1860 年间的平均值，我们对这种 10 年值进行对半平均（见表 17 的注释），大致按资产类别分配。

在这种差额之中，农场建筑和工程、四轮马车和四轮大马车占 800 多万英镑，而这些在以前的估数中被省略了（这在很大程度上反映出：因 1907 年的经济环境不同，对估数进行推算的基础条件也就不同）；[①] 而其他的 1 100
【77】万英镑，则是在其他建筑和工程中（表 21 第 2 栏第 c 部分），主要是在工商业建筑之中。这个部门也需要进一步研究，但就目前可用资料来看，笔者认为现在所做的关于 1907 年以来的估数，要比以前所做的以 1907 年为基准年向后推算的估数更略微可信。[②] 另一个方向相反的差额，是关于工厂和机器的估数差额（第 3 行），尽管这个差额比建筑物中的差额小，但它也是不能忽略的。在这种情况下，笔者发现很难就这两种完全独立、互不相同的估算程序的相对价值发表什么看法。但是，从整体上看，在这两种估数中，似乎以前关于 19 世纪 50 年代后期得出的每年 3 700 万英镑的估数值显得过低，因此可以确信，真实数值位于现在估数 ±15% 误差的幅度范围内。

资本存量

对于总固定资本存量的估算，我们仅有的用于与现在结果相互比较的替代性估数，是笔者公开发表于 1972 年的数据序列，它起自 1855 年，按资产类别归类。表 22 显示了这两种对固定资产存量估算的巨大差异：以前估算出来的 33.8 亿英镑比现在的估数 23.1 亿英镑多 46%。这两种估算价格上的不同（前者是 1860 年的重置成本，后者是 1851 ~ 1860 年间的平均成本）可以忽略，[③] 但应该考虑到的是，现在的估数不包括爱尔兰，而加入爱尔兰会使现在估数增加大约 5%。[④] 即使这样，两个估数之间仍然存在超过 9 亿英镑的巨大鸿沟。

两个估数中最大的不一致是关于工厂、轮船和交通工具的估数，其中首先是工业工厂和设备的价值。非住宅建筑和工程的不一致最小，但在这一项中，现在估数中的工商业建筑的价值量（4.6 亿英镑）要比以前所估算的大约 8 亿英镑的数量少很多。从非住宅建筑和工程这一项的总情况来看，这种差异部分地被现在的估算过程中赋予农用建筑和工程的更大价值抵消了。最后，两种估数中对住宅的估算也存在巨大差额。

---

① 见范斯坦：《联合王国的国民收入、支出和产出（1856 ~ 1965）》，第 184 ~ 189、195 页，注 4。【193】

② 上引书，第 186 页。【194】

③ 参见，例如，迈瓦尔德（Maywald）：《建筑成本指数》，第 192 ~ 193 页。【195】

④ 见吉芬：《资本增长》，第 63 ~ 71、163 ~ 165 页。【196】

现在不是对这些差异进行充分研究的时候，但似乎值得作一下简要评论。以前的估数来自于对两次世界大战期间资本形成的研究，[①] 采用的是以 1930 年重置成本计算的 1920 年末的估数，并对南爱尔兰做了一个小小附加，从而包括了不列颠群岛全部。把这个年末数据的 1930 年价格调整到 1900 年价格之后，通过对永久存货公式作一次掉转移项处理，并使用 【78】
这种公式把它向后推算。[②] 最后，进行另一个价格调整，把 1900 年价格转换成现价，从而得到诸如表 22 所示用于比较的以 1860 年重置成本计算的关于 1860 年的估数。[③] 一般人总认为这种间接的方法，很可能会导致非常不可靠的结果，[④] 但是，他们显然并没有准确预料到可能出现错误的严重程度。目前的关键问题是，新估数是否可以看做更为接近正确估数，如果不能的话，真正的估数将降至 24 亿～34 亿英镑。作为寻求答案的第一步，我们需要指出的是，如果存在以下任何一种情况，1972 年公开的结果都有可能存在着高估的错误：

（1）所获得的两次世界大战之间的起始基点太高。这个方法的一个严重后果是，即使 1920 年或 1920 年后的存量水平只有一个非常小的误差，但将这种存量作为一个不变的绝对量（以不变价格计算）向后推算时，相对于 1860 年的存量水平，仍能造成非常大的误差。[⑤]

（2）从 1920 年末资本存量中减去的总固定资本形成的估数太低。

（3）对加到 1920 年存量中的报废或卖掉的资本价值的估数过高，当向以前年代回推时，也会产生大误差。

对 1972 年公开的估数结果的初步考察显示出，在所有三个类别中都有补偿性误差。尤其是对两次世界大战之间的商业建筑的基准似乎可能是过于高估了，关于住宅、工业建筑和工程（包括采矿业）的价值估数也很可能太高，[⑥] 而关于资本支出的估数，尤其是关于非住宅建筑资本支出的估数，很 【79】

---

① 范斯坦：《联合王国的国内资本形成（1920～1938）》。【197】

② 使用第 35 页给出的表示法，可以得到这个公式为 $G_{n-1}=G_n-I_n+R_n$。【198】

③ 更为详尽的资料，见范斯坦：《联合王国的国民收入、支出和产出（1856～1965）》，第 196～200 页。【199】

④ 参见，上引书，第 198 页，笔者在这里这样开始对 1855～1920 年间资本存量估算的描述："关于本书的所有数据序列，最好都尽快进行修订"，在结束时，笔者再次强调，这个估数是临时性的，并"对其误差幅度提出了严重警告"。【200】

⑤ 参见，上引书，第 200 页。【201】

⑥ 有时候，这是明显的。参见，上引书，第 199～200 页，以及那里给出的其他参考资料。【202】

可能太低。① 而对作为其消减项的报废机器和设备则考虑得太多，② 以前的有关估算，对 19 世纪后期经济萧条中适耕农区报废的农业资产考虑太少。③

表 22　　1860 年总资本存量：范斯坦前后所作估数比较

（以重置成本计算）　　单位：百万英镑

	(1) 范斯坦：现在的估数 （大不列颠：1851 ~ 1860 年重置成本）	(2) 范斯坦：以前的估数 （联合王国：1860 年重置成本）
1. 住宅	600	850
2. 其他建筑和工程	1 370	1 630
3. 工厂、轮船和交通工具	340	900
4. 总计	2 310	3 380

资料来源：(1) 见上文表 8，按资产类型对各个类目所作的近似分配。(2) 范斯坦：《联合王国国民收入、支出和产出（1856 ~ 1965）》，表 46，第 T103 页。

对这些因素进行校正，似乎有可能消除表 22 中显示的大部分差额。但是，还应看到，对于某些部门来说，现在的估数也可能太低，对工业机器和设备的估算很可能就是如此。作为已经浮现在我们眼前的一个极具尝试性的判断可以说，关于大不列颠 1860 年固定资本资产存量实际值，可以估定为在 22 亿 ~ 28 亿英镑之间，但严格的判断还需要继续开展大量研究。

为了将关于方法和结果的这个讨论继续下去，可以把现在关于 1860 年国民财富的估数与吉芬的估数进行比较，这就要先对其进行调整，以使其在覆盖的范围内大致具有可比性。④ 但是，正如我们已经指出的，⑤ 这两种估数在概念上存在不同，不可能期望二者非常一致。如果考虑到固定资产折旧的话，用吉芬的方法做出的估数应该比现在的估数低；但是，随着未来预期收益的资

---

① 本书第 77 页的对比之中充分反映了这种情况。这种估数太低和即将叙述的以前关于商业建筑存量的估数太高之间并不矛盾，因为以前的估数不是通过累积资本形成得到的，参见范斯坦：《联合王国的国内资本形成（1920 ~ 1938）》，第 187 页。【203】

② 在以前进行估算时，还没有关于 19 世纪中期的机器等存量水平或较早时期资本形成的资料，因此没有对报废进行估算的资料基础。根据现在对 1860 年以前的资本形成的估算，并把它调整到一个更为适当的水平上，将使 1860 年存量提高大约 50 000 万英镑。【204】

③ 例如，根据有关资料，大不列颠耕种的土地面积 1870 年有 1 300 多万英亩，到 1913 年只剩下大约 1 000 万英亩。【205】

④ 参见表 23 所作的详细调整。这些估数没有对基础价格的不同进行调整：吉芬估算用的是
【646】1860 年价格，现在的估算用的是 1851 ~ 1860 年价格。但是这影响不大，见注释 195。【206】

⑤ 见第 33 ~ 34 页。【207】

本化与过去实际支出的积累额之间差额情况的不同，它可能会高，也可能会低。

如表 23 的对比所示，现在估数的总量只有 1.2 亿英镑，或者说比调整后的吉芬的估数低 3%。由于现在对总量估算时所用的资料和方法与吉芬的估算过程基本一样，① 如果排除对土地的估数，两者的出入仍然只有 3%，尽管表现出来的差别方向改变了，也就是说，现在的估数会或多或少高一点。但是，这个结果是某种补偿差异的反映。现在的估数中对房屋和其他建筑的估数高了1/3，即使把农舍加入吉芬的估数中，仍然有一定的差额。关于矿山、煤气和供水以及运河等的估算，现在的估数也相对较高，有理由认为，吉芬在这里核定资本时所用的比率太低。② 关于农场主资本的估数以及关于工业和贸易等国内外固定资本和流动资本的估数，我们所作的估数大大低于吉芬的估数：在农场主资本方面，吉芬是他的同时代人的批评目标；③ 在工业和贸易资本方面，他的方法特别显得具有不确定性，④ 只是，就这方面情况来说，现在的估数在形成上也有很大的推测成分。

表 23 中的对比非常重要，它显示出吉芬估数的某些单项数字中所涵盖的某些项目之间的性质有很大差异，它还表明，吉芬的某些标题如“土地”或“房屋”具有潜在的误导性质。【80】

表 23　　1860 年大不列颠国民资本：范斯坦估数、吉芬估数比较

单位：百万英镑

		(1)	(2)	(3)
		范斯坦：现在的估数	吉芬（调整后）	(2) - (1)
1. 土地	a. 农地（未改良）	1 000		
	b. 建筑物及改造	400		
	小计	1 400	1 610	210

① 见第 72 页，未改良土地的价值来自于以 30 年购买期计算的总租金资本化价值总额与对建筑物和改良的估数之间的差额。然而这会有一些出入，部分原因是吉芬所给出大不列颠的估数所对应资本的资本化购买期超过 30 年，部分原因是，吉芬的估算包括大约 6 000 万英镑的农场房屋，而现在的估算中，这些房屋（大约 3 000 万英镑）和其他住宅包含在表 23 的第 2a 行中。在吉芬所用的 A 类收入税土地的评估价值（《论最近的资本积累》，第 30 页）和现在的估算所用的斯坦普的序列（《英国收入和财产》，第 49 页）之间，也略有差异。【208】

② 参见注释 91。【209】

③ 参见，特别是克雷吉（Craigie）对吉芬 1875 年估数（《论最近的资本积累》，第 35 ~ 36 页）的评论性介绍，以及吉芬（《资本增长》，第 15 ~ 20 页）的答复。另见博勒姆与贝勒比：《1939 年以前联合王国农场占有者的资本》，第 258 ~ 259 页。【210】

④ 见第 34 页。【211】

续表

		(1)	(2)	(3)
		范斯坦：现在的估数	吉芬（调整后）	(2)－(1)
2. 房屋等	a. 住宅	600		
	b. 工商业建筑	460		
	c. 土地	310		
	小计	1 370	890	－480
3. 农场主资本	a. 农作物、牲畜和马	240		
	b. 农具、器械等	30		
	小计	270	490	220
4. 商业等	a. 工业机械和设备	160		
	b. 非农现货	210		
	c. 船只、四轮马车和四轮大马车	90		
	d. 海外资产	360		
	小计	820	1 010	190
5. 铁路	a. 建筑、全部车辆和铁轨等	270		
	b. 土地	70		
	小计	340	350	10
6. 矿山等	a. 矿山、煤气厂、供水系统和运河等	110		
	b. 土地	40		
	小计	150	110	－40
7. 政府和地方财产	a. 公路和桥梁	70		
	b. 码头和港口	40		
	c. 公共工程和建筑	80		
	小计	190	200	10
总　计		4 540	4 660	120

资料来源：

(1) 见上文表 8 和表 15。省略了金、银币和金银条的值，因为吉芬没有包括该项；关于非农土地的估数，被划入到第 2c、5b、6b 行各种建筑物中；3 000 万英镑的农场主的工具等资本从 1b 转到了 3b 之中。

(2) 吉芬已经公开发表的关于 1865 年的估数为 61.14 亿英镑［《联合王国最近的资本积累》，载《统计学报》(1878 年)，第 41 卷，第 11 页；以及《资本增长》，第 43 页］。这个估值是经过调
【81】整的，它排除了它所估算的 5 亿英镑的不产生收益的动产；排除了陆军和海军财产，这大约有 1 亿英镑；再从剩下的项目中按照吉芬对 1885 年估出的比例（《资本增长》，第 163 ~ 165 页）排除了大约 3 500 万英镑对爱尔兰的估数；以及通过把吉芬所用的 1864 ~ 1865 年的收益改变成，比如说，1860 ~ 1861 年的收益（它以本年度的估算为基础），或者改变成 1862 ~ 1863 年的收益（为征税而对前三年平均数进行的估算），这样，它改变了关于基本收益的估算，从而更加符合 1860 年的资本存量估数。调整所用的基础估算金额是由吉芬给出的（见《联合王国最近的资本积累》，第 29 ~ 30 页）。这个调整使总量价值进一步减少了 5.1 亿英镑。

2.7　资本积累与经济增长

在最后这部分，回过头来看一看我们所得出的结果概要，同时对其包含的某些主要含义做一个初步分析，从而进一步认识，从1760年时前工业条件开始，经过工业革命和农业转型，转变为1860年的工业化和城市化社会的整个英国经济增长过程。

研究了前面内容的每个人都不得不承认，很显然，很少有哪项内容研究者能够有准确、客观和详尽的数据，我们几乎没有关于某一特定类型资产的任何实际资本支出的记录或量的统计。在几乎所有情况下，我们都不得不依靠由大量武断程度不同的假定来对大量的零星资料进行组合。但是，基本上这些假定都是特定和独立的。例如，住宅标准改善的速度、由资本支出代表的农业地租比例、纺织业相对于其他制造业的人均资本水平、帆船的平均支出、每亩农作物产量等等。除了几个例外，我们没有对资本水平或资本增长与人口、实际国民产值水平或是它们的增长之间的特殊关系做出什么假定。[①] 因此，研究我们所做的全部假定和推测所产生的结果，看一看它们在总量层次上对资本存量[②]、资本形成的增长与结构，对资本存量、资本形成与人口、实际GNP之间的关系，究竟意味着什么，将是一件既应该做，也富于趣味的事情。在下文中，我们将对此做初步尝试，我们不会对每一个评论进行明确的证明（“如果这种估算大致上是正确的……”），只是自然地觉得，必须始终牢记，这些数据存在着较大误差。【82】

资本、人口与产出

如表24，首先看一看三个主要的总资本存量的增长水平和增长速度：固定资本、固定和流动（国内可再生）资本以及包括土地和海外资产的总

① 用于工商业建筑和机器上的资本支出量与工业产品指数在变化上成比例（见第51、56页）的假定或许是最重要的例外。【212】

② 在这部分中，我们使用“资本存量”或“财富”这些术语来表示第2.4节、第2.5节中所定义的有形资产，即排除了军事资产、地下财富、耐用消费品、镀金银器皿和艺术品。所有的估数都是以1851～1860年的重置成本价计算，并且固定资产以总额即在未折旧之前的数额计算。【213】

资本或国民财富。前两个资本量显示出大致相同的结果：在 1860 年以前的一个世纪中，它们比原先的水平增长了 4 倍以上，每年以大约平均 1.5% 的增长率增长（两者总计），固定资本增长率比国内可再生资本增长率稍高一点。第三个序列——国民总财富——由于将土地涵盖进来，使得该序列的增长率减缓到大约每年 1%。下面将再对这三个资本量之间的不同做进一步研究，届时我们将检查各部分资本存量的变化（见第 87 页）。现在，我们把注意力限定在国内可再生资本上。

表 24　1760 ~ 1860 年间大不列颠总资本存量的绝对水平与增长率

		(1) 固定资本	(2) 国内可再生资本	(3) 国民财富
A. 年末水平	1760 年	490	670	1 630
	1800 年	730	990	2 070
	1830 年	1 180	1 510	2 840
（1851 ~ 1860 年价格）	1860 年	2 310	2 760	4 640
（百万英镑）	1760 ~ 1800 年	1.0	1.0	0.6
B. 增长率（每年）	1801 ~ 1830 年	1.6	1.4	1.0
	1831 ~ 1860 年	2.3	2.0	1.6
	1761 ~ 1860 年	1.6	1.4	1.0

资料来源：(1) 见表 8。(2) = (1) + 总的流动资本（表 15）。(3) = (2) + 土地和海外资产（表 15）。

表 25 中列出了主要的可再生资本、人口和实际产出序列。① 表的上半
【83】部分列出了在基准年份中这三个主要序列的水平和相应比率——人口的人均资本、人口的人均产出和每单位产出资本，表的下半部分列出了它们的增长率。

① 这些估数是用不变要素成本计算的实际国内生产总值估数，所给出的最多只是大致可能数量。组合成这个序列的资料基础列于表 25 的注释中。【214】

表 25　　1760～1860 年间大不列颠资本、人口和产出的绝对水平与增长率

		(1) 国内可再生资本（百万英镑）（1851～1860 年价）	(2) 人口（百万）	(3) 实际产出（GDP）（百万英镑）（1851～1860 年价）	(4) 人均资本（英镑）（1851～1860 年价）	(5) 人均产出（英镑）（1851～1860 年价）	(6) 资本/产出率
A. 年末水平	1760 年	670	7.87	90	85	11	7.4
	1800 年	990	10.76	140	92	13	7.1
	1830 年	1 510	16.34	310	92	19	4.9
	1860 年	2 760	23.13	650	120	28	4.3
B. 增长率（每年%）	1761～1800 年	1.0	0.8	1.1	0.2	0.3	-0.1
	1801～1830 年	1.4	1.4	2.7	—	1.3	-1.2
	1831～1860 年	2.0	1.2	2.5	0.9	1.3	-0.4
	1761～1860 年	1.4	1.1	2.0	0.3	0.9	-0.6

资料来源：(1) 总固定资本（上文表 8）加流动资本（表 15）。(2) 迪恩与科尔：《英国经济增长（1688～1959)》，第 6 页，以及米切尔：《英国历史统计摘要》，第 6～7 页（包括对 1801 年和 1831 年的陆海空三军和海运的考虑）。

(3) 关于 1860 年以要素成本计的 GDP，来自于迪恩在《对联合王国国民总产值的新估算（1830～1914)》（第 104 页）中得出的以 1860 年要素成本表示的 GNP，但在此基础上刨除了迪恩与科尔（上引书，第 335 页）关于爱尔兰的估数，并且转换成 1851～1860 年价格；其他有关年份，则是以迪恩［《对联合王国国民总产值的新估算（1830～1914)》第 98 页］的估数为基础回推至 1830 年，以迪恩与科尔（上引书，第 282 页）的估数为基础回推到 1800 年，并且用迪恩和科尔的指数但用 1800 年权数（上引书，第 78～79 页）回推到 1760 年。最后这一回推关系（1760～1800 年）尤其显得不确定。为得出以 1851～1860 年要素成本表示的 GDP，这个序列排除了来自海外的财产净收入。参见伊姆拉：《英国统治下的世界和平中的经济要素》（1958 年版），第 70～72 页。

表中：(4) = (1)/(2)；(5) = (3)/(2)；(6) = (1)/(3)。

可再生资本以大约每年 1.5% 的速度在这一世纪中增长了 4 倍，而人口以大约每年 1% 的速度增长了 3 倍，由此看出，人均资本会有一定增长。如表 25 第 4 列所示，它从 1760 年的 85 英镑增长到 1860 年的 120 英镑（以 1851～1860 年价格计算）。在这一世纪中，实际产出的增长超过了资本和人口的增长，它以大约每年 2% 的速度增长，共增长了 7 倍。因此，资本一产出率呈现出一种以大约每年 0.5% 的速度持续下降的趋势。

同样的关系也可以用另一种稍微不同的方法来表示，人均资本以每年大约低于 0.5% 的速度增长，伴随着——某种程度上与其相关联——人均产出以每年大约 1% 的速度增长。产出增长和资本增长之间的这种关联程度和因 【84】

果关系的性质必定会成为有关学者下一步研究的主题。①

现在如果更加仔细地观察一下这个世纪时间内的增长模式，就会发现，表25中的估数显示出，可再生资本增长率表现出一种稳定上升的态势，从第一个时期（即表25中的1761～1800年间）大约每年1%上升到第二个时期（1801～1830年）的大约每年1.5%，再上升到第三个时期（1831～1860年）的每年2%。在前两个时期中，人口增长大致与资本增长同步，因此前面观察到的几乎所有的人均资本增长都实际上发生在最后3个10年当中，在这段时间中，它从92英镑增加到120英镑（不变价格），速度大约为每年1%。

1760～1800年的产出增长大约保持着与资本增长同样的速度，但1800年以后，产出增长开始加快，尤其是在铁路出现之前的1801～1830年这30年间，1800年的资本—产出率大约为7，到1860年，这一比率仅略高于4。②

资本、劳动、产出和生产率

到目前为止，已经考察过资本与产出和人口的关系。但是，在现在要开始分析的生产率增长中，相关变量不是人口而是劳动。关于1800年以来的劳动力（总从业人口），我们有一个来自于人口普查的近似估数。它显示出，劳动力总数从1801年的4 800万增长到1831年的7 200万，到1861年，又增长到1.08亿。③ 其相应的就业率为：44%、44%和47%④——也就是说，1800～1830年间劳动力增长率与总人口的增长率相同（每年1.4%）；1830～1860年间，前者比后者只稍微多一点（每年1.4%比

① 关于对多国进行某种理论问题的概括性讨论，并对经验证据做出某种评判，参见S. 库兹涅茨：《现代经济增长》（1966年版），第63～85页，以及J. D. 古尔德（Gould）：《历史上的经济增长》（1972年版），第115～142页。【215】

② 对于资本存量作其他估量，可以得到相应的资本—产出率如下所示：

年　份	固定资本/GDP	国民财富/GNP
1760	5.4	18.1
1800	5.2	14.8
1830	3.8	9.2
1860	3.6	7.1

【216】

③ 迪恩与科尔：《英国经济增长（1688～1959）》，第143页。【217】

④ 这几个数据从正文给出的劳动力数据和表25中的人口数据计算出。【218】

1.2%）。如果据此假定，1760～1800 年间的总就业率也没有明显变化，就能把劳动力序列延长到 1760 年。然后就能对劳动和资本的生产率作一个非常概略的分析。① 我们认为，宜采用的资本量概念是国内可再生资本。相应的实际产出量是国内生产总值。表 26 列出了这二者的数据序列，也列出了关于劳动和资本联合投入的估数、关于“剩余”或者说关于每单位总投入的产出的估数。② 【85】

表 26　1760～1860 年间大不列颠的要素投入、产出和全要素生产率

		(1)	(2)	(3)	(4)	(5)	(6)	(7)
		产出	投入			生产率		
		不变要素成本时的GDP	劳动	国内可再生资本	总投入	每个工人的产出	单位资本产出	总投入中的单位产出
A. 年末水平（指数：基数=100）	1760 年	14	32	24	28	44	58	50
	1800 年	21	44	36	40	48	58	52
	1830 年	48	67	55	61	72	87	79
	1860 年	100	100	100	100	100	100	100
B. 增长率（每年%）	1761～1800 年	1.0	0.8	1.0	0.9	0.2	—	0.3
	1801～1860 年	2.6	1.4	1.7	1.5	1.2	0.9	1.0
	1801～1830 年	2.8	1.4	1.4	1.4	1.4	1.4	1.4
	1831～1860 年	2.5	1.4	2.0	1.7	1.1	0.5	0.8
	1761～1860 年	2.0	1.1	1.4	1.3	0.8	0.5	0.7

资料来源：

（1）见上文表 25 的第（3）栏。

（2）见正文第 85 页。

（3）总固定资本（表 8）加上流动资本和土地（表 15），都以 1851～1860 年价格计算。

（4）由第（2）栏和第（3）栏以相同的权数组合起来，以 1860 年在劳动和财产之间的要素收益分配大致相同为基本前提（利润加租金，排除了估算出的土地纯租金），见范斯坦：《联合王国的国民收入、支出和产出（1856～1965）》，表 18，第 T44 页。

(5) = (1)/(2)。

(6) = (1)/(3)。

(7) = (1)/(4)。 【86】

---

① 原则上还应该做许多提炼，但是很明显我们做不到，因为原始序列的质量太差。这使得我们难以以之为基础对诸如工作时间变化、劳动力质量提高、资本存量利用的周期变动等因素做出尝试性调整。【219】

② 假设我们当前全部的计算操作具有一般适用性，那么这些附加计算所表现出来的主观武断就可以被忽略。关于这个计算程序和其基础假定的讨论，参见，比如说：

（1）J. W. 肯德里克：《美国生产率变化趋势》（1961 年版）； 【647】

（2）M. I. 纳丁（Nadiri）对后来文献的概述：《全要素生产率理论和测量的一些方法——概述》，载《经济文献杂志》（1970 年），第 8 卷，第 1137～1177 页。

关于计算联合投入时所用的权重，参见表 26 第 4 栏的注释。【220】

关于1760～1860年间产出增长、资本、劳动投入和生产率的主要结论，我们可作如下总结：①

（1）1760～1800年间，实际产出（GDP）以大约每年1%的速度增长，1800～1860年以每年大约2.5%的速度增长。

（2）1760～1800年，劳动力以大约每年略低于1%的速度增长；1800～1860年，以大约每年略低于1.5%的速度增长。

（3）国内可再生资本存量的增长率增长稳定，从1760～1800年间的每年1%增加到1800～1830年间的每年1.5%，再增加到1830～1860年间的每年2%。

（4）因此，劳动与资本的联合投入增长率，1760～1800年每年大约为1%，1800～1860年每年大约为1.5%。

（5）1760～1830年，资本和劳动以大约相同的速度增长，因此在这70年间，资本—劳动率变化不大。在最后30年中，当每个工人的资本以大约每年0.5%的速度增加时，这个比率增加了。

（6）在最初40年中，产出和投入以大约相同的速度增长，因此，劳动生产率或者说劳动和资本结合的生产率提高不大。但是我们发现，1800～1860年间，每个工人的产出和资本单位产出以大约每年1%的速度增长，“剩余”或全要素生产率也以1%的速度增长。1800～1830年间总生产率的增长率要比1830～1860年间更大，因为前一时期的资本增长要慢一些。

（7）除了一些小的例外，上面（1）中所概述出来的增长速度趋势的主要跳变，发生于18世纪末，1800～1860年间产出、投入和生产率的增长都要比1760～1800年的增长略微快一点。

国民财富结构的变化

为将某些相关影响因素的更多资料提供出来，表27给出了关于国民财富结构变化的详细说明，这些影响因素正是上文描述的总资本投入演变趋势的条件基础。该表的上面部分和中间部分分别是用资产类型和经济部门表示的总财富构成的百分比，下面部分是用部门和资产类型表示的国内可再生资
【87】本构成的百分比。

① 这里，我们当然忽略了所有概念与统计上的限定性要求，并且，一般来说，对增长率进行了四舍五入。【221】

表 27　1760～1860 年间按资产类型和部门划分的国民财富构成

单位：%

		1760 年	1800 年	1830 年	1860 年
A. 按资产类型分类的国民财富	1. 固定资产	30	35	42	50
	2. 流动资本	11	13	11	9
	3. 国内可再生资本	41	48	53	59
	4. 土地	59	50	42	31
	5. 国内总资本	100	98	95	90
	6. 海外资产[a]	—	2	5	10
	小计	100	100	100	100
B. 按部门分类的国民财富	1. 住宅和社会	16	16	19	18
	2. 农业	77	68	55	36
	3. 工商业	5	10	16	23
	4. 运输	2	4	5	13
	5. 海外资产[a]	—	2	5	10
	小计	100	100	100	100
C. 按部门和资产类型分类的国内可再生资本	1. 居住与社会设施	31	28	28	24
	2. 农业：固定资本	31	27	22	16
	3. 农业：流动资本	21	19	15	9
	4. 工商业：固定资本	5	11	18	25
	5. 工商业：流动资本	6	7	7	8
	6. 运输	6	8	9	18
	小计	100	100	100	100

注：a　包括金和银。

资料来源：见上文表 8 和表 15 中以 1851～1860 年价格计算的估数。由于四舍五入，有些部分可能没有被加到总量之中。

表 27 第一部分的主要特点是，土地和流动资本的相对重要性下降。在这整个世纪中，国民财富中既有的、不可再生部分以每年低于 0.5% 的速度增长，这一部分在国民财富中的比例（国民财富以大约每年 1% 的速度增长）从 1760 年的大约 60% 下降到 1860 年的大约 30%。在对这个趋势做出评判时。必须记住，农地价格相对于其他价格发生了巨大增长（见本章注释 188）；还有，城市地基价值也有相当程度的增长，这就使得以既定的基【88】
准经济周期价格（1851～1860 年价格）计算的土地相对于其他资产的权重，比土地和其他资产都以各时期现价来计算时要大得多。在农业、工业与贸易活动中，流动资本的增长也十分缓慢（每年的速度只有略微不足 1%），由

此使得它们在国民财富中的比例也从 1800 年 13% 的峰值下降到 1860 年的 9%。固定资本和海外资产的重要性有所上升。前者在国民财富中的比例上升很多，从 30% 上升到 50%；后者则从零上升到 10%。在这个过程中，固定资本和流动资本之比的变化尤为惊人：从 1760 年的 3:1 变为 100 年之后的 5:1。

表 27 的中间部分按照部门进行分类，其最大特点是，农业部门在国民财富中的比例减少。在我们考察的这个世纪初期，农业占总量的 77%；到末期，这一比例骤降为 36%——也就是说，其相对重要性减少了一半。农业中资本重要性的巨大变化主要反映了上面我们已经指出的土地相对重要性的下降；一直到 1830 年，农业的固定资本和流动资本在总量中的比例一直稳定在大约 22% 左右，后来下降为 14%。在这个世纪中，国民财富中房屋和公共建筑的比例基本没有变化，其余三个部门在国民财富中的重要性逐渐增加。在 1800 ~ 1860 年间，经济转型表现为，工商业的比例从 10% 上升到 23%，运输业的比例从 4% 上升到 13%，海外资产的比例从 2% 上升到 10%。

表 27 的最后一部分排除了土地和海外资产，从某种意义上来说，这部分是最有趣的。它也显示出农业资本重要性显著下降，从 1760 年占总量的一半以上下降到 1860 年的 1/4。农业中的固定资本和流动资本的相对重要性都经历了这种持续下降趋势，前者从 1760 年占国内可再生资本的 31% 下降到 1860 年的 16%，后者从 21% 下降到 9%。居住与社会设施资本的比例尽管下降得不太剧烈，但也从 31% 下降到 24%。与此相反，工商业资本急剧上升，由 1760 年占总量的 11% 上升到 1800 年的 18%，到 1860 年，增加到 33%。这种增长的一个显著特点是，它几乎完全要归因于固定资产存量的增长。这些资产以大约每年 3% 的速度增长，从 1760 年仅占总量的 5% 增长到 1860 年的 25% 之多，因而，它在总量中的地位
【89】也会增强。到 1860 年，它们比表 27 中所列的所有其他类别的比例都要更大。这种趋势的另一结果是工商业部门中固定资本与流动资本的比率急剧上升。1760 年固定资本的价值略低于存货值，到 1800 年固定资本的价值就大大高于存货值了，固定资本与流动资本之比为 1.5:1；到 1830 年这个比率为 2.5:1，到 1860 年这个比率爬升到 3.3:1。最后，还要指出的是，运输业中的固定资本也主要在 1830 年之后显示出了很大增长，由于铁路建设，其比例从 9% 上升到了 18%。

投　资　率

我们已经讨论的有关资本形成的一个主要问题是投资（或储蓄）率——用于投资的国民收入的比例。有一个假定式说法，这个比率的增长是工业化过程的一个本质特征。① 为了弄清楚我们的估数结果对于这一假定的意义，看一下表 28。表中所列的三个投资序列都显示出大致同样的结果。国内总固定资本形成占 GDP 的比例（第 5 行）从 18 世纪 60 年代和 70 年代的大约 7%②上升到 1791 ~ 1800 年间——这一时期工业产值急剧增长——的 11% 峰值；接着在战争期间下降了少许；战争之后，一直到 1851 ~ 1860 年的整个时期，相当稳定地保持在 10% 或 11%。其他两个比率显示出的结果也基本上一样。总投资占国民收入的比例（第 7 行）从 1761 ~ 1770 年的 8% 上升到 1791 ~ 1800 年的 14%；在战争期间的 1801 ~ 1810 年，这一比例急剧地下降；在接下来的 10 年中又反弹到 13%，并且在以后的时期里，一直顽强地保持在这个水平上。③

从现在的估数中可以得出两点主要结论：

（1）迪恩与科尔曾尝试提出过关于投资率的观点，这一观点现在为大

---

① 这个假定见于，比如说，以下文献：

（1）W. A. 刘易斯的一段著名的文章：《无限劳动供给的经济发展》，载《曼彻斯特学院学报》，第 22 卷（1954 年版），第 155 页；

（2）W. W. 罗斯托（Rostow）的《经济增长阶段》（1960 年）第 8、20、27、41 ~ 45 页中曾对此假定有所提及；

（3）克鲁泽编撰的《工业革命中的资本形成》第 9 ~ 17 页的导论对这个假定在英国的适用情况进行了进一步讨论。

对这个假定的一般适用性的讨论有：

（1）古尔德（Gould）:《历史中的经济增长》，第 132 ~ 157 页；

（2）S. 库兹涅茨：《现代经济增长中的资本形成》（1965 年版），重印于他的《人口、资本和增长》（1973 年版），第 121 ~ 164 页。【222】

② 实际上 GDP 水平序列非常不确定。我们现在的估数采用的是市场价格而非要素成本，还有，迪恩所做的资本形成估数是通过取 GDP 的一部分形成的，对比而言，我们当前估算中给出的资本形成估数相对较高，而我们的 GDP 估数又是适应这种资本形成估数调整形成的；总之，我们所使用的 GDP 估数会因以上原因而抬高了。如果再考虑到，关于 19 世纪50 ~ 60 年代的 GDP，从收入方面入手所做的替代性估算的结果，实际上大大低于从支出方面所作的估算结果，则可以说，我们的估数本来应该要低一些，见范斯坦：《联合王国的国民收入、支出和产出（1856 ~ 1965）》，第 12 ~ 18 页。

还有一点，严格来说，对于与总投资的比较（表 28 第 3 行），应该使用 GNP 估数，但对于所讨论的绝大部分时期来说，这种差别很小。在最后的两个 10 年中，GNP 为 46 000 万英镑和 61 000 万英镑，这样，第 7 行中所示的比率将从 14% 减少到 13%。【223】

③ 但是，参见上注的最后一句。【224】

家广泛接受（有的人甚至把它当作教条来接受）。① 与这种观点相反，投资率在18世纪的确上升了，并且是以一个相当大的级差上升的：表28第7行中的证据表明，它从18世纪60年代的8%（大概比该世纪早些时期要略微低一些）上升到18世纪90年代的14%。

（2）18世纪初期的战争期间，投资率有所下降，战争过后，则有所恢复，但以后并没有进一步增长；并且——这又与普遍持有的观点相反——19
【90】世纪40年代和50年代铁路修建的繁荣并没有使投资率增长很多。当然，在

表28　1760~1860年间的投资与国内产出

（年平均数）　单位：百万英镑

	1761~1770	1771~1780	1781~1790	1791~1800	1801~1810	1811~1820	1821~1830	1831~1840	1841~1850	1851~1860
1. 国内总固定资本形成（百万英镑每年）	6.5	7.0	11.0	14.5	16.5	20.5	28.5	38.5	49.5	58.0
2. 国内总投资[a]（百万英镑每年）	7.5	9.0	13.0	17.5	17.5	22.5	32.5	42.0	54.5	61.5
3. 总投资[a]（百万英镑每年）	8.0	10.0	14.5	19.0	15.5	27.5	40.0	46.5	61.0	81.5
4. GDP[b]（百万英镑每年）	95	100	110	135	160	200	275	365	450	595
5. 1占4的%	7	7	10	11	10	10	10	11	11	10
6. 2占4的%	8	9	12	13	11	11	12	12	12	10
7. 3占4的%	8	10	13	14	10	14	14	13	14	14

注：a （1）~（3），1851~1860年价格的10年平均，四舍五入到约50万英镑。b 1851~1860年价格的10年平均，四舍五入到约500万英镑。

资料来源：

（1）见以上表6。

（2）=（1）+存量价值增量，后者见表16中的第2栏。

（3）=（2）+海外投资，后者见表16中的最后1栏。

（4）以1851~1860年价格和要素成本计算的实际GDP，使用的是表25第3栏注解中的资料，但采用的是每10年期的年平均值。1831~1860年间的年度估数也以此为基础；对于1801~1830年，10年期数字是平均值（即1801~1810年等于1801年加1811年的一半）；对于1761~1800年，10年期平均值经过调整，例如1761~1770年等于1755~1764年的4/10加上1765~1774年的6/10。
【91】总的来说，这个数据序列非常具有不确定性。另见本章注释223。

① 迪恩与科尔：《英国经济增长（1688~1959）》，第261页；请比较R.M.哈特韦尔（Hartwell）在《工业革命和经济增长》（1971年版）第174页所说："关于资本积累，极其重要的事实是18世纪投资与国民收入的比率绝对没有很大增长。"【225】

整个19世纪上半期，投资都在增长，但收入也在增长，所以相对于收入来说，投资水平并没有什么改变。

如果这些结论能被关于资本积累和GDP发展趋势的研究进一步确证，那么，它们对诸如工业化过程中资本的作用以及对早期工业化给工人阶级物质生活水平造成什么样的影响等这些问题的分析，会具有一定的意义。

投资结构的变化

表29列出了投资结构变化的两个方面。上面的部分首先表明了货物存量增加投资占固定资本形成的百分比，其次显示出海外净投资占国内总投资的百分比。在主要的生产部门即工业、商业和农业中（第1a行），新增货物存量在1761～1800年间平均大约为固定资本积累的40%，在19世纪的前60年中这个比例下降到平均大约20%。这表明，货物存量增加和在制品投资的相对重要性出现了大幅度下降。如果用占国内总固定资本形成的百分比（第1b行）来表示货物存量积累的话，则该比例从1761～1800年的平均大约20%，1801～1860年下降到不足这个水平的一半（9%）。第2行显示出海外净投资与国内投资之比，在18世纪最后40年中稳定地保持在1/10左右；在1801～1810年的资本回流期间，这个比率为负值；然后，在1811～1830年这20年间，它上升到1/5以上；在接下来的20年中又急剧下降到18世纪的水平上；最后在1851～1860年间，它又爬升到占国内投资1/3的最高水平。

表29下面的部分显示出，在跨越一个世纪的时间里，伴随着工业化和现代经济增长过程的推进，国内固定资本形成的结构发生了非常重要的变化。其显著——但不是未曾有人预料到——的特点有：

（1）农用建筑和改良在投资中的份额持续下降，从开始时的35%（1761～1780年）下降到最后的12%。【92】

（2）由工商业部门吸收的固定投资份额从最初20年中的不到20%上升到1781～1820年间的平均大约26%；到1821～1860年间，又上升到33%以上。在这个部门内部，建筑业所占份额在1780年后变化相对较少，整个工商业部门在投资总量份额中的上升趋势基本上要归因于制造业、采矿业和公用事业中机器和设备投资的增长。这些资产——即最直接地体现技术变化的资本货物（以及铁路），对这个时期具有重要的历史意义——的份额在18世纪中期为5%左右；1个世纪之后，增长为17%。

表 29　　1761～1850① 年间投资结构分析　　单位：%

			1761～1770	1771～1780	1781～1790	1791～1800	1801～1810	1811～1820	1821～1830	1831～1840	1841～1850	1851～1860
1. 货物存量增加在固定资本形成中的比例	a. 工业、商业和农业		29	57	30	40	12	19	30	19	24	13
	b. 总经济		15	28	18	21	6	10	14	9	10	6
2. 海外净投资占国内总投资的%			7	11	11	9	-11	22	23	11	12	33
3. 按部门和资产类型分类的国内固定资本形成的结构*	a. 居住与社会设施		25	22	21	26	30	31	35	30	18	21
	b. 农业		33	37	30	30	25	22	16	13	13	12
	c. 工商业	建筑业	15	10	19	15	18	20	24	22	16	19
		机械	4	2	10	6	5	6	9	9	9	10
		采矿、气和水	1	—	1	1	1	2	2	3	4	7
		小计	20	12	30	23	24	29	35	34	29	36
	d. 运输业	铁路	—	—	—	—	—	—	—	9	28	15
		轮船	8	11	9	8	7	6	5	6	7	9
		其他	14	18	10	14	14	12	10	8	5	7
		小计	22	29	19	22	21	18	15	23	40	31
	e. 总计		100	100	100	100	100	100	100	100	100	100

注：* 由于四舍五入，有些部分可能加不到总计中。

资料来源：所有基本估数都是以 1851～1860 年价格的 10 年平均。

第 1a 部分：表 16 第 2 栏数量在表 6 第 3～7 行的数量中所占的百分比。

第 1b 部分：表 16 第 2 栏数量在表 6 第 1～13 行的数量中所占的百分比。

第 2 部分：表 16 最后一栏数量在表 6（总计）加表 16 第 2 栏的数量中所占的百分比。

【93】 第 3 部分：表 6。

（3）18 世纪 70 年代，第一次运河建设的繁荣态势开始出现，但总的来说，一直到 19 世纪 30 年代末期，运输业固定资本占总量的份额一直稳定地保持在大约 1/5 左右，在 19 世纪 40 年代发生的大规模铁路建设的影响下，这个比例跃升了 2 倍。在这 10 年中，仅铁路就占国内固定资本形成的 28% 左右；但是这个比例并没有保持住，到 19 世纪 50 年代，它急剧下降到 15%。轮船业的投资，在大部分时期内大致稳定地保持在总量的 8% 左右；而在其他资产（公路、马车、运河和码头）上面发生的投资在前 50 年（1761～1810 年）中大体稳定地保持在总量的 14% 左右；但是，在后 50 年中急剧下降，1841～1860 年下降到 6% 左右。

（4）用于住宅、公共建筑和工程上的资本支出的变化呈现出三个明显

① 原文如此，从内容上看，应为 1860。——译者注

阶段（表29第3a行）。1761～1800年，其份额占总量的23%左右；在接下来的40年中（1801～1840年），其份额急剧上升到32%左右；在最后的20年中又回落到20%左右，其丧失的份额让给了大规模的铁路建设计划。

附录：1860年建筑物的数目与总年金价值

有关19世纪建筑物统计资料的主要资料来源，包括：关于1801年以来每10年一度的人口普查之中的住宅和非住宅房屋统计结果；关于1842～1843年以来所有A类收入税土地建筑物（除了佃农占用的农用建筑和农舍，这些和土地一起评估）的总年金价值的评估结果；关于1851～1852年以来所有征收住宅税的建筑物的数量和年金总价值（等于总租金）的评估结果（还有1874～1875年以来关于免税建筑物的相关详细资料用作补充）。使用这三种资料，就能编制出关于1860年英国建筑物数量和年金价值的估数。

英格兰和威尔士的人口普查报告给出了每10年末的住宅房屋数量①。普查所定义的房屋包括了私人住宅、农舍、住宅区商店、旅馆、俱乐部、酒 【94】
吧、医院和学校，以及有常住看管者居住的仓库、办公室等。几个公寓和带有居所的几间商店就可以被视为一栋房子②。人口普查只给出了建筑物存量的总量（截至1911年），为了能得到更详尽的印象，必须求助于住宅税统计资料。该税在1796～1834年征收，1852～1853年又开始重新征收，但只是从1874～1875年开始，才有关于免于交税的建筑物（即那些年金价值少于20英镑和那些不是住宅的建筑）和交税的建筑物的详尽资料。因此1880年是能对人口普查和住宅税征收两种资料中所列的建筑进行详细比较的最早一年，尽管它不在我们所考察的时期之内，这种比较仍有指导意义。根据1881年人口普查结果，大不列颠住宅房屋的数量为557万栋。1880～1881年间，交纳税收的住宅、住宅区商店、旅馆、酒吧等和农舍的数量为541.3万栋，对于这一数值我们还必须加上大约30万栋年值少于20英镑、没有包

① 对于英格兰和威尔士来说，直到1860年以前，这些相关资料给出的所有不同类型住宅房屋的数据很少有误差，因为建设巨大的公寓和廉价公寓区几乎都发生在19世纪后半期，参见比如说，K. M. 赖利（Riley）：《大不列颠住宅存量的年代分布估算》，载《城市研究》（1973年），第10卷，第374页。但是，这一点对于苏格兰来说不正确，见第43页。【226】

② 来自英格兰和威尔士1911年的人口普查结果，见《总报告》，第24页。【227】

括在估算中①的农舍——这样所得到的总数为571.3万栋。这比人口普查得出的数据大约多14.3万栋（2.5%），也正是从这里我们可以大致确认人口普查中的总量以及其大致的覆盖范围。②

对1860年的情况，我们做不了类似对比，但能用房产税和其他统计资料③对已估算的435万栋住宅进行大致分类，这些住宅数来自于1861年英格兰和威尔士人口普查数，以及关于苏格兰的估数。表30列出了这种分类。

表30　　1860年大不列颠房屋数量　　单位：千

	年值少于20英镑	年值为20英镑或20英镑以上	总计
住宅	3 365	345	3 710
农舍	300	20	320
住宅区商店	135	135	270
旅馆、酒吧等	—[a]	50	50
总计	3 800	500	4 350

注：[a] 包括住宅。

现在从考察房屋数量转向考察为征收所得税和住宅税而对房屋进行评估得到的年金价值（简称年值），借助于一个关键的假定（见表31注解a），就得到表31所示的分类。

把人口普查数据和表31的结果结合起来，就得到下面有关1860年所有住宅的情况：

	数量	年金价值（百万英镑）	平均价值（英镑）
私人房屋（包括农舍）	4 030 000	30.6	7.6
住宅区商店、旅馆、酒吧等	320 000	10.4	32.5
【95】 总计	4 350 000	41.0	9.4

① 参见斯坦普：《英国的收入和财产》，有关总量，见第14页；有关农场房屋，见第119～120页。【228】

② 对1910年的类似比较，见上引书第125～128页。【229】

③ 有关20英镑或20英镑以上的房屋，参见上引书第140～141页。有关20英镑以下的住宅区商店，参见第118页。有关农场房屋，参见第119～120页。其余的是20英镑以下的住宅房屋数字，它包括了没有单列出的20英镑以下的旅馆等（上引书，第114页）。【230】

表 31　　1860 年大不列颠建筑物总年值　　单位：百万英镑

	年值少于 20 英镑	年值为 20 英镑或 20 英镑以上	总计
住宅	12.1[a]	16.5[b]	28.6
住宅区商店、旅馆、酒吧等	2.0[b]	8.4[b]	10.4
农舍	1.2[c]	0.8[b]	2.0
医院等	—	—	0.4[d]
贸易用房	—	—	17.5[e]
总　计			58.9[f]

注：

a 这些房屋的年金价值（年值）被假定为"20 英镑或 20 英镑以上住宅"年金价值的 85%，这一假定建立在1874 ~ 1875 年以来的各个进行重新估值年份的比例关系基础之上，在 1874 年之后，关于这两种类别价值的估数都是现成的。而关于住宅区商店等的年金价值被估算为 200 万英镑，共有 135 000 栋，平均价值为 15 英镑（请参见斯坦普：《英国的收入和财产》，第 118 页）。

b 交纳房产税的房屋等，同《国内税收报告》中给出的一样。

c 假定 300 000 栋农舍（见正文第 95 页）的平均年金价值为每年 4 英镑。

d 以 1874 ~ 1875 年以来的评估价值为基础进行的估算。

e 为剩余量，包括夜间上锁商店、工厂和仓库等。

f 1860 ~ 1861 年间评估入征 A 类收入税的所有房屋等的总年金价值（由于存在着低估因素，从而经过使用 1857 ~ 1858 年与 1861 ~ 1862 年的重新评估数据，进行了年中内插值调整——见斯坦普，上引书，第 31 ~ 36、50 页）再加上为 A 类土地收益税评估所得出的农舍价值。

资料来源：《英王陛下国内税收委员会报告书》。

从以上估算可以得出的重要结论是，以年金价值——以及建筑成本——来表示住宅区商店、旅馆等的重要性程度，显得与它们相对较小的物理数目极不相称。因为我们的住宅总计的外延必须涵盖到全部的 32 万家商店、旅馆等等，由此要在人口普查所显示的住宅数量的基础上进行添加。为此，我们把住宅区商店等分成"住宅"部分（假定其与私人房屋平均价值相同）与"商店"部分（为其余部分）。这样可以最后得到的私人房屋数量为 435 万栋，1860 年年金价值为 3 300 万英镑（住宅为 2 860 万英镑，农舍为 200 万英镑，住宅区商店等中的"住宅"部分为 240 万英镑）。对于工商业建筑，我们得到的相应年金价值为 2 550 万英镑，其中住宅区商店等中的"商店"部分为 800 万英镑，包括了夜间上锁商店、工厂和仓库等在内的贸易用房为 1 750 万英镑。

这两个估数表包括了主要的建筑物类别。没有包括在内的有医院、博物馆、教堂、监狱和其他公共建筑；农场建筑；与矿山或气、水供应有关的建筑；铁路地产建筑上的用房。包括在这两个估数表中的那些建筑分别见于表 6 ~ 8 中的第 2、3、6、7、8 行。 【96】

第三章

大不列颠的劳动力状况①

3.1 工业革命：劳动力市场的经济模型

在从大约1750年到大约1850年的100年时间里，英国经济经历了一种以竞争为特征的演变过程，我们习惯上称之为工业革命，这个过程也伴随着劳动力队伍从其传统结构方式向现代工业劳动阶级的转变。作为一种不可逆转的社会变革，这些演变为现代工业资本主义的产生创造了活动舞台。因此可以说，这一演变过程赋予社会新的特征，其中包括新阶级与新的阶级关系的产生。

总体上，这个时期是一个整体。人们可以明显地感受到，在它之前，经济关系显得相对稳定，在它之后，经济关系重归稳定，只是后者的稳定架构基础不同。经历过这个阶段的经济学家，从开始时的政治经济学"古典主义"学者，再到新近出现的诸多研究经济发展的著作家，都倾向于把它看

① 本章的基础研究得到了纳菲尔德信托基金（Nuffield Trust）和加州大学伯克利分校国际研究学院奖学金的资助，这里对他们的帮助表示感谢。笔者也从作为研究助手的I.A. 格里布尔（Gribble）先生和罗伯特·格伦（Robbert Glen）先生那里获益良多。【1】

成一个展现某种规律和表现自身特性的独特阶段。关于这个时期的劳动力市场，这些学者和所有观察家也都持相当一致的观点。这一公认的基本观点是：总体上，这一时期的市场环境对劳动者一方不利，工资趋近于保持在或接近于贫困生存线的水平。

17 世纪和 18 世纪的重商主义作家们仅仅把劳动当作一种生产要素，在大多数工业都是劳动密集型的竞争社会里，劳动应该以最可能低的成本获得。大致说来，他们不把劳动力当作为其需要应成为生产过程目的的消费者；然而有的学者却认为，正是这些消费者的需要应成为生产过程的目的。① 随着个人主义政治经济学的兴起，这两种观念之间的潜在矛盾公开化。经济学家们的人道主义观点迫使他们承认，高工资或不断增加工资是必要的，并且它也是经济成功的一个标志。② 同时，他们对社会的总体进步特别关注。他们或直接或间接地从资本家—企业家角度，或者如同马尔萨斯（Malthus）那样，从土地拥有者的角度来看待问题，这常常又导致他们强调低工资率的好处。然而，这种游离于两端的态度，清楚地表现在他们不能确定到底是较高的实际收入还是较低的实际收入更可能诱导劳动者去努力工 【97】
作——这是一个值得所有人关注的具体问题。有些人，从笛福（Defoe）和曼德维尔（Mandeville）到威廉·坦普尔（William Temple）和阿瑟·扬都赞同低工资率；其他人，如詹姆斯·斯图尔特爵士（Sir James Steuart）、马拉奇·波思尔斯韦（Malachy Postlethway）、詹姆斯·安德森（James Anderson）、亚当·斯密（Adam Smith）则较倾向于对大多数工人进行高工资激励，并关注由此创造的国内市场："现在，人们被迫成为劳动力"，斯图尔特说："因为人群就是他们自己需求的奴隶……需求提升工业，工业生产食品，食品导致人口增加。"③ 马尔萨斯由于不能对这两种意见进行取舍，倾向于劳动的

---

① 埃德加·S·弗尼斯（Edgar S. Furniss）：《国家主义体系中劳动者的地位》（1920 年版，1957 年重印），尤其是第 5、7 章。这个观点最近受到了 R. C. 怀尔斯（Wiles）的挑战，见《英格兰后期重商主义的工资理论》，载《经济史评论》，第 2 卷，第 21 卷（1968 年版）。【2】 【648】

② A. W. 科茨（Coats）：《古典经济学家与劳动者》，载 E. J. 琼斯（Jones）与 G. E. 米因盖编撰的《工业革命中的土地、劳动和人口》（1967 年版）。【3】

③ 参见以下文献：

（1）乔赛亚·塔克（Josiah Tucker）：《对目前粗毛低价的思考》（1782 年版），第 42 ~ 46 页；

（2）詹姆斯·斯图尔特爵士：《政治经济学原理调查》（2 卷本，1767 年版，1966 年重印），第 67 页；

（3）亚当·斯密：《国富论》（1863 年版），J. R. 麦卡洛克编辑，第 38 页；

（4）詹姆斯·安德森：《激励民族工业精神的方法》（1777 年版），第350 ~ 351 页；

（5）弗尼斯，上引书，第 6 章；

（6）A. W. 科茨：《18 世纪中期对劳工态度的变化》，载《经济史评论》，第 2 卷，第 6 分卷（1958 年）。【4】

“适度短缺”，工资既不太高也不太低，以便使“较低阶级的人做更多的工作，且工作更仔细、更卖力”[①]。正是跟随着亚当·斯密与马尔萨斯，我们进入一个经济学思想的新阶段。之所以说它新，是因为政治经济学家现在乐于评论社会结构和其阶级关系的政治基础；并且，他们研究问题的角度，也从探讨事物应该是怎样的，转变为对事物本来面目的描述。

正如其他所有经历了工业革命的人一样，亚当·斯密认为，工资通常应该在维持贫困生活水平上，以此作为自己讨论的起点也是自然而然的。工资不能跌到可维持基本生存水平之下，因为这样就不能维持劳动力这种事物的存在。但是，由于亚当·斯密撰写这些理论的时间是在大规模工业化和城市化的后果变得显著之前，因此他非常乐观地认为资本会持续增加；并且，只要资本增加超过了劳动供给，就能使工资长期保持在最低生活线以上，尽管最终人口供给将赶上工资增长并使工资再次下降。不过，他的一些后继者却对劳动力的前途更加不抱希望。

马尔萨斯的悲观主义来自于他天真的人口理论，当然，人们对他的人口理论也存在争议——请记住他的文章第一版写作的原因——他首先认为大多数人一定总是贫穷的，并且选择了现有作家，如华莱士（Wallace）、汤森（Townsend）以及其他人的若干人口理论来证明他自己的理论。结果，对于亚当·斯密来说，人口增长是社会进步的一种标志，而对于马尔萨斯来说，人口增长却是经济停滞的原因。[②] 马尔萨斯理论很受那些对维护劳动者利益的《济贫法》（Poor Law）持反对态度并想对之作彻底改革的人们的欢迎：地方税纳税人迫切地想削减济贫捐（poor rates），雇主们渴望有自愿的劳动后备军。[③] 也正是从这里，我们才能够解释为什么就在马尔萨斯理论被证明为不正确的1815～1834年间，它仍能成为最为时尚

---

① T. R. 马尔萨斯：《人口原理》（2卷本，1806年第3版），第2章，第167页；另见第2章，第478页。【5】

② 参见以下文献：

（1）悉尼·H·孔茨：《人口理论及经济解释》（1961年版），第88页及以后；

（2）哈罗德·珀金：《现代英格兰社会的起源（1780～1880）》（1969年版），第241～244页；

（3）T. R. 马尔萨斯：《政治经济学原理》（1836年第2版，1936年重印），第218页及以后。【6】

③ 参见以下文献：

（1）H. L. 比尔斯（Beales）：《人口论文的历史环境》，载D. V. 格拉斯编撰的《马尔萨斯主义导论》（1953年版）；

（2）R. L. 米克（Meek）：《马克思和恩格斯论马尔萨斯》（1953年版），尤其是第24页及以后。【7】

的理论。1815～1834 年间，英国农业不仅能够提供社会所必需的食物，而且在这一时期的大多数年份中，农业发展很快，处于一种生产过剩的危机中。① 马尔萨斯从根本上不同意他的大多数同行们在诸如谷物法和市场规律这些问题上的观点，但即便如此，所有这些同行们，也都至少接受马 【98】
尔萨斯不切实际的人口理论的一部分。

那个时代的另一人士约翰·巴顿（John Barton）则认为工资增长是不利于工资自身的，因为工资增长会使利润降低，从而使资本减少，而未来工资是要从资本中支付的。他还认为，工资是仅由流动资本来支付的，资本总量中固定资本部分的增加必定会减少劳动需求，从长期看，它会使工资水平下降。实际上，巴顿把工业化看成是这样一种机制，在这种机制下，货币价值下降使价格增长速度高于工资增长速度，因而实际工资下降可以使利润增加并提供更多就业机会。这些制造业中的较高利润会吸引资本——包括部分工资——离开土地进入工业，由此农业雇主就会得到更高利润，但工人不会得到更高工资，而他们购买物品的价格却会上升。较高利润吸引资本返回土地需要许多年时间，这正如在劳动力市场中，需要许多年（对熟练工人也需要 21 年）人们才会感受到马尔萨斯式的影响一样。这种分析让我们想起了更近的 E. J. 汉密尔顿（Hamilton）的理论，尽管后者是把租金和其他固定支付的下降，而不是工资，作为利润的天然来源。②

李嘉图在他较后一版的《政治经济学及赋税原理》中接受了巴顿的大部分理论，但他自己的悲观主义却有着稍微不同的产生基础。他认为，从长远看，土地报酬的减少会增加租金的份额并减少工资和利润两者的总量份额。因为工资不能降到维持生存水平以下，所以承担这种缩减的是利润率，因而当劳动供给增加时，这种缩减使积累减少并使劳动需求减少。在某些方面，李嘉图的理论是一种资本短缺理论：在既定技

① 苏珊·费尔利（Susan Fairlie）：《谷物法和英国小麦生产（1829～1876）》，载《经济史评论》，第 2 卷，第 22 分卷（1969 年）。【8】

② 参见以下文献：

（1）约翰·巴顿：《社会中的劳动者阶级状况观察》（1817 年版，1934 年重印），尤其是第 16～19、26～27 页；

（2）巴顿：《现代农业劳动逐渐贬值的原因研究》（1820 年版），第 49～60 页，重印于 G. 索蒂罗夫（Sotiroff）编撰的《经济学作品》中，2 卷本，1962～1963 年版；

（3）巴顿：《捍卫谷物法》（1833 年版），第 67～70 页，重印于 G. 索蒂罗夫编撰，上引书；

（4）E. J. 汉密尔顿：《利润膨胀和工业革命（1751～1800）》，载《经济学季刊》，（1942 年），第 56 卷。【9】

术水平下，没有足够的储蓄能与所有潜在劳动者相匹配；所以，失业和隐性失业使劳动力在讨价还价中处于不利境地。因此，工资也必定会下降。①

当然，"维持生存水平"对于李嘉图主义者来说是一个弹性概念，甚至对于更加固执的人如J.R. 麦卡洛克来说，也是如此。他们认为，如果工资由于任何暂时原因增加或下降，新的工资水平会很快被看成是"正常的"或"必要的"。因此，麦卡洛克比较了南部部分郡与两倍于其工资的约克郡（Yorkshire）及东北部各郡的农业工资后，得出结论说，"这些郡农民的相对低工资既是造成他们生活状况较差的原因，也是他们生活状况较差的结
【99】果。"② 李嘉图主义者某种程度上是以尚未证明的论据作为假定条件，他们在推理中总体上假定了最低生活工资——我们把这一点揭示出来，并怀疑李嘉图本人是否还会坚持它。③

在这些经济问题上，"殖民主义者（colonizers）"与其他研究者存在分歧，他们认为必须对某些特定方法进行捍卫，通过这些方法可以为劳动者带来更多好处。但是，他们也是跟在李嘉图主义者的屁股后面，并且认为在他们所处的年代，英国的劳动者是受压迫者。威尔莫特—霍顿（Wilmot-Horton）鼓吹他的"系统移民"计划，这个计划建立在他本人的观察结果之上，即劳动力供给超过了劳动力需求。④ 韦克菲尔德（以及托伦斯）认为宗主国的劳动和资本的供给都过剩，可以通过把这两种要素与海外土地相结合的方式来进行补救。在其他方面，韦克菲尔德也比马克思（Marx）早一步，他预言到较下层的中间阶级将沦落到无产阶级的行列中，无产阶级将起来反抗；但是与马克思不同的是，他希望通过开发殖民地以避免在一个国家里出

---

① 参见以下文献：

（1）大卫·李嘉图：《政治经济学原理及赋税原理》，收入P. 斯拉法（Sraffa）和M.H. 多斯（Doss）编辑：《大卫·李嘉图著作和通信集》，11卷本（1951～1973年版），第1卷；

（2）《马尔萨斯主义简论》：上引书，第2卷，尤其是第438、446、449页；

（3）《通信录》，上引书，第8卷，第130、183～185页（1819年11月9日、1820年5月4日）；

（4）M. 布劳格：《李嘉图经济学：一种历史的研究》（1958年版），第75～77页。【10】

② J.R. 麦卡洛克：《论决定工资率和劳动阶级状况的环境》（1854年第2版，1963年重印），第34页。【11】

③ 布劳格：《李嘉图经济学：一种历史的研究》，第28页。【12】

④ 参见以下文献：

（1）爱德华·R·基特雷尔（Edward R. Kittrell）：《英国古典政治经济学殖民理论的发展》，收入A.G.L. 肖（Shaw）编撰的《大不列颠和殖民地（1815～1865）》（1970年版），第52页；

（2）R.N. 高希（Ghosh）：《殖民化的争论：R.J. 威尔莫特—霍顿和古典经济学家们》，见上引书，第112～117页。【13】

现“占人口大多数的主体阶级由于人数众多而处于极度不满”这样一种结果。①

关于这个发展阶段中工资的论述，或许最为悲观的观点来自于马克思。按照马克思的观点，工资不但不会增加，而且还会进一步减少。使工资减少的主要经济机制是“工业储备大军”，大量工人不可避免地要失业、半失业，或许他们偶尔因资本主义的发展而被雇用，但他们总是要被迫采取有利于雇用者的集体谈判形式。马克思毫不费力地证明，这样一支“大军”的存在是英国工业革命的一个重要因素，它既是在通常情况下削弱劳动力集体谈判地位的一个因素，也是特殊情况下经济体系和各种经济活动表现出循环特征的一个原因：“从整体上看，工资的一般运动无一例外地是由工业储备大军的扩张和收缩情况所支配……它与经济循环的周期性变化相一致。”②

普遍的劳动力剩余以及诸如技能落后、产业衰落这些特殊问题，对于19世纪30年代和40年代的工人和一些像梅休（Mayhew）那样的敏锐观察家来说，是一种普遍现象。③ 这种现象是土地计划的主要推动力之一，而这个计划又曾由欧文主义者、《济贫法》改革者和宪章运动者多次提出。用奥康纳（O' Connor）的话说就是：

> 对他们来说，利用土地首先会缓解劳动力市场的剩余；其
> 次，它能为人们提供某种工作；第三，它会在受人影响的市场上 【100】
> 创造自然工资率。因为只要有劳动力剩余，或者有生产劳动力的
> 济贫院，工作就不会稳定，工资就会降低。④

从长远来看，马克思把工业储备大军看做是资本结构本身加速变化不

① 参见以下文献：

（1）爱德华·吉本·韦克菲尔德：《英国和美国》，2卷本，1833年版，重印于M. F. Ll. 普里查德（Pritchard）编撰：《爱德华·吉本·韦克菲尔德作品集》（1968年版），第518页；

（2）B. 塞梅尔（Semmel）：《贤明的激进分子和殖民主义》，载肖编撰，上引书，第67页；

（3）H. O. 帕佩（Pappé）：《韦克菲尔德与马克思》，上引书，第204～205页。【14】

② 见《资本论》，第1卷（通行本），两个分册（1930年版，1957年重印），第303～304页。【15】

③ 参见梅休：《在这个国家几乎所有职业中都存在劳动者过剩》，收入《伦敦劳工和伦敦穷人》，4卷本（1861年版），第2卷，第300页。

另见I. J. 普罗瑟罗（Prothero）在《伦敦的宪章派和各行业》中援引的证据，载《经济史评论》第2卷，第24分卷（1971年），第2章，第217～218页。【16】 【649】

④ 引文源于《北极星》，1845年6月7日，而转引自I. J. 普罗瑟罗的《伦敦的宪章运动》，载《过去和现在》（1969年），第44号，第99页。

另见乔伊·迈克阿斯吉尔（Joy MacAskill）：《宪章派的土地计划》，载阿萨·布里格斯（Asa Briggs）编撰的《宪章派研究》（1959年版），第307页。【17】

可避免的结果。按照他的推理，技术进步和竞争必然使不创造就业的不变资本越来越多，同时使创造就业的可变资本的份额越来越小（尽管绝对数量可能增加）。因此，工业储备大军将越来越多，工资将会降低：这主要不是如巴顿和李嘉图认为的那样因为资本太少，而是因为资本可能太多。① 马克思的分析的确更深入，他的观察也比其同时代人更敏锐。由他引入主流经济学的一个受争议的观点是：他认为经济循环是发展的主干，工资水平不仅依赖于不以人的意志为转移的经济力量，而且依赖于作为阶级的雇主的周密行动。存在一种争夺权力的努力，这些权力包括政治、社会、法律和其他权力，还有一些与此相对抗的权力，因此，“决定工资的规律非常复杂，有时这种因素占主导，有时那种因素占主导，这要依情况而定，（并且）这些规律绝不是刚性的，相反，是非常有弹性的”②。

19 世纪后半期，经济学家们对工业革命时期工资水平的兴趣有所减弱。他们更关心自己所处时代而不是他们所谓的过去停滞时期的实际工资增长。尽管马歇尔（Marshall）坚持用边际主义去解释他那个时代的工资水平，但他仍然同意，在以前的时代里，工资取决于社会可接受的维持生存水平，并且某种程度上受人工技能影响，人口总体的内在机制会帮助保持这种工资水平。不过，总的来说，从社会或政治因素中提炼出来的理论，还有，以工人都是单独订立契约（事实上他们不是）作为假定的理论，③ 是那时关于工资水平的理论论述中的有着决定性影响者——然而，作为关于工业化早期经济情况的理论解释，它们并不怎么得到经验事实的支持。

最近，关于经济发展，研究者们又把关注焦点集中在英国工业革命时期的劳动力状况上。最重要的新模型是 W. 阿瑟·刘易斯的新模型，根据这个模

---

① 参见以下文献：
（1）恩格斯：《英国工人阶级状况》（1845 年版，1968 年重印），第 78 ~ 85 页；
（2）马克思：《资本论》，第 1 卷（通行本），第 469 页及以后、689 页、698 页及以后；
（3）马克思：《资本论》，第 3 卷（芝加哥，1909 年版），第 247 页及以后；
（4）琼·罗宾逊（Joan Robinson）：《马克思主义经济学》（1942 年版，1947 年重印），第 29 页及以后。【18】

② 出自恩格斯给倍倍尔的信，1875 年 3 月 18 ~ 28 日。恩格斯认为，工资水平必须保持一种脆弱的平衡：一个磨坊工人的工资不得不高于比方说一个爱尔兰人的工资；它必须高到足够维持其家庭成员生存，但是低得足以使他们在长到足够大时被迫出去工作（恩格斯，上引书，第77 ~ 78 页）。【19】

③ 参见，比如说，M. W. 雷德（Reder）：《收入数量的分布》，载琼·马沙尔（Jean Marchal）与伯纳德·杜克罗斯（Bernard Ducros）编撰的《国民收入分配》（1968 年版）。【20】

型，“无限劳动供给能力”① 条件下的工业化，可以被看做是发生在两个部门：一个是以地方性隐性失业为特征的传统“农业”部门，在这个部门里，劳动者的工资处于维持生存的水平之上；另一个是无论劳动力需求数量有多少，都能从农业部门吸纳劳动力的“工业”部门，这个部门支付的工资仅是稍稍 【101】
高于“农业部门”支付的工资，而且没有增加工资的压力，也不会因此而抑制自己的扩展。C. P. 金德尔伯格（Kinderbrger）② 认为，这种二元经济在19世纪上半叶的英国存在过（但1850年后不存在了，据说，这时农业劳动供给开始短缺，并使得这两个部门的实际工资都开始增加）；而且，许多证据表明，这时的农业中有许多隐性失业现象，且农业和工业之间存在着日益扩大的生产率差距。③ 哈巴库克的分析也建立在劳动力富余的基础之上，也就是说，劳动力成本低并且供给有弹性，但关于他的论述，我们不是总能弄清楚，他所说的劳动力富余是指在任何条件下的富余还是仅指美国的情况。值得注意的是，他不仅把1850年以后的几十年排除在他所说的趋势之外，而且他所说的趋势也不包括18世纪的大部分时期，根据他的观点，这一时期是一个工资增长较快的时期。④ E. L. 琼斯（Jones）的观点又略有不同：他认为由于条件好的地区生产力的提高，会使位置较不好地区的农场停止生产。这些被排挤出的农业人口，为了生存而不得不在工业化早期进入工业领域。因此这种原动力是来自生存压力的推动而不是来自追求美好生活的拉动。⑤

---

① 参见以下文献：

（1）W. 阿瑟·刘易斯：《无限劳动供给的经济发展》，载《曼彻斯特学院学报》，第22卷（1954年）；

（2）R. 努尔斯科（Nurske）：《资本形成》（1953年版）；

（3）约翰·C·H·费（John C. H. Fei）与古斯塔夫·拉里斯（Gustav Ranis）：《劳动过剩经济的发展》（1964年版），尤其是第3、156～159页。【21】

② C.P. 金德尔伯格：《战后欧洲的增长：劳动供给的作用》（1967年版）。【22】

③ 根据最近的一个计算，在1801～1811年和1831～1841年，制造业、采矿业和建筑业中的就业人口人均实际产出每年增长2.2%，但是在农业、林业和渔业中仅增长1.1%，见P. 迪恩与W. A. 科尔：《英国经济增长（1688～1959）》（1962年版），第172页。

在马尔萨斯的《原理》第345～347页中有关于爱尔兰农业中隐性失业情况的精彩描述。

另请参见约翰·劳（John Law）：《货币和贸易》（1705年版），第97页及以后。【23】

④ 这可以从詹姆斯·斯图尔特爵士那里找到有力的支持：“劳动者居民……放弃农业，有利于在城里找到一个更赚钱的工作。乡村中劳动力的不足一方面提高了劳动的价格，另一方面减少了维持生存的价格。”上引书，第64页。

另请参看H. J. 哈巴库克（Habakkuk）：《19世纪美国和英国的技术》（1962年版）。【24】

⑤ 参见E. L. 琼斯：《工业的农业源泉》，载《过去和现在》（1968年），第40号。这个观点仅对早期阶段具有某种合理性。到19世纪90年代时情况就有了变化，不仅在像兰开夏郡这样的地区提高了农业工资，而且兼职的农场工人——棉纺工人的雇佣金也达到一种部分是用工资支付的水平上。比较约翰·艾金（John Aikin）：《曼彻斯特周围三四十英里的乡村》（1795年版），第244、247页。【25】

与古典理论尤其是新古典理论相比，这些现代的发展经济学家和历史学家们的观点有一个很大贡献，就是他们认为劳动力不是完全流动的，并且非经济因素在形成阻碍流动的条件中起着重要作用。实际上，如果用现代经济理论的术语和方式来考察，过去所有观察家们指出的劳动力“富余”观点没有任何意义，除非均衡工资水平处于绝对最低生活线之下：[①] 如果实际工资位于这一水平之上，劳动力供给既不富余也不短缺，而是刚好满足需求。

由此看出，英国工业革命的观察家们达成了广泛的一致，他们认为工业革命以低工资和富余劳动力为特征，廉价且有弹性的劳动力供给本身在工业化进程中起着促进作用。“过去200多年的整个工业革命”，希克斯在一个再三援引的旁白中说，“不是别的什么，而是一个相当长的繁荣时期，它很大程度上是由空前的人口增长促成的。”[②] 过去认为贫穷是工作惟一激励因素的观念已不再被普遍接受了，并且消费商品的欲望越来越被大家所强调；
【102】但实际上每个理论模型，都既包含着控制工资增长率以为进一步投资而酌留一定高度利润的要求，也包含着要考虑应对由此而引起的大多数人口消费需求的低水平问题。

我们已经注意到，可用于解释历史事实的模型是多种多样的，与这种多样性形成对照的是关于历史事实认识上的一致性，这种一致性更加值得我们注意。就这里援引的这些不同观察家来说，劳动力充裕一定给他们留下了深刻印象，从而也使他们意见趋于一致。同样，关于雇佣要求，尽管每一个经济学家所理解的劳动力供给机制不同，但他们至少有一个共同点：每一种机制都被视为某种单方向上的简单运动，从农村到城市，从农业到工业，从家庭到工厂。[③]

从现在所能得到的关于工业革命时期劳动力市场的证据资料来看，上文所提到的两组假定——劳动力富余导致劳动力集体谈判的地位一般较差，劳动力最后都流向同一个方向而不是另一个方向——都面临着挑战，虽然它们都包含着很大的真理成分。并且，以上这些模型也都太简单。在1750～1850年左右的一个世纪里，劳动力需求和供给相互进行调整，这种调整是通过劳动力队伍的组合变动过程进行的，以上这些模型并不能对这个内容复杂，而且常常显得自相矛盾的变动过程做出充分解释。变动发生时，对一般

---

① 这是由马克·布劳格（Mark Blaug）所提出来的，见《旧〈济贫法〉的神话和新〈济贫法〉的产生》，载《经济史杂志》，第23卷，第2分卷（1963年版），第154～155页。【26】

② J.R. 希克斯（Hicks）：《价值和资本》（1946年版），第302页。【27】

③ 参见 G.D.H. 科尔（Cole）：《阶级结构研究》（1955年版），第31页。【28】

趋势的背离和与一般趋势相符合同样重要、同样有意义。我们已经回顾了若干学者关于一般趋势的阐述，现在，我们必须将论述转向变动过程中所表现出来的对趋势的背离。

劳动力市场的多样性

众所周知，在工业革命初期，没有一个一体化的国内劳动力市场，即使工业革命后期形成了这样一个市场，它也没有非常顺畅地发挥作用。尽管如此，劳动力市场的形成却是这100多年历史变迁的一个主要特点。① 农业劳动者和普通劳工的工资可谓是最普通和最常见的工资，可就是这两种工资，在不同地区的差别也很大，并且它们向着不同方向运动。18世纪，北部地区的工资超过了南部农村和西部地区的工资，并且在19世纪上半期，这个差距仍在加大，它使劳动力市场显得更加不完善。根据阿瑟·扬的观点，如果说，1770年北部地区的农业工资还只是比南部地区的农业工资高10%，那么到1850年，这个差距能够达到37%。② 18世纪90年代，苏格兰最高工资和最低工资之间的比率高达3:1。③ 同样，在各地区内部，不仅城乡之间，而且一个城市与另一个非常相似的城市之间，工资水平也同样存在着巨大差异。重要的是，这些差异都不是暂时的，不是市场力量所能消除的；相反，正如当时的人都知道的那样，这些差异经常自我强化，文化传统、社会预期甚至 【103】
个人体力因素都可能像经济机会一样，发挥着重要作用。曾有人颇富说服力地指出，报酬不高造成了劳动者的低效率，至少要对造成英格兰农业工资的地区差异负部分责任；而且即便是那些反对这种观点的人也不得不承认，地

---

① 参见以下文献：

（1）J. 库青斯基（Kuczynski）：《德国工人的历史地位》，第1章，第1部分（1954年版），第89页及以后；

（2）E. H. 亨特（Hunt）：《英国的地区工资变化（1850～1914）》（1973年版）。【29】

② 参见以下文献：

（1）伊丽莎白·W·吉尔博伊（Elizabeth W. Gilboy）：《18世纪英格兰的工资》（1934年版）；

（2）彼得·马赛厄斯（Peter Mathias）：《第一个工业国家：英国经济史（1700～1914）》（1969年版），第220页；

（3）J. H. 克拉彭：《现代不列颠经济史》（3卷本，1926～1939年版，1964年重印），第1卷，第466页；

（4）A. L. 鲍利（Bowley）：《19世纪联合王国的工资》（1900年版），对应于第144页的图表。【30】

③ 瓦莱丽·摩根（Valerie Morgan）：《18世纪后期苏格兰的农业工资率》，载《经济史评论》第2卷，第24分卷（1971年）。【31】

区性的收获活动支付的季节工资和生产率之间有某种明显的相关关系。① 也有人对康沃尔郡营养不良的矿工进行研究后得出了类似观点。② 就文化差异而论，一个英格兰工人一天的生活费需要 2 先令，但“在爱尔兰有 5 便士、在印度（Hindostan）有 3 便士就足够了”；英格兰、荷兰或美国的高工资提高了努力程度，这位论述者继续毫不夸张地说，“甚至爱尔兰人也是高工资产生激励的例子；在自己的国家，爱尔兰人非常懒，工作非常不用心；渡过海峡后，他们就成了勤劳和敬业的典范”③。因此，劳动力流动不仅没有消除这些文化和经济差异——正如一个严格意义上的劳动力市场应该做的那样——而且进一步巩固了这种差异。

在其他行业中，迟至 19 世纪中期，当长途旅行和铁路对不同地区的失业和工资率的水平作了某些拉平调整后，④ 大约在这个时期建立起来的全国工会的一个最艰巨任务，仍是试图调平不同工厂或不同城市间的工资水平，更不用说整个国家范围内的工资水平了。⑤ 梅休发现，即使在大都市里，由于城市教区的位置以及来自郊区收割者的劳动力供给情况的不同，教区内垃圾清运工的工资也从每周 14 先令到 20 先令不等。数据表明，在 1831 年的阿什顿（Ashton），同一城区中同样纺织工种的工作，每千绞的收入从 3 先令 4 便士到 5 先令不等，“并且，使用最老式机器的地方，经常支付最高的工资，因为那里的工会恰好拥有的权力也最大”⑥。在诺丁汉（Nottingham），机器绣花边工每周的收入从 15 先令到 30 先令不等；1819 年木匠的工资，伦敦为 31 先令 6 便士，曼彻斯特为 25 先令，格拉斯哥（Glasgow）为 14 先令，泥瓦匠的工资在这几个城市分别为 31 先令 6 便士、22 先令和 15 先令。⑦ 晚至 1867 年，工会才表达了自己的真切愿望：在考虑到生活费用差

① 参见以下文献：
（1）E. H. 亨特：《地区工资变化（1850～1914）》，第 204～218 页；
（2）E. H. 亨特：《英格兰农业的劳动生产率（1850～1914）》，载《经济史评论》，第 2 卷，第 20 分卷（1967 年）；
【650】（3）E. H. 亨特：《农业中的数量和其他证据（1850～1914）》，上引书，第 23 分卷（1970 年）；
（4）保罗·A·戴维（Paul A. David）：《英格兰农业的劳动生产率（1850～1914）：有关地区差异的某些数量证据》，上引书，第 23 分卷（1970 年），第 510～512 页。【32】

② 詹姆斯·西姆斯（James Sims）：《1849 年矿业年鉴》，重印于罗杰·伯特（Roger Burt）：《康沃尔郡采矿业》（1969 年版），第 96 页。【33】

③ 约翰·韦德（John Wade）：《中间阶级和工人阶级史》（1833 年版），第 241～242 页。【34】

④ E.J. 霍布斯鲍姆（Hobsbawm）：《游走的工匠》，收入《劳动者》（1964 年）。【35】

⑤ 雷蒙德·查利诺（Raymond Challinor）与布雷恩·里普利（Brain Ripley）：《矿工协会：宪章运动时代的工会》（1968 年版），第 54～55 页。【36】

⑥ 詹姆斯·沃德（James Ward）：《国内和海外的工人和工资》（1868 年版），第 16 页。【37】

⑦ G.R. 波特（Porter）：《国家的发展》（1851 年第 3 版），第 210、443 页。【38】

别和“其他局部的有利和不利条件的情况下，同一行业中的所有工人不管他在什么地方受雇用，在相同的岗位上，其报酬也应该相同”，并且直到这时，工会才只是刚开始对这种工业活动引发劳动力需求的“游戏规则”有所认识。在英国的不同地方，工人工资仍然不同，泥瓦匠工资在每小时4.5便士到7 $\frac{3}{8}$便士之间，砖匠工资在4.5便士到8便士之间，木匠工资在4 $\frac{5}{8}$便士到8便士之间。[①]

工资水平不同且难以拉平，其原因是多方面的，稍作分析，便不难窥见其中的大部分原因。亚当·斯密曾经指出，在对工资报酬进行比较之前，必 【104】
须先排除当事人的许多非货币方面的考虑，[②] 但是，除了这些，还有一些阻碍流动的“摩擦”力量，并且如果不考虑工资率，其他一些有影响力的因素也足以对劳动力市场施加自己的影响。实际上，产品比劳动力的流动自由得多。劳动者不喜欢在工厂就业，并设法回避远距离迁移，而且家庭收入——而不是个人收入的多少——常常起重要作用；[③] 雇主也总是不能确定，为了吸引整个家庭来就业是应该付给工人非常高的工资还是相对比较低的工资。许多劳动者虽然流动但仍然是季节性的，他们不能确定经济景气只是短期现象还是预示着一种长期趋势，因此“在短期内……工业劳动者的供给……是无弹性的”[④]。“熟练”工作的观念、学徒关系的发生和工会的力量都在不断变化，在任何既定时期里都是不确定的。如果说，传统和制度甚至在20世纪中期还在很大程度上能够作为工资的影响因素的话，那么在19世纪，它们必定曾经施加过非常大的

---

① 参见以下文献：

(1) J. M. 勒德洛（Ludlow）与劳埃德·琼斯（Lloyd Jones）：《工人阶级的发展（1832～1867）》(1867年版)，第236页；

(2) 国家社会科学促进协会：《行业协会和罢工》(1860年版)，“报告书”部分，第12页；

(3) E. J. 霍布斯鲍姆：《19世纪工业中的关税、工资和工作量》，载阿萨·布里格斯（Asa Briggs）与J. 萨维尔（Saville）编撰的《劳工史文集》(1960年版)，以及《劳动者》，第319页；

(4) 梅休，上引书，第2卷，第292、336页；

(5)《工资率报告书（1830～1886）》，报告案号PP1887，第5172章，第89页；

(6) 托马斯（Thomas）与洛德·布拉西（Lord Brassey）：《工作和工资》(1894年版，1872年第1版)，第9页。【39】

② 《国富论》，第1卷，第8、10章。【40】

③ 对兰开夏郡309栋农舍的调查显示，受赡养者每人每周的平均工资为5先令8.5便士，之所以如此是因为大量受赡养者在工作——1 134人赡养2 000人。而在只有1个或2个赚工资者的家庭中，即使是工资相同，收入也会下降到每周4先令甚至2先令。参见P. M. 门·道尔（M' Douall）：《兰开夏郡贝里附近的拉姆斯博托姆教区的统计数据》，载《皇家统计协会杂志》，第1卷（1838～1839年），第537页。【41】

④ T. S. 阿什顿：《英格兰的经济波动（1700～1800）》(1955年版)，第173～174页。【42】

影响。[①]

很明显，1750～1850年间，就业者就已经在大多数部门间流动，并且，有成千上万的工人被吸纳到了就业岗位上，这种现象，不单局限于单一的劳动力市场，而且也体现于许多相关市场（有些市场之间仅有非常微弱的联系）之中。

3.2　人口增长与人口迁移

人口增长使得成千上万的人成为劳动力，这是英国工业革命的一个主要特征。的确，如果人口增长不构成工业革命完成机制的一个重要组成部分的话，那倒会让人吃惊了。1801年以前，伴随工业化出现过人口增长，关于这一增长的确切原因以及它的起因，存在着许多争论，[②] 但是至少有两点，大家的看法几乎一致：一是18世纪80年代是人口增长率迅速提高的时期；二是对人口增长的大多数解释——不管它关注的是出生率上升还是死亡率下降——最终都是来源于劳动力需求。基本上没有人怀疑阿瑟·扬的观察结果：

> 有人会问，劳动者离开乡村，进入城市，原因何在？因为乡村里没有就业机会，而城市里有——他们进入城市说明他们是要去就业——他们正是在进入一种使得他们的数量增加的环境。他们进入城市，因为城市需要他们；城市的确有这种需要，这种需要使他们有饭吃。
>
> 【105】任何人当然都可以去格拉斯哥（Glasgow），让他的邻居去伯明翰，去谢菲尔德（Sheffield）或者曼彻斯特（Manchester），可按照某些著作家的观点，人口减少有着多个原因，每一个原因都非常不利于这些地方集聚人口，那么他们又是怎么增加自己的人口呢？答曰：通过从乡下移民。如果有谁要向我证明，相对于城市人口增长农村人口发生了减少，那他就会面临着极大困难，更不用说在有些农村地区情况恰恰相反，人口已经增长了2倍和3倍了，但是为什

① 参见以下文献：
(1) 马沙尔与杜克罗斯编撰，上引书，页码如前所出现；
(2) 巴巴拉·伍顿（Barbara Wootton）：《工资政策的社会基础》（1955年版）。【43】
② 迈克尔·德雷克（Michael Drake）编撰：《工业化中的人口》（1969年版）。【44】

么这些人没有移民到其他城市，例如约克郡、温彻斯特（Winchester)、坎特伯雷（Canterbury）等等地方呢？因为这些地方的就业机会不多，因此这里的人口也就没有增长。难道这不证明了正是就业造成了人口增长吗？这是一个研究者不能不接受的见解；如果允许，也可以把对有关联合王国人口减少这个问题的研究，转化为对就业减少或增加这个问题的研究。①

人们经常将出生率增加归因于早婚，或者新行业兴起导致的儿童较早赚钱的可能性；而关于死亡率下降，尤其是周岁以内幼儿死亡率下降，人们用传统社会和当代社会的不同情况的对比来说明：在传统社会中，出生率上升会使幼儿死亡数量增加，而当代社会对死亡数增加了新的遏制力，由此现在许多新生儿都能够存活。② 实际上，可能有两个时期人口出现了加速增长。第一个时期以 1740 年左右为转折点（在人口总是相当缓慢增长的一段时期之后），增长加速的主要原因是更好的营养状况，它导致了新生儿存活率提高；第二个时期开始于 18 世纪 80 年代，这时的增长加速反映出的是婚姻年龄提前和工业化早期社会成员对待生育的轻率态度。是否能纯粹由医学发展导致的结果来对人口增长做出解释——如通过接种疫苗征服天花、国家遏制各种疾病的进步或攻击性病毒的减弱——还需要更多历史事件来证明；③ 医学史学家坚决反对把医学知识的发展作为人口增长的一个原因，④ 尽管他们的观点最近以来受到了批评，⑤ 医疗保健水平的提高以及对某些致命疾病的遏制，可能有助于人类更好地生存，或者至少可能抵制了 19 世纪上半叶城市化带来的严重负面影响。

工业化导致了人口急剧增长的观点得到以下事实的证实：除了纯粹的内部移民的影响，诸如沃里克郡（Warwickshire）、柴郡（Cheshire）、兰开夏郡（Lancashire）以及约克郡西区（West Riding）这样的工业郡确实比纯粹

---

① 扬：《政治算术》(1744 年版)，第 63 ~ 64 页。【45】

② H. J. 哈巴库克：《1750 年以来的人口增长和经济发展》(1971 年版)。【46】

③ J. D. 钱伯斯（Chambers)：《前工业时代英格兰的人口、经济和社会》(1972 年版)。【47】

④ T. 麦基翁（McKeown）与 R. G. 布朗（Brown)：《18 世纪英格兰与人口变化有关的卫生证据》，收入 D. V. 格拉斯与 D. E. 埃费斯利（Eversley）编撰的《历史上的人口》(1965 年版)。【48】

⑤ 参见以下文献：

(1) E. M. 西格斯沃斯：《18 世纪和 19 世纪早期的地方医院》，载《全科医师大学约克郡分院杂志》，1966 年 6 月号；

(2) J. H. 伍德沃德：《细菌学产生以前医院中的死亡》，上引书，1969 年秋季号。【49】

农业郡表现出了更快的人口自然增长（并且平均婚姻年龄也较低）。[①] 这本身有助于解释工业革命的劳动力富余，只是，如果我们真要对人口与工业
【106】化之间的关系建立哪怕一个简单模型，在行动之前，最好还要记住，社会医疗因素不会被局限在绝对工业地区，它们必然要溢出到农业地区或工业比较落后的地区，在这些地区，在社会医疗保健方面的原因导致人口急剧增长之后，马上出现了诸如斯宾安兰制度（Speenhamland system）和马尔萨斯选择等经济现象——饥饿或移民。

根据刘易斯模型，为了生活便利，南方地区的人们会向正在工业化的北方地区移民，移民者数量应该足够多。但是，显而易见，实际情况是这种移民并没有发生。有向伦敦的人口流动，也有从乡村向城市和工业性、矿区性乡村的移民，但这都是近距离移民。[②] 当南方农民最后决定移民时，他们更愿意把他们的脚步迈向美国或加拿大，而不是兰开夏郡。

> 我们看到，（约翰·巴顿写道）实际上，从任何程度上来说，制造业劳动者收入波动都几乎没有对其邻近地区农业劳动者的工资率产生太大影响。可以认为，在联合王国较偏远的地方，人们感受到这种影响的程度更小，然而，人们一般认为兰开夏郡织工收入的增加本应吸引萨塞克斯郡（Sussex）的农民为改善条件而移民到北部。[③]
>
> （如果谷物法被废止）我们能否认为，萨塞克斯郡那些不再有事可做的农民确实可能会移民到曼彻斯特，并在那儿找到一份棉纺工的工作呢？可以肯定，这个观点太过荒谬，根本不需要严肃的反驳。稍微关注一下事实就可以发现，除非进行一场残酷的大屠杀，否则这个地区的人口负担过重问题几乎不会有任何缓解。在这个有1 000多居民的农业地区，没有一个人移民到开展制造业活动的郡中去——可能他们的100多个孙子或重孙子中也无人迁移。亚当·斯密观察到："在所有的物品中，最难流动的是人。"我要补

---

① 参见以下文献：

（1）迪恩与科尔，上引书，第106～122页；

（2）A. K. 凯恩克罗斯：《维多利亚时代英格兰的国内移民》，载《曼彻斯特学院学报》（1949年），第17卷，第79页。

1831年的普查也注意到了这种趋势，但请参见克拉彭所持的相反观点，见于他的《现代不列颠经济史》，第1卷，第54页。【50】

② A. 雷德福（Redford）：《英格兰的劳动力迁移（1800～1850）》（1864年第2版）。【51】

③ 巴顿：《农业劳动贬值调查》，第61页（重印于索蒂罗夫编撰的《经济学著作》）。【52】

充的是，在所有的人当中，最难流动的是农业劳动者。①

即使在北部地区，在那些与成长中的工业区没有便捷交通的教区，如吉斯本（Gisburn）、塞德伯（Sedbergh）、帕特里·布里基（Pately Bridge）以及约克郡西区（West Riding）② 的凯特尔韦尔（Kettlewell），也“存在着实实在在的劳动力剩余，并且就业人口维持生计的手段与南部地区的人口相似”。与之形成对照的是，19世纪30年代和40年代的格拉摩根郡（Glamorgan）存在着劳动力短缺。这是因为，即使对于潜在的近距离移民来说，要到达这个工业山谷也显得较为困难。③

城市济贫院中贫民的供应减少之后，各制造厂的招雇代理人都把自己的招募活动局限在附近社区；同样，南部各郡的劳动力流动似乎也主要是地方性的，④ 农民如果想要离家远一点，就会选择伦敦或海外。“的确，工资是比较低，但很少有人想离开海绍特（Heyshott）（萨塞克斯郡）”。一个农民回忆道：“他们对那些本土之外的东西怀有恐惧。”“过去我干过各种活”，另一个农民回忆道，“从一个地方到另一个地方，直到我能去的最……的地方，有时，我甚至远行到鲁诺恩（Lunnon），在那里剪草，我还到过旺兹沃思（Wandsworth）和温布尔顿（Wimbledon）。”一个人回忆说，他父亲在大约19世纪40年代“逃往每个农民都去的目的地——伦敦”；另一个来自东英格兰（East Anglia）一个大家庭的人回忆道：“我的两个兄弟去了美国，因为我父亲不知道该让他们干什么”；第三个人来自威尔特郡（Wiltshire），他说：“劳动力太多，很少有人在他们出生的村子里找到出路，有些人流浪到了城里，负责招募人员的军官定期以公道的价格挑一些最棒的小伙子，姑娘们则干些出色的家务活。”⑤ 似乎很少有人把北部工业区作为可能的目的地。 【107】

---

① 巴顿：《捍卫谷物法》，第29页（重印于索蒂罗夫编撰的《经济学著作》）。【53】

② 英国约克郡有三个区，分别称约克郡北区（North Riding）、约克郡东区（East Riding）和约克郡西区（West Riding）。——译者注

③ 参见以下文献：

（1）约翰·V·莫斯利（John V. Mosley）：《1830～1850年间英格兰和威尔士的〈济贫法〉管理，特别是有关强壮劳工问题》，未公开发表的博士论文，伦敦，1976年；

（2）A. H. 约翰（John）：《南威尔士的工业发展（1750～1850）》（1950年版），第68页。【54】

④ 参见以下文献：

（1）威廉·多德（William Dodd）：《英格兰劳工阶级》（1847年版），第14页；

（2）P. E. 拉兹泽尔（Razzell）：《统计学和英格兰历史社会学》，载R. M. 哈特韦尔编撰的《工业革命》（1970年版）。【55】 【651】

⑤ 科布登·昂温（Cobden Unwin）夫人编撰：《饥饿的40年代：食物税下的生活》（1904年版），第33、37、89、119、142～143页。【56】

当北部地区需要的劳动力超过了邻近地区所能供给的数量时，就从爱尔兰吸纳劳动力，这正如苏格兰低地也吸纳被驱逐的苏格兰高地人一样。但是，总的来说，城市制造业主依赖邻近地区的劳动力，即使那里的工资已经很高，劳动力也较为短缺，这样，招募过程本身会进一步提高工资。与刘易斯的试图描绘出的图景不同，他们不会设法从人口过剩和工资低的南部农业地区吸纳劳动力。[①] 而且，当北部地区家庭经济还在大量吸纳劳动力的某些时候，也发生了相当数量的从大不列颠其他地区过来的移民，其中有一些甚至还是由政府部门资助的。与刘易斯的这个简单模型相比，以上各方面显示的偏差都非常显著。

为什么偏偏城市工业不能以大部分英国乡村作为它的天然招募基地？原因有几个。第一个原因纯粹是交通技术上的困难。对一个肯特郡（Kent）或格洛斯特（Gloucestershire）的人来说，很容易分别从伦敦或布里斯托尔（Bristol）乘船而不是经公路到达曼彻斯特或利兹（Leeds）。当铁路最后消除了这种障碍时，铁路本身又成为乡村劳动力的主要吸引物，从而阻止了跨乡村的人口流动，而且铁路还从爱尔兰、苏格兰和其他交通企业中吸纳劳动力。[②]

第二个原因，农民对新工业领域的就业存在着无知与恐惧，不愿面对新职业和新环境；因此，移民到加拿大农村地区比移民到曼彻斯特会给农民一个更为熟悉与亲切的环境。如果说 20 世纪英国国内的移民经验能够给人提供什么启示的话，那就是，如果家庭收入无论如何很难有着落，那么能吸引
【108】工人移动的就是找到工作的可能性而不是报酬差异，较高预期报酬并不会对远距离移民产生有效的推动。另外，即使报酬较高，也很可能非常无保障："北部和南部都有自己的难处，"希金斯（Higgins）在加斯克尔（Gaskell）女士的《北部和南部》中说道，[③]"即使那里的工作有保障并且稳定，劳动所得也不够维持温饱；而在我们这儿，我们会在 1 个季度中将我们口袋装着的钱弄皱了，而到了下一季度，我们还会剩下 1/4 便士。"而且，工业地区的较高工资可能很快就被较高物价所抵消（首先是较高房租）。还有，就现

---

① 日本是所发现的另一个农业中维持生存性工资太过于静止不动的国家。见 K. 大川（Ohkawa）与 R. 叁波（Minami）：《劳动力无限供给时期》，载《壹桥经济学杂志》（1964 年），第 5 卷，第 1 期。【57】

② 参见以下文献：

（1）G. R. 霍克（Hawke）：《英格兰和威尔士的铁路和经济增长（1840 ~ 1870）》（1970 年版），第 277 页；

（2）P. W. 金斯福德（Kingsford）：《维多利亚时代的铁路工人》（1970 年版），第 2 ~ 3 页。【58】

③ 《北部和南部》（1970 年企鹅公司版），第 382 页。【59】

在所知，作为城市的不利因素，城镇过分拥挤和卫生设施缺乏，使得他们与农村地区的相应阶级相比，死亡率大大提高，对于当时的人来说，他们显然不会不知道这种情况。①

第三个原因是《济贫法》。直到今天，《定居法》（Settlement Acts）的作用仍是争论的主题。② 很明显，它们既不阻碍城市化也不阻止移民，然而不应低估它们的有害价值。配第在1796年宣称：

> 这个国家的《济贫法》……给劳动力流动套上了一个枷锁……《定居法》使工人不能进入能使他尽量勤奋工作的市场中，使资本家不能雇用到合格的工人从而获得投资的最大回报。③

我们可以发现很多抱怨，有的抱怨来自农业学家，他们痛恨《济贫法》对土地的影响；有的抱怨来自诸如斯托克波特（Stockport）这样的生活在城市中的工业学家，他们痛恨熟练劳动者被定期疏散；有的抱怨来自《济贫法》的管理者，他们花费大量的金钱处理所有主要城市的居民迁移和移民案件的诉讼。梅休认为，在伦敦，孤儿和来自其他地区的流浪者领不到救济，这会迫使他们堕入犯罪阶层和地下阶层。④ 毋庸置疑，由于苏格兰人不受《定居法》的限制，劳动者在那里的流动增加了。⑤

---

① 参见以下文献：

（1）曼彻斯特统计协会：《拉特兰郡三个教区人口状况报告》，载《皇家统计协会杂志》（1839～1840年），第2卷，第297～298页；

（2）G. 戴尔（Dyer）：《英格兰人民的抱怨》（1973年版），第73～74页。【60】

② 参见，比如说，以下文献：

（1）菲利普·斯泰尔斯（Philip Styles）：《定居法的演进》，载《伯明翰大学历史学杂志》（1963年），第9卷；

（2）詹姆斯·斯蒂芬·泰勒（James Stephen Taylor）：《旧济贫法的神话》，载《经济史杂志》（1969年），第29卷；

（3）雷德福，上引书，第81～96页。【61】

③《议会史》，第32卷，卷号707～708（1796年2月12日）。【62】

④ 参见以下文献：

（1）《上院委员会〈济贫法〉工作》（报告案号PP1818，第5章，第400页），P. M. 詹姆士（James）的证词，第179页，以及约翰·卡特（John Carter）的证词，第186页；

（2）《农业工作委员会工作》（报告案号PP1833，第5章），“报告书”部分，第7页，以及约翰·库珀的证词，询问案第9723～9724、9754～9755号；

（3）《下议院民众定居与穷人移居特别工作委员会工作报告》，第6报告书（报告案号PP1847，第11卷），亨利·科波克（Henry Coppock）的证词，询问案第5258号及以下，附录2、3；

（4）梅休，上引书，第1卷，第423页。【63】

⑤ 参见，比如说，以下文献：

（1）托马斯·查默斯（Thomas Chalmers）：《大市镇的基督徒和市民经济》（1821～1826年），3卷本，第3章，第60～61页；

（2）W. P. 埃莉森（Alison）：《对提议修改苏格兰〈济贫法〉手册的回答》（1840年版），第29页及以后。【64】

然而，具有重要意义的是，1832～1834 年的《济贫法》委员会对《定居法》实际上没有给予什么关注，当然也没有提议使之更宽松一些。更令人吃惊的是，在拥有大量经济专家和掌握所有重要信息的情况下，委员会根本没有把农村失业问题同工业对劳动力的潜在需求联系起来。它的成员似乎根本没有意识到，解决南部农村地区的明显失业和人力浪费的一个办法，是把那里的劳动力转移到北部的制造厂和矿山中去，在那里，劳动者能找到工作，增加边际产品，并且能附带地降低现有工业劳动力的谈判能力。然而，
【109】新法律规定，所有劳动者都要在他们自己的村子里工作，或者如果他们做不到这一点，就得被迫一起迁移出去。

造成这种奇怪的失业现象的一个原因，是出于对地主和农场主的利益考虑，也就是为收获时节保持土地上的劳动力储备，而且，许多地区的非全日制乡村工业的减少，使得以前那些为收获而储备的劳动力发生转移，这种转移也使得在这个时候劳动力储备变得尤为重要。的确，如果家庭手工业和乡村工业衰落，那么斯宾安兰制度就可以作为一种替代现象产生。当然，对一年内除收获季节以外的其他时间来说，救济金又是一种负担，但另一种选择更糟。用约翰·巴顿的话来说，《济贫法》为“恰好居住在教区里的雇主提供了一种对劳动力服务的垄断，或者至少说是优先占有权”①。约翰·克里斯琴·柯温（John Christian Curwen）用同样的笔调更加单纯地描述爱尔兰人：

> 如果不是在战争期间有这么多的人驻留在坎伯兰（Cumberland），过去一直被耕种的 30 万英亩土地就不可能重新得到耕种。因此，在某种意义上，我认为爱尔兰人在这里驻留对我们是有利的，只有当我们不需要他们时，这些劳动力的到来才会给人带来不便。②

至于说，那些熟悉工业和商业的需要而不是熟悉农业的委员们，却不能把与贫穷地区劳动力剩余联系起来，就更令人吃惊，这首先是因为这种两者互相联系的观念是非常简单明了的；除此之外，我们还注意到，南部贫穷儿童被输送到北部制造厂的现象早就发生了，而帕特里克·科洪（Patrick Colquhoun）于 1806 年就将这一“观念”明确“提炼”出来了；并且，它

---

① 巴顿：《工人阶级状况》，第 64 页。【65】

② 见《〈济贫法〉工作委员会工作》中的有关证词［斯特奇斯·伯恩委员会（Sturges Bourne Committee）］（报告案号 PP1817，第 6 章，第 462 页），第 85～86 页。【66】

也被议员们讨论过多次了。[①]《1833 年工厂委员会的第一份报告书》非常直率地批评《济贫法》是

> 劳动力流动……的障碍……，制造业发达城市中的儿童和年轻人的普通工资两倍于农业地区的儿童和年轻人的工资，而农业地区的济贫院却挤满了失业者，这个事实给整个制度的运作提供了某种启示……现行《济贫法》的管理制度以及某种程度上这一法律本身，操作起来常常弊处丛生，因为它不允许工人根据就业需要流入新的地区；也因为当原有工作完全丧失时，它削弱了寻找新工作的动力……我们相信……议会不应允许现行的济贫法律制度继续成为劳动力有益流动的障碍。[②]

正是这种时机推动造就了新局面。强调促使劳动力进入就业需要地区的《新济贫法》(New Poor Law) 于 1834 年才刚刚付诸实施，19 世纪的英国就 【110】
迎来了它工业增长最快的一个时期，某些地区，特别是兰开夏郡这样的劳动力空前缺乏的地区又在这种快速增长中起着主导作用。三个主要的棉纺商艾德蒙·阿什沃思（Edmund Ashworth)、罗伯特·海德·格雷格（Robert Hyde Greg）和亨利·阿什沃思（Henry Ashworth）看到他们自己的工厂由于劳动力缺乏以及日常的招募源基础缺乏而导致机器闲置，因此于 1834 年 6 月和 1835 年 2 月向《济贫法》工作委员会提出申请，请求利用这个委员会的工作来促成南部地区向北部制造厂输送温顺的剩余劳动力："英格兰劳工比爱尔兰劳工更受欢迎，"格雷格在 1834 年 9 月 17 日给查德威克（Chadwick）的信中写道："原因是这样的，我们难以应付难缠的人和不听话的穷人。我们需要的是努力工作的人和有家庭拖累的孀妇。"

委员会很快就接受了这个建议。他们也受到了 J. P. 凯（Kay）的促使与鼓励，她在 1835 年 7 月 22 日这样写道：

> （在贸易有了巨大扩张以及来自英格兰各郡的劳工短缺的情况下）对英格兰棉布制造商而言，为了能在与国外对手的竞争中保持现有的商业地位，爱尔兰劳工是绝对必要的，但这也不完全是好事。虽然我对爱尔兰这个勇敢而又被人轻视的民族的苦难抱着深切而真挚的同情，但考虑到他们的举止、习惯和对家庭舒适生活的喜

---

① 科洪：《贫困问题论文集》(1806 年版)，第 72、172 页，还有第 187 页及以后对定居法案的有力控诉。【67】

② 这个问题被查尔斯·温（Charles Wing）敏锐地洞察到了，参见他的《工厂制度的罪恶——根据议会证词的证明》(1837 年版，1967 年重印)，尤其是第 353 页及以后。【68】

欢……我不得不指出，他们不断向产棉区移民是一种罪恶。英格兰劳工更加稳健、整洁和熟练，更加忠实地践行主仆间达成的契约……整个行业内都耳闻（爱尔兰劳工）织工不愿意进入纺织厂和制造厂，这是因为，已有的习惯使他们考虑到这个职业的千篇一律和严格纪律，从而反感这种工作。他们不愿放弃想像中的自由，宁愿做贫穷的奴役，也不愿选择有各种限制和一成不变的工厂工作。①

因此，就需要在雇用更多爱尔兰人还是雇用南部农业劳工两者之间做出选择。

委员会秘书长爱德温·查德威克爵士（Sir Edwin Chadwick）于1835年3月2日通知制造商，请他们呈上劳动力短缺情况表，并向他们许诺委员会将通过供给南部穷人来弥补这些短缺。在委员会第一次报告书中，他们这样描述道：他们“感到（我们）对贫穷劳工的责任，就是要引导他们走向能赚更多工资的地方；我们相信，正在进行的这项工作将非常有助于最大程度地增加公共利益”②。接着，委员会在利兹和曼彻斯特建立了两个办公室，
【111】1835年年中，招募工人的工作开始展开。

关于究竟应施加多大程度的压力才能促使贫穷家庭移民到北部，关于如何对待这些家庭迁移过程中遭受的磨难，关于如何处置他们到达陌生环境中面对的困难，决策者之间存在着意见分歧。但毋庸置疑，这个计划总体上是彻底失败的。总共迁移的人数只有3 000人左右（某些较高的官方数字值得怀疑）；在他们移民后不久，就爆发了一次严重的经济萧条；在随后的就业争夺战中，三年就业期的保证常常得不到兑现，外来移民无所事事，普遍要求返回自己熟悉的家园。③ 这次官方计划的失败反映出，在这一时期，各种

---

① 这些和其他关于迁移计划的详细资料包含在《英格兰和威尔士〈济贫法〉委员会第一次报告》（报告案号PP1835，第35卷）的附录中，特别是第293～299、323页。【69】

② 上引书，第132、165页。【70】

③ 关于这方面，精彩的描述见于：

（1）雷德福，上引书，第92页及以后。

（2）J. T. 沃德（Ward）：《工厂运动（1830～1855）》（1962年版）。

（3）多德，上引书。

（4）《船队文件》，第1章/第14页，第1章/第35页，第2章/第1页，第2章/第4页，第2章/第6页。

（5）《济贫法》委员会：《第二次报告》（报告案号PP1836，第29卷），尤其是附录；《第三次报告》（1837年，第31卷），第174～176页；《第四次报告》（1837～1838年，第28卷），第183～184页；《第八次报告》（1842年，第19卷），第153页。

（6）《下议院关于规范各种工厂规章法案特别工作委员会工作报告》（1840年，第10卷），《第三次报告》，亨利·阿什沃思（Henry Ashworth）的证词，询问案第4845～4853、4865～4868号。【71】

规模的自发移民之所以显得缺乏，肯定有着某些内在原因。

在英国境内，某些技能特殊行业的劳动力供给，可以毫不困难地在整个国家范围内持续跟上劳动市场需求的步伐；但毫无疑问，规模最大、意义最重要的劳工流动是爱尔兰劳工的流动，其次是苏格兰劳工。苏格兰劳工的长途迁移更加自由，他们甚至可以在联合王国内部自由迁移。从劳动力供给满足工业革命需要来看，作为最大的个体移民大军的爱尔兰人，尤其是一支重要力量。直到大约 1820 年，流向英格兰和苏格兰的爱尔兰人移民大多数仍是季节性的，并且由于爱尔兰没有《济贫法》，爱尔兰人常常利用英格兰的《济贫法》，踏上免费的交通工具回家。应该指出的是，这些移民是向衰落中的农业的移民，而不是向工业的移民，尽管这些移民也的确使得英格兰和苏格兰境内一些原先作为收获季节劳动力储备的非全职农业工人向全职工业工人转变。

爱尔兰劳动者流入所产生的影响，是调平收获时节劳动市场需求的峰值，同时也使得报酬低的南部劳工利用这个一年一度时机（此时市场对他们有利）的机会减少了。

> 谷物生产郡有幸在收割季节能够获得爱尔兰劳工的帮助。如果没有这些季节性的得力助手，就不能及时完成收割。而且，如果没有这些人，农村中的劳工们也不会明了他们所提要求的限度，不管是在工作要价时还是在喝啤酒消遣时，他们都会不知天高地厚。①

当战争期间的劳动力短缺变成战后的劳动力剩余时，这种每年一次的劳动力流入仍在继续，尽管在真正困难时期，收割庄稼的爱尔兰移民容易遇到本地劳工的许多敌意。② 据估计，1810 年的爱尔兰收割者移民有 22 000 人，到 1840 年上升到约 63 400 人，到 1845 年达到约 75 000 人的峰值，大约占移民收割者的一半。③ 但值得注意的是，他们并没有像通常的农业劳工那样定居在这块土地上，即使在那些吸纳了大部分爱尔兰移民的郡，如兰开夏郡 【112】
也是如此。④

1820 年后，除了季节性移民外，爱尔兰移民也开始定居——起初只有

---

① 引文出自《埃文和拉夫的农场杂志》，1812 年 9 月 7 日，我们转引自 E. J. T. 柯林斯（Collins）：《英国的收获技术和劳动供给（1790 ~ 1870）》（未公开发表的博士论文，诺丁汉，1970 年），第 122 页。【72】

② 弗朗西斯·希尔爵士（Sir Francis Hill）：《乔治王时代的林肯郡》（1966 年版），第 192 ~ 193 页。【73】

③ 柯林斯：《收获技术》（论文），第 101、137 页。【74】

④ 威廉·里德（William Reed）为《农业问题工作委员会》所做的证词（报告案号 PP1833，第 5 章），询问案第 3711 ~ 3714 号。【75】

一小部分，后来（即使是在饥荒发生之前）定居者大增。当旅费由于轮船公司之间的有力竞争大大下降后，即使是最穷的人，也能积累起足够渡过爱尔兰海的旅费。这些人大多数是农民，但即便是那些能工巧匠，在家乡也找不到工作。作为技术非熟练者，这些移民为建筑业（从某种意义上说，这也是一种季节性行业），为运河、码头和铁路的建造活动提供了劳动力补充，尤其是在那些工业发展已使当地劳动力供给减少的地区。他们还为非正式或者脏、苦、差的工种、码头和公路运输、化学和纺织工业、家庭服务以及街道清扫、小买卖和流动商贩等更低层次的行业提供非熟练工人。① 他们在那些最穷和最缺乏规律的行业中就业的现象到处可见，他们还承担着市场波动和技术性失业带来的许多风险。1837 年，在由格拉斯哥救济委员会提供工作的 3 072 人中，有 2 884 人是织工，在这些织工当中，有不少于 1 103 人是爱尔兰人。② 他们在地域上也非常集中，根据 1841 年的普查资料，在大不列颠境内 419 000 人的定居者之中，约有 3/4 集中于 4 个地区——伦敦地区、格拉斯哥地区、约克郡西区和兰开夏郡/柴郡；在发生饥荒的 19 世纪 40 年代，爱尔兰人迁入者中也有 50 万人左右涌入这些地区。从许多方面看，他们都是工业革命的流动大军，他们起到的作用包括：能够使得若干关键性地区经济增长得以持续，并使得这些地区的劳动力市场不至于因经济繁荣而过度扭曲；能够在经济时空变化达到临界点的时候，特别是经济繁荣达到高潮时，使劳动的边际报酬向着减少方向变化。

正如利物浦的 Rev. A. 坎贝尔（Cambell）在 1854 年指出的：

> 目前，就英国劳动力市场状况来说，如果不是爱尔兰劳工参与到竞争之中，几乎买不到英格兰劳工……我们实际上非常频繁地面临着爱尔兰人竞争的压力。③

对此，《国民改革家》附和道：

> 最近，爱尔兰穷人向英格兰的移民数量巨大并且仍在继续，这对英格兰穷困阶层的生活造成很大影响。爱尔兰乞丐正在耗尽着地

---

① 参见以下文献：

（1）J. H. 特雷布尔（Treble）：《英格兰北部社会生活中的爱尔兰天主教徒的地位（1829～1851）》（未出版的博士论文，利兹，1968 年），第 54 页及以后；

（2）J. E. 汉德利（Handley）：《苏格兰的爱尔兰人（1798～1845）》（1945 年第 2 版），第 36 页及以后。【76】

② C. R. 贝尔德（Baird）：《论 1837 年格拉斯哥最穷的技工阶层》，载《皇家统计协会杂志》
【652】（1838～1839 年），第 1 卷，第 168 页。很有意思的是，在整个织工群体中，大约同样比例的爱尔兰人（略多于 1/2）把自己说成是工团主义者。【77】

③ 援引自雷福德，上引书，第 162 页。【78】

> 方税款与救济饭汤，而这些税款与饭汤又一直被英格兰穷人看做是自己的既有利益；通过廉价劳动与高价劳动之间的不公平竞争，爱尔兰强壮的劳工，也使英格兰各地类似阶层的工资减少。① 【113】

实际情况是，爱尔兰居民的贫穷程度让人难以置信，他们“是比任何文明国家的人们都更悲惨的人”②，这些人现在就站在英国的门口。这些移民尤其是最近的这些移民，他们的“生存维持”观念所对应的物质水平以及他们所能接受的最低工资是如此之低，以至于几乎不具备将这种工资与英格兰人和苏格兰人的一般工资水平进行对比的任何可能性。

> 在织工这个工资走下坡路的职业中，就工资水平低的位置而言，爱尔兰人的位置较为靠前，爱尔兰人是把位置在他们之后的苏格兰人工资拉低的主要原因……如果工厂主想降低工资，十有八九是爱尔兰人第一个接受条件的。③

正如《国民改革家》所揭示的，爱尔兰人不仅对劳动力市场产生了影响，而且给《济贫法》管理部门增加了一个考虑事态状况的外因，它肯定影响到了关于《济贫法》的大讨论。正如我们所指出的，爱尔兰人的非定居状态给了他们比英格兰穷人更多的流动自由，在经济萧条年份中，他们能够选择诸如曼彻斯特这种救济手续更宽松的城市，而不是周边其他城市。④但是有人声称，除此之外，“如果不是大批爱尔兰人涌进这两个国家就业，并且通过把自己的工资压低到比定居者的工资更低的方法去获得就业机会，英格兰和苏格兰就不会总是明显地感到劳动力富余”。然而，爱尔兰人的涌入破坏了通过《新济贫法》来对人口流动进行限制的任何机会，并且的确加重了英格兰农业济贫捐的负担。而且，如果这些劳动者不是由于爱尔兰人的竞争而丢掉工作的话，济贫捐本来是可以更轻一些的。⑤ 这仍是有产阶级原来就面临的两难问题：他们一方面不得不在萧条时期维持劳动力剩余，以便借此拉低经济繁荣时期的工资，然而另一方面又面临着救济压力。

不管爱尔兰人对济贫捐产生的间接压力是什么，他们对资本资源产生的

---

① 《国民改革家》新序号第 32 号（1847 年 5 月 8 日），第 11 页。【79】

② 巴伦·帝·豪泽资（Baron d' Haussez）：《1833 年的大不列颠》（1833 年版），第 232 页。【80】

③ 手织机织工委员会：《助理委员报告书》［J. C. 西蒙斯（Symons）］［报告案号 PP1839，第 42 卷］，第 19 页。【81】

④ 曼彻斯特贫困者长期监管人威廉·威尔斯比（William Welsby）对《〈济贫法〉上院委员会》的证词，1817 年 7 月 10 日［报告案号 PP1818，第 5 卷（400）］，第 167 ~ 168 页。【82】

⑤ 《每季评论》，第 43 卷，第 86 号（1830 年 10 月），第 244 ~ 245 页。【83】

压力很可能并不大。进入建筑业、手工织布业和家庭服务业的移民的就业对资本形成没有产生很大需求，这些移民也没有要求很多住房。当移民数量从1846年开始大量增加时，很幸运而且或许并不完全巧合的是，他们的贡献足可与（同一时代）以铁路建设为代表的储蓄和投资的巨大贡献相匹敌。

作为一种明显的外来因素，爱尔兰人有时被蓄意利用为破坏罢工者，① 有时主导着反叛精神，经常被人憎恨，受人攻击。但是，一般情况下他们能
【114】被英格兰人接受，因为他们充沛的精力和缺乏训练正是雇主们迫切需要的那种劳动力特征，同时也能够使某些原本处于社会最底层的英格兰工人具有一种相对较高的社会地位。

被驱逐的苏格兰高地人向工业化苏格兰低地地区移民与爱尔兰人迁移的性质相似，也引起了类似的摩擦和抱怨，但规模较小。比较而言，一般从苏格兰流向英格兰的移民都是机械工或农业经营者之类的人，这些人到英格兰主要是想实现自己所拥有技艺的价值，而不是为了躲避饥荒。

当然，爱尔兰在不列颠工业革命中的作用不只局限于充当劳动储备器。在经济发展处于关键的19世纪上半叶，爱尔兰谷物、黄油、猪肉和熏肉等食品的出口养活了英国的人口增量，而爱尔兰本土增长着的人口却日渐以土豆为食。食品出口不仅本身意义重大，而且有助于减少对英格兰农业劳动力的需求，抵消英国土地报酬的可能下降。② 而且，这些食品出口中有一定的比例是无报酬的，从最终意义上看，它代表了英国居民对爱尔兰土地租金的“索付（claim）”。这种免费礼物（粗略估计它占英国GNP的比例为1%～1.5%③）的重要性在于，它不仅是对消费的援助，而且由于这些食品大部分都为富有的个人所得，因此对英国资本形成也是一种援助。可以说，爱尔兰不仅贡献了劳动力，而且还提供了使用劳动力的资本和维持劳动力生存的食物。

然而，爱尔兰主要还是作为劳动力储备器来发挥作用的，而它的这种作用对那个时代的人士来说，并非毫无察觉。曼彻斯特公爵精明的前土地管家

---

① 查利诺与里普利，上引书，第164页。【84】

② 我们基于一个只是略有些不现实的假定来考察爱尔兰消费产品的相对贡献：假定英国每人每年谷物消费量保持在2.25蒲式耳不变，那么爱尔兰为英国提供的消费量，1785年为0.7%，1803年为1.5%，1844年为7.1%。【85】

③ 麦卡洛克计算的英国每人每年消费的食物为9英镑，爱尔兰为5英镑。他估算，付给记录遗缺的地主的租金为600万英镑，而关于1841年国民总收入被估算为约45 000万英镑。参见以下文献：

（1）J.R. 麦卡洛克：《对英帝国的描述性和统计性报告》（1847年第3版），2卷本，第521页；

（2）迪恩与科尔，上引书，第166页。【86】

伯恩斯（Burness）于1848年就计算出，除了已经出口的劳动力，爱尔兰的农业雇用了100万劳工，如果留在农业领域的这些劳工的产出能由于适当激励而提高，那么它还能给制造业释放出50万的劳工。[①] 爱尔兰土地上的隐性失业符合刘易斯模型中有关农业部门的情况，爱尔兰劳动力成为英国工业化的一个内在组成部分。但需要指出的是，作为一种结果，这个时期的英国经济是三元的而不是二元的，英国农业在工业部门和（爱尔兰）“农业”部门之间发挥着一种独立的作用。而来自英国农业部门的劳动力供给也被分为两个部门，在这两者之间存在一些差别，相当没有弹性的北部劳动力主要被工业部门吸纳，而有着明显弹性的南部劳动力主要是旁枝，并且最多只是被用于移民到伦敦和用来开垦某些殖民地。因此，即使从普遍意义上来说，我们也应该看到，实际流动也远比由两部门模型所揭示出来的劳动力流动更为复杂。【115】

3.3　运动与反向运动

通常我们认为，“工业”部门大肆扩张是演进进程的总体特征，在这一特征之外，多种附属的、影响效应相同的变化也会相伴发生。这些变化包括：人口从农村向城市的流动、旧工艺的破坏和一支完全同质的无产阶级的产生、妇女和儿童就业的不断增加、兼职工人向全职工人的转变以及从家庭作坊向工业工厂的变化。这个认识基本上是正确的，进一步研究显示，这些变化不都只是代表着一种表现方式单一的运动，而是一种包容广泛的、方向多样的发展进程。下面，我们将依次对它的内容进行考察。

在这些变动中，有一种变化资料最为齐全，这就是从乡村社会向城市社会的运动，一般是从乡村流向附近的城镇。尤其是在1820～1850年间，这种流动表现为一种从低死亡率地区流向高死亡率地区的流动。根据1841年和1851年的人口普查数据，在大多数工业城市中，大约有一半的人出生在别处，主要是周围的郡，而且其中大部分是移民家庭中的年轻儿童。

然而，即使是这样，这种运动也绝不是简单的单方向运动。经常被人评论的城镇人口增长，很少是纯粹人口流入的结果，而是双方向运动的

---

① W. 伯恩斯：《英国的工业要素论》（1848年版），第55～56页。【87】

结果。①

城镇从其周围10～20英里半径的穷乡僻壤内吸纳人口要早于工业革命。在一些数据资料得到保存的地方，如诺里奇（Norwich）和谢菲尔德，② 更不用说伦敦了。相关数据显示出，在相对早期，各种类型的工业行业能够以比城市流失居民更快的速度吸纳新居民。而且，在英国的农业和农村地区，并没有出现任何人口的净损失现象，只是有一些剩余或富余人口涌进了城镇。③ 而就在这些统计数字所反映的事实背后，还隐藏着许多其他的流动。许多新式农业活动需要更多的劳动力而不是相反。从长期看，诸如纺织和冶金等行业的工业化，意味着生产更加专业化而不是对劳动力需求的增加，这正如农村家庭工人逐渐放弃了他们在农业方面的副业，由非全职工业工人向全职工业工人转变的道理一样。④ 因此，尽管棉纺业有了巨大发展，在沃尔顿一勒一戴尔（Walton-le-Dale）、兰开夏郡的新成婚男性人口之中，纺织工
【116】人的比例只由1705～1714年的55%上升到1809～1812年的64%。⑤ 在这种情况下，发展意味着农村人口的增加而不是减少。1800年以前，即使诸如采煤、制铁、炼铜和水力棉纺等大规模新工业，⑥ 工厂也主要建在农村，因此，正如教区学徒的情况一样，发展有时也意味着从城镇向农村的人口流动。有些工业离开城镇——尤其是伦敦——向农村转移，以寻求更廉价而听话的劳动力、更低廉的租金、更宽敞的空间、更少量的限制，或是出于其他原因向农村转移。这些工业包括丝织业、针织业、制靴或制鞋业、造纸业和印刷业。⑦ 这种向农村地区的转移，在某种程度上也发生于铁路建造时期。

---

① 参见，比如说，凯恩克罗斯（Cairncross）：《国内移民》，第70页。这里他主要论及的是19世纪40～70年代的情况。【88】

② 参见以下文献：

（1）J. K. 埃德华兹（Edwards）：《诺里奇死亡通告（1707～1830）》，载《约克郡公告》，第21卷，第2分卷（1969年）；

（2）E. J. 布卡茨希（Buckatzsch）：《一群谢菲尔德移民者的来源地（1624～1799）》，载《经济史评论》，第2卷，第2分卷，第3期（1950年版）。【89】

③ 参见J. D. 钱伯斯：《工业革命中的圈地和劳动供给》，载《经济史评论》，第2卷，第5分卷（1953年）。【90】

④ F. F. 门德尔斯（Mendels）：《原始工业化：工业化进程的第一阶段》，载《经济史杂志》，第32卷（1972年），第254页。【91】

⑤ E. J. 布卡茨希：《1800年以前英格兰本地人口和移民的稳定性》，载《人口研究》，第5卷（1951年），第1期。【92】

⑥ 参见对偏远的柴郡和德比郡（Derbyshire）乡村就业增长的描述，见于艾金（Aikin），上引书，第458～505页。【93】

⑦ R. A. 丘奇（Church）：《劳动供给和革新（1800～1860）：制靴和制鞋业》，载《商业史》，第12卷（1970年），第1期，第28页。【94】

许多进入城镇的农村工人，尤其是年轻男性，或者是家庭成员不断增多的年轻夫妇，并没有很容易或很快定居下来。在这类人当中，还包括那些四处漂流的工人，他们和爱尔兰人一起组成了一支混乱的工业大军，同时他们还是变化无常、缺乏组织的劳动力市场的缓冲器。对此，福谢这样同情地描述道：

> 到曼彻斯特的移民一般是全家移民，他们从这个城镇移到那个城镇，从这家工厂到那家工厂，到处寻找工作，而且居无定所。这些可怜的工人住在带有家具的屋子里，经常是几个家庭挤在一个卧室里，每张床费用是 3 便士。①

福谢接着援引了曼彻斯特统计协会的数据，根据这个统计，1836 年，在曼彻斯特和索尔福德（Salford）的 169 000 人定居者中，有 12 500 人居住在临时公寓内。这些屋子，就像1814 ~ 1815 年间威廉·钱伯斯在爱丁堡（Edinburgh）的住所一样，是单间，② 一些有希望在城里发展自己事业的农村青年栖身于此，也有一些移民和流浪者暂住在这里。

我们可以从大约 1840 年对伦敦一些主要教区进行的一项调查中，得出关于这种类型劳动者生活状况的一个颇具代表性的观点。在 1831 年这个地区的总人口有大约 48 000 人，但统计所包括的工人阶级人数只有 16 176人。他们由 5 294 个家庭组成，其中有 3 852 个家庭居住在只有一间屋子的房子里，有 181 个家庭居住在临时公寓里，只有 1 053 个家庭有两间屋子，只有 208 个家庭有三间或三间以上的屋子。在主要 5 031 个养家糊口的男性中，有1 718人是劳工，有 431 人在建筑行业谋生。在 4 982 个妇女中，有 929 人被雇用做家务，420 人做针线活，264 人是沿街叫卖的小贩，其余的则没有工作。但最重要的是他们的籍贯。在 5 366 个家庭中只有1 430（或 27% 以下）个家庭是伦敦人，有 2 624 个来自英格兰各省，598 个来自爱尔兰，320 个来自苏格兰、威尔士及其他地方，其余 394 个家庭的资料缺乏。③ 【117】

有大量证据表明，在地方性或全国经济不景气时期，即使没有因《新济贫法》而遭到强制遣返，还是有许多这样的家庭返回了他们原先居住的

① 利昂·福谢（Léon Faucher）：《1844 年的曼彻斯特：目前状况和未来展望》（1844 年版），第 63 页。【95】

② 威廉·钱伯斯（William Chambers）：《罗伯特·钱伯斯论文集和自传回忆录》（1872 年版），第 85 页。【96】

③ 伦敦统计协会委员会：《威斯敏斯特的圣玛格丽特和圣约翰教区的工人阶级状况》，载《皇家统计协会杂志》（1840 ~ 1841 年），第 3 卷，第 17 ~ 19 页。【97】

村子。在1841～1843年间的经济萧条中，有15 365人从兰开夏郡、约克郡和柴郡等地的工业城镇被强制遣返回他们的定居地（一般为农村）。[①] 在1825～1826年经济不景气时期，一位名叫萨默维尔的工人描述道，"劳工乃至熟练工匠都（从爱丁堡）返回农村；就在我变成农民的15个月之前，劳动力很缺乏，可现在，我又很难找到任何一份工作了"。这也附带说明了，经济不景气不仅意味着大量的失业，而且许多人降低了工作等级。在1837年经济不景气时期，估计那些在经济繁荣时迁移到城市的人中至少有1/3重返家乡。在1847年经济不景气时，与大量爱尔兰人（向城市）移民相伴随的是更加汹涌的朝向农村的回移潮。[②]

以诸如此类、各不相同的流动方式，工业化进程同时蕴含了劳动由城镇向农村的流动以及由农村向城镇的流动，并且土地——或者说，由其让出劳动力的部分——不只是简单的劳动供给来源，也是复杂的劳动力流动模式的一个内在组成部分。同样需要牢记的是，城市化的简单统计资料后面掩盖着如下大量事实，即：虽然既没有向内移民，也没有向外移民发生，但人口总量增长，会使乡村或相邻的一些乡村转变为城镇。

只是在1800年以后，工业城镇才成为典型的新就业场所。这时，工业城镇拥有外向型经济与竞争性环境，还有最为重要的，它也拥有多种形式的劳动供给，这包括了由爱尔兰人、失业者和其他方面的人组成的劳动力储备大军，雇主对这些人不负任何责任，除非他需要他们的服务。像曼彻斯特（从1760年的17 000人上升到1830年的180 000人）、利物浦（从25 000人上升到165 000人）、伯明翰（从30 000人上升到140 000人）或利兹（从14 000人上升到120 000人）[③] 等城市中发生的这些完全出人意料的增长率，以前从未发生过，在任何其他社会环境中可能也不会发生。

劳动供给条件随着工业化进程深入而发生变化的第二个方面是劳动技能因素。在技术发生根本变化的情况下很难对技能下定义。传统意义上的技能

---

① 参见以下文献：

（1）雷德福，上引书，第124页；

（2）查尔斯·伍德（Charles Wood）1843年2月15日的演讲，载《英国议会议事录》，第3卷，第66分卷（1843年），第671～672页。【98】

② 参见以下文献：

（1）亚历山大·萨默维尔（Alexander Somerville）：《一个工人的自传》（1848年版，1967年重印），第66页；

（2）《济贫法》委员会：《第三次年度报告》（报告案号PP1837，第31卷），第175页；

（3）E. J. T. 柯林斯：《英国的收获技术和劳动供给（1790～1870）》，载《经济史评论》，第2卷，第22分卷（1969年），第3期，第467页。【99】

③ A. F. 韦伯：《19世纪城市的增长》（1899年版）。【100】

包括经过多年锻炼后获得的手的灵巧性，也包括有关工艺和材料的知识及判断。另外，在机器技术的新条件下，它还包括责任感、某种准时参加工作和保持工作速度的可靠性、文化水平和其他抽象知识（如数学）。技能是一个具有多方面内容的概念，因此不可能只涉及一种变化。某些技能会被淘汰，【118】
并变得没有价值；有些则是最新获得的；有些技能在这个时期产生后又被淘汰，并且熟练工人拥有的社会地位和执行的工作任务也经历了同样变化。

技术熟练工人通常工资较高，而且通常他们的地位也较高，尽管也并不总是这样。例如，采煤工人地位较低。技能优势受几个相互联系但各自独立的因素影响。其中有一些对大多数年龄段中的人而言都有：天赋；能应付困难、持久或负责工作的体质；多年的培训和经验。有时，强大的工会力量也有助于维持较高的工资差异。但还有另外一些因素在这个时期也具有特殊意义，使一些行业具有较高工资的某些传统因素又会在某种程度上遭到破坏，这种情况尤其发生在纺织行业中；与此相反，对某些职业来说，由于其他行业的增长所引发的新工资差异迅速增加，也会导致劳动力需求超过供给，这种供需失衡是与相应技能因素无关的，比如说，机器棉纺出现的最早几十年间以及工程师中所反映出来的情况就是这样；并且，在某些行业中，当不断增加的技术和管理知识被挣工资者掌控在手中的时候，如在轮船制造业或制铁业中，这些既定的工资差异还可能会继续拉大。由此看来，技能、技能（工资）优势的维持取决于经济、社会和政治等多方面因素的综合影响。

那么，在英国工业革命中，技能的任务是什么？有时人们会说英国工业化毁灭了技能，把劳动力转变成一个毫无差别的无产阶级，成为机械地服务于他们主人的机器。社会地位发生变化的阶层还包括独立经营的手工艺人，他们走向衰落并且向挣工资者转变。一个流离失所的熟练工人寻找一个不需要技能的粗活是这个时代的常见现象。①

> [伦敦的《法朗吉》（*Phalanx*）在1842年10月写道] 老的标准行业的用人条件几乎与40年或50年前相同；但是，一旦蒸汽动力和机器的功用超过了人力，它们就会被迅速地运用于某些生产过程，其结果必然是相关的劳动者处于悲惨境地……那些提供食物和衣服等原材料的人，即农业劳动者、棉纺以及织布工人的身体健

---

① 参见以下文献：

（1）恩格斯，上引书，第136～139页；

（2）P. 加斯克尔（Gaskell）：《工匠和机器》（1836年版，1968年重印），第356页及以后。【101】 【653】

康，现在就处于极差的条件下。①

实际上，社会地位和技能的同时衰落或许在纺织工业中最能得到证明。塞缪尔·班福德（Samuel Bamford）之父于18世纪80年代居住于兰开夏郡，他描写了那时的一些情况，即便这种描绘可能含有浪漫的记忆并且不具典型性，但还是可见一斑的。当时与班福德之父类似的女织工“被灌输了许多
【119】书本知识，尤其是宗教类知识；写着一手好字；懂算术；对天文学有些了解；是声乐和器乐音乐家，识谱且会吹长笛……”。还有为人熟知的独立型的约克郡织布工人，他们“有50人或100人或200人之多，他们在家里织布，拿到市场上去卖”。或者还有，柯金蒂洛赫（Kirkintilloch）的手工业织布工人，他们“一周能挣到18～20先令，一天工作10小时，不时有点假期，在假期里，他们可以整理自己的花园，可以在国内漫游，或可以找些其他的玩乐；老一代的织布工人是北部地区最有教养、最爱读书、最受人尊敬的工人”②。——所有这些人都可谓那个时代的工人贵族。但是在二三十年内，原先受尊敬、有优势的织布业、编织业、印染业等行业工种都降级到了某种无需技能的状态，并且可以由任何没有经过训练的外来者做。③

1839年时，关于手工织布工人的调查显示，最令人注意的莫过于老一代和年轻一代织布工人在“道德和才智”上的差异。④ 一个年轻人自己明显感到安全可靠的“技能”很快就可能变得不安全。

有人说，手工织布可以在几周内学会，如果说会锯木头就算木

---

① 《法朗吉》，第62号（1842年10月），第129页。【102】

② 参见以下文献：

（1）塞缪尔·班福德：《自传》，2卷本（1967年版，初版于1839～1841年），第1卷，第1～2页；

（2）奥斯特勒（Oastler）在1832年1月2日的演讲，载《利兹情报》，1832年1月5日；

（3）《穷人指南》，第67号（1832年9月22日），第544页；

（4）耶灵格·C·西蒙斯（Jelinger C. Symons）：《国内和国外的工艺和工匠》（爱丁堡，1839），第146页及以后；

（5）彼得·拉斯雷特（Peter Laslett）：《我们失去的世界》（1971年版，初版于1965年），第209～210页。

这种地位差别近来又在R. S. 尼尔（Neale）的“中间”阶级概念中重新得到重视，不过，它的这个概念所涉及的内容包括了店主和工匠但不包括技工，见《19世纪早期英格兰的阶级和阶级意识，三或五个阶级》，载《维多利亚时代研究》，第12卷（1968～1969年）。【103】

③ 参见以下文献：

（1）G. 特恩布尔：《大不列颠的棉布印染史》（1939年版）；

（2）M. I. 托米斯（Thomis）：《诺丁汉的政治和社会（1785～1835）》（1969年版），第18～19页。【104】

④ 参见以下文献：

（1）《助理委员报告》（报告案号PP1839，第42卷）；

（2）J. C. 西蒙斯（Symons），上引书，第44页。【105】

> 匠的话，木匠也可以在几周内学会。然而，要成为一名优秀的有实际经验的丝织工，却需要学习数年。不过，这一点却是真的，即通过有经验的人的指导，人们可以很快学会做最低级的工作，也正是由于这个原因，人们很容易成为织布工；当他们学过一种技艺时，再经过进一步指导，也能学会另一种技艺，如此等等。因此，在这些年里，在经过有经验者指导之后，这些织工便成了有实际经验的工人。①

当时那些试图对工业社会阶层进行划分的人士，根据熟练工匠和学徒工匠各自所能获得的正当稳定收入，在它们之间划出了一条明显的区分线，后者经常处于过度劳累、饥寒交迫的境地之中，并且经受每一次工业风暴的打击。② 实际上，1833 年，一名工厂委员会委员这样认为，工厂手艺学徒在提出 10 小时工作日的要求时，最不应该的是把自己

> 与诸如木匠、石匠、泥瓦匠等这些规模较小的手工艺劳作阶层
> 进行对比，他们抱怨说，这些手工艺者每天只从早上 6 点工作到下
> 午 6 点，而正是从这个方面来说，工厂手艺学徒认为这个阶层与作
> 为实际操作者的他们拉开了差距；至于他们自己，完全用手工劳
> 动，并且只是在学徒期服务结束后才能获得某种报酬。然而，他们
> 就不想想，他们怎么看待众多的家庭工人、针织工、手工织布工、
> 梳毛工、镶花边工以及其他一些工人阶层的人呢？这些人工作辛 【120】
> 苦，每天工作 12 ~15 个小时，仅仅能维持基本生存，这些人往往
> 是一些年纪很轻的人，并且处于真正对健康有害的封闭状态中。③

那些没有直接受机器化影响的行业，尤其是那种消费品最后完成阶段的工作，看起来似乎是一个避难天堂。正因为这样，在这些行当里，很可能出现劳动供给比例过大和劳动供给增长失控。亦即，农村和小城镇中没有经过严格训练的年轻人的大量涌入，以及“没有经验的年轻人”、没有完成学徒期、只有有限技能的年轻人等人群的增多，也可能会全部或部分地破坏那些对就业者显得恩典惠存的行业，比如，在“成衣”店和血汗行业中就受到

---

① 《斯比脱菲尔兹的宽幅手工织机丝织工对贸易委员会请愿书》，1843 年 11 月 30 日，印于《船队报告》，第 4 卷（1844 年 1 月 27 日），第 76 ~ 77 页。【106】

② 参见，以下文献：

（1）欧仁·比雷（Eugène Buret）：《英格兰和法国的工人阶级的不幸》，2 卷本（1840 年版），第 2 卷，第 22 ~ 30 页；

（2）多德（Dodd）：《英格兰的劳工阶级》，第 9 ~ 11 页。【107】

③ 援引于温：《工厂制度的罪恶》，第 370 页。【108】

大量劳动者涌入的冲击。①

伦敦裁缝业，特别是1834年灾难性罢工之后的情况，就是一个很好的例子。在这个行业的分支部门中，比如制鞋业、织袜业或针织业等部门，外地的那些地方性机器制造活动，从前没人看得上眼，现在它们所生产的产品却可能占据更大市场，并为其工人提供更好条件，而原先大城市中的手工艺人却陷入无望的悲惨境地。旧的、稳定的职业界正在崩溃——在这里，“手工工人”有固定的、稳定的社会地位，像林肯职工学校（Lincoln Bluecoats School）（慈善性质）这样的机构迟至1802～1828年间还派出26个男孩成为皮匠、鞣皮匠和整革师的学徒，19个成为细木工匠学徒，15个成为铁匠学徒，8个成为车轮匠学徒等，总共有110人成为各种学徒匠。② 但是，7年的学徒期和以后的独立从业都不是想当然就能完成的。

相反，也有人认为，新时代的某些好处，是它能够赋予劳动者那些技能更新、技术成分更高、工作空间范围更大的工作。③ 格拉斯哥的安德森学会所拥有的机械工听课者都既有知识又感兴趣；在较早时候，机械工学会也拥有一个会员群体；这些现象，都是这些好处的象征。在工资提高到公认的高水平的新工人中，工程师是最成功的，他们的资质通过严格的行业准入限制和严明的纪律来维持——至少在大城市如伦敦就是如此——这种维持强调适当培训与技能素质。④ 而对于那些学习某些原有行业知识的人，如学习建筑业的人，就会发现，他们很难在经济迅速增长的环境中和外省劳动力涌入的竞争中维系生存。由此，他们不得不经历暂时衰落，直到19世纪后半期，他们才重新确立了在这个技能性行业中的优势地位。

这两种观点都是正确的，关于技能地位衰落与上升的两方面例子也都可以找到。在这个时期末，许多行业的工会会有意限制学徒期和学徒数量，但

---

① 参见以下文献：

（1）梅休，上引书，第2章，第311、317、333～335页，第3章，第229、300～301页；

（2）戈弗雷·勒欣顿（Godfrey Lushington）载国家社会科学协会的《行业协会和罢工》，第270页；

（3）温，上引书，第388页。【109】

② F. 希尔，上引书，第284页。【110】

③ 迪恩：《第一次工业革命》（1965年版），第253页。【111】

④ 参见以下文献：

（1）威廉·波尔（William Pole）：《巴特·威廉·费尔贝恩爵士生平传记》（1877年版），第89页及以后；

（2）托马斯·赖特（Thomas Wright）：《一个熟练工程师看工人阶级的某些习惯和风俗》（1867年版，1967年重印），第49～50、60页。【112】

做出的规定得不到严格执行，[①] 而另一些新的行业工会，却能非常有效地制【121】定和执行本行业学徒期的规定和限制措施。一些历史学家认为，学徒期获得的技能和“无差别的大量非熟练劳动”之间的真正区别直到19世纪早期还存在，这说明，在一个劳动力普遍过剩的经济中，技能特别短缺，而在19世纪末期，又存在着所谓“技能程度的一整套分布谱”。有些经济学家的确对工业化之前英格兰的所谓真正“工人贵族”时期有某种经历或体会，而以下事实可能会使他们的观点受到影响并显得相对简单：当时相当一部分在建筑、家具、玻璃或印刷以及其他行业中的熟练手工艺人，都在从事着为富人提供奢侈品的工作，而不是为大众提供批量生产的工业品，对于富人来说，看重的是他们的技能而不在意支付给他们的费用。[②] 另一些经济学家，则亲眼目睹了直到19世纪后半期，基于技能的工人贵族才开始得到发展，并在19世纪末期前后，达到了发展的最高点。[③]

我们再重复一遍，以上两种观点一定程度上都是正确的。萨默维尔的回忆录，以他曾经亲身做过泥瓦匠的下手劳工的经历，生动地描绘了传统的（工人）“贵族”的行为。劳工在酒吧是不许与泥瓦匠进入同一个房间的，如果只有一间屋子，劳工们只能到外面去喝酒，因为萨默维尔说话鲁莽，那个泥瓦匠就下令让学徒打他，甚至他的一个做泥瓦匠的朋友也认为“如果劳工和泥瓦匠有同样的权利，建筑活动就不能继续进行下去”。不仅在较高的阶层中存在社会等级的差别，而且

> 在穿长尾燕尾服的手工艺人和穿短尾燕尾服的劳工之间，在作为自由人的机车制造者和没有做过机车制造学徒的锻工之间……也有社会等级的差别。不管这个锻工的能力有多高，也不管他的机械工主人多么想提升他，多么想利用他的优秀才能，他也注定只是个锻工，逾越不了这个严格地阻止他超越锻工阶层的界限。[④]

---

① 参见乔治·豪厄尔（George Howell）给人印象深刻的列表，见于《资本和劳动的冲突》（1878年版），第246页及以后。【113】

② 参见以下文献：

（1）哈巴库克，上引书，第22、152页；

（2）亨利·佩林（Henry Pelling）：《工人贵族的概念》，载《维多利亚时代后期不列颠的大众政治和社会》（1968年版），第40~41、46~51页；

（3）W. 菲舍尔（Fischer）：《早期工厂工人在企业内部和社会中的地位》，载《社会经济发展史研究》（1964年），第6卷。【114】

③ E.J. 霍布斯鲍姆：《19世纪英国的工人贵族》，载《劳动者》，第273页及以后。【115】

④ 萨默维尔：《自传》，第97~99、120页。【116】

19 世纪上半期的人都非常清楚当时在工人贵族和其他工人之间的鸿沟，阿奇博尔德·艾莉森爵士（Sir Archibald Alison）指出，1838 年的工会联合体“只不过是熟练工人贵族反对非熟练工人大众的一种体制”，而欧内斯特·琼斯（Ernest Jones）批评熟练建筑工人不帮助较不熟练的工人：“每周赚 30 先令的工人贵族看不起每周赚 7 先令的人，并且还说‘我们有保障’。我们的熟练工人绝不能成为这种思想的麻醉品。”[①] 这就是维多利亚王朝时代的新式“工人贵族”的起源；当时，强大的全国性工会组
【122】织很大程度上成了它形成的条件基础。

早些时候，伦敦某些工会组织企图援引学徒法令（Statute of Apprentices）中有关学徒制关系的条款，来做某些对他们有利的事情，这种企图最终归于失败，而 1814 年有关权力当局对这些条款的废除，则标志着旧时代的结束——在这个时代，主要是独立的手工艺人——店主，以及订有劳务转包合同的手工艺人可以作为有技能者的典型代表。[②] 在以后几十年中，技能体现者的身份不确定。马克思指出，19 世纪 30 年代，从事机械或其他种类活动的一些手工艺人公然地被排除在《工厂法令》（Factory Acts）的适用范围之外，但是又被源自《工厂法令》的统计资料的内容所涵盖。[③] 而 1851 年工程师联合社团的产生，则标志着一个新时代的开始。在这个时代，技能的重要地位与其说是因暂时的需求过度和秘密知识而得以保证，还不如说是通过一个新型组织与雇主进行集体谈判而得到规定和维护。然而，关于这个时期熟练和半熟练工人的比例在总体上是上升了还是下降了，却还不能肯定。我们惟一能说的只是，技能的性质和特权的来源，在新的条件下是不一样的，无论是在工厂内还是在工厂外。

同样复杂的是与妇女和儿童就业相关的资料。根据人们通常所持的观点，妇女和儿童就业是由工业化进程引起的，也是从家庭和农场中的隐性失业者或半失业者中分离出来的，他们是这种特色群体中的一部分，这一群体是作为一种附加因素进入劳动力市场的。以早期棉纺厂为例，这种劳动者，都是从具有这些特征的人群中，作为原有劳工的补充招募的，工厂主涌入济

---

① 参见以下文献：
(1) P. E. 拉兹泽尔，上引书，第 104 ~ 106 页；
(2) R. L. 希尔（Hill）：《托利主义和人民（1832 ~ 1846）》（1929 年版），第 111 页；
(3)《人民略论》（1852 年版，重印于 1967 年），第 2 章，第 543 页。【117】

② R. K. 德里（Derry）：《学徒法令中学徒期条款的废止》，载《经济史评论》（1931 ~ 1932 年），第 3 卷。【118】

③ 马克思：《资本论》，第 1 卷，第 448 页。【119】

贫院要求雇用妇女和儿童；从1820年开始，在动力织布逐渐占优势后，妇女和儿童仍然不断地从男人那里争夺织布的工作。到1839年，在420 000名棉纺工厂工人中，有193 000人在18岁以下；只有97 000人是成年男性；其余是成年女性。在其他纺织业中，这个比例更高。因此，在1844年，妇女占棉纺工厂劳动力的比例大约为56%，占毛纺、丝纺和亚麻布工厂劳动力的70%。在许多经济地位不太突出的行业诸如采煤、制钉、造锉刀和农业中，也能发现妇女和儿童，并且其数量在不断增加。①

尽管在工业化之前，妇女和儿童的雇佣通常很不集中，但是，也许在那时，他们在农业、家庭服务以及其他工种中的就业就已经很普遍了。工业革命只不过是增加了他们的工作机会并规范了他们的工作方式，无论在工厂还是在家庭里。正是让妇女完全走出家庭就业，而不是让她们呆在家里的就业特点，导致了人们在社会生活中产生了一种普遍流行的感受，亦即认为工厂制度的发展与家庭生活瓦解、家庭美德衰落有关。② 在有些地区，如康沃尔采矿区，对妇女和儿童的雇佣主要发生在两个阶段。在第一阶段，采矿业的扩张使兼职农民成为全职矿工，增加了他的妻子和孩子在家庭活动和农场生 【123】
产中的工作量；在第二阶段，采矿业的进一步扩张要求妻子和孩子丢掉家庭和农场的工作，也从事采矿工作，主要是在地面上选矿和准备矿石。③ 重要之处在于，雇佣童工的比例并没有随着1833年法案的实施而减少，④ 因为童工在工厂内和工厂外都仍然被急切地雇佣着。⑤ 妇女和童工的工资水平之低——或许，即使库青斯基估计的比例显得有些小，妇女工资也达到男工工资的30% ~50%，童工工资达到男工工资的5% ~25%⑥——这似乎意味着，关于妇女和童工的需求对供给的压力不再如男性工人那么大了；然而，在有

---

① 参见以下文献：
(1)《雇用童工问题委员会报告书》(1842 ~1843年)；
(2) 艾维·平奇贝克（Ivy Pinchbeck）：《女工和工业革命（1750 ~1850）》（1930年版）。【120】

② 参见以下文献：
(1) 利昂·福谢：《英格兰研究》，2卷本（1856年第2版），第1卷，第280 ~281页（法文版，这一段在英文版中被省略了）；
(2) 尼尔·J·斯梅尔策（Neil J. Smelser）：《工业革命中的社会变化》（1959年版）。【121】

③ 见约翰·G·鲁尔（John G. Rule）：《康沃尔郡工业革命的某些社会特征》，载罗杰·伯特（Roger Burt）编撰的《西南部地区的工业和社会》（1970年版），第73页。【122】

④ 用一个制造业主的话说，这使“英国工人背上了无事可做、不能赚钱的家庭的负担，一直到他们9岁”。见于J. T. 沃德（Ward）：《工厂运动》，第54页。【123】

⑤ R. C. O. 马修斯（Matthews）：《大不列颠的经济波动（1833 ~1842）》（1954年版），第146 ~148、221页。【124】

⑥ 库青斯基，上引书，第23卷，第130页。【125】

些时候，有些纺织工业区的男性工人只有带着妇女和童工时才能找到工作，[①] 有些时候，男人根本找不到工作，反倒只能由他的家庭来供养。

上文所提到的这一传统的观点还包含另一方面的内容，即工业化通过把兼职工作转变为全职工作，通过在特定工业领域创造专业化工作以及通过把农业中的隐性失业转变为工业或农业中的充分就业，从而增加了所有类型工人的参与率。[②] 宽松的劳动供给被当作工业革命的特征，而这种参与率提高则通常被认为是这种供给的一个主要源泉。不过，这种流动也并不全然是单方向流动。因为就在某些工人参与率提高时，工业化和城市化也使得他们走向半就业和失业。经济体系中还存在着临时性劳动力与季节性劳动力现象，而当市场取向（以及海外取向）的工业份额的增长情况发生变化时，或者说，一旦贸易萧条，就业人数增长也会受到影响。一项旨在显示 1839 年利兹主要工资水平的研究认为，一年平均工作时间达 9 个月的有熨布、粗纺、羊毛剪接、羊毛填充、布料印染、为纸上色、锯木、油漆、粉刷和砌砖这些行业，一年平均工作时间达 10 个月的有羊毛分类、织布、梳羊毛、制鞋、木料旋工、制帽、制造车轮、管子工和泥瓦匠等行业。[③] 建筑工人一直面临着冬季的淡季，但他们面临的新情况是，现在他们没有自己的小块土地，没有农业经济作为退路和依靠了。以传统经济眼光观察的人惊奇地指出，英格兰人现在理所当然地认为，“在所有的英国工人中，如果失业后领不到工资，谁也没有一平方码的土地来种粮食”[④]。

正如一些经济学家所声称的，非全职工作反映的就业程度不足反映了某

【654】 ① 参见 J. T. 沃德，上引书，第 144 页。奇怪的是，这重复了诺森伯兰郡（Northumberland）以“附役者（bondager）”方式新增女工供给的传统实践，在那里，由于采矿业扩展，农场工人变得缺乏。参见以下文献的有关内容：

（1）萨默维尔，上引书，第 20 页；

（2）《麦克道尔宪章派杂志》，第 4 号（1841 年 4 月 21 日），第 31 页；

（3）多德，上引书，第 35 页；

（4）L. 欣德马什（Hindmarsh）：《诺森伯兰郡北部边界的农业劳动者状况》，载《皇家统计协会杂志》，第 1 卷（1838 ~ 1839 年），第 405 页。【126】

② 参见以下文献：

（1）T. S. 阿什顿：《18 世纪英格兰经济史》（1955 年版），第 202 ~ 203 页；

（2）斯图尔特（Steuart）：《政治经济学原理研究》，第 88 ~ 89 页。【127】

③ 这些数字当然有很大的武断成分，并且这里所列的大约一半行业的计算是为了要得出这一年中 11 个或 12 个月的工资。参见利兹市议会统计委员会：《利兹市及其居民状况报告书》，载《皇家统计协会杂志》，第 2 卷（1839 ~ 1840 年），第 422 页。【128】

④ H. C. 埃舍尔（Escher）的英格兰来信，1814 年，见 W. O. 亨德森（Henderson）编撰的《摄政时期的英国工业：埃舍尔、博德梅尔、梅和德·加洛伊斯的日记》（1968 年版），第 35 页。【129】

种方式的劳动供给过度，这种判断仅仅在表面上正确。[①] 对最贫穷和脆弱
的工人群体来说，情况恰恰是就业不足造就了劳动力供给过度。正是因为
在伦敦裁缝中有1/3 的人只是非全日制的，而且还有另外 1/3 多的人完全失 【124】
业，由此造成的贫穷迫使他们把妻子送去工作，并由此使劳动力市场中劳动力过剩的情况更加严重。[②] 在苦力行业中，一般来说，正是因为工作时间过长才使劳动力市场中的劳动力显得过多，如果劳动者强大到能够缩短工作时间，那显然，随着劳动力短缺，就会进一步加强限制劳动时间的力量，这是一个被强烈要求工厂立法的工会所熟知的观念。[③] 最近一项关于19 世纪以来劳动时间变化的研究有一个最惊人的发现，即工作时间短与高工资之间有着密切相关性，反之亦然。[④] 经济学家们发现，收入和休闲之间的替代选择关系很大程度上并不真实：处于强势地位的劳动者能两者兼得，而工业革命时期的绝大多数工人却一个也得不到。对于依附于城市生活的人——搬运工、园丁、临时工、劳工——来说，冬天季节性失业灾难非常可怕，连济贫法委员都表示同情。

> 那些还不习惯对他们做出观察的人（威廉·普尔特尼·艾莉森写道），不知道那些操劳者、残疾人或失业者家庭的生活会下降到什么程度，不知道他们如何维持生命，也不知道他们临时和不稳定的就业能力如何能够继续保持。好一点的衣服可能被当掉，家具和被褥可能被卖掉……两个或两个以上的家庭或许会挤住进一间屋子里，由此设法去付房租……他们在深夜和清晨的街上捡煤渣，他们乞讨……本用于一周的每日三餐将用于维持数周的生存……因

---

① W. R. 格雷格：《英格兰的社会主义》（1850 年），收入《工匠阶级的错误目标和可达到的理想》（1876 年版），第 206 页。【130】

② 《人民略论》，第 1、19 章，第 367 页。【131】

③ 这种推理被欧文主义者和其他社会主义经济学家应用于出口工业，尤其是棉纺工业中：疯狂的速度和冗长的工作时间、不断降低的成本，仅仅使贸易不利于英国，并且过去出口量较大的棉纺产品使外国人得到好处，但却没有给英国带来更多实际的商品。参见，比如说，《危机》，第 3 章，第 19 页（1834 年 1 月 4 日）。

再比较 1817 年莱斯特（Leicester）针织工的解决之道，他们认为，"英国制造商为了在国外市场上以低于外国制造商的价格抛售商品，把这个国家机器工人的工资降减得如此之低，以至于工人们不能通过劳动养活自己，这样做在国外得到了一个消费者，在国内却失去了两个消费者。"援引于 E. P. 汤普森（Thompson）：《英国工人阶级的形成》（1963 年版），第 206 页。

当然，生产率提高可能抵消价格下降导致的损失，但是，对于 1750 ~ 1850 年的英国纺织业来说，金德尔伯格使用国外的销售价格是错误的，应该考虑到，进口棉花成本必须予以扣减，在比较中必须考虑到增加值降低，这种增加值价格的下降要远大于棉纺成品价格的下降。C. P. 金德尔伯格：《对外贸易和国民经济》（1962 年版），第 113 页。【132】

④ M. A. 比尼费尔德（Bienefeld）：《英国工作中的工作时间：一种经济史》（1972 年版）。【133】

此，在这个城市和其他大城镇中的许多最穷的家庭中，几乎没有什么能为人所见的生存维系方法，他们不得不设法捱过冬天，而在夏天，他们则能到田间地头和花园里找一些不稳定和时有时无的工作。①

梅休“保守地”估计，125 000 个家庭的收入受制于天气，450 000 个家庭受制于季节性波动，150 000 个家庭依赖贸易的繁荣，这总共有725 000个家庭或 300 万人。在任何一个行业里，至少在 19 世纪中期的伦敦，有1/3的工人能充分就业，1/3 的人只能半就业，1/3 的人会失业，总就业率为 50%。②

梅休或许夸大了正常年份的情况。但在经济不景气时期，特别是在普遍的市场萧条时期，情况可能会比从前农业歉收的恶劣年份更糟。对于诸如制
【125】铁、生产资料或棉花这些依赖出口的脆弱行业，情况是最差的。时不时地，人们能听到 2/3 的失业率这一数字。③

1811 年，在斯比脱菲尔兹（Spitalfields）大约 10 000 名织工之中，有 2 852人失业，差不多同样多的人半失业。1812 年，斯托克波特（Stockport）有“相当多的人失业”，其他人“仅仅部分就业……过去从来没有见到过劳动者看起来这么不健康，或者看上去如此衣衫褴褛；许多人非常可怜；有些人几乎处于饥饿中”。在博尔顿（Bolton）的“17 000 人之中，尽管已排除了**大量**出去找工作的人，仍有 3 000 人是贫民”。在曼斯菲尔德（Mansfield），“大部分人都经历过重大不幸，许多人根本不能获得一般生活必需品，许多曾经一点都不贫穷的人现在也**一贫如洗**”。在大、小工业城镇以及小到斯托克波特附近的迪斯利（Disley）这样的小定居点，也有这种情况发生：“作者从没有听说过有这么贫困和极端贫穷的地方；许多家庭靠煮荨麻和野菜维生，且没有食盐。”至少有一个观察家认为，“一个艰难的时期来临了，由于缺乏食品供给，有大量的人处于各种贫困

① 参见以下文献：
（1）《苏格兰穷人管理研究》，第 2 版（1840 年），第 49 页；
（2）《济贫法》委员会：《第 7 次报告》（报告案号 PP1841，第 11 卷）第 238 页。【134】

② 参见以下文献：
（1）梅休：上引书，第 2 章，第 300 页，以及第 3 章，第 301 ~ 312 页；
（2）巴里特：上引书，第 2 章，第 42 页。【135】

③ 参见以下文献：
（1）库青斯基：上引书，第 23 卷，第 106 ~ 108 页，以及第 24 卷，第 42 页；
（2）E. J. 霍布斯鲍姆：《英国的生活标准（1790 ~ 1850）》，载《经济史评论》，第 2 卷，第 10 分卷（1957 年），第 53 页。【136】

之中，我认为这些人的数量比许多世纪以来人们所曾听到过的穷人数字还要更大”[1]。

当然，研究者们很难进行这种与过去的比较。过去许多年来，由于战争、歉收、海外贸易的中断或个体工业的长期衰落，失业和贫困当然也一直存在。但值得怀疑的是，过去的失业和贫困是否也像现在的周期性失业——迭加在临时工作和结构性失业这些灾难之上并且如此频繁和持续不断，最重要的是，过去极不可能有这么大比例的人口无一例外地依赖来自市场导向行业的收入。

迟至1819年，仍然让人吃惊的是，在佩斯利（Paisley），就发放救济来说，没有别的原因比“他们找不到工作”理由更充分。[2] 但人们发现，在1831～1832年利兹的2 047台（原文如此）织布机中，有434台完全开工，有1 025台部分开工，587台闲置；在麦克尔斯菲尔德（Macclesfield），1824年有10 229人从事搓丝工作，但到1832年，只剩下3 762人，且每周仅工作4天；在利兹，在估计总数为71 602人的人口中，有25 496人接受救济。[3]

总体上看，在1834～1841年这段时间里，在工厂地区，尽管名义工作时间是每天12小时，但考虑到经济不景气导致的工时缩短，估计平均工作时间只有每天10小时。[4] 但是，1841～1842年间的危机使这种就业程度相形见绌。人们发现，在像利兹这样的城镇中，20 000人靠每人每周11.25便士的平均收入维生；在佩斯利，有14 657人或者说将近1/3的总人口出现在男性失业者的名单上；而在斯托克波特（Stockport），一项对2 965个家【126】庭的调查显示，在8 218个寻找工作的人中，只有1 204人能充分就业，2 866人部分就业，4 148人完全失业。在博尔顿（Bolton）8 124个棉纺工厂工人中，有5 061人打短工或者失业；在2 110个铸铁工中，有785人失业，其余的人都在打短工。[5]

---

① 《慈善家》，第2卷（1812年），第185、316～317页；以及这一文献的第3卷（1813年），第142页。【137】

② 《爱丁堡评论》，第41卷，第81页（1824年10月），第11篇文章。【138】

③ 参见《木匠政治杂志月刊》，1831年10月，第76页；1832年1月，第214页；1832年5月，第374～375页。【139】

④ 参见W. 沃克（Walker）和W. 兰德（Rand）给詹姆斯·格雷厄姆爵士（Sir James Graham）的信，1841年11月，本书转引自J. T. 沃德，上引书，第234页。【140】

⑤ 参见以下文献：

（1）《伦敦法朗吉》第31号，1841年10月30日；第41号，1842年1月8日；第45号，1842年2月5日；

（2）福谢：《1844年的曼彻斯特》，第143～144页。【141】

1847 年，内容类似的统计资料又一次出现在制造业地区。例如，在曼彻斯特周围的棉纺织城镇，382 个棉纺厂中只有 126 个完全开工，212 个开工不足，44 个完全停工。在这些棉纺厂经常雇用的 71 215 名工人中，有 10 141人完全无事可做，有 26 510 人上半班。[①]

不幸的是，虽然偶然可以得到一些统计数据如关于公司工资总额减少、关于纱锭或鼓风炉闲置的数据，（这些可以用来解释诸如“工时减少”或“就业程度不足”这些术语）；但是，就周期性就业程度不足这一问题来说，由于统计资料的零散性和计算方法的不同，还是不可能从中得出有价值的全国范围统计序列。我们只是可以这样说，考虑到工业中心的就业在经济萧条的波谷时大约只能达到劳动量的 1/2，在周期最严重时期只能达到 1/3 这种事实，如果我们这样估计，即认为好的年份和不好的年份就业能力平均损失 15% ~20%，似乎也并不显得过于悲观。

此外，我们还必须考虑到有些行业一直维系着某种过剩劳动力“储蓄池”的功能，因此，作为一种过程常态，它们也在造就着就业程度不足。有些行业聚集了一群附属工人，如印刷业中的“临时排字工”，“在办公室闲逛……直到有从这个或那个报社打来的需要临时帮忙的电话”。[②] 临时工主要是在码头——根据梅休的估计，在伦敦的码头上，每天有7 000 ~20 000人不等——以及城市马车运输、搬运和其他运输行业中。甚至在现代化农业中，非全日制就业也遵循着同样规则，这表现在为了几周的农业收割，它也可以从城镇、家庭和爱尔兰人中的“失业者”中吸纳附属的劳动力。而且，技术的加速变化导致结构性失业增长，这意味着失业者在退回到不熟悉行业中的某些非熟练工作之前，将会花很长时间寻找新的工作。[③] 还有，一些非全日制的家庭工业，如纺织或做饰带花边，从前雇用的是农业的非全日制劳动力，尤其是妇女，但现在这些家庭工业被工厂所取代，因而新的不充分就业又在农村被创造出来了。[④]

由此看来，均衡很难达到。1800 年之前那种旧的不充分就业让位给 1800
【127】年以后新的不充分就业。不过，这种新的形式增加了自愿的劳动供给。

最后，家庭工业本身经常被看做是工业化的受害者，或者说，它通常

---

① 《国民改革家》，新序号第 32 号（1847 年 5 月 8 日），第 11 页。【142】

② W. E. 亚当斯（Adams）：《一个社会原子的论文集》（1903 年，1968 年版，纽约），第 333 页。【143】

③ F. A. 沃克（Walker）：《工资问题》（1887 年版），第 81 ~83 页；汤普森（Thompson）：《英国工人阶级》，第 248 ~250 页。【144】

【655】④ 平奇贝克，上引书，第 132 ~140 页。【145】

被看做是工业发展的早期形式，在工业化的适当时候会被工厂取代。但实际上，与此看法恰恰相反，家庭工业常常是工业化的产物，[①] 尽管在经历工业化过程后，家庭工业的基本含义改变了，从一个以家庭为基础的工作——允许某种程度上的独立，同时与家庭主妇的家庭职责、一小块土地或者周围农村的收割周期相结合——转变为依赖于工厂或大商店的全日制工作。大约在1790～1830年间，家庭织工和织袜工人的人数众多，这种现象正是由棉纺工厂的成功导致的；当织布业后来机器化后，家庭裁剪业和制衣业又有很大发展，尤其在伦敦更是如此。编织与裁剪这两股新就业机会的巨大浪潮都起因于更早生产阶段的机器化（和由此带来的物价下跌），这种生产阶段的形成也遵循工业化进程的一般模式。需要指出的是，我们所举的这两个例子——18世纪90年代的手工织布以及19世纪30年代和40年代的裁剪业和制衣业——主要是从工业界之外吸纳劳动力的，[②] 因此，从根本上说，看上去能够节省劳动力并且因此抑制工厂内部对劳动力需求的机器，却最终会产生增加国内劳动力需求量和拓广需求范围产生的效果，这种效果要比它对（本行业）工厂劳动力的需求量和需求范围产生的增长效果更大。

这种并不需要精密新机器的劳动分工，也能在工厂之外，以家庭工作的形式，提供很多的就业机会。关于这一点，亚当·斯密早在工业革命初期就做过说明，而诸如博尔顿、韦奇伍德（Wedgwood）这样的天才企业家也从自己的工厂活动中看出来了。越是苦力工业，越是工资低、工作过度，雇主越是能轻易地在不用花费很大的经常性开支的情况下也能让产出数量大幅增加；那面对机器技术提高后出现的竞争，这种家庭工业的生存就越是显得顽强。从工厂制度兴起一直到1850年，伦敦的制衣匠、女帽制造商和橱柜制造匠，各地的刀匠、制钉者、草帽制造商和机制花边的润饰者，在数量上都有很大增长，在有些时期，他们增长的速度甚至超过了工厂人口。即使当一种新技术出现，如19世纪20年代和30年代动力织布出现后，在原有家庭工业被完全取代之前，它们也能生存很长时间，作为高档次和低档次需求之 【128】

① 参见以下文献：

(1) 恩格斯：《英国工人阶级状况》，第140页；

(2) 马克思：《资本论》，第1卷，第13章，第8页；

(3) J. R. 麦卡洛克：《描述性和统计性报告》，第670～672页。【146】

② 或者吸纳独立的手艺人，如伦敦裁缝。【147】

间的缓冲，它们在发展的某些过渡时期甚至会有所增强。[①] 从另一方面来看，至少在前几十年里，工厂里工人的主要来源不是从前的家庭工业劳动者，而是农业工人、劳工、贫民以及一些必需的熟练机械工。

以上的简要概括显示出，工业革命期间劳动力市场的变化模式是一个非常复杂的模式，而不只是一种净变化的计量方法所能表示的。一种方向上的运动——从农村到城市，从非全日制到全日制，从家庭就业到工厂就业——常与相反方向上的运动轮流发生，或者互相伴随发生。有些时候，导致一个最终净变化的运动可能包括几个中间阶段的运动，每一种运动都对劳动力市场产生新影响并引起新的反作用。以此论之，可能是因为爱尔兰移民把英格兰劳工的妻子从半职业的收割季节的工作中解放出来，才使得她们能和她们的家庭一起，到城市的工厂里去寻找工作，而这又促使她们的丈夫加入到城镇劳动力的队伍之中。最后，我们也应高度重视并强调以下观点：一种传统意义上的制度的表面保留和再生通常会掩盖其性质上的根本变化。因此，工业化前的童工不同于工业化后的童工；代表当时最先进技术的家庭工业体系，也不同于最残酷剥削和压榨劳动力的、作为工厂附属物的家庭工业；18世纪的熟练工匠与19世纪后期典型的熟练技工师也起着不同作用。

3.4　四个典型行业的案例研究

以上关于劳动力供给的论述服务于我们所要阐释的工业化主题。关于我们所论证的观点，以及与它相反的观点，最好能够用某些具体的例子来加以说明。为此，我们选择了四个行业——棉纺业、建筑业、采煤业和农业——这些行业覆盖了劳动力市场的很大部分。

棉纺业经历的劳动力需求和供给变化或许最为壮观，但似乎也最反复无常。在18世纪中期，它只是一种乡村或小城镇工业，主要雇用非全日制的女性纺纱工和男性织布工。当对棉织品的需求增加时，首先是纺纱工的供
【129】给——需要几个人以使得织机运转并织理纱线——趋于枯竭，这个瓶颈被纺

---

① 参见以下文献的有关内容：

（1）有关考文垂（Coventry）的丝织工，见约翰·普雷斯特（John Prest）：《考文垂的工业革命》（1960年版），第3、4章。

（2）有关伦敦的工人，见E.P. 汤普森（Thompson）与艾琳·约（Eileen Yeo）：《不为人所知的梅休》（1971年版）。【148】

纱机的发明打破了，纺纱机在18世纪80年代被广泛使用。可以说，正是在这10年，开始了一个新的时代，从这时起，这个工业经历了几个前后相续的发展阶段。

在到大约1792年为止的第一阶段中，由于技术进步，纱产量大大增加。至于吸收的新劳动力，则主要是妇女和儿童，其中部分是从以前的家庭工人中吸收，但也从济贫院等其他一系列渠道吸纳。男性工人相对较少，主要是工头和机械工，也正由于这个原因，在行业生产力没有根本提高的情况下，只因产品数量增长并促成了劳动需求旺盛，就可以使得许多新增男性劳动力能够进入织布业。从事精织工作的熟练织工，主要从过去在棉纺和其他纺织业中工作过的织工中吸纳；他们的比例一直就不大。正是因为雇用了大约75%的劳动力的粗织工作能被几乎任何一个人很快学会，因此这一工种也从外部吸纳了大量劳动力。劳动力需求大于劳动力供给的情况持续了若干年，特别是在精织工作中，“主人需要仆人，而不是仆人需要主人，因此工人要求增加工资，他们傲慢无礼，没有约束，一周中有半周酗酒”①。同时，这个“黄金时期”② 的高工资（或至少是充分就业）也有助于吸引更多的男性工人进入这个行业。另一个诱惑是这个行业的其他部门也为织布工人的家庭其他成员提供了工作。在兰开夏，由于当时小农场的萧条、临时工的富余以及人们可以对周围县郡中丝、亚麻和羊毛等领域的织工进行有效利用，使得工人招募工作得到进一步开展。对照地看，当时③苏格兰偏远乡村以及诸如米德兰中部地区（Midlands）等地的水力工厂很难招募到人手——主要是因为在那些地方男性就业机会有限——更多地依赖并不便宜的教区学徒工；到19世纪第1个10年，这些（在开展工业活动的）地区，不是变成了典型的人口中心，就是呈现出衰败迹象。④

---

① C. 布鲁因·安德鲁斯（Bruyn Andrews）编撰的《托林顿日记》，4卷本（1935~1938年），第3卷，第115页。这里指的是1792年的罗奇代尔（Rochdale）。【149】

② 参见以下文献：

（1）威廉·拉德克利夫（William Radcliffe）：《新加工制度的起源》（1828年版），第63页；

（2）班福德（Bamford）：《自传》，第175、226、311页；

（3）P. 加斯克尔：《英格兰的制造业人口》（1833年版）。【150】

③ “有大量证据表明，在90年代，除了困难时期可能会发生例外，对亚麻业、毛纺业和制丝业这些行业而言，或者其劳动力流失到棉纺业中，或者这些行业自身也转向棉纺业。”参见 M. M. 埃德华兹（Edwards）：《英国棉纺业的增长（1780~1815）》（1967年版），第33页。【151】

④ 参见以下文献：

（1）S. D. 查普曼：《米德兰中部棉纺工业向工厂制度的转变》，载《经济史评论》，第2卷，第18分卷（1965年版）。

（2）S. J. 查普曼（Chapman）：《早期工厂主》（1967年版），第173页。【152】

对于棉纺业这种情况多变的行业，不能希望它的劳动力供给恰好与其需求相匹配。当第一阶段结束时，在相对停滞的1793~1797年，这种平衡向另一个方向上摆动：1797年危机实际上把许多流动的成年工人排挤出了这个行业，并促使他们去服役。[①] 手动机织工的供给，从1788年的108 000人增加到1801年的164 000人，[②] 从此以后，其供给一直远大于需求；其工资，特别是在简单易学的粗纺部门里，经历了一个长期而痛苦的下降过程。[③] 正如戴维斯·吉笛（Davies Giddy）在1808年洞察到的那样，"因为一段时间以来（他们的工资）过高，这导致更多的人被吸引到这个行业中，
【130】以至超过了对劳动力的需求，或者说超过了该行业能够支持的需求水平"，因而使得织布工面临的困境也加深了。[④]

棉纺业在1797~1803年间进入第二个繁荣期，这时，棉纺活动能将城市中居无定所的非熟练工人和流浪工匠吸收进来。[⑤] 在战争年代的其余时期，产出增长被危机打断，主要是凭借更新设备和提高工作速度，产出水平才得以维持，尽管有军事征兵，似乎也没有出现很大的劳动力短缺。较好的供给状况还表现在：这个时期不自由的学徒工几乎完全被"自由的"妇女和童工取代。因此，就业形势对1815~1820年间返家士兵和无家可归的农民尤为不利，兰开夏郡人口的迅速增长进一步恶化了这种状况。正是在这个时期，棉纺业中的成年男性工人数量被限制在17%左右，而使用童工的规模或许达到了它的最高点，当这些童工长大后要求全额工资时就会被解雇。家庭作为一个受雇单位现在发挥着主要作用：家庭之所以迁入纺织业地区，其意图是要让家庭全部成员都能就业，孩子的收入也可以经常补偿成年人收入的下降，这也使得在1816年至少有一个工厂童工状况特别委员会的证人相信，"棉纺工厂童工的工资（总量上）要多于大部分其他类型工人的工资"。[⑥] 工厂地区的家庭预算开支取决于吃饭人数、童工报酬、成人收入以及这几方面相互作用的情况，关于这些情况的一个样本资料请参见表32。

---

① "在经济萧条时，年轻人应征入伍一直是一件非常成功的事业，极为流行。"参见E. 巴特沃思（Butterworth）：《奥尔德姆史纲》（1856年版），第136页。【153】

② S.J. 查普曼：《早期工厂主》，第40页。【154】

③ 对于早在1802~1812年间的衰落，见波特：《国家的进步》，第184页。【155】

④ 援引于邓肯·比赛尔（Duncan Bythell）：《手工织机织工》（1969年版），第170页。【156】

⑤ "劳动需求量极大，但许多乡村人来到城镇，新工业促成的繁荣又吸引了大量周边地区的人，也吸引了很多威尔士、苏格兰、爱尔兰人，劳动力需求因而得到满足。"参见F. 科利尔（Collier）：《棉纺工业中工人阶级的家庭经济（1784~1833）》（1964年版）。【157】

⑥ 英国国会下议院：《联合王国工厂中的童工状况特别委员会的证词记录报告书》［报告案号PP1816，3（397）］，第338页，纳撒尼尔·古尔德（Nathaniel Gould）的证词。【158】

表 32　　1841 年 8 户样本家庭的规模和收入

户	工人数	吃饭人数	每周收入			人均日花费[a]（便士）
			英镑	先令	便士	
1	4	8	1	4	0	5.14
2	4	11	1	5	0	3.90
3	1	5	0	15	0	5.14
4	3	5	0	14	0	4.80
5	1	4	0	12	0	5.14
6	4	10	1	0	0	3.43
7	2	9	0	17	0	3.24
8	2	6	0	12	0	3.43

注：a　转变成十进位数（原文是分数且似乎充满错误）。

资料来源：《麦克道尔的宪章派杂志和贸易主张》，第 27 号，1841 年 10 月 2 日，第 210 页。同时参见 W. 费尔金（Felkin）：《柴郡海德区的工人阶级》，载《皇家统计学会杂志》，第 1 卷（1838～1839年），第 417 页。 【131】

到目前为止，棉纺业的发展暂时把许多童工、把一些女工以及少数男性永久地变成了工业无产阶级①，但它同时也大大增加了家庭工业的就业数量，这种数量增加规模与织布业中成年工人的数量几乎相同。也正是失业工人首当其冲成了经济萧条的缓冲器，他们衰微着的社会地位也使他们对机器的发展怀有特别的恐惧。②

19 世纪 20～40 年代，纺织业的增长率一直都相当高。总而言之，尽管人均产出迅速增长，棉纺业一直都在招募新工人，尤其是在 1834～1836 年间的繁荣时期，并且工会现在也在帮助男性工人，使他们的工资保持不降。但在织布业中，动力织布的推广使工人能生产 3～6 倍于手动织机的产品，③不断加快的生产速度限制了对劳动的需求。在大约1830～1845 年间，织布业的人均产出实际上很可能比棉纺业增加得更快。而且，现在对劳动力的需

① “纱厂中很少有人在 30 岁以上，这种情况被工厂主和监工归因于在其他行业就业能得到更高工资，以及因此而来的工人长大成人、强壮后随即离开。”参见 C. 特纳·塔克拉（Turner Thackrah）：《工艺、行业和职业……对健康和寿命的影响》（1832 年版），第 145 页。

对 1839 年斯托克波特和曼彻斯特的统计显示，在 22 094 个纱厂工人中，只有 143 个或 0.6% 的工人在 45 岁以上（多德，上引书，第 128 页）。另一个对 1844 年 4 月的统计显示，在曼彻斯特及其区域内的 116 281 个工人中，只有 8 650 个或 7.6% 的工人在 40 岁以上（麦卡洛克：《描述性和统计性报告》，第 1 卷，第 702 页）。【159】

② 科利尔，上引书，第 7 页。【160】

③ 波特，上引书，第 183～184 页。【161】

求主要是女性而不是男性，而曼彻斯特的手动机织工能在其他发展中的行业找到工作。在存在纺织业的农村，有些工人工资处于饥饿生活水平的状态还继续维持了几十年，只有当他们强壮到足以转向从事苦力或有能力转向其他的纺织业，如丝织或羊纺业中，他们才能摆脱这种困境。爱尔兰工人大量涌入诸如兰开夏郡、柴郡和苏格兰西部等地，并使这些地区劳动力供给过剩问题的严重性有增加的趋势。[①] 长期以来，手工织布工人一直处于地位衰微的痛苦中，当他们的工资进一步降到最低生活水平线以下时，其人数却没有减少，这种现象成了工业革命过程中一个最为人熟知且最令人迷惑不解的插曲。但是，如果我们考虑到如下情况，即，许多织布工人现在都是女工，并且常常是非全日制的；有些人在当织工时还从事着农业；[②] 还有些人在工厂——正是这种工厂成为旧式家庭纺纱厂经济裂解的一大原因——中工作的其他家庭成员的帮助下坚持着虚假的独立；那么，我们就能很好地理解这一现象。[③] 对这些人来说，在经济繁荣时期，还会有工作，因为动力织机的优势还没有马上显现出来。而且，许多新吸纳的工人是爱尔兰人（包括在爱尔兰为苏格兰老板工作的织布工人），[④] 即使那些在他们自己的国家从事过纺织工作的工人，也愿意移民到英格兰，接受较低的工资。这是因为，在遇到敌视的担忧下，他们很少有人会考虑进入其他的行业。[⑤]

工厂法导致了童工减少，但并没有给男性工人带来新的就业机会。他们仍旧占劳动力总数的24%～28%，被工厂法排挤出去的童工的位置由女工
【132】和年轻人占据；同时，童工转向了其他相关行业，如棉布印染业，到19世

① 参看以下文献：
(1) 汉德利（Handley）：《苏格兰的爱尔兰人》，第121页；
(2) 特雷布尔：上引书，第14页。【162】

② 《农业工作委员会》（报告案号PP1833，第5卷），威廉·里德（William Reed）的证词，询问案第3717～3722号。【163】

③ 对45岁左右的工人统计显示，在曼彻斯特地区的116 281名纱厂工人中，有10 721人为已婚妇女，18 780人为已婚男性。在10 062名已婚妇女的丈夫中，有5 314人在纱厂工作，3 929人在其他行业中工作，有821人没有正式的工作。参见麦卡洛克：《描述性和统计性报告》，第702页。【164】

④ 耶灵格·C·西蒙斯（Jelinger C. Symons）：《工艺和工匠》，第143页。【165】

⑤ 根据一个格拉斯哥大棉纺主休·洛根（Hugh Logan），“爱尔兰人请来他们的亲戚、熟人或
【656】城里的人，让他们寄宿，训练他们去织布，这能很容易地做到，而且一个有一般智力的人在很短的时间内就能做日常工作……这考虑了爱尔兰手工织机工人的绝对数量……稳定上升这一事实。”援引于汉德利，上引书，第117页。

另请见J. L. 哈蒙德（Hammond）与B. 哈蒙德（Hammond）：《熟练工人（1760～1832）》（1920年版），第5章。

有关女工的情况，见平奇贝克，上引书，第157页及以后。【166】

纪40年代，童工占总数的50%，其中1/3的人在13岁以下。[①]

到1850年，棉纺业完全成为一个工厂工业，成为资本密集程度相当高的工业，工资成本不断下降。[②] 家庭就业仍然是其特征；结果，除了一小部分熟练男性工人外，尽管工人工资普遍不高，但由于一直都是作为这一处于衰退过程中的工业行业的劳动力供给源，本地劳动力在生计上还是对它表现出了较高的依附性。这70年中——在这一时期，产出增加了100倍，而从业人员数量并没有很大变化——织布业得到迅速发展，而许多男性织布工人被裁减。织布行业的特征在于，它的劳动密集时期及后来的发展时期，都避开了对男性工人的依赖，通过这种方法，它避免了与其他部门之间发生劳动力需求上的激烈竞争，即使在经济发达城镇的经济繁荣年份也是如此。

第二个例子是建筑业。这一行业或许代表了另一相反的极端，它实际上根本没有发生过技术变化。与棉纺业不同，建筑业完全是一个面向国内市场的工业部门，但正因如此，它有些不同，只要人口加速增长，对其产品需求的增长速度就会快于人口增长的速度。它的雇员组成了国内除农业之外的最大的男性就业大军，克拉彭估算指出，1831年包括学徒工和小工在内的大不列颠建筑业受雇人数在35万~40万之间，被雇用者都是成年男性和男孩。[③] 由于缺乏技术变革，对房子的需求越是不成比例地增加，越是必然会导致对这个行业的劳动力需求不成比例地增加，与此同时，还会促使它通过较高工资从其他地方吸引劳动力。在伦敦情况尤为如此，伦敦的工资差额通常相当大。[④] 在19世纪后半期，当人口普查数据能作为证据使用时，建筑工人在总从业人口中的比例有显著增长，[⑤] 并且，尽管没有前几十年的统计数字，但关于二者变化关系的分析很有可能得出与此相同的结论。

但我们仍然不能在建筑业从业人口与总就业人口二者之间建立起非常密

---

① 特恩布尔：《大不列颠的棉布印染史》，第202页。【167】

② H. D. 方（Fong）：《工厂制度的胜利》（1932年版），第25页。【168】

③ 克拉彭：《现代不列颠经济史》，第1卷，第71~72页。他估算1831年棉纺业中的就业人数在37.5万~40万人左右，1833~1834年为45万人，但是其中大多数工人是妇女和儿童。根据1841年普查，英格兰和威尔士的建筑业和公路建设雇用了663万总人口中的大约35万人。【169】

④ 布拉西（Brassey）：《工作和工资》，第8~9页。【170】

⑤ 参见以下文献：

（1）玛丽安·鲍利（Marian Bowley）：《英国建筑工业：对变化的反应和抵抗的某些研究》（1966年版），第326页；

（2）M. 鲍利：《建筑材料的革新》（1960年版），第50页。【171】

切的相互关系。部分原因是，在实际生活中建筑业事实上表现出周期性摆动。[①] 这种摆动的部分原因似乎又在于这个行业本身的不经济性和陈旧性，使得建筑业即使没有技术进步，也可以通过良好组织来实现生产率的实际增长，至少从长期来看这是可能的。1831 年、1841 年和 1851 年的人口普查显示，快速发展的工业城市中的建筑工人在劳动力总体或人口总体中的比例并
【133】不比老的、停滞的城镇中的比例更大，而这些老城镇中登记在册的房子数量几乎没有任何增长。这一悖论的解释牵涉到的因素可能很复杂，这里不能继续对其深入探究，我们只是推想，原因可能在于，在新、老城镇间，诸如“木匠”等工作包含的活动范围不同，维修工程可能有着不同发生率，每个工匠配备的助手和运货工数量也可能不同；而随着新工业城市的兴起，它各方面的工作速度都会加快。另外，在规模更大的新型国内建筑企业的工作活动中，劳动力组织与使用更好的诸如起重机之类的重型机械，“在建筑操作时还有用于运送材料、拉走基坑中的土、向地基上运土的……临时铁轨”的帮助，[②] 这些因素无疑在两个不同空间的对比中起着主要作用。不过，这种空间上的对比掩盖了传统和现代之间的时间对照。甚至在今天，我们仍然惊奇于大型工厂建造的速度，本杰明·戈特（Benjamin Gott）的 6 层工厂，其一侧有 100 多个窗户，然而，包括盖屋顶、修地板，建造只用了 6 个星期；而另一个规模更大的 6 层工厂，于 1825 年建造时只用了 3 个月时间；还有，1814 年格拉斯哥的一个工厂和机械制造厂被烧毁后，第二天早上，细木工和泥水匠就被派到仍在冒烟的废墟上工作，并向人保证预计在 4 ~6 周内工厂将再次投入使用。[③]

传统上的建筑活动，由技术熟练、报酬相对好的手工工匠和技术不熟练的协助人员共同完成，助手的工资是工匠工资的 60% ~70%。[④] 有时，在老的、停滞的城镇如都柏林（Dublin），熟练工人工会在提出要求上非

---

① 参见以下文献：
（1）J. 帕里·刘易斯（Parry Lewis）：《建筑周期和英国的增长》（1965 年版）；
（2）马修斯（Matthews）：《经济波动》，第 115 ~117 页。【172】

② 路易斯·德·加洛伊斯（Louis de Gallois）所做的英国铁路报告，见亨德森（Henderson）编撰的《摄政时代的工业英国》，第 171 页。【173】

③ 参见以下文献：
（1）J.C. 菲舍尔（Fischer）：《日记》（*Tagebücher*）（1951 年版），第 296 ~299 页；
（2）埃舍尔的英格兰来信，见亨德森编撰，上引书，1814 年 9 月 10 日、11 日的信件。【174】

④ 参见以下文献：
（1）A. L. 鲍利：《最近一百年来联合王国的工资统计》，载《皇家统计协会杂志》（1900 年），第 63 卷，第 300 ~310 页；
（2）A. L. 鲍利：《联合王国的工资》，第 82 ~83 页。【175】

常自制；[①] 在新工业城镇和伦敦，工资水平保持得最好，在这些城市中对建筑工人的需求增加得很快。1816 年，一个像蒂弗顿（Tiverton）这样的老城市，熟练建筑工人的工资只有每天 2 先令或是只有伦敦相应工资一半。[②] 这很可能会引起熟练男性工人和助手由停滞地区向经济发展更快的城市移民，随着地方工会力量的增长，这些移入地的工会越来越反对这种移民。

在这一时期，建筑业的某些组织形式与组织者都发生了变化，起初是大型公共建筑和城市民用建筑的承包商（contractor），1815 年后是营造商（master builder），这些营造商拥有具有持久工作能力的熟练工人，在有临时需求时以直接雇佣作为补充。[③] 正是作为这些相对新型的组织形式的反应，在1831 ~ 1834 年间深受欧文主义影响的狂放时代，兴起了自我管理的建筑技术工人行会，其目的是要绕过资本家承包商，直接订立合同。1833 年 9 月，它表达了这样的希望，即希望采石工、制砖工的加入，同时普通劳工在 【134】
适当的时候也能被允许加入，“只要他们具备了良好习惯和更多知识，由此使得在其他工人的帮助下，他们也能自己代表自己”。[④] 甚至从前的承包商也被邀请进来并“把自己看成一个大家庭的成员”。[⑤] 但是这种努力遭到了失败，在接下来的 30 年里，由于大城市中公共建筑、工厂建设以及街道和广场的完善，[⑥] 也由于铁路建设以及由此带来的大规模城市重建计划，大型

---

① 特别地，请参见以下文献：

（1）《下议院工人结社问题工作委员会第一次和第二次报告》（报告案号 PP1837 ~ 1838，第 8 卷）；

（2）国家社会科学协会：《行业协会和罢工》，第 338 ~ 339、409、428 页；

（3）A. 阿斯皮诺尔（Aspinall）：《早期英国的工会》（1949 年版），第 2 ~ 4 页。【176】

② G. 史蒂芬（Steffen）：《英国劳工史》，3 卷本（1901 年版），第 2 卷，第 43 页。【177】

③ E. W. 库尼（Cooney）：《维多利亚时代营造商的起源》，载《经济史评论》，第 2 卷，第 8 分卷（1955 年）。【178】

④ 参见以下文献：

（1）R. W. 波斯特盖特（Postgate）：《建筑工人史》（1923 年版），第 93 页；

（2）S. 韦布和 B. 韦布：《工团主义史》（1902 年版本），第 111 ~ 117 页；

（3）G. D. H. 科尔：《建立总工会的努力》（1953 年版），第 104 ~ 106 页；

（4）詹姆斯 · 沃德（James Ward）：《工人和工资》，第 109 ~ 117 页；

（5）《穷人指南》的报道，1831 年 8 月 13 日和 9 月 17 日；1834 年 3 月 1 日、3 月 8 日、4 月 14 日、8 月 2 日、8 月 23 日、8 月 30 日、9 月 6 日。【179】

⑤ 语出 G. D. H. 科尔与 A. W. 菲尔森编撰的《英国工人阶级运动：文件精选（1789 ~ 1875）》（1965 年版，初版于 1951 年），第 268 ~ 270 页。

另见马克斯 · 莫里斯（Max Morris）编撰的《从科贝特到宪章派（1815 ~ 1848）》（1948 年版），第 91 页。【180】

⑥ 参见以下文献：

（1）W. G. 里默（Rimmer）：《利兹工人的村舍（1770 ~ 1840）》，载《托斯比协会》（1960 年），第 46 卷，第 184 页；

（2）C. W. 乔克林（Chalklin）：《乔治王时代英格兰的地方市镇》（1974 年版），第 231、234 页。【181】

营造商和承包商的活动还是大大地扩张了。

当然，建筑业中的大部分工人，继续以传统方式受雇于若干小工匠主。即使迟至19世纪50年代，有工会会员资格的人可能也不超过符合条件者的10%，而这种有资格者又主要集中在伦敦和其他大的移民城市；另外，建筑工匠们彻底做满学徒期后，都拥有真正的高技能，并面临有利的需求状况，这使得在这整个时期的兴衰变迁之中，他们都保持了作为工人“贵族”的地位。在19世纪的第2和第3个25年中，现代形式的建筑业工会，在过去建立的行业地位与影响力的基础上，通过不断积累谈判技能和管理经验，不顾强大的雇主团体的反对，持续推动调整工作时间，促进不规律工作减少，并促使工资逐渐增加，尽管偶尔也有些反复。建筑工人是第一批获得每周60小时工作时间的群体之一，在19世纪50年代又把每周标准工作时间减少到60小时以下。① T. S. 阿什顿指出，棉纺工业工人（经历了技术上的巨大变化）和建筑业工人（技术上没有本质变化）的工资运动具有惊人的相似性（见表33）。

表33　1810～1850年间棉纺工人与建筑工人的工资

（1900＝100）

年　份	棉纺工人	建筑工人
1810	58	57
1820	57	57
1831	52	53
1840	51	57
1850	51	58

资料来源：T. S. 阿什顿：《英国工业革命的某些统计数据》，载《曼彻斯特学院学报》（1948年），第16卷。关于工业生产率上有不同变化而工资报酬却相似的问题，见阿肖克·V·德赛
【135】(Ashok V. Desai)：《德国的实际工资（1871～1913）》（1968年版），第97～98页。

① 参见以下文献：

（1）G. 肖·勒菲弗（Shaw Lefevre）和托马斯·R·贝内特（Thomas R. Bennet)：《1858～1860年间伦敦建筑业罢工和停工报告》，载国家社会科学协会：《行业协会和罢工》；

（2）W. S. 希尔顿（Hilton)：《走向专制的反对者：建筑工人工会合并史》（1963年版），特别要参见第36～38、61～63、71～85页；

（3）佩林（Pelling)，上引书，第41～44页；

（4）克拉彭，上引书，第1章，第71～72、162～166、593页；

（5）布拉西（Brassey)：《论伦敦建筑业工资增长》，载《工作和工资》（1878年），第183～185页。【182】

下面考察采煤业。采煤业是 1750 ~ 1850 年间增长最快的工业部门之一，它的产量在这个时期增长了 10 倍以上。但与棉纺业相反的是，它的生产率没有因为重大技术成就而得到较大提高。其原因是，随着工业化推进及至煤的年产量逐步增加，即约 1750 年左右，在许多地区仍旧盛行的浅表矿内简单操作逐渐让位于成本更高的深井开采，① 这种趋势从东北部和西北部一直向外扩展，因此，不管技术进步有多大，由于采矿方式导致的成本自然增加的抵消作用，技术发挥的成本降低作用产生的最终效果也很小。结果，煤产量的增长主要来自劳动力本身的增加，并且由于这个增长率大大高于整个人口的自然增长率，因此采煤业——如伦敦及一些增长中的城市中的建筑业一样——被迫把继续从其他行业吸收劳动力作为自己存在的一个条件。

人们通常都假定，只有在劳动力供给过剩时，劳动力谈判才可能处于十分不利的地位。那么，采煤业中劳动力的显著短缺，本应该为采煤工人提供一种十分有利的谈判地位，但实际上，这只是非常断续地发生过。这有几个原因。一是煤矿主控制着巨大的非经济权力。与德国矿工或英格兰非铁金属矿工不同，英国采煤工人并不拥有中世纪的特权，也就不能有什么东西可资凭借，并由此建立较高的地位——在社会现实中，有某些未被理论考虑到的因素，我们姑且称之为影响力量，它们的作用会超越理论上的经济市场力量的影响，上述情况就可以作为这种“理论失效”的例证——因而他们的相对缺乏反而成为一种不利条件而不是有利条件。在苏格兰，因为矿坑内劳动力短缺，矿工被变成奴隶，这种情况一直持续到 1799 年。② 在英格兰东北部，年度常规“债券”的购买以及矿工们的普遍欠债状况，使他们只能处于一种极不自由的状态中。③ 当煤矿主控制了地方行政长官后，矿工们在社会和

---

①　参见以下文献：

（1）J. H. 克拉彭：《工作和工资》，载 G. M. 扬编撰的《维多利亚时代早期的英格兰》（1934 年版，1963 年重印），2 卷本，第 1 卷，第 48 页；

（2）J. E. 威廉斯（Williams）：《德比郡的矿工》（1962 年版），第 27 页；

（3）克拉彭：《现代不列颠经济史》，第 1 卷，第 433 页；【657】

（4）A. J. 泰勒（Taylor）：《英国煤炭工业中的转包合同制度》，载 L. S. 普雷斯内尔（Pressnell）编撰：《工业革命研究》（1960 年版），第 217 页。【183】

②　巴伦·F·杜克亥姆（Baron F. Duckham）：《18 世纪苏格兰的农奴》，载《历史》，第 54 卷（1969 年）。【184】

③　参见以下文献：

（1）亨利·路易斯：《煤矿工人的年度债券》，载《北英格兰矿业学院学报》，第 80 卷（1930 年）；

（2）希尔顿·斯科特（Hylton Scott）：《诺森伯兰和达勒姆的矿工债券》，载《泰恩河上的纽卡斯尔文物工作者协会会议记录》，第 4 卷，第 11 分卷（1947 年）；

（3）R. 法因斯（Feynes）：《诺森伯兰和达勒姆矿工史》（1873 年版，1923 年重印），第 10 页。【185】

地缘上的孤立，成为他们软弱的深层原因，与此同时，公司的住所也被用作为扼杀独立工会活动的场所，"煽动者"黑名单也普遍得到保留和使用，[①]教育设施也比其他地方更差。资本的流入使得情况更糟而不是更好，"正是在技术进步最显著的煤产地，使用童工的现象最多"[②]。

劳动者是如何被吸引到这样一种具有异乎寻常压迫性的社会体制，以及这样一种对大多数男性工人来说，似乎是肮脏、卑贱、危险、只有非常不稳定收入的职业中去的呢?[③] 最能引起人们注意的原因是矿工自己的家人，家人也参与受雇又是受到一种转包合同的驱使，这种合同规定矿工自己有义务
【136】寻找帮手，以便把煤从煤矿采掘面上传送到坑道底部或者井口区。经常被人们提及的是，矿工家庭比一般家庭更有生育的倾向，或许其原因正是为了有助于这种新手补充。[④] 当然，矿区与其他地方的明显隔离也使得矿工的儿子，甚至他们的女儿也加入到进入矿井的队伍。尽管没有正式学徒期，但采矿工作的熟练级别提升却得到承认，[⑤] 对新工人的吸引也就顺理成章。也有一些人是从衰落地区如德比郡（Derbyshire）铅矿招募来的，还有一些是从一个煤产区向另一煤产区流动的熟练男性工人——坑道冲钻专家、工程师、仪器观测人员和监工。

仅有这些劳动力来源，还不能满足该行业扩张所需的新增劳动力，之所以能够顺利吸引新劳动力进入这种缺乏吸引力的行业，主要有两个原因。第一个原因是，这些新增劳动力的主要来源是附近地区的农业劳动者，如东北部边境农村和什罗普郡（Shropshie）的威尔士边境地区。不管还有其他哪些比较有利的条件，仅就工资而言，矿工工资不难超过土地上的微薄收入。在有些地区，矿工一度还部分地保持了农业劳动者身份。例如，在南约克郡和北德比郡，"在整个煤产区的矿工之中，拥有少量农地的人所占比例很

---

① 查利诺与里普利，上引书，第 95、144 页。【186】

② T.S. 阿什顿与 J. 赛克斯：《18 世纪的英国煤炭工业》（1929 年版），第 173 页。【187】

③ 参见以下文献：

（1）J.B. 辛普森（Simpson）：《采煤业中的资本和劳动》（1900 年版），第 26 页；

（2）爱德华·休斯（Edawrd Hughes）：《18 世纪的北部乡村生活》（1952 年版），2 卷本，第 1 卷，第 251 页。【188】

④ 参见，比如说：《英格兰和威尔士出生、死亡和婚姻注册主管第 75 次年度报告（1912）》（1914 年版），表 15。【189】

⑤ 参见以下文献：

（1）J.R. 利夫蔡尔德（Leirfchild）：《我国的煤矿和矿井》（1856 年版），第 182 ~ 183 页；

（2）J.M. 勒德洛（Ludlow）：《1858 年西约克郡的煤炭工人罢工和停工报告》，收入国家社会科学协会：《行业协会和罢工》，第 14 章；

（3）J.R. 麦卡洛克：《描述性和统计性报告》，第 602 页。【190】

高，（这表明）与制钉工人和凿子工人一样，很可能矿工本身是土地所有者。可以肯定，大多数矿工是本地人，正如《济贫法》证书……表明的，只有很小一部分人是移民到这些（采矿）区的，并且即使是移民，这种移民也来自范围非常有限的地区。”①

第二个原因比较复杂，这个工业部门劳动力需求的剧烈波动是形成这一原因的条件基础。这种有效的吸引力一般发生在经济繁荣时期，这时矿工工资特别高，或者发生在当地农业劳动者的过剩时期。因此，在大约1780～1800年间，当东北部对劳动力的需求超过供给时，工资增加了，并支付义务补贴（binding money）和高奖金，允许和鼓励工人借债，在经济暂时不景气时期还付给“休闲工资（play wage）”，并且采煤公司常常抱怨竞争对手挖走自己的工人。在晚些时候，南威尔士处于产煤区的发展时期，在一种低得多的绝对工资水平上，也有类似的增加工资与支付奖励的情形发生。“正是通过迅速吸收普通劳工从事采矿工作，促成了蒙茅斯郡（Monmouthshire）河谷在 19 世纪的第 1 个 10 年中取得了飞速发展。”②

但采煤业是一个名声不好、变化无常的行业。即使是在它迅速发展的时期，蓬勃发展的趋势也会暂时中断，有时甚至出现较大衰退。在这些时候，【137】
会突然出现煤产品和劳动力过剩，因为供给通常是刚性的，停止生产会造成很大损失，包括浪费大量的间接成本。因此，在 18 世纪 90 年代，煤炭业处于繁荣时期，人们终于在经过 10 年的拖延之后挖通了一个运河网。采煤商们在运河旁边新开煤矿，并使用新招募工人、从前的非熟练工人以及利用简单技术，采取这些措施最终有助于降低繁荣时期的工资水平和工作条件，并且即使是在高工资时期，矿工的社会地位也没有什么提高。到 1830 年，对生产能力过剩有许多抱怨，③ 1831 年东北部发生了大罢工，然而，雇主在罢工破坏者的帮助下，彻底地将之破坏了。接下来的 20 年又是迅速发展的时期。再一次让人感到自相矛盾的是，罢工常常导致大量劳动力流入，而正是好斗的雇主们将这些人引入并对他们进行报酬支付。正是以一种这样的关系，1841 年，180 名爱尔兰人被带到伦敦德里郡（Londonderry）的彭肖（Penshaw）侯爵煤矿，据说 1/2 的人永久地在那里定居下来；1844 年，哈

① G. G. 霍普金森（Hopkinson）：《北德比郡和南约克郡的采铅业和煤铁工业的发展（1700～1850）》（未公开发表的博士论文，谢菲尔德，1958 年），第 274 页，第 360～362 页。【191】

② 约翰（John）：《南威尔士的工业发展》，第 64 页。【192】

③ 参见，比如说，布德尔（Buddle）在上议院的证词，见《煤炭工业状况报告书》（报告案号 PP1830）。【193】

顿（Harton）从威尔士、斯塔福德郡（Staffordshire）和诺丁汉郡（Nottinghamshire）招募“普通工人、铁匠、货车司机、细木工匠和农场工人”[①]。另一方面，城市或其他就业集中地附近的产煤地，如黑区（Black Country）；以及任何远离人口储备地的产煤区，如南威尔士地区的西部延伸地区，都在钢铁业和铁路业繁荣时再一次遭受到严重的劳动力短缺。[②] 这些煤矿相互作为替代性就业地区，它们的就业管理与沃斯利（Worsley）煤矿有着类似之处，该煤矿在1849年的萧条时期有计划地解雇了一大批工人，但当1851年恢复元气后，发现自己面临严重的劳动力短缺。[③]

因此，市场和生产状况的剧烈波动或许是采煤业的一个最显著特点，在采煤业这样一种劳动密集型产业中，其他如税收、收入等方面的情况也同样是波动剧烈，还有工会发展也是变化无常、极不稳定的。波动摇摆的幅度会由于熟练工人普遍采用的“限额（stint）”或“限量（darg）”工作行为而加大，并且，在繁荣时期，随着工资增加，他们工作的时间更短，这会进一步加剧煤的短缺程度。正是在工人自愿限额工作以及把年轻人迅速提升到熟练工种的这一时期里，新的非熟练工人才得以进入这个行业并且未曾遭到工会的反对。因此，据说在这些时候，诺森伯兰郡（Northumberland）和达勒姆（Durham）的“采煤工人的孩子们的加入都还不足以使煤矿继续运行，因此煤矿通常也雇用附近村子里机械工和普通劳工的孩子们。这时，煤矿区的家庭们受到（来自雇方的）急切求助”[④]。相反，在萧条时期，“矿工很
【138】少改变他的职业，即使有其他就业机会。不过，一个在矿井里度过童年的人也很难适应其他工作”。即使劳动力存在剩余，也“很少有人会产生试图通过他们平常工作以外的其他途径谋生的任何想法”[⑤]。

此外，到19世纪中期，与高增长率相适应，采煤业的雇佣结构本身进行了一些调整，某种程度上抵消了劳动力供给方的既有谈判优势。即使1842年的立法对在采煤业中雇用女工和童工进行了限制，但（结构变化还是）可以从这个行业中的年龄分布中表现出来。根据1851年普查资料，

---

① J.W. 豪斯（House）：《东北部英格兰：19世纪早期以来的人口流动和前景》（泰恩河畔纽卡斯尔，1954年，复印件），第40页。【194】

② 参见以下文献：

（1）约翰：《南威尔士的工业发展》，第69页；

（2）《儿童雇佣委员会》（1842年版），包括：第1份报告，矿山，附录第1部分，米切尔博士的证词，第82页。【195】

③ F.C. 马瑟（Mather）：《坝门大开之后》（1970年版），第324～325页。【196】

④ 《儿童雇佣委员会》，第1份报告，附录1，第530页，利夫蔡尔德的证词。【197】

⑤ 上引书，附录2，分别见第371页，第47页。【198】

（除了2 650个女工外）采煤业共雇用150 000个成年男性和不少于65 000个18岁以下的少年。不过，这种劳动力结构最终能够被雇主注意到，并将它与经济运行中的剧烈波动联系起来，他们通过在两者之间进行某种调节，以确保对劳动的过度需求不会使工资持续提高到超出一般工资水平之上很多。比如说，在经济繁荣时期，额外工人被临时的高报酬吸引过来，并且这种吸纳过程没有阻力；而在萧条时期，工资又被降低到其他行业长期的正常工资水平左右。同时，煤矿主的社会权力也确保了矿工的地位保持在低水平上。

第四个要分析的部门是农业部门，它与工业化进程、劳动力市场的关系，与至目前为止我们曾分析过的工业行业与工业化进程、劳动力市场的关系完全不同。这是因为，通过这种或那种方式，农业部门为整个经济体系提供了国内的主要劳动力储备库，正是由于这种储备，使得经济规模能够灵活地扩张。而正是由于英国农业能为制造业、运输业和其他行业释放劳动力，因而对整个经济体系变革的全部特性施加上了特别影响。

然而，农业发展与劳动释放并不是一个简单过程。即使有关统计能提供阐明这个过程的某些希望，这一过程仍显得不够简单；而且，统计的准确性也较不可靠——从这个问题的重要性考虑，我们还必须进行一些计算。[①] 根据最近进行的权威估算，农业（以及林业和渔业）人口在总就业人口中的比例从1801年的35.9%下降到1851年的21.7%。[②] 关于18世纪中期的比例，我们很难得到。但根据同一个作者的估算，在1750～1801年间，农业人口可能增加了大约25%，[③] 假定1801年英国总就业人口占总人口的比例与1750年的情况相同，那么1750年“农业”中雇用的人口就占总就业人口的41%。其他的估数是建立在当时人士的国民收入分配表基础之上的，这些图表给出的1688年农业人口占56%（格里高利·金），1760年占46%（马西）。[④] 以这些估数来推算，得出的1750年数字接近50%，尤其是如果假定农业的人均产出可能低于其他行业的话，那么，“农业”雇用的绝对数 【139】
字，1750年为135万～160万人，1801年为170万人，1851年为210

① 在写作本文的各主要部分时，都尝试同时进行数量计算，但是最后不得不全部放弃了，因为每种情况中可能的误差范围都大大超出了显著性的界限。【199】

② 迪恩与科尔，上引书，第142页。【200】

③ 简而言之，农业郡县中的增长率当作这些郡县农业人口增长的指标，同上，第75页。【201】

④ S. 波拉德与D. W. 克罗斯利（Crossley）：《英国的财富（1085～1966）》（1968年版），第163页。【202】

万人。[①]

很显然，这里使用的这些定义值得我们考究它所存在的问题。即使不考虑因包括“渔业”导致的复杂性，当许多人口部分时间从事农业而部分时间从事工业时，当这种或那种生产方式向更加专业化方向的转变成为发展进程的一个最重要的方面时，“农业”人口本身就很难加以定义。同样，当妻子和孩子的经济任务处于急剧的变动中时，“就业人口”概念给人的印象很可能比它原本要表达的意思要更加模糊。

但是，如果要获得一个清晰程度至低的大致数量程度，那么，稍作计算就会发现，如果农业人口一直保持着41%的比例，它在1801年就雇用着大约200万人而不是170万人，在1851年雇用着大约400万人而不是210万人，所以在某种意义上，到1801年有30万人的净“外移（transfer）”，到1851年有190万人的净“外移”。这些数字都是缓慢而自然增长的序列的最末端数据，包括了出生在工业家庭中但在某些较早时期离开农业的人。那些自己由农业向其他行业转移的人的数量当然更少。相关的大致数量程度（见表7）可以由表34中的数据推算。从关于某些年份总就业人口和农业中就业人口的估数中，我们可以逐年推导出这两个序列（T_t和A_t）的值，把总就业人口的年增长率$(T_t+1)/T_t=\lambda_t$和农业中就业人口的实际增长率进行对比，其差额就是从农业中移出的移民增量在农业就业人口中所占比率(e)，亦即$(A_t+1)/\lambda_t A_t=1-e_t$。把移民增加者所占比率$e$应用于年度农业人口，就得出每一年实际的移民数，最后一栏的数字为10年期的移民总数。[②③] 可以看出，净“外移”数量在1751～1800年间只有226 000人，在1801～1851年间只有891 000人——或者说这100年中总体上只刚刚超过110万人，而不是如前面计算所显示的190万人。尽管如此，在T_t序列的后几个数中，尤其是关于19世纪40年代这一栏，还包括有爱尔兰迁入

① 最后两个数字来自迪恩与科尔，上引书，第143页。【203】

② 其他移民的影响忽略不计，各种试验表明，工业和农业中自然增长差别率即便存在，也不会导致太大变化。我对在进行这些计算时来自J. M. 加尼（Gani）教授提出的建议和给予的帮助表示感谢。【204】

③ 此处推算公式费解。可能其逻辑依据是这样的：如果没有农业向其他部门的移民增量，则农业劳动力也会以T_{t+1}/T_t的速度增长，于是，令$e_t=\frac{\Delta A_t}{A_t}$，$\lambda_t=\frac{T_{t+1}}{T_t}$，我们将$\frac{T_{t+1}}{T_t}$分解为$\frac{T_{t+1}}{T_t}=\frac{A_{t+1}}{A_t}+e_t$，稍作变形得$\frac{A_{t+1}}{A_t}=1-et\cdot\frac{T_t}{T_{t+1}}$。近似将$e_t\frac{T_t}{T_{t+1}}$看作为$e_t$即得到正文中的推算公式。由此看来，上文中的$A_t+1$、$T_t+1$是$A_{t+1}$、$T_{t+1}$的印刷错误。另外，$e_t$的更简捷推算公式是$\lambda_t-A_{t+1}/A_t$。——译者注

移民的过度推动，而其大部分没能追加到 A_t 序列中。反过来说，如果把绝大多数爱尔兰移民计入到从农业向其他行业的移民中的话，后者的数量会大得多。

另一个衡量净移出的方法是假定在较晚时期非食品生产者与实际耕地人口的比率不高于1750年的比率，即59∶41。这将把1801年的非农业工作人口限定在240万人，而不是实际的310万人；把1851年的非农业人口限定在300万人，而不是实际的760万人。因此，在某种意义上，是农业效率不断提高和通过出口其他产品和服务而购买国外农产品能力的不断提高，才使得在非农产业工作的人在1801年达到70万人，在1851年达到460万人。【140】

表34　　1751～1851年间农业部门人口的向外转移

年份	总就业人口估数 T_t（百万）	农业就业人口估数 A_t（百万）	10年期	每1 000农业人口10年间的平均外移(e)	10年期中的总外移
1751	3.3	1.35	1751～1760	2.00	27 600
1761	—	—	1761～1770	1.80	26 100
1771	—	—	1771～1780	1.61	24 300
1781	4.0	1.55	1781～1790	4.95	78 200
1791	—	—	1791～1800	4.18	69 400
1801	4.8	1.7	1801～1810	7.87	137 700
1811	5.5	1.8	1811～1820	11.90	214 200
1821	6.2	1.8	1821～1830	14.90	267 500
1831	7.2	1.8	1831～1840	9.96	184 300
1841	8.4	1.9	1841～1850	4.38	87 600
1851	9.7	2.1	—	—	—

资料来源：迪恩与科尔：《英国经济增长（1688～1959）》（1962年版），表31，第143页。

以严格的逻辑标准来衡量，这两套似乎与事实不符的计算都不太可取，但它们有助于揭开劳动力转移概念中的某些难点。而且，它们还表明，与人口自然增长本身的重要性相比，劳动力从农业的实际流出（与包括他们的后代的总数不同）所起到的作用相对次要：按照上面所做的假设，在

1750～1801年间，与非农业工人人口实际增长110万人相比，农业劳动力流出数可能只略多于20万人；并且（比方说）在1750～1851年的100年间，与非农业工人人口实际增长的560万人相比，农业劳动力流出数为110万人。换句话说，按照我们的假设，只有大约1/5的非农行业的追加劳动力直接来自于农业劳动力转移。即使这样，这些“转移”中的许多人也不是
【141】直接迁移，这种转移实际上由两个各自独立的运动组成——农业劳动者向海外移民，以及爱尔兰人的——应该是视为先“取代”他们，然后再补充到城镇和工业行业的——移入。

工业劳动力需求对农业劳动力供给施加的影响力相对较轻，这一点也可以从事实中反映出来，即“农业”中的就业人口在这个时期实际上增长了——从1750年的大约135万人增长到1801年的170万人，再增长到1851年的210万人。这个数字包括了农场主、农民以及挣工资的农业劳动者，但是，因为土地拥有者——尽管在许多地区，他们与大农场主，或者与兼务工业的小土地拥有者等类型的土地持有者的性质不一样——在1750～1850年间的数量似乎变化不大，① 这些数据变化主要反映出，赚取工资的劳动者人数上升。也不能过于拘于这些数据本身的大小，就我们要研究的土地拥有家庭成员的工作方式向赚取工资的劳动力方式的转变过程来说，这些数字除了反映出转变的数量程度之外，并没有表达出更多东西。但是，这些数据再一次强调指出，1750～1850年间的英国农业，与某种通常的理论模型并非非常吻合，通常理论模型都假设农业中存在着大量的隐性失业，工厂中所需的大量人员来自于这些农业人口。相反，此间英国农业本身的技术变革与工业和运输业相一致，在某种意义上这也使得很难把不同部门的贡献区分开。比如，关于筑路对圈地及其相关改良的影响和圈地对筑路的反作用就很难进行区分；由于煤炭开采减少了对烧炭工、林木工和养马工的需求而释放出来的农业劳动者也是相当多的。② 在这个过程中，农业用不太多的土地和与城市人口相比更不均衡的劳动力增长——但毕竟还是有所增长——养活了相当多的城市人口，也正因为这个原因，它决不能释放出很多的劳动者进入其他的行业。而且，这种“释放劳动力”的概括说法，也掩盖了北部、

① 参见以下文献：
（1）艾金（Aikin），上引书，第23、93页；
（2）G.E. 米因盖：《18世纪农场的规模》，载《经济史评论》，第2卷，第14分卷（1962年）。【205】

② A.J. 尤乌恩森（Youngson）：《经典爱丁堡的形成（1750～1850）》（1966年版），第32页。【206】

南部和爱尔兰农业对工业化进程反应的差异，在这些地区内部有着更重要的变化。

有时人们认为这种通过人口自然增长实现的工业化，而不是从农业中大量吸收劳动力的工业化，是英国工业革命的一个显著特点，其他国家没有类似的特点，① 或许它反映出英国作为先驱者，其工业化进程是由资源开发的可行性推动的，不是由国外竞争压力或政治需要驱使形成的，并且是以一种从容不迫的速度进行的。E. J. T. 柯林斯（Collins）曾经强调过，在开始大规模建设铁路和城市的19世纪40年代之前，工业劳动力的需求程度有限；这是因为，在增长最快的工业中，使用的节约劳动力的设备也极为先进。并且他认为，那个时代农业部门面临的问题是寻找就业者去工作而不是释放劳 【142】
动力。② 但阿瑟·刘易斯（Arthur Lewis）爵士最近发展了它自己的工业化发展模型。他认为，在人口迅速增长的条件下，城镇会存在严重的失业和劳动力剩余，因而，它的需求不会侵蚀农业的劳动力供给，因为增加的人口超过了快速增长的工业所能吸收的程度③——这个模型表达的意思与许多古典英国模型有相似之处，这种相似意义非常重要——尽管这里所涉及的绝对增长率更低。

从理论上说，关于农业劳动力市场的描述，应该对英国各地出现的巨大差异给予强烈关注。不幸的是，由于篇幅所限，我们只能一方面关注工业地区和伦敦郊区间的巨大差异；另一方面关注不发达的南部和东部（这里也是主要的小麦产区）间的巨大差异，并且，只能从三个主要的阶段来研究，即18世纪90年代前的曲折发展时期、战争时期以及大约1815～1850年间的危机和对危机的反应时期。

18世纪中期，农业劳动仍然远未达到完备、发达的资本主义模式的程度。许多工人是兼职的，他们可以凭借自己的小块土地或家庭工业维持生计；每个农场中的就业者很少，还存在大量的实物支付现象，尤其是当工人

---

① 例如，梅村又司（Mataji Umemura）：《明治时代日本的农业和劳动力供给》，载《发展中的经济》（1965年），第3卷，第3期，第274页。【207】

② 这是他的博士论文的主要结论，参见 E. J. T. 柯林斯：《收割技术和劳动供给》。根据柯林斯的观点，战争年代农业劳动市场紧张并且在1834～1851年间又开始紧张，这在1852～1870年间 【658】
形成了长期的劳动力短缺（第150页）。同时参见以下文献：

（1）E. J. T. 柯林斯的《欧洲农业中的劳动供给和劳动需求（1800～1880）》，收入 E. J. 琼斯与 S. J. 伍尔夫（Woolf）编撰的《农业变化和经济发展》（1969年版）；

（2）詹姆斯·凯尔德（James Caird）：《1850～1851年间的英格兰农业》（1968年第2版），第472页；

（3）J. V. 莫斯利，上引书，第471页。【208】

③ 刘易斯：《社会主义和经济增长》（1971年版），第6页。【209】

居住在工作地点时；工作时间不确定，但总的来说时间长且没有规律，且这种工作时间要视自然情况而定，而不是由劳动契约来决定。"这种工作时间习惯决定了妇女在农业工作中占有重要的地位……儿童也很早就开始劳动"。[①] 这些妇女和儿童的就业可能更不规律，工资可能更少。在18世纪早期，至少有一半农场处于这样的状态，"只要有农场主的家人就能运转，除了或许在收割季节需要增加人手外，其他时候则不需要雇用帮手"[②]。但在这些时期，不但工作强度大幅度增加，而且工资也至少比正常水平提高了50%，这种工资水平足以吸引工人家庭的全部成员以及大量城市工匠和他们的妻子、孩子从事农业劳动。[③] 对于普通劳动者来说，收割季节的额外工资也是收入的重要组成部分，出于这个原因，他们对失去这些工资很敏感。例如，在1838年进行过一项调查研究，其资料由诺福克（Norfolk）和萨福克（Suffolk）的农场主提供，结果发现，在总共19 130英镑的工资清单中，有2 691英镑是收割季节工资，424英镑或者说收割季节工资的14.1%是收集谷物的工资，这两者相加达总工资的16.3%。[④] 18世纪后半期，在某些地区一直到19世纪，收割季节有规律的影响仍然使得劳动力市场中，不断有
【143】人从工业转向农业。迟至19世纪30年代，萨默维尔（Somerville）仍然在夏天放弃他在爱丁堡（Wdinburgh）的工作以便在收割季节赚点钱，即使在1826年经济萧条时期，工匠们还返回农村寻找工作。这样，由于临时原因造成了"两个方向的劳动力流动"，人们加入并参与到这种流动过程，乃至形成某种长期性、多方向的移民图景。[⑤] 在本地那些非农业劳动力储备缺乏或不足的地方，会发生有规律的季节性移民，尤其是来自苏格兰、威尔士和爱尔兰的移民，这种移民通常由承包商组织，这种情况表明在联合王国的不同地区，农村隐性失业水平存在着显著不同；另外，在收割季节，也有许多

---

① J.D. 钱伯斯：《18世纪的诺丁汉郡》（1965年第2版），第287页。【210】

② J.D. 钱伯斯与G.E. 米因盖：《农业革命（1750～1880）》（1966年版），第18页。【211】

③ 参见以下文献：

（1）约翰·阿巴思诺特（John Arbuthnot）：《一个农场主所做的粮食现价和农场规模关系调查》（1773年版），第50页；

（2）W. 亥斯巴赫（Hasbach）：《英格兰农业劳工史》（1908年版），第86页。【212】

④ 参见以下文献：

（1）J.P. 凯（Kay）：《诺福克和萨福克农业劳动者的收入》，载《皇家统计协会杂志》，第1卷（1838～1839年），第181页。

（2）保罗·A·戴维（Paul A. David）：《劳动生产率》；

（3）亨特（Hunt）：《数量证据》。【213】

⑤ 参见以下文献：

（1）萨默维尔，上引书，第66、107页；

（2）柯林斯：《收割技术》（《经济史评论》中的文章），第467～469页。【214】

短途的移民。

18世纪新耕作法的一个成就，是提高了工作者在土地上的人均产出。这种提高部分原因是采用了更有效率的技术，因为它同时也提高了农村的单个土地所有者、妇女和儿童的工作量和工作强度。由于其中的一些人成为全日制工人，其他人则成为多余的，这些人有的会（依靠劳动力市场）转移到其他行业中去。这种普通农民的流失降低了某些工业劳动的底价；家庭就业者向工厂的流动以及19世纪家庭手工业的衰落，则解放了其他工人。在人口加速增长时期，这些趋势发展的最终结果是在农村创造了一种潜在的劳动力剩余。① 从前的隐性失业转变为某种农业储备军，这种过剩性储备规模变得越来越大，季节性失衡也越来越明显。

在远离伦敦的南部和东部郡县里，由于不存在其他替代性就业，实际工资趋于下降，并停留在最低生活线的水平，如果说从前它没有到达过这么低的水平的话，那就应该说工资水平现在下降了。与此相反，在某些地区，加速发展着的工业提供的工作岗位对农村劳动力的竞争力不断增长，并且这些地区的工资率在传统上就比较高——在这些地区，农业工资也开始提高，以至超过了"南部"的农业工资，而且不久它从数量水平上将后者远远地甩在了后面。② 起初，这种工资增长只是局部的或只是临时的，或许只是反映了一条运河的挖掘或是一个地方工厂的扩展。但到18世纪90年代，尽管各地情况仍存在差异，但农业高工资的扩散在所有的工业郡县中已经相当普遍，而这种扩散相当准确地反映了其他地方就业的推动。③ 需要强调的是，这种推动不只来自工厂，而且来自于第一产业、第二产业、第三产业中所有反映着工业革命特征的职业组成的序列；它还来自于兼职机会的增多。据说，即使兰开夏郡北部无论如何都称不上是一个完全工业化的地区，但那里

---

① 参见以下文献：
（1）钱伯斯与米因盖，上引书，第220页；
（2）E. C. K. 冈纳（Gonner）：《公地和圈地》（1965年第2版），第416页。【215】

② 参见以下文献：
（1）J. E. 索罗尔德·罗杰斯（Thorold Rogers）：《六个世纪中的工作和工资》（1894年版），第406页；
（2）E. W. 吉尔博伊（Gilboy）：《18世纪英格兰的工资》。【216】

③ 参见以下文献：
（1）A. H. 约翰：《战争期间的农业（1793～1815）》，载琼斯和米因盖编撰的《土地、劳动和人口》，第33页；
（2）阿瑟·扬：《一个农场主在东英格兰的游历》（1771年版），4卷本，第1卷，第321～329页；
（3）W. 马歇尔（Marshall）：《英格兰北部农业委员会报告简论》（1808年），第252页。【217】

【144】的农场工人，却常常把他们的农业工作与“手工织布、采石、采铁矿（如在弗内斯）、养鱼或兼养贝、挖运河结合起来。他们还可能通过得到一份养护收费公路的工作让自己在冬天好过一点，或者通过送儿女到乡村棉纺厂工作而使家里不至于太穷。”①

战争年代见证了英国农业财富的巨大变化。农业劳动力本来也应该获益，因为军事征兵减少了劳动力供给，开凿运河、采煤、开垦荒地的增多和农业产量本身的提高又都增加了劳动力需求。据说从前3周时间就能完成的收割现在6周也收割不完。② 然而农业地区的实际工资并没有提高，实际上反而下降了，③ 其原因不全是在通货膨胀环境中工资增长滞后于食物价格的增长。正如在采煤业中尽管雇主的社会权力不能完全阻碍工资的提高，却能阻碍矿工提高社会地位一样；在农业中，资本和劳动之间的非经济权力差异更大，纯粹农业地区的农业劳动力不论是社会地位提高还是经济收益增加都受到了阻抑。政治压迫，包括禁止任何形式的联合，就是为当权者运用的一种阻抑方法。斯宾安兰制度是另一种方法，它发展了早在战争年间就已存在的政府补贴系统。它有利于乡绅和农场主强迫普通公众为收割季节贡献较低的劳动力储备成本，并且进一步将劳动者的社会地位保持在较低状态；另外，它在战后物价下降时，也使劳动力成本迅速地成比例下降。④ 假定对食品的需求不是完全无弹性，这种人为的劳动力低成本，也有助于降低单位生产成本并且因此可能在战争期间扩张对低产土地的耕种。

1815年后，最后一道障碍被打破，农业萧条使劳动力进入最困难的时

---

① J. D. 马歇尔：《19世纪早期兰开夏郡的乡村劳动者》，载《兰开夏郡和柴郡文物研究协会会报》，第71卷（1961年），第91页。【218】

② 参见以下文献：

（1）《托林顿日记》，第2章，第209页；

（2）L. 西蒙德（Simond）：《1810年和1811年间大不列颠旅行和常住杂志》（1815年），2卷本，第2章，第214页。【219】

③ 参见以下文献：

（1）约翰·巴顿：《工人阶级状况》（1817年），收入索蒂罗夫（Sotiroff）编撰的《经济著作》，第26页；

（2）巴顿：《农业劳动贬值调查》，上引书，第111～112、125页。【220】

④ 参见以下文献：

（1）E. P. 汤普森：《英国工人阶级的形成》（1963年版），第221页；

（2）罗杰斯，上引书，第408页；

（3）亥斯巴赫，上引书，第185、190页；

（4）J. 库青斯基：《资本主义统治下的劳工状况史》，40卷本（1962～1968年），第23卷，第120页。【221】

期。这是乡村里以苦难和反抗为特征的时期，① 是值得科贝特（Cobbett）式雄辩和马尔萨斯人口论一展辩才的时期。农业产量大大增长了，但工资和就业，尤其是冬季的工资和就业下降了；以农业的副业形式从事工业劳动的活动也进一步减少了，成批成组的妇女和儿童被用于取代男工，而男工却没有被机器取代。因此，除了在收割季节，劳动力仍然有剩余，② 无论其他行业吸收了多少劳动力，都被持续的高人口增长率所抵消。《新济贫法》只不过是披露了，而并没有制造出农业男性劳动者的失业，而这种失业率高达60%③——这时应该强调一下，《济贫法委员会报告》关于农地上的劳动就业问题给人误导。农业中也发展成了二元经济，一部分是以最低生活水平工【145】
资维持的稳定就业，即使市场受劳动力剩余的影响，这部分人的工资也不会降低；另一部分是剩余劳动力本身，他们断断续续地被雇用，工资很低，靠济贫补助维生。后者的数量增多而前者的数量减少是1830~1834年间情况恶化的一个标志。④ 只有19世纪40年代的铁路建设，才真正开始改变劳动力剩余的状况。只是，此后的改变也只是局部的、断断续续的、临时性的。⑤

---

① 参见以下文献：

（1）J. L. 哈蒙德（Hammond）与B. 康普顿（Compton）：《乡村劳动者（1760/1832）》（1912年版）；

（2）G. E. 富赛尔（Fussell）与M. 康普顿（Compton）：《拿破仑战争后的农业调整》，载《经济史》（1939年），第4卷；

（3）E. J. 霍布斯鲍姆与乔治·吕德（George Rudé）：《上尉的摇摆》（1969年版）；

（4）A. J. 皮科克（Peacock）：《面包或者鲜血》（1965年版）；

（5）L. P. 亚当斯（Adams）：《英格兰的农业萧条和农业救济（1813~1852）》（1932年版，1965年重印）。【222】

② 参见以下文献：

（1）关于来自1826~1827年迁出移民调查的证据，我们转引自克拉彭的《现代不列颠经济史》中，第1卷，第64~65页；

（2）农业萧条工作委员会的证词（1836年）；

（3）农业工作委员会，1833年报告书，第9页；

（4）其他有关各处的证词。【223】

③ 见N. 加什（Gash）：《乡村的失业（1815~1834）》，载《经济史评论》（1935年），第6卷，第93页。这个数字是有选择的，它不应看成具有代表性，即使是对受影响最严重的乡村来说也是如此。【224】

④《农业工作委员会证词》（1833年），询问案第187、1107~1109、1116~1125、1130、3851~3852、3863~3869、5240~5242、8517~8522、8561号。【225】

⑤ 参见以下文献：

（1）《济贫法》委员会：《第8次年度报告》（报告案号PP1842，第19卷），第150~151页［E. C. 塔夫内尔（Tufnell）所做］；

（2）E. L. 琼斯：《英格兰农业劳动市场》，载《经济史评论》，第2卷，第17分卷（1964年），第328页；

（3）本书第142页；

（4）D. 布鲁克（Brooke）：《奔宁山脉的铁路工人（1841~1871）》，载《交通史杂志》新序号【659】
（1975年），第3卷，第49页；

（5）J. 伯内特（Burnett）：《有用的苦工：19世纪20年代至20世纪20年代劳动者的自传》（1974年版），第55~64页。【226】

这些只是农业郡县的情况。在北部，工业和交通业发展更快，加快了从农村地区招募劳动力的速度，使农业地区的工资随之上升。有些发展中的煤矿地区的工资上升速度尤其快。凯尔德认为，北部和南部的工资差异现在增大了，总的来说相差37%，在极端情况下相差100%。据调查，在北部许多地区，货币工资在1770～1850年间增加了一倍，而在南部某些地区，工资根本没有发生变化。① 在1850年的南部，“几乎所有其他行业的雇主都感觉到所雇劳动力是一种负担而没有带来什么好处”，而在兰开夏郡，“本地劳动力是如此短缺，以至于农场主们断言，没有爱尔兰人的帮助，他们根本不能继续开展工作”。在约克郡，“没有爱尔兰人的帮忙，农业收割就不能完成”。② 不但南部的工资较低，1850年南部贫困人口的数量总体上比北部高两倍，在极端情况下高达数倍。

可以看出，直到19世纪中期，南部农村表现出许多与欠发达经济相关的特征：③ 低工资、低生产率、雇人过多以及雇主阶级的“低工资”哲学。季节性和短途的迁移率相当高，年轻人和较活跃的人不断地从农场被吸纳到城镇或城镇的铁路建设活动之中。但是，由于这些与土地相关的人的无知与保守，也由于拥有土地阶级的力量强大，在1850年以前劳动供给方对需求状况进行的任何基本调整都受到了阻抑，即拥有土地的人出于收割季节和工资谈判的考虑，希望维持一种劳动力的剩余（见第107～111页）。在英格兰南部乡村的社会现实中，既没有工会（这时城镇中的工会工作已被证明日益有效），也不存在较为传统的直接反抗，以能够让农业工人有可能充分利用这种显得可怜的市场机会，1830年和1834年的起诉事件已足够向我们
【146】证明这一点。至于其他可能出现的机会，也会由于来自业主一方的过分控制而使得事态发展偏离其原有的经济逻辑——以煤矿村庄中的情况为例。在那里，情况也是这样不利于劳动一方，那种限制村舍数量以及允许现存村舍毁坏的政策，并没有因此导致雇主一方遭受惩罚，劳动力供给没有减少，劳动者一方也没有提出较高的补偿性工资要求，相反，它导致村舍数量更少、拥

① 参见以下文献：
(1) 珀金：上引书，第128页；
(2) 史蒂芬（Steffen）：《研究》，第3章，第214～215页；
(3) A. L. 鲍利：《过去一百年来联合王国的工资统计》，载《皇家统计协会杂志》（1898年），第61卷；鲍利：《联合王国的工资》；本书第103页。【227】

② 凯尔德：《1850～1851年间的英格兰农业》，第284、289、512～516页。【228】

③ 亨特：《英国农业的劳动生产率》。【229】

挤程度更高，并且租用者甚至愿意支付更高租金。① 在英格兰农村，经济规律并没有能够毫无阻碍地发挥作用，直到受到来自城市劳动力市场的推动，情况才有了变化。

因此，南部农业劳动力储备和爱尔兰农民，在1850年前的几十年中，无疑是经济体系中劳动力普遍过剩的部分原因。但是，正是这部分原因，比我们经常所认识到的，内容要更复杂、作用要更间接。

上面简单讨论的四种行业是雇佣劳动力最多的四种行业，它们被选用来阐明劳动力供给运动过程中出现的某些主要的逆趋势。我们还可以列举大量的例子，来进一步说明劳动力和劳动力使用中劳动力移动的特性和复杂性，并把这些特性放到工业化范围日益扩大和人口比例日益增加的资本主义就业背景下进行对照观察。

劳动力剩余时发生的暂时性反向运动和劳动力短缺的周期；劳动力流动的地缘障碍；超经济的社会控制力量；劳动力供给的非理性后果在家庭中的表现，即孩子出去工作，而父亲却无事可做——所有这些情形，以及对单个工业部门的微观研究所揭示的许多其他情况，既让人感到反常和矛盾，又容易使研究者在进行更深入研究时被忽视，但它们却是英国工业化机制的一个内在组成部分。由于缺乏外在压力，英国工业革命是自然而然地、有机地发展的，资源的有效利用因而成为其中一个主要的决定性因素。劳动力是这样一种资源，它的转型和移动，不是通过按预定的总体规划或是通过最短途径把旧的劳动者改变成新的劳动者，而是通过最靠近、最廉价、最便利的途径，对劳动力进行利用，而不管这一运动是否会发生倒退，尽管我们在最终分析时能实实在在感受到这种倒退。总的来说，这种反复无常、榫形结合、零碎不齐的工业化方式节约了劳动力，便利了工业变革，在某种程度上减轻了劳动力需求对劳动力市场的压力。

然而，这种工业化过程并不必然意味着劳动者家庭会避免我们所知道的在其他国家中所曾发生的剧烈社会变化，或许这儿的这些变化同其他任何地方一样残酷无情。与其他国家有所不同的是，劳动者家庭不是有目的地向着一个已知的目标前进，并且与英国作为工业化先驱经济体系相联系，他们的【147】运动反映出诸多（后来被证明是）失误的起步与死胡同式的结局。而且，劳动者们被置于一个已趋先进的复杂经济和工业结构中，以及一个享有相当

① C. 爱德华·莱斯特（Edward Lester）：《英格兰的光荣和耻辱》，2卷本（1866年版），第2卷，第313页。【230】

高收入水平的社会中，由此，扩张部门的景气上升与衰落部门的工资下降，都能促成劳动力队伍的运动。[①] 所有这些情况，都与较落后的经济，与这些落后国家有目的的工业化进程大不相同。

3.5　劳动力市场所受的经济与非经济影响

现在回到劳动力市场主体，我们将它作为最后一个部分，对其进行重新考察。如果我们接受（我们必须接受）所有观察家的这个观点，即一般来说，在这一时期，特别是在大约 1814 ~ 1850 年间，总体上存在着充裕的劳动力供给或劳动力剩余，那么我们就面临一个显著难题——所有经济学家的模型都试图通过各自不同的方法来解决这个难题：当新工业和新职业以前所未有的速度贪婪地吸纳劳动力时，这种宽松的劳动力供给是如何维持的？工业革命是如何成功地制造了这块劳动力需求蛋糕并把它消化掉的？

按照惯例，这一问题的部分答案要在伴随工业化过程而来的巨大人口增长中去寻找（见第 105 ~ 108 页）。据估算，英国人口在 1750 年为 740 万左右，到 1781 年增加到 890 万左右，1801 年达到 1 070 万左右，1831 年达到 1 640 万左右，1851 年达到 2 090 万左右；爱尔兰的人口以近乎同样快的速度增长，从 1750 年的 310 万分别上升到 1781 年、1801 年、1831 年和 1851 年的 410 万、520 万、780 万和 650 万，在 19 世纪 40 年代中期达到 830 万的峰值。[②] 大不列颠的总就业人口同步增长，从 1801 年的 480 万上升到 1851 年的 970 万；[③] 如果以同样比率往回推，1750 年的数字应该是 330 万左右。就在这 100 年间，大不列颠新增就业人口为 640 万，几乎增加了 3 倍［或者说非农就业者的新增人数为 560 万（见第 141 ~ 142 页），几乎增加了 4 倍］。不过，关于劳动力市场，以上这些数字本身并不能告诉我们更多东西，因为劳动人口与吃饭人口的比率保持不变，没有理由假定生产者和消费者比率有巨大的变化。与人口和就业数量变化相关的重要变化，必须在劳动力与其他要素即资本和土地之间的关系变化之中去寻找。正是通过这种关系，关于人口增长对劳动力市场的影响，古典经济学能够做出某种评判。一

---

① 史蒂芬，上引书，第 1 卷，第 50 ~ 51 页。【231】

② 迪恩与科尔，上引书，第 6 ~ 9 页。关于 18 世纪人口的估数，不同的人之间确有差异，但差异的范围相当小。【232】

③ 上引书，第 143 页。【233】

些观察家认为，人口增长大大快于流动资本增长的速度，超过了用于工资基【148】
金的现金供给的界限。在农业中，人口增长导致土地报酬不断下降，也就是说，越来越多的人口对实际上保持不变的土地面积的压力不断增加，实际工资因此而降低了——尽管反过来说，它本应促使社会对原来依靠土地生存的劳动力形成巨大需求，然而，这种情况显然没有发生。有些“殖民主义者”认为资本和劳动都存在着相对剩余，解决之道是把他们与海外的土地结合起来。另外有些人，则把劳动者的软弱谈判地位归因到资本不成比例的增长以及资本的组织和技术构成变化上面去，其中，马克思是这些人中的杰出一员。

坦率地说，在有关长期人口增长的影响这一问题上，无论过去还是现在，观察家们都没有达成任何一致意见。至于说，诸如土地收益递减或机器收益递增等是否具有普遍性，人们也存在分歧。(我们认为，单一地说递增和递减）都忽略了一个至关重要的因素，这就是技术和市场会随着时间的变化而变化。我们这里所要追溯的变化跨越三代人的时间，而许多经济理论，都没有充分考虑到在这一时间跨度中所必然伴随的变化。请记住，没有什么简单的公式能够把这一时期要素供给的不同比例和不同工业中不断变化的技术全都包含进去。

就此而论，人口的巨大增长有助于提供“充裕的”劳动供给，不是因为人口增长会产生更多潜在的工人——因为随着人口的增长，对劳动的需求也在增加——而是因为，这样一种人口增长因素，方便了劳动力在一种工作与另一种工作之间发生转移，而这种转移为工业革命所必需。我们上面实际已经讨论过了，正由于这个原因，只要农业劳动力从土地上移出相当少部分人，就能大大增加工业中的就业人数（见第 141 页）。如果对“适用程度”要求不高，那可以说，这种模式也适用于每一地区的每一种工业。考虑到劳动力需求的不规则性及其变化的多方向性，劳动力似乎只会存在暂时和局部的短缺，这种短缺应部分地通过有吸引力的工资报酬来解决。然而，不断增长的劳动力供给总量势必引起的劳动力全面流动，又会使得这种有利于工资的作用比它们本来可能发挥的作用要少、要弱一些；由此，我们也无需非常看重劳动力的这种榫形结合、工作转换、流动和反流动的意义，并且这些变动都主要是通过经济环境的推动而很少通过人为设计的拉引来达到的。

与人口变化不是在经济真空中发生的这个事实相联系的，还有第二个环
境性因素——即经济变化本身不会发生在政治和社会真空之中。我们已经看【149】
到，在某些特定情况下，如在南部农业和采煤业中，这个因素是多么地富有

影响力，但是，这种影响不仅只局限于某些地区，它也可以普遍化。首先，产品形式的财产和经济主动权都掌握在拥有所有权的阶级手中，并且根据定义，变化几乎是由他们发起的，而且只有在对他们有利的情况下才被贯彻执行。对局部劳动短缺的一个最明显的反应是节约劳动力的发明，从这种意义上说，工业革命可以看做是局部的劳动、土地和资本瓶颈所导致的一系列连锁反应。来自过剩的——或者至少是在这个过程中不断丢失其技能优势的——熟练劳动者的反抗，对决策没有影响力，尽管这种反抗导致了实实在在的社会成本。在这种情况下，劳动者可谓被经济摩擦与政府权威所打败，其反抗意志不断耗竭，因为这种反抗经常被污蔑为反对社会“进步”，并反复被人强调。对经济有决策权的人为了自己的利益而对社会偏见和社会道德进行选择性的采纳和使用，这实际上是另一个削弱劳动者谈判地位的重要方法。一个最有趣的例子是对妇女就业的态度变化，无论是就个例而言还是（正如事实上的那样）从全社会来看，只要男性劳动力短缺存在，就会允许妇女就业。①

或许，就劳动力地位与境遇而言，比雇主广泛的社会和经济权力更重要的，还有以下事实：在工业化发生的同时，政治权力也渐渐地落入有产者和企业家阶层手中。只要有必要，只要经济和社会力量不能够确保劳动存在一个总的富余，政府强制工具就会派上用场。所以，市场是被人为塑造成不利于劳动者的状况的。

在实践中，关于经济与非经济的压迫，并非总能很容易地区分开。比如说，传统的学徒期中固有的相互关系观念（包括了权利和义务）被当权者盗换，尤其是棉纺厂主滥用教区学徒期，把童工当作温顺而廉价的劳动力，其中的压迫就明显包含经济与非经济两方面因素。在《新济贫法》通过之后，当劳动力短缺时，代理人援用《新济贫法》规定，帮助棉纺厂主获取劳动力也是如此。具有同样作用的还有税收制度，这种税收制度对穷人课的税要比富人重的多，并且把许多征来的国家税收转移给富人。但有时，使用残酷的法律力量则明显地占优势，许多无耻地用于损害劳动力谈判力量的阶级立法活动出现在历史舞台上。这些立法活动包括：1799 年和 1800 年通过
【150】《结社法》（Combination Acts），1813 年法令取消司法部门决定工资的权力，1814 年法令废除学徒条款，以及 1834 年《济贫法修正案》（Poor Law Amendment Act）的通过。

① 参见科洪：《贫困问题论文集》，第 165 页。【234】

> 《新济贫法》实际上赋予富有者**一种对劳动群众绝对的专制力量……这个法律剥夺了穷人的反抗权，而正是凭借这种反抗权劳动者才有可能同雇主讲条件，因此，这一法律对受雇者强加了一种约束……**
>
> 《新济贫法》赋予雇主一种对工人来说不可能接受的力量。总而言之，雇主有权对工人说，**你必须接受我提供的工资，**因为不管这些工资对你的劳动力价值来说多么不相称，如果你胆敢拒绝，**《新济贫法》将保证你会挨饿。**

以上出自《标准》（*Standard*）和《先驱晨报》（*Morning Herald*）[①] 的评判令我们难以反驳，不管法律被通过时立法者表达的感情多么虔诚，但以上评判却恰当地揭示了新法律背后所隐藏的当事人的意图，以及它的主要社会影响。还有许多倾向相似的其他措施也被通过了，而许多倾向相反的法案却被否决。但是，以下情况也值得我们注意，1799～1800 年间和 1813～1814 年间的每一次立法，都在没有遭到太多公开抗议的情况下获得通过，但都伴随着工人组织的暂时复苏；与 19 世纪的其他议会法案通过时的情况有所不同，1834 年的《新济贫法》通过时几乎引发了一场英国内战。

就对劳动者的影响来说，除了法令全书中的现行法律外，起作用的还有司法管理机关。令人奇怪的是，当法律是如此不利于挣工资者时，非常不公正的司法机关仍有进一步滥用法律的余地，借此滥用他们就能剥夺贫穷者在法律面前名义上的平等地位。事实上，他们既有此动机，也是这么做的。人所共知，农村和矿区的地方行政长官，在遇到诸如偷偷挖人、违反合同、工资纠纷等情况时，总是简单地运用警察强制力量，强制推行他们的利己偏见，而不顾其他阶级和自然公正的要求。而我们再翻一下如《穷人指南》（*Poor man's Guardian*）之类的杂志就会发现，对于城市地方法院或者农村的高级法庭，情况也没有什么不同。“矿工的辩护律师” W. P. 罗伯茨（Roberts）尽管面临着有偏见的法官、身份为行政长官的煤矿主、资金缺乏、疾病、过度工作等各种困难，但他仅仅凭借着“法律需要以它本来的面目加以应用”这一持久信念，在 19 世纪 40 年代取得了令人难以置信的成功。[②] 与之类似，这个时期工会之所以有影响力，很大程度上要归功于它们锲而不舍地将过去一个世纪中所取得的成就之一发扬光大，即坚持法律涉及的不是 【151】

① 援引自《船队文件》，第 3 卷，第 17 页（1843 年 4 月 29 日），以及第 3 卷，第 25 页（1843 年 6 月 24 日）。【235】

② 参见查利诺和里普利，上引书，第 105～107 页。【236】

有财产、地位的人和没有财产、地位的人，它涉及的仅仅是简单的人。这是一个准则，法官必须认识到这一点，并把它应用于挣工资者。

同样重要的是，我们还要记住亲劳工立法没有进入法令全书，而反劳工立法进入了法令全书，尽管要永远记住这一点并不太容易。为法律所鼓励，不断有人尝试为农业劳动者提供小片耕地，再没有什么能比我们对这种尝试的命运进行追溯显得更富有意义的了。显然，只要有慈善地主的支持，这种尝试对劳动者和社会就是非常有好处的。然而，这种努力最终归于失败，其原因或许在科贝特（Cobbett）描述他在沃尔瑟姆（Waltham）主教教区所遇到的致命反抗时，就已很好地给出了。在战后的萧条时期，他曾试图给每个已婚劳动者提供一英亩荒地，条件是受地者能圈地耕种，并以此为生。然而："巴德（Budd）说，给劳动者一点土地会让他们变得'放肆'；希德勒（Chiddle）说，这只能使他们'生更多的孩子'；斯蒂尔（Steel）说，这会使他们要求'更高的工资'。"[①] 但社会现实是：农场主、地主和雇主有选举权，而工人没有。

我们不难发现其他类似现象，比如说，我们可以从这一时期工厂立法的历史中发现类似现象。或许最为有趣的是那种对付工会的努力，工会有助于稳定劳动力市场，并实现中产阶级不断怂恿工人实现的那种以自身为终极目标的品性（包括节俭、保险、实现自尊）。但对当权者而言，工会有一个致命缺点：它们都倾向于提高工资。在这个时期，有许多立法或法律提案，涉及储蓄银行、互助会以及类似机构，通过这些机构的活动，可以减轻中间阶层的济贫捐负担但却并不必然强化劳动者的谈判地位。或许在这类立法建议中，最引人注目的就是由怀着这种减轻负担目的的"下议院关于制造商雇佣活动特别工作委员会"[②] 所提出的"就业基金互助会（Employment Fund Society)"，它所许诺的保险互助基数比工会提出的互助条件显得更合理。不过，立法设想中的最天才者，要数"穷人生活条件改善与生活水平提高协会(Society for Bettering the Conditions and Increasing the Comforts of the Poor)"提出的一组建议，这些建议试图在不对劳动力市场产生有利于劳动者一方的影响的情况下改善低收入者的命运。它包括以下内容：把每先令的便士数减到8~10，从而在不提高物价或不影响其他收入的情况下使低收入者——他们的工资通常是用先令计算的——实际收入增加；废除《结社法》；放松

① 《科贝特的两便士废物》，第4章，1830年10月1日，第88页。【237】
② 报告案号 PP1830，10（590），第226~233页。【238】

《定居法》，建造“方便、可拆卸的房子”，以使得“一群流动人口得以产生，当工资上升时，他们也能迅速地使自己转移，这样，在全国范围内，他们的流动使社会持续处于一个自然、稳定的劳动力价格环境之中”；削减食物税；为老年人和体弱者改善医疗条件；创造更好的互助会；创建家庭经济的全国教师系统。① 然而，除了在 20 多年后《结社法》被废除之外，在以后的几十年中，这些建议没有一条付诸实施，其中几条在改头换面后变得不利于劳动者。 【152】

从另一方面看，《结社法》于 1824 年被废除这一事件和《工厂法令》于 1825 年被修改并于 1833 年被废除一样，是最早的有利于劳动者谈判地位的重要立法活动，也是城镇中劳动者力量用新方式组织起来的最初成果。当然，这些事件还有其他原因。比如说，1824 年《结社法》的废除，经常被说成是那些认为工会失效的激进主义者群体，到对他们没有多大怀疑态度的下议院那里进行吵嚷的意外收获；② 还有人认为，1833 年《工厂法令》的废除至少要部分地归功于大工厂主的支持，他们想要由此废除一些有利于小工厂主的不公平竞争条件。实际上，出于同样的原因，大工厂主（也像小工厂主一样）是不可能支持工会的。③ 而且，在这些让步的背后，还隐藏着工厂主对起义的无名恐惧，正如爱德华·吉本·韦克菲尔德（Edward Gibbon Wakefield）在 1833 年所说的，就“英格兰的新的统治阶级”而言，“最近的事件，使他们成为英格兰最伟大的人”。

> 甚至在最近的变化（即《改革法案》）之前，当这些大人物的恐惧驱使他们实现这些变化时，当英格兰南部的苗头已经出现，群众要求增加工资时，对可能来自人口数量过多的政治灾难的恐惧，驱使英格兰政府成立了一个移民署。其公开目的是要通过迁移一些人前往殖民地来改善劳动者阶级的条件……对于一个像英格兰这样的国家……由大量人民组成的主要阶级处于由于人口过多而产生的悲观不满中……对于这样一个国家，殖民化的一个主要目的就是要阻止骚乱、保卫和平、维持秩序、维护对财产安全的信心、防止工

① 见《年度评论》中威廉·泰勒（William Taylor）的无名报告书，1802 年，第 1 卷，第 424 页。【239】

② 参见以下文献：

（1）格雷厄姆·沃拉斯（Graham Wallas）：《弗朗西斯·普莱斯（1771 ~ 1854）》（1908 年版）；

（2）W. E. S. 托马斯（Thomas）：《弗朗西斯·普莱斯和工人阶级史》，载《历史杂志》，第 5 卷（1962 年）。【240】

③ S. 韦布与 B. 韦布：《工团主义史》，第 125 ~ 126 页，脚注。【241】

业和贸易正常过程的中断、避免可怕的灾难。应该知道，在英格兰这样的国家，伴随这些我们意欲防止的事件而来的不是别的，只能是严重的政治动乱。[①]

然而，更重要的是应认识到，1824～1825 年和 1833 年的措施首先反映了劳动者做出新应对的开始，劳动者们由此能使自己适应由于工会联合和政
【153】治压力而产生的新环境，并使工资谈判向有利于自己的方向发展。

当然，18 世纪也有工会，其中一些工会甚至成功地生存下来，并成功地通过在被禁年岁之中举行罢工活动而提高了成员的货币工资。[②] 但是，从其性质上讲，这些工会是排外的熟练工人组织，它们享有某些往往是长期以来就存在的特权。[③] 工厂和矿山、大城镇中或基于大型合同的受雇佣者工会则刚刚开始起步。其中大多数成员所受教育仍然很少，相互之间缺乏交流。工会组织者缺乏经验而又普遍过度狂热，同时，熟练和非熟练工人之间等级森严且法律仍对工会组织怀有敌意——法律经常惩罚主要的工会主义者，同时鼓励其他人在无受罚之虞的情况下盗用工会经费。对工会的热情以及代表工会运动的社会思潮的第一个大高潮出现在 19 世纪 30 年代早期，直到大约 19 世纪 50 年代以后，工会才成熟起来（从知道如何利用市场和如何保持长期生存的意义上讲）。

19 世纪 50 年代以前，工会影响工资的力量的程度极其不确定。无疑，对劳动力市场的摩擦与刚性而言，工会是原因之一。但如果我们能够看到，它所应对的市场运行既不良好、反应也不迅速，它的应对当然会显得精疲力竭、无所作为，我们就能对它扮演的角色有更好的理解。从另一方面看，对来自劳动者的压力，社会可以做出以下反应：压力自然而然地被这个体制的弹性吸收，比如，雇主会采取更长（或更短的）工作时间，采取更快的工作方式或改变非全日制工人的工作时间。甚至在 19 世纪 30 年代，工资——棉纺业除外——也不是随着经济周期的变化而变化，而至多是反映了食物价格的变化。[④] 但是，这种来自劳动者的压力也会增强，并且在某些时刻，比如说，经济危机或劳动力缺乏，或者（尤其是）这两种情况同时发生时，会力图打破既定障碍，并促使雇主和劳工之间建立新的关系。因此，经济周

① 韦克菲尔德：《英国和美国》，重印于《韦克菲尔德作品集》中，第 518 页。【242】

② 参见，比如说，科尔（Cole）与菲尔森（Filson）：《英国工人阶级运动》，第 20、109 页。【243】

③ S. 韦布与 B. 韦布，上引书，第 38 页。【244】

④ 马修斯：《经济波动》，第 220 页。【245】

期和早期的经济波动不仅形成了如马克思主义的模型①中所说的工业劳动力大军，而且在改造劳动力方面，也发挥着重要作用，并且在这些关键时刻，即使是一个软弱的或短命的工会，也有可能发挥影响。

然而，即使工会的这种影响重要，但它毕竟是特殊情况。一般而言，从这个时期的总体情况上看，与法律强制力、政治控制力和社会压力以及与此相联系的雇主联合等这些经常且持久地伤害劳动者利益的活动相比，工会以其暴动和威胁等更加传统的形式抗争所具有的力量，是相当弱小的。

进一步讲，就一项劳动合同或工资谈判而言，如果雇主开始时处于较强的地位，尤其会导致雇主权力的增加，甚至是迅猛增加。这时，一方决定条件和发出命令，而另一方只有拒绝或接受，却没有改变条款的自由。雇主经【154】常雇用妇女和儿童就是雇主权力的一个例证，这样可以降低成年男性工人工资，因为其妻子和孩子的竞争，很可能进一步使其工资下降，并使他进一步依赖其家庭中的劳动力。雇主权力的另一个例子——是工作速度和工作强度的提高。就劳动力如何调整适应于新的工作体制这一复杂问题而言，工作速度与工作强度的考察近乎深入到问题的核心了。

伴随工业革命而来的工作强度提高，并不必然意味着人们对既定的工作任务会“更加努力”，尽管这种情况或许也会是其中的部分内容，它只是意味着在各项工作任务之间的休止间隔期减少，或者意味着对工作进行规划以消除其固有的休止周期或往复。很明显，在亚当·斯密经典的制针工厂的例子中，产出的大量增加主要是靠把每个工人固定在一个经常性、重复性、高速度的作业上，而不是让他悠闲地在几个作业中不断变动。在这种情况下，劳动者许多其他方面的精力无疑被浪费掉了，同时处于这个过程中的劳动者脑力和体力的恢复与过程的推进相互紧密融合。《国富论》中描述的工作加速是从生命体的意义上来描述的，② 在许多行业中，尤其是在1800年以前，这种加速比更为壮观的复杂机器的使用更具代表性。更高的工作强度经常也包括更长的工作时间或更少的休息日。同雇用女工和童工的情况一样，雇主通过增加劳动力供给（情况的确如此），而其他一切（包括总工资）保持不

---

① 参见以下文献：
(1) 恩格斯，上引书，第84页；
(2) 马克思：《资本论》，第1卷，第696页；
(3) 史蒂芬：上引书，第3章，第243页及以后。【246】

② 参见乔治·黑德（George Head）：《1835年夏天横穿英格兰制造业地区的一次国内旅行》（1968年版），第82~83页。在充分利用劳动分工显然做得最好的沃灵顿（Warrington）造钉工厂，工作速度最快的工人中，旅行者特别提到了“小男孩们”和“小姑娘们”。【247】

变，有助于通过减弱劳动者的谈判地位而降低未来工资成本。并且，它还会使雇主在下一次雇用中可以比较容易地进一步增加劳动强度。

以上原理或许在手工织布的例子中表现得最为明显，起初由于新男性工人的流入，后来由于蒸汽织布机传播所引发的竞争压低了工资。① 当织布工人于 19 世纪 30 年代和 40 年代聚集在手工织布机或“花花公子”织布机的工棚中时，工厂主“能控制假期和其他形式的缺勤，并且能推行日常控制和快速计划”。② 在 18 世纪 90 年代，艾金（Aikin）研究了哈利法克斯（Halifax）的织布工人，得出结论说：“看起来很明显，如果保持雇用同样数量的工人，固定工比临时工做的工作会多 1/3。如果受雇者是一家之长，在 6 天中总有 1 天是在前往工厂的准备与进行过程中消耗掉的，另有 1 天则由于去市场中消耗掉了。”③ 50 年之后，由于排除了所有其他形式的虚耗工时，在工棚中受监管的织布工人的辛勤劳作使工厂主的产出增加了一倍。

接着，机器织布的速度又大大增加了，1823 年一个女孩一周生产 7 匹
【155】布，1833 年两个女孩一周生产 20 匹，1845 年两个女孩一周生产 22 匹，同时，早期的 2 台织布机工作方法也让位于 3 台和 4 台织布机的工作方法。④ 需要说明的是，这并不意味着出现了什么新技术而使得监管每台织布机的劳动者的工作变得较为轻松。

同样的过程也出现在纺纱业中。例如，1815 年每天纺 8 英里长纱布的走锭精纺机，1832 年增加到每天纺 20 英里，1844 年更多，达到 14 ~ 32 英里，尽管工作时间缩短了。部分原因是“自从 1825 年以来，当约翰 · 霍布豪斯爵士（Sir John Hobhouse）引进时……棉纺机器的速度以其最大的提升限度普遍提高了 1/4，或者换句话来说，相当于每个劳动力每天增加 3 小时的工作量。”⑤ 随着速度的增加，每人监管的纺锭也增加了：从每一对走锭精纺机时的 300 锭，增加到了 19 世纪 40 年代早期的 600 锭、1 000 锭甚至1 344锭。据

① 比赛尔（Bythell）：《手工织机织工》，第 99、105、122 ~ 128 页。【248】
② 斯梅尔策，上引书，第 143 页。【249】
③ 艾金，上引书，第 565 页。【250】
④ 参见以下文献：
（1）约翰 · 格斯特（John Guest）：《纺织工业简史》（1823 年版，1968 年重印），第 35、340 页；
（2）波特：《国家的进步》，第 183 ~ 184 页；
（3）马克思：《资本论》，第 1 卷，第 444 页；
（4）F. 梅尔特恩斯（Merttens）：《国内外纺织工业的劳动时间和劳动成本》，载《曼彻斯特统计协会会报》，1893 ~ 1894 年。【251】
⑤ 参见以下文献：
（1）温，上引书，第 402 ~ 404、424 页；
（2）J.T. 沃德，上引书，第 286 页。【252】

称，有个男性工人能监管 3 360 锭，而另一个人能监管 2 400 锭。多德（Dodd）评论道："据说，操作这种机器将在 6 年内毁坏即使是最强壮的人的体格。"①

即使是与大陆上最先进的国家相比也可以看出，在英国工业革命过程中，在生产的每一阶段，工人们所付出的努力程度究竟在何种程度上超过了仍停留在早期体制的大陆国家。"瑞士工厂要达到曼彻斯特（棉纺业）工厂的效率"，一个瑞士观察家于 1814 年悲哀地指出："就必须解雇所有的工人，训练新一代的学徒。"② 即使是工作在大陆最先进国家比利时的人，也比不上英国的棉纺工人：

> 我们国家的工人的活力，手的迅捷，**工作时**对所从事工作的全身心的投入（或者换句话说，为完成一定时间内工作量的几乎**不近人情般**的勤奋），大大超过了资本主义工厂主**每天**所支付的优厚工资对其所做的补偿……如果英格兰工人的这种超越其他所有国家工人的精力饱满的行为特征能在这里（比利时）找到的话，他们的产量可能会加倍。
>
> 比较一下英国与外国的（棉）纺工人的工作，人与纱锭的平均比例是：法国，每人 14 个纱锭；俄罗斯，每人 28 个纱锭；普鲁士，每人 37 个纱锭；大不列颠，每人 74 个纱锭。③

当然，要达到这个水平需要时间，而且"即使在英国工厂中，作为众所公认的欧洲最勤奋的工人，他们在自己家里工作时，也显得相当懒散和不规
律；在工厂中，他们只是在某种激励和及时回报下才勤奋工作的"④。从另一 【156】
方面看，就在几十年的时间里，大陆工厂的工人也将被诱导以与英国人同样具有强迫性的速度工作。

同样让人吃惊的是关于铁路施工者的证据，与早期在法国铁路线上的英国挖土工人付出的巨大努力相比，法国本土工人施工速度相当缓慢，每天的

---

① 参见以下文献：
(1) 多德，上引书，第 123～124 页；
(2)《伦敦法朗吉》，第 55 号、61 号，1842 年 4 月，第 870 页。【253】
② 语出 H. C. 埃舍尔，见亨德森（Henderson）编撰的《工业英国》，第 50 页。【254】
③ 参见以下文献：
(1) 詹姆斯·沃德，上引书，第 169～172 页；
(2) 布拉西（Brassey）：《工作和工资》，第 15 页（援引了工厂检查官的报告）。【255】
④ 援引自约翰·C·科布登（John C. Cobden）的《英格兰的白人奴隶》（1853 年版），第 365 页。此处所指资料出处是《爱丁堡评论》，但是在其似乎所指的第 41 卷第 82 号（1825 年 1 月）中找不到原作。【256】

挖土量仅相当于英国工人的1/3或1/4。但是在几年当中，他们的工作和工资就赶上了英国的同行。同样的经历也可在其他国家中见到。①

相似的例子可以在所有其他主要经济部门中找到。在康沃尔郡（Cornwall）的传统采煤业中，通过缩短假期、减少茶歇和运动时间，通过减少工人轮班之间的时间浪费，通过取消“圣日星期一”或其他传统上用于对特别繁重的工作进行补偿的休息日，工作强度逐步增加。英格兰银行在1761年有近47个假日，1830年稳步而有计划地减少到18个，1834年只剩下4个：耶稣受难节、圣诞节、五朔节、万圣节。在零售业中（与许多其他行业一样），煤气照明提供的机会导致了打烊时间延迟以及助手劳动强度的相应增强。事实上，照明设备的改善延长了工作时间，并使雇主对从前位居主导的白昼和季节性劳动需求加强了控制。然而，关于这种延长和增加，以前并没有完全得到人们的充分认识。据说，即使在农业中，计件报酬也可使挖每立方码地沟的成本在两年内从8便士减少到4便士，并使收割速度提高3倍，尽管在这个过程中，也可能使谷物收割状况变差。在新的环境下，农场主自己“被迫更加努力，并且自己做很大一部分的工作”②。

同样的过程甚至发生在明显没有发生技术变革的传统手工艺活动之中。新的国内建筑业中的这种工作加速已在上文中提到了（见第134页）。伦敦箍桶匠被迫以过去同样的速度但更复杂的材料进行工作。伦敦的“成衣店”、“屠宰场”雇用非工会会员和半熟练工人以最低的价格进行生产，迫使部分从前非常受尊敬的裁缝、制衣匠和女帽制造商每天工作16个小时，每周工作7天，并且使制柜工匠制造100个餐桌的工资成本由30先令下降到5先令，制造每个红木书桌的工资成本由10先令下降到2先令3便士。③

计件工作、转包合同、“监工”制度以及专业化——后者经常包括对技

---

① 参见以下文献：
(1) 约瑟夫·德韦（Joseph Devey）：《约瑟夫·洛克的一生》（1962年版），第164～168页；
(2) 布拉西：《工作和工资》，第11～13、79～83、244～247页。【257】

② 参见以下文献：
(1) J.G. 鲁尔（Rule）：《康沃尔郡工业革命的某些社会特征》，第75～81页；
(2) R.M. 库克—泰勒（Cooke-Taylor）：《现代工厂制度》（1841年版），第149页；
(3) 伯内斯，上引书，第64～65页；
【660】(4) 萨默维尔，上引书，第114页；
(5)《农业工作委员会》（1833年），伍德沃德（Woodward）的证词，询问案第1711号；
(6) J.A.R. 平洛特（Pimlott）：《英国人的假期：一种社会史》（1947年版），第80～81页。【258】

③ 参见以下文献：
(1)《穷人指南》，第143号，1834年3月1日；
(2) 梅休，上引书，第2卷，第301页，以及第3卷，第224～227页。【259】

能的细分以及对工作乐趣的扼杀——都是从各方面提高工作速度或加强工作强度的不同方法。根据麦卡洛克的说法，计件工作制度 【157】

> 给了工人更加努力工作的兴趣，并使他们竭尽全力在最短时间里完成最大的工作量。而且，计件工作的盛行甚至大大影响了其他国家的日工；他们为了避免不怀好意的对比，也在付出更多的但不为人所知的努力。由此看来，一定数量的大不列颠工人比其他任何地方相同数量的工人完成的工作量要大得多。①

同样是对这一现象，另外一种比较不同的意见认为：

> 当以计件多少公平地获得报酬时，（受到诱导的工人们）将会过度工作，几年中将会毁了他们的健康和体质。伦敦的搬运工、运煤工人和许多普通劳动者都是如此。一个木匠精力最旺盛的时期估计不超过 8 年。在收割季节对农村劳动者支付的双份工资，或在办丧事时给裁缝支付的双份工资，经常诱使他们过度努力工作，从而对他们的健康造成永久伤害。②

从某种方面来看，麦卡洛克的确是对的。工作强度提高可能有许多特殊原因和来源，但这种加强不断地展现在社会公众面前，并被默认成为整个社会的行为规范。它用一种普遍的方法改变了工人对工作的态度和雇主对工人的态度。它代表了一种内在观念的植入，一种其存在不容置疑的调度劳动的方法——而且，这种劳动或者以低价购买或者根本不用付费。一般的正统经济学家没有对这种现象进行分析，不过马克思的“绝对剩余价值”概念却涵盖了它，它也是满足工业革命对劳动的需求而不使其价值上升的一个主要原因。

如果越过某一点，工作强度的加强很可能成为一个弄巧成拙的过程。如果工作时间延长并且每个小时中的努力程度增加，工人的状态就会达到一个临界点，在这一点上实际工资不得不增加以使工人吃得好一点，否则劳动效率就会降低，或者最终工作时间还得缩短。关于这一点，在每一种生产过程中都可以找到例子，最终在 19 世纪后半期，劳动强度和工资的主要变化特征是雇主使工作努力度保持在一个新的高水平上，但同时减少工作时间和增加工资。在许多情况下，工作时间的减少与工作加速相联系。③ 这种解决方法似乎最能满足两个方面的需求，其一是来自资本方的需求，拥有资本的一 【158】

① 麦卡洛克：《描述性和统计性报告》，第 649 页。【260】
② 韦德（Wade）：《中间阶级和工人阶级史》，第 243 页。【261】
③ 参见煤矿工人的例子，《人民略论》（1851 年版，1967 年重印），第 1 章，第 76 页。【262】

方开始发现较长的工作时间逐渐变得不经济了，正如它过去曾发现随着技术进步和工作强度的加强会使夜间工作逐渐变得不经济一样。其二是来自劳动方的需求，既然工作已经变成了苦差事，那么他们不仅希望获得较高收入，而且希望获得较多休闲时间。

在达到人力可以忍受的极限后，工作时间普遍缩短。工时缩短早在19世纪30年代就在某些行业中开始出现，并且由于工会和工厂检察官的活动而取得更深入的进展。在不同时期里，它在不同行业里出现，但不管在什么地方，它都是一种既影响劳动力市场，又影响绝大多数人口生活质量的极为重要的变化。或许，它可以被看作为认识维多利亚时代社会历史的关键，但不能忘记的是；从源头上看，它很大程度上是早期劳动力工作强度加大的结果。

最后，要提及第四个因素。劳动力通常处于不利的环境下，在劳动力软弱时，这一因素会进一步削弱劳动力的地位，并且即使市场条件对劳动者有利时它也会削弱劳动者的谈判力量。这个因素是，在一个易变的、会波动的市场中，经济繁荣峰值时和经济萧条波谷时的暂时变化对工资所造成的边际单位上的影响，它因工人的工种、工会身份和个人状况的不同而不同。

以此视之，在法国战争期间，只有那些有力地（非法地）组织起来的熟练工人工会的货币工资提高的程度能赶上价格水平变化程度。绝大多数工人发现，不可能使真实货币工资增加到赶得上实际价格水平变化的地步。即使市场对他们有利，《结社法》的存在以及1813～1814年间的相关法律保护的废除也使他们不可能利用这种有利条件。[①] 结果，在诸如农业这样的部门中，工人们对实际工资减少已经习以为常，战后，这种实际工资减少现象仍在许多地区存在，而这时，严重失业使得雇主采取有力措施削减与物价符合的货币工资。这一时期，罗伯特·欧文（Robert Owen）回忆道，工人们到处哀求工作，而他也知道工人们要求的工资并不能维持生活。[②] 在1834～1836年间，经济大繁荣又吸引了许多劳动力进入棉纺工厂和织布车间，而建筑业在劳动力供给方面遭遇到真正的瓶颈，这也导致了它大量吸收劳动

---

① 参见以下文献：
（1）罗杰斯：《6个世纪中的工作和工资》，第494页；
（2）汤普森：《工人阶级的形成》，第257页。【263】

② 参见以下文献：
（1）《罗伯特·欧文的一生：自传》（1920年版本），第321页；
（2）欧文：《论制造厂中的童工就业》（1818年），重印于由G. D. H. 科尔编撰的《社会新观察》（1927年版），第132、158页。【264】

力。当经济繁荣结束后，这些新增的工人陷入困境，而这又有助于进一步削弱地位已经遭到破坏的劳动者的谈判力量。①

情况可以概括为：在经济繁荣时期，由于劳动力被大量吸收，情况较好和有特权的那些劳动者，其优势也不复存在。在这些时候，他们一般阻止不了工厂对劳动力的吸收，而贫困地区既不能从经济繁荣也不能从其劳动力减少中得到任何好处。在萧条时期，所有劳动力的地位都被削弱，他们也都不能阻止失业和对工资的削减。② 这种过程直到 19 世纪中期才被打 【159】
破。这时，更加广泛和全国性的工会组织以及社会对铁路建造表现出前所未有的需求，③ 开始更永久性地分化不同群体工人的命运。因此，在这以前，较强群体控制权的丧失都仅仅是暂时性的，现在，结果开始转变为永久性的。

然而，就在这个体系之另一个方向，亦即有利方向的作用力也产生了——这是指长期的、周期性的以及技术性因素可能在关键时刻结合到一起，并以一种普遍相似、作用广泛的影响力使得环境对劳动者更加有利，并且促使劳动报酬提高。不过，除了所有对劳动者不利的社会和政治措施之外，还有一个决定性的因素在阻止着这种（对劳动者有利）方向的影响发挥作用：爱尔兰移民。对爱尔兰人尤其是对第一代爱尔兰移民开放的就业范围，实际上极为有限，但它包括了劳动力需求处于高峰状态的某些职业，如 18 世纪 90 年代的手工织布业或 19 世纪 40 年代的铁路工作，④ 这些需求高峰本身对整个工资水平有潜在的长期影响，但工资的高峰幅度则受到爱尔兰人因素的作用而有所削弱。这种因素或是通过爱尔兰人本身，或是通过因爱尔兰人的替代而脱离原有工作的工人间接影响而发挥作用的。在关键时刻，少量的多余劳动力就能作为边际单位发挥作用，从而降低最高工资水平以及

① 参见以下文献：
（1）哈巴库克：《美国和英国的技术》，第 186 ~ 187 页；
（2）雷德福，上引书，第 115 ~ 116 页；
（3）希尔顿，上引书，第 61 ~ 63 页；
（4）J. 帕里·刘易斯，上引书，第 76、81 页。【265】
② 参见，比如说，萨默维尔，上引书，第 71 页。【266】
③ J. R. T. 休斯（Hughes）：《贸易、工业和金融波动》（1960 年版），第 188、197 页。【267】
④ 参见以下文献：
（1）J. H. 特雷布尔：《北英格兰的爱尔兰挖土工人（1830 ~ 1880）》，载《交通史》（1973 年），第 6 卷；
（2）亨特：《地区工资变化》，第 295 页；
（3）C. 理查森（Richardson）：《19 世纪中期布拉德福德的爱尔兰定居者》，载《约克郡经济社会研究公报》，第 20 卷（1968 年）。【268】

未来几年的可接受工资水平；有时，甚至来自流动的爱尔兰人（或苏格兰高地人）储备的威胁，就足够产生同样的影响。

爱尔兰人对降低英国工资水平的影响还表现在其他几个方面。通过生活在拥挤的地下室或出租房屋内并以土豆为食，爱尔兰人降低了可接受的最低生活标准，并且整个工资种类也因受这种生活状况的影响而发生变化。同时，他们还教会了英格兰劳动者“如何以比他想要的更小范围的食谱、更少舒适程度的家居条件生存”[①]。作为接受施舍者，无论是通过私人途径还是通过《济贫法》，他们减少了用于英格兰穷人的资金，并且最重要之处在于，他们降低了曾被认为是适合于本地穷人的标准。特别是在北部城镇中，那里的标准被认为要比爱尔兰家庭标准“更不符合标准”，那里的数据所反映出的穷困程度，实际上代表了救济标准的大幅降低。最后，处于流动中的爱尔兰人阻止了局部和暂时的劳动力短缺和劳动力瓶颈的出现，而这种短缺和瓶颈本来会抬高长期的可接受和能实现的工资水平。

上面所列的因素当然会有遗漏。但它包含了主要因素，这些因素使得劳动力市场的基本特征表现为劳动力剩余或至少是供给宽松，尽管工业对劳动
【160】力的需求很大且不断增加，尽管在劳动力供给中有无数局部和暂时的瓶颈，尽管劳动力更加勤奋努力并且劳动的边际产品价值有很大增加。

3.6　生活水平的变迁

现在要看一看：作为这些因素的影响结果，劳动者在总产品中所得份额有多大变化，以及在绝对意义上，作为消费者的工人如何受到（工业化进程的）影响。不幸的是，我们没有关于19世纪后几十年的收入和收入分配的全面估算资料，即使是准确程度不高的资料也没有，而能获得的局部资料又被证明很难对此进行解释。

一般来说，大家都同意，人均国民总收入在1750～1850年间大大提高了，研究者们对于劳动力所得份额的相对下降也没有什么争议。最近的一项统计认为，假定1850年时40%的国民收入用于支付工资，并且这一比率本来也应成为以前几十年的收入分配比率，那么有6%～14%的国民收入在

---

① 弗谢尔：《1844年的曼彻斯特》，第29页，脚注。【269】

1790～1850 年间从劳动转移到了资本中。[①] 在这个时期，很少有什么指数变化能像人均食品消费指数静止不动和家仆数量上升那样令人惊讶。[②] 我们不清楚在一个更大总量中的相对份额减少，究竟是代表了绝对量的上升还是下降，也不清楚如何评估许多非货币报酬和条件，或者说，我们不知道在多大的程度上需要对它们做出考虑。

或许大家也都同意，较低收入者的消费标准直到 18 世纪 60 年代或 18 世纪 70 年代一直在提高，并且从这时起到 19 世纪 40 年代末，其消费标准提高很快。我们不能确定被 20 年战争分隔开的那两段时期的情况。[③] 我们已经看到，在这些年份中劳动力接受市场调节的内在过程是多么复杂，又是多么的必要，而很多这种调节又是通过各种其他途径，而不是通过报酬不同这种纯经济手段来进行的，这些途径起到了明显而重要的作用。我们可以设想，不同群体的经历非常不同。因此，可以相信，从农业流动到制造业、采煤业或运输业中的人的地位有所提高。同样，发展中地区的农业人口的地位也有较小程度的提高。但是，乡村地区的农业工人在这个时期的期末时的情况要比期初的情况更糟。无论如何，廉价的煤炭给北部和西部的穷人家庭增加了一些温暖，而在传统小麦产区却无法获得这种温暖。流动到工厂中的家庭工人提高了收入，与工厂竞争的家庭工人收入下降。具有新技能的工匠以 【161】
及社会需求增加的手工工匠的工资水平提高了，而被机器取代或被迫进入苦力工厂、制造业或批量生产中的手工工匠的收入则下降了。[④] 对变化着的、新的、无情的、竞争的世界表现出适应的工人可能上升成为雇主，但独立手工工匠人中的保守主义者却有可能沦落为无产阶级。如果说，1815 年之后的税收制度相比 1793 年之前有什么不同的话，就是它更多地从穷人那里征税，然后再转移给富人。

同样可以确定的是，那些工资提高者在这个时期末比这个时期初期，

---

① 珀金，上引书，第 138～139 页。珀金提供的资料显示，也存在向高收入者的转移。1830 年，15.7% 的国民收入到了 1.4% 的高工资者手中；1867 年，16.2% 的国民收入到了 0.07% 的高工资者手中。同样，在这两年中，在顶端的这 2% 的人的收入占所有国民收入的份额从 1/5 上升到 2/5。参见，上引书，第 418～419 页。【270】

② 参见以下文献的有关统计资料：
（1）B. R. 米切尔与菲丽丝·迪恩：《英国历史统计摘要》（1962 年）；
（2）苏珊·费尔利（Susan Fairlie）：《谷物法和英国小麦生产》，第 102 页。【271】

③ 对于实际工资的某些统计，参见：
（1）库青斯基，上引书，第 23 卷，第 115、169 页，第 24 卷，第 37 页；
（2）波拉德与克罗斯利：《不列颠的财富》，第 200 页及以后。【272】

④ W. H. 查洛纳（Chaloner）：《工业革命时期的熟练工匠（1750～1850）》（1969 年版）。【273】

工作要更加辛苦。进一步讲，至少主要是对从家庭就业流向公共就业的妇女和儿童来说，其工作有可能更加辛苦，家庭货币收入的增加（这种情况的确存在）一般也是通过他们的辛苦工作取得的。工厂雇用童工的社会成本成倍地增加了，尽管这种成本一直就存在，但是，童工所具有的积极意义也不复存在了。隐性失业——这在工业化之前经常存在，但那时从工人的角度看，只是一种更休闲的生活方式①——现在让位于无数次大规模的非自愿性失业，这种失业没有任何经济补偿。在1816～1819年、1826～1827年、1830～1831年和1839～1843年这些时期，越来越频繁、越来越普遍的经济危机，② 大大削弱了工人们的谈判地位，增加了其妻子和孩子工作的需要。主要生活在城市中的临时工、下等工和无根基工人的数量和比例也上升了（并且不断成为犯罪阶层）。而且，名义上的较高工资，常常因为实物交易和雇主的其他伎俩而减少。

除了这个问题，还有接受新的工作纪律和适应新的城市生活的问题，相对于以前的经验来说，这两方面都是灾难性倒退。关于城市生活舒适程度的评价是一种主观感受，其下降与否存在争议，但统计明显表明，在新城镇中的生活明显地缩短了患病者的预期寿命，增加了他们在这更短暂的生命中生理上的衰弱程度。只要进行一下比较——无论是在哪个城市中的纵向比较，或者无论哪个时期的工业城镇和其他社区的比较——都可以在预期寿命上发现这种难以置信的结果，即城市男性挣工资者的预期寿命在情况最糟的几十年中平均减少了20多岁。无论英格兰的统计资料显示的结果有多么可怕，苏格兰的统计资料显示的情况总是更糟。③ 那些让人头发倒竖的住房和卫生条件在伦敦和其他大城镇司空见惯，对它的过多描述已使令人熟视无睹，但
【162】把这种状况放到今天肯定会使人沮丧作呕。如果说贫民窟从前就有，则无论是从绝对数量上还是从相对比例上，工业革命都使其成倍增加了。④

对于工厂中的工作条件也存在争议，今天有些人还会相信工厂主的自我辩解，也有一些经济上依赖于工厂主的人认为在工厂中工作是令人愉快和有

---

① E. P. 汤普森：《时间、工作纪律和工业资本主义》，载《过去和现在》，第38号（1967年）。【274】

② 马修斯，上引书，第223～224页。【275】

③ 参见以下文献：

（1）威廉·普尔特尼·艾莉森（William Pulteney Alison）：《对查默斯博士的异议的回复》（1841年），第5～6页；

（2）温，上引书，第446、453页。【276】

④ 理查德·A·刘易斯（Richard A. Lewis）：《爱德温·查德威克和公共健康运动（1832～1854）》（1952年版）。【277】

益健康的，或者至少是可以容忍的。但是空间大小，确切地说，是工厂建筑却能激活我们的想像。对于那些无路可走，以前从没见过工厂和矿山的人来说，在获得充分的时间以逐渐对之习惯之前，产生某种恐惧是确有可能并且可以理解的。[①] 重要的是，起初只有游民、穷人、无家可归的苏格兰高地人和复员军人才进入工厂，即使到后来，许多人也只是把进入工厂作为其最后选择。当第一代新的无产阶级远离了工作，也远离了以家庭为基础的社区后，他们就只能在酒精或有千年之久的宗教中寻求慰藉，而这两种方法都使他们在通过新途径勇敢地反抗新环境方面变得更加困难。在劳动力市场内部，劳动力的流向非常混乱，这本身就阻碍了劳动者的组织和团结，而要在组织与团结上取得成功，劳动者们至少需要对共同目标有某种认同；并且，他们还需要在这种或那种环境中开展活动的坚实经济基础。

学会如何应对工业化，要花费一代人的时间——在工业化的英国，也就是劳动者一生的时间。不过，经历了这么长的时间，这个过程毕竟得以完成了。经过痛苦的实践[②]和各种各样的组织尝试，工人们最终发展起了最切实可行的工会组织。[③] 新形式的群众运动，导致了某些保护性的立法的产生。通过议会立法和工会的力量，工作时间开始缩短，12 小时工作日在 19 世纪 20 年代、11 小时工作日在 19 世纪 40 年代、10 小时工作日在 19 世纪 40 年代以后成为普遍现象。[④] 男性工人开始接受工厂纪律；孩子们被教授新技能；家庭主妇学会了充分地利用城市购物和炊事工具。[⑤] 原先为了增进受教育者驯服程度的教育，现在正逐渐使受教育者走向思想独立。教育不仅使劳动者熟悉了资本主义社会的“游戏规则”，也帮助他们制定自己的规则。最终，相对于农村生活、小城镇生活、甚至是传统手工艺人生活，城镇生活和工业变化毕竟提供了更多的知识激励。“谢菲尔德的钢叉磨制工……往往局限于同样的

---

① 参见，比如说，以下文献：
(1) J. T. 沃德：《工厂运动》，第 204 页及以后；
(2) J. T. 沃德：《工厂制度》，2 卷本（1970 年版）。【278】

② 米夏埃尔·韦斯特（Michael Vester）：《无产阶级学习过程演变史》（1970 年版）。【279】

③ W. H. 弗雷泽（Fraser）：《工会和社会：谋求被接受的努力（1850～1880）》（1974 年版）。【280】

④ 参见以下文献：
(1) 史蒂芬，上引书，第 3 章，第 81～89 页；
(2) 弗雷德里克·基林（Frederic Keeling）：《联合王国的童工》（1914 年版），第 25 页；
(3) 比尼费尔德（Bienefeld）：《工作时间》，第 82 页及以后。【281】

⑤ 消费模式的重要性经常由于对照于收入的相对重要性而被低估。参见以下文献：
(1) 史蒂芬，上引书，第 1 章，第 26 页及以后，以及第 2 章，第 50 页；
(2) 汤普森：《工人阶级的形成》，第 316 页及以后；
(3) 恩格斯，上引书，第 71 页及以后。【282】

地区，从孩童时代一直到死从事着危险的职业，并且深陷于地方利益、偏见和同情的泥沼中，但他们毕竟在道德上还有些类似于工程师、建筑业和其他行业工人；而所有各种诸如此类的行业联结着成千上万的人，他们不停地从
【163】这个商店转移到那个商店，从这个城镇流动到那个城镇，通过亲身体验获得信息，通过经常接触新面孔、新思想和改变生活条件，消除或减少愚蠢的偏见和个人敌意。”①

我们还不能确定工业革命中工资的变化过程。实际工资在总体上提高与否，仍值得怀疑。如果工资确有提高，那它必然意味着更长的工作时间、更高强度的工作和工作条件的变化——一般来说，我们感觉工作条件是变得更糟了。这种不确定主要来自于以下事实，即劳动力运动不是单方向运动，而是相反，某种非均衡发展机制——在最近被恰当地称为“韵律切分”过程（syncopated process）②——导致了在工业资本主义不断发展的过程中，不同群体的工人会有着相互矛盾的经历，而劳动力运动正是这些经历的综合反映。

因此，置于那一时代环境中的诸多人士所做的有关观察是正确的。在整个约一个世纪的时间中，工资水平保持在一种公认的贫困生存线附近。这预示着在这种经济体系中，劳动力的供给基本上处于一种过剩状况。显然，劳动供给的成本低和有弹性，以及收益从劳动向资本转移是英国工业革命的两个基本特征。考虑到劳动需求的大量增加和人均产出的巨大增长（这种增长需要大量、反复、复杂的劳动力内部流动），这种工资水平状况是一种值得注意的现象。由于劳动力市场的这种构成方式，当劳动供给过剩时，劳动力供给会对细微的吸引和排斥反应敏感。只有到19世纪后半期，当劳动者能独立行动时，一个真正的劳动力市场——劳动力的供给方至少在表面上显得有力量——才开始慢慢出现。

3.7　1850年之后的一个世纪

大约在19世纪中期，在不列颠劳动力市场的发展中，出现了一个重要变化。当然，我们不知道这种变化发生的确切日期，但我们知道它在1845～1846年间的经济繁荣时期已有所发展，然后一直到1857年，这种变化大体上得以完成。简单说来，这种变化可以描述为：经济由一种态势——一种实

① 勒德洛（Ludlow）与琼斯（Jones）：《工人阶级的成长》，第11页。【283】
【661】② 珀金，上引书，第177页，另见第141页。【284】

际工资保持不变，因而它在不断增加的国民收入中的比例下降的经济变化态势，转变为一种制度——一种实际工资与国民收入同步上升，因而它在不断增加的国民总收入中的比例得以维持不变的经济制度。

用一种浅显易懂的类推就不难弄明白为什么会发生这样的变化。我们可以用一个简单模型解释“态势”与“制度”的根本不同。假定在一个使用传 【164】统方法进行生产的经济中，一个重大的单项发明减少了制造某种产品——比方说棉纱——的劳动成本的90%，从而减少了总成本（包括增加了的资本和其他成本）的1/2。可以设想对于新情况有三种极端的解决方案：(a) 卖给买主的棉纱价格（以及生产量）保持不变，企业主获得的利润率与从前一样，所有利润都由劳动者以更高工资的形式获得；(b) 卖给买主的棉纱价格（以及卖出的数量）保持不变，工人工资保持不变，企业主获得了所有节约的成本；(c) 生产要素的报酬费用都保持不变，但在销售额（假定）增长基础上的产品卖价减少了1/2。这每种不大可能的情况可以看做一个三角形中的顶点，实际的解决方案一定位于其中。① 关键是要找出相对于这三个参考点的实际点的位置分布。

很明显，方案（a）是最不可能的一种方案。难以想像为什么企业主会不辞辛苦去冒险使用更多的资本和新方法，对自己却没有任何好处；难以想像的还有，在因革新而产生的劳动过剩带来的巨大压力下，现职工人如何能保持其工资率，更不用说提高工资率，而其他人却两手空空，得不到雇用。方案（b）有一定合理性。当然，除非我们假定资本能够无限供给，对资本的需求增加将提高其价格，只要略微提高，就将从储备、其他用途或从消费中吸引资源。如果对于新方法存在垄断，比方说具有专利权，实际情况会与方案（b）相当接近。否则某些其他牵引力就会产生，但作用不会太大。

在竞争条件下，方案（c）最有吸引力，它会迅速导致产品价格的急剧

① 实际上情况还更复杂，特别是对于劳动者来说，存在一种趋势，即，把缩短工作时间作为获得利益份额的一种形式。比较下面棉纺织业中有关国内平均情况的典型数据 F.（梅尔特恩斯：《工作时间和劳动成本》，第 128 页）：【285】

	每千锭工人	年产出（磅）	人均小时产出（磅）	周工作时间（小时）	周平均工资（先令/便士）	每磅劳动成本（先令/便士）
纺		每锭				
1829～1831 年	14.0	21.6	0.431	69	10/6	4/2
1859～1861 年	8.16	30.0	1.176	60	12/6	2/1
织		每台织机				
1829～1831 年	—	470	0.145	69	7/6～9/6	9/0
1859～1861 年	—	1 627	1.027	60	11/10	2/9

下降，随之而来的是产品数量的增加，依照需求弹性的大小，这种增加会吸引部分、全部，或者甚至超过由于新方法采用而导致的全部富余劳动力。接着，就需要更多新资本，这将导致资本价格上升并且使实际情况偏离方案（c）。在具有18世纪英国特征的社会中，结果会是非常接近于方案（c）的一个点——也就是说，棉纱价格急剧下降——但摆向“（b）-（c）”这一条边，远离三角形中的顶点（a）。这对实际工资的影响会很小；如果像棉纺业例子一样，产出的大部分被出口，低棉纱价格对实际工资的贡献将是微不足道的，并且将会（如早期棉纺业中的发明一样）对购买英国出口品的国外消费者，而不是对棉纱业工人带来更多好处。

现在假定一个相似的发明，这一发明不是一个孤立的事件，而是一系列
【165】降低成本革新活动的组成部分。这些发明既包括节约资本也包括节约劳动，这种节约影响着一个动态世界。这个世界则在不断地进行适应性调整，以应对更早发生的那些类似扰动，并且也应对现在的影响。当然，它的调整结果从来不会完全符合任何早先扰动原本要引发的单一效应。竞争仍然把市场引向（c）点，但就劳动和资本要素对这一过程的适应性供给来说，如果这一过程要吸引任何多余供给量的话，那每个行业都不得不应对其他也在发展中的行业革新所引起的要素机会成本的变化。对于劳动供给来说，现在在系统外不再存在“无限供给”了；并且，因为没有理由假定革新采用会同样影响总就业水平，在高弹性市场中成本降低的行业将不得不从没有降低成本革新的行业中，或者从那种劳动成本虽然降低但劳动需求增加比例相对较少的行业中吸纳劳动力。对于资本，开始时市场离（b）点近，但如果资本积累越多，那在后期对（b）点的磁力效应的弱化就越有效。然而，朝向（c）点流动的一般趋势——即消费者的实际成本下降——实际上意味着实际工资自动增加，除非市场比以前更远离（a）点。随着时间流逝，即使市场点的位置不变，那也意味着劳动力充分分享了由于成本降低带来的国民收入增长。

如果我们现在在某种程度上考虑到真实世界的复杂性，并把大约1850年作为研究不列颠的分水岭，以试图对从近似第一个模型的情况向类似于第二个模型的情况的过渡过程做出分析，我们会发现，在两个模型代表的大约1850年前后的两个时期之间的主要差异在于：（1）来自体系外的完全弹性的劳动力供给的结束；（2）在劳动力市场本身的外面，有一种强大力量“自动”地通过降低实际成本而使实际工资提高；（3）资本的宽松供给，很可能会降低资本持续地获取单方面收益的可能性。为了更加接近于现实，我

们也可很容易地引入更为复杂的情况：比如，可以假定货币价值发生变化，在此种情况下，劳动者要获得较高实际工资，就不得不争取较高的货币工资；在另一种情况下，简单而自然的物价下降就会使不变的货币工资实际增值；或者我们可以研究这样一种复杂过程，在这种情况下，没有技术进步的行业或者需求过剩的行业，其工资能相当好地与那些成本急剧下降或需求急剧增加的有利行业的工资水平保持同步变化，但不能完全赶上他们的工资。那么，在我们的模型中，市场点可以位于三角形中的任何地方，这要依赖于无数的复杂因素。

实际上，19 世纪出版的大部分经济学文献确实都对这个位置问题给予了关注。对这个问题存在的争论，这里不去讨论，我们只是指出，与对【166】1850 年前的工业化的推断不同（对于这个推断，经济学家们意见非常一致，没有任何异议），对大约 1850 年后的包括成熟的工业化经济的这个时期，各种理论意见不一致。某一理论可能认为工资增加，其他理论可能认为保持不变，还有的认为可能下降，或者认为工资在国民收入中的比例在不断变化，并且实际工资从其绝对意义上说也有同样的反复变化。而且实际工资概念以及作为 GNP 一部分的工资概念本身就非常不确定。因为除了定义“实际工资”、“平均工资”或者收入的问题之外，特别是对于一个内部构成在不断变化的劳动力总体，还存在着另外一个难题，这就是不断变化的工资收入与所有收入的比率问题——正如经济结构本身在这里被重新定义为主要是一个由雇主和雇佣者组成的结构一样。在工业化进程中，挣工资者在人口中的比例由于农民、独立手工工匠及其他类型的人的减少而增加。但是，在工业经济成熟后，这个比例下降了，尤其是在最后 50 年中，白领工人、专业人员和其他领薪者[①]的数量迅速增长。[②] 如果在既定时期内，挣工资者在总就业

① 注意，工资（wage）与薪水（salary）、挣工资者与领薪水者意义不同。工资指周工资或日工资，一般为体力劳动者的收入；薪水指按月发放的报酬，对应的工作一般相对稳定，工作者一般为有特殊或专门技能者。——译者注

② C. H. 范斯坦：《1860 年以来联合王国国民收入分配的变化》，载马查尔（Marchal）与杜克罗斯（Ducros）编撰的《国民收入分配》，表 3，第 120 页。【286】

年　份	受雇人数		挣工资者与领薪水者的比率
	挣工资者（百万）	领薪水者（百万）	
1911	15.18	1.67	9.1
1924	13.01	2.85	4.6
1931	12.93	3.17	4.1
1938	15.04	3.84	3.9
1951	16.17	5.69	2.8
1961	16.27	6.93	2.3

人口中的比例从75%下降到60%（下降了1/5），并且工资在总收入中的比例同样下降了1/5，即从40%下降到32%；那么，鉴于有些进入领薪者阶层的人已属于高收入群体，并且其余的人可能会获得较低的平均工资，那么，这会使工资的比例下降、保持不变，还是会上升呢？

鉴于这么多的不确定因素以及这个时期GNP和人均GNP的巨大增长，我们却从统计资料中看到工资份额基本稳定，连同工资水平对比其他收入水平的比率也相对稳定一道，它们都能给人留下深刻印象①。考虑到以上任何单个比率指标的含义都有其模糊性，都不足以说明问题，因此，我们这里再发掘加工三个最常用的比率指标。

最简单的指标是年度工资收入占总收入的比例。许多对1914年以前的工资统计都是基于A. L. 鲍利（Bowley）的工作，他对工资的定义仅限于付给商店店员的工酬。国民收入数据来自普雷斯特（Prest）。② 为了把1914年前、战争时期和战后的数据序列联系起来，我们做了一些小调整。表35是布朗和哈特于1952年计算的序列。

尽管年度数据显示出的变化程度比5年平均数据有更大的变化，高峰值为42.7（1893年），波谷值为36.6（1913年），但仍然有证据表明凯恩斯
【167】是正确的，他强调“累加到劳动力上的国民总所得比例的稳定性……在不考虑产出的总体水平和经济周期阶段的情况下……在所有范围的经济统计资料中，无论对大不列颠还是美国来说，都是一个最令人吃惊但最确切的事实”，他还指出“结果仍然有些不可思议”③。鲍利同样对这种稳定性感到惊讶，他认为：“这么多比例和变动速度持久不变……似乎有许多固定原因，并且这种稳定性似乎是不可避免的。”④

① 严格地说，上文交代的是人均意义上的工资份额、工资对其他收入比率稳定；如文中无特别说明，下文所称的“工资占国民收入的比率”也都是人均意义上的。——译者注

② 参见以下文献：

（1）A.L. 鲍利：《1860年以来的工资和收入》（1937年版）；

（2）A.R. 普雷斯特：《联合王国的国民收入（1870～1946）》，载《经济杂志》（1948年），第58卷；

（3）迪恩与科尔：上引书，第241页及以后。【287】

③ J.M. 凯恩斯：《实际工资和产出的相对运动》，载《经济杂志》（1939年），第49卷，第48～49页。【288】

④ A.L. 鲍利：《国民收入分配的变化（1880～1913）》（1920年版），第27页。【289】

表 35　　1870～1950 年间工资和挣工资者所占份额

单位：%

时期（年平均）	工资占国民收入的百分比	挣工资者占就业人口的百分比
1870～1874	40.7	83.7
1875～1879	4.15	82.7
1880～1884	40.0	81.7
1885～1889	40.1	80.8
1890～1894	41.9	79.7
1895～1899	40.7	78.7
1900～1904	40.3	77.5
1905～1909	38.0	75.9
1910～1913	37.3	74.6
1924～1929	41.1	72.7
1930～1934	41.2	72.1
1935～1939	39.4	71.6[a]
1940～1944	38.9	—
1945～1950	41.3	66.3[b]

注：a　1935～1938 年平均。b　1948～1950 年的暂时数据。

资料来源：E. H. 费尔普斯·布朗（Phelps Brown）与 P. E. 哈特（Hart）：《国民收入中的工资份额》，载《经济杂志》（1962 年），第 62 卷，第 276～277 页，表 1，附录。

应该记住，工资比例在不同行业中变化很大，① 因此一定存在一种神秘的、补偿性的行业重新分配以实现总体工资比例的稳定。但是或许更“不可思议的”是：这种稳定的分配是对于挣工资者整体来说的，但他们在人口数目中的比例是稳定下降的，因此当他们作为一个整体得到同样的份额时，其获得的人均国民总所得似乎会越来越多。显然，工资稳定在 40% 左右部分地依赖于“工资（wages）”和“薪水（salaries）”的定义，如果这样一种稳定 【168】
的函数关系值得注意，那么这种稳定性本身——它必定是某些补偿性运动的结果，因为更少的人获得相对更多的人均工资——就更值得注意。②

作为一个整体，“工薪收入赚取者”的所得份额不但有变化，而且在这个时期内，它实际上由于租金、利润和利息的减少而得到了迅速提高，如表 36 所示。增长的原因在于薪水上涨和雇主依法投保。

① 参见，比如说，A. L. 鲍利：《工业产品的划分》（1919 年版），表 6，第44～46 页。【290】

② 布朗与哈特实际上的确解释了由于一系列补偿性运动导致的这个比率的稳定性，特别是经济周期中工资和利润的补偿性运动。在经济萧条时工资加利润相对于较稳定的收入来说会下降，但在不稳定的部门中，工资增长以牺牲利润为代价，在经济繁荣时期，则有相反的运动。上引书，第 265～266 页。【291】

表 36　　1860～1968 年间国民总收入与 GNP 的分配

单位：%

时期（10 年平均）	国民收入分配			GNP 分配			
	工资和薪水	租金	利润、利息和混合收入	工资	零工支付	雇主贡献	薪水
1860～1869	48.5	13.7	38.9	38.7		—	6.5
1870～1879	48.7	13.1	38.2	38.9		—	6.3
1880～1889	48.2	14.0	37.9	38.6		—	7.6
1890～1899	49.8	12.0	38.2	39.5		—	8.5
1900～1909	48.4	11.4	40.2	38.0		—	9.7
1910～1914	—	—	—	34.5	2.0	—	10.8
1920～1929	59.7	6.6	33.7	38.0	1.7[a]	2.0[a]	16.6[a]
1930～1939	62.0	8.7	29.2	37.4[b]	1.5[b]	2.5[b]	18.1[b]
1940～1949	68.8	4.9	26.3	39.3[c]	3.6[c]	3.3[c]	19.1[c]
1950～1959	72.4	4.9	22.7	39.3	2.1	4.2	20.6
1960～1968	74.1	5.4	20.5	37.8[d]	1.6[d]	4.9[d]	23.1[d]

注：a　1921～1929 年；b　1930～1938 年；c　1946～1949 年；d　1960～1963 年。

资料来源：

国民收入：范斯坦：《国民收入分配的变化》，载马查尔（Marchal）和杜克罗斯（Ducros）主编：《国民收入的分配》（1968 年），以表 2 为基础，第 119 页。

GNP：迪恩与科尔：《英国经济增长（1688～1959）》，第 245、247 页；1960 年以来的数据，见《国民收入和支出（年度）》。

尽管乍一看，似乎只有劳动获益了。然而，我们仔细分析，工薪赚取者所得份额稳定，而领取工资的“劳动者”在这一群体中所占比例是下降的，我们就会发现这个结论会给人误导。我们还看到，就工薪赚取者来说：其一，新增的非挣工资者在很大程度上是由传统上低收入的群体如女文书组成；① 其二，大部分“受薪”者的身份与联合股份组织流行前的几十年间的
【169】业主和合伙人几乎完全相同，这些人的收入原本应归属到利润和利息这一类别之中。尽管如此，如表 37 所示，在两次世界大战期间似乎也存在收益从“财产”向“劳动”的转移（在两次战争中间的和平时期，分配比例则表现出明显的稳定性），我们还不清楚实际转移的数量以及各类别中的变化数量。

① 参见布朗与哈特，上引书，第 256 页及以后。【292】

表 37　　1910～1963 年间 GDP 分配　　单位：%

时　期	劳动	财产
1910～1914	60.2	39.8
1921～1924	70.6	29.4
1935～1938	70.0	30.0
1946～1949	74.3	25.7
1960～1963	74.5	25.5

资料来源：范斯坦：《国民收入分配的变化》，表 5，第 126 页。

正是为了分解出这种数量因素，布朗（Brown）与布朗讷（Browne）发明了一种对英国及其他四种经济体系中的劳动份额进行精细测量的替代方法。这种方法被称为工资—收入比率法，它把受雇佣者的总收入与行业内——也就是说，与（一般为）采矿业、制造业、运输业、公用事业和建筑业（参见表 38）的总收入进行比较。其他部门由于独立经营者比例高而被省略了，因为对于这些部门的人来说，其工资因素不能被分解出来。尽管有些年份有些例外，如 1873 年（比率为 54%）和 1879 年（79%），但总的来看，他所定义的工资与收入的比率在长时期内相当稳定，只是在第二次世界大战后，这一比率方显示出某些重要变化。①

表 38　　1871～1959 年间工资—收入比率

（年度平均）

1871～1874	61	1905～1909	66
1875～1879	70	1910～1913	65
1880～1884	71	1924～1929	70
1885～1889	72	1930～1934	72
1890～1894	70	1935～1938	64
1895～1899	65	1949～1954	78
1900～1904	64	1955～1959	81

关于不列颠和其他被研究的国家中出现的这种长期稳定性，布朗和布朗讷用国民收入中的其他因素来作部分的解释。假设恒等式 $S \equiv 1 - rk$，这里 S 是产品中的劳动力份额，r 是利润率，k 是资本—产出率，② 10% 左右的利润 【170】
率和 2.5 的资本—产出率将会导致大约 0.75 左右的工资—收入率，即

① E. H. 费尔普斯·布朗与玛格丽特·H·布朗讷：《一个世纪的工资》（1968 年版），附录 3，第 444～447 页。【293】

② 上引书，第 333～336 页。【294】 【662】

1 -（0.10 ×2.5）=0.75。但是还不清楚，为什么在长期内这两种因素会保持稳定或相互补偿。

第三种方法由柯布—道格拉斯（Cobb-Douglas）函数发展而来，它把工资和薪水与各制造业增加价值总量对比求取比率。尽管不同行业之间的比率差异相当大，但通过这种方法也显示出：对于这些发达国家来说，不论是从它们的联合总体的加总情况，还是就其中几个国家的加总情况来看，这一比率在长期内也相当稳定，保持在50%左右。①

1850年以来的一个世纪中，无论是绝对国民产值还是人均国民产值，都增长了好几倍。在这种增长过程中，工业结构和经济结构都发生了剧烈变化。然而在这整个时期中，工资没有徘徊在贫困生存线或其他固定水平上，而是像水蛭一样紧紧依附着上升的国民产值曲线，这表明，劳动者收益近乎（与国民产值）成比例地增加了。

表39　　1850～1966年间实际工资指数

时期平均	平均工资（不考虑失业）：伍德（1850＝100）	工资：鲍利（1914＝100）	制造业中成年男性周平均实际收入：劳工部资料（1958＝100）	近似连续序列（1850＝100）
1850～1859	100	—	—	100
1860～1869	111	—	—	111
1870～1879	130	—	—	130
1880～1889	146	—	—	146
1890～1899	171	—	—	171
1900～1909	196	100	—	196
1910～1914	—	98	—	193
1924～1929	—	115	—	225
1930～1939	—	129[a]	66.2	253
1940～1949	—	—	85.6	327
1950～1959	—	—	93.9	359
1960～1966	—	—	119.7	457

注：a　1930～1936年。

资料来源：基于米切尔与迪恩的《英国历史统计摘要》（1962年），第343～345页；伦敦和剑桥
【171】经济服务中心及《泰晤士报》，《英国经济：主要的统计数据（1902～1966）》，表E。

① P.J. 洛夫特斯（Loftus）：《制造业中的劳动收入份额》，载《劳埃德银行评论》（1969年），第92卷。【295】

如表 39 所示，从同一时期的实际工资增长中也可以看出这种结果。这些平均数据掩盖了各工业行业之间、职业之间以及技能水平之间的许多相对变化。19 世纪后半期，工人“贵族”在许多主要工业行业中的地位得到了很大加强；[①] 而若同样地在几个工业行业内部，他们与非熟练工人和帮手的差别也加大了，有迹象表明行业之间这种鸿沟可能也扩大了。[②] 当然，在差别很大的伦敦、约克郡和其他四个地方城镇中，分别在大约 1890 年、1900 年和1912 ~ 1913 年，在贫困人口之中，都有一个其所占比例极其相似的、大约占到 30%（或者说 40% 的工人阶级人口）的特别困难群体——这一发现与布思、朗特里、鲍利和他们的合作者的发现相一致[③]，这些特别困难群体的困难境况向人们显示，处境下降着的那部分人与领取固定工资的人之间的鸿沟在不断加大；尽管在这里，这种数值都约为 30% 的比率的一致性与不同行业工资在国民收入中占比的一致性一样，还是具有欺骗性。事实上，由失业、临时工作、低报酬、无就业能力或男性家庭生计负担者死亡等不同原因所引起的穷困者比例，是互不相同的。

还有，如果我们记住定义具有复杂性和不确定性，那就会很有意思地发现，在五个主要工业行业中，工人工资与手工艺人工资的比率在 1886 年和 1913 年间相当稳定，在 1886 年平均为 60%，在 1913 年平均为 58.5%。[④] 在这以后，有了更详细的数据，这些数据同样显示出比率非常稳定：[⑤]

	1906 年	1960 年
不熟练工人收入占工头和熟练工人收入的中间值（6 个行业）（%）	61.9	61.9
半熟练工人收入占工头和熟练工人收入的中间值（5 个行业）（%）	75.7	73.3

① 霍布斯鲍姆：《19 世纪英国的工人贵族》，载《劳动者》。【296】

② 参见以下文献：

（1）波拉德与克罗斯利：《不列颠的财富》，第 216、237 ~ 238 页；

（2）R.J. 哈里森（Harrison）：《在社会党面前》（1965 年版），第 30 ~ 31 页。【297】

③ 参见以下文献：

（1）查尔斯·布思（Charles Booth）：《伦敦人民的生活和劳动》，2 卷本（1889 年版）以及 17 卷本（1903 年版）；

（2）B. 西博姆·朗特里（Seebohm Rowntree）：《贫穷：城市生活研究》（1901 年版）；

（3）A.L. 鲍利与 A.R. 伯内特—赫斯特（Burnett-Hurst）：《生计和贫穷》（1915 年版）。【298】

④ K.G.J.C. 诺尔斯（Knowles）与 D.J. 罗伯逊（Robertson）：《熟练和非熟练工人的工资差别（1880 ~ 1950）》，载《牛津统计学会会报》（1951 年），第 13 卷。【299】

⑤ 盖伊·劳思（Guy Routh）：《大不列颠的职业和工资（1906 ~ 1960）》（1965 年版），表 46，第 102 页。使用的是未加权平均。【300】

因此，这就不只代表着一种简单的稳定性，而且也反映出不同方向上的不同运动所引起的相互补偿效果。尤其是在两次世界大战期间，部分是因为过于充分的就业状况相对更为有利，部分是因为对看管机器的特殊工人有最大的需求；或许，还部分地因为固定工资的增长从边际效应上来看更为有利，低收入者的相对地位有很大提高。另外，需要指出的是，1935~1939年间，尽管当时严重的失业本来应该对非技术熟练工人不利，但他们的工资水平也增加了。[①] 只是，在战后年代和战后经济繁荣时期，这些收益增量又被削减了。看样子，尽管对一贯都在"实施"着的分配模式有干扰，似乎又有种力量在调整和纠正着这种干扰，但我们却难以说清它是如何产生的。

女性工资对平均工资的百分比也保持稳定，1913年为63%，1960年为64%。1913~1914年间，女性收入的加权平均与全体劳动力平均收入的百分比为54%，1960年的比率也一样。出现这种结果，部分原因是某些典型
【172】的女性职业如文书和业务性工作者工资相对下降，以及（不考虑男性的比率）非熟练职业中的女性报酬从战前绝对低的每周10先令或12先令大幅上升到与男性收入基本相称的数额上。1911~1958年间，男性工人工资的差距范围缩小了，而女性工人工资的差距范围却加大了。因此，这里的女性工资占平均工资的百分比的稳定又是通过补偿性运动实现的。[②] 只是，工资金额数字的最高十分位数和最高百分位数相对下降了——但这可能只是一种错觉，它可能只不过是由于成功逃税的某种需要和技巧而引起的，而不是个体高收入水平的真正的相对下降。

大约1850年以来，与实际工资的长期性巨大增长相伴发生的是工作时间的显著减少。工作周缩短的趋势在1850年以前就出现了。通过有关纺织工厂中女工和童工的立法，工作时间缩短得以强制执行，而从那以后，缩短工作时间更为盛行。在这个过程中，工会和议会付出了同样多的努力。具有重要意义的还有，工时缩短是在工人谈判力量强大的几个短暂时期里取得的，而不是一个缓慢的渐进过程，并且，由于工作时间的缩减趋势一直没有逆转（1926年矿工的失败是一个主要例外）；在长时期内，它形成了一种强大的棘轮效应，并促成了标准工作周的形成。

第一次主要的工时缩短，发生在1871~1874年的经济繁荣年代，当时

---

① 上引书，第127、144页。【301】
② 上引书，第x、101、105、147页。【302】

劳动力短缺，尤其是在资本货物工业中。工程师赢得了9小时工作日，这种工作日在金属加工工业中变得几乎相当普遍；考虑到星期六的半天假期，纺织业的工作时间从60小时缩短到56.5小时（1902年进一步缩短到55.5小时）；原来已经是每周56.5小时的伦敦建筑业工作时间进一步缩短到52.5~54小时。

19世纪90年代，不列颠的工人和海外工人一道重新觉醒，工人运动把争取8小时工作日当作其宣言的一个中心条款，但在不列颠，它的成功仅限于几个独立的进步工厂，而没有遍及整个工业体系，这些工厂保证8小时或8个半小时工作日。[①] 仅有的主要成功，是由矿工在经过长期斗争后迟至1909年才取得的，每班缩短1小时。[②] 在第一次世界大战之后的1919~1920年间，工作时间又发生了巨大而普遍的缩短，不仅在从前9小时制的工业行业，而且在如炼钢业这样的每班12小时制仍然普遍盛行的行业之中，也争取到了8小时工作日标准。第二次世界大战后，工作日又进一步微调到名义上的7小时或7个半小时，尽管劳动者的实际工作时间 【173】
（包括加班）仍然是每周平均46~48小时。这时，两周的带薪年假也已成为标准规范。[③] 同样，在这一个世纪中，法律也对义务教育做出了规定，法律条文起初是把10岁以下，最后是把所有15岁以下儿童都从劳动力队伍中解放出来；然而，虽然发生了这些变化，家庭工资收入在国民收入中的比例却保持不变。

没有什么显而易懂的方法，能够把工作时间缩短这个事实，体现到对国民产值在工资和其他部分之间进行划分这一过程中去。从表面判断，劳动者获得了休闲时间增加带来的全部收益，但似乎仅仅负担了产出减少导致的部分成本。由此，似乎也可以说，劳动力收益增大是以其他生产要素付出代价为前提的。实际上，这个过程要复杂得多。

在工业化早期的几十年中，新的工作方法改变，一般意味着工作时间延长（或者定期延长）以及工作强度增加，而实际工资基本不变。不明智的

---

① 布雷恩·麦考密克（Brain McCormick）：《英国工业中的工作时间》，载《工业和劳动关系评论》（1959年），第12卷，第426页。【303】

② B. 麦考密克与J. E. 威廉斯（Williams）：《矿工和八小时工作日（1863~1910）》，载《经济史评论》，第2卷，第12分卷（1959年）。【304】

③ 参见以下文献：

（1）A. L. 鲍利：《工资和收入》，第25页；

（2）布朗和布朗讷，上引书，第55~56、103、171~173、184、208~212、279~280页；

（3）M. A. 比尼费尔德（Bienefeld）：《工作时间》。【305】

企业家阶层的这种追求更高资本回报的粗鲁方法，在超过某种限度时必然会适得其反。如果说最初的无产阶级是一个过度疲劳、无精打采、营养不良的无产阶级的话——这种阶段在不同行业的不同时期都出现过，但集中发生在19世纪30年代和40年代——那么，不久之后，来自开明雇主的经验，还有法律的强制会产生一些纠正作用；当然，其他一些雇主自己也会逐渐发现，高回报也可以来自于较短的工作时间、较好的工资和工作条件，以及用成人劳动取代儿童劳动。他们还吃惊地发现工人不只是有“手”的机器，而且作为人，他们是有动机、有才干的，是对其工厂有潜在贡献的复杂综合体。他们感觉到，他们所应对的不是这三个简单的变量——工作时间、工作强度和工资，让前两者尽可能高，后者尽可能低——而是发现，还有许多变量在起作用，如动机、技能和责任心等等；只是，他们还不清楚这些变量如何组合才能产生最佳结果。

这个过程一旦开始，它自身就获得了一种自我推进的逻辑与动力。有了更多的休闲时间和较高工资，工人们可以建立自己的工会；有了激励，工人们可以更主动地要求金钱回报、地位和责任、忠诚和受人尊敬；每一次工作时间的减少都从市场中解放出一部分劳动力，并且从长远看，劳动者在要求更高工资的谈判中的地位增强了，这也和在残存的苦力工业中，由于工作时间长和饥饿造成的劳动者软弱，会使这些工业活动中的工资在相反方向上朝着更坏情况螺旋式恶化道理一样。在这方面，曾经相当明确地得到确定的平
【174】衡点也变得完全不能确定。劳动力市场结构总体上在发生急剧的变化，并且，与各行业中的各种各样的变化相伴随，它的变化也显得不很确定和反复无常。

随着问题涉及领域的拓展，我们不禁要问，那事实上究竟是什么因素使得工资能够与国民收入同比例地变化呢？解决这个长期问题的一个方法就是对影响国民收入中工资和工资份额的各种短期与周期性变动的因素进行探究。泛泛地讲，答案有两类：一类是从劳动力需求状态中去寻找，另一类是从工会的斗争性和“进取性”中去寻找。

从前者来看，研究者取得的最大成就是通过把失业作为劳动力需求的一个指标，从而再把工资变化和失业率联系起来而使问题获得解决。这个方法尤其与 A. W. 菲利普斯（Phillips）教授联系在一起，现在的许多作品都建

立在“菲利普斯关系”之上，[①] 它把工资**变化率**和**失业率**以及失业**变化率**联系在一起。就此论之，关于所研究的这个时期的前一段时间即 1862 ~ 1913 年，利普西发现，有 80.6% 以上的工资变化，可以“以这两种变量变化之间的关系，通过经济计量学来解释说明”。[②]

或许菲利普斯的最不平凡之处在于，他为他所研究的整个时期——1861 ~ 1957 年——尽管这个时期被两次世界大战分割为明显不同的三个阶段——找到了一个可资应用且没有任何“变化”的单一公式。从这一时期的分阶段情况看，1914 年之前，可以看做是具有低失业率、强周期的特征；而 1919 ~ 1939 年间则具有非常严重的高失业和强周期的特征；1945 年之后，则表现出非常低的失业率和弱周期特征。至于其他相关的变量，在第一阶段，工会的力量弱，（1910 年后）上升到中等水平，在第二个阶段开始时工会力量较强，后来又下降到中等水平，在第三阶段则非常强大。不管经济体系中其他的因素长期变化是多么巨大，价格运动在三个阶段中表现出同样强度的变化，尽管或许正是价格的补偿性运动，使得在所有三个阶段中的（工资对价格——译者）比率相似。因而，如果可以假定劳动力市场在某些方面不受 20 世纪 20 年代和 30 年代的严重失业的影响，并导致 1914 年以前工资缩减程度要小于同样失业率在 1914 年之后带来的影响，那么也正是世界价格的全面下降（尤其是进口价格），使得实际工资维持在与 1862 ~ 1913 【175】
年间的工资曲线大体齐平的水平。类似地，如果说在第三阶段，主要是在 1945 年之后，尽管经济体系中失业率非常低，但工资水平却免于受到向增加方向变动的影响，那也是通过需求旺盛拉动和成本上升推动，这二者以某种我们不可确知的权重发生综合影响，使世界价格水平上升，并由此限制了实际工资的增加。事实上，利普西重新研究菲利普斯的数据，发现与菲利普

---

① 参见一些文献：

（1）A. W. 菲利普斯：《联合王国的失业与货币工资率的变化率的关系（1861 ~ 1957）》，载《经济杂志》，第 25 卷，第 100 分卷（1958 年）；

（2）R. G. 利普西（Lipsey）：《联合王国的失业与货币工资率的变化率的关系（1862 ~ 1957）》，载《经济杂志》，第 27 卷，第 105 分卷（1960 年）；

（3）伯纳德·科里（Bernard Corry）与戴维·莱德勒（David Laidler）：《菲利普斯关系：一种理论解释》，载《经济杂志》，第 34 卷，第 134 分卷（1967 年）；

（4）J. M. 霍姆斯（Holmes）与 D. J. 史密斯（Smyth）：《失业和劳动需求过剩的关系：菲利普斯曲线的理论解释》，载《经济杂志》，第 37 卷，第 148 分卷（1970 年）；

（5）J. 凡德卡姆普（Vanderkamp）：《菲利普斯关系：一种理论解释——一种评论》，载《经济杂志》，第 35 卷，第 138 分卷（1968 年）；

（6）J. F. 布罗什维尔（Brothwell）：《菲利普斯曲线的理论基础》，载《经济研究公报》，第 24 卷（1972 年）。【306】

② 利普西，上引书，第 6 页。【307】

斯自己的推断相反，1918 年后的实际工资更多的是对价格而不是对失业率或失业率变化做出反应。①

菲利普斯自己承认，价格变化（至少是最低限度地）可能会干扰失业和工资之间的关系；并且，菲利普斯和利普西都认识到，工会力量可能也有某些影响。② 而且，菲利普斯—利普西曲线有一个特别的斜率。在低失业水平时它的弹性很高，这就意味着，当经济接近充分就业时，对劳动力需求的进一步增加（如失业的进一步减少所显示的一样）会导致工资发生不成比例的巨大增长。但在高失业时，该曲线无弹性，就业机会的进一步减少只会导致极少的工资削减。菲利普斯通过劳动力市场机制来解释这种不对称性或非线性关系："当对劳动力的需求高时……我们应该预期雇主会迅速地提高工资"，而"另一方面，当对劳动力的需求低时，工人似乎不愿意以低于现行工资水平的工资提供服务"。③ 很难把这种不情愿与工会的态度和力量联系到一起。④

实际上，工会力量是造成短期工资变化的另一个主要原因。在 A. G. 海因斯（Hines）⑤ 的著作中，可以发现关于工会影响的完美描述，他通过计算工会成员的变化率而不是其绝对量，把他所研究的时期（这个时期比菲利普斯研究的时期要少大约 30 年）的工资变化与工会的"进取性"联系起来。海因斯发现，1921 ~ 1961 年间（战争年代除外），在工会联合程度和工资变化之间存在着相关关系；⑥ 与此形成对比的是，除了 1893 ~ 1912 年这段时间，失业水平对工会联合的程度没有"重要贡献"。⑦ 很明显，这个工会"进取性"变量是否具有独立性，成为论据链条上最脆弱的一环。特别遗憾的是，由于仅有这些数据，他没能从时间上进一步往回进行推证分析，

---

① 上引书，第 26 页。一个最近的研究试图把年龄变化与失业率分布相联系，即把不同年龄组群的工人的差异联系起来，参见 R. L. 托马斯（Thomas）与 P. M. 斯托尼（Stoney）：《作为联合王国工资增长决定因素的失业分布（1926 ~ 1966）》，载《曼彻斯特学院学报》，第 39 卷（1971 年）。【308】

② 参见一些文献：

（1）菲利普斯，上引书，第 291 ~ 292、298 ~ 299 页；

（2）利普西，上引书，第 9 页。【309】

③ 菲利普斯，上引书，第 1 页。【310】

④ 如布朗与布朗讷所做的研究，上引书，第 73 页。【311】

⑤ 参见以下文献：

（1）海因斯：《联合王国的工会和工资增长（1893 ~ 1961）》，载《经济研究评论》（1964 年），第 31 卷；

（2）海因斯：《联合王国的失业与货币工资率的变化率的关系（1862 ~ 1963）：一种重新评价》，载《经济和统计评论》，第 50 卷，第 1 分卷（1968 年）。【312】

⑥ 海因斯：《工会和工资增长》，第 223 页。【313】

⑦ 上引书，第 234 页。【314】

以观察即便这种“有贡献”的例外对1919年以后的变化不具有适用性，但是否在1914年以前的全部时间上都具有很好的适用性。[①] 因为，如果我们断定，是否成为工会会员，与劳动力市场状况、其他（非竞价性）工资要求的满足、近年相关工业行业中工资变化等等现象之间，没有什么关系，似 【176】
乎并不合理。尽管要取得工会成员身份，可能也存在一些外因，如政治煽动，或者甚至还与工人的学习过程有关，并因此成为时间的函数。

以下这一点并不全然令人感到惊奇，即海因斯方程对这整个时期来说，不是保持不变的，方程的不同斜率也意味着，在由两次世界大战分隔开的三个阶段之间，常数项数值也会有某种变化。并且，我们可以根据经验预料，较弱的工会力量增长时与较强的工会力量增长时，所引起的反应不同；也可以预料，相同的入会成员数量，（处在19世纪90年代的典型环境中的）工会成员对当时很少赢得认同的工会的指望程度，要比20世纪40、50年代工会成员对当时已部分享有经常性权威机构地位的工会的指望程度大得多。当然，我们还可以预料，工会在其有影响的创建期和复兴期会比平时吸纳更多的会员，并且会使其会员工资得到很大提高。[②] 但是，如果说，在1914年特别是1910年以前，当工会会员资格的分布非常不均匀时，高密度的工会一般会伴随有高工资，而关于这两者究竟哪是原因哪是结果，我们却不能说清楚。[③]

因为菲利普斯和海因斯的理论所解释的是短期、周期性的工资变化，故受到了不少批评。在我们看来，解释工资长期运动的最重要的结论是，那些很显然只是在短期内起重要作用的因素会在解释长期运动时显得无能为力。[④] 对于1919～1939年间来说，与1914年以前的几十年和平时期这样一

---

① 在他的第二篇论文中，海因斯承认失业对19世纪工资率的某些影响，但是在20世纪这种影响日益减少。《联合王国的失业与货币工资率的变化率的关系（1862～1963）：一种重新评价》，第60、65页。【315】

② S. 波拉德：《工会和劳动力市场（1870～1914）》，载《约克郡经济和社会研究公报》，第17卷（1965年）。【316】 【663】

③ H. A. 克莱格（Clegg）、艾伦·福克斯（Alan Fox）与A. F. 汤普森：《1889年以来的英国工会史（第1卷：1889～1910年）》（1964年版），第482～483页。【317】

④ 克劳德·龙多（Claude Rondeau）重新研究了菲利普斯和海因斯的资料，他倾向于这种观点：从长期来说，工资取决于劳动力市场（失业）状况，短期内取决于制度因素（管理预期和工会推动力）。参见龙多：《联合王国货币工资运动的制度性决定因素的自发作用（1862～1938）》（未公开发表的博士论文，伦敦，1969年），第104页。

管理预期与利润率相联系。参见：

（1）N. 卡尔多（Kaldor）：《经济增长和通货膨胀问题（第二部分）》，载《经济杂志》，第26卷（1959年），第104页；

（2）R. G. 利普西与M. D斯蒂弗（Stever）：《利润和工资率的关系》，上引书，第28卷，第110分卷（1961年）。【318】

种长时期相比较，可以认为，有两种力量在发生作用并互相抵消着对方的影响：一方面，大规模失业表明劳动力需求水平相对低，这倾向于导致相对较低的工资；另一方面，工会力量显著增强，特别是在20世纪30年代，这倾向于导致工资提高，并促使其份额增加。但是，1945年后，充分就业和工会力量的高水平本应向同一方向起作用；然而，收入分配结构并未发生变化；并且经济飞速发展的动力也没有丧失。看起来，似乎有一种重力，或者更准确地说，（用一个较适当的比喻）是陀螺引力，使工资与国民收入的变动保持在同一个方向，这种力量的影响，超越了作用于劳动力需求和供给之上的任何单个推动力的影响。

值得注意的是，所有关于联合王国劳动力市场长期性变化的深入研究，如布朗与布朗讷或劳思的研究，最后不但必须要将那些对工资份额有着直接与可测量影响的因素（有些是主动的，其余是被动的）容纳进来，而且还不得不求助于某些无法测量的原因，或是求助于其他作者找出的原因，这些
【177】原因要么倾向于回避问题，要么使问题的解决变得更加困难。因此布朗与布朗讷不得不承认他们的分析有局限性，他们认为［在某种可容忍的限度内，它们（货币工资）自己依赖于诸如雇主对未来市场的预期等无法测量的变量而变化］，“货币工资的增长率依赖于工资要求提出者的魄力”。[①] 劳思在其涵盖时期更短的经验研究中赞许地援引埃利奥特·雅克（Elliott Jacques）的话说：“相对于其他因素来说，报酬水平是否处于合理水平，可以直观地凭经验感觉到……向低于合理水平工资的偏离则伴随着不满，偏差越大，这种不满越强烈”；劳思还补充道：“一个人与他的按照购买力……以及按照其他职业收入水平来度量的收入水平之间的这种依附关系具有某种本源性，这种依附关系和动物（母亲）与（她的）幼崽间的依附关系没有什么不同。”[②] 因此，工资份额以及不同工资关系之间的恒定性，或许可以通过非经济学方法来解释。

到现在我们已经观察了许多案例，还可以找到许多其他的案例。这些案例显示出，工资份额明显的恒定性和劳动力市场明显的均衡，在很大程度上不能归因于单个的自然（或超自然）原因，而是要归因于补偿性运动的复杂平衡。但是，这个阶段持续的时间越长，这个系统越有弹性，越是感觉到把这些补偿性运动归因于一系列偶然事件的不合理性，我们就越是不得不把

---

① 布朗和布朗讷，上引书，第148～149页。经典的研究是巴巴拉·伍顿（Barbara Wootton）的《工资政策的社会基础》。【319】

② 劳思，上引书，第152页。【320】

加尔布雷思（Galbraith）学说中的抵消力量本身，看做是这个系统的内在特征。不管是不是这样，影响劳动力谈判地位的力量也影响着资本的谈判地位；因此，在经济萧条和通货紧缩时期，两者的地位都会削弱，在经济繁荣和通货膨胀时期，两者的地位都会加强。是否存在着某种被各种变化伤害过的正义？是否存在着某种过去的遗留力量在对经济现实施加着某种影响，这种影响比经济投机在任何时候所能达到的效果都更为强烈？或者是不是资本的力量导致了工会的联合，工会的联合又导致了雇主的联合，每一方的加强又导致另一方的加强，正如一个人对政治权力的运用导致了另一个用传统方法对抗的人也开始运用政治权力一样。所有因素相互作用的结果就是，在这一个多世纪中，工资份额大致没有改变，劳动力市场的供需变化并不剧烈并基本处于均衡状态。

经验数据表明，19 世纪中期左右，劳动力市场发生了重大变化。[①] 这种经验总结与某种观点相一致，这种观点把这个转折点之前的世纪看做是一个社会发生基本转型和阶级进行重新排列的时期。在这个时期中，赚取工资的
劳动者阶级以它现代的、可辨认的形式被创造出来，这个阶级处于仅能维持 【178】
生存的不利条件下，或许这种不利条件也成了它自身转型的一个必要引擎。在这个转折点以后，情况发生了很大变化，工资在其购买力方面与人均国民收入同步增长，增长程度为 4 倍或 5 倍。然而这种变化本质上是量的变化，不是质的变化。在过去的一个世纪左右，社会的基本结构没有发生改变，社会经济在多种关系上显得恒定不变；其中一种关系，就是劳动力成本在国民
产值中的份额保持稳定。 【179】

① 从某些方面来看，这种变化的过渡期本身漫长而复杂。比如说，在 19 世纪 90 年代以前，工会仅拥有有限权力；并且，还值得注意的是，在这个时代之前，工资份额周期变动的程度一直都颇为强烈。参见，布朗和布朗讷，上引书，第 131 页。【321】

第四章

大不列颠的工业企业家与企业管理[①]

4.1 引　言

自从第二次世界大战以来，社会科学研究者们都极为重视研究经济增长过程，很多学者都试图对经济增长的内部机制做出剖析。近二三十年间，探索过这个复杂经济现象的经济史学家们都倾向于接受 T. S. 阿什顿的观点，也就是说，他们都突出地强调企业家的作用。[②] 另外，关于经济发展本身，一方面经济史学家们日益从对自然资源和物质资本的所谓“战略角色”的迷恋中解脱出来；另一方面，经济理论家也越来越推崇所谓“企

① 笔者非常感激以下人员曾对本章的初稿进行阅读和评论：S. G. 切克兰德（Checkland）教授、安东尼·斯莱文（Anthony Slaven）先生、罗伊·丘奇（Roy Church）教授，以及我同在阿伯丁（Aberdeen）大学经济史系工作的同事们。【1】

② T. S. 阿什顿（Aston）：《工业革命》（牛津，1948 年），特别要参看该书的第 161 页。【2】

业家能力"[①] 和"管理者能力"[②]。学者们的注意力投向了有利于增加"企业家"供给的经济和社会环境，对这种"环境"的解析与研究变得前所未有的精妙。经济史学家和社会学家

> 试图寻找与辨认出能够对企业家及其"开发式"创造力的产生有着有利影响的一系列信念、态度、价值系统、主流观点以及社会倾向。他们同时也强调少数人群体和不正常行为在企业家团体形成中的作用。［并且］心理学家的研究也对以上成果形成补充……他们最近的结论指出，开发能力和企业家行为有赖于相应的成就动机。[③]

这些相互关联的成果，使得探索"企业家能力"的学者既兴奋又困惑。社会学家和心理学家不断推出的新论点虽然引人入胜，但这些论点大多数不够严密，不具有长期适用性，在实证支持上也相当脆弱。[④] 而且，"企业家"这个术语过于泛泛，也使得对"企业家行为"的进一步理解变得更加困难。[⑤] 在得到阐发的诸多定义中，如果我们能注意到伊迪丝·彭罗斯（Edith Penrose）所给出的论述并予以采纳，那将有助于理清后续讨论的思路。按照她的说法，我们在本文中认为，从功能发挥的角度上讲，企业家是指

> 企业里那些代表整个企业的个人或团体，他们（被赋予有责任）引进、接受新思想——特别是关于企业产品、地理位置、技术变化等方面的思想，他们还负责物色新的管理人员，关注企业管理 【180】

① "entrepreneurship"一词出现在本书第四章（英国）、第 7 章（法国）、第 10 章（德国），译者根据语境做出的可能汉译有"企业家能力"、"企业家精神"、"企业家职能"3 种，但在原著中是同一英文词。——译者注

② 参见，比如说，A. O. 赫希曼（Hirschman）：《经济发展战略》（纽黑文，康涅狄格，1959 年），第 1 章。不过，应该提请注意的是，将企业家能力作为经济增长过程中的一个原因性变量，从而对其重要性进行强调的方式与程度选择又取决于各个特定学者所感兴趣的研究领域。参见彼得·基尔比（Peter Kilby）的一篇对这个问题阐释得较为深入的论文：《哈法伦普追踪》，载入基尔白编撰的《企业家能力与经济发展》（纽约，1971 年），第 1 ~ 40 页。【3】

③ 参见以下文献：

（1）赫希曼：《经济发展战略》，第 2 章；

（2）同时也见于戴维·C·麦克莱兰（David C. McClelland）：《成功群体》（普林斯顿，1961 年）；

（3）E. E. 哈根（Hagen）：《社会变革理论探索》（伦敦，1964 年）。【4】

④ 参见弗里茨·雷德利克（Fritz Redlich）对这个问题进行深入分析的文章《经济发展、企业家能力与心理素质注重：一个社会科学家对麦克莱兰德〈成功群体〉一书的批评》，载入《企业家历史探索》，第 2 卷，第 1 部分，第 1 章（1963 年秋季号），第 10 ~ 35 页。【5】

⑤ G. H. （小）埃文斯（Evans Jun.）：《企业家与历史理论：一种历史式与解析式的研究方法》，载《美国经济评论》，第 39 卷，第 3 期（1949 年 5 月号），第 336 ~ 348 页。【6】

组织的变化，等等；并且，建设筹集和出售资本的制度、制定企业扩张的计划等方面的行为也包含于其职责内。①

与此相反，管理服务——直到目前为止，绝大部分仍然由“企业家”们提供——却不是企业家能力的精髓。这些活动只是在执行“企业家”的思想，只是现有企业开展日常运转与监督。我们认为，彭罗斯教授的定义对我们这篇短文才真正称得上具有可适用性。

毫无疑问，在工业革命中，企业家常常“集资本家、融资人、劳工管理者、进货商、销售商的功能于一身”②；不过，这里要强调，这种将这些显著特征结合在一起的定义，只能适用于已成过去的那个历史时期。当然，现在这种企业家可能在大不列颠的产业队伍中也还可以找到，但仅仅存在于一些地位不重要的中小企业中。即使在工业革命前夕，许多企业家就已经开始从自身剥离出这些功能中的一个乃至多个功能，从那时起一直到19世纪，这种“全能生意人”在一些产业部门中已经很少见了。随着“多方合伙（股）”以及随后的“股份联合”公司对经济活动不同领域的不断渗透，企业拥有者的原始角色被“一组生意人”（尽管他们常常全都来自拥有者自己的家族）的战略决策与企业运营活动所代替。他们不再思考如何以自有资金，或是从亲友那儿借来而由自己个人负全部担保责任的资金来为企业业务开展提供资金来源。③ 资本家（提供资本的人）的功能由此得到分离。随后又从“全能生意人”身上发生了另一个“功能剥离”：那些进行战略决策的人与那些执行与维持决策运转的人也相互分离开来。前者我们可以继续称之为“企业家”——但注意，他们的角色已经和相对更早时期的企业家有所不同 ——后者则只是管理人员。从这种演变情况看来，尽管从历史记录中去寻找工业革命时期的那些能称得上“企业家”的特定

---

① E. 彭罗斯（Penrose）：《企业成长理论》（牛津，1959年），第30～31页注文。【7】

② 查尔斯·威尔逊（Charles Wilson）：《工业革命时期不列颠的企业家》，载《企业家历史探索》，第7卷，第3期（1955年2月号），第132页。这个将企业家典型地等同于所有人一管理者的思想——历史学家们也许是过于盲目地从古典经济学家那儿拿了过来——是一个简单化了的
【664】 想法。毫无疑问，在早期企业家之中，有许多人能够合乎这种“理想型式”，并且也确实执行着威尔逊针对其而提出的所有角色功能。然而，在那个历史时期，更为普遍的企业家也许是小型企业的——通常由家族关系联系着的——合伙者，不同程度上，他们也依靠不参与公司日常事务的合伙人所提供的金融资本。即使是那些参与公司日常事务的合伙成员，也是在集中精力分管各自不同的企业家事务。实际上，如果情况不是如上面我们所说的，倒确实会令人惊讶，因为有证据显示，不同的企业家功能需要拥有不同个性结构的企业家个体才能成功地予以实现。关于这个复杂问题的一般性介绍可以参见W. 阿特金森（Atkinson）与伯特·F·霍斯利兹（Bert F. Hoselitz）：《企业家能力与个人特性》，载《企业家历史探索》，第10卷，第3～4页（1958年4月号），第107～112页。【8】

③ 雷德利克（Redlich）：《经济发展、企业家能力与心理素质的重要性》，第23页。【9】

个人，似乎确有必要；但另一方面，如同艾特肯（Aitken）所总结的，在这个时期，是“**组织**，而不是个体，在展现着企业家能力”。[①] 艾特肯在他的论文中还推断道：“就对企业竞争力、企业管理和各种企业决策产生影响而言，企业的组织特性以及在企业组织中个体的相互关系和企业家个体的本身特性同样重要”。正因为如此，他在这篇论文中，对企业组织结构变化给予了极大关注。[②] 【181】

4.2 工业革命：1790 ~1830 年

4.2.1 企业家起源及其行为动机

在工业革命的“古典时期”，确实必须从观察“个体企业家”的行为方式的视角来对企业家行为特征进行设想。在那时，是那些拥有所谓“智力和资源”[③] 的某个人（或某一小群人）在组织、管理和控制一个经济单位，这个单位不断组织着生产要素，其目的是供给社会所需的产品与服务。[④]有文献指出，英国 18 世纪中叶就是一个企业家个性得到张扬的时期；而那个时期经济加速增长的原因，也可部分归结到总人口中拥有企业家素质的人群比例的上升以及他们的社会功能的发挥。[⑤] 阿什顿曾对这些企业家先驱进行考察。他指出，企业家们“来自社会群体的各个阶层，来自全国各地”[⑥]。在他之后，人们又进行过很多相关研究，这些研究成果不

① H. G. J. 艾特肯：《企业家研究走向分析》，载《企业家历史探索》，第 2 卷，第 1 部分，第 1 章（1963 年秋季号），第 5 页。【10】

② 彭罗斯（Penrose）：《企业成长理论》，第 32 页注文。为什么要对这个关于公司组织结构重要性进行强调呢？有一些学者曾就其理论意义进行过仔细讨论，比如说，R. M. 西尔特（Cyert）与 J. G. 马奇（March）在《公司行为方式理论》（恩格尔伍德·克利夫，新泽西，1963 年）一书中就讨论过。【11】

③ 阿什顿：《工业革命》，第 161 页。【12】

④ 埃文斯（Evans）：《企业家与经济理论》，第 336 页。【13】

⑤ M. 弗林（Flinn）：《工业革命起源》（伦敦，1966 年），第 81 页；同时参见 S. 波拉德：《现代管理的起源》（伦敦，1965 年），第 245 页。波拉德在这里论证道，在这个时期的总利润水平如此之高，这意味着此间企业家服务的提供，是能够对它以及经济增长做出解释的惟一因素。【14】

⑥ 阿什顿：《工业革命》，第 16 页。【15】

断丰富着我们对企业家阶层、对他们的地理、社会、职业来源的认识。不过，关于那个时代的有名实业家群体，尽管研究者做了这么多工作，但如果要进行比较肯定的总结，我们只能这样说：他们包含着来自社会各个层面、各个地区，事实上也是各项经济活动的不同代表；①而从所谓“相对下层中产阶级”② 之中兴起的那些人——常常与原始商业有着千丝万缕的联系③——似乎是他们当中的主流。我们注意到，除非进行大量资料发掘，将那个时期的更多企业家从“无名”与“湮没”状态中“拯救”出来，并让他们得到众人关注，我们才能肯定，我们对那个时代各种社会群体对经济变革的相对贡献所进行的总结性评价没有被歪曲。④

就目前所知，新教信徒“构成了企业家队伍中相当大部分，其所占比例与其人口比例极不相称”⑤。针对新教徒和企业家行为的这种明显关联，18 世纪时不列颠有关研究者做出过诠释，他们强调，新教教义中有导向“资本主义企业家精神”的某些基本教律；但他们的解释在相应事实证据上

---

① 近来对这个问题所进行的研究之中，比较引人注意的包括：

（1）哈根（Hagen）：《社会变革理论》，第 294 ~ 309 页（我感谢哈根教授非常爽快地将他的研究笔记传送给了我，他此书第 303 ~ 309 页的附录“创新者的特点”就是以这个研究笔记为基础材料写成的）；

（2）S. D. 查普曼：《早期工厂主》（牛顿·阿博特，1967 年），第 5 章和第 6 章；

（3）M. M. 爱德华兹（Edwards）：《1780 ~ 1815 年英国棉纺产业的扩张》（曼彻斯特，1967 年）；

（4）西摩·夏皮罗（Seymour Shapiro）：《资本与棉纺行业》（伊萨卡，纽约，1967 年）；

（5）哈罗德·珀金（Harold Perkin）：《现代英国社会起源：1780 ~ 1880 年》（伦敦，1969 年），第 3 章；

（6）S. G. 切克兰德（Checkland）：《英格兰工业社会的兴起：1815 ~ 1885 年》（伦敦，1964 年），特别是其中的第 4 章和第 7 章第 2 节；

（7）W. M. 马修：《1740 ~ 1839 年间格拉斯哥学生们的起源与职业》，载《过去与现在》，第 33 号（1966 年 4 月号），第 74 ~ 94 页。【16】

② 珀金，上引书，第 82 页。【17】

③ 请参看 R. G. 威尔逊（Wilson）：《绅士商人：1700 ~ 1830 年间利兹地区的商人群体》（曼彻斯特与纽约，1971 年），第 2 ~ 4、52 ~ 54 页以及第 97 ~ 108 页。【18】

④ 如果有关研究者试图比我们更为精确地分析早期企业家能力的地理、社会与职业起源问题，他就最好应该先参看由拉尔夫·安德雷亚诺（Ralph Andreano）针对这种研究而提出的统计资料，这见于他的论文《关于霍雷肖·阿尔杰传奇的一个注解：关于 19 世纪美国商务精英的各种统计研究》，收入由路易斯·P·凯恩（Louis P. Cain）与保罗·J·尤塞尔玎（Paul J. Uselding）编撰：《商务企业与经济变革》（肯特，俄亥俄，1973 年），第 227 ~ 246 页。【19】

⑤ 弗林（Flinn）：《工业革命起源》（伦敦，1966 年），而他的这个说法又以以下文献为基础：

（1）哈根：《社会变革理论》，第 305 ~ 308 页；

（2）D. 博格（Bogue）与 J. 贝内特：《非国教信徒历史》，4 卷本（伦敦，1808 ~ 1812 年），第 111 页，第 330 页。【20】

并不能完全令人信服。[①]同样，阿什顿认为中产新教徒能够获得一些更好的教育设施；他的这种所谓“简明解释”也并非无懈可击，因为已有证据指出，关于新教学院机构（Dissenting Academies）所具有的所谓独到“创新”作用实际上被夸大了。[②]为使我们能对企业家动机做出更好理解，心理学家提出了令人感兴趣的新理论，他们强调成就感和通过创造力取得更高职位是企业家的心理需要。很显然，只有在孩童阶段，通过系统教育，这种心理需要才能为人所获得，它的获得又受宗教教导的显著影响。[③] 另外，还有一种观点值得一提。它认为新教徒在“取得显著成就企业家”中的比例更大可能不是因为他们的宗教教义，也不因为他们获得过更良好教育以及更强烈的成就感与心理需要，而在于他们属于较大范围的血缘家庭，【182】这使得他们的企业更易于获得信用贷款；从而在其他与周边环境联系松散的企业倒闭时，新教徒企业却仍然得以维系它们财务活动和经营过程。

上述假设既拓展了学者们面对的经济增长问题的内容，也拓展了他们对其社会根源进行追究的范围。为进一步证实、提升和推进这些假设，我们认为，还应该在此基础上，探究家庭关系对企业家能力所起的作用。关于企业家成功的研究，以前人们对宗教联系比家庭作用知道得更多一些；或者至少

① 参见 R. M. 哈特韦尔：《工业化早期英格兰的企业管理变革：诱因与阻碍》，载入 R. M. 哈特韦尔编撰的《工业革命》（牛津，1970 年），第 34～35 页；另也请参见珀金：《现代英国社会起源》，第 71～73 页。不应该忘记的是，在这种新教教义中，还有一些有害于资本主义企业家的因素，研究者 S. G. 切克兰德（Checkland）就曾经注意到了相关事实，比如说，企业家托马斯·格拉德斯通（Thomas Gladstone）就在这个问题上遇到了难题。他的宗教信仰——他是一个加尔文主义福【665】音派信徒——告诫他，在生意上取得了过大的成功，会将他自己和他的家庭毁灭。因此，他拒绝比他所曾经选择的生意活动水平走得更远。这种注意平衡的思想表现在他对儿子约翰·格拉德斯通（John Gladstone）的警告之中，“对贪婪一定要保持着清醒……贪婪是一个罪恶，它会伪装成别的什么东西，潜入我们的思想之中，并会将我们也改造成丑恶的形式。”［见切克兰德：《1764～1851 年间格拉德斯通家族传记》（剑桥，1971 年），第 3～9 页以及第 407～409 页］关于这个问题，读者还可以参看巴里·特林德（Barrie Trinder）在《什罗普郡工业革命》（伦敦，1973 年）一书第 196～213 页的有关观点。【21】

② N. 汉斯（Hans）：《18 世纪教育新趋势》（伦敦，1951 年）。【22】

③ 参见麦克莱兰（McClelland）：《成功群体》，以及哈根：《社会变革理论》。这两项研究曾经引发了不少争论，对这些争论的最好介绍来自 M. W. 弗林（Flinn）：《社会理论与工业革命》，收入汤姆·伯恩斯（Tom Burns）与 S. B. 索尔（Saul）编撰的《社会理论与经济变革》（伦敦，1967 年）。

关于极富批判性的观点，请参看以下文献的有关内容：

（1）F. 雷德利克（Redlich）：《经济发展、企业家能力与心理素质注重》；

（2）M. 布鲁斯特·史密斯（Brewster Smith）在《历史与理论》（第 3 章）（1964 年）一书的第 371～381 页对麦克莱兰所作的评论；

（3）A. 格申克隆在《经济学论稿》（第 32 章）（1965 年）一书中对哈根的研究所作的评论；

（4）珀金在《现代英国社会起源》一书中的第 71～73 页也对这个主题发表了一些观点。

同时还请结合参考注 35。【23】

可以说，研究者们在发掘宗教联系的现有资料和开展记录方面付出了更多努力。不过，也有关于家庭关系的证据表明，同一个家庭中的孩子，从天赋上讲，年龄最长者可能比弟弟们更好，也可能更糟；但由于他们在成长中的地位和经历都较为特殊，会倾向于比弟弟们更能够应对那些需要个体创造性的事情。①

我们再考察企业家的成就动机。早期的企业家——也许他们的地域、职业或是社会渊源各异——动机是相似的，他们都追求财富。但是，正如珀金根据观察而指出，“仅为财富自身而对财富无止境追求的人是很少的”，他曾充满赞许地引用亚当·斯密的话说：“‘这个世界的芸芸众生在为什么奔波忙碌？……是我们的荣誉心在驱使着我们……人们并不以财富本身为最终目的，而是建立在财富基础之上的那些精美考虑和如意算盘’……对财富的追求就意味着对社会地位的追求，不仅仅是自己的社会地位，也包括自己家庭的社会地位”。② 财富、社会地位同时意味着能够获得地产，购买和建造巨大房产，在国家和地方层次上大肆追逐政治权利。不论是在工业革命时期还是在工业革命之后，情况一直如此。③ 随着社会车轮向前轧进，仅仅是在庞大地产、宏伟家宅、贵族和骑士头衔这几者之间，各自诱惑力的相对份量也在发生着变化，这似乎也成了社会进步的某种象征。虽然也有人认为，随着进入19世纪，追求非经济目标会不可避免地导致企业家丧失才能，④ 然而，这些人或许还应该注意到，出众的炫耀式物质消费、高高在上

---

① 笔者接受关于孩子在家庭中的长幼位置对事业模式具有潜在影响的这一思想，首先是来自诺丁汉大学哲学系的J.P.利斯（Lees）先生对笔者的提示。请参见以下文献：

（1）J.P.利斯与A.H.斯图尔特（Stewart）：《家庭亲缘位置与接受教育能力》，载《社会学评论》，第5卷，第1期（1957年7月号）；

（2）J.P.利斯：《长子与中间出生成年男子群体的社会流动性》，载《英国心理学杂志》，合订本，第43卷，第3部分（1952年），第210~221页；

（3）布赖恩·萨顿·史密斯（Brian Sutton Smith）与B.G.罗森堡（Rosenberg）：《亲缘位置》（纽约，1970年），第67~79页以及第152~154页；

（4）麦克莱兰所著《成功群体》在第373~376页接触到了这个出生次序话题，但是，他发现，这时“作为那些颇显困难的问题之一，我们对它很难进行总结，因为不同国家之间，家庭情况变化太大，这意味着对不同的国家而言，这会成为一个完全不同的问题。”

（5）关于这一问题的讨论，还见于哈夫洛克·埃利斯（Havelock Ellis）：《英国精神研究》（伦敦，1904年），第115~120页。【24】

② 珀金：《现代英国社会起源》，第83页。【25】

③ D.C科尔曼：《绅士与游戏者》，载《经济史评论》，第2卷，第26分卷（1973年本），第95页及以后。当然，这种一般情况在企业家之中也存在着例外。如要列举——如果不说是必要的与典型的话，也是很有趣的——例子，可以参见W.E.明钦顿（Minchinton）关于西威尔士（West Wales）的一个马口铁制造商的研究，见于其著作《英国制锌行业历史》（牛津，1957年），第106~107页。【26】

④ H.J.哈巴库克：《19世纪的美国与英国技术》（剑桥，1962年），第190~191页。【27】

的社会地位等，对新生的一代人产生了示范性影响，结果应该是促使他们持续不断而又雄心勃勃地去和已有企业家中的成功者进行竞争。

我们还注意到，创业者总是与所有人，包括他们那对征服社会也颇抱雄心壮志的太太们，在感受和追逐着似乎即在眼前的商务成就。如果没有这种感受与追求，我们相信，许多新生并且劲头十足的企业不可能会诞生乃至延续下去。从某种意义上说，正是有相当数量的人口群体存在着这样一种心理需要，驱使着他们狂热地追逐拥有“法国哥特式‘棉花大公宫殿’”，追逐像泰特斯·索尔特爵士（Sir. Titus Salt）那样在索台尔山（Saltaire）上的密林中拥有瓦格纳里安（Wagnerian）别墅，追逐像 H. W. 皮克（Peek）那样建造大量英国古典风格的住宅，甚至追逐像爱德华·斯特拉特（Edward Strutt）先生（他总是将大量时间献身于政治，而不像他 【183】
祖父那样，献身于自己曾创立的企业的直接管理）那样不断地朝着向贝尔珀勋爵（Lord Belper）的方向进行蜕变。[①] 人们一目了然，这些非凡人物的共同背景，就是他们先以产业经营家的身份拥有巨额财富，或是拥有另一些产业经营家所遗留下来的巨额财富[②]。正是这些成功例证，激励着社会上的其他人。

4.2.2　企业家功能及其所需素质

人们通常假定，早期的企业家在发挥其功能时——不论其出身、动机、家庭地位如何——都显示了领导者的素质与才能，而且他同时又是一位发明家和风险承担者。但早期工商生意人究竟在多大程度上拥有这些素质——以至于后代观察者是如此频繁地将这些素质赋予他们的——呢？

这里，我们再次遇到了定义的问题，创新其义何在？几乎所有讨论过“企业家”的研究者，都直接或间接地受到熊彼特（Schumpeter）著作[③]的

---

① R. E. 庞弗里（Pumphrey）：《进入英国贵族阶层的企业家介绍：一项关于社会制度的研究》，载《美国历史评论》，第 65 卷（1959 年），第 10 ~ 11 页。【28】

② 对于企业家阶层而言，“意愿与遗产”的价值得到社会相当程度的宣扬这一事实，W. D. 鲁宾斯坦（Rubinstein）在他的《1809 ~ 1949 年间英国百万富翁》一文中曾经提到，此文载《历史研究机构公告》，第 48 卷（1974 年），第 202 ~ 223 页。同时也请读者参见他的《富有的人们：关于英国财富拥有者的职业职位、继承关系与能力状况的若干方面的介绍》，收入菲利普·斯坦沃思（Phillip Stanworth）与安东尼·吉登斯（Anthony Giddens）编撰的《英国社会的精英与力量》（剑桥，1974 年），第 144 ~ 169 页。【29】

③ 特别地，请参见约瑟夫·熊彼特：《资本主义、社会主义与民主》（纽约，1950 年），第 132 页。【30】

影响。在熊彼特那里，理想的、名副其实的企业家应该是一个“有创造性的革新者”。如果我们都将熊彼特的“创新”理解为做一些以前任何地方都没有出现过的事情，那他的概念的实际意义就不大；因为历史上很少可以找到这种事情。更具有实用意义的应该是雷德利克（Redlich）的“派生创新”思想，“派生创新”是指把以前在某地域范围内或某经济行为领域没有出现的某种东西引入到该地区或该经济行业。[①] 但是，即使是这种“派生创新”现象也不总是广泛存在。现实情况是，更多企业家表现出的都是模仿行为，即使（这可能会引发一些人以很具体的情况作为背景资料来进行争辩）是在工业革命时期也是这样。事实上，关于企业家的角色和功能，越是能够迅速放弃坚持“原始创新是企业家的必备标准”这一论调，就越能接近历史事实。这并不是说“创新企业家”在过去和现在不存在——只是说，他们是一些非常特殊的个例。“创新企业家”是为数寥寥的领路人，而最广泛意义上的企业家大军则是跟随者，相比而言，大多数企业家更需要依靠的是他们自己的良好管理，以维持他们的企业与生意的存续乃至繁荣，而非更倾向依赖所谓的创新。[②]

所有早期企业家一般都履行一个重要功能，那就是承担风险。单一所有制或是小规模合伙制，是当时经济组织的一种典型方式，这种制度的实质是决策者对他的生产手段拥有单一所有权；由于所有权与管理权两者合一，参与者合伙人或是单一所有者，都是既要在承担风险同时也拥有对风险事项进行决策的责任和权力。值得关注的是，在所有者与管理者合一时，他的一个正当功能，就是将面临的风险降低到最小。只有这样，他的企业才能在风险
【184】中得以生存（见 189 页）。18 世纪晚期和 19 世纪早期，对风险进行转移的机会总是大量存在，最突出的表现就是对劳工大军的无情处置。在那个时候，企业家可以随心所欲地雇用和解雇劳工；特别是当固定成本较低时，或是在企业采取产品价格与产出种类、数量都固定的经营安排时，同时所处环境又是一种地区性市场的情况下；一旦产品与要素市场有任何风吹草动，劳

---

① 参见以下文献：
(1) 雷德利克（Redlich）：《经济发展、企业家能力与对心理素质的注重》，第 28 页；
(2) 哈根：《社会变革理论》，第 30 页及以后；
(3) V. 拉坦（Ruttan）：《厄舍与熊彼特论发明、创新以及技术变革》，载《经济学季刊》，第 73 卷（1959 年 11 月号），第 596 ~ 606 页。【31】

【666】② 见哈特韦尔：《英格兰企业管理》，第 32 页。尽管关于风险的问题仍有待讨论，但需要提到的是，哈特韦尔在这里给出了一个说明，即如果企业家开展某种特定系列的活动，或是实施某种利润可观的政策，只要这些活动或政策都有丰厚利润可图，那它们实际都是将潜在模仿者所面临的个人风险大大降低了。【32】

工就有可能被随意处置。

但是，早期的企业家究竟承担了什么样的风险，并且在多大程度上承担了这种风险呢？关于工业革命时期的企业家与后来的——比如说，19 世纪的后二三十年——企业家之间的异同，有很多比较研究。在这些研究中，似乎暗含着这样的假定，或者说它们总是能够给人一种这样的启示，即前者（工业革命时期的企业家）总在准备着从事极其冒险的行为，而后者（19 世纪后阶段的企业家）总是被害怕失败的心理负担所压制，或是陶醉在自满的情绪中，以至于大量本能够被行动果敢有力的先辈们迅速捕捉的机会，在他们这里都被丧失掉了。

的确，工业革命时期的企业家先锋者曾经在勇敢、冒险、工作效率、组织才能、商业机会的把握和利用等方面获得过很好的名声，他们真的与他们所受到的赞许相称吗？[①] 总的来看，经济史学家们的回答是肯定性的。相应地，他们还推想，这些企业家素质的运用，与工业革命期间经济的加速增长——除**流氓无产者**（Lumpenproletariat）之外，这种增长立即伴随着所有人生活水平的提高——之间，存在着某种关联。遗留问题是，在相对早期，那些能够称得上企业家的人，究竟需要在多大程度上拥有这些后人赋予他们的特质呢？或者说，同样的企业家群体，如果生活在维多利亚时代晚期（19 世纪后期），是不是会比那些实际活动在后一时代商业舞台上的同行们能将经济问题处理得更为成功？

这就是目前“新”经济史学家力图解决的“反事实假设问题”，当然应该对这种问题予以讨论，但这种讨论显然没有相应的事实作为证据。[②] 联合王国保留下来的商务历史记录的数量一直都在增加，如果对这些记录进行考察，我们就能够在上面已获信息的基础上，获得相对更多的信息。

---

① 据查尔斯·威尔逊（Charles Wilson）所说（参见《工业革命时期不列颠的企业家》，第 132 页），最后一个素质，即“商业机会的开发利用”，为所有大企业家共有。先锋企业家们的素质为我们这里所强调，但是笔者曾经在一个不很经意的时候发现，和这些企业家们处在同一时代的人，或者是近世的一些持批评态度者，却给了他们一个完全不同的特征描绘——“在这些人当中，创造力以及事业心被转化成了贪婪与不知足，个人精力被转而用在将私人愿望强加给他人的渴求，正常人的自我协调则变成一种由于灵魂理念不存在而导致的文化价值缺乏。”（G. D. H. 科尔：《自我依靠与社会立法》，载《倾听者》，1948 年 5 月 20 日）——如果这些先锋企业家的主流特征不是如上引论所说那样的话，那应该说，他们就是具有正文所论的那些品质。这些品质对经济增长是如此至关重要，以至于通常都认为，在 19 世纪的最后几十年间，企业家原有的这些品质逐渐消失殆尽，并且由此导致了不列颠经济走向衰弱。【33】

② H. W. 理查森（Richardson）最近对这种研究技术发出了颇为有益的警告。参见他的论文《化学品》，收入 D. H. 阿尔德克罗夫特（Aldcroft）编撰的《1875 ~ 1914 年间英国工业发展与外国竞争》（伦敦，1968 年），第 274 ~ 277 页。【34】.

然而，任何实际上做过这项工作的人，又都不可避免地会产生这样的疑问，即我们现在所接触的早期企业家样本有偏误，情况有可能是这样的：现在我们确实看到了以这个时期企业家为研究对象而搜集和整理的大部分记录；但应承认记录数量本来就较少，而在这少量记录中，那些拥有某种特定素材者又在数量上占绝对优势——正是这些素材本身的特点使得它们
【185】成功地得到案卷管理者的挑选，并且也使得人们长时间都无意于毁坏它们，①乃至得以保存。

因此，一方面，我们对这些已得到记载的工业革命时期的若干开拓式领导人物拥有了某些知识之后，自然禁不住会构想出某种“全能生意人”②；这个生意人完全或近乎完全拥有企业家素质的一切。另一方面，我们还应该去推想那些在数量上成百上千，但其事业成就仅能保证他们在郡县历史、地方牧师报告、地方产业历史中简单一提——并且很少再提——的企业家们的特性。有关人士做过这种尝试，他们在思想过程与思想活动方面表现得很不恰当。例如，罗伯特·欧文将大部分经营主描述成仅仅不过是“生意场上的乏味人”③。同时，某些人的这种推想还可能是极其误导性的；比如，“早期棉花制造商”或“制铁商”组成的大军是那个时代特征的代表，却又可能会被描写成“为举起经济增长的图表，永不疲倦地撑鼓着利润钱袋的蚁群”。我们在阅读这些描写的时候心里很清楚，这种比喻似乎并不适用。举例来说，它就不适用于利兹的商人和米德兰诸县的内衣经销商。④

在到1830年为止的那个英雄年代里，确实发生了全方位与革命性的变

① 实际上，关于在获得杰出成就的企业家之中，新教徒的比例过大这一现象，在有的研究者看来，比如说在阿什顿/哈根的分析中，是从另一方面进行解释的，即这不是因为他们的宗教教义，也不是因为他们获得了相对优越的教育或是他们拥有特殊的成就感标准，而是由于他们属于范围广泛的血缘家庭体系，这使得他们在获取信用贷款方面拥有更有利的机会，并从而允许他们的企业（乃至这些企业的财务记录）都得以维系，而其他的企业家，则在这种联系关系上显得松散，从而走向了死亡。他的论文《关于以**成就杰出**标准遴选1750～1850年间制造行业132位实业家的研究》［笔者在引用这个题目时对**成就杰出**（*prominence*）加上了强调］当然不是毫无意义的，本狄克斯（Bendix）发现，在他所研究的实业家样本群体中，有2/3的人是来自在商业界已有稳固地位的家族之中，参见莱因哈德·本狄克斯（Reinhard Bendix）：《工业部门的运作与权威：工业化过程的管理理念》（纽约，1956年），第24页。他指出，这132个家族，有21个取自P. 曼托（Mantoux）：《18世纪的工业革命》（伦敦，1923年）；21个取自《来自商务活动的财富》，3卷本（伦敦，1884～1887年），第1章和第2章；其余的则来自《国家传记词典》。关于这个问题，请同时参见R. G. 威尔逊（Wilson）：《绅士商人》，第115页。【35】

② “全能生意人”是曼托（Mantoux）的一个说法，上引书，第386页。【36】

③ R. 欧文：《罗伯特·欧文生活自我描绘》（伦敦，1857年），第31页。【37】

④ 参见R. G. 威尔逊（Wilson）：《绅士商人》，第122页，以及S. D. 查普曼：《1750～1850年间英国制袜工业企业与技术创新》，载《纺织行业史》，第5卷（1974年），第28～32页。【38】

化。波拉德也曾全面而细致地考察过这些变化。① 这里无意去否定那些变化，我们只是指出，读者也不难想像，对这些相对早期的成功企业家中的许多人来说，困难总是形影相伴；在成功之后的岁月里，经营状况可能也并不很好——整体地看，相比饱受批评的维多利亚时代的企业家，这些先辈们并非在经营活动的所有方面都更为出色。

让我们仔细考察作为重要历史角色的企业家们所处的经济环境，同时，也仔细考察他们所选择的并由此要对之开发的有限产品市场。人们认为制铁商与铁器工程师、陶器制造者、化学家与啤酒制造者都做出了显著而有益的贡献，这本没有什么根本性错误。然而，从贡献程度上看，我们还是更应该认同霍布斯鲍姆的有关论述，“不管谁提到工业革命，都应提到棉花……它是工业变革的‘加速器’”②。这里用不着再去解释棉花的主导作用，因为戴维·兰德斯已对此作了详尽研究与阐释，我们只是以引文的形式补充道，为了理解在不列颠所曾经历的加速增长中，棉花和其他产业之所以得到扩张的原因，研究者应该关注的最为基础性的方面，应是“国内对制造品的需求市场在不断拓展，而这种拓展又由于多方面原因引起。这些原因包括：交通条件改善，人口增加，人均收入不断提高，喜好纯正、标准、价格适中产品的社会购买模式，以及没有受到任何社会力量压制的商务企业”。③

早期企业家所遭遇的风险，也必须在这个行情持续看好的国内市场环境中进行估量；同时，特别是关于棉纺产品的经营，还需要另行考虑到繁荣的（繁荣到了有时几乎是难以满足的）海外需求。实际上，从那个时候起，国外市场的需求形势再也没有这样有利过。不列颠从此成了“世界

---

① 波拉德：《现代管理的起源》。【39】

② E.J. 霍布斯鲍姆：《工业与王国》（哈蒙德斯沃思，1969 年），第 56 页；同时参见 J.A. 熊彼特：《商业周期》，2 卷本（纽约，1939 年），在这部著作的第 1 章，第 270 ~ 271 页，有以下论述：“对于我们正在讨论的时期而言（指 1787 ~ 1843 年），英国的经济史能够归结为一个单一产业（指棉花加工业）的历史。”【40】

③ 参见以下文献：

（1）D.S. 兰德斯：《1750 ~ 1914 年间西欧的技术变革与工业发展》，《剑桥经济史》（即《剑桥欧洲经济史》——译者），第 6 卷，第 285 页；

（2）D.E.C. 埃弗斯利：《1750 ~ 1780 年间英格兰的国内市场与经济增长》，收入 E.L. 琼斯（Jones）与 G. 明吉编撰的《工业革命中的土地、劳动力与人口：呈交给议院的论文》（伦敦，1967 年）；

（3）D.C. 科尔曼：《考陶尔德：经济与社会历史（第 2 卷）》（牛津，1969 年），第 1 章“19 世纪，丝织业”，第 23 页；

（4）尼尔·麦肯德里克（Neil McKendrick）：《乔赛亚·韦奇伍德与工业革命中的成本会计》，载《经济史评论》，第 2 卷，第 23 部分，1（1970 年 4 月号），第 54 页以及第 63 ~ 64 页。【41】

工厂”，而这在很大程度上又是因为那时的企业家先行者们所开拓的产品
【186】能够在世界市场上具有独占地位。但回过头来说，促使企业家们涉足制造业产品的生产行动，最主要且最初的动因仍是国内市场所蕴涵的巨大潜力。如同埃弗斯利（Eversley）所曾强调的，国内市场是出口活动的主要基础：

> 首先，国内市场能够在出口停止和消失时吸收存货。其次，它为大规模生产提供了基础，规模生产使得每单位产品的生产成本降低到在出口市场上有利的地步；同时，这种产品的出口事实上还带动着在重量/价值比例系数上相对处于不利地位的原料产品出口，比如陶器产品就是这种情况的典型。还有，国内市场为生产过程中难以避免的次级质量产品提供了产品需求的缓冲备用区（对陶器、玻璃、印染纺织品等产品，这个道理特别适用）。①

在1790年后的棉纺产业持续扩张中，海外市场无疑起到了至关重要的作用②，但是经济中的其他部门，甚至是生铁行业和米德兰的钉子行业，实际上在很长时期内都是以国内市场作为业务基础。③ 并且，国内市场比海外市场相对更稳定，风险更少，也正是在服务于国内市场的过程中，企业家队伍的新加入者才能逐渐地学习并培养他们做生意的敏锐与技巧。

不过，这里也并不否认企业家们总在冒着很大风险。就风险而言，特别是在棉纺行业，尤其是棉纺产品出口经营者所经营的企业中，有破产记录者数量之多足以能为这种风险提供良好证据④。我们这里只是强调，对大部分工业制造品而言，需求情况非常看好，由此表明：生意场上存在的大量失败并不必然地意味着存在着惊人的高风险（这个解释与维多利亚时代的情况正好相反），这种失败事例可能只是当事人不称职的结果。

【667】① 埃弗斯利：《国内市场与经济增长》，第234页。【42】

② 参见爱德华兹：（Edwards）《棉纺行业的增长》，第25～29页。【43】

③ 对于毛纺行业来说，这个说法显然是不正确的。参见R.G. 威尔逊（Wilson）：《绅士商人》，第42～44、116页。【44】

④ 参见以下文献：

（1）爱德华兹：《棉纺行业的增长》，第22～23页；

（2）S.D. 查普曼：《身兼农民与棉麻织造商的詹姆斯·朗斯顿（James Longsdon）（1745～1821年）：早期英国棉纺行业的小企业》，载《棉纺业历史》，第1卷，3（1970年12月号），第289～292页；

（3）S. 夏皮罗（Shapiro）：《资本与棉纺行业》，第156页；

（4）S.D. 查普曼：《1770～1850年间英国棉纺行业中的运营资本》，这是一篇未曾发表，但曾经呈递给了1975年的伊林（Ealing）商业史学术会议的论文（笔者感谢查普曼教授允许引用他的这篇文章）。【45】

那些众所周知的企业家的名字——如棉纺织行业中的阿克赖特(Arkwright)、奥尔德罗(Oldknow)、斯特拉特(Strutt)、皮尔(Peel)、欧文、姆康奈尔(M' Connel)与肯尼迪(Kennedy)、戈特(Gott)、马歇尔(Marshall),制铁行业和机械行业中的克劳谢(Crawshay)、劳埃德(Lloyd)、雷诺兹(Reynolds)、罗巴克(Roebuck)、沃克(Walker)、威尔金森(Wilkinson)、博尔顿、瓦特、布拉默(Bramah)、莫兹利(Maudslay),陶器制造行业中的明顿(Minton)、斯波德(Spode)、韦奇伍德,化学工业中的邓多纳尔德(Dundonald)、加伯特(Garbett)、基尔(Keir)、麦金托什(Macintosh)、坦南特(Tenant),酿造行业中的惠特布雷德(Whitbread)、思拉尔(Thrale)、杜鲁门(Truman)——都不是典型的制造商。① 与知名度比他们略低的那些竞争者相比,他们中大多数人的生产活动规模都要大得多;他们中的许多人在一定程度上也是凭借其产品经营中的相对垄断地位而获得生产发展与收入增长的成功的,而这种相对垄断地位又是通过开发专利、拥有独一无二的技术、制造独特的产品等等方式取得的。② 毫无疑问,纯粹的机遇也起到部分作用。产品的销售形势很大程度上又依赖于在企业合伙关系建立的最初几年中市场的需求形势。18 世纪最后几十年间,利润潜力是如此之大,以至于像乔治·牛顿(George Newton)那样的企业家,在非常幸运地抓住一个行情上升的市场机会,并由 【187】
此获取足够多销售资金之后,他们的公司就能在以后的经济风潮中不断地经

① 在别的地方,我受到了这样的提示,即威尔逊家族(the Wilsons)更能作为威尔逊镇炼铁厂(Wilsontown Ironworks)的代表,尼达姆家族(the Needhams)更能代表利顿(Litton)公司,奥斯汀(the Austins)家族更能代表沃顿昂德埃奇(Wotton-under-Edge)公司,威廉·勒普顿(William Lupton)更能代表利兹公司,约翰·卡特赖特(John Cartwright)更能代表雷特福特(Retford)公司;而所有这些企业又都在企业家功能上存在着严重缺陷,并且管理情况都是乱糟糟的。参见 P. L. 佩恩(Payne):《19 世纪英国的企业家能力》(伦敦,1974 年),第 34 页。【46】

② 参见以下文献:

(1) 波拉德:《现代管理的起源》,第 246 页;

(2) A. J. 罗伯逊(Robertson):《1800~1825 年间新拉纳克的棉纺制造商罗伯特·欧文》,收入 S. 波拉德与 J. 索特(Salt)编撰:《穷苦人的庇护者罗伯特·欧文》(伦敦,1971 年),第146~148 页;

(3) 埃里克·罗宾逊(Eric Robinson):《18 世纪的商业风尚:马修·博尔顿的营销技术》,载《经济史评论》,第 2 卷,第 16 部分,1(1963 年 8 月号),第 39~60 页;

(4) 尼尔·麦肯德里克(Neil McKendrick)、乔赛亚·韦奇伍德:《一个 18 世纪承包商的销售技巧》,载《经济史评论》,第 2 卷,第 12 部分,3(1960 年 4 月号),第 408~433 页;

(5) S. G. 切克兰德(Checkland):《萨西斯的采矿业》(伦敦,1967 年),第 89~91 页;

(6) R. G. 威尔逊(Wilson):《绅士商人》,第 127 页。【47】

受住考验。[①] 在企业经营活动过程中，企业家持续、认真地对他所具备的那些素质进行综合运用当然显得十分必要；但如果什么幸运之神非得要以新加入的生意人为敌的话，这些素质也将一无用处。

以姆康奈尔与肯尼迪为例，他们的史传作者曾经这样认为：

> （这个公司）发展壮大的最重要因素就是时机。棉花纺织业在1790年的增长与扩张形势可谓诱人，这种形势的形成有其原因，它是两方面情况相结合而刺激形成的。一是新近发生的纺纱技术革新，特别是克朗普顿（Crompton）的走锭精纺机；另一个原因是，现在，社会对新技术所能够制造的精细织布存在着潜在需求。同样也很重要的是，这种看涨形势还处在早期，且纺纱机行业的结构也仍处在灵活可塑的状态之下。所有这些，都意味着有能力但不一定非得有资本的年轻人能够在这个行业中没有失败之虞地开展生意活动。这些情况，就是展现给姆康奈尔与肯尼迪，也展现给同时代其他人的时代机会，并且也确实被他们很好地抓住了。[②]

---

① 实际上可以举出的例证还很多。

（1）关于牛顿以及桑克利弗炼铁厂团会与公司（Chambers & Co. of the Thorncliffe Ironworks）的情况，请参看 T. S. 阿什顿：《工业革命中的钢铁业》，第2版（曼彻斯特，1951年），第156～161页。

（2）关于考普的普雷斯利制造厂（Pleasley Mill of Cowpe）、奥尔德罗（Oldknow）、西登联合股份公司（Siddon & Co.）［这家公司的股东之一是亨利·霍林斯（Henry Hollins）］等等的情况，请读者参见 S. 皮戈特（Pigott）：《霍林斯：关于1784～1949年间工业情况的一个案例分析》（诺丁汉，1949年），第37～38页；以及 F. A. 韦尔斯（Wells）：《霍林斯与维耶拉：一项关于企业史的研究》［牛顿·阿伯特（Newton Abbot），1968年］，第25～45页。

（3）J. C. 戈奇（Gotch）是凯特林（Kettering）的一位制鞋商，他能够凭借拿破仑战争期间所创下的高利润来渡过在巴黎和平协议签署之后的一段艰难岁月，其情况请参见 R. A. 丘奇（Church）：《梅斯尔·戈奇及其儿子们与凯特林地区制鞋业的兴起》，载《商务企业史》，第7卷，2（1966年7月号），第148页。

（4）斯塔布斯家族（Stubs）的企业伍德联合股份公司（Wood & Co.），则是针制造商，它之所以能够在1814～1821年间这一经济普遍萧条的岁月中得以维系，是因为它的母公司彼得·斯塔布斯联合股份公司（Peter Stubs & Co.），一家锉具制造商，在此前几十年间，已经赚下了数量充足的利润："1815年5月，威廉·斯塔布斯（William Stubs）这样写道，'我还是得感谢我的良好命运，因为在我之前，我有一个好父亲早已降世并且创下了大业，要不是这样，我敢肯定地说，我所主管的制针厂，在它初步创建时就会像初生婴儿一样走向死亡'。"以上引文请参见 T. S. 阿什顿：《关于1814～1821年间针制造活动的记录》，载《经济学》，第5卷（1925年），第291页，以及同一作者的另一著作：《18世纪的一位实业家》（曼彻斯特，1939年）；还有 W. G. 里默（Rimmer）：《利兹的麻纺商马歇尔家族在1788～1866年间》（剑桥，1960年），第69页及以后。

（5）关于在1780～1840年间棉纺行业中的一些企业家取得了丰厚利润的情况，请参看 S. D. 查普曼：《运营资本》，第18～19页。

（6）关于伯利家族（the Birleys'）的查尔通制造厂（Charlton Mills）在拿破仑战争快要结束时获得了暴利，而在随后的19世纪20年代的中期却亏损的情况，请参见威拉德·E·斯通（Willard E. Stone）：《英国棉纺厂的早期成本核算体系的一个案例：查尔通制造厂（1810～1889年）》，载《企业与会计研究》，第13部分（1973年冬天号），第71～72页。【48】

② C. H. 李（Lee）：《一家棉纺企业》，第145页。同时参见 R. G. 威尔逊：《绅士商人》，第93～97页。【49】

【668】

随后，姆康奈尔与肯尼迪的那个公司不断地成长，而早期的丰厚利润，允许它迅速地进行资本积累。这家公司的政策以“细致而慎重”为特征，这“表现在公司在它的商业生活中处处追求安全与稳定”。而且，姆康奈尔与肯尼迪也明显地不试图通过主动创造需求来拓展市场范围，他们也没有任何垄断和控制产品市场的企图。实际上，市场对精细棉纱的需求规模一直都较为可观，并且在那个时期一直都处在扩张状态。在国内市场饱和时，棉纱可以很容易地出口到外国。这样，除非是在商业周期的衰退期，“总是有足够多的业务增量抵消来自同业纺纱者的剧烈竞争的影响……直至19世纪30年代，致命竞争仍旧没有对纺纱业造成多大影响。”虽然如此，尽管存在着这么多对姆康奈尔与肯尼迪有利的因素，在旁人看来，他们公司的成长却成了一项了不起的个人成就。公司规模扩大后，公司的股东老板们不得不招募和组织一个庞大的劳工大军（劳工的有效使用当然有赖于公司的合理安排），并对产品生产各阶段进行调整。不过，到这时，姆康奈尔与肯尼迪公司的经营者对棉花和棉纱市场也逐渐获得了充分知识，尽管在这个过程中他们无疑获得过一些中间介入者的帮助。①

人们逐渐认识到，在工业革命的第一阶段（1770～1795年），是商人提供了投入到棉纺业的资本，这个阶段对固定资本的需求相对较少，对原材料和某些机器的资本需求，则可以通过信用贷款的方式解决，而工厂场地与成套设备则可以通过租赁获得。② 就资本来源来说，特别是对那些相对较小的制造商而言，主要问题是为扩张计划提供资金支持，以及寻找到适 【188】

---

① C. H. 李：《一家棉纺企业》，第42页以及第149页；以及他的《良好的棉纺商姆康奈尔与肯尼迪公司》（剑桥大学未公开发表的论文，1966年），第186页及第191页。【50】

② 请参阅以下文献：

（1）S. 波拉德：《英国工业革命中的固定资本》，载《经济史杂志》，第24卷（1964年本）；

（2）H. 希顿（Heaton）：《本杰明·戈特与约克郡的工业革命》，载《经济史评论》，第3卷，第1部分（1931～1932年），第51～52页；

（3）S. D. 查普曼：《1770～1815年间英国棉纺行业中的固定资本形成》，载《经济史评论》，第2卷，第23部分，2（1970年8月号）；

（4）M. M. 爱德华兹（Edwards）：《棉纺行业的增长》，第9章，第10章；

（5）S. D. 查普曼：《詹姆斯·朗斯顿》，第281页，第285页。

（6）R. G. 威尔逊：《绅士商人》，第94页，第106～107页。

有没有这种可能，即那时明显且普遍地存在着的固定/营运资本不足的现象，部分地被曲解了？通常人们认为，固定资本的要求是较少的，而可以想像的是，早期企业家所赋予固定资本的相对需求强度又是这样不相适应地少，以至于如果他们那时能够增加这个部分的投入的话，将会更快地获得更高的生产效率，不过事实上他们没有这样做。也就是说，尽管我们以注文的形式对这个问题提出了疑问，但看起来，实际情况是，早期企业家对高流动性的要求，可能使得他们的行为方式在经济意义上显得有些无理性。或者这也许就是（现在研究者们在对当前非洲经济发展讨论时所常称的）“商人心理”的一种表现，而这种心理是否在许多早期不列颠企业家的那种（比当前在非洲发现的类似场合）在时间上更早的商务行为之中，就已经扎下了根基？【51】

当方法以使得企业能够从周期性金融危机中，或者从突然的市场需求萎缩之中——这种萎缩常常和拿破仑战争的一系列事件相联系[①]——相对隔离开来。还有，在某些年份（例如1808～1810年），可能上面所提到的这些困难的严重性又会被狂热的生产过度加重。比如1809年，一位来自波士顿的企业合伙人失望地写道，“在这里，英国的生意人过度生产，曼彻斯特的工厂里生产了足够整个世界使用4～5年的棉纱。”[②] 我们在相关历史资料中是如此频繁地遇到这种关于企业家判断错误的记述；同时，这些问题总出在他们能够获得最新“市场情报”的时候，这使得我们在评价那时棉纺生意人的敏锐感觉力上面常常显得非常低调。同时，毫不奇怪的是，考虑周全的生意人在行事时会小心翼翼。[③]“谨慎就是姆康奈尔与肯尼迪公司所奉行政策的关键之处，这个公司在做生意之前，对所有潜在客户都小心翼翼、深怀疑虑以至于细致审查。”[④] 总的来看，大多数公司并不真正面临着破产危险，朝向破产的发展过程往往以运营资本和商业贷款缺乏作为明显特征。

看来，研究者现在都认同，对企业和企业家而言，比起劳工队伍的招募、组织和控制，获取必要的资本还算不上困难。[⑤] 但现在要说明的是，劳工“招募”问题在以往一定程度上被夸大了。比如说，姆康奈尔与肯尼迪似乎就未曾遇到寻找工人的困难，在利兹市沃特—莱恩（Water Lane）的约翰·马歇尔（John Marshall）也没有遇到这样的问题；而北安普敦郡（Northamptonshire）的靴、鞋制造商们则能够通过从地区内处在衰退态势的手工行业中，特别是从丝织、毛绒纺织、制带等行业所释放出来

---

① 关于这个时期英国棉纺行业的运营资本的全部问题，曾在S. D. 查普曼：《运营资本》（文章所在同前面有关注文）中得到了详细考察。查普曼做出结论道，“在这个时期，对于企业家对商务过程进行领导来说，融资活动中所出现的紧张不安，是最为常见与显著的约束。”（第37页）。【52】

② 这摘自1809年8月14日约翰·朗斯顿（John Longsdon）写给詹姆斯·朗斯顿（James Longsdon）的信件，而这封信件的内容曾经为S. D. 查普曼在《詹姆斯·朗斯顿》（第286～287页）一文中所引用。同时参见R. G. 威尔逊：《绅士商人》，第126页。【53】

③ 参见，比如说，C. H. 李：《一家棉纺企业》，第28～37页。【54】

④ 参见，比如说，C. H. 李：《一家棉纺企业》，第42页。【55】

⑤ 请参见以下文献：

（1）S. 波拉德：《现代管理的起源》，第160～208页；

（2）E. P. 汤普森那篇才气十足的论文：《时间、工作纪律与工业资本主义》，载《过去与现在》，第38部分（1967年12月号），以及同一作者的《英国工作者阶层的作为》（伦敦，1963年）；

（3）本狄克斯（Bendix）：《工业中的工作与权威》，特别是其中的第34～60页；

（4）S. D. 查普曼：《早期工厂主》，第156～209页。【56】

的剩余劳工中，招募到人手并扩大自己的生产。[①] 人口方面的情况实际上有利于早期的制造商，棉纺业和冶金业的某些分支，能够从大量的国内失业者、半失业者所组成的一个大型“劳工储蓄池”进行选择，而这些失业者与半失业者对纺织生产和铁器制造工艺又不乏了解。“倘若管理责任，以及相应的管理失败风险都能转移到数量诸多的次级签约者身上”，[②] 则在有些情况下，劳工管理问题也就可以忽略。劳工方面的主要困难在于，在某些时候，需要在工厂内部采取集中工作管理的生产组织方式，并且必须使各个劳动人手明了其工作动因，乃至承担相应的职责。波拉德和 E. P. 汤普森，还有其他一些人，对这个问题曾经如何得到解决进行过描述；不过，在对这些制造商在经营活动中处理劳工方面问题及其效果进行任何评定的时候，我们都不应忘记，较好的处理效果可能起因于一些有利的环境条件。它们包括先前已经存在的那种“继承来自手工集体劳动的精神——以这种精神为基础，劳工群体在相互协作劳动中还逐步形成了工作成绩理念、清教[③]伦理以及逐渐兴起的个人奋斗与追求成功的观念”；[④] 至于从较为消极方面的保证条件上看，在年轻和女性的劳工雇员中，有一种固有的顺从习性，特别在那些村区工厂，他们之所以能够服从压制性的规则和管制，又一定程度来自于对被开除和无家可归的可怕后果的恐惧。【189】

早些时候，偏远地区的个体企业家在组建有纪律的劳工队伍方面，无疑遇到了困难。几乎所有制造商在获得有技能的工艺人方面，最初都感受到了沉重压力，不论他是试图以外部招募方式，还是试图以内部培训的方式去获得，都是这样。最后的事实情况是，如果某个实业家付出了良好薪

---

① （1）C. H. 李：《一家棉纺企业》，第 114 ~ 115 页；

（2）里默（Rimmer）：《利兹的马歇尔家族》，第 34 页；

（3）R. A. 丘奇：《1800 ~ 1860 年间靴鞋制造业中的劳动供给与技术创新》，载《商务企业史》，第 12 卷，1（1970 年 1 月号），第 28 页。【57】

② R. 本狄克斯：《一项关于管理思想的研究》，载《经济发展与文化变迁》，第 5 卷，2（1957 年），第 124 页，以及他的《工业中的工作与权威》，第 53 ~ 54 页以及第 213 页。这个话题也曾令人信服地在波拉德的《现代管理的起源》第 38 ~ 47 页中得到过讨论。在讨论过程中，作者用一系列的企业，也就是分别取自采煤业、制铁与金属贸易业、工程业、纺织业（包括棉纺业、毛纺业以及制带业）以及制陶业的企业资料来支持他的论证。

关于在火柴制造业、印刷业、造纸业以及靴鞋制造业中的转包行为的情况分析，请参见戴维 · F · 施洛斯（David F. Schloss）：《工业活动中的报酬方法》（伦敦，1898 年），第 197 ~ 203 页。

关于制鞋业的情况，还可以参看丘奇：《梅斯尔 · 戈奇及其儿子们》，第 143 ~ 144 页。【58】

③ 清教是当时英国新教的一种。——译者注

④ 本狄克斯：《一项关于管理思想的研究》，第 124 页。【59】

酬，并且提供了合理工作条件，这个问题就都能够迎刃而解。[①] 请记住，在这一问题上，我们不应该混淆两类劳工需求：一类是诸如韦奇伍德、博尔顿与瓦特等巨头或明星企业经营者的非常特殊的劳动需求；另一类是大部分普通棉纺制造商、造纸商、啤酒酿造商，特别是那些经营规模相对较小的制造商的普通劳工需求。[②]

以上这些评论，并不带有任何贬抑那些先锋企业家的倾向。其目的在于强调，在考量这些企业家所处整个经济环境的时候，要对他们是否面临困难和阻力进行认识，并且需要进行（比最初预想的要）更加细致的比较研究。激烈的国内竞争——这种竞争由于星云密布的商务性组织的存在而有所减轻——也许是当时存在的实际情况。然而，从另一方面看，比如说姆康奈尔与肯尼迪公司，却明显地总能找到棉纱的潜在需求；又比如说，在出口市场上开展经营的柯克曼·芬利（Kirkman Finlay），也是一直到1815年才出现产品需求问题，此前他没有遇到过任何显著的外国竞争。[③] 当韦奇伍德的产品在伦敦陈列室的销售行情在18世纪60年代晚期开始下降时，他对他的合伙人建议说，他们的公司“可能会对国外市场产生某种温和推动”[④] ——这不像是置身商战中的企业家所讲出来的话。诸如此类的历史素材，既为我们提供了有关线索，又使我们对工业革命时期的企业家所面临的困难，究竟处在何种程度这一问题，疑云丛生。

再来考察技术变革的事例。曾经有论述指出：

> 棉纺制造的技术相当简单，并且……大部分其他所谓共同推动“工业革命”形成的技术变革也是这样。它们都极少需要什么科学知识，需要使用的科学知识和技能技巧也不超过18世纪早期的执业技工使用的技能范围。甚至它们也极少需要蒸汽动力，尽管棉纺行业后来迅速地采用了蒸汽动力，并且比其他产业（除了采矿业和冶金业以外）采用的范围更广；但是，直到晚至1838年，仍有1/4的棉纺动力来自水力……总的来说，这是因为，无论如何，使

① （1）C. H. 李：《一家棉纺企业》，第115页及以后；
（2）S. D. 查普曼：《詹姆斯·朗斯顿》，第285页。【60】

② 关于韦奇伍德的情况，参看尼尔·麦肯德里克（Neil McKendri）：《乔西亚·韦奇伍德与工厂纪律》，载《历史月刊》，第4卷，1（1961年），第30～55页；

关于博尔顿与瓦特的情况，参见E. 罗尔（Roll）：《博尔顿与瓦特在1775～1805年间的历史：工业活动组织过程早期实践的一个案例》（伦敦，1930年），特别是其中的189～236页。【61】

③ C. H. 李：《一家棉纺企业》，第7、149页。【62】

④ 约翰·托马斯（John Thomas）：《斯塔福德郡制陶业的兴起》（巴思，1971年），第21页。【63】

> 用几个世纪都可以随手获得的简单思想，使用来源于简单思想的简单装置，看上去怎么都不会需要昂贵费用，却往往能够带来令人惊喜的结果。[①] 【190】

尽管一般情况都是这样，但我们是否可以因此论断，早期的制造商们在采用新机器、新装置上，在为降低成本而迅速采纳更为精细的技术革新上，没有表现出什么智慧？是否他们开展诸如此类事项，也没有承受相当程度的风险呢？

要解答这些问题，具有一定难度。不过，总的来说，近期大多数评论者在评定早期企业家的成就上，却毫不犹豫地持肯定态度。但从另一方面来看，我们认为，有一些素质是企业家本来就必备的。在许多行业中，在竞争性环境下，特别是在市场饱和状态下，企业家无疑是在将他们自己置身于需要持续降低相对成本的压力之下。罗森伯格（Rosenberg）曾问道，由于一个企业在开发新技术时“不能同时朝所有方向开发，那是什么力量引导它向某一个方向开发呢？”[②] 他的回答是，大多数企业家倾向于问题得到短期解决，并且指望能够立即见成效，而他们对技术水平的定位与追求则会引导他们去向最严厉的约束进行挑战。不过他要论证的重点还在于，“大多数机械制造过程都在不断地抛弃那种既很明显地需要抛弃、也有压力必须抛弃的思路；事实上，当这些过程充分地复杂，并且内部互联……那它们就会自我创造出内部压力与动力，启动系统朝着某些特定方向发生探索性行为。”[③]

这种在过程机制上显得不平衡，最后却导致“强制性结局”的说法，可以在早期棉纺行业的主要发明中找到例证。[④] 还有，这种分析思路对棉纺和其他行业中那些为数众多、并不那么巨大辉煌因而也没有得以很好记录的机器工艺、方法、组织等方面的微小改善与革新也是适用的。[⑤] 罗森伯格令人信服地论述道，工业革命时期引以为特色的那些简单机器，给人发出一种“信号”：那些被称赞为在选择、采纳乃至开发某些新装置等等方面的所谓有成就者，那些被称道为具有重要企业家技巧的制造商们，也许实际上和给

---

① E. J. 霍布斯鲍姆：《工业与王国》，第 59 ~ 60 页。【64】 【669】

② 内森·罗森伯格：《技术变迁趋势：诱导机制与关键设备》，载《经济发展与文化变迁》，第 18 卷，第 1 分卷，第 1 部分（1969 年 10 月号），第 3 页。【65】

③ 内森·罗森伯格：《技术变迁趋势：诱导机制与关键设备》，载《经济发展与文化变迁》，第 18 卷，第 1 分卷，第 1 部分（1969 年 10 月号），第 4 页。【66】

④ 参见曼托（Mantoux）：《工业革命》，第 244 ~ 251 页。【67】

⑤ 参见以下文献：

（1）理查德·L·希尔斯（Ricard L. Hills）：《工业革命中的力量》（曼彻斯特，1970 年）；

（2）C. H. 李：《一家棉纺企业》，第 19 ~ 22 页。【68】

予他们的赞许很不匹配。之所以这样说，有两方面的原因：首先，技术水平是如此有限，以至于企业家选择受到约束的程度极大并且极为明显；[①] 其次，由于在许多情况下，废弃或过时的技术能够迅速而轻易地抛售给那些急于进入生意场的小人物，这样，技术革新成本（乃至当事人的不情愿态度）事实上已经降低。[②] 因此可以推论，在工业革命的古典时期，采纳技术改进所面临的风险也许并没有后人想像的那样大。

4.2.3 企业的组织结构

关于早期企业家承担的风险程度这个主题，上文主要围绕着一些尝试性
【191】观察结果而展开。下面，我们转入考察工业革命时期生意场的基本单位，也就是考察那时的个人所有制或合伙制企业。这些种类的企业形式，部分是回避风险的产物。相对于将企业委托给经理人员，将企业所有权和控制权合二为一，企业家就能够将当时环境中实际存在的以及可以预想的各种危险大为降低。我们知道，企业规模达到一定程度时，企业家当然应该将某些权限赋予他人。到这个历史阶段，企业规模已成长到了超过这种限度的地步。然而，由于可能会存在某些经理人员发生不道德行为，由于所有者面临着道德风险的威胁，企业若要建立主要由经理人组成的企业科层管理组织也会面临阻碍。而且，即使经理人员们都诚实、正派，企业家们要对他们能力、学识、廉正进行评判，也会面临着相当的不确定性，雇用他们自然也就意味着需要付出那种本来可避免的成本费用。[③]

反过来，要保留“所有者—管理者”模式则面临它的缺陷。它限制了当事人的行动范围。这是一种源自代理过程的内在困难。在不列颠经济发展的这个阶段，人们从这种模式中所获得的相应利益还是超过了它所存在的不足。就得到记录者安布罗斯·克劳利爵士（Sir Ambrose Crowley）来说，作为委托人的他对各个个体经理人员极不信任，问题的解决就只能是

① 参见以下文献：

（1）里默：《利兹的马歇尔家族》，第84页；

（2）克劳斯·H·沃尔夫（Klaus H. Wolff）：《织物漂白与化学工业的诞生》，载《商务企业历史评论》，第48卷（1974年本），第149~150页。【69】

② 参见C.H. 李：《一家棉纺企业》，第103~104页。同时请参见G.F. 雷因尼（Rainnie）编撰的《毛纺织与绒纺织工业：一个经济学分析》（牛津，1965年），第52页。【70】

③ 罗宾·马里斯（Robin Marris）：《关于“管理”资本主义的经济理论分析》（伦敦，1964年），第3~4页。【71】

将各个工种和部门的监督权统一在一个赋予了合伙关系或已经进入到合伙圈层的某个人，以至这个人的工作热情也由他从整个事业成功中所获得的直接利益而激发。如果制造活动中企业家都是这种心理，那基本态势就较清楚了。[①] 我们不无意义地注意到，确有博尔顿与瓦特者，在引入管理规则、形成委托关系、划分管理职能等方面付出了很大努力；但是，在索侯铸造厂（Soho Foundry）里，最重要的管理创新却不是由在这种管理操作中训练出来的经理人员引入的，而是要留待公司主要合伙人的下一代去推动完成的。[②] 一般情况下，核心企业家之外的其他“合伙关系”、“合伙权”可以赋予能够为企业提供必需技术的人；[③] 要不就是在留存利润不足以满足企业增长需要的时候，也赋予那些追加资本的贡献者。[④] 同时，我们应注意，在这个时代，企业内部融资所具备的推动企业快速扩张的能力，也极为引人注目。[⑤]

那些色彩斑斓，而又在历史文献中得到良好记录的“合伙关系”同样引人入胜。无论在何地，只要需要，“合伙关系”都能得以形成、补充与中止；起着主导作用的企业家既可以通过“合伙关系”与别人在同一生意中相联系，还可以在相关联的其他生意中相联系；并且，整个“企业—企业家关系”体系非常明显地具有适应性和可塑性。[⑥] 众所周知，阿克赖特把约翰·斯莫利（John Smalley）、塞缪尔·奥尔德罗（Samuel Oldknow）、戴维·戴尔（David Dale）、塞缪尔·尼德（Samuel Need）、斯特拉特家族（Strutts）、小理查德·阿克赖特（Ricard Arkwright jun.）、托马斯·沃尔什曼（Thomas Walshman）、约翰·克罗斯（John Cross），还有其他一些人列为

① 请参见以下文献：

（1）波拉德：《现代管理的起源》，第150～151页；

（2）S. D. 查普曼：《早期英国棉纺行业的兴起者》，载《商务企业史》，第11卷，2（1969年7月号）；

（3）约翰·C·洛根（John C. Logan）：《邓巴顿玻璃工艺公司：一项关于企业家能力的研究》，载《商务企业史》，第14卷，1（1972年1月号），第71～81页。【72】

② 波拉德：《现代管理的起源》，第251～252页。【73】

③ 比如说，苏格兰造纸业的一个特征，就是它的企业在一个相对小的规模上，将其合伙人身份赋予制造厂管理者，而这些人最初都是企业某些技术方面事务的负责人。见A. G. 汤姆森（Thomson）：《苏格兰的造纸业》（爱丁堡，1974年），第98页。【74】

④ 关于在棉纺行业中的“摆设股东（只贡献资本而完全不过问公司事务者）”，参见爱德华兹：《棉纺行业的增长》，第194～198页。【75】

⑤ 参见弗朗索瓦·克鲁泽：《工业革命时期大不列颠的资本形成》，收入F. 克鲁泽编撰：《工业革命中的资本形成》（伦敦，1972年），第198～203页。【76】

⑥ 参见兰德斯在《剑桥经济史》（第6卷，第304～305页）中的有关论述。【77】

自己的合伙人。[①] 然而，即使不是更为精致，至少也是同样精致地，詹姆斯（James）家族、柯克曼·芬利（Kirkman Finlay）家族、皮尔（Peel）家族也都可以构造与描绘出它们的“合伙人”体系。[②] 从另一方面看，某个雄心勃勃的个人能够将自己和那些与自己分属不同制造行为的一系列企业的财富发生相互联系，塞缪尔·加伯特（Samuel Garbett）也许就是这种企业家最好的例证。[③]

【192】 随着技术发展，对企业规模的要求远远超过了合伙制能够管理的范围，所需的金融资本要求也超过了在生意上简单联系着的若干小群体所能提供的范围。这时，为企业设计一种新的管理结构，就成为生意过程与经济发展的迫切需要——但是，事实上，直至19世纪下半叶，历史才真正地满足了这种需要。

4.3 下一个五十年

如果说，要对早期企业家成就进行评判，还能从少量学术性商业史资料中找到帮助乃至引为支持的话，那么对1830年之后几十年的研究，可以参考的同类资料则是寥寥无几，甚至对这些资料进行挖掘的可能性也微乎其微。工业革命的英雄时代[④]留下来的关于产业家的记录在以后都得到了很好的保存乃至研究。但是，在随后几十年中，绝大部分资料不是被毁坏了就是没有引起多大注意。相应的分析或者变得没有可能，或者成为一件没有多少实际意义的事情。这是因为只有当某些基本记录得到保存，满足了后人了解公司调整情况这一合理要求时，研究者才可能，当然也还只是在可能的开始，以一定的可信度评判企业家的作用。另外，即使1830年后这段时期的

---

① 参见曼托（Mantoux）：《工业革命》，第232页；R. S. 菲顿（Fitton）；A. P. 沃兹沃思（Wadsworth）：《1758～1830年间的斯特拉特家族与阿克赖特家族》（曼彻斯特，1958年），第78页。

戴维·戴尔自己就曾经参与成为不少企业的合伙人，参见亨利·汉密尔顿（Henry Hamilton）：《18世纪苏格兰经济史》（牛津，1963年），第171～172页。【78】

② 阿隆（Anon）：《1750～1950年间的制造商与东印度商人詹姆斯·芬利联合股份有限责任公司》（格拉斯哥，1951年），第16部分，第4、7、10～12、14～15、22、30页；S. D. 查普曼：《早期英国棉纺行业的兴起者》，特别是其中的第80～84页。【79】

③ 参见以下论述：

（1）兰德斯在《剑桥经济史》（第6卷，第304页）中的论述；

（2）R. H. 坎贝尔（Campbell）：《卡伦公司》（爱丁堡，1961年），第7～20、115～116、144～148页。【80】

④ 英雄时代指工业革命早期。——译者注

资料残缺，我们也还是需要对资料进行严格的“资格审查”。原因仍在于只有那些满足特定条件，记载着特定事宜的文件才得以保存。当一个公司倒闭时，往往是由清算人负责记录及记录文件保存；但是，在清算过程一结束，他们往往同时又将这些资料销毁。因此，即使乐观估计，这个时期经济史的研究样本也有较大偏差。

对于研究者而言，这个不幸可谓严重。1830 年以后的年代，企业家的先辈们已经解决了许多问题；相对复杂的管理技术也已形成，并且世界市场，曾经长时期敞开其宽广的胸怀，让英国人开发占领的世界市场，仍在不断地向纵深拓展。在过去几十年中，来自国内和国外制造商的竞争压力显得微不足道。在当时，这种国内外市场——随着铁路建造热潮的即将到来和生活水平的逐渐提高，国内市场呈现出显著的趋热行情——环境下，对继承自先锋时代所曲折形成的基本经济结构，不列颠的企业家们也没有产生任何改变的动机：棉纺和制铁仍占主导地位。难怪塞缪尔·斯迈尔斯（Samuel Smiles）不无原因地写道：“任何人，只要专注于赚钱，只用他的身体和心灵，他就不会在致富上失败，而根本用不上头脑。”①

只是，我们还要究问，此时，这些先锋者的下一代们对事情处理得怎么样呢？马歇尔曾论述指出：

> 老的富裕企业仅凭它们的原有势头就能生存，即便是它们已经失去了能量和创造性的源泉也是这样。先辈们是一些在《谷物法》废止前的艰难日子中度过童年时代的人。他们是那些曾在早上踏上生意路途，并且在晚上站稳脚跟的人，也是富于事业心与才能的人。然而，这些人的儿子们却在平安逸乐的环境中长大，从来都认
> 为生活极其容易，非常自得地将他们所继承的生意经营活动委托给 【193】
> 那些在上一代时就曾列在企业经理队伍中的领薪助手，然而这些“小字辈”的成功却也并不少见。这些人的生意是如此强烈地被大范围的产品价格上涨所支持，以至于他们在大多数情况下都获得了丰厚的利润并且对自己还非常满意。这样，所有有利的因素综合在一起，产生了一种不应有的自满风气……②

① 艾琳·斯迈尔斯：《塞缪尔·斯迈尔斯与他面临的商务环境》（伦敦，1956 年），第 107 页。【81】

② 阿尔弗雷德·马歇尔：《工商业活动》（伦敦，1920 年），第 91～92 页。同时参见悉尼·J·查普曼：《兰开夏郡的棉纺工业：从经济发展角度做出的研究》（曼彻斯特，1904 年），第 216～217 页。【82】

马歇尔的议论正确与公平吗？如果他的批评是有根据的，那么，究竟他的谴责对多少个企业是适用的？

4.3.1 规模、结构与控制权

对这个时代，或者对19世纪的任何时代来说，我们对相应的企业结构知道得太少了。家族荣耀的最好象征就是一个相应公司的名称——因为它使人想起一段过去的成功，是成功素质与辉煌事业的象征——但是，如果企业合伙成员去世，如果新的大合伙人的名字隐匿在普遍使用的“& Co.”后缀之中时，也就意味原有合伙人的合伙权终结，同时也意味着他以前掌握的有效控制力会转移到别人手里。那么，在那个时代的任一时点上，第一代、第二代、第三代的企业家究竟是怎样的一个比例状况呢?① 在合伙与股权关系上，内部权利结构在不断变化着，公司解散与清算的比率也较高，这些都可能使得在两代以后，企业的利益控制权仍然掌握在初创者家族手中的个例寥寥无几。② 但也应注意，我们是从能够得到的记录中总结规律，这样做似乎显得有些过于急躁，因为我们好像忘记了：我们的不充分样本远非具有随机性。

以上是关于控制权的评论。做出这样的评论并不意味着，在这段时间里，这些持久存续、身份可辨并且我们对之进行了仔细观察的公司规模没有能够得到扩张。实际上，每个十年，企业都在实实在在地全面发展。到这时，那些在诞生时其规模（用资本规模来衡量）之大足以令他们的“企业先辈”们相形见绌的公司数量在不断增加——数量是如此之多，以至于有人认为，尽管历史上非合伙企业能够长期占据绝对优势和主导地位，但到了

---

① 这个问题曾经有若干人都提出过。请参见，比如说，以下文献：

（1）埃里克·M·西格斯沃斯（Eric M. Sigsworth）：《关于1870～1914年间商务企业历史的若干问题》，收入查里斯·J·肯尼迪（Charles J. Kennedy）编撰：《16世纪商务企业历史会议论文集》（林肯，内布拉斯加，1969年），第32～33页；

（2）S. B. 索尔（Saul）：《1860～1914年间不列颠的机械工程行业的市场与发展》，载《经济史评论》，第2卷，第20部分，1（1967年4月），第3篇。【83】

② 比如说，在奥尔德姆（Oldham），据说，1846年在所存在的138家企业之中，只有4家仍然由在1800年以前拥有它的企业或家族所有。参见S. D. 查普曼：《运营资本》，第23页。

关于对相对更早时期，比如说约1780～1840年间的例证情况，请参见：

（1）查普曼的同一文献的第9页；

（2）R. G. 威尔逊：《绅士商人》，第115页和第131页；

（3）J. 德·L·曼（de L. Mann）：《1640～1880年间英格兰西部的制衣业》（牛津，1971年）第194～195页。【84】

【670】

19 世纪 40 年代，不列颠经济体系中已经积累起了动摇这种优势和地位的压力。① 在这些压力中，最重要的是新技术开发所要求的巨额资本。巨额资本来源本身显然并不至于形成这么大的一个问题。更关键的问题是，在英国，关于企业合伙与股权关系的法律会使每一个合伙者对企业的损失负起完全责任。过去形成的法律规则会将这种完全责任延伸到每一个合伙人的私人财产，延伸到“他的最后一个铜板和最后一寸土地”。② 这才是困扰所有参加到大型合伙事务或非股份化公司事务中的那些人的可怖幽灵，由此不难理解，他们没有多大愿望去冒这个风险。

按照 1720 年《泡沫法案》（Bubble Act）的规定，一个股份和股东职权可以转让的联合股份公司，只有通过国家的批准程序许可才有可能产生【194】（通常需要以国会法令的形式批准）。这种许可非常不容易获得，并且通常是有成本的。制造业和商业企业得到这种许可的机会尤其稀少。③ 事实意义上的非法“股份公司”产生并形成了。在英国，大多数“这种公司”集中发生于某些较传统的生产领域，并且这种领域一般一直都发生着股份联合行为。在制造业中几乎没有，但由羊毛纺织商们在约克郡西区成立的从事漂洗设备、染色设备以及其他类似机器设备经营的联合工厂则是一个例外。④

尽管法律造成了阻碍，但它还不是股份公司发展缓慢的惟一原因，甚至也不是其中的最重要原因。实际上，从那个时代的特点看来，根本就没有必要对传统企业组织框架予以改变。大部分公司的资本需求，都可首先依赖于自我融资，同时再依靠一个规模正在逐渐扩充着的、灵敏的货币中介网络的帮助得以解决。许多生产过程都非常简单，生产增长模式的基本特点是对生产单位进行简单繁殖，而不必从根本上进行全面重组。尽管这些企业的规模比通常认为的单个企业的合理界限大得多，但如此众多生产过程的简单本性，使得它们都能允许由单个企业家，或者由企业中的一小组人进行连续管

---

① J. B. 杰弗里斯（Jefferys）：《1856 年后大不列颠的企业组织趋势》（未经公开发表的博士学位论文，伦敦大学，1938 年），第 8 ~ 9 页。同时也请参见 D. S. 兰德斯：《19 世纪企业结构》，这是一篇呈交 1960 年 8 月 21 ~ 28 日在斯德哥尔摩由国际历史科学研究会举办的第 40 届国际历史科学会议的论文，收入《报告 5：当代历史研究》（厄普萨拉，1960 年），第 109 页及以后。【85】

② H. A. 香农（Shannon）：《有限责任公司的普遍到来》，载《经济史》，2（1931 年），第 271 页。【86】

③ 兰德斯：《企业结构》，第 110 页。同时请参见莱昂内 · 利瓦伊（Leone Levi）：《论联合股份公司》，载《（国家）统计机构月刊》，第 33 卷，1（1870 年 3 月），第 12 ~ 14、24 ~ 25 页。【87】

④ J. H. 克拉彭：《关于现代不列颠的一项经济史学研究（第 3 卷），第 1 部分：1820 ~ 1850 年间的早期铁路时代》（剑桥，1939 年），第 194 ~ 196 页。【88】

控，所有这些方面都是当时的制造和销售公司能够不借助联合股份形式进行业务扩张的诸多因素。

然而情况终于有了变化，最初的推动力来自“一群中产阶级慈善家，他们中的大部分被称作为‘基督社会主义者’”①。他们试图创造“工具，以帮助中产阶级和劳动阶级的储蓄成为更安全的投资”。② 也有些人来自伦敦金融界，他们试图为潜在的投资者寻找有利的实业投资去向。③ 那些自由契约条件论者倒没有起到这样的推动作用，实业家们也没有起到什么作用，因为，在1856年和1862年《联合股份公司法案》（Joint Stock Companies Acts）产生以前，在所有相关社会讨论中，他们的声音原本就很少能够被听到。④

但是，实业家对这两年立法行动的反应，证实了这一制度和他们有着利益关联。而长期以来，他们似乎对之颇显得有些沉默。不过，到1885年时，在全部重要的商业组织中，有限责任公司至多能占到总数目的5%～10%，并且只是在航运、钢铁、棉纺业中，有限责任公司的影响才可以称得上是重要的。⑤ 尽管在19世纪80年代中期，从单位规模和固定资本的数量上看，有限责任公司显然是相应商业活动领域中的最重要者，但在英国制造业公司
【195】中，大部分仍然是家庭（族）式企业。⑥ 当然，到了19世纪60年代中期，不列颠的法律框架实际上就已经能让单个企业的管理结构发生变化。从那时起，股份经济形成的道路就是敞开的，尽管踏上这条路的人很少。负责推动早期《公司法》形成的政治家们对有限责任股份公司翘首以待，而与此相对照的是，有一种私人公司（它们直至1907年才得到法律的正式认可）也发展形成了。大多数采取这种组织方式的企业以前是合伙公司或联合股份公司，在注册这种公司时，私人所有者的基本目的是要获得有限公司的有限责任法律属性，同时又保持公司的私人所有的基本框架。这种公司可以进行资本增量扩充，但是仅局限在公司《联合章程》指定的那些股份持有者的范

---

① J. 萨维尔（Saville）：《1850～1856年间的摆设股东与有限责任制》，载《经济史评论》，第2卷，第8部分，3（1956年4月），第419页。【89】

② 这摘自1850年4月6日罗伯特·斯莱尼（Robert Slaney）在向一个调查这个专题的下议院工作委员会作情况反映的原话，记入《议会议事录》，第110卷，第422～426页，并曾经被萨维尔引用，见萨维尔：《1850～1856年间的摆设股东与有限责任制》，第420页。【90】

③ 杰弗里斯：《企业组织的变化趋势》，第10页。【91】

④ 萨维尔：《1850～1856年间的摆设股东与有限责任制》，第432页。【92】

⑤ 杰弗里斯，上引书，第105页。【93】

⑥ J.H. 克拉彭：《关于现代不列颠的一项经济史学研究（第3卷），第3部分：机器设备与国家竞争》（剑桥，1938年），第203页。【94】

围之内，同时法律也不允许在企业董事会中引入新的企业家人才。① 因而，在这些组织中，企业家们的行为方式和先锋时代的企业家的方式几乎没有改变。毫无疑问，在所有权和经营权的分离上——在管理科层组织的延伸上——也不会有任何进展。②

波拉德曾指出，1830 年时，“在各个特定产业中，正规管理者阶层产生了”③，然而，我们认为，实际上还不能说这样的企业管理者阶层已经产生，也没有任何与管理实践相对应的理论。在企业家们的管理素养中，合理掌管的问题从来没有被忽视；只是，在各个工商业行为领域中，这些先辈们共同遇到了具体情况多样化问题，它使得对管理实践进行抽象式概括既不可能也不现实。尽管有着某些条律，比如当时在邓迪（Dundee）的威廉·布朗（William Brown）就曾总结出来一些，但它们似乎没有得到广为传播，即使是在他们自己的地方和行业范围内也是这样。④ 事实情况是，企业的家族式结构仍然普遍存在，对集体组织管理思想发生任何兴趣都会被当权者们视为禁忌。并且，即使是在极少的情况下这些思想得到了发表，这种权利结构也不会让这种思想得到普遍接受。⑤ 在那个时代，大部分企业家自己就是管理者，他们的儿子们或近亲们继承了企业控制权，并且在企业家族的管理实践中掌握了商业秘密；以这些情况用作观察的时代背景，我们对这种不重视管理理论的现象也就不会感到奇怪了。直至所有权和经营权得到分离，直至单个企业的规模大到足以使所有者必须让出一部分必要的权力——也就是说，直至 19 世纪的最后 10 年——这种状况都一直存在着。⑥ 这也可以用来解释，为什么对工业革命的先锋者和他们的继承人而言，采用“科学、系统的财会核算”会导致自身利益消失，并且“……在自己所行使的某些管理

---

① P. L. 佩恩：《1870 ~ 1914 年间大不列颠大规模公司的兴起》，载《经济史评论》，第 2 卷，第 20 部分，3（1967 年 12 月），第 520 页；H. A. 香农：《最早的 5 000 家有限责任公司以及它们的历史存续状况》，载《经济史》，2（1931 年），第 408 页，注 2。【95】

② 约翰·蔡尔德（John Child）：《英国管理思想》（伦敦，1969 年），第 14 页。【96】

③ 波拉德：《现代管理的起源》，第 250 页；最近进行的一个案例分析，见巴伦·F·达克汉姆（Baron F. Duckham）：《苏格兰采煤行业历史（第 1 部分）：1700 ~ 1815 年间》（牛顿阿博特，1970 年），第 113 ~ 140 页。【97】

④ （1）丹尼斯·查普曼（Dennis Chapman）：《1791 ~ 1864 年间位处顿迪的威廉·布朗：苏格兰麻纺制造厂的企业管理侧记》，载《企业家历史探索》，第 4 卷，3（1952 年）；

（2）L. J. 休谟（Hume）：《杰里米·本瑟姆关于工业企业管理的论述》，载《约克郡经济与社会研究公告》，第 22 卷（1970 年 5 月）。【98】

⑤ 波拉德：《现代管理的起源》，第 254 页。【99】

⑥ 关于规模增大——在 19 世纪 80 年代以前，它的量度极其困难——的问题，请参见 J. H. 克拉彭：《经济史》，第 2 卷，第 114 ~ 122、138 ~ 139 页。【100】

【196】职责必需予以解除时，自己也至少需要进行一些特定训练”[①]。

4.3.2 企业家所需素质

企业的运作规模并没有大的变化，单个企业的劳工队伍也没有扩大，公司和工厂同时存在，再加上大部分大型公司仍然只是“改头换面的私人公司”等等这些客观事实，[②] 意味着企业家及其素质乃至公司结构，在19世纪中期的各年份中，也没有发生什么大的改变。[③] 但是，在这个时期，企业家所需的素质究竟又是怎样的一种状况呢？长期以来，历史学家的注意力分散在相对较高的经济增长率、急剧攀升的出口规模、极其迅猛的技术扩散等诸多主题上；受此影响，关于企业家素质，他们几乎没有，抑或可以说完全没有给我们留下任何值得回顾的评论。但尽管这样，一些至今仍起着领导作用的公司的衰退过程还是可以追溯到这个时代，利兹的马歇尔公司的“最后阶段”开始于40年代中期，尽管这个曾经一度辉煌的公司注定还要在另一个40年中步履蹒跚地继续前进，而就这后一时间阶段里，它在麻纺业的一些主要竞争者陆续消失：本扬斯（Benyons）消失在1861年；若干年后，约翰·莫菲特（John Morfitt）和约翰·威尔金森（John Wilkinson）也消失了；其他的一些，包括W.B.霍尔兹沃斯（Holdsworth）则在不久之后也步入消失的行列。[④]

阿什沃思家族的两家棉纺企业，分别由亨利·阿什沃思和爱德华·阿什

---

① （1）L.厄维克（Urwick）与E.F.L.布雷克（Brech）：《科学管理的形成（第2卷第2部分）：英国工业的企业管理》（伦敦，1949年），第13页；

（2）尼尔·麦肯德里克：《乔赛亚·韦奇伍德与工业革命中的成本会计》，第46页；

（3）安东尼·蒂利特（Anthony Tillett）：《工业与管理》，收入A.蒂利特、T.肯普纳（Kempner）与戈登·威尔斯（Gordon Wills）编撰：《管理思想家》（伦敦，1970年），第33~34页。【101】

② 克拉彭：《经济史》，第2章，第138~139页。【102】

③ 维多利亚时代的商业领袖们，有的将他们的公司形式采纳为联合股份公司，以能够既使得他们的家族式企业“永远维系”，同时又让他们的儿子们免除对制造过程进行密切关照的苦楚，在这种情况下，制造工厂日常事务的监管就不可避免地会落在了专业的工人管理者身上。尽管我们现在针对以上情况，从历史材料中找出完全可以相信的例证还有一定困难。只有在那些以股份公司形式创建的全新公司——在刚开始的时候，除了我们已经知道的“奥尔德姆有限公司（Oldham Limiteds）”以外，它们的数量也很少——当中，所有权和控制与管理权限才发生了程度不小的分离。泰森（Tyson）关于桑制造厂（Sun Mill）的研究揭示出，对股东而言，如果发生了不满意的结果，管理者就会受到毫不
【671】留情的惩戒。在1858~1862年间，这家企业管理者的人数不少于5人；在1862~1899年间，不少于11人。见R.E.泰森：《桑制造有限公司：关于1858~1959年间国内投资的一项研究》（未公开发表的硕士论文，曼彻斯特大学，1962年）。【103】

④ 里默：《利兹的马歇尔家族》，第199、229页。【104】

沃思（Henry and Edward Ashworth）在1818年和1834年创建——他们都是“最具声誉的人，采纳最伟大发明家推出的技术，并且……用‘勤奋、耐心，哪怕是对最微末细小改善的关切’推进着棉纺制造业”① ——然而，40年代他们也开始走下坡路。这时，面对利益多样化、内部关系不断紧张、低利润甚至是亏损的困难局面，他的合伙者们的扩张意愿就相应地变得较萎靡。1846年，亨利的儿子乔治·宾斯·阿什沃思（George Binns Ashworth）这样写道：

> 在新伊哥利纺织工棚里，没有成本核算，没有质量控制，没有通常的存货管理；顾客们饱受交货延迟和得到的衣服比预定长度要短的苦楚。技术和管理上的缺陷使得织机现在的开工时间还不到工作日的一半，总产量也比它们的竞争者要低得多。②

尽管这或许只是这个公司周期性管理失控中的最坏例证，③ 1847年后情况有所改善。但是，公司却从来没有再获得过它早先拥有的先发技术优势。还是乔治·宾斯·阿什沃思，在他的日记中这样感叹道：“现在只有通过异常的勤奋、耐心和细致才能赚得财富。”④

在克利瑟罗（Clithroe）附近经营普瑞姆罗兹工厂（Primrose Works）的詹姆斯·汤姆普森（James Thompson），就是一位没有在“耐心与勤奋”上下工夫的企业家。他是那时最重要的棉布印染商，他生产着样式独特的印染产品，价格昂贵——关于这种制造活动，他自己认为需要“甚至是皇家科学院院士那样的才能”——是专门“为寥寥数百的上层阶级，而不是为百万大众”制造的。莱昂·普莱费尔（Lyon Playfair）在1841年时成为这家工厂的化工技术管理者，他曾经警告说，除非工厂产品的特性得到改换，否则 【197】
工厂的生意今后必败无疑，但是汤姆普森拒绝听从这种规劝并放弃他的短期行为。“他的产品在欧洲以高优质量而闻名，因而不能容忍任何降低……产品质量的企图。”“汤姆普森经常说的一句话是‘一旦你成为一位棉布印染商，摆在你面前的只有两条路——要么是报纸上的大成功者，要么就是进坟

---

① 见于罗兹·博伊森（Rhodes Boyson）：《阿什沃思棉纺企业：一个家族企业1818～1880年间兴衰录》（牛津，1970年），第14页，而此处作者引用于戈弗雷·W·阿米蒂奇：《兰开夏郡的棉纺业：从大发明家到大灾难转变过程》（1951年2月21日在曼彻斯特文学哲学协会上宣读的论文），第6页。【105】

② 博伊森，上引书，第42页。【106】

③ 关于这家企业以后的历史情况是，它在1854年以后被分成了两家企业，上引书，第64页以后。【107】

④ 上引书，第31页。【108】

墓'。”最终，在1850年，他确实是满怀失望地去世了，不过去世时间还是比他那闻名遐迩的工厂的倒闭时间要早几个月。① 可是其他的棉布印染商，却试图以百万数量的大众而不是以为数极少的人群为目标去生产，并且他们不择手段地在生产过程中降低成本，以至于印染的设计质量被降低了，这些商家“试图雇用大批来自兰开夏郡的粗野农民作为绘制师、雕刻师、印染师、机器工人，等等”，当然雇用的工资水平低得令人吃惊。这样生产出来的产品自然是令人厌恶、破败丛生。正如居住在伯恩利（Burnley）附近的洛尔豪斯印染厂（Lowerhouse Print Works）的厂主约翰·达格代尔（John Dugdale）于1847年所指出的：“如果你回顾一下已经过去的6年，你就会发现半数的印染商破产了——剩下的半数中，虽然有一半左右没有破产，但是已经没有什么人相信他们了，再剩下的那些，则使出浑身解数，力图保持着原先的状况。”②

考陶尔德家族（Courtaulds）企业的业务则进展得相对较好。19世纪60年代中叶，塞缪尔三代（Samuel Ⅲ）进入半隐退状态的时候，这个家族的公司正由乔治·考陶尔德三代（George Courtauld Ⅲ）、哈里·泰勒（Harry Taylor）和约翰·沃伦（John Warren）等人领导，享有巨额的市场收入——这当然是公司先辈们的努力成果——这种收入状况使公司即使在技术远落在其他的[illegible]丝商和丝织商后边的情况下，还能得以维持下去。实际上，“对公司而言”，乔治三世（George Ⅲ）“只是引入了惰性，而没有贡献出其他任何东西”。只是由于公司的主要产品，一种葬礼用丧纱的需求看好，并且需求没有什么大变化（缺乏弹性），再加上原料丝的市场价格下降，才使得公司即使是在主管老板没有在这家家族公司的经营中展现出任何“魄力、洞察力、信念和事业心等等好素质”的情况下，也能给资本投入者带来丰厚的回报。当然，曾几何时，乔治三代的叔父展现出的这些方面的品质在公司建立过程中起了很大的作用。③

在钢铁业，乔舒亚·沃克联合股份公司（Joshua Walker & Co.）在拿破仑战争之后没能够生存多久，它的钢生意在1829年正式结束；到30年代早

① 参见以下文献：

（1）威姆斯·里德爵士（Sir Wemyss Reid）：《莱昂·普雷费尔的传记与通信》（伦敦，1900年），第43～44、52～56页；

（2）G. 特恩布尔：《大不列颠棉布印染史》（奥尔特灵厄姆，1951年），第78～81页。【109】

② 引自特恩布尔：《大不列颠棉布印染史》，第73页。【110】

③ 科尔曼：《考陶尔德》，第1卷，第174～177、213页。【111】

期，它的售铁业务也逐步萎缩。[①] 约翰·达尔文（John Darwin）曾经是彼得·斯塔布斯（Peter Stubs）的工厂合伙人，谢菲尔德市的著名实业家之一，也在1828年破产了；[②] 许多企业家是在19世纪的中间几十年间陆续销声匿迹的。他们当中有一位在温斯伯里（Wednesbury）掌管劳埃德—福斯特联合股份公司（Lloyd, Foster & Co.），这一家企业可是热鼓风法的首度开发利用者；还有一位是后来在黑乡[③]经营的贝西默，此人即贝氏（酸性）转炉冶炼生产流程的发明者。[④] 甚至科尔布鲁克戴尔公司（Coalbrookdale Company），在领导者亚伯拉罕·达比（Abraham Darby）和阿尔弗雷德·达比（Alfred Darby）（在1849年）退休以及弗朗西斯·达比（Francis Darby）（在1850年）去世之后，由于在管理上缺乏强有力的领导，也是踉踉跄跄，濒临灭亡；只是凭借突然的行情好转以及市场对它的铸造产品还有持续需求，才终于度过生死难关，得以生存下来。[⑤] 在南威尔士，威廉·克劳谢（William Crawshay）二代把他的家族说成"钢铁大王，而赛法史法（Cyfarthfa）厂就是大王们的王冠，这家工厂却试图在交易中单方指定成交条件，【198】并把自己的主意强加给产品购买者"。道莱斯（Dowlais）的格斯兹（Guests）工厂"能够派分支机构到俄国去拉订单，但是，所谓的'钢铁大王'克劳谢却坐在他的财务室里，等待着相中他的客户订单的到来（或不到来）"[⑥]。

这种例子还很多，但并不是要用它们来证明什么东西。我们之所以提到它们，只不过是希望对某种对象开展进一步的研究，这个对象就是在工业革命的英雄时代之后的几十年中，不列颠实业界所表现出来的企业家素质；同时也是为了说明我们关于某种可能性的判断：如果那个时代的企业家们面临着其后继者们所遇到的那种程度的竞争，可能会有更多的公司倒闭——但回过头来说，事实上，几乎在任何时代、在几乎任何一个已经得到良好建立的商业领域中，都可以有选择地找到"企业家能力堕落"的例证，亦即这并不是19世纪的最后几十年独有的现象。

---

① A. H. 约翰（John）编撰：《铸铁商与制铅商沃克家族在1741～1893年间》（伦敦，1951年），第29～31页。【112】

② 阿什顿：《18世纪的一位实业家》，第41～42页；艾伦·伯奇（Alan Birch）：《关于英国钢铁行业在1784～1879年间的经济史》（伦敦，1967年），第161～162页。【113】

③ 黑乡（Black Country）指英格兰中部的工矿区。——译者注

④ 伯奇，上引书，第156页。【114】

⑤ A. 雷斯特里克（Raistrick）：《铸铁商王朝兴衰》（牛顿·阿博特，1970年），第270页。【115】

⑥ J. P. 阿迪斯（Addis）：《克偌谢王朝：关于1756～1867年间工业企业组织机器发展的一项研究》（卡迪夫，1957年），第120～126页。【116】

总体地看，关于企业家素质，在1870年之前和1870年之后的几十年间，情况还是有着某种差别。关于后一时代，为帮助人们树立对棉纺、采煤、钢铁等行业中的企业家素质和行为表现的信任，新经济史学家卖力制造了某种“防卫工事”，但不管辩解多么精巧，人们却并不否认，在1870年之后的几十年中，企业家们对汽车产品以及化工、电气和类似行业中某些分支部门产品的市场的增长和利润潜力的感受来得过于迟钝。而这种对**新产业**的感受与领悟上的显著失败在1870年前的几十年间几乎没有发生。[①]

以铁路的出现为例。1870年之后，铁路的出现引发了“无限产品需求”，并为企业家资源的产生提供巨大的潜在机会。[②] 在19世纪的中间几十年中，与铁路设备关联的专利数量也非常庞大。[③] 处处都可以看到，铁路公司的工程师和独立发明家们，为了更高效、更安全和更舒适的铁路运行，在不停地开发着设备；而许多铁路公司和非铁路公司都在承担着它们拥有的诸多发明的开发制造，当然，这些公司有的也进行铁路产品专利的开发。举例来说，乔治·斯潘塞（George Spencer）联合股份公司，就是为生产斯潘塞自己开发的圆锥橡皮缓冲器而创建的，公司成功地申请了1852年和1853年春天受领的专利权，专利权分别被授予P. R. 霍奇（Hodge）、J. E. 科尔曼（Coleman）以及理查德·伊顿（Richard Eaton）。与此类似，谢菲尔德的约翰·布朗（John Brown）非常迅敏地感受到，当时的火车头里的旋转机箱座已经大到不再适于使用平木板座，或者是使用金属圈箍紧的马毛垫的地步了，而是需要一种更为有效的缓震垫，于是，他就开始将他的财富投资到一种螺旋状、蜗形的钢质减震器弹簧的开发和生产上。据说，早在1855年，他为此付出的年开支就不低于5 000英镑，费用主要用于“召集人马，持续

---

① S.B. 索尔（Saul）曾经颇有说服力地论证道：那个甚至是能够极为直接地得到的假定——在标准化技术以及可贸易产品生产的发展上，不列颠相比美国来说大为落后——是“极其误导性的”（索尔：《机械工程行业》，第111页）。据他推测，这个错误的假定大概是建立在其他人的一些论述基础之上的，比如说，以下两人：

（1）D. L. 伯恩（Burn）：《美国工程行业竞争起源》，载《经济史》，2（1931年），第292～311页；

（2）J. E 索耶（Sawyer）：《美国制造业体系的社会基础》，载《经济史杂志》，14（1954年秋季号），第4、361～379页。【117】

② 加引号的这个短语来自关于谢菲尔德市的约翰·布朗的传记作者，载《来自商务活动的财富》，1，第265页以下。6年以后，W. R. 莫里斯（Morris）对整个车辆市场进行了一番考察，参见W. R. 莫里斯（Morris）[纳菲尔德（Nuffield）勋爵]：《造就整个莫里斯的企业策略》，载《工业经济学月刊》，第2卷，3（1954年8月号），第194～195页。【118】

③ 通过参观伦敦的科学博物馆，或是通过参阅E. A. 福沃德（Forward）：《陆路交通说明与论述手册（3）：火车车头与铁路机车车辆（第2部分），目录描述》（伦敦，1948年），可以更好地理解一些在当时成就显得更为突出的发明。【119】

推进”产品开发。这位企业家既拥有了一种可资营业的技术，也有进行长期信用借款乃至吸纳股权资金的决心，这些使得他在随后几十年中，成为斯潘塞的最有力的竞争者。①

对其他一些公司来说，成功起源于不顾一切地寻求得到最初由铁路投 【199】
资商拥有的相关专利的特许开发许可证。熔炉、铜铁铸造厂出现了，原有的也得到扩张，以能为火车头和火车厢，为火车信号和火车照明制造无数配套装置。由于它们是为所设计好了的特定火车头和火车厢的制造过程订做的，因此，那些铁路公司的生产车间、火车头的组装商、客车厢与货车厢的制造商等，当然要“买进”它们，除此别无选择。② 事实上，在 19 世纪的中间几十年中，既由铁路公司自身，也由某些外部创业者，提供了某种动力、机车工程件。这些产品是一种历史性工业制造过程的先驱，这种制造过程将金属、木材、皮革、玻璃、纺织品和橡皮等范围广泛的各种不同材料，组装成构造复杂的机器与车船的不同组成部分。这种制造过程的基本特点是：供货商所生产的大部分产品服务于事先精密规定的特定用途；并且，如果产品是运动部件，产品规格的选择范围非常狭窄。③

在这种情况下，企业家在接受新事物、采纳新生产技术、设计新型管理组织方式、形成新的富于适应性的营销组织以及培养新式的营销技巧等方面，显然就不会有什么犹豫。④ 是否这种对新事物的迅速感受，就是 19 世纪中叶和第一次世界大战之前二三十年的惟一显著区别呢？或者这是否也是这个时

---

① P. L. 佩恩（Payne）：《19 世纪的橡胶与铁路行业》（利物浦，1961 年），第 2 ~ 3 页，第 73 ~ 74 页；《来自商务活动的财富》，第 1 部分，第 255 页。【120】

② 佩恩：《19 世纪的橡胶与铁路行业》，第 138 ~ 141 页。【121】

③ 请参阅以下文献：

（1）G. C. 艾伦（Allen）：《黑乡与伯明翰的工业发展》（伦敦，1929 年），第 73 ~ 74 页以及第 93 页；

（2）S. 蒂明斯（Timmins）编撰：《伯明翰与米德兰工业制造区的资源、产业与工业发展历史》（伦敦，1866 年），第 669 ~ 670 页；

（3）D. B. 布雷姆纳（Bremner）：《苏格兰工业：兴起、发展与现状》（伦敦，1869 年），第 98 ~ 102 页；

（4）H. 汉密尔顿·埃利斯（Hamilton Ellis）：《19 世纪铁路运输》（伦敦，1949 年）；

（5）索尔：《机械工程行业》，第 114 ~ 117 页。【122】

④ 关于在 19 世纪 40 ~ 70 年代期间，谢菲尔德市的企业［兹有以下企业家，即约翰·布朗、查里斯·卡梅尔斯（Charles Cammells）、布朗、贝利（Bayley）与狄克逊（Dixon）、托马斯·特顿（Thomas Turton）、克雷文（Craven）等人的铁路货车工厂——都极大程度地卷入了铁路建造工程之 【672】
中］的扩张速度方面的情况，请参见 S. 波拉德：《谢菲尔德市劳工历史》（利物浦，1959 年），第 159 ~ 164 页。关于企业家基特森（Kitson）的情况，请参见《来自商务活动的财富》，3，第 313 ~ 373 页。关于随着一台既能够纺织传统毛毯，也能够纺织布鲁塞尔绒绣毛圈毛毯的动力织机的性能得到完善以及基德明斯特地区织毯业的迅速转变的情况，请参见 J. N. 巴特利特（Bartlett）：《基德明斯特织毯行业的机械化》，载《商务企业史》，第 9 卷，1（1967 年 1 月），第 49 ~ 67 页。【123】

代所做出的一种关于其自身成就的说明呢？试想，如果在别处，或在其他时代，"竞争经济学"不存在，其后果将会怎样，似乎只有对照这个反思，再对照这个时代的实际情况，才便于研究者对这个维多利亚时代中期所取得的成就进行评价。实际上，怎样才能正确地衡量企业家能力？"它的答案"，正如索尔曾论述道，"可能在于一系列的国际比较"；[①] 然而，如果那时的那些技术，如同它们用到现在时的情况，（在那时就）不再适用了，那情况会是怎样的呢？那我们是不是要因此再套用出口市场利益分享的概念呢？事实上我们不能，因为在这个时期，不列颠实际在世界市场上处在技术垄断的地位，并且享有起步在先的利益。并且，如果真要对企业家能力展开分析，那只是对某些特定行业，才有可能将广大企业和企业家的行为与明显是"最好的"作为进行比较，并对所发生的偏离进行分析，尽管这里有将"最好的"与"时间上最近的"混淆起来的危险。这种主要关于企业家投资行为的分析问题以后还会出现。总的来说，我们可以相当肯定地指出，在正确地评价维多利亚时代中期的企业家能力方面，我们拥有的有实际意义的信息还不充分。

有一些可以将其起源追溯到工业革命时期的公司，重要性程度相对下降，有一些则完全地消失了。其他的一些则拥挤在企业群中，在老的、新的商业领域中把握着机会。可以认为，这个时代的许许多多商业家，和乔赛亚·梅森（Josiah Mason）有类同之处。此人是一位钢笔制造商，也是电镀技术的先驱。他的商业禀性曾经受到过这样的细致描绘：他拥有着"对新思想的迅敏感觉能力……开发新思想潜能的聪慧才能……将新思想付诸实际应用的顽强毅力"。[②] 不过这些商业家中很少有人能取得像梅森那样的巨大成功。当然，经济史学家在判断这个时代的数千种发明技术的可行性上并非内行，虽然这些专利技术的性能与规格成排地写在专利管理官署的墙壁
【200】上——尽管有时在描绘它们的相应措辞上可能故意模糊不清。谁能肯定地说，这里面没有非常有利润的技术与商业机会，没有得到开发就在历史过程中溜掉了呢？确实，光说已经做了多少是不够的；判定哪些是应该做而未曾做也非常必要。从国际对比上看，只有当美国、德国、比利时也在开

① S. B. 索尔：《关于维多利亚时代晚期经济成就的论述与讨论中所提炼出来的若干思想》，收入唐纳德·M·麦克洛斯基（Donald M. McCloskey）编撰：《关于1840年后不列颠这个成熟经济的论文集》（伦敦，1971年），第394页。这本书是MSSB研究会关于1840～1930年间不列颠新经济历史的专题学术会议的论文集。【124】

② 《来自商务活动的财富》，第1章，第151页。【125】

发着某个制造活动领域，而且在这个领域中，它们也达到和不列颠相匹敌的水平的时候，我们才能将创新的优势性因素忽略，而大家又都不难估量，在19世纪中间几十年中，这种领域、这种相匹敌的例证在数量上又非常少。① 在这种情况下，英国社会对它的企业家队伍还能有什么更多奢求呢？

4.4　1870～1914年：问题严重的时期？

19世纪的最后15年，不列颠不再是世界的惟一工厂，这是国家间经济竞争的必然结果。但是，不列颠曾经一度如此明显、持续时间如此长的压倒性优势地位，就注定要如此迅速地丧失吗？近来有评论指出，从实质上看，“在一个难以确切描述但相当广泛的商业范围内，不是别的国家从不列颠的手中夺取了其领导地位，而是她的不牢固的掌控让出了领导地位”。② 这个对英国企业家能力最具说服力的批评引自D. S. 兰德斯在本卷丛书中的较早一卷中的评论。③ 我们将在下文讨论这个指责是否合理。

4.4.1　企业管理结构

首先我们应该仔细研究影响公司组建的各种内部因素，这些因素和时代环境、企业管理结构紧密相连。正如兰德斯对此所做出的论述：

> 在许多公司，祖父一辈往往是靠着持续不断的勤勉和几近吝啬般的节约，才得以创建公司和开展经营的，他们早已不在人世了。父亲一辈接过一个地位稳固的企业，以相对更大的雄心壮志开始新发展，并且确实把公司业务推进到了一个未曾梦想到的高度，抱着对此产生的种种感情，他们也离开人世了。现在轮到第三代上阵了，他们从小在富得流油的环境中长大，对商业活动的单调乏味备

① 另一个关于采纳专利技术具有重要意义的解释（这是一个关于设计用于维系生存的技巧得到采纳的过程说明，而非关于目的在于创新与增长的策略的采纳说明），有人已经在他处给出，参见佩恩：《英国企业家能力》，第41～45页。【126】

② 这是奥萨（Orsagh）针对英国钢铁行业做出的评论，但是，他总结出的情况对更多行业都具有一般适用性。参见T. G. 奥萨（Orsagh）：《1870～1913年间钢铁业进展》，载《社会与历史比较研究》，3（1960～1961年），第230页。【127】

③ 见兰德斯在《剑桥经济史》（第6卷，第563～564页）中的论述。【128】

感厌烦，对乡村绅士的田园诗般的生活既激动又渴望……他们当中的许多人退出了生意场，他们的公司也被迫转化成联合股份公司。不退出的那些人则是“在游戏中做生意，在生意中做游戏”。当然，其中也不乏有些人在自我认识上有着足够的明智，将他们企业的日常管理让给专家人员……然而，这种安排最好也不过是原先那种与自身利益攸关的所有制形式的一种蹩脚替代。在情况最坏的时候，它会引发利益冲突乃至利益侵犯……

股份企业也并非显著更好，因为有一个条件没变，这就是家族考虑往往决定了决策层对经理队伍的选择。其次还有另一个原因，
【201】我们拥有的数量不多并且只能留下简单印象的证据显示，诸如此类的私人和公开上市公司过多地从核算室，而不是从生产车间和销售场所中补充他们的经营主管人员。这些升迁到高职位上的人士不是倾向于从工作中学习的“实践操作型”人士，而是按照既有的方式行事的。①

关于第三代企业家的问题，经济史学家确实可能是过分受到了研究者里默讲述的那个关于利兹的马歇尔家族公司的所谓“有益故事”的影响。这个公司在19世纪早期的几十年中，曾经是世界麻纺业的领导者；但是，在经历了公司创建人的儿辈们疏忽生意经营以及孙辈们鄙视生意经营之后，到1880年时，公司终于落入破产案卷管理人的手中。其他的类似例证无疑也存在——其中之一就是本杰明·戈特创建的企业②——只是要以那么标准的形式出现，人们还是很难找到的。不过，一些关于“巴登布鲁克斯（Bud-

① 上引书。同时请参见悉尼·J·查普曼：《兰开夏郡的棉纺工业：从经济发展角度做出的研究》，第170~171页，以及克利福德·噶尔文（Clifford Gulvin），他曾引证哈维克（Hawick）地方政府的一位主管官员1909年贬评当地呢料制造商的话：

企业的创建者这一代是这样的人——他们毫不畏惧艰苦的工作，心安理得地抱守他们的工作位置，坚持履行正当的工作责任。但是，等到了第二代人时，我们常常看到的是完全不同的精神状态。这些人常常轻鄙商务活动，也是所谓的精美绅士的模仿者，同时也有志于成为他们现在所不是的那些人……他们贪图安逸、自我沉溺，并且还缺乏志气与才干。他们的改正方向是，必须以他们的父辈人那样的精神状态来积极工作……必须努力学习技术与商务，将他们的精力与才能集中使用到一个方向上去。

［噶尔文：《呢衣制造商：一项关于1600~1914年间苏格兰精美毛制品行业的研究》（牛顿·阿博特，1973年），第150页］。【129】

② 尽管与父辈相比，戈特的儿子们对艺术活动有了更多兴趣，也投入更多精力，但毕竟还是以负责的态度，对比恩·英（Bean Ing）与阿姆利（Armley）（工厂）的那些机器设备进行了一些改进工作。但是，他们的儿子们则是将兴趣大都投向了其他方面。“这样，第三代人结束了第一代人所创建的活动……”［H. 希顿（Heaton）：《本杰明·戈特与约克郡的工业革命》，第65~66页］。【130】

denbrooks）并发症”这种历史现象的实证支持材料，已经由 T. J. 拜雷斯、R. A. 丘奇和 D. C. 科尔曼等研究者提供，而且是用符合专业研究要求的形式提供。① 这三者中的后一人还适当地将他的部分注意力放到同样显著存在的例外情况上②。他也注意到了这个事实，即“如果谁要对维多利亚时代中期的那些成功生意人进行苛评，指责他们背弃了职责与工厂的话，谁实际上就是在责备他们遵循了一个长久（以来）建立的英国习俗”。③ 我们再充满敬意地回忆起企业家柯克曼·芬利（Kirkman Finlay）在 1831 年以日记的方式吐露的郁闷与失望：

> 在 1819 年，我所拥有的财富能够允许我每年做出 5 000 ~ 6 000英镑的商用支出，并且从那时起，我的利润逐步积累起来。现在，我实实在在地拥有180 000 ~ 200 000英镑。但是，我用这些钱做了一些什么呢？1819 年，我购买了阿肯威兰（Achenwillan）

---

① 这些材料包括：

（1）T. J. 伯雷斯（Byres）：《1873 ~ 1896 年间处在大衰退中的苏格兰经济》，2 卷本（未公开发表的文学学士学位论文，格拉斯哥大学，1962 年），第 2 卷，第 789 ~ 893 页，第 904 ~ 910 页，以及同一作者的论文《1873 ~ 1896 年间苏格兰重工业中的企业家能力》，收入 P. L. 佩恩（Payne）编撰：《苏格兰商务企业历史研究》（伦敦，1969 年），第250 ~ 296页。

（2）参见 R. A. 丘奇：《五金制造活动中的肯里克家族：一个家族企业在1791 ~ 1966 年间侧记》[牛顿·阿博特（Newton Abbot），1969 年]。丘奇所记，在时间上还有更早的一个例子，戈奇（Gotch）与他的儿子们，是制鞋商，也是乡村银行家，在 1857 年的时候也是在第三代的手中生意走向毁灭。见 R. A. 丘奇：《对工业革命中的家族企业所作的一个方面考察》，载《商务企业史》，第 4 卷，2（1962 年 6 月），第 120 ~ 125 页；同时还见科尔曼：《考陶尔德》，第 1 卷，第 270 ~ 271 页。

（3）A. J. 罗伯逊（Robertson）曾经讲述过一个故事，即在 19 世纪 90 年代，有十多个棉纺制造厂被大火摧毁了而没有得到重建，这是因为“它们的所有者们……都已经发了大财，而他们的下一代人既缺乏商业进取心，也缺少相应的其他刺激，以唤起他们重建这些工厂的需要”[《苏格兰棉纺行业在 1860 ~ 1914 年间的衰落》，载《商务企业史》，第 12 卷，2（1970 年 7 月），第 125 页]。

（4）还有，A. E. 马森（Musson）曾经记述道，皮尔家族是安科茨（Ancoats）地区索侯铸造厂（Soho Foundry）的所有者，它的第二代与第三代人，“看上去绅士般的，寄生于第一代人，即乔治·皮尔（George Peel）所创下的资本与产业果实基础之上……（并且他们）还将过多的时光用在 【673】
了公共和社会事务领域之中，而忽略了他们的商务活动”，他们的工厂 1887 年也倒闭了[见《一家早期工程制造公司：记写皮尔、威廉以及他们在曼彻斯特的公司》，载《商务企业史》，第 3 卷，1（1960 年 12 月），第 18 页]。

（5）切克兰德（Checkland）教授曾经向我提起过，毫无疑问的是，另外还有一些在各地方郡县的企业家，他们也是通过继承先辈们的企业而获得了职权与财富，但是，他们在经营过程中，将企业业务引向了大都市中的“更伟大的事物”或是引向在国际市场中的大生意。这种企业经营视野的扩大对他们的家族企业却可能带来有害影响，并会使企业经营卷入稀里哗啦、主次不分的各种领域。这种情况可以在企业家查尔斯·坦南特爵士（Sir Charles Tennants）的职业生涯中找到典型例证。当他成为一个世界范围、国际方式的企业家的时候，他就变得越来越远离他原所继承的企业家产，即圣罗洛克斯（St Rollox），参见切克兰德：《萨西斯的采矿业》，第97 ~ 103页，第 263 ~ 269 页。【131】

② 如索尔在《机械工程行业》第 111 页所论。【132】

③ 科尔曼：《考陶尔德》，卷 1，第 271 页。同时也可参见珀金：《现代英国社会起源》，第 83 ~ 89页。【133】

一块价格为14 050英镑的土地，这是一系列失控与轻率的支出事件的开端。继而，我受到诱导，将另一些钱花在建筑上，我自己的骄傲与虚荣心，连同只考虑名声怎样提高的自私的建筑商，共同促使我选择建造非常庞大和贵重的楼房。我的脑海里充满了新奇和奢侈的念头，终于，我又被他们诱使，购买更多的土地，并且为相应的不动产轻率地支出一笔数额巨大的金钱。①

在19世纪最后几十年中，企业家将企业经营转移到非商业范围的其他各个社会活动领域中，并没有什么新鲜的方式，② 第二代、第三代企业家也没有什么独特之处：不论是为实现其梦想在他的“新和谐村（New Harmony)”之中作社会实验的罗伯特·欧文第三代，还是“用机器公司换取德比郡贵族头衔”的小理查德·阿克赖特，或是将他父亲的肥皂厂利润挥霍到“一系列极度投机的投资买卖”中去的乔治·克洛斯菲尔德（George Crosfield)，也都是如此。③

【202】然而，事实上究竟又有多少公司在整个三代都能由同一家族维持控制？对我们现在讨论的历史时期的所有企业来说，究竟又有多大比例的控制权最后颤颤巍巍地落到相应第三代的手中呢？在机器制造业，“1850年以前诞生的公司很少；而在1914年以前，第三代人又都没能实现对企业的掌控”④。再以另一个行业——羊毛纺织业——为例，这个行业可称得上具备老资格，在1870~1914年间，这个行业的公司数量和结构变动是如此剧烈，以至于到这个时期末，“几乎没有几家公司能够从前于它的名称开始的时间上去寻找其渊源”⑤。而且，也如研究者E.M. 西格斯沃斯（Sigsworth）和珍妮特·布莱克曼（Janet Blackman）的论著所指：

在遇到国外的竞争时，羊毛织造公司总体呈现出成功发展的态势，同时，从羊毛织造公司的总体情况来看，至1912年时有31%的公司能

① 引自安农：《1750~1950年间的制造商与东印度商人詹姆斯·芬利联合股份有限责任公司》，第127页。关于19世纪为企业家所兴建的楼房，请参见一项颇能吸引人的研究，见马克·吉鲁阿尔（Mark Girouard)：《维多利亚时代的乡村住宅》（牛津，1971年)。【134】

② 伯雷斯（Byres)：《苏格兰重工业中的企业家能力》。在这篇文章中为我们提供了大量的例证。【135】

③ （1）S.D. 查普曼：《早期工厂主》，第62~72页；（2）A.E. 马森（Musson)：《制皂与化学工业中的企业：以1815~1965年间约瑟夫·克洛斯菲尔德家族公司为例的说明》（曼彻斯特，1965年)，第48页。【136】

④ 索尔：《机械工程行业》，第111页。【137】

⑤ 西格斯沃斯：《企业历史研究中的若干问题》，第33页。在丝织业中存在着类似的情形，参见弗兰克·沃纳爵士（Sir Frank Warner)：《大英联合王国的丝织业：起源与发展》（伦敦，1921年)，第424页。【138】

够在 1870 年以前找到基本同名的公司源头。其中情况最不妙的那些公司，却不能做到这一点，它们当中只有 8% 能够在 1870 年以前找到源头。这就是说，近来产生的公司和渊源久远的公司相比，在经营活动上表现得相对更差。

同样，E. M. 西格斯沃斯颇令人信服地这样观察道：

关于不列颠羊毛织造公司的历史书籍，内容完整的为数不多，其中有两本都得出了这样的结论，那就是一个家族的第三代、第四代能够没有多大困难地继续他们的生意活动，在那些能够以他们的家族头衔在若干家族范围内轻易得到地产和组成联盟的人身上，相关优势表现得尤其突出。由此应该推测，其他公司可能更易于受到不利的市场环境压迫以致走向破产。①

只要关于那个时代的公司的存活与寿命，今后没能获得更多数据材料，那“第三代”的问题就将一直保持着未曾彻底得到论证的状态。但是，相关联的股份公司的控制权问题情况又怎样呢？关于联合股份公司形式（不论是有限责任与无限责任的），年长的批评家们认为它不是一种适合于工业制造活动的组织形式，这种观点正确吗？② ——是否如他

① 请结合参见以下文献：

（1）E. M. 西格斯沃斯与 J. 布莱克曼：《毛绒织制行业》，收入阿尔德克罗夫特编撰：《1875～1914 年间英国工业发展与外国竞争》，第 130 页；

（2）E. M. 西格斯沃斯：《企业历史研究中的若干问题》，第 32～33 页。西格斯沃斯所指的全面历史就是他自己的《黑色的戴克制造厂》（利物浦，1958 年）；

（3）F. J. 格洛弗（Glover）：《关于梅斯尔·沃莫尔德斯与沃克有限责任公司（迪尤斯伯里）的历史研究》（未公开发表的博士论文，利兹大学，1959 年）；

（4）F. J. 格洛弗：《19 世纪约克郡西区重型羊毛制品行业的兴起》，载《商务企业史》，第 4 卷，1（1961 年 12 月号），第 1～21 页。【139】

② 股份公司的积极鼓吹者查德维克在关于 1862 年与 1867 年《公司法》的国会工作委员会的访问面前曾经这样论述道，“你越是使公司能够接近私人公司的管理，你就做得越好……”（2007 号文卷）。请参见以下文献：

（1）亚当·斯密：《国富论》，第 5 卷，第 3 部分，第 1 章；

（2）B. C. 亨特：《1800～1867 年间英国企业股份化形式的发展》（剑桥，马萨诸塞，1936 年），第 132 页；

（3）T. B. 内皮尔（Napier）：《关于联合股份与有限责任公司的考察》，收入《一个法律改革的世纪》（伦敦，1901 年），第 400 页。

乔伊斯·M·贝拉米（Joyce M. Bellamy）曾经详细地描绘了两个联合股份公司如何发生灾难性变化的全过程，它们原来的目的是要将赫尔（Hull）发展成为一个棉纺城镇，但是都失败了。失败的原因是它们“不能积累起储备资金，也就不能将它们的机器设备现代化，也不能在严重的商业萧条时期承受住考验；大体上说，这种情况的产生，主要是起源于没有效率的管理方式，而又大部分可以归结到所有的董事和股东在管理制度设计上显得不够老练，因而，就整个生产流程管理而言，这些人就总在指望着某些个人发挥力量与作用。”［见贝拉米：《赫尔河畔金斯顿的棉纺制造商》，载《商务企业史》，第 4 卷，2（1962 年 6 月），第 105 页］【140】

们所说，联合股份公司数量的增长和企业活力之间有反向相关的关系？我们认为，特别是在美国经济实践的参照印证下，这种论调是站不住脚的。

如果说企业家能力的衰退和企业的组织形式之间有任何关联的话，那更可能是通过这样的运作机制形成的，即为应对市场环境条件的变化，公司结构也在进行根本性变动，而这种变动又是当事各方勉强其意愿完成的。事实情况是，《1862 年法案》通过之后，公司们被强制进行重新注册，这使得众企业手忙脚乱，以至于难以在维护基本特征的连续性的同时又给人以变化的感受。早些年间，在私人公司“有限责任化”的若干著名案例发生以后，一方面，若干家股份真正能够完全自由转让的公开上市公司（例如，帕尔默的钢铁与造船公司，以及博尔考沃恩联合股份公司）得到创建；另一方面，“私人公司在《1862 年法案》催生的新成立的公司之中仍占着很大比
【203】例，且比例数在不断增长”，这些公司股份化后，股东成员数量一般“不超过 20，并且大多都低于 7”；在它们当中，股东数量如果为 4、5 抑或 6 都可能是“虚做出来的形式”。①

看起来，企业家托马斯·维克斯（Thomas Vickers）的经历非常典型。1886 年时，他在给工商业委员会提供的证词中说道：“我的公司现在是一家有限责任公司，这对于我实在是一个优势——公司现在拥有的资源比原来的合伙制公司大得多。但是，我作为公司的董事，和原来的合伙人身份一样，在公司中拥有着同样大的权利。”② 事实上，来自北方实业界的证据也在不断重述着这样一个事实，即企业家对他们公司的执董和经营，通常和他们原来在合伙企业中的有关活动没有什么两样。③ 有限责任的联合股份方式，意味着原来在许多企业中，管理技术操作层面的有关权限常常是由许多人拥有的，现在它们却融会到一个领导着公司的由企业家组成的管理小组的手中，

---

① 参见以下文献：

（1）克拉彭：《经济史》，第 3 卷，第 204～205 页；《公司法修改委员会报告》，1906 年（报告号 3052），第 17～19 页；

（2）佩恩：《大规模公司》，第 526 页；

（3）关于“虚设股东”，请参见《按照〈公司法案〉……商会所指定的部门委员会在 1862～
【674】1890 年间的工作报告》（1895 年，报告号 7779），第 7～8、19 页；说明 1，第 63 页。【141】

② 杰弗里斯（Jefferys）：《企业组织的变化趋势》，第 403 页，在此处文献作者引证了国会工作委员会第 3440 号调查文卷的内容。企业组建为一家私人有限责任公司的一般性优点来自 D. A. 法尼（Farnie）：《1850～1896 年间的英国棉纺行业》（未公开发表的硕士论文，曼彻斯特大学，1953 年），第 333 页。【142】

③ 杰弗里斯，上引书，第 116 页。【143】

然而这些权限本身并没有发生什么变化。①

如果以上对于有限责任公司的判断是正确的话，那么这种“权限无大变化”的结论，对那些在19世纪80年代中期仍然保持着家族企业方式的“绝大多数”制造业企业，又究竟多大程度上更为正确呢？这些企业包括：

> 所有的，或者说几乎全部的毛纺企业；除奥尔德姆之外，几乎所有棉纺企业；麻纺、丝织、黄麻纺织、制带和制管等行业的企业情况也类似。绝大部分相对小的，也有一部分相对大的工程施工公司，接近全部的刀具和陶器制造公司，都仍然维持私人所有。酿造活动则是一种家庭副业。除少数特别例外的情况以外，伯明翰的商业活动，以及它的造船业的相当大一部分，或许应该说是主要部分，情况也都是这样。在住宅建造和相关联的行业中，有限责任公司的情况也非常少，在制衣行业、食品行业都无一例外地少……再加上成千上万的零售商业人，“商店几乎全是没有有限责任化的”。②

---

① 上引书，第116页与第118页；以及罗兰·史密斯（Roland Smith）：《1873～1896年间兰开夏郡的棉纺业与大衰退》（未公开发表的博士论文，伯明翰大学，1954年），第133页，关于企业家乔舒亚·霍伊尔及其家族成员（Joshua Hoyle & Son）的例证情况，关于赖兰兹家族有限责任公司（Rylands & Sons Ltd）的例证情况——此二者的商业行为，据认为只有东印度公司在它最为繁荣的日子里才可以相匹敌——曾经由法尼（Farnie）讨论过，上引书，第200～205页，法尼的另一篇论文《曼彻斯特的约翰·赖兰斯》，载《曼彻斯特市约翰·赖兰斯大学图书馆公告》，第56卷，1（1973年秋季本），也曾详细探讨。

尽管赖兰兹（Rylands）1873年在形式上被股份化了，这家杰出的企业一直到1920年仍然保持着它的私人企业特色。同时，它原持有的企业霍罗克斯（Horrockses）、克鲁森联合股份公司（Crewdson & Co.）的股权也仍被牢牢地掌握着。企业领导者杰西·布特（Jesse Boot）——尽管公司的股东数目在不断增长，他长期对整个公司集体保持着专制般的控制权——曾经得到了有关研究者的仔细考察，参见S. D. 查普曼：《布特家族的化学家杰西·布特》（伦敦，1974年），第120～134页。【144】

② 请参看以下文献：

（1）克拉彭：《经济史》，第3卷，第203页；

（2）克拉彭：《毛绒织制行业》（伦敦，1907年），第152～153页；

（3）D.C. 科尔曼：《1495～1860年间的英国造纸业》（牛津，1958年），第245～246页；

（4）布鲁斯·林曼（Bruce Lenman）与凯瑟琳·唐纳森（Kathleen Donaldson）：《1850～1921年间的苏格兰亚麻织制领域股东的收入、投资与多样化经营状况》，载《商务企业史》，第13卷，1（1971年1月号），第4、9页；

（5）关于奥尔德姆有限责任公司的情况，请参见罗兰·史密斯（Roland Smith）：《1873～1896年间兰开夏郡的棉纺业与大衰退》，第133页以后，以及这位作者的另一论文《1875～1896年间的奥尔德姆有限责任公司》，载《商务企业史》，第4卷，1（1961年12月号），第34～53页；

（6）泰森：《桑制造公司》；

（7）G. W. 丹尼尔（Daniels）：《棉纺行业三家有限责任公司的资产负债表》，载《曼彻斯特学院院报》，第3卷，2（1932年）；

（8）W. A. 托马斯（Thomas）：《各地方股票交易》（伦敦，1973年），第145～168页。【145】

因而，在《1862 年法案》通过以后，并没有多少证据表明，在随后二三十年中，商人们对商业活动的控制权与所有权有显著分离。当然，除了在奥尔德姆所存在的若干例证以外，有限责任公司形式在其他地方毫无疑问地也零星存在。帕尔默（Palmer）的造船联合股份公司就是其中一例。至 1860 年时，在这家公司的 300 个股份持有人当中，大概只有 25 个参加了年度股东大会。① 那些逐渐进行分散股种投资的股东们，那些在地域上较为偏远的股东们，对参与决策和管理缺乏兴趣，这些情况被报告到下议院负责制定 1862 年和 1867 年《公司法》的特别调查委员会。② “委托”投票的实践在不断增加。这种实践也鼓励了所有权对控制权拥有的松散化。但是，正如杰弗里斯多次指出，并不能由此认为，这种发展趋势已经普遍化了，特别是关于 19 世纪 80 年代中期以前的情况，更不能这样下结论。

直到 19 世纪 80 年代下半阶段，我们才能清楚地看到所有权与经营权发生了某些明显分离。也许只是在第一次世界大战之前的二三十年间，不列颠的“管理者资本主义”的基本特征才为研究者们隐隐察觉。毫无疑
【204】问，到了 20 世纪，“资本的所有权和控制权功能已经得到分离了。二者分离的情形，就好比右手不知道（或正在丧失知道的权力），或者常常是不想知道左手在做什么。”③ 这是一系列相互联系着的变化与发展带来的结果。为了经常性地获得相对稳定的收入，数目不断增加的股票持有群体，在不断分散着投资选择。他们甚至可能将储蓄资金分散投资到 30 余家公司。实际上，他们也已经受到了金融杂志撰稿人的告诫，即“不要将自己的所有鸡蛋都放在一个篮子里”。这样做的必然结果是，只要股利能够源源不断地到来，这种近乎获取稳定租金的投资者们，对其所持股公司的内部行为就不会表现出什么真正兴趣。在某些偶然场合，他们也在年度大会上发言，但是董事们就会借口说，如果将公司利润情况详细地向公众曝光，那可能引发竞争问题，或引发劳工问题，由此，他们马上就会被吓唬住，继而就会维持缄默；还有，董事们可能会这样说，如果对公司过去的利润状况继续详加追究，那公司势必面临着“商业秘密细节”会被暴露无遗，

---

① 杰弗里斯：《企业组织的变化趋势》，第 397 页。【146】

② 约翰·莫里斯（John Morris）的证词，国会第 975 号调查文卷，上注文献曾引证过，第 397 页。【147】

③ 上引书，第 381 页。【148】

受着诸如此种的威胁，他们也会平静下来。[①] 因此，主政的董事们常常可以通过诸如此类的策略，自然而然地实现一般财富借出者在经营参与上的被动性；除此之外，其他一些人，如寡妇、孤儿、神职人员——如果不考虑这些人构成中产阶级下层的很大一部分的话，在公开上市公司的股份持有者中，他们的数量程度也在不断上升——他们曾经接受别人的建议去购股投资于某家公司；然而，关于这家公司，除了公司名字以外，他们没有愿望去深入了解更多东西。[②]

董事会因此能够自在地控制公司的命运。数十年以来，人们也都没有理由去怀疑这种安排。这是因为，董事们通常就是公司那些持股最多的股东。在世纪之交还发生了并购运动，它的一个显著特点是，在并购发生后，原公司的卖主仍然将新公司的股票和股份保留在自己手中。[③] 当然，规模更大的企业的比例也上升了，控制这些企业的董事们所有持股现在只是股权资本中的一小部分，并且持股的相对份额也减小了。[④]“这样做的结果是，（这些）公司们都倾向于形成（公司）自己的发展动力。即使由于资本所有者对公司缺乏有效的控制，使得某家这样的公司的利润为零，公司照样可以生存下去。”[⑤] 从机制上看，（公司）得以继续维系的理由非常充足。公司董事们总能从公司中得到通常的报酬和额外津贴；但反过来，对公司来说，让这些人自身存在的目的也只不过是“装饰装饰”；另外，情形还可能是这样的，为了本家公司与别的、需要与之有某种正式联系的公司结成联盟，原有公司董事因时势需要而当上（新公开上市公司的）董事，这些董事们的所有意图，当然是在公司决策上支持他们圈子内的某个人或某一小群人，然后再由这些

① 佩恩：《大规模公司》，第 530 页。同时参见 S. D. 查普曼：《布特家族化学家杰西·布特》，第 125、132～133 页。【149】

② 佩恩：《大规模公司》，第 523 页。事实上，甚至大量的董事会成员会忘掉他们的公司的例证也不是从未曾为大众所知晓。詹姆斯·安德森爵士（Sir James Anderson）—— 他曾是不下三家公司的董事，而它们是否存在他就曾经已经忘却 —— 的事迹曾在有关报刊上作过突出报道，见《经济学家》，第 42 卷，1884 年 8 月 10 日，第 570 页。【150】

③ 佩恩：《大规模公司》，第 536 页；H. W. 马克罗斯蒂（Macrosty）：《英国信托投资中的企业方面》，载《经济学杂志》，第 12 卷（1902 年），第 354 页。【151】

④ 这时，董事们的权力常常也是通过拥有创建者股权，或是通过公司向社会公众发行事先规定的无投票权股票而得到加强。【152】

⑤ 杰弗里斯，上引书，第 439 页，而他则引自《银行机构月刊》，第 7 卷（1886 年），第 511 页：“只要一个企业是由拥有它全部资本的所有人来执掌，那么只有在更大利润前景的诱导下，它才会倾向于去选择业务扩张与规模扩大。但是，如果金融资本是由很多人予以提供，而管理者局限于少部分人，那么，企业还是有动力继续生存维系，这种维系现在成了与这一管理群体利益攸关的事情，尽管他们采取的做法可能导致许多股东只能从中获得很少，或甚至是不能获得利润。”【153】

【675】

【205】人来提供维系公司存在的主要动力来源。

这样，到第一次世界大战时为止，在国内的——钢铁、造船、工程、纺织、化工、酿造和食品等——许多行业中商业公司的政策由掌握着少数有选举权股票的股份持有者群体所控制。所有权和控制权的分离部分发生了。发生这种变革的公司的比例可能不高，但可以肯定的是，这种变化影响到了每一行业中的若干大企业。当然，与这种变革对比最为鲜明的，还是那些大量存在的纯私人公司，① 在他们那里，古典企业所具有的所有权和控制权的完全合一仍然大量存在。

兰德斯曾经论述说，股份公司的管理并不比家庭企业“显著更好”，我们这里关于公司结构变革的简要讨论，丝毫都不损害这一论点的说服力。我们以上所展现的证据都说明，私人联合股份公司只是合伙公司的模板放大，商业组织的更古老企业形式在自身维系上似乎表现出了某种“韧性”。并且，即使一家公司采取**公开上市**有限责任公司的形式，它的内部权利分配关系，也会使得这种企业群体中的大部分个体的行为方式，和它们——那些其法律地位未曾像他们那样受到确认——的竞争者几乎没有什么显著差别。这样，“在非常大的行业活动范围内，领导权的继承关系仍能得到应用，这些行业包括：钢铁业、采煤业和酿造业，‘同时也包括制陶业、木器业、制靴业和制鞋业、可可业……制糖业和工程安装业的传统分支行业’。”② 并且在这种情况下，专业经理人员的提升渠道经常被家族控制关系堵塞；如果发生例外，似乎通常都是财务人员而非生产性人员被提升到最高权力层。③ 这可能是因为，如果公司上层人士都是些原生产人员，他们可是确信自己能够充分理解制造过程，从而常常不免会自我表

① 私人公司和公开上市公司的数目情况如下：

年　份	私人公司	公开上市公司
1909	24 207	25 930
1911	33 455	21 104
1913	48 492	14 270

以上资料见于工商委员会（鲍尔弗委员会）（Balfour Committee）：《影响工商业活动效率的因素分析》（伦敦，1927 年）。另外，杰弗里斯，上引书，第153～154 页，总结了此间公司制度的主要发展。【154】

② 佩恩：《大规模公司》，第 538 页，他引自 C. P. 金德尔伯格：《1851～1950 年间法国与英国经济增长》（马萨诸塞州，剑桥，1964 年），第 124 页。【155】

③ 但是，我们再一次遇到了需要更多资料信息的问题，在这里我们需要的是类似于夏洛特·埃里克森（Charlotte Erickson）在《1850～1950 年间炼钢与针织行业的实业家们》（剑桥，1959 年）一书中所提供的信息。【156】

白，甚至自我吹嘘，以表示完全不屑于浏览资产负债表和其他财务数据，而这似乎对公司不利。

1885～1905年间，有一些大公司是通过多家公司并购而新成立的，这并没有在内部组织变化上带来什么难以抵挡的压力，以使得专业经理人员的重新招募成为迫切需要。① 事实情况是，这些公司大多数仍然是单一产品生产者，② 很少有上下产品一体化的，多样化经营就更少，关于组织机构选择的思考，出于防御动机的考虑远远超过了来自更高效率的要求。这就意味着，公司一般都采用集中式管理，即便这样做不适当，却也是可以施行的。这样，在并购之后新公司人事组合的过程中，有一些人经过各家卖方企业董事相互争斗过程而爬升到高层，他们能够继续采取与以前——他们作为自己私人公司领导者——一样的方式开展新公司事务的处理，只是现在基层单位相对增加，公司的规模也比他们原有公司更大而已，但他们的行事模式却有着深厚的历史渊源。由此，也就没有什么必要【206】
去对企业重新进行结构组合，公司不同管理功能的实现，也很少乃至根本就不需要专家的参与。这当然不是在否定，如果真的对它们进行结构的重新组合，这些庞然大物不会变得更有效或更具生命力。只是，从历史事实上看，这种情况却没有发生。这也并不令人感到奇怪，它本来就不是新企业最初产生的根本原因。当事者对企业进行并购的目的，在于对相应行业实现程度更显著的垄断控制力，以能够对升高价格的企图实施有效惩罚；并且，正如彼得·马赛厄斯所观察指出，为了取得这种控制效果，同时也充分地控制联盟内各组成部分的产量水平："它们（大企业们）从基本属性上说，更像是以单个法律实体形式出现的行业协会，而不是从管理过程意义上的有效运作单位。"③

---

① 关于在这个时段上所发生的企业并购运动，请参见以下文献：

（1）佩恩：《大规模公司》，其余同本章各注；

（2）M. A. 尤顿（Utton）：《英国制造行业早期并购运动的若干特点》，载《商务企业史》，第14卷，1（1972年1月），第51～60页；

（3）莱斯利·汉纳（Leslie Hannah）：《1880～1918年间英国制造行业的并购运动》，载《牛津经济论丛》，26（1974年），第1～20页。

实际上，关于这个主题，经典的研究见于H. W. 麦克洛斯蒂（Macrosty）：《英国工业中的托拉斯运动》（伦敦，1907年）。【157】

② 也就是说，这些公司的销售品范围以某种单一产品占绝对优势。【158】

③ 彼得·马赛厄斯：《大企业兴起过程中的功能冲突：英国的实践》，收入哈罗德·F·威廉森（Harold F. Williamson）编撰：《国际管理结构的演化》（纽瓦克，新泽西，1975年），第42页。【159】

表 40　1880 ~ 1918 年间发生的企业大并购[a]：按类型分析

并购种类	大并购的次数		在大并购发生过程中消失的企业数目		在大并购发生过程中消失的企业价值数量	
	数量	百分比（%）	数量	百分比（%）	百万英镑	百分比（%）
水平并购	64	87	643	98	116	92
垂直并购	9	12	11	2	10	8
混合并购	1	1	1	0	0.6	0
合　计	74	100	655	100	126.6	100

注：a 为大并购，这个说法资料来源如下所示。在 1899 年及以前的时间范围内，大并购是指在并购中消失企业的价值在 250 000 英镑或以上者；在 1900 年及以后，则规定的消失企业价值的界限标准是500 000英镑。需要指出的是，这种定义并没有什么更深的理论根据。

资料来源：莱斯利·汉纳：《不列颠制造业中的企业并购（1880 ~ 1918）》，载《牛津经济论丛》，第 26 卷，1974 年第 2 期。

4.4.2　关于这个时期企业家绩效的评价

对企业家进行研究是一回事，对他们的绩效进行评价又是另一回事。戴维斯·兰德斯在《剑桥经济史》① 第 6 卷中对维多利亚时代②晚期不列颠企业的弱点进行了总结，或许可以认为，这卷著作的出版，标志着持批评立场的学者们对英国企业家的批评达到了高潮。他论述道，英国的企业表现得：

> 既外行又自满。它的商人——他们一度控制了世界市场——将这视为理所当然的。英国驻外领事的报告中充满了有关英国出口商无力与外国厂商进行竞争，他们拒绝使其产品适合顾客的消费偏好与经济能力，他们不愿意尝试在新领域中生产新产品……与此相
> 【207】似，英国制造商也因为以下问题而声名狼藉：对其产品风格漠不关心、在面临新技术时的保守态度，不愿意为大规模生产所蕴含的产品一致性而放弃传统的个性。③

由于以上文字是在过去（明显地是在 1958 ~ 1962 年间）写的，因此，到现在，可以说这个批评高潮退了。④ H. J. 哈巴库克那颇令人兴味盎然的

---

① 即《剑桥欧洲经济史》。——译者注

② 维多利亚时代是指 1837 ~ 1901 年间。——译者注

③ 见兰德斯：《剑桥经济史》，第 6 卷，第 564 页。【160】

④ 参见戴维·S·兰德斯：《束缚解脱的普罗米修斯：从 1750 年至今西欧技术变革与工业发展》（剑桥，1969 年），第 7 页。可以肯定的是，A. L. 莱文（Levine）1967 年时曾多次强调指出“企业家失败”，莱文：《1880 ~ 1914 年间英国工业发展遇到的阻碍》（伦敦，1967 年）。【161】

著作《19世纪的美国与英国的技术》把人们的注意力引向了另一种可能解释，即不列颠企业家的绩效缺陷，应该视作为世界市场增长率缓慢的一个结果。只有这样，它才能得到解释——实际上，在不列颠工业各个分支中，冒险精神缺乏表现明显，这实际上只是对需求形势的一种合理反应，而不是企业家精神与能力退化的证据。① 不久之后，查尔斯·威尔逊(Charles Wilson)大声呼吁，要求将对工业制造行为的研究，从原来的“生铁和棉袜”，延伸到范围大得多的新行业中：肥皂、新获专利的药品、规模生产的食品原料、轻型机械——“与他们的前辈们同样地具有生命力的生机勃勃和聪明智慧的企业家们生产的产品”。② 同时，以D. H. 阿尔德克罗夫特为领袖的一群研究者们，致力于详细考察多个英国主要行业，并尽量使他自己早先对之持批评态度的“英国企业家”③ 的特征显得更为精细化。他们从政府报告、公务委任状、商务杂志中搜寻，并且发现（有可能是指资料编撰者，也有可能是他们自己——他们惊讶吗?），关于英国企业家失败，实际上能够站得住脚的证据极其令人难以捉摸，根据这些材料进行有关总结，也是非常危险的。同时，另有些“零星材料”很明显地表明，在19世纪的最后几十年中，英国工业似乎显得既富于效率，又具有竞争力。④

最近其他一些研究也得出了相似结论，⑤ 而如果说有的研究者们总是注意到绩效不足、技术落后、最好的和一般业务之间的差距等等不利情况，那支持这种情况的多数材料基础也是从第一次世界大战以前的那些年份中找来

---

① 哈巴库克：《19世纪美国与英国技术比较》，第212~214页。【162】

② C. 威尔逊：《英国维多利亚时代晚期的经济与社会》，载《经济史评论》，第2卷，第18部分，1（1965年8月号），第194~195页；W. 阿什沃思：《1870~1939年间英格兰经济史》（伦敦，1960年），第78页，第241页。【163】

③ C. 威尔逊：《英国维多利亚时代晚期的经济与社会》，载《经济史评论》，第2卷，第17部分，1（1964年8月），第113~134页；同时参见他的《1875~1914年间的英国企业与技术进步》，载《商务企业史》，第8卷，2（1966年7月号），第122~139页。【164】

④ 阿尔德克罗夫特编撰：《1875~1914年间英国工业发展与外国竞争》。【165】

⑤ 参见以下文献：

（1）R. A. 丘奇：《1885~1914年间美国出口对英国靴鞋制造业造成的侵害性影响分析》，载《经济史杂志》，第28卷（1968年），第223~254页；

（2）R. A. 丘奇：《1870~1914年间英国皮鞋制品行业面对的外国竞争》，载《经济史评论》，第2卷，第24部分，4（1971年11月），第543~570页；

（3）A.E. 哈里森（Harrison）：《1890~1914年间英国脚蹬车制造行业的竞争状况分析》，载《经济史评论》，第2卷，第22部分，2（1969年8月），第287~303页；

（4）索尔：《机械工程行业》，第111~130页；

（5）索尔：《截至1914年英国机械工具行业的状况》，载《商务企业史》，第10卷，1（1968年1月），第22~41页。【166】

和拼凑的。[1] 尽管与此同时，也有新经济史提倡者避开对周边行业的研究，又回到对19世纪的主导产品与行业的关注。并且，他们注意到，尽管兰开夏郡的棉纺行业“持续不断地生产着棉纱，但是（相比以前时期）在这一整个时期，棉纱只是在一个更小的范围内，单位商品的价格比美国制造商要便宜”，[2] 而且不列颠“在环纺技术上落后，通常被作为技术上保守的一个标志，更不要说她倒退了”。[3]但是，研究者桑德伯格（Sandberg）对这个领域考察的最终结论却是，“在那时的要素成本情况，以及那时正在建立的环纺纱锭技术情况看，不列颠可能应对得较为理性。”[4] 而 D. M. 麦克洛斯基（McCloskey）在对不列颠钢铁行业——这是一个“其企业尤为受到激励变得更为一体化的行业，而它们这种一体化影响到了整个经济体系”[5] ——的
【208】绩效进行过一番细致考察[6]后指出，在具有一定数量规模的财富支持下，在节约型技术的武装下，不仅基础炼钢过程应用新技术缓慢（它曾经被称为“企业家失败的最显著例证”）与饱受批评的对林肯郡磷铁矿石的忽略，是处在竞争性市场中的企业家对矿石地位的一种理性反应，也是对技术过程的一种正确感觉；而且，不列颠的炼铁商和炼钢商在第一次世界大战之前充分利用了世界技术的潜能，如果不说做得更好的话，也可以说他们的作为与备受赞誉的美国竞争者一样好。“维多利亚时代晚期的钢铁企业家没有失败。

---

① 参见兰德斯在《剑桥欧洲经济史》（第6卷，第565页）的论述，以及 S. B. 索尔：《1895～1914年间美国对英国工业造成的影响》，载《商务企业史》，第3卷，1（1960年1月），第28页。【167】

② R. E. 泰森（Tyson）：《棉纺行业》，收入阿尔德克罗夫特编撰：《1875～1914年间英国工业发展与外国竞争》，第124～126页。【168】

③ 拉斯·G·桑德伯格（Lars G. Sandberg）：《美国的环纺技术与英国的纺机：关于经济理性探析》，载《经济学季刊》，第83卷，1（1969年2月），第26页。【169】

④ 上引书，第26页。这同时也是泰森的结论，尽管他未曾像桑德伯格那样比较严谨地论证过。参见泰森：《棉纺行业》，第122页。桑德伯格的全部判定是“以任何合理的标准来衡量，在第一次世界大战之前的那些岁月中（1870～1913年），至少是通过英国的棉纺织行业，历史见证了可以值得信
【676】任的企业功绩”，见《处在衰退过程中的兰开夏郡》（哥伦布，俄亥俄，1974年），第131页。【170】

⑤ 此话来自麦克洛斯基在其论文第1页对论文进行概要介绍的那一段落。在这篇论文的第2页（如果是公开发表的版本，则是第3页），麦克洛斯基讲道，“制钢行业的优势地位属于企业家失败的证据内容，关于它的一个文献索引，取自兰德斯对这个假设的一个早期表述，兰德斯在那个地方用了**脚注**的1/3来探讨这个行业。”（注意此处引文之中有强调）在这里，麦克洛斯基指的是兰德斯的论文——《先进工业国家的企业家能力：英美竞争关系分析》，载《企业家能力与经济增长》的第3章，而这篇论文是在1954年11月12～13日，呈递给了由社会科学研究基金会（Social Science Research Foundation）所属的经济增长研究委员会（Committee on Economic Growth）与哈佛大学企业家历史研究中心共同发起在剑桥大学举办的一次学术会议（论文存有油印稿）。【172】

⑥ D. M. 麦克洛斯基：《经济体系的成熟与企业家能力的衰弱：1870～1913年间英国钢铁行业分析》（当时未公开发表的博士论文，芝加哥大学，1970年；以后则以同一题目出版，马萨诸塞州，剑桥，1973年）。笔者非常感谢麦克洛斯基教授在这篇论文未曾公开发表之前就让笔者阅读了全文。【171】

实际上，任何令人信服的绩效测度都在表明，他们干得很好。”① 从钢铁业开始，麦克洛斯基转而对不列颠的采煤行业进行简要考察，通过考察，他发现，“关于1913年以前不列颠采煤业行业决策和主管人士某种失败的说法……是极其脆弱且最具伤害性的，因为很显然，此行业在生产效率上并没有失败。”②从近来重新进行的所有使用成本—收益分析法的评价中，只有彼得·H·林德特（Peter H. Lindert）和基斯·特雷斯（Keith Trace）较为清晰地展示了企业家的绩效不足——这是指，当氨炼过程法（由索尔维申请专利）的优势已经很长时间非常明显地显露出来后，还有一些不列颠炼钢生产者仍然采用勒布朗过程法。③

总而言之，维多利亚时代晚期英国经济中存在“企业家失败”的假设最近实际上“受到了挫败”。④ 但是我们可能还有一些疑问，结论取决于关于成功与失败的测量，应追寻什么作为标准：是生产效率的国际比较？是技术

---

① 麦克洛斯基：《经济体系的成熟与企业家能力的衰弱：1870～1913年间英国钢铁行业分析》（论文），第142页（对于公开发表的版本，是第127页），关于阐释企业家成就绩效的案例研究，请参见H.W.理查森（Ricardson）与J.M.巴斯（Bass）：《康西特制铁公司1914年前的赢利状况分析》，载《商务企业史》，第7卷，2（1965年7月），第71～93页。【173】

② D.M.麦克洛斯基：《工业生产率存在差别吗？第一次世界大战前美英采煤与炼钢工业的对比分析》，收入麦克洛斯基编撰：《关于1840年后不列颠这个成熟经济的论文集》（伦敦，1971年），第295页；同时也请参见这篇论文在第303～309页的讨论。

另还请参见A.J.泰勒：《采煤行业》，收入阿尔德克罗夫特编撰：《1875～1914年间英国工业发展与外国竞争》，第69页。

支持麦克洛斯基观点的一些论述还见于A.斯莱文（Slaven）：《19世纪苏格兰采煤行业的收入赚取与生产率：关于狄克逊的企业分析》，收入佩恩编撰：《苏格兰商务企业历史研究》，第217～249页。【174】

③ 参见P.H.林德特（Lindert）与K.特雷斯（Trace）：《维多利亚时代企业家素质的衡量标准》，收入麦克洛斯基编撰：《关于1840年后不列颠这个成熟经济的论文集》，第239～274页，并还包括275～283页的有关讨论。

同时也请参见切克兰德：《萨西斯的采矿业》，第143～150页。

关于阐释对勒布朗（Leblanc）过程技术的抛弃，以及制碱行业普遍性地形成，也构成了以下著作的第1卷的主题的很大一部分内容，W.J.里德：《帝国化学工业历史（第1部分）：1870～1926年间的先驱者们》（牛津，1970年）。【175】

④ 引语见于S.B.索尔：《关于维多利亚时代晚期经济成就的论述与讨论中所提炼出来的若干思想》，收入麦克洛斯基编撰：《关于1840年后不列颠这个成熟经济的论文集》，第393页。

在这个问题上，又很少有人会比麦克洛斯基以下论文中的判断走得更远，参见麦克洛斯基：《维多利亚时代英国失败了吗？》，载《经济史评论》，第2卷，第23部分，3（1970年12月），第459页，他在这里这样论述道，“实际上，历史学家所描绘的关于英国失败的阴郁图景很难找得到多少真凭实据，与之相反，真实图景是，经济并没有停滞，而是以资源增长和替代技术的有效开发利用所提供的数量限度，在最大速度地增长着。”

实际上，这个论断还被麦克洛斯基与拉斯·G·桑德伯格重申过，参见他们的论文《从非难到辩白：关于维多利亚时代晚期企业家的评判》，载《经济史探索》，第9卷（1971年秋季），第89～108页。

有关研究者再在这些论述的基础上，从新视角加上了新内容，参见C.K.哈利（Harley）：《爱德华七世时期工业活动中的熟练劳动力与技术选择》，载《经济史探索》，第11卷（1974年本），第391～414页。【176】

扩散的快速程度？还是对技术变革的适应性？盈利程度？需要论证的这些方面都依赖于如何展开度量和加总的研究。而过去对企业家的广告宣传、营销方法与销售技术又都很少关注——这实际上导致省略了某些研究工作：这使得我们关于国内竞争或国外竞争的探讨，都显得焦躁轻浮。实际上，这也反映出我们当前的讨论与研究之中所存在的一个主要弱点。[①]

或许，最初动摇笔者对兰德斯所做出的指向英国企业家的全面谴责的信心正是企业家绩效难以度量这一原因。诚然，世界各地领事们的报告[②]确实也总是充满了批评，但是我们不应忘记，政府之所以给领事馆的官员们支付酬金，就是要他们指出在不列颠商业售卖活动中存在的不足，他们当然多半会对成功保持沉默。[③] 但是有些关于企业家的抱怨，似乎有一定的真实性，对这种真实性进行否定也是不明智的。然而，事实上，一旦一个英国产品销售商在销售活动中感到购买者有不乐意之处时，那就意味着立即有相应的英国制造商为了满足顾客即便是极不合理的要求，甚至还要迎合对方极不合规范的尺寸而将货物赶制出来。获得这种感受的途径包括：极力推销货物时顾客抗议并表露不情愿；消极陈列某些产品时发现并不适应市场；或者，因营销工作，总是在受到操着多种语言、神气十足的德国销售代理，乃至蛮横的、喋喋不休的美国旅行推销员
【209】等等诸如此类人的刁难，如此等等。[④] 如果不是这样，那怎么对不列颠炼钢商的产品形状和规格的多样性做出解释？[⑤] 或者对工程建造者所提供的火车

---

① 关于维多利亚时代企业广告这一整个主题值得作更多的研究。参见伦纳德·德·弗里斯（Leonard de Vries）：《维多利亚时代的商业广告》（伦敦，1969 年）；E. S. 特纳：《令人惊讶的广告历史》（伦敦，1952 年）。【177】

② 以下著作很多地方都使用了这个资料源，见罗斯·霍夫曼（Ross Hoffman）：《1875 ~ 1914
【677】年间大不列颠与德国的商业竞争关系》（费拉德尔菲亚，1933 年）。【178】

③ 很遗憾的是，兰德斯在为《剑桥欧洲经济史》第 6 卷撰稿时，偏离了他原先关于驻外领事报告的态度：

> 相比起对特定商品中所蕴涵的财富价值，对给定合同的谈判结果，对某一特定生意人或特定财团的成功与否，相比针对诸如以上此类的事项，英国的驻外领事们往往对英国的出口总量，或者甚至是出口到他们所驻地的出口总量，都更加不感兴趣。因而，他们的描述往往倾向于强调不利于英国的那些消息，他们的报告也变成了关于英国外贸的所有贬损情报的概览。

参见 D. S. 兰德斯：《先进工业国家的企业家能力》，第 2 章，第 26 页。【179】

④ 邓肯·伯恩（Duncan Burn）对此所做出的评论是饶有趣味的："十分可能的是，尽管德国的销售活动比英国付出更持久的努力，但在销售策略和技巧上却不如英国。"［《关于 1867 ~ 1939 年间炼钢工业的经济史》（剑桥，1940 年），第 295 页注］。【180】

⑤ 参见以下文献：

（1）P. L. 佩恩：《钢铁制造商》，收入阿尔德克罗夫特编撰：《1875 ~ 1914 年间英国工业发展与外国竞争》，第 80 ~ 81 页；

（2）英戈瓦·斯文尼尔逊（Ingvar Svennilson）：《欧洲经济的增长与停滞》，（日内瓦，1954 年），第 125 页。【181】

头、客车厢、货车厢乃至全部铁路车辆的多样性做出解释?① 或者是对红色土耳其联合公司(United Turkey Red Company)的子公司成堆成捆的图案书籍受到青睐做出解释?② 实际上，通过专业程度不断提高产品设计与开发质量上的细微差别，通过给人一种产品之间的差别程度比实际情况还要大的印象，许多不列颠公司还能够在海外(和国内)各市场稳定地保持一定程度的寡头垄断地位与力量，并由此带来了较高单位利润。③ 就社会整体而言，这可能会损害生产效率；但是，对于公司个体而言，则常常不失为好生意。④

---

① 在外部的大建造者们不能满足它的主管工程师所提出的“从未见到的特定规格要求”之后，大西部铁道公司(The Great Western Railway)开始着手建造自己的机车车辆厂。参见以下文献：

(1) C.P. 金德尔伯格：《资本的退废与技术变迁》，载《牛津统计学院学报》，第23卷，3(1961年12月)，第290页。

(2) 雷·瓦姆普鲁(Wray Vamplew)：《19世纪的苏格兰铁路以及苏格兰机车建造工业活动的发展》，载《商务企业历史评论》，第46卷(1972年本)，第336~338页。

在1856~1900年间，格林伍德与巴特利(Greenwood & Batley)总共制造了793种事先指定的不同的机器与器具，其中有457种在这个期间仅仅订货一次。参见R. 弗拉德(Floud)：《1856~1900年间英国机械工具制造行业劳动生产率的变化》，收入麦克洛斯基编撰：《关于1840年后不列颠这个成熟经济的论文集》，第321页。【182】

② ——早在1843年，哈格斯(Hagues)和库克(Cook)在制造着不下172种的事先由客户约定好购买价格的毛毯，这些产品中的大部分事先规定销往美国(格洛弗：《19世纪约克郡西区重型羊毛制品行业的兴起》，第7~8页)。

——1841~1861年间，由约翰·福斯特与桑有限公司(John Foster & Son)所制造的衣服的种类数目，从14种上升到了17种［E.M. 西格斯沃斯(Sigsworth)：《约克郡西区的毛纺行业与大展销》，载《约克郡经济与社会研究公告》，第4卷，1(1952年)，第27页］。

——还有，某单个来自特罗布里奇的制造商，在1878年巴黎的展销会上，展示了150种样式不同的，用毛织物或丝织物作原料的衣裤产品(曼：《英格兰西部的制衣行业》，第215页)。

——1896年，制鞋商C. 克拉克与J. 克拉克向市场提供了223种靴子、353种普通鞋子以及144种拖鞋［G.B. 萨顿：《19世纪靴鞋制成品的营销：一项针对C. 克拉克与J. 克拉克公司的案例研究》，载《商务企业史》，第4卷，2(1964年6月)，第96~97页］。

——就在同一时间，亨特利与帕尔默制饼厂(Huntley & Palmers)制造了400种不同种类的饼干［T.A.B. 科利：《从事制饼活动的贵格会教徒企业：关于1822~1972年间位处雷丁的亨特利与帕尔默工厂的分析》(伦敦，1972年)，第78页］。【183】

③ 这个策略曾经得到有关研究者的讨论，见佩恩：《大规模公司》，第524~525页，在同一作者的《英国企业家能力》，第41~45页中又进一步将自己原来的讨论向前发展。

关于它的案例分析，参见佩恩：《19世纪的橡胶与铁路行业》，第95~113页；同时也参见萨通(Sutton)：《19世纪靴鞋制成品的营销：一项针对C. 克拉克与J. 克拉克公司的案例研究》，第96~98页。【184】

④ 也许关于“惟一式”的产品的生产与销售的最为恰当的例证说明就是乔赛亚·韦奇伍德(Josiah Wedgwood)，他迎合当时社会的流行需求，并把这些需求融会综合到他的生产计划之中去，以在全世界获取顾客。无疑，这是一个成功技术，关于其价值所在，在他写给本特利(Bentley)的一封信中显现了出来，“你若从特定的订单需求方面来防卫我，我就几乎可以使你的产品需求数量翻倍，并且使这些产品具有很大的多样性与非凡的高雅风格”(1770年1月10日)。参见以下文献：

(1) 麦肯德里克(McKendrick)：《乔赛亚·韦奇伍德：18世纪的企业家》，第408~433页；

(2) 亨斯利·C·韦奇伍德(Hensleigh C. Wedgwood)：《乔赛亚·韦奇伍德：18世纪的管理 【678】
者》，载《企业家历史探索》，第2卷，第2部分，3(1965年，春/夏季)，第205~206页(这里出现的引文所在处是在第219页)；

(3) 麦肯德里克：《乔赛亚·韦奇伍德与工业革命中的成本会计》，第53~57页。【185】

毫无疑问，对企业家角色进行理解乃至对其绩效进行评价的关键之处，在于对越来越具体化、条理化的商业记录进行分析，研究者应经常地在对生意人实际行动的感受和从“新经济史”中得到的启示二者之间寻找调和。如同H. W. 理查森（Richardson）所曾建议，“一个有进取心的企业家的成就，取决于他在**给定的系列条件**中怎样反应”，[①] 而要对这些常常是非常特定、极其复杂的条件进行发掘，就必须对已经得到保存的记录本、成捆的收入状况往来函件、分支代办机构的报告和单个公司的内部备忘录等等资料进行仔细阅读，并且也要到那些在同一市场中同一生意类别的类似公司的报告中去努力搜寻，并保留相关搜寻结果以备对照。这样的细致调查无疑会揭示出从领先至落后的企业分布图谱，而要判断一个行业的企业家能力是否表现得颓唐，将取决于领先者和落后者在行业中所占据的相对权重大小。

然而，这样一种操作程序，只能够为那些相关原始材料保存较好的企业提供更为精确的评价。那些新而又有潜在利润前途的企业则显然会被遗漏或忽略。[②] 回到我们关于英国企业家失败的话题上，曾经有论述指出，失败的原因是：“在这个国家中，各种年龄与所有环境下的年轻人缺乏科学教育……其他的有关因素无疑也导致我们在世界工业中不能保持杰出地位。但是，我们的教育体系，或者说是教育体系的缺乏，是根本原因。”[③] 因而，罪魁祸首是社会整体，而非不列颠的实业家们。[④] 还有，我们要注意到，过于强调特定的、被历史事实所疏忽了的创新，实际上有着这样的倾向，即它隐匿了维多利亚时代晚期经济必须面对的结构性变迁。[⑤] 在1870～1914年间，贸易

---

① 这句话见他的论文《化学药品》，收入阿尔德克罗夫特编撰：《1875～1914年间英国工业发展与外国竞争》，第276页。【186】

② 1916年，关于那些在美国和其他欧洲国家能够比在英国更快地投入到产品实际生产过程中去的新发明、新思想、新开发，H. G. 格雷（Gray）（他是1903年由莫斯利教育委员会派往美国的成员之一）与塞缪尔·特纳（Samuel Turner），曾经编撰成了包含名录极多的清单，请参见他们的书籍《走向衰落或成为帝国》（伦敦，1916年），第3部分，第128～305页。【187】

③ 上引书，第128页。关于这个重要的主题，还请参见以下文献的有关内容：

（1）兰德斯在《剑桥经济史》第6卷，第566～575页的论述；

（2）D. C. 科尔曼：《绅士与游戏者》，第101～105页；

（3）D. H. 阿尔德克罗夫特：《针对人力利用而进行的投资：1870～1914年间大不列颠与它的竞争者比较》，收入巴里·M·拉特克利夫（Barrie M. Ratcliffe）编撰：《1750～1914年间大不列颠与她所掌控的世界：纪念W. O. 亨德森论文集》（曼彻斯特，1975年），第287～307页；

（4）保罗·L·罗伯逊（Paul L. Robertson）：《1863～1914年间英国的造船与航海工程业的技术教育》，载《经济史评论》，第2卷，第27部分（1974年），第222～235页。

（5）理查森：《化学药品》，收入阿尔德克罗夫特，上引书，第301～306页。【188】

④ 这里仍然是按照理查森的话来说的，上引书，第306页。【189】

⑤ 关于经济体系的结构性变化，请参见W. 阿什沃思：《1870～1914年间工业结构变迁》，载《约克郡经济与社会研究公告》，第17卷，1（1965年5月），第61～74页。【190】

商业、运输、专业人才、服务等行业部门的增长比工业各部门的增长速度要快，而这是否又确实是企业家聪明睿智的表现呢？【210】

对企业家发展而言，这是一个问题严重的时期吗？答案是否定的。只是在国家之间经济竞争进一步发展的历史情况下，不列颠企业家中所存在着的若干失误和迟疑在这时——它们总是存在的，甚至在古典的工业革命时期也是这样——变得更为明显了。那些被苛责的生意人们，看上去也没有办法能够安抚某些观察者的不平。这些观察者认为，在 19 世纪 70 年代中期以前，不列颠工业部门的绝对优势在某种意义上是正常的，而从那以后，她的加速相对衰弱则是不正常的。然而实际情况是，1873 年以前，促成不列颠突出优势的复杂环境是非常偶然的。以原有企业家能力的"财源"在不断地消耗乃至磨灭作为思考逻辑方式，来评判不列颠在 18 世纪和 19 世纪的经济发展时期的过程特征，是站不住脚的。

4.5　两次世界大战之间的年代

4.5.1　制度变迁与企业家定位

第一次世界大战前的数十年间，工业企业所有权与控制权的比例就开始发生明显变化，变化趋势在战争年间继续得到加速推进。在制造业领域中，单一所有权的私人业主制和小合伙制企业不断消亡；同时，私人有限责任制公司的数目也在不断增长，以至到 1938 年时，这种公司在数量上以 10∶1 的比例压倒公开上市公司。然而，和数目增长相对照，私人公司的经济重要性却在下降：私人公司的总资本数量只有 19 亿英镑，而此时的公开上市公司的总资本数量是 41 亿英镑。①

更重要的是，在两次世界大战期间的 20 年间，以所有权和控制权一定

---

① 以下文献涉及了这一问题：
（1）S. 波拉德：《1914～1950 年间英国经济发展》（伦敦，1962 年），第 162 页；
（2）G. H. 科普曼：《英国工业的领导者：关于总数超过 1 000 家的公开上市公司董事的职业生活研究》（伦敦，1955 年），第 30～31 页；
（3）A. B. 利维（Levy）：《私人股份公司以及他们对企业的控制》，2 卷本（伦敦，1950 年），第 1 卷，第 224～229 页，所给出的英国 1938 年的公开上市公司的数目是 14 335 家（其领取收益的资本金总额是 409 700 万英镑）；私人公司数 135 221 家（其领取收益的资本金总额是 189 400 万英镑）。【191】

程度分离为特征的公司数量和种类大为增加。在大多数大型公司中，单个持股者（或者，实际上，从以董事委员会作为考察总体的情况看也是这样）持有的股份比例已经变得相对较小了，一些企业的股份持有者的数目达到好几千，甚至好几万。① 虽然如此，但据 P. S. 弗洛伦斯（Florence）1947 年对 20 家联合股份公司的分析表明，在时间已经推进到 20 世纪 30 年代中期时，"所有权和控制权的**部分**分离似乎还仅仅是大公司的特征"。②

但是，似乎没有多少疑问的是，在两次大战之间的时期，在经济地位异
【211】常重要、规模相对较大的公司之中，股份持有者的权力不断受到削减。在"关于股份持有者和股份在持有者之间的数量分布与实际结构分析"的研究中，弗洛伦斯论证道，"在英国大公司中，股份的投票权倾向比在小公司更为不平等"。③ 并且，他还论证道：

> 股份持有者作为一个整体，本来应在公司的管理中行使他们的最高权力；但是，现在情况一定程度上对这种原则有所否定。其主要原因……（在于），他们面临着新的形势和行为方式。问题的出发点是，他们在数目上实在是太多了，以至于妨碍了他们做出有效的审议和决策……可以某种程度地判断，英国商海中的大量交易活动……如果由这些公司的……2 000 个乃至更多的股份持有者来决策与指挥……开一次这样的有效而又全面的会议显然是不可能的。④

---

① 参见以下文献：

（1）P. 萨金特·弗洛伦斯：《关于英国与美国工业的逻辑判断：针对经济结构与政府的实证分析》，第 2 版（伦敦，1961 年），第 178 页；

（2）工商委员会：《影响工商业活动效率的因素分析》，第 128 ~ 130 页；

（3）哈格里夫斯·帕金森：《工业企业的所有权》（伦敦，1951 年），第 106 ~ 109 页；

（4）P. 萨金特·弗洛伦斯：《关于联合股份公司控制权状况的统计分析》，载《皇家统计协会月刊》，第 110 卷，1（1947 年），第 4 篇。【192】

② 弗洛伦斯：《关于联合股份公司控制权状况的统计分析》，第 12 页："在所调查的 20 家大型公司之中，有 12 家显现出 20% ~ 60% 的有投票权的股份分别掌控在它们所对应的 12 个最大的股东手中，而只有 3 家公司最大股东掌握的有投票权股份份额少于 10%。"【193】

③ 关于最大的 80 家商业性公司组成的样本，H. M. 戴维斯（Davis）对它们的有充分投票权的资本与总资本的比例进行过跟踪研究，只有 28 家公司这个比例为 100%（也就是说，这些公司同股同权）；有 31 家公司，有投票权的资本占到总资本的 61% ~ 99%；有 18 家这个比例在 21% ~ 60% 之间；还有 3 家这个比例在 20% 或更低。而且，明显地，更大的公司更显现出情况的多样性，但是，从平均的意义上说，它们的投票权在股权之间分配更不平等，并导致了控制权与所有权之间至少只是发生着部分的分离。见弗洛伦斯：《关于联合股份公司控制权状况的统计分析》，第 13 页。【194】

④ 弗洛伦斯：《关于英国与美国工业的逻辑判断：针对经济结构与政府的实证分析》，第 178 ~ 179 页。在帕金森所研究的 30 家大型英国公司当中（其中有 27 家是工业公司），只有 2 家拥有数目为 100 000 个或更多的普通（以及延期普通）股东；另有 2 家拥有的股东数是 50 000 ~ 100 000 个；有 4 家拥有的股东数是 25 000 ~ 50 000 个；还有 14 家，股东数目在 10 000 ~ 25 000 个之间。参见帕金森：《工业企业的所有权》，第 106 ~ 109 页。他的这个分析所属的时间范围是 1941 ~ 1942 年间。【195】

同样引人注目的事实是，持有股份的大多数人们，对公司的管理与行政事务无意于积极参与。他们当中相当多的人是儿童或年龄非常大的人，近一半是女性，许多女股东羞于涉足（或者实际上是害怕于）商务活动；而且，抑或是那些能够参与公司事务的股份持有者（无疑是少数），也选择不去这样做，因为他们中的大多数人持有的投资非常分散，以至于他们在某一单家公司中的股份持有显得相对较小——肯定不足以影响董事会决策。于是，这种股份持有者当然常常选择成为临时投机者，并且对公司事务没有什么持久兴趣。①

这样一种形势，不论从逻辑关系上，还是从历史事实上都诱导这样的结局：特大公司的控制权落到了持有相对大规模股份的股东手中。研究者弗洛伦斯已经论证道，当 20 家最大股东拥有至少 20% 有投票权股份时，他们就对公司有着实质控制力，而基本不必担心决策会遇到任何强有力的反对。大量小股东所拥有的投票权力份额就这样迅速地销声匿迹了。② 当 20 家最大股东由家族关系或其他关系联系起来时，特别是当这些最大股东当中的很大比例部分又是董事时，情况就更是如此。在 20 世纪 30 年代中期，关于家族通过相对大的股份持有获得控制权，一个著名的——在一定程度显得也有些独特——的例子是泰特与莱尔有限责任公司（Tate and Lyle Limited）。1935 年时，泰特家族中的 6 个成员是公司的 20 个最大的股份持有者之一，他们持有所有有投票权的股份的 27.4%，拥有 6 个董事席位。其中最大的 3 个泰特家族股东持有有投票权股份的 15.2%，拥有 2 个董事席位。因为某些人在某种关系上相联系，而导致股份所有权相对集中的其他一些例证，在酿造业、食品原料业和销售业都可以见到。

实际上，在得到分析的 82 家最大的商务公司中，到 1935 年时，具有由某一优势性控股势力掌控这一特点者占着如此大的比例（58%），
而在所有权方中基本分辨不出哪一家有压倒性优势的公司比例又是这样 【212】
的低（比例为 9%，其余 33% 为中间状态），以至于研究者弗洛伦斯确

---

① 参见弗洛伦斯：《关于英国与美国工业的逻辑判断：针对经济结构与政府的实证分析》，第 178～186 页；帕金森，《工业企业的所有权》，第 99～101 页。【196】

② 弗洛伦斯：《关于联合股份公司控制权状况的统计分析》，第 9 页；《关于英国与美国工业的逻辑判断：针对经济结构与政府的实证分析》，第 186～203 页。来自这位研究者的一个很重要的
信息是，1935 年时，大部分大股东都仅在一家公司中拥有很大份额的股份，而中小投资者则倾向于 【679】
手持多家公司的股份并以此分散投资的风险。【197】

信，任何指出20世纪30年代英国发生了管理革命的言论都是欠考虑的。[①] 事实情况是，在当时的最大公司中，控制权通过部分所有权来行使的案例大量发生。所有权的分配方式使得一小群有着某种程度利益一致性的股份持有者能够通过拥有资本的一小部分来获得控制权；但实际上，他们行使控制权的行为方式与古典企业家也没有什么两样。将这一群在经济意义上地位重要的人，加上大量的私人公司，再加上中小规模的公开上市公司，就可以看到，企业家的行为方式也没有多大历史变化；所谓“管理者资本主义”方式的增长，其缓慢程度是显然的。虽然如此，也有一些大公司，发生了几乎完全的控制权和所有权相分离的情况，如邓洛普橡胶（Dunlop Rubber）公司、利比格斯肉加工联合股份公司（Liebigs Meat Extract Co.）、赖兰兹（Rylands）公司（纺织业），这些公司股份相对集中几乎没有发生；或者像联合电气公司（Associated Electrical Industries）、伯明翰小型武器公司（Birmingham Small Arms）、不列颠铝业公司（British Aluminium）、英国缝纫棉制品公司（English Sewing Cotton）以及帝国化学工业公司（ICI）等等，这些公司的董事们在股份拥有中只占极少比例。[②]

毫无疑问，在两次大战期间，许多不列颠公司的董事会有这样的一些成员，他们对“资产负债表感到恐怖，并且甚至（发现），自己不能对他们之所以聚到一起的有关原理进行把握”。他们就是当时被称之为“豚鼠董事”或装饰性董事的那些人，他们的角色也就成为了后期社会抱怨的一个话题。据研究者霍勒斯·塞缪尔（Horace Samuel）指出，1932年，有562个董事职位由英国贵族担任，这些贵族在他们没有取得贵族头衔以前，并不是成名的工商业领域的指挥者，也不是城市公司的活跃成员，也没有通过其他方式在工商业活动中以经营者的身份为大众所知。[③] 但是，另一方面，一股相反方向的小潮流也缓缓出现了，到20世纪30年代中期，有许多人，不是由于他们的持股活动，也不源于他们的家族联系，也不因他们的“装饰美化能力”，而是因为他们的专业知识获得了董事职位。这些专业知识是他们通过

① 弗洛伦斯：《关于英国与美国工业的逻辑判断：针对经济结构与政府的实证分析》，第203页。【198】

② 这些公司的全部清单确能给人留下较深印象。请参见 P. S. 弗洛伦斯：《所有权、控制权与大型公司的成功》（伦敦，1961年），附录 A. I.，第196～217页。【199】

③ H. 塞缪尔：《股东的钱财》（伦敦，1932年），第114页。它又被弗洛伦斯的《关于英国与美国工业的逻辑判断：针对经济结构与政府的实证分析》第206页所引证。【200】

在公司的工作中获得的，有些时候也是他们通过专业训练过程而获得的。[①]

会计师、律师和技工师等人坐到董事办公室的数目在不断上升。这反映出，当地位重要的大公司规模进一步增大时，在管理上迫切需要创新。在世纪之交所发生的并购运动常常会产生大型、笨重以及效率低下的董事会。[②]正因为如此，在20世纪20年代开始集中发生的并购浪潮发生后，随着企业规模增大，管理中的若干根本性问题不可避免地出现，很多特大型企业开始着手解决——尽管力度不大——这些问题。[③] 对这些问题解决得最成功的公司之一就是帝国化学工业公司（ICI），它在1926年初成立时，是不列颠制造业中由并购产生的最大公司。它由四家公司［诺贝尔（Nobel）、布伦 【213】纳·蒙德（Brunner Mond）、英国染料公司（The British Dyestuffs Corporation）、联合制碱公司（United Alkali Co.）——这四家公司本身也是由以前企业通过并购形成的］合并而成，当时的市场价值超过6 000万英镑。[④] 公司合并后其管理结构的特点是，由一个中心机构负责采购、人事、宣传、法律、税务以及投资等事务，同时也将某些责任事宜委任给各制造单位——这种结构由诺贝尔家族（Nobels）在1926年前的5年时间中创建形成——帝国化学工业公司（ICI）继承了这种财务上集中、功能上分支分权的管理结构胚模。相关研究的先驱者阿尔弗雷德·D·钱德勒（Alfred D. Chandler）曾指出，在20世纪20年代和30年代早期的美国，也有一种企业管理结构迅速形成，并成为当时那些致力于实施产品多样化与海外市场开拓战略的美国企业进行内部机构组织的标准形式。可以这样说，帝国化学工业公司（ICI）采取的就是这种结构。[⑤]

虽然在两次世界大战期间，在形成分支分权的公司结构方面，帝国化

① 关于1936年英国的不同规模的463家企业所组成的样本，经由J. 西维特（Siviter）与W. 巴尔达穆斯（Baldamus）（在伯明翰大学弗洛伦斯教授的指导下）进行追踪研究，发现在它们的董事之中，至少有127人是会计师，有58人是律师，而有88人则掌握着某种技术资质。会计师和技术人员在董事中所占的比重，随着公司规模的增大而上升，不过对于律师而言则没有这种趋势。参见：

（1）弗洛伦斯：《关于联合股份公司控制权状况的统计分析》，第12页。

（2）弗洛伦斯：《关于英国与美国工业的逻辑判断：针对经济结构与政府的实证分析》，第211页。【201】

② 参见佩恩：《大规模公司》，第536页，第539～540页。【202】

③ 参见莱斯利·汉纳的阐释性论文：《管理创新与两次世界大战时期不列颠大型公司的兴起》，载《经济史评论》，第2卷，第27部分（1947年本），第252～270页。【203】

④ 关于ICI的一般性情况，参见W. J. 里德的里程碑式的历史著作的第2卷：《帝国化学工业公司历史（2）：它的第一个1/4世纪（1926～1952年间）》（牛津，1975年）。【204】

⑤ 用钱德勒的原话来说，这是他的经典研究著作的“中心主题”，其著作为《战略与结构：关于工业企业历史的论述》（马萨诸塞，剑桥，1962年）。【205】

学工业公司看上去比大多数英国公司走得更远，但其他某些公司[①]——特别是那些在规模上迅速成长，以至于除非采取根本性组织变革，否则管理资源就有过时危险的公司——实际上也采纳了后来众所周知的所谓多分支结构的某些做法。[②] 尽管各个公司之间有不小差别，同一公司在不同的时间点上情况也有不同，那种随着规模不断扩充，管理结构正在朝着这个方向缓慢而蹒跚地前进的公司数目，却在不断增加。这些公司——对结构变革，常常局限于以连续收购[③]的方式，从而试图在时间上延迟不可避免的内部大改组——不得不在人事、融资、会计和技术等方面雇用能干的专家。这些专家有的可以通过公司的内部培训获得；其他的则要从国内的公务人员机构（特别是国内的税务机构）中招募；并且，当某些地方需要的人手应该对等级式生产组织和大范围管理控制非常熟练时，这些公司也从武装部队招募人才。具有特殊重要性的是财务会计人员，“正是因为会计方法的发展，促使和便利了企业引入对分支机构进行考察和评估的新方法。”[④]

然而，各种并购活动所带来的不仅是管理创新，它们也是不列颠工商业集中趋势不断增强的主要原因。在关于第一次世界大战之前的40年的讨论中，我们就已曾接触过这个话题；[⑤] 但是，直至利克（Leak）和梅泽尔斯（Maizels）的开拓性论著发表以后，我们才能够对所发生的产业集中程度给出某些相对精确的说法。我们可以使用1935年的产品调查所收集的数据。调查者计算出，135家最大商业单位（在这里，最大的含义是指它们

---

① 汉纳：《管理创新与两次世界大战时期不列颠大型公司的兴起》，第264页。汉纳的文章构成了这一章以及前一章的基础。【206】

② 例如，特纳与纽沃尔公司（Turner and Newall），还有邓洛普橡胶联合股份公司（Dunlop Rubber Co.），是汉纳在他的相关研究论文（这篇论文1975年6月呈交给了一次关于商务管理历史的学术会议）中所主要考察的两个对象。参见论文《制造业部门发展战略与结构》，收入L. 汉纳编撰：《管理战略与企业发展：一项历史与比较研究》（伦敦，1976年）。【207】

③ 在19世纪80年代和90年代所发生的多公司大型并购与在两次世界大战之间所发生的规模与节奏显得更为平稳适中的并购之间，表现出了很大差别。“连续并购”这个说法曾经为汉纳在强调这种差别时使用过。在后一时期，（企业们）并非在“寻求迅速地将一个行业转化为一个垄断巨头，它们选择了一种用相对更大的企业对那些规模与实力更小的竞争者以及所选择的并购对象进行连续并购的途径，以使得它们的成长过程相对平稳均衡……并（减少）并购操作所引发的管理压力”（汉纳：《管理创新与两次世界大战时期不列颠大型公司的兴起》，第267页）。【208】

④ 上引书，第259页。约翰·韦泽（John Vaizey）的著作《英国炼钢业历史》（伦敦，1974年）的字里行间中充满了关于这种会计师的记述。也许有关会计人员在商务活动中引人注目的最为突出的例证是在尤尼莱弗（Unilever）公司中的弗朗西斯·德阿西·库珀（Francis D' Arcy Cooper）。参见C. 威尔逊（Wilson）：《尤尼莱弗的历史：经济增长与社会变革研究》，2卷本（伦敦，1954年），第1卷，第297~301页；第2卷，第309~313页。【209】

⑤ 尤顿（Utton）：《早期并购活动的若干特点》，第53页。在这里作者尝试性地给出了关于1888~1912年间市场份额的估数。【210】

每家雇用人数在5 000人或更多）雇用了所有研究者对之拥有计算数据的
商业单位雇员总数中的近1/4；相应地，这些单位所生产产品在所有总产【214】
品数量中的占比也大致与这一比例数相同。[①] 在15个主要行业大类中，有5个行业的3家最大生产单位雇用了本行业劳工总数的39%或更多；当行业大类进一步细化为行业分支时，至少有33个分支（或者说超过总数10%的行业分支）中最大3家企业容纳了本行业分支雇员总数的70%以上。以上这5个行业大类和33个行业分支中行业分支，有8个属于“化学化工与联合行业”行业大类；有6个属于“机械工程与车船制造”大类；有5个属于“食品、饮料和烟草”大类；有5个属于“其他混合性”大类。[②]

继这些研究之后，哈特和普莱斯（Prais）更加清晰地指出，联合王国的产业集中从世纪之交的时候就有加强的趋势，特别是那些在此之前建立的企业，加强的趋势更为明显。这主要是因为，在20世纪的前50年，公司们多半是通过内部增长来实现其规模扩张，而成长的每一步都意味着公司“死亡”的概率进一步减小。从实际效果上讲，规模增大显然造就了生存的持续，并相应地促成了产业集中程度上升的可能性。[③] 而现在这些得以生存的企业，所有权和控制权的分离进一步得到推进；“只有公司的年龄对所有权分配有着重要影响。如果假想泰特与莱尔（Tate and Lyle）这家公司和联合漂洗（Bleachers' Association）公司有着一样长的历史，那么，在公司的股权持有者队伍中，泰特家族和莱尔家族的成员将更少，公司股权的分配将更加广泛。”[④] 其言下之意是，在第二次世界大战前夕，在每一行业分支中，那些最重要公司的企业家职权，越来越体现在受薪管理者身上。尽管古典企业家过去曾经牢固地把握了企业掌控权，现在也渐渐地在缩减其所占权位的领地了（这种趋势所蕴含的意义将在4.6节关于战后时

---

① H. 利克与A. 梅泽尔斯：《英国工业结构》，载《皇家统计协会月刊》，第108卷，1～2（1945年），第144～145页。一个商业单位被定义为单个的企业，或是由若干企业组成的总体，它们“由某单个公司所有或是控制……这里的控制的含义是，对每家企业而言，它拥有了一半以上的资本（或是投票权）”。【211】

② 上引书，第144～145、160页。【212】【680】

③ P. E. 哈特与S. J. 普莱斯：《关于企业集中的分析：一种统计方法》，载《皇家统计协会月刊》，卷A，119（1956年），第168～175页。【213】

④ 见于亨利·克莱爵士（Sir Henry Clay）在关于弗洛伦斯的论文《关于联合股份公司控制权状况的统计分析》第20页的有关讨论。联合漂洗公司成立于1900年，而泰特与莱尔公司成立于1921年。【214】

期的发展中讨论）。[①]

4.5.2 企业家实绩：初步评价

由于缺乏必要的数据，我们——如果不说不可能，也是很难对英国企业家在两次世界大战之间在能力表现方面所取得的功绩进行评价。大部分关于不列颠公司的学术性商业历史著作都结束于 1914 年，[②] 然而，即使是我们已研究过的历史著作将其时期覆盖范围延迟到离我们现在更近，也会由于缺乏必要的专题研究，从而不允许我们进行相应的总结。我们可以找到一些这样的素材，比如说关于生产效率和关于采用最新技术知识等方面的信息，来对资料缺乏作一些弥补。根据这些信息，似乎可以得出这样的结论：和竞
【215】争国的经济实力相比，不列颠更加落后了。[③] 这些资料也将我们导向这样

① 与这种逐渐发生的变迁相关联的是，在公司中，领取固定薪酬（或曰管理阶层）人员相对生产工人的比例大为增加。本狄克斯（Bendix）曾经以一个比率——即“A/P 比率”——来作为企业官僚机关化的标示指数。据他提示，相比在大部分制造领域，这个比率在第三产业部门中在增加的方向上走得更远（参见他的《工业中的工作与权威》，第 211～220 页）。他研究所用的英国数据，是依赖于西摩·梅尔曼（Seymour Melman）：《影响工业生产率的动力因素分析》（牛津，1956 年）一书所提供。而据这个资料来源，1907 年英国的 A/P 比率是 8.6%；1924 年是 13.0%；1930 年是 13.7%；1935 年是 15.0%；1948 年是 20%（该书第 73 页）。在大致可以相比的时期上，这些比率相对反映美国普遍情况的数据要显著更低（参见本狄克斯：《工业中的工作与权威》，第 214 页）；而对英国自身而言，1907 年的数据又要相对低很多；这可能又向我们提示，在 1907 年时，所有者—管理者仍然牢牢地掌控着整个英国工业的一个很大范围。正如马歇尔所曾写道，这个时候，“企业主的眼睛能够扫遍企业的每一个地方，他的工头们也没有任何偷懒的迹象，同时没有管理责任的分工，更用不着从一个部门到另一个部门来回地传递各自只能半懂的信息”［引文转引自 H. J. 哈巴库克：《工业革命以来的工业企业组织：关于第 15 个工业基地福利的讲座》（南安普敦，1968），第 5 页］。在这种情况下，也就没有构建什么复杂精致管理结构的必要了。现在，所有者—管理者的个人监督模式在某些行业，比如说，在毛纺织与绒纺织业之中仍然适用。参见雷因尼（Rainnie）编撰：《毛纺织与绒纺织工业：一个经济学分析》，第 50 页。【215】

② 参见 P. L. 佩恩：《企业历史的使用价值：对这个论题试图做出的一点贡献》，载《商务企业史》，第 5 卷，1（1962 年 12 月），第 13、19 页。【216】

③ 关于在两次世界大战期间，英国的技术变革缓慢以及存在着许多很老式与废旧的资本设备这些现象，马文·弗兰克尔（Marvin Frankel）的解释是从相互联系的角度做出的。在一个复杂经济中，存在着这样的可能性，即在生产过程中某一构成要素的重新翻新改造，会后续性地导致资本投入发生全面而又昂贵的变化。参见其论文《一个成熟经济中的资本退废与技术变迁》，载《美国经济评论》，第 45 卷，3（1955 年 6 月），第 296～319 页。已经存在的许多相关记录可能有望对这个影响企业决策的思想过程提供一些实证式揭示。不过，这种尝试（据我所知）在关于英国的这个研究领域中，还未曾发生；尽管金德尔伯格（参见其论文《资本的退废与技术变迁》，第 284～289 页）以英国的铁路机车为对象，曾经对这个思想过程进行过一番考察。另外，D. H. 阿尔德克罗夫特也曾从更为一般的条件出发，对这个问题有所探讨（《技术进步与英国企业》，第 123～127 页）。【217】

一个观点：英国变得相对落后部分地可以归因于企业家的不胜任。[①] 果真如此，企业家能力萎靡便能得到证实。

真的是这样吗？科尔曼（Coleman）教授曾经对考陶尔德（Courtaulds）公司做出过有关裁定，正如他自己所曾说，他的这种判断实际上会有更加广泛的适应性：

> 如果说，事实上它的技术动态是糟糕的，它的管理绩效比它所需要达到的要弱，它的组织状况不适合于它所要求的功能，这些缺点在它巨大的实际成就和稳固的金融地位面前，就相形见绌了。尽管它不再具有塞缪尔·考陶尔德三代或亨利·泰特利（Henry Tetley）所具有的那种活力，但它具有其他的更具现实意义的价值。在某些方面，考陶尔德有限公司仍拥有着维多利亚时代的某些品质，拥有着那个——企业家们作风务实、态度热情——时代所固有的优势和弱点。从这一点来说，它仍和第二次世界大战前所有时候的英国工业的方方面面很相类似，类似的程度比我们所承认的要更大。[②]

很显然，这里的客观事实是，企业家行为必须放到单个企业的环境中进行评判。然而，关于企业家的过多批评都是以社会和整体经济因素作为评判的立足点的。正如理查森曾强调的：

> 如果创新不能对平均单位成本带来任何削减的话，那对于一个生意人来说，引入创新是无道理的，即使创新能够对将来的经济增长带来益处也是这样。不能期待单个生意人会对全部外部经济局面都做出恰当估量。对创新的投资所获得的社会净回报确实可能会比私人回报更高，但私人毕竟还是在根据自己的感受进行决策。这样的结果是，相比社会最佳水平，资本主义经济环境可能只会产生低

① 不过，我们也看到，约翰·朱克斯（John Jewkes）神气十足地捍卫道，“英国的工业缺乏效率吗？”参见他的论文：《英国的工业缺乏效率吗？》，载《曼彻斯特学院学报》，第14卷，1（1946年），第1～16页。他引征阿林·扬（Allyn Young）［见《经济月刊》，38（1928年）］的话说：“从英国工业的自身问题以及发展可能性的综合背景来看，我还不知道有任何事实能够证明，甚或只是显示有关迹象来表明，它比起美国工业，或是比英国在其他世纪中的工业，在组织方式上更加无效，或是在指挥控制上更加无能。”他自己的结论是，“谁要论证说，以往英国企业家的工作显得异乎寻常地失败；或是说，在将来，我们的生产效率最终依靠企业家的能力，而企业家自己凭借这种能力则能将自身的认知与能量提升到新的登天般高度；那么，谁的结论就是不科学的、不公平的，也是十分危险的。”（第16页）从方法的选择上说，朱克斯对以每人每年的产出量来作为效率的衡量标准，尤其持批评态度。【218】

② 科尔曼：《考陶尔德》，第2卷，第243页。【219】

得多的创新比率。①

不过，即使出于社会公利角度的考虑也应视为与企业家行为相关，关于在两次世界大战之间那些提供企业家服务的人，人们至少在下述方面不能对他们苛责：他们将自己的公司和工厂维系在存活的状态，即便没有向社会提供利润，也提供了就业机会。比如，科尔维尔有限公司（Colvilles Ltd.）的约翰·克雷格——不列颠“次等的”② 钢铁行业的一个企业领导者——的行为肯定就有这样的激励因素，他的继承者安德鲁·麦坎斯爵士（Sir Andrew McCance）也是一样。③ 问题最终归结为，增长能否以任何代价去获得？④难处在于，当我们对单个公司的记录仔细研究时，常常会看到，公司在那时的决策，在可以预见的将来，不论是从公司赢利角度，还是从社会效益角度，**看上去**都是最合理的。⑤

困难的关键点又在于评定所采用的相关标准中所包含的“条件”。什么可能是最赢利的、什么又能在不景气时期最有利于生存、什么东西在未来若干年对于社会而言最为需要。就相对长期的评判而言，采用不同条件构成的标准会产生截然对立的结果。比如说，通过对现有设备修修补补，公司可能能够克服当前困难，只是在10年之后才将会被更为强劲的竞争对手挤出国内

---

① 收入阿尔德克罗夫特编撰：《1875～1914年间英国工业发展与外国竞争》，第275页。【220】

② 这个形容词来自兰德斯：《束缚解脱的普罗米修斯：从1750年至当今西欧技术变革与工业发展》，第467～468页。【221】

③ 约翰爵士（Sir John）与安德鲁爵士（Sir Andrew）都有着创建一家综合性的潮汐炼钢厂的迫切要求，但是它的后果是，许多——如果不说是全部的话——在拉纳克郡（Lanarkshire）中心地
【681】 带的工厂会陷入关闭，这两位先生的注意力因而不断地被引向了企业行为所“引发的社会混乱”。约翰·克雷格（John Craig）先生并且还拒绝采纳有些人所提出的关于关闭距离较远的那些格伦冈诺克工厂的建议，也是因为这会在艾尔郡（Ayrshire）中心地带的工厂范围内引发灾难性的社会后果［一项关于科尔维尔公司（Colvilles）集团的研究正在进行之中］。而联合钢铁公司（United Steel Company）则持续地将资本投在沃金顿（Workington）；尽管所属工厂的维系成本较高，并且没有多少利润可言，但公司愿意这样做，也是因为“公司意识到，在某些经济相对萧条的地区之一，它自身担负有作为社会劳动力重要雇佣者的责任，而这一点又为社会公众在作有关评判时所关注。”类似地，在斯托克斯布里奇（Stocksbridge）煤矿，同样因为有一整个社区的人口都依靠它作为就业保证，从而它在亏损多年的情况下都维系存在。参见P.S.安德鲁（Andrew）与E.布伦纳（Brunner）：《炼钢活动中的资本变化情况》（牛津，1952年），第208、362～363页。【222】

④ 对比塞缪尔·考陶尔德（Samuel Courtaulds）论著，他十分钦羡美国的技术发展成就，并且在不止一个场合感叹道，相比起美利坚合众国的优越的机器化生产，英国工业在很多方面显得落后了。不过他也怀疑“美国的生活理想——纯粹物质主义——在经济持续扩张所引发的兴奋冲动走向完结时，是否最终还会使美国成为一个令人满意的勤奋工作的国度？”科尔曼：《考陶尔德》，第2卷，第218页。【223】

⑤ K.A.塔克（Tucker）强调指出，为了有目的地评判企业绩效，有必要建立某些标准。他也提出了一系列有趣的建议。参见《企业历史研究：关于目的和方法而提出的若干建议》，载《商业史》，第14卷，第一册（1972年1月）。同时参见科尔曼：《绅士与游戏者》，第92～95页以及第109～116页。【224】

和国外市场，并由此而完全垮台；那么，如果从当前的就业考虑和相对独立的社会公众福利角度来看，又当做怎样的评价呢？问题还在于，一个外部人，面对董事会或合伙人所考察的相同数据，以相同的时间视野为条件，在假想的同一时点上进行决策，他们之间的思维很少会有什么不同，也找不出原有决策者的差错。只有通过事后的观察，我们才能感受到什么是应该的。因而，也许不列颠企业家最大的失败——如果他们确实存在失败的话——就在于他们缺乏对未来可能性的感受力；其原因之一，又在于在董事办公室里缺乏技术型专家。[①] 可以确信，不列颠企业家与——比如说——美国企业家的基本区别在于他们不同的时间视野观念，同时也在于后者更为冷酷与精干。[②] 【216】

不过，从另一角度来看，或许不列颠公司对组织变革的挑战的蹩脚反应——这常常明显地表现在，他们对已有公司形式的组织效率，可能怀有很不恰当的信念——自身就是相对停滞的原因。因为，如果不是这样的话，上进的公司本应会提防产品与经营多样化对管理方式带来的压力，而如果公司被促成了多分支的管理结构的变革，他们就可以利用到许多机会。但是，从历史事实看，他们都忽视甚至抛弃了这些机会，或是把握得不成功，而这又使得进一步的变革不再可能——对于相对长时期的经济增长而言，这就显得更为不幸。汉纳所曾观察和强调的以下例证就反映出这种情况。在第一次世界大战以后，维克斯（Vickers）公司试图使其经营产品多样化，并进入铁路和电气设备领域——主要是通过在1919年并购帝都铁路客货车厢混合经营公司（Metropolitan Amalgamated Railway Carriage and Wagon Company）（这家公司自已在1917年又接管了威斯汀豪斯公司）——并且还试图扩张其经营汽车的子公司，即沃尔西利（Wolseley）公司，但都失败了。1923~1925

---

① 这当然也是一个需要平衡对待的问题。有论证指出，罗尔斯·罗伊斯公司（Rolls Royce）与厄珀·克莱德造船公司（Upper Clyde Shipbuilder）最近双双走向倒闭，就是因为它们过度听从来自技术方面的引导，这就是它们总是追求工程上的完美，而不顾从商务角度来考虑的情况而言的［关于罗尔斯·罗伊斯公司发生危机过程的简明而又完整的叙述，请参见安东尼·桑普森（Anthony Sampson）：《关于不列颠的新剖析》（伦敦，1971年），第578~583页］。而内皮尔家族（Napiers）的造车公司为两次世界大战之间的时期提供了一个例证［参见查尔斯·威尔逊与威廉·里德：《人与机器：关于D. 内皮尔与儿子以及他们的有限责任公司和公司的工程师们在1808~1958年间的一段历史》（伦敦，1958年），第83~100页］。而特尔伯特的例子则是更早时间发生的。参见S. B. 索尔：《不列颠的汽车工业》，载《商务企业史》，第5卷，1（1962年12月），第41页。【225】

② 要考察威廉·C·勒斯克（William C. Lusk），一个具有苏格兰血统的美国人，1932年对联合电气产业公司（Associated Electrical Industries）所发生的影响，参见罗伯特·琼斯（Robert Jones）与奥莱弗·马里奥特（Oliver Marriott）：《关于一个并购案例的剖析：通用电气公司（G. E. C）、联合电气公司（A. E. I.）与英国电气公司（E. E.）的历史》（伦敦，1970年），第152页及以后。【226】

年，沃尔西利公司发生了严重亏损，进入被接管状态，被卖给了威廉·莫里斯（William Morris）公司。1928 年，维克斯的电气制造股权重新被美国人控制，主要的持股由美国的国际通用电气公司（International General Electric Company）收购；而原有的帝都公司的股权被转手到帝都—卡梅尔客货车厢与金融公司（Metropolitan-Cammell Carriage，Wagon & Finance Company），而这家公司的股权则转而由维克斯和卡梅尔·莱尔德（Cammell Laird）共同持股拥有。"这样，"汉纳感叹道，"我们很难抗拒这样的结论，即维克斯的产品多样化战略太雄心勃勃了，但配合产品经营多样化问题而在相应管理策略上做出的反应又显得太不充分了。"①

其他公司本来就不愿意对它们的内部组织进行根本性变革，却又从维克斯的例子中找到了畏缩的借口，因此，他们自己在朝向产品多样化的路途上打了退堂鼓。②因而，可以说，企业结构实际决定着经营战略。如果谁要想对不列颠的实业家在两次世界大战期间的策略进行批评的话，谁就在实际意义上，并非是在不停地指责着他们的保守决策——他们曾经
【217】雄心勃勃，只是在实际操作上仍停留在传统的控制架构中，因而常常会招致灾难——而是在指责他们没有了解进行根本性管理组织创新的需要。组织创新能够为更具应变性的策略提供可能，并可能在董事会和最高管理层之间架构起高质量的沟通渠道；而且，经理层也可能因此得到更多更好的信息。③

有相当多的证据表明，不列颠各产业在过去和现在都使用了过多的人手，而这可能又是以下这一事实的必然结果：作为实业家，他们总是要同某种劳工组织打交道。如同霍布斯鲍姆所曾指出，从第一次世界大战以前开始，这种劳工组织已经在长达几十年的时间里学会了和应用着"游戏规

---

① 汉纳：《制造业部门发展战略与结构》。而汉纳的叙述又是以 J. D. 斯科特（Scott）：《关于维克斯的一项历史研究》（伦敦，1962 年）一书第 166 ~ 168 页的有关内容，以及他自己对维克斯公司档案所做的有关研究作为基础的。【227】

② 这个论述仅能被认作是一个推测：我们只能说，在许多苏格兰企业的档案室中出现了由范围广泛、内容庞杂的剪报组成的书本，这是那些董事们——至少是比笔者本人所能想像的要更为——密切地注视他们的竞争者的事务以及注意活动在同类业务领域中的那些公司们的状况的一种表现。【228】

③ 篇幅的限制，使我们不能对这个论题进行更为精深的研究。笔者之所以在这里将它提出来，是因为作者深信它值得进一步的考察。关于在大型企业中的信息流动这一主题，一些研究者提供了引人入胜的思想，参见 B. W. E. 奥尔福德（Alford）：《钱德勒的论调：若干一般性的观察》，收入汉纳编撰的《管理战略与企业发展：一项历史与比较研究》。【229】

则”。[①] 我们还能论证指出，变化着的公司结构易于使工人们更加敏感于要求与权益。当小型、内部融资的家庭式企业逐渐走向采用公开上市公司形式，企业对工会和它们的集体讨价还价的抵制意愿和抵制力量都越来越弱了。这是因为，企业家对工会乃至工人的让步，不再会使企业像早先19世纪时的小企业那样，面临着毁灭性的危险。“在这种情况下，工人们也不再将工厂立法视为对雇员个人权益的侵害，相应的仇恨心理也少得多，因为这时公司也不再发出什么对抗语调，它不再那么轻易地声称，公司就是个体依靠自身生存这一价值准则的具体体现，并将此引为抗拒工人要求的借口。”[②] 没有多少疑问，许多生意人和塞缪尔·考陶尔德一样都认为，“最高利润不应该依靠对劳工的过分统制”。[③]

以上这些，可以解释那个时代不列颠企业家绩效的萎靡。它们绝不是试图要替谁去申辩什么方面的委屈，而且，它们只不过说出了不列颠企业家的一些弱点，在有些历史情形下完全可以得到补救：在提供可供决策的关键信息方面，曾经发生过令人厌恶的失败；[④] 以国际经济最佳实践来衡量，则是在行为方式上发生了明显偏向；“让科学家们就呆在他们原来的那个地方”，这种政策本身就不合理；[⑤] 即使泰勒思想以及科学管理方式非常显著的功效已经得到了诸如爱德华·卡德伯里（Edward Cadbury）、B. 西博姆·朗特里（Seebohm Rowntree）、汉斯·雷诺兹与 G. C. 雷诺兹（Hans and G. C. Reynolds）等等

① E. J. 霍布斯鲍姆：《19世纪的习惯、工资与工作负担》，收入《劳动者》（伦敦，1964年），第344~370页。同时参见 E. F. 丹尼森：《为什么增长率不同》（华盛顿，1967年），第293~295页。【230】

② G. D. H. 科尔：《依靠自己与社会立法》。【231】 【682】

③ 科尔曼：《考陶尔德》，第2卷，第220页；以及科尔曼：《绅士与游戏者》。同时请参见 C. P. 金德尔伯格的有关论述，他曾经指出：“关于联合制钢公司（United Steel Company）的投资策略，安德鲁（Andrews）与布伦纳抵挡着来自伯恩（Burn）、伯纳姆（Burnham）与霍斯金斯（Hoskins）以不同方式发出的批评，同时，他们也没有说明，他们的那种策略使得投资在时间跨度上赚取了可能发生的最大数量钱财。”［金德尔伯格：《资本的退废与技术变迁》，第294页。这里所指的有关人士的批评，请参见 D. L. 伯恩：《关于炼钢工业活动的经济史》，以及 T. H. 伯纳姆与 G. O. 霍斯金斯：《1870~1930年间不列颠的钢铁制造》（伦敦，1943年）；同时还请参见安德鲁与布伦纳：《炼钢活动中的资本变化情况》，特别是其中的第361~364页］。

W. E. 明钦顿（Minchinton）曾经强调，在西威尔士的马口铁制造行业，对利润的无限制地追求，并不被企业家们一般地认作为人类竭其所能而追求的一般性目标（参见《英国的马口铁制造工业》，第105~107页）。【232】

④ 参见 R. A. 丘奇：《五金制造工业活动中的肯里克家族：一个家族企业在1791~1966年间侧记》，第212页以下，以及韦尔斯（Wells）：《霍林斯与维耶拉：一项关于企业史的研究》，第160~161页。【233】

⑤ 参见科尔曼：《考陶尔德》，第2卷，第230页。【234】

这些提倡者的倡导与说明，[①] 企业家们还是持续而全面地对它们表现出冷淡——甚至是直接的仇恨；对思虑不周的产品多样化，则在进行着偶然而歇斯底里式的拼凑；[②] 某些实业领导者的行为方式越来越乖戾——“莫利斯帝国晚期的悲剧性故事，每一步都在揭示着一个怪异的独裁者的暴虐”；[③] 还有，有的企业在合并之后，相互之间在管理协调上显得动作迟缓。[④]

以上最后一个弱点所对应的是发生在19世纪最后岁月中的类似失败。[⑤] 实际上，关于两次世界大战之间的时期，我们对其历史已经很熟悉，批评这一时期企业家的著述可以列出一大摞。相比它的早些时期，这些缺陷对国家经济所造成的影响是否更为严重，或是更为轻微，我们现在仍无从知道，对
【218】得到记录的例子所具有的典型性进行评判也不太可能。这些例子只是在验证着如下假设：针对这个时代的企业家行为，用纯粹的赞扬或者是不恰当的诋毁来突出时代特征都是不公平的。对一个时代而言，总有一些商务活动领导的业绩走在最好乃至平均水平的后边，而要对企业家行为进行充分恰当的谴责，则事先必须对那些反映基本情况的无效事例做出仔细考察。很多企业家，比如J. D. 洛克菲勒（Rockefeller）等人相信，当企业家受到攻击时，最好是保持沉默。由此，这种态度后来在企业家中形成了这样一个信念——

① 参见蔡尔德：《英国管理思想》，第103页。关于“科学管理”这一整个主题，值得作深入研究。参见以下文献：

（1）E.H. 费尔普斯·布朗：《关于英国工业关系认识的增长》（伦敦，1965年），第92~98页。

（2）莱文（Levine）：《英国工业发展的阻碍》，第60~68页；厄维克（Urwick）与布雷克（Brech）：《科学管理的形成，第2卷，第2部分：英国工业的企业管理》，页码同以前各注。

（3）蒂勒特（Tillett）、肯普纳（Kempner）与威尔斯（Wills）编撰：《管理思想家》，特别是其中的第1部分，第75~96页，以及第3部分，都有可能提供一个研究起点。

不过，尽管存在大量的相关文献，尽管经济史学家们——当对这个问题进行讨论时，在缺少案例研究的情况下——在精确地判定少数人的思想对很多人的管理实践会发生多少、什么样的影响方面还存在困难，但蔡尔德可谓对这一问题做出了精彩的考察（《英国管理思想》）。【235】

② 已经得到记录的最好例证是莱弗兄弟（Lever Brother）在第一次世界大战之后的岁月中所开展的若干购买活动。对这些活动之一，莱弗哈尔姆勋爵（Lord Leverhulme）曾经这样写道，“我自己怎么也不能理解，为什么他们购买了这个企业。我不能看到它能够给莱弗兄弟或是相关的公司带来什么利益。”参见C. 威尔逊（Wilson）：《尤尼莱弗历史：经济增长与社会变革研究》，第1卷，第260页。

同时还请参阅阿姆斯特朗·惠特沃思（Armstrong Whitworth）关于纽方德兰德造纸厂（Newfoundland Paper Mills）的灾难性规划这一事例。斯科特（Scott）：《关于维克斯的一项历史研究》，第153~155页。【236】

③ G. 特纳：《莱兰（Leyland）论丛》（伦敦，1971年），第88~90页。同时也请参见关于格林·H·韦斯特爵士（Sir Glyn H. West）以及阿姆斯特朗·惠特沃思的情况（斯科特：《关于维克斯的一项历史研究》，第153页）。【237】

④ 一个基本的例证是，AEI公司将英国的汤姆森—豪斯顿（Thomson-Houseton）以及都市维克斯（Metropolitan Vickers）与自己融合为一体的过程是失败的。参见琼斯与马里奥特（Marriott）：《关于一个并购案例的剖析：通用电气公司、联合电气公司与英国电气公司的历史》，第147页及以后。【238】

⑤ 参见佩恩：《大规模公司》，第528~536页。【239】

正如 T. S. 阿什顿所指出的——企业家“必须极度耐着性子地保持沉默”。[①]

在通常的经济史研究中，研究者们往往总是试图从公司记录、从曾经直接参与决策过程的相关人员的口头证词所揭示的事实出发进行推演并给出结论。然而，由于在这个离我们不远的过去岁月中，许多居于领导地位的实业家有意选择了不对他们的行为大肆表白，其意图当然是有意不去向社会公众解释，这会使得以上这种研究方式的研究材料不是建立在科学、理性的推理之上，而是建立在纯粹偏见的基础之上，因而也就会在多处出现明显错误。[②]

两次世界大战之间，没有哪一个行业的企业家受到像采煤商们那样的严苛指责。在为数不多的专门针对采煤行业企业家绩效的行业研究中，有一份值得一提，它论证道：“尽管整个行业的供给方确实存在某些明显的弱点，但这些弱点以及随后发生的采煤业的衰落，却不能归结到企业家的失败上。企业家们要做出理性而恰当的决策，要综合考虑工厂的规模、实业投资和工资政策，然后再做出决策。只有当用事后的眼光来看待有关利益关系时，或许才可以争辩说，在某些情况下应该采纳更为积极和果断的策略；但是，处在相应历史环境之中，企业家们却总是在试图减轻产品需求方力量所带来的有害影响，期待他们做得比这更多是不理性的。”[③] 在其他行业中，那些曾经领导，或者更为恰当地说，那些没有能够很好地领导某些单个企业的人，尽管从现在看，他们过去历史环境中的行为方式明显是愚蠢与不负责的，却也可以为这些企业家们找到或给出类似的用于为他们适度辩解的实际证据与评判逻辑。

4.6 最新发展：1945~1970 年

4.6.1 并购与集中

从 1945 年起，在上两个历史时期发生在工商企业的所有权与经营权上

① T. S. 阿什顿：《商务企业历史》，载《商务企业史》，第 1 卷，1（1958 年 12 月），第 1 页。【240】

② 这里所说的意思是，仅是以对**在那时**所能获得的数据，进行研究目标给定的经验分析，再以此为基础做出断定，则错误不可避免地会发生。而这个观察建立在笔者与苏格兰西部的一些企业家交谈的基础上。【241】

③ 尼尔·K·巴克斯顿（Neil K. Buxton）：《两次世界大战期间英国采煤行业的企业家效率分析》，载《经济史评论》，第 2 卷，23，3（1970 年 12 月），第 477 页。【242】

的变化趋势，仍在持续。① 在初始阶段，这种变化显得有点缓慢（直至20世纪50年代中期，肯定都是这样），但随后迅速加速。实际上，在第二次世界大战期间和其后的几年中，不列颠各工商产业越来越集中的趋势一直时有倒退的迹象。尽管这种迹象发生过后，长期趋势性变化又占了上风。虽然
【219】对不同时间上的集中程度进行对比存在一些困难，② 但是在1935～1968年间，更大规模的工厂车间不断形成的趋势与更大规模企业不断形成的趋势，乃至这两种趋势相互形影伴随的发展状态，还是非常明显的；③ 并且，绝大多数行业的集中度比率（不论是用销售额，还是用就业，或总产出来

① 诚然，社会公众所有权领地的扩展使得企业所有与管理的图景更为复杂化了。不过，如同 M. M. 波斯坦所曾论述的那样，看起来，“许多国有企业在目标和管理上和一般的企业还是能够一致起来，这只是因为它们内部的管理职员、劳工大军以及管理者的动机与行为，也和私人企业是一样的”［见《关于1945～1964年间西欧的经济史》（伦敦，1967年），第228页。同时也请参见 G. 班诺克（Bannock）：《世界主宰：大型股份公司的时代》（伦敦，1971年），第133～139页］。【243】

② 参见以下文献：

（1）哈特与普莱斯（Prais）：《关于企业集中的分析》，第155、175页；

（2）R. 伊弗利（Evely）与 I. M. D. 利特尔（Little）：《英国工业企业的集中》（剑桥，1960年），第18～24页；

（3）A. 阿姆斯特朗（Armstrong）与 A. 西尔伯特森（Silbertson）：《1935～1958年间英国制造
【683】工业企业规模扩张与生产集中状况》，载《皇家统计协会月刊》，卷A，128，3（1965年），第401、403页；

（4）威廉·门内尔（William Mennell）：《1951～1961年间英国的企业接管与垄断增长》（伦敦，1962年），第38页。【244】

③ 门内尔：上引书，第405页。关于这个主题，存在着大量的文献。对于经济史学家而言，较为重要的资料来源包括：

（1）兰德尔·史密斯（Randall Smith）与丹尼斯·布鲁克斯（Dennis Brooks）：《并购的过去与现在》（伦敦，1963年）；

（2）萨姆·阿伦诺维奇（Sam Aaronovitch）与马尔科姆·C·索耶（Malcolm C. Sawyer）：《英国制造业的集中》，载《劳埃德银行评论》，卷号114（1974年10月），第14～23页；

（3）阿伦诺维奇（Aaronovitch）与索耶：《大企业：英联合王国的集中与并购的若干实证与理论方面》（伦敦，1975年）；

（4）K. D. 乔治（George）与 A. 西尔伯斯顿（Silberston）：《并购的原因与效果》，载《苏格兰政治经济学月刊》，第22卷（1975年），第179～193页；

（5）K. D. 乔治（George）：《关于联合王国工业企业集中状况变化的一个注记》，载《经济月刊》，第85卷（1975年本），第124～128页；

（6）P. E. 哈特（Hart）、M. A. 尤顿（Utton）与 G. 沃尔什（Walshe）：《英国的企业并购与集中》（剑桥，1973年）；

（7）G. D. 纽博尔德（Newbould）：《管理与并购活动》（利物浦，1970年）；

（8）S. J. 普雷斯（Prais）：《关于工业企业集中趋势发展的新观察》，载《牛津经济论丛》，第26卷（1974年本），第273～288页；

（9）尼古拉斯·A·H·斯泰西（Nicholas A. H. Stacey）：《现代企业并购》，第2版（伦敦，1970年）；

（10）M. A. 尤顿：《并购对集中趋势的影响：1954～1965年间英联合王国的制造工业》，《工业经济学月刊》，第20卷（1971～1972年），第42～58页；

（11）G. 沃尔什：《大不列颠企业垄断的最新趋势》（剑桥，1974年）。【245】

衡量）都在上升。到1958年时止，“在许多行业中，由少数几个‘巨头’企业控制的市场领域在不断上升”的现象也已经表现得较为明显；而且，从那时起，各行业都经历了一次大范围的并购浪潮。“浪潮涌动”的目的似乎是使企业更为集中；并且，它大大改观和加速了原来看上去颇为自然的演变趋势。① 由此导致的结果是企业数目在1965～1967年间开始下降，但企业价值却明显上升（见表41）。实际上，有证据表明，在20世纪上半期，企业规模增大更倾向于使企业存活的可能性增加（见第215页）；不过，在最近20年间，除了规模处在极端上层的少数企业，这些企业的命运又在一定程度上变得不安全。② 还有，非常明显的是，在20世纪60年代，许多行业的集中程度增加得非常迅速（见表42）；至于当前，不列颠各行业普遍都在发生着结构转型。各行业规模在前100位的公司的重要性极为显著。1970年它们的产量可能占英国制造业净产出的45%左右（见表43），制造业、建筑业和销售业全部利润的大约50%也是由这些行业中规模前100位的大企业创造的；以资产来衡量，它们所占的比例更高。不过，对所有工商企业而言，规模前100家大企业只雇用了所有雇员的1/3。③

表41　　1954～1968年间制造业、销售业和服务业的上市公司进行的兼并

年　份	企业数目（家）	企业总市场价值（百万英镑）
1954	275	105
1955	294	89
1956	246	131
1957	301	136
1958	341	120
1959	559	307
1960	736	338
1961	632	368
1962	636	358
1963	885	332

① 普雷斯：《关于工业企业集中趋势发展的新观察》，第283～286页。【246】

② G. 惠廷顿（Whittington）：《1948～1968年间英联合王国前100家上市制造业公司的变化》，载《工业经济学月刊》，第21卷（1972～1973年），第17～34页。【247】

③ （1）班诺克（Bannock）：《世界主宰：大型股份公司的时代》，第39页；（2）尤顿：《并购对集中趋势的影响：1954～1965年间英联合王国的制造工业》，第44页。【248】

续表

年　份	企业数目（家）	企业总市场价值（百万英镑）
1964	939	502
1965	995	507
1966	805	447
1967	763	822
1968	942	1 774

资料来源：P. E. 哈特、M. A. 尤顿和 G. 沃尔什：《不列颠工商企业的并购与集中》（剑桥，1973 年），第 3 部分。

表 42　　1935～1974 年间
制造业集中度的平均水平

单位：%

年　份	比　率	年　份	比　率
1935	52.0	1963	63.5
1951	55.8	1968	69.0
1958	58.7	1974	76.0

资料来源：从 S. 阿伦诺威奇与 M. C. 索耶《不列颠制造业的集中》一文中推算，载《劳埃德
【220】 银行评论》，第 114 号（1974 年 10 月号），第 15～16 页。

表 43　　1935～1970 年间 100 家
最大制造企业所占的净产出比例

单位：%

年　份	比　率	年　份	比　率
1935	24	1963	38
1949	21	1968	42
1953	26	1970	(45)[a]
1958	33		

注：a　1970 年的数据为权且估算数。

资料来源：S. J. 普拉斯：《对行业集中度增加的新浏览》，载《牛津经济论丛》，1974 年第 26 期，第 283 页。

4.6.2　所有权与控制权

在 1945 年后的一段时期，出现了不少关于公司股权持有民主化的讨

论，[①] 许多公司——特别是那些有被国有化或受政府干预困扰之忧的公司——做了大量图表，其目的在于显示它们的资本现在已由规模很大、数量还在增长着的大量个人和机构所拥有。[②] 股权持有民主化程度的不断增加导致的结果是所有权和控制权的分离程度加深。[③] 但是，我们也不能过分渲染和夸张这个特征。可以肯定，直至 20 世纪 50 年代早期，仍由所有者控制的大公司数量仍然很大（也许在 1/3 左右）。不过有一点没有疑问，即在特大公司中，最大股东持有的有投票权的股权比例在 1936 ~ 1951 年间从 30% 下降到 19%；就在同一时期，董事们持有的股份比例和 20 个最大股份持有者中的董事数量也都有所下降。[④] 在 1968 ~ 1969 年间，就不列颠前 100 家最大的工业公司而言，董事长仅控制其股份所有权的 2.5%，所有董事会成员也仅控制了其中的 7.5%。[⑤] 而且，有关估算指出，从 1957 年到 1969 年，个人、经理人员、信托受托人所持有的权益资本占总权益资本的比例从 65.8% 下降到 47.4%。这就是说，一方面个人股份持有者的总数目在不断上升；但另一方面，如果我们用个人持股总额与社会持股总额对比的相对价值来衡量个人持股的相对重要性，则不论是从单个企业来说，还是从整个社会来说，普通股份个人持有者的相对重要性一直都在下降。[⑥] 【221】

从 1945 年开始，专家型董事和经理人员对所有者管理人员的替代开始加速。这个趋势是和并购运动相关的，并购运动产生了更大公司；这必然意味着，通过股份持有者所有权的分散，并购促成了股权持有者对公司控制权程度的减轻；[⑦] 但实际发生的情况又是接管者对被接管公司事务的控制得到强化（这些被接管公司的各个运营子公司的事务原来长时间由各家庭公司

---

① （1）波斯坦：《关于 1945 ~ 1964 年间西欧的经济史》，第 215 页，第 232 页以后；（2）门内尔：《1951 ~ 1961 年间英国的企业接管与垄断增长》，第 127 页。【249】

② 参见，比如说，《谁在掌控着炼钢工业》，载《英国钢铁联盟·钢产品评论》，1958 年 10 月。【250】

③ 关于在 20 世纪 60 年代股份持有者对特大型公司事务的参与处在极低水平的介绍，请参见 K. 米奇利（Midgley）：《股东在行使着多大的控制权》，载《劳埃德银行评论》，卷号 114（1974 年 10 月），第 24 ~ 37 页。【251】

④ 弗洛伦斯（Florence）：《所有权、控制权与大型公司的成功》，第 185 页以下。【252】

⑤ 安德鲁·拉姆斯登（Andrew Lumsden）：《不列颠最高董事会的财富与权力》，载《泰晤士报》，1969 年 9 月 9 日。而这个资料对笔者而言，是转引自班诺克：《世界主宰：大型股份公司的时代》，第 5 页。甚至在这些数字之中，还是将“那些如同皮尔金顿（Pilkington）董事会一般的旧秩序遗少们”等非同一般的股份持有数包括进来了，而“他们的持有又能占到所有股权资本的 70%”。【253】

⑥ J. 莫伊尔（Moyle）：《1957 ~ 1970 年间普通股份所有者的模式分析》（剑桥，1971 年）；而笔者是转引自米奇利：《股东在行使着多大的控制权》，第 25 页。【254】

⑦ 纸币越来越被用于为企业并购提供融资服务，本身是稀释着大型股份公司的所有权。参见班诺克：《世界主宰：大型股份公司的时代》，第 92 页。【255】

把持）。当然，现有公开上市公司的存续年限也在不断延长。[①] 早在1951年，科普曼（Copeman）就认为，似乎“绝大部分现有公开上市公司被注册为‘公开上市’形式的时间都已经超过一代人了”。并且，尽管原始注册股东拥有的股份比例非常大，这些人常常还是因家族联系而成为大股份持有者的，但他们到后来肯定都会被迫卖掉拥有的一些股份，特别是在为了满足财产税缴纳要求的时候。[②] 因而，随着时光悄然逝去，人们常常可以看到原来为单人持有的大块股权被分割到多个持股人手中。

弗洛伦斯做出有关分析的时间是1951年。可能就在随后的10年中，许多在开始时能够被囊括到由所有者控制行列内的公司——比如说，联合电气公司（Associated Electrical Industries）、布里斯托飞机制造公司（Bristol Aeroplane Company）、科尔曼公司（Coleman）以及博瑞尔公司（Bovril）——不再具有进入这个队伍的资格了。而且，“一些其他公司，其可能数目在8个左右，在这一段时间里，规模逐渐膨胀到了有资格进入‘最大的’公司队伍。不过，它们当中由所有者行使控制权的相对数目，要小于在弗洛伦斯分析所用老样本中的相对数目。”进而，在最大公司中曾表现明显的所有权关系趋势，在“次大”公司的队伍——我们称之为“中大型”公司，包括那些资本总数在100万~300万英镑的公司——之中显然也存在。在这些公司中，所有权相对集中的公司的数目也在不断减小，到60年代中期，也许就只占少数了。那时，只有在更小规模（资本总数在20万~100万英镑之间）的公司队伍中，大多数才具有所有者行使控制权的特征。[③]

确实，第二次世界大战后不列颠公司的有效治理方式发生了很大变化，但如果仅以那些明显具有股权集中特征的公司数目减少来衡量，则这种管理方式基本定位的变化程度有可能被低估。也就是说，变化情况可能是：不仅所有权者具备治理潜能的事例的相对数目减少了，而且对潜能具备者而言，他们运用这种潜能的程度也下降了。20世纪50年代中期以来，在不列颠工业中持续存在的竞争性压力是这样大，以至于许多仍具有股权

---

① 约翰·蔡尔德：《现代工业社会的商务模式》（伦敦，1969年），第45~51页。【256】

② 科普曼：《英国工业的领导者：关于总数超过1 000家的公开上市公司董事的职业生活研究》，第29~30页，同时也请参见其第215页。戴维·格拉尼克（David Granick）声称，在大不列颠，“那些在股份持有上具有绝对优势的家族们，已经没有什么兴趣去行使控制权，他们的资金被重新投向了范围广泛的许多公司，意在从分散股权之中获取相对安全的金融回报”［格拉尼克：《欧洲管理执行者》（纽约，1962年），第94页］。【257】

③ 波斯坦：《关于1945~1864年间西欧的经济史》，第252页。【258】

集中——这种集中常常通过持股者的家族联系来实现——特点的公司，倾向于——甚至是被迫于——将它们的生意委托给最能干的若干经理人，而不问后者在所有权中的股份数量，也不管他们是否缺乏家族联系。[①] 但是，现在仍然不清楚的是，这些（因公司股权集中而）在制度上显得越来越重 【222】
要的所有人（他们本身也受到管理者控制），在对董事会成员的任免和公司决策上多大程度地行使着他们那增加着的权力。尽管在过去，他们通常显得被动——更不用说什么得意情绪了——但也有一些证据表明，他们越来越跃跃欲试于进行“干预”；而在 1973 年组建成立了职能股东委员会（Institutional Shareholders Committee），它由所有普通股的前 1/3 大股东代表组成——“只要是出自自身的意愿与选择，这个组织在大部分大公司中都有权进行干预”。只是，由于这个新的联合委员会倾向于“直截了当与不透明”地开展工作，导致了许多年来经济史学家们似乎都不愿意在这个问题上努力收集实证数据。[②]

关于管理者控制力的重要性不断增加的影响，我们在以后的有关讨论中可能还会涉及。现在有必要强调一下，在每一个工商业分支中，具有专业知识的经理人担当企业家功能的程度在加速上升，并且通过以下论述，我们将试图对这些实业领导者的起源作一个简要分析。常常有人声称，他们当中的大部分，其数目在 50 人左右，“从公司的各个普通阶层提升上来”。不过，我们在对不同作者所给出的数据进行比较和分析时还得分外留心，因为这些研究者在使用董事、“最高管理官员”、部门与其他管理人员等词语的过程

---

① 如果对家族内部来说，所“引入的”管理者，如同在莫顿·桑杜尔织造公司（Morton Sundour Fabrics）的 L. W. 阿彻（Archer）那样，变成“在各个家族成员相互对立的意见之间来回弹射的一只羽毛球”。那么，以上行为过程的潜在利益有些时候就会减少，甚至是完全不能实现。有关 【684】
研究者已经进行了饶有趣味的研究，参见乔斯林·莫顿：《一个家族纺织公司的三代人》（伦敦，1971 年）。引文出自这部著作的第 466 页。【259】

② 参见米奇利：《股东在行使着多大的控制权》，第 28、36 页。

1963 年，在所有的注册证券面额总值中，有 1/4 是由机构投资者（保险公司、投资信托公司、单位信托公司以及养老基金）所持有。参见：

（1）J. G. 布利兹（Blease）：《机构投资者与股票交易》，载《地方银行评论》，卷号 151（1964 年 9 月），第 43 页；

（2）同时参见 1975 年 10 月 6 日的《管理者》；

（3）德里克·F·钱农：《英国企业的战略与结构》（伦敦，1973 年），第 234 页；

（4）理查德·施皮格尔伯格（Richard Spiegelberg）：《城市：没有责任的权力》（伦敦，1973 年），第 47～60 页。【260】

中，常常发生指代混乱。[①] 我们研究的对象是企业家服务，这又是由董事会成员和主要经理人员来提供。当将考察范围局限在这两类人员身上时，“从相对底层”起家的那些人所占比例不仅非常小，而且随着对管理和经营职位人员的教育资质要求缓慢上升，比例还显得有所降低。[②] 更多数量的人都来自公司外部——他们都是从其他公司或从大学中成长起来的科学家和技工师。

> 帝国化学工业公司（Imperial Chemical Industries）的联合董事会以及（以更小的程度上说）某些类似谢尔公司（Shell）、尤尼莱弗（Unilever）公司的企业董事会，开始包含有科学家和工程师，而这些人又成为其他——那些在寻找有科技背景的人做董事的——公司招募董事的对照标准。1964年时，以前从事研究工作的科学家和工程师占据了一些最大公司的指挥者职位，在人造纤维行业中，可举考陶尔德公司为例；在电气重工工程行业，其例证可举英国电气公司（English Electric）；在飞机制造队伍中，霍克·西德利公司（Hawker Siddley）和英国飞机联合股份公司（British Aircraft Corporation）可以作为例证。

其他的新董事会成员则来自政府机关的文职人员，或来自相关专业人员，其中，大多数是会计师。[③]

---

① 请参见以下文献：

（1）科普曼：《英国工业的领导者：关于总数超过1 000家的公开上市公司董事的职业生活研究》；

（2）阿克顿社会信托公司（Acton Society Trust）：《管理活动的继承：管理人员的招募、选择、培训与提升》（伦敦，1956年）；

（3）R. V. 克莱门斯（Clements）：《管理人员：一项关于他们在工业中的职业活动的研究》（伦敦，1958年）；

（4）I. C. 麦克吉弗林（McGivering）、D. G. J. 马修斯（Matthews）以及W. H. 斯哥特（Scott）：《不列颠的管理》（利物浦，1960年）；

（5）罗伊·刘易斯（Roy Lewis）与罗斯马里·斯图尔特（Rosemary Stewart）：《老板：英国商业人士的生活与时光》（伦敦，1961年）；

（6）格拉尼克（Granick）：《欧洲管理执行者》；

（7）D. G. 克拉克：《工业企业管理者：他的背景与职业模式》（伦敦，1966年）；

（8）西奥·尼科尔斯（Theo Nichols）：《所有权、控制权与思想意识》（伦敦，1969年）；

（9）G. 科普曼：《主要管理执行者与企业增长》（伦敦，1971年）；

（10）B. 泰勒与麦克米伦编撰：《最高层管理》（伦敦，1973年）。【261】

② 比如说，对于克莱门斯所研究的样本来说，那些从“最底层”爬升到管理职位的人当中只有4%成为董事会成员，因而可以说他们“在最高管理层中的比例很小，这显示出他们进入管理最顶层的机会还很有限”。参见R. V. 克莱门斯：《管理人员：一项关于他们在工业中的职业活动的研究》，第79页。【262】

③ 波斯坦：《关于1945～1964年间西欧的经济史》，第272～273页。【263】

这种招募方式，1939 年以前很少见；同时，那时对绝大部分董事会成员根本不要求有什么正式资格；后者使前者不让人感觉奇怪。① 尽管不作资格要求的董事的比例与公司规模反向相关，但由董事会成员协会在 1959 年 【223】
所作调查的一个“突出特点”是“（在董事会成员中）有大学学位的比例相对较小；还有，这些协会的董事成员当中有人持这种观点，即认为只要有经验就可以充分胜任董事工作。这种人的数量极多，这都……（似乎在说明）……企业家经营才能不是从学校里学得的，很大程度上要依靠工作中所获得的训练。专业型、学术性的人员在工商领域中仍然起着较小作用。”② 正如尼科尔斯（Nichols）所感受到的，关于最高管理层的这些不同研究给人的印象是，“绝大多数董事们是从两个最高社会阶层的人士中招募的，在他们当中，有相当多比例的人的父亲、祖父曾经是商海中的弄潮手。对他们自身而言，则有大概半数左右读过公立学校；从这种学校出来的人，后来又全部都上了大学。他们对所上大学的选择，最强烈的趋向是去牛津或剑桥”。在大学里，他们似乎大多都拿到了文科学位。③ 另外，不列颠曾一度热情高涨地创建商学院，在不列颠各大学中也广泛开设各种商务课程。关于这种教学活动对不列颠的管理活动会有什么样的影响，现在对之评判还为时过早。我们有意逃避这种评价，是因为有一个人们长期坚持的信念在先，此信念即

---

① 参见 D. P. 巴里特（Barritt）：《大型公开上市公司的董事们的规定任职资格条件》，载《工业经济学月刊》，5（1956～1957 年），第 220～224 页。

同时，要了解不列颠企业管理中的所谓“业余”概念的讨论，请参见：

（1）格拉尼克（Granick）：《欧洲管理执行者》，第 5 部分，第 18 章；

（2）戴维·J·霍尔（David J. Hall）与吉勒斯·阿马多—弗什格伦德（Gilles Amado-Fischgrund）：《谁是英国顶层管理者？（1）不列颠的管理巨头》，收入泰勒与麦克米伦编撰的《最高层管理》，第 104～106 页。【264】

② 见《董事》（1959 年），第 301 页；笔者转引自尼科尔斯的《所有权、控制权与思想意识》，第 80 页。【265】

③ 请参见以下文献：

（1）尼科尔斯，上引书，第 80～83、117～118 页；

（2）阿克顿社会信托公司（Acton Society Trust）：《管理活动的继承：管理人员的招募、选择、培训与提升》，第 28～29 页；

（3）格拉尼克：《欧洲管理执行者》，第 242 页以后；

（4）埃里克森（Erickson）：《英国实业家》，第 37 页；

（5）科尔曼：《绅士与游戏者》，第 105～109 页；

（6）钱农：《英国企业的战略与结构》，第 43～46、216～217 页；

（7）菲利普·斯坦沃思（Phillip Stanworth）与安东尼·吉登斯（Anthony Giddens）：《经济精英：公司领导阶层的统计分析轮廓》，收入斯坦沃思与吉登斯编撰：《英国社会的精华与力量》，第 80～101 页；

（8）赫斯特·詹金斯（Hester Jenkins）与 D. 卡拉多哥·琼斯（Caradog Jones）：《18 世纪与 19 世纪剑桥大学校友的社会阶层分布》，载《英国社会学月刊》，第 1 卷，2（1950 年 6 月），第 99、100～101、114 页。【266】

“管理原理教不会”。不过，现在所显示出来的证据是不那么支持这种论调的。[①]

在那些仍然一定程度具有家族所有特征的公司中——如皮尔金顿的（Pilkingdon's）公司、威姆佩公司（Wimpey）、约翰·莱恩公司（John Laing）、朗特里（Rowntree）公司、卡德伯里公司（Cadbury's）、韦尔公司（Weir's），以及数不清的酿造业公司，它们当中有吉尼斯公司（Guinness's）和惠特布雷德公司（Whitbread's）[②]——公司名称既然缘自主人们的名字，主人们也就持续地占据着董事职位，或者被提升到董事会。尽管这些公司的发展态势也似乎在说明，仅仅拥有家族联系，并不就有资格占据或提升到这种职位。[③] 家族名称同时还需要专家的专长与技术来支持，在这一点上，“家亲”公司和其他公司都是类似的。在生意场上的每一处，大学毕业生和有职称的专业技术人员们的数量都在不断上升，尽管是缓慢上升。而且，即使大学毕业生在董事会中的比例很低，并且这一比例增长得不如其占高层管理人员的比例那样快；但可以预料的是，不久之后，随着那些在两次世界大战期间升职到最高层的人死亡或退职，随着高层管理人员由此而被提升到死亡和退职者空出的董事会中的指挥高职，非大学毕业生的董事和经理人员会变得更为稀少。

以上简要讨论的主要内容是上层管理人员对顶层高职的补充；我们还说

---

① 由英国工业联合会（Confederation of British Industry）与英国管理学会（British Institute of Management）1971 年联合发布的一份报告，指责英国的商学院以及它们的毕业生，说从这些学校出来的人“傲慢自大并且脱离实际”。进而，在53家起领导作用的公司当中，有少数几家责问道，国家是否能拿出什么规划好了的政策用于管理这些商学院的在校生（1971 年 7 月 4 日的《泰晤士报周日特别版》）。

另一个值得担忧的问题是，在英国工业活动中，有一种持续存在的倾向，即将相对长时期的复杂过程上的价值，用折现方法来和相对短时期上的特定价值相对比（作者的意思可能是说这种纯金钱的折现值对比不适用教育，特别是从私人效益与社会效益、短期效益与长期效益的不一致上看——译者）；另外还存在一个顽固的信念，即在许多公司之中，管理过程和问题都是一样的。参见钱农，上引书，第 45 页。他的这个论证又是以国家经济发展办公室的有关著作为基础的，参见：

（1）《20 世纪 70 年代的管理教育》（伦敦，1970 年）。

（2）同时也请参见 G. 特纳：《不列颠的商务企业》（伦敦，1969 年），第 92 ~ 100 页；

（3）格拉尼克：《欧洲管理执行者》，第 242 页，第 249 页；

（4）桑普森（Sampson）：《关于不列颠的新剖析》，第 590 ~ 594 页。【267】

【685】 ② 参见门内尔：《1951 ~ 1961 年间英国的企业接管与垄断增长》，第 137 页以后。【268】

③ 参见以下文献：

（1）上引书，第 137 ~ 140 页；

（2）特纳：《不列颠的商务企业》，第 221 ~ 239 页；

（3）T.C. 巴克（Barker）：《一家家族企业变成一家公开上市公司：两次世界大战之间的皮尔金顿兄弟有限责任公司变迁侧记》，收入汉纳编撰：《管理战略与企业发展：一项历史与比较研究》。【269】

明了，所谓的“非所有权者董事”的相对重要性增加这种论调，并不意味着可以忽略这一事实，即大部分中小公司仍在继续维持着它们在工业革命早期的那种运营状态。实际上，绝大部分我们所没有提到过的公司，所有权和控制权状况并没有什么实质性变化。在 1961 年，纯私人企业的数量占所有企业数量的比例不小于98%，其雇员总数达到国内雇员总数的39%（其中 【224】
超过1/3，约38%的雇员分布在制造业和联合工业领域），它们创造了所有企业总利润中的40%。在这些企业中——它们当中的一些不论以什么标准来衡量都非常巨大——企业家职权继续体现在所有者—管理人的身上：它既体现在电气工程业的弗伦蒂斯（Ferrantis）身上，体现在建筑业的麦卡尔派因（McAlpines）和韦茨（Wates）身上，也体现在零售业的塞恩斯伯里（Sainsburgs）身上，当然，还体现在造船业的利思戈（Lithgows）和亚罗（Yarrows）以及制鞋业的克拉克（Clark）身上。①

4.6.3　内部组织与管理

如果说在不列颠制造业的各分支之中，那种古老的所有权和控制权模式仍有大量痕迹留存，那么从组织结构上看，维多利亚时代的组织方式在此时期也仍有留存。到 20 世纪 40 年代时，多分支结构的各主要方面都已在美国公司的组织形式中占据了压倒性优势，这一点也为两次世界大战期间的不列颠人感受到了。只是，正如研究者德里克·钱农已经清楚指出的那样，到 1950 年时，在不列颠的大公司当中，仅仅只有大约 12 家公司采用了这种结构。在这 12 家公司之中，又有 8 家是“由外国人所有，母公司主要来自美国（例如沃克斯霍尔和福特）；这里面也有拥有英国所有权背景的公司，其中之一是尤尼莱弗（Unilever），但它实际上是多国公司，由英国与荷兰共同所有。”② 英国工业领域的最大规模企业，绝大部分都是由一些松散结合、持股分散的公司组成，它的主要企业运作功能——制造、销售、采购、融资乃至研究——又都是由各分公司自身的分支部门来管理和完成的。在最近 25 年中，情况发生了显著变化。并购运动是推动这种变化的部分原因。第二次世界大战结束后的若干年，英国那些最大的企业，要么生产单种产品，要么以一种产品为主——这种主导产品占其总销售额的

---

① 参见 A. J. 梅里特（Merrit）与 M. E. 莱尔（Lehr）：《当今的私人企业》（伦敦，1971 年），第 6、15、67 ~71 页。【270】

② 钱农：《英国企业的战略与结构》，第 68 ~69 页。【271】

70%以上，因此，仍都有集中生产的显著特点。[①]这些公司可能都面临着要解决伴随企业规模成长而出现的管理问题。几十年以来，它们实际上也都是试图这样做了——成功程度不同而已。并且，进入到1950 ~ 1970年这一时期，企业产品经营呈现出多样化趋势，这种产品多样化既通过并购得以实现，有时也是因企业自身发展而导致。这一趋势使得生产单一产品和具有主导产品的公司数量减少；另一方面，这些经营多样化了的企业情况也日益复杂化，为了应付这些情况，企业管理与组织也必须相应变化。而只有采取某种多分支结构形式，企业才能有效开展必不可少的控制和规划过程。对许多大公司而言，由于所生产产品的范围越来越广泛、产品之间的联系越来越紧密，如若没有这种结构变化，势必注定要迟滞不前甚至面临
【225】死亡。不过，从实际过程来看，常常只是在一些金融危机的背景下，这种结构变革才得以促成。这些金融危机对公司产生了潜在压力，使得公司领导者面临着致命的压力。只有在那时，董事会才不仅要召集管理顾问进行垂询——比如说麦克金西联合股份公司（McKinsey & Co.）在美国的分公司就是这样——而且还要认真地接受他们的建议。[②] 当然，也有一些公司［例如，泰特与莱尔公司（Tate and Lyle)、波特兰联合水泥制造公司（Associated Portland Cement）以及伯顿集团（Burton Group)］自身感受到了，为了产品经营多样化这一明确目标，它们自身必须主动地将公司结构调整成多分支结构形式。[③] 当然这种情况比较少。

尽管到1970年时为止，在钱农所研究的那些公司中，事实上近3/4采取了多分支管理形式（与之形成对比的美国比例为86%）；然而，它们的结构，“和美国公司相比，没有得到清晰地界定和说明。公司总部和各分支机构的办公室职责和功能……没有像美国公司那样清楚。内部不同人员的权力和责任……也没有精确定位。”相比它们的美国伙伴与对手，不列颠公司继续更多地使用委员会和董事会来对公司的日常运作进行管理。策略与操作之间的界限也常常是模糊的。“到1970年时，在对管理分支机构的业绩进行监管和评估时，没有多少不列颠公司比它们以往通常所用的财务业绩标准走得更远……同时，拥有正式的企业规划办公室的公司数量

① 钱农：《英国企业的战略与结构》，第10页。【272】

② 在英国的食品、烟草、化学、制药、炼油、造纸、金工、原料、机器、工程以及电气等行业的主要公司的股权重组过程中，麦克金西联合股份公司起到了主要角色的作用。参见钱农：《英国企业的战略与结构》。【273】

③ 上引书，第77页。【274】

也仍然相对较少。”[①] 对不列颠而言，只是在那些在技术上相对领先的多样化经营公司之中——这些公司分布在化学、制药、电气、电子等工业部门——钱农才发现，它们管理过程的控制与规划程序和美国那种拥有多分支机构的大型公司一样，得到了较为精致、清晰的界定。钱农通过以下这个事实来解释这个区别，即不列颠公司的多分支管理结构“只是近来才得以引入，并且脱胎于由企业主集中主持的公司形式；而对应的美国公司却建立得相对较早……并且是从功能性分支机构化的结构模式逐渐演化过来的。”然而，尽管不列颠的多分支机构组织形式相对不成熟，但毕竟也形成了对资本密集、技术复杂的工商业活动进行精致地协调、考评与规划的运作机制，而这也使得企业有必要更多地雇用和企业所有者没有任何联系的全职工作管理人员；当这一管理阶层逐步成长起来以后，专业的管理顾问、管理课程、管理杂志和管理协会的数目也会上升——“这些对于一个新兴阶层来说都是必不可少的”。[②]

4.6.4 管理者控制的可能含义

近些年来，管理经济学家越来越认定，所有者—管理人总在追求利润的最大化——众所假定的古典企业家的行为目标——而在所有权和经营权分离程度明显的那些企业中，专职董事和高层管理者的追逐目标会被引向这些经理人员自身的物质福利和心理满足等等方面。也就是说，只有在一【226】
些特殊情形下，他们的这些自利目标的实现才会和公司的利润最大化相一致。实际上，已经有这样的说法，“管理革命对长期利润最大化是致命的挑战”。[③]然而，另一方面，以马里斯（Marris）为例，将以下论调作为其“研究工作的假定条件……即管理层除了对‘狭隘的’经济报偿，比如说薪水、红利、股份期权……诸如此类的东西有要求的愿望外，还需要权力、地位、创造性得到满足的机会，团体归属的机会，以及安全感”——然而，只

① A. D. 钱德勒在一篇题为《美国与英国的现代管理结构发展》中对钱农的发现进行了评论。这篇论文收入汉纳编撰：《管理战略与企业发展：一项历史与比较研究》。【275】

② 上引书。但这里仅是做出了简要的回顾式处理，不论是对于钱农所提供的丰富资料而言，还是对于钱德勒引人入胜的思想而言，都显得不充分。因此感兴趣的读者应参阅商务管理史学会议上所编发的有关论文（见注 207）。【276】

③ P. J. D. 怀尔斯（Wiles）：《价格、成本与产出》（牛津，1961 年），第 187 页。【277】

有企业成长的过程顺利，这些目的中的大部分才有可能实现。①

我们不可能对这个问题进行更多探讨，② 然而，这个问题确实还在吸引着经济和商务史学家们付以更多注意力，因为它对于研究商务决策、理解各种产业结构和经济增长有重要意义。如果大型的管理者控制型的公司的基本目标是企业规模成长，那么这些公司收入的分配将采取一种对股东支付最小化、在公司内部留存资金最大化的模式。③ 如果这种政策确实得到成功实施，确实会有利于公司进一步成长，并且可能会导致产业进一步集中。而且，如果市场的需求形势对公司现有产品的销售扩张不利，也能促使公司通过并购或者增加新的生产线和服务设施，使产品多样化，还有，越来越成为大型公司重要特征的产业研究队伍也将提议开发建设这些新生产线和服务设施。为验证以上这些假设的真伪，我们需要进一步地深入到个体公司这一层次并展开相关实证分析。④

同样，我们也需要考察，相比所有人一企业家，以所有权和经营权分离为特征的大企业的管理者们在行为方式上是否更倾向于遵从社会责任观念和公共利益观念。有一些管理学家认为，由于管理者不会被强制将所有人的回报最大化，他们更倾向采取能够反映社会目标的公司政

---

① 请参见以下文献：
（1）马里斯：《关于“管理”资本主义的经济理论分析》，第63页；
（2）彭罗斯（Penrose）：《企业成长理论》，特别是其中的第26~30页；
（3）班诺克：《世界主宰：大型股份公司的时代》，第108~109页；
（4）H. F. 利多尔（Lydall）：《制造业公司的增长》，载《牛津大学统计学院公告》，第21卷（1959年本），第85~111页。【278】

② 关于这个问题的有关争论，阿吉特·辛弗（Ajit Singh）提供了非常有用的总结，参见他的《接管事件、股票市场的关联与企业理论》（剑桥，1971年），第6~12页。同时也参见弗里茨·马克卢普（Fritz Machlup）：《企业理论：关于利润、行为以及管理等方面的分析》，载《美国经济评论》，第57卷，1（1967年3月），第1~33页。【279】

③ 这种公司政策的实施受到某些方面的限制。明显地，如果留存比例过高，相对资产价值而言，股票价格会变得过低，也就会造就一个有利于接管方的报价局面，如果接管真的成功，就会进而导致现存管理机构的全班换马。而且，现有的管理层也不能仅仅因此而将公司的潜在股份持有者拒之门外，因为他必须考虑到，如果这样做，公司将来的成长所必需的向社会公众发行股票与募集资金的操作会变得不可能。这个问题曾经由有关研究者探讨过，参见马里斯：《关于“管理”资本主义的经济理论分析》，第18~45页。同时也请参见辛弗：《接管事件、股票市场的关联与企业理论》，第11~12、80~81页。【280】

④ 弗洛伦斯曾经研究过由大型英国公司组成的企业样本，并对分配利润与留存利润的比率做过仔细考察。他声称，在他所度量的所有人低度控制与低红利分发之间存在着正相关关系。但是尼科尔斯重新计算了弗洛伦斯给出的组构成研究样本的那些大型公司（资产超过300万英镑的公司）的数据，发现弗洛伦斯所声称的相关方向，不能通过以5%为可能性限度的统计显著性水平检验。参见：
（1）弗洛伦斯：《所有权、控制权与大型公司的成功》，第190页；
（2）尼科尔斯：《所有权、控制权与思想意识》，第106~107页。【281】

策。[1] 以上观点的事实支持是脆弱的。但是，这里要强调指出，在远早于现代管理方式形成之前，当然也是在现代管理思想体系形成以前，商务人士的社会责任感已经得到了广泛认可，特别是关于那些与宗教有着稳固联系的企业家。[2]

上面所提到的这些现有证据给人这样的启示，在现代资本主义社会，对商务企业的各种社会的、经济的和技术的约束广为存在。在这些约束之中，政府干预又有较大重要性。所有约束都倾向于使得企业家和工薪管理者的行为差异性趋于缩小。[3] 这个论题值得进一步深入研究。当然，以下观点似乎成立：从实际效果意义上，企业成长最大化（如果这被证明是经理人员的主要目标）对公司政策发生的影响与原来的企业家以利润最大化为目标的影响相同。[4] 我们惟一能够肯定的是，在许多大型联合股份公司中，这种以成长或利润最大化为目标的企业家个体本来就已经消失了。在这种企业中，只有一个由提供企业家服务的人组成的群体；但在大多数情况下，没有任何单个的人可以说得上是什么“企业家”。[5] 【227】

4.6.5 1945年后的几点观察

关于不列颠经济中企业家绩效在第二次世界大战之前表现出的特征，我

---

① 长期以来管理理论家们持有这种观点，比如说，读者可以参见 C. B. 凯森（Kaysen）：《当代股份公司的社会意义》，载《美国经济评论》，第47卷（1957年），第311～319页。【282】

② 就在当前这个世纪，关于奎克（Quaker）的雇主们对待行业关系以及劳工管理的态度，最近有一些研究，参见约翰·蔡尔德：《英国管理思想》，第36～40、47～48、77页，以及他的《奎克的雇主们与工业中的关系》，载《社会学评论》，第12卷，3（1964年11月），第293～315页。同时也请参见伊丽莎白·R·帕福德（Elizabeth R. Pafford）与约翰·H·P·帕福德（John H. P. Pafford）：《雇主与雇员关系：丝织商福特·艾尔顿联合股份有限责任公司侧记》（埃丁顿，威尔茨，1974年）。【283】 【686】

③ 蔡尔德：《英国企业》，第51页。尼科尔斯曾经做出过一点重要评论：

> 如果我们要讨论当今企业董事们的行为动机（而不仅仅是那些大股东对企业的控制潜力），则真实情况很可能是，用董事会成员所持有的普通股的百分比来量化动机原因不能够令人很满意。真正需要的是对董事们冒风险投在公司中的实际财富作一个估量，或者，更为精确地说，是指他们从持某公司所有权股份中获得的收入所占（这种收入总数的）比例——而不是他们所拥有的普通股份占所有持股价值百分比。

见尼科尔斯：《所有权、控制权与思想意识》，第73页；同时也参见这一文献的第78页与第141页。科普曼（Copeman）最近在他的《主要管理执行者与企业增长》一书中发现，“在不同国家之间，或是在成长速度快慢不同的公司之间，在管理技术上没有显著差别，但是，首要管理执行者对股份的持有状态看起来能够对公司的绩效与增长产生很大影响”（第329页）。【284】

④ 参见彭罗斯：《企业成长理论》，第26～30页，以及怀尔斯：《价格、成本与产出》，第181～209页。【285】

⑤ 参见彭罗斯，上引书，第26～30页，以及怀尔斯，上引书，第186页。【286】

们都做了尝试性评论。现在我们要对第二次世界大战之后的这一时期进行考察，并力图给出最后结论。为此，我们将注意力集中在若干值得深入思考的要点上。

如果以生产效率的数据为基础，并且使用可资我们应用的评判标准中的任何一个来进行衡量和判断，我们就会发现，1945 年以后，不列颠企业家的绩效确实提高了。① 现在看来，不论是在更大还是更小的规模层次上，不列颠的管理技术和美国、德国相比，很少表现出或根本就没有什么差别。②不列颠的产业结构和美国的集中程度基本一样——现在可能还是世界上最为集中的：最大的 100 家公司的利润占所有公司利润的一半，总资产的比例比一半还大，③ 这 100 家公司雇用了所有雇员的 1/3；并且，这些公司随时都可以得到各种类型的管理专家的咨询建议。毫不奇怪，这些公司的管理技术也得到了有力提高。

当然，也很明显的是，关于企业的重大失误和主要不足，相关研究者很可能现在——或许过去也一样——会受到蒙蔽。政府的调查资料（通常由国家经济发展办公室进行）揭示出，在一些产业中，专业与技术的水平层次普遍较低（例如毛纺业和造船业），企业规划和控制系统显得不成熟的现象广为存在；企业家也都仍显露出抵制创新的倾向，以及许多其他缺点；④财务报刊常常给读者们留下一些诸如董事会办公室危机、孩子气的错误（通常由难以想像的对统计数据和运营信息的忽视所导致）、对资源的不正

① 关于工业生产效率，请参见 E. H. 费尔普斯 · 布朗以及玛格特里 · H · 布朗（Margaret H. Browne）：《一个世纪的薪酬历史》（伦敦，1968 年），第 300 页，以及其附录 3，第 447 页。

这并不是说企业家就不能实现更好的绩效结果。参见 J. 约翰斯顿（Johnston）：《管理顾问的生产效率》，载《皇家统计协会月刊》，卷 A，第 126 卷，2（1963 年），第 237 ~ 249 页。

这些强调相对于美国而言，英国企业家能力低劣的怀疑论者，在其结论的获得上也有一番道理。罗伯特 · 多尔夫曼（Robert Dorfman）曾经这样认为：

> 我们必须承认，就那些已为有关（技术与管理）研究剖析过的企业来说，情况是：经常性地显得笨拙、迟钝、胆小，对难以解决的问题显得无所适从，并为之困扰。而又由于它的分辨能力极低，它只对总体刺激有所反应；由于它的决策过程充满了不确定性，它对刺激响应的时间与强度显得不可预测。它总是以这种惯常方式对它所熟悉的情境进行响应，并且只要还从心理感受上过得去，它就总是尽量避免接触和接受新信息、新事物。

多尔夫曼（Dorfman）：《企业运作研究》，载《美国经济评论》，第 50 卷，4（1960 年 9 月），第 622 页。【287】

② 科普曼：《主要管理执行者与企业增长》，特别是其中的第 2 章。【288】

③ 最近有论述指出，到 1985 年时，有 21 家公司能够在英国经济的非国有部门中占据绝对优势地位，它们管理着的资产能够占到这些部门资产总数的 74%。参见 G. D. 纽博尔德（Newbould）与安德鲁 · S · 杰克逊（Andrew S. Jackson）：《理想的不断消减》（利物浦，1972 年），第 130 ~ 148 页。【289】

④ 这一点曾由钱农所指出，参见《英国企业的战略与结构》，第 43 ~ 44 页。【290】

当使用、极度幼稚之类的逸闻趣事。① 但是，由于商务机构毕竟是人组成的机构，如果情况不是这样，我们倒更会显得奇怪。② 糟糕的是，我们渐渐发现我们缺乏的关于规模经济的数量性资料——这些资料经常被用于对大范围内的产业集中进行判断。③ 同时，如果在早些时候大量的破产清算没有发 【228】
生，或者那时企业家的相对地位没有降低，企业家的某些严重错误是否有可能发展到犯罪的地步，也让人烦恼。④ 另外，由于那些最大的联合股份公司都有类似于乌贼那样散布黑雾的能力，除了非常重大的管理灾难以外，其他的事项所留给人们的都是墨云一朵，模糊一片——因此，要判断哪些事做错了，是谁犯下了错误，这些错误对经济增长和社会福利的长期影响是什么，

① 论述到这里，我们似乎受到某种诱导，即我们会想从这些“揭露”之中去总结出什么东西来，但是我们应将这种诱导抵挡住。1965 年，L. J. 托利（Tolley）是雷诺尔德有限公司（Renold Ltd.）的集团管理董事，他这样感叹道，“英国经济的最大敌人看起来就是英国人自身，特别是他们的自我紧迫感。就我所知道的，没有其他任何国家这样乐衷于将自己的弱点与错误展现出来，同时将自己的强项隐藏起来。”参见巴兹尔·H·特里普（Basil H. Tripp）：《1956～1967 年间的雷诺有限责任公司》（伦敦，1969 年），第 166 页。【291】

② 罗伯特·赫勒（Robert Heller）曾经将他的注意力集中到了最近走向衰落的那些企业家明星们，诸如约瑟夫·马科斯韦尔（Joseph Maxwell）、约翰·布鲁姆（John Bloom）、塞西尔·金（Cecil King），以及西里尔·洛德（Cyril Lord），他这样感叹道：“在管理领域，奇迹的发生几乎是永远停止了。来自幸运女神的亲吻也不再降临，而这又是因为，终于会有一天，某一事件会揭开管理者原有的装饰，使得他赤裸裸地变成他原本的样子，由此，他就终归成为一个衰落的人了；此后，他又试图在其他的同样也处在衰落状态中的人的帮助下，来应对不同的环境——之所以说不同是因这种环境在持续地改变着自己的形状与属性”[《赤裸的管理者》（伦敦，1972 年），第 4 页]。在这里，我们又一次又一次地面对着怎样对企业或企业家，或曰管理活动的成功程度进行评判的问题。我们使用什么样的标准呢？是采用赫勒（Heller）的——“在（一个）十年内将实际利润翻倍，且至少能将股东的股票投资回报在整个十年都保持在相应的水平上而仅是在个别 【687】
年份上有所欠缺”——标准吗？或是列举其已经获得的新技术，并且标示其采用的时间（这样我们又有可能陷入强调技术状况胜过强调经济成绩的误区）？或是观察金融资本的回报？或是用营业额来度量和考察公司的成长，以便和国民总产品的变化情况相对比？究竟采用何种测验方法？请参见正文第 209 页与第 216 页。【292】

③ 班诺克的著作《世界主宰：大型股份公司的时代》的全部内容主要是关于企业规模变化情况的序列展示。它也是以 1958～1963 年间英国工业制造业的集中水平作为探讨对象。

马尔科姆·C·索耶（Malcolm C. Sawyer）则论述道，（如果规模经济程度曾经得到精确度量）1963 年产业集中状况，比规模经济利用规律对它所要求应该具有的程度要高得多。参见索耶：《英国制造业的集中情况》，载《牛津经济论丛》，第 23 卷，3（1971 年 11 月），第 374 页。

同时，相关情况还请参见：

（1）A. 萨瑟兰（Sutherland）：《运转中的垄断事务委员会》（剑桥，1969 年），第 52～70 页；

（2）K. D. 乔治（George）：《1951～1958 年间英国工业集中趋势变化分析》，载《工业经济学月刊》，第 15 卷，3（1967 年 7 月），第 206～211 页。

进而，如同 W. B. 雷德韦（Reddaway）所曾强调，“辛弗（Singh）博士对接管发生以后的情况的研究（《接管事件、股票市场的关联与企业理论》，第 161～165 页）尽管提出了——从一般意义上，赢利增加是通过将更好的（技术与管理）方法应用到那些诸多资产上面，这些资产已纳入到新型管理的范围之内——新思想，但它仍然不能提供什么例证或数据支持。”参见雷达韦：《关于接管事件的分析》，载《劳埃德银行评论》，卷号 104（1972 年 4 月），第 19 页。【293】

④ 参见哈巴库克：《工业革命以来的企业组织》，第 6 页。【294】

就更为困难了。

也许，在过去这个10年里，意义最重要的企业家行为就是并购运动本身。比如，短命的产业重组联合公司（Industrial Reorganization Corporation）的经历就能给人这样的启示：通过加速企业集中和行为合理化，并购能够促进不列颠的产业效率，并促使企业国际竞争力提高。[①]这是并购运动的有益影响；然而，在经过一系列认真的研究与分析之后，对这种有益影响存在的信心又大大动摇了。用纽博尔德的话来说，许多贪婪的公司看上去没有仔细考虑"规模的经济性、成本的平衡、内部和外部扩张的相对营利性和其他合理化行动"[②]。在1967～1968年间发生的并购高潮中，许多所有权重新安排的速度极快，这使得当事人不大可能对其中包含的问题进行充分分析。1969年，由垄断事务委员会对被提议的尤尼莱弗（Unilever）酿造公司/联合酿造公司（Unilever/Allied Breweries）并购案进行判定，判定达成的结论是：在技术和市场领域，"参与并购的两家公司，对预期利益究竟将表现为什么具体形式都一定程度地模糊不清，这导致了对利益将可能达到的数量程度都有所夸大。"[③]——近乎肯定地，这一结论具有更为一般的适应性。因此，许多成功地出价参与并购的公司在并购后的利润水平令人失望，我们也毫不奇怪这些公司有相当高比例在事后将并购认定为失败。[④]尽管在评判并购对效率的影响效果时，会牵涉到很多重要问题，但这些发现仍使我们感到有些不安。我们也注意到，在一个接管行为产生以前，企业常常缺乏充分的预先规划，因而在并购完成后也不能在管理者身上激发起更大信心。或许，很多时候，正是由于时间过于仓促，某些恰

① 参见以下文献：

（1）工业重组股份公司：《第一次报告与解释》，1966年12月～1968年3月（伦敦，1968年），第5页；

（2）W.G. 麦克莱兰（McClelland）：《1966～1971年间发生重组的工业股份公司：实践的刺激》，载《三家银行评论》，卷号94（1972年6月），第23～42页。【295】

② 纽博尔德（Newbould）：《管理与并购活动》，第113页。【296】

③ 垄断事务委员会（Monopolies Commission）：《关于提议的尤尼莱弗与联合酿造有限责任公司相并购事件的报告》（伦敦，1969年）；笔者转引自J.M. 塞缪尔（Samuels）：《关于企业并购与接管的成败分析》，收入J.M. 塞缪尔编撰：《企业并购与接管读本》（伦敦，1972年），第10页。【297】

④ 请参见以下文献：

（1）比如说，由G.D. 纽博尔德（Newbould）所作的有关研究论文《关于企业接管的金融分析的引申含义》，收入J.M. 塞缪尔编撰，上引书，第12～24页。

（2）约翰·基钦（John Kitching）：《为什么并购流产了》，载《当今管理》，1974年11月，第82～87、148页；另请见M.A. 尤顿：《论工业企业的并购效果的量度》，载《苏格兰政治经济学月刊》，第21卷（1974年），第13～26页。【298】

当的管理重组活动不能开展；同时，确定无疑地，建立与新成立的多样化经营公司或联合企业相适应的新管理结构的目标也往往不能迅速实现。从这里，人们就不难理解为什么会出现并购经济绩效不佳的结局。

在此期间，不列颠产业结构也正在经历着重大转变，它的长期影响我们还不清楚。也许，正如班诺克所忧虑的那样，那些大型和成熟的股份公司显得缺乏“决心与能力”[①]，并且越来越依赖对新思想、新产品、新过程——这些新东西却是渊源于相对小的公司——的被动接受。这主要体现在它们对研究与开发活动进行投资的全部过程中；也体现在“开展意义重大
的创新活动的过程”中；而在作为创新发源地的这些小公司中，又有一些 【229】
纯然只是为了开发某个创新而创建，它们的领导与组织则继续展现着它们的
古典先驱者所有——与领导和组织相关——的特征。[②] 【230】

① 参见以下文献：

（1）班诺克：《世界主宰：大型股份公司的时代》，第 189 页；

（2）E. 曼斯菲尔德：《企业对新技术的反应速度》，载《经济学季刊》，第 77 卷，2（1963 年 5 月），第 310 页；

（3）查尔斯·威尔逊（Charles Wilson）：《1945～1965 年间的尤尼莱弗：来自战后工业革命的挑战与回应》（伦敦，1968 年），第 139 页；

（4）T. 莱维特（Levitt）：《营销模式》（纽约，1969 年），第 5 章。【299】

② 请参见以下文献的有关内容：

（1）哈里·米勒（Harry Miller）：《企业发展的方式：关于战后英国企业增长的起源、问题与成就的研究》（伦敦，1963 年）；

（2）菲利普·克拉克（Phillip Clarke）在《小企业：它们是怎样生存与成功的》（牛顿阿伯特，1973 年）一书中也提供了一些战后时期的有趣的例子；

（3）哈巴库克的有关观点，见于他的《工业革命以来的企业组织》，第 22 页；

（4）莫顿所提出的有关问题，见于乔斯林·莫顿（Jocelyn Morton）：《一个家族纺织公司的三代人》，第 465 页；

（5）关于这个主题的一个全面的研究，请参见乔纳森·博斯韦尔（Jonathan Boswell）：《小企业的兴衰》（伦敦，1972 年）；

（6）关于这个主题的一个标准式研究工作成果，见于博尔顿报告：《小企业问题工作委员会报
告》，报告号 4811（伦敦，1971 年）。【300】 【688】

第五章

1820～1930年间法国的资本投资与经济增长①

5.1 概　　要

直到最近，关于法国资本形成的研究与成果仍为数不多，而且研究又都显得仓促与草率。对研究界而言，这个空白似乎并不重要，因为这一研究的可预期成果都已众所周知。有人认为，法国的经济增长和投资水平长期低于技术进步所允许达到的水平——或者说，从与其他国家的相关数据的比较中，甚至是与法国在19世纪更早阶段的比较中，都可以看出这一点。对于所有经历工业化的国家来说，法国是少数几个相对较早且较久地经历过这种（工业化发展）进程中断的国家之一。弗朗索瓦·佩鲁（François Perroux）

① 本章的完成受益于弗朗索瓦·卡隆（François Caron）教授的合作，他所做的工作包括撰写了第3节，贡献了有关思想、数据、计算，这种贡献在关于交通部门的研究中尤为突出；他自己的观点独立地表达在其论文之中，参见他的《法国投资策略》，收入H. 达昂（Daems）与H. 范·德·维（van der Wee）编撰：《管理资本主义的兴起》（卢万，1974年）。【1】

第一个意识到这个问题。“看起来，在 1860 年左右，”他写道，“经济第一次慢下来的征兆就出现了，从 1880 年开始，征兆变得更为明显。”增长率下降了，这种下降对经济增长产生了持续影响。在增长进程的早期阶段，即 1892 ~1914 年——这对工业化而言是处在第二个阶段——“远没有工业化第一个阶段那样显得生机勃勃”。[1] 为解释这次减速，研究者给出了各种不同的论证。其中有两位研究者关于经济状况的论述在过去的年代里得到了普遍接受。

其中一位研究者这样论证：投资不足，首先是和进行长期计划的时期过短有关。19 世纪刚开始，法国实际上已经处于某种不利条件下。所谓不利指的是农业生产效率停滞和国际贸易衰退，这种状况一直持续到 1820 年。在整整 30 年间，国家的政治和社会环境一直骚动不安，并不断卷入战争之中。由此导致新技术采纳一直迟滞。经济的短期波动，连同政治与军事危机，使得增长进程频繁地发生中断，也使得社会各方周期性地削减对主要基础设施工程和成套设备、机器等方面的投资。在某些关键部门，投资决策不是根据长期规划做出的。这种决策总是与野心过高的计划项目相关联，投资活动只是零碎地进行，并且这些投资项目往往半途而废。那些从其一产生就【231】
能对范围经济产生较大影响并能对抗外国竞争的大型企业，也成功地被创建，但是数量还非常少。1926 ~1929 年间，也就是在我们现在所要考察的时期的结束阶段，大型生产企业（依照所在部门的不同，一般是指拥有雇员 500 人以上、占地 100 公顷以上的企业）的劳工总数在整个交通部门的劳工总数中仅占到 32%（不包括铁路业），在整个工业部门的工薪领取者之中只能占到 19%，在各商业部门中仅占 17%，在农田耕植业中仅占 16%。以上这些信息，清楚地表明投资潜能没有充分实现，因为它们勾勒出以下图景：一方面，公共工程项目从来没有完工；另一方面，在整个 19 世纪，两种类型的生产单位都同时保留下来。这是指在最新型企业存在的同时，又存在着和封闭经济相适应的小农场，以及陈旧的工场。很长时间以来，这些工场一直以效率不高的方式，挣扎着要在财务上补偿成套设备与机器的折旧。

从长远视角来考察，实现经济扩张与技术进步、社会劳动力增长及新资源开发等息息相关，由此衡量此间整个国家经济都受到了能源和原材料短缺

① F. 佩鲁：《1780 ~1950 年间法国经济发展图景概览》，收入 S. 库兹涅茨编撰：《收入与财富》，卷 5（伦敦，1955 年），第 41 ~78 页。【2】

的影响。另外，在这个时期的后半段，人口增长变得更加平稳与缓慢，也对经济造成了损害。早在19世纪60年代，法国人口增长以及劳动人口的相对增长、法国人口的部门间流动、法国生产率的改进等都远不能对法国市场经济的运行形成支持。企业赚取利润的能力也因之受到影响了吗？发生在设备与机器上的不同投资水平的效果差异，是否就反映在利润幅度差别中，并且因利润差别而进一步得到了强化？我们很明显地看到，法国人过多地将资本投向国外了，对外投资所赚取的利息比国内债券利息高1/3左右——前者的利息率为4.75%，而在1878～1911年间，法国公债的债息回报率是3.55%。根据H. 费斯（Feis）的研究，在这些年间，整个法国投到国外的资产比例从8%增加到15%——开始时，每年因此导致国民收入减少2%左右；而在1880～1900年间，这种减少幅度达4%；1913～1914年间升至6%。[①] 简言之，根据这个分析，并且假定尽管收入水平停滞但储蓄水平并没有降低，我们可以认为：法国并不是缺少资本来源，而是资本被投到了生产效率相对低下的部门和环节。产生这种现象的一个更为重要的原因是由政治标准决定投资的方向。资本往往投到了未充分开发的农村，而这种投资并不能给法国带来出口订单的增长，其收入也不能满足还本付息的需要。

以上给出的粗略评论，看来与现有投资数据序列是吻合的。可能人们会
【232】不相信，但是事实确实如此，在19世纪的后1/3时段中，法国资本投资占国民收入比重的变动方向——上升应是工业化国家的共同行事准则，比如从在国民收入中占5%或6%这个比例，上升到12%或更多——是下降而不是上升了。勒内·皮潘（René Pupin）1916年的研究成果已经指出了这种变化。他针对4个有间隔的不同年份——1853年、1878年、1903年和1911年，编制了全部企业的资产负债总表，目的在于将固定资本和可转让资本的总存量情况展现出来。在仔细地完成这项工作时，他剔除了由于价格变动所带来的升值（或贬值）影响，并在可转让证券总数中扣减了计算中重复包含的那些权益资产的价值量。皮潘的计算结果显示，1878～1903年间资本投资量年均增长率为0.91%，而与之对照的前一时期（1853～1878）、后一时期（1903～1911）的年均增长率分别为1.71%、1.34%。因而我们可以明显地看到，在这一时期，投资水平处在一种停滞状态。实际上，它也导致了经济增长步伐放慢；由于这一时期国民经济正处于严重萧条之中，投资萧条进一

① H. 费斯：《欧洲：1870～1914年间成了为世界提供资本的银行家》（纽约，1965年），第36、48页。【3】

步使经济环境恶化。如果我们重新仔细考察这些数字，通过计算连续年份存量总额差异，我们将会发现，1853～1878年，储蓄总量停滞在每年22亿法郎；1878～1903年，停滞在每年20.4亿法郎。直至接近1914年时，储蓄水平才开始重新上升——1903～1911年间，年均水平为35亿法郎。正是在这一时期，私人年收入达到320亿法郎。与1853年以来的这种储蓄绝对量变化相对应的是：截至19世纪结束，资本投资的比例水平下降了2/5左右——从占国民产值的14.5%下降到8.5%。在1900年以后所发生的经济复苏，则是由一个比前些时期略低的投资水平来推动的（见表44）。

表44　　关于法国资本形成占国民产值的百分比估数

	第1次工业化（1840年前）	铁路时代（1840～1880年）	大萧条	第2次工业化（1914年前）	第2次工业化（1920年后）
皮潘1916[a]	—	14.5	8.5	11.9	—
马耶尔1949[a]	9.5	13.0	8.1	—	—
卢贝尔1952					
(A)[a]	—	—	—	—	16.1
(B)[b]	—	—	—	—	11.2
库兹涅茨1956	—	8.6	4.6	5.6	7.0[c]
马科威奇1966					
变量Ⅰ[a]	17.9	19.0	19.5	21.1	20.6
变量Ⅲ[a]	7.9	12.7	14.9	16.6	18.9
米沙莱1968[b]	—	5.6	7.0	7.1	—
文森特1972[a]	—	—	—	18.1	20.3

注：a　总值。b　净值。c　库兹涅茨对1920年后时期给出的总值数据是9.1。

资料来源：

（1）R. 皮潘：《战前法国的财富拥有状况》（巴黎，1916年）；

（2）J. 马耶尔（Mayer）：《法国国民收入变化》，载《应用经济学学会（ISEA）手册》，卷号D7（1949年）；

（3）H. 卢贝尔：《法国投资规划：关于莫内计划的辩辞》（巴黎，1952年）；

（4）S. 库兹涅茨：《资本形成及其融资支持的国际差别》，收入M. 阿布拉莫维兹（Abramovitz）编撰：《资本形成与经济增长》（纽约，1956年）；

（5）T. J. 马科威奇：《1789～1964年间法国工业的发展状况：一般性结论》，载《应用经济学学会（ISEA）手册》，卷号AF7，文号179（1966年11月）；

（6）C. A. 米沙莱（Michalet）：《从1815年至现在节俭的法国人的投资状况》（巴黎，1968年）；

（7）L. A. 樊尚（Vincent）：《国民账户》，收入A. 索维（Sauvy）编撰：《两次世界大战期间法国经济史》，3卷本（巴黎，1965～1972年），第3卷。

后来的其他著作家除了有时会作一些小更正之外，大都接受了这些估数，近些年来相关研究者发表的关于19世纪的估数成果也没有否定它们。但T. J. 马科威奇（Markovitch）是一个例外，他所识别出来的衰退时期不是一个，而是两个：一个是在1815～1834年间，一个是在1865～1894年间。① 对两次世界大战之间的一些数据系列的计算，证实了表44所显示出的经济相对停滞状态。国内净资本形成看上去停留在相对较低的水平，如果是按照H. 卢贝尔（Lubell）最初做出的估算，在1927～1930年间它占国民总产品的11.2%——或者说，国内净资本形成的现价总额为300亿法郎，而当时的国民产值总额为3 040亿法郎。如果按照S. 库兹涅茨的计算，在这4年间甚至只有7.0%（实际上如果是排除存货，基于固定资本标准计算则只有5.6%）。换句话说，用于支持经济发展的投资活动可能从1860年或1880年开始就受到国民储蓄短缺或分配不当的妨碍。再回到这个时期的最后若干
【233】年，国际比较结果显示，在1929年大危机之前的扩张阶段，法国的生产总量明显地“只有其他工业化国家的40%～60%”。②

不同作者所使用的定义也各不相同，但是，这三位研究者——H. 卢贝尔（B栏）、S. 库兹涅茨和C. A. 米沙莱却有别于通常情况：他们表示总投资额的那些数字（包括折旧支出）所对应的定义基本一样。数额幅度最小的数据系列，是S. 库兹涅茨的国内净资本形成序列。关于1927～1930年间的总投资，他所给出的估数比其他人都要低。他估算出的结果是只占国民产值的9.1%，并且如果资本储备被忽略掉的话，数据还会继续降低到8.4%。

这样，我们从不同线索上进行逻辑推理，都会得出同样结论。尽管如此，关于法国曾患上投资缺乏症的断言是否就真的那么恰当呢？我们是否应该将具有决定性因素（从影响效果上看，在1860年以前其带来正面影响，
【234】在此之后则有负面影响）归结为金融资源动员，固定工厂与机器的安装与更新？经济扩张和技术进步是由资本投资数量预先决定的吗？事实上，我们

① 根据马科威奇第一个变量的有关数值，1815～1834年间有16.3%的国民收入用在了投资上面（不过在1803～1812年间这个比例数是22%）；而在1865～1894年间，这个比例数的平均水平是19.4%（与之相对照，1855～1964年间则为20.5%）。马科威奇的变量Ⅲ的数据也显示出，投资比例水平的变化明显地区分为两个阶段。但是，这个变量所显现出来的阶段持续时间要相对地短，形态也相对较不明显：在这个（19）世纪之初，这个比例数是7.1%，而不是8.1%；而1865～1874年间为13.8%，亦即和世纪中期的数量水平相等。参见T. J. 马科威奇：《1789～1964年间法国工业的发展状况：一般性结论》。【4】

② S. 库兹涅茨：《资本形成及其融资支持的国际差别》，收入M. 阿布拉莫维兹编撰：《资本形成与经济增长》。【5】

对这里的各种估数当然会有一些疑虑——（人均的）国民产值的增长比初次计算所得到的结果更平稳，增长程度更大——再考虑到除资本以外的那些变量之间可能发生大范围的交互影响，这个问题实质上是一个统计问题。问题最终可以归结为，能够给予现有数据系列多大的信任程度。关于资本形成的历史估数，充其量也只是试验性质的。在与其他数据、其他时期和其他国家的比较中，它们表现出来的可信任程度极差。在表44中，时间离现在最为久远的两个数据系列是我们要用作后续研究的起点，但这两列数据却显得极不正常：在平均意义上，法国的这种投资水平（按照库兹涅茨的估算，在1878～1930年间只有6.4%的净投资率）比人们通常所认为的一个国家经济发展所必需的投资水平都低，并且好像是某个事件时间过程在行进节奏上发生了中断。然而，如果是与1960年以前编制的那些系列相对比，在近来推算的数据系列中，这一中断还相对表现得不怎么显著。关于整个投资变化态势，我们这里是否可以更为清晰地描绘出一幅可以信赖的画面？或者这两种现象之所以不同（指法国与其他国家之间的差别——译者），其根本性原因是否在于核算过程所使用的定义不同以及计算方法不同？

“资本形成（capital formation）”这个术语涵盖了每年国内所增加的可再次用于生产的固定资产存量总数，既排除了国外投资（这个投资应另外独立地计算），也排除了存货（我们既没有工业存货也没有商业存货的任何数据）。但从资产类型上，不管是建造一项新的还是替换陈旧、破损的资产，我们这里的投资都要加以考察。具体地讲，投资外延包含了所有在建造与人工制造活动上的资本支出范围，比如说在工厂场地、成套设备、机器、工作间等方面的支出，只要目的是增加它们的数量和质量；同样，用作对已开垦地的改良、对矿山的改善等活动之上的支出也是投资。乍看起来，资本支出数据的外延相对较广。然而，如果用净投资的标准来衡量，则只包含在生产能力提高上的支出。此时，必须将那些用作维护和修复工作上的支出予以排除。严格地说，要排除的是那些既不能增加原料、成套设备、机器的生产效率，也不会延长这些物品购建时所预定使用寿命的支出活动。

当资本是一项使用寿命前所未有地短暂的现代设备时，以上计算模式看上去能够行之有效。因为这种设备在破旧以前就会被废弃不用，因而也不需要很多的修理和维护费用，但在财务上需要得到迅速的分期摊还。然而，我 【235】
们通过实际数据注意到，法国的情况是，用于资本修复的资金支出实际上增加了：从全国范围来看，在19世纪60年代，它只占到总投资额的15%（3.8亿法郎，而这时整个总投资额为25.3亿法郎）。按照卢贝尔的估算，在 1927 ~ 1930 年间的平均水平升至 35%，在 1913 年和 1929 年，甚至可能达到了 41% ~46%。[①] 由此，我们就应注意到，这种（净投资）计算模式，如果应用到法国这个保持着传统经济结构国家的历史数据中，其结果会不可靠。它会低估那些直接用自己的产品开展的投资（比如农民在农闲季节的投资），还有专业性公司在农用装置与设备、住宅甚至在道路上投资的价值——这三项在 20 世纪初占到总投资额的 60% ~70%。在那以后，这些投资的数额也仍很高。实际上，这些投资项目在其生命周期内永无终止，而它们很少或根本就不需要财务上的分期摊还。它们由于得到持续修复而保持在很好的状态，而且由于这种持续维护，它们还逐渐地得到了改善。从长期来看，初始建造并不比后来的修葺工作更加重要。因此，如果我们使用这种模式计算法国的投资，在有些情况下，我们要引入技术过时并且要以财务分期摊还的方式来体现，由此会使总投资相对净投资有所增加。但在另一些情况下，即使是维护费用相对较高并且更重要时，它们却被排除在计算范围之外，由此资本投资数量又会降低。

计算方式不同，计算结果也有差异。比如，一种计算方式是以某种方式使用现价或不变价重建投资的年度流量数据，在这些数据的基础上，通过将那些以某一基年重置成本价格计量的过去发生投资支出累积起来，就可以推导出作为计算结果的设备存量估数。或者，我们可以进行一种相反运算：先直接计算不同日期的物质资产存量——其中一种途径是辨认与标识出不同资产的平均年限、价格，然后再将它们相加；另一种途径是从它们的收益回报出发计算资本化价值——而所有剩下的问题就是如皮潘那样，从这个数列中推导出存量对应的年均增量。只是，第二种计算方式适用于构建时间跨度相对更长的数据序列，如果在这里应用它，很可能会给出过低的结果数据。这是因为，它一般只将那些运营良好的经济部门考虑进来。不动产行业往往就是这种部门的典型例子，如果仅仅考虑住宅数量净增长，那么当年完成的建筑支出数，一定会比实际上的有效花费要低。这是因为，那些用来更换已

---

① 这些估数的资料来源是：

（1）关于 19 世纪 60 年代，采自齐尔贝尔曼（Zylberman）：《第二帝国期间法国经济数量的发展变化》（未公开发表的论文，巴黎大学，1969 年）；

（2）关于 1927 ~ 1930 年间，采自 H. 卢贝尔（Lubell）：《法国投资规划：关于莫内计划的辩辞》；

（3）关于 1913 ~ 1929 年间，采自 L. A. 樊尚（Vincent）：《国民账户》，收入 A. 索维（Sauvy）编撰：《两次世界大战期间法国经济史》，第 3 卷，第 334 页。【6】

经完全毁坏的建筑的支出不包括在内。① 类似地，在编制资本资产存量的数 【236】
据时，存在一种危险倾向，即会将购买失误、最后归于流产（即实际上未能实现）的销售量增加和最后废弃不用的或是作为损失处理的工作支出等内容忽略掉，而这些支出或耗费的总金额量常常较大。我们要考虑到，即使资本品停止产生收益，但这一资本的价值量还是客观存在的。以 1898 年为例，第二种计算方式将导致对所有采矿工业活动 3/4 投资支出的忽略，因为在总数为 1 832 家的矿场中，只有 446 家在生产——而其中又只有 216 家工作有盈利，其余 230 家均亏损。另外，以公司的资产负债表上所记录的数字为依据，或以保险单上的数字为依据，为不同的资产给出一个价格是可能的；但是，同样还是这些资产，要试图对它们的市场价值进行评估，则工作失误的危险性大得多。比如，除了物质资产部分以外，这些资产价值包括由运输活动等由于进入使用场所产生的费用，然而，由于这些费用并不是定期重复发生的，它们几乎不能视为运营费用。再有，这种价值还应包括专业人员的开销、法律事务费用、某些佣金、融资成本——特别是铁道公司在建造期间发生的利息支出；1855~1896 年间，这种支出在平均意义上达到了铁路投资的 11.3%（所谓“铁路投资”是指减去所有花在土地购买上的支出之后的资本支出总数）。尽管我们总能先通过这种方式初步计算出资本支出水平，再使用调整系数进行数据质量改善，但这样做会在尺度标准上引入不确定性，而实际调整操作也证明，这种做法会使我们难以进行实质性评判。

① 由税务征管总部（Direction Générale des Contributions Directes）所公布的表格相对详细列举了住宅的数量。不过，他们并没有说明每一住宅的居室数量（1887~1889 年间，在农村地区每一住宅中的平均入住者人数是 3 人，在小城镇是 4~6 人，在主要大都市是 8~9 人，在巴黎是 28 人）。同时，他们也未曾列示楼层数量、辅助设施的数量等等。虽然是这样，在这些表格中所记录的数据，能够按照它们是总值还是净值数据的分属，用来与我们采用的数据进行相互校验并观察差别。

时　期		1871~1874	1875~1879	1880~1884	1885~1889	1890~1893
住宅数量（千栋）	废弃	63.1	79.3	84.5	131.6	147.6
	新建	106.4	120.0	122.8	180.0	186.3
	净增量	43.3	40.7	38.3	48.4	38.7
住宅价值（千法郎）	废弃	367.0	383.7	425.6	457.2	454.4
	新建	1 204.5	1 096.0	1 338.0	1 773.5	1 305.3
	净增量	837.5	712.3	912.4	1 316.3	850.9
每住宅价格（法郎）		19 340	17 500	23 820	27 190	21 980
形成实物量指数	总量	57.1	64.4	65.9	96.6	100.0
	净量	111.8	105.1	98.9	125.0	100.0
形成价值量指数	总量	92.3	84.0	102.5	135.9	100.0
	净量	94.8	83.7	107.2	154.7	100.0

【7】 【689】

因为法国缺乏相应的记录文件，皮潘以及他的数据采用者们也从未使用过这样的调整系数，因此在一定程度上其数据的正确性值得怀疑。

看来，为能够在资料来源所决定的限度内工作，同时尽可能避开这些困难，在编制新数据系列时，应该使用若干种不同方法。下文关于某些不同数据系列的比较，将会在很大程度上佐证一些已有的研究成果。这些新的系列包括：(1) 一个显示投资总量的系列，从严格意义上来说，是一个商品流量指标系列；(2) 资本形成总额的估数系列，是通过针对以现价记录的支出数据进行计算获得的，这些记录形式可能是由研究者们对不同部门做出的估数，也可能是由铁道公司、公共工程机构或类似其他实体所做出的实际记录数；(3) 一个总结性系列，是通过针对资本资产的价值量和结构，对同期调查和评估结果进行总结而获得的结论序列。① 在拥有这些数据的情况下，才可以对投资水平作一个有效评价。随后，我们还要画出它在相对长时期上的变化轨迹，并试图推论之所以出现这种走势的原因。为简明起见，我们将关于这些数据系列的评论分成两个部分：一个部分指基础设施支出，包括广
【237】义的建筑工程以及公共工程的建造投资；另一部分指实物资产投资，包括在成套设备、机器和其他各种不同设备上的投资——在贯穿整个世纪的时间里，其重要性空前增强。从方法上看，基础过程归结为对继承过去的资产与现代资产进行区分。就确认经济中的再生性推动力而言，这种方法被证明非常有用。

5.2　基础设施投资

将整个时期看做一个整体，我们试图用数据系列来检验我们先前提出的经济变迁轨迹：国内投资在 19 世纪的大部分时间里非常稳定。1880 年以后，投资主要是受到经济严重萧条的影响，经济气候恶化使国内投资呈现低迷走势，资本存量年增长率从 1820 ~ 1884② 年间的 2.0% 下降到 1874 ~ 1938

① 只有关于 19 世纪的数据系列是我们自己研究和计算的结果。关于 20 世纪，我们先从参考 L. A. 樊尚（Vincent）的论文——《1896 ~ 1938 年间从原始野蛮的内部封闭生产方式到现代法国的转变》，载《形势研究》，第 17 卷，2（1962 年本），第 900 页以下——开始，继而我们也能够使用由国家经济统计与研究院（Institut National de Statsitique et des Etudes Economiques，简称 INSEE）的有关研究成果，其中由 J. 贝尔泰（Berthet）、J. J. 卡雷（Carré）、P. 迪布瓦（Dubois）以及E. 马兰沃（Malinvaud）等人组织的资料：《法国经济从起源到 20 世纪中叶的发展变化》（第 1 稿，油印本，巴黎，1965 年 6 月；同时参见下文的注 30），我们这一章整个研究过程都赖以使用。关于在计算既有的与新的数据系列的过程中所使用的资料来源与计算方法，我们还将在下文附录中进行讨论。【8】

② 从下文看，似应为 1874。——译者注

年间的 1.2%。所有不同数据都一致证实了这一点。我们所看到的不同数据之间的惟一区别是，随着资本支出数据系列按现价或按不变价计算（见图 1、表 45）的区别，投资曲线所呈现出的变化倾斜度在开始和结束时有所差异。然而，这点差别不能构成我们怀疑这些数据结果的理由，它可能应归因于厂房和设备在性质、成本上的不同。对某些建筑材料而言，1820～1860 年间，有记录的价格上升了 44%～45%——在拿破仑一世以后的时期，它们持续严重低迷——工资水平则上升了 1/5，这一点就能够充分地解释为什么用现价计算的数据系列（在时期开始和结束时）的增长率更快。1890～1930年间，尽管价格水平相对稳定，但表现在图形上，两条曲线也同样出现了间距。这是由于，在此期间，机器和电气设备的价格都显著降低，其程度达 1/4（以 1928 年前的法郎计算），而建筑行业和公共工程部门的价格水平却仍持平；另外，在这个时期，设备资本——其支出费用相对于普通公共工程器件费用要高——在资本支出中占据着更大比例，由此导致它的加总权重相应改变，同时引起平均价格水平上升、现价价值增加。

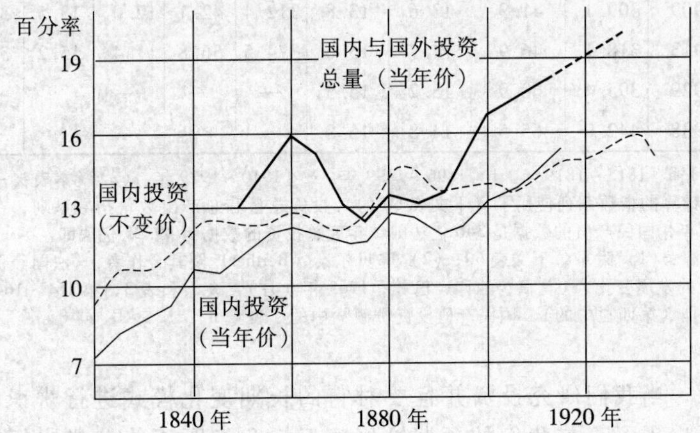

图 1　1820～1935 年间以总投资占国民产值百分比来衡量的法国资本形成水平

注：投资水平——也就是资本形成和国民产值之间的相对关系——是以 10 年平均数的方法计算的（因此 1820 年的数据和图点代表了整个 1815～1825 年，其他时期与相应年份的关系与此相类同。不变价系列以 1808～1812 年 = 100 作为基准期）。

资料来源：参见表 44、表 45 和表 60；1913～1929 年现价（当年价）的总投资水平则来自 L. A. 樊尚：《国民账户》，载 A. 索维编撰：《两次世界大战期间法国经济史》，第 3 卷（巴黎，1972 年）。【238】

表 45　　1810～1938 年间资本投资与国民产值

（10 年期年平均数）

时　期	国民产值	国内总资本形成	国民产值投资份额（%）		国民产出	资本形成，来自于		国民产值投资份额（%），来自于		
						国内	国外			
	（亿法郎，1910 年价）		变量Ⅰ	变量Ⅱ	（亿法郎，当年价）			国内	国外	总数
1810～1819	97.5[a]	8.0[a]	8.2[a]	—	81.4	5.8	—	7.1	—	—
1820～1829	112.3	12.0	10.7	—	90.2	7.4	—	8.2	—	—
1830～1839	124.5	13.8	11.1	—	102.4	9.5	—	9.3	—	—
1840～1849	146.5	18.4	12.5	—	122.8	12.9	—	10.5	—	—
1850～1859	170.5	21.6	12.4	—	152.0	18.3	4.1	12.0	2.7	14.7
1860～1869	211.9	26.8	12.6	—	191.3	22.7	6.6	11.8	3.4	15.2
1870～1879	226.4	28.2	12.4	—	220.9	25.7	1.8	11.7	0.8	12.5
1880～1889	253.2	36.5	14.4	—	249.7	31.1	1.6	12.5	0.6	13.1
1890～1899	275.3	37.7	13.7	13.6[b]	269.6	32.7	6.4	12.1	2.4	14.5
1900～1909	309.1	41.9	13.6	13.8	312.4	42.1	12.0	13.5	3.8	17.3
1910～1913	318.1	46.9[c]	14.7[c]	15.6	374.5	56.8	11.4	15.2	3.0	18.2
1920～1929	395.4	60.9	15.2	15.5	—	—	—		—	—
1930～1938	442.0	65.5	14.8	15.8	—	—	—		—	—

注：（1）a　1815～1819 年。b　1896～1899 年。c　1910～1919 年。（2）（本表头三栏的）以不变价法郎计算的指数系列使用了（下文表 60 的）投资总量和总产出数量指数系列，在基准时期 1905～1913 年，国民产值的数据是 346 亿法郎，年度总投资的数据为 49.25 亿法郎。

资料来源：（1）附录，下文表 60；（2）J. 贝尔泰（Berthet）及其合作者：《法国经济从起源到 20 世纪中叶的发展变化》（首稿，油印，巴黎，1965 年 6 月），表 1 和表 3，第 161～164 页，上表
【239】来源此处的是（第四栏中的）“国民产值投资份额”中的“变量Ⅱ”。

然而，当我们研究投资并且要对它的长期变化模式进行辨识的时候，一个问题出现了：与我们的预期恰好相反，我们既不能分辨出短期循环，也不能分辨出长期运动。短期循环——在 7～10 年的时间范围内——看上去不很明显。这可能是因为，与产出和资本形成之间的关联关系相比，短期循环更为紧密地与货物存量变动联系在一起。但是为什么长期运动也分辨不清呢？通常，人们确信投资的长期运动起因于贵重金属的相对富余，并且认为这种富裕会影响价格、利润和投资。事实上，我们所看到的是 7 个投资周期，每一个持续时间在 20 年左右。周期的表现方式是，首先呈现出经济增长受到激励，然后是经济增长受到阻滞，但增长进程并没有中

断，达到波峰态的相应年份分别在1826年、1846年、1869年、1882年、1900年（但在本年，波动几乎难以明显地感觉出来）、1913年和1930年（见表46）。看起来，经济变量变化并没有表现出真正意义上的惯性，这使得我们在分析投资时，至少排除了这些变量与时间互为因果性变量的可能性。同时，或许正因为以上原因，我们原先所拥有的这些投资数据——如果不说在理论上的话——可靠与否又值得商榷了。

事实上，法国的货币存量和价格的历史数据系列，没有表现出任何与上述投资变量数据变化形态类似的迹象，因而，价格水平是否会对资本支出发生影响仍是一个问题。F.西米昂（Simiand）的研究结果表明，企业家们只有在受到形势迫使才进行投资——当价格和利润水平处在全面上升的态势时，比如1848～1873年间与1895～1913年间（A时期，含两个阶段），与过去相比，他们更倾向于不投资；反过来，处于中间那一时期（B时期），价格水平下降和劳工部分裁员迫使这些企业家们追求生产过程更加机器化，以免产量下降和企业日常负担加重，在受到这种压力的情况下，他们才倾向于投资。按照这种观点，只有当企业家们有保护利润的需要时，投资才会增加。但是，正如图2所显示，投资周期变动和西米昂的A与B时期的划分之间并没有明显的（正向的与负向的）关联性。这是因为，利润和资本支出并不与价格水平的长期运动相关联，而是与经济增长态势本身相关联。例 【240】
如，在19世纪结束时所发生的经济萧条和“B时期”相对应，应该说，“B时期”首先是一个经济活动相对萎靡的时期，因而它才是一个投资活动萎靡的时期。1885～1900年间全部年度投资的平均数，用1910年价的法郎计算，保持在36.2亿法郎的低水平上，占国民产值的13.6%。与此相对照，在1880～1884年间，投资额为39.8亿法郎，占国民产值比例为15.4%。

另一方面，通常人们认为，技术进步起着某种积极的主导作用，这在我们描绘的长期趋势中，也确实得到了有效体现。有一些技术创新对投资，特别是对社会基础设施的投资具有某种效应。尽管这种效应显得不规则，但它们能给经济体系带来根本性变化，并且引起价格和收入水平周期性地上升，直至新生产能力的应用到一定程度导致边际利润以及对关于这种利润的预期发生了变化，上升过程才停止。正是通过以上过程，技术创新将变化因素引入到经济发展中。然而，以上这种关于经济运行的一般性观点，对法国实际情况来说，却有两点不足。第一点是，它所赋予某些技术创新的角色是，成为某种在很长时期内刺激经济增长的动力——每一阶段的技术提高和一

表 46　　1820～1938 年间各投资周期的振荡幅度与持续时间

周期	持续时间（年）	工业产品				资本形成				在基础性产业中的投资			
		峰谷年份		年增长率（%）		峰谷年份		年增长率（%）		峰谷年份		年增长率（%）	
		波峰	波谷	P－P[a]	T－T[a]	波峰	波谷	P－P	T－T	波峰	波谷	P－P	T－T
Ⅰ	—	1826	1831	—	—	1825	1831	—	—	1825	1831	—	—
		1836	1838	1.29	1.73	1839	1842	1.72	4.48	1840	1842	1.92	4.82
Ⅱ	20～21	1846	1848	1.98	1.93	1846	1850	1.93	1.97	1846	1850	2.00	1.86
		—	—	—	—	1857	1859	1.87	4.78	1858	1859	1.25	4.67
Ⅲ	23	1869	1871	1.62	1.42	1869	1871	1.56	1.12	1869	1871	1.54	0.67
		1876	1878	0.89	3.38	—	—	—	—	—	—	—	—
Ⅳ	13	1882	1885	1.60	2.25	1882	1886	3.01	3.65	1882	1886	2.48	4.39
				(1.12)	(1.46)[a]								
		1892	1895	0.77	1.13	1891	1893	－1.22	1.20	1891	1893	－2.32	－0.14
Ⅴ	17～18	1900	1902	1.08 (0.74)	1.40 (0.96)	1900	1905	0.26	0.89	1899	1904	－0.60	0.21
Ⅵ	12～14	1912	1919	2.81 (2.04)	－1.08 (－0.76)	1913	1918	2.27	－0.74	1913	1918	1.17	－2.79
Ⅶ	17～18	1930	1935	1.91 (1.38)	3.18 (3.48)	1930	1935	2.58	3.12	1930	1938	1.76	2.15

注：(1) 持续时间小于 2 年的更小的波动没有显现出来。单周期上的变化幅度用百分比来计算，表现形式是年增长率，从上一个（小的或）大的波峰到下一个（小的或）大的波峰（P－P），以及从波谷到波谷（T－T）。(2) a　括号中的数字用来说明国民产值的增长率，它的变化周期情况和工业产品的变化不完全一致。

【241】资料来源：附录，下文表 60。

个康德拉季耶夫（Kondratief）周期相对应。对法国而言，这显得不符合实际，法国的生产手段很少变化，并且经济周期的时间长度相对较短。至多，可能在一个周期（也就是说，每一个 20 年）开始时，同时发生技术水平的提高。资本形成往往首先被吸收到公共工程的建设上：例如，1820～1840 年间，是对原有公共工程的翻新；1840～1860 年间，是大规模的铁路建设；1860～1880 年间，则是城市建设（见图 2）。1880 年以前，基础设施的公共工程项目建设在全部固定资产投资中占到 71%，1880～1913 年间仍然能占到 54%。第二点是，这个理论在强调技术进步积极作用的同时，忽略了其负面作用。特别是它没能考虑到由于管理不善或过度投资，会造成现有经济主导部门或起着推动作用的部门陷入某种程度的瘫痪状态，从而产生消极影响。1880～1920 年间，法国周期持续时间缩短，就是由于在基础工业部门

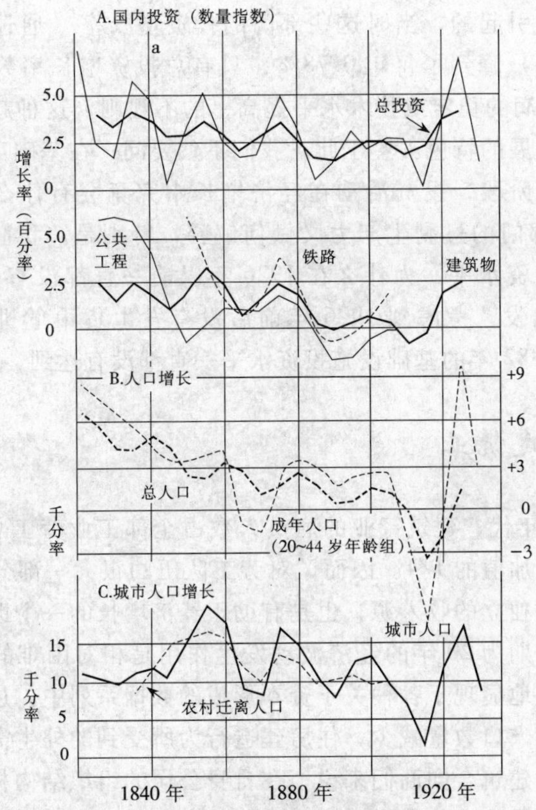

图2　1820～1935年间法国人口与总资本形成

注：关于数据系列标识为a的投资数量增长程度，我们每10年作一个估数（因此1820年的数字代表1813～1817年间至1823～1827年间的增长程度，其他的类似）。其他投资数据的增长率——国内总投资以及在不同部门的投资（公共工程、铁道和建筑物）——是在一个20年长度的时期上计算（因此1825年的增长率是标识在1820年、1825年和1830年上的3个10年平均数的平均值——也就是1815～1835年间的平均增长程度）。

人口数据同样地也以10年长度作为时期基础进行编制。这样，关于总人口增长率和城市（是指那些人口数超过3 000名居民的城镇）人口的增长率，1821年的数据所对应的时期实际上覆盖了1816～1826年的整个时期。每年的农村迁离人口的数字的时期属性和相应的城市人口平均数水平相同，并与后者联系起来考察。【242】

资料来源：表44、表45以及表60；人口数据分别来自：

（1）《法国统计年鉴》（1966年）；

（2）J. 布儒瓦—皮沙（Bourgeois-Pichat）：《18世纪法国人口变化的一般情况》，载《人口》，第6卷，第4部分（1951年），第661～662页；

（3）M. 莱维—勒布瓦耶（Lévy-Leboyer）：《19世纪下半部分法国经济发展的减速》，载《经济与社会历史回顾》，第49卷，第4部分（1971年），第506页；

（4）P. 梅兰（Merlin）：《农村人口迁离潮》（巴黎，1971年）；

（5）G. 迪珀（Dupeux）：《19世纪法国城市成长状况》，载《经济与社会历史回顾》，第53卷，第4部分（1975年）。

【243】的投资大幅缩减引起的，当时这些部门的投资增长率（通过周期Ⅴ、Ⅵ和Ⅶ的平均值计算）降到了每年0.78%，只有总投资增长率数据的一半（见表46）。相比利润的稳定或技术水平提高上的不规则，这种趋势逆转更应说成是法国经济发展的特色。鉴于此，我们不禁要问：在基础工业部门起积极作用的经济运行阶段，投资活动在经济增长中究竟会有什么样的贡献？对20世纪末这个部门的过剩生产力又做何解释？特别是，我们还要问，1882年的基础设施投资水平，为什么在1926年以前一直都没有达到——或者，从实际可比性出发，考虑到1926年前后没有发生货币危机，实际上是在1929年以前，1882年的基础设施投资水平一直都没有达到，为什么呢？

5.2.1　建筑业

19世纪60年代，建筑行业的雇员人数占全部工业劳工总数的1/5，产出占工业部门增加值的1/4。因而，对劳工队伍的很大一部分人而言，建筑行业是一个相对独立的收入源，也是有助于经济增长的一个助推器。观察这个行业怎样对周期为20年的经济波动发生作用是相对困难的。然而，这种周期却实实在在地显现于各种关于资本形成的数据系列中。这是因为，在整个世纪中，随着人口数量减少，住房建造行为所受到的外生需求压力趋于微弱化；同时，对建筑合同商们来说，在自身公司的组织结构相对松散的情况下，他们能够对需求变化做出迅速反应，并由此反过来再对经济走势产生影响。但显然，他们不会主动地以自己的投资意愿来推动经济运行。那么，从实际效应上看，这个部门对投资究竟会造成什么样的影响呢？

如果我们观察需求状况，至少有两个因素可能会对建筑行业施加某种模式的明显影响，继而，这种影响又会扩散到经济体系的其他部门。其中一个因素就是人口规模本身。尽管人口自然增长率稳步下降，但众所周知，在拿破仑战争以后，出生率出现了上升态势。在这个上升态势之前，人口经历了一个相当长时期的高死亡率和低出生率，这些导致了这个时期总人口迅猛上升。其影响反应到以20年为周期的数据中：在以1821年为周期中心的10年中，每年有202 350人的居民数量净增加（占整个人口的5.6%）；在1841年（174 800人，占总人口的5.1%）、1861年（122 250人，占总人口的3.3%）则又同样地出现峰值状态，并且这种峰值同样地出现在——由于1870~1871年的战争，将峰值间隔长度缩短了5年，战争的结束提高了峰值的坡度——1876年（122 400人，占总人口的3.3%）。对于建筑业而言，以上这种人口增长模式会导致对建筑产品的需求压力增加，这种需求压力的变化又是以时段脉冲般的发生模式显现。这种发生模式，在以20～44岁为年龄标志的人口群【244】体数量增长曲线的形态上——即便在1841年没有出现，也体现于1861年和1881年——可以明显地看出来（见图2，B部分）。

然而，事实上，建筑行业的运行周期和人口的增长周期并不同步。建筑业的峰值发生在1856年和1876年（这两年所属的两个10年时期处在这些数据所属所有年份的中心区间），并且它的波动幅度在变大。我们还必须考虑第二个因素，那就是迁徙造成的人口变动。任何时候总是存在着农村人口的相对过剩，当农村社会成员在农业生产中不能够充分谋生时，就不得不遵从人口流动的趋势性模式，周期性地迁移到城镇，这既是为了在一个临时的生存基地寻求收入，也是为了逃避饥荒。19世纪初，这一社会人口的“多余群体”对建筑行业生产活动并没有产生什么明显的刺激作用。这是因为，尽管在拿破仑一世以后的经济萧条中，从1789年大革命以前旧时代遗留下来的住宅数量可能仍较为可观，但是他们能否在各个城镇中就业却是不确定的。实际上，在经济危机期间，迁移过来的工人们重新又回到了农村——正是由于这个原因，在1806～1811年间和1826～1831年间，巴黎流失了近15万居民。不过，随着时间向前推进，大批离开农村的人口在性质上开始发生变化。首先，他们的离开不再是临时性的，而是永久性的。随着不同地区农业生产的竞争加剧，农村地区进一步非工业化（指工业迁到工业集中地区——译者），1871年前后农用土地大面积流失等情况的发生，迁离农村的工人们都在城镇定居下来。特别是1856年和1876年，发生了一系列灾难性歉收，并且这种灾难成了1845～1856年间的时期特征。此后，即19世纪70年代后期，葡萄酒和谷类作物危机发生。所有这些，也都促使农村迁离人口数量不断增长（见图2，C部分）。1851～1856年间，每年离开农村迁到城镇的居民数量被估算为13.5万人；1876～1881年间的年均数量被估算为16.5万人。也就是说，在这两个时期，在所出生的净自然增长人口总数之中，分别有超过36%和54%的比例流向了城镇。在此期间，巴黎地区吸收了全部迁入城镇人口数量的45%。19世纪50年代和70年代，巴黎每年新迁入的人口平均数量超过了5万人，占该地区人口绝对增长的近90%。到这时，建筑行业生产周期已经成形，周期的波幅和波长也显而易见，而人口迁徙和城镇拥挤的新景象、新变化可以称得上是波幅和波长的主要影响因素。

1880年以后，人口对建筑产品的需求压力仍持续存在，尽管还处在一种较低水平，（和周期相关的）同类间歇式冲击也可以观测到。自然人口增长在以1901年为中心的10年间，以及在1926年左右，达到了峰值；然而，它所对应的增长率，现在却只有1.8%～1.9%（这两次峰值对应的年自然增长人口在7.5万人左右）。同时，在19世纪末，人口的大规模
【245】移动出现了一次回落，此后，在第一次世界大战推动下，又重新增长起来。1906～1926年间，年平均迁移人口的数量为14万人，这个水平比1896～1906年间的峰值期间水平要高出1.8万人。当然，对法国而言，其长期性特征是从国外迁入法国的移民要大于从法国迁离的居民，我们认为这个数值之中包含有国外移民，因此，实际迁移水平在某种程度上被夸大了——1891～1901年间迁入法国与迁出法国的人口差额，导致的人口增长数平均每年在2.835万人，1921～1931年间这个差额导致的人口增长为19.53万人（在此期间每年从国外迁入的总数为23.55万人）。① 正如已经显示的那样，这种城镇人口增长的一个结果是，建筑业生产周期在20世纪20年代开始向好的方向转化，不动产投资水平又一度达到1855年和1875年的水平（图2，A部分）。但是，这种转化发生在一次持续时间长且程度颇为严重的经济萧条之后，而这次萧条并不能完全由此前的人口长期性减少和农村人口迁离放慢来加以解释。这样，我们不得不考虑寻求一种替代解释，1860～1880年间兴建了过多的住宅，随后，这种过量便导致了对新房屋市场需求的低迷。

然而，这种所谓在19世纪末存在着房产供大于求的观点，看起来却有点自相矛盾。建筑公司毕竟都是小规模的——1851～1866年间，每一个建筑业雇主只有1.27～1.44个赚取工资的雇员。② 他们凭借短期信用贷款来开展有关业务，几乎不能承担风险。那显然，作为“短线”供给者，他们不大可能会引发这种供给与需求的差额。不过，这个行业也定期获得那种来自试图进行长期投资者的资本的支持，投资形式可能采取贡献股份的形式或采取对不动产贷款的形式——这种贷款的用意就在于给不动产开发公司融资，并由此方便私人的住宅购买。实际上，从19世纪早期开始，在每一个周期末期，社会对住宅业的投资都显得相对过度。但是，由于相应的资本在下一次景气回

---

① M. 于贝尔（Huber）、H. 班莱（Bunlé）与F. 布韦拉（Boverat）：《法国人口》，第二版（巴黎，1965年），第287页。【9】

② G. 德塞尔（Désert）：《直至19世纪法国建筑工业情况概览》，收入J. P. 巴尔代（Bardet）等人：《关于14～19世纪法国建筑业的经济史的调查研究》（巴黎与海牙，1971年），第84～85页。【10】

转时，又能够重新被释入新的使用过程，所以严重的灾难并没有发生。无疑，市场的制动刹车机制在作用效率与效果上相对地要差一些，因为市场需求已经达到了前所未有的规模，更因为投资活动前行者们对成本变化的敏感性不如其对这种需求的反应来得强烈——在需求转旺时，他们希望在升值的土地价值上迅速地捞上一笔。这时，从州政府、市政当局、特别机构比如1858年11月由奥斯曼（Haussmann）成立的大房产储蓄金保管处（Caisse des Grands Travaux），以及从新开设的储蓄银行中，房产与建筑商们也能获得资金支持。贷款利率上升，并不能阻止他们的尝试，相反只是促使他们当中的许多人改变了业务经营方式。（为减少资金使用）有一些人将他们的建筑队伍转移到市郊，在那里有更多的成块土地。他们还可以使用比石头便宜的建筑材料，或者削减地基的工作与费用，减少楼层数量等等。有的公司则将自己的业务选择定位在解决市中心的住房拥挤问题上：为替代传统的个人住宅，提出了构 【246】
建俯视大路和林阴道的楼房的设想，这种建筑的外围实际上已经完全天然地得到完成。我们可以举例说明需求转旺的环境会鼓励有关当事方的积极性。信贷调动银行（Crédit Mobilier）往往因为支持一些投资失误的居民建筑而陷入破产。进而，特别是在1870年以后，房产商们还对已有的建筑（在巴黎，从1861～1926年，高于5层的建筑所占比例增长了近1倍，即从26%增加到47%）进行了改造：他们在每一栋房屋里面增加了单元数目，并提高了构件材料和整体建筑的质量。由此，1887～1889年间与1851～1853年间进行对比，房屋租金总量增加了190%，已经有人将这个增加量的1/3部分的原因归结为“舒适程度增加”。① 主要大城市——在1881年超过9万居民的城市只有11个——房屋建筑都过剩了。

对于一个投资活动的周期属性高达100年都是正常的生产部门而言，产品供给和需求之间的不平衡可能会持续存在，并进而体现于市场中的大量空置住宅。在巴黎，这种住宅闲置率较高的情况在以前也多次发生：在1848年的一系列事件发生之后，该市的三个地区就有60%的住宅处于闲置状态，而对应的1853～1859年间的住宅空置率分别为12%和19%。1871年有5.4万套住宅无人居住（对应的前一年的数字是1.9万套），这一数量水平在当时所有巴黎住宅中占9%，在巴黎的出租性住所中实际能占到15%。而从1883年开始，由于过度建造，这种过剩特征开始变成永久性的。据计算，作为法国的首都，巴黎每年有高达7万～9万套的空置住宅，占到总数的

① M.E. 布坦（Boutin）：《不动产》，载《巴黎统计学会月刊》，1891年7月，第19页。【11】

1/10，而与之对应的全法国的比例数字是5% ~7%（在1887~1889年间，在总共891万套住宅中，有61.2万套闲置；1914年，944万套住宅中有50万套空置）。只是到了世纪之交，巴黎的空置住宅数量才开始下降到2.5万套以下；在第一次世界大战前夕，下降到0.6万套。从整个社会的角度上讲，这种先是发生了大规模住宅空置，然后空置数量下降的变化过程，具有两方面影响。第一方面表现在房屋产品自身的供求平衡以及租金价格上。在巴黎，从1885年开始发生住房租金下降。在相对富裕的地区和大量公寓式建筑，下降程度尤为激烈。这种下降进而会对建筑业生产发生影响。随后，土地买卖、新建房用地启动、新完工住宅交付等活动的节奏放慢，市场各方期待着供给和需求之间最终会回到某种程度的平衡。然而，从这个期间巴黎市场的表现上看，这种平衡恢复过程是相对缓慢的。因为，对住宅的需求——乃至受此影响的“中产阶级家宅”的价格和租金——在1905年以前一直都没有回升。这样，巴黎的剩余住宅建筑数量，到1905年仍然保持在6.81万套的规模，在总住宅存量中占到10% ~15%；随后在1921年和1931年分别达到8.2万套和9.5万套。第二方面是对劳工阶层的影响。人们起初预想，19世纪90年代的经济周期（表46中的周期V）应该启动一系列的
【247】变化，并给劳动阶级带来某些积极影响。这些变化包括：食物成本下降；房屋租金在家庭预算中的重要性增加；在城市交通中，电气化程度提高；另外，家庭形式最终实际上走向分割化与小型化。然而，从经济与住房增长的现实来看，这种预想却没有实现。比如，尽管巴黎郊区的房价与租金相对市中心便宜，但1881年到1901年间，那里的住房数量仅从5.1万套增加到8.7万套。并且，直至20世纪20年代之后，房屋住宅数量才开始有较为可观的上升——达到15万套，后来又超过25万套，并占到这个地区住房设施总量的73%。①

对建筑业而言，在法国的东部、东南部、南部发生的趋势性变化无疑更

---

① 见以下资料：

（1）M. 阿尔布瓦克斯（Halbwachs）：《1860~1900年间巴黎土地的征用及其价格》（巴黎，1909年）；

（2）L. 弗洛（Flaus）：《1830~1940年间城市房屋建筑活动情况的变化》，载《巴黎统计学会月刊》，1949年；

（3）M. 迪昂（Duon）：《INSEE关于巴黎住宅问题的文件汇编》（巴黎，1946年）；

（4）［佚名］：《百年以来住宅条件的演变》，载《形势研究》，1957年10~11月；

（5）F. 马纳塔（Marnata）：《1860~1958年间巴黎有产阶级租金收入状况》（巴黎，1961年），第25页以及第59~63页；

（6）J. 加亚尔（Gaillard）：《1852~1870年间的巴黎大都市》（利勒与巴黎，1975年），第156页注28。【12】

为有利。建筑业从新工业、新居住地区的可观市场需求中受益匪浅。在这些地区，新迁入的工人们发现，没有现成的住宅可供他们居住。但是，在巴黎和其他 10 个左右的大城市，即在这些都市化起步较早的地方，这个行业的产出却开始显得有些停滞。这种发展步伐放慢，反映出农村迁离潮开始回落，由此也注定了这种迁离潮还要持续下去：建筑业既依赖临时劳力，也需要从农村迁入城区的工人。1905～1913 年间建筑业开始复苏，但后来情况表明，复苏相对短暂。在第一次世界大战之后、1929 年之前发生的通货膨胀和租金冻结管制使得建筑业周期一直都难以表现出来——1929 年以后，在 1929～1932 年的 4 年间，一共建造了 60.4 万套住宅，也就是说，所建住宅数量和前一个 10 年相同。基于这些素材，可以得出结论：自 1880 年起，法国经济运行中似乎缺少着什么支撑性因素。建筑业失去了它原来在经济体系中的作用，它似乎变得更为脆弱了。而且，可能正是由于建筑业不能够抵御此时紧缩性政策的影响，进而使得在 20 世纪 30 年代本已发生的萧条加深——在 1936～1939年间仅建造了 7.1 万套住宅，亦即比原有数量的 0.4% 还要低。

5.2.2　公共工程部门

由于铁路部门与常规运输系统拥有的资本投资总量比较可观，同时政府在这个时期对其施加控制，使得这一部门在经济体系中拥有与建筑行业相当的地位，甚至还可以弥补后者的不足。公共工程行业的基本建设工作由一个中心权力机构进行监管，亦即，有关工程项目，在整个国家范围纳入管理，由桥梁道路工程局（*Ponds et Chaussées*）的工程师们负责设计。无论是建造运河和铁路的第一个方案—— 1822 年的贝克（Becquey）方案和 1838 年的勒格朗（Legrand）方案—— 还是由 E. 克朗茨（Krantz）在 1872～1874 年间承接，并由弗雷西内（Freycinet）于 1878 年修建并经过国会讨论的建设项目，都是这样。由此涉及的资本数量很可观：19 世纪之初该数目在所有财产性投资中 【248】
占 1/5，1840 年以后占到 1/2。这一部门的大部分投资资金由公共权力机构负责，当然，这种机构也在投资活动的各个实施步骤中对分配进行监管，以保证实物资本建购工作的顺利进行。总体上看，共有 330 座桥梁和 2 900 公里的运河——该量占 1850 年运营水道的 1/3——由复辟的七月王朝政权（the Restoration and July Monarchies）主持建造，并于 1831 年和 1836 年通过相关法律，从而进一步保证了道路网的开发修建。此后，政府还新建并翻修了 4.8 万公里的公路干道，开通了 6 万公里的地方公路，这些公路使原来与世隔绝的村庄与国家其他地方建立了联系。最后，我们再从融资角度来考察铁路的开发建设。19 世纪 20 年代，铁路项目主要由私人投资者在圣艾蒂安（Saint Etienne）、阿莱（Alais）、米卢斯（Mulhouse）等创办兴建；1837 年，由于大型干道铁路项目也需要融资，政府创建了一个特别基金；在随后的 1839 ~ 1842 年间，混合融资形式首次开展，它有力促进了铁路建设。基于法律与制度建设的不断完善，权力当局就能够促使合同公司按部就班、有条不紊地修筑网线干路。至于次级网线的数量，最终达到 5 万公里，通车里程的总数为 9 万公里。政府于 1865 年将次级网线的建设处置权让给地方权力机构，但根据 1873 年和 1880 年的两部相关法律的规定，财政部一直统一控制它的财务和融资管理权。①

可以说，正是由于政府的支持，公共工程部门才免于全面破产或崩溃，也几乎避免了技术上的差错，相反，国外此类情况却频频发生。六大铁路公司在它们所在地君主政权的保护下得到发展。当它们发生亏损时，会得到帮助或进行重组，但是却不会耽误所承建的建造工程。19 世纪，铁路部门的投资增长率每年都在 5.35% 左右，而常规交通方式的投资增长率为 1.22%。进而，交通方式被划分为两大类别，投资资金也分开管理，这对两者都有利。公路网线需要的是常规养护［19 世纪 70 年代这种养护费用平均（每年）为 1.7 亿法郎，也就是说，在所有公共工程上的支出中占到 1/3］。公路网线规模也得到了拓展，以便在运能上能充分地和铁路网线相连接。而与之对照，在水道上的支出则间歇性地被削减。例如，在 19 世纪 50 年代这种支出就减少了，相应的支出优先权让位于主要铁路干线的修筑。1845 ~ 1855 年间的两个 5 年期，港埠、泊位的建造费用由每年 0.165 亿法郎降到了每年 0.109 亿法郎；1840 ~ 1860 年间，运河建造支出由每年的 0.483 亿法郎降到了 0.179 亿法郎。总而言之，此时的政府既试图寻找一些方式刺激交通基础设施投资，在必要时，政府也知道该怎样分配事项优先权，以便对它们做出
【249】有效管控。从另一方面看，政府的这些举措也可以解释为政府在朝运用反周期政策方向上迈出了实质性步伐（见表 47）。

---

① 参见以下文献：

（1）P. 多泽（Dauzet）：《法国铁路世纪》（巴黎，1948 年）；

（2）L. 吉拉尔（Girard）：《第二帝国期间法国公众就业的政治问题》（巴黎，1952 年）；

（3）F. 卡隆（Caron）：《一个大铁路网的雇佣历史：1846 ~ 1937 年间北方铁路公司侧记》（巴黎与海牙，1973 年）。【13】

表 47　1815～1913年间每年基础设施与建筑业的年度总支出

（百万法郎，当年价）

时　期	除铁路以外的公共工程					铁路工程			包括铁路的公共工程		维护费用所占百分比（%）
	港口	运河	公路	总支出	新支出	总支出	新支出	附加支出	总支出	新支出	
1815～1819	1.7	5.0	58.2	64.9	13.8	—	—	—	64.9	13.8	78.7
1820～1829	3.3	19.1	65.0	84.5	34.7	—	—	—	87.5	35.1	59.9
1830～1839	7.3	28.5	110.3	146.1	79.0	7.6	7.2	1.6	153.7	86.2	43.9
1840～1849	15.5	40.7	170.6	226.8	125.7	87.1	84.5	15.1	313.9	210.2	33.0
1850～1859	12.6	19.0	176.8	208.4	77.1	233.2	215.0	54.0	441.6	292.1	33.9
1860～1869	20.8	30.0	220.7	271.5	100.5	272.5	227.5	82.0	543.5	328.0	39.7
1870～1879	23.0	28.2	223.7	274.9	75.3	233.2	158.1	51.0	508.1	233.4	54.1
1880～1889	45.1	54.5	243.9	343.5	127.1	354.5	262.3	87.0	698.0	389.4	44.2
1890～1899	26.4	27.1	231.9	285.4	76.1	262.9	164.0	48.0	548.3	240.1	56.2
1900～1909	33.4	25.9	234.2	293.5	82.0	338.5	214.3	22.0	632.0	296.3	53.1
1910～1913	49.4	38.5	249.0	336.9	110.3	543.1	371.4	38.0	880.0	481.7	45.3

注：新支出等于总支出减去维护费用。附加支出，表中除“铁路工程”一大栏外，在其他地方省略掉了，但在下文附录中会以相应的表栏详细列示。

资料来源：本章附录及下文表54。 【250】

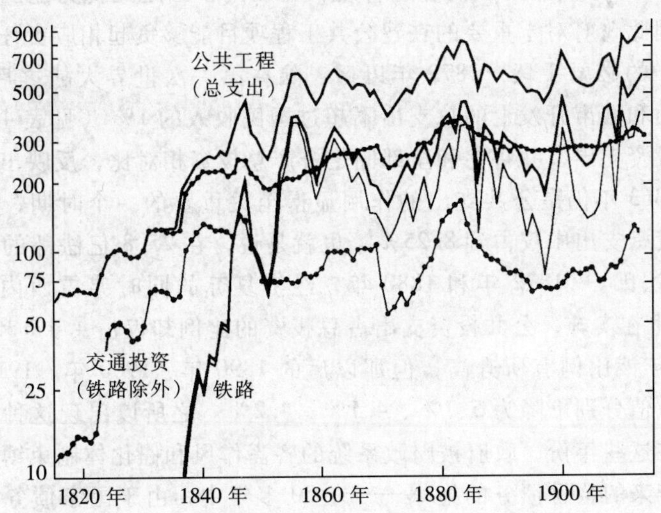

图 3　1815～1913年间法国基础设施与建筑业年度支出

（百万美元，当年价）

注：总支出用粗线表示；新支出（即不包括维护费用的支出）用细线表示。

资料来源：表47和表54。

公共工程部门的投资因为受制于政府政策需要，所以会受到诸多外部因素的影响，并且这些因素常常是人为造成的。毫不奇怪，它的波动总是不能摆脱其他经济变量那种明显的周期性波动的“污染”。例如，它的周期长度与住宅建造部门的周期长度相吻合：（以当年价计的）年度支出在1847年、1862年（但是，如果我们是指投资总量指数的话应该是1869年）、1883年、1900年和1913年分别达到了所处时期段的波峰值（见图3）。在投资量增加的“起飞”时期，周期的振幅显得特别大（在1826~1847年间是一个扩张阶段，投资的年均增长率达到了5.4%），而周期Ⅲ和周期Ⅳ的周期振幅水平处于中等（每年1.18%的增长率），在世纪之末振幅为负值（尽管当时经济出现了复苏，但周期Ⅴ的波峰对应的年均增长率为-1.56%，比上一个周期所对应的年均增长率要低），但1900~1913年间重新达到了较高值（+1.22%）。建筑业部门的变化情况大体相同。铁路投资支出数据系列的波动情况，实际上和建筑业投资数据系列显示着相同相位状态和类似数量变
【251】 化：起初都是年均+1.58%的增长率，然后在1847~1893年间是-0.68%。第一次世界大战前夕，铁路投资支出变化曲线只是在斜度上更为陡峭［与后者（指建筑业）的年增长率差额大约为+1.72%］。可以看出，政府继承了1789年革命前旧时代的那些传统，也雇用了当之无愧为能工巧匠的工程师们，因此政府对于重要的在建公共工程项目能够负起相应责任，只是缺乏保证完工的必要手段。1872年以后，除在第一次世界大战之后的时期，政府在交通和城市开发上的总支出不超过国民收入的1%（见表48）。通过计算公共投资支出，并将它和全部固定资产总投资相对比，反映出政府的贡献较小。1863年仍是公共支出的作用显得至关重要的一个时期，然而它的支出在总投资支出中仅占到8.25%，也就是说，在25.8亿法郎的总投资中占2.13亿法郎。① 1872年和1880年，经济复苏的同时弗雷西内（Freycinet）计划也在实施，公共投资支出占总投资的比例却仅占4.4%和13.1%。虽然1880年该比例有所升高，但那以后的1890年、1900年、1912年，这一比例的数值分别下降为5.7%、4.1%、4.2%。之所以出现这种情况，可能是因为在这些年份，政府被财政系统的吝啬作风和僵化体制束缚住了，也受到战争带来的金融债务的拖累——在50多年中，由于国家债务导致的政府还款支出要5、6倍地多于用于公共投资的支出。

① 齐尔贝尔曼（Zylberman）：《第二帝国期间法国经济数量的发展变化》，第406~456页。【14】

表48　　1872～1932年间用于国债利息和公共工程建设的公共支出

年份	绝对数（亿法郎）		在预算中占的百分比（%）		在国民产值中占的百分比（%）		
	国债利息	公共工程	国债利息	公共工程	国债利息	公共工程	总支出
1872	10.30	1.06	38.4	3.8	3.6	0.4	9.7
1880	9.84	3.98	34.2	11.2	3.6	1.5	13.1
1890	12.64	1.74	36.8	4.8	4.4	0.6	12.5
1900	9.30	1.50	28.4	4.2	2.9	0.5	11.0
1912	8.27	2.05	20.7	4.8	1.6	0.4	8.4
1920	88.75	37.25	22.7	4.9	4.9	2.1	21.8
1932	111.42	55.79	19.0	9.6	3.9	2.0	21.5

注：地方政府机构的支出数字——在1880年、1932年的国民产值中分别占到3.2%和10.7%——没有在本表的数据中包括进去。

资料来源：G.泰纽（Terny）及其合作者：《法国公共支出的长时期变化》（巴黎，1974年），第3部分，第155～158页。

事实上，在整个时期，决策者做出公共工程投资支出的决策并非是自主的，而都是迫于经济压力。在发生影响的全部因素中，居于第一位的是交通流量状况的变化。这种变化表现为两种情况：第一，在某些情况下，它是一种对交通流量复苏和增长做出的反应。一度是在19世纪之初（1820～1860年间，每年的旅客和货物流量已经以超过4%的年速率增长），再度是在19世纪70年代（当时的铁路运输重新以4.6%的较大幅度增长），此后是在经历经济深度萧条结束之后，有一个稳定且持续时间更长的增长——铁路货物运输在19世纪80年代下降了1.5%以后，在1890～1910年间以年均3.20%的速率增长。① 第二，1870年战争以后，则表现出另一种情况。由于领土丧失、与莱茵地区的联系被分割导致了国家交通体系混乱，问题于是变成对交通体系重新进行规划。如果我们认为公共工程项目从开工建设进入充分运营状态的时滞长度为10年，那我们就可以看到，交通投资和公共工程支出经历了三个主要周期：其一对应于已有的常规交通工具的翻新和延拓活动；其二对应于19世纪50年代的铁路建造活动；其三对应于20世纪之初商业活动的全面复苏。19世纪70年代后期，另外有一个更为“人工型”的周期。议会的某些决策活动造就了这一周期：首先，议会认为9 000公里长的水道应该建造和改善；其次，政府当时必须着手解决在法国西部由于地方铁路公司合并所带来的2 615公里在建网线的完工问题；最后，当时有关方 【252】

① J.C.图坦：《1830～1965年间法国交通状况》，载《应用经济学学会（ISEA）手册》，卷号AF9，第8篇（1967年9～10月）。【15】

面认为，确实应该在现有长度为22 000公里的铁路基础之上，再建造10 000公里的铁路干线。工程于1883年委托给当时的私人公司。这些项目的规模，再加上随后100个左右的铁路建造场所的开工，使得这一周期完成的资本投资数量超过了前面提到的那些周期。至1881年8月，这时仍处在弗雷西内计划实施的两年内，一个总长为9 615公里的新铁路线建设项目正式宣告开始为社会公共利益服务，并且是在其里程长度完成一半时即开始投入使用的。但是，我们一定不要被这个周期的与众不同迷惑，即我们必须看到，在每一个周期中，基础设施投资和总经济趋势之间的关系都是客观存在的（见图2）。

对公共工程投资支出发生影响的第二个因素，也值得一提，那就是铁路建造的方式和其所使用材料的寿命。它们之所以具有影响力，是因为寿命不同可能会对相关公司关于是否在正常的财务提现期结束之前进行投资活动的决策产生影响，由此它还会改变一个周期的正常轨迹。与这一因素相关联，关于19世纪50年代发生的铁路建造活动的高涨应该从两方面原因来予以解
【253】释。第一方面原因是铁路工程师们的经验不足。由于没有任何先例，他们不能预料到许多问题，尤为突出的是，当整个铁路网路投入运营时，随着交通量迅速增长，迅速发生了大量线路与器材的磨损。从1851～1853年间至1867～1869年间，以每公里的运输单位数计算，由铁路运输的旅客和货物平均每年增长11.6%。第二方面原因是，早期的建造工程都比较廉价，这可能是因为资金缺乏，也有可能是因为担心造价高则会影响转包合同所规定的短暂时期内偿还材料费用问题。从1852年开始，铁路的租用期限被延长（延长到从46年到99年不等），交通设施也已经建立起来了。承运公司发现，它们现在不仅要按照相关合同重新敷设新线路，还要重建路基和车站，更要为防止现有网路的故障而重新设计附加或补充线路，并且还要在需要路轨和设备时提前订购这些材料，以预防它们的价格上涨。① 所有这些导致了在1854～1856年间铁路投资水平超乎寻常之高（用当年价计算，是这个世纪中最高的）。而此高潮之后，从1859年开始，与第二次也是第二个网路的建设工程相对应，又出现了一个相对小型的周期。在这个周期内，铁路投资相对独立于其他各部门的投资而得到发展。铁路投资周期也领先于普通投资周期，并且，和其他种类投资数据系列的表现不同的是，分别在1856年和

① 卡隆：《一个大铁路网的雇佣历史：1846～1937年间北方铁路公司侧记》，第80页及以后。
【16】

1862 年出现两次高峰。

从技术性能上讲，第一次使用的铁路设备质量极差。路轨是由铁材制成，按规定必须在 10~12 年以内更换，当然实际更换同期短于这个长度。由于钢材价格较高，钢材往往用于有更高磨损要求的站点和路段。早在 19 世纪 60 年代，每年有 800 公里的线路开放运营，但平均每年也有 1 275 公里的线路需要更换（也就是说，需更换的线路长度占到那时投入运营的所有线路 13 440 公里总长的 9.5%）。在费用上，存在着线路维护费用比建造费用还要更高的威胁。这就是为什么有关人士会采取一些措施来加速推进贝西默酸性转炉炼钢法（Bessemer process）的采用。贝氏炼钢法在 1856 年注册专利，从 1863 年以后投入使用。这个钢材锻炼方法可以采用新材料炼钢，并导致了钢材价格迅速下降。在此期间，每年用于购买铁轨的总费用在 4 000 万~4 500万法郎；如果我们假定购买同样数量的钢轨，并假设建造和更换按同样速度进行，则在1863~1864 年间（2 年），需要 1.75 亿法郎。不过，1865~1869 年间（共4 年时间），只要这个总金额的一半；而 1870~1879 年间（共 10 年时间），则只要 7 000 万法郎。用不着等到钢材价格继续下降到稳定的状态——这要到 1883 年才发生——这些运营公司早在 1874~1876年和 1878~1882 年，就已经完全使用钢材来对整个网路进行重新装备。尽管初始资本投入费用很贵，公司还是很早就开始改换材料，因为钢质路轨比铁质路轨更坚固、更耐用，所以他们都认为是一项相对值得的投资。1887 年，也就是在使用钢轨的 15 年之后，一项相关调查显示，网线更 【254】
换率大幅下降——以得到考察的线路受控样本的情况来说，在此期间更换路轨所占的比率几乎没有超过 6%，在一些情况下只有 2%。就在同一时间，与之相对照的铁质路轨的更换率则高达 79%。①

因此，除前面已经阐述的那些因素之外，建造材料和折旧期限变化这方面因素也可以用来解释 19 世纪 70 年代的周期。这种变化使得网路平均使用寿命可以在无效率损失的前提下延长。铁路的运输产量也由 1860~1879 年

---

① A. M. 詹姆斯（James）：《法国用于铁路的钢铁制造活动》，载《应用经济学学会（ISEA）手册》，卷号 T5，第 158 篇（1965 年 2 月），第 127 页及以后。在 19 世纪 70 年代发生了两项相对突出的变化，可能使得关于铁路交通工具的预测数据的可信度降低。第一，在 1870~1873 年间（这个时期铁路交通业务量的年均增长达到了 14.5%），新建造成路轨与机车存量在替换着战争期间逐步老旧的存量；就在此时，马车与用于牵引的牲畜的数量下降了 20%。第二，在 1879~1882 年间（此时铁路交通业务量的年均增长率是 6.9%），铁路交通也呈现出非同寻常的景气，而这又由于农业歉收引起，它使得铁路能够获利于小麦进口所引发的大量货运量；同时，在 1879~1880 年间的冬天时期，运河封冻也是这种景气现象出现的一个方面的原因。【17】

间的平均每年为233 000吨提高到1880～1885年间的平均每年超过360 000吨。1870～1872年间，钢质路轨承担着运输量的1/3；1873～1877年间，上升到2/3；1878～1885年间，则超过了9/10。从那以后，钢材的优点才成为民众的常识。在随后的20年——一个钢质路轨的使用寿命两倍于以前使用的铁质路轨的时期——炼钢厂钢质路轨产出量每年只有220 000吨。如果我们假定，钢质路轨的生产装备保持在1883年的生产能力水平，那么，1898年以前，有43%左右的运输能力没有得到利用。可以说，前期对生产能力的过度投资是导致萧条加深的一个重要因素。

总而言之，影响公共工程部门投资建设主要有两方面的原因：第一个原因贯穿我们所研究的整个时期，这就是整个交通系统的开发建设。建筑部门以及整个经济体系都明显呈现出以20～25年为周期长度的周期波动，而交通工程和公共工程的投资波动也遵循着相同模式。第二个原因则仅在特定的时期产生，它由工程材料的磨损速度变化和技术变革引起。正是这后一方面原因导致了两个时期的交通投资波动幅度增加（形态也有变化）：第一次发生在1854～1856年间，一些铁路设备相对较早就被更换；而最主要的还是在第二次，即1878～1882年间，铁路路轨被大规模更换。因而，我们可以说，维护工作加速了铁路建造工程的步伐，并影响了在交通部门投资波动的阶段形态特征。

5.2.3 过剩的生产能力

然而，所有前面所涉及的各种因素，都不能充分解释在19世纪末所出现的经济增长步伐放慢的情况。各个部门的生产活动都在1880～1884年间达到高峰，且没有任何部门在此后能够维持那种水平。在随后27年中，建筑行业产出平均下降了2/5；同一期间，铁路工程量的下降程度与建筑行业大体相当。更引人注意的是，在世纪之交，在其他西欧国家开始出现的经济复苏，并不足以将法国经济带向好转并回复到以前高峰水平的
【255】程度。在1898～1901年间，尽管各个部门的活动水平达到另一高峰，各种相应指数值（见图3）却仍然停留在比上一次高峰值低6%～11%的水平上，这种状况一直都没有得到改善。但到第一次世界大战前的4年间，这两个部门资本形成的水平比1882～1884年间高12.5%——尽管在常规交通工具（公路、港口和运河）上的投资水平仍然比那时低25%（见表60）。在1880年以后的时期，企业利润也受到了经济增长率减慢的影响。

对巴黎的建筑业而言，房屋租金和企业费用之间的比率——这是一个用来衡量在为中产阶级市场建房时有利可图程度为多大的指标，明显地，从整个行业的角度，希望这个比率越大越好——下降了1/3，相应的指标指数值从1875～1879年的149.1下降到1908～1912年的100.0（在1910～1914年间为98.7）。第一次世界大战以后，在房屋租金冻结管制和建筑工程材料价格上升的情况下，这个比率直线下降。下降的主要原因是：与土地费用相对比，建筑工程材料上升的幅度翻倍了。相对而言，铁路部门面临的形势则不是非常明朗，但主要铁路公司的利润分红确实下降了。以波动变化幅度的极端点为基础进行对照，它们的股票年报酬率从1864年的8.09%下降到1898年的3.08%（见表49的最后一栏）。不过，这些也只能对整个形势给出一种不完全的描绘。在这个时期，各公司的资本90%来自公司债券和补贴金，而关于它们的运营成本和实质投资也没有任何建立在公司一手记录基础之上的材料。另一方面，运价和成本——这二者在表49中用每单位公里生丁①数来表示——之比也显示出相同的下降趋势，下降幅度在35%～40%。在1850～1869年间，这个比例曾经达到了2.49（在1849年曾一度为2.89），但是在1870～1899年间下降到1.86，在1900～1929年间下降到1.55。

对1880～1910年这个时期而言，有一种现象仍是一个难解之谜，这就是实业家们对经济形势明显缺乏识别能力。F. 西米昂（Simiand）坚持说，在萧条期间，利润仍会持续上升，这是因为制造商们被迫去创新和投资以弥补固定成本上升。但是，在这个时期，为什么这样的事情没有像他所说的那样发生呢？在建筑业，工作特征是分散作业；同时，公司规模普遍很小，这些意味着需求下降会导致许多公司破产并使技术提高的趋向停滞下来。在这个部门，1851年劳工队伍总数达到了72万～73万人。从那以后，劳工总数开始下降，虽然绝对数可能不尽如此——在建筑和公共工程部门，1896年包含着82万从业者——但至少相对数比较显示了这一事实，它在产业劳工队伍中所占比例从17.5%下降到12.0%。除了在某些特殊的分支部门，平均的生产效率却没有多大变化。在19世纪后半期，每建成100栋住宅（每栋住宅有1.52～1.75楼层），开始需要12.7个工人完工，后来则需要10.9

① 生丁为法国货币，1生丁为1/100法郎。——译者注

个工人。① 然而在铁路部门，情况却有所不同。铁路公司被迫赶着完成它们
【256】的建造工程，所雇佣的劳工队伍的数量在前后时间上一直都显得大体一致。在这个队伍中，包含有24万～25万工薪雇员。由此看来，铁路公司实际上从一种集中的管理体制和政府财务支持中获得了利益。但还有一点颇令人费解：为什么投资水平没有足以保护资本效率，为什么这些公司和政府的政策都朝着与增加投资与增雇人手相反的方向走（对公共工程项目的特别预算，

表 49　　1850～1929 年间基础工业的投资利润和投资数量

时期	巴黎的建造工程指数(以1908～1912年=100)						北方的铁路公司				
	中产阶级住宅租金	土地成本费用	建造成本费用	租金-成本比例(%)	总建造工程量	廉价房屋租金	运价	成本	运价成本比例	交通量(万公里)	股票回报率(%)
							每单位公里生丁数				
	A	B	C	D	E	F	G	H	I=G/H	J	K
1850～1859	—	—	—	—	—	53.4	7.68	2.82	2.72	568	6.14
1860～1869	80.9	42.1	61.5	132.3	176.9	75.8	6.33	2.80	2.26	1 124	6.85
1870～1879	91.7	43.4	62.4	146.9	125.5	84.2	5.61	3.00	1.87	1 878	5.79
1880～1889	102.9	48.7	80.3	128.2	171.1	94.6	5.26	2.73	1.93	2 859	4.23
1890～1899	99.8	72.6	82.7	120.7	131.6	—	4.48	2.51	1.78	4 102	3.59
1900～1909	98.8	82.8	92.2	107.2	99.6	96.4	3.81	2.35	1.62	5 934	3.90
1910～1919	105.5	96.1	197.3	53.5	66.5	104.5	3.60	2.42	1.49	7 875	4.47
1920～1929	199.8	263.5	526.9	37.9	76.1	225.0	17.20	11.22	1.53	9 950	5.84

资料来源：

（1）A、C、D、E栏来自F. 马纳塔（Marnata）：《1860～1958年间巴黎有产阶级租金收入状况》（巴黎，1961年）；

（2）B、F栏来自M. 阿尔布瓦克斯（Halbwachs）：《1860～1900年间巴黎土地的征用及其价格》（巴黎，1909年）；

（3）“廉价房屋租金指数”是从《法国统计年鉴（1966年）》第404页中的相关数据计算而得；

（4）G、H栏来自F. 卡隆（Caron）：《一个大铁路网的雇佣历史：1846～1937年间北方铁路公司侧记》（巴黎，海牙，1973年），第295、481、488页；

（5）K栏来自J. 德纽（Denuc）：《红利、有价证券与法国有价证券的资本化比率》，载《法国
【257】统计总公告》，第13卷，第4部分（1934年），第732页。

① 德塞尔（Désert）：《直至19世纪法国建筑工业情况概览》，第77页。同时也请参见卡昂夫人（Mme Cahen）：《100年以来法国适宜工作人口的发展变化》，载《形势研究》中的《法国经济》卷本，3（1953年5～6月），第230页及以后；L. A. 樊尚（Vincent）：《1896～1962年间法国21个经济部门的适宜工作人口与生产效率》，载《形势研究》，第20卷，2（1965年2月），第87页，表1。【18】

1888 年时被放弃了)？或者，仅将我们的视野局限在数据上，为什么铁路部门的总生产效率（既包括它的基础设施也包括铁路设备）在 1855～1867 年间和 1900～1913 年间分别以 1.93% 和 1.73% 的年增长率增长，而在这两个时期之间却相对停滞？停滞表现在 1867～1881 年间的年均增长率为 -0.06%，而 1881～1900 年间的年均增长率为 +0.85%。

对这种趋势的逆转，第一个可能原因是，网路使用的交通密度不可避免地发生了变化。常常有分析指出，对铁路的开发建设与利用来说，在资本投资和铁路设备实际投入使用之间存在着一个时滞。时滞问题起因于铁路公司的内部组织，也起因于市场开拓速度本来就较为缓慢，它们共同导致了潜在生产能力被储存和累积起来；并使得这种潜能的实现需要时间。另外，一旦资本的密集度达到了某种水平，边际意义上的生产效率则一定会下降。这种逻辑恰恰就体现在从 19 世纪 60 年代开始出现的情况之中。在那以前，铁路在价格和服务的对比评价上都能取得明显的优势，市场开拓也主要以替代其他交通工具的市场为代价进行。从那时起，铁路将对旅客票价削减到每公里 7 生丁左右，而以前公路运输票价是每公里 11～16 生丁。类似地，在 1845～1854 年间，货运费从普通公路的吨/公里 23～38 生丁下降到铁路的 10.6 生丁。不仅如此，铁路货物运输价格还在下降，1860 年下降到 8～9 生丁，1870 年下降到 7.5 生丁。① 运河运输则比铁路价格更低（这也是由于它的服务质量相对不如铁路）——在 19 世纪 60 年代晚期，运河运输价格范围为吨/公里 1.75～4 生丁不等。但即使这样，铁路运输仍抢走了它们的很多生意，并且，运河业务从此进入了一个相对停滞期。由水路承运的运输量在 1860～1869 年间保持在年均 19 亿吨/公里的水平，比 1850～1859 年间的水平还要低 5% 左右。而 1855～1867 年间，铁路运输量每年增长了 10.4%，这一比率远高于其投资增长率 8.12%。因而，在整个时期，铁路运输承担了增加的运输负荷，由此生产效 【258】
率得到了提高。

但是，从那（19 世纪 60 年代）以后，铁路运输量增长率下降到年均 4% 的水平。这可能是由于各种不同种类交通工具对同种服务收取的运费率都已经下降并继而平稳下来，或者说已经标准化了；或者，还可能因为市场已经饱和了，因而它不能仅仅通过替代其他种类交通工具增加市场需求。另一个可能原因是经济增长的长期性减速已经开始。实际上，在

① 图坦：《1830～1965 年间法国交通状况》，第 285～296 页。【19】

1867～1869年间，一系列征兆已经出现，显示着运量增长接近了它的极限。接着，在1870～1871年间和1874～1877年间，运量又有比较严重的下降。这些变化，在那时让人感觉到反常。随后，在以1882年为高峰值的经济周期中，经济复苏极为迅速地发生了，这种复苏成了投资——特别是对铁路线路和装车车辆翻新的替代投资——为什么先是在一定程度上被延误，然后集中在很少时间中迅速增长的主要原因。它也可以用以解释为什么在那时技术创新被引入，但却没有能够获得普及。总而言之，在第一个时期，对资本的使用要滞后于对它的投资。但是，随着在1871～1876年间铁路建造步伐放慢，这二者之间的差距反而消失了。由于1876～1883年间的投资数量和这么短的时期长度对应显得太大，一个生产能力过剩的危机产生了。资本的生产效率增长率也不能维持：从1855～1867年间的年均2.04%下降到1867～1881年间的1.0%。1881～1883年间又发生了这个世纪最为糟糕的经济萧条。作为危机的结果，资本生产效率的增长率继而下降到了年均－4.3%（见图4）。

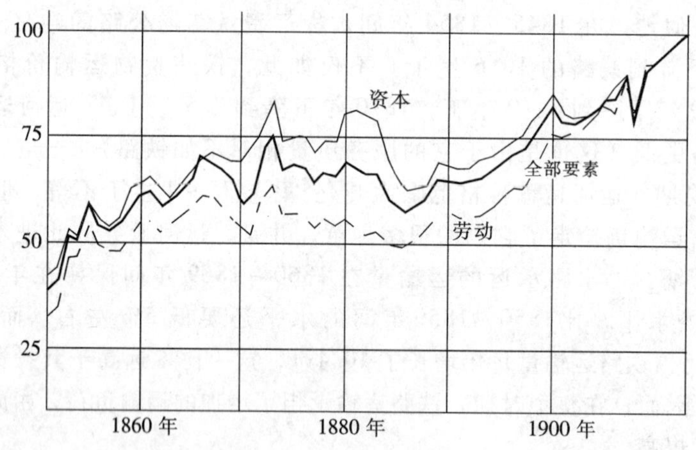

图4　1850～1913年间法国铁路部门生产率指数

（1913年＝100为基期）

【259】　资料来源：下文本章附录。

从金融资本的回报情况来看，新建造工程的利润情况——用这段时期的（10年期）净产品对新投资支出（除去了其中的维护性支出）的百分比来衡量——也同样地下降。以1854～1863年作为基期（指数＝100），相应的利润情况指数在 1864 ~1873 年间上升到了 144. 8（这是因为战争对收入的影响没有对资本性支出的影响那么大）；但在 1874 ~1883 年间，尽管那时投资繁荣普遍存在，但指数却降到了 85. 1；1884 ~1893 年间更降到了 31. 5。[①] 随着资本回报下降，资本投资水平的下降必然随之发生。

关于铁路生产效率和资本回报下降的原因，有着另一种完全不同的解释，这种解释是从法国地理状况上寻找原因。由于整个交通系统很大程度上依赖于原材料作为货运对象，在这个世纪中期，各铁路公司努力寻求获得这种货运市场的垄断地位。法国并没有多少天然原材料，也许在世纪之末这种缺乏显得更为突出，并被人们感受到了。到这时，结构性危机已经开始出现：在 19 世纪 60 年代，这种危机对纺织行业造成了沉重打击；在 1874 ~1877年间，类似危机也困扰过各主要行业；从 1879 年开始，危机不断袭击谷物加工和果酒制造生产活动。诸如此类的事情随后还不断发生。而且，在不同的交通系统之间，没有什么相互依赖的关系，比如煤炭进口模式，使得海运贸易只是铁路运输的一个很小的而且还是互为竞争性的替代。在不同的情况下，政府采取措施鼓励通过运河运输重型的商品——鼓励的操作形式并不表现为以改善河运服务为目的的直接投资，政府采取的措施主要包括财政补助（1872 年），或者减少或废除一些税项（1880 年）。这些措施有一种社会目的性——从其意图上看，它更倾向于挽救内河运输，而并非一般性地改善交通系统。

从长期看，另一个与地理条件相关的不利因素是城市市场缺乏，而城市市场体系的存在本来能使整个铁路网线低成本运行。法国工业化进程是通过劳工队伍被分散在农村和小城镇地区而展开的。作为这种分散的一个结果，到 1880 年时，仍然有 74% 的人口在农村。当然，这时巴黎已呈现出重要大都市的面貌，它拥有 227 万居民，或者说占到法国城镇人口的 23%，比其他 6 个大都市的人口总和还要多出 60%。但巴黎是仅有的一个例外。法国城市化通常都不是以城镇规模的显著增长为特征的，而总是表现为人口的分散。除 7 个大城市群以外，在 1820 ~1880 年间，城镇数量从 450 个增加到 700 个，但是每一个城镇的人口规模与其平均7 500人

---

① 产品的增长情况——比如说，1864 ~1873 年间的平均数与它对应的上一个 10 年间的平均数相对比——是从 1946 年的《法国统计年鉴》第 124 ~125 页中的有关数字计算过来的。（在基本设施、运营路轨与车辆存量上面）新发生的支出在1854 ~1863 年间是每年 3. 335 亿法郎，在 1864 ~1873 年间是每年 2. 1 亿法郎，1874 ~1883 年间是每年 2. 831 亿法郎，而在 1884 ~1893 年间 【690】
是每年 2. 933 亿法郎。【20】

的居民人数相比，并没有显著差别。[①] 由此可见，发展铁路所缺乏的是现代化城市以及由城市活动产生的人货流通需求。这个困难长期以来一直存在。或许问题还应该以另一种方式提出：不应该去延长现有的、政策当局
【260】已经知道其长度不足的铁路网线来适应分散化的工业结构；决策者难道不应该使用现有的这些铁路网线来将这些工业产业集中在一起，重新配置劳工队伍并给他们生产效率更高的工作吗？1860 年以后，铁路开始渗透到偏远地区——到 1914 年时，运营线路的长度变成原来（1860 年）的 5 倍了。从线路延长中所获得的收益，抵不上所需弥补的（单位线路）交通量损失。即使到 1883 年以后，货运密度（以每公里吨数来衡量）的年增长率还是不超过 1.6%；而货物运送的平均距离（以每吨公里数来衡量）则再也没有任何增长。从这个视角来考察，一方面铁路确曾帮助了国内市场形成；另一方面，在其后期阶段，由于铁路网线被过分地延长，它也可能使经济体系活动停滞并减缓经济增长。

作为对这些正在发生的趋势的反应，各铁路公司也在改变策略。不过，它们的某些做法，或许还加重了正在发生着的危机，这实际上是铁路生产效率下降的第三个因素。在过去，线路和车站激增，产生了大量的工作岗位。一个资源丰富的劳工大军使得铁路雇员问题变得相对简单：许多居住在乡村的人，只需要抛弃在土地上的劳作，而又没有必要离开他们原来居住的农村；技师们也能够在铁路上找到用得上他们技能的工作；如此等等。在 20 世纪中期，铁路有 3 万雇员，是 1867 年雇员数量的 4 倍、1883 年的 8 倍。但是，这种操作简单的雇佣政策逐渐受到了威胁——在 19 世纪 60 年代，是来自价格和工资上涨的压力（工资构成了所有支出中的 45%，并占到运营成本的 85%）；1867 ~ 1881 年间，则是受到资本回报下降的影响，当然仍然是资本自身的情况造成了劳工队伍生产效率下降；而 1881 ~ 1886 年间，又受成本结构变化的牵连。在北方铁路公司（Northern Railway Company），由于工资费用上升，运营成本占收入的比例从 1857 ~ 1866 年的 39.7% 上升到 1867 ~ 1883 年的 54.9%，而总利润所占的比例由 37.1% 下降到 18.0%。这个公司解决以上问题的方法已众所周知。正是由于来自这些不利因素的威胁，导致公司对线路和车站的使用变得更为理性。具体的改进方式包括更为专业化的分工，通过增加动力供应来最终增加火车头的牵引速度和车厢的运载容量，改善机车车辆的管理，等等。就与劳工队伍相关的改进方面

① G. 迪珀（Dupeux）：《19 世纪法国城市成长状况》。【21】

而言，推出了若干技术上的创新，如开始广泛使用空气制动、信号发生与传递的块状系统、车站电气化装置等技术，许多苦累的工作被废弃，但却没有引发雇员数量的大范围削减。[①] 笨重器具作为资本的投资时期已经过去，现在的任务是提高工作效率，使用只需很少资本的工作方式，并且正如某个公司的一位董事曾经自己道出的那样，他们力图获得“最大程度的回报，并为这种回报付出最大程度的工作努力和最小程度的材料投入”。看上去这个目的也确实达到了，因为劳工队伍的工作效率确实提高了。实际上，在各个不同的运营网线中，这种工作效率的提高足以弥补乃至掩饰 【261】
由于其他因素所导致的失败。按照J. 德西里尔（Dessirier）的研究，1860～1880年间，劳动生产率的年均增长率为0.1%，1880～1930年间则为2.5%。而根据表50给出的计算数据，1886～1913年，每年的年均增长率在2%左右。[②]

当然，铁路部门正处在这样一个需要适应经济停滞的状况而进行调整的时期，既然公司都奉行这样一种提高劳工工作效率的政策，就需要在资本支出上做出一定程度的牺牲。从19世纪80年代开始，监管着各公司金融事务和收费规模的政府部门，也在鼓励这些公司节约支出，而这正中它们的下怀。这些公司对主要的建造工程，在接近它们正常寿命的末期，采取的政策是增加维护费用，而不是增加更新费用。东方铁路公司（Compagnie du Chemin de Fer de l' Est）的维护成本数据显示，在建筑物和地面设施上的开支增加了——在1886年前，增加程度是24%，而在此之后，增加程度是36%。北方铁路公司火车头的使用寿命，1885年为20～25年，到1877年时，则延长到了30年，尽管到这时火车每天行驶的里程距离已经增加了50%。[③] 也正是因为这方面原因，当社会对运输方式的需求在不断更新时——这种需求在19世纪90年代晚期偶尔产生，到1904～1932年间持续出现——铁路对之准备不足。

铁路公司实际上面临着两种压力。第一方面来自于劳工队伍。由于这些公司的营运方式是劳动密集型的，铁路公司逐渐形成了一种内容多样的用工

---

① 全部年收入总量在1850～1866年间达到379万法郎，年总产品价值下降到了141万法郎，1867～1883年间，在全部年收入总量达到483万法郎，年总产品价值进而下降到了87万法郎。见卡隆：《一个大铁路网的雇佣历史：1846～1937年间北方铁路公司侧记》，第223页。而有关技术进步的情况，请参见同一文献，第337页及以后。【22】

② J. 德西里尔：《铁路与技术进步》，载《铁路年鉴》（1952年），第21～79页。【23】

③ 法国国家铁路公司（Société Nationale des Chemins de Fer FranÇais，简称SNCF）：《1821年以后铁路统计摘要》（公司内部文件，1964年）。【24】

政策，旨在保持一个相对稳定的劳工队伍并提高它们的技能水平。然而，由于交通量增加、一些设备破旧、由法律所规定的劳动时间减少（从1894年开始）等一系列原因，又迫使铁路公司常需为满足自己的额外劳动力需求而雇用那些条件很差的人员。在1913年以前，它们额外雇用了10万名工人；到1922年，又增加到18万。总劳工数量规模由此而翻倍了，铁路公司的雇主们被迫保证增加工资，增加程度又常常很大，并且必须普遍地为劳工提供福利保障。一些公司不得不动用它们很大一部分财务储备用到这些方面去。以北方铁路公司为例，1887~1913年间，动用的财务储备比例高达70%。第二方面是资本的建造与购买。1880~1900年间发生了建造和修理工程量下降，这并不意味着铁路公司停止从一些行业中订购机器设备。例如，由于列车负荷、线轨磨损增加，导致从19世纪90年代之后还是需要开展若干大型重建工程，同时很多路轨也需要重新铺设（到1913年，有29%的路轨经过了重新铺设）。进而，建造和修理工程量下降也使得从事金属生产和加工的公司不得不对变化了的情势进行重新调整。这是因为，各铁路公司在1855~1864年间和1875~1884年间分别购买了它们生产的产品的11%、
【262】7.3%；但是，1885~1913年间却只购买了5.9%。1878~1883年间，5家大公司实际供应了所有火车头订购量的90%。然而，一旦铁路公司的订货有削减，诸如此种的机器制造商随即就会面临严重的危机，如果此时在出口市场上还要再应对外国竞争，这种危机就更为严重了。而反过来，如果这些机器商出了问题，随着投资水平开始走向升温，所订产品价格和交货延迟方面的形势又会使铁路公司的经营显得非常困难。这种投资再次升温表现在以

表50　1855~1913年间铁路部门的投入、产出与全要素生产率

（以1908~1913年=100为基年）

年份	投入				产出	每单位要素产出效率				年份数	年均增长率（%）			
	资本	能量	劳动	总投入		资本	能量	劳动	总投入		资本	能量	劳动	总投入
1855	13.2	8.4	14.3	13.2	7.9	59.8	93.2	55.3	59.6	—	—	—	—	—
1867	33.7	16.8	39.0	34.1	25.8	76.3	152.6	66.0	75.4	12	+2.04	+4.19	+1.48	+1.93
1881	50.9	31.7	75.4	59.8	44.7	87.7	140.9	59.3	74.7	14	+1.00	-0.57	-0.67	-0.06
1886	59.8	34.3	77.3	66.0	42.5	71.1	124.1	55.0	64.5	5	-3.52	-2.29	-1.51	-2.60
1900	81.7	64.1	89.3	83.9	73.5	90.0	114.6	82.3	87.7	14	+1.70	-0.53	+2.92	+2.22
1913	108.5	99.3	106.4	106.8	117.2	108.0	118.1	110.1	109.7	13	+1.41	+0.25	+2.26	+1.73

【263】资料来源：下文附录。

下方面：首先，机车车辆增加了，并且在1923年以后开始全面更新（到1937年，34%的火车头和60%的货车的实际使用时间在17年以下）。其次，基础设施工程翻新了——1935年它仅能占到总资本支出的59%；而与之对比的是，1913年、1923年分别曾达到74%和68%。①

放开储备资本的衰朽状态不论，无论如何，对它们做出处置的花费都不会有新投资总成本那样大，这些重新建设项目的融资问题只有求助于市场。铁路公司的负债总数1913年达到187亿法郎，1923年上升到350亿法郎（当年价），1935年上升到828亿法郎，还未考虑战争爆发时在公开市场上14.6亿法郎的股份资本。总数为784亿法郎的债券和优先股资本构成了公司负债的95%。②

从长远视角来分析，正是相关公司采取以上融资策略，才使基础行业投资吸收了大部分国民储蓄。从1850年到1880年，这些部门——包括建筑行业、铁路和传统运输行业——每年吸收了16.3亿法郎的储蓄资金（或者，如果我们将应属于"在成套设备与机器上的投资"条目下的铁路设备投资排除掉，则为15.5亿法郎），这占整个国内投资的73.7%；将国外投资包括进来，也占其中的65.1%。这些部门的投资在绝对数意义上一直显得很重要——1880～1889年间，它的总数达到了21.02亿法郎；而1890～1899年间，其总数则达到了19.76亿法郎。但是，因19世纪末发生了产量过剩危机，从相对份额上看，这些部门的投资在国内总资本支出中所占的比例在1890～1899年间由67.7%下降到60.4%。投资结构的这种方向性变化不可避免，而且加速了。投资结构的这种变动也可以用来解释另一现象：投资此时被分散到国外去了。事实情况是，对外国的投资在用作投资的全部储蓄中所占的百分比，从1880～1889年间的4.9%上升到19世纪90年代和20世纪最初10年的16.3%、22.2%。但是，在这里，原因和结果一定不要倒置。在19世纪最后1/3的时间里，资金流到国外的渠道对基础设施工程没有发生什么冲击性影响，也没有减弱在成套设备与机器上的投资。而在第二次工业革命中，成套设备与机器投资实际上又起到了重要作用。在整个时期，这种投资相对份额都在增加。在1880～1889年 【264】
间，它们在整个国内资本投资中占37.1%，1895～1904年间则能占到

① P. 里布（Riboud）：《1848～1937年间法国大铁路网》，载《铁路通用手册》（1938年），第49页及以后。【25】

② G. 格里蓬·拉穆特（Gripon Lamothe）：《法国铁路网历史》（巴黎，1904年），第518页"附录"；里布：《1848～1937年间法国大铁路网》。【26】

38.5%，而 1910～1913 年间占到了 47.8%（见图 5）。另一方面，1904 年以后，铁路（以及住宅）建设的重新兴旺，使得这些基础部门有些措手不及，实际上还带来了沉重打击，这是因为成本和工资都上升了。这种上升和它自己相应的产品价格上升二者之间还有一个时滞，这个时滞带来了财务亏空，并且各公司自我融资发展的余地普遍降低了。

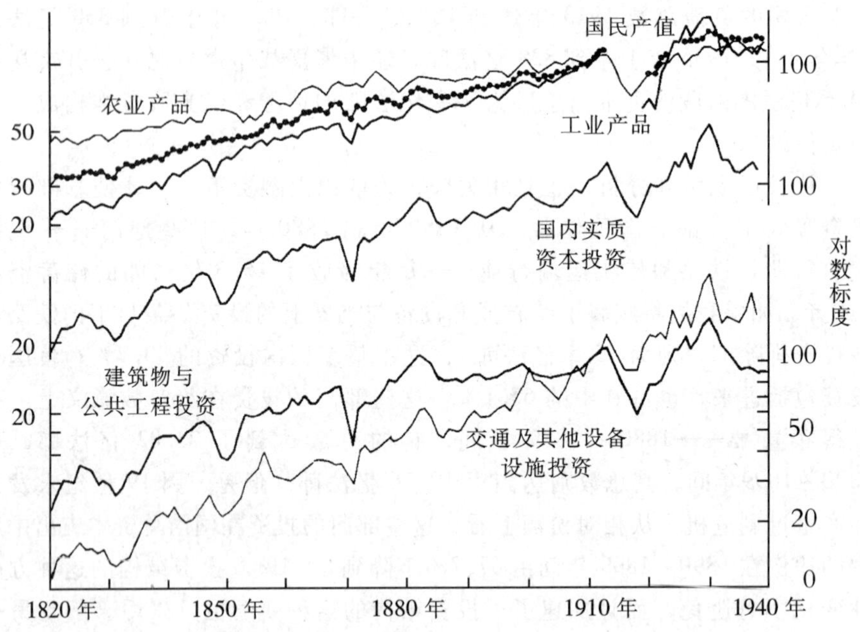

图 5　1820～1938 年间法国生产与国内投资指数

（1908～1912 年 =100 为基期）

资料来源：表 60。

按照上述阐释，时间推进到世纪之交时，基础部门的投资对整个经济起到了重要作用。整个国家储蓄资源的使用重心再一次落到了基础设施上面。从 1910 年开始，对国外的实业投资有了显著下降，然而（若非基础设施投资转旺）它原本是能够吸引很大份额的资本投资的。

1910～1927 年间，在所有私人借款中，铁路部门借款占据了 19.3%——直至 1928～1931 年间，这个份额才下降到了 9.6%——这种借款高潮引发了利率水平上升。对基础部门的贷款利率，1880～1900 年间为 4.25%，而

1900～1913年间为4.94%，但是1919～1930年间则抬高到8.52%（其中1925～1926年间高达12.6%）。在基础部门上的投资，无疑对法国的第一次工业化有贡献。但是，从19世纪80年代以后，它们再也起不到什么主导性的作用。当基础设施投资处在一个过低水平时，它引发了过剩资本外流；而当它处在一个过高水平时，要对工业产业的发展产生积极影响，又有一个相应的时滞。【265】

5.3 工业投资①

以中等时期长度这种时间视角来观察，工业投资的周期模式与基础设施投资的周期模式极为相似。但是有两处显著区别：第一，每一次周期的振幅不同；第二，尤为重要的，从长期时间范围来观看两种曲线的一般态势，二者也大不一样。1885年以前，在工业性成套设备与机器上的投资周期的振幅，与我们本章将之归类为"基础部门"投资的周期振幅相比要更小，从那以后，则相对更大。从相对长期的时间范围来看，工业投资的步伐加快了，这种变化态势既不像基础部门投资，也不像工业产品产量本身的波动变化。从1820～1824年间至1865～1869年间，工业投资的年均增长率为2.1%；而从1865～1869年间至1910～1913年间，年均增长率为2.8%。工业投资的凹形变化曲线和基础部门投资的凸形变化曲线形成鲜明对比。

资本要素的根基作用对于法国工业越来越重要。比较产品增长阶段和工业投资增长阶段，可以看出法国工业发展经历了三个主要阶段。

第一阶段，是19世纪20年代至40年代初期，高度的资本化进程与长期的廉价劳动力资源使增长呈现二元势态，这种情况对一些部门格外有利，这些部门也因此而得到发展。对它们而言，这种发展并不仅仅是一种混日子式的生存问题。实际情况是：在国内的各种技工行业中，工人数量在实实在在地增长着。而且，工厂自己也在持续地使用劳动密集型的生产方法。19世纪20年代后期和30年代，投资量发生了两次迸发式增长，它们都集中在特定行业：20年代集中在模仿英国模式建立的大型金属冶炼工程，并且若干重要的纺纱厂也在此期间建立；30年代，投资集中在采煤业，并且像前一个10年一样，冶金业和棉纺业也有相当数量的投资量发生。这些行业的

① 整个第5.3节由F.卡隆（Caron）教授撰写。【27】

增长一贯地都以劳工队伍增长为基础。从图坦提供的数据（数据的可靠性仍值得商榷）中可以看出，从帝国时代至19世纪40年代初期，在职工业人口年平均增长总数为4.6万人。

第二阶段介于19世纪40至60年代。这时，该平均增长数下降到每年3.2万人。然而，按照弗朗索瓦·克鲁泽（FranÇois Crouzet）的研究，各种工业产品的增长在此期间加速了。这位研究者深信，法国工业化的“关键时期”是七月王朝的后阶段各年，以及“独裁王朝”——即第二帝国的前半个时
【266】期。① 而莱维—勒布瓦耶（Lévy-Leboyer）的数据则指出，1815~1845年间，工业产品以每年2.98%的年率增长；1845~1865年间，则以2.56%的年率增长。② 由此他提出，增长率下降非常轻微。也许有人会揣测，在贡献增长率的各个组成部分之间，相对比重发生了变化，资本相对其他要素的比重增加了。然而有关实际数据的证据远不支持工业投资的加速增长，实际态势似乎背道而驰。

看起来，劳动生产率增长主要是来自于劳动自身得到更为有效的配置。在19世纪40年代和60年代之间，劳工队伍在农村和城镇之间的结构平衡被打乱，这是由于，正如我们所曾看到的，这是一个农村迁离人口大为增加的时期。19世纪50年代，这种迁离达到了高峰。我们已经意识到，工业生产对资本要素的相对依赖日益增长，再考虑上述农村人口发生迁离的情况，我们认为，应该对劳动方式改造的贡献，给予（和资本要素贡献）同样高度的评价。实际上，更早时候资本投资对经济增长的少量贡献已经表现出来，并且持续到19世纪40~60年代。1861~1865年间进行的一项调查显示，在100 163家样本工业企业中，对不同能源的使用比例如下：水力动力，60%；风力动力，8%；畜马动力，1%；蒸汽动力，31%。

就是说，在1869年，整个国家使用着320 000马力的动力设备。这和1913年的数字相比仅只占1/10。不过，按照克鲁泽的数据，在1865~1869年间工业产品指数维持在41.7；而按照莱维—勒布瓦耶（Lévy-Leboyer）的数据，则只有34.5。1878年，在工业中拥有蒸汽动力能力的企业仍不多，对铁路公司而言，相应的比例数据只有1/5。

---

① F. 克鲁泽：《19世纪法国工业产品指数》，载《法国统计年鉴》，第25卷，1(1970年1~2月)，第56~99页。【28】

② 莱维—勒布瓦耶：《19世纪法国经济发展：初步结果》，载《法国统计年鉴》，第23卷，4(1968年)。也请参见正文第289页，作者在那里指出，1968年的系列数据用表58的第8栏（似应为第2栏——译者）代替。【29】

第三阶段，是在19世纪70、80年代，工业增长明显放慢［按照马兰沃（Malinvaud）的数据，从1870～1896年，每年的年均增长率只有1.5%］。但是，产量增长的放慢并没有导致投资增长放慢。实际上，截止到1883年，后者甚至还加快增长了。那以后的1884～1889年间，投资量开始下降（1885～1889年投资量的指数值为44.5，而对应的1880～1884年间的指数值为50），但随后又加快增长。总的来看，1865～1869年间至1880～1884年间，工业产品年均增长率为1.5%，投资增长率为3.3%；1865～1869年间至1890～1894年间，这两个数据分别为1.5%和2.4%。由此我们看到，工业产品实际处在一个增长率趋于下降的时期，同时，工业生产更倾向于以资本要素为基础。

调查报告显示，在这些年间，适宜工作的工业人口大致保持在440万人。那人们又如何对投资项目增加进行解释呢？对这个问题通常有两个方面的解释：一方面，产品生产所使用的不同要素的相对成本在变化；另一方面，竞争程度也在增加。而这二者又都导致了生产效率提高。从第一方面的情况来看，在名义工资指数、重工业产品价格指数与利率指数的乘积之间进行比较（基期：1908～1912年=100），会得到以下数据：【267】

时　期	工资指数	重工业产品价格指数
1855～1859	68.0	166
1885～1889	105.3	66
1890～1894	109.3	64

从第二方面的情况来看，我们相信，只是在19世纪60年代以后的时间里，实际上也是随着铁路得到普及应用，地区和国际之间在资源使用上的竞争程度才明显增加。而且，无疑地，这种竞争在一些行业中刺激了生产增长。只要什么地方出现"先进"技术，它们就会需要对应相当数量的资本形式（来予以体现），有扩张意愿的公司也倾向于去采纳这种技术和资本。

1877～1883年间，在大部分（冶金、水泥、纺织和化学等行业）生产部门，大型工厂兴建起来。这些工厂的生产方法尽量节约在每单位产出上的劳动使用，然而，这种方法需要在资本方面大量支出。在此时期，这种投资过程及其投产往往又发生在市场需求疲软之际，这种不景气是由于农业收成下降、出口停滞以及"基础"部门投资回落造成的。由此便产生了过剩生产能力，进而导致了在19世纪80年代晚期，工业增长率下降。与此同时，世界经济活动中首次出现了许多新型工业技术。

19 世纪 90 年代以后，工业投资曲线与“基础”部门的投资曲线之间开始出现显著差别。前者的年均增长率，从 1890 ~ 1894 年时期至 1910 ~ 1913 年时期为 3.3%，从 1900 ~ 1904 年时期至 1910 ~ 1913 年时期为 3.7%，从 1905 ~ 1909年时期至 1910 ~ 1913 年时期为 5.2%。就在这个从 19 世纪 90 年代开始的时期，工业投资增长率被工业产品增长率赶上，从此，二者的数量水平基本相当。开始时，产品增长快于投资，接着，投资增长快于产品，现在则是二者并驾齐驱。整个工业所装配的能源动力的年平均增长数，从 1883 ~ 1903 年间的73 350马力，上升到 1903 ~ 1913 年间的141 800马力。按照马兰沃（Malinvaud）的数据，总投资增长率在 1896 年为 13.4%，在 1913 年为 16.8%。而增长量又主要集中在工业成套设备与机器，成套设备与机器部门的投资在1905 ~ 1913 年间以成倍的速度增长。由 A. 阿弗塔利翁（Aftalion）计算的机器进口指数，从 1895 年的 30 上升到 1910 年的 100，并且，在此期间，在经济体系的所有部门中，资本投资量都在稳步增长。阿弗塔利翁还确认在 1903 年的服装行业中存在同样趋势。

然而，在此时期，就促使资本密集程度提高来说，不同要素相对成本变
【268】化所起的辅助作用，实际上低于上一时期。在 1895 ~ 1899 年和1900 ~ 1914 年之间，工资指数值上升 1.1%，重工业产品价格指数上升 1.2%，而由后者与利率指数的乘积上升了 2.3%。但从另一方面看，只有投资才使新技术的采用成为可能，进而引起生产率的提高，这是一个事实存在的逻辑关系。因而，从生产效率提高来看，尽管这种不同要素成本的相对关系变化对资本替代劳动要素可能有不利影响，但是新资本和新技术的大量采用带来的生产率提高远超过这种不利影响。

法国工业长期以来严重依赖农业的发展，与基础部门的投资决策也息息相关。然而，这种趋势却发生了改变，我们可以将法国的资本形成史明显地划分为两个时期。在 19 世纪的前 2/3 的时间里，就投资的分部门情况来说，更具有推动作用的因素来自于基础部门，而工业投资只是配角。但是在 19 世纪结束期间，特别是在 20 世纪的前 10 年，基础部门投资——从 19 世纪 80 年代开始萎靡——最终在工业投资的带动与刺激下复苏过来。技术创新对这个复苏过程起到重要作用，比如说汽车技术作为新式生产手段，刺激了新式产业的成长。这些创新的发生实际上也以消费者开始对耐用消费品产生需求作为环境基础，这种需求意味着新型消费模式的产生，并促进了新生产手段的开发。

以上是投资问题。就我们这一章的简短篇幅来说，我们不可能对工业融资历史研究中所提出的各种问题都作详细考察。以下我们将主要注意力局限于对公司的内、外部融资进行简要分析。

1. 外部融资

工业资本的形成和各种交通网线资本的形成显著不同。后者的融资方式主要是发行债券，而这种有价证券又和政府债券非常相似，因为它也是由国家信用担保。与此相比，工业投资的私人化特点更加鲜明。

工业企业家来自社会各个阶层，其中数量特别大的一部分来自于技师和中产阶级的生意人。前者在机器制造行业占绝对优势，后者则在纺织行业较为普遍。在19世纪，冶金行业仍在某些方式上延续着传统铁匠铺主的古老生意风格，但是新群体也如期而至，这就是铁商或者说商人。总而言之，19世纪法国工业资本有着各种来源。该世纪的第一阶段，阿尔萨斯（Alsace）【269】和纳韦尔（Nevers）的实业家们，以及处于该世纪第二阶段，洛林（Lorraine）和格勒诺布尔（Grenoble）等地的实业家们，都在各自的地方范围里寻找到了吸引资本的方法。还有，各个行业之间都有数量可观的融资交易。在北部，纺织品制造商对采煤行业的扩张提供了巨额资金支持。在世纪之末的阿尔卑斯山地区，电化工和电冶金行业发展所需的资本很多来源于地方资源，而此前，它们是由水泥和造纸行业来提供资金支持的。轿车行业的发展也可以用于验证这种趋势。大体上说，轿车公司基本由中下阶层生意人创办，或是由“满脑子机械”的技师创建。前者如雷诺（Renault）和庞阿尔（Panhard），它们不久就在轿车制成件生产中形成了分工优势；后者如贝利埃（Berliet）。当时，往往在范围不大的亲朋圈内就可以筹集到成立一家企业所需的资本。

一直到1863年，组建一个有限责任公司（*société anonyme*）仍需要政府批准。行政法院（Conseil d' Etat）是法定的审查注册申请的机构，不过，这种申请很少能够及时得到批准。1819～1867年间，共有660家这样的公司注册形成，其中只有80家在工业部门可以称得上积极有为。实际上，私人企业最常采用的法律主体形式是有限责任合股制（*société en commandite*）。1840～1859年间，法国平均每年有218家有限合伙企业和14家有限责任公司诞生。因而，正如C.F.弗雷德芒（Freedeman）所曾论证，很明显，法国有关管理公司的法律没有阻碍工业发展，从个人责任有限化的发展历程看，有限合伙制是一个较为适当的公司框架。实际上，这种框架在其他国家甚至在英国也不存在。

1867年通过的法律扫清了剩余障碍。奇怪的是，尽管人们拥有相关文件证据，但对于那些在19世纪创建的法国企业，却没有研究者做过任何严谨的研究。我们这里试着引证关于第三共和国时期的一些数据。这个时期总共新形成了18.1万家公司，它们采取的形式是：12万家为普通合股制（*sociétés en nom collectif*）；3.06万家为不带股份资本的有限责任合股制（*société en commandite simple*）；3.12万家为联合股份公司（*sociétés par action*），而其中又有2.08万家为有限责任公司（*sociétés anonymes*）形式。1879～1883年，联合股份公司能占到新成立公司的14%；1909～1913年，占到17%。关于联合股份公司的总资本数额，就我们所知，从1889年以后，对每一个5年来说，年平均数如下所示：

1889～1893年：5.59亿法郎　　1904～1908年：6.91亿法郎

1894～1898年：6.64亿法郎　　1909～1913年：10.72亿法郎

【270】 1899～1903年：11.69亿法郎

这些数据凸现了1899～1903年的重要性，在这个时期，各公司都筹集到了启动资本，这些资本支持了1906～1929年间集中进行的工业化活动。

1901年的《法国统计年鉴》中缺失了联合股份公司1898年的资本数据。在那一年，法国运营中的联合股份公司数目是6 325家，名义资本总值是135亿法郎。工业公司只占联合股份公司总资本的22%，但工业公司在股票交易所注册上市的股份公司的股份中占到34%——而上市公司的总名义（面额）资本是129亿法郎，股份资本市价总值为144亿法郎。与所有公司的总和相比，工业公司的名义（面额）资本与资本市价总值之间的差距更大。对工业公司而言，市价比面额多出73%；而对所有公司而言，差距程度是市价比面额超出11.6%。当然，工业资本（包括面额资本与市价值）在工业内部不同部门之间的分布也不同（见表51）。

19世纪40年代开始——“当铁路修建战役度过了建造合同期限”——各大重要投资银行就开始将业务对象转向工业。在整个19世纪40年代和50年代，在那些从事冶金和机器生产的有限责任合伙者的公司名录中，这些投资银行的名字随处可见。到1914年时，除了掌握数量可观的外国证券以外，大部分投资银行在冶金和电气行业也掌控着大量股份。实际上，这些行业就是在它们的帮助下创建的。不过那些创建于19世纪60年代的重要储蓄银行一般并不特别注重这种实业投资，当然，某些投资高潮时期除外，如19世纪70年代以及1908～1914年间。总的来看，在促进投资方面，法国的

表 51　　**1898 年工业资本的部门分布**

工业部门	公司数量		股份名义（面额）价值		公开上市公司资本名义（面额）价值		公开上市公司上市股票价值	
	个	所占百分比	亿法郎	所占百分比	亿法郎	所占百分比	亿法郎	所占百分比
选矿与采矿	366	14.0	7.522	25.1	7.025	24.7	17.315	35.1
食品工业	689	26.3	3.272	11.0	3.085	10.8	5.942	12.1
化工	496	19.0	5.146	17.2	4.971	17.5	8.990	18.2
金属	437	16.7	7.540	25.2	7.296	25.6	9.633	19.5
制造业	634	24.0	6.445	21.5	6.110	21.4	7.418	15.1
总计	2 622	100.0	29.925	100.0	28.487	100.0	49.298	100.0

资料来源：《法国统计年鉴（1901）》。 【271】

商业银行系统所起的作用并不是主导性的。不过，回过头来说，银行系统创建活动本身就是资本形成的一个重要组成部分。商业银行还通过促进贴现工具和短期信贷的发展，带动资本运转，并由此更好利用公司原有资源。因此，总的来看，银行系统进一步促进了公司融资自我的效率。

2. 内部融资

在19世纪，法国的工业经济体系在三个重要方面[①]都展示出自我融资的显著特征。

与铁路部门不同，制造工业在筹集资本方面更偏好于使用内部融通的方式。这种偏好是普遍的，不管公司的法律主体形式可能采取什么特殊形式。但看起来，在那些直接且公开地采取家庭企业形式的公司，在那些全部或大部分资本都非私人化的特大公司中，这种特点还是表现得更为明显。在有限 【272】 合伙制和有限责任制公司的情形下，公司控制权转授到了很少数量的若干家族的手中，但那些丧失经常性控制权的合伙人或小额股权股东，还是能够施加足够压力以迫使行使着管理权的董事或董事委员在企业收益分配中增加用于发放红利的部分。例如，1897年，法国北部的大维克瓦涅—诺伊（Vicoigne-Noeux）采矿公司的董事们都颇有遗憾之意地叹息道，世界存在着“过分发放红利”的倾向，而且还补充道，“我们公司就一定程度地就做得

① 关于此处三个重要方面的具体所指，作者未作明确的解释，从上下文来看，有可能是指利润分配、内部剩余、票证发行三个方面的情况。——译者注

过分”。这种自我负罪感本身就说明：对投资者分配的利润数量的任何增加，都被认为有害于良好的公司管理；一个工业公司应该形成“战略储备”，并且应该最大比例地对它的利润进行再投资。对于董事会来说，再没有比能够告诉他们的股东说先前的投资能够在一定年限内分期变现更为自豪的事情了。

内部融资的形成还可能起因于内部（物资与价值方面的）剩余能够向资本支出转化，而这种转化自身又是由于19世纪的技术创新造成的。交通系统使得物资配送显得快速而安全，也使公司的各种存货规模降低。比如说煤炭，企业以前在冬天开始前，在对运河即将封冻的预期下，总是不得不大量购进储存（隐含之意是铁路代替运河之后，煤炭存货降低——译者）。还有，短期信贷和贴现工具的发展也有类似结果。毕竟，生产手段的改进是用来节省劳动和原材料的。开始时，这种改进会使当事者在某些具体资本支出方面进行资源转移，但随后就会产生节约资本使用的效果。这样，在这里就存在着两个不同方向的发展趋势，这二者的共同作用解释了为什么在投资增长时资本一产出比例会保持稳定，即技术进步会更使得资本对劳动进行替代，然而资本生产效率的提高又导致了对资本需求的下降。资本生产能力的提高，像劳动的生产能力的提高一样，会增加公司的自我融资能力。

研究者们还没有对在工业公司发展中内、外部融资各自的贡献大小这一问题开展足够研究进行测评。毫无疑问的是，在19世纪70年代所发生的投资，很大一部分来源于由19世纪50、60年代形成的财物储备提供的融资，50年代和60年代是利润率很高的时期（这些利润又是由于在产品价格的下降态势趋于停止和变缓时，由成本发生可观下降而造成的）。19世纪90年代和20世纪最初10年，用于内、外部融资的资本储备都增长了。在第一次世界大战前夕所撰写的大部分时事评论都强调利润重新投资的重要性。例如，莱斯屈尔（Lescure）曾指出，利润的一半都被用在财物储备上了。C.
【273】科尔松（Colson）坚持说，法国的公司“用于建造成套设备上面的利润数量可观，而不怎么用于增加红利发放”，并且试图通过这种方式来“避免必须发行新股份”。G. F. 唐纳尔（Teneul）在进行过有关计算之后写到，在1890~1913年间，大概50%左右的利润被重新投资了。这种评论与公司通过外部融资获得的资金数量在增加的观感并不必然地存在什么冲突，根据马兰沃（Malinvaud）的研究，1896年，由法国公司在货币市场上发行的票证总量能占到其内部总产品的2.1%，在1900年能占到3.9%，在1913年能

占到 6%。L. A. 樊尚（Vincent）认为，1913 年法国公司的资本分布情况如下所示：

固定资本资产形成总数：　66 亿法郎

　其中所形成的物质储备总数：　30 亿法郎

公司未分配收入总额：　42 亿法郎

个体公司对实业投资提供的融资：　11 亿法郎

银行净贷款：　13 亿法郎

这样，在净投资总数 33 亿法郎中，有 40% 是由银行贷款提供的。在战争发生以前的那些年份中，贷款所占的份额继续增加。F. 马纳塔（Marnata）曾经为归纳 1892～1911 年间在股票交易所发行的证券编撰了一个表格，其中工业股票的数据如表 52 中所示。1897 年以后，工业部门在所有证券发行中能占到 2/5，在股票证券中则能占到 2/3。工业部门公司也被允许进入证券市场募资，但与银行和交通部门公司相比，受到的束缚相对更大。

表 52　　1892～1911 年间股票交易所上市情况　　单位：亿法郎

时　期	股票和债券			股　票		
	总数(A)	工业公司(B)	工业比例(%)(B)/(A)	总数(C)	工业公司(D)	工业比例(%)(C)/(D)
1892～1896	5.43	1.88	34.7	1.76	0.676	55.5
1897～1901	9.41	4.09	43.5	4.70	2.142	62.6
1902～1906	7.10	2.99	42.1	3.69	2.483	67.3
1907～1911	14.44	6.05	41.9	6.16	4.108	66.7

资料来源：F. 马纳塔（Marnata），《为实业投资提供融资的证券交易》（巴黎，1973 年）。

法国实业投资总数，从 1830 年的 50 亿法郎上升到 1913 年的 1 220 亿法郎，这就是说，它的增长速度是国民收入增长速度的 3.4 倍，是流通中货币数量增长速度的 5 倍。在 1830～1850 年间，年平均增长数额为 2 亿法郎；在 1850～1880 年间，年平均增长数额为 15.6 亿法郎；在 1880～1913 年间，则为 20 亿法郎。实业投资的这种变化趋势，也可以通过分析可继承财产而得到检验：动产价值占总资产的比重于 1851～1855 年间为 32.8%，到 1861～1865 年间升为 44.2%，1911～1915 年间升为 58.6%。【274】
在这些动产中，可转让有价证券的发行数量直至第二帝国以后才有了实质突破：在 1851 ~ 1855 年间，它们在总动产中占到 6.9%，1871 ~ 1875 年间则占到 8.6%，1881 ~ 1885 年间升至 17%，在 1891 ~ 1895 年间升至 32%，到第一次世界大战前夕则占到 39.1%。直至 19 世纪 80 年代以前，居于主导的实业投资融资方式仍是政府证券。国家债务最大的增长发生在 1850 ~ 1880 年间，其数量从 1830 年的 47 亿法郎增加到 1850 年的 54 亿法郎，而到 1880 年则增到 216 亿法郎。以后的增长相对平缓，1913 年，总数达到了 330 亿法郎。从发展变化的角度看，同样是储蓄资源的使用形式，很大一部分政府证券的角色后来被发生在铁路上的投资替换了，而后一种投资所采取的金融操作形式，既有可能是股票，也有可能是公司债券。不过，在第一次世界大战以前的那几年里，工业证券开始显得比铁路公司证券更加重要。

附　　录

本章试图评判法国资本形成对经济增长的贡献，使用的方法包括估测投资数量变化以及这种数量在国民产值中的比例，并试图阐明：成套设备与机器的投资是导致经济周期性波动的积极推动因素。为此，我们需要以表格列示资本回报情况，并详细列举年度总投资的数据。这里的投资，是指其目的是为了替代和增加国内资本的财务支出行为，这种资本可再次用于生产，并表现为固定资产存量形式。不幸的是，除了仅在 20 世纪曾由 H. 卢贝尔（Lubell）、J. J. 卡雷（Carré）等人，以及 J. 马雷斯（Mairesse）① 做过一些数据收集和推算之外，这种数据系列几乎是不存在的。因而，我们必须试着在这些研究者所发掘的成果基础之上再反向进行外推估算。很显然，这样所获得的关于过去的数据就不可避免地只是近似的。它们在可信度和可应用性方面，都不能和从当代一般文献中所计算出来并交叉验证过了的那些

① 参见以下文献：

（1）卢贝尔：《法国投资规划：关于莫内计划的辩辞》；

（2）J. J. 卡雷、P. 迪布瓦（Dubois）以及 E. 马兰沃（Malinvaud）：《法国经济的发展变化：一个关于战后经济发展原因的分析论稿》［巴黎，1972 年。这是贝尔泰以及他的以上这几位合作者加工制作（在本章注 8 中曾经提到过）的油印稿资料《法国经济从起源到 20 世纪中叶的发展变化》所对应的正式出版物］；

（3）J. 马雷斯：《关于生产用固定资本的估算：方法与结果》，INSEE 资料，卷号 C，篇号第 18 ~ 19（巴黎，1972 年）。【30】

数据相提并论。

对我们开展有关研究而言，要利用现有的法国文献，我们会遇到三个方面的困难。

第一方面的困难是关于资本回报数据方面的。要对一个给定资本存量总量进行推算，其中一个方法就是对资本未来回报进行资本化。然而，税收制度改革只是在1916年才生效，财政上的回报数据几乎不能为个人所得提供任何有用的计算依据。看来，只有房租和已经得到开发的土地面积的数据是精确的。19世纪时，政府部门在三个历史时间发布了关于土地上的财产的总数量、它们的鉴定价值以及它们的市场价值的时新数据：1851～1853年有744万栋住宅（此间它们带来了6.77亿法郎的净收入）；1887～1889年有891万栋住宅（它们带来了19.50亿法郎的净收入）；1899～1900年有917万栋（它们带来了22亿法郎的净收入）。不幸的是，对这三个时期的数据进行比较，并不如我们初始预期的那样，能够取得进一步的成果。这是因为，在不同的时间上，这些数据所属总体并不在同一范围内精确地包含同样个体。至1887～1889年，法国的税收数量管理，已经从原来的那种由地方【275】
权力机构进行税量评定的方式，转换为一种以所确定的系数进行计算的方式——只是在这个变化发生之后，研究者做出的与税收相关的价值量判定才能够称得上基本正确。另外，在几次收集有关数据的调查活动之间，地理位置基础在发生变化，几次调查的住宅存量中又没有计入公共建筑物和不属于居民的农场建筑物，并且在若干不同的情况下，权力机构对工厂的定义也在发生变化，而工厂与非工厂的税收方式是分开的。按照政策，在作为计税基础的总收入中，为补偿维护费用以及成套与非成套设备的折旧摊提，工厂享有的是对总收入做40%的扣减，而普通住宅只能进行25%的扣减，因而工厂划分范围上的不同当然会对加总数据造成影响。即使我们假定在资本化中所选择的利率等参数对收入和资本都适应良好，事实上仍存在官方数据的不连续性问题；并且这些数据涉及事情性质不同，因而它们也不能并列到一起进行对比分析。

第二方面的困难是关于资本存量自身的文献资料问题。我们设想，存在某个第二种方法（参见章首有关估算方法的论述——译者），它看起来能够避免前面所提到的“回报资本化计算方法”中所遇到的困难。这种方法的操作方式是，假定我们对一个给定的年份拥有详细的资本存量估数，我们就有可能编撰一个新发生的实际投资的数值序列，编撰方法是在每一年的存量数据的基础之上再加上新形成的成套与非成套设备，并减去那些寿命已经终结或者已经成为废弃物的资产的价值。但是，这里却再次遇到了问题：这种方法在别的地方应用得当然很成功，却不能很好地适应于法国的情形，这仍是因为数据缺乏。首先，这一方法必须估定基年的资本存量数据，然而关于成套与非成套设备的数量及价格的资料都是不足的。其次，可再次用于生产的资本的定义，会要求我们省略掉那些常常不是独立地进入统计范围的类目——例如，已经得到开发的土地数目就是一个这样的指标。这是因为，形成建筑物场所的土地价值和建筑物本身的价值常常是不分开的。还有，当我们进行研究的全部目的就是要将全部资本的精确数值确定下来时，我们怎样才能将每年的总投资数据加到基年上去？总的来看，我们只能局限于那种多少含有估算成分在内的数据，例如，M. 于贝尔（Huber）在 1906 年时试图重建和给出动力能源供应变化的详尽数据。而就是在他那里，在证据上仍存在着许多不能完全一致的地方。比如，我们在他的工作中几乎没有看到水力驱动制造厂的影子，而（根据 C. 迪潘的研究①）在 1827 年时水力动力提供了所有动力供应中的 67%，1906 年仍然提供着 22%。我们也不知道马力驱动工厂和风力驱动工厂的数据，它们在 1827 年时提供了 11% 的动力，在 1906 年则提供了其中的 5%。如果我们再来看生产过程另一端，我们要对破旧不用或过时的成套与非成套设备进行一定方式的数量处理，这本身就暗含着需要预先确定有关资本寿命的信息知识，但我们现在所拥有的只是少量而片断的证据。这些证据——比如说，我们确实知道，在 1913 年，商用船只的平均寿命被估定在 14. 7 年（帆船的寿命为 15. 2 年，而蒸汽船的寿命为 14. 5 年）——也只能用来强调我们所不知道的东西不至于非常多而已。总而言之，在不知道相关资本、投资以及成套与非成套设备如何废弃不用的信息的情况下，我们要将希望寄托到“第二种方法”上，看来也是过于自信了。

第三方面的困难，即最后一个困难，源头来自于关于成套设备与机器的价格数据问题。保险公司的档案和相关公司自身的留存记录，并没有对这个问题进行调查和研究，因而，从事法国研究的历史学家们并不拥有关于成套与非成套设备以及公共工程价格的可靠数据系列。然而，这对于我们所曾
【276】（在章首）回顾的两个方法又都是必需的。这是由于，统观整个时期，我们所要进行的比较分析都要以相对基年的重置成本为基础来进行，这是研究得以进行的一个基础关系。为克服这个困难，我们试图针对若干选定部门，先估算出几个价格系列数据。表 53 给出了三种不同资本类目的数据发掘结果

① C. 迪潘：《法国的生产力量》（巴黎，1827 年）。【31】

总结：建筑与公共工程数据系列（通过给予工资 45% 的权重，给予建筑材料 35% 的权重，给予其他不同项目 20% 的权重，计算并给出总价格水平，然后再将整个数据系列制作出来）；铁路永久路基所需材料价格数据系列［通过给予工资 10% 的权重（以北方公司的记录为基础），给予路轨 40% 的权重，给予其他路轨附属物品 15% 的权重，计算并制作数据系列］；[①] 铁路机车车辆［40% 的权重给火车头，30% 的权重给车厢（箱），30% 的权重给驱动轴、车轮盖以及其他等等］价格系列。不过，全然不顾环境地使用这些数据系列是不明智的（例如，表 53 的最后一栏，就是通过对两次战争年间的资料进行调整并采用调整后所得的加权因子制作而成的，因而，栏中数据不一定总是精确）。之所以这样说，是因为这些互不相同的数据系列的适用基础都非常狭窄，而我们又没有相互验证的途径。

表 53　　1815～1913[②] 年间原材料与设备价格指数

（基期 1908～1912 年 = 100）

时期	石料等	木材	金属	机器	铁路成套与非成套设备		批发价格指数	工资	建筑与公共工程	铁路基础设施	总指数
					固定资本	机车车辆					
	1	2	3	4	5	6	7	8	9	10	11
1815～1824	47.4	49.9	217.4		—	—	118.1	46.2	70.8	—	92.6
1825～1834	48.8	51.5	198.9		—	—	98.3	49.6	67.8	201.2	87.9
1835～1844	53.0	54.4	162.9		—	—	96.1	44.7	64.3	151.9	81.6
1845～1854	54.0	55.5	153.2	143.8	207.5	124.4	94.6	43.8	63.3	146.6	79.3
1855～1864	62.2	80.6	138.5	135.4	172.6	112.8	112.7	53.2	75.4	133.8	90.8
1865～1874	69.0	84.4	115.6	113.6	139.6	109.8	109.8	63.2	79.6	115.7	90.3
1875～1884	77.3	64.4	98.7	98.0	115.7	100.9	100.9	76.2	81.1	101.8	86.7
1885～1894	83.9	64.6	71.4	90.7	77.4	90.2	90.2	83.1	81.9	80.9	84.1
1895～1904	90.4	80.1	78.2	98.9	86.2	84.7	85.3	89.6	87.6	89.3	88.2
1905～1914	97.5	98.0	88.3	108.8	101.0	92.9	99.5	98.8	98.4	100.8	99.8

资料来源：（1）第 1～4 栏和第 7 栏来自 M. 莱维—勒布瓦耶（Lévy-Leboyer）：《来自 F. 西米昂（Simiand）的遗产：价格、利润以及法国经济状况》；（2）第 5、6 栏来自卡隆：《一个大铁路网的雇佣历史：1846～1937 年间北方铁路公司侧记》。【277】

因而，我们关于使用方法的选择，将由不同途径获得的数据证据的数值

① 权重和不为 100%，但原文如此。——译者注

② 从表内所列结束年份，似应为 1914 年。——译者注

差异程度来决定。我们将不试图遵循通过固定资本存量总额的年增量来得出投资额的计算模式，而只是局限于针对经济体系中的6个部门发生的投资来制作数据系列。我们所使用的方法将类似于在商品流量指数或价格指数的计算过程中采用的方法——这是因为，对加总权重不得不频繁地进行调整，以使得相应数据系列的代表性程度提高，或者说，实际上使它们变得更为可靠。然后，我们将把所有发掘成果综合起来，以期得到一个能够表示资本投资的数据系列。为了使我们的数据报告简短化，在这里，我们将不同的计算结果，归纳成一个以10年为单位时期的表格形式——1825～1834年、1835～1844年，等等（本章正文中所引数据则是指1820～1829年、1830～1839年等时期上的平均数）。表56将关于（用当年价来表示的）资本形成的发掘成果综合在一起，同时还提供了用于计算最后要求的投资指数的权重因子。除了这个表格之外，其他表格的数据计算所使用的基础系列都是关于年度的，这些年度系列如表60那样，以产品和投资列在一起的方式展现出来。

附录1　数据系列的组成

理想的是，首先应该建立每个部门的产品指数，其方法是通过测定原材料消耗和技术复杂程度，或者甚至是通过以价格指数对产出数据指数紧缩化来实现——例如，对机械工程行业就是这样做的——然后再计算（各时点）留存下来的那种位置固定的成套设备与机器的数量，以及进口和出口之间的差额，最后再从这些数据中推算出每年投资了多少。这种处理程序曾经由J. J. 卡雷（Carré）等人采用过。不幸的是，资料的有限性使得我们不可能按
【278】照这个程式进行处理。因而，我们对每个部门都采用各自相异的处理方法。

1. 建筑业

建筑行业的指数编制使用了关于建筑材料消耗的数据，这些数据保存在城市税收征管记录之中。对于我们，它们直接来自于L. 谢瓦利埃（Chevalier）、R. 洛朗（Laurent）和G. 德塞尔（Désert）等人。① 并且，在以下方面，我们对数据进行了若干细小修改：（1）1860年后，由于在城镇

① L. 谢瓦利埃：《19世纪巴黎人口构成》（巴黎，1950年）；R. 洛朗：《19世纪第戎的城市税收》（巴黎，1960年）；德塞尔：《直至19世纪法国建筑工业情况概览》。【32】

的建筑活动中使用的材料范围更为广泛，而在农村中，木材仍然继续维持着其最主要的建筑材料角色，因而我们使用了M. 梅尔热（Merger）和J. 加亚尔（Gaillard）所曾列出的数据系列，[①] 以及在《法国统计年鉴》中那些和原材料消耗相关的数据。（2）关于巴黎的那些与城市人口迁移运动有关的数据系列被改动了，以力图能够将1855~1860年间巴黎市郊的社区人口包括进来；而关于1871年整个国家范围的总指数则在原有基础上增加了4.6%，以弥补由于领土缩小所导致的原有计算结果偏小的问题。（3）生活水平改善指数最初为0.5%，1860年以后则等于1%，包含在最后形成的各数据系列之中。（4）关于20世纪初期的情况，我们在自己原来计算工作的基础上，进一步有选择性地对卡雷等人的指数予以采用。[②]

2. 公路、港口和运河

发生在传统交通工具上的资本投资的不同数据——城市公路除外——是通过（用当年价）将所有新支出（将其称为“非经常性的”）和经常性支出加在一起的方法求得的。它们分别分组在四个不同标题下：（1）国家（建设的）公路的数据，它们被记录在法国公共工程部的预算资料中，并被各年《法国统计年鉴》重录。（2）部门（建设的）公路投资的数据，曾由F. 吕卡（Lucas）列出。[③] 关于1870年以后的时期，则在《法国统计年鉴》上有记载。对于1870~1875年间和1888~1889年间，有关维护费用支出的数据已遗失了，我们是通过将各个时期平均每公里年维护费用与这个期间的公路网路里程数相乘，并以内插值法结果替代作为各年维护费用支出的估数。（3）关于地方（建设的）公路，所需的必要数据也被包括在与上面相同的文件记录中。1870年以前的建筑成本数据来自A. 德·富维尔（de Foville）和C. 科尔松（Colson）。[④] 维护费用是通过将公里数和年平均支出相乘计算而得，后者（年平均支出）又是通过采用吕卡所研究算出的1860年的数字而得。在将它们应用到其他年份时，我们进行过调整，调整的方法是借用公共工程成本指数的数据（表53的第9栏）。（4）吕卡也给出

① M. 梅尔热：《建筑材料消耗》（未公开发表的论文，第戎大学，1970年）；加亚尔：《1852~1870年间的巴黎大都市》。【33】

② 卡雷及其合作者：《法国经济的发展变化：一个关于战后经济发展原因的分析论稿》。【34】

③ F. 吕卡：《道路交通研究》（巴黎，1873年）。【35】

④ 参见以下文献：

（1）A. 德·富维尔：《法国经济状况》（巴黎，1887年）；

（2）C. 科尔松：《政治经济学教程》，第1版（巴黎，1903年）及其后来的修订版。【36】

了各公司在运河、天然河、港口上的支出数据。对于政府支出数据，我们使用的是法国国家公共工程部（Ministry of Public Works）在《关于河运与海运的法案及其开支》（1902 年版和 1914 年版）一书中给出的数据，以及由法国国家航运局（Sub-Department of Navigation）两度出版的《建设与维护支出》（1898 年版和 1912 年版）中的有关资料。最后，由于不同支出数据都是用当年价记录表示的，我们通过使用表 53 第 9 栏中归纳出的年度价格指数来计算价格缩减指数，并对这些支出数据进行价值缩减
【279】处理。

3. 交通部门的固定资本

正如以前的情况，我们将铁路设施的固定资本（也就是，在路基、路轨、车站、桥梁等上面的）投资分解为新建造工程支出与在维护和替换活动上的支出。然而，我们省略了土地购买、正在铺设路轨所发生的财务不足金额、融资费用。这三个项目（以“附加支出”在表 54 中列出）——其总计平均能在总投资中占 13%——之所以会在我们的分解过程中省略掉，是因为它们和我们关于可再次用于生产的固定资产的定义并不吻合。在编制这些数据时，所使用的资料来源可以归结到三个方面：（1）法国公共工程部出版的关于“新支出”的年度数据。这种支出数据收录在《1887 ~ 1913 年间法国铁路统计：主要文献纵览》和法国国家铁路公司（SNCF）编撰的《1821 ~ 1890 年间关于法国铁路自开始以来的主要统计结果》（未注明成书日期）。为了将这个支出数据进一步分解为“机车车辆”和“基本设备”，我们进一步使用了有关归类（归类方式“A”），公共工程部曾要求相关公司按照这种归类方式登记数据，它们被公布在《法国铁路统计年鉴》一书上。（2）关于 1899 ~ 1912 年间维护费用支出的数据，曾由公共工程部编撰的《公司机构的账户资料》一书给出，也收入了 A. 皮卡尔（Picard）的《铁路论丛》一书。① 对更早些时期的维护支出，则以主要大公司中四家的资产负债表为基础进行计算。② （3）我们选择和采用皮卡尔所发表的关于 1845 年之前这段时期的总支出数据，并应用有关分解计算方法对其数字做出处理。在前面关于 1845 ~ 1849 年间的计算过程中，我们曾使用过这种分解方法——即首先
【280】减去了融资成本所导致的 13% 的费用，然而将 83% 的份额分配给发生在基

① A. 皮卡尔：《铁路论丛》（巴黎，1887 年）。【37】

② 国家档案局（Archives Nationales）：档案号 65 AQE，第 304、461、516、542、560、561 页。【38】

本设备上的支出，17%的份额分配给在成套设备与机器上的支出。也如前面情形一样，我们继而在铁路基本设备价格指数（表53的第10栏）的帮助下，对相应支出数据进行了价值紧缩化处理。看来，就处理那些包含着各个年度增长数加在一起的铁路公里数数据来说，这种方法显得特别适合，这是因为它能将从路轨开始铺设时起就曾发生过的补充性支出也都考虑进来。

表54　　1815~1914年间固定资本投资

（当年价，年平均数）　　单位：百万法郎

时期	公路、港口和运河			铁路			
	新支出	维护支出	总支出	新支出	维护支出	总支出	附加支出
1815~1824	18.8	52.0	70.8	—	—	—	—
1825~1834	54.8	65.4	120.2	0.6	—	0.7	0.2
1835~1844	111.7	95.7	207.4	25.2	1.5	26.7	4.7
1845~1854	99.1	116.7	215.8	134.9	5.7	140.6	22.7
1855~1864	87.9	154.9	242.8	280.0	33.8	313.8	91.0
1865~1874	82.9	184.2	267.1	164.7	52.9	217.6	57.4
1875~1884	120.1	216.1	336.2	240.5	97.3	337.8	78.1
1885~1894	91.8	212.3	304.1	205.0	89.7	294.7	72.2
1895~1904	75.6	210.8	286.4	175.3	107.3	282.6	25.7
1905~1914	95.3	219.8	315.1	284.1	150.6	434.7	30.1

资料来源：见正文。

4. 交通工具

我们不能获得归总在“交通工具”项目下的所有类目的数据。比如说，以某种单位计的传统交通工具的数量，像小船、马车和驳船等等，它们的数量就无法确定。我们所能做的，是在“传统交通工具”的项目下，列出农业产出的数据，以及由J.C.图坦所计算出的道路交通量指数。[①]图坦曾经列出过两个数据系列：旅客数量和马车数量，他在估算时用每天和每公里的方式来表达。他的估算是以对货运的收费是对旅客收费的2倍为假定前提来确定有关权重的。其他的数据系列则是直接计算出来的。（1）关于在铁路机车车辆上投资的数据系列，我们所使用的资料来源、计算方法同于我们关

① 图坦：《1830~1965年间法国交通状况》。【39】

于铁路基本设备支出的估算。我们在同样的资料文献中找到了用当年价表示的相应数据，包括支出（对新项目的支出和对现有存量的替代性支出）数据，以及维护成本数据，同样地，我们使用（在表53的第6栏中的）相应的价格指数对有关价值量进行了紧缩化处理。（2）关于汽车的计算过程，我们只是进行了相对简单化的处理。这是因为在1913年以前，汽车运输行业只起着很小的作用。运输汽车的年增长数目（我们所知道的只是1905年、1910年和1914年的数据）的估定，是先假定一辆汽车的平均寿命是9年，再以此为基础考虑运输汽车的报废。实际计算过程是在考虑报废的基础上，将每年生产的新汽车数目量加在一起。① 我们没有对私人车和投入运营的载重车进行区分，这是由于1898年的税收减让导致了后者相对车辆总量的比例有了绝对优势的增长。②（3）在法国建造和注册的商用船只的数目——或者说，由于法国船队对本国和外国商用船只的购买活动所导致的船只数目总增长，再减去那些出口的船只数量之后所得到的用吨位数表示的结果——以逐年排列，同时也是以摘要的形式，在《法国商业与航运业统计表列》一书中有记录。我们使用了这些数据作为我们计算的基础。我们假定，在19世纪，帆船的总吨位量是净吨位量的1.25倍，在1870年是1.3倍，而到了1900年则为1.9倍；并且，在19世纪70年代以前，蒸汽动力船的总吨位是净吨位的1.82倍，在1890年是2.25倍，在1913年则是2.73倍。我们还假定，帆船的价格一般要比蒸汽机船低2/5，为了将价值量指数计算出来，
【281】我们按照这一比例对帆船价值进行缩减，即只是将帆船总吨位的60%参与到最后指数数据的估定。最后，我们将修理工程和维护活动上的支出估定为总吨位的3.5%，这些支出数额也被综合到最后的指数值中（表55的第2栏）。

5. 成套设备与机器

法国究竟制造了多少机器？金属消耗数量能够提供出一个初步且粗略的指示。我们已先建立了两个数据系列。一个表示金属产量，金属种类包括铸铁、铁、钢以及有色金属；为获得国内消耗量，我们根据金属的进口与出口对产量数据进行调整。另一个与经过了加工处理的金属产出相联系，例如铸

① （1）《证券资本与银行资本的份额分析》，1907年10月23日；
（2）H. 施瓦茨（Schwarz）：《汽车工业》，载《政府月刊：管理文件汇编》，1936年8月26～27日。【40】

② L. 马塞纳·德洛谢（Massénat-Deroche）：《美国汽车与英国汽车》（巴黎，1910年）。【41】

件、拉丝、锌板、铁片等等。[①] 这两个数据系列经过处理之后，综合成一个指数序列列入表55中（第6栏），它不应该被视作能够代表发生在机器上的投资。从一个方面来看，由于部分数量信息已经在前面的两个指数中包含了，因而这些指数值从信息内容上包含得太多；从另一个方面来看，由于一旦原材料变成了机器，毫无疑问，金属价值会随着时间而上升，因而它们二者的信息内容又似乎显得不具有足够的包含性。为此，我们又构建了一个附加数据系列。在这个系列中，各个数据值既与工作着的机器存量成本相关联，又与在产业化工厂上的投资有关，我们将这两方面的内容综合进一个最终指数系列中。

附加系列的第一个组成部分是关于位置固定的蒸汽动力机器的指数。我们现在拥有这些机器自1825年以后的年度数据。这种数据之所以得到保留，是因为从那时起，在它们开始进入使用时，按照法律的要求，它们的制造者应该先向矿产部（Department of Mines）提交有关申请并且接受有关测试。刚开始时只有高压力机器一定要做这种测试（在1840年，这种机器占机器总量的71%），但从1843年5月开始，这种测试的记录涵盖到了所有机器类目，不过，其涵盖范围在1865年1月和1880年4月有一些微小修改。这些政府管理方面的变化，会导致原有数据系列的外延范围发生中断，我们因而制作了第二个数据系列，即一个用于改善数据质量的控制系列。我们先计算以马力数表示的固定机器存量的年度净增长数据，在这个基础上，我们再加上维持上一年生产水平所必需的能源供应；并且，在经过调查后，我们假定，在这个世纪的第一个1/3部分，这些机器能够使用20年，随后它们的使用寿命被增加到30～33年。蒸汽动力总在不断且部分地对原有能源方式进行替代，这使得我们也要修改表现在数据系列中的变化趋势。我们假定，在1825年，水力、风力能占到工厂动力方式的3/4，在1855年则能占到1/2，在1880年则只能占到1/6，在1900年只占到1/20。表55的第7栏记录了两个数据系列的平均数，这两个系列也就是从矿产部测试记录中得到的数据系列和以位置固定蒸汽动力机器的数目来表示的年度增长数据系列。作为证据的补充，我们也展示由A. 阿弗塔利翁（Aftalion）所收集的关于机器进口的数据，以及由T. J. 马科威奇（Markovitch）制作的关于机械工具出口

① 第一个数据系列的资料基础是《采矿与蒸汽动力工业统计资料》（巴黎，1901年）以及1913年、1946年的《法国统计年鉴》。第二个数据系列的资料基础也包括上面的文献来源，同时还来自J. 维亚（Vial）：《1814～1864年间法国钢铁生产工业化》，2卷本（巴黎与海牙，1967年）。【42】

的数据系列。[①]

为追索个体公司采取的投资政策模式，我们已经制作了三个数据系列。我们先仔细考察了汽车工业，草拟了以雷诺（Renault）和雪铁龙（Citroën）的成套设备（包括所覆盖的场所和所用机器工具的数目，分别为1897～
【282】1939年和1919～1927年两个时期）为指标总体的数据系列。关于场所和器具两个类目在资本支出中所占比例，出现在1913年和1920年雷诺各工厂的资产负债表上，我们在进行数据合成时使用了它们。[②]至于说重工行业，也就是说煤矿和钢铁制造厂，其投资数据先用当年价法郎估定，然后用价格指数对数据进行紧缩化处理。对于每个部门的产出，我们应用了一个年度比例，这个年度比例是这样获得的，即通过资产负债表中的数据，先试图加总得到各企业所有营业收入中用于资本支出的金额，然后计算出相应的比例。关于法国中部煤矿（在1848～1897年间有9家公司）的数据以及帕斯—德—卡莱（Pas-de-Calais）的数据，则取自M. 吉莱（Gillet）；主要冶金公司的样本数据来自G. 蒂利耶（Thuillier）对富尔尚博（Fourchambault）的研究；同时，我们还参考了J. 维亚（Vial）、B. 吉尔（Gille）、J. 布维耶（Bouvier）和F. 菲雷（Furet）等人的著作。[③]数据结果和以金属产出为基础的计算非常相似，尽管数据的年间变化与后者在大小上有些差别。我们以年度作为指标时期属性，将这三个最终的数据系列列示在表60中（见下文）。不过，在表60中，关于最后两个序列——即“成套设备与机器”，以及“其他设备种类”——在1895年之后的数据展示，我们遵从J. J. 卡雷（Carré）及其合作者的处理方式，笼统地将它们视作包括在“在成套与非成套设备上的投资”的数据系列之中，并且不对它们作单独列示。

6. 其他设备种类

归类在这个项目下的是若干性质不同且没有什么关联的数据系列。将它们分别地一一列出是一件复杂的事情。实际上，就它们的推算和获取来

① A. 阿弗塔利翁：《周期性过剩危机》（巴黎，1913年）；马科威奇：《1789～1964年间法国工业的发展状况：一般性结论》。【43】

② 参见P. 弗里登松（Fridenson）：《雷诺工厂的历史》（巴黎，1972年）。【44】

③ （1）J. 布维耶、F. 菲雷与M. 吉莱：《19世纪法国公司利润的变化分析：资料与研究》（巴黎与海牙，1965年）；

（2）G. 蒂利耶：《乔治·迪福与19世纪尼韦奈地区大冶金资本的发展开端》（巴黎，1959）；

（3）B. 吉尔：《19世纪的法国钢铁冶金行业》（巴黎，1968年）。【45】

表 55　1825 ~ 1913 年间成套与非成套设备投资：数量指数

（年平均数，以 1908 ~ 1912 年 =100 为基期）

时　期	交通部门				成套设备与机器（主要指重型工厂设施和机械设备）					其他设备种类（如纺织行业等的设备）			
	公路交通	造船	铁路设备	总指数	产出	投资	增加	进口	总指数	增加	进口	杂项	总指数
	1	2	3	4	5	6	7	8	9	10	11	12	13
1825 ~ 1834	56.0	—	—	—	5.5	—	1.9	—	3.2	14.4	—	15.5	14.8
1835 ~ 1844	73.8	19.6	4.8	25.6	9.9	9.0	5.2	—	6.2	25.1	—	23.1	25.0
1845 ~ 1854	86.5	25.1	8.7	33.9	13.5	13.0	8.9	—	10.0	28.6	19.2	24.1	26.8
1855 ~ 1864	93.4	38.8	27.5	43.1	25.1	25.5	17.5	3.4	19.8	37.6	26.2	31.3	36.0
1865 ~ 1874	96.9	40.9	31.4	42.7	31.9	31.4	21.0	7.2	27.3	42.3	27.9	35.8	37.7
1875 ~ 1884	99.3	56.0	54.6	59.0	45.4	41.0	33.9	24.7	33.2	61.2	49.5	48.5	50.5
1885 ~ 1894	96.6	45.6	49.4	56.6	48.1	44.4	39.5	22.9	40.2	62.3	53.7	52.8	59.4
1895 ~ 1904	95.7	81.2	63.2	73.3	65.4	69.4	67.3	46.8	65.1	80.5	72.4	72.4	77.2
1905 ~ 1913	99.7	102.1	91.2	94.9	97.0	97.8	99.2	95.2	98.2	94.9	96.2	96.2	95.3

资料来源：见正文。 【283】

说，仅某些系列就很具有代表性。例如，由马科威奇和 M. 布罗瑟兰（Brosselin）所曾列出的木材消耗的两列数据，还有关于在各消费工业（包括纺织业在内）投资的不同系列，就是例证。至于纺织业，已经存在全面的调查研究。这些资料基础使得我们能够分两个时期进行处理，并对每一个时期使用不同的资料来源。（1）对于直至 1945 年以前的时期，我们所使用的是现在保存在地方这一级管理机关中的数据系列。我们能够重建罗讷（Rhône）和卢瓦尔（Loire）地区，以及阿尔萨斯（Alsace）的年度织机数据；并且，追随 M. 莱维—勒布瓦耶（Lévy-Leboyer），重建在上莱茵省（Haut-Rhin）、诺尔省（Nord）和塞纳河下游（Seine inférieure）地区的纺织厂中所使用的蒸汽机车（用马力来表示）数据；然后，我们再试图将这些地方的数据进行综合处理。为了给它们定出有关权重，我们使用由 J. 多尔富斯（Dollfus）编撰的关于资本投资的估算数，并且在纺织部门的范围内，使用他所给出的一个关于增加值产出的简化表格。我们同时也编排一个“新建立工厂”——即化工、玻璃和水晶（1811 ~ 1835 年间），炼糖、制皂、制瓦、制砖（1825 ~ 1835 年间）等行业的制造商所创建的工厂——的清单，其资料来自准许它们创建的政府批文，而这些批文在《法令公告》和 1837 年的《统计档案》中有记录。（2）关于 1840 年以后的时期，我们缺乏更为确切的信息，我们在重建每一部门的成套与非成套设备的年度增长数据时要采用不同的方式。我们所做的是，试图从地方的各种专题报告与刊物（这种东西很多）中，也从《法国统计概要》之中摘录有用信息并进行拼合。在1872～1886年间的《法国统计概要》之中，包含有关于位置固定的成套设备、器械、安装设备的年度数据的详细列示；在成套与非成套设备数据缺乏时（如里昂内的那些工厂就是这样），我们也用原材料消耗数据系列替代成套与非成套设备数据系列。对于更早的时期，另外收集了在纺织制造业中所使用的进口设备数据，这归
【284】纳在表55的第11栏中；至于在阿尔卑斯山地区所消耗的电力，则由J. M. 让纳内（Jeanneney）、C. A. 科利雅尔（Colliard）、H. 莫尔塞尔（Morsel）记录在他们的有关研究成果之中。①

附录2　总指数系列

为了制作综合的指数系列，我们将前面计算所得到的数据系列放在一边，并从现在起，转向关注原始数据系列，它们是用当年价法郎表示的。另外，我们还另行计算用当年价表示的新数据系列，目的在于得到关于总投资和国民产值的估数（以及它们的有关分解项）。

1. 资本形成

我们已经有了一些关于基础设施投资的数据，我们曾为得到各种公共工程的数量指数对它们进行过价值紧缩化处理。所谓的基础设施是就铁路和其他交通设施的范围而言的。另一方面，关于在不动产开发过程中发生的资本投资的数据，还有待于我们进行进一步计算。关于这个问题，19世纪政府部门做出过一些估数，在1909～1910年间和1924～1925年间政府部门进行

---

① 这个段落读者可以参见以下资料：

（1）马科威奇（Markovitch）：《1789～1964年间法国工业的发展状况：一般性结论》；

（2）M. 布罗瑟兰（Brosselin）：《1840～1912年间国内木材产量的变化》（未公开发表的论文，第戎大学，1972年）；

【691】（3）M. 莱维一勒布瓦耶（Lévy-Leboyer）：《欧洲银行与19世纪上半部分的42国际工业化趋势》（巴黎，1964年）；

（4）J. 多尔富斯（Dollfus）：《棉纺行业》（巴黎，1855年）；

（5）A. 阿弗塔利翁（Aftalion）：《周期性过剩危机》；

（6）J.M. 让纳内（Jeanneney）与C. A. 科利亚尔（Colliard）：《电气行业的税费经济学》（格勒诺布尔，1950年）；

（7）H. 莫塞尔（Morsel）：《阿尔卑斯山地区的水力电力工业》。收入国家中央科学研究院：《19世纪欧洲工业化》（里昂，1970年）。【46】

过同类工作（这些工作成果总结在 1946 年的《法国统计年鉴》中，就我们研究所牵涉的一些总量而言，政府的这些估数一定程度上能够用作我们思考与估算的基础）。政府的数据显示，在 1851～1853 年间和 1887～1889 年间这两个时期之间，在住宅和农村房屋上投资的年度净增长为 7.63 亿法郎（由研究者齐尔贝尔曼所给出的在 1850～1870 年间的年均总增长为 8.30 亿法郎），而在 1880～1910 年间则为 6.4 亿法郎；在 1852～1888 年间，工厂所发生的建筑投资每年增长数量在 0.5 亿法郎左右，在整个 19 世纪 90 年代为每年 0.72 亿法郎，在1900～1910 年间为每年 1.26 亿法郎。新建筑物和拆毁建筑物的数目并没有出现在建筑物的净值估数之中——而它们能占到每年总支出的 40%。考虑到这些，也考虑到生活水平的提高必然会要求增加房屋附件支持，同时还考虑到建筑结构的复杂性也在不断增加，这些估数的作者们推断，1900～1913 年间年资本投资量为 15 亿法郎。以这些为基础数据，我们通过将建筑行业的产出量指数（下文，表 60 的第 4 栏）与建筑行业的价格指数（表 53 的第 9 栏）相乘，构建一个用当年价表示的产出量指数系列。不过，在公路网线和在城市设施——如水、气、电力、学校、医院等——上面的支出，还未曾包括在我们前面的计算之中，我们把它们包括在最后的指数系列中（表 56 的第 1 栏）。我们假定，由这些活动所导致的支出，等于由各政府部门和社会团体等权力机构所发放的信贷款项年增加额，也就是，1886～1889 年间每年在 5 780 万法郎，1890～1899 年间每年在 7 370万法郎，1900～1909 年间每年在 8 860 万法郎（实际上，1901～1902 年间，只有这个总数的 1/10），在1910～1913 年间其数量达到每年 1.807 亿法郎。

在成套设备、机器以及其他设备上的投资确实存在，但它们又是不完全的。（1）我们拥有铁路支出的数据。机车车辆的成本数据是从铁路公司和官方文献中取得的。（2）我们也能够估算商用船队总成本的年度增长数。【285】我们首先假定，船只的购买价与英国造船厂所索要的那些价格一样；[①] 然后，在这些价格的基础上，我们再加上由于法国造船商运营的报价规格不同而导致的另外支出。这个增加程度为 50%～55%（包括红利在内）。由 P. 杜梅（Doumer）牵头的国会专门委员会，在 1903 年时还允许在这个原则

① 参见 K. 梅沃尔德（Maywald）：《1850～1938 年间英国商用船只的建造成本与价值》，载《苏格兰政治经济学月刊》，第 3 卷，1（1956 年），第 44 页及以后。【47】

规范的基础上有一些差别。[①] 这些关于铁路与商用船只的数据系列，分别在表56的第5栏和第6栏中列出来了。(3) 关于“传统交通工具”方面发生的支出，没有直接计算方法，但是有三个信息源可供我们使用。第一个信息源是关于公路交通的。根据富维尔（Foville）的计算，[②] 对于快车、折旧和维护性支出，被估定在营业额的1/8。假定这个比例对我们所研究的范围更大的时期都适用，我们可以使用公路交通营业额[③]的数据来获得这种支出的具体数据。由此推算，在1850年左右，每年这种支出总数在1亿法郎左右，在20世纪初期每年在1.55亿法郎。第二个信息源是关于驳船运费的。富维尔计算指出，在1855年左右，它们的维护和更换工作的费用能占到国内船只投资总数的11%，或者说每年约700万法郎。而根据科尔松（Colson）的研究，在1913年，对于组成内河水上船队的16 000只船，它们的折旧摊还（摊还期限超过了30年）成本每只在12 500法郎。将所有的船只加起来，它们的维护费用最可能是在每年1 150万法郎左右，或者说是营业额的14%。但是，常常发生的大修理，会使维护费用在这个水平上大为提高。由此我们估定，总维护投资在营业额中所占的比例为20%，我们将这个数据和图坦所计算的关于水路运输单位的数量联系起来。最后，也就是第三个信息源。为了估定发生了多少机动船只购置，我们将它们存量上的净增长（用马力来表示）与它们的平均价格相乘。[④] 机动船的购置支出总额在1902年达到了270万法郎，在1908年达到了1 900万法郎，考虑到加上这些船只存量价值的15%作为维护费用和折旧摊还支出，我们估定1908年的总支出为3 000万法郎。这三个项目以一个综合项目的形式进入表56的第4栏。

相比记录在前面那些项目之下的数据，最后一个项目——成套设备、机器以及其他种类的设备——之下所包含的数据就更是试验性的：我们不能对用来编制它的数据系列源定出精确度，当时的编撰者们也没有对它们的总量价值数据做出什么独立估算。我们要进一步开展新的对比研究，只有这样，我们以下要估算出的数据系列才会显得具有价值。首先，像许多其他编撰者一样，我们将投资分为两个部分：第一部分是在建造工程中所使用

---

① E. 卢梭（Rousseau）：《关于建造商与造船主的调查研究报告》，收入《关于商用船队的议会外工作委员会资料》（巴黎，1903年）。【48】

② 富维尔：《法国经济状况》。【49】

③ 图坦：《1830～1965年间法国交通状况》。【50】

④ 数据由马塞纳·德罗什（Massénat-Deroche）在《美国汽车与英国汽车》一书中收集。参见M. 弗拉乔莱（Flageollet）：《法国汽车工业的开端：庞阿尔（Panhard）与勒瓦瑟（Levassor）》（未公开发表的论文，巴黎大学，1970年）；弗里登松（Fridenson）：《雷诺工厂的历史》。【51】

的材料（为和其他研究在范围上相一致，我们将铁路设备包括进来了），第二部分是投向其他用途的材料。我们采纳由马科威奇所做出的关于它们之间关系总趋势的判断，即认为在1820～1860年间它们的比率是78∶22，在1860～1890年间它们的比率是65∶35，在1890～1913年间它们的比率是53∶47。使用经过校对的数据，我们就能够估算法国在资本性设施上的总投资数据。同样地，使用一步步对数据进行分解的方法，我们减去发生在交通系统（包括海运和内河运输）上的投资数，就相应地得到在成套设备与机器上投资的数据。实际上，这些数据结果和由A. 凯思克罗斯（Cairncross）所曾公布的关于不列颠在1907年的那些数据相差不大：0.754亿英镑用到了不同种类的设备（包括造船）上去了，或者说是设备占到了总投资的50.3%。使用类似方法，范斯坦也曾分析过有关类目，这些类目在表中分属于“成套设备与机器”项目下的五个子项目。在转换成法郎后，不管是从绝对数意义上还是作为在总投资中的百分比，这些数字都与我们自己做出的估数得到了相互印证：大不列颠[①]的成套设备、机器与其他设备在1856～1860年间年均吸收了3.75亿法郎的投资资金，在1875年吸收数为9.15亿法郎，在1885～1890年间年均吸收数为6.18亿～6.30亿法郎，在1900年吸收数为18.50亿法郎，在1905年和1910年才回到了相对低水平的数据值，分别为17.2亿法郎和14.2亿法郎。另外，只有和由马雷斯（Mairesse）列出的数据系列相对比时，出现在我们的数据系列中的关于运营设备投资相对增长的估算数据才显得相对有些保守。按照马雷斯的估算，在1896～1914年间，这个类目的投资占资本形成总额的比例由35.3%上升到50.3%。我们因而另行制作了一个数据系列，称之为第二数据系列，以备调节，这是一个通过设备总量指数系列（表55的第9栏、13栏）和一个价格指数相乘而得到的数据系列。我们认为，在1820～1910年间每年的平均支出数为7.7亿法郎，我们以之作为这个系列的基数。我们把这个系列和前面已有的“第一个系列”的平均数，作为“成套设备与机器”数据系列的最后值（表56的第7栏）。[②] 【286】

资本形成总额的数据系列（表56的第9栏、12栏）是通过将不同资本

① 从上下文看，此处大不列颠可能为法国之误。——译者注

② 关于这一段落的文献资料，请参见：

（1）A.K. 凯恩克罗斯（Cairncross）：《1870～1913年间的国内与国外投资》（剑桥，1953年）；

（2）C.H. 范斯坦：《国内与国外投资：1870～1914年间大英联合王国的资本、资金融通与收入状况的若干方面分析》（未公开发表的博士论文，剑桥大学，1959年）；

（3）马雷斯：《关于生产用固定资本的估算：方法与结果》。【52】

类目的数据相加而得，以每个 10 年为一个时期（在第 10 栏、11 栏中分别列有发生在基础设备和在工作性成套设备上的投资所占的百分比）。来自国外的投资也加总进来，同样地，它的计算也是以每个 10 年作为计算期。①在计算投资总量指数时所使用的权重因子，是从表 56 中援引而来的。这个表格是表 45 中所列出的关于 1820～1829 年、1830～1839 年等时期数据的补充和完善。表 56 的第 1 栏包含了市政工程；第 2 栏既包含了铁路，也包含了其他交通系统的基本设备；第 12 栏、15 栏则含有来自国外的投资。第 10 栏、11 栏表示国内投资的分解（用百分比来表示）。

表 56　1815～1934 年间资本形成主要组成部分概要

（年平均数，当年价）　单位：亿法郎

时期	基础设施			在成套设备与机器上的投资					资本总形成数				GNP	投资在GNP中的比重（%）	
	建筑物	交通设施	总数	公路与水路交通工具	商用船只	铁路公司	其他成套设备与机器	总数	国内投资	分布结构（%） 基础设施	分布结构（%） 成套与非成套设备	总投资		国内投资	总投资
	1	2	3	4	5	6	7	8	9	10	11	12	13	14	15
1815～1824	3.74	0.71	4.45	0.58	0.25	—	0.83	1.66	6.11	72.8	27.2	—	8.530	7.2	—
1825～1834	5.05	1.12	6.17	0.69	0.29	—	1.00	1.98	8.16	75.6	24.3	—	9.490	8.6	—
1835～1844	6.87	2.22	9.09	0.86	0.23	0.07	1.43	2.69	11.78	77.2	22.8	—	11.150	10.6	—
1845～1854	7.41	3.57	10.98	0.98	0.45	0.32	1.90	3.65	14.63	75.1	24.9	17.11	13.300	11.0	—
1855～1864	9.90	5.57	15.47	1.14	0.70	0.85	3.37	6.06	21.53	71.9	28.1	27.81	17.300	12.4	15.9
1865～1874	11.52	4.85	16.37	1.11	0.76	0.86	4.90	7.63	24.00	68.2	31.8	27.17	20.480	11.7	13.2
1875～1884	12.32	6.74	19.06	1.08	1.00	1.40	9.03	11.24	30.30	62.9	37.1	31.71	23.680	12.8	13.4
1885～1894	12.83	6.07	18.90	1.02	0.55	1.21	12.87	11.81	30.71	61.5	38.5	34.63	25.760	11.9	13.4
1895～1904	14.15	5.69	19.84	1.09	1.12	1.70	18.60	16.78	36.62	54.2	45.8	46.57	27.650	13.2	16.7
1905～1913	18.48	7.09	25.57	1.40	1.30	2.36	—	23.66	49.23	51.9	48.1	61.72	34.580	14.2	17.8
1925～1934	—	—	33.20	—	—	—	—	35.40	68.60	48.4	51.6	—	41.576	16.5	—

【287】 资料来源：见正文。

2. 国民产值和商品产出的指数系列

为了使资本形成的数据能够和用当年价或不变价计算的国民产值的数据进行比较，我们必须拥有能够用作参考标准的国民产值数据系列。然而，已

① 这些数据取自 M. 莱维—勒布瓦耶（Lévy-Leboyer）：《1820～1940 年间法国贸易支付与资本输出的差额》，收入《19 世纪与 20 世纪法国的国际地位：经济与金融方面》（巴黎与海牙，1977 年）。【53】

有的这方面数据令人疑云重生。现有的（用当年价表示的）国民产值的5个估算系列频繁地、而且是较大幅度地不一致，这部分是由于这些作者没有严格使用统一的定义（见表57）。我们现在不去试图编制一个新的数据系列，而仍使用现有的这些数据：（在表45和表56的第13栏中所列出的）结果数据只是以前估数的平均数。当然，当我们在当代文献中可以找到对应时期的校正数时，我们进行了一定的更正——比如说，关于1815～1840年，我们采纳了由J. 迪唐（Dutens）和C. 迪潘（Dupin）所列出的时期数据；

表57　　1790～1910年间法国国民产值的估数

单位：亿法郎

数据所属年份	估算人	索维（Sauvy）	马耶尔（Mayer）	佩鲁（Perroux）	图坦（Toutain）	马科威奇（Markovitch）
	估算时间	1965～1971年	1949年	1955年	1967年	1966年
1790		46.6	43.4	61.0	53.9	77.0
1810		62.7	57.6	82.9	74.2	97.6
1820		78.6	74.6	91.0	81.2	105.0
1830		88.1	—	102.7	96.4	126.0
1840		100.0	92.0	—	113.1	148.2
1850		114.1	103.8	135.9	131.7	174.1
1860		152	137	194	174	228
1870		188	—	222	196	265
1880		224	189	264	197	272
1890		250	—	—	194	273
1900		263	—	302	212	291
1910		332	—	382	281	380

资料来源：

（1）A. 索维：《19世纪法国收入状况》，载《人口》，第20卷，第5部分（1965年），第517页，以及第27卷，第1部分，第139页；

（2）马耶尔：《法国国民收入变化》；

（3）F. 佩鲁：《1780～1950年间法国经济发展中的价格概况》。载S. 库兹涅茨编：《收入与财富》，第5辑（伦敦，1955年）；

（4）J.C. 图坦：《1830～1965年间的法国交通》，载《应用经济学学会（ISEA）手册》，卷号第AF9，第8号（1967年第9～10月号）；

（5）马科威奇：《1789～1964年间法国工业的发展状况：一般性结论》。

关于19世纪50年代，我们采纳了A. 科煦（Cochut）的数据；关于1860年，采用齐尔贝尔曼（Zylberman）的数据；关于1865年，采用富维尔（Foville）的数据；关于1880年，则采纳R. 皮潘（Pupin）和F. 西米昂

（Simiand）的数据；关于1890年，采用科尔松的数据。我们还将J. 马耶尔
【288】（Mayer）和佩鲁（Perroux）的估数原所对应的有效期限向前推进了5年，他们原来所做的有效期限分别是至1810年、1820年和1830年，而我们实际采纳的期限推进到了1815年、1825年和1835年。

产出量的年度指数（表60的第1~3栏）是在几年以前编制的数据系列基础上经过改善而完成的。农业产出数据曾由政府部门于1971年以缩略形式公布；而关于全部经济体系的产出数据则出现在1968年；[①] 不过，请注意，那时用于编制它们的资料基础非常狭窄。正因为编制这些数据时缺乏关于新兴行业产出的统计资料，我们将其赋给了当代纺织行业——将它指定为“先进技术行业”（列在表58的第2栏）——相对于总产出的地位予以提升，对第2栏和第6栏作一比较就会显示出来，这会增强（第2栏）数据系列的原有趋势。因此，我们看到，这个关于资本形成的研究引导着我们，由此增加了关于国民产值计算的数据系列个数，并再次编制了有关数据的新计算版本，并展示在表60（第8栏）中。这样，我们强化了原有数据系列的质量。我们继而删去了关于“先进技术行业”的不完全数据系列，并加上了关于机械工程的数据系列（第6栏）。这个系列包含有在木材和金属上的消耗，还包含有关于位置固定的成套设备、织机、交通单位数目的两个系列。与计算各类商品产出的那些系列一样，在计算总商品产出系列时，早时
【289】所使用的权重[②]在这里重新得到了使用——总商品产生系列是一个包含有农业、工业和交通的综合产品系列。[③]

关于两次世界大战之间的时期，以上这种计算方式显得有些不必要，如上面所引，樊尚（Vincent）、卡雷（Carré）和马雷斯（Mairesse）等人的研究成果已经给出了相关数据。这里所使用的数据系列——它们曾经直观地显示在图4中，并在表58中得到了总结——就是从这些研究中摘引而来，但是农业产出和工业产出的数据除外，农业产出的数据是独立地编制的，工业产出的数据是来自于《法国统计年鉴(1946)》和《法国1929~1939年间的经济运动》（1941年版）。

---

① 参见以下文献：

（1）M. 莱维—勒布瓦耶：《19世纪下半部分法国经济发展的减速》，第485页及以后；

（2）M. 莱维—勒布瓦耶：《19世纪法国经济发展：初步结果》，第788页及以后。【54】

② M. 莱维—勒布瓦耶：《19世纪法国经济发展：初步结果》。【55】

③ 关于交通产出的数据取自J. C. 图坦所准备但未公开发表的年度系列，他本人亲自邮寄给了笔者。【56】

表 58　　1825~1934 年间产出指数

（年平均数，以1908~1912年=100为基期）

时　期	农业	纺织业		食物	化工与冶金	机械工程	建筑业	工业	交通	商品总产出
		先进技术	总情况							
	1	2	3	4	5	6	7	8	9	10
1825~1834	57.7	13.3	26.9	22.2	5.7	13.3	31.3	24.9	7.8	33.8
1835~1844	54.3	21.3	34.4	28.4	9.0	17.7	40.3	31.1	10.4	40.2
1845~1854	59.7	31.3	41.6	33.2	12.2	21.7	41.9	38.5	14.8	46.6
1855~1864	74.0	48.1	51.5	44.7	21.9	32.8	59.0	47.3	24.9	55.5
1865~1874	79.1	55.9	57.8	49.5	30.5	34.8	61.3	51.6	34.9	63.3
1875~1884	82.5	65.3	68.4	58.8	40.7	44.6	84.1	60.3	45.1	71.4
1885~1894	84.6	78.8	78.4	70.5	49.4	43.6	79.7	66.6	57.1	74.4
1895~1904	92.9	92.0	88.5	83.0	69.2	64.1	88.0	77.7	75.5	84.2
1905~1913	100.5	98.5	95.6	99.4	96.4	93.9	97.1	97.0	96.9	98.2
1915~1919	78.5	—	—	—	—	—	—	64.6[a]	—	—
1920~1924	97.1	—	—	—	—	—	—	88.9	—	102.1
1925~1934	111.12	—	—	—	—	—	—	133.3	—	127.7

注：a　这个时期只是对1919年而言。

资料来源：见正文。　【290】

3. 铁路部门的要素总生产效率

关于铁路部门总生产效率的数据来自于F. 卡隆（Caron）的发现。它们是针对整个铁路网线的：主干线、支干线以及电车线路。资本形成数据系列是通过对用不变价计算的全部门新支出数字进行累积而计算出来的。劳动力指数是从主干线公司、支线公司和电车线路公司中的员工数字计算出来的。①这些公司数据再与从法国国家铁路公司（SNCF）得到的有关倍率因子相乘。1881~1913年间，能量指数基本相当于出现在《法国矿产统计》（*Statistique minérale*）上的关于燃料消耗的数据指数（只是对电车权重因子有变化）。对在1881年以前的时期，这个指数这样计算：通过将铁路所覆盖的所有公里

① 这些数据分别来自：

（1）法国国家铁路公司的内部文件；

（2）皮凯·马夏尔（Piquet-Marchal）：《关于地方控股铁路的经济学研究》（巴黎，1964年）；

（3）科尔松：《政治经济学教程》。【57】

数与由《法国铁路统计年鉴》中所给出的每公里平均能源消耗相乘，我们得到相应的能量消耗数量指数。在计算各要素的总指数时，所使用的权重是：对各种燃料给的是 8%，对资本给的是 49%，对劳动力给的是 49%。[①] 这些权重数据的选择是以 1913 年的成本分布关系为基础的。资本的成本中包括了对股份和债券资本的回报、由政府支付的担保金、因建筑工程而发生的资本形成类贷款利息以及政府补贴。

表 59　　1855～1913 年间铁路部门的投入与产出

（年平均数，以 1913 年 =100 为基期）

时　期	投　入				产　出
	资　本	能　源	劳　动	总投入	
1855～1864	19.6	12.1	22.8	20.3	11.9
1865～1874	33.3	18.2	40.6	35.1	23.5
1875～1884	45.0	28.9	63.9	51.8	34.5
1885～1894	62.1	41.7	76.2	66.5	42.7
1895～1904	74.7	65.0	83.5	77.7	59.4
1905～1913	90.3	95.6	91.4	91.4	82.9

【291】 资料来源：见正文。

表 60　　1820～1913 年间产出与固定资本投资：总量指数

（以 1908～1912 年 =100 为基期）

年份	产　出			建筑和公共工程				在成套与非成套设备上的投资				投资总指数
	农业	工业	商品产出总指数	建筑物	公路、港口与运河	铁路	总指数	交通	机器	其他设备	总指数	
	1	2	3	4	5	6	7	8	9	10	11	12
1820	45.3	20.4	29.7	24.1	26.9	—	23.3	—	—	7.7	11.6	18.9
1821	48.3	22.5	32.2	28.8	27.3	—	26.8	—	—	12.9	14.0	21.6
1822	46.1	23.0	31.9	34.3	26.7	—	30.8	—	—	15.5	14.9	24.3
1823	47.1	22.3	32.0	32.6	31.8	—	30.5	—	—	12.7	14.2	24.1
1824	45.7	23.9	32.2	31.4	39.1	—	31.1	—	—	19.9	15.2	24.8
1825	44.8	24.4	32.6	38.2	38.8	0.1	36.1	—	—	24.1	16.8	28.0
1826	46.6	25.5	33.7	36.8	39.6	0.1	35.1	—	—	16.7	15.5	27.3
1827	47.6	24.7	33.6	35.5	39.0	0.3	34.0	—	—	18.0	15.8	26.7

① 原文如此。两个 49 可能是 41 之误，这样，三者相加才为 100。——译者注

续表

年份	产出			建筑和公共工程				在成套与非成套设备上的投资				投资总指数	
	农业	工业	商品产出总指数	建筑物	公路、港口与运河	铁路	总指数	交通	机器	其他设备	总指数		
	1	2	3	4	5	6	7	8	9	10	11	12	
1828	48.9	23.3	33.1	30.4	39.9	0.3	30.0	—	—	16.1	14.9	24.0	
1829	48.9	24.4	33.7	31.2	42.7	0.5	31.1	—	—	16.8	15.4	24.8	
1830	45.9	23.9	32.1	28.8	44.1	0.1	29.3	—	2.6	11.2	13.7	23.3	
1831	47.3	23.4	32.1	23.2	55.3	0.1	26.4	—	2.5	9.1	13.1	21.1	
1832	50.4	25.8	34.5	25.2	56.1	0.2	28.1	—	2.7	10.2	13.9	22.2	
1833	51.7	27.0	36.2	30.7	55.2	0.9	32.5	—	3.7	9.7	14.1	25.3	
1834	51.5	26.8	36.1	33.1	54.5	1.2	34.3	—	4.4	15.8	16.0	26.8	
1835	51.5	28.5	36.8	32.1	51.9	1.1	33.1	—	5.2	26.6	18.1	26.5	
1836	51.5	29.0	37.4	36.0	53.3	3.6	36.5	—	6.0	31.9	20.5	29.0	
1837	52.9	28.7	38.2	38.0	76.8	7.8	41.7	23.1	4.4	24.8	19.8	31.8	
1838	52.7	30.4	39.3	43.0	82.8	13.0	46.9	24.8	4.6	37.8	21.8	35.6	
1839	52.7	28.5	38.6	43.7	85.9	19.8	48.2	27.3	5.6	27.4	22.3	36.5	【292】
1840	55.5	31.2	40.7	42.8	91.4	17.6	48.1	26.1	5.5	21.7	21.5	36.1	
1841	56.7	32.9	42.3	42.1	91.2	24.5	47.9	29.9	7.7	19.3	23.8	37.1	
1842	55.8	32.5	41.7	37.6	91.7	24.1	44.3	26.5	6.8	19.2	21.8	34.2	
1843	55.5	34.3	42.7	42.3	94.7	35.6	49.1	23.3	8.2	17.2	20.3	36.1	
1844	57.8	35.1	44.4	45.0	88.9	35.8	50.5	23.9	8.2	24.4	20.9	37.2	
1845	55.7	36.2	44.2	46.3	104.1	56.1	54.7	25.6	10.1	26.6	22.4	40.9	
1846	55.4	37.8	44.9	47.6	99.2	56.9	55.1	29.5	10.5	28.4	24.6	41.8	
1847	62.7	36.9	47.6	45.2	97.4	59.0	52.2	32.0	9.8	28.6	26.4	40.7	
1848	63.5	32.4	45.1	35.2	96.6	42.5	44.1	28.8	7.7	23.1	23.2	34.6	
1849	62.3	37.2	45.9	28.6	93.2	41.0	38.2	27.5	5.1	21.8	21.6	30.7	
1850	62.3	38.9	46.8	29.9	82.1	37.8	37.5	28.1	8.1	19.4	22.1	30.6	
1851	61.5	38.1	46.6	33.8	83.0	39.2	40.8	30.2	7.8	21.3	23.5	33.0	
1852	59.7	41.2	48.3	45.8	83.6	48.3	51.0	30.9	9.1	28.3	25.3	39.4	
1853	55.6	43.7	48.1	54.3	80.3	59.0	58.3	35.4	14.5	35.8	30.3	45.7	
1854	58.3	42.6	48.3	52.1	76.7	58.6	57.7	39.1	17.4	34.8	32.7	46.5	
1855	56.1	45.0	49.2	54.0	73.9	66.9	58.4	42.9	17.8	31.8	33.8	47.3	
1856	59.2	46.1	51.3	56.9	75.3	70.5	60.5	51.3	20.4	36.7	40.0	51.3	
1857	66.6	43.9	53.9	60.3	80.1	69.3	64.0	44.7	19.1	33.7	35.7	51.3	
1858	69.7	47.0	56.2	55.6	83.3	61.9	59.5	36.9	17.1	36.6	32.0	47.1	
1859	66.2	46.3	53.8	54.3	82.8	58.7	59.2	33.9	18.3	38.5	31.3	46.6	
1860	66.8	47.8	55.5	58.2	88.6	63.6	62.9	35.0	16.9	38.3	31.0	48.5	
1861	64.9	48.1	55.1	64.3	97.9	72.3	69.8	35.9	19.7	35.5	30.8	52.3	
1862	71.7	47.1	57.1	58.7	96.1	72.8	65.8	39.3	21.1	32.6	32.2	50.7	
1863	76.4	50.3	61.2	65.3	100.3	74.9	71.2	39.5	23.8	38.3	33.7	54.3	
1864	77.4	51.2	61.6	62.3	98.8	71.1	66.1	41.6	23.6	37.7	35.5	53.6	【293】
1865	78.8	51.1	62.4	59.4	99.5	66.0	66.1	43.2	23.9	41.4	37.6	53.3	
1866	76.0	52.4	62.7	67.4	101.1	72.6	72.5	45.1	23.9	38.0	37.5	56.8	

续表

年份	产出			建筑和公共工程				在成套与非成套设备上的投资				投资总指数
	农业	工业	商品产出总指数	建筑物	公路、港口与运河	铁路	总指数	交通	机器	其他设备	总指数	
	1	2	3	4	5	6	7	8	9	10	11	12
1867	72.5	51.1	60.9	68.9	104.0	72.5	73.9	43.3	22.9	40.5	37.3	57.4
1868	79.3	53.8	65.5	74.3	104.1	71.6	77.6	40.0	23.7	39.0	35.8	58.8
1869	82.2	54.7	67.3	74.1	108.8	72.4	78.2	41.4	21.6	39.4	35.9	59.2
1870	79.7	48.0	60.8	50.8	94.2	54.3	57.1	40.3	21.5	23.8	32.6	48.2
1871	78.6	44.8	57.2	34.1	83.8	42.4	43.0	38.8	14.4	24.5	29.9	38.6
1872	80.8	53.7	64.7	59.7	83.4	56.8	63.3	47.1	24.8	41.5	40.6	55.3
1873	77.3	51.7	62.3	63.3	87.5	58.0	66.5	43.4	27.0	47.0	42.8	58.1
1874	86.0	54.8	69.3	61.0	91.1	61.3	65.8	44.3	27.3	42.1	40.3	56.5
1875	90.2	56.2	70.6	63.4	95.3	62.9	68.3	43.4	27.1	46.0	41.7	58.8
1876	83.2	58.2	68.5	67.3	108.7	71.9	74.3	44.9	29.1	48.7	43.8	63.1
1877	82.0	57.2	69.3	77.6	109.4	81.0	83.4	49.8	32.0	54.3	46.5	67.7
1878	78.7	56.5	67.1	74.4	112.1	75.6	80.7	49.9	28.0	51.2	44.9	65.2
1879	73.7	57.1	64.9	77.9	124.5	82.3	86.0	51.9	31.0	46.2	46.4	68.6
1880	78.2	59.5	69.7	88.1	124.1	91.6	93.1	57.1	32.7	49.5	49.6	73.5
1881	83.3	64.9	75.1	97.7	126.9	98.3	101.2	62.1	37.3	51.7	55.1	80.4
1882	85.9	67.2	77.9	106.2	128.3	99.2	107.5	78.8	39.0	54.8	61.9	87.0
1883	85.7	64.6	76.3	96.9	134.8	101.7	102.3	77.8	40.0	55.9	62.3	84.3
1884	84.4	62.0	74.2	91.4	127.5	97.8	96.8	74.1	35.7	47.0	57.1	78.9
【294】1885	84.2	61.2	71.7	78.6	124.7	86.5	85.8	58.0	30.6	46.1	48.0	68.8
1886	83.3	62.5	71.1	76.0	124.1	74.4	82.0	52.0	31.3	51.6	46.7	66.1
1887	83.5	63.4	71.6	75.0	120.5	85.8	82.5	59.6	32.9	52.3	50.5	68.1
1888	82.2	65.9	72.6	78.1	116.6	84.2	83.9	60.8	33.0	45.5	49.3	68.3
1889	83.7	64.6	72.1	75.1	112.6	77.3	80.2	57.0	35.7	45.3	50.2	66.7
1890	84.4	65.5	74.1	80.1	108.2	83.7	84.0	62.7	39.7	64.2	56.7	71.7
1891	83.7	68.9	75.9	86.0	105.6	84.5	87.9	60.0	44.5	73.6	60.1	75.4
1892	86.0	72.6	78.5	85.5	105.9	82.6	87.3	52.9	45.9	66.2	56.9	73.6
1893	85.0	69.7	76.4	80.3	104.6	79.5	83.0	52.5	44.5	68.6	56.8	71.2
1894	90.4	71.8	79.7	82.5	103.9	79.0	84.4	50.7	42.8	80.1	58.6	72.8
1895	91.1	68.5	78.2	83.8	101.5	80.8	85.2	54.7	65.1		62.8	75.0
1896	88.7	71.5	79.4	88.6	103.8	81.9	89.2	55.4	67.6		64.9	78.3
1897	84.7	75.7	80.3	90.2	102.0	80.3	90.0	59.1	61.5		61.0	77.0
1898	91.2	78.8	84.6	94.6	100.4	84.5	93.8	68.4	69.2		69.0	82.6
1899	97.9	81.4	88.9	99.1	92.7	93.0	97.2	74.1	77.8		77.0	88.1
1900	101.1	81.5	89.1	89.1	95.2	91.1	90.3	95.1	99.1		92.6	91.3
1901	94.0	78.8	86.2	84.7	97.6	85.1	86.7	87.4	77.1		82.3	84.7
1902	90.1	77.5	82.8	83.7	101.7	80.7	86.0	86.2	74.9		80.6	83.6
1903	93.3	82.2	86.0	82.9	100.4	79.8	85.1	73.5	79.8		76.7	81.3

续表

年份	产　出			建筑和公共工程				在成套与非成套设备上的投资				投资总指数
	农业	工业	商品产出总指数	建筑物	公路、港口与运河	铁路	总指数	交通	机器	其他设备	总指数	
	1	2	3	4	5	6	7	8	9	10	11	12
1904	96.8	81.2	86.8	83.2	101.0	78.3	85.1	79.3	64.6		72.0	79.2
1905	98.9	83.9	89.0	85.0	99.8	79.6	86.4	68.6	67.5		68.1	78.3
1906	97.4	86.2	89.9	85.9	94.6	80.8	86.4	64.9	78.9		75.8	81.7
1907	102.6	90.3	93.8	85.7	92.7	89.0	87.2	81.6	90.2		88.3	88.0
1908	100.2	90.7	93.9	88.1	100.3	91.1	90.4	100.1	94.1		95.4	93.1
1909	99.5	94.8	96.3	92.3	98.0	85.6	92.1	74.8	90.8		87.3	89.9
1910	92.5	97.8	96.2	99.2	96.0	104.0	99.5	106.0	101.3		102.3	100.8
1911	99.7	102.5	102.0	106.1	102.3	105.7	105.3	99.1	108.2		106.2	105.7
1912	106.3	113.7	110.7	114.3	103.4	113.6	112.0	120.0	105.5		108.7	110.5
1913	107.6	113.2	111.6	117.1	100.6	118.4	114.1	138.6	127.9		120.3	121.3

资料来源：见正文。 【295】

第六章

大革命以来法国经济中的劳动力状况

6.1 引言

尽管关于劳工队伍的统计特征分析为E. 勒瓦瑟以及其他若干先驱研究者所忽视，但在近代的有关研究中，它却成了一个颇受关注的主题。因而，统计学家和经济学家重新重视历史学家所忽略的研究也就不足为奇了。关于法国的人口统计，有一个基本事实是显然的：从19世纪最初10年至20世纪40年代，法国人口增长十分微弱。18世纪快结束时，法国拥有2 830万人口。也就是说，法国是“欧洲的中国”，拥有欧洲人口的15% ~ 16%，拿破仑军事上的成功很大程度上是以规模庞大的军队为基础的。但这种人口增长很早就被控制住了。1850年法国人口总数3 570万，此后逐渐放缓。到1911年时，总数为3 960万，仅占欧洲居民的9%，是全欧大陆人口密度最低的，到1846年才达到大不列颠1775年的密度。在19世纪的后60年，法国人口仅增长了14%，而此期间的人口增长率，大不列颠是78%，尼德兰是64%，比利时是56%，德国是57%。19世纪一直被认为是一个转型世纪；而实际上却是一个停滞时期。进入20世纪的第一次世界大战之后，形势尚未转变，战争灾难却又降临。表面上看，20世纪法国经济走向极其混乱，但这才是一个真正的变革时代。只有20世纪的变革，才显示出以前那些所谓的革命是多么平淡无奇。这些变革自然也会提出一些经济和社会之间关系的相关问题。比如，经济理论上的马尔萨斯主义是不是人口统计上的马尔萨斯主义的另一种表现？法国的相对衰退难道不应说首先就是一种人口数量的衰退亦即劳动力短缺所引起的后果？这些问题十分关键，尽管它并未涵盖所有应该付诸研究的问题。

6.2 停滞的19世纪？

6.2.1 自然增长的弱化

就在工业革命在不列颠蓬勃开展的同时，法国人口增长率也开始了它的长期性衰退。人口繁殖力不断下降以及1789年前自愿人口控制能够对这种【296】
下降趋势给出一定解释；尽管法国大革命的参与者都是些坚定的“人口增长不加控制论”者，这种下降变动趋势却还是加速了。从思想潮流上看，“人口自由增长”的主张确实逐渐地占了支配地位。1791年通过的宪法强调家长的权威，而革命家罗伯斯庇尔（Robespierre）在1793年更公然宣称“父母才是真正的公民”。这种观点直接继承了百科全书派[①]的思想，将婚姻定义为“由自由人的约定而自愿结成的男女婚育同盟，其目的就在于生儿育女”。1790年开始的新税收，使得家庭从国家征兵中解脱出来，从那时起征兵只以单身汉为对象；还有1796年6月8日颁布的法令，为怀孕和哺乳自由提供一定的补贴。这些都部分地成为提高出生率的隐性政策。由此看来，政治革命为人口革命开拓了道路，同时，也促使人口不足的法国走向繁荣。

然而，事与愿违。在大革命和帝国期间，出生率又发生了急剧而突然的

① 百科全书派是18世纪法国一部分启蒙思想家所形成的思想派别，这个学派编撰了《百科全书》，或称《科学、艺术和工艺详解辞典》。——译者注

下降。由 J. 布儒瓦—皮沙（Bourgeois-Pichat）所作的统计显示，整个国家出生率从 1791 ~ 1795 年间的 35. 9‰下降到 1811 ~ 1815 年间的 31. 6‰。在朗格多克（Languedoc），人口出生率则从 1785 ~ 1789 年间的 37‰或 38‰下降到 1802 ~ 1806 年间的 32‰或 33‰。在巴黎附近的中等小镇默朗（Meulan），1765 ~ 1789 年间，只有 16% 的夫妇要 2 个或不到 2 个的孩子，但在大革命时期和帝国时期，这一比例上升到 40%。此时，社会变革比所宣称的理念更具有决定性的影响力，并起着与后者恰恰相反的作用。离婚制度（1792 年 9 月 9 日这方面的法律就已形成，在 1793 年和 1794 年则更进一步地完备化）的建立使得一些家庭破裂。社会成员之间的平等权利大大激发了在一个世纪以后才为阿尔塞纳 · 迪蒙（Arsène Dumont）所提到的“社会微循环”。但是，只有通过限制家庭规模，这种社会流动性才得以实现。在农村中，对某些习惯势力有所抑制，这种抑制使得传统的多生育、无土地的劳动者拥有的生存资源进一步减少；宗教习惯控制力量趋向放松；而且，人口在地理上的流动性不断增加，使得“不良的奥秘”① 广为传播。所有这些都构成了出生率下降的原因。

政治上的反复，并不总伴随着人口数量变化上的反复。年平均出生人口的数目实际是在以一个递减的增长率增长着，这种数量变化特点一直持续到第二帝国时期：在 1861 ~ 1865 年间，年均出生率人口达到高峰，即年均出生 1 004 900 人。这种高峰水平不会再次出现，因为早在 1816 ~ 1820 年间，总出生率达到过高峰数值，即 32. 9‰。32. 9‰的水平与 18 世纪末相比已经不足为高，此后的出生率更是逐年下降。从这个方面看来，法国是一个“领导性”的国家，在七月王朝期间，它的出生率是全欧洲最低的：1841 ~ 1845年间为 28. 1‰，1851 ~ 1856 年间为 26. 1‰，1846 ~ 1851 年间的危机局面将 1847 年的出生人口数目降低到 901 000 人，这是这个世纪中最
【297】低的年份。如果说在 1851 年之后有一点复苏，也是短暂而轻微的。在第二帝国期间，出生率变化趋势则显得相对平稳：1868 年以前，处于 26. 5‰ ~ 26. 9‰的范围内，并缓慢下降；只是 1859 年，达到了 1851 年的水平（27‰），此后，则又开始持续下降。1886 ~ 1890 年间，跌破了 25‰的出生率水平。1896 ~ 1900 年间，年均只出生900 000人。第一次世界大战前夕，总出生率下降到了 20. 2‰（1906 ~ 1911 年间），比 1876 ~ 1880 年间的出生率水平要低 5. 5 个千分点，比 19 世纪之初的水平要低 12. 5‰。出生人口在

① 可能指生育控制技术方法或控制技巧。——译者注

数量上和比率上的下降很大程度上可以用马尔萨斯主义者的逻辑方式来分析和总结。总的人口繁殖率从大概在1810~1820年间的1.99%下降到1910年的1.23%，而净繁殖率在同一时期从1.08%下降到了0.95%。

对比而言，在整个复辟期间，总的人口死亡率稳定地保持在25‰左右；如果说，在1845年以后，死亡率已经开始下降，那么在整个七月王朝时期，甚至是在19世纪结束以前，下降程度微乎其微。事实上，法国的卫生与健康状况几乎没有什么改善。夺权成功的当政者们对这个问题也很少予以关心。医院设施建设和合格卫生人员补充也没有取得什么进展。卫生保健普遍缺少，饮食质量很差而且在国民中分布不均。这种卫生条件往往导致在落后地区出现甲状腺肿胀之类的营养不良病症。还有，伴随着工业发展，无产者数量在增加，这些都使得人口增长的基础十分脆弱。上一个时代所发生的各种灾难确实停止了，但是就致命性而言，这一时代流行的传染性瘟疫却毫不逊色。霍乱将1832年、1833年的人口死亡率分别推升到28.5‰、27.8‰；1846~1847年间发生的严重危机摧垮了整个国家，并因此导致这期间有100 000人丧命，此后的1854年又有145 000人因之丧命。这些基本上可以用作解释这一年总死亡人口创造新记录的993 000人的原因。1855~1857年间，白喉导致了8 500人死亡；1869~1875年间，天花的蔓延引起了近18 000人死亡。1850年前后，肺结核导致的死亡占10%左右。在以劳工阶层为居民主体的里尔（Lille）镇，24岁以前，居民就已死亡过半了。

1890~1895年间，总的人口死亡率保持在22‰左右，与此相对照的是，1866~1870年间的死亡率是24.4‰。1871年，由于法国—普鲁士战争将年度死亡人口总数推高到1 271 000人，而这种关于人口的高死亡数量的对比分析，还应考虑到的因素是，此时原来这个国家所有的东部领土都已经被割让出去了。在1895年以前，死亡人口的高水平没有什么改善。在这一年以后，帕斯特（Pasteur）的发明逐渐得到广泛使用，医疗卫生队伍也得以成倍扩充。尤其重要的是，1893年通过的有关法律建立了免费医疗救助制度；1902年所通过的法律更是直接明了地说明其目的是为了“保护国民健康”，并将接种抗天花疫苗规定为公民的强制义务。所有这些措施产生的最显著的效果是婴儿净死亡率的下降——到1912年下降到了106‰。至于人口的总死亡率，随着新世纪的到来则下降到了20‰以下，在1901~1905年间下降
到了19.6‰，在第一次世界大战前夕降至18.3‰。正如表61所显示，经过 【298】
30年左右的时间，人口出生时的期望寿命已经增长了3倍，这一增长速度和前65年的增长速度大致相当。

表 61　1817～1913 年间人口出生时的生命预期值　单位：年

时　间	男　性		女　性	
约 1817 年	38.3		40.8	
约 1881 年	40.8		43.4	
1817～1881 年间的增加量		2.5		2.6
1913 年	48.5		52.4	
1881～1913 年间的增加量		7.7		9.0

人口增长的总体趋势一般会随着经济发展进程的加深而发生逆转，对法国而言，这种逆转来得迟缓而且轻微。19 世纪中期发生的危机是一个初步预兆，它将人口的自然增长数（出生减死亡的剩余数）减少到了很低的水平：1847 年、1849 年分别不到 52 000 人、12 000 人，而与之相对照的是，1845 年为 245 000 人。1870 年以后，这种趋势加强了，19 世纪 80 年代，年平均增长数不到 100 000 人。1891～1895 年间，第一次出现在一个 5 年期中死亡人口总数超过出生人口总数的现象，1891 年、1892 年、1895 年、1900 年、1907 年和 1911 年等年份，这种现象无一例外地重复出现。总人口数量的增长近乎停止。在 20 世纪的第一个 10 年，总人口数量每年仅增长 0.12%；而在此期间，其他作为推动和支持工业产业发展的各大要素却在以 1.0% 左右的速率增长。更显得糟糕的是，人口净繁殖率状况实际上还在将法国推向一个人口绝对数减少的阶段。

6.2.2　对移民的呼唤

虽然在 19 世纪法国的人口增长态势显得很微弱，但是移民潮流作为一种经常性现象已经愈发重要。并且，掩盖了前者所引发的人口数量的减少效应。随着时光由 19 世纪向 20 世纪推进，外国移民的人数达到很高水平，不过我们却很难对其精确趋向予以测度。这是因为移民完全是一种自发变动的现象，独立于官方政策和官方控制之外。然而，移民也不是什么完全新式的东西，它在 1789 年大革命以前的旧时代（*ancien régime*），就已经植下了根，只是那时的移民到来者仅仅局限于一些专业技能者，其数目也较小。这些人可能是荷兰的造船木匠、德国的采矿工人或金属工匠，或者是在诸如细丝纺织等奢侈品制造上有一技之长的意大利人。时间一直持续到 19 世纪前半期，移民队伍仍表现出这种特征。当然，在此期间法国钢铁行业的技术变革，实际上也很大程度上是在有技能的外国工人的帮助下完成的。1819 年左右，在摩泽尔（Mosell）地区，开始出现大批比利时人和德国人。1825 年，富尔尚博（涅夫勒）［Fourchambault（Nièvre）］公司雇用了大约 30 个英国人；另外，1828 年在勒克里索（Le Cresot）、福雷（Forez）山区的圣—于连—昂—雅雷（St-Julien-en-Jarret）地带，以及 1830 年的德卡泽维尔（Decazeville），都雇有一定数量的英国人。雅各布 · 霍尔策（Jacob Holtzer）【299】
就是和从鲁尔地区来的德国人一起，组织和运作他在尤尼列（Unieux）的工场；阿莱地区也拥有一个比利时人和皮尔蒙特（意大利的一个地区）人组成的移民队伍。19 世纪中期，由于人口压力、政治斗争引发的危机以及 1848 年大革命失败导致的政治迫害，使许多德国人被迫从他们的祖国逃离出来，仅栖息在巴黎的德国人就成千上万。很有可能，有些经济部门，专业技能者的涌入一直持续到 19 世纪末。1880 年左右，有一些出生于巴登（Baden）和符腾堡（Württemburg）地区的德国人，来到（在上卢瓦尔省的）蓬—萨洛蒙（Pont-Salomon）工作；在卢瓦省（Loire）的日耶河流域（Rive de Gier）则有一些来自意大利的吹玻璃工人；在里昂一带还有来自德国的啤酒酿造工人。不过，那一时期，他们对经济体系的影响还微乎其微，他们所形成的还只是某种纤细的移民流。移民者在数量上也还不多，1851 年整个法国的外国人总数不到 380 000 人，在总人口中占的比例也不超过 1%。

然而，在第二帝国时期，移民的性质和节奏发生了变化。到 1872 年，无论从绝对数意义上（总数达到 741 000 人）还是从对总人口的相对数意义上（2%）看，外国人数量都翻了一番，到 1911 年，来自外国的侨民总数已经达到了 116 万人，在总人口中占到 2.8%（如果将新的被授予法国国籍的人也考虑在移民范围当中，则这个比例应为 3.3%）。在 1891 年以前，外国移民增长率一直保持着相对稳定的水平，但从那以后，移民增长速度开始放慢。我们这里的数量估算还应该考虑到已经拥有法国国籍的移民总数目也在不断扩大，甚至是从相对短期上看，即便是 1851 ~ 1872 年间，在移民数量发生了明显扩张之后，或是在 19 世纪 80 年代发生过经济萧条之后，移民数量的水平都能够明显地与法国经济增长率相适应。交通手段的改善为暂时性的、季节性的以及甚至是日常性的移民提供了便利，以至于此后人们必须考虑这种移民的重要性。1913 年，仅每天穿越边境的比利时人就高达 5 万 ~ 6 万人；在麦子和甜菜收获季节，总共有 10 万比利时人以这种方式过来参与收获。

在很长一段时期，这种移民流的发生与进行未引起人们的注意。参与到移民当中的大部分人，都只是法国的一些邻国居民。并且，即使交通道路一体化系统确实得到了改善，但移民队伍扩大也仅仅被当时的人们看做是传统的人口相互往来流量的一种增加。实际上，1851 年，毗邻法国的国家为法国提供了 78% 的外国移民，到 1911 年时则达到 83%。当然，这些国家各自在移民总数中所占的相对权重也在发生变化。19 世纪中期，来自比利时的移民能够占到全部移民的 33%，显然处于一个主角地位；然而，在第一次世界大战前夕，其所占移民份额下降为 25%，在移民来源国中的地位也由首位退居到第二位。第一的位置为意大利所取代，此时意大利人在移民中占到 36%，而与之相对照的是，1851 年时意大利移民所占份额仅为 16%。至于德国，此时正处在工业化进程中，其移民所占比例下降也是可以理解的。1851 年，来自德国的移民在所有各国移民总数中，能占到 1/6；到了 1911 年，则还不到 1/10。到此时，它的这一比例已经和西班牙基本处在同一个水平上。就在这个时期，西班牙的比例也在缓步上升。在较长时期内，意大利和比利时总是双双占着明显主导的地位，1851 年它们共同提供了 419 000 个移民，在 1911 年则提供了 287 000 人——这两个绝对数所对应的相对关系分别是：在 5 个外国人中占到 3 个与在 2 个中占到 1 个。移民人口进入法
【300】国之后的地理分布，也可以从接近这两大移民来源库的地理位置上寻找到一定程度的解释。在法国的北部和中部，明显没有受到移民迁居侵扰，移民都集中在北部、东部和东南部。顶峰时，能占到罗讷河口省（Bouches-du-Rhône）人口总数的 16%，瓦尔省（Var）人口总数的 14%。

共同的语言源背景使移民与法国国民相互融合变得更为容易，越来越多的混合通婚加速了这个过程。尤为重要的是，1889 年的立法规定，1890 年以后，移民可以取得法国国籍：要经过一个选择程序，但在法国出生的孩子可以自动获得。在总数上，1872 ~ 1911 年，大约有 100 万移民取得了法国国籍。毫无疑问，移民潮在法国国民中引发了某些疑虑：法国本土的劳工运动以无数次罢工为显著特点，而在北部，尤其是在东南部，还因为驱逐外国移民的运动而发生了暴力事件。1883 ~ 1914 年间，目的在于减少移民数量的法案不下 50 个；1897 年，关于要对外国人接受政府雇用和参与地方性集体事务进行人数限制这个问题，当政者米勒朗（Millerand）甚至还对法国国民做出了让步。不过，紧接着 1894 年卡尔诺（Carnot）总统在里昂被暗杀这一事件，还是发生了反意大利移民的风潮。这些都显示了抵制外国移民活动的复杂性。这种抵制的动机，与其说是由于工作岗位竞争问题而产生的忌惮，不如说带着以下所有非理性情感因素：政治动机、对外国人本能式的愤恨、狭隘的种族主义。

正如一位国会成员在 1904 年所看到的那样，在劳工市场上，外国人大多是捡拾着那些被法国人所拒绝参与的工作。在 1911 年时，他们的人数占到工作人口的 6.4%，但是在所有体力劳动者、装卸工、采石工、挖土工和泥瓦匠中，有一半是外国移民。在第一次世界大战前不久，关于怎样处置外国移民这一问题，法国有关机构形成了有组织的政策。农业雇员协会引入了 20 000 名外国人，给予他们在洛林（Lorraine）、香槟（Champagne）和勃艮第（Burgundy）等地的工作许可。1900 年以后，铁器制造商们更是在边境设立起了招募所；1911 年，他们为处理外国雇工问题，专门成立了一个委员会，这个委员会在谈判以后与意大利达成协议，创设一个综合招募机构，并让 7 000 名意大利人在东部定居，主要是定居在布里（Briey）和隆维（Longwy）的盆地地带。

这种新型且是有选择性的移民，缓和了在法国自身国民体系中所发生的人口停滞带来的消极影响。从最终实际效果上看，它还为法国的未来提供了经济福利。1851～1911 年，外国人数量翻成原来的 3 倍，而整个国家的人口数量却只增加了 1/5。而且，新来到这个国家的一般都是年轻人，移民中处在“年轻人”年龄组的人口比例比法国人口整体在这个年龄组的比例要高。表 62（来自莫可）给出了 1911 年二者的年龄分布数据。【301】

表 62　1911 年法国居民与移民适宜工作人口年龄分布　单位：%

年龄组别	外来移民	法国原住民
20 岁以下	14	13.9
20～39 岁	52	42
40～59 岁	27	31
60 岁及以上	6.4	11.9
年龄未知	0.2	0.5

资料来源：G. 莫可：《19 世纪初期外国向法国的移民》（巴黎，1932 年）。

这个统计结果的意义有两方面。首先，尽管单身人口尤其是男性的比例具有一定水平，但由于外国移民夫妇的繁殖能力比法国原住民要高，新生人口就显得较为充分，平均每个家庭有 3.7 个小孩而不是原来法国人的 2.6 个。年龄更大的人的数目变得相对较小，死亡率也降低了，由此使人口持续自然增长得到了保证。其次，在外来移民当中，适宜工作人口（active persons）的比例明显地要更高。1911 年时，适宜工作人口能占到所有移民人口的58%，就意大利移民来说，甚至高达61%；而与之相对照，法国原住民中适宜工作人口所占比例为52%。移民中适宜工作人口的这种高比例状况，又很大程度上是由更大比例的潜在适宜工作人口（是指那些年龄在20~59岁之间的人口——这是最窄口径的定义，因为在超过60岁后，很多人可能仍在从事工作）所决定的。就潜在适宜工作人口所占比例指标而言，移民与法国原住民的对照关系是79%和73%。或者，我们还可观察在工作人口中最具生产效率的年龄（20~39岁）组别，则移民人口的比例为52%，而法国原住民的比例为42%。

6.2.3　不断扩张的劳工队伍

毫无疑问，法国的马尔萨斯主义的行为方式解释了其人口的全面老龄化，它以年轻的人群数目的相对下降和年长者的比例上升为基本特点。正如表63所示，这个发展态势可以从三个关键时间上表现出的数量特征来进行概括。相对年轻的年龄组别的人口所占比例收缩了10%，而年长者组成的群体比例上升了5.5%。尽管J.C.图坦曾经指出，这种趋向与15~65岁的工作年龄人口结构所处的极其稳定的状态实际上同时存在，如果用他们在总人口中所占的百分比来衡量工作年龄人口结构，则根据J.布儒瓦—皮沙（Bourgeois-Pichat）的确证，1776~1861年间，这个比例的数据为64.1%~66.0%，1851~1911年间的比例数据为68.3%~69.1%。在整个19世纪上半叶，年龄在15~65岁之间的人口组成的年龄组所占比例保持在61.5%~63.3%。这些数据还可以从富尔拉蒂埃（Fourastié）的评论上得到佐证。他确认，男性工作人口的平均年龄上升的程度较为轻微，从拿破仑一世时代的24岁上升到第二帝国时代初期的26岁以及1901年的28岁。并且在这里，我们还必须考虑到，国民达到14岁时必须强制进行义务教育的政策是后来才施行的。这种政策显然会通过减少童工的数量，将劳动人口的平均年龄抬高。

表63　1776~1911年间高低年龄组在总人口中所占的比例

三个年份	0~19岁	60岁及以上
1776	4.4	7.1
1851	36.1	10.1
1911	33.8	12.6

【302】

所有这些统计结果，都反映出潜在适宜工作人口的绝对规模在稳步上升，贯穿整个19世纪，这个人口群体比法国总人口增长得要更快。J. 布儒瓦—皮沙对这方面进行过有关计算，其结果如表64所示。

表64　1776~1911年间的总人口与潜在的适宜工作人口　单位：万人

三个年份	总人口	潜在适宜工作人口（15~69岁）		
		男性	女性	总数
1776	2 561.2	807.9	843.2	1 650.2
1851	3 590.2	1 189.1	1 195.4	2 384.5
1911	3 919.3	1 334.2	1 383.4	2 717.6

1776~1911年，潜在适宜工作人口在数量上增长了64.7%，而总人口数量的增长程度仅有40.2%。1776~1851年间，两者的对照数据分别为44%和40%；而1851~1911年间，二者的数据分别是14%和9.1%。看来，即使是它们的长期趋势都在朝着增长程度减少这个方向变化，然而人口数量增长上的减速却并没有对劳工队伍规模的减少产生强有力的影响。

6.2.4　一个由小农组成的国度吗?

我们很难确定1851年之前适宜工作人口的数量规模和分布情况，1851年时进行过首次职业调查，但也仅仅是进行了男性人口数的计算，调查所使用的方法仍然较为粗略。这种情形一直维持到1866年。在这以前，一直都没能出现更为可靠的数据。即使是在1866年以后，对经济活动的定义、分类所依照的原理，甚至是收集信息的手段也常常是不确定的，这就使得要对不同时间上进行的各次调查进行相互比较显得非常困难。这种比较必须做大 【303】
量的调整工作，而所有的计算结果也都必须留有一定的误差界限。

看来，与其他时期的计算相比，针对19世纪上半叶适宜工作人口证据的文献进行计算发生错误的可能性要更大，不管这种文献是那个时代的，还是当代的。在1780年出现的“法国人口数量表”之中，由埃格斯皮吕神父（Abbé d’Expilly）估算的男性适宜工作人口为7 583 000人。另外还有人给出的估数为6 200 000人，这就意味着在总人口中男性适宜工作人口占到22%~30%。当代的马科威奇（Markovitch）将这个比例数推高到37%，或者说有总数为1 000万人的适宜工作人口，其中农业人口占了绝对优势。按照马科威奇的估算，农业中适宜工作人口总数达390万人，或者说能占到适宜工作人口总数的55%；而与此同时，工匠与产业工人的总数为160万人，仆佣总数为180万人；另外，我们还必须加上160万人的女仆佣。（相比前面的差距）马科威奇这里的估数和埃格斯皮吕神父的数据显得更为接近。后者曾说50%的人口从事农业工作；仅仅考虑到其中的男性的话，则其绝对数总量是380万～400万人。至于工匠与产业工人，埃格斯皮吕神父计算出来的总数是250万人。只是，他的分类处理方法存在着若干令人生疑之处。1789年时，拉瓦锡（Lavoisier）所给出的总量数据是180万人。有关人士曾对1804～1815年间在军队中服役的士兵原来的职业状况进行过一次调查。从调查结果来看，第一产业部门的角色地位提高了，即它所占的比例数据为71.6%，而第二产业的比例降低到20.9%，余下的3.5%则留给了商业和交通运输业。但是，这个文献值得人们注意和疑虑的地方是，雇工总数奇少。总而言之，关于1851年前的情况，我们只能获得一个大致印象。那时，农业雇用了男性劳动力中的56.9%，工业雇用了27.6%。这些数据意味着，在19世纪前半叶，以百分比来衡量，农业人口数量维持在一种极度稳定的状态。J. C. 图坦坚持认为，农业人口和总人口保持着同样的增长率，而他的判断又以先验地假定整个经济体系的行为方式结构没有发生很大变化作为立论基础。

我们知道，在拿破仑战争以后，法国工业复苏得很快。其原因是，那时英国放弃了一些高品质产品的生产，而法国在抓住由此带来的市场机会。尽管如此，在1815年以后的20～30年间里，经济状况却也只能称得上是适度增长。在此期间，工业中最活跃的部门——采矿以及钢铁业——也仅仅能在劳动力市场引发较小规模的需求。纺织业仍然是最大的产业雇用源，这个行业的企业常常散布在农村，并保持着它们原有的秩序和状况。工业化仍处在早期阶段，也没有产生巨大规模的劳动力需求。并且，在1801～1851年间，人口结构没有向任何特定省份集中，不过罗讷省（Rhône）除外。人口在地理上的流动还是会遇到限制，从这点来看，我们可以假定职业性的迁移规模仍然
【304】较小。农业人口的常规性剩余能够满足社会对劳动力所产生的所有新需求，并且也未影响自己原来的劳作。而1845～1847年间所发生的经济危机则具有古典型特征，这也显示出：就其职业结构来说，整个经济体系很大程度上仍然带有传统性质。

最近，研究者F. 克鲁泽（Crouzet）揭示出，在19世纪40～70年代，至少是从产量系列的情况来看，经济处于加速增长态势之中。人们的原有印

象就是，快速增长的时间范围大致对应于第二帝国时期，统计数据也基本上能够与这个印象相吻合。然而，尽管在1876年，经济表现出了创记录的高潮，但看起来并不是所有经济部门都齐头并进。同时，从表65中又可以明显看出，人口在不同部门之间分配具有相对稳定性。

表65　1856年与1876年的人口部门分布　单位：%

年　份	第一产业	第二产业	第三产业
1856	51.7	26.8	21.4
1876	48.8	27.3	22.8

尝试着对两个性别都包含进来的人口总体做一个全面计算，我们会发现，适宜工作的人口总量从1851年的7 275 000人增加到1876年的7 961 000人。工业部门的工人数目则从1856年的3 793 000人增加到1876年的4 469 000人——这数值仍然偏小。最近，乔治·迪沃（Georges Duveau）不无原因地问道，在第二帝国期间，劳工阶层的人数是否真的减少了？而如果减少了，就会与此间的经济高涨相矛盾。农村地区的自然剩余人口是否真的就能够充分满足工业发展的需求？有一种说法认为，在1845~1851年间的危机之后，农村地区又发生了全面危机。但不管怎么说，有相当多的证据反映出的情况恰与这种说法相反。在皮卡第（Picardy）、诺曼底（Normandy）、佩尔什（Perche）、加龙河（Garonne）北岸、朗格多克（Languedoc）和加斯孔尼（Gascony）等地区，存在着农业剩余人口，这确实是一个事实。但农业剩余人口是对农村地区工业企业停业的一种反应，而不是对农业危机的反应，在拿破仑三世期间，农业生产事实上还表现出某种繁荣态势。如果说农村地区的人口扩张在玻尔德莱（Bordelais）、布里塔尼（Brittany）和海滨朗格多克（Coast Languedoc）等地慢了下来的话，但在普罗旺斯（Provence）、里昂地区、罗讷平原地带和马西弗中心地区（Massif Central）以及法国北部等地方，这种扩张仍然保持着它们的原有活力。

只是到19世纪80年代以后，基本变化才开始发生；尽管当时已经建设了有关防护体系，但谷物歉收以及随后的根瘤蚜灾害还是发生了，从此农业人口减少才成为普遍现象。于是，农村人口从土地中的脱离与席卷整个法国工业的严重结构性危机同时发生。随后，那发生在所谓“最美妙时期（*belle époque*）”的经济复苏，也（正如克鲁泽所展示）比后人长期以来所想像的要温和得多，即使将特别活跃的新工业部门的数据汇总到产出数据中也是如此。

【305】在此期间，适宜工作人口的比例在小幅下降以后，在1896年又上升到49.6%，并持续上升到1911年的53.4%。在1886年以后，那些专门从事农业生产的人口比例下降了，在经历了一个30年期之后，1911年的比例（41.2%）比1881年要低5.4个百分点，而在此之前的整整半个世纪，这个比例也仅仅下降了4.8个百分点。尽管下降幅度都较小，但这种节奏上的变化还是值得肯定的，同时我们把这种观察置于有关历史背景之中。1911年，10个法国人当中有4个是以土地为劳作对象——其所对应的总绝对数或许在8 625 000人，这比1856年的总数多出了1 039 000人。而且，直至1921年在总人口增长和适宜工作的农业人口增长之间总存在着某种同向变化的关系。尽管1900~1913年间，每年有总数为40 000人的农业剩余人口转移到了其他部门，但这似乎并不能否定这种关联关系；而且这种关联关系在此期间的表现，看上去甚至比它自身在从大革命时期至19世纪中期之间这一时段上的表现程度要更为密切。这两个增长率看上去齐头并进，或许这是第一次世界大战之前法国人口职业结构变化中最具特色性的方面。关于人口在农业与其他部门之间分布的对比变化，请参见表66。

适宜工作工业人口比总人口扩张速度要快3倍，但在1911年时，它的相对比重仍然仅仅表现为：在3个适宜工作人口中有1个工人。紧跟在工业扩张之后发展起来的服务部门，在只有半个多世纪的时间里，相对比重"早熟式"地增加了7.7%，而对应的工业部门的适宜工作人口的比重增加程度是2.9%。在第一次世界大战前夕，这两个部门的相对比重水平几乎是齐平的，不论是从相对数还是从绝对数意义上都是这样——第二产业部门雇用了6 223 000人，而第三产业雇用的人数也不下6 083 000人。看起来，本来应是通过工业化来循序渐进地实现的产业高度化进程，在这里却被服务业的繁荣"短路"了。

表66　1881~1911年间适宜工作人口的部门分布　单位：%

三个典型年份	农业	工业	服务业
1881	47.5	26.7	24.9
1891	44.6	27.9	26.8
1911	41.2	29.7	29.1

人们在各种不同的户籍与人口调查中所使用的社会职业分类方式逐渐统一且变得稳定，这表明正在使用的分类方式得到越来越广泛的接受，反过来

又促使它变得越来越具有约束力。要对马克思所描绘的“劳动力储备大军”在不列颠（Britain）[①] 的动员活动进行数量说明是不可能的，因为流动人口没有很好地包括在户籍与人口统计之中。因而，我们只能对此作一些推测。

毫无疑问，在18世纪快要结束之时，对法国这个人口快速增长的国家，这种漂游的流动人口大众是存在的。正是由于他们的生活条件和工作状况很不稳定，才被弗朗索瓦·菲雷（François Furet）定义为“下层阶级”。他们在数量上有多少？有一些评论家给出的数据是1 250 000人；当代的研究者 【306】 如德·奥布里（d' Aubry），把他们和穷人总括在一起，认为总人数为2 400 000人。就这一问题而言，研究者无论如何都应考虑到，19世纪初期的法国存在着总数高达几万人的“临时迁徙者”。比如，利穆赞（Limousin）地区的建筑工人就属于这一群体，但也只是他们当中的一小部分。可能的情形是，与农业类似，我们也能在城市职业中找到这一流动大军。在人口迁移经常性出现、不同经济部门之间以及特别是不同地区之间的人员交流频繁发生的情况下，要对他们的身份进行分别、辨认乃至对他们组成的总体进行统计极为困难。总的来看，在19世纪，法国人口的地理流动性也许比长期以来所认为的那样要大得多。

尽管法国在较早时就已经实现了政治统一，但从经济状况上看，整个国家这时仍然是一个由变革步调极不一致的若干**地域**拼合成的简单集聚。并且，在19世纪80年代以前，甚至可以说一直持续到20世纪初期，整个劳工队伍仍然还是被分割成若干稳定的部门。我们已经看到，早些时候，没有工人大规模地迁离农业部门。因而，法国的所谓“劳动力储备大军”——一个对法国工业化进程有贡献的（要素）体系——具有它相对独特的地方：它实际上是一种农村现象。研究者要对1850年以后分散的农村工业的衰退过程进行概括，是不会取得什么进展的。我们只有以某些连续发生的周期作为观测对象，才能够着手提出并验证某些显得具有一定确切性的假定。随着这些周期相继发生，一个经济部门紧跟着另一个经济部门在各个周期上展露风光。比如说，在皮卡第，1830年以后，毛纺和麻织经济活动接着棉纺行业的衰退而显露头角并取代后者的显赫地位；随后，它们又被炼糖行业所取代。在这个地方，直到1872年，农业工人的数目一直都在增加，这种增加和炼糖所用甜菜的种植扩张同步进行。近来的研究显示，在里昂内（Lyonnais）和博若莱（Beaujolais），当麻纺业衰退时，棉纺和丝织制造业就将领先

① 疑为France之误。——译者注

地位接替过来。多菲内（Dauphiné）地区的经济发展图景也相类似，在那里，直至1876年以前，人们还在村庄中不断建立丝织制造厂，而在（罗讷省的）潘塔楼（La Tour du Pin）一带，则是制帽商以及铁矿采集商在持续地支撑着经济运行。铸铁与炼钢行业后来在北部和东部的中心地带占据主导地位，从这种钢铁行业的建设过程中，我们仍可以找到与前面那些例证相似的演化模式。这个行业在靠近纳韦尔（Nevers）的富尔尚博（Fourchambault）地区发展起来，这里有一个由制铁行当工人组成的劳工池，这些工人已熟练于炼铁操作很长时间了；另外，它也在圣艾蒂安（Saint Etienne）地区发展起来，在该地区有贩卖与制造铁器和刃具的传统。在七月王朝和第二帝国期间，发展起来的大铁路工场并没有导致勒普莱（Le Play）的工厂完全倒闭，他的门徒们也没有被社会鄙弃；实际上，这些新发展起来的铁路工场还聚集了大批的挖土工，并在有关行业的淡季为没有工作的产业工人和农民们提供工作机会。总之，一方面，关于19世纪法国的工业地域分布，人们能够感触到某种稳定性，所谓稳定体现在它总在重复着城镇和农村的古老划分；另一方面，关于早期“劳动力储备大军”所具有的流动性，也是没有多大问题的。当这种流动性得到激发时，它也能促使劳动者的地理位置
【307】发生程度不小的变换。

在那些发生短期性危机的工业行业中，工作者人数减少——在19世纪30年代的长时间萧条期间，工人数量减少的程度就更大了——反映出在工业和农业之间存在着一定程度的劳动力相互转移。在整个19世纪，农业对劳动力的需求保持着相对稳定。在德卡泽维尔（Decazeville），晚至1865年，还因农业收获活动导致了雇主们在劳动力需求上存在着一定程度的竞争，这在商界引起了一些抱怨。在日耶河流域（Rive de Gier）和圣艾蒂安，在经济低潮时期，劳动力返回到土地上去，这是很平常的事情。甚至是在里昂，丝织工们把农村村庄视为生存的最后保障，并和它保持着虽纤弱但长久的关系。而从多菲内（Dauphiné）和维瓦雷斯（Vivarais）两地之间的那些丝织行业中反映出来的情形尤为有趣。最初，维瓦雷斯的丝织厂从远至阿尔卑斯山（Alps）一带寻求它们的女性劳工雇员；19世纪末，这个寻雇方向反了过来，雇员流动的方向是从奥贝纳斯（Aubenas）和肖梅拉克（Chomérac）地区到伊泽尔省（Isère）的制造厂。不过，这两种情况却也有共同之处，那就是成千上万的年轻女性都参与接受工业雇用，但是她们在若干年后又将回到土地上。19世纪，在罗讷省中部的屋尔特（La Voulte）和普赞（Pouzin）地区，在当地农业没有任何剩余人口的情况下，当用于炼铁

过程中的鼓风炉被迫停止使用时，却反过来导致农业吸收了2 000名炼铁工人就业。甚至是那些位处阿尔卑斯山各大峡谷中的水电站，在1906～1910年间也因同样理由抱怨难以雇到工人。这种抱怨一如德卡泽维尔（Decazeville）的雇主们在半个世纪以前所曾发出的那样。

将工人招募到工业活动的中心，还有其他若干模式，相应地，它们的实施也必须采用一些其他方法。模式与方法常常又是由地方经济行为的性质来决定。对全法国来说，纺织行业持久地保持着较为重要的优势地位。在1789年和1856年，各个纺织行业部门雇用了所有工业适宜工作人口的一半；而在1911年，同样是纺织行业，仍雇用了其中的41.7%，或者说雇用了259万人——比半个世纪以前多出了80万人。纺织工人数在绝对数上的最大值为261万人；仅是在1906年，这一数值才达到。在20世纪开端，女工占了这个数目中的68%；而纺织女工自身又在所有女性工业劳动大军的组成中占到67%。多数情况下，农民们或其他行业中工人们的妻子或女儿，一般早已在其所属行业或相（邻近的）关联行业中得到一定方式的雇用。因而，作为当时法国的最大行业，纺织业的发展并没有破坏既定的社会职业结构。

但是，其他行业却在以更快的速度扩张。在另外两个主导部门，冶金业在1856年雇用了8.9%的工业劳动力，在1911年则雇用了其中的15.7%（在绝对数上是从337 000人上升到947 000人）；而各种采矿业，尽管它们在工人总数中所占的比例仅仅是从5.1%上升到了5.6%，也将绝对数字从199 000人推升到了349 000人。看起来，直至19世纪80年代，大部分招募活动都是地方性的，这可以从劳工阶级人口的极富繁殖能力上得到解释：那些由某些雇主雇用的雇员的孩子们又在工厂中出现。在19世纪40年代，这曾经给人多么深刻的印象。到1867年，他们的孩子们在一些企业，诸如昂 【308】
赞（Anzin）、贝塞热（Bessèges）、蒙吕康（Montlucon）和克勒索（Creusot）等企业的劳动力总数中仍能占到10%，在科芒特里（Commentry）、奥班（Aubin）、阿莱和德卡泽维尔（Decazeville）等企业中则能占到7%。在基础教育强制实施的政策引入以前，政府分别于1841年3月21日、1874年5月19日、1891年11月2日颁布保护性法律，目的就在于减少童工的数量，不过并没有取得多大效果。在圣艾蒂安，工人人数急剧增长，这种增长持续了一个历史时期；在此之后，到1834年时，有59%的工人们是在工人社区中出生的。在卡尔莫（Carmaux），在1892～1900年间雇用的448名年轻人中，有404人是矿工的儿子；而在1848～1914年间，矿工中有73.6%

是在这个地区的三个工人社区中出生的。菲利普·阿里耶斯（Phillippe Ariès）曾经指出，北部矿产地区从勤劳的佛兰德人（Flanders）中吸取了大量劳动力，并且直至1891年，本地区社区人口繁殖形成的劳动力供给仍是这一矿区劳动力扩张的基础。不过，从此之后，劳动力的地方垄断性还是被来自农村的人群打破了。

同样地，第三产业部门也较为活跃，尽管它的长期发展被某些内部变革掩盖住了。在这个部门中，家庭服务业所占比重由1856年的31.8%下降到1911年的14.6%。但是，在1881年以前，这种下降态势较为缓慢（1881年比例值为27.9%），这意味着此时整个部门还没有得到充分发展，而它又强化了我们所曾提到的流动人口持续存在的状态。尤其引人注意的是，在研究者提到服务业活动时，一使用“家庭的”这个词作修饰往往就意味着存在就业程度不足。同时，在交通部门就业的人口比例翻了一番（从7.4%上升到了14.8%），在公共服务业中的就业人员比例也有增长（从31.3%增长到38.5%）——（和交通部门相比）这种扩张速度较慢，可能的情况是，居住在农村地区的人口并不一定就业于农业部门，实际上他们也在向服务业而不是工业部门转移。19世纪快要结束的时候，在里昂和南希（Nancy），这些农村迁徙者往往成为铁路工人和商业办事员；在巴黎，1840~1860年间他们还参与了家庭服务大军的补充；在第二帝国期间的马赛（Marseilles），他们有的也成了零售商。第三产业的发展还意味着，在这个世纪最后1/4的时间里，工业部门不得不直接从意大利新的应聘者中吸收劳动力。这种拒绝接受工业雇佣的态度在一定程度上持续到了20世纪。比如说，在当今的欧塞尔（Auxerre），是那些农民的孙子们到工厂去当工人，而他们应该说成是最初与土地脱离关系的那代人的下一代人。

6.2.5 劳动力的文化与资质要求

长期以来，学者们都没有将19世纪劳动资质要求纳入他们研究范畴，
【309】有关学者至多只是从已知的一些东西出发，推论出一些粗略的说法。关于当时的劳动力为适应经济体系的需要而提高一般性知识以及相关能力，埃米尔·勒瓦瑟（Emile Levasseur）曾做过一些相关研究。此后，就再也没有人做过这种工作。

文化程度应是最基本的考虑，它是所有其他劳动力素质得以形成的基础。18世纪，在劳动者的教育文化方面有所进步，但就法国大革命关闭数

目众多的“小型学校”的行动来说，如同众多的其他行动，实际上背离了革命自身本应具有的进步性和基本原则。关于 1825 ~ 1830 年间全体劳动力的情况，我们没有确切证据。但我们知道，就在这一时期，应征到军队中的人员中有 48% ~ 52% 的人员不能够进行基本的阅读，当时每 2 个男子中有 1 个、每 4 个女子中有 3 个仍然以画十字的形式在政府的结婚登记中签名。也许从 18 世纪末期开始，这种较低的文化水平就一直没有多大改善，初级教育的缺乏解释了其中一部分原因。即使 1815 年以后，到学校就学的孩子的数量增加了，情况也依然如此。居维埃（Cuvier）和蒙塔利韦（Montaliver）曾经提示，到 19 世纪 30 年代时，学校中男孩数量从 865 000 人或920 000人增加到 1 200 000 人，500 000 名的女孩也在学校中接受常规教育。但是，这种增长仅是某种复苏过程的表现。复苏的基础是：以前在王朝复辟开始时就在学校中接受教育的那些孩子们，在以后婚育过程中相对重视教育。尽管这样，1821 年，1 800 000 名年龄在 5 ~ 14 岁的男孩，以及处于这一年龄段的总数为2 500 000名的女孩，还从未涉足学校。甚至这些数据还未充分反映出教育缺乏的程度，因为它们没有考虑到进入学校学习的人数的季节性变动，这种学习人数只是在冬天才处在较高水平。而且，数据所表现出来的上升趋势，也无法掩盖初级学校的不足。1816 年 2 月 29 日颁布的法律强制每一社区必须保留一所学校，其结果是失败的：兴建的学校仍显得太少，并且过于分散。

1833 年 6 月 28 日颁布的《基佐法》（The Guizot Law）相对显得更重要，它使得某种面向社区的教育义务能够有效实施。在 1835 ~ 1845 年间建立的一个针对初等学校的检查制度保证了其所采取的教育发展措施的实施。然后，1840 年 3 月 15 日通过了《法卢法》（The Falloux Law），这个法律促进了私立学校大幅扩张；而在第二帝国期间，相关立法规定更是进一步地将初等学校教师的组织和管理集中起来。维克托·迪利伊管理部（The Ministry of Victor Duruy）初步建立了一个教育补贴金制度，后来的运作证明它是行之有效的。1867 年 4 月通过的法律，进一步保证了社区教育能够获得财政支持。到 1872 年，在所有参加初等教育的孩子们中，有 57% 是免费的；而与之相对照，在 1866 年，这个比例数据仅为 41%。

从《基佐法》产生至 19 世纪 80 年代，在教育体系中最引人注目的现象是：在学校中的女孩数量不论是以绝对数衡量，还是以在总数中的百分比来衡量，都大幅增长。入学者的结构趋势如表 67 所示。

第二帝国结束期间，在应征士兵中，文盲比例不高于 25%；从平均数 【310】

上看，1870～1880年间也不高于17%。这个变化趋向是十分明显的，只是变化步伐仍然是缓慢的。初等教育的发展也存在阻力，这主要不是因为市政当局的吝啬（实际情况是，1863年仅剩下818个社区没有学校，而与之相对照，1847年间没有学校的社区数量是3 217个，1832年的数量则是10 400个），更主要的是心理上的障碍。那些来自农村的人们，思想本来就不开化，部分劳工阶层市民也并不心甘情愿将他们的辛苦钱用于孩子读书。

表67　　1832～1881年间5～14岁儿童的入学情况

三个典型年份	初等学校的小学生数量（万人）			入学率（%）		
	男孩	女孩	总量	男孩	女孩	总（平均）比率
1832	160.0	80	240	48	25	37
1851	179.4	152.8	332.2	55	48	51
1881	256.8	246.4	503.2	78	76	77

由朱尔·费里（Jules Ferry）所促成的立法，进一步完成了初等教育大厦的构建。1881年6月16日通过的法律则进一步将初等教育规定为一项公共服务并且完全免费；1882年3月28日的法律进一步规定入学是强制性的义务。若干年以后的1889年，通过了政府对教育进行财政支持的法案，政府将初等学校教师的费用完全承担下来。不过，这些不同措施并没有迅速提升在校孩子的数量——1891年，初等学校的在校学生总数仍然只有282.4万名男孩和274.2万名女孩——但在那一年，入学率平均水平上升到83%，并在1911年进一步上升到了85%。奇怪的是，相比1906年86%的水平，1911年的这个水平还略微下降。我们很难解释这种变化。是教堂和政府之间的冲突导致的吗？因为这种冲突确实导致了由天主教体系所掌控的一些学校被关闭。或者是因为最低入学年龄的降低？因为这种降低实际上向社会显示了托儿教育的弱点。或者这种现象是非常成功的教育政策现在已经达到成熟，它的继续发展面临着转折点的一种征兆？

第一次世界大战前夕，文盲数量的确在减少。在校学生总数超过了650万人，其中332.5万人为男孩，328.7万人为女孩。在应征士兵中，每20人中有19人会写字。在结婚登记时，用画十字作自我证鉴的人的比例已经萎缩到了几乎可忽略的水平：男青年比例数为1.6%，女青年比例数为2.7%。尽管完全无文化者的数量在19世纪的下降速度确实缓慢，但是却是持久的。并且，相比欧洲其他工业化国家，法国现在已经称得上是摆脱了文化落后状态。这是因为，早在1880年，比例分别为90.9%、98.7%、97.9%的荷兰、德国、瑞士应征入伍者会写字，而法国比例为87.7%。文盲现象并没有消除，但是 【311】（正如J.C. 图坦所曾经指出），文盲率下降对经济体系产生了很重要的累积效应。现在，2 300万法国人拥有基础教育水平，这使得他们能够承担起相对更为精致的工作；而18世纪末期这个数目水平是600万。

这是否就是从基佐（Guizot）到费里（Ferry），所有那些向文盲现象开战的法律活动的基本目的所在呢？首度仔细考察这个问题的研究者们——如巴朗·迪潘（Baron Dupin）在1826年和1848年，以及安热维尔伯爵（Comte D'Angeville）在七月王朝期间——都曾被文化程度和经济增长之间的关联关系深深打动。他们所描绘的经济地图揭示出：从蒙—圣—米歇尔（Mont-St-Michel）到日内瓦湖（Lake Geneva）一线以南的法国南部，国民教育程度没有多大变化；而在此线以北的法国北部，在文化开发活动方面已经呈现出阵阵骚动——这两大地域的经济发展确实存在差异。在整个19世纪30年代，蒸汽动力机车在法国国土上的分布和初等教育的地理分布能够对应起来。研究显示，在北部、东北部，在香槟（Champagne）地区、阿尔萨斯（Alsace）地区，文化教育事业有一定程度的进展，同时它们也是经济上较为活跃的地区；而马西弗中部（Massif Central）、阿基坦（Aquitaine）和布列塔尼（Brittany）等地都是教育不发展的南方地区，那里的经济发展也相对停滞。从整个法国南部来看，也有少许地区是这种一般性区别的例外情况，它们大致包括罗讷省—卢瓦省（Rhône-Loire）的新月形地带和马赛（Marseilles）周围的地区。这是一种具有两个分界线的地区划分方法，这种划分方法的有效时间范围上可追溯到1789年大革命以前的旧时代（*ancien régime*）结束，下可保持到19世纪50年代。用这种划分判断这一时期各地区间文盲率与重工业就业比例的关联方法，第一次出现在1851年的一次户口调查的报告书中。但是，在第二帝国期间，我们提到的划线被东南部地区的教育发展割断乃至穿透；到19世纪结束时，这条主要划线终于随着教育水平的普遍提高而完全消失。

那么，在朱尔·费里（Jules Ferry）的共和主义传奇小说中，掩饰着一种经济意义上的回味与思考（*arière-pensée*），即应该对国民施予最小数量的教育，以赋予劳动力某些必需能力，这些能力是他们承担经济增长职责所必需。也许在指出这一道理方面，原作者几乎没有什么纯粹逻辑分析技术上的考虑，但是，以皮埃尔·维拉尔（Pierre Vilar）的观点来看，这却是对某个必要性问题的一种无意识和非系统的回答：一个发展水平已经达到一定高度的经济体系，至少要拥有一个识字文化人口群体。按照这种既定表述方式，这一必要性假定能够为《基佐法》的颁布和维克托·迪利伊管理部的有关做法的合理性提供有效解释。同时，我们也颇为奇怪地看到，尽管1911年，北部—南部的差别消失了，但在诺尔省（the Nord）、加来海峡省（Pas-de-Calais）、埃纳省（Aisne）、索姆省（Somme）等省份的一些已经实现工业化的地方，文化教育水平却仍然低于全国的平均水平。这个问题比它初看上去要复杂，而且直到现在为止，还没有专门以学术姿态阐释这个问题的论述，显然，只有专门进行一项地区性研究，才有可能将这一问题阐释清楚。

乔治·迪珀（Georges Dupeux）曾经指出，在以上论及的初等教育扩张行动中，社会当事者们基本没有做出与经济实践相适应的考虑，惟一的例外是，
【312】由一些农村小学教师（*instituteurs*）提供了一些农用教材与教习。只是，这种工作，如果我们姑且也称之为教育的话，是与劳动力的发展趋势反向而行的。这种活动所教授的所谓知识来源于当地农民的一些迷信说法，它们只是给农民们对经济现实的无知、给他们在这种无知空白基础上另行补加的内容添加上强调的下划线标识而已。总的来说，基础教育与经济实践的偏离非常不合情理，因为此时法国在造就层次相对更高的技术人才方面实际上还起着某种领导作用。大革命前，在旧制度时代（*ancien régime*）快要结束之时，君主政权在1749年出面建立了工程学院（School of Engineering），在1747年建立了桥梁与公路学院（School of Bridges and Highways），在1783年建立了矿产学院（School of Mines），由此，（高层次）实践教育门户顿开。接着大革命发生了，而（在1794年10月22日）理工学院（Ecole Polytechnique）的创建，则具有决定性意义。在随后长达几十年的时间里，这所学院都保证了所送出的技术和经济精英的高质量。与此同时，国家工艺技术学院（Conservatoire National des Arts et Métiers）诞生了，它所享有的声望不如前面提到的那些理工学院，但它在国家经济中也起到了重要作用。在它的毕业生中，出了雅卡尔（Jacquard）、欧仁·施奈德（Eugène Schneider）、尼古拉·凯什兰（Nicolas Koechlin）和埃米尔·多尔富斯（Emile Dollfüss）等人——他们都是杰出的企业家。1817年，在圣艾蒂安（Saint Etienne），第二家矿产学院成立了；1829年，在巴黎还创建了中央制造技术学院（Ecole Centrale de Arts et Manufactures）。

这些最早进行工程学教育的高等院校（*grandes écoles*）体系，实际上都在将自己定位于一种中等教育——正如吕西安·费布弗尔（Lucien Febvre）所说，它们实际都是“中等教育的全能王国”——一种开展得较早的中等教育。同时，这个体系和旧时代的高等学校，也有若干渊源关系。以前的高等学校

是一个既具有自主权又具有紧密内在联系的体系。根据革命协定（Revolution Convention）成立的“中央学院（*écoles centrales*）”在这个体系的教学内容基础上添加了各类精确科学的教学活动；随后，在拿破仑时代，诸如此类的院校，都得到了所谓公立学校体系（*lycées*）兼收并蓄，整个学校体系也开始逐步形成一种垄断性的“国立大学（state university）”框架。1850 年的《法卢法》（Falloux Law）打破了这种垄断，并通过允许创建私立天主教学校而掀起了开展中等教育的新高潮。从总数上看，中等学校中的学生数量从 1815 年左右的 80 000 人上升到 1853 年左右的 110 000 人。

1832～1870 年，中央制造技术学院向社会输送了 3 000 名工程师，并为大部分工业化国家树立了一种教育模式。直至 1864 年，它的学生当中还有 1/4 来自国外。除作为办学示范外，它的另一方面影响是使法国技师（technicians）的质量令欧洲东南部、意大利、近东，甚至是比利时刮目相看。随着时间推进，高等院校（*grandes écoles*）体系进一步得到了扩张，1826 年在南希创建了水产与林业学院（Ecole des Eaux et Forêts）、1854 年在里尔（Lille）创建了工业技术学院（Ecole des Arts Industriels）、1857 年创建了里昂内兹中心学院（Ecole Centrale Lyonnaise）。经过 1848～1855 年的失败的尝试之后，国家农艺学院（National Institute of Agronomy）终于在 1876 年获得重建，这些院校的加盟，使整个院校体系显得更为充实和丰满。最后，相对低层次的工作人员——他们在今天应被称为“生产工程师（production engineers）”的培训也通过“工艺技术学校”的发展得到了保证，这种学校使教育体系的范围变得更为广泛。第一家这样的学校于 1806 年成立于马恩省属的沙隆（Châlons-sur-Marne），第二家则于 1811 年成立于昂热（Angers）【313】（它们两家都在 1832 年经过了重新组合），第三家于 1841 年成立于埃克斯（Aix-en-Provence）。每一家都具有 300 人的学生规模。毫无疑问，在 19 世纪 60 年代，法国拥有欧洲最好的高等科学技术教育体系。但是，在产业大军的官员得到锻造形成的同时，针对普通劳动者的教育却被完全忽视了。

从 19 世纪初期开始，传统的学徒制关系实际上处在持续衰退的过程之中。不管是从社会的还是从经济的意义上，都可以为这种现象寻找到解释。刚开始，工业中较活跃的部门并不需要数量很多的经过专业培训的有技巧的工人，而是在寻找着能够不断承担重复、枯燥、粗重的体力活的苦力。所谓的新技术也极为简单：19 世纪 50 年代，在波旁（Bourbonnais）地区的炼铁行业中，一个新工人只要两个星期就能够掌握点燃鼓风炉和搅拌矿石的技术要领。在纺织行业，机械化造就了一大堆的准备和结束操作，但它们并不需要很高的技巧。只是，在这一时期，工厂的生产过程越来越集中化，这要求工人们将原来在小作坊中获得的操作技巧进行某种程度的改造与提升。就后一种情况而言，学徒制可能是需要的，但它太昂贵了——对于师傅而言，他必须为此付出时间与才能；对学徒而言，师傅越来越将自己看成一个雇工，师傅可以向自己分配各种卑贱的活计；而对于学徒的父母，需要向师傅支付的金额可谓不小——这就使得学徒制关系远非工业无产阶级的钱袋所能承受，由此它也不具备广泛发展的群众基础。最后，对于原有工匠行业自身而言，除像木匠那样的行当可以作为例外情形，在大部分手工业生产中，非常专能化的培训都处在衰退状态，由此手工艺人的师兄弟情谊（*compagnonnnage*）也会逐渐消亡。因此，尽管学徒制也可能还会正式存在，但常常已经是没有了什么实质性内容。

针对这种状况，有些好事者采取了数量不多的一些挽救措施，但也没有什么效果。天主教组织诸如孩童朋友协会（Friends of Childhood）（成立于1828 年）和学徒制保护社团（Society for the Protection of Apprentices）（成立于 1867 年）试图寻找推行学徒制的恰当雇主，并提供补贴金和校服，但这实际上只是私人慈善活动的一个方面，我们不能认为它真正地改善学徒制。尽管在第二帝国期间，诸如约瑟夫·伯努瓦（Joseph Benoit）、科尔邦（Corbon）等工人阶级作家，试图寻求促成一种既富于人道又具有职业性的教育方式，但即使有他们的影响，政府所采取的行动也是犹犹豫豫并且没有效果。1851 年 2 月 22 日所通过的法律——它规定了具有强制约束性的合同关系，不管这种关系是一种公共的还是私人的相互约定——要求雇员在道德和教育方面做出保证，并固定工作日的范围；另外，它还界定了在用工纠纷发生的情况下，裁决委员会（*conseils de prud' hommes*）所具有的权限。然而，它们仍然是一些名存实亡的法律文字。1863 年，在一系列商务协定发生以后，对学徒制问题进行过一次相关调查，也没能促使谁采取任何实际措施。在第二帝国期间由巴黎市创设的有关奖项没有取得任何效果。1848 年针对
【314】劳动力状况而进行的调查已经显示出，在巴黎地区，这种（学徒制）合同关系的操作方式已经被淘汰；而到 1860 年，6 个工人中有 5 个在开始工作时没有接受最起码的职业训练。

当学徒制在工场（车间）内部衰亡之际，在工场（车间）外部，在教育体系的活动中，也并没有什么东西去对它的消失进行补救。这并不是说学徒制已经完全不存在。毕竟，一般来说，一个职业者的一项职业活动，或是

在工作岗位上，或是在家里，或是从经验过程中学习过来的。19 世纪 50 年代，在钢铁行业中所发生的情况在一定程度上表明学徒制仍存在着，并且直至 20 世纪开始时，这种学徒制的职业进入体系模式在纺织行业的一些分支和在一些小型、分散的金属加工工场（车间）中，也还是持续存在。但是，在某些大型工厂，学徒制已经从（车间）生产中分离出来，转而由企业自身的一个学校来统一组织。1860 年左右，在阿扬日（Hayange)、阿莱（Alais)、特让努瓦（Terrenoire)、蓬—萨洛蒙（Pont-Salomon）等地的钢铁行业中，也在诸如谢（Chaix)、巴黎等地的印刷业工人中，这种组织活动成了一种职业活动开展的一般模式。这种体制在勒克勒佐（Le Creusot）发展到了顶峰，备受重视。由施奈德（Schneider）家族主持，这家企业用一个世纪时间来完善新“学徒制”。早在 1838 年，他们就已经组织起了一个学校，学校提供初等教育，还有适应他们工厂不同业务需要的职业训练，而如欲得到这些教育与培训，需要从“学徒”父母们的工资中减去小额部分作为费用。1873 年，相关企业也建立了免费教育场所。而到了 1882 年，尽管完成初等教育水平“普通”年级的法律责任和费用负担转交给了政府，但在“特定技能”学校中，数学、物理、化学、技术以及技术制图等课程的教学却仍然得以保持并完善。1899 年，它们所组成的课业大厦被荣冠“高级课程”的美名，并被视作进入高等院校的准备课。在这个体系内，通过一个颇具活力的遴选过程，一个完整的职业培养构架搭建形成。在这个构架中，受教育者能够进入各种质量水平不同的职业之中。以这种方式，施奈德家族培训了为他们的企业工作的体力劳动者、工人、不同职位的文职人员、经理人员，甚至是他们自己的工程师。在很大范围内，这套体系保存并使用到现在，带来了远远超过纯粹经济意义上的影响。但是，尽管它在一些地方取得了成功，这个运动却并不是以任何国家规划作为指导来开展活动的。同时也只有一小部分人受到了影响。一般地，这些人以后都要进入分工范围狭窄的职业领域，并被约束在较为专一的工作设施上。

除在工厂内部的职业学校外，私人和官方的职业教育创建活动则显得稀少而零散。从 1819 年开始，在国家工艺技术学院教授的应用科学的水平对广大劳工群众来说，显得太高深了。那些在七月王朝期间，在诸如兰斯（Reims)、波尔多（Bordeaux)、梅斯（Metz）和蒙托邦（Montauban）等城镇中组织与开展的职业教学，其效果不佳；而由维克托·迪律伊（Victor Duruy）为成人们所创办的夜课班也是这种状况。其中的原因，不外乎工人们在经历了一天的长时间并且颇为苦累的工作之后，再参与上课，课程就不

大再可能吸引他们听课的注意力。私人组织，比如综合技能协会（Associa-
【315】tion Polytechnique）（成立于1830年），还有在1848年从其中分流出来的技能爱好者协会（Association Philotechnique），在第二帝国期间，开设了322门课程。但是，1832年成立的南特工人协会（Industrial Society of Nantes）、1827年在巴黎向社会敞开门户的圣尼古拉职业学校（School of Saint Nicolas）以及在拿破仑三世时由商业或市政议院成立的类似团会，却没有能提供任何实质性的解决方案。里昂的马尔蒂尼埃尔（Martinière）学校——是当时最重要的学校之一，拥有600名全日制男性学生——仍然是收费的。1859年，作家科尔邦（Corbon）这样写道："相比那些注定要获得优裕职业的青年，劳工阶级的孩子们当中缺乏职业教育的人所占比例要大得多。"10年以后，他的判断仍显得非常中肯。

到了第三共和国时，职业教育开始了一个成果要丰硕得多的发展阶段，至少是从新学校成立活动上看是这样的。在这个阶段的早期，各种从学徒制继承发展过来的职业教育学校如雨后春笋般地冒了出来，特别是在巴黎地区，这些学校向金工工人，比如说安装工等，传授普通实践技能，也给予他们若干专门训练。当然，这些工人也确为机械工程的发展所需要。19世纪80年代，在有劳工阶层起源背景的议员们，比如说托兰（Tolain）和科尔邦（Corbon）的影响下，由地方权力机构成立的各种招收"学徒制"学生的技能学校与政府的初等学校分道扬镳，并被置于国家商务部的管理之下。与此同时，国家公共教育部成立了高级初等教育学校（EPS），这种学校的设计目的在于提供完整的初等教育，但同时也为随后的职业培训打下基础。在运作模式上，这种学校基本是追随维耶尔宋（Vierzon，成立于1881年）。1892年，高级初等教育学校经历了一次根本性的改组。在改组中，新的高级初等教育学校类别维持原来的普通教育功能，原有学校中那些更专业性的教学职能与"学徒制"技能学校在一个新型模式指导下相融合，这个模式称为工商技能学校（EPCI）。更为专业化的教师队伍被配送到各工商技能学校。在1891年以后，这些学校的教师们分别在马恩省属的夏隆（Châlons-sur-Marne）市的工艺技术学院、商务研究高等学院（HEC）、里昂高等商务学院等机构中进修过；在1912年以后，则是前往一个特别的院式机构学习，这个机构在1934年更名改造为技术教育高等师范学院（Higher Normal School of Technical Education）。除工商技能学校这个统一的网络体系外，仍得到保留的职业教育学校包括巴黎市政当局主管的各种职业学校以及在1881～1882年间分别在维耶尔宋（Vierzon）、瓦龙（Voiron）、阿尔芒蒂耶尔（Armentières）

和南特（Nantes）等地创建的4个“国家职业学校”。最后，行业协会也在从事职业教育。在整个19世纪90年代，这些行业协会在开展教育上也是骚动不安，而且它们仍保留着旧式手工业行会（*compagnonnage*）的教学传统。刚开始时，仅是在巴黎地区，就有15 000名工人去听它们的教课。在1905年，共有408个各种协会以及一些雇员自身的组织都拥有诸如此类的教学计划，并共计服务着95 000个“学生”对象。

不过，无论怎样来判断，学徒制危机，在第一次世界大战前夕，都未得到减缓。主管者们试图建设一个和学徒制具有连贯关系的系统，但实际行动来得太迟，以至于这种建设没有什么效果，所谓的某些结果也没有从真正意义上影响到工人群众。在对缺课者没有任何惩罚的情况下，由各种协会营运的各种职业课程的出席人数被大大高估了。详细了解这些课程的内容和测度 【316】
它们的效果当然十分有趣。在工商技能学校体系中，学生数量的增长速度飞快，从1893年的1 717人增加到1912年的14 766人（其中包括2 757名女生），但是和全部初等教育的总数量相比，这些数目显然相对渺小。传统学徒制的思维方式似乎也被摈弃。1894年，由劳工们自己在里昂组建的议会记录道，学徒制“在很多情况下只是局限于在自己的家里进行”，并且到1905年时，95%的学徒制合同是以口头方式结成的。机械过程的日益复杂化埋葬了学徒制，同时它也对工人提出了更高的质量要求。劳工运动现在已经变得更有组织了，它的领导者们却还没有能够很好地把握这种（时代对劳工所提出的）新要求：梅尔凯姆（Merrheim），金工工人组织的领导人之一，仍然谈及机器的“残忍力量”，用以愤慨地反对制造商们的任何所谓“富于协调性与创造力的想法”。劳工高级委员会（Higher Council of Labor），成立于1891年，在1901~1902年间还专门讨论过他所提出的这个问题。这反映出，这一组织不仅对梅尔凯姆所提出的这个话题再度产生了兴趣，而且委员们对这一问题的讨论和思考还会对诸多决议的通过产生影响。

就在对劳工大军群众进行培训的尝试没有能够取得成功的同时，曾经一度为经济体系培养工程师和高级官员的学院体系也开始受到“冷遇”并不复原貌。这是因为，社会不再在19世纪发展起来的高等院校体系的传统框架内产生新院校建设的要求。然而，第三产业部门所呈现出来的进展，却尤为引人注目，这种进展推动了一系列学院建设。高等商务学院（Higher School of Commerce）曾经在1820年一度陷入停滞，1869年由巴黎商会（Paris Chamber of Commerce）出面，对它进行了重新组织；同时，在勒阿弗尔（Le Havre）（1871年）、里昂与波尔多（Bordeaux）（1874年）以及马赛（Marseilles）（1872

年）等地，创建了类似的学院机构。另外还特别值得一提的是，上埃蒂德斯商务学院（Ecole des Hautes Etudes Commerciales）（1881 年）也得以成立。在1871 年以后，埃米尔·布米（Emile Boutmy）通过他的辛勤工作创建了公费政治科学学院（Free School of Political Sciences），这一学院持续不断地培养着行政管理阶层以及商务管理队伍。里尔（Lille）（1881 年）、克吕尼（Cluny）（1901 年）和巴黎（1906 年）的那些新学院（校）们逐渐能够开设和教授“工艺与技术”课程；并且，对工程师的培训也适应着“第二次工业革命”的技术变革而不断得到调整与发展，其主要实际步骤包括：在南希（1890 年）和里昂的化学化工学院（Chemical Institutes），以及格勒诺布尔电气工程学院（Electrical Institute of Grenoble）（1892 年）等院校都组建成立。正如朗多·卡梅龙（Rando Cameron）所曾指出，尽管有这些活动，在 1870 年以后，技术输出仍然非常稀少，而这时法国、欧洲对高质量技术人员的要求又都在普遍上升。

主要问题是，中等学校体系僵化，而正如我们已经看到的，它们构成高等院校的预备人才储藏库。在整个 19 世纪，中等学校一直保持着它的精英人才场所的特色，并局限于为少数特权阶层。它的费用很昂贵，而能够获得奖
【317】学金者在所有学生之中又平均只占 8%。学生数量确实在上升，增长率平均每年在 1.5% 左右，即从 1853 年的 110 000 人增加到了 1890 年的大致为 190 000人——此间，在 1880 年后，学生人数发生了一次迅速增长，主要原因应归结为到此时才得以发展起来的女子学校。如果能将这个因素以及中等学校中的初等班级一道予以剔除，则中等教育取得的进展就远不如初看上去那样可观。将两个性别都考虑进去，同时也将学生们看做总人口中从 10~19 岁年龄组中的那一部分，由此计算在校人口所占百分比，则所显示出的进展之平常就更确定无疑了：这个百分率从 1898 年的 2.9% 上升到第一次世界大战前夕的 3.8%，此前在 1853 年时它曾经是 1.7%，在 1815 年曾经是 1.6%。19 世纪 80 年代，男子学校的学生数目达到一个（和前后对比的）峰值，即达到了 90 000 人左右，后来在 20 世纪的最初 10 年，也仍比 100 000 人的水平低。这些学生之中，有很多人没能完成他们的学业。以理学业士学位（*baccalauréat*）① 获得者的变化情况来看，在 19 世纪前半叶，获得这种学位候选人资格的学生数量在逐渐增加；但是在 1850 年以后，所授学位数量增长率放慢了：1850 年的获得者数量是 2 000 人，1866 年则不

① 此时法国的业士学位（*baccalauréat*）是对中学生毕业会考及格者授予的一种学位。——译者注

到 2 200 人，1876 年为 2 700 人，1880 年则刚刚超过 3 000 人，而 1913 年则可能仅有 2 500 人。以上这个绝对数下降能够用来解释，为什么对培训工程师的高等院校而言，从其学生补充的源头上就显得促进力不足。1900 年以后，各高等院校机构开展的高等教育活动在经历（我们所提到的）扩张之后都陷入了这样一种停滞状态，并且，主管者们未能够找到合适的工作点以补偿传统培训管道的干涸。

就在文盲现象被消除了的同时，面向法国劳动大军和平民的全面培训活动的开展却蹒跚不前。而在高级人才的资质获取与授予方面，情况更糟，这可是一个长期以来法国相对其他国家都具有优势的领域，而现今在这里呈现出来的只是衰弱状态。明显地，与初等水平教育情况相比，僵化情况在教育体系的其他各方面都表现得程度更甚。经济体系会对教育产生什么样的需要，当权阶层显得漠不关心，同时他们也没有从实际感受上认识到经济的内在活力。另外一个原因是，法国经济以前从未尝到劳动力短缺的滋味。总之，在第一次世界大战前夕，所有以上情况，导致了法国各层次劳动力总体素质水平的全面下降。同时，尽管工业和商业领导层成员的数量和水准在不断下降，但二者之间也仍然保持着某种隔阂。这种隔阂很大程度上是由于官方政策造成的，而广大工人大众几无例外地都在未经培训的情况下就开始他们的做工生涯。我们不能不深有感触地体会到乔治·迪珀（Georges Dupeux）所曾指出的那一论点：在（法国）经济发展过程对人才产生需求和教育体系对这种需要进行回应之间存在着一个非常大的时滞。这个时滞预示着在（法国）各主要生产部门，工人生产效率将会下降，这是一个较难感受但是却为每一关注者忧虑的问题——这些人包括对时事敏感的人、当时的历史学家以及经济学家。【318】

6.3　两次世界大战之间的不稳定状态

6.3.1　法国人口危机

增长率和死亡率的长期趋势在 1914～1918 年间并没有表现出任何大而明显的变化，但是战争损失加重了那些在 19 世纪困扰着法国的问题，并且将它们最终转化为一场人口数量结构危机。正如让·吉罗杜（Jean Giraudoux）所曾提到的，在 1939 年前夕，“法国人已经成为‘珍稀动物’”。

军队损失的实际数量可观：有 140 万人死亡或失踪。普通平民所受的伤害相对较小，尽管相对于前线他们处在后方，但他们也饱受穷困。只是在 1918 年，由于从西班牙来的流行性感冒席卷在体质上已经衰弱不堪的法国人时，才发生了一次年度死亡率的突然上升（上升到 24.6‰）。对于人口结构平衡而言，更为严重的是出生率下降。而之所以出现这种情形，第一位的原因又是结婚家庭数量的大幅下降——在 1915 年，结婚率仅为 45‰；而就在之前两年，也就是 1913 年，结婚率为 149‰。第二个原因则是由于丈夫应征到前线以及夫妻分离导致了繁殖能力下降。在 1916 年，整个国家的出生人口不到 313 000 人，或者说出生率为 9.5‰，并且 1915 年指标数值水平（11.645‰）也并未明显好转，1917 年也是这样（10.5‰）。曾经有人计算指出，对于没有遭到入侵的 77 个省，在 1914 年 1 月和 1917 年 12 月之间发生了 130 万额外平民死亡，这能占到这些省总人口的 1/30。最后，也就是排在第三的原因，是战争中所发生的人口损失对未来造成了严重伤害，因为战争所杀害的是那些处在生孩子的年龄组的人口（1914 年阵亡者在此年龄组人口中能占到 29.2%，1915 年能占到 27.8%），在整个战争进行的 4 年期间，出生人口的缺乏为未来 20 世纪 30 年代预设了另一次可以预见的出生率下降。

战后人口数量出现复苏，众所周知，这是敌对结束的结果，然而复苏持续时间却非常短。结婚人口和出生人口的上升终于用尽了全部的力量，出生率再一次下降。1921 ~ 1925 年间，出生率比 1906 ~ 1910 年的水平还要低，维持在 19.3‰的水平，并且在 1926 ~ 1930 年间继续降至 18.2‰。这表明，对这些生育人口而言，繁殖力又发生了新的突然跌落。出生率水平在 1929 ~ 1930 年到达它的谷底。究其原因，这时适婚的年轻人组成的生育资源耗尽的时刻开始到来；同时，经济大萧条以及由此导致的失业恐惧，使年轻人对结婚前景并不乐观，这也进而使情况更为雪上加霜。如果我们考察年龄在 18 ~ 59 岁的男性群体、年龄在 15 ~ 49 岁的女性群体——也就是说，适婚阶段的那些人——则 1938 年实际已经结婚的人口百分比对男性群体而言为 79.1%，对女性群体而言为 70.5%，而与之相对照，1930 年时这一百分率指标水平对男女两性分别是 87.1%、79.2%。政府首次为鼓励生育而采取了各种措施——不管是 1920 年 7 月 31 日通过的法律，这次立法禁止生育控制
【319】宣传以及堕胎活动；还是 1932 年 3 月 11 日通过的法律，这个法律规定各个不同职业的人都必须强制性地缴纳人口补偿资金——都未产生任何促进人口

增长的效果。到 1938 年时只有总数为 612 000 人的出生人口，对应的总出生率为 14.6‰，在当时，这是全世界最低的。

1920 年以后，法国也创了死亡率下降速度缓慢的历史记录。1926 ~ 1930 年间，死亡率仅仅下降到 16.8‰，而它在 1906 ~ 1910 年间就维持在 19.1‰；在大萧条之后与第二次世界大战之前的时间里，它一直处于停滞状态，1931 ~ 1935 年则处于 15.7‰的水平，尽管在此期间婴儿死亡率快速下降（在 1921 ~ 1925 年间为 95‰，在 1938 年下降到了 66‰）。

1920 ~ 1930 年间，人口数量的自然增长数保持在极低水平：1921 ~ 1925 年间平均每年为 84 000 人，1926 ~ 1930 年间平均每年为 58 000 人。当时生育过程中的再产比率徘徊在 92% 左右，进而下降到 90%，第二次世界大战前夕下降到了 88%。以这种繁殖程度而论，则仅是原有人口总体数量水平的维持也得不到保证。在 1929 年，人口负增长重新出现（ -9 000人），而在 1930 年和 1935 ~ 1937 年间，负增长成为一种持久现象。这样，到 1938 年，相对它在 1921 年的数值，法国人口仅增长了 5.9%——从绝对数上则是仅从 39 210 000 人增长到 41 507 000 人。后者实际上只是和 1911 年的水平相当，尽管此时，阿尔萨斯—洛林（Alsace-Lorraine）地区已经收复。不过，从这整个期间（1921 ~ 1938 年）来看，人口毕竟还是表现出了增长态势，只是这种总体增长态势掩盖了在经济危机发生后所出现的人口绝对数的短暂下降。这是因为，1931 年的人口调查计算的总人口是41 815 000人。这是有连续人口记录以来，不仅第一次出现了人口的自然增长数为负，而且还发生了总人口规模本身的减少。也就是说，如果不考虑到移民的贡献，所发生的危机会更加严重；而实际上，在官方政策鼓励下，在 20 世纪 20 年代和 30 年代期间，移民人数有一个程度极大的跃升。

6.3.2　大规模和有组织的移民

法国工人的战争总动员以及全面战争所必需的很多物品和人力条件，使得法国有必要在 1914 ~ 1918 年间大量引入外国劳动力。在 1915 年以后，一个机构名曰农业劳动力办公室，与国防部一道，引入了总数超过 225 000 人的外国工人。在他们当中，有约 100 000 人为西班牙人，15 000 人为葡萄牙人，16 000 人为希腊人。其中，150 000 人定居在农村地区，75 000 人则转向了工业部门就业。然而，欧洲的劳动力储备并不充足；因此，法国还必须求助于欧洲以外的移民，即必须从殖民地甚至是从中国引进。在 3 年的时间里，来自欧洲以外的移民数量和来自欧洲的移民数量基本相等（223 000人），后者还包括从北部非洲132 000人口中过来的79 000名阿尔及利亚人。1918年11月停战时，在法国大约有数量为50万的移民者工人，他们在制
【320】造武器工厂的劳动力总数中能占到1/5。

和平的重新到来以一种新方式提出了劳动力的问题。军队和平民大量死亡，出生率下降，1910年表决通过的8小时工作制法律付诸实施（这导致了相当于90万个劳动单位损失），所有这一切，恰恰是在曾被入侵地区重建工作必须开始时减少了劳动力的供应。一些局部性措施，比如延长工作年限、工作量定额普遍（但实行时间很短）上升、把妇女也动员起来等等，都不能补偿其总数被估算在300万左右的劳动力缺口。这种状况甚至比它在19世纪时的情形还要厉害，那时法国经济明显处在一种萧条状态。在战争结束以后，农业劳动力办公室（1915年）和劳工部外国劳工办公室（1917年）继续进行着必要的移民开发工作。1920年政府还继续在移民部际委员会的基础上成立了一个劳工工作委员会。它在欧洲劳动力市场上进行求雇活动，并且在20世纪20年代签署了一系列协议，特别是与欧洲中、南部那些法国产品的客户所在国。政府的各个部门也支持雇主们以非官方角色进行诸如此类的活动，比如说东部锻造与采矿委员会（Committee of Forges and Mines of the East）和煤矿委员会（Committee of Coal Mines），它们就曾对波兰和威斯特伐利亚（Westphalia）的劳动力市场进行过开发活动，并在那里建立了名副其实的招募网络。

这种新政策是较为成功的。1921～1930年，共有总数为1 915 678人的"受控制的"移民人口发生，其中1 147 514人进入了工业，而768 000人进入了农业。移民流入量在时间上的变化是不规则的。在经济危机的1921年到普安卡雷（Poincaré）内阁稳定货币的1927年间，移民流入处于相对较低的水平（分别为81 820人、64 327人）。流入量减少首要地影响了进入工业部门的劳动力人数（在1921年有25 998人进入了工业，在1922年则只有131 013人）。经济气候的暖冷与移民进入和离去的差额之间的对应关系变得更为清晰化，这个差额流量1927年为负（-25 657人）；而在1923年和1924年则达到了创记录的正数值，这两年移民进入人数分别达到了271 976人和263 097人。劳动力注入（或离开）能够适应经济运行的需要而变化，在劳动力市场上建立了一种新型而独特的弹性机制，它使经济复苏能够得到劳动力条件保证，并且劳动者失业风险也降低了。

外国工人和他们的家庭成员，1921年时达到了1 532 000人（相比战前

那些年份，这已经有绝对幅度为382 000人的提高），在1926年上升到2 500 000人，1931年进一步上升到2 715 000人。在他们当中，常住人口的百分比经过一个10年期，几乎翻了一番，从1921年的3.9%上升到1931年的7.5%。移民加速进入主要发生在1921～1926年间，此时总数为1 050 000人的进入者使得移民总人口增长了66%（也包括取得国籍者）。这样，法国成了世界上仅次于美国的第二大人口输入国。并且，甚至是和第一大国相比，法国输入人口在相对程度比较上也具有优势，因为它的每1 000 【321】
个居民获得了5.12个移民人口，而与之对照的美国数据是4.92人。1929年发生的经济大萧条使得这种流入数有一个猛然下降：1936年法国只有2 198 000名外国人，比上一次人口调查要少517 000人。实际上，经济崩溃所产生的一个结果是对无国籍人员的歧视，他们的生活条件由此变得很差。但是，看起来，出于这个原因而迁离的人数相对说还是很少，因而以上外国人数量下降主要地应归结为国籍授予。但是，在第二次世界大战以前，就在每周40小时工作制实行部分地导致了经济萧条之际，从纳粹德国的国内、从被德国占领的欧洲东南部以及从后来战败的西班牙共和国等地到来的难民荡起了一股新的迁进浪潮。

如果将由于政治原因离开他们祖国的移民者排除在外，我们可以在移民者来源国别分布上看出一个基本变化。地理上邻近仍然是一个重要因素。1920～1931年间，在到来者当中，3个人中就有1个人是翻越阿尔卑斯山而来的；在1921～1926年间，来到法国的意大利人从450 960人上升到了760 116人，这两个数字对原住民的比例（百分数）分别以30%、31%的水平保持相对稳定，并在1911年36%的比例水平上还有所降低。在第一次世界大战之后，比利时以23%的比例成为移民来源的第二大国，但到1926年时，比利时的比例水平仅为13%，绝对数水平从原来的每年349 000人降低到了327 000人。比利时下降后的绝对数水平和西班牙的水平基本持平，在同一时期，西班牙移民所占比例从17%下降到了13%，尽管从绝对数上比原来还有58 000人的增长。另外，波兰迁入者也处在这个绝对数量水平。移民队伍的结构特征是斯拉夫（Slavic）人和被迫离境者的比重相对上升。总的来看，移民图景中波兰人数量上升也许称得上最引人注目。1920～1931年间，迁移到法国的外国人每5人中有1人是波兰人。从总数上看，此时期共有411 600波兰人越过边境，1911年则不到33 000人，1921年只有47 000人（占外国人口中的3%），但是1926年有309 000人（13%），1936年绝对数规模（及其相对比例）则达到423 000人（19%）。从那时起，波兰成为法国的第二大移民来源国，数量水平大大超过了西班牙（254 000 人，11%）和比利时（195 000 人，8.9%）。波兰仅被意大利超出过。尽管意大利移民人数在绝对数上下降了 721 000 人，但他们在所有外来居住者中占的比例保持在 32% 的稳定水平。那时，从北非来的移民人数比例则远远居后——仅为 3.3%。

在法国内部，外国工人的到来引发了某些压力上升，这进而导致了移民在定居的地理选择上极为分散，延伸到离边境线很远的地方。当然，他们中的大多数仍然集中在边境地区。不过，在中西部的采矿和冶金工业区，在西南部、诺曼底（Normandy）、勃艮第（Burgundy）和香槟（Champagne）等
【322】地的人烟稀少的农业地带，也形成了重要的移民核心地带。这些移民群体尽管已经深入到法国生活之中，却仍然试图保持他们原来的文化原貌，这种对同化的抵制在法国引起了一定的排外情绪，表现在大量的神秘犯罪、移民卫生设施缺乏以及针对他们的政治破坏活动之中——移民所受到的歧视在 G. 莫可（Mauco）所撰写的《法国的外国移民》一书中得到了反映，这本书于 1932 年问世。相对来说，这种仇恨心理在工业部门的工人阶层中表现得并不怎么突出和独特，他们也并不试图争夺由外来移民所从事的苦累工作，但是，在第三产业的从业活动之中，这个问题则表现得相对突出一些。尤其是在 1937 年之后，某些其他国家正处在政治和种族迫害时代，不论是在法国的商业活动中，还是在文职行业中，从业的外国移民数量都大为增加。

6.3.3 适宜工作人口的变化

1921 年法国人口总体的年龄金字塔曲线，基本能够揭示出法国劳动力队伍所面临的困窘。和 19 世纪的表现特征不同，随着时间变化，人口数量变化形态在两个年龄组上表现出了两处凹缩，而且这二者随着时间推进还在不断地加深，到 1936 年它们仍然显得非常明显。第一个表现在 20 ~ 39 岁的年龄组群，在这个年龄组处发生蜷缩。这反映出战时发生了死亡人口，并且死亡导致的人口减少没有能够得到移民人口补偿。因战争导致最富繁殖率的年龄组群所受到的冲击程度大致是，在每 1 000 个男性适宜工作人口中损失 100 人。从这个方面来看，在所有欧洲国家中，法国是除罗马尼亚以外受到战争影响最大者。曲线上的第二个蜷缩处是在金字塔的底部（低年龄组），两个性别都明显地表现出受到了影响，这是由于在战争期间出生人口减少

导致的（上一代人减少导致了下一代人减少）。这也能够和未来适宜工作人口的大幅复苏相吻合，特别是当我们考虑到，处于繁殖能力最大阶段的男性人口大量消失，而又没有采取什么补偿措施时，情形就更是这样。这些对出生率所产生的影响我们都已经考虑到了。需要补充的是，在战争中，曾经有总数超过 100 万的人员受伤，这意味着大量生存者的工作效率也会降低。

战争对潜在适宜工作人口，即年龄在 15 ~ 69 岁人口的全部影响，并非一下子就能看得出来。尽管低年龄组群人数相对地位有所减弱，但是它们仍然以某种程度延续着 19 世纪以来就已存在的变化趋势，即在逐渐地增长。这也使 1936 年总数为 28 549 000 的人口规模在 1921 年的基础上增长了 2.4%，或者说绝对数增加了 671 000 人。但是，如果拿 1936 年和 1911 年作一个比较，则会产生误导效应，这是因为在此期间法国收复了阿尔萨斯—洛林地区。在同一时期（1921 ~ 1936 年间），总人口增长率是 6.1%，因而，就在潜在适宜工作人口占总人口比例在 1921 ~ 1926 年间从 71.6% 上升到 71.9% 之后，这一比例又在 1931 ~ 1936 年间从 71.3% 下降到了 69.2%。并且，如果我们只是考察生产效率最高、年龄在 20 ~ 64 岁的组群，则在最后两次人口调查（1931 年和 1936 年）之间，这一组群的人口总数发生了程度为 180 000 人的绝对下降。

这一年龄组群的人数下降很大程度上解释了适宜工作人口自身的下降，【323】
尽管后一下降也由于大萧条及其长期效应而加重了。适宜工作人口的变化可以用表 68（由阿尔弗雷德·索维制作）来进行总结。第一次世界大战之后，适宜工作人口上升，是和更高工作效率的需要以及国家防务的动员联系在一起的。但是，适宜工作人口下降很早就发生了，下降到甚至比 1911 年的水平还要低。并且，20 世纪 30 年代法国发生的大型经济危机使这种下降更为恶化。适宜工作人口年龄上限的降低及下限的提高使得范围收缩，这解释了上述的下降：各种社会福利措施，比如说各种津贴，促使工人们更早地退休（高限变低），而教育体系发展则更使得年轻人参加工作的时间推迟了（低限变高）。20 世纪 30 年代，由于就业职位缺乏，社会失业普遍，使得学生们更加延长他们的学业生涯，从而这些早已存在的趋向变得更不利于适宜工作劳动力的数量增加。

表 68　　1911 ~ 1936 年间适宜工作人口

人口调查年份	总适宜工作人口（万人）	适宜工作人口在总人口中的比重（%）	
		男性	总人口
1911	—	68.6	53.4
1921	2 075.7	71.1	56
1931	2 109.1	68.9	52.4
1936	1 987.4	65.4	49.2

在适宜工作人口中，不足 20 岁的人员所占的比例从 1911 年的 15.4% 下降到了 1926 年的 15.1% 以及 1936 年的 10.2%。在第二次世界大战前夕，在 15 ~ 19 岁的年轻人中，参加工作者比例不足 62%，与之相对照，在 20 年前这一年龄群体的工作者比例是 70%。对于那些年龄比 15 岁更低的人，从 1926 年到 1936 年，工作者比例从 54% 下降到了 34.5%。但是，在同一时期跨度，完全成年人的工作者比例仅仅是从 90.7% 下降到了 87.7%。工作者的性别分布则多少显得有些相对稳定，事实上，男性和女性的工作者比例的变化趋势大体一致，而这一趋势又是由经济形势影响决定的。关于这种两性双双发生就业比例下降的情形，我们用表 69 来展示。

表 69　　1921 ~ 1936 年间两性就业率　　单位：%

年　份	男　性	女　性
1921	71.1	42.3
1926	70.2	37.5
1931	68.9	37.1
1936	65.4	34.2

【324】

以上是人口总体工作情况变化的背景框架。表 70 所展示的是工作人口在不同部门之间的分配比例及其变化情况，这种部门间的重新分配具有重要意义。新的变化明显地表现在农业劳动者比例的下降上面。法国经济第一次出现了农民人口绝对数的下降，从 1921 年的 9 014 000 人下降到了 1931 年的7 694 000人以及 1936 年的 7 171 000 人。以前任何时候迁离农村的人口数量，从来也没有达到——从第一次世界大战结束至大萧条发生的——这段时期的水平。在这个 10 年，全部农村人口占总人口的百分比从 53.7% 下降到了 48.8%，这种下降态势比 19 世纪的下降更为显著，而这部分地又是因为分散在农村地区的工业在逐渐消失的缘故。来自农村地区的迁徙潮使得每年发生29万人口迁出；而且，尽管20世纪30年代的经济危机轻微地阻止着这种变化，也就是说，将每年的迁出人口减低到每年20万人，但是毫无疑问，我们不能说大萧条完全中止了这种迁徙。

表70　1921～1936年间男女适宜工作人口的部门分布　单位：%

年　份	第一产业	第二产业	第三产业
1921	43	29	28
1931	37	33	30
1936	37	30	33

表71　1921～1936年间主要工业部门用工状况

主要工业部门	1921年		1931年		1936年	
	万人	比重（%）	万人	比重（%）	万人	比重（%）
提炼/能源	40.4	6.3	56.5	7.8	46.2	7.5
冶金	136.9	21.5	164.1	22.8	140.8	22.8
纺织	219.0	34.4	214.0	29.7	176.6	28.6
化学化工	16.6	2.6	21.4	3	18.4	3
建筑	83.7	13.1	109.1	15.2	87.1	14.1
木材	64.9	10.2	64.9	8.5	52.5	9
食品加工	50.8	8	58.4	8.1	58.7	9.5

（从1921年至1931年这一间隔期上看）工业部门的工作者比重在相对增加，但更为引人注目的是，在（从1921年至1936年间的）中期时间长度上，工业部门人数比重表现出相对稳定性。实际上，如果我们更加精确地分析这种变化趋势，可以看到，它反映出在19世纪已经轮廓初显的某种趋向的加速化。这种趋向在某些方面产生了重要影响，并且这种影响具有持续性。表71展示了主要工业部门就业者的人数和结构的数据（取自J.C.图坦）。不论是从绝对数还是从相对数上看，纺织业就业者比重都在稳步下降，这仍是发生在第一次世界大战以前的那种趋向的继续。1931年，纺织业内部的各个行业仍然雇用着10个工业雇员当中的3个；此后，即使是大萧条也没有扭转反而加速了比重下降趋向。冶金行业的情况则不同，它在绝【325】
对数目上是扩张的，但是在比重相对数上却保持着相对稳定，尽管这种相对数要比它在1911年的15.2%的水平高得多。以这两个部门为例的说明，既

揭示了在工业内部的结构变化趋向，也说明了由大萧条所引发的劳动力需求疲软。另一个行业，木材行业的发展，则不论是在结构数目上还是在结构的位次上，都处在跌落态势。它是一个典型的传统行业，但在那时，它却仍然雇用着相当于化学化工行业3倍的工作者，而尽管化学化工行业1936年的雇用人数比1906年翻倍了，但总数仍达不到20万人。

发生在不同工业分支部门之间的劳动力转移情况非常复杂。可能情况是——我们还不敢施以肯定的语气——移民劳动者供应和满足着大部分现代或曰活跃的工业部门的劳动力需要。在传统经济活动中，肯定没有多少外国工作者——在纺织业和服装业中要低于5%。但这个说法并不包括里尔（Lille）的混业联合大企业。1927年左右，里昂（Lyons）地区有几家人造丝工厂，它们的产量在不断攀升。在这些工厂的工人之中，有69%为外国移民。在传统化学化工行业之中，只有16%的外国人，但在阿尔卑斯山地区，1914年以前建设起来的（作为其他行业发展基础的）电气行业根本性地改变了人口定居的地理分布。在那里，外国工作者能够占到化学化工业雇员的56%；在冶金行业中能占到45%；在上莫列讷（Hautee-Maurienne）地区的各家冶金工厂，这个比例曾达到过高峰值65%。圣阿尔邦（Saint-Alban）是上阿尔卑斯（Haute-Alps）地区的一家铝冶炼联合企业，雇用着多达15个民族的工人，而在萨沃伊（Savoy）地区的于日讷（Ugine）厂，就更是一个真正意义上的种族混合体。

除此之外，有些人发现，移民更有可能工作在最苦累的工种之中——这种可能性比1914年以前更大。1927年所作的一项调查研究表明，移民在建筑工人中占1/3，在玻璃工人中占22%，在钢铁工人中占33%；并且，在一些靠近边境的大型工厂中，能够占到高达42%的比例，比如说在若埃弗（Joeuf）的旺德尔（Wendel）和在阿贡当热（Hagondange）。在产铁的布里埃（Briey）盆地和隆维（Longwy），外国移民提供着79%～81%的劳动力；而工作在煤炭矿井中的采矿工人之中，每5个就有2个来自外国，每4个就有1个是波兰人。

移民实际上帮助并保证了法国人社会职位的提升，法国人由此能够直接转向从事第三产业，这当然比工业部门的工作职位显得高级。工业部门的雇员，1931年达到了绝对数高峰值，共有7 192 000名工人，这比1921年要多出821 000人，比1911年要多出969 000人；但是，到1936年时这种最高水平再也无法保持，雇员总数下降到6 181 000人。毫无疑问，这是经济大危机所引发的结果。这是因为，工业部门总雇员所占的相对结构比例变化不大，这一比例只在原来基础上失去了3个百分点；农业部门比例则在同一时期（1931～1936年间）维持着同样的水平；而留下的比例增量为服务业【326】部门所得，它的雇员总数逐渐从1926年的5 174 000人扩张到1936年的6 876 000人。在第三产业中，家庭服务人员群体的数量增长程度较低；运输业工人的绝对数数目保持稳定而其相对比例则有所下降；除了这二者之外，所有第三产业各行业都大致保持着同一步调的发展速度。总的来看，在服务业中，女性雇员数目有一个较大上升。在1931～1936年间，其所占比例数从39.3%增长到了39.7%。对工业部门而言，从1921～1936年，女性雇员比例则由32%下降到了27.7%。

6.3.4 职业培训问题

19世纪快结束时，初等教育活动肯定已经组织和开展起来了。从那以后，除了在1936年夏天，由人民阵线党（Popular Front）总理让·扎伊（Jean Zay）出面，将离开学校的年纪由原来的13岁提升到14岁以外，没有什么其他大变化发生。在较早时候，初等教育接收学生人数就已经达到了饱和点。此后，它的全部就学人员的数目波动就不再引人注目。数目水平在短期所发生的上下波动，反映了——当然这个意义要显现出来还要有若干年的迟滞——处在1914～1918年间的“中空生育队伍”导致的生育率变化；然后，在一个复苏发生以后，长期趋势仍然是下降。更为重要的是，年龄在5～14岁之间的孩子们的入学率在下降：第一次世界大战停战以后，这一入学率停留在73%，1936年则达到77%——这二者相对1914年以前的水平都是一种倒退。看来，这种倒退起因于战争以及与其后遗症有关的各种问题，诸如政治上的不稳定等。另外，1930年以后，经济增长多少有些显得处在某种隐性停滞状态，也应该对这种现象负有一定责任。

在应征入伍者当中，文盲明显增加：1926年新士兵中有94‰的人不会写字，1931年的比例则为62‰（这个比例水平比1911年还要高）。由于移民人口的文盲率较高并且移民现在已经成了国家劳动力总体的一部分，各年龄段人口组成的总体的文盲增长态势肯定因此而加强了。总的来看，在法国所有文盲之中，外国人能够占到其中的16%。这个关系在表72中得到了显现（这个表是由亨利·厄尔默在1931年所绘制的一个表格转化过来的）。通过对所有不同年龄的人口文盲率情况进行汇总，这些表格数据显示出：扫【327】除文盲是发展方向，法国人口结构朝向这一目标的趋势性变化是持久的。这是因为，1914 年以前，法国文盲的比例，对男性人口是 9.4%，对女性是 13.9%。只是这种发展趋势对外国移民来说，则表现得相对更不明显。在战前，外来移民的文盲比例对男女两性分别是 18.3% 和 20.8%；外来男性移民，文盲率下降速度很慢。最近，学校人口下降。从现在来看，它几乎不会对各年龄段识字人口的累计数量带来多大影响；但是，就对文盲率下降趋势的影响而言，这毕竟是一个令人担忧的会产生反向效果的变化；并且，从长期看，这显然是法国劳动力素质在发生根本性下降的一个危险征兆。

表 72　　1931 年 10 岁以上的文盲在总人口中所占比例　　单位：%

人口种类	男　性	女　性
法国原住民	3.7	5.2
迁入后取得国籍者	7.4	10.0
外国人	16.2	16.3
总（综合）比例	4.8	5.7

中等和高等教育呈现出的图景显得有些不同，只是它们的扩张仍然受到初等教育体系的脆弱基础的限制。1928 年的财政支出法案将免费教育的年龄从 11 岁提高到 14 ~ 15 岁。1930 年，这一法案再将这个原则的适用范围延长到了各个级别的中等学校和高等学院的班级之中。1927 年，对竞争性奖学金进行审查的管理体系进行了重新组织，并且统一纳入到一个体系之中了，而对进入中等教育（6 年级）的资格审查制度则创建于 1934 年。中等和高等教育的学生数量从 1920 ~ 1921 年间的 260 000 人增加到了 1935 ~ 1936 年间的 469 000人，而（年龄在 14 ~ 19 岁的）上学人口群体的数量翻了一番还多；对应地，学生数量在他们年龄组别所有人口数目中所占比例从 3.8% 上升到 8.1%。再考虑到，在此期间，那些高等初级学校（Higher Primary Schools）的人数以及它们所开设的补充性课程规模都增至原来的 3 倍，则可以计算出，年龄达到超过离开学校最小年龄的成年人中仍在接受普通教育者的总数为 714 000人；与之相对照的是，在第一次世界大战之后，这个数目还不到 400 000人。资格评判仍然必须进行，因为大多数在中学和学院中学习的人都没有能够完成他们长达 7 年的中等教育学习。在 1935 ~ 1936 年间，仅授予了 12 299人业士学位，这只比 1920 ~ 1921 年间多出 21%（此间的绝对数量为 10 144人）。进入开展高等教育的院校学习的学生数目几乎翻了一番——从 36 000人增长到 63 000 人，他们在年龄为 15 ~ 24 岁的年轻人群体中所占比例

从0.66%上升到占其中的1.21%——当然后一个比例仍然显得有些偏低。在为经济体系培训高层人才方面，高等院校仍然起着主要作用，但是如果只考虑7家骨干院校——包括理工学院（Polytechnique）、中央学院（Ecole Centrale）、国家农艺学院（NIA）以及矿业学院（School of Mines）在内——毕业生数量确实处在一种减少态势之中。1936年这些院校输出了5 800名工程师，而1920年的对比数据是6 300名。各个国家职业院校和各地工艺技术学院（Ecoles d' Arts et Métiers）的数量规模变化也给人一种停滞印象，1937～1938年间，它们分别提供着总数为8 500名和1 600名的学生容量。

在技术教育领域中，工商技能学校体系仍然在稳步地扩张，只是这个体系内部情况十分复杂，使我们不可能对它各方面情况进行精确的数量测度。根据J. P. 吉诺（Guinot）的计算，这个系统中的学生数量，在1919～1938年间由18 000人上升到46 000人，而其中接受技术教育的年轻女性的数量发生了显著增长：在第二次世界大战前夕，她们能占到学生总数的1/4。A. 【328】
普罗斯特（Prost）在数量汇总时把所有其他同样种类和状况的教学机构都包括进去。根据他的推算，学生的数目是从15 000人上升到了56 000人。这时，这个学校体系越来越倾向于朝着普通中等教育体系方向转变，1920年政府创设技术教育管理附属秘书处强化了这种转变的趋势。这个秘书处将这个学校体系的管理功能从商务部中分离出来，然后，秘书处自身及这种管理功能又都转而隶属到公共教育部。

1914年以前，就已经有人指出，对广大工人而言，存在着职业培训不足的问题。在两次世界大战之间，政府主动在这个事情上忙乎了一阵。这直接说明，政府也越来越意识到了这种由职业培训的必要性所引发的压力。因此，这一问题再次引发了一次移民劳工大批迁入，在20世纪20年代，法国引入了许多技术专家。在这些引进者之中，最为引人注目的是从欧洲中部（Central Europe）过来的成千上万的金属加工工人，仅此现象就已经完全能够显示出，法国存在着本土国民之中可供使用的劳动力不足的问题；同时，一个技术上完全不熟练的外国劳动力群体的到来，也使得培训成为刻不容缓的首要问题。这是由于，在到来的移民群体之中，地中海人（Mediterranean）和斯拉夫人（Slavic）构成了很大一块；而据估计，在他们当中，仅有1/4的人拥有技术教育的最基本的知识。因而，对这些人进行技术上的提高，就成为降低商业活动和职业工作中的不安定因素，以及促使移民定居下来的一个前提条件。

这些问题在20世纪最初10年中凸显出来。《阿斯蒂埃法案》很大程度上是为了解决这些问题，它试图将职业教育作为一个整体进行重新组织，并力图使它成为政府的正当责任。1901～1902 年间，劳工工作高级委员会对此进行了若干次讨论，相应的工作方案被直接地提了出来，并在 1905 年基本成型，1913 年以一个法案形式出现；随后，恰恰就在 1919 年 7 月 25 日得以表决通过。对于这个法案而言，这是一个特别适当而吉利的日期，因为在停战之后的各个月份之中，就已经存在劳动力的普遍短缺。在立法者已经知道工作中培训活动缺少（或是根本没有）的背景情况下，这个法案将离开学校后的继续教育年限强制规定到 18 岁。市民们被要求必须修读某些免费的专业课程，每一个成年人，一星期之中至少要用 4 个小时参加相应的听课活动——这就是说，一年达到 100 个小时——其目的在于获得职业能力证书（Certificate of Professional Aptitude，CPA）。这个证书创设于 1911 年。由此看到，作为法国为解决职业教育问题而采取的一个法律步骤，法案规定了国民必须履行的义务。

法律所规定的有关工作要求，首先在由各地的商务委员会与各种职业协会创办的“商务学校”中得到了贯彻。1935 年，巴黎市政当局花了不小力气在组织一个总数为 2 500 人的招生活动。第二个工作注意力焦点是“职业课程”，这种课程从 19 世纪时开始由社团群体和地方社团进行组织。所有这些活动实际上还都是引导性的，因为紧接着就是有关政府部门按这些模式开展长期工作。1938～1939 年间，这些活动总共吸收了政府一半左右各种补贴金，其中 20% 流向了各种雇主组织，8% 流向了各种工人团体，剩下的
【329】则支付给了各种私人机构。这种方式的教育活动，看起来能够很好地解决实际需要，它也完全不需要普通教育付出任何牺牲——它的学生容量要相对更少——它将受教育者的理论获取与车间实践以差不多同样分量融合到一起。

不过，关于那个——至少是从 1840 年就已经出现、并且间歇地出现在经济舞台正前方、看上去已经成为永久性的——学徒制问题，商务学校的工作与职业课程的建设等等活动，也还是没有能够很好解决。这并不是说，后续各届政府在实际行动上都在逃避这一问题。1875 年的《财务法案》，就是为朝向解决问题而采取的一个重要步骤。它规定学徒税率为由企业支付工资的 0.2%（从上下文语义看，学徒税由雇主支付——译者），并且不能将其列支在工资之中，除非是学徒们自己亲手开办学徒制组织所发生的花费。这种鼓励措施的意义是双方面的，它既为财政提供了新的财力资源，同时也使雇主们产生逃避费用的动机。另外一个步骤是，与此同时，学徒制活动必须经由商会（Chambers of Trade）（成立于 1925 年 7 月 26 日）进行审查，商会

还要对各种相关合同进行管制和强制执行。随后，为完善商会的这个管理系统，政府采取了各种不同措施。特别是在1928年，关于员工培训的成文契约成为企业必须履行的义务，企业也被要求在企业之外——就好比在企业内部一样——为它们的工人们提供职业教育。只是，这些措施似乎没有解决任何问题。1927～1932年间，参与各种职业课程的学生数量在165 000～170 000人的范围内呈平台状变化；在经济大危机发生之后，则突然降到133 000人；1934～1935年间，则吃力地爬升到了略多于160 000人的水平。有关方面曾预测它会快速而大量发展，但实际发展历程显得过长。与其他教育方式相比，可以发现学徒制教育开展中资源浪费程度较大。职业能力证书获得者数量从1927～1928年间每年不足5 500人变成了在1931～1935年间平均每年为4 000人左右，并且这种获得者数量和学徒制工人总数的数量之间并没有表现出任何关系。

大萧条之后的有关状况显示出，职业培训不足的状况仍在持续。大面积失业和有技能的劳动者缺乏同时存在，社会上呈现出这种似乎自相矛盾用工态势。究其原因，大多数失业者技能缺乏，阻碍了他们转入那些需要劳动力的部门，并且在劳动力市场上造成了极其明显的僵化态势。看来，在前一个10年，经济上相对繁荣，使得观察者忽略了这种态势。《阿斯蒂埃法案》将它的管制效力——这种管制牵涉范围广泛——建立在得不到保证的惩罚基础之上，它的失败是非常明显的。雇主们从中破坏，拒绝在工厂内部组织任何学徒制活动，甚至是废弃了其中实践部分。而学徒制税费在其雇主身上引发的心理效应远不是以前所曾经期待的，它意味着雇主使用某种最直接的方法（指以已经纳税为推托借口——译者），就能够逃避任何可能由于履行学徒制义务而引发的费用。最后，工人参加职业课程培训也遇到了它在整个19世纪之中所同样存在的问题：课程的60%是在工作日之后发生的，而只有【330】10%会占用工作时间。

在1937年以后，随着经济复苏，特别是当冶金行业因重整军备活动的支持复苏起来时，各种职业教育情况变得更糟。参与到各种职业课程中的人数，1938年跃升到208 000人。在1935年就曾提出的一项对成年在职者进行再教育的计划，1937年被重新提起，并在10个地域中心付诸实施。但是，再次由于雇主们逃避责任，并且他们还采取了相应抵制行动，导致只有数千人得到培训。还是在国家防务力量紧急参与的情况下，才保证了1939年9月21日发布的法令得以付诸实施。这一法令要求政府为那些技能与专长不足的成年人、青少年们的职业培训活动的开展配备一系列设施中心，而1937年3月10日通过的《瓦尔特与保兰法案》则要求将学徒制实施范围延伸到车间。1938年5月24日通过的法律/法令则引入了若干预防性条款，规定所有年龄在14～17岁的青少年，原则上应强制实行职业教育，并且要求人数少于5人且不隶属任何商会（Chamber of Trades）的企业，要接纳一定数量的学徒工。以上补充的法律和法令都属于《阿斯蒂埃法案》的内容范围，而《阿斯蒂埃法案》所包含内容的广泛与综合性本身就既反映出学徒制问题的持久存在，也表明人们为解决这一问题付出了持续的努力。

6.4 新法国：工业化时代的姗姗来迟

6.4.1 劳动力的重组

1. 第二次世界大战结束时的形势

与第一次世界大战以后相比，第二次世界大战对法国人口的影响是轻微的。军队的损失较小，在战争中只有不到20万人死亡或失踪；但另一方面，平民的损失，则上升到40万人。从总数上看，损失不超过60万人。不过，如果我们要算净经济人口损失，则还必须在这个基础上再加上32万人。这一部分人包括在战后返回他们祖国的外国人和到国外去定居的法国人。

确实，这些人口损失还意味着总死亡率上升。总死亡率从1939年的15.5‰上升到1940年的18.3‰以及1944年的17.6‰。而尤为令人关注的是，以前婴儿死亡率指标就具有高水平的“老毛病”。尽管在1936～1939年间，婴儿死亡率曾下降到了65‰；然而，以它曾有的“野性”，1940年它又达到了一个高峰值90‰，而后又在1945年达到了105‰。这两个数值的高水平是夏季发生腹泻病的结果。这种流行病曾经从1930年以后短暂绝迹过。在德国收监的上百万法国战俘的延长羁押，再加上结婚年龄新近到来
【331】的人恰恰是1914～1918年间所出生的“数量稀疏的一代”，使得结婚者数量大量减少，从1938年的274 000人减少到了1940年（在87个省份）的170 000人以及1944年的199 000人。由此而导致的出生人口总减少量大约在150万人。当战争结束时，1946年进行的一次人口调查显示常住居民人

口群体的总数为40 503 000人，比1901年的水平略有降低。调查还显示，在所有欧洲国家之中，人口密度最低的是西班牙。同时，人口年龄结构趋向老化。那些年龄超过69岁的人，现在能够占到总人口数量的近11%，而与之对照的1936年的同一比例数值是9.8%；关于年龄不足15岁的孩童的比例，在这两个年份则分别是21.8%和24.7%。

战后重建任务非常繁重。对整个经济体系而言，随着潜在适宜工作人口迅速下降，人们能够切实感受到，人口总体中的不具有生产力的部分带来的负担在加重。不过，这时出现了一个全新影响因素，尽管在战争时期的最初几年中，它仍被出生人口绝对数的下降掩饰着，但它终究显现出来了，这就是人口繁殖力下降趋势的反转。这一因素增加了对未来进行预测的不确定性。尽管由战俘问题引发了婚育者暴减，尽管由于第一次世界大战带来的“人口中空队伍”的繁殖力旺盛年龄正在到来，但在1942年以后，出生人口数目却迅速复苏。1943～1944年间，年平均数（63万人，与之对照的1940～1941年间的年平均数是53万人）比战前的年平均数要高出大约15 000人。在1940～1944年间，每年要诞生59万个婴儿。不过，我们从另一方面推想，如果社会整体的繁殖数量模式仍然和1914～1918年间一样的话，则每年只能出生41万人。繁殖力上升主要是那些没有因战争影响而分离的夫妇繁殖力上升的结果。有迹象表明，随着战后时代迅即到来，人们的生活态度和心理认识发生了深刻变化，同时繁殖力上升也得到了政府人口政策的支持。1938年的法案，将家庭津贴延伸到新的人口类别上，津贴数量也有所增加。1939年7月29日的《家庭法案》还规定向那些生下第二个孩子的工薪赚取者支付额外津贴，这一法案还规定了另一些鼓励生育的优惠性措施。实施的措施中包括1940年6月国家创建家庭事务部（Ministry of the Family），这个创建活动随着1939年人口高级咨询委员会的建立而进行。这种行动表明了法国政府对人口问题更为觉醒，也表明纠正偏差的强烈愿望。当时的社会各界对它们成立所可能引发的后果并没有给予多大的关注，但是不久之后，它们的实际影响就非常明显地表现出来。

重新成立的共和国也没有改变这种行动方向。1946年，公共健康和人口事务部成立了，孕育津贴得以启动；另外，政府还通过在所得税评定过程中引入家庭规模考虑来间接鼓励生育。与此同时，和平的重新到来，又引发了结婚高潮（结婚者在1945年为376 000人，在1946年为517 000人）和出生人口高潮（在1946年出生人口为84万人）。有别于战争的常规条件正在恢复。这本身就在显示着，人口数量扩张不仅仅是暂时性的。同时，同样

是出于重建劳动力大军的需要，除了鼓励生育之外，法国社会也求助于其他
【332】劳动力储备库。

2. 对移民的需要仍在持续

解放（指第二次世界大战结束——译者）初期，法国正遭受着严重的劳动力短缺。500 000 名德国战俘被遣送回国，还有原来来自捷克，尤其是来自波兰的在法工人也被他们各自祖国的政府声称拥有归属权。这些事情加在一起，使得这种短缺变得更为严重。为重建国家经济，为使落在这更为老化的人口群体上的经济负担更为均等化，还有，为保证诸如农业、采矿、钢铁等主要经济部门的增长，阿尔弗雷德·索维（Alfred Sauvy）大力宣导大规模移民的必要性。他说，他所希望看到的这种移民规模应不下 530 万人。他的文章作为首篇发表在《人口》杂志上，这不是偶然的，《人口》杂志本身就是整个国家意识到人口问题的象征。政府对他的论点做出响应，提出要引入移民 400 万人，并且在 1945 年 11 月成立了专门负责草拟计划的移民事务部际委员会。1946 年 3 月 30 日国家移民事务办公室成立，用以实施移民计划并着手开发劳动力市场。在采取一系列优惠措施以后，法国政府还（于 1946 年 11 月 30 日）与意大利政府签署了一个协议，随后又（分别于 1947 年 12 月 15 日和 1948 年 2 月 1 日）与占领着德国的英国和美国军政当局也达成协议。在协议没有生效之前的过渡时期，私下进行的移民——如同往常一样，大部分是越过阿尔卑斯山过来的——也被默许。

国家移民事务办公室保留了有关统计数据。这些数据使我们有可能对移民到来的节奏进行追踪，不过这种追踪也只是粗略的，因为有一小部分还是逃脱了它的统计监测。直至 1950 年，尽管官方有鼓励移民的意向，但是在政策执行上仍然缩手缩脚、羞羞答答。这主要是由于政府考虑到法国本国人可能会有担忧情绪，即担心因移民引发一次失业浪潮。1946 ~ 1950 年间，只有 214 715 名正式登记的移民者；尽管在这个数据基础上，还必须另外加上总数约 10 万的阿尔及利亚人——那时，他们被看做是法国人；另外还有私下到来者。因此，对比最初所曾做出的规划和预测，这些情况意味着政府在移民事务上还有很长的路要走。然后，1947 年中期，在重建过程热度最高的时期过去之后，法国劳动力市场上出现了一定程度的人员饱和。经济步伐的普遍放慢一直持续到 1950 年夏天。周工作时缩短了，工会组织也担心在工作岗位上市场不能提供如此大的弹性。从 1950 年夏天至 1952 年底，法国发生了一次经济复苏。在此之后，在比内（Pinay）的当政主管下，政府

对移民实行了新限制。1950～1955 年，国家移民事务办公室只登记了 110 851名永久进入者——每年大约为 18 500 人，仍然比以索维（Sauvy）的思考方式每年随便都会发生 10 万人的规模要低很多。在 1946～1949 年间，每年有 53 500 名到来者；这一时期的到来者总数为 214 175 人。总的来看，与法国重建工作对劳动力产生的额外需求以及对移民的需要相比，由移民引发的人口增量还是显得不相适应。

新的移民迅速增加的时期开始于 1955～1956 年，前几年的限制性政策更使得这种增长具有更为坚实的基础。直至 1964 年，这种增长态势仍在持 【333】 续，只是在 1959～1960 年间增长才被阻断。这种停止反映出了当时政府在财政上正采取紧缩态势。第一个移民高峰发生于 1956 年，它可以从阿尔及利亚发生叛乱并对法国国内劳动力的供给产生了影响来进行解释。在这个高峰之后，1964 年移民数目又达到一个高峰点；在这一年中，有 153 731 名外国人进入法国以寻找永久性工作。1956～1964 年间，年平均移民数上升到了接近 90 500 人。从那以后，尽管在 1967 年以前仍然维持着 13 万人的年平均数，但在这年之后，移民人数变化曲线已经开始朝着下降的方向发展。从 1946 年开始，工人的季节性进入也增加了。对这种工人进入情况，我们所能够做出的一般性解释是，它是由农业需求引起的。这种需求和经济的总体波动联系较少；并且，在这一时期，法国农村地区的迁离潮和新式耕作方法的扩张进一步促进了这种劳动力需求，比如说在卡尔马盖（Carmargue）的稻子种植，就渴求劳动力的参与。总的来看，年平均迁入者人数由1946～1949 年间的 18 200 人上升到了 1960～1964 年间的年平均 104 600 人；在整个 1946～1964 年间，由国家移民事务办公室出面，给法国带来了总共为 1 139 093人的永久性移民和 1 003 616 人的季节性移民。

在这些外国移民的基础上，还必须加上阿尔及利亚人，直至 1962 年以前，他们仍然被算做国内劳动力。若再考虑到移民中那些返回本国的人，对 1946～1964 年间而言，我们可以计算得到总数为 456 000 人的净移入人数。在北非发生的非殖民化运动，导致了在 1954～1961 年间有大约 45 万人从阿尔及利亚和摩洛哥被遣送回法国，1962 年也有总数为 60 万人的“居住在阿尔及利亚的法国人（*pieds noirs*）”回国。他们这些人属于由非殖民化引起的移民迁入，其人数在 1962 年达到了超过 86 万人的创记录水平。最后，在最近短短几年间，从法国海外各省份［这种省份在法国专称为 DOM——比如说马提尼克岛（Martinique）、瓜特罗普岛（Guadaloupe）就是 DOM］和海外领土（海外领土专称为 TOM）迁入的移民数量也呈多倍态势增加。按照

B. 格拉诺蒂埃（Granotier）的推算，在第二次世界大战结束之后所发生的净移入总量，大致能够维持在3 177 000 人。1968 年进行的人口统计则显示出，在法国国土上有总数为2 664 000 人的外国人，在此基础上，我们还必须再加上从海外省份（DOM）和海外领土（TOM）返回者，以及在阿尔及利亚独立之后那些选择加入法国国籍的人，这三者总共为20 万人。我们再对照地回顾与总结一下：1946 年的移民总数为1 744 000 人；1954 为1 755 000人；1962 为1 815 000人。相应地，在这3 个年份，移民取得法国国籍的数量分别是由 853 000 人增加到1 068 000人，再增加到1 266 700人。

一直到1956 年，迁入移民的主要劳动力储备库是意大利人。据国家移民事务办公室统计，1946 ~1951 年间，意大利提供了所有法国永久性迁入移民中的66%，1952 ~ 1956 年间则提供了其中的78%，而1956 年达到了这一份额的最大值80%。在法国解放后的第一个10 年间，在所有来自外国的工人中，3 个人里面有1 个人（对于1946 年和1956 年两个具体的年份而言，比例为28.9%）有着翻越阿尔卑斯山的背景。但是，1957 年以后，意大利自身的经济发展限制这种流向。到1958 年时，意大利人仅仅能够占到到来者的48%；而至1968 年，在每5 个外来者当中只有1 个意大利人（22.72%）。放开总在增长着的从北非进入者，特别是从阿尔及利亚来的那些移民不论，在意大利之后起着主导角色的，首推西
【334】 班牙（1956 年占永久性移民中的13%，1959 年占33%）；其次是葡萄牙，它的移民比例从2%上升到7.5%，并且葡裔移民在1961 年（发生移民6 716 人）至1964 年（43 751 人）间在绝对数上增长了6 倍。对1962 年和1968 年人口调查的结果进行比较能够较为清楚地揭示出移民国别结构的有关变化（见表73）。

表73　　1962 年和1968 年永久居留的外国工人总数中不同国籍者所占比重

单位：%

国　别	积极求雇并获工作的人员		考虑家庭成员后的移民总体	
	1962 年	1968 年	1962 年	1968 年
意大利	27.42	20.80	28.90	22.72
西班牙	20.41	22.80	20.41	22.80
葡萄牙	2.73	2.73	14.50	14.50
阿尔及利亚	20.22	24.00	16.15	22.88

1968 年，意大利、西班牙、阿尔及利亚等各单个国家组的移民数量大致相当。在将外国到来者分成两种范围总体的情况下，阿尔及利亚的积极求雇人员所占比例略高于将所有家庭人员都考虑进去的比例。这是因为，在阿尔及利亚人当中有更多的男性和单身者；而意大利求雇人员比例比总移民人口比例要低，因为意大利人在法国的时间更长，并且总是带着其家人而来。从总和上，地中海国家提供了绝大部分移民，特别是当我们把摩洛哥人和突尼斯人（1968 年达到 5.75%）算在内的话，地中海国家来的人能在每 10 个移民人口中占到 8 个。从两次世界大战之间的时期开始，劳动力储备库的地理分布发生了变化，尤其是波兰人，在两次世界大战之间的时期，曾经在提供劳动力方面起到过重要作用。但是在战后，随着移民的迁离与加入国籍活动，这种作用则大为弱化：1946 年时，波兰人曾经占到外国劳动力当中的近 1/4 (24.2%)，在 1962 年所占比例则下降到了 8.16%，到 1968 年比例进而下降到了 5.09%。姑且不论其语言障碍和大面积的文盲，来自外国的工人，其全面素质也极为低下。1960 ~1967 年间，57% 的新到来者是没有任何技能的劳工，31% 的人是机械工和有专长的劳动者，而只有 9.5% 的人拥有真正的专业技能素质。根据 1952 年所作的调查，在阿尔及利亚人当中，只有 4.3% 的人处在“具有真正专长者”之中，而 72% 则处在“无任何技能劳工”之列。

在战后岁月里，这些外国工人流入的部门具有这样的特点，即这些部门自身的复苏是经济增长重新启动的前提条件。1946 ~1951 年间，农业吸收了 29% 的外国劳动力（不考虑季节性工人），建筑和公共工程业吸收了其中的 14%，钢铁业吸收的比例是 10%，采矿业为 10%。无疑，移民对经济发展有着很大贡献，正是在这些移民工人的协力参与下，当时的法国国民，才 【335】
有可能抱定所确立的经济重建最终目的，赢取采煤战的胜利——这是因为，1946 ~1949年间采煤工能够占到新外国到来者之中的 90%。不过，到了后来，即在 1962 年，这个行业仅雇用所有外国工人中的 5.4%，在 1968 年则仅雇用其中的 1.7%；同样地，在 1968 年，农业部门也仅雇用外国劳动力的 13.77%。这在很大程度上反映出法国经济的产业结构的变化。也就是说，采煤业变得相对更不重要，而农业也变得更为机械化了。此时建筑业才是最大的外国劳工队伍雇用部门，尽管这种雇用数量在 1959 ~1960 年间曾有过一次短暂下降。1968 年的人口调查显示，在建筑业，就业者占到外国劳工中的 34.3%，而与之对照的 1962 年的数据也达到了 32.5%——这就是说，在 1968 年，它的比例已经超过了 1/3。这时，钢铁行业仍然雇用了 10.4% 的外国工人，家庭服务业则雇用了 12.39%。从海外回来的法国人——原来在西印度群岛（West Indians）生活者以及在战后领土归并中返回的人——有垄断公共服务业中那些不需要很高素质工作岗位的倾向，比如铁路列车员和医院服务员就是这种工作。移民在工业部门的作用和在第三产业中的作用一样重要。他们在法国的地理分布也反映出了他们的这种职业偏好。在移民进入者当中，有 54.7%（对阿尔及利亚人来说则有 72.9%）集中在四大工业地区——北部（North）、洛林（Lorraine）、罗讷—阿尔卑斯（Rhône-Alps）地带以及巴黎地区，其中巴黎地区雇用移民总数能在 4 个受雇移民总数中占到超过 1 人（27.5%）；在这些外来积极求雇者当中，来自阿尔及利亚者能在 10 个总数中占到 4 人（41.6%）。

移民们仍然从事着那些被本土劳动力轻视的工作，与 1939 年以前相比，有过之而无不及，法国本土劳动力则越来越要求所谓工作条件。这个事实产生的间接影响是，它保证了法国人以及早先到来的移民们社会职位的提升。关于这一点，我们的启示来自于我们的一些探索。比如，我们发现，来自意大利的移民在建筑和公共工程业中比例下降，从 1950 ~ 1956 年间的 85% ~ 93% 下降到 1960 年只有 53%。以 B. 格拉诺蒂埃（Granotier）的观点来看，对法国经济而言，这时凯恩斯主义理论早已取得广泛影响，失业率很少超过 2% ~3%，移民成了新的劳动力储备大军。另一方面，外国劳动力的进入，也使得从支持经济增长的意义上，法国的适宜工作人口的数量与结构变革——这种变革在当时还不为众所知——能够度过它的支持力最吃紧的阶段。

3. 法国人口数量结构的更新

法国人民的生活态度向新方向转变，实际上是在被德国占领期间就已经“暗暗”开始了。在战后岁月里，转变还在持续进行。生育率上升是这种变化的一项关键而重要的内容。总的出生率 1946 ~ 1950 年间保持在 21‰的高水平，1951 ~ 1955 年间为 19‰，而 1956 ~ 1960 年间则为 18.2‰。具体的绝对数结果是每年平均有 828 000 人的出生人口，在最高时达到了 860 000 人。这一数量规模基本恢复到了 1920 年出生人口水平。就 1956 ~ 1960 年间来
【336】说，生育率的复苏影响到了社会所有方面。其中在工业地区所发生的变化显得尤为重要，变化之大首推各个小城镇。长期以来，这些地方被论证为马尔萨斯主义陷阱的存在地。从全国来看，1945 年以后，结婚的每 100 对夫妇拥有 235 ~240 个小孩；而与之对照的 1925 年左右这一指标数值则是 198 个。无疑，要对这个转折性变化做出解释会涉及多方面的复杂因素。因为我们要考虑到，不仅物质条件作用重要——物质条件方面包括：充分就业，社

会建立了一个能够对健康损害和事故发生进行防护的社会保障体系，等等；而且甚至是多种心理因素也有影响，这些因素至今未得到人们的详加探索——它们包括：诸如由“妇女解放运动”所赋予婚姻的新价值，诸如家庭作为休闲的基本单位的重新发现，等等。

也是由于和上面这些因素类似的部分原因，死亡率也下降了，而且在大多数工业化地区，这种下降速度更快。总死亡率由1946~1950年间的平均为13‰下降到1956~1960年间的11.6‰，以及在1968年之后的11‰左右。长期以来，法国的婴儿死亡率都处在较高水平，在指标变化上落后于其他国家，但此时它也发生了同样程度的下降。1967年，在每1 000个出生的婴儿之中，只有17个死亡；而与之相对比，在1946~1950年间的死亡数为63个，在第二次世界大战前夕则是71个，在1931~1932年间则是82个。从1946~1949年间至1966年，人口期望寿命，男性人口延长了6年，女性人口延长了8年。也就是说，这两个性别分别是从61.9岁延长到了68.2岁、从67.4岁延长到了75.4岁（如果与1939年相比则延长数分别是12.3岁和13.8岁）。就出生率形成的基础来说，法国人的行为模式大体上恢复成了20世纪20年代的样子。这在很大程度上仍然是马尔萨斯主义模式的。有证据表明，整个社会群体在恢复着通过避孕方式来抑制出生人口的做法：1968年总出生率下降到16‰，而死亡率则或多或少地变得更为稳定。人口自然增长当然是处在正数状态，并且在1946年以后数值为正的程度还是这般可观。人口自然增长数虽然没有能够恢复到第二帝国期间的年度最大数，但是，在已成历史的那个年代（指20世纪20年代），每年出生的婴儿只有65万人能够活到20岁；而在1946年以后，每年出生80万人，能够活到20岁的有77万人。如果说，法国在1946~1969年间增加了近1 000万的居民人口——因为在战后人口确实是从4 050.3万人增加到了4 980万人，这和它在1946~1969年之间增加得一样多，是它在1851~1946年间增长数的两倍——那推动增长的贡献性因素首要地应归结自然增长所引起的扩张和复苏。

然而，认为法国的潜在劳动力的数量翻倍了，却仍是错误的。在1945年之后，所出生的各代人口“涨球（bulge）”，直至1962年以前，都没有能够进入到劳动力市场上。实际处于工作年龄（15~69岁）的人口，根据J. C. 图坦的数据，从1946年在总人口中占71.6%——这个结构比例和1921年的比例相等——下降到1951年占68.7%，也就是1891年的水平。这种对工作人口做出年龄跨度长达55岁的定义方式，其目的在于保证有关数据与19世纪的可比性。对那时而言，这种时间跨度或多或少地更接近于人们一

【337】生的实际工作时间。但是，为了更加贴近当今的情况，我们就应该考虑只是将年龄处于20～65岁之间的人算作工作年龄人口，以适应普通中学已经发展起来的事实以及普通中学的毕业年龄、劳动者现在的退休年龄。M. 帕罗迪（Parodi）进行过有关推算，他的工作使我们有可能对战后时期的情况有一个更好的量度与计算。他的计算结果如表74所示。这个表格显示出，儿童、青少年和老人的比例都在增加——这些都是生产效率最低的部分——以及处在工作年龄的人口数量在相对下降。以1946年为基期，即以这一年所对应的指数值为100，到1954年，适宜工作人口数量增加到104；到1962年，则增加到107；1968年增加到112。而就在同样的时期，同样以1946年为基期，法国总人口的指数值分别增加到了107、116和124。在增长速度上这是工作年龄人口的两倍。我们在以上回顾中，不得不赞赏阿尔弗雷德·索维（Alfred Sauvy）敏锐的感受能力，正是他发现了，是外国移民——至少部分是这样的，因为这一问题除了和劳动力的纯数量因素相关之外，还和一些其他因素相关联——在法国人口复兴处在困难时期，满足了经济运行对劳动力的需要。比如说，1962年，在法国的外国人之中，67%处在20～64岁之间，而与之相对应的法国人比例是55%。

表74　　1946～1965年间总人口的年龄分布　　单位：%

年　份	20岁以下	20～64岁	65岁及以上
1946	29.5	59.4	11.1
1954	30.7	57.8	11.4
1965	33.9	54.1	12.0

6.4.2　工业化完成后法国的人口状况

潜在劳动力群体向适宜工作人口群体转化需要一个时滞，这就是我们在开始研究劳动力群体之前，必须了解的基本背景。实际上，1946～1968年间，工人人数增加了702 000人；在这整个22年间，适宜工作劳动力从1 930万人上升到了2 000万人。但是，这仅是20世纪60年代才出现的现象，因为从战争开始直至1954年，工作人口有一个下降（1954年工作人口为18 950 000人），这个数目直至1962年（19 056 000人）还没有完全恢复。而在1962～1968年间，总数为950 000人的新工人加入也仅是一个部分补充的过程，并且在百分比上它仅是一个4.8%的增长。这种增长的不充分表明时滞的存在。我们设想，如果工人数目能够遵循人口数量结构的变化模式，这个增长率本来应是7.8%。我们以1946年作为适宜工作的劳动力人数指数的基年，即指数值为100，那么1954年为98，1962年为99，1968年为104。阿尔弗雷德·尼扎尔（Alfred Nizard）曾对1946～1948年间各种不同人口或劳动力群体之间的不一致做过以下总结：

总人口的增长率：+24%

潜在适宜工作人口（20～64岁）的增长率：+12%

已经受雇的适宜工作人口的增长率：+4%　【338】

最后，20世纪60年代的发展状况显得非常独特——甚至是偶然发生的——它是和一个偶然事件联系着的，即它是大量法国人从北非遣送回国的结果。这样，1945年之后，人口“膨胀”到来，实际上只可能减缓这种适宜工作人口增长相对滞后的发展态势，而不可能改变它。

很明显，法国人口的新年龄结构是工作人口相对减少的一个基本原因。另一方面，潜在劳动力变化与适宜工作人口变化之间还存在着差别。这种差别反映出，工作人口的相对减少受其他因素影响。首先，人口在各类院校中接受教育的时间延长了。这在战后表现得更为明显。1936～1946年间，15～20岁的青年中，处于实际受雇状态者的比例从62%上升到67%，达到适宜工作人口总数的13.2%（这个比例在此期间有3%的上升）。在战争之后，如果将劳动者工作年龄的起点上升到25岁的话——这是因为高等教育的发展已经使得原来20岁作为工作年龄的分界线变得不适用了——那么这些表征经济活动的比率，会与学校入学人员的比率呈反方向变化，而（我们将要看到）入学人员比率实际上在迅速增长。第二个因素是，劳动者退休变得普遍化。要将以上因素揭示出来，最好不要去用年龄组别所占比例来反映，而是如表75所示（采纳A. 尼扎尔的计算数据），通过将前面提到的两种趋势综合起来，即用人口总体的适宜工作期平均长度的下降来表现它们的共同影响。

表75　　1954～1968年间适宜工作人口的平均工作周期　　单位：年

年　份	男　性	女　性
1954	43	25
1962	41.7	21.8
1968	39.5	21.6

表 76　**1946～1968 年间就业状况**

（以基期 1946 年指数值为 100 作基准）

年　份	男　性		女　性	
	万人	指数值	万人	指数值
1946	1 240.5	100	689.5	100
1954	1 241.2	100	653.5	95
1962	1 247.8	101	657.8	95
1968	1 307.8	105	695.4	100

（通过表 76）以性别为分组标志的变化状况进行分析，我们看到，另一个大的变化也发生了：女性劳动力下降。我们看到，除了个别情形，在经历了 15 个年头的明显下降以后，1968 年的在职妇女数量与 1946 年相差无几。在第二次世界大战之后，对年龄在 20～64 岁之间的妇女人口群体来说，每
【339】1 000人中有 445 人在工作，而在 1962 年则仅有 438 人，1968 年有 454 人。这个趋势确实出乎人们的预料之外。因为，非常肯定的是，在 1954 年以后，适合妇女干的工作成倍增加，特别是在服务行业。看起来能够对妇女从业人员下降趋势做出的解释是，直至 1962 年，在农业以外的其他各部门中，如果妇女大规模进入的话，则由大批农村人口迁离和农业从业人员下降所引发的劳动力供给余量将不能够得到平衡。而以实际情况论，从 1962 年以后，这种迁离潮的回落也能够部分地解释妇女从业人口的上升。

在这里，我们还接触到了法国经济在战后的第二个颇具特色的变化，即农业从业人员丧失主导地位。1946～1968 年间，农业劳动力数量下降了一半，从 620 万人下降到了 310 万人——下降程度对男性劳动力是 56%，对女性是 47%。农村人口的迁离潮与农田荒废很大程度因第二次世界大战的爆发而中止，但是战争结束与和平复归又将这二者原有的潜能重新释放。1975 年，对应每 25 个工业工人，只有 4 个人从事农业活动，而在 1/4 世纪以前，相互的对照关系是超过 1 个农民对应 3 个工人。三大主要部门劳动力数量的相互对照关系的历史变化如表 77 所示。

表 77　**1946～1968 年间适宜工作人口的部门分布**　单位：%

年　份	第一产业	第二产业	第三产业
1946	36.46	29.26	34.28
1954	27.69	36.37	35.94
1962	20.60	39.07	40.33
1968	15.62	40.21	44.17

工业部门的增长率比战前要快得多。这是变化的总框架。在此背景下，我们更细节性地看到，由于矿山关闭，在采矿和采石工场中工作的人口从1946年的指数基数100下降到1968年的64。但是，在建筑业工作的人口指数从100上升到了192，并且上升趋势还是加速性质的。在制造业中，劳动者增长率则相对不高，全行业劳动生产率指数从100上升到了118。对比观察，1962年以来增长无疑是放慢了（1954～1962年间，工人人数增长了6.1%，1962～1968年间则仅增长了3.4%）。更为深入地考察将会看到，制造业的增长主要来自于若干起着主导作用的部门的扩张——机械、化学化工以及电气施工部门的劳动力队伍在这两个时期分别以25%和8%的增长率扩张。那么可以说，制造业的主要增长基础是直接以消费者为目标的精细制造工业活动的业务扩大，这种活动包括玻璃、书籍、机器与电器修理等。最后，在纺织行业中发生的衰退可谓既数量可观又持续长久，而长期以来，这个行业的地位又曾是这样突出。总的发展态势是，1946～1954年间，工业部门代替农业部门，成为主要的劳动力雇用者。【340】

然而，工业部门的优势持续时间也不长。从1962年开始，服务业开始挤上第一的位置，并在强化着它的领导角色。事实上，服务业各行业增长率一直都是最高的，但运输业除外——从1946年到1954年，在铁路改造期间，它下降了，而从那以后则是轻微增长（1968年它所占的比率是1946年比率的84%）。家庭服务业也除外，这个行业以前发生过的衰退还在持续。而银行、商业、保险机构等，在22年的时间里雇用人员数增长了30%。毫无疑问，在这些行业的内部分支之间也存在差异，其中大商场的销售人员（从1954年到1968年增长了50%）和银行员工（增长了70%）在整个服务业人员的膨胀式增长中，最为突出。类似的人员扩张还发生在公共管理部门中，在这里雇员增加了63%；也发生在各种专业性强的经济实体中，这种实体的收入与营利活动或纯是以个人为主体形式（在这种实体中的工作人员增长了53%），或是以一个企业名义而发生（工作人员增长了142%），这些实体承担的社会事项采取类似于自由职业的形式。以这种方式勾勒出1921年以后所发生的变化，我们的总观感是：经过长期而缓慢的发展，现在法国的工作人口面貌已经大为改变，这种变化摧毁了一个农民国度原有的神秘面目。这些变化并不是没有引发问题，只是这些问题不属于我们现在的研究范围之列。

6.4.3 “学校爆炸”及其后果

在校学生数目的扩张是战后教育发展的一个主要特点，并招来了一个用以对它进行描绘的诨号，即“学校爆炸”。接二连三的学生浪潮涌入各级教育体系之中。首当其冲地，初等学校在1951~1959年间被一个总数为180万人的新学生潮所湮没，这使得它们的总学生量从1945~1950年间的平均为5 120 000人上升到了1963~1964年间的8 212 000人。同一个时期，中等和高等学校中的学生总数增长为原来的3倍；在这一体系的相对低层次的学校之中，修习着各种补习课程的人数则从163 000人跃升到875 000人；1945~1964年间，全部中等教育的学生总规模从507 000人上升到1 371 000人。各种高级教学机构和高等院校体系中的学生总量从1945年的129 000人上升到1963年的308 000人，到1967年则上升到440 000人。

毫无疑问，这是战后出生率上升导致的结果。1951年后，随着1945年后出生的各代人达到上学年龄，这股潮流就开始涌动，而随着这些人逐渐进入各级学校之中，潮流演变成为一种长久不息的汹涌浪涛。当然，这种浪潮是多股人流的浪潮，它们之所以会必然地发生，也是因为，新成为父母的一代在参与心态上发生了根本变化。在经历了生活条件普遍改善之后，他们都积极主动地将他们的孩子送入学校。比如说，中等教育学生增长率，就比新一代人口相对其上一代人口的增长率要大得多，而这种现象正是教育运动导致的结果。这种运动一直可以追溯到20世纪30年代，从那时起，全日制学
【341】校就被规定为免费的。入学率数据本身在诉说着这个道理。在初等教育这一个级别，1951年和1956年，所有年龄在5~14岁的孩子中分别有87%和86%的比例入学——这比1936年的比例要高出10%。对中等教育级别来说，年龄在10~19岁之间的青少年，在1958~1959年间有19%的人进入中学学习，这个比例是战前的两倍；如算入各种补习课程和现代高等学校（亦即老式的高级初等教育学校），则这个比例上升到26.9%，而与之对照的1935~1936年间的比例数是12.4%。

从整体情况来看，就在不到20年的时间里，国民对教育的态度也随着整个国家适宜工作人口的结构变化发生了深刻变化。变化迅速的程度，在19世纪是难以想像的。社会各界感受到教育必要性的压力比由朱尔·费里（Jules Ferry）对他那个时代的感受要直接得多。1959年1月6日通过的法

案将最小离校年龄提高到15岁；在立法意义上，这更显得是在认可既定态势的合法性，而不是去新建一套规则。正如A. 普罗斯特（Prost）曾评论的，现代经济体系更需要脑力而非体力。中等学校教育活动现在也正在转变，以主动适应经济形势的需要。

当我们转而考察各类教育机构及其实际教学内容时，教育相对经济水平的落后就暴露无遗了。只有技术教育体系在应急式地适应当前需要的促动下，才显得已经基本形成。它形成了一个和技术素质与技术资格要求密切相关，而又层次分明的教育机构与课程体系。初等级别的技术教育仍采取学徒制，且仍然由各地的商会（Chambers of Trades）管理，并且仍然束缚于各种传统陋习。在1946年进行的调查中，得到记录的学徒生总数达到382 000人。这一数值存在着大量高估，所谓高估是指它肯定掩盖了廉价劳动力问题（他们不应进入学徒生行列）。1951年劳工事务部（Ministry of Labour）组织过一项调查，调查以合同签名作为样本登记基础，调查结果将学徒生的统计数量下降到了大约235 000人。工匠们修习各种职业课程，而有技能的工人则得到由维希（Vichy）政权所组织的各个学徒制中心（Apprenticeship Centres）的培训。这种中心起源于战前的职业培训中心，1949年2月21日的立法活动使它合法化。这种中心的教师们自身，也在国家学徒制师范学校（National Normal Schools of Apprenticeships，法文缩写ENNA）中得到过训练。这两种培训的持续时间都是3年，最后一般是在18岁时获得资质证书，这种资质证书即是我们前面所提到的职业能力证书。另有一种更高学位也来自高等技术学校，它由旧式的工商技能学校（EPCI）体系授予；或者来自高级初等教育学校体系的实践部门，这种教育持续4年，并培养出一种获得高级工商教育证书的技师。最后，在最高层，是国家职业学校，它培养出获得高等工商证书的学生。实际上，这个体系具有上下连贯的优点，但是，其效果仍有一定局限。1951年，完成义务教育以后，3个男孩之中有近1个（32.8%）在没有职业培训的情况下，直接进入实际工作的生涯。既包括男孩也包括女孩在内，21.3%的人（对男孩则仅为24.3%）进入学徒制学习；【342】
但是只有12.6%的人曾接受其他各种技术教育。必须补充的是，由于分类的缘故，20.7%的其他人被归入普通中学类、旧式或现代高等学校类之中。

不过，就技术这一层次的能力需要而言，两个平行的教育等级体系的存在，越来越显得过时。自从强制义务教育实施以来，它们之间就一直处在相互分割的状态。全能中等学校（*école unique*）的思想实际上并不是新近才提出来的，它能够使学生更好地自我定位，学生也具有更广的选择。维希

(Vichy) 政府的当政者们，通过在学校的最后几年中引入在工厂车间进行的实践课，尝试着在初级中学中形成两种教育机构在某种程度上相融合的教育模式。然而，这样做实际是在采纳早已在人民阵线党（Popular Front）中提出的思想。解放以后，朗之万—瓦隆委员会（Langevin-Wallon Commission）致力于对全能中等学校体系以及它的学习内容和方法进行重新组织。但是，在第四共和国期间，它基本上仍是无果而终。国家教育部部长曾试图重新完善这项事业的某些方面，但是在 1956 年时也以失败而告终。1959 年的贝尔图安改革（Berthouin reform），对所有孩子建立了一个"观察周期"，以开启他们进入高等学校接受中等教育之路，这种学科和教育思路为 M. 富歇（Fouchet）首先提出。这种"观察周期"能够在各种普通中学或高等学校的初级教育阶段，与都市的普通教育学院之间架起一座桥梁，而后者是在初级学校的附加课程基础上发展起来的。

尽管以上诸多方面工作都得到开展，技术培训问题却仍然没有得到解决。1962 年，劳动力中接受了技术和职业培训的比例对男性雇员（employee）为 11.8%，对男性工人（worker）为 12.4%（而对女性雇员和工人的比例分别是 18% 和 4.8%）。自然，在不同部门之间，情况差别较大，在电气行业工人中，有文凭者的比例高达 26.3%，在冶金行业中比例高达 22.2%，它们可以看做是较为例外的情况。在化学化工行业中，这一比例仅为 11.6%，在建筑行业为 10.4%，纺织业和服装业这一比例则下降为 8.6%，提炼行业下降到了 7%。1959 年，就在强制性义务教育得到推广前夕，每 4 个孩子有 1 个在 14 岁离开学校，且无再回学校学习的愿望；在学生 17 岁时，则每 2 个有 1 个离开并且不愿意再回去。

这样，我们只有再次赞同 A. 普罗斯特（Prost）的看法，即教育应对现实情况的调整在时间上显得太迟，以至于效果不佳。可能我们会问，进行昂贵的改革和应对人数不断增长的在校学生，社会的物资资源是否显得充足。事实上，尽管从 1952 ~ 1965 年教育预算增加了 376%——从占中央政府预算
【343】 支出的 7.21% 上升到 17%，从在国民收入中占 2.019% 上升到 4.622%——物质资源的支持确实是紧张的。同时，应该将教育支出看做是一种投资的思想刚一出现即遇到的强烈抵制。并且，现在教育的服务范围已经延伸到了最广泛的大众，而社会大众又认为，教育应该保持着覆盖范围普遍化的人本主义模式，他们的这种愿望不断上升。但另有一些社会群体认为，学校教育体系应直接服务于经济增长需要，学校体系也应该顺应需要形成更广泛的分工。这两种论调之间不免存在着矛盾。论战的后一方力量变得越来越强，同

时出于教育规划的要求，决策者们摸索着预测所有不同层次的职业资质对劳动力素质产生的要求，并试图为变革着的学校体系定出数量和质量标准。

公共教育体系一直不能对经济发展提出的要求做出适应性反应，这清晰地体现在以下现象上：对雇主有着直接用途的劳动培训机构急速增长。各地的商会（Chambers of Trades）将不必进行义务教育的年龄提高到16岁，目的在于避免在各类工艺人员的雇用中出现不合格的青年。1960年之后，农业部建立了自己的中学和高等学校。大多数大型私人企业都在企业内部为职业培训和技能提升活动进行了有关课程建设，也为它们的员工建立起了自己的学校。像它们19世纪的先行者们一样，这种职业培训学校的教学内容与活动范围非常狭窄。就新技能的创造，特别是第三产业的技能培养而言，在诸如公共关系、文秘翻译等技能教育与课程建设方面，公共教育体系常常表现出创造力丢失殆尽的样子。政府意识到了自己的不足，并且试图通过与上面所提到的这些已得到开展的教育建设活动合作来弥补这种不足。由于教育不仅具有经济上的重要意义，而且还具有政治活动和意识形态上的含义，教育仍然还是当今法国生活中最令人操心的问题之一。

6.5　结　　论

1939年以前，法国经济增长表现得畏缩与迟疑，整个法国经济体系对变革则表现出抵制姿态，这些都在法国劳动力以及结构分布的历史中得到了反映。范围宽泛的类别区分总是持久有效，这是法国劳动力体系的主要特点。在整整一个半世纪的时间里，适宜工作人口规模几乎没有什么增加。女性劳动力所占的比例——每一个女劳动力对应一个男劳动力——也长期保持稳定。在1946年和1856年，工业工人都占到总劳工队伍的1/3。最初出现的“劳动力储备大军”可能一直持续到了1930年。也只有到这时，研究者阿尔弗雷德·索维（Alfred Sauvy）才能够感受到它某种程度上符合就业程度不足的理论模式。从部门间情况的对比来看，首先是农业部门持续雇用了最大数量的劳动人手。对这个部门，是否我们试图去寻找其真正的变化源——或者论证它的不存在——就必然地会显得不恰当？我们不禁发问，是否是农民世界所展示出来的迟钝状态、农业繁荣的社会保证乃至农业受到保【344】护的可靠程度，并未在影响力上超过某些工业部门所表现出来的活力？和津津乐道于工业劳工队伍的扩张浪潮相比，我们难道就应该对与劳动力在不同部门之间转移同时发生的农业人口的周期性收缩避而不谈吗？至于说，在包括法国在内的不同国家之间，发展长期存在着"时滞"，这是一个权且给出的假设，它是否成立却必须予以验证。

19 世纪法国工业化进程相对缓慢，我们是否应该将其原因归结为劳动力的全面短缺，特别是，我们是否应该按照以下逻辑线索来解释它：法国人在繁育后代上的愿望并不强烈，由此从农业部门释放出来的劳动力剩余不足，这才造成了劳动力短缺和工业化进展缓慢。然而，我们拥有的证据是如此之多，足以说明，在人口数量特征和马尔萨斯主义结局（这里主要指经济不能迅速起飞）之间并不存在着任何紧密联系；同时，也没有任何迹象表明，19 世纪法国缺乏劳动力。在那时，关于劳动力缺乏的抱怨非常少，并且这种抱怨只是在充分就业的个别时候才有所显露，或者只发生在那些最充满活力的经济部门，比如说采矿业。1850 年以后，移民现象一经出现便成为经济体系的一个永久特征，而在这超过一个世纪的时间里，意大利的剩余人口也一直没有停止过"接济"法国。从那以后，处在工作年龄的人口规模显得相对稳定。我们是否应该对这种虽然从人口自然增长率上看劳动支持条件显得脆弱，经济却还显得持续稳定的状况称道？或是因为，即使大量外国人涌入也不能动摇这种稳定状况，而感慨它所表现出来的恒常不动的特征呢？正是在这里，我们能够偶然遇到为皮埃尔·肖尼（Pierre Chaunu）所如此钟情的马尔萨斯现象。19 世纪末和 20 世纪初出现人口数量低谷时，法国拥有着大量的小生产者，而农民又在他们当中占有很大分量，经济环境赋予他们的低下社会地位与狭隘思维方式使得他们只关心他们自己孩子未来的简单就业（指不关心具有社会意义的孩童教育——译者），他们的这种应对姿态显然限制了发展的水准。马尔萨斯主义者的咒骂该成倍地增加了：劳动力抵制变革的特征，表现在劳工队伍主体不能从传统的技艺师向受过职业培训的产业工人转变，也表现在新兴经济部门所需要的最起码教育发展缓慢。尽管这种抵制并没有导致劳动力数量的大幅下滑，它的惩罚性后果后来显现在：它导致各经济部门资质要求缺乏成为普遍现象，由此劳动力素质降低了，而这对生产效率产生了严重影响——这个问题直至第二次世界大战前夕也没有能够得到很好解决。

很明显，一方面，法国工业化和经济增长进展缓慢；另一方面，在 19 世纪和直至 1939 年之前的 20 世纪，人口增长虽然迟缓，但在工业化启动时它也没有导致真正的劳动力短缺。究其原因，工业化和经济增长进展缓慢是社会各界（关于经济发展乃至关于劳动力的要求）都在意愿上就普遍畏缩不前的反映，某种程度上也是马尔萨斯主义理论逻辑的反映，而对它简单地设定任何因果关系都是冒险的。对这个问题的分析应该从 1945 年以后法国的经济形势出发，后验地（*a posteriori*）进行。这是因为，一个经济体系“起飞”并进入持续增长，并不仅由劳动力扩张就得到实现。战后各代人口 【345】
的数量相对更大，只是直至 20 世纪 60 年代中期以前，这一群体还没有能够进入劳动力市场；由此，对移民的呼唤也就从来没有这么强烈，也没有这样发自内心。不过，法国社会自身的出生率迅速复苏与生产效率增长几乎同步进行——尽管普通和技术教育设施还存在着弱点，但毕竟还是得到发展，它也是这种生产率增长的可靠保证与具体标志。1946 ~ 1962 年间，教育体系扩张导致人口劳动参与比率降低并且劳动力总体规模很大程度上没有发生变化，在这种情况下，依靠维持工作日的长度不变以及提高工作者的素质——依靠这些作为基础，仅仅是上升着的生产效率自身就能够保证经济加速增长。大量劳动力迅速流入最活跃的经济部门，由此工业增长就能够把人口从农业部门转移出来。如果说，在 1945 ~ 1946 年之后，人口增长或许还称得上是支持经济增长的一个主要因素的话，那它实际上是通过以下机制形成的：促使人口群体不宜工作成员的数量增加，再通过生活水平和生活风格的提升，导致了国内市场上新兴消费需求产生，再进而间接地对生产活动形成刺激。相对而言，很少能够说得上是由于直接武装了一个规模更大的劳动力队伍而导致的。总而言之，人口变化的重要性，主要是因为它对需求水平产生了作用。就对经济体系的影响而言，这种作用更胜过了它通过对劳动力供给从而再对经济体系施加影响而产生的作用。而颇具讽刺意味的是，在全然不同的经济环境下，劳动力供给一直都保持相对稳定。生产效率上升既揭示了马尔萨斯现象的全面性和复杂性，也展现了它的中断过程与方式。统计数据的语言虽然冷漠，但它具有独到功用，它能够促使我们对有关现象的各种心理与感情含义进行精妙理解，而这些含义恰恰就是构成人类历史的基本组成部分。 【346】

第七章

19 世纪法国的企业家和企业管理

7.1 背景

就在第二次世界大战之后，美国经济史学家发起了一场争论，这个争论至今仍然没有结果。争论的问题是，有哪些原因，使得在 19 世纪的工业化进程中，法国经济增长率相比其他国家有一个时滞。在 20 世纪 30 年代，法国经济被持久的衰退消耗着；在战争期间，则因德国占领而受到弱化。如此观察这个国家的这些历史，美国研究者们曾经力图找出某些与这一时代的特定条件不相干的因素，以探究为什么法国在和其他欧洲国家，特别是和两大主要交战国——亦即曾经领导了一场巨大战争长达 5 年的不列颠和德国——相比较时，在经济发展上经受过迟滞。确实，如果说法国在经济增长上被延迟了，那如何对之加以解释呢？

毫无疑问，时滞的说法从推想到发现都不让研究界觉得新鲜。因为不列颠和德国在工业上的优越性——更不要去提美国——长期以来就已经得到了公认。各类学者，其中不乏诸多经济学家，早在19世纪就频繁地提起这种差别，并试图引起人们的关注并做出解释。1819年，化学家也是政府部长夏普塔尔（Chaptal）——他曾接受过高等科学训练，是以强干明智而著称的管理者——这样议论道："如果说我们没有（像英国那样）使用昂贵的机器，那是因为体力劳动在这里显得更为便宜，也因为在英国燃料价格很低从而使得英国人能够在每个地方使用蒸汽动力都显得相对有利。"① 而理查德·科布登（Richard Cobden）也曾做出过这样的评论：

> 英国国产的煤和铁能够将她的工业活动所需的原材料吸引到她的海岸，而煤和铁也使得她在几乎整个欧洲范围内对蒸汽动力条件所需的各大基本要素拥有惟一垄断地位；与此同时，法国恰恰相反，被迫依靠她的心灵手巧以守势维系着与英国的竞争，并力图从她们之间的这种大争斗中守护住那属于自己的市场份额。②

企业家精神缺乏吗?③

所有上面这些解释都停留在印象层次，我们要做出新的尝试，以试图发掘有别于传统解释的那些东西。这些东西包括英国的商业才能、美国的冒险精神、德国的进取态度等等。我们的相关讨论最终以最广泛意义上的生产要素为焦点，从而归结到三个基本方面：能源的可获得性、企业（家）精神、【347】法国社会的分裂。

研究者谢泼德·B·克拉夫（Shepard B. Clough）认为④，法国采煤生产中存在着低效率，这能够解释法国经济相对它的两个邻国（德国和大不列颠）所遭受的发展时滞，这两个国家正是在此领域上享有最大优势。1800年，法国只生产了100万吨煤，而与之对照，大不列颠的产量是1 000万吨，德国的产量是100万吨。1850年，法国和大不列颠的煤产量的差距同样较为巨大（500万吨比4 900万吨），而此时的德国也已经达到了670万吨的产量。到1913年时，大不列颠、德国和法国的煤产量分别是29 000万吨、19 000万吨和4 000万吨。在一个以蒸汽动力为基础的经济体系中，煤产量

① 夏普塔尔：《法国工业》，2卷本（巴黎，1819年），第31页。【1】
② 理查德·科布登：《政治论稿》，2卷本（伦敦，1867年），卷1，第469页。【2】
③ 莫里斯·莱维—勒布瓦耶（Maurice Lévy-Leboyer）：《法国的雇主是马尔萨斯主义者吗》，载《社会运动》，第88卷（1974年），第3~49页，看起来被用在这里的时间显得太晚了。【3】
④ 谢泼德·B·克拉夫：《19世纪与20世纪法国经济发展的诸阻滞因素》，载《经济史杂志》（增刊），第3辑（1946年），第91~102页。【4】

相对较少只能使法国在能源提供方面处于不利地位。不过，这种论点似乎也忽视了水动力的重要性，在 19 世纪，水动力对法国工业也十分重要；而且，他的论证过程仅仅简单地将一种从统计角度的观察转换成对一个在经济意义上具有全面性的解释，似乎还是有一些不妥。

J. E. 索耶（Sawyer）和戴维·兰德斯（David Landes）两人都建立了一种以法国生活为对象的社会学分析，这种分析实际上受到塔尔科特·帕森斯（Talcott Parsons）著作的强烈影响。[①] 对索耶来说，是内部生活的紧张阻碍着法国经济发展并且延迟了法国工业化，法国社会由此败坏掉了。以他的观点看来，法国将两套制度、两种态度带进了 19 世纪和 20 世纪，而社会制度与生活态度两个方面的冲突从来没有得到完满解决，以方便的说法论之，此二者即是“传统的”与“商业社会形态的”……在这些区分的基础上，同时还必须另外再添加上去的是，在“工业的”和以前的经济秩序之间，同时也和那些没有完全能够接受（这种接受为它的成功运转所必需）它的各种社会集团之间，仍然存在着较为严重的冲突。一系列的冲突会在经济体系内部引起反响。由此，法国经济列车将这两种区分明显的经济秩序及其构成因素带入到工业化时代。关于这二者之间的相互冲突，我们可以用以下图景式方法归纳：传统权威的政治模式、教会、军队与大革命和共和国的自由民主政体之间发生冲突；由传统的农业生产、工匠技艺、社会组织组成的传统经济模式与商业资本主义理性交换经济模式之间发生冲突；以传统等级秩序、地位状况、组织方式为内容的社会意识与崇尚个人主义、平等互利及发展机会的商业社会精神之间发生冲突。[②]

从以上大致而全面的观察出发，索耶进而对法国商人的态度做出了一些明确结论，即总是对创新充满敌意。而这又是因为他们不能克服传统势力，这些势力反对直接而迅速的社会变革。作为法国商业资产阶级的代表，他变得越来越依附于某种安全感，这种心理要求超过了冒险的追求。进而，即使选择冒险，但由于难以克服传统势力，他们的社会地位还是会比德国和美国
【348】同行更低，这种情况下，他们为什么还会选择去冒险呢？商人们这种心态导致的一个结果是，在社会生产活动中，小生意、小商业、小农村企业大量繁

---

① 塔尔科特·帕森斯：《社会行动的组织结构》（纽约以及伦敦，1936 年）。同时也请参见他的《社会学理论论文集》，第 2 版（纽约，1958 年）。【5】

② 约翰·E·索耶：《现代法国社会结构的扭曲》，收入爱德华·米德·厄尔（Edward Mead
【692】Earle）编撰：《现代法国：关于第三共和国与第四共和国的问题》（普林斯顿，新泽西，1951 年），第 297 页。【6】

殖，它们全都组织在家庭的基础之上，并且不能很好地为适应经济发展需要而进行相应调整。“整个法国都依附着这种小规模、不经济、高成本、低回报的生产方法……阻碍着商业流动和实业家精神的小型、低效的生产单位模式，在第三产业中也许显示得至为明显。”最后，熊彼特研究过的那种美国企业家，法国拥有的数量不多；恰恰相反，整个法国经济社会所见证的，“主要是一种韦伯主义者（Weberian）企业家，只知道通过复利计算、储蓄和重新投资这种所谓的理性过程来增加财富”。总而言之，社会关系紧张扼杀了企业家精神。

戴维·S·兰德斯（David S. Landes）的研究方式是直接进行行为科学方式的数据处理。他在美国进行研究和写作时，这种研究方法就已经得到了充分发展。与索耶不同，他向法国企业家发起了一场直接进攻，一时，法国企业家也成了他讨论的惟一中心角色。对兰德斯而言，法国企业家拥有一些在整个工业革命中都几乎没有改变的特性：“首先，普通法国企业家是一个仅仅代表着他自己，或者至多是代表着一小撮合伙人的小生意人。”正是这个特性，导致了法国企业规模的缩小；当然，进入19世纪中期，在诸如冶金、地面交通等某些指导思想正确的行业除外。“其次，法国的生意人从根本上讲就是一个保守者，对新鲜和未知的事物具有执著的厌恶感。”从这个特性得出的引申含义是，法国工业对创新没有接纳的意愿，对待创新也只是例行事务中的一个步骤。“法国企业家的第三个特点是他的独立性：典型的法国企业实现着完美的自我满足。”通过这种独立精神，法国企业家能够实现一个高利润率；但在扩大他的生意活动上的实际作为与成就，比仅从纯粹的积累钱财上看的作为与成就要小得多。将所有这些方面都考虑进去，“在这个各国之间存在无情竞争的世界里，法国企业那谨慎的管理活动、过时的成套与非成套设备以及高利润，显然不能构成一种促成经济繁荣的动作组合。”①

这种企业家心态可以从家庭对企业的强烈影响上得到解释。实际上，法国企业总是受到家庭的影响，一直如此。它既具有家庭的好素质的一方面，也有着家庭的某些弱点。就我们所研究的主题而言，应该说弱点的一方面更为引人注目：琐碎、谨慎以及某种钟情于保密的爱好，甚至在大企业中也是如此。因而，1908年，当旺德尔（Wendel）冶金厂不得不第一次求助于金

① 戴维·S·兰德斯：《19世纪法国企业家能力与工业增长》，载《经济史杂志》，第9卷（1949年），第45~61页。同时也请参见兰德斯：《法国企业与企业家：社会与文化角度的分析》，收入厄尔编撰，上引书，第334~353页。【7】

【349】融市场时，它更愿意选择通过德国金融市场，以4.5%的利率来筹措资金，而不是通过法国市场，以4.0%的利率来进行。这种做法的目的在于避免公布它的资产负债表和内部的管理章程。由于志向有限，法国企业家们偏向于选择产品品质而不看重大规模生产的政策，将自己套牢在自设的限制之中。这种现象在其他的工业化大国中并不存在。

所有这些，使兰德斯总结道：

> 尽管一般意义上的法国企业家在积极性、创造感和想像力等方面确实缺乏表现，然而实际证据表明，他们是拥有这些方面的素质的。症结仍然在于，究竟这种现象在多大程度上反映了各种严重的外部障碍导致他们不能良好地施展这些品性。许多当今的观察者们，从不耐烦的、有民族主义倾向的美国旅游者，到法国工商界的领导角色，都倾向于将它（法国企业家的心理）列为法国经济问题排行之首。

这种论题，在法国很少得到讨论。在法国，经济学家们都不太被商业活动与企业家精神的研究所吸引，这是因为他们所接受的训练使得他们更愿意研究宏观范围的经济问题。但是，有关商务活动与企业家精神的研究，在以盎格鲁—撒克逊人为主体的多个非法国国家之中，却因为它的简洁性和解释能力而得到广为接受。这些研究与我们前面提到的一些观点有发生分歧的地方。比如，有的研究质询那些观点所使用的假设是否合理，同时也指出，它们太过局限化了。有一些人，比如说隆多·E·卡梅龙（Rondo E. Cameron）认为，法国的贡献实际上对欧洲发展至关重要，而这至少部分地通过企业家精神发生作用。撇开法国自身的经济增长率不论，卡梅龙认为，对于欧洲发展而言，法国的贡献的重要性体现在三个方面：银行体系的组织、铁路交通的发展、新兴行业的促进。所谓的新兴行业中包括玻璃（比如说，圣戈邦）、采矿以及冶金。① 法国的生意人们在积极地帮助着新技术扩散，并且将资本设备出口到那些经济上相对不发达的国家，这些活动有时还冒着极大风险。这个论述值得注意，只是我们不能由此而说，法国企业家在国外开展这些活动的时候像在法国本土那样充满活力。从道理上讲，法国企业家在国外从事这些活动本来应该能够获取比法国国内同类活动更高的利润。

---

① 隆多·E·卡梅龙：《1800～1914年间法国与欧洲经济增长》（新泽西，普林斯顿，1961年），特别是其中的第5章和第3部分。【8】

有的学者还提到国内市场的影响。卡梅龙明确否定法国经济停滞的原因应该“直接地在包括企业家群体在内的所有法国人的能力、习惯和态度上面去寻找……正是对工业产品的总需求缺乏……以及在其他国家中能够顺利发展的某些关键行业，在法国却存在着高平均生产成本，构成了其工业发展的主要障碍”。①

另一方面，一些马克思主义历史学家，比如说汤姆·肯普（Tom Kemp），又将这个问题的焦点转了回来。他们坚持认为，生意人只是它所处环境的反 【350】
映，企业家精神可以忽略到不能作为一个独立变量的地步。“企业家看上去已经受到了现有环境的影响，并且已经将流行的民族精神深深地植入体内：常常能够得到证实的是，法国企业家喜好安全胜过冒风险，他们长期以来就习惯于陈腐的方式，他们还顾盼于政府，以期政府能够保护他们免于外国竞争，并且也希望能够早早地退休，以靠着他们稳定的租金而生活。”② 然而，相对这种定型式的描绘，在某些非常独特的经济部门，比如说百货公司或飞机制造业的创建中，存在着大量例外。这种情况进而促使肯普总结道：“19 世纪法国发展的特点，几乎不能从生意人的特性上得到解释；在更多时候，应该说，是法国的生意人反映着他的行为所处的环境条件。这种环境条件不仅是他自己和他的下属们所创造的，而且也起因于所有其他社会成员的行为，是他们的共同贡献所致。”

在回到在最近的学术论著中所提到的企业家精神问题之前，让我们先牢记已经发生过的批评。兰德斯在他的议论基础上，加上了一些更为精细的修饰。他承认存在企业家精神，这种“精神”与经济增长进程的推进紧密相连，随着企业家个体和历史时期的变化，这种精神对经济增长既会起着制动器，也能起到刺激剂的作用。“经济增长率的变化——比如说，1850 ~ 1870 年间、1896 ~ 1913 年间和 1952 年所发生的经济增长高潮——绝不是说明企业家因素不重要，而是它在产生强有力影响的证据。这些增长率的变化都与企业家精神风貌的变化紧密相连。”③ 根据兰德斯的本意，这些高潮的直接原因当然是经济环境的变化，这种环境变化可能因为重工业扩张的不同阶段变化，也可能因为竞争压力的变化。但是，从根本上讲，所有这些环境变化反

① R. E. 卡梅龙：《1800 ~ 1914 年间法国的经济增长与停滞》，载《现代历史学月刊》，第 30 卷（1958 ~ 1959 年），第 2 册。【9】

② 汤姆·肯普：《19 世纪欧洲工业化》（伦敦，1969 年），第 66 页。【10】

③ 戴维·S·兰德斯：《法国模范的企业家能力与历史学解释中的问题》，载《企业家历史探索》，第 1 卷（1963 年），第 71 页。【11】

映着企业家心态的变化，比如，作为一种企业家意识形态，圣西门主义（Saint-Simonian）就对19世纪中期（经济运行）产生了很大影响。他总结道："总而言之，企业家精神，不管是其有利方面还是不利之处，是法国经济增长的一个主要影响因素。"

我们只有对企业结构和它的发展历程作一番更深入的分析，才能对这个论题给出答案。

7.2　法国企业结构

那些坚持认为法国企业比它的外国竞争者活力更差的学者的一个主要论据继而落到了它的家庭特点上。按照他们的说法，法国家庭不仅是一个社会单位，也是一个生产单位，它为经济活动提供了一个框架。这个框架背景既导致法国企业受到生产手段的束缚，也使得其生产水平处在某种狭窄范围
【351】内。可以想见，一个家庭企业不能打肿脸来充胖子式地去和那些能从特大金融市场上筹措大笔资金并制定和执行开拓性商务政策的企业们进行竞争。

法国企业本质上是一种家庭事务，这是当时的立法活动导致的结果，特别是1807年《商务法》（Code de Commerce）。像所有拿破仑时代的法律一样，《商务法》是大革命前的旧时代留下来的遗产和革命时代的新近贡献之间相互融会之后的产物。就适应商务性公司发展的要求来说，这部法律的鲜明特点是它的保守性，因为它"只是保持或发展某些陈规旧律，而没有考虑到专能性组织的消失已经造成了——和形势要求相比——我们的法律规定存在差距这一事实"。① 这部法律也有功绩，主要功绩就在于它严格地将商务公司分成三大类别。

简单合伙制公司，或者说家庭公司，是由与生意有关的、或其名字出现在公司的法律文件上的两人或多人之间默契或结约形成的组织。它的特点在于，所有人对企业负有完全责任，这种责任是一种由生意义务而引发的个人责任，而不管这些合伙人在公司中承担的具体事项是什么。这种企业的义务关系与一个家庭组织完好地对应，因为同一个家庭的成员天然地能够在企业事务中相联系。这种组织方式也解释了为什么社会上存在着给企业或商务组

① 乔治·里佩尔（Georges Ripert）：《现代资本主义的法律方面》，第2版（巴黎，1951年），第23页。【12】

织赋予家庭或家族名称的古老传统。这种公司的组建并没有任何法律限制，只要求向公司所在地的商会（Chamber of Commerce）的注册机构备份一份公司章程。在贯穿整个 19 世纪的时间里，这种公司非常普遍，甚至在 20 世纪，在不同经济活动领域，不管是在工业、银行业或商业中，情况也都一直如此。

有限责任股份制公司，由负有管理企业的法律责任的主体，以及其他诸如也许只是公司的债权人、“摆设股东”之类的主体通过合作组建形成。前者负责执行企业的管理事务，并且也对这些事务所产生的后果负有责任；而后者则只负责它们所贡献出来的那部分资金。这种公司的组建不受限制，惟一的约束就是它们必须注册，并且需要在注册的过程中注明负责公司管理的董事们的名字，但是不必注明那些“摆设股东”的名字。有限责任股份制的意思既包括了以简单的方式提供货币资金，也包括了创建可转让或可流通股份以筹集资金，这就使得家庭企业在资金紧张时，能够通过大规模扩股来解决难题。因而，当企业规模大到一定程度时，就会偏好采用这种公司形式；而且，企业超过这种规模之后，资本要求显然也超出了家庭金融资源所能支持的限度，由此转向这种公司形式也是必然的。

联合股份公司是一种服务于特定目标的资本联合方式，这种目标一般体现在公司名称之中，它还衍生整个企业的各种活动目的。它的资本以具有名义价值的股票来代表。在法国，政府对这类公司的成立在管理方面所具有的显著特点是：成立受到政府的控制，并且政府对它的经营与财务活动的监督 【352】
极为频繁。在组建时，一家欲将成立的公司必须将该公司章程提交给行政法院（Conseil d'Etat）审核，再由行政法院以法令状或判决书的形式来授予许可权。然后，企业还必须每 6 个月向当地的行政长官（Préfet）、法院以及国家行政法院各备份一份财务情况报告。通过这种管理方式，立法系统试图限制这种公司的大量增加，因为它的投机性及较高的风险。正如当时的一位商务法专家所曾评论的那样：

> 为获得行政法院的许可……成立者必须首先筹集公司的资本。对一个新公司而言，这是一个理所当然的条件。但是，为了使出资人能够向公司贡献资本，筹建者又必须得到行政法院的同意，这是一种国家管理上的必要条件。这样，一个公司发起人就陷入了一个恶性循环。那么，在法国，这种联合股份公司究竟又是一种什么样的东西呢？对于某些身份显得特别的商务企业——这是指它们的地位辉煌并且具有不同寻常的规模——政府可以以特权优惠的方式为

> 它们保留某种特殊的申请表格和程式……这种企业数量很少。并且，正是由于它们（规模很大而又）数量很少这一事实，对于整个国家来说，它们具有附属于国家利益的意义。[①]

实际上，生意人只在很例外的情况下才采纳联合股份公司的形式。通常，“资本家偏好于两种公司：首先是简单合伙制公司，在这种情况下，一般他所掌控的企业对象的规模，还会允许它依赖于家庭资金；当规模已经扩大到不允许时，则采取有限责任合股制形式”。[②]

在整个19世纪，在生意人中间，简单合伙制是最为流行的企业形式。虽然没有全面的统计数据，我们至少可以引证一些基本上能够说明事实状况的数字：在1847年成立的约2 600家公司当中，有1 952家是简单合伙制（75%），有647家为有限责任合股制或带有股份资本的有限责任合股制（25%）[③]，还有14%是联合股份公司。1848～1867年，司法部（Ministry of Justice）记录了此间所成立的总数目为67 500家的公司，其中只有52 800家是简单合伙制（占78%），14 400家是有限责任合股制（占21%），另外有307家为联合股份公司。在我们看来，这3种中每一种的资本构成状况都是激发兴趣和催人探索的题材，只是，在这一问题上我们缺乏可供参考的数据。

由于简单合伙制公司的注册相对自由，业主的掌控也享有较大自主权，它还具有灵活、适应性强等特点，在19世纪，它自然就会变得非常流行。在当时，这种公司法律形式也覆盖到了（按其他类别标志分类的）多类企业。有时采用它的是小型企业，比如说梅基耶—诺布洛（Méquillet-Noblot），这是一家在法国东部从事棉纱纺织的小工厂。1802年，它由3个相关人员创建——一个为父亲，另一个是儿子，还有一个是堂兄弟——3人每人出资1.5万法郎。直至1901年以前，虽然它经历了许多次解散与重组，但却仍然保持着简单合伙制的形式。在其他情况下，简单合伙制也可能被地位更为重要的公司采用，比如说米卢斯（Mulhouse）的蒂埃里—米埃

① 夏尔·科克兰（Charles Coquelin）：《法英两国商业社会分析》，载《法英两国评论》，第3卷（1843年），第397～437页。【13】

② 让·罗姆（Jean Lhomme）：《1830～1880年间以能力标准而论的大资产者》（巴黎，1960年），第173页。【14】

③ “带有股份（资本）的有限责任合股制”将在本章多次出现。由上下文看来，法国的有限责任合股制公司在初出现时，资本并不一定细分为一定的股份数。只是到后来，随着管理和转让的需要才细分为股份。“带有股份（资本）的有限责任合股制”公司的股份/股权即使可以转让，也局限于私下、少量地进行，即它的股权流通性是不完全的；当这种股份/股权能够在证券市场上自由、公开、大量地进行的时候，这种公司形式就转化为下文出现的联合股份公司形式了。——译者注

公司（Thierry-Mieg et Cie）。这家企业的制度形式之所以能说成是简单合伙 【353】
制主要是由于它保留了公司的家族特色。

那时的大企业，大部分都是有限责任股份制。1819 年，在布瓦格（Boigues）创办富尔尚博（Fourchambault）时——当时是最现代化的冶金企业——他得到了两个制铁商拉贝（Labbé）和帕洛（Paillot）的出资协助。这两个人出资总额为 15 万法郎，这个数额基本相当于布瓦格（Boigues）自己投在公司的资金数额。1821 年，另有一笔总数为 50 万法郎的注资将公司的资本总额增加到了 80 万法郎。布瓦格回报他的合伙人的方法是，将铁产品分发给他们，而保留他们在公司原有的资本本金不变。由于在公司开始运作时就没有发行什么股票，当合伙人增加到这种程度时，很难确定这家公司究竟仍是一家有限责任合股制，还是在布瓦格和他的女婿马丹（Martin）之间的一家简单合伙制公司。在有限责任合股制公司和简单合伙制公司之间，人们常常会发生混淆，其原因在于实际上一个公司可能同时具有这两种公司体制的特点。

一些从大革命以前的旧时代延续而来的公司，实际上是带有股份资本的有限责任公司，比如说昂赞（Anzin）采矿公司，还有圣戈邦（Saint-Gobain）玻璃制造工厂。寻求注资支持的公司往往采取这种法律主体框架。比如说，奥丹库尔锻造公司（Société des Forges d'Audincourt）就采用它，多芬（Dauphiné）的阿勒瓦尔（Allevard）炼铁厂在 1842 年公司重组时也采用这种法律形式，还可举出的例证是克勒索（Creusot）锻造厂。以上列举的最后一家公司，是在一系列不幸事件发生以后，于 1836 年由银行家塞耶（Seillière）、施奈德（Schneider）兄弟（银行家塞耶以前的两个“雇员”）、两兄弟中之一的岳父布瓦格（已经是富尔尚博公司的所有者）等人共同发起和重新组建的。这样，在 4 个买主和 1 个当地炼铁商之间，就形成了一家带有股份资本的有限责任合伙公司，它的总额为 400 万法郎的资本金被分成 80 份，每份 5 万法郎，其中 50 份被保留为这些成立者所有。直至 20 世纪中期，这个公司的法律框架都没有改变。至于其他的炼铁巨头，比如说在洛林（Lorraine）的旺德尔（Wendel），还有在鲁尔（Ruhr）的克虏伯（Krupps），情形也是一样。所有这些企业都仍然保留着它们的家族特色，这种特点丝毫没有阻碍它们的发展。1849 年，克勒索锻造厂的资本总额增长到 2 250 万法郎；1872 年旺德尔属弗朗索瓦小公司（Les Petit-Fils de François de Wendel）的资本总额则增加到3 000万法郎，1825 年在它的发起人去世时，它的价值总额达到 400 万法郎。对于这些企业的成长而言，公司的家族体制形式绝没有起到阻碍的作用。与上面这种情形相对照的是，在纺织行业中，有限责任合股制公司在规模上则是相对较小的：直至 19 世纪中期，它们当中最重要的企业也只有 100 万～200 万法郎的资本总额。

不过，对某些有限责任合股制公司来说，在需要更多资本时，它们也倾
【354】向于将企业方式转变为联合股份公司。奥丹库尔（Audincourt）炼铁厂于 1824 年，大孔布（Grands Combe）采矿厂（创建于 1837 年）于 1855 年，还有其他一些公司，都经历了这种转变。这里就更不用提昂赞（Anzin）采矿厂和令人刮目相看的圣戈邦玻璃制造工厂（Saint-Gobain glassworks）的类似转变了。不过，这时的法律规定却没有改变，更没有颁布任何鼓励这种转变的规定。我们看到，直至 1867 年，政府仍然对联合股份公司维持着严格管制。当时，所有政府努力的意图，也是不鼓励它的发展。对大型工业企业转变为联合股份公司这一问题，有一个政府文本明摆着显示着官方的勉强态度——这就是矿业委员会（Mining Council）关于安菲炼铁厂（Imphy ironworks）转变为联合股份公司的一份工作报告。[①] 报告作者所作有关评论意图明显，他要强调联合股份公司对股份持有者缺乏必要的权益保证，这些持有者存在着受欺骗的可能性。报告作者还指出，联合股份公司的资本存量常常用人工制作的手法高估："我应对委员会做出的提议是，应在管理法规中加上有关条款，以建立起规则。在这种规则的约束下，企业不得不对资本存量进行精确的价值评估。"进而，报告作者担心企业现金资产缺乏，因而提请按照各个企业的性质，从企业的利润中提取份额以便能够在各个企业中建立一个储备资金。在结束报告时，他坚持说，为了保护广大股份持有者和第三方的利益，政府有对联合股份公司进行管制的必要："联合股份公司……应该受到某些政府措施的约束，从而防范所有可能情况，其目的在于保持它们的资本不受侵犯，并且保证它们作为商务性企业的持久生存，进而也能够保护第三方和股东的利益。"对那些认为这些限制性措施会使得筹集资本变得越来越困难的反对意见，报告回答道："这也许是可能的，但如果其结果是更少的联合股份公司创建，则创建者一定是其中更强者。因而我完全确信，当这种企业前景看好时，流入企业的资本将更多。"从而，政府所不得不施之的严加管束，有利于联合股份公司的创建。关于这一报告，正如莫里斯·莱维—勒布瓦耶（Maurice Lévy-Leboyer）所曾评论的，无论如何我们还是不能肯定

① 居伊·蒂利埃（Guy Thuillier）：《尼韦奈地区经济的各方面》（巴黎，1966 年），第 500～503 页。【15】

地认为乃至指责这反映出法国行政法院总是首要地考虑增加它自己的权力，“而对它已表达出所谓不信任的那些公司，对它已经妨碍了其增长的经济体系则不加考虑”。[①]

1815～1867 年间——这可是一个因行政法院的管制而为众所周知的时期——联合股份公司的创建数目确实很少，只有 635 家得到了批准。它们分为以下几个部分：[②] 145 家为保险公司（资本总额占 23%），而这其中又有 95% 的公司是从事海事保险；26 家为银行（4%）；194 家为运输公司（31%），这其中 66% 为铁路公司；135 家为工业公司，它们能占到全部冶金和采矿公司的 60%（工业公司占联合股份公司的 9%）；58 家为化学化工公司（9%），包括城市供气和采光公司；17 家为纺织公司（3%）；135 家 【355】
为非工业企业（21%），其分布领域也涵盖到诸如公共设施、农业或殖民地经济、纯粹是因为造桥而成立的地方性公司等领域。

对于这三种最重要的组类——保险、运输和工业生产——第二类在企业数目上明显地占优势；从总资本金的角度看也是这样。运输企业形成这种优势地位又是有原因的，这些联合股份公司的资本金总额在本行业总额中能占到 85%。采取联合股份公司法律框架的工业企业的日子则相对不那么安逸。这是由于，从公开股权市场筹集来的资本缺乏流动性，只能用于购置建筑物和有关物资。作为一个管理规定，这一点执行得很严。在这些工业公司中，有一些是大革命以前旧时代的遗产，比如说昂赞采矿公司（Anzin mines）和圣戈邦（Saint-Gobain）公司。1840 年左右，昂赞公司拥有近 5 000 万法郎的资本总额；1830 年左右，后者的资本总额是 860 万法郎——对于那个时代来说，这都是一笔相当可观的资本数目。其他的则正好相反，是一些小型企业，常常位处一些小工业地区，或是在一些新兴的并常带有投机以色彩的部门做一些细微补充式的工作，具体形式包括：英国式的炼铁厂、炼钢厂、以机械化流程生产的麻纺厂、苏打或硫磺化学工业品工厂。这些公司也都是在一定时候，在那种传统家族式管理能力的强大程度不足以支持工业企业进一步发展的时候才转型或创办的。

实际上，19 世纪前半叶，所有联合股份公司各自拥有的资本总额都显得很少——总的来看，每一家的资本总额都少于 1 000 万法郎，并被分成每

---

① 莫里斯·莱维一勒布瓦耶：《19 世纪上半叶国际工业化进程中的欧洲银行》（巴黎，1964 年），第 702～703 页。【16】

② 克洛德·弗朗（Claude Fohlen）：《股份有限责任公司形式与资本主义发展》，载《企业历史》，第 6～8 卷（1960～1961 年）。【17】

一股份价值很高的少量股份。其中还有一个极端例证，巴卡拉公司（Baccara Company）成立于1824年，从事玻璃和水晶装饰品的生产，它的总额为100万法郎的资本只被分为8个股份额，每一股为12.5万法郎。在许多情形下，各个企业每一股份的价值变化范围是0.1万~0.5万法郎（相当于40~250英镑），很少的情形下也能达到1万~2.5万法郎（相当于0.04万~1万英镑）。对于工业企业，发行的股份数并不很高［在1825年，维奇耶（Vizille）公司股份数是80；1829年，安菲炼铁厂（Imphy ironworks）的股份数目是160；1826年，阿韦隆（Aveyron）采煤与铸造公司的股份数目是1 200；在东方塞尔矿盐采炼公司（Compagnie des Salines et Mines de Sel de l' Est）的股份数目是2 000］，这就使得对这些公司而言，一个负着有限责任但常是和某一家族相联系的小团体能够对公司事务进行掌控，并且常常是以伪装化的有限责任合股制形式进行掌控。

规模最大的股份形式商务企业表现在运输公司上，人们常常将这种公司形式和铁路联系起来。但应该指出的是，这种制度设计最早是用于运河建造的。1820~1830年间，法国的运河建造规划活动十分频繁；这就相当于在18世纪末，英国有着运河建造狂潮；或者说，与法国同时，美国人也在紧张地建设着伊利运河（Erie Canal)。1822年勃艮第运河公司（Compagine du Canal de Bourgogne）筹集了总数为2 500万法郎的资本，它的筹集形式第二年为小型运河公司（Compagnie des Quatre Canaux）模仿，并且后者也筹集到了2 500万法郎数额的资本。不过，这两家公司的真实意图在于为运河建
【356】 造提供二次融通资金，而不是直接要将资金实际用于运河建造。因而，从操作方式看，它们的经营纯粹是金融式的。当银行家雅克·拉菲特（Jacques Laffitte）试图组建一家拥有1亿法郎金融资源的大型投资银行时，它遇到了行政法院的反对，后者认为这个总数过大，从而使这个项目流产了。

只是在1840年之后的铁路建造活动中，联合股份公司形式才广为流行。正如我们前面所看到的，联合股份公司在那个时代出现时，曾经遇到过强力反对，现在，企业广为采用这种组织形式，表明企业当事者们最终抵挡住了反对声音。而且，代表市民阶级的奥尔良派新当政团体比他们的复辟时期的前任们更具有赞成商业发展的坚定态度。这时，通常企业的资本金在2 000万~4 000万法郎之间，并且都发行股票，股本金额数量增加了［对巴黎—奥尔良铁路公司（Société du Chemin de Fer de Paris àOrleans）而言，1838年增加到了8 000万法郎；对铁道公司（Compagnie du Chemin de Fer）而言，到1845年时增加到了6 600万法郎］。股份发行时，在大多数情况下

每股价值是 500 法郎（20 英镑），这种额度使它能够为更多出资者承受。1845 年，一个更具有关键性的企业资本重组步骤出现了。雅姆·德·罗特席尔德（James de Rothschild）公司将几家从事铁路建造的公司并购重组为一家北方铁路公司（Compagnie du Chemin de Fer du Nord），并将其资本金总额设定在 2 亿法郎，然后将这个总额分成每股股本为 500 法郎的 40 万股份。这个资本金总额很大，只有巴黎—里昂—地中海铁路公司（Compagnie des Chemins de Fer de Paris àLyon et àl a Mediteterranée，the PLM）的资本金总额超过了这一数值；至 1857 年时，后者已经历过多次并购，资本数额达到了 4 亿法郎。

在新出现的铁路建造需求的推动下，到 1850 年时，各家联合股份公司也确实筹集到了数量可观的资金。如果说，这些公司开展活动的最终目标是在于建造交通工具的话，那么它们的活动过程实质上是一种金融行为——对数量有限的富裕客户提供的资金进行筹集和管理。同时，工业企业仍然钟情于它们以前所采纳的法律框架形式。确实，在 1850 年以后，一些冶金公司也采取联合股份公司的法律主体形式，但这些公司几乎都早已存在，只是改变了企业的法律名称，而不是新的企业创建活动。这种情形包括德南—昂赞锻造厂（Forges de Denain-Anzin）（是德南炼铁厂和昂赞轧钢厂并购的产物）、莫伯日高炉炼铁公司（Hauts Fourneaux de Maubeuge）、夏蒂隆—科芒特里锻造公司（Compagnie des Forges de Châtillon-Commentry）、安菲与圣瑟兰炼钢公司（Aciéries d' Imphy et Saint-Seurin）。一个典型的事例是在弗朗什—孔泰（Franche-Comté）地区发生的炼铁厂并购，并购资本数额达到 1 200 万法郎，这个总额被分成了 24 000 股。实际上，这是这一地区 9 家小公司在面临技术进步与地域更好企业竞争压力的双重威胁的情况下，为挽救自己而下定决心采取在力量上联合起来的举措。除了以上这些事例以外，纺织业和化学化工业都与联合股份公司无缘。

联合股份公司对其他非工业部门广为渗透，加之面额不断变小的股份大量发行，导致政府逐步放弃对联合股份公司的法律限制。1863 年 5 月 23 日 【357】
通过的法律创建了一种新的公司模式，即有限责任公司。这一举措实际上是受到了英国有限责任公司模式的启示。只要公司资本金数额不超过 2 000 万法郎，有限责任公司的成立就能够不受限制。这种公司在法律上的优势是董事们的责任以不超过他们对公司资本金总额的贡献数额为度。另一部在 1867 年 7 月 24 日通过的法律，也可以作为立法领域发生的学习英国的例证，它给予联合股份公司一种真正意义上的普通法律主体地位。为回应与配合在创建上的完全自由，它制定了一些关于公司管理的简单规则，包括成立一个管理委员会，必须例行举行一个股东年度大会，由正式指定的委员对公司的财务会计报告进行审计，年度储备资金的提供等。

这种立法上的转变，能够使开展各种商务活动的企业在自身内部构成不发生大变化的前提下，在形式转换方面获得更大的活动自由。但就有限责任公司这种企业形式而言，立法并未成功地获得短时效果。在法律颁布以后的5年之中，只发生了338个创建事例。倒是由于管制消除，联合股份公司成倍增加了。但是，正因为它的创建许可从此不再需要什么法律程序，我们失去了许多重要的历史资料来源，由此我们很难追踪它在1867年以后的发展变化。经过约12年的一个时期，联合股份公司的创建数量达到100家左右，这还不包括原来采用别的形式创建、现在转化到联合股份形式的那些公司。随着各企业在业务上取得进展，它们发现，就公司形式的选择而言，法律管理赋予了更为自由的氛围。为了从这种氛围中获益，同时更为了最终能方便地利用金融市场，公司最好是采用新的组织形式，并且现在这种转化过程也能够很方便地进行。在所有关于公司形式转化的事例中，最典型的是在法国北方的库尔曼（Kuhlmann）化学公司。它刚开始时是一家有限责任合伙公司（1825年），1854年转化为一家带有股份的有限责任合伙公司，1870年又成为一家联合股份公司。另一个典型的例子是冶金行业的阿勒瓦尔锻造公司（Compagnie des Forges d' Allevard），它最初是一个家族企业，1842年转化成为一家带有股份的有限责任合伙公司，最终在1906年时变成了一家联合股份公司。这可真应了一位学者之言："有限责任合伙制不再能够适应时代的需要，一种更为自由的企业组织形式必不可少。"①

7.3 企业规模

企业规模是当今最流行的用于判断经济发展程度的标准，它又可以用不同的方法来量度，如通过工人人数、参股资本总额或营业额等。如果说对20世纪的企业而言，研究者们可以方便地利用某家企业这些方面的信息的
【358】话，那么对19世纪的法国的企业来说，信息获取相对更难。这是因为，那

① 皮埃尔·莱昂（Pierre Léon）：《阿尔卑斯山地区冶金行业的危机与调整：1869～1914年间阿勒瓦尔冶金公司工厂侧记》，载《历史备忘录》（1963年），第143页。【18】

时大多数法国企业都没有感受到与外界交流这种知识的任何必要性，并且当时的政府也没有强制它们这样做。因而，研究者必须坚持从官方调查和统计资料中获得数据；但同样，这种数据资料还是十分不足。我们还记得，那些力图为法国工业生产的相对低水平寻找合理解释的人曾使用的论据之一就是认为法国企业的分布极为分散，而这种分散又是它们家族式组织的一种影响结果。关于法国（同时也关于德国），戴维·S·兰德斯十分恰当地提醒研究者们注意："在法国，却是那些效率很低、规模很小的工厂们（*fabriques*）经受住了历史考验。历史证明，它们的生命力是不屈不挠的，而且只有发生了棉花大短缺、关税大调整、1873～1896 年间的大萧条等诸如此类的灾难，甚至也才只能消灭它们当中的那些最为孱弱者。"① 同时，依这位研究者看来，小企业是无利可图的，并且是经济发展的障碍。

19 世纪，法国的企业大部分都是小企业，我们能够非常容易地从可获得的统计数据中看出这一点。查看 1848 年编撰的《国会劳工调查》，我们可以发现，在中小规模城镇，都是一些小企业，而只是在一些大城市中，比如说巴黎、里尔、里昂以及米卢斯（Mulhouse），才有一些规模较大的工场，但它们每一家的工人人数也只有几十人，多的时候也不过几百人。根据巴黎市政当局提供的关于 1851 年的统计数据，有 32 000 名所谓的"雇主"是单独工作，或只有 1 名帮手，有 7 000 名雇主拥有 10 个或更多工人。从 1851 年的调查中，我们可以发现，在所谓大型行业（*grande industrie*）中，每一个企业只有 11 名工人；而与之对照，在所谓小型行业（*petite industrie*）中，每一个企业只有 2 名工人［前一类是 124 000 个雇主对130 万 名工人，后一类是 155 万个师傅（*maîtres*）对 280 万名帮工］。我们从这里能够为以下事情找到良好解释：为什么诸如夏尔·德·拉布莱（Charles de Laboulaye）等留心到了这个问题的经济学家，仍然将在 1849 年时被称作大工业企业的那些企业看做"假造的"。

这种情况也在非常缓慢地发生着变化。1866 年的调查显示，当时雇主、雇员的分配情况是：②

工作者人口群体总数：　4 715 805

雇主数目：　1 661 584

① 戴维·S·兰德斯：《束缚解脱的普罗米修斯：从 1750 年至当今西欧技术变革与工业发展》（剑桥，1969 年），第 159 页。【19】

② 埃米尔·勒瓦瑟（Emile Levasseur）：《从 1789 年直至目前法国工人阶级历史》，2 卷本（巴黎，1867 年），第 2 卷，第 576 页。【20】

工薪雇员数目：	116 068
工人总数：	2 938 153

如果我们将雇主的数目大体看做与企业数目相等，那么每一家企业的工人数将是2人。1872年的一项调查以一种略有不同的方式显示了同样的结果：①

	雇主人数	工人人数
提炼行业：	14 717	164 819
工场与制造业：	183 227	1 112 000
小型行业：	596 776	1 060 444
总数：	794 720	2 337 263

【359】在提炼行业中（指矿藏与石料提炼），平均水平是每一家企业11.5个工人，但是，在第二类行业中则下降到了6.1人。1896年编撰的《工业统计》为我们给出了另一个图景展示：在每100家工业企业中，有83家雇用1~4名工薪人员，13家雇用5~50名工薪人员，只有4家雇用了超过50名的工薪人员，并提供了40%的工作岗位。

对这些以工人数目来表示的企业规模进行相互比较，是一件困难的事情，这是因为它们使用了不同的分类标准。我们的印象自然是，当时小企业大量存在，但是以经济增长的要求而论，它们的作用又不重要，这种不重要是就它们不对经济增长产生什么影响效果的意义而言的。无论如何，我们都不能说，我们对某个企业的事实状况做出的判断能够达到完全令人满意的程度。我们只能更为准确地说，在当时，大企业和小企业同时存在，同时经济体系存在的某种集中趋向又在缓慢地动摇着原来的平衡，利于大企业数量的增加。

在纺织行业中，从只有几个织工和印染工的小工场到综合性大企业，企业规模也显现出多样性。特别是在那些有着长时间工业传统的地区，小企业广为散布。在那里，地方产品在过去和现在都保证了纤维制品的供应。比如说，在布里塔尼（Brittany）、诺曼底（Normandy）、曼恩（Maine）、香槟（Champagne）和皮卡第（Picardy）等地方，情况也是如此。在这些地方，企业保持着它们的传统手工艺活动的特色，并且没有融入（狭义的）商业功能；一般的生意场上的交易活动由（企业）代理人或独立的商业公司代为进行并得到保证。最为典型的事例是，里昂丝织商（他们在丝织工场中进行丝织工作），还有圣艾蒂安（Saint Etienne）的缎带制造者，都在替里

① 《政府月刊：管理文件汇编》，1875年版，第9434页。【21】

昂的（狭义的）商业公司工作着。这种制造与商业活动的分离在 19 世纪一直存在，至少对高质量的工艺品是这样。因为大规模生产高质量工艺品不可行。另一方面，就能够标准化生产的产品种类领域而言，在整个 19 世纪，规模小的工艺性企业在数量上的减少是显而易见的，其方式或者是通过自然死亡，或者也可能是扩张成为更综合化并且规模更大的公司。

纺织行业的发展向我们揭示出经济发展的两个特点：一是分工更加深入，生产活动趋于专业化；二是企业的规模有向扩张方向变化的趋向。在 19 世纪前半叶，法国的企业，从棉纺至印染，再到漂白，常常都是全能化与一体化形式的。企业内部的生产过程覆盖了一件产品的全部制作过程，并且企业也控制着生产用原材料的供应。在阿尔萨斯地区就更是这样。比如说，在 19 世纪中期，位处米卢斯（Mulhouse）的多尔富斯—米埃（Dollfus-Mieg）公司就拥有一个印染工棚，一个漂白房，还有一个在 1812 ~ 1852 年间安装的棉纺车间（装有 650 个动力织机，装于 1832 年）；这个公司雇有 2 500名工人和雇员，并拥有 1 300 万法郎的营业额。不过，从那时起，这种一体化的企业也逐渐减少，这是因为在1830 ~ 1860年间，棉纺、印染和织造等制造活动相互独立地发展。关于纺织生产活动中不同分部操作能够在此间 【360】 完成相互分离，莫里斯 · 莱维—勒布瓦耶将其原因归结为 1827 ~ 1828 年间发生了经济危机，这次危机使得不同制造商之间的利益冲突暴露出来。① 由此，棉纺者和织造者更偏好以分批承包方式进行工作，以避免对厂内印染工序形成依赖。从那时起，衣服的印染活动看上去就成了一种独立的社会分工，并持续地保持着与棉纺和织造活动的分离，而后两种活动却仍然维持着在同一企业中进行。但也不总是这样。比如说，在法国北部，可以更为经常地见到一些企业或是分工从事于棉纺，或是从事于织造。还有，莫特—伯絮特（Motte-Bossut）公司的管理部门，1843 年建造了容量为 18 000 个纱锭的棉纺制造厂，1860 年纱锭容量继续扩充到 70 000 锭，并获得了一个棉纺巨兽（*filature monstre*）的称号。在它的身上，我们说分工胜过了一体化。

经济发展变迁的第二个方面的特点是企业规模发生着缓慢而稳定的增长，同时企业数量也不断增加。这是研究者关于 19 世纪的一个普遍的观感，并不需要仔细辨认。尽管纺织行业的企业的作用仍很重要，不过，与采矿和冶金企业的规模相比较，它们仍然维持着以前那种相对较小的生产规模。多

---

① 莱维—勒布瓦耶：《19 世纪上半叶国际工业化进程中的欧洲银行》，第 475 ~ 476 页。【22】

尔富斯—米埃（Dollfus-Mieg）公司在1867年有3 000名工人，在这个行业中可以算得上是一个例外。当时，在这个行业，企业如果雇用了1 000名工人，就能够被看做是大企业。1860年，在诺曼底，最大的棉纺厂富德尔（La Foudre），雇用了600～700人，就使得它的所有人普耶尔—凯尔蒂埃尔（Pouyer-Quertier）成为这个地区最大的棉纺实业家。

冶金和采矿企业在运营规模方面远远走在前面，不过，在行业内部的不同企业之间，情况还是存在着很大差别。采煤业中的一代强者昂赞公司（Compagnie d'Anzin），1850年仍然供应着法国北部地区一半左右的煤炭产品。不过，它在当时，也还不得不面对许多中小规模企业的竞争。[①]勃艮第（Burgundy）的布朗齐（Blanzy）采矿公司，1811年雇用了100人左右的矿工，当年提炼出来的煤炭产品还不到10 000吨；1850年，公司拥有一支总人数达到1 500人、有相当工作效率的地下与地面作业劳工队伍，当年他们总共提炼出了160 000吨的煤产品，营业额达到130万法郎。到1897年，它的劳工队伍规模上升到了8 000人，年产量上升到了1 400 000吨，年营业额上升到了1 500亿法郎。在卡尔莫（Carmaux）采矿公司（塔尔省），产量和营业额的发展情况如下所示：

年份	提炼的煤产量(吨)	营业额(法郎)	工人数
1811	9 690	216 000	225
1850	52 700	734 000	551
1875	273 800	5 552 000	1 526
1897	470 000	5 850 000	2 462

可以肯定的是，在冶金和机器建造行业中，现代资本主义方式的企业从19世纪初期时就开始不断得到发展。我们也能发现，此时，仍然存在着许
【361】多由小型工艺人拥有的劳作式企业，它们的地理分布深受矿藏和燃料资源（特别是森林地）沉积地带的影响。在弗朗什—孔泰（Franche-Comté）地区有大约40座鼓风炉，炼铁厂的数量也能达到这么多。不过，这些工厂中没有一家雇用的工人数量能够称得上多，并且它们的资本金数量也极其微小。除了克勒索（Creusot）、安德雷（Indret）以及某些其他常常是由政府支持

① 马塞尔·吉莱（Marcel Gillet）：《煤炭时代北部聚煤盆地与加来海峡省的经济起飞》，收入《煤炭与人文科学》。这本书是1963年5月在里尔大学（University of Lille）的文学院举办的一次研讨活动的论文集（巴黎，1966年）。关于采煤公司的情况，参见让·布维耶（Jean Bouvier）、弗朗索瓦·菲雷（François Furet）与马塞尔·吉莱：《19世纪法国公司利润的变化分析：资料与研究》（巴黎与海牙，1965年），第294～395页。【23】

成立的企业以外，大企业寥寥无几。冶金行业所表现出来的现象是，在某一地方，许多封闭的小企业群相互并购融合。在勃艮第（Burgundy）北部，零星的企业集中从19世纪早期就已经开始了，它们在行为模式上都（尽管有时效果不大明显）追随马歇尔·马尔蒙（Marshal Marmont）。这种集中的操作过程多多少少还得到了一些实业资本家的继承，由此集中趋向一直没有停止，而且在1845年夏蒂隆地区（Chatillonnais）工厂与波旁地区（Bourbonnais）工厂的并购重组活动中达到了顶峰。就是在这个过程中，夏蒂隆—科芒特里（Chatillon-Commentry）公司诞生了，其总资本金数额达到2 000万法郎，它总共组合了37座鼓风炉以及26处炼铁厂，另外还得加上租来的设施（13座鼓风炉和26个小炼铁厂），以及一支颇具效率的总人数为1 300人的劳工队伍。[①] 在这个（19）世纪之末，夏蒂隆—科芒特里公司的营业额达到了3 500万~4 000万法郎。它还拥有自己的煤矿，并且在冶金行业中跻身于领导性的公司之列。1854年，夏蒂隆—科芒特里的各家炼铁厂已经融合为一家企业，但这种融合并不意味着它能够被加冕上最成功并购的桂冠；因为就在同一年，卢瓦省（Loire）的炼钢与炼铁厂们被并购进入海运与铁路公司（Compagnie de la Marine et des Chemins de Fer），这次并购才配得上“最成功”的称谓。这次重组也是佩单—戈德（Pétin-Gaudet）的那些炼铁厂与雅克松（Jackson）炼钢厂并购的后续结果，它在这种并购的基础上再组合吸纳了那些地处巴黎和法国中部（贝里）、属于帕朗—施夏康（Parent-Schacken）公司的机车制造厂。除了煤炭产品以外，这个企业从其生产的最初工序开始一体化，包括生产铸成件和轧铁件。从1862年以来，它就一直在购买着各种采矿许可权。到19世纪末当它达到克勒索的规模时，可谓已经跻身于冶金工业活动巨头之列，并正常地向股东分发着数目可观的红利。

从这里我们就可以看到，大型工业企业在所有产业部门中都存在。接下来的就是要判断，在19世纪末这些大企业在法国经济体系中的相对重要性了。B. 吉尔（Gille）曾经按照它们的资本金数额，为我们描画出了1881年法国30家最大企业的排行表。[②] 显然，最重要的企业群组是运输业企业，它们占据着头5名的位置，并且在30家最大公司中能占到9家（其中6家为铁路公司，2家为船运公司，1家为城市交通企业），其总资本金数额达

① 贝特朗·吉尔（Bertrand Gille）：《19世纪法国钢铁工业》（巴黎与日内瓦，1968年），特别是其中的第6章，《大型冶金企业夏蒂隆—科芒特里公司的起源》。【24】

② 贝特朗·吉尔：《19世纪法国钢铁工业》（巴黎与日内瓦，1968年），第295页。【25】

到14.5亿法郎，能占到前30家资本金总数的60%。其次则是采矿行业的公司们，它们全部属于采煤业，共有5家企业，总资本金数额达到3.31亿法郎，能占到前30家资本金总数的14%。法国最大的工业企业昂赞（An-
【362】zin）采矿公司，总资本金数额高达1.35亿法郎，就属于这个企业群组之中。再其次，以名次次序论之，是燃气公司（6家企业，共1.88亿法郎资本金）以及供水公司（3家公司，共130亿法郎资本金）；随后排上来的是两个工业企业群组，为冶金行业（有4家企业，共0.93亿法郎的资本金；但是最重要的冶金企业克勒索，在名次上只能排到第18位）与化学行业（只有一个代表，即圣戈邦公司，总资本金为0.80亿法郎）。在前30家中，没有纺织企业出现，在那时还处在科技试验阶段的电气工业有1家企业出现，食品行业也只有1家出现。

19世纪末，在法国资本主义经济体系的核心组成部分之中，地位相对重要的是运输业公司和公共设施企业，这两种企业在规模上远远地将其他企业抛在后面。

7.4　工业企业融资

我们已经知道，大多数工业企业一直就是一种家族企业。我们不禁要问，这些企业是通过什么方式融通和获取资金的。我们这里还不得不面对这个论题所涉及的另一方面问题，即家族式企业的框架是不是太狭窄了，以至于它不能保证生意量的增长，并由此导致了法国工业发展相对其他国家存在一个时滞。

对于所提出的这个问题，我们拥有的信息仍然太少，我们难以凭借这种信息量来给出一个满意的解答。企业商务史研究的资料开发工作进行得如此之少，以至于我们所拥有的信息都是片断与零碎的，因而不得不依赖于一些在经济内容上相互分割的例证。相对其他行业，这些例证中关于冶金行业的相对更多。我们可试着对19世纪大部分时候法国商业活动中的特殊情况作一扫描。我们看到，一个市场体系，由高关税细密地保护着，保护导致的结果是来自外国的经济压力消失，同时所有制造活动被置于国内价格体系的引导之下。在国家对市场的保护之上，还存在着各地方自己的保护，至少一直到1850~1860年间，情况还是这样。这种情况又起因于在铁路时代到来之前国内交通体系仍不完善与不完全。实业家们也常常抱怨这种不利条件，却忽略了这种态势的另一方面结果，实际上，这从某种程度上为他们赢得了某种自在之处——他们由此免除了来自其他地区制造商的竞争。

当时的企业使用了三种融资方式：家族来源、利润留存以及向银行求助。

来自家族的资金解释了大部分企业的起源。这些资金常常来源于继承，并从一代传递到另一代。比如，1751年在洛林省（Lorraine）阿扬日（Hayange）地区成立的旺德尔（Wendel）公司就是这样。[①] 继承关系是冶金行业中获得企业所有权的主要方式，所有其他产品部门情况大体类似。甚至在大型企业之中，通常情况仍然是企业所有权在家族关系上的连续性以及整个企 【363】
业掌控权在家族继承上的连续性都得到保证。比如说，克勒索就跟随着它的创立者阿道夫·施奈德和欧仁·施奈德（Adolphe and Eugène Schneider）的家族世系关系延续。在欧仁于1845年逝世之后，一直到1875年，企业一直由阿道夫一人单独掌控。1875～1898年间，则由他的儿子亨利（Henri）接管；然后是他的孙子欧仁二代（Eugène Ⅱ）掌控了整个企业长达近半个世纪（1898～1942年）。最后是他的曾孙夏尔（Charles）主管企业，夏尔1960年去世。当然，表现在这一家族上的继承关系连续性是具体与独特的，而在每个企业的背后，几乎都隐藏着同样的家族控制权的继承链条。在冶金行业，常常总是一笔其他已经存在的财产在支持着制铁活动中必要的材料购买，不论这种材料是木材还是矿产品。在18世纪之末的洛林、香槟以及弗朗什—孔泰（Franche-Comté）等地区，有为数不少的地主，他们当中超过半数属于贵族阶层，成为炼铁厂主人。他们在将他们的小企业的生产活动与他们的地产收入相结合上做得颇为成功。只要社会普遍的生产技术仍然是初级形式的，并且投资数量不是很大，这种操作方式就能够取得成功；只是，进入19世纪，当这些条件变化时，这种小企业趋向消失。它们当中有一些试图通过合并来求得生路。比如说，1854年，若干家企业与弗朗什—孔泰锻造公司发生并购，1846年又有一些在勃艮第（Burgundy）和波旁内（Bourbonnais）与夏蒂隆—科芒特里锻造公司发生并购。但是，并购重组往往又会使这些企业丧失它们的家族特色。

更为有趣的是为建立一个企业而倾注大量家庭资金的过程。我们已经注意到，对于纺织行业，它的企业资金可能由业主的父亲与儿子、岳父与女婿

① J. 维亚（Vial）：《1814～1864年间法国钢铁生产工业化》，2卷本（巴黎与海牙，1967年）【26】。

共同提供，或者有时是由侄子或朋友提供。这些提供关系在那时的工业活动中总是时有表现，有时提供资金的不仅是制造业主，商人也有所参与。有一些纺织业工作场所，就是由于从事于（狭义）商业人士的参与而重新建设或购置。在那时，这些商人之所以要积累一定数量的资本，就是准备用于购买企业的。在冶金行业中，这个购买者角色由铁产品承销商来承担，他们控制着铁产品市场的行情走势，这是他们的有利条件。利昂（Riant）的事例也较为典型。在他于1845年成立奥班（Aubin）炼铁厂之前，他就已经通过经营销售法国中部若干矿山和炼铁厂的产品获得厚利。① 有时，某一种产品销售商，先会试着在地主和劳工队伍中间充当某种调停人的角色，在此之后，一般会下决心以自己的名义进入有关产品的实业生产中。在一些其他情况下，则是通过制造业务量的不断增加，一些小企业也得到了扩张。在18世纪末，阿尔萨斯地区的纺织企业们开始创办其他企业，这种企业开展的工作是印染从别处买来的织布材料。当19世纪初期棉纺行业已经实现机械化以后，印染企业也随着棉纺工厂的建造而进一步成长；然后，经过20~30年的时间，纺织生产过程中开始使用动力织机，这对印染企业的发展而言也是具有同样的积极意义。在1831年时，马耶（Mahieu）家族在（北部省）阿尔芒蒂耶尔
【364】的财富积累也是以一个小的印染车间作为起家出发点，后来在1845年，就在这个印染车间的基础上，经营者们还添加了许多动力织机。以同样模式，一个锻造或制造工场也可能成为某些人缔造大冶金企业的起点。

对法国企业家而言，一个独特而有利的条件是，在大革命过程中大量财产被抛售。修道院和移民的不动产有时被资本家以一个较低价格买下来，并再以非常有利于企业发展的条件转化为工厂。在这种情况下，成功的投机活动往往是一个企业的起源。

一个企业所需要的资本数量自然会因条件不同而不同。根据让·维亚（Jean Vial）的查证，19世纪初期，一个制造工艺粗糙的锻造厂的价值在25 000~35 000法郎之间；在很少情况下，那些样式更新者也能值到6万法郎；一个以木炭为燃料的鼓风炉价值在5万~10万法郎之间，而一个以焦炭为燃料的鼓风炉价值则是这一数值水平的两倍；② 一个轧制厂或者一个蒸汽机车的价值在1万~2万法郎之间。这时，一个综合性的炼铁厂能够值到6万~60万法郎，并且，它的成本价值随着后续改进活动的发生还会有所提

---

① 上引书，1，第174页；以及莱维—勒布瓦耶：《19世纪上半叶国际工业化进程中的欧洲银行》，第331、336、338页。【27】

② 让·维亚，上引书，1，第168~169页。【28】

高。这样，在 1840 年左右，一个英国式工厂的价值至少为 120 万法郎，实际上，它们常常还能值到这一数值的两倍。由于机器总是处在改善之中，投资额有一种随着时间而不断增长的趋向。这时，在纺织业，原本以纺织活动起家的资本家则明显地减少：这个行业中，1802 年，有一家企业在法国东部创建时，3 个合伙人分别带来了 18 000 法郎的资金。1833 年，里尔的一家棉纺厂创建，两个创办人总共对新企业投入了 12 000 法郎的资本金。自然，我们也可以找到资本规模更大的纺织企业，但是，它们通常是由其所有者对一家以前已经存在企业的购买而实现的，要不就是因为革新活动而导致企业资本需求规模变得较大。比如说，用多颜色滚筒进行机械化棉毛梳理或印染工作，作为一项技术创新，会引发大额资本需求。

这些融资方式乃至其数量规模，都在个人或与个人相关的小群体力所能及的范围之内。因而，在这些行业中，一个家族式企业的建立还不至于在融资上引发什么问题。当然这也不是意味着，只是小企业才能以这种方式存续。一个纺织企业，也能够在不发生一次性大量新投资的情况下得到规模扩张，其方法可能是逐渐地增加新机器。只是，这种个人提供资金，对于冶金行业企业来说不再具有现实性。我们必须记住的是，1835 年，克勒索公司被买下来的价钱是 268 万法郎，并且在 1836 年创建新公司时，联合资本总额达到了 400 万法郎。这种资本化水平超过了任何一个家族的财产资源所可能提供，即便是像克勒索公司这种大家族也是这样。在资本金起源上，各企业可能会表现出很大不同，但它们在创建以后的资金获取与财务管理，却都是建立在留存利润的基础之上。为实现企业规模的持续扩张，最经典的方法就是进行利润“再投资”，至少在扩张的早期年份是这样的。此时，它们的技术创新成本还不很高，并且创新思想在生产过程中的实现也相对简单。“看起来”，让·布维耶（Jean Bouvier）这样写道，“在工业企业处在发展 【365】
初期时，多半情况下能够通过自我融通获取资金，不论从企业的初始创建还是从它们的规模扩张上看，都是这样。［自我融通式的（*auto-financement*）］工业储蓄产生着实业投资。这是企业发展必要经历的一个过程，而 1820 ~ 1850 年间法国工业企业正处在发展的第一阶段，当然也经历了这样一个过程。”① 1850 年以后，至少是在不怎么被技术创新触动的部门之中，工业企业融资过程仍表现出这种特点。富尔尚博（Fourchambault）炼铁厂为这种

① 让·布维耶：《关于银行体系与工业企业关系的报告》，收入 1970 年 10 月 7 ~ 10 日在里昂举行的一次学术会议的论文集《19 世纪欧洲工业化》（巴黎，1972 年），第 10 页。【29】

自我融资过程提供了一个很好的例证，居伊·蒂利耶（Guy Thuillier）曾经详细研究过这家工厂。在1821～1824年的3年时间里，它的资本金总数由80万法郎翻番到了160万法郎。从1824年至1835年，通过同样的过程，其总资本金数额达到了400万法郎；在这个基础上，我们还应该加上由企业外部提供的100万法郎的资金。这种企业扩张当然以高企业利润作为先决条件：在1834～1835年间，企业利润额为30万法郎，1836年为40万法郎，这还只是富尔尚博自身工厂的生产利润，而没有算入从其他活动中得到的回报。总而言之，在这些年份里，迪福（Dufaud）获得了近120万法郎的净利润。正是这些利润使得他的实业投资延伸到了其他类冶金生产工厂、铁矿、焦炉以及五金器具制造。最终，在1836年时，这位富尔尚博的董事参加了新的克勒索公司的创建活动。

以上这一事例的利润规模颇为可观，这应该从企业家路易·布瓦格（Louis Boigues）与阿希尔·迪福（Achille Dufaud）行事的果敢大胆和管理的坚强有力上来寻找原因。迪福曾于1823年，前往英国研究考察英国的制造过程，也考察了其企业的管理方式和成本控制方法。比如，他前往威尔士（Wales）考察赛法史法（Cyfarthfa）公司的克诺谢（Crawshay）工厂，回国后常常提到它，并且流露出钦佩的语气。关于会计方法的重要性，他中肯地写道："我在赛法史法时，看到所有事情都处在某种受到监管的状态之下，由此管理者能够精确了解企业的成本发生状况，我们必须坚定而尽快地建立起同样的体制……正是因为赛法史法拥有与其他炼铁厂不同的管理方式，它才能在别的工厂亏损的情况下保持盈利。"另外，为了获得利润，管理者必须在所有可能的地方都严格奉行节约的态度："我们浪费了大量油脂，这是因为负责相应事务的人的不认真态度造成的。相比我们，在赛法史法，仅只在这个项目上，每年就能够节省下来3 000法郎。为了能够实现这种节省，赛法史法的工人必须花一整星期使用俄国油脂来进行操作，严格观察什么是真正必要的，并且每天都要进行称量，只发放必需量……"①

利润幅度乃至依赖于此的新实业投资的可能性，都同时取决于所制造产品的数量规模。这也是经常在迪福留下的手稿中出现的话题。在这方面，他仍然是深深地佩服着不列颠，并且常常提到，他自己从企业技术进步中也获得了可观利润，他的企业是第一个从英吉利海峡对岸引入新冶金

① G. 蒂利耶（Thuillier）：《19世纪的乔治·迪福与尼韦奈冶金领域大资本家的兴起》（巴黎，1959年），第39～40页。【30】

技术的。“像我一样，你会比任何时候都更为确信，”他写道，“我们只有通过大量产出才能获得高利润，而这一点必须立即付诸实施。在我们面前，只有5～6 年较好的时光了。竞争压力从四面八方而来，圣艾蒂安(Saint Etienne) 终有一天会吃掉我们，但至少，到那时，我们应该变得富有起来。”他继续添加了颇具独到性的一句：“我已经越来越确认，我们有立即将我们产量翻番的必要性……因为我们的财富实在是危如累卵，我们的行动迫在眉睫……我们必须加快速度，使用现在的光阴……”[①] 与其他炼铁厂老板不同，迪福坚信，正如在英国那样，工厂的前途有赖于产品产量和其产品的廉价程度，并且管理者必须从一开始就着眼于通过迅速积累利润来获得利润。【366】

对管理者来说，仅就经营这一层次的问题而言，采取这种政策确实有望获得成功。从 1839 年至 1847 年，富尔尚博的利润上升到了 750 万法郎，这些利润的使用去向，至少有一半又重新用到了技术改善和创新的再投资上面，由此也使得这家企业不再求助于金融市场。为了在未来经济中处于有利地位，管理者甚至还必须在市场不景气时期进行投资。比如说，1847 年，富尔尚博就将 100 万法郎投向了实业经营。当铁的价格处在下降态势时(从上下文判断，下降至迟从 1847 年就开始了——译者)，对经营铁产品的生意人而言，真可谓岁月艰难。为了维持原有利润水平，富尔尚博将常规性开支缩减到 19 世纪 40 年代一般水平的 43% 左右。当然，因铁路系统形成而导致的原材料成本下降也对企业维系生存作出贡献，只是这一点的重要性要小得多。然而，这些近乎苦心经营般的操作，也不能防止富尔尚博在 1848 年陷入预算赤字，从而转向求助于法兰西银行，并获得两笔金额分别为 90 万法郎和 150 万法郎的贷款。

但直到那时，**自我融资**（*auto-financement*）仍然是这家企业扩张的最主要原因。1856 年以后，它陷入颓唐不振的境地，其中资金不足可以做出部分的解释，而新实业投资的缺乏——或者毋宁说是实业投资的蹩脚使用——则是它衰弱的主要原因。

在冶金行业，自我融资已是普遍存在的企业行为方式，并且它也体现着一种企业家精神：利润追逐自身不再是最终目的，最终目的是资产扩张，“对总是关注于他们最初持股的保值增值的原始股东来说，资产扩张才能满

① G. 蒂利耶：《19 世纪的乔治·迪福与尼韦奈冶金领域大资本家的兴起》（巴黎，1959 年），第 42 页。【31】

足他们的意愿”[①]。从 1854 年创立起到 1869 年，马里纳炼钢厂（Aciéries de la Marine）曾经为它自己的新实业投资提供了数额为 1 120 万法郎的融资，其中有 640 万法郎来自于它自己的利润。在旺德尔（Wendel）公司，资本增长也显示出自我融资的力量：其数额 1830 年为 200 万法郎，1840 年为 730 万法郎，1848 年为 1 080 万法郎，1860 年为 2 300 万法郎，1869 年为 3 000 万法郎。由此从 1840 年至 1869 年，资本量增长了 311%。[②] 1861 ~ 1869 年间，在夏蒂隆—科芒特里锻造厂（Forges de Chatillon-Commentry），投资增长量稍低于 500 万法郎，全部是从自我融资中取得资源。克勒索（Le Cruesot）公司的欧仁·施奈德（Eugène Schneider）采取的公司政策也大体类似。不过，1863 年时，为了促进固定资本的投资，他也不得不涉足于股票资本市场，通过以总共 8 000 股、每股面额 500 法郎的形式共筹集了数量达 1 400
【367】万 ~ 1 800 万法郎的资本金。

这些企业的自我融资政策是以高利润率作为出发点的。让·布维耶（Jean Bouvier）曾经作过相关研究，[③] 主要是因我们对时间更早的时期缺乏信息，我们将考察的时间范围局限在 1860 ~ 1914 年间。在这期间，几乎所有冶金企业的利润率都发生了很大增长：1860 ~ 1880 年间有一个初步的增长（对不同公司而言，这种增长发生的具体时间有所不同），然后在 19 世纪 80 年代的经济萧条中有所下降，最后是在世纪之交之后有一个迅猛增长，利润水平被推升到第一次世界大战前夕为人所知晓的最高水平。对所有冶金公司而言，真可谓是一个黄金时期（*belle époque*）。一个关于加来海峡省（Pas de Calais）采煤公司的总产出、留存利润和净收入等指标的图式，也揭示着类似趋势，它显示出，1900 ~ 1912 年间，自我融资达到了它的最高潮。[④] 同一时期，阿勒瓦尔冶金公司（Compagnie métallurgique Allevard）为我们提供了另一个确切的例证。1872 ~ 1914 年间，这家公司的分配利润年平均只能占到营业额的 4.70%，而年利润总量则能占到营业额的 25.11%。至于从与资本数量对比的角度来看，分配利润只能占到总资产的 2.84%，

---

① 吉尔（Gille）：《19 世纪的法国钢铁冶金行业》，第 263 页。特别是参见这一文献的第 12 章，它显示了在钢铁行业之中，技术进步对自我融资所产生的后果。【32】

② 吉尔：《19 世纪的法国钢铁冶金行业》，第 208 ~ 209 页。在 1860 年之后所发生的投资增加的原因被解释为是贝西默（Bessemer）转换器得到了采纳和使用，它进而迫使制铁商采用新的融资和商务策略。【33】

③ 布维耶、菲雷（Furet）与吉莱（Gillet）：《19 世纪法国公司利润的变化分析：资料与研
【693】究》。第 165 ~ 191 页。同时注意参见同一文献，第 409 ~ 430 页中的统计数据和资产负债表。【34】

④ 布维耶、菲雷与吉莱：《19 世纪法国公司利润的变化分析：资料与研究》，第 138 ~ 139 页。【35】

而资产总利润率为15.9%（以年度平均来计算）。这些都表明，企业能够从内部将较大份额的利润用于实业投资，而用不着很多外部帮助。①

从银行或其他外部融资渠道获取资金的方式也逐渐地得到发展，但这种发展是不平衡的，发展情况随着地区、企业类型和企业自身追求的发展模式而有所不同。尽管最近有人对这些问题产生了浓厚兴趣，但对这个方面给出清晰的甚至是概略性的结论还为时过早。②

关于企业家对待银行融资渠道的基本心态，研究者们都已周知，从以下论述中读者可以窥见一斑：

> 企业家们通常对银行抱有怀疑的态度，害怕它的态度改变，特别是在经济危机时，在整个商业界弥漫着恐慌情绪之际，他们就更可能是这种心理。货币的经营和主管机构，还有银行——特别是那些私人银行的某一个哪怕是极为轻微的紧缩信号——会突然地将信贷限制住，并迅速勒住企业家的前进步伐。这种政策自然会迫使实业家和商人们向行情本来就处在下跌态势的市场中抛售他们的一部分存货商品，从而引发商品价格的继续下降。③

在法国的中心地带也显示着同样的图景："尼韦奈（Nivernais）的银行家们，很少参与到铁制品制造活动之中，"有关报告这样写道，"惟一一个为公众所知的例子是蓬—圣—乌尔斯（Pont-Saint-Ours）的制造活动。不过，银行却为农业扩张和大房地产的设备买卖提供资金……银行的运营建立在地产的基础之上。"④ 这样看起来，至少是在19世纪初期，在银行和实业企业之间，很少有什么联系。银行家和实业家在对待相互合作方面，都 【368】
存有疑虑：就在银行家因为担心长期性实业参与不能在短期获得多大利益而警惕着实业家时，实业家也认为银行家过于贪婪。然而，这两方也都没有关上朝向对方的生意之门，随着时间推移，肯定还是会很自然的相互渗透。

---

① 莱昂（Pierre Léon）：《阿尔卑斯山地区冶金行业的危机与调整：1869～1914年间阿勒瓦尔冶金公司工厂侧记》，第146页。【36】

② 隆多·卡梅龙（Rondo Cameron）编撰：《早期工业化过程中的银行活动》（纽约与牛津，1967年）。关于法国以外的某些特定方面点的情况，请参见理查德·蒂莉（Richard Tilly）：《1815～1870年间的金融机构与莱茵河流域工业化》［麦迪逊（Madison），维斯康星（Wisconsin），1966年］。【37】

③ B. 吉尔（Gille）：《（1825～1848年间）阿尔萨斯的信贷问题与充当金融中介的巴黎人》，载《阿尔萨斯备忘录》，第95卷（1956年），第232页。【38】

④ 居伊·蒂利耶：《关于1800～1880年间尼韦奈地区银行历史的评论》，载《ESC年鉴》（1955年），第498～502页。【39】

外部融资渠道的参与，首先发生在企业的形成和买卖过程之中。比较经典的例子是克勒索炼铁厂。它于1836年由施奈德（Schneider）两兄弟买进，在此过程中，塞耶（Seillière）银行也参与到其中，并提供了有关帮助，他们与这家银行以前就有较紧密的联系。从18世纪开始，与其他地方的企业家相比，阿尔萨蒂昂（Alsatian）的实业家们在借款上显示出了令人惊讶的积极态度，而这种态度出现在19世纪就显得更为突出。确实，与法国其他地方的企业家相比，他们因家族上的联系、与瑞士金融市场在地理位置上的靠近而获得了他人不可企及的有利借款条件。[①] 在为企业提供银行服务方面，梅里安（Merian）兄弟显得尤为积极，他们克服困难买下多个企业，并将他们的代理机构设在其他企业之中。他们也为米卢斯（Mulhouse）地区的两个最重要的企业——多尔富斯—米埃公司（Dollfus-Mieg et Cie）和尼古拉·凯什兰公司（Nicolas Koechlin et Cie）——提供了融资服务。前者据说接受了“好几百万法郎”；后者的老板刚从英国参观回来，就于1812年1月1日在巴塞尔（Basle）以8%的年率，谈判签署了总额达122万法郎的贷款协议，在此4年之后，又申请了一笔年率为6%、总额达144万法郎的贷款。在这两次贷款进行的过程中，梅里安兄弟在报价上给债券的中间承购者分别让渡了68万法郎与94.5万法郎的费用。随后，斯特拉斯堡（Strasbourg）的银行家们参与了机械工程公司的发起组建，比如说里斯勒尔兄弟与迪克松（Risler frères et Dixon）的工场。当然，通过银行的帮助，同时，随着这些企业规模扩张，它们自身的资金实力也越来越能够满足企业发展所产生的实业投资需要。也正因为这样，除在很少的情况下，银行家们也不再介入。在1830年以后，尼古拉斯·施吕伯格尔（Nicholas Schlumberger）和安德列·凯什兰（André Koechlin），他们都是地方上的制造商，自己组建了新工厂，有时甚至还为他们实业产品的客户提供信贷服务。在以上这些情况下，银行只是在企业发起时起到中间人的作用。

通过为商业票证贴现或为短期贷款提供有保证的服务，银行能够以另一种方式起到金融中介的作用。这常常发生在企业投入的资本被锁定在房产或材料购买过程之中，并且这个企业感受到了流动资本，特别是用于购买原材料的资本缺乏之时。在这种形势下，通常一个企业会将它的商业票证拿到银行中去贴现或是再贴现。以这种方式，巴塞尔（Basle）的银行为它们米卢斯的邻居们提供了贴现服务，同样，斯特拉斯堡的银行也是这

① 莱维—勒布瓦耶：《19世纪上半叶国际工业化进程中的欧洲银行》，第450～451页。【40】

样做的。但是，当经济危机到来时，银行会拒绝提供贴现贷款，随后还有可能会引发一次金融恐慌。1827 ~1828 年间，在米卢斯的企业之中发生的就是这种恐慌。由于生产过剩，在 1827 年末，纺织制品的行市崩溃，【369】
这进而导致巴塞尔的银行停止对票证进行贴现，同时法兰西银行（Bank of France）也对它的再贴现数额进行限制。就在这次恐慌到达米卢斯之际，有几家公司被迫陷入破产清算。接下来发生的就是大量的实物材料产品，由大型代理机构以极低价格抛向市场，以获得现金。但米卢斯的商业末日还是得到了挽救，因为最后巴黎银行家雅克·拉菲特（Jacques Laffitte）介入了，他在成功获得银行联合财团的帮助之后，便立即由联合财团开启了一笔数额为 500 万法郎的贷款。这次恐慌过去之后，米卢斯的实业家们在寻求改善他们的销售状况和加速运营资本的周转速度方面也变得相对更为审慎。① 进而，银行，特别是地方的银行，在满足短期融资需要方面开始支持实业家，而且也并不过多地介入它们的生意活动。只是，地方银行的既定金融资源量规模很小，所能提供的帮助也很有限，至少在直至第一家商业银行（*caisses*）于 19 世纪 40 年代出现之前的那些时间里，在银行家们还没有获得雅克·拉菲特那样的榜样鼓励时，情况是这样的。至少在 1860 年以前，巴黎和地方的银行都很少能够拥有充分资源支持它们起一个较为积极的作用。“除了有时保证它们自己免除各种可能的损失以及维护公众对于自身的信心以外，银行没有多少资本，自己也不需要任何资本。它们的角色局限于冬天到来时为制造商们、夏天为农民们、年中各月为进口贸易商们等诸如此类的对象，或多或少地提供一点短期贷款。”② 这种情况，构成了整个 19 世纪 30 年代的特色。当然，此后情况也在缓慢变化，至少就银行体系与一般企业家之间的关系这一点来说是这样的。银行在短期借款方面开始有充分伸缩性，不过在提供中长期贷款方面，则不是这样。这是因为，它们害怕中长期贷款会把自己的资本束缚住，或者担心会挤光了它们自己的流动资产，因为对它们来说，存款者可能会突然要求提现他们的存款资金。在那个时代，银行自身的经营活动，通常也是一种家族事

---

① 这次危机在表现当时的银行与工业之间的关系方面显得很典型，关于这次危机的详细经过，请见上引书。【41】

② 上引书。文献作者转引国会议员埃米尔·樊尚（Emile Vincens）的评论说道：“政府必须注意不要让银行数目拓展繁殖，也不要有意在它们之间构建竞争或联盟关系。政府也不要让它们相互交换票证，或是相互负债……它们的业务应该局限在为地方贴现，乃至为企业的收支活动提供各种补偿。”从这里的评论看来，就银行的权力来说，当时政府的限制还是很严厉的，但是我们不知道事实情况是否真是这样。【42】

务，因而只有当对地方情况有细致入微的了解时，它们才会去冒一定的风险发放贷款。比如说，1825 年，安德列与科蒂埃尔（André & Cottier）的公司就拒绝为一位从南特（Nantes）来的有兴趣投资于巴斯—安德雷（Basse-Indret）炼铁厂的企业家开启信贷之门[①]。它的意思是担心，这只会增加它自己的麻烦。这种例证在 19 世纪初期非常常见。1835 ~ 1840 年后，银行态度才变得更为灵活。塞耶（Seillière）银行——我们已经看到，它曾经参与克勒索的购买——在 1836 年以后，为施奈德（Schneider）公司开设了一个经常性的贷款账户。贷款增量也较大：1838 年为 1 682 000 法郎，1844 年为 837 000 法郎。我们已知道实际上塞耶的银行家们自己已经是阿登省（Ardennes）的巴泽耶（Bazeille）炼铁厂的所有者，他们进而将这种关系推进到与阿扬日（Hayange）地区、蒙尚南（Montchanin）地区的其他制铁商中
【370】去。确实，克勒索是一个资本密集型的企业，它曾经好几次陷入困难境地，并且仍然需要运营资本。正是由于这个原因，它才有必要引入多家银行参与支持。其中一家是佩里埃（Périer）银行，它以 100 万法郎的贷款增量加入到克勒索的信贷者之列。

就在这些年间，在银行为有些实业公司开设贷款账户之际，广大普通工业企业却很少能够参与这种银企合作。这是因为，对银行和工业企业两方而言，都有着实际教训。1823 ~ 1830 年间，银行家雅克·拉菲特（Jacques Laffitte）曾经为他自己的棉纺商、制布商以及丝织印染商提供过数量可观的贷款。至 1830 年，他的生意转向衰败，可这时，这些企业仍然都是他的债务人。正因为以前陷入过凄惨境地，他的工商普通银行（Caisse générale du Commerce et de l'Industrie）在 1837 年和 1846 年间执行一种和以前完全不同的政策——这时，这家银行只以公共设施的经营机构为贷款对象，而将工业企业完全排除在外。[②] 佩里埃（Périer）兄弟在他们的动产信贷银行（Crédit Mobilier）的经营上也模仿着实行这种政策。这个信贷机构的重要贷款都流向了经营铁路、船运、城市交通以及公共设施（水与气）等诸如此类业务的公司之中，而工业企业则很少。从这里看到，银行家雅克·拉菲特的教训可谓令银行经营者们久久不能忘怀。从以上意义上来说，兰德斯关于"旧"与"新"之间相似性的评论是正确的：人们在"新""旧"两个时代找到的人（指企业家）不仅一个样式，而且他们处理生意事务的技巧都相

① B. 吉尔：《1815 ~ 1848 年间法国的银行与信贷》（巴黎，1959 年），第 149 ~ 150 页。【43】

② 上引书，第 153 页。这里所指的贷款受让人，包括巴黎地区的军防工事的建筑与安装商、道路敷设与清扫公司，以及从事建造港口、桥梁及运河的公司。【44】

差无几。[①] 也就是说，从连续性上看，他们对工业企业提供贷款的态度没有明显的变化。

但在 1860 年以后，除信贷调动银行（Crédit Mobilier）以外，新成立的各家银行还是采取了一种限制性更少的政策，并不断朝着增加工业企业贷款的方向迈进。作为银行家，让·布维耶（Jean Bouvier）加深了里昂内信贷银行（Crédit Lyonnais）与里昂地区的冶金企业之间的联系。亨利·热尔曼（Henri Germain）是一个银行董事，还有其他大量的银行管理者的姓名，都可以在克勒索、夏蒂隆—科芒特里以及菲尔米尼（Firminy）等公司的采矿场或是炼铁厂的管理顾问班子中找到。然而，尽管存贷款银行对工业企业大量提供大额信贷增量的供应保证甚至安全防护，在对待接受银行的贷款上，大规模工业企业仍然保持着不情愿的态度。[②] 一般地，当一个工业企业确实将要与某家银行发生借贷款或其他关系时，它们就会回忆起当时著名的菲希西内（Fuchsine）不幸事件，这种记忆也常常会使它们感到，自己可能是一个受害者。这个事件大致是，一个人造染料的制造商，他的企业于 1863 年成立于里昂，曾经以每股 500 法郎的面额发行了 8 000 股的股票，其中 3 000 股由里昂内信贷银行买进，这家银行同时也为新成立的这家公司开设了贷款账户，并提供了现金贷款增量。这家企业的生意变得越来越糟糕，以至于 1870 年里昂内信贷银行不得不以重大损失接受这家企业的破产清算。在这次失败之后，银行家亨利·热尔曼采取了一个基本的行事原则，即再也不直接参与工业企业的融资活动，而将银行的资金投向既没有过多的长期负债、利润又更为可观的出口业务。并且，从此以后，他对政府工程贷款也表现得比以前更加偏好了。[③]

这种具体的不幸事件并不意味着工业企业和银行之间的关系就此完全断绝。对工业企业的发展过程而言，一个这样的时刻终究到来，它的特征是："实业投资数量规模非同寻常之大；同时，与以往不同的是，位置固定的成套设备与非成套设备和机器使用持续期变短了，这些都促使大公司们越来越 【371】

① 戴维·S·兰德斯：《旧银行与新银行：19 世纪的金融革命》，载《近现代历史手册》，第 3 卷（1956 年），第 204～222 页。兰德斯的论文观点与 R. 卡梅龙（Cameron）相互对立，后者认为，所谓的"新银行"与"旧银行"行为方式不同。【45】

② 让·布维耶：《1863～1882 年间里昂内信贷活动》，2 卷本（巴黎，1961 年），第 1 卷，第 111～112 页。【46】

③ 上引书，I，第 378～381 页。但即使是这样，也并不妨碍里昂内信贷银行参与到不同的地方、地区性企业业务之中，不过还是只局限于短期贷款。【47】

求助于银行的支持”。[①] 如果说，里昂内信贷银行放弃了“工业中那些已经遭到了虫蚀的部门”，则其他的银行取代了它的位置。这样，1864 年，由若干有影响的企业家（他们当中有钢铁巨头，比如说塔拉伯和欧仁·施奈德）成立的一般信贷公司（Société Générale），就对工业公司采取一种更为自由的政策。对这家银行的第一笔贷款需求来自德南—昂赞锻造厂（Forges de Denain-Anzin），这家工厂需要 300 万法郎用以完成一处贝氏法炼钢厂的建造。从这家工业企业的实力基础来说，如果按照银行通常的态度，它们不会进行这种贷款，但是最后，一般信贷公司还是向它发放了一笔数额为 40 万法郎的贷款。[②] 就在同一年，它也为其他一些冶金企业发放了一些贷款。根据吉尔的观点，以上贷款活动的性质并不完全是银行与企业共同参与或相互联合的问题，其意义更多地体现在银行在为企业提供特定的金融服务。在某些银行和工业企业之间，仍然存在着私人关系，只是这时这种关系并不就必然意味着它们之间会发生稳定、持久的融资联系。

在企业发行债券与股票时，银行至少还可以通过充当公共中介或包销人的形式进行协助。在这种情况下，银行的行为是间接式的，但这并不意味着它就不重要。1865 年，德南—昂赞公司就曾经为了发行债券，试图寻求一般信贷公司的支持，而后者则将这件事拖延到以后去完成。因为在当时，这家银行的这个预欲从事的行动遭到了股东们的反对。在这以前，里昂的夏尔·戈蒂埃（Charles Gautier）银行曾经为科芒特里—富尔尚博公司出售过一些债券。同样，当企业阿勒瓦尔（Allevard）于 1907 年决心增加资本金时，格勒诺布尔（Grenoble）的夏庞内（Charpenay）银行被选定成为后者资本销售的外部代理机构；随后，它还以十分有利的条件享受到了这个企业的证券发行商配售业务的准垄断地位。[③] 这两个例子意味着，在这些企业的运作中，地方银行而不是政府机构发挥着突出作用。不过，正如 P. 莱昂（Léon）所曾坚持主张的那样，人们一定不要夸大这种外部融资的作用。

在工业企业中引入技术进步，也向企业与企业家们提出了严峻的融资问题。比如，冶金业中贝氏炼钢法的采用，就曾经使这一问题显现出来。19 世纪末，一个全新工业企业的形成过程，比如一家电冶金或电化学企业的出

---

① 布维耶：《关于银行体系与工业企业关系的报告》，第 10 页。【48】

② 吉尔：《19 世纪的法国钢铁冶金行业》，第 188 页与第 245 页。【49】

③ P. 莱昂：《阿尔卑斯山地区冶金行业的危机与调整：1869 ~ 1914 年间阿勒瓦尔冶金公司工厂侧记》，第 145 ~ 146 页。【50】

现，实际就是各种融资方式的一次集中展现。[①] 法国的阿尔卑斯山地区是新工业企业的集中地，最初的资本金投入由实业投资者或他们的亲友提供，但发起人的初始出资自然要比企业组建的总资金需求量少得多。这样，在第二步的时候，对这种新产品感兴趣的实业家介入了；然后，就是申请短期贷【372】
款，这时就轮到银行介入支持，并且银行还另外帮助吸引投机资本。一旦这个企业的获利前景确定，巴黎的银行就会全面介入参与。在这一步的时候，银行会对它们所支持企业的财务控制规划出一系列方案，其内容包括更严格的会计制度、制造技术的专利保护、对生产成本的仔细研究等等。

以上就是关于法国工业企业融资的介绍。我们是否能够说，是这种似乎显得不利的融资条件阻滞了法国企业的发展，并可用做解释法国经济增长相对更慢的原因呢？我们没有充分的证据对这个问题做出一个明确回答。在这方面，曾进行过的研究太少了，以至于我们无法信心十足地进行总结。我们还应该知道的是，企业家们自己对这个问题如何思考？但是在这个问题上他们又几乎没有公开过他们的想法。然而，从前 10 年所作的一些比较研究来看，我们可以清楚地看到，法国的企业获取金融资源的方式实际上和其他资本主义国家的伙伴企业完全一样。当它们确定证实自己的资本不充足时，外部融资手段会保证予以补充，补充的程度视当时市场环境下实业生产的赢利程度而定。技术创新是检验融资效率的最好方式之一，在法国企业中，创新技术能够得到采纳，并能够在生产中实现，乃至为企业带来丰厚的利润回报，即使实现技术创新的实业投资成本非常高，也能实现这种结果。贝氏转炉炼钢法、铝冶炼以及电化学工业都可以作为相关例证。投资者当然有可能倾向于选择另一些获利更佳的资本投向，比如说，对国外的贷款、不动产的投机［奥斯曼（Haussmann）时代，巴黎正处于重建过程，就引发过不动产投机需求高潮］或者是铁路建设等。但这只不过提出了另一个问题——也就是说，在非工业部门中，投资回报是否会更高一些。这个问题远远超出了我们讨论的主题，我们的讨论主要局限在工业生产性企业的框架范围内。

就我们目前所了解的情况来看，法国企业并没有受到融资问题导致的资源缺乏的束缚。如果说法国工业发展受到了什么限制的话，融资问题不是这种限制产生的原因。

---

① 亨利·莫塞尔（Henri Morsel）：《1870 ~ 1921 年间法国北部阿尔卑斯山地区的技术创新》，载《里昂内地区企业与经济历史研究中心公告》，第 2 卷（1970 年），第 31 ~ 32 页。【51】

7.5 企业管理

对企业管理这个领域，我们所拥有的信息少得可怜。首先，企业家们并不泄露他们管理内部事务的方法。其次，**管理**（*management*）作为一个概念有着特定的含义，而这个概念出现的时间离我们自己太近了，以至于我们不能将其应用到19世纪的法国企业身上。这样，我们就必须将我们的讨论局
【373】限在某些概略式评论上，并将讨论对象限定在某些为公众所知的企业上面。

这里应提出的第一个问题是企业内部管理责任的分工，换言之，是企业内部权力的定位。谁来负责指挥，并且假如说——事实情况也越来越是这样——管理权限被若干组群的人所分割的话，怎样对每一组群的不同功能进行分配？在一家小企业之中，当老板认为自己就是惟一的主人、控制权不被分割时，并不会出现这些问题。因为在这时，不论是理解传统意义的生产技术，还是管理规模有限的资本设备，都不需要什么特殊的才能。因此，这时单个人完全可以实现有效的企业管理。他以所有者身份指挥他的企业，也就正如同他原本就应该对他的不动产或出租财产进行管理一样。从历史上看，在勃艮第（Burgundy）、弗朗什—孔泰（Franche-Comté）、贝里（Berry）等地，最初的炼铁厂主对自己的工厂实施的就是这种管理。这些老板们常常同时拥有森林木材和矿山，对于他们来说，计算成本似乎根本就不构成什么问题，因为他们自己就提供着生产所用的原材料。他们被称作所有人—经营者（*propriétaires-exploitants*），我们这种称呼非常类同于称呼农业上的所有人—占地者。19世纪中期，他们数量较大，远不是一个可以忽略的类目。比如说，在上马恩省（Haute-Marne），1863年，在每110家冶金企业中，就有72家的掌管者属于这种类型。对于他们来说，在管理的技术操作上不会存在任何困难，所做的工作也只是以一种具体方式，用现金流的方法对企业的收入和支出情况进行计算而已。[①] 接下来的事情，就是要建立一个年度或半年度的预算表。这个预算表确实有其重要性，因为只有在它的基础上才允许对净利润做出评估。而在进行这个操作时，由于会计规则如此简单，以至于并不需要什么专业的会计师。每一个企业家都使用自己独特的会计协定，从某种程度上说，正是这一原因也使得其他人很难理解和对比他们这些财务

① J. 维亚（Vial）：《1814～1864年间法国钢铁生产工业化》，第1卷，第390页。【52】

报表。

从管理风格上看，这些企业仍保持着一种家长式——或者说是类似于军事体制的管理方式。这表现在，管理权力集中在单个人或同一家族中的若干个人身上，并且，为了保证管理指令的有效实施，它们会下达到某些特定雇员的身上。除了在一些大型企业以外，这些雇员常常也是通过子承父业的方式被遴选到同一工作岗位上的。这种专制型企业管理的例证并不缺乏。在阿勒瓦尔（Allevard）炼铁厂——这是一个中等规模的企业——欧仁·夏里埃（Eugène Charrière）在从 1842 年直至他于 1885 年去世的近半个世纪的时间里，就维持着一种准君主般的权力。1842 年通过的企业章程，虽然也建立了一个由 5 个成员组成的监督委员会，目的似乎在于对他的权力进行限制，但是，他实际上仍维持着绝对权威的地位，这种立法安排不过是使他的最大权力合法化而已，他因此可以最小程度地受到别人控制。直至他去世，他仍然铁腕一般地领导着这个企业，没有任何人能通过任何途径分割他的权威。

大规模企业的出现则提出了全新的问题。仅就它们的规模这一点来说，就事先向它们的管理者提出了在企业的上层怎样分割权力、企业政策怎样明【374】
确界定，以及这些政策在企业的不同层次怎样执行的问题。阿尔弗雷德·D·钱德勒（Alfred D. Chandler）曾经以铁路公司为范例说明美国的大企业是怎样形成自己的管理模式的。这些公司是第一次采用管理技术的企业组织，这种管理技术可谓是现代管理技术的先驱。[①] 在这个方面，从有关研究者对北方铁路公司所做的研究工作来看，法国的实践也是如此。[②] 这家公司成立于 1845 年，它是大型铁路公司的原型，以它的管理方式为模式，各行业的其他大公司都如法炮制。在这样一家公司之中，权力分布特征是：权力高度集中在一个董事会（*comité de direction*）的手中，这个董事会由 4 人组成，这 4 人又是由企业管理委员会（Administrative Council）来任命，而管理委员会自身又是通过股东大会选举出来的。最初，这个董事会在所有方面都拥有拍板决策的权力，不管是财务方面的还是技术方面的。公司的工程师们每周向董事会提交两次报告，汇报他们各自部门工作的进展以及功能的发挥，还有他们所主持采取的对策。董事会产生后，管理委员会则降格为一种会计机构。其他机构，则隶属于作为公司行政中心的董事会。这其中又有

---

① 阿尔弗雷德·D·钱德勒：《战略与结构：关于工业企业历史的论述》（马萨诸塞，剑桥，1962 年）。【53】

② 弗朗索瓦·卡隆（François Caron）：《一个大铁路网的雇佣历史：1846～1937 年间北方铁路公司侧记》（巴黎与海牙，1973 年）。【54】

一个会计委员会（*commission de comptabilité*），它的职责主要是界定会计技术方法以及拟订与颁布公司的财务政策。值得重视的是，许多将来会成为公司董事的人，就是从这个委员会的成员中遴选出来的。这个委员会制定了严格的规章，以约束企业的不同分支部门遵守会计方法。所有这些，标志着在分工程度还不高的企业之中，当事者们正尝试着在管理中枢初步引入管理分工。至于各个管理执行部门，它们自己的决策权力仍然非常有限，甚至处在地方范围内的决策也是这样：支配体系的命令传递呈链条状，命令是由梯状组织的更上一层发出并传导下来的。由于它的基本运作原则就是确保“独裁主义的”“命令”得到执行，我们可以毫不犹豫地称这种结构为军事体制，最初的管理分工可以从这种结构中找到。

这种组织结构，在开始时显得非常刻板，逐渐地，从决策层的情况来看，却也在朝向具有更大灵活性与分散性的方向演化，只是这种演化并不是一点困难都没有。1860 年，铁路公司的管理构架仍然可以类比于专制体制。瓦尔拉（Walras）曾在 1874 年非常肯定地说道：“所有这些企业的行事权，都集中在若干董事以及部门领导的手中，而这些人所以能够与整个企业组织的成功相关联，当然也有一定的诱导机制，表现在这些人在考虑问题乃至处理事情时，以自身在企业中的位置作为出发点。”[①] 管理委员会的权力已经受到限制，而它的成员再招募的方式进而又使得其权力趋向于更加下降：从委员会成立伊始，委员的职位就是委员会中那些家族成员的世袭领地，比如说罗特席尔德家族（the Rothschilds）、库尔曼家族（the Kuhlmanns）、阿加希家族（the Agaches）等等。管理委员会也通过改变它的成员组成来保持它
【375】对权力的控制，比如它特别从前任国家高级公务员中重新招募成员，尤其是那些曾在法国行政法院（Conseil d' Etat）工作过的人员，还有那些以前是交通问题专家的人员。相比其他公司成员，那些成为管理者的人的不同之处在于他们与公司的外部政策有着关联关系——也就是说，从公司与公共权力机构、与相竞争公司之间的关系上看，他们显得更为重要。

随即，另一个趋势也呈现出来：公司的内部管理权限越来越落在工程师的手中。1867 年以后，他们就通过定期会议与公司管理委员会保持经常联络并发生密切关系。他们能够按照不同运作部门的真实需求来分配实业投资；对照地看，如果说管理委员会在实业投资这一领域仍然保持着以前的决策权力的话，其范围也非常有限，比如说只是局限在对投资需求淘汰等诸如

① 转引自上引书，第 284 页。【55】

此类的事项。实际上，工程师权力增加，确实是以牺牲管理者权力为代价的。进而，我们还可以观察到一定程度的分权。每一种职能都倾向于形成专业分工，并进而演化，乃至显现出它自己的相对独立性。不同部门之间通过联合委员会或会议进行交流，由此，每一个部门最终在公司的内部构架中成了一个准独立单元。同时，以地理范围为基础的管理分工也出现了类似变化趋势，各地区事务在原来巴黎中心的基础上，由四大（地区性）总检察官（*inspections générales*）[里尔（Lille）、布洛涅（Boulogne）、亚眠（Amiens）以及阿拉斯（Arras）] 来组织。这样，在公司的不同部门和不同地区之间，在功能复杂性增加的条件下，重新形成一种管理均衡。就这种发生在工业部门的情况来说，工程师当然是一个得益群体。就成为良好的管理者来说，他们的技术知识真可谓必不可少。正是因为这个原因，与工程师的培训相关联，企业与学院机构的传统联系又加强了。弗朗索瓦·卡隆（François Caron）注意到，北方公司特别从桥梁与公路学院（Ecole des Ponts et Chaussées）和中央学院（Ecole Centrale）中重新招募雇员，而“管理者”则主要来自政治科学学院（Ecole des Sciences Politiques）。

这种组织体制给予工程师群体的突出优势体现在：只有他们，既与公司的管理运作实践保持着密切联系，又能够对公司各类日常需求做出更为敏锐的反应，并且他们的参与也将纸上文章和官僚主义发生的可能性适度限制住了。而且，工程师获得这种地位，丝毫也没有改变公司人事组织所要求的严格纪律。正是这种纪律，使得在20世纪初期——正是在那时商会开始出现——的岁月中，铁路公司的组织管理一直与军事体制相类似。

如上所述，19世纪，铁路公司管理表现出了复杂的变化。我们在工业企业中却找不到相对等的变化，尽管有人可能会从工业企业的股东（或股东的代表）、董事以及工程师之间的权力分割中找到相类似的东西。然而，我们看到，虽然那时的工业企业的“创办计划书”也规定了“股东大会”原则并且这一原则也受到尊重，但股东大会的工作很少会超出对股份持有者进行登记之类的事项范围。在这个机构中，小股东的意愿总是得不到反映，这是由 【376】
于，被允许参加股东会议的股东必须拥有规定的最低持股数，而投票权的数量也通常和持股数量成比例。进而，这些会议的常设办事机构仍然处于“管理委员会”的管制权限之下，这种委员会实际上掌握着立法权，被“授予最广泛的公司管理权限”。[1]然而，这种委员会又代表着谁呢？最通常地，

① 维亚：《1814～1864年间法国钢铁生产工业化》，第1卷，第392页。【56】

我们说它代表着公司的创办者，他们成功地向这个委员会中追加注入一些分管财务、银行或公共管理等方面事务的人员。这样，我们可以注意到，在公司成立时就是那些临时管理者指定他们自己进入委员会；当然，这也会得到股东大会办公室的确认，从此以后他们就永久性地留在管理委员会。公司的一般性管理政策从此就被把握在地位自我维持的寡头专政者手中了。而这种情况得以持续，一定程度上也有其内在原因。从总的来看，委员会中的委员承担的管理功能指向公司的长期性问题，而获得这种职位的条件是他们拥有的股份数大于投票权最低股份数（通常为50股或100股）。在重要的公司中，管理委员会也可能将它的行政权力委托给一个规格更小的委员会，这在一定程度上是追随与模仿（我们前面提到的）早已完成了组建这种委员会工作的那些铁路公司。在机构组建来说，这种行政委员会和管理委员会自身很少会将它们的首脑机关放在和实际制造操作场地相同一的那个地方：公司总部的首脑办公室常常放在一个（对公司）具有某种重要性的城市，比如说，巴黎、里昂、圣艾蒂安，或者是里尔，正是在这些地方，管理者能够和银行、地方股票交易场所以及政府等社会部门保持着联系。

首脑办公室和操作工厂之间的这种地理上的分离，带来了地方上的工厂与车间的管理问题，也带来了（处在不同地区的）它们之间如何联系、它们与总部如何联系以及由此而引发的整个公司如何管理的问题。工厂和决策中心之间的地理距离引发了决策与执行的时滞问题，正如阿韦隆（Aveyron）公司在德卡泽维尔（Decazeville）表现出的情况那样，阿韦隆公司“在巴黎的中心管理是严格规范的，而它在德卡泽维尔的地方事务管理则漫无规律可言”。确实，德卡泽维尔离首都很远，相互之间的信息交流与沟通很困难。从管理队伍来看，负责掌控企业的董事和经理们，如果原来不是公共部门的行政人员，那就常常是以前的行政法院（Conseil d' Etat）成员、以前的院部行政官员（比如说，公证人）、以前的地方行政管理人员（比如说，地方行政的顾问），要不就是从高等院校毕业的工程师，这些高等院校包括理工学院、中央学院、工艺技术学院以及矿业学院等院校。董事和经理担负着促进企业发展、协调和掌控企业运行的任务。对大企业而言，有的管理场合与事项，常常还要求各自分管企业一个方面事务的若干不同董事共同参与，就这一点来说，企业管理真可谓是一个繁重负担。如同在科芒特里公司（Compagnie de Commentry）那样，这些董事们的管理权限也都非常大，权限内容

包括对员工的聘任与解雇、签署协议、建立生产流程、对预算进行决策定案等。① 【377】

随着越来越多的技术事务交给了工程师们，在形势需要时，他们自然而然地也就成了实际管理者。即使是对许多中等规模的企业而言，最后结果也都是这样。这些企业在刚开始时，由一个商人或有类似经历的人掌控，到了最后，管理权力也都落入了工程师的手中。得到了皮埃尔·莱昂（Pierre Léon）详细研究的阿勒瓦尔（Allevard）炼铁厂，就是这个方面的一个突出例证。② 白手起家者欧仁·夏里埃（Eugène Charrière）在这家企业中当权很长时间（1842～1885 年）；此后，是他的女婿和外孙接手掌控企业（1885～1905 年）；再后，企业管理权被工程师约瑟夫·雷诺（Joseph Reynaud）、克洛泽尔·德·库斯尔格（Clausel de Coussergues）控制了，这两人都毕业于中央学院。

在企业管理方面，可以观察到三个相互联系着的变化趋势：权力分割、职能分工、技术人员管理地位上升。以上，我们已经阐释了管理组织结构问题，与此相对照，管理技术的一般问题以及关于管理决策过程的概念界定问题则需要我们作进一步的考察。管理技巧和决策方式会因为管理者的性格特点、管理者（对公司）金融资产的持有状况以及对经济环境的认识不同而表现出较大差异。19 世纪是一个发生着巨大技术变革的时代，企业家必须在没有事后（*ex post facto*）成功保证的情况下，事前（*ex ante*）就对投资的性质和数量水平进行决策，这种投资决策关系到整个企业将来的发展。为解决这种决策问题，人们总结、提炼出了一些基本原则。这种决策首先体现在企业储备的形成上——（根据形势变化的要求）一部分利润被用于资本的收益回报，剩下的用于贷款偿还和必要的股份赎回，还用于企业实业投资，再余留下来的就可形成企业储备了，其作用是以备困难之需。企业必须留存的最小数量储备资金通常会在公司管理章程的有关条款中规定下来，尽管这种管理规定在一些企业中远没有能够得到尊重——比如说在阿勒瓦尔（Allevard）公司中，1852～1853 年间，储备资金就完全枯竭了。当然，关于与投资有关的整个决策过程，企业家最难以体会与表达的概念就是“折旧摊还”。19 世纪初期，人们对这个概念还一无所知。去了解它何时出现在公司的财务报表中，在当时的精确意思是什么，是一件饶有趣味的事情。那时，

① 维亚：《1814～1864 年间法国钢铁生产工业化》，第 1 卷，第 411 页，注 6。【57】

② 莱昂：《阿尔卑斯山地区冶金行业的危机与调整：1869～1914 年间阿勒瓦尔冶金公司工厂侧记》，页码如前所注。【58】

人们有时将"amortization（现在的'折旧摊还'概念）"理解为资产的登记；在另一些时候又理解为自我融资。我们还可以以实例言之，在夏蒂隆—科芒特里锻造公司（Compagnie des Forges de Chatillon-Commentry）1863年的财务报告中，对这个概念这样解释道："一种规则……用于承担和扣减各种性质不同、有用程度不同的购买与建造支出，从而最终得到年度利润。必须严格遵守这个规则。"① 以上文字表达出的"折旧摊还"概念，只是与新工程的财务支出有关，而没有考虑到如何为将来的资本支出提供储备的偿还资
【378】金。不过，从那时实际操作来看，经营铁路公司的实业家们实际上都已经习惯了将企业的剩余财务资金，在新实业投资（建筑物、设施、机器等）、建立储备、剩余利润三者之间予以分配，即他们事实上做到了为将来的不测之需而提供储备资金。亨利·热尔曼（Henri Germain），里昂内信贷银行的一位董事，以前也是一位制铁商，1874年这样评论道："大多数的实业公司与其说是因为赚得不够而死去倒不如说是由于分配得太多而消亡。"② 不过，1867年以前，联合股份公司受到严格的法律控制，这种控制起到了促使公司在财务管理方面奉行节俭精明政策的效果。

为实现自己所定的发展目标，除了要把握和运用这些基本的现代管理原理之外，一个企业还必须寻找到适当的生产技术和商务技巧。1823年，阿希尔·迪福（Achille Dufaud）前往英格兰进行参观，在这个过程中，他学会了在熔化和锻造铁水的过程中使用煤炭的方法，因而他决心在富尔尚博建立自己的工厂，以在法国首次实现这项技术的更新。由于在投资以及财务控制等活动上判断正确，他的企业成功了。1836年，施奈德家族接管克勒索，这时，他们已经有长达半个世纪的一连串失败的经历，他们吸取教训，优先考虑和安排新式资本购置（比如说，购置和使用蒸汽动力重锤，而这在那时的法国是独一无二的），试图通过这种方式在一个被人认为已经饱和的产品市场上站稳脚跟。另外，佩丁（Pétin）和戈代（Gaudet），他们来自圣艾蒂安（Saint Etienne），则追求一种为保证市场而开发产品通路的策略。当然，也有大量企业因为企业家预测错误以及进行过没有利润的投资而消亡。比如，法国印染商就没准确评价德国的苯胺革新的革命性意义，法国制铁商在钢材于1855年后全面登上技术与经济舞台时仍做出了错误的投资决策等都属于这种情况。在因此遭受厄运的企业之中，弗朗什—孔泰锻造公司

① 转引自布维耶、菲雷与吉莱：《19世纪法国公司利润的变化分析：资料与研究》，第15页。【59】

② 上引书，第16页。【60】

（Compagnie des Forges de Franche-Comté）所提供的就是制铁商中的典型例证。1854 年时，它经历了一次艰难并购，由此导致了它的资本负担过重；随后，公司做出了一系列实业投资决策。事后证实，这些决策判断失误，投资活动几乎无利润可言，并给企业带来了灾难。从此，企业经营光景越来越落在了经营状况好的公司之后。

19 世纪的企业管理更加强调销售通路和营销策略。新的交通工具导致了国内市场一体化，也导致了销售成本下降，并使地方市场对地方企业不再具有什么保护作用，而它以前一直是地方企业成功的原因。以前实业家们的活动重心，在于向工程师求取制造技术，向管理专家求取管理技能，现在，实业家们的注意焦点转向寻找销售市场。正因为这样，制造者与消费者之间建立了新联系。其中很典型的例子就是北方铁道公司
（Compagnie du Chemin de Fer du Nord），它一方面与德南一昂赞（Denain- 【379】
Anzin）炼铁厂之间，另一方面也与那些为它提供若干机车车辆的机器组装企业之间密切联系。只要管理者有着管好一家企业的愿望，那么对销售前景进行精心规划，就是一个必要策略。“工业化”，维亚这样写道，“是和企业行为不断地变得更为商业化相联系着的。一旦技术已经被普遍掌握，消费者也已经从某种产品中得到了满足，企业就必须尽其所能，示范消费者产生新型样式的产品需求，当然，它做这种示范是因为这种产品正为本企业所能提供。”① 在我们所观察的企业管理过程中，这是最终一步，然而毫无疑问，也是最重要的一步。

7.6 结　论

整个 19 世纪，法国企业的性质及其发展历程，即使不能说完全相同，也应该说与其他资本主义国家极其相似。绝大多数法国企业都是家族式的，但是，这个特点并不能够用以对诸如法国企业缺乏企业家精神，或是法国企业管理松懈等人们臆想的假定做出解释。我们所应该指出的倒是，历史所呈现出来的真实图景恰恰相反：有一些家族企业，比如说多尔富斯一米埃（Dollfus-Mieg）、莫特一波絮（Motte-Bossut）、施奈德（Schneider）以及旺德尔（Wendel）等，达到了可以与外国同类企业相匹配的规格与等级；并

① 维亚：《1814～1864 年间法国钢铁生产工业化》，第 440～441 页。【61】 【694】

且，通过审慎而恰当的投资，如果不能说它们在实际领导着技术进步潮流的话，也能够说它们持续跻身于推动技术进步的主流队伍行列。这种家族式企业的显著特点是领导者深谋远虑和活力充溢，这些领导者以他们的个人影响力，成功地实施着企业扩张政策。在追求成功方面，法国的这些主导企业家族甚至比卡内基家族（Carnegies）和洛克菲勒家族（Rockefellers）、克虏伯家族（Krupps）、赛森家族（Thyssens）以及克鲁格家族（Krugers），表现得更为审慎与精明。

19 世纪，大企业开始逐渐出现，采取的形式是联合股份公司或带有可转让股份的其他公司。这种股权股份可以转让的公司的逐渐产生，受到了 1845 年（这一年北方铁路公司创建）至 1857 年（这一年巴黎—里昂—地中海铁路公司创建）这一时期所发生的一系列铁路公司的组建活动的刺激与诱导。在它们于 1867 年从政府的管控中解脱出来以后，它们的数量也大量增加。然而，我们并不能够说，这个企业种类一定就是最具有活力的。这是因为，就为企业提供活力刺激而言，它们常常会缺乏一个拥有权威的人或家族。最具有活力的公司，往往仍然是那些以家族关系为中心者，比如说北方公司以及雅姆·德·罗特席尔德（James de Rothschild）公司，还有德南—昂赞锻造（Forges de Denain-Anzin）公司以及莱昂—塔拉伯（Léon-Talabot）公司等。尽管大量存在的家族式公司相比股份化公司在营业额上仍然占据优势，但是整个经济体系中的股份化公司的股份数量仍然在不停地增长。这种股份公司的企业组织形式，也促进了人们开展管理模式设计。而且，这种管
【380】 理模式从此逐渐被其他企业采纳，特别是被那些家族式企业采纳。

资本密集型公司的兴起，向我们展现出两个趋势：一方面，实业资本投资对企业的财富显得越来越具有关键性作用，而它本身又和企业的各种策略，也和这些策略为公司设定的各种目标相关联。另一方面，实业资本投资发展又表现出它的数量限度：在 19 世纪的法国，工业领域只吸引着数量较少的个人食利者资本，其原因被解释为信息缺乏。但是，我们也应该说，原因还应包括这些投资的回报比政府债券、比对外国政府的放贷、比公共设施公司都要低。由此，关于这件事情，我们既不应说这是家族式企业组织方式的过错，也不能责怪企业家。我们只能说，原因来自于社会公众在融资资源提供上的某种怠慢态度，这种怠慢也是可以理解的。19 世纪的企业为了保证它们产品出路和实业投资支出能有满意回报，发现它们有必要规划和建立系统的销售商务政策。除了已为众所周知的制铁商与铁道公司之间所达成的协议以外，在其他领域，法国公司的营销策略基本仍然停留在未经开发的阶

段。但是，在制造商和他们的供应商、制造商和他们的顾客之间，越来越复杂、越来越多样的关系正在形成并不断得到发展。

企业发展的这些特点，并不为法国所独有，也可以在其他资本主义国家找到。关于法国工业增长存在一个时滞的假定，并不应该从企业管理与企业家这一层次去探找原因。研究者应该考虑到隐藏在产品供给表和需求表之后的所有不同因素，并经过全面分析之后做出相关解释。同时，在这些所谓的假定得到解释或受到摒弃之前，我们还应该更深入的了解 19 世纪法国经济 【381】
发展的基本机制。

第八章

19 世纪德国的资本形成

8.1 引　　言

毫无疑问，以我们现有的知识水平而论，任何一段以“19 世纪德国的资本形成”为题目的经济史，都值得读者采取怀疑的态度。实际上，在我们能够获得这个题目所包含的含义与内容属性的诸多数量信息之前，仍然还有很多基础工作要做。近来，对这个问题所作的专门调查则强调，获得图景式的全面资料在方法上存在困难，特别是对 19 世纪早期而言，困难更大。比如说，根据一位专家的观察，已有的德国农业史，就显得过于集中对个别地区和个别部门的描述了。

> 不同自耕农场主组成的小群体之间的差别——即按照土地所有权（由此也导致按照税收和债务负担）、土地质量、企业规模，乃至某些其他区分标准，他们在情况上的不同——是如此之大，以至于研究者们会由此而假定他们在农业收入进而在资本形成的可能性上，会存在很大差别。（并且这些研究者由此认为）局限于若干农村与农庄的个体调查能够（因样本个体差异大导致代表

性提高——译者）既反映和确证影响生产技术和市场环境的一般发展趋势，又能反映所有农场的消费状况，甚至某种特殊或例外的情况。①②

（关于已经开展的研究工作）在一次更具广泛性的考察中，克努特·博尔夏特（Knut Borchardt）也表达了他的疑虑，这种疑虑看起来走得更远，他将任何估算国民财富的尝试都称作是"可笑的"，原因在于短期价格变动会倾向于左右某一研究者所能做到的那些为数很少的观察。③

必须承认，困难确实存在。我们本章要对有关材料进行综合。就研究者展开此项研究所进行的资料发掘和整理工作来说，我们有必要将以下两点提出来引起读者注意：第一，针对 19 世纪德国资本形成的数量测度，实际上曾经有学者进行过严肃而有价值的尝试，比较突出的如瓦尔特·霍夫曼（Walter Hoffmann）的工作。对于我们的研究而言，这些工作成果能够用于同现在要采用的数量进行相互参照和对比。第二，将性质各异的产量与历史价格数据转化为统一的、加总的"资本形成"数量，不论在概念上还是从实际操作上，都会遇到困难，但困难的发现既有助于揭示工业化实践的过程特征，也能深化我们对资本形成概念本身的理解。以上是我们关于这一问题的初步体察，从这里出发，我们试图找到感觉：关于这个问题，我们还需要深入了解什么东西；还有——这也很重要——什么样的信息我们已经再也不 【382】
需要寻找了。

我们有一个基本信念。资本形成的概念界定与指标度量不会存在惟一"正确"的结果；而关于概念方式与数量范围的取舍是否恰当，又取决于所提出的问题的性质以及可资使用的资料状况。在以下关于德国资本形成的考察过程中，我们以上信念将多次得到体现。④ 总的来看，我们整个测量过程包括两个互不相同的步骤。首先，它采取霍夫曼及其合作者（*Hoffmannefal*）

---

① F. W. 亨宁（Henning）：《19 世纪农村人口资本形成的可能途径分析》，收入 W. 菲舍尔（Fischer）编撰：《关于 16～19 世纪经济发展与经济结构的论文集》（柏林，1971 年），第 58 页。【1】

② 本段文字说明在有的专家看来以往德国农业史研究者的态度偏差。需要指出的是段中是"态度"的陈述，没有牵涉到对这种态度的评判，但从段前后正文看，正是段中陈述的这种态度是不可取的。——译者注

③ 克努特·博尔夏特：《关于 19 世纪上半叶德国资本缺乏问题的分析》，载《德国国家经济统计年鉴》，第 73 卷（1961 年），重新收录于 R. 布劳恩（Braun）及其合作者编撰：《从经济方面对工业革命的分析》（科隆，1972 年），第 218 页。【2】

④ J. 希金斯（Higgins）与 S. 波拉德（Pollard）：《关于 1750～1850 年间大不列颠资本投资的各方面问题的分析》（伦敦，1971 年），第 6～8 页，第 27～32 页。【3】

关于 1850～1913 年间的数据[①]作为研究出发点，对它们进行评论，在必要时予以修正，对许多表征规模幅度的指标，我们还将推算它们在 1820～1850 年间的数值。其次，将展现我们关于 19 世纪上半叶普鲁士一系列关键部门资本形成所作的独立估算；并且，如果条件允许，我们通过向后推算，也将这种资本数量的估算时期范围延伸到 19 世纪后半叶，以及拓展到后来的全德国地理范围上。通过后一步骤发掘出来的数据能够用来和霍夫曼及其合作者的数据进行比较，并且还可能因此而做出某种程度的修改。除了某些例外之处，我们考察的目的是做出描述，而非展开分析。作为描述工作的体现，我们对所得到和给出的数据会做出某种程度的"解释"，这种解释也应视作本章成果的必要组成部分。

德国工业化概览

"19 世纪德国的资本形成"显然不是用来描述一个历史常量的。在整个 19 世纪，德国经济体系经历着迅速而深刻的变化，而资本存量规模的迅速增长与结构急剧转换既是这种变化的原因，也与整个经济体系的变化伴随始终。还有，从时间延续上看，这种转换点变化的步调是不统一的。任何研究，如果它要对这一时期德国资本形成做出令人信服的讨论，它就不能忽略这些转换与变革。因此，在实际进入到对资本形成做出描述之前，让我们先做一项有用的工作：我们先大致地描绘出德国工业化进程推进的主要轮廓。

W. W. 罗斯托（Rostow）的增长阶段图景为我们研究德国工业化提供了一个基本可资借鉴的理论模式。[②]他所区分出来的时期，第一个是作为"前提条件"的准备时期（对德国而言，他区分出来的时期大致在 1800～1850 年间），第二个是所谓爆发式增长阶段或称"起飞阶段"（对德国而言，大

① W. 霍夫曼及其合作者：《19 世纪中叶以来德国经济发展》（柏林，海德堡，以及纽约，1965 年）。同时参见霍夫曼的一篇论文，收入 F. 卢茨（Lutz）与 D. C. 黑格（Hague）编撰：《关于资本的理论》（伦敦，1961 年）。【4】

② 我们这里不是专门致力于讨论罗斯托（Rostow）的"阶段划分"的地方，这种"阶段划分"有不少严重缺陷。但毕竟，罗斯托所划分出来的各阶段，为德国工业化这一研究主题与整个世界范围内经济发展的一般问题之间构架起了联系，这种联系对我们颇为有用。当然，对于马克思主义学派所提出的阶段论也认为二者之间存在联系。实际上，关于经济发展进程，罗斯托的所谓"阶段"（正如罗斯托所声称）论是区别于马克思主义学说的另一种解说。参见 W. W. 罗斯托：《经济发展阶段》（剑桥，1960 年）；W. W. 罗斯托编撰：《从起飞进入自我维持增长状态的经济学》（纽约与伦敦，1963 年）。但具有讽刺意味的是，罗斯托的所谓的阶段划分图景，建立在他对技术和经济的决定性角色的强调的基础之上，而他又把这种决定性作用错误地归论到马克思主义的教义之中了（马克思主义确实强调经济发展对政治具有的"操纵能力"）。大多数马克思主义者关于德国经济发展的分析所遇到的麻烦之一，就是在不发达国家实际经济问题与涉及这些问题的经典著作或论述二者之间不能建立起良好的联系——而这种建立联系的事情却实实在在地由罗斯托尝试着做了。【5】

致在1850~1873年间），紧接着的第三个时期的特征是增长浪潮扩散到整个经济体系（对德国而言，大致在1873~1913年间）。由于我们这一章不拟讨论1913年以后的情况，罗斯托的第四阶段，即所谓“耐用消费品普及阶段”，我们也就不再涉足。在这种罗斯托主义（Rostowian）一般性区分的指导之下，还有必要对普遍繁荣和萧条的阶段进行区别，并辨识出政治干扰因素。比如说，1848~1849年间所发生的大革命事件就是这种因素的典型代表。

简单地套用罗斯托模式，我们可以将所谓“前提条件”准备阶段的起 【383】
始时期定在19世纪的第一个10年间。1806年拿破仑在耶拿（Jena）将普鲁士军队击败，之后，作为战败国的普鲁士受法国的影响趋于强化，战败还引发了政治与经济管理方式改革以及一系列制度变革。从长远的时间视角来看，在这些变化之中，最为重要的是发生在农业领域的诸多改革：（1）废除农奴制（1807年）；（2）庄园土地关系向商业关系转换，土地被转移给农民，所有的贵族地主能够获取某种具有补偿性质的权利（1807年和1811年）；（3）与前面土地变革有关，对普通放牧地进行了区分（1816年和1821年）。

这些改革起始于普鲁士时代。随后，1800~1820年间，它们在德国各州继续推行。由于此时的德国有70%左右的人口以农业为生，农业人口的高比例决定了这种面向农民的改革要产生重要而全面的政治与经济影响。当然，我们这里尤其关注他们的经济影响。然而，我们也应该在此顺便强调一下，这个改革计划产生了持久有效的政治影响；这种影响很大程度上保证了土地贵族能够在数代时间中是以农民为代价得到较好的生存维系，它实际也是19世纪早期变革所引发的最具历史意义的结果。①

再回到那些变革产生的经济后果这一主题上，我们可能首先会发问，在

① 关于这些改革的简要讨论，参见以下文献：
（1）汉斯·莫特克（Hans Mottek）:《德国经济发展史：地区状况》，第2卷（东柏林，1964年）；
（2）弗里德里希·吕特格（Friedrich Lütge）:《德国社会经济发展史》，第3版（柏林，海德堡与纽约，1966年），第433~435页；
（3）E. 克莱因（Klein）:《工业化进程中德国的农业发展史》，第69~91页；
（4）戴维·兰德斯（David Landes）:《关于日本与欧洲工业化的比较分析》，收入沃尔弗拉姆·菲舍尔（Wolfram. Fischer）编撰：《工业化早期社会经济问题研究》（柏林，1968年）。

我们在正文中对历史作这种陈述，并不意味着这些改革［通常称为施泰因—哈登贝格（Stein-Hardenberg）改革］活动完全因为普鲁士或德国管理顶层的推动才爆发，或者完全由1806~1813年间爆发的事件所引发的压力而推动发生的。这些改革活动都有重要的前兆与序幕，并且它们在不同的地区引起了不同的后果，我们这里由于篇幅限制，不能对这些内容进行探讨。关于与此内容相关的一些文献，读者可参阅里夏德·蒂利（Richard Tilly）:《佐尔与哈本：近来关于德国经济史与经济发展问题的分析》，载《经济史杂志》，第29卷（1969）。【6】

普鲁士的工业化进程中，农业是否一个“主导性部门”。关于这个问题，我们不能轻易地做出解答，因为关于普鲁士农业发展问题的文献著作在内容和观点上不无冲突。① 但是，在我们下面给出的总结中，仍然还是会尽可能地在我们所知道的史学家的论述中寻找出某种一致性。

在整个1806～1816年的10年间，经济环境为农业部门提供了大量可资利用的剩余土地、劳动力以及资本。作为结果，全部农产品产量快速增长。尽管19世纪20年代早期有若干“过剩生产”的迹象，但将1820～1850年间作为一个整体来看，部门之间的贸易条件倾向于变得有利于农业——这实际也是这一时期它得以扩张的一个原因。② 然而，这种扩张看起来并不是起源于技术进步，要素生产效率的增长程度很可能也不高。无论如何，在这个时期，如果要说普鲁士的农业已经真正生产出了可资其他部门大规模利用的剩余，那是令人怀疑的。在19世纪20年代和30年代，普鲁士向英国出口各种谷物。可以认为，这种出口预示着农业产生剩余是可能的。只是，我们推测，这种剩余不是来自于要素生产效率的大量增加，而且这种剩余究竟给普鲁士带来了什么回报仍然还是一个问题。③ 看起来，在整个1815～1850年间，普鲁士的农业生产效率确实有一些增长——甚至对整个德国范围而言，可能我们做出判断的肯定程度还要更高。④ 不过，在19世纪五六十年代，普鲁士农业生产效率增长程度看上去要显著得多，这种增长当然也伴有

---

① 比如说，关于在1816～1864年间普鲁士用于农业生产的可耕地的数据，在不同的作者之间就存在着相互冲突。关于他们的不同观点，可以参阅以下两种著作并对它们进行相互比较。其一是S. 冯·齐里亚齐—万特鲁普（von Ciriacy-Wantrup）：《农业危机与增长停滞：关于经济发展的长期波动问题的分析》（柏林，1936年），特别是其中的第41～50页；其二是格拉夫·M·W·冯·芬肯施泰因（Graf M. W. von Finckenstein）：《1800～1930年间普鲁士与德国的农业发展》[维尔茨堡（Würzburg），1960年]，比如这一文献的第34页、第100页就是关于这些内容的。【7】

② 这是事实情况，即使我们将1846～1847年间的大短缺时期排除在外，并只是观察1820～1845年这一时期，也是这样。克莱因的《工业化进程中德国的农业发展史》一书的第116～119页讲述的内容就是关于1830～1870年间所谓的德国农业“黄金时代”，而这个论调又以此间农产品加
【695】工活动发生了长时期的相对上升作为事实基础。【8】

③ 参见以下文献：

（1）马丁·库茨（Martin Kutz）：《从1790年至两国关税联盟基础建立期间的德英贸易关系》，载《社会经济历史季刊》，1969年9月；

（2）苏珊·费尔利（Susan Fairlie）：《关于19世纪谷物法的重新评判》，载《经济史评论》，第2卷，第18部分（1965年）。【9】

④ 参见以下文献：

（1）G. 黑林（Helling）：《19世纪德国农业产量指数的计算》，载《经济历史年鉴》，卷号4（1965年）；

（2）克莱因：《工业化进程中德国的农业发展史》；

（3）G. 弗朗茨（Franz）：《1800～1850年间农业状况分析》，收入H. 奥宾（Aubin）与W. 措恩（Zorn）编撰：《德国经济与社会历史手册》，第2卷（斯图加特，1976年），表15与表16；

（4）同时也请参看以下正文的第388～396页。【10】

农产品总产量大量增长。[1] 这就是说，农业生产效率和产品产量的显著增长发生在所谓“起飞时期”。正如我们已经知道的，到这时，非农业部门的增长也已经较为可观。以上，我们回顾了农业在普鲁士工业化早期的地位与作用，我们可以作以下总结：农业也许称不上是此过程的一个“主导部门”（之所以说“也许”，是因为在这个问题得到完全解决之前，还需更多的信息对它予以支持）；但是，农业作为“必不可少者”，确实起到了显著作用——这一点后面还会再提及。【384】

19世纪前半叶，农业收入水平上升了，这帮助了普鲁士工业扩张。然而，这种上升并不是在所有方面都直接给普鲁士工业带来了好处，这是因为大部分农业收入都用在了购买外国证券和外国货物上面。[2] 而再从工业生产上看，此时的德国工业制造商，在德国本土市场范围内，在尽力维护和巩固自己的地位以防范来自英国产品的竞争等方面，实际上还面临着很大困难。[3] 此时的德国工业也不能通过向外国出口来轻易地解决它的市场问题。原因在于，在国际市场上，棉织、毛纺以及金属器具等类产品市场正处于稳步扩张时期；而就这些产品的经营而言，德国更是面临着来自更为先进的经济体系的竞争，特别是来自英国的竞争。

我们要指出来自英国的竞争是非常显著的。我们认为，正是从与其他国家的对比中，从竞争关系各方所处的地位上，我们能够确证德国工业化**相对**落后；并且，这种相互比较还能够帮助我们对阻碍德国工业增长的因素进行辨识。早在我们对之研究的那个时代，我们德国同仁们自己就大量使用过这种比较。如1849年，统计学家兼经济学家、普鲁士人迪特里齐（Dieterici）所做的就是这一工作。他指出，相对德国而言，英国棉纺工厂的生产效率要高得多，他和其他相关的研究者还通过地区性生产集中、分工、工厂规

---

① 参见冯·芬肯施泰因：《1800～1930年间普鲁士与德国的农业发展》，表14；还有，特别地请参见以下正文第396～398页。我们在下文中所给出的表79～84与表109～115显示出，在19世纪50年代与19世纪60年代，相比它们的更早时期，农作物和牲畜产量的增长率明显地大得多（以1913年的不变价计，前者的年增长率接近2%，但是在1816～1849年间，增长率不到1.5%）。【11】

② 参见以下文献：

（1）关于出口盈余，参见库茨：《从1790年至两国关税联盟基础建立期间的德英贸易关系》；

（2）关于资本流出，参见B. 布罗克哈格（Brockhage）：《普鲁士与德国资本输出的发展状况（第1部分）：1816～1840年间柏林农村地区的政府债券市场分析》（国家社会科学研究项目），第148页（莱比锡，1910年）；

（3）另请参见博尔夏特：《关于19世纪上半叶德国资本缺乏问题的分析》。【12】

③ 尽管这些困难常常还是被德国人夸大了。参见以下文献：

（1）里夏德·蒂利（Richard Tilly）：《从英格兰的角度看德国经济历史中的民族主义问题》，载《国家社会科学综合期刊》，第124卷（1968年）；

（2）库茨：《从1790年至两国关税联盟基础建立期间的德英贸易关系》。【13】

模、运输和营销成本以及资本的可获得性等因素来解释这种差距。[①] 由于对单个德国制造商而言，这些方面有利的“外部经济（条件集）显得缺乏”，并由此导致了德国制造商的成本劣势。所以，就资本所有者来说，以市场标准来衡量，对这些生产行业进行投资不如购买不动产或政府债券有吸引力。

以此看来，工业领域的实业投资规模的扩张，就有赖于政府施加有效政策——诸如关税保护、政府补贴以及基础设施投资等类的政策措施——以抵消这些不利影响。这些措施与政策，19 世纪 40 年代确实也都一定程度地发生过，工业生产也的确随之增长，这种增长主要发生在一些消费品部门（比如说纺织品），并且和当时的建筑业部门增长是同步的。实际上，一些历史学家将 19 世纪 30 年代看做一个意义重大的转折时期。[②] 当然，我们可以清楚地看到，最具决定性意义的突破发生在 40 年代。当时，在政府资助下，铁路修建发生了爆炸式增长。可以说，这种增长一方面为采煤、制铁以
【385】及机器制造等部门提供了市场，并且市场规模不断扩大；另一方面，对所有使用交通工具的部门而言，铁路增长使交通条件改善，交通变得更加便捷了。根据最近的研究，1846 年所达到的水平，后来直到 1859 年才重新达到——这是此时由铁路修建引发了强劲投资波动的良好说明。[③]

19 世纪 40 年代的经济热潮覆盖范围不仅不全面，而且持续时间也很短暂。所谓不全面体现在诸如纺织品之类的消费品的扩张程度很有限。所谓持续时间短暂另有原因。一个原因是 1845 ~ 1847 年间发生了一次农业危机，危机由谷物歉收和马铃薯枯死病引起；另一个原因是此时德国国内重工业生产能力仍旧有限，不能满足国内铁路建设的需要。最终，在经历高潮之后，经济危机发生了，危机导致了 1848 ~ 1849 年政治风波。这显示出，在会给

---

① C. F. W. 迪特里齐编撰：《柏林统计局通报》，第 2 卷，第 12 ~ 14 页（1849 年）。【14】

② 能够用做经济行为活跃程度增加的各方面证据是，采用联合股份公司形式的企业数量、下文将要讨论的建筑业活动指数以及就业情况的数据都在增加：

（1）关于第一方面，参见 P. C. 马丁（Martin）：《工业化早期的股份制企业》，收入菲舍尔编撰：《关于 16 ~ 19 世纪经济发展与经济结构的论文集》；

（2）关于第二方面，参见下文的第 399 ~ 410 页；

（3）关于最后一个方面，参看 K. 考夫霍尔德（Kaufhold）：《1800 ~ 1850 年间的手工业与工业》，收入了奥宾（Aubin）与措恩编撰：《德国经济与社会历史手册》，第 2 卷。【15】

③ 请参考以下研究者的观点：

（1）W. 霍夫曼（论文《德国经济的起飞》，收入罗斯托编撰：《关于从起飞进入持续增长的经济学》）认为，1868 年是次大的年份；

（2）赖纳·弗雷姆德林（Rainer Fremdling）（《1840 ~ 1879 年间的铁路建设与德国经济发展》，未公开发表的学位论文，明斯特大学，1974 年，第 60 页）所辨识出来的次大年份是 1859 年。

这个关于铁路投资的问题在下文还要进一步予以讨论。【16】

别的领域首先发动的增长造成限制这一方面，农业部门的地位显得非常重要。这段历史清楚地表明，在经济增长过程中，农业部门的支持是一种“必不可少”的因素，极具重要性。

正是由于在 1847 ~ 1849 年间发生了经济危机，罗斯托等人才将 1850 年作为德国工业“起飞”的开始点。以我们的观点而言，这并不完全正确，因为 19 世纪 40 年代，在交通领域中所发生的突破极其显著，并且在整个 50 年代，整个增长态势实际上是在取得突破后更为持久深入地延续进行（作者意指应将 19 世纪 40 年代作为“起飞”起点——译者）。不过，罗斯托的时期划分也很富有意义。在 50 年代，消费品生产与中间产品生产同时高速扩张，而 40 年代消费品生产实际上处在停滞状态。进而，50 年代的铁路修建活动导致了——40 年代的铁路修建所没有能导致的——采煤和炼铁行业发生了数量极为可观的投资活动，并且这两个行业的产品产量也大量扩张。[①] 也许 50 年代所发生的这种现象，是对 40 年代发生的首度铁路投资高潮的一种滞后反应；但是，不管怎么说，它所产生的后续影响还是发生在 50 年代。

一旦我们认可了上面预先设置的“前提条件”和“起飞”的阶段划分，我们关于后续发展阶段的讨论所需要的笔墨就少得多。也许以下的历史事件年表就足够（将问题表达清楚）了。

时　期	经济发展事件
1800 ~ 1830	战争（持续到了 1815 年），随后发生了经济复苏，在此间的 1805 ~ 1806 年所达到的生活水平，后来到了 1830 年左右才重新达到。
1830 ~ 1840	工业发生显著增长。1833 年关税同盟成立；以后，纺织业增长显得更为显著。
1840 ~ 1850	第一次重工业增长浪潮。由铁路建设所引发，被 1846 ~ 1847 年间的农业歉收和 1848 ~ 1849 年间的政治革命所中断。
1850 ~ 1873	进入增长的“起飞”阶段。重工业——采煤、制

① 参见以下文献：

（1）M. 泽林（Sering）：《从 1818 年至今的普鲁士与德国的制铁业历史》（国家社会科学研究项目），第 3 卷（莱比锡，1882 年），第 53 页以下。

（2）弗雷姆德林（Fremdling），上引书。【17】

铁以及铁路——的增长非常明显，1870～1873年间正值德国政治统一刚刚完成，增长也达到最高潮。

【386】

1873～1895　一个被称为是“大衰退”的时代。它由1873年发生的一次金融危机所引发，经济运行的基本特点包括：企业倒闭频繁、价格下降以及增长率相对放慢（至少直至19世纪80年代中期还是这样）。这些特点，以及实业家们所具有的政治权力，实际上对德国1879年在工业贸易活动中奉行的关税保护政策产生了一定影响。

1896～1914　这是增长速度很快（也有一些中断）、结构也在发生迅速变化的两个10年。在经济运行中起着领导作用的部门包括化学、钢材、电力等新型工业部门，经济运行的特征还包括大规模的市场集中、卡特尔组建，以及一次由出口高潮导致的英德贸易大战。

在某种程度上说，以上这种时期划分来源于某些关于德国经济的研究，也得到了另一些此类研究的佐证（见表78）。关于不同时期增长率的估数会有差别，可以肯定的是，这种差别对时期结束年份的选择非常敏感（比如说，我们对第二个时期的开始年份，是选择1873年还是选择1875年就会产生不小的差别）。不过，就表78中的时期长度来说，产品加总数增长率的细小差别（比如说0.1%）却是十分显著的。而作为我们主要资料来源的相关文献所给出的时期划分点与以前的研究者所给出的划分点刚好一致，并且作者也给出了直接明了的评论。①

表78　1850～1913年间德国经济增长率　单位：%

时　期	净产品	人均净产品	工业部门雇员数
1850～1874	2.5	1.7	1.6
1875～1891	1.9	1.0	2.3
1892～1913	3.2	1.7	2.1

资料来源：霍夫曼及其合作者：《19世纪中叶以来德国经济发展》，第172页以下及第454页以下。

① 霍夫曼及其合作者：《19世纪中叶以来德国经济发展》，第13页。【18】

8.2 农业资本形成

在 19 世纪的大部分时间里，农业部门的投资实际上在德国资本形成中占绝对优势；并且，可以想像，特别是在 1840 年以前的所谓“前提条件”时期，优势地位显得更加突出。当然，在相对早期，我们有时仍会遇到数据缺乏的问题，但那些仅有的质量值得信赖的数据就足以用来说明农业的绝对优势地位。关于 1850 年，霍夫曼及其合作者曾经估算出，这一年德国的农业资本存量（用当年价计）为 160 亿马克，大致占到了总资本存量的一半。19 世纪 50 年代早期，发生在农业部门的年平均净投资被估算为 2.1 亿马克——大致占到整个经济年平均净投资的 30%。① 亨宁（Henning）曾经将霍夫曼所计算的 1850 年的数据，转换为单位熟地面积上的价值数，从而估算出从 1800 年至 1850 年所发生的变化（大致是从每公顷 360 马克变到每公顷 700 马【387】克），并且得出结论：1830 ~ 1850 年间，只要拿出农业年度投资中的一小部分，就足以吸收那个时代由银行系统提供的所有储蓄潜力——这从一个侧面再次说明了这个时期农业所拥有的绝对数量优势。②

在我们所研究的整个时期末端，情况已经有了很大变化。1913 年的农业资本存量，大致只能占到整个经济所有资本存量的 1/5；从投资流量上看，1910 ~ 1913 年间，农业年平均净投资达到 10.7 亿马克（以当年价计），或者说它占到了整个经济体系净投资加总额的 15%。③

就农业资本形成的相对地位而言，不论是在早期所具有的绝对优势，还是以后逐渐衰退，都是非常明显的。然而，这里仍然有一些有趣的问题引起我们关注：农业投资随时间路径的变化究竟呈现出一个怎样的形状？在整个时期中，农业资本存量的不同组成部分发生了什么样的变化？重置性投资的重要性究竟怎样？为了回答这些问题，我们先观察 1815 ~ 1850 年间的普鲁士农业状况，然后再转而考察由霍夫曼及其合作者所建立的关于全部德国的数据资料。

---

① 上引书，表 42，第 259 ~ 260 页。【19】

② 亨宁的《19 世纪农村人口资本形成的可能途径分析》，第 76 页。亨宁相信，实际上，所有每公顷资本投入的增量都发生在 1830 ~ 1850 年间。按他的说法，这就是意味着每年每公顷增量是 17 马克。确实，如果每公顷投资增量是 1 马克的话——这只有他所估算的平均数的 6%——就将会耗竭所有的储蓄机会。【20】

③ 霍夫曼及其合作者，上引书，第 260 页。【21】

8.2.1 1815 ~1850 年间的普鲁士农业

农业资本形成的外延包括在建筑物、家畜、土地整理与改善等类目上面，以及在其他诸如种子、肥料和农场工具、机器等类目上面发生的价值资源投入。在研究19世纪前半叶普鲁士农业投资的过程中，我们认为这一期间发生在机器上的投资可以忽略。但是，这并不意味着，这一期间农业实际上没有发生多少投资。如果我们将投资定义为经济资源流向资本货物的生产，并在外延上将所有实际上维护和提高生产能力的支出都计算进去，那么这时的普鲁士农业显然是一个资本密集型的生产部门，并且也需要数量庞大的投资。

在所有这些投资需要中，最具有重要性的是发生在种子上的支出、发生在家畜上的成本费用以及发生在建筑物上的投入。① 但是，正如我们看到的，熟地数量发生了巨额增长，因此，似乎在19世纪早期，发生在土地上的整理和改善活动也不能说不重要。不过，熟地大量增加很大程度上只是表明原来的放牧土地以及原来那些不经常被耕种的土地得到了更为密集化的使用，而并不能够说明，在整理、排灌以及准备开发直至那时仍然是荒废地或处女地等的活动上，会有什么大作为——对比地看，后一方面活动的成本开支，比如说，在此时的美国，是非常大的。② 正因为以上原因，同时也由于，无论如何，形成这些熟地的投资所必需的劳动力，实际上是从就业程度不充分的劳工群体之中挤出来的，因而我们将这一时期这种土地的整理与改善的支出价值设定为零。③我们注意的焦点由此转移到投资支出的其他

---

① 这个重要性次序是由亨宁发现的，对1850年前的所有德国农业部门都是具有适用性（上引书，第65页）。不过，看起来，这个次序论定所隐含的概念外延基础，并非是全部更新投资、运营资本投资以及净固定资本投资等投资需求相混合的总和。关于这个问题，同时也请参见弗朗茨（Franz）：《1800 ~1850年间农业状况分析》。【22】

② 关于这一点，请参见M. 普里马克（Primack）：《在19世纪技术条件下的土地清算：关于它的一些预备性估算》，载《经济史杂志》，第22卷（1962年）。【23】

③ 关于农业失业情况的参考资料来自T. 冯·德·戈尔茨（von der Goltz）：《德国农业历史》，2卷本（斯图加特，1903年；重印于阿伦，1963年），第222页。至于1800 ~1850年间普鲁士在耕土地的面积情况，有很大的不确定性。根据冯·齐里亚齐·万特鲁普（von Ciriacy-Wantrup）(《农业危机与增长停滞：关于经济发展的长期波动问题的分析》，第42 ~50页）的研究，1802 ~1849年
【696】间，在耕土地面积从990万公顷增加到了1 200万公顷，到1864年，进一步增加到了1 400万公顷。就按照这位研究者的这一数据，在1802 ~1861年间，不大可能发生的是，在已开发土地的增量（这个增量能够占到总面积的35%，偏高地估算它，则可能占到50%）中有很大一个比例来自原来未经使用的荒芜土地。不过，弗朗茨（Franz）［《1800 ~1850年间农业状况分析》，他的说法又追随了G. 伊普森（Ipsen）《普鲁士农民土地改良运动》一文］在《农业历史与农村社会学期刊》，第2卷（1954年）中所给出的1816 ~1849年间的土地增量是520万公顷（从730公顷增加到了1 250公顷），或者说相对增加程度是70%。【24】

部分。我们在本章开展的研究，没有能够成功地为 1815～1850 年间普鲁士的农业产量和投资制作一个范围全面并且真实可靠的数据目录；但是，我们已经拥有了农业部门中那些最重要的分支部门的数据，也对这些投资数量的大致发展趋势有所把握。表 79 展示了主要农作物的产量以及发生在它们上面的谷种再投资数据。【388】

表 80 的数据是通过对表 79 的数据进行总结和推算得到的。在对结果进行解释之前，关于这些数据所使用的假设以及计算技术，有必要给出相关说明。第一，这些数据的得出，以种子对熟地面积之间的比例关系为常数作为假定。这个假设是根据农业史学家关于这个时期农业实际情况的论述而做出的。[①] 第二，对每一种作物所分配的土地面积，是以 1805 年、1816 年、1843 年以及 1861 年的估算数据为基础，并推算到其他年份的。[②] 以固定比率进行插值隐含着我们的计算排除了分配给每一种作物的耕作面积的周期性变动。相关学者通常认为，这种分配面积会发生周期性变动的原因在于它会对农产品产量与价格变动做出反应。以此看来，19 世纪 40 年代种植黑麦的农地产量下降可能实际上会比我们的数据所显示的更小。诸如此类，也还会有其他一些问题。第三，这里所使用的批发价格指数，是通过计算贝尔林（Berlin）和柯尼希斯贝格（Königsberg）［而对我们的引用而言，此两人的数据出现在雅各布斯（Jacobs）与里希特（Richter）的合著之中］两人数据的算术平均数而获得的。对于整个普鲁士经济而言，这些市场价格资料可能不具备代表性；而且，这两人都是以都市市场中售卖的产品价格作为计算基础——从平均意义上，这部分产品的质量要求会比农场自身消费和再投资的那部分产品更高。如果要将这些不确定因素逐渐扫除，只有进行更进一步的研究。

仅仅是这些数据结果本身，也具有足够魅力吸引人们做进一步的研究——而且应该是极其迅速地投入这种研究。我们在这里看到了，在 19 世纪 40 年代中期发生了经济危机；并且 20 年代和 30 年代农产品产量发生了显著增长。然而，在我们所看到的事情当中，最为重要的还是，在农业作物产量中，有很高的比例部分被用在了再投资上面。而现在，如果针对 1850 年以后时期的德国，我们将废物利用与家畜饲养的消耗数量也计算到这种相

① （1）亨宁：《19 世纪农村人口资本形成的可能途径分析》，第 65 页；（2）冯·芬肯施泰因：《1800～1930 年间普鲁士与德国的农业发展》，第 215 页。【25】

② 这里使用的基础数据来自冯·芬肯施泰因，上引书，第 100、230～233、248、329 页。【26】

对作物产量的支出系数中去，投资比率仍将进一步提高：小麦会提高5%，黑麦会提高28%，燕麦会提高93%，大麦则会提高一个较大但我们不能精确知道的比率。① 只是，这样的计算过程也许本来就没有逻辑基础，因为从计算前提上看，如果存在这种关于饲养的比率系数，那它所反映的对象应是一个已经分工于家畜生产并买进谷类作物的农业部门（注意，这一逻辑基础隐含的前提是只有来自他部门、他单位的显性价值资源投入才是资本——译者）。对于19世纪前半叶的普鲁士农业来说，（分工）情况还没有达到这种程度。尽管就当时的分工情况而言，我们可能有必要对耗损和饲养支出进
【389】行一些向上的调整。

表79　　1816～1864年间普鲁士主要农业作物的产值与种子投入情况

（1913年不变价）

年　份	小麦		黑麦		大麦		燕麦		马铃薯	
	产量（百万马克）	种子比（%）	产量（百万马克）	种子比（%）	产量（百万马克）	种子比（%）	产量（百万马克）	种子比（%）	产量（百万马克）	种子比（%）
1816	73.5	18.3	288.8	25.0	140.7	22.1	254.6	21.9	57.9	19.4
1819	97.4	17.7	368.2	24.1	171.1	21.1	314.7	21.3	99.9	18.7
1822	91.3	17.3	340.9	23.3	136.4	20.4	276.2	20.7	141.5	18.4
1825	97.8	16.8	346.8	22.7	145.4	19.6	292.2	20.3	178.3	18.6
1828	109.7	16.2	478.2	21.9	197.6	18.7	401.8	19.8	155.5	25.9
1831	116.2	15.8	487.7	21.3	181.2	18.4	375.5	19.4	262.1	18.5
1834	124.1	15.3	467.1	20.7	181.3	17.9	390.7	19.1	302.2	18.5
1837	142.8	14.9	516.2	20.2	192.7	17.5	413.0	18.7	344.3	18.4
1840	137.5	14.7	558.8	19.6	194.3	17.1	427.8	18.4	381.6	18.5
1843	130.4	16.3	579.9	22.8	182.7	19.3	386.6	21.3	347.7	22.0
1846	113.1	18.4	334.2	31.7	149.6	22.4	293.5	25.3	317.5	26.7
1849	166.9	14.9	634.5	17.2	212.6	15.7	354.7	18.9	548.7	17.6
1852	155.6	15.0	510.6	20.3	166.4	18.4	301.1	22.6	511.1	19.3
1861	178.1	13.9	616.9	18.5	180.5	14.8	351.9	19.2	497.6	22.4
1864	200.9	—	717.2	—	204.7	—	423.3	—	682.7	17.1

资料来源：（1）冯·芬肯施泰因（von Finchenstein）：《1800～1930年间普鲁士与德国的农业发展》，表1～4、表14、表15以及附录中的表17a；（2）A. 雅各布斯（Jacobs）和H. 里希特（Richter）：《1792～1914年间德国的批发价格指数》，载《经济研究所专辑》（柏林，1935年），第
【390】52～57页。

① 霍夫曼及其合作者：《19世纪中叶以来德国经济发展》，第288～294页。【27】

然而，如果我们置投资形式于不顾——正如我们现在在这里将要做的——我们还是有必要将大部分诸如草料作物、干草料、苜蓿、作物秸秆料以及其他的如芜菁之类的饲料等，加到资本形成中去。对普鲁士农业的研究表明，作为用于家畜维护和增长的资本投入，这些作物具有较高的地位与重要性。它们被列含在表80中的第4和第5栏之中。①

表80 1816～1849年间普鲁士农作物的产量与种子再投资情况

（1913年不变价）

年份	(1)	(2)	(3)	(4)	(5)	(6)
	5种作物的产量价值（百万马克）	作物中种子再投资比例（%）	种子再投资（2）的价值量（百万马克）	估算总作物产量（百万马克）	估算饲料加种子投入绝对数（百万马克）	投资占总产品比例[（5）/（4）]（%）
1816	815.5	22.5	183.5	1 890.9	1 171.7	61.0
1819	1 051.3	21.7	228.1	2 392.6	—	—
1822	986.3	20.9	206.1	2 238.4	1 274.1	56.9
1825	1 060.5	20.3	215.3	—	—	—
1828	1 342.8	20.8	279.3	—	—	—
1831	1 422.7	19.4	276.0	3 085.8	1 654.0	53.6
1834	1 465.4	19.1	279.9	—	—	—
1837	1 609.0	18.6	299.3	—	—	—
1840	1 700.0	18.4	312.8	3 513.2	1 746.9	49.7
1843	1 627.3	21.3	346.6	—	—	—
1846	1 207.9	26.5	320.1	—	—	—
1849	1 921.6	17.2	330.5	3 601.8	1 647.5	45.7

资料来源：见正文，以及下文的附录。 【391】

显然，这样一来，这一农业部门的生产方式是高度资本密集型的。而将这一点明白地指出来是非常有益的。这是因为，事实上这里技术变化和组织变革所导致的生产效率提高会倾向于是“节省资本型”的。亨宁曾经估算指出，1800～1850年间，德国家庭农场产量的增加程度为3～5倍至4～7倍。②

① 关于这里所包含的“饲料作物”的价值，是用某些部分谷物价格来计算的，这些价格来自曾由冯·芬肯施泰因（上引书，第6页）使用的“谷类价值”（以所含营养成分为对应基础）。在这里的计算过程中，参照了马铃薯的价格指数来计算芜菁的价值，并且将年产品的一半权重分配给饲料作物。【28】

② 亨宁，上引书，第65页。【29】

弗朗茨（Franz）（他的数据转引自比特曼的研究报告）则指出德国谷物的产量增加了大致 1/3；① 而我们自己关于普鲁士的数据实际上所反映出来的也是——如果说只是在程度上略小的话——这种类似变化。如果我们回过头来对这些增加进行仔细认识，它也仅仅是农业部门在此期间对资本短缺约束条件的一种有力反应。由于这一时期农业生产所具有的资本密集型的特点，这些约束所包含着的内容终归是大量的物质条件约束。② 马铃薯和芜菁种植的推广导致了低质土地的开发——这是这一时期普鲁士农业主要的发展成就——由此就可能提供更多的食物和饲料，并为人口的增长提供物质基础；但是它本身又将每英亩土地的产量拉了下来，并且也将劳动力束缚在农业部门自身上面了。③

表 81 1816～1858 年间普鲁士的家畜价值、动物产量以及饲养成本

单位：百万马克

年 份	家畜价值		动物产量[a]		饲养成本[b]	
	当年价	1913 年价	当年价	1913 年价	当年价	1913 年价
1816	706.8	1 441.8	249.2	366.6	808.5	975.0
1822	569.1	1 724.3	246.5	419.5	523.7	1 067.8
1831	763.4	2 061.2	292.1	479.0	1 007.0	1 377.1
1840	998.6	2 696.1	369.2	602.2	827.8	1 434.9
1849	1 186.8	2 895.8	428.6	725.8	672.8	1 451.2
1858	1 718.2	3 367.6	647.7	853.7	1 076.0	1 438.4

a 只包括了商品性产出，不是全部劳动成果。
b 饲料作物的估价如注 28 所说明。
【392】 资料来源：见正文，以及下文的附录。

然而，在谷物增长上所产生的生产效率增加——即使这种数量增长程度较为可观——并不必然地会将资本资源释放到非农业部门之中去，因为家畜

① 弗朗茨（Franz）：《1800～1850 年间农业状况分析》，表 9（以我们的表 31 中的作物平均产出数据来对弗朗茨的产量数据确定权重）。【30】

② S. 冯·齐里亚齐—万特鲁普（von Ciriacy-Wantrup）（《农业危机与增长停滞：关于经济发展的长期波动问题的分析》，第 71 页）指出，普鲁士的农业生产者在 19 世纪 30 年代以前不能将其产出的很大一部分用在家畜饲养上，这反映出此间普鲁士的资本要素使用贫乏的农业经济形态。他还提到，信贷条件是造成这个问题的一个重要方面，并且也是一个可能解决问题的要点。【31】

③ 可以肯定地说，农业生产技术不是农业部门创造和保持了其资源供给的惟一因素。参见以下文献：

（1）G. 伊普森（Ipsen）：《普鲁士农民土地改良运动》；

（2）R. 科泽勒克（Koselleck）：《介于改良与革命之间的普鲁士：通用法律、行政管理与社会运动》（斯图加特，1967 年）；

（3）克莱因：《工业化进程中德国的农业发展史》，第 90 页。【32】

产量增加会将很大份额的“受释”资源吸收掉。这在表 80 中已经得到反映。我们仍然没有看到的是，关于这种投资的估数结果是什么。表 81 试图总结出这些结果。这些估数，仍和前面有关估数一样，是极其粗糙的，需要进行进一步研究乃至改善。①

表 82　1816 ~ 1849 年间普鲁士农业的资本存量

（当年价）[a]　　单位：百万马克

年　份	建筑物	饲料	家畜	总计
1816	1 850. 3	148. 5	706. 8	2 705. 6
1822	2 009. 1	110. 9	569. 1	2 689. 1
1831	2 167. 1	220. 3	736. 4	3 150. 8
1840	2 411. 3	226. 7	998. 6	3 636. 6
1849	2 672. 0	200. 5	1 186. 8	4 059. 3

a　之所以使用当年价是因为不能现成地获得用于缩减建筑物资本存量的价格指数。

资料来源：见正文，以及下文的附录 A。

表 79 显示，对农作物而言，向上的增长趋势突然发生了中断；与此相像，关于家畜和动物产品，表 81 也基本显现出同样的中断态势。这个表格同时还反映出，在 1800 ~ 1850 年间，农业生产过程的高资本要求一直都持续存在，尽管实际上在整个时期，动物与家畜的产量还增加了。

在对处于“前提条件”阶段的普鲁士农业投资效率的全面情况进行总结之前，有必要将发生在建筑物上的投资估数添加进来，以形成一幅更为完全的图景。我们现在使用的这些数据取自将在下一节中得到讨论的结果估数。表 82 和表 83 展示了这些估数，并将它们和其他农业资本与产量的对照地列在一起，其目的在于全面地估算关于投资负担与产出的数量。②

这些估算结果在一定程度上存在着问题的，这是因为它们所使用的数据基础有一定的脆弱性，还有某些估数所使用的前提有一定的推测性（比如，关于建筑物的年龄结构）。而这些问题之所以又出现在对农业进行估算的过程中，是因为在这个部门之中，众多的中间产品都是由这个部门自己生产出来的（没有显性价格——译者）。这样，从这个部门生产要素的分类上看，资本份额就处在一种很不确定的状态。但是无论如何，表 82 毕竟还是给出

① 关于估算所用的基础数据以及估算过程，请参见本章附录。【33】

② 我们的数据的一个突出问题是我们缺乏可以信赖的建筑物存量价格缩减指数。关于建筑物的数据（包括维护、折旧以及租金收入）都只是猜测数（以当年价值的建筑物存量为基础）。【34】

了资本存量的估数，表 83 则估算出了总产品和资本形成总额数量。表 84 给
【393】出了增加值的数据，而表 85 则最终显示出了关于净投资的“猜测估数”。

表 83　　1816～1849 年间普鲁士农业总产值

（1913 年不变价）　　单位：百万马克

年份	(1)	(2)	(3)	(4)	(5)	(6)	(7)	(8)
	农作物总产品	饲料总产品	农作物净产品 (1)－(2)	动物产量	总投资			总产品
					动物存量年增加	饲料种子年增加	建筑物投资	
1816	1 890.9	975.0	915.9	366.6	47.1	190.9	59.0	1 579.5
1819	2 392.6	1 190.9	1 201.7	—	—	—	—	—
1822	2 218.4	1 067.8	1 150.6	419.5	56.7	209.1	57.3	1 893.2
1825	2 516.5	1 230.0	1 286.5	—	—	—	—	—
1828	2 986.2	1 383.8	1 602.4	—	—	—	—	—
1831	3 085.8	1 377.1	1 708.7	479.0	54.0	277.3	55.9	2 574.9
1834	3 053.6	1 286.7	1 766.9	—	—	—	—	—
1837	3 328.3	1 376.3	1 952.0	—	—	—	—	—
1840	3 513.5	1 434.9	2 078.6	602.2	46.4	324.1	64.2	3 115.5
1843	3 893.9	1 750.6	2 143.3	—	—	—	—	—
1846	3 053.3	1 400.6	1 652.7	—	—	—	—	—
1849	3 864.6	1 451.2	2 413.4	724.8	37.8	328.5	82.2	3 586.7

【394】资料来源：见正文，以及下文的附录。

这些数据都需要进行仔细检查。并且确定无疑，在它们进入使用——这种使用必然会使它们和关于以后时期农业部门的更为可靠的产量和投资估数发生联系——的过程前，我们还必须对它们作一些修正。与我们所知道的以后的农业部门情况相比较，投资率的数据显得较低；而如果认为霍夫曼关于德国在 19 世纪 50 年代的数据大致能代表普鲁士 40 年代的情况的话，则较为恰当的做法是对机器投资的数量程度作一个较大的向上修正。由于这些数据在离差上与我们其他估数相一致，所以我们仍然认为，作为估数，它们基本上能够为我们接受。在这里，我们对不同估算者关于增长水平和增长率的估数结果进行比较感兴趣。从我们这里的数值推算出的结果表明，1816 年农业的人均收入在 190 马克左右（1913 年价），而关于这个指标，对普鲁士

而言，其他数据源指出，其整体数值至多在150～160马克之间。[①] 大致就是针对同一时间点（1818年），库青斯基（Kuczynski）曾经收集了有关农业工资率的数据，它们能够说明，整个普鲁士农业部门的年工资水平在8.7亿马克左右。[②] 进而，这个数据还可以用来与这个部门的利息和债务负担——1816年这种负担的支出水平在0.16亿～0.2亿马克之间——进行比较；也可以和农业部门负担的租金性收入——大致在0.58亿马克左右——进行比较。总体来说，这些数据意味着，农业已经开始成为一个生产剩余的部门。[③] 库氏总结出的这一点，也与我们观察这一部门的发展历程得出的印象相一致。例如，按照我们的估算，1816～1849年间，农业人口的增长速度为37%，而净产出则翻了一番还多。我们的计算结果还表明，人均产出有着高达75%的增长程度，这意味着在1849年左右，平均每个农民拥有的收入在326～329马克左右——比库氏著作中所提出的还要高出许多。[④] 当然，我们应注意，必须小心谨慎地对待和使用这些数据，有时有可能需要对它们做出更正。例如，1849年是一个不同寻常的丰收年份，因而，采纳（比如说）1849～1852年间的平均数为基数来进行计算，就有可能低估了

---

① G. 霍霍斯特（Hohorst）所给出的关于普鲁士的数据是平均每人156马克。用做计算基础的估算程序是，将霍夫曼与米勒（Müller）以及其他有关研究者的关于1850～1913年间这一时期的收入数据与就业结构和地区差别联系起来，再使用这个时段上的这些数据插值回推得到1816年的数值。这些计算数据和程序的大部分内容都展示在格尔德·霍霍斯特（Gerd Hohorst）：《1816～1914年间普鲁士人口变化与经济发展》（学位论文，明斯特大学，1974年）；同时参见W. 霍夫曼与J. 米勒：《1851～1957年间的德国国民收入》（蒂宾根，1959年）。

另外，请参见正文的下文，表115，在那里的数据和霍霍斯特的结果极其吻合。而迪特里齐关于平均每人消费量的数据比这个结果则低得多（1913年在88～90马克左右）：参见C. F. W. 迪特里齐（Dieterici）：《普鲁士国家的全体人民福利》（柏林，1846年）。【35】

② 参见于尔根·库青斯基：《资本主义治下的劳工状况史》，卷1（东柏林，1961年），附录2，第355～372页。这是一个事先没有确定权重的平均数，将农民报酬中的非货币补偿部分排除在外了，并且还假定有着60%的农村人口在赚着工资；不过这些细节性情况与真实情况之间似乎也并不存在着什么严重的不一致，另一个关于农民每年有200个工作日的假定也是这样。【36】 【697】

③ 冯·芬肯施泰因：《1800～1930年间普鲁士与德国的农业发展》，第109～120页，另外，同一文献第385～388页的表65～68也是关于农业债务问题的。他曾论证道，相对其他贷款机构，地方性机构为土地不动产提供的贷款在贷款总额中所占相对份额还相对更小，因此我们将他所给出的贷款数据翻倍了，并且对这个总量施用最高的利息率来计算债务负担。

在霍夫曼及其合作者的著作《19世纪中叶以来德国经济发展》一书中所给出的价值量要高于冯·芬肯施泰因所曾给出的，因而我们在正文中将一个更高的、另一个更低的数据都包括进来——前者是指霍夫曼等人给出的估数。

布罗克哈格（Brockhage）在其著作《普鲁士与德国资本输出的发展状况（第1部分）：1816～1840年间柏林农村地区的政府债券市场分析》（这是一部质量较好，虽时间久远但仍然值得参阅的著作）中将19世纪20年代与30年代的德国农业从总体上看做一个净剩余部门，并且在那时就不断地向普鲁士资本市场提供着净输出资金。【37】

④ 霍夫曼与米勒，上引书，所给出的关于这个指标在1851年的1913年不变价数据是248马克，而霍霍斯特估算指出，其1849年的数据为每人252马克，上引书。【38】

1816年以后各年的增长率。将价格指数基数计算的总体外延范围放宽到范围更宽的次一级市场，可能产生类似结果。① 我们不禁要问，是否在所有地方，货币价值变动都像它们外在表现的那样是近于完全同一的马克呢？对此，我们需要做出以下两方面思考。第一，不论是产出还是人均产出的增长，都明显比资本增长要快（尽管相比于某些学者所估算，可耕地增长只是在速度上显得略微快些）。② 这也许是资本节约特征的一个信号，甚至即使是处在罗斯托（Rostow）所区分的工业化早期阶段也是这样。第二，人均产值高并不能说明收入在不同阶层和不同个人之间分配的任何问题。从而，这些数据与在19世纪30年代、40年代表明的普鲁士农村地区贫困现象的大量证据并不矛盾。③ 这两点都与农业在普鲁士和德国的工业化进程中的地位与作用有关，因而都值得我们认真对待。

表84　　1816～1849年间普鲁士农业增加值

（1913年不变价）　　单位：百万马克

年　份	(1) 总产品	(2) 种子[a]	(3) 建筑支出[b]	(4) 增加值	(5) 净增加值[c]	(6) 农民人均净增加值
1816	1 579.5	190.9	29.5	1 359.1	1 323.3	187.9
1822	1 893.2	209.1	28.7	1 655.4	1 616.0	206.9
1831	2 574.9	277.3	28.0	2 269.6	2 226.0	261.3
1840	3 115.5	324.1	32.1	2 759.3	2 714.1	297.9
1849	3 586.7	328.5	41.1	3 217.1	3 167.0	328.5

a　是指留用于下一年的种子产量。

b　假定农场建筑物的一半被购买了（=表83第7栏的一半）。

c　本表第4栏减去折旧支出即得本栏。折旧支出是通过表82的建筑物存量乘以1.5%系数计算而来。

---

①　采纳1852年的农作物产量数据，以替代1849年的数据，会导致在总产品上有一个价值量为2.76亿马克（1913年价）的下降，在人均净产品上则有近10%（大约绝对量为300马克）的下降。从另一方面来看，将马铃薯的价格指数基数所属的观察地域外延范围拓展到包括布雷斯劳（Breslau）与科洛格尼（科隆），则关于1816～1849年间净产品的增长百分率从139%下降到了138%；对1849年而言，人均产品从原来的328.5马克下降到了326马克。【39】

②　弗朗茨论文《1800～1850年间农业状况分析》的表8在相关估算中认为，1815～1849年间普鲁士可耕地有一个70%的增长。在这一点上，他追随了伊普森（Ipsen）在《普鲁士农民土地改良运动》一文中的说法。【40】

③　参见以下文献：

（1）库青斯基：《资本主义治下的劳工状况史》，卷1（1961年）；

（2）C. 扬特克（Jantke）与D. 希尔格（Hilger）：《当代文献关于德国无产阶级的贫困化及其解放的描述与解释》（弗赖堡与慕尼黑，1965年）。【41】

表 85　　**1816～1849 年间普鲁士农业部门的年均净投资**

（1913 年不变价）　　单位：百万马克

时　期	种子	家畜	建筑物	总计	占产出百分比[a]
1816～1822	7.6	47.1	31.8	86.5	5.9
1822～1831	7.8	37.4	23.2	70.4	3.7
1831～1840	4.1	70.5	35.0	109.6	4.4
1840～1849	2.0	22.2	35.7	59.9	2.0

a　产出如表 84 第 5 栏所示（指净增加值）。

资料来源：见正文，以及下文的附录。　　【395】

8.2.2　1850～1913 年间的德国农业

我们转而研究在 19 世纪后半叶所发生的德国农业投资，将视野集中在关于霍夫曼及其合作者所作估数的讨论（也包括对其作一些细小的改动）上面。表 86 和表 87 是他们所作有关估数的展示。

表 86　　**1850～1913 年间德国农业的年均净投资**

（1913 年不变价）　　单位：亿马克

时　期	(1) 建筑物	(2) 机器与工具	(3) 家畜	(4) 备料	(5) 总数	(6) 总数占农业产品百分比（%）
1850～1859	1.9	0.5	0.4	-0.2	2.6	5.74
1860～1869	2.0	0.6	1.2	0.6	4.4	8.42
1870～1879	2.4	0.6	0.1	0.1	3.2	5.39
1880～1889	1.9	0.6	0.8	0.1	3.4	4.89
1890～1899	1.7	0.7	1.5	0.7	4.6	5.55
1900～1909	3.1	1.3	1.6	0.4	6.4	6.61
1910～1913	5.9	1.6	2.5	0.8	10.8	10.60

【396】

表 87　1850～1913 年间德国农业的年均总产值与饲料—种子投资

单位：马克

时　期	(1)	(2)	(3)	(4)
	农业总产品	作物总产品	饲料—种子投资	
			比率 I[a]	比率 II[b]
1850～1859	6 038 245 376	2 917 095 424	24.50	50.70
1860～1869	7 485 095 936	3 580 054 272	24.67	51.55
1870～1879	8 461 959 168	3 943 022 080	23.79	51.08
1880～1889	9 720 750 080	4 439 347 200	23.47	51.36
1890～1899	11 516 305 408	5 153 574 912	23.05	51.50
1900～1909	14 065 860 608	6 256 873 472	23.94	53.79
1910～1913	15 475 908 608	6 801 432 576	25.74	58.70

a　饲料—种子支出作为第 1 栏数据的百分比。
b　饲料—种子支出作为第 2 栏数据的百分比。
资料来源：霍夫曼及其合作者：《19 世纪中叶以来德国经济发展》中的表 50、表 56 和表 60。

从这些数据之中可以得出以下结论。

（1）年度净投资水平发生着长期性增长。

（2）投资水平的增长大致与农业总产品（在这个术语的通常意义上）的增长保持一致。这样，在德国经济产出资源中，投资份额的总体上升态势，其原因不能归结到农业部门。

（3）在整个时期，农业净投资的波动程度较大。波动程度大小明显取决于备料价值波动，而后者又极大地受到农业收成波动的影响。① 这再次显示出，尽管这一时期农业有了较大程度的资本积累和技术进步，但相对于自然力来讲，农业还是持续地表现出脆弱性。但是，这一点会对整个经济产生什么影响，我们只能进行推测，因为，要将它弄清楚还必须进行更为详细的实证分析。

（4）在农业投资与整个经济体系的联系中，还应该注意到：

① 对农作物收成的年度变动（数据采自霍夫曼及其合作者，上引书，表 50）与在备料上面的投资数额之间进行相关程度分析，我们可以发现其相关系数是 0.91。【42】

（a）直至1900年左右，机器投资所占份额还相对较小。

（b）发生在建筑物和家畜上的投资数量呈现程度不小的前后反复。在我们看来，试图“解释”作为一个整体的农业投资，分析过程应该从观察几个农业投资组成部分的数量反复开始。图6以图形的形式再现了霍夫曼及其合作者所估算的各种投资价值数量变动。

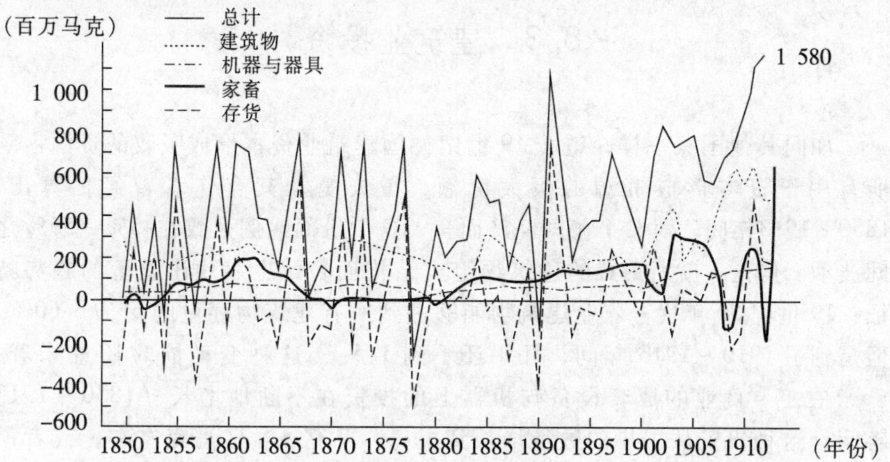

图6　1850～1913年间德国的农业投资及其构成（1913年价）

表87重新回到关于农业总投资需求的讨论，但这次是以整个德国作为对象来进行的。如果所有用于维护和增加（或者说提高）生产能力的资源都可以称为资本形成，那很显然，农业是一个资本密集型的生产部门。在农作物生产上，生产效率提高就是节约资本，但它们同时又有着导致动物产量相对增加的趋向，因此，这种实际意义上的“资本”，不能同时放松应用到非农业部门。由于工业化进程意味着农业生产的重要性全面下降和工业产品（以及资本使用）的相对增加，要认为工业化进程自身是资本节约型就显得近乎荒谬。有趣的是，由于在德国农业生产中，现代科学技术应用有限，导致了大量资源被迫束缚在农业生产过程中，用以保证得到农业产品净增长即使是相对很小的。这些增加的农产品可用于消费，也可用于那些我们所获统 【397】

计资料记录的投资活动。[1] 尽管当代人对工业生产活动的生态影响越来越关注，但是，更为重要的事实是，德国农业相对工业的劣势尽管可能产生正面的生态影响，但它是与农民需要不断地对其农产品进行重复利用和必须屈服（我们还是选择这个词来说明）于自然和生物力量相联系的。现
【398】在看来，尽管德国农业劣势有正面作用，却必须付出高昂代价。

8.3　建筑业投资

如同其他国家一样，整个19世纪德国建筑业资本形成吸收的资源占到所有用于资本形成资源的极大份额。霍夫曼及其合作者曾经估算出，1850～1913年间，对整个德国经济而言，这个份额比例大致在45%～55%之间波动。但是，就所形成的建筑物组成结构而言，也表现出显著的趋势特征：19世纪50年代，农业建筑物能够占到所有建筑物存量的55%～60%，但是到了1910～1913年间，几乎还不到1/5。[2] 这种变动同时还意味着：（a）在工、商业的成套设备与机器上的投资在不断地增长（1850～1913年间，这种投资从很少的数量增长到了每年7亿～8亿马克左右，或者说在总投资中占10%～12%，增长到超过30%，可以确定，这种增长中的大部分应归结为工业设备的增长）；（b）用于非农业的住宅数量也在不断增长，它在总投资中的份额基本保持稳定，它在总资本存量中的份额则增加到超过1/4（1913年价格）。[3] 表88为这种长期趋势提供了某种更为详细的资料。

---

① 霍夫曼及其合作者在上引书第37页显示，1850～1913年间，每个农业工人所生产的农产品的年增长率是1.2%；而在工业与商业领域——尽管其中低生产效率的服务部门也占着很大一部分——生产效率的年增长率是1.8%，对采矿业而言是2%。颇为有趣的是，威廉·帕克（William Parker）曾就这种关系发出这样的观感（他观察的对象是美国农业），即现代科学应用到经济过程中“大获全胜”，如此还获得了以工业化进程为主题的历史学家的庆贺，但就生物学方法对农业生产发生指导作用这一点来说，却是来得太晚，而且作用范围也并不全面。参见W. N. 帕克：《美国谷物农业生产的效率增进：关于19世纪原始资料的分析》，收入R. W. 福格尔（Fogel）与斯坦利·I·恩格曼（Stanley I. Engerman）编撰：《关于美国经济历史的重新评论》（纽约，埃文斯顿，圣弗朗西斯科，以及伦敦，1971年），第181～182页。【43】

② 霍夫曼及其合作者，上引书。【44】

③ 它们在总资本存量中所占份额比在总投资流量中所占份额要增长得更快，而这又是因为这种物质资本的维系时间更为长久。参见上引书，第253～254页。【45】

表 88　**1850~1913 年间德国建筑业年均投资**

（1913 年不变价）　单位：亿马克

时　期	(1) 农用建筑	(2) 商务工厂建筑	(3) 非农用住宅	(4) 公共建筑	(5) 总数
1851~1859	1.80	0.50	1.90	0.40	4.60
1860~1869	2.24	0.94	4.47	0.70	8.35
1870~1879	2.36	2.22	7.34	1.21	13.13
1880~1889	1.94	2.95	7.01	1.34	13.24
1890~1899	1.67	5.76	13.21	1.61	22.23
1900~1913	4.20	7.19	18.68	3.38	33.45

资料来源：霍夫曼及其合作者，《19 世纪中叶以来德国经济发展》，表 31（第 1 栏）、表 35（第 1 栏）和表 41（第 3、4 栏）。

8.3.1　1816 年至 19 世纪 50 年代的普鲁士

这里即将展示的是关于建筑资本形成的估数。这些数据大致覆盖了 1816 年至 19 世纪 50 年代的整个时期，并主要集中反映这一时期普鲁士地域范围内的发展情况。它们主要依靠三个数据来源：（a）1850 年（以及 1850 年后若干年）的价值数据，来自霍夫曼及其合作者；（b）火灾保险报告书；（c）若干建筑调查。普鲁士的建筑税收报告也提供了另外的帮助信息——尽管对于 1850 年以前的时期，相比霍夫曼及其合作者关于 1850~1913年间所作的数据建设工作，这些信息还不能称得上是一个很好的 【399】
数据来源。我们最终获得的估数，则是通过使用一系列不同方法对这些数据源进行综合而获得的，当然，可能在这些方法中没有任何一个能够一下子就令读者完全相信。但实际上，19 世纪上半叶德国的建筑资本形成这一问题本身所需要的篇幅要宏大得多，所需研究者付出的关注程度也应该详细得多，而远非本章的容量所能胜任。①

表 89 展示了关于 1800~1867 年间那些通过公共保险公司对火灾进行保险的建筑的估算价值。大部分学者都对这些数据抱有极大的怀疑态度——尽

① 仅关于在 19 世纪前半叶德国在住宅上面所发生的资本投资这一主题，就需要进行一个专题研究——而且这也是可行的。【46】

管原因不同。普鲁士统计学家迪特里齐（Dieterici）曾经论述道，这些官方数据既低估了某一特定时点上建筑存量的真实价值，也低估了这种存量的增长程度，而这又是因为：(a) 有相当一部分公共建筑没有参加保险；(b) 有很多建筑的保险是通过诸如亚琛—慕尼黑（Aachen-Munich）或哥达（Gotha）之类的联合股份公司私下进行的；(c) 还有，许多建筑只是部分地参加了保险，即只是“会燃烧部分的”价值参与保险。①

表 89　　1800～1867 年间普鲁士建筑物火灾保险值

（当年价）　　单位：亿马克

年　份	保险价值	对没参加保险价值的估算[a]
1800	14.442	7.221
1816	18.600	9.300
1819	18.660	9.310
1821	18.690	9.330
1828	21.240	10.620
1834	21.480	10.740
1840	28.650	9.540
1843	33.090	11.010
1849	36.900	12.300
1853	34.590	11.860
1858	38.340	12.780
1867	55.980	18.660

a　根据 F. W. 冯·雷登：《德国与欧洲其他国家》（威斯巴登，1854 年），第 240 页。

另一方面，与迪特里齐同时代的颇具名望的威廉·冯·雷登（Wilhelm von Reden）却相信，这些官方统计数据夸大了这一时期普鲁士建筑资本价值的增长程度，因为它们所反映的是不断增长着的保险覆盖面，而不是真实投资。按照他的意思，建筑的既定存量价值，要比其参加官方保险部分更大。他做出了一个估数，即没有参加保险的建筑价值占到参加了保险的建筑价值的 1/3，如表 89 所示。我们在形成（关于从 1840 年以后指标的）有

① C. F. W. 迪特里齐：《普鲁士国家统计手册》（柏林，1861 年），第 173～174 页。【47】

关估数的过程中，采纳了他的这个估数。① 【400】

就估算这一工作而言，如果发生观点冲突，在大多数情况下，二者都应该被认为正确。类似地，这里也是如此。在我们研究的这个问题中，迪特里齐是在 19 世纪 50 年代写作的，这时联合股份公司确实在参与火灾保险业务上获得了很大进展，而冯·雷登主要的立意则是对 1850 年以前进行回顾。看来直至 19 世纪 50 年代，私人（保险）公司确实还只是主要以那些纯粹的工业性建筑以及流动财产（比如说有关装备）作为失火保险对象，对象范围大体上还没有延伸到建筑资本的主要形式——私人住宅建筑。② 另一方面，尽管冯·雷登认为，在 1850 年以前，保险业务一直都比建筑活动增长得更快，这可能是正确的；但是，（迪特里齐）集中力量以（假设是更为现代式的）保险部分作为惟一研究对象，并进行有关趋势分析，这种研究视角也是恰当的。③ 总的来看，关于这个问题的争论，我们现在还必须暂时搁置。

不管怎样，表 89 能够清楚地揭示出以下两点：（1）建筑的长期性增长。根据在“保险价值”一栏中的数据，在 1816～1849 年间——这可是一个价格下降的时期——建筑价值几乎翻番了。即使是在人均意义上，建筑的增长速度还是非常迅速。（2）实际数据结果对我们关于我们知之甚少的那些关系所作的假设具有敏感性。在这方面，我们可举一个例子来说明：如果我们将没有参与保险的建筑价值（见表 89）包括进来，人均建筑资本在 1816～1849 年间的增长率将从原来的 21% 下降到 7%。

表 90 为建筑投资提供了另一种测量。将 1816 年（或 1849 年）的估算存量价值用做计算出发点，我们就有可能通过计算在不同调查中所报告的建

---

① 参见以下文献：
（1）F. W. 冯·雷登：《德国与欧洲其他国家》（威斯巴登，1854 年），第 240 页；
（2）冯·雷登：《普鲁士王室就业与交通统计》（达姆施塔特，1853 年），第 40～46 页。
不过，关于这个问题，时间上离现在更近的一项研究指出，至少是对普鲁士的一部分地区（莱茵兰）而言，发生了数量可观的全部建筑通盘都参与保险。参见 W. 措恩（Zorn）：《1820 年莱茵地区经济结构》，载《社会经济历史季刊》，第 4 卷，第 3 分卷（1967 年），特别是其中的第 299 页，以及第 303～304 页。【48】

② 参见普鲁士王室统计局（Pressia，Königliches Preussisches Statistisches Bureau）：《1849 年政府公布的数据与新闻消息》，第 1～4 章（柏林，1853 年）。同时关于 1850 年时（并且，更进一步，关于在 1850 年以前）商务工厂的小额数量的情况，请参见霍夫曼及其合作者：《19 世纪中叶以来德国经济发展》。 【698】

另外，还请参考这一研究者的文章《火灾保险》，收入《国家科学研究词典》（耶拿，1909 年）。【49】

③ 关于这个问题有一个和我们这里类似的讨论，参见西蒙·库兹涅茨：《现代经济增长：增长率、结构变迁以及地区扩展》（纽黑文，康涅狄格，1966 年），第 20～26 页。【50】

筑数量变化，再结合城市人口增长的数据，估量建筑价值的增长趋势。这个计算程序是否具有合理性，将取决于随后对子样本进行检验所获得的结果。这种检验看来也能说明：一方面是在建筑火险价值与城市化进程之间存在密切关系；另一方面，（特别是农村地区）建筑数量与建筑火险价值之间的密切关系也确实存在。① 因而，将建筑价值的增长和两个绝对数量——（a）建筑数量；（b）城市人口（定义为那些居民人数至少在5 000名以上的城镇所拥有的人口）——增长率的平均数联系起来，并用后者来估算前者也是具有合理性的。

表90　　1816～1858年间普鲁士建筑投资的估值

年　份	(1)	(2)	(3)	(4)	(5)
	指数值			价值数（亿马克，当年价）	
	建筑数量	城市人口	建筑价值	以1849年比值估算[a]	以1816年比值估算[b]
1816	100	100	100.0	27.54	27.90
1819	105	110	107.0	29.04	29.97
1822	109	117	113.0	30.51	31.53
1828	115	129	122.0	32.97	34.05
1831	117	134	125.5	33.96	35.01
1834	123	139	131.0	35.43	36.54
1840	132[b]	173	152.5	41.34	42.54
1843	137	191	164.0	44.76	45.75
1849	144	218	181.0	49.20	50.49
1858	155	279	217.0	59.04	60.54

a　以1816年或1849年所保火险价值所占的比例数进行估算，从而再加上未保火险价值。
b　插值估算。
资料来源：见正文。

正如表89中所显示，建筑投资指数表明，在19世纪前半叶，普鲁士建筑存量发生了迅速增长，而且建筑经济活动集中发生在30年代和40年代。

① 这个子样本的个体内容的外延范围包括：
（1）从L. 克鲁格（Krug）与L. 冯·米策尔（von Müzell）所编撰的关于1816～1821年的统计报告［《普鲁士国家最新地形地貌，统计数据与地理状况词典》，共6卷（Halle，1825年）］中随机抽取100个城镇与村庄，然后将它们按规模大小与城镇化程度进行排序；
（2）时间属于1834年，在杜塞尔多夫（Düsseldorf）地区由普鲁士人所居住的13个县；
（3）时间属于1828年，莱茵兰的5个地区；
（4）关于城市建筑价值以及人口规模的数据（假定它们和城市化水平密切相关），这些数据如同冯·雷登所曾报告（《普鲁士王室就业与交通统计》，第40～46页）。【51】

然而，我们这里应该做出两点评论：第一，这些数值的大小对有关假设较为敏感，这些假设包括：哪种公布的火灾保险价值最为准确，或者未保险建筑的价值是多大。尽管这种假设的成立程度也可能不会影响到所曾计算出来的增长率，但它确能影响到绝对数价值，并从而影响到与其他部门和其他时期进行的对比。第二，表 90 所做出的假定是，在建筑上的投资是城市化程度的一个函数。我们必须指出，尽管我们有理由为这个重要假设辩护，但它却还没有得到仔细论证。没有得到仔细论证是由于这一章的主要议题是对资本形成建立合理的测度方法和数据，而不是建立模型来对它进行解释。而从另一方面来看，要在我们的论述过程中将主要目标与所涉及的有待成为研究目标的有关论断完全分离开来，在实际操作上也难以做到。① 【401】

估算建筑资本形成的第三种方法，是应用由普鲁士税务办公室在 19 世纪 20 年代后期和 30 年代做出的不动产回报估数来开展进一步的推算。我们采纳当时的两个观察者，即汉泽曼（Hansemann）和冯·菲巴恩（von Viebahn）所报告的数据结果，作为我们的计算基础。② 冯·菲巴恩提议道，在 19 世纪 30 年代，建筑年租金价值，以平均程度记之，是它购买价格的 3% 左右；而来自其他渠道的信息则表明，这个比率数值可能有点略微过高。③ 关于表 91 中的估数，不管各个体情况如何，我们曾经是将租金价值乘了一个大小为 35 的因子——这意味着租金价值是资本化价值的 2.8% 左右——而获得的。然而，这些资本化价值，实际上是将非居住农用建筑排除在外的，并且也有可能排除掉了工商企业的成套设备。④ 因而，在这里，我们还是追随霍夫曼及其合作者，即假定用于居住和非居住的农用建筑二者相等。然后，使用 【402】
1831 年的租金价值作为计算的基准数据，再假设租金增长率和建筑数量增长率、城镇人口增长率二者平均相等，由此通过外推来估算其他年份的租金

① 一个真正意义上的关于建筑部门资本形成的模型，如同它需要包括需求方面的因素一样，至少需要包括若干供给方面的数量因素，比如，建筑的成本（包括利率）以及已经形成的建筑存量等因素。针对 1850 ~ 1913 年间，关于这个问题的讨论，将可以在下文中找到。【52】

② 参见以下文献：

（1）D. 汉泽曼：《普鲁士人与法兰克王国》（莱比锡，1833 年），第 36 ~ 52 页；

（2）G. 冯·菲巴恩：《杜塞尔多夫行政管辖区的地域分布与统计数据》（杜塞尔多夫，1836 年），第 153 ~ 154 页以及第 245 页。【53】

③ 汉斯一于尔根·金克尔（Hans-Jürgen Kinkel）：《1830 ~ 1880 年间鲁尔地区（Ruhrgebiet）的资本形成与融资支持问题》（未公开发表的硕士论文，明斯特大学，1968 年）发现，关于莱茵兰与西法利亚（Westphalia），有许多处参考资料所给出的租金价值都比菲巴恩所指出的 3% 要低。这是一个悬而未决的问题；不过，汉泽曼（上引书，第 52 页）估算指出，建筑的资本价值是作为税基的租金收入价值的 20 倍（即这样租金回报率就是 5%），但是他也论证道，这些租金价值中有一半代表着维护成本（上引书，第 35 页）。【54】

④ 普鲁士的农用建筑，像土地一样，是以面积数量作为计税基础的。【55】

价值。

表 91 1816～1858 年间普鲁士资本化租金价值与建筑资本估数

单位：亿马克

年 份	租金价值的资本化			年 份	租金价值的资本化		
	住宅	其他	总计		住宅	其他	总计
1816	13.68	8.07	21.75	1834	17.91	9.48	27.39
1819	14.70	8.52	23.22	1840	20.85	10.83	31.68
1822	15.45	8.82	24.27	1849	24.75	12.63	37.38
1828	16.68	9.18	25.86	1858	29.70	13.35	43.05
1831	17.10	9.24	26.34				

资料来源：见正文。

到现在，我们拥有 3 个各自具有一定独立性的数据系列。这样，关于建筑投资，我们就可以从中分辨乃至演化出一个“最佳”估数系列。不幸的是，在知道更多信息之前，关于火灾保险的覆盖范围及建筑租金价值以及其他相关方面，我们还不能说拥有充分科学的根据，以使我们能做出“最佳”估数选择。相反，我们只能沦落到按照习惯做法，对它们求平均数。这种操作的计算结果展示在表 92 中。现在，如果我们假定建筑资本存量的正常折旧贬值恰好与未曾参与火灾保险的价值提高量、没有反映在数据系列中的建筑价值量二者之和相等，并进一步假定，建筑的价值是原始成本价值，那么我们所得到的数据系列将是以当年价方式表示的净投资水平数据系列。① 然后，可以通过一个综合了建筑材料成本与建筑工人工资的成本指数系列，将这些当年价价值转换为不变价价值。②

表 92 的数据即是关于建筑净投资的数据。尽管在其他研究目的下，知道总投资价值也同样重要。毫无疑问，净投资是生产能力（服务容量）的

① 霍夫曼及其合作者：《19 世纪中叶以来德国经济发展》第 218～228 页。【56】

② 计算这个指数系列时，分配给原材料与劳动力成本的权重相同。由于它引入了建筑工人工资作为劳动力成本的代表，可能会一定程度地偏离实际。实际情况是，对应农用建筑，使用农业劳动力的工资则可能更为适当一些。计算指数所用的数据来自于：

（1）雅各布斯（Jacobs）和里希特（Richter）：《1792～1914 年间德国的批发价格指数》，载《经济研究所专辑》（柏林，1935 年），第 78 页；

（2）库青斯基：《资本主义治下的工人阶级状况史》，第 1 卷，第 244～246、251 页，以及其附录 1～3；同一文献，第 2 卷，第 145 页以下；

（3）格哈德·布里（Gerhard Bry）：《1871～1945 年间德国工资状况》（普林斯顿，1960 年），表 A-4 以及表 A-12。【57】

更好指示器。但是，就对社会出于将来利益考虑而在当前收入支配中节制消费能力而言，总投资指标就显得更好。不幸的是，关于建筑维护和替换的信息既不丰富，也不容易得到。就我们这一章的研究目的而论，在缺乏总投资数据的情况下，我们只能满足于对这个问题的较为肤浅的勾勒。

表 92　　1800～1858 年间普鲁士建筑资本与净投资估数

单位：百万马克

年　份	建筑价值估数	时　期	年平均投资		当年价增长率[a]
			以当年价计	以 1913 年价计	(%)
1800[b]	2 166	1800～1816	25.5	40.5	1.2
1816	2 574	1816～1819	56.1	60.9	2.2
1819	2 742	1819～1822	45.0	60.0	1.6
1822	2 877	1822～1828	36.6	46.2	1.3
1828	3 096	1828～1831	27.0	37.5	0.9
1831	3 137	1831～1834	45.0	58.5	1.4
1834	3 312	1834～1840	90.0	115.5	2.7
1840	3 852	1840～1843	101.1	123.3	2.6
1843	4 155	1843～1849	69.0	86.4	1.7
1849	4 569	1849～1858	94.8	118.5	2.1
1858	5 421	—	—	—	—

a　不能够使用 1913 年的不变价来计算这个增长率。

b　资料来源，L. 克鲁格（Krug）：《关于普鲁士国家财富的观察研究》，2 卷本，其中第 2 卷（柏林，1805 年；1967 年重印于阿伦）。

1800 年左右，利奥波德·克鲁格曾经驾轻就熟地对当时的普鲁士经济进行过有关分析，并以一种年度支出费用的形式，指出过由这个国家的建筑存量的维护和保险活动所吸收的“真实”剩余价值：1 200 万塔勒（合 400 万马克）用在了维护性支出上，240 万塔勒用在了火灾和损害保险上了——它们总计大致能占到资本化价值的 2%。① 大约在 25 年以后， 【403】

① L. 克鲁格：《关于普鲁士国家财富的观察研究》，2 卷本（柏林，1805 年；重印于阿伦，1967 年），I，第 279 页以后。克鲁格称这种资本为“死资本”，它必须由其他地方产生的实际收入流量价值注入以维持它的存在——自然他是指从农业中产生的流量价值。【58】

戴维·汉泽曼估算指出，当时的建筑维护费用在年租金的50%左右。① 如果我们前面所使用的3%的租金回报率是正确的，那现在我们可以说，这个时期（1828~1831年）的年度维护费用大致能够达到建筑资本化价值的1.5%，或者说绝对数量在0.46亿马克左右，远大于所估算的年度净投资数。在这个时期，普鲁士的税收法律保证了维护费用的足额提取。如果我们认为，普鲁士的这种足额提取的费用将折旧和维护性支出都包括进去了，而业主也尽其最大限度地（租金价值的50%）使用了这种费用的限度，那实际上，1.5%（的年维护费用率）应该是一个很合理的推测。②

8.3.2 建筑的部门分布

这些建筑投资是怎样在部门之间分配的呢？我们仍然追随霍夫曼及其合作者，将建筑区分为四种主要的类型：农民住宅和农用非住宅建筑、非农用住宅、厂房以及公共建筑。有三个有利因素将便利我们的讨论：（1）我们能够获得霍夫曼及其合作者关于1850年后全德国建筑结构相对数的有关估数；（2）19世纪上半叶时，厂房和公共建筑的重要性都相对不高
【404】（这是由霍夫曼关于1850年的数据所提示）；（3）关于建筑的数目在不同使用用途上的分配，普鲁士曾经进行过有关调查，有关调查数据也是现成的。

根据霍夫曼及其合作者的研究，19世纪50年代，整个德国的建筑资本和投资的结构情况如下所示。

（1）以亿马克为单位，建筑资本存量的原始成本价值为：

农用建筑	93.0
非农用住宅	46.5
厂房	15.6
公共建筑	12.1
建筑总量	167.2

① 汉泽曼：《普鲁士人与法兰克王国》，第35页。【59】

② 这一点证据可以从冯·菲巴恩的《杜塞尔多夫行政管辖区的地域分布与统计数据》第153~154页中找到。金克尔（Kinkel）（在他的文章《1830~1880年间鲁尔地区的资本形成与融资支持问题》中）也给需要者分散式地提供了若干证据。【60】

（2）以亿马克为单位，1851～1854年间，建筑当年价年平均净投资为：

农用建筑物	1.35
非农用住宅	2.03
工商企业厂房	0.3
公共建筑物	0.3
建筑物总量	3.98

在1850年以前，普鲁士建筑投资的结构模式可能会在某些方面和以上表现出来的这一模式有所不同，但这种区别也不是很大。毕竟，对于我们的研究目的而言，工商企业厂房和公共建筑显得相对不重要，因此，我们在这里就理所当然地将它们视作住宅。

霍夫曼的那个最具关键性的假设，即认为农用住宅建筑的价值既和农用非住宅建筑的价值相等，也和非农用住宅的价值相等，我们没有充分的证据来对其做出令人满意的验证。我们能够获得一些证据用来说明前一个相等是成立的，[①] 而后一个看起来则明显地与随着人口集中而发生的人均建筑价值上升的趋势相矛盾，而人口集中——城市化是这种集中的明显信号——和农业人口相对规模之间的关系又是负相关的。因而，看来，单一地依赖霍夫曼及其合作者的数据是不明智的，我们在以下做出估数的时候，转向求助于关于建筑的有关调查。这些调查给出了不同时间、不同使用用途上的建筑数量，并可以与城市化的数据综合在一起，从而能够既用来估量增长的趋势，也可以用以估算结构的变化。[②] 如果我们假设（正如在表90中所体现）：所有建筑价值的增长率与城市人口增长率与建筑总数目增长率的平均数相等，同时，认为以下判断具有合理性：农场建筑的价值只与它们作为建筑的绝对数量相关，如表93所展示。我们接着作如下计算：【405】（a）将农用建筑价值的增长与**所有**建筑数目的增长率（表90的第1栏）联系起来[③]；（b）将非农用住宅（价值量）的增长与城市人口的增长率联系起来。然后我们采用霍夫曼对1858年（对整体德国）所曾使用的比例，并使用指数（表90中的第1栏和第2栏）计算的方式将它们向后插值推算。

---

① 来自金克尔，上引书。【61】
② 这次调查的数据包括在下文的附录表116中。【62】
③ 这里的假定是，城市人口增加量的若干部分以农用建筑的价值作为其积极工作对象。【63】

表 93　**1816～1858 年间普鲁士建筑资本的价值和结构**

单位：亿马克

年份	(1)	(2)	(3)	(4)	(5)	(6)	(7)
	增长指数		建筑价值				
	农用	非农用住宅	农用住宅	农用非住宅	非农用住宅	工商用房	公共建筑
1816	100	100	9.44	9.07	5.85		1.38
1819	105	110	—	—	—		—
1822	109	117	10.24	9.86	6.83		1.84
1828	115	129	—	—	—		—
1831	117	134	11.04	10.63	7.80		2.30
1834	122	139	11.50	11.07	8.13		2.42
1843	138	191	13.07	12.58	11.06		4.84
1849	145	218	13.61	13.11	12.68		6.29
1858	156	279	14.64	14.10	16.26	542	3.79

资料来源：见正文。

看起来，这个计算程序导致了有些显得荒唐的计算结果，因为在这里作为剩余类目处理的工商企业厂房和公共建筑显示出令人难以置信的高增长率。或者，换一种方式来说，早些年份的低价值量是令人难以置信的。也许，由于工业化进程，以及在早些年份的非农用住宅数据中可能包含着数量上更为微小的工商企业厂房——如表 93 所示，这些厂房后来终于单独地列出来了——的数据，我们可能会预想，工商企业厂房由此会有一个很大增长，从而工商企业厂房的高增长具有一定合理性。但如果我们从另一方面，也就是从公共建筑增长来看这一问题，即使我们将 1816 年的工商企业厂房设置为零（多让一些数量给公共建筑；以扩大对比基数——译者），对 1816～1858年整个时期而言，关于公共建筑价值，我们也仍然可以得到为期初 3 倍的增长程度——我们已经知道，贯穿这整个时期的政府支出相对很小，仅以此为出发点，这种关于公共建筑的增长程度就是令人难以置信的。[①] 不管怎样，我们并不能轻而易举地解决这个问题，我们只是姑且让表 93 的数据成为我们的估数结果。

① 1821～1856 年间，普鲁士政府支出增长了 65%，在整个 1821～1866 年间增长了 90% 左右，见理查德·蒂利（Richard Tilly）：《公共财政的政治经济学与 1815～1866 年间普鲁士工业化》，载《经济史杂志》，第 26 卷（1966 年），第 492 页。【64】

8.3.3 1850 年以前德国的建筑资本

这些普鲁士数据的使用范围究竟在多大程度上，能够延伸到整个德国，就本章的研究目的而言，似乎进行一些相当肤浅的评论以及粗糙的计算就足够了。不过幸运的是，我们这里所作的推测能够结合参考霍夫曼及其合作者 【406】 的研究成果而进行。针对各个时代，我们已经拥有若干先行研究者所作的一些粗糙研究尝试，以作为我们研究的参照。比如说，冯·雷登就曾于 1854 年，由普鲁士火灾保险的价值开始，通过人均建筑的数量以及每平方千米价值，推算出了整个德国的建筑价值数据。① 他最终得到的关于 1849 年（或 1850 年）德国建筑价值总量的数据为 507 万塔勒，或者说1 520万马克。而关于 1850 年的建筑价值总量，霍夫曼所作估数为 1 670 万马克，比冯·雷登所做出的估数高出近 10%。

表 94　　1830 ~ 1850 年间德国建筑资本的估数

时　期	(1) 德国的价值[a]		(2) 普鲁士的价值[b]		(3) (1)与(2)的综合[c]		(4) 霍夫曼估算的价值[d]	
	人均（马克）	总计（百万马克）	人均（马克）	总计（百万马克）	人均（马克）	总计（百万马克）	人均（马克）	总计（百万马克）
1816	—	—	222	5 553	—	—	374	9 352
1830 ~ 1834	254	7 595	235	7 040	250	7 484	397	11 857
1849 ~ 1850	458	16 396	277	9 916	376	13 455	466	16 700

a　人均价值数据是从 F.W. 冯·雷登的《财政统计》第 3 卷（达姆施塔特，1856 年）第 1 章第 2 部分第 1 节中找到的，然后外推到全部德国。

b　关于普鲁士的人均价值如表 91，通过它外推到整个德国人口总体并通过表 89 中的指数回算。

c　由第 1 栏的人均价值数据再外推到非普鲁士人口总体，再加上表 91 中的普鲁士人口总数。

d　用表 89 中的指数法将霍夫曼 1850 年的价值向后外推。

而且，就是这个冯·雷登，非常热衷于在德国各邦收集和发布关于住宅（以及其他形式的财产）的信息。我们可以从冯·雷登的数据中导出关于 19 世纪 30 年代早期和 40 年代晚期在符腾堡（Württemberg）、巴登（Baden）以及汉诺威（Hannover）等地域范围内形成的建筑资本存量估数。在后一个

① 冯·雷登:《德国与欧洲其他部分》。【65】

时期中，这3个邦的人口总体规模达到490万人（而这时的非普鲁士德国的其余人口，在1 450万人左右）。如果真如霍夫曼及其合作者所曾宣称的，这些地区的参加火灾保险价值能够确切地反映出建筑资本的真实价值，① 并且这3个邦对全部德国都具有代表性，那么关于19世纪30年代早期和40年代晚期建筑资本存量的情况，表94的第（1）栏就能为我们提供很好的大致的数量程度概念，第（2）栏给出了我们这里计算的关于普鲁士建筑物价值的估数，第（3）栏对前两栏进行了综合，而第（4）栏则展示霍夫曼关于1850年的估数，并在时间上往后外推估算。1850年，普鲁士和德国的其余部分之间会发生较大差别，存在差别并不意味着令人难以置信，只是，这里所记录的差别［在第（1）栏和第（2）栏之间的差别］看起来太大了。② 而关于1849～1850年时期的数据，在第（1）和第（4）栏之间的差
【407】别相对较小，值得注意。

8.3.4　关于建筑投资的解释

仅仅是对19世纪普鲁士和德国的建筑投资进行有关描述，就足以需要我们付出大量劳动。尽管我们这一章的计算工作已经取得了多方面进展，但从实际成果上看，也只不过是为进一步工作建立了一个很粗略的框架。正是因为我们对趋势进行描述困难很大，而它又是揭示影响建筑投资因素和开展因果关系解释的一个必备条件，所以在我们做出解释时需要将所有科学探索的兴致和能量全都调动起来。不过，如果我们真要为这里描述的建筑投资做一个因果关系模型，我们还必须开展一些更深入的研究；同样，要揭示建筑投资对经济运行的影响也有待做出更充分的考察。我们这里暂不拟开展这些工作，不过，关于这一问题我们还是要给出以下评论。

开始时，我们有必要对问题的内容进行限定。正如我们所曾看到的，直至很晚，公共建筑的地位还不怎么特别突出，因此我们可以相对忽略对它们做出解释和考察它们的影响；另一方面，在工商企业厂房上面发生的投资，是和工业资本的各个组成部分及其形成过程有着关联关系的。这些都意味着，关于建筑投资的真正讨论，应该集中在住宅上面。正如我们所曾看到的，在19世纪，非农用建筑在增长进程中居于主导地位，因此有关的分析也应该从

【699】① 霍夫曼及其合作者：《19世纪中叶以来德国经济发展》。【66】

② 霍夫曼与米勒：《1851～1957年间的德国国民收入》，第39～40页以及第86～87页，这一文献显示出在1851～1855年间普鲁士与非普鲁士德国之间的人均收入差别不超过10%。【67】

它们开始。在不能进行深入分析的情况下，我们只能做一些替代性的、实际上也是准备性的工作，我们认为，以下几点值得注意。

(1) 许多讨论建筑活动的历史学家，喜欢将建筑活动说成是德国工业化进程中的一个主导角色。在这方面，克努特·博尔夏特（Knut Borchardt）曾这样写道："在德国的工业化过程中，城市住宅建筑业是一个主导性部门，它不仅刺激了建筑行业，而且刺激了建筑材料、玻璃制造、木材加工、供气供水等行业的发展；而且，1880 年以后，还更加推动了电气工程和城市电车路轨行业的发展。如果没有城市建筑活动，建立在煤炭和蒸汽基础上的现代工业就发展不起来。"①

这种说明引起了我们的注意。我们感觉到，有必要对建筑投资自身做出解释。原因在于，以上这种观点看起来和人们普遍认为的——建筑投资主要是由**需求**的原因而引发——的观点是相矛盾的。对建筑的需求造成影响的因素，包括人口增长、城市化以及由经营和拥有租金价值获得数量程度不断上升的收入。建筑的供给面（比如成本状况以及金融服务的可获得性）的作用当然在上升，但毕竟仍是处于第二位的角色。这个问题仍然值得进一步关注。

(2) 深入的分析应该从这样一个事实开始，即像其他国家一样，19 世纪德国的建筑投资的数量变化在很长的时间范围内表现出了多次前后摇摆。这一点必定能够纳入到一个因果关系模型的分析框架中。正如博尔夏特所曾论述的，霍夫曼关于 1850～1913 年间德国非农用住宅投资的数据，显示出这种投资数量在很长的时间范围内频繁地前后摇摆，这种摇摆不仅反映着建【408】
筑投资的一般繁荣与萧条周期，而且也反映着信贷条件和建筑成本的影响。我们关于早期普鲁士的数据，也显示出类似的涨落态势。然而，关于这两方面情况，我们都还没有充分的实证数据，亦即还远不能对转折点进行辨认，就更不用说对这种摇摆或涨落进行解释了。

(3) 在整个 19 世纪，普鲁士和德国在非农用住宅上的投资实际上都由市场力量主导维持着。大部分建筑活动都是由私人公司承建，并且也是为了私人买家的需求而建造；而且随着城市化进程的深入，为了出租而建造的建筑数量（与人口数量）不成比例地增长。② 这些都意味着，利润最大化和市场力量能够对 19 世纪的建筑投资过程产生很大影响，并且这种影响的重要性

① 克努特·博尔夏特：《100 年来莱茵河地区的地产抵押银行》（法兰克福，1971 年），第 114 页。【68】

② 上引书，第 115～116 页。【69】

在不断增强。这也意味着，作为影响因素，随着时间推进，信贷成本的重要性会不断增加。以上认识对于我们进一步地分析建筑资本形成都非常有意义。一方面，它们指出，我们通过经济动机和市场力量就能够解释建筑投资及其波动的很大一部分。另一方面，它们也提示，在解释建筑投资的时候，
【409】我们将必须既要考察到需求方面（城市化过程，等等），并考虑到这些需求因素的重要性在不断上升，也要考察诸如建筑成本以及信贷条件等处在供给方面的因素。只是我们很怀疑，这些影响是否能够如此清晰地辨识出来，以至于允许我们就博尔夏特所提出的主导部门论调做出一个最后判断；但是，就必须深化开展的研究工作而言，努力对它们做出辨识将一直都是重要目标。

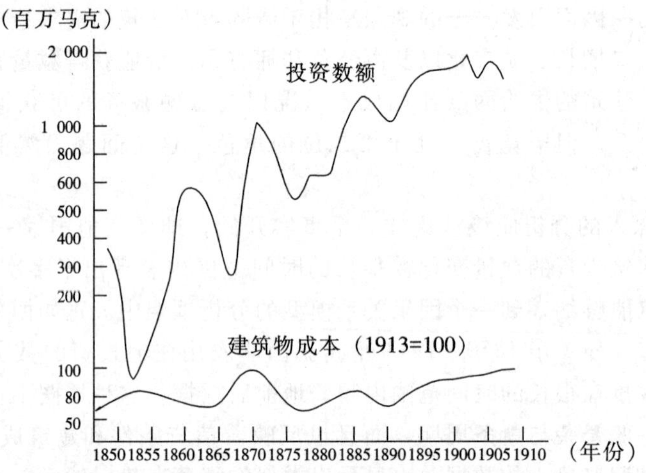

图 7 1852～1912 年间德国非农住宅投资（1913 年价）及建筑成本

8.4 社会超前资本投资

各种论述现代经济发展的著作一般都高度强调“社会超前资本”投资

的重要性。[①] 也正是因为它的重要性使得我们将它包含进我们关于19世纪德国发展的（主要是投资方面发展的）考察之中。“社会超前资本”形成包括在交通、通信、卫生、教育以及科学技术研究设备等方面发生的价值支出。由于这些种类的支出活动伴随有成本与收益分布的不确定性，在大部分国家的历史上，它们一般主要由政府支出来完成，而大部分国家都倾向于将政府支出当作消费而不是投资来看待。因而，历史上的官方统计资料都倾向于低估这类资本形成的数额——至少从一个研究经济发展的学者的角度来看是这样，因为这些学者越来越试图将这种支出和投资等同起来。

当然，这确实是一个较为困难的问题，因为许多支出（教育支出就是一个很好的例子）同时包含着消费与投资的因素，将它们完全分离开来，如果不说是不可能的，至少也是极为困难的。然而，这种分离又是必要的。这是因为：一方面，将所有这种支出都作为消费看待，会低估社会分配给将来使用的资源（也就是说，社会投资）的数量；另一方面，将它们单独地视作投资，又有可能不恰当地模糊了消费和投资之间的区别。正如西蒙·库兹涅茨所曾提到的，只要我们不相信经济活动是为生产目的而生产，这种区分就有必要。[②] 因此，在这二者之间，应当在某些地方划线区分。

由于这种区分表现出了部分不确定性，我们在以下展开探讨时，将把注意力主要集中在交通设施投资上。当然，在某些程度上，如果考虑到上面所提到的其他一些政府投资类目的数量和重要性相对较小，这样做不会显得有什么不恰当。在1850年左右，普鲁士用在卫生方面的公共支出占中央政府预算支出的比例不超过0.4%。在这同一时期，研究与开发支出占据的公共支出资金份额可能还更小，尽管将它们从各个政府管理部门的管理和运营费用中搜索和辨认出来并不容易。[③] 教育支出在数量上更大一些，但是它们无疑包含着很大程度的“消费”成分在内。正因为这个原因，也由于很难收 【410】
集包含了它全部内容的数据（包括地方支出在内），它们在这里被排除在外

---

① 参见以下文献：

（1）A. 希尔施曼（Hirschman）：《经济发展战略》（纽黑文，康涅狄格，1958年）；

（2）R. 约希姆森（Jochimsen）：《关于基础设施的理论：市场经济发展的基础》（蒂宾根，1966年）。【70】

② 库兹涅茨：《现代经济增长：增长率、结构变迁以及地区扩展》，第20~26页。【71】

③ 卡尔·博尔夏德（Karl Borchard）：《1780~1850年间的政府开支与官方投资》（博士论文，格廷根大学，1968年），第169~170页以及第180~181页。在工业、商业以及公共工程等方面所发生的政府支出从1821年时在所有支出中占3%上升到了1850年时的10%，不过这些支出大部分都用在了交通建设上面。花费在“文化”、“教育”以及“卫生”方面的支出，1821年大概能够占到政府总支出的4%，1850年这个比例上升到了5%（超过1 000万马克）。【72】

了。最后，在1850年以前，由普鲁士邮政当局进行的支出——它可能本应会非常正当地进入到“通信投资”之中——在我们这里也被忽略掉了，尽管这个权力机构颇具重要性地行使着（至少是在19世纪40年代铁路时代到来以前是这样）船运与通信乃至部分的货运部门的功能。虽然我们这里在内容上没有能够包括进这些支出，同时，我们对刚才提到的其他一些投资支出的作用也没展开直接讨论，但在本章结尾，我们在对总投资数量进行总结时，也会对它们有所评述。

8.4.1 普通与专用公路

19世纪上半叶，所有德国各邦，尤其是普鲁士，都将它们的公共收入的很大份额投向了交通条件的改善之中。根据有人做出的估算，到这个世纪中期，普鲁士将它的预算支出的9%左右花在交通条件上了。① 而这种交通条件开支，从其最基本的意义上说，首先应该是指在公路建设和公路维护方面的花费。对这种投资做出具有经济意义的数值估算是不容易的。这有两个原因：（1）关于公路投资，大部分已经公开出版的估数都是指向已建成的公里数、运营公里数等物理量方面的，而不是指向成本数目（而且这种估算过程都忽略了在现有里程上的改善投资，也忽略了地区之间的差别）。（2）官方的数据也没有能够覆盖到所有的公路投资——特别是那些由私人公司承建的铁路以及附属铁路的改善工程。但是，在我们之前，也有一些前辈做了很好的开拓性研究（比较突出的如加多尔和博尔夏德），他们的工作使得我们有可能获得一些粗略的估数。②

表95重现了博尔夏德所做出的关于普鲁士的估数。它显示出公路的通车里程发生了飞速增长；年平均增长率达到6%～7%，大大高于人口的增长率（大致在1.0%～1.5%之间）。这些数据，都经过了恰当的修正，并可

---

① 博尔夏德，上引书，第176～177页，以及第180页。【73】

② 所用的数据主要来自以下文献：

（1）上引书，第260～268页；

（2）F. H. 翁格维特尔（Ungewitter）：《普鲁士君主政体》（柏林，1859年），特别是其中的第48～53页；

（3）F. W. 冯·雷登：《财政统计》，3卷本（达姆施塔特，1856年），第2卷。

关于加多尔所做的工作，我们知道得太晚了，以至于不能将其用于对我们的计算进行订正。他所做的研究当然对于我们不无裨益，但是他的数据和我们这里也不存在根本性的不同。参见R. 加多尔（Gador）：《1815～1875年间普鲁士在道路建设股票融资支持下道路工程发展情况》（未公开发表的学位论文，柏林自由大学，1966年）。【74】

以用做估算投资的基础。①

表 95　　　　普鲁士公路网长度（公里数）

年　份	中央政府主建	地方政府主建	私人主建	总　计
1816	3 162	774		3 936[a]
1830	6 392	652	257	7 301
1845	10 636	1 362	1 015	13 013
1852	12 789	1 787	2 113	16 889

a　博尔夏德给出的总数是 3 836。

资料来源：博尔夏德：《1780～1850 年间的政府开支与官方投资》，第 264 页。 【411】

博尔夏德给出的数据指出，在 1816～1851 年间，单位公里公路的建造成本在 6 000～6 500 塔勒之间。而另一个数据源（翁格维特）则指出，每普鲁士公里的成本分布在 20 000～80 000 塔勒之间——大致相当于每公里 2 700～10 000 塔勒。将这个范围两端的成本数值平均，也能够给出单位公里的建造成本也是在 6 000～6 500 塔勒。与德国其他邦的公路成本估数相比较，这些成本数值显得相对较高（这一点已由博尔夏德指出）。但是，普鲁士公路的质量相对较高；另外，它的地形使得在公路施工的困难更多，正是它们解释了这种成本差别——如果就这种实际上不包括有什么维护成本的支出数据来说，就更是这样。

循着这些启示，并且假设，与建筑行业其他活动的成本增加相对应，公路建造成本也发生了一次上升，我们接着就能给出表 96 中关于年度总投资的数据。这个表格中的第 2 栏内容，涵盖了在 1816～1852 年间普鲁士各邦预算表中所提到的所有维护成本。应该指出的是，这些数值很高的总量，只是部分地由各邦的财政预算进行负担，因为一大半负担由使用费［被称为 *Chausseengelder*（公路通行费）］弥补了。② 令人感兴趣的不仅仅是这些支出的大小——例如，它们在数量上多次超过上一节关于建筑投资总量所作估数的 1/4，而且也包括它们在 19 世纪 30、40 年代的增长态势。这种增长发生

① 这样，我们就在我们的计算中使用了若干不同数据，它们分别采自翁格维特，上引书，第 49 页以下；以及普鲁士统计局（Preussisches Statistisches Bureau）：《1849 年政府公布的数据与新闻消息》，第 4 章。后一文献在第 254 页显示，1816～1853 年间，道路容量的增长率接近 380%，而它关于 1852 年的总量的数据大致也比博尔夏德的数据高出 15%～20%。【75】

② 冯·雷登：《财政统计》，第 2 卷，第 2 章，第 401 页。同时也请参见加多尔，上引书，第 155 页。【76】

在这样一个时代，即铁路修建正进入它的第一次增长高潮，并且看来正受到政府的高度关注和全力支持。我们现在看待这个问题，可以认为，公路是铁路设施的必要补充。正如博尔夏德曾经这样写道："水路、公路以及新出现的铁路，同作为交通设施，三者之间的关系是相互补充性质的而非相互竞争性质的。在19世纪的第二个25年中，发生在改善水路、延伸公路上的公共投资仍然在增加，就可以看成这种补充性质的证据。"①

表96　　1817～1853年间普鲁士普通道路与公路年均投资

单位：百万马克

时　期	(1) 新投资	(2) 重置成本支出	(3) 总投资	(4) 新投资	(5) 重置成本支出	(6) 总投资
	当年价			1913年不变价		
1817～1823	5.5	1.8	7.3	6.6	2.1	8.7
1824～1830	6.5	2.7	9.2	8.6	3.6	12.2
1831～1840	8.0	5.5	13.5	10.3	7.1	17.4
1841～1850	7.9	7.8	15.7	9.8	9.7	19.5
1851～1853	11.7	12.7	24.4	14.6	15.9	30.5

资料来源：见正文，以及下文的附录。

【412】

8.4.2　水路

博尔夏德的这种说明，对于我们以下的问题，即发生在水路上的投资问题，也是一个恰当的导言。政府实际上垄断了水路投资；由于这个事实，会使我们关于水路投资的估算在一定程度上变得比关于公路的估算更为容易；但如果考虑到相比公路投资，我们对水路投资中的新投资和重置投资进行区分就显得相对更为困难，则这一优势又一定程度地被抵消掉了。比如说，将河床中的航行障碍（例如类似圆木等物）清除掉，从而有效地将河道向船运开放，在某种意义上是一个国家的资本设施增加；但是，如果这种操作在短时间内（比如说，在第二年中）不被重复的话，这个河道设施又会变得不能使用了。普鲁士政府曾经对水路的新建造成本和维护成本进行了区分，但是即便按照它的这种区分，在关于维护成本支出的数据结果中，看起来却还包括有某些新建造成本。另外，使用它的针

① 博尔夏德：《1780～1850年间的政府开支与官方投资》，第277页。【77】

对维护活动而进行的预算分配数据，来代表成本数目，也可能低估全部成本数目，这种低估范围包括：（1）收缴的航道使用费实际上是这种成本的一部分；（2）政府航道建设部门的工资费用也代表了一部分航道固定成本。而且，由公共工程部（Ministry of Public Works）主持的，来源于总建造基金的若干资本支出，也投向了航道建造，而关于它的确切数值，我们同样处于不可辨知的状态。①

不管怎样，在表97中，我们还是采用了官方给出的关于1849年的数据，并且将每公里支出的关系回推到了1816年。我们在以下假定的基础上开展工作：（1）两个假设的结合。第一个，改善河道的投资，与运河的开发建设投资具有相同时间变化路径模式——而关于后者，相对可靠观测的数据已经存在②；第二个，如同在另一个估算过程中③曾被提示的，航道每年增加20公里。（2）假定官方1849年关于航道里程的数据——5 823公里——是正确的。

表97　　1816～1850年间普鲁士的航道投资

（当年价）　　单位：马克

时　期	（1） 总投资	（2） 新投资	（3） 重置投资	（4） 总计
		年平均数		
1816～1820	8 832 810	318 312	1 448 238	1 766 550
1821～1830	22 680 600	783 360	1 484 700	2 268 060
1831～1840	33 531 690	1 577 280	1 775 889	3 353 169
1841～1850	41 581 950	2 255 004	1 903 191	4 158 195

资料来源：
（1）见正文；
（2）博尔夏德：《1780～1850年间的政府开支与官方投资》，第225～259页；
（3）冯·雷登：《财政统计》，第2卷，第398页以下；
（4）普鲁士王室统计局：《1849年政府公布的数据与新闻消息》，第4章，第259页。【413】

表97反映出，在对重置投资和净投资进行区分上，存在着概念性困难（我们已经提到过）。它也证实（我们选择这样说）我们有必要指出重置投资数据存在的问题，对这种问题进行持续强调是恰当的。同时，表中的数据

① 冯·雷登：《财政统计》，第2卷，第2部分，第398页与第400页。【78】
② 博尔夏德：上引书，第225～259页。【79】
③ U. 里特尔（Ritter）：《工业化早期阶段政府的作用分析：以19世纪上半叶普鲁士工业生产为案例》（柏林，1961年），第141页。【80】

也反映出，在19世纪40年代，市场规模正在扩张，我们在前面关于公路投资的论述中也曾提到过这一点。也许有人会说，40年代普鲁士发生了一次“交通工具革命”，我们还要补充指出，这次革命绝不仅仅局限于（我们即将转入讨论的）名声赫赫的铁路工具（意指水路运输也有迅猛增长——译者）。

8.4.3 铁路

在19世纪德国的工业化进程中，特别是在普鲁士的工业化进程中，铁路作为中心角色，无疑起到了极其重要的作用。对于许多以德国发展为对象的研究者而言，铁路是一个地位尤其突出的“主导部门”。并且有很多迹象表明，正因为这个原因，真正的德国“起飞”时间，应该说属于19世纪40年代。[①] 关于铁路修建对周边经济部门的影响，霍夫曼用整个德国的证据显示出，不论是“前向联系”还是“后向联系”，直至19世纪50年代，这种影响的程度都是显著的。对直至1850年的整个德国，其所展现的总投资价值的累计数量在9.7亿马克左右；19世纪50～70年代早期，铁路投资占全部净资本形成中的份额在15%～25%之间变化。[②] 在霍夫曼以后，弗雷姆德林（Fremdling）对这个问题做了更为精确的处理，结果显示，在19世纪50年代和60年代，德国铁路投资额大致等于流向整个工业“制造企业（Gewerbe）”投资总额的60%～70%。[③] 至于投资活动步伐逐渐放慢，是从19世纪70年代开始的；但接近世纪之末时，投资步伐又重新加快，进入1900～1913年间，平均水平达到每年超过5亿马克，或者说占到净投资总额的8%左右。

对德国，甚至是对普鲁士的铁路历史作一个全面回顾不是我们这一章的

---

① 参见本章第1节对这个问题所作的一些讨论以及所使用的参考文献，另外还请结合参见以下文献内容：

（1）莫特克（Mottek）：《德国经济史》，第2章，第150～156页；

（2）蒂利（Tilly）：《公共财政的政治经济学与1815～1866年间普鲁士工业化》；

（3）弗雷姆德林：《1840～1879年间的铁路建设与德国经济发展》，这一当前发表的论述讨论过这一整个问题；

（4）E·萨克斯（Sax）：《铁路》，为成套著作《国民经济中的交通工具》的第3卷，第2版（柏林，1922年），这是一项以德国铁路为研究对象的标准研究工作尽管其开展的时间相对较早，但仍然富有用处。【81】

② 霍夫曼及其合作者：《19世纪中叶以来德国经济发展》，第255页；也见于霍夫曼所撰：《德国经济的起飞》，其中第105页的图式，以及第105～106页的有关讨论。【82】

③ 弗雷姆德林，上引书，第62页。【83】

任务。[①] 但有几方面和铁路建设相关的重要问题，值得一提。第一，普鲁士重工业体系的发展，与这个国家的运输能力发展密切相关。最近由鲁尔（Ruhr）的采煤部门进行了一项相关研究，这种密切关系在其他任何地方都没有比这一研究表达得更为清楚了。研究成果以文本方式，表达了铁路系统作为资源使用者和服务提供者的重要性。[②] 它以较粗略的投入产出计算指出，19 世纪 70 年代早期，铁路承运了制铁行业产出的一半左右，而制铁行业又使用了鲁尔地区煤产量的 1/3；反过来说，采煤行业也供应着铁路运输业务量的 【414】
1/4。这些互为关联的影响具有重要作用，这种作用从 19 世纪 50 年代普鲁士制铁和采煤行业同时发生真正“起飞”这一事实中得以显现出来。当时铁路建造开始以其主体地位吸收国内的制铁产品；并且，也因此间接地吸收国内煤产品。此时国内制铁产品供应正在逐步替代 19 世纪 40 年代来自英国和比利时的供应。[③] 而且，40 年代所发生的运输价格费用减少的程度可观而且效果明显，所有这些，都必定会对社会增加对铁路的使用产生重要的影响。[④]

第二，在普鲁士的铁路建造中，政府提供的融资服务起着重要作用，而在德国其他各邦，政府的这种作用甚至更大。根据由博尔夏德收集的数据，在 1850 年之前，在各非普鲁士邦，在那些产权由国家主导邦的铁路系统的建设中，公共机构提供的资金总额为 1.37 亿塔勒（4.11 亿马克），或者说提供了近 75% 的建设资金；而且，德国各邦（包括普鲁士在内）总算起来，政府为铁路建设提供了一半资金。在普鲁士[⑤]，由于社会和政治相对落后，政府认为有必要将资助政策仅限于经常收入的支出。这是因为，如果铁路建设大规模地求助于政府借款，会削弱普鲁士资产阶级的支持并延误宪法改革

---

① 能够和福格尔（Fogel）或菲什洛（Fishlow）关于美国铁路史所做的工作相匹配的德国研究，也还仅仅是刚刚开始出现。赖纳·弗雷姆德林 1974 年撰写的学位论文（参见前面有关注文）在我们以下的讨论中要起到重要作用（还得另外感谢他为我的研究工作所提供的许多帮助）。以德国铁路史作为一个特定研究问题的文献，也可以参见 H. 瓦根布拉斯（Wagenblass）：《1835 ~ 1860 年间德国炼铁及机械工业发展与铁路的关系》（斯图加特，1973 年）。【84】

② 参见以下文献的有关内容：

（1）C. 霍尔特弗雷里希（Holtfrerich）：《19 世纪鲁尔地区经济历史的数量方面：关于一个领先地区的分析》（多特蒙德，1973 年），第 5 章；

（2）弗雷姆德林，上引书，在第 332 ~ 348 页，在这里作者指出，霍尔特弗雷里希可能过分估计了铁路的影响，而这又是因为他所使用的是固定的投入产出系数。对制铁和采煤行业所能够开拓 【700】
的产品市场需求总量而言，德国铁路确实做出了巨大贡献，就这一点情况而言，德国与大不列颠、美国的一个有所区别。【85】

③ C. 霍尔特弗雷里希，上引书；泽林（Sering）：《从 1818 年直至现在的普鲁士与德国的制铁业历史》，第 53 页以下以及其附录 10。【86】

④ 19 世纪 40 年代的显著特点是，货运费与旅客票价都有大幅下降，而铁路收入则有一个相应的上升。参见弗雷姆德林，上引书。【87】

⑤ 博尔夏德：《1780 ~ 1850 年间的政府开支与官方投资》，第 198 页以及第 298 页。【88】

进程。直至1847年社会陷入困境，以及1848～1849年革命爆发之后，普鲁士宪法改革才开始启动。①

表98报告了1850年以前普鲁士铁路资本形成的基本数据，它们大部分采自弗雷姆德林的研究成果。关于1850～1913年间，我们也采纳霍夫曼所给出的以德国整体为研究对象的有关数据。这些数据具有相互可比性，因为关于所投入总资本的价值变化，我们追随了霍夫曼及其合作者的做法，即是以净投资概念的方式处理的。②

表98中所列示的是以初始成本价格计算的（至少已部分投入运营的）铁路资本存量数据。相邻年间的差额则代表了当年价的净投资。从线路开始建设至部分运营开放之间的时滞的平均长度能达到8个月。为获得不变价价值，我们按照弗雷姆德林所提供材料，对霍夫曼及其合作者关于1850～1860年间的数据进行了校正处理，并将它们外推到了1840年。③ 以1913年不变价计的资本存量价值（表98的第5栏），是从每年净投资的累加中得到的。我们还假设，1840年的资本存量数据也同时表示了那一年的净投资。以当年价计的资本存量系列则是通过使用1913年不变价计的资本存量系列，在（对数意义上）加上价格指数而得到的。因而，这个系列在相邻年间的差额并不能够代表当年价的净投资，而应该说是一种假想的资本货物重置成本。再看重置投资，被设置为以资本存量的2%的比率进行，这是因为，尽
【415】管普鲁士铁路公司的财务账目上包含了“维护与重置”类目，但事实上，将这些支出从其他费用（或者说，实际上是从新投资中）区分开来是困难的。而且，已经出现在有关文献中的这个2%的比率数据，不论是从经济意义还是从准确性上，都具有一定的合理性。④

---

① 博尔夏德这样写道（上引书，第300～301页）：

> 总体来看，我们可以说，普鲁士政府宪法改革与政府借款之间存在相互关联，因受到这种不幸关系的妨碍，普鲁士政府对铁路交通工具的扩张，局限于拿出其经常性收入予以资助；直至1849年它才能够追随德国其他各邦已经做出的榜样，通过政府主导的投资将铁路建造推进到私人资本不愿意承担的地区，并且也对私人企业开展铁路建设也采取支持态度，其形式包括提供公共贷款等。

同时也请参见蒂利的《公共财政的政治经济学与1815～1866年间普鲁士工业化》。不过，弗雷姆德林的研究工作也为普鲁士的这种支持形式（贷款而非财政）提供了另一种解释，即私人资本已经对铁路建造有足够充分的兴趣，以至于不需要政府提供有关财务资助。【89】

② 霍夫曼及其合作者：《19世纪中叶以来德国经济发展》，第261页。【90】

③ 上引书，第567页；弗雷姆德林：《1840～1879年间的铁路建设与德国经济发展》。【91】

④ 萨克斯：《铁路》，第274页，对1900年左右所使用的是2.5%的比率，而弗雷姆德林则认为：2%的比率所适用的应是相对更早的时期。【92】

表 98　　1840～1860 年间普鲁士铁路投资　　单位：百万马克

年份	(1)	(2)	(3)	(4)=(2)+(3)	(5)	(6)	(7)	(8)=(6)+(7)
	当年价				1913 年不变价			
	资本价值	净投资	重置投资	总投资	资本价值	净投资	重置投资	总投资
1840	33.2	—	—	—	47.1	—	—	—
1841	50.3	18.8	1.0	19.8	75.1	28.0	1.5	29.5
1842	74.9	27.4	1.5	28.9	118.5	43.3	2.4	45.7
1843	95.4	24.0	1.9	25.9	158.2	39.7	3.2	42.9
1844	124.2	27.2	2.5	29.6	202.5	44.3	4.1	48.3
1845	222.7	81.5	4.5	85.9	319.2	116.7	6.4	123.1
1846	339.1	101.9	6.8	108.6	456.2	137.0	9.1	146.1
1847	411.6	63.7	8.2	71.9	539.7	83.5	10.8	94.3
1848	422.9	39.8	8.5	48.3	595.8	56.0	11.9	68.0
1849	414.1	29.3	8.3	37.6	641.2	45.4	12.8	58.2
1850	460.0	24.0	9.2	33.2	676.5	35.3	13.5	48.8
1851	499.3	38.8	10.0	48.8	733.5	57.0	14.7	71.6
1852	569.9	50.4	11.4	61.8	804.5	71.1	16.1	87.2
1853	685.9	36.2	13.7	49.9	849.3	44.8	17.0	61.8
1854	760.4	24.4	15.2	39.6	877.4	28.1	17.6	45.7
1855	828.7	74.0	16.6	90.6	963.4	86.0	19.3	105.3
1856	908.6	85.4	18.2	103.6	1 063.4	100.0	21.3	121.2
1857	963.6	50.2	19.3	69.4	1 121.8	58.4	22.4	80.8
1858	1 004.6	104.2	20.1	124.3	1 251.6	129.8	25.0	154.8
1859	1 115.0	148.1	22.3	170.4	1 443.2	191.6	28.9	220.5
1860	1 195.3	95.9	23.9	119.8	1 569.0	125.8	31.4	157.2

资料来源：弗雷姆德林：《1840～1879 年间的铁路建设与德国经济发展》，第 56 页。 【416】

关于表 98 中的数据，我们这里应该强调它以下两方面含义：第一，19 世纪 40 年代的集中增长，确证了霍夫曼、施皮托夫（Spiethoff）、熊彼特以及其他人所提出的德国工业化的时期划分。[①] 仅关于 1835～1850 年间铁路净投资总量的估数就能够和关于整个 1817～1850 年间的公路总投资估数

① 参见以下文献：
(1) 霍夫曼：《德国经济的起飞》；
(2) A. 施皮托夫：《论经济发展》，2 卷本（蒂宾根，1955 年），第 1 卷，第 113～117 页；
(3) J. 熊彼特：《商业周期：关于资本主义经济过程的理论、历史与统计的分析》，2 卷本（纽约，1939 年），第 1 卷，第 346～347 页以及第 350～351 页。【93】

相等，而这一时期铁路的这些投资中有超过75%的部分是集中在19世纪40年代进行的。然而，这个表格还显示出，19世纪50年代，普鲁士铁路投资也发生了可观增长，投资支出的绝对数水平比40年代要高出很多。第二，甚至是在19世纪40年代，铁路就已经实现了很高的利润，这是由它的运输服务业务量有一个迅猛增长与运价下降两方面共同促成的。弗雷姆德林曾经颇具说服力地论证道，这反映出市场对运输有很大的潜在需求，这种潜在需求被铁路工具激活（他这么说）了；同时也意味着，在1840年以前，德国经济增长，就已经使经济体系远远超出农业框架和维系基本生存的水平。我们认为，关于德国经济增长的性质和源头，关于这种“潜在需求”，应该进行更多的研究工作，并且在整个德国经济史的研究中，应该给予更优先的地位。

8.4.4　1850～1913年间德国的交通设施投资

由于篇幅的限制，不论是针对1850年以前还是以后的情况，都不允许我们对整个德国的交通设施投资做一个细致讨论。我们也不再冒昧进入这个我们知之甚少的领域，而只是将表99和表100提供出来，这两个表格中的有关数据，关于1835～1850年间的铁路投资部分来自弗雷姆德林，关于1850～1913年间的整个德国通设施投资部分则摘引自霍夫曼及其合作者的有关研究材料。①

表99　　1835～1850年间德国铁路资本形成　　单位：百万马克

年　份	运营公里数	投入的资本数
1835	6	—
1840	462	58.8
1845	2 152	281.5
1850	5 875	891.4

资料来源：（资本投入数）来自弗雷姆德林，著作同上表注，第56页。

① 霍夫曼及其合作者的数据与我们在上面表50中的数据并不是完全可比的，甚至前者不是完全站得住的。其原因在于，霍夫曼等人所采用的价格指数和就业数据具有缺陷，特别是关于19世纪50年代的数据。关于这一点，参见弗雷姆德林，上引书。【94】

表 100　　1850 ~ 1913 年间德国交通设施投资

（1913 年不变价）　　单位：百万马克

时　期	(1) 铁路	(2) 其他	(3) 总计	(4) 净投资总计
1851 ~ 1859	1 330	450	1 780	7 460
1860 ~ 1869	2 390	648	3 038	15 100
1870 ~ 1879	5 410	1 044	6 454	22 170
1880 ~ 1889	2 390	1 227	3 617	26 470
1890 ~ 1899	2 830	2 387	5 217	45 610
1900 ~ 1913	7 400	5 098	12 498	91 680

资料来源：霍夫曼及其合作者：《19 世纪中叶以来德国经济发展》，表 257 ~ 258，表 41 的第 5 ~ 7栏。

这些表格肯定是低估了德国为维护和扩充其交通体系所使用的资源数量，因为它们将维护成本排除在外了，也将航行在内陆以及海洋上的商用船队所组成的整个“漂流着的资本”排除在外了。不过，由于现在的研究者可以循着霍夫曼及其合作者在研究中所引证的那些参考文献的指引和帮助，【417】应该说不久这些缺陷就能够得到修复。

8.5 工业资本形成

工业化进程的一个众所周知的标志就是工业资本增长。对于 19 世纪的德国而言，工业化过程无疑也表现出这样一种趋势。根据霍夫曼及其合作者的研究，工商企业投资（指在“工商企业”）中的投资——而其大部分又都是工业资本投资——从 19 世纪 50 年代早期的每年 1.2 亿 ~ 1.3 亿马克，增长到 20 世纪最初 10 年的每年 20 亿马克，也就是说，从大致占净投资总额的 1/7 上升到了接近净投资总额的一半。① 就像我们这次讨论的某些内容一样，这些数据看来是在向我们显示：（a）1850 ~ 1913 年间，资本形成和增长的分析应该集中在工业投资上面；（b）对 19 世纪前半叶的资本形成分析，则应该主要集中在其他形式的资本上面。这两个方面都值得

① 霍夫曼及其合作者，上引书，第 259 ~ 260 页。【95】

作一些讨论。只是，就现在的条件而言，关于前者，我们能够得到很好的数据。[①] 我们先集中对后者，也就是针对相对早期的时间作以下评论。

关于19世纪前半叶德国的资本短缺，克努特·博尔夏特曾经撰写过令人兴味盎然的论述。论述内容集中认为，融资来源是充分的，同时也指出，对解决这个短缺问题而言，工业投资所具有的重要性是较小的。他所举的最为引人注目的例证显示，德国最大的工业部门——纺织工业部门——在此期间只吸收了很小部分的储蓄。当然，大家也都认为，这些储蓄的确会存在。[②] 如果在1850年时这些工业行业拥有各类资本存量（就像博尔夏特估算的那样）价值总额为1.9亿塔勒（或者说5.7亿马克），并且曾以一个实际上令人难以置信的10%的高速率保持增长，那么它们（对储蓄）造就的高峰需求也几乎不能超过德国这一时期投资形成的建筑资本的1/10。后来，霍斯特·布伦贝格（Horst Blumberg）在其有关1846年关税同盟（Zollverein）各邦纺织业的论著中，认为资本存量估数是1.56亿塔勒（或者说是
【418】4.68亿马克）；如果考虑到，这个数据之中，企业的运营资本超过1.3亿塔勒，那他的这个发现，看来也是在强烈地支持着博尔夏特的论点。[③] 博尔夏特的数据也显示着，1846~1861年间，综合资本存量在以平均每年3.2%的比率增长，或者说平均每年增长0.14亿~0.15亿马克。

然而，我们还是有理由将工业投资问题追溯到1850年以前的更远时期。这是因为，第一，权威性文献来源，比如说施皮托夫、霍夫曼曾经将工业生产能力增长的重要发生期归结为这个时期；第二，这些年间的总量数据可能显得相对不重要，但它们却可能掩藏着工业投资结构正发生着某种显著变动。

工业产品的结构状况，为讨论这一时期的工业投资问题提供了一个便捷的起点——这较大程度也因为先前的研究者们，比如施皮托夫、霍夫曼，也曾使用这些结构变动数据来说明资本形成的过程。最为简单的分析程序是再

---

① 请参见以下文献：
（1）上引书；
（2）P. 约施托克（Jostock）：《德国国民收入的长期增长》，载《收入与财富研究论丛》，第5辑（伦敦，1955年）；
（3）R. 瓦根菲尔（Wagenführ）：《1860~1932年间德国工业发展趋势与国际范围的工业产量》，载《经济研究所专辑（第31辑）》（柏林，1933年）；
（4）卡尔·黑尔弗里希（Karl Helfferich）：《关于1888~1913年间德国国民福利的分析》（柏林，1913年）。【96】

② 博尔夏特：《关于19世纪上半叶德国资本缺乏问题的分析》，第218页。【97】

③ H. 布卢姆伯格（Blumberg）：《工业革命中的德国纺织业》（东柏林，1965年），第43~52页。【98】

次将注意力集中到普鲁士的数据上面，并且从对消费品和制造品进行区别开始工作。

表 101　　1804～1847 年间普鲁士 12 种商品年度工业价值估数　　单位：百万马克

商品名称		1804 年	1831 年	1842～1843 年[a]	1846～1847 年[b]
(1)	亚麻制品	30.0	75.0	79.2	84.6
(2)	毛织品	40.5	78.0	102.3	119.7
(3)	棉织品	14.4	59.7	111.0	106.5
(4)	丝织品	8.4	42.3	45.0	55.5
(1)～(4)	所有纺织品	93.3	255.0	337.5	366.3
(5)	金属	4.2	11.4	21.9	39.0
(6)	燃料	1.5	8.4	18.6	32.7
(7)	化学盐	1.1	4.8	15.4	4.2
(5)～(7)	矿产与金属	6.8	24.6	45.9	75.9
(8)	皮革制品	11.4	25.8	32.1	30.0
(9)	烟草	9.9	8.7	8.4	7.5
(10)	啤酒	9.3	16.5	18.6	18.9
(11)	葡萄酒	4.8	20.7	23.4	21.0
(12)	白兰地	10.8	36.6	32.7	29.7
(1)～(12)	总计	156.3	387.9	498.6	549.3
总资本货物[c]		11.4	32.7	56.6	86.7

a　“纺织品”数据是关于 1843 年的；“矿产与金属”的数据是关于 1842 年的。资料来自迪特里齐：《普鲁士国家的全体人民福利》。

b　关于 1846～1847 年间“纺织品”的数据来自：

(1) 布伦贝格（Blumberg）：《工业革命中的德国纺织业》，附录；

(2) G. 基希海因（Kirchhain）：《19 世纪德国棉纺工业的发展研究》（博士论文，明斯特大学，以私人影印形式出版）；

(3) 霍夫曼及其合作者：《19 世纪中叶以来德国经济发展》，表 7。

关于 1847 年“矿产与金属”的数据来自迪特里齐：《普鲁士国家统计手册》，第 342～346 页。【419】

c　资本货物 = 第（5）行 + 第（6）行 + $\frac{1}{2}$ × 第（8）行。

表 101 展示了关于工业产品价值的一系列估数。① 我们总共拥有 12 种商品的资料，其中 8 种纯粹是消费品，而其他 4 种（化学盐、燃料、金属

① 这些数据主要采自迪特里齐的《普鲁士国家的全体人民福利》和《普鲁士国家统计手册》。这里将葡萄酒和白兰地包括进“工业”产品的范围，从而，所研究的具体问题范围有所延伸。【99】

以及皮革制品）则从部分意义上说是消费品。如果我们将“资本货物”定义为所有金属与燃料产品的总和，再加上皮革制品的1/2，那我们就可以分析得到，资本货物产品的重要程度在相对上升，而上升的最大跃进发生于19世纪40年代——这部分地是由于，恰恰就是在这些用做比较基准的年间（1846~1847年间），消费品生产发生了相对停滞。然而，我们不可能从这些数据中体会到与所谓“起飞”相关的工业生产能力的根本性增长。将1913年的不变价格应用于纺织品、皮革制品、金属与燃料产品的价值计算，我们得到了表102所示的结果：当以不变价格计算时，制造品的扩张更为显著。当然，这里还必须做更多的工作，特别是关于19世纪30年代和40年代。这是因为，对于这些时间，将整个时期看做是准备时期或者说“前提条件”时期，都还是恰当的，至少从工业产品能力的角度上看是这样的；而如若从发生工业增长的视角来透视1850~1913年间
【420】的这一整个时期，以上这种“前提条件”模式套用显得尤为正确。表103给出了一些相关数据。我们试着观察一下，这个表的第3、第5和第6栏的指数值相对较低，我们由此可以试着找出，1850~1913年间这些工业制造品部门发展比整个德国工业快多少。作为这种飞速增长的结果，比如说，到1913年时，所有总产品中的4%是由采煤业单独生产的，而交通业又重新占到总产品中的一半。① 到这时，正是这些行业资本的生产能力决定着整个经济的增长潜能。

通常，从“资本货物”生产的角度来观察工业资本形成，能够为研究整个工业投资过程和工业产品增长过程提供有用的切入点。实际上，按照庞巴维克（Boehm-Bawerk）所使用的长期意义方法，资本积累的真正意义在于：生产手段作为产品本身，其数量在不断增长，并由此导致了一种更为迂回的生产方式。不过，这种思维方式也可能会对资本形成分析产生误导。如果研究工作同时牵涉到时间长度上属于中短期、性质上属于为资本形成提供资金来源的问题，研究者就需要适当采取更直接一些的，且为解决问题所必需的“当前牺牲”的分析方法（指要研究消费及消费产品——译者）。进而，在开放经济中，“资本货物”的产量还可以用于出口，并交换消费品货物，或者也可能是交换方向相反（指进口货物——译者）；还有，消费货物

① 霍夫曼及其合作者：《19世纪中叶以来德国经济发展》，第454~455页。诚然，交通部门自身也是既承担着为生产部门服务，同时也生产着消费品。读者可以参见霍夫曼这一著作第335页以下的一整节内容，还有与这方面内容有关的著作，见W. 霍夫曼：《工业化经济体系的增长》（曼彻斯特，1958年），由W. O. 亨德森（Henderson）与W. H. 查洛纳（Chaloner）翻译。【100】

的生产方式可能是极为资本密集型的，而资本品货物的生产又可能是极为劳动密集型的。因而仅仅是资本产量的数据，并不一定就会为我们提供所需方法。从这些情况来看，关于资本形成，我们以下的讨论转而采用前面所曾采用过的那种更常见的观念——认为维护或增加生产能力的支出活动都是资本形成活动，而不论最终产品的性质是什么。

表102　　1804～1847年间普鲁士若干工业品的产值

（1913年不变价）　　单位：百万马克

商品名称		1804年	1831年	1842～1843年	1846～1847年
（1）	亚麻制品	27.1	89.3	123.7	132.1
（2）	毛织品	34.3	61.4	91.3	99.8
（3）	棉织品[a]	2.6	37.5	80.4	76.1
（4）	丝织品	5.4	38.8	33.1	42.4
（1）～（4）	所有纺织品	69.4	227.0	328.5	350.4
（5）	金属[b]	1.9	11.5	23.5	27.3
（6）	燃料[c]	0.6	14.2	32.1	58.4
（7）	皮革制品[d]×0.5	7.6	19.8	26.7	28.3
（5）～（7）	总计	10.1	45.5	82.3	114.0
（1）～（7）	总计	79.5	272.5	410.8	464.4

a　数据来自G. 基希海因（Kirchhain）：《19世纪德国棉纺工业的发展研究》，第128页，将棉织品的权重置为其棉纱的3倍，并且从以下年份开始向内插值推算：1805年、1830年、1840年、1845年以及1850年。

b　价格数据来自雅各布斯（Jacobs）和里希特（Richter）：《1792～1914年间德国的批发价格指数》，第75页。

c　关于"无烟煤"价格的资料来源，同注b中所示。

d　关于"牛皮"和"小牛皮"价格的资料来源，同注b中所示资料，第76页。

不过，就工业资本形成而言，我们的研究起点应是德国工业而不是普鲁士工业。关于整个德国纺织工业的资本存量，已经有了若干估数结果，比较引人注意的是由布伦贝格、博尔夏特以及时间离我们更近的基希海因（Kirchhain）做出的估数①。以霍夫曼及其合作者、冯·菲巴恩（von Viebahn）以及迪特里齐等人已经完成的工作为基础，同时还依靠一些大胆假设（最突出的，就是使用纱锭和织机作为测量实物资本数量的基准），我

① 正如在上文表53的注b所指出的。【101】

们得出了表 104 的估数。①

根据表 104，在整个时期中——令人惊讶的是，在整个 19 世纪 40 年代也是这样——纺织行业积累资本的增长率达到每年 2% ~3% 的可观速度。以 1852 年为代表，我们发现这一年的估数为 5.88 亿马克，能够占到由霍夫曼及其合作者对整个工业资本存量所作估数的 11%，而同时，整个纺织行

【421】 业的受雇者也超过了所有工业劳工大军的 22%。

表 103　　1850 ~1913 年间德国若干工业部门的生产指数

（以 1850 年为基年，其相应指数值为 100）

年　份	(1) 所有纺织行业	(2) 食品与饮料	(3) 金属	(4) 建筑	(5) 采煤	(6) 交通	(7) 总产品	(8) 全部工业品
1850	17.7	20.4	1.5	14.7	2.7	1.7	19.5	9.5
1860	25.7	25.3	3.2	16.0	6.5	3.8	23.9	12.7
1870	31.9	30.9	7.5	20.1	13.9	8.9	29.2	18.8
1880	40.1	41.6	13.9	29.0	24.7	16.1	36.5	26.1
1890	65.0	53.3	23.8	45.6	36.9	27.9	48.7	39.9
1900	72.8	74.6	47.5	61.0	57.5	50.1	68.4	61.4
1913	100.0	100.0	100.0	100.0	100.0	100.0	100.0	100.0

资料来源：霍夫曼及其合作者：《19 世纪中叶以来德国经济发展》，第 390 ~392、338 ~342、

【422】 451 ~452 页。

表 104　　1820 ~1852 年间德国纺织工业资本存量

（当年价）　　单位：百万马克

时　期	棉织			毛织			麻织			丝织（总计）	总计
	纺纱	编织	总计	纺纱	编织	总计	纺纱	编织	总计		
1820	14.0	47.0	61.0	—	—	—	—	—	—	—	—
1830 ~1831	15.0	62.0	77.0	38.0	43.0	81.0	7.0	122.0	129.0	18.0	305.0
1840	26.0	124.0	150.0	48.0	69.0	117.0	7.5	126.5	134.0	23.0	424.0
1846	27.0	139.0	166.0	62.0	76.0	138.0	8.0	135.0	143.0	45.0	492.0
1852	45.7	152.0	197.7	68.0	111.0	179.0	9.0	148.0	157.0	54.0	588.0

【423】 资料来源：见正文，以及以下的附录。

这可能不仅反映出纺织生产具有资本密集程度低的特点，而且也是在提

① 关于进一步的细节，参见下文的附录 D。【102】

示，我们这里将某些最终产品部门排除在关于资本的计算之外，同时将许多只是部分时间工作的工艺人包括在雇用者的数目之中，是不是有些不恰当。很明显，我们仍然需要对估算工作中所存在的若干问题予以澄清。

以下的步骤就是要将这些关于德国整体的数据转换为关于普鲁士的，我们是在关于纱锭和织机在德国各邦的地区分布数据的帮助下完成这项工作的。① 表 105 展示了我们所需要的有关资本分布结构的数据，以及所估算的年产品总价值数据（估算以表 101 和表 102 的数据为基础）。看起来，在普鲁士纺织行业中，在 19 世纪前半叶，资本积累所取得的进展要比产品生产在速度上来得更快，这是一个有趣的事实（在很长时间以前，没有谁用统计资料来对它进行支持，它只是被卡尔·布林克曼偶然提到过），② 也需要引起我们的注意。

表 105　　1830～1852 年间普鲁士纺织业资本存量与年产值

单位：百万马克

时期	(1) 棉织	(2) 毛织	(3) 麻织	(4) 丝织	(5) 总计	(6) 年产品总价值
1830～1831	33.7	48.6	46.7	16.6	145.6	255.0
1840	66.7	69.6	48.5	21.2	206.1	316.2
1846～1847	74.1	83.3	51.8	41.5	250.7	366.3
1852	86.1	104.1	56.9	49.7	296.8	400.5

不幸的是，对于普鲁士的整个工业部门，我们不能给出任何关于产量和资本的可靠估数。相反，我们只能进入另一个投资和产量数据都得到很好保存的部门——即采煤业。关于鲁尔地区采煤部门的两篇专论，分别由在明斯特大学做研究的汉斯—于尔根·金克尔（Hans-Jürgen Kinkel）和卡尔·霍尔特弗雷里希（Carl Holtfrerich）所撰写，这使我们能够计算作为一个整体的普鲁士采矿业的投资流量和资本存量的情况。对于 1840 年和

① 所依赖的文献主要包括：

（1）G. 基希海因（Kirchhain）：《19 世纪德国棉纺工业的发展研究》（博士论文，明斯特大学，1971年，曾经以影印本形式由私人出版），第 115 页；

（2）布卢姆伯格（Blumberg）：《工业革命中的德国纺织业》，第 386～387 页，以及附录；【701】

（3）G. 冯·菲巴恩：《德国北部海关统计》，3 卷本（柏林，1962 年），第 3 卷。【103】

② 卡尔·布林克曼（Karl Brinkmann）：《19 世纪世界经济史中德国的地位》，载《经济史评论》，1933 年。【104】

1852 年而言，我们能够获得关于鲁尔地区重工业部门资本投入价值的颇为可信的估数；而且，在蒸汽能源马力数、机器价格指数以及产品产量数据等统计资料的帮助下，这些年份的数据能够外推到其他一系列时间点上。① 然后，我们就可以将这些资本价值数据结合起来，用于估算煤产量数据（正如在表 105 中对纺织业所做的那样）；进而，通过运用这种平均资本—产出比率的方法，我们还要估算所有那些包括在表 101 和表 102 中的行业总资本存量（并且，通过向外推算，来获得 1852 年的数据）。②

从这些数据出发，再进而估算这些部门的资本形成数量，只有一步之
【424】遥。我们认为，这一步很重要，因为这些行业所组成的样本，拥有可观的经济数量规模。仅纺织业和无烟煤行业，以 1846 年的情况论，所提供的就业岗位在德国全部工业部门中就占到 25%，而生产这 12 种产品的部门则提供着全部就业岗位的 1/3。对 19 世纪中叶的普鲁士而言，这两个行业类别则分别能在就业数目中占到 30% 和 40%。在实际迈出这一步时，我们通常还可能要使用折旧费用数据（曾经分别由基希海因和霍尔特弗雷里希对棉纺业和鲁尔地区的采煤业做出过计算），因为只有这样，我们才能够同时得到关于总投资和净投资的数据。然而，应该指出的是，就现有的信息条件而言，除了棉纺业以外，对纺织行业其他部门的净投资和总投资进行区分并不容易。在这些部门中，大部分资本都是**营运**资本，它们必须每年都得到更换；而且，每一次固定的成套与非成套设备扩张时，营运资本也得到扩张。在我们所拥有的资料中，本来折旧率数据就少，而这些数据可能是指所有资本总量的折旧率，或者也可能仅仅是指固定资本投资的折旧率。③

如果这些估数能够反映出在 1830 ~ 1850 年间普鲁士工业投资的真正

---

① 关于蒸汽动力变化指数再加上机器价格指数的变化在效果上能够将发生在采矿业中的投资活动很好地反映出来，我追随了霍尔特弗雷里希的提示。正如在正文中所曾说明，针对 1852 年与 1840 年，我们拥有由金克尔所做出的基准估数（相对独立地作为蒸汽动力数据的起源）；而霍尔特弗雷里希的著作曾经在上面提到过（见《19 世纪鲁尔地区经济历史的数量方面：关于一个领先地区的分析》）。【105】

② 关于这些估数能给我们提供什么信息，我们可以把它们与仅仅看做是数量大小的一种排序相比较，我们不应该认为得前者会比后者包含更多内容。之所以这样说，是因为估算中困难之处实多——我们仅只提到数据估算之中的一个困难点——资本产出比例会随着商业周期的变化而变化，而它在采煤行业中的数量表现也会和其他行业的真正表现有所不同。【106】

③ 表 107 将棉纺—煤炭行业的综合折旧率应用到了我们这里由 12 行业所组成的样本中来了。重置投资所反映的就仅仅是这种折旧支出，而营运资本则每年都得到更新——1852 年仅只是纺织行业的重置投资就能够达到 2 亿马克左右——对待它，并不是类同于以前关于种子投入相对农业部门的处理方式，而是将它们排除在外了；要不就是更进一步地把它们作为永久性资本存量的一部分来看待了。【107】

趋势，那么我们可以从中顺理成章地推论出，甚至是在“起飞”之前，整个普鲁士国工业资本积累速度也较为明显：在 19 世纪 30 年代，增长率大致在 4%，而在 19 世纪 40 年代增长率甚至更高（以当年价计——如果以 1913 年不变价计，则增长率约为当年价计的一半）。在这些年间，即使是资本增长率相对低的年份，其幅度也比这个国家的人口增长率高出很多。与之相对照的是，农业部门的资本积累速率则相对慢得多，1830～1850年间（当年价）年增长率低于 1.5%。不过，工业投资的绝对数水平和其他部门相对比则显得相对较小。比如说，从1830年至1849年，

表 106　　1830～1852 年间普鲁士工业资本存量估数

单位：百万马克

时　期	产品价值			资　本		
	纺织业[a]	采煤业	12 行业	纺织业	采煤业	12 行业
1830～1831	255.0	7.8	387.9	140.7	2.2	209.5
1840	316.2	19.7	470.1	198.4	8.1	286.8
1846～1847	366.3	22.2	549.3	241.4	15.1	362.5
1852	400.5	25.2	616.6	285.9	30.6	456.3

a　从国民生产总值的观点看来，由于在纺纱和编织生产步骤处理上存在混乱，数据中包含了不少重复计算。

资料来源：如同表 101～104，以及下文的附录。

以绝对数水平计算的农业资本增长幅度，是工业资本增长数（当年价计）的 4 倍；而在 30 年代，以 1913 年不变价计的农业年平均投资价值超过了工业投资水平的 10 倍，在 40 年代则要高出 6 倍。从这种潜力格局来看，农业生产率发生某一很小变动，或者农作物种植面积发生一次很小变动，就足以为在此期间工业生产能力上发生的变动提供“资源融通”服务——当然这种服务的实际发生也是有条件的，最关键的是要存在一个信息沟通良好的市场，它能够引导资源结构发生相应变化并继而推动形成“服务提供”的结果。①【425】

① 我们以前有这样的印象，普鲁士（以及德国）的经济发展会引发资本需求以及需要相应的资源对这种需求予以支持。通过以上的工作，我们确证了这一点。【108】

表 107　　1830～1852 年间普鲁士样本行业年均投资数

单位：百万马克

时　期	纺织和采煤业（当年价）			12 行业（当年价）			12 行业（1913 年不变价[a]）			价格指数 1913＝100
	净投资	重置投资	总计	净投资	重置投资	总计	净投资	重置投资	总计	
1830/1～1840	6.63	3.37	10.0	8.1	4.8	12.9	4.7	2.8	7.5	173
1840～1846/7	7.70	4.88	12.58	11.6	6.3	17.9	5.8	3.1	8.9	202
1846/7～1852	10.90	6.75	17.65	17.1	8.3	25.4	8.55	4.15	12.7	200

a　进行缩减所用价格指数采自霍夫曼及其合作者：《19 世纪中叶以来德国经济发展》，第
【426】572～573页。

8.6 小　　结

我们以上讨论的题材这么宽泛，我们几乎就不需要作什么总结。我们以分成若干要点的形式，对以下的趋势或特征进行辨识以便加深印象，应该说，我们对做到这点感到非常满足。这些特征很多反映在表 108 中。

表 108　　1816～1849 年间普鲁士年均净投资

（1913 年不变价）　　单位：百万马克

时　期	农　业	非农用建筑	交　通	工　业	总　计
1816～1822	86.5	28.7	7.0	2.8[a]	125.0
1822～1831	70.4	18.7	8.8	5.1[a]	103.0
1830/1～1840	109.6	52.0	22.5	5.6	189.7
1840～1849	59.9	69.2	73.7[b]	7.0	209.8

a　这是"猜测估算数据"，是使用产品价值数据将 1830～1849 年间的资本品价值趋势插值推算到 1816 年而得到的。

b　1840 年的铁路投资被算为 1 500 万马克。

（1）普鲁士经济——是德国经济体系中最为重要的部分——在 19 世纪的前半叶，明显地在产出一种剩余。这种剩余规模可观，并被转移到资本形成上了。将 1816～1849 年间作为一个整体，这一时期资本存量的增长数额在 50 亿马克（以 1913 年价计）左右。可以确切地说，这种增长总量，相对 1816 年的水平，是一种 100% 的增长幅度。这种资本积累当然也是普鲁

士经济史中的一个新现象。有趣的是，积累特别集中在1830~1850年间，而19世纪20年代反倒显示出一定程度的倒退。尽管这些数据反映了资本积累与经济增长的进展，却并不能够因为它们而对前于1850年的整个时期贴上任何诸如“工业革命”或“起飞发生”的标签。与1850~1913年间相比较，在更早时期发生的增长量是相对较小的。我们可以对照一下，在1816~1822年时期~1840~1849年时期，以普鲁士经济为研究对象，投资量（以1913年不变价计）增长了大约51%左右，而1851~1860年时期至1881~1890年时期，[①] 德国经济整体的投资总量相对增长程度却超过了200%！后者才是真正意义上的自我支撑、持续长久的经济增长。【427】

（2）1850年以前，普鲁士资本积累的主要承担者，很明显是农业投资（包括农业在建筑物上的投资）；只是，准确地说，在1850年前的20年间，即在1830~1850年间——是普鲁士资本总量积累最快的时期——它也衰退了。[②] 还有，农业投资水平不断发生着［摇摆变化（我们所摘引和估算的平均数也只是部分地反映了这种变化］。也许19世纪20年代发生的衰退，反映的就是历史学家所记录的“农业危机”。[③] 更为有趣的是，农业投资水平在19世纪30年代发生了大幅增长，而在40年代又发生了大幅下落。正如我们在上面所曾论述到的，这可能是农业部门生产效率变动和资本要求相对较高的综合反映：19世纪40年代发生了农业歉收，迫使农业生产者将他们原本用做剩余的资源转移到重置投资，甚至转移到消费上面，从而留给资本积累的资源就更少了。但在1850年以后，德国农业的这种弱点显然已经消失了。不过，正如我们（在8.2节）已经看到的，在1850~1913年间，农业资本的需求仍然很高，而与这种需求有关的投资活动仍然在持续不断地发生着较大程度的摇摆与波动。前后两个时期的真正差别在于农业部门影响经济体系其他部门的能力：等到19世纪结束时，农业的规模相对其他部门已经是相形见绌了，因为它的总积累水平明显地受到农业以外的其他方面因素

---

① 原文如此，这里“…1816~1822至1840~1849年…”可能是指增长率对1816年至1840年，1822年至1849年二者都适用；同样，“…1851~1860至1881~1890年…”则是指1851~1881年、1860~1890年间的增长率超过了20%。——译者注

② 政府对农业的补贴也应该计算到这种投资中去：1850年这种补贴的数量达到了4 202万马克。【109】

③ 关于这个问题，请参见以下文献：

（1）S. 冯·齐里亚齐—万特鲁普（von Ciriacy-Wantrup）：《农业危机与增长停滞：关于经济发展的长期波动问题的分析》，第17~102页；

（2）冯·芬肯施泰因：《1800~1930年间普鲁士与德国的农业发展》，第98~120页；

（3）A. 乌克（Ucke）：《关于19世纪20年代普鲁士农业危机的研究》（博士学位论文，哈勒大学，1887年）。【110】

的影响。

（3）从资本积累的组成来看，建筑投资（包括农业建筑物）才真正能称得上是主要形式。这一判断对整个19世纪都是正确的，尽管到1900年，相对建筑投资的份额而言，机器与设备投资所占份额飞速增长。作为客观事实，不同投资形式所占份额波动对整个经济体系产生了明显影响。对普鲁士而言，我们发现，在19世纪20年代全部总投资都发生了衰退；而在30年代，总投资扩张中的很大部分可以归结到建筑投资上面；在40年代，建筑投资继续保持增长态势，这种增长很大程度上弥补了这些年间农业投资的所谓坍塌。从整个19世纪来看，建筑投资变动的阶段划分看上去与经济整体变迁的阶段划分显现出某种差别。

（4）19世纪30年代，尤其是19世纪40年代，在社会超前资本方面的投资变得重要起来。如此看来，关于普鲁士或德国的工业化进程，那些强调在19世纪30年代和40年代所发生的基础设施投资——尤其是其中的铁路建设投资——的相对重要性的分析研究，是正确的（见411～417页）。我们还应补充的是，对德国而言，直至1913年，这种形式的资本积累的重要性一直都在持续。而且，我们的考察也还仅仅是处理了交通投资中的一部分，而没有顾及到社会超前投资中（其他类别中）的船运、卫生、教育以及研究支出。如果我们将所有这些都加到我们的估算数中，不论是绝对数水
【428】
平还是增长趋势都会增大。[①]

（5）19世纪的前半叶，工业投资增长显得非常缓慢——尽管看上去它比地位更重要的工业产出水平要增长得更快。甚至在19世纪40年代，我们所测量的工业净资本也都还达不到全部资本加总额的5%。而且即使是以上正文中所曾建议采用的2.5倍率（424～425页）[②] 被乘上去以后，得到的仍然是一个小比例（12.5%）。19世纪50年代，这种情况发生了根本性变化，工业资本存量开始以比全部资本存量高得多的速率增长。[③] 以这些数据为推

① 它们会增大多少仍是一个悬而未决的问题。1850年普鲁士在卫生、教育以及科研等领域中的公共支出总量达到了约1 000万马克，也就是说，在估算的净投资总量中占到了5%（在中央政府支出总量中也能占到5%）。参见博尔夏德：《1780～1850年间的政府开支与官方投资》，第200页。不过，无疑地，在这些支出中有一些也用在了投资活动上面了。【111】

② 原文如此，但原文424～425页似乎并没有这个所谓的“建议倍率”，可能是作者计算所隐含使用的但没有得到表示的一个倍率，也可能是指曾在这2页的某一参考文献中指涉过的一个倍率。——译者注

③ 将1852～1861年间（在普鲁士）的纺织与采煤业的增长综合考虑进去，我们所得到的年均增长率是6.2%，而与之相对照，关于所有资本的增长率的估数是3.5%左右（以现价计算）。【112】

论的出发点，我们颇怀兴趣地揣测，工业投资和社会超前资本——特别是铁路——的有效存量之间存在一定的关系。（我们还不禁要问）不仅仅是关于50年代和40年代，而且对整个19世纪，究竟在多大的程度上，前者在以一定时滞受到后者的影响而发生相应变化，这又牵涉到若干古老但仍没有解决的问题，诸如关于平衡增长与非平衡增长的争论，关于在总投资、工业投资结构和经济增长率之间所存在的关系等诸如此类的问题。①

（6）如果按照通常定义，净资本形成只占到所有旨在保持和增加德国生产能力的资源投入中的一部分。② 正如我们所曾看到的，农业部门以中间产品的形式吸收和附着了大量实物资本，交通运输与工业部门也是这样（尽管与前者相比，在份额上相对要更小）。我们看到，很多时候与工业化进程相关的技术变革和生产率提高，实际上被引到降低生产过程的资本需求上去了。学者们常常在关于工业化的叙述与分析中忽略这一点，但它值得我们密切关注。

附　录

我们对普鲁士农产品和投资的估算，主要是以格拉夫·冯·芬肯施泰因（Graf von Finchenstein）关于物质产品的产量数据以及雅各布斯（Jacobs）和里希特（Richter）关于农产品的价格数据的有关著作为基础来进行的。另外，关于动物产品以及各类家畜存货，参考了E. 恩格尔(Engel)的有关分析材料；关于屠宰牲畜种类以及其他各方面情况，依据的是W. 霍夫曼及其合作者的有关资料。农用建筑物的价值是通过向外推算而获得的，这种外推以霍夫曼及其合作者（针对1850年的德国）关于部门分配的数据以及在

---

① 关于试图使用霍夫曼及其合作者（文献《19世纪中叶以来德国经济发展》）的数据来讨论希尔施曼的论文，请参看D. 克莱门特（Klement）：《19世纪中叶德国资本存量的建造与结构变化》（蒂宾根，1967年）。在这一问题上还有必要做更多的工作。关于论文本身，请查看希尔施曼：《经济发展战略》。同时也请参见弗雷姆德林：《1840～1879年间的铁路建设与德国经济发展》。【113】

② 资本支出与资本成本之间应该存在区别，但在我们的研究过程中，这一区别只能不很完全地被觉察到，这样，关于所谓“真正的”折旧与维护成本——乃至真正的总投资——所达到的数量，我们的概念和结果也只能是较为粗略的。各种实际支出数据在这里的指示作用可能也不很完全，实际支出的概念方式也是指导性的。不过，这也不是说，在整个工业化时期，使用这些支出来进行估算就一定会非常明显并且是持久地低估真正的资本成本。这是因为，某些资本支出可能会进一步导致节约资本的生产率增长并由此影响将来的资本成本。【114】

正文中关于总价值的估数作为计算出发点。[①] 下面将逐步地展示这些基础数据。

【429】 在表109中，种植谷类作物的土地面积是从冯·芬肯施泰因所曾列示的有关数据中推算出来的，[②] 这位研究者曾经给出过关于1805～1816年间、关于1861年每一种作物以及所有全部作物的种植面积绝对量估数。冯·芬肯

表109 1816～1861年间普鲁士耕地面积：按主要作物划分

单位：万公顷

年 份	小麦	黑麦	大麦	燕麦	荞麦	所有谷类植物	马铃薯	作物种植总面积
1816	37.8	216.1	108.1	145.9	32.4	540.3	9.0	1 254.2
1819	39.6	222.7	107.8	147.9	35.4	—	15.0	—
1822	41.4	229.3	107.5	151.9	38.4	—	21.0	—
1825	43.2	235.9	106.7	154.9	41.4	—	27.0	—
1828	45.0	242.5	106.4	157.9	44.4	—	33.0	—
1831	46.8	249.1	106.1	160.9	47.4	—	39.0	—
1834	48.6	255.7	105.8	163.9	50.4	—	45.0	—
1837	50.4	262.3	105.5	166.9	52.4	—	51.0	—
1840	52.6	269.6	105.2	170.9	59.2	657.6	57.0	1 411.4
1843	53.8	275.7	107.6	171.4	64.0	—	64.0	—
1846	55.0	281.7	109.9	171.8	68.7	687.1	69.1	—
1849	63.2	287.7	105.3	175.4	70.2	701.7	74.3	—
1852	64.5	293.7	107.5	179.1	71.6	716.4	79.3	—
1861	68.5	319.5	98.9	182.6	91.3	760.7	92.6	—

施泰因给出了关于所有谷类作物种植面积的估数，当然，关于这些作物种植面积，他没有给出中断年份的数据，我们则应该通过内推的方法，以

① 参见以下文献：
（1）冯·芬肯施泰因：《1800～1930年间普鲁士与德国的农业发展》；
（2）雅各布斯和里希特：《1792～1914年间德国的批发价格指数》；
（3）恩斯特·恩格尔：《1800～1930年间普鲁士的牲畜饲养》，载《普鲁士王室统计局期刊》，第1卷，第8章（1861年）；
（4）霍夫曼及其合作者：《19世纪中叶以来德国经济发展》。【115】

【702】 ② 冯·芬肯施泰因，上引书，第100、248、329页。【116】

1805～1816 年间、1843 年以及 1861 年的比例数据对这些年份进行推算。类似地，种植马铃薯作物的土地面积数据也取自冯·芬肯施泰因，只是，这里将马铃薯种植面积从其他粮食作物中分开，需要我们应用一个既粗略而又具有关键作用的假定：假设马铃薯种植面积正在增长并且其增长率正在逐渐衰减至零。当然，还要设定初始增长率，为此我们需要进行大致的内推计算。

表 110　　1816～1849 年间每公顷耕地的种子投入

作物种类	蒲式耳	公斤
小麦	4.6	190
黑麦	5.4	208
大麦	5.3	183
燕麦	10.5	231
马铃薯	—	2 000

表 110 关于各种谷类作物种子使用量的数据来自冯·芬肯施泰因（所使用的从蒲式耳到公斤的转换比率值则取自雅各布斯与里希特）。关于马铃薯种植地种子投入的数据来自霍夫曼及其合作者。① 我们曾经（与冯·芬肯施泰因一样地）假定，在整个时期，在每公顷土地上的投入数都保持稳定。

表 111 采用了冯·芬肯施泰因做出的关于有关作物的热量和营养价值的估数，我们还顺便将它们的价格与黑麦价格联系起来，即认为饲料作物的价格是黑麦价格的 1/3，而针对芜菁类的估算，则以马铃薯的价格标准来进行。

在表 112 中，谷类作物草料的价格以黑麦价格的 1/10 来设定，其逻辑方法与表 111 中所曾使用的方法相类同。【430】

① 参见以下文献：
(1) 上引书，第 214～215 页；
(2) 雅各布斯和里希特，上引书，第 16 页；
(3) 霍夫曼及其合作者，上引书，第 291 页。【117】

表 111　　1816～1858 年间普鲁士饲料作物产量

年份	红花草、干草等			芜菁、甜菜等			
	物理产量（万吨）	当年价（百万马克）	1913 年价（百万马克）	物理产量（万吨）	当年价（百万马克）	价格指数	1913 年价（百万马克）
1816	1 813.0	799.5	975.0	—	—	—	—
1819	1 826.1	863.7	1 167.2	68.1	28.9	61	47.4
1822	1 839.0	500.2	1 020.8	136.3	46.9	50	93.8
1825	1 852.0	366.7	1 145.9	204.4	60.5	36	168.1
1828	1 864.9	708.7	1 288.4	272.5	72.5	38	190.8
1831	1 877.9	944.6	1 259.4	340.6	124.7	53	235.3
1834	1 890.8	606.7	1 145.0	408.8	127.5	45	283.3
1837	1 903.8	557.8	1 212.5	476.9	150.7	46	327.6
1840	1 916.7	736.0	1 247.4	545.0	183.7	49	374.9
1843	1 929.7	947.5	1 480.4	613.1	291.8	54	540.4
1846	1 942.8	1 107.4	1 165.6	681.3	314.8	67	469.9
1849	1 955.7	547.6	1 190.4	749.4	250.3	48	521.5
1852	—	—	—	—	—	—	—
1858	1 994.6	897.6	1 150.7	953.8	356.7	55	648.5

资料来源：

（1）物理产量来自冯·芬肯施泰因：《1800～1930 年间普鲁士与德国的农业发展》，表 14。

（2）价格数据来自雅各布斯与里希特：《1792～1914 年间德国的批发价格指数》，第 52 页及以后。

表 112　　1816～1861 年间普鲁士的草料产量

年　份	物理产量（万吨）	当年价（百万马克）	1913 年不变价（百万马克）
1816	619.2	82.4	100.4
1819	660.5	93.8	126.7
1822	702.4	57.6	117.5
1825	746.3	44.0	142.0
1828	792.1	90.3	164.2
1831	836.1	126.3	168.3
1834	882.8	84.8	159.9
1837	932.1	82.0	178.3
1840	981.0	112.8	191.2
1843	1 070.3	157.3	245.8
1846	1 166.2	199.4	209.9
1849	1 265.3	106.3	231.1
1858	1 585.8	214.1	274.5

【431】 资料来源：同表 111。

表 113　1816 ~ 1858 年间普鲁士动物产品生产

（1）牛奶生产

年份	奶牛数量（百万）	每头奶牛产奶量（千克）		牛奶产量（百万千克）	牛奶产值（百万马克）	
		A	B		当年价	1913 年价
1816	2.15	640	1 382	2 681.1	134.1	209.5
1822	2.36	700	1 402	2 972.2	133.7	234.6
1831	2.52	790	1 442	3 273.3	157.1	253.6
1840	2.79	880	1 482	3 719.8	185.9	290.6
1849	3.08	970	1 522	4 215.9	193.9	328.7
1858	3.24	1 060	1 562	4 561.0	332.9	382.7

资料来源：

（1）"每头奶牛产奶量 A" 来自冯·芬肯施泰因：《1800 ~ 1930 年间普鲁士与德国的农业发展》，第 262 ~ 263 页（用已有 1812 ~ 1858 间年数据内推计算）；"每头奶牛产奶量 B" 来自霍夫曼及其合作者：《19 世纪中叶以来德国经济发展》，第 304 页（用已有 1840 ~ 1849 间年数据进行内推计算，以及用已有 1816 ~ 1822 年间数据进行外推计算）。

（2）牛奶产量这样计算出来的，先使用上面的"每头奶牛产奶量 B"，同时也采纳（在上面提到的霍夫曼及其合作者的）文献资料所给出的"奶牛存量中有 90% 的部分为产奶者"这一提示。

（3）要对产值数据进行估算，先要知道 1816 ~ 1849 年间的价格估数资料，它们来自雅各布斯与里希特：《普鲁士国家的全体人民福利》，第 58 ~ 59 页所建立的奶油价格系列。

（2）牛肉生产

年份	肉牛数量（百万）	屠宰重量（公斤）	屠宰比例（%）	肉产品产量（百万公斤）	产值（百万马克）	
					当年价	1913 年价
1816	4.01	112	15	67.4	59.9	99.9
1822	4.25	121	14	72.0	46.1	112.4
1831	4.45	136	15	90.8	62.6	133.3
1840	4.98	155	15	115.8	78.7	171.2
1849	5.37	162	16	139.2	101.6	207.4
1858	5.49	180	16	158.1	148.6	265.4

资料来源：

（1）"肉牛数量" 来自恩格尔：《1800 ~ 1930 年间普鲁士的牲畜饲养》。

（2）"屠宰重量" 来自霍夫曼及其合作者：《19 世纪中叶以来德国经济发展》。

（3）"屠宰比例" 来自冯·芬肯施泰因：《1800 ~ 1930 年间普鲁士与德国的农业发展》。

（4）价格数据来自雅各布斯与里希特：《普鲁士国家的全体人民福利》。 【432】

（3）猪肉生产

年　份	肉猪数量（百万）	屠宰重量（公斤）	屠宰比例（%）	肉产品产量（百万公斤）	产值（百万马克）	
					当年价	1913 年价
1816	1.49	36	37	19.8	19.0	32.8
1822	1.60	37	40	23.9	14.1	39.2
1831	1.74	43	41	31.0	20.5	51.2
1840	2.24	47	47	49.5	34.2	81.3
1849	2.47	58	55	78.8	56.0	129.9
1858	2.58	55	55	78.0	94.4	147.3

资料来源：类同上表（2），“肉猪数量”来自恩格尔，“屠宰重量”来自霍夫曼及其合作者，“屠宰比例”来自冯·芬肯施泰因，价格数据来自雅各布斯与里希特。

（4）羊毛生产

年　份	产毛羊数量（百万）	每只羊产毛重量（公斤）	每公斤羊毛价格		产值（百万马克）	
			当年价	1913 年价	当年价	1913 年价
1816	8.3	0.75	5.8	148	36.1	24.4
1822	10.04	0.77	6.8	158	52.6	33.3
1831	11.8	0.80	5.5	127	51.9	40.9
1840	16.3	0.83	5.2	119	70.4	59.1
1849	16.3	0.86	5.5	129	77.1	59.8
1858	15.4	0.88	5.3	123	71.8	58.3

资料来源：类同表（2），“产毛羊数量”来自恩格尔，“每只羊产毛重量”来自冯·芬肯施泰因，价格数据来自雅各布斯与里希特。

表 114　　1816～1858 年间普鲁士动物产品总值

单位：百万马克

年　份	当年价	1913 年价
1816	249.2	366.6
1822	246.5	419.5
1831	292.1	479.0
1840	369.2	602.2
1849	428.6	724.7
1858	647.7	853.7

【433】　资料来源：同上文表 113。

表 115 所给出的有关价值量数据，使我们自己的估数和能够在相关文献资料中找到的关于产量产值的估数更为接近了。并且，就我们正文中所曾做

出的农业部门总投资具有重要性的评论而言，表中的数据可以用作对这一论点再次给予强调的证据。但是，人均产值增加 67%（以 1913 年价格计，从 1.578 亿马克增加到了 2.628 亿马克），仍显得相当高，高得令人生疑。

表 115　　1816～1849 年间普鲁士农业总产值与净产值

（1913 年不变价）　　单位：百万马克

年 份	(1)	(2)	总产品（总收入）		总产品（总收入）	
	农作物生产增量		在计算操作上		在计算操作上	
	马铃薯	燕麦	减（2）	减(1)与(2)	减（2）	减(1)与(2)
1816	6.9	254.6	1 338.1	1 331.2	1 117.7	1 110.8
1819	12.0	314.7	—	—	—	—
1822	17.0	276.2	1 652.9	1 635.9	1 415.1	1 398.1
1825	21.4	292.2	—	—	—	—
1828	18.7	401.8	—	—	—	—
1831	31.5	375.5	2 199.4	2 167.9	1 894.1	1 862.6
1834	36.3	390.7	—	—	—	—
1837	41.3	413.0	—	—	—	—
1840	45.8	427.8	2 687.6	2 641.8	2 331.4	2 285.6
1843	41.7	386.6	—	—	—	—
1846	38.1	293.5	—	—	—	—
1849	65.8	354.7	2 969.2	2 903.4	2 599.6	2 533.8

资料来源：见正文以及本附录，还有 A. 迈岑（Meitzen）：《1866 年前土壤与耕地在普鲁士全国土地总面积中的比例关系分析》，8 卷本（柏林，1868～1908 年间），第 3 卷，第 386～387 页。

前文的表 96 是以表 117 为基础进行估算和绘制的。

能找到的关于公路投资数量说明资料很少。另外，我们所拥有的关于公路网线长度的数据则显得相对更为可靠。必须将以上二者结合起来。以表 117 中第 5、6 栏的每公里投资比率的数据和表中（第 7 栏）的年均运营里程作为基础数据，我们可以将公路里程数量转换为价值量数据。对投资成本的计算，则遵循在计算建筑行业时所采用的成本方法路径。在 1851～1853 年间，我们给出的是直接估数（"直接"的意思是指不以其他估数为基础进行推算——译者）。这个表格关于新投资和总投资的估数结果都有可能会偏高。过高的原因在于，相对中央政府的成本开支而言，从当时地方和私人的道路建设支出过程来看，从做账到实际支付之间存在着时滞——正因为这样，我们在一些时间点上也进行直接估计。加多尔（Gador）给出了如表中所示的增长和成本数据。[①] 这些数据显示，在此期间（1817～1853 年间），全部公路里程的增长达到接近 16 000 公里——比我们对 1816～1852 年间增长所做出的增长估数要多出 3 000 公里——并且（在接受由加多尔所给出的相对更小的基数的情况下）增长的百分率为 430%，而与之对照，我们的增长百分率是 350%。进而，加多尔的数据也道出了与我们数据相近的建设成本（每公里在5 000～6 000 塔勒之间，或 15 000～16 000 马克之间），两个重置—维护成本也基本处在同一个数量级中。表 118 展示的内容是我们计算出来的，就反映投资水平而言，它们可谓是关于加多尔编制数据的进一步演
【434】算与解释（在正文中我们曾坚持采用我们自己的数据）。

表 116　　1816～1867 年间普鲁士建筑物数量

年份	具体的建筑种类						(7) 所有建筑总计
	(1) 教堂	(2) 政府	(3) 公共总计	(4) 私人住宅	(5) 工厂	(6) 农场	
1816	16 412	33 768	50 180	1 537 204	79 401	1 325 605	2 992 390
1819	16 844	40 774	57 623	1 570 805	83 834	1 426 882	3 134 144
1822	16 848	44 894	61 742	1 606 790	87 070	1 496 991	3 252 593
1828	16 914	50 791	67 710	1 674 929	91 436	1 600 531	3 434 606
1831	16 881	53 546	70 427	1 699 035	91 131	1 648 941	3 509 534
1834	16 915	56 618	73 533	1 739 975	95 949	1 730 857	3 566 781
1843	16 688	59 465	76 733	1 874 472	110 161	2 028 107	4 012 740
1849	16 896	63 559	80 455	1 945 182	115 194	2 157 204	4 298 035
1852	17 217	65 306	82 523	1 996 368	115 244	2 230 834	4 424 969
1855	—	—	83 953	2 035 657	115 922	2 276 077	4 511 609
1858	17 567	69 176	86 743	2 069 925	118 327	2 348 928	4 623 923
1861	18 018	69 818	87 836	2 105 053	120 402	2 377 087	4 690 378
1867	17 854	89 047	106 901	2 167 021	294 703	2 861 215	5 430 713

资料来源：
(1) 普鲁士王室统计局：《1849 年政府公布的数据与新闻消息》（柏林，1855 年）；
(2) 上引书；
【435】(3) 普鲁士王室统计局：《普鲁士国家统计资料》，第 18 章（柏林，1868 年）。

① 加多尔：《1814～1875 年间普鲁士在道路建设股票融资支持下道路工程发展情况》，第 70、123、130～131、134～135、137、143～144 页。【118】

表 117　　1817～1853 年间普鲁士普通道路与公路年均投资

时　期	年增长里程（公里）(1)	年投资价值额（百万马克）		总投资（百万马克）(4)=(2)+(3)	每公里投资额（百万马克）		年平均运营里程（公里）(7)
		新投资 (2)	重置投资 (3)		新投资 (5)	重置投资 (6)	
1817～1823	2 385	5.5	1.8	7.3	16 000	351	5 000
1824～1830	2 828	6.5	2.7	9.2	16 000	351	7 700
1831～1840	4 454	8.0	5.5	13.5	18 000	500	11 000
1841～1850	4 035	7.9	7.8	15.7	19 500	500	15 500
1851～1853	1 665	11.7	12.7	24.4	21 000	708	18 000

表 118　　根据加多尔数据测算的 1816～1853 年间普鲁士普通道路与公路年均投资

时　期	年增长里程（公里）(1)	年投资价值额（百万马克）		总投资（百万马克）(4)=(2)+(3)	每公里投资额（百万马克）		年平均运营里程（公里）(7)	
		新投资 (2)	重置投资 (3)		新投资 (5)	重置投资 (6)		
1816～1831	4 317	4.4	2.7	7.1	15 285	441	6 026	
1831～1846	6 237	7.5	5.1	12.6	18 000	450	11 303	
1846～1853	8 216	22.9	9.3	32.2	19 500	500	18 529	【436】

表 119　　1820～1852 年间德国纺织业资本存量

单位：百万马克

时　期	棉纺织			毛纺织			麻纺织			丝纺织（总数）	纺织业总数
	纺纱	编织	总数	纺纱	编织	总数	纺纱	编织	总数		
1820	14	47	61	—	—	—	—	—	—	—	—
1830～1831	15	62	77	38	43	81	7	122	129	18	305
1840	26	124	150	48	69	117	7.5	126.5	134	23	424
1846～1847	27	139	166	62	76	138	8	135	143	45	492
1852	45.7	152	197.7	68	111	179	9	148	157	54	588

表 120　　1830 ~ 1852 年间普鲁士纺织业资本存量

单位：百万马克

时期	棉纺织				毛纺织				麻纺织				丝纺织		纺织业总计
	A	B	C	D	A	B	C	D	A	B	C	D	A + C	B + D	
1830	18	25	50	62	63	38	46	43	85	7	33	122	92	18	140.7
1840	18	26	50	124	63	48	46	69	85	7.5	33	126.5	92	23	198.4
1846 ~ 1847	19	27	50	138	63	62	46	76	85	8	33	135	92	45	241.4
1852	22	45.7	50	152	62	68	46	111	85	9	33	148	92	54	285.9

【437】

对 1816 ~ 1849 年间普鲁士的工业资本形成进行估算会牵涉到以下数据和假设。

（1）关于德国纺织工业资本存量的估算，是以布伦贝格所给出的关于毛纺织和麻纺织行业的估数、以基希海因关于棉纺织行业的估数、以迪特里齐和冯·菲巴恩关于丝纺织行业的估数为基础而进行的。增长数据是以纱锭和织机的数据以及霍夫曼及其合作者关于（丝）产品的数据为基础，通过外推运算而获得的。①（参见表 119）。

（2）关于普鲁士在整个德国纱锭和织机数目中所占份额的估算，也来自这些数据来源，我们还在表 120 中给出了普鲁士纺织业资本的估数。

（3）平均资本—产出比的计算，使用了迪特里齐关于 1846 年和 1861 年的产出价值数据。② 这些数据还被用在以下数据的估算操作中：（a）早期的资本存量数据，对这一指标的估算做这种数据选择是因为，对这段时期我们只拥有迪特里齐的产出数据；（b）使用 1816 年和 1822 年的产品价值数据，内推计算 1804 年和 1831 年的数据；（c）估算由迪特里齐所提出的 12 种产品样本部门的资本存量数据，这种估算在正文中曾经讨论过。煤炭产品的价

① 参见以下文献：
（1）布伦贝格（Blumberg）：《工业革命中的德国纺织业》；
（2）基希海因：《19 世纪德国棉纺工业的发展研究》；
（3）迪特里齐：《普鲁士国家的全体人民福利》；
（4）迪特里齐：《普鲁士国家统计手册》；
（5）冯·菲巴恩：《杜塞尔多夫行政管辖区的地域分布与统计数据》；
（6）霍夫曼及其合作者，上引书。【119】
② 参见以下文献：
（1）迪特里齐：《普鲁士国家的全体人民福利》；
（2）迪特里齐：《普鲁士国家统计手册》。【120】

值数据来自迪特里齐和霍尔特弗雷里希。[①] 采煤业的资本存量数据来自上文的表73。关于此表格中两个指标的估数曾是这样获得的，以蒸汽动力和煤炭产品的地区分布数据为基础，将鲁尔地区的2个数据用外推法推算到整个普鲁士地区。[②] 然后，再以煤炭和纺织行业的加权平均数为基础，用外推法推算到整个12种产品样本。

表121　关于1830~1855年间普鲁士采煤业蒸汽动力与资本存量的年度估数

时　期	蒸汽动力（马力）		资本（百万马克）	
	鲁尔	普鲁士	鲁尔	普鲁士
1830~1831	—	1.350	0.90	2.19
1837	—	2.354	—	2.81
1840	—	—	4.50	8.14
1843	—	6.930	—	13.48
1846	—	9.555	—	15.14
1849	—	13.695	—	29.69
1851	9.845	16.845	—	28.55
1852	11.569	18.490	18.75	30.56
1855	14.329	24.748	24.126	38.12

（4）重置投资的估算使用了以下方法和数据：（a）关于采煤业，估定在4%的折旧率它是由霍尔特弗雷里希给出的；（b）关于纺织业整体，估定在5%的固定资本折旧率它是由基希海因针对棉纺行业提出的。[③] 关于在总资本中固定资本所占的份额，采自基希海因和布伦贝格。[④] 丝织业也采用了和棉纺业一样的折旧比率。 【438】

① （1）迪特里齐：《普鲁士国家的全体人民福利》；（2）霍尔特弗雷里希：《19世纪鲁尔地区经济历史的数量方面：关于一个领先地区的分析》。【121】

② （1）迪特里齐：《普鲁士国家的全体人民福利》；（2）迪特里齐：《普鲁士国家统计手册》；（3）恩格尔：《蒸汽动力时代》。【122】

③ （1）霍尔特弗雷里希，上引书，第152页；（2）基希海因，上引书，第122页。【123】

④ （1）基希海因，上引书；（2）布伦贝格，上引书。【124】

表 122　1804～1852 年间普鲁士若干行业的资本存量、总产值与折旧费用

单位：百万马克

时　期	纺织和采煤业				12 种样本行业组成的整体			
	资本	产品价值	资本—产出比	折旧支出	资本	产品价值	资本—产出比	折旧支出
1804	—	—	—	—	—	162.6	—	—
1816	—	—	—	—	99[a]	226[b]	0.44[a]	1.70
1822	—	—	—	—	132[a]	270[b]	0.49[a]	2.20
1830～1831	142.9	262.8	0.54	2.44	209.5	387.9	0.54	3.56
1840	206.5	335.9	0.61	4.31	286.8	470.1	0.61	6.02
1846～1847	256.5	388.5	0.66	4.63	362.5	549.3	0.66	5.60
1852	316.5	425.7	0.74	8.04	456.3	616.6	0.74	10.04

a　以资本与产出比的变化率为基础进行外推计算。

【439】 b　使用 1804 年和 1831 年的产品价值数据进行内推计算。

表 123　1851～1892 年间鲁尔地区资本存量与蒸汽动力情况

年　份	(1) 资本存量（塔勒）	(2) 蒸汽动力（以马力计）增长率（%）	(3) 价格指数	(4) 价格变化率（%）	(5) [=(2)+(4)]
1851	—	—	179.6	—	—
1852	6 250 000	17.5	175.4	-2	15.5
1853	7 218 750	12.8	168.5	-4	8.8
1854	7 854 000	0.4	171.1	2	2.4
1855	8 042 496	9.3	199.7	17	26.3
1856	10 157 672.45	23.4	211.6	6	29.4
1857	13 144 028.15	21.4	205.7	-3	18.4
1858	15 562 529.33	18.6	190.7	-7	11.6
1859	17 367 782.73	6.8	188.6	-1	5.8
1860	18 375 114.13	13.2	167.1	-11	2.2
1861	18 779 366.64	6.9	163.3	-2	4.9
1862	19 699 555.60	10.3	158.9	-3	7.3
1863	21 137 623.16	1.6	154.3	-3	-1.4
1864	21 433 549.89	4.4	159.7	4	8.4

续表

年份	(1) 资本存量(塔勒)	(2) 蒸汽动力(以马力计)增长率(%)	(3) 价格指数	(4) 价格变化率(%)	(5) [=(2)+(4)]
1865	23 233 968.08	9.0	159.4	-0.19	8.8
1866	25 278 557.27	12.1	161.5	1	13.1
1867	28 590 048.27	8.7	163.3	1	9.7
1868	31 363 282.95	5.0	158.9	-3	2.0
1869	31 990 548.61	4.0	152.2	-4	—
1870	—	10.6	152.2	—	10.6
1871	35 381 546.76	11.8	148.8	-2	9.8
1872	38 848 938.35	12.9	151.4	2	14.9
1873	44 736 430.16	12.0	161.5	7	19.0
1874	52 118 541.89	15.5	196.1	21	36.5
1875	72 506 809.68	16.5	203.4	4	20.5
1876	87 370 705.67	4.5	168.7	-17	12.5
1877	98 292 043.87	8.0	149.3	-12	-4.0
1878	102 223 725.63	1.1	136.9	-8	-6.9
1879	109 277 162.70	2.0	132.5	-4	-1.0
1880	110 369 934.32	7.4	128.2	-3	4.4
1881	115 226 211.43	1.1	121.9	-5	-3.9
1882	119 720 033.68	5.6	132.6	9	14.6
1883	137 199 158.60	5.9	122.9	-7	-1.1
1884	138 708 349.34	7.4	129.5	5	12.4
1885	155 908 184.66	7.4	122.9	-5	2.4
1886	159 649 981.09	0.7	115.5	-6	-5.3
1887	168 111 430.09	-2.0	109.8	-5	-7.0
1888	179 879 230.20	4.0	113.4	3	7.0
1889	192 470 776.31	9.9	108.0	-5	4.9
1890	201 901 844.35	5.8	111.1	3	8.8
1891	219 669 206.65	8.7	121.7	10	18.7
1892	260 747 348.30	8.3	131.5	8	16.3 【440】

表 124　　1817 ~ 1858 年间普鲁士和德国的人口状况

单位：万人

年　份	普鲁士		德　国
	总人口数	农业人口数	
1816	1 034. 9	704. 0	—
1817	1 057. 2	—	2 500. 9
1822	1 166. 4	781. 0	2 685. 1
1828	1 272. 6	—	2 886. 3
1831	—	852. 0	—
1834	1 350. 8	—	3 046. 7
1840	1 492. 9	911. 0	3 262. 1
1846	1 611. 3	—	3 461. 6
1849	—	962. 0	—
1852	1 693. 5	—	3 586. 4
1858	1 774. 0	—	3 683. 1

资料来源：

(1) 普鲁士整体的人口数据来自普鲁士王室统计局：《普鲁士政府统计年鉴》，第 5 卷（1833 年），第 73 页；

(2) 普鲁士农业人口的数据来源于霍夫曼及其合作者：《19 世纪中叶以来德国经济发展》，第 172 ~ 173 页，表 1（包括阿尔萨斯—洛林地区）；

(3) 德国人口的数据是参照霍霍斯特（Hohorst）《1816 ~ 1914 年间普鲁士人口变化与经济发展》一文以及上文表 90 所使用的城市人口数据而估算得出的。

【441】

第九章

德国工业化进程中的劳动力

9.1 劳动力的规模与结构

通常认为，德国的工业革命始于19世纪40年代，但是，它最初产生的影响却集中在特定的区域，以至于其人口数量从1750年的1 500万人增长到1850年的3 500万人时，就带来了极大的生存压力。① 人口迁出从19世纪40年代开始，这种迁出使每年的人口增长率从1815～1843年间的1%降低到1843～1871年间的0.7%。接着，工业化进程的铺开使得人口年均增长率在1871～1890年间恢复到1%，1890～1914年间又继续上升到不低于1.4%的水平，到1914年，人口绝对规模已达到了6 700万人。②

① 除非是做出特别说明，所有关于德国的指称，都是基于1914年9月1日的国界状态而言的。【1】

② 参见约翰·E·克诺德尔（John E. Knodel）：《1871～1939年间德国生产力的衰退》（普林斯顿，1974年），第32页。【2】

在很大程度上，正是食品价格决定了西部和南部的100万移民在1860年之前的迁出时间。黑麦价格在经历了1846~1848年间和1853~1855年间的两次上涨后，达到了前所未有的高度。在19世纪60年代，当土地开垦停止后，德国东部的迁出移民迅速增长。1871~1873年间发生的国内经济繁荣则在德国西部刺激形成了国内迁徙，但是并没有对东埃尔伯根（East Elbia）迁往美国的移民潮施加多少影响。国内迁徙和外国移民使得1874~1878年间物价的暴跌有所缓和。1879年以后，美国经济开始复苏，与此同时，德国东部的农业陷入萧条，这都使原来由环境压抑导致迁出的移民储备得以释放。1880~1885年间，当迁出移民数量达到100万时，迁出移民人口比率也达到了4‰。不过，1886~1890年间，德国经济快速复苏，这又使得净迁出移民比率下降到1.4‰，同时，国内人员流动迅速增长。迁出移民比率的再次增长发生在1891~1893年间，当时德国经济陷入萧条而美国经济开始繁荣。然后，经济形势的波动很快又使德国在1894年之后成为移民净输入国家。1894年之后，德国不仅在东部地区吸收了大量剩余劳动力，而且吸引了大量来自波兰和意大利的季节性或短期性的迁入者。到第一次世界大战结束时，大约有120万外国工人在德国工作，至少占据了农业劳动力的8%，非农业劳动力的4%。①

19世纪末期，国内流动人员在总人口中的比例达到了很高水平，在
【442】1907年的人口职业普查中，国内流动人员占到总人口的50%。作为原因之一，这有助于解释为什么城市人口从1850年的20%增长到1910年的60%。1907年，在42个人口超过10万的大城市中，至少有2/3的人是新近迁入者。②

大量人员流动导致地方年龄结构发生了明显变化，城市人口中青壮年劳动力不断增长，而农村青壮年劳动力则在下降。但是，正如表125所示，1914年以前，整个国家范围的人口年龄结构却显得相对稳定，这一点尤为引人注意。表126中的有关数据所显示的是最早进行工业化的邦——萨克森（Saxony）的人口结构历史。从19世纪早期以来，这种结构一直都处于一种

① 参见以下文献：
(1) 上引书，第190页；
(2) J. 库青斯基：《资本主义统治下的劳工状况史》，共38卷（东柏林，1961~），第4卷，第318~319页；
(3) 德国皇家统计局：《德意志帝国统计》，第2卷，第211分卷，第304、307页。【3】
② W. 克尔曼：《工业化、国内移民与“社会问题”：19世纪德国大工业城市兴起史》，载《社会与经济史季刊》，第45卷（1959年）。【4】

相对稳定的状态。

表 125　　1852～1939 年间德国人口年龄结构　　单位：%

年　份	14 岁以下	14～64 岁	65 岁及以上
1852[a]	32.7	63.2	4.1
1911	32.1	63.0	5.0
1925	23.7	70.5	5.8
1939	21.6	70.2	7.7

a　1852 年的数据仅指普鲁士。

资料来源：W. G. 霍夫曼及其合作者：《19 世纪中叶以来德国经济发展》（柏林，1965 年），第 177 页。

表 126　　1834 年、1890 年萨克森地区人口年龄结构　　单位：%

年　份	15 岁以下	15～60 岁	60 岁及以上
1834	32.9	60.3	6.8
1890	33.7	59.2	7.1

资料来源：布拉施克（Blaschke）：《1830～1890 年间萨克森地区的工业化与人口状况》，收入《19 世纪国土规划》（区域历史研究，序列 5）（汉诺威，1965 年），第 91 页。

年龄结构的相对稳定掩盖了 1890 年以后出生率和死亡率的迅速变化。粗略计算的出生率，在 1890 年前的一个世纪的时间里一直都围绕着 37‰上下波动，然后从 1886～1890 年间的 36.5‰下降到 1906～1910 年间的 31.7‰。粗略计算的死亡率，从 19 世纪早期开始，在 24‰～30‰之间波动，并从 1886～1890 年间的 24.4‰下降到 1906～1910 年间的 17.5‰。这种下降着的死亡率，特别是婴儿死亡率的更大程度的下降，在第一次世界大战前的几十年间，正好抵消了出生率的下降，从而使人口年龄结构保持稳定。在 1914 年以后，情况不再是这样。在 1906～1910 年间以及 1936～1939 【443】
年间，粗略计算的死亡率的下降速度仅是出生率下降速度的一半。正如表 125 和表 126 所示，这种下降速度的差异（死亡率相对地维持于高水平）强化了战争影响；并且，至少是对 20 世纪而言，导致了年龄结构第一次出现重大变化。

表 127 说明，劳动参与比率首先是年龄结构的函数。一直到 1914 年，这些粗略计算的比率值都保持稳定。在 1907 年，人口职业普查中劳动者的巨大增长很大程度上是虚假的。它将“亲友助手”也转而登记为职业劳动者——这些人主要是农民家庭成员——并反映在劳工队伍中；也就是说，将

他们从“依附劳务者”类别之中转移到了“有收入职业者”的类别之中了。

表 127　　1882～1925 年间人口的劳动参与率　　单位：%

年　份	所有人		男性		女性	
	总数	除去亲友助手	总数	除去亲友助手	总数	除去亲友助手
1882	41.6	37.5	60.5	56.1	23.5	19.6
1895	42.4	38.7	60.1	57.6	24.3	20.5
1907	45.2	38.2	61.9	57.4	29.7	19.6
(1907)[a]	(45.7)	(38.9)	(61.4)	(57.8)	(30.5)	(20.5)
1925	51.3	42.6	68.0	63.7	35.6	22.8

a　1907 年的括号中数据是与 1925 年的地域边界相同。

资料来源：H. J. 普拉策（Platzer）：《德国劳动人口的增长率》，载《国民经济与统计年鉴》第 135 册（1931 年），第 330 页。

由于战争以及它所带来的领土损失，人口也从 1913 年的 6 700 万人降到 1925 年的 6 300 万人。表 128 显示，尽管发生了这一下降，同时在 1907～1925 年间，14～40 岁的男性劳动参与率也有轻微的下降，但在第一次世界大战之后的时间里，劳动力规模始终保持着增长态势，这主要是因为人口的年龄结构也发生了变化。

表 128　　1913 年、1925 年的人口与劳动力规模　　单位：百万

年　份	人　口	劳动力	
		总数	非农业
1913	66.98	30.97	20.27
1925	63.17	31.03	21.25

资料来源：W. G. 霍夫曼及其合作者：《19 世纪中叶以来德国经济发展》，第 174、第 204～205 页。

从表 129 中可以看出，1907～1925 年间，对于年龄处于18～50 岁的女
【444】性来说，参与工作的比率有所上升。这主要是由于战争引起了劳动力性别比率的变化，即战争使得处于 25～35 岁这一特别敏感的年龄段的单身女性上升了近 20%。而正是这种单身状况迫使她们继续工作。在 1939 年之前的半个世纪中，非农业部门中女性劳动力数量的增长是非常缓慢的，如表 130 所示。

表 129　　1907 年、1925 年各特定年龄人口的劳动参与率　　单位：%

<table>
<tr><th rowspan="2">年　龄</th><th colspan="2">男　性</th><th colspan="2">女　性</th></tr>
<tr><th>1907 年</th><th>1925 年</th><th>1907 年</th><th>1925 年</th></tr>
<tr><td>14 岁以下</td><td>1.8</td><td>1.7</td><td>1.4</td><td>1.3</td></tr>
<tr><td>14 ~ 16</td><td>77.4</td><td>72.4</td><td>58.0</td><td>52.0</td></tr>
<tr><td>16 ~ 18</td><td>89.1</td><td>88.9</td><td>73.1</td><td>72.1</td></tr>
<tr><td>18 ~ 20</td><td>93.3</td><td>93.6</td><td>74.1</td><td>77.4</td></tr>
<tr><td>20 ~ 25</td><td>95.5</td><td>95.0</td><td>62.0</td><td>67.8</td></tr>
<tr><td>25 ~ 30</td><td>97.6</td><td>97.2</td><td>40.5</td><td>48.1</td></tr>
<tr><td>30 ~ 40</td><td>97.7</td><td>97.5</td><td>34.7</td><td>39.5</td></tr>
<tr><td>40 ~ 50</td><td>96.2</td><td>96.8</td><td>37.1</td><td>38.1</td></tr>
<tr><td>50 ~ 60</td><td>90.5</td><td>92.4</td><td>37.7</td><td>37.3</td></tr>
<tr><td>60 ~ 65</td><td rowspan="2">71.2</td><td>79.7</td><td rowspan="2">30.7</td><td>31.9</td></tr>
<tr><td>65 ~ 70</td><td>61.6</td><td>23.7</td></tr>
<tr><td>70 岁以上</td><td>38.8</td><td>35.1</td><td>15.5</td><td>12.9</td></tr>
</table>

资料来源：普拉策：《德国劳动人口的增长率》，第 337 页。

表 130　　1882 ~ 1939 年间总劳动力中女性所占比例　　单位：%

年　份	工　业	贸易和商业
1882	18	19
1907	19	25
1925	22	30
1939	23	35

资料来源：J. 库青斯基：《资本主义统治下的劳工状况史》，第 18 卷，第 204 页。

表 131　　1852 ~ 1939 年间劳动力部门分布情况　　单位：%

年　份	农　业	工　业	服务业
1852	55	25	20
1880	49	30	21
1910	36	37	27
1939	27	41	32

资料来源：W. G. 霍夫曼及其合作者：《19 世纪中叶以来德国经济发展》，第 202 ~ 204 页。

表 131 则指出了劳动力在不同部门之间的分布状况变化。在工业化之 【445】
前，第三产业劳动力被纳入到经济统计数据中的部分相对较少，因而这种增长率在一定程度上是不真实的。不过，某一些数据还是具有参考价值的。表

中显示，在1850～1939年间，第二产业和第三产业表现出相似的增长率。在战争期间，服务业的增长要比工业的增长快得多，但这主要是由于纳粹政府对官僚体系和武装部队的影响造成的。就第二产业和第三产业劳动力分布所受影响来说，与两次产业之间发生的人员净变动相比，两次产业内部变化所带来的影响要更大。如表132所示，在工业内部，服装和纺织品的份额从1846年的47%下降到1939年的17%，金属和采矿业的份额则从12%上升到1939年的37%。如表133所示，在第三产业内部，家庭服务业的份额下降得更快。

表132　1846～1939年间工业劳动力的部门分布情况　单位：%

	1846年	1913年	1939年
煤和钢	3	11	7
采石和黏土	4	7	5
机械和材料	9	22	30
化工、燃气和水	—	3	6
建筑	10	15	15
纺织	22	10	10
服装	25	9	7
皮革	2	2	1
餐饮	13	12	10
木材	11	6	5
造纸和印刷	1	5	5
总　计	100	102	101

资料来源：霍夫曼及其合作者：《19世纪中叶以来德国经济发展》，第194～199页中有关数据计算（1913年与1939年的数据经过了四舍五入处理）。

表133　1849～1939年间第三产业内部的劳动力分布　单位：%

时　期	运　输	贸易、银行、保险、餐饮	家庭服务	其他服务（包括国防服务）
1849～1858	1.1	5.0	9.3	4.8
1910～1913	3.6	11.0	5.2	7.2
1939	5.2	12.4	3.8	10.2

【446】 资料来源：霍夫曼及其合作者：《19世纪中叶以来德国经济发展》，第35页。

在人口统计中，如果技能的定义发生改变，会使得关于劳动力技能结构的长期比较变得更复杂。由职业普查报告中所给出，1895～1907年间，非农产业的“熟练”工人比例从 61% 下降到了 59%，之后则相对稳定。而在 1933 年的人口统计中，如表 134 所示，工业部门的男性劳动力，有 49% 是熟练工人，21% 是半熟练工人，30% 是非熟练工人。由于引入了“半熟练”工人类别，从而将与 1907 年进行直接比较的可能性给排除掉了。也正由此，表中这些数据也并不能够显示出一个明确的变化趋势。从工资差异上所显现出的关系来看，半熟练工人也许更接近于非熟练工人而不是熟练工人。不管怎样说，由于建立在各种单个行业与单个企业基础之上的数据具有分散性，这会使得人们对从 20 世纪初期之后一段时间内技能结构相对稳定的印象有所强化。从表 135 中可以看出，占重要地位的机械行业，技能结果就表现出这种趋于稳定的趋势，而在电气行业中，西门子公司 1930 年的工人技能程度结构也与 1914 年基本相同。① 【447】

表 134　　1933 年男性劳动力的技能分布

	熟练技工		半熟练技工		其他	
	千人	百分比	千人	百分比	千人	百分比
煤矿业	192	46	64	16	158	38
石和黏土业	76	27	66	23	138	50
铁矿业	58	30	80	42	54	28
铸造业	11	29	14	39	12	32
钢、铁、金属制品	127	60	47	22	37	18
机械	233	64	78	21	56	15
电子	56	56	24	24	20	20
光学	25	67	7	14	5	15
化学化工	33	25	18	14	80	61
纺织	51	18	152	52	89	31
纸业	21	22	30	32	44	46
油印（出版）	80	70	8	7	26	23
皮革	17	36	18	36	14	28
橡胶	4	20	6	29	10	51
木材	128	54	42	18	65	28
音像制品	5	49	3	28	2	24
餐饮	251	61	46	11	113	28
服装	82	64	30	24	16	13

① J. 科卡（Kocka）：《以 1847～1914 年间的西门子公司为例证说明企业管理与企业雇员状况》（斯图加特，1969 年），第 337 页注 7，第 338 页注 11。【5】

续表

	熟练技工		半熟练技工		其　他	
	千人	百分比	千人	百分比	千人	百分比
建筑	342	58	54	9	193	33
水、燃气、电	41	43	31	33	23	24
洗衣	41	82	4	8	5	10
总计	1 874	48.6	821	21.3	1 160	30.1

资料来源：德国皇家统计局：《德意志帝国统计》，第 2 卷，第 462 分卷，第 3 节，第 10 部分。

在曾经进行过的一项主题为“选择与适应（Auslese und Anpassang）”的劳动力调查中，有许多调查者从那些极端而又引人注目的例证中总结一种偏颇论点，即认为，从技术上看，熟练技术工人即将大面积过时。就我们能够得到的证据而言，尽管数据质量本身有着不确定性，但事实还是不大支持这种说法，如果再结合观察第一次世界大战前夕的主流演变趋势，就更是应该摒弃之。①

表 135　1914 ~ 1933 年间机械工业工人的技能结构　单位：%

年　份	熟练技术工人	半熟练技术工人	非技术工人	学徒及其他
1914	50.9	20.2	14.7	14.2
1920	44.3	18.7	16.5	20.5
1925	49.4	19.1	12.7	18.8
1933	64[a]	21	15	—

a　1933 年的“技术工人”之中包括了学徒工。
资料来源：J. 库青斯基：《资本主义统治下的劳工状况史》，第 5 卷，第 173 页。

看来，整个社会工人技术水平的状况，更多地受到行业间技术水平结构变化的影响，而相对较少地受各行业内技术水平变化的影响。1846 ~ 1939 年间，金属行业重要性相对增长，同时这个部门熟练劳动力在比例上占了绝大多数；而纺织业地位相对下降，同时它的熟练劳动力的比例也较低。从这里我们看到，行业地位变化会对社会全体劳工技术水平的结构状况造成非常

① 比如说，参见 D. 兰德（Lande）带着兴奋情调的叙述，见于《20 世纪初期机械制造业的劳工与工资状况》，载《各社会政治团体论文集》，第 134 卷（1910 年），第 322 页及以后。【6】

明显的影响。①

讨论劳工技术结构绝不能忽略白领阶层规模的增长，从 1882 年到 1939 年，白领工人所占比例从 12% 增长到 27%。表 136 反映出白领工人的绝对数字增长了近 7 倍，而蓝领工人只增长了 2 倍。

表 136　　1882～1939 年间白领与蓝领工人人数　　单位：百万

年　份	白　领	蓝　领
1882	1.2	9.8
1895	2.1	11.3
1907	3.3	13.5
1925	5.5	16.2
1933	5.6	16.4
1939	7.7	17.5

资料来源：J. 库青斯基：《资本主义统治下的劳工状况史》，第 5 卷，第 37 页。

白领阶层的增长是刺激女性劳动力增长的一个因素，因为这时女性钦羡于白领阶层并向这种职位聚集。白领阶层的增长也反映了企业平均规模的相 【448】
应增长，因为白领员工的比例直接地随着企业规模的增大而增加。受雇于雇用人数在 50 人以上的企业的劳工占全部劳工队伍人数中的比例从 1882 年的 26% 上升到了 1907 年的 46%。②

9.2　劳动力的招募

非农产业的净劳动力供给，从 1850 年的 10 万人增加到 1913 年的约 40 万人。单个工业企业劳动力的净进入比率，以一定的敏感度受到经济周期的影响，并随之上下波动。由于不受商业周期的影响，商业、银行、保险的雇员数目增长相对稳定，运输业则比商业更容易受到周期因素的影响，但它比工业的敏感性要弱一些。以上就是 5 个重要的行业部门的受雇劳动工人数目的

① 作者用这两个行业的例子来说明，一是部门内企业间的技术水平差异较小，二是从这两行业看，行业间的技术水平差异大，而且受到行业地位的强化。由于行业地位本身决定着总技术水平结构的加总权重，因此，整个社会工人技术水平结构更多地是受行业间结构的影响。——译者注

② L. 冯·宾科斯基（von Bienkowski）：《关于电缆线制造厂工人群体劳动能力与生产效率的调查》，载《各社会政治团体论文集》，第 134 卷（1910 年），第 4 页。【7】

波动情况。一般来说，餐饮业受周期影响较小。服装和纺织业在1860年以前受周期的影响较大；但随着生活条件改进和需求收入弹性下降，它们也逐渐不受影响。剩下的3个主要的行业部门——建筑、机械和煤炭开采——其工人的进入率，越来越受到经济波动的冲击。例如机械行业，雇员的净增长率在1875～1885年间不到1%；1885～1890年间则高达7%；这个比率一直到1895年基本都保持不变；之后，在1895～1900年间，这种增长率达到了创记录的8%。煤矿工人的数目也经历了这种类似的剧烈波动。①

从短期来看，有记录的单个工业企业劳动力进入率的最显著变化发生在第一次世界大战期间。在雇用工人超过10人的普鲁士企业中，化学工业劳动力每年增长25%，机械工业每年增长15%。克虏伯（Krupp）公司的劳工人数，从1914年10月的34 000人增加到1918年10月的100 000多人，蒂森（Thyssen）公司在米尔海姆（Mülheim）的劳工人数，从3 000人增加到27 000人。这种变化的突然性与大幅度增加，特别是女性的比例增加了近1倍，远远超过了人们所熟知的和平时期变化。不过，关于这一时期劳工管理所产生的影响仍未获得充分研究，但这种研究应该能帮助揭示出第一次世界大战前劳工所处的社会经济环境。②

研究者们并不能从已有数据中推断出和平或战争时期单个工业企业劳动力的总进入率。因为我们并不知道每年的淘汰或亡故人员的数据，而劳动工
【449】人流入流出的水平又非常高，这些都使将净进入率转换为总进入率变得复杂化。在那些快速增长的部门，总进入率从来不少于净进入率的2倍，有的甚至达到4倍。

直到19世纪末期，非熟练劳动力一直处于一种过剩状态。但另一方面，除非在最不正常的环境下，否则雇主们也都可能会接纳非熟练工人的加入。当在国内供给被用光的特殊情况下，招募外国矿工会成为雇主补充劳动力的一种主要途径，鲁尔地区人烟稀少的奥伯豪森（Oberhausen）区有一家康克迪亚（Concordia）煤矿。早在1882年，它就开始招募来自波兰（Polish）与西里西亚（Silesian）的熟练与非熟练工人。其他一些大雇主很快群起仿效，并派遣招募代理，以预支路费、许诺提供住所等手法，吸引来自国外以

① 这些数据是以以下资料为基础估算得出的：
（1）W. G. 霍夫曼及其合作者：《19世纪中叶以来德国经济发展》（柏林，1965年），第194页及以后；
（2）《德意志帝国统计》，第2卷，第211分卷，第80页。【8】
② 参见由F. 西鲁普（Syrup）所做的说明性调查：《战争期间的工业劳动力状况》，载《国民经济与统计年鉴》，第52册（1916年）。【9】

及德国国内远方的熟练与非熟练应募者。1913 年在鲁尔煤矿工作的 139 000 名东埃尔伯根人（East Elbian）之中，就有相当比例显然是通过这种方式招募的。①

与他们对待非熟练工人普通态度形成鲜明对照的是，早期的工业雇主都对招募熟练工人予以密切关注。他们都意识到，这些身怀技艺人士有一种推动企业技术边界的能力，正是这种能力会对他们企业的命运产生关键性影响。至于他们自己，则在国内和国外寻找市场，以保证企业有着良好发展前景。技术的获得、传递和扩散成了早期工业化的一个主要瓶颈。这个说法一点儿都不令人感觉到新鲜。技能的短缺困扰着前工业化的德国经济。至于在纺织业与钢铁业之中，实际上每一项创新都主要地依靠外来劳动工人。16 世纪末，这些迁入雇员把"荷兰织布机(Dutch Loom)"引入到伍珀山谷（Wupper Valley）的丝带制造业。1760 年，彼得·维歇尔豪森（Peter Wichelhausen），一个巴尔门（Barmen）的重要商人，雇用荷兰工人进入他的针管厂。18 世纪 70 年代，伍珀山谷的商人们，开始雇用来自法国、克雷费尔德（Krefeld）和哈瑙（Hanau）的工人，并将当地居民推进到丝织制造这一神秘领域。就在同一个 10 年间，普鲁士的旅行者们以无知的患病者身份，寻找萨克森的温泉浴治疗为借口，试图接近和获取那里受到留心保护的漂白技术。而 1679 年开办的德累斯顿（Dresden）毛纺制造厂则雇用了荷兰工头；1797 年在拜罗伊特(Bayreuth)，由瑙曼（Naumann）拥有的烟草厂也是一样。一般来说，我们轻而易举地就可以在当时的消费品部门找到大量的类似事例。②

由于熟练工人短缺而产生的瓶颈再次出现于炼铁行业中。在前工业化时期和工业化早期，这个行业的企业死亡率较高。而引发这种现象的原因，一是在保证持续地供给熟练工人方面存在困难，二是在保证持久地实现管理质量方面也存在困难，这二者所起作用大致相当。1664 年从瑞士引进到布兰登堡(Brandenburg)的炼铁工人坚持要雇方做出相关保证以使得他们的技术

---

① 参见 L. 皮珀（Pieper）:《鲁尔工业区的矿工状况》（斯图加特，1903 年），第 71 ~ 79 页。【10】

② 参见以下文献：

（1）K. 欣策（Hinze）：《现代资本主义在勃兰登堡——普鲁士开始时的工人问题》（柏林，1927 年；重印于 1963 年），第 186 页；

（2）R. 福贝格尔（Forberger）:《16 世纪末至 19 世纪初萨克森的制造商》（东柏林，1958 年），第 61、134、225、282 页以及第 290 页；

（3）O. 罗伊特（Reuter）:《法兰克地区的制造商》（斯图加特，1961 年），第 85 页；

（4）H. 基施（Kisch）:《从垄断地位到自由竞争：伍珀山谷纺织业的早期增长》，载《欧洲经济史杂志》，第 1 卷（1972 年），第 318 页。【11】

【450】秘诀只传授给儿辈，并拒绝那种要求他们把这些秘诀扩散到当地的合同，“从而，在他们死去时，他们所在的工厂都陷于了停顿”。①

在所有欧洲大陆国家中，荷兰成为德国商人们寻找技术的首选目标，通过适当的代理，商人们便可雇用到所需的技术工人。最初，德国商人跟英格兰工业化地区的联系相对很少。只是在18世纪末期，当英国的这些地区取代大陆国家的工业化地区成为技术进步的中心时，德国人自己——其数目前所未有之多——才不得不踏上这种制造商大周游，冒险前往，亲自获取机器与技师。

德国铸铁的硬度差，使德国的汽缸制造必须依靠英国的材料。德国人使用新机器的主要困难是工人缺乏必要的技能。因此，在打破瓶颈方面，英国的技术工人和英国的原材料一样，都被证明是必不可少的。1780年布吕格尔曼（Brügelmann）不得不在他的克罗姆福特（Cromford）工厂中聘请一个英国机械师，以图将他的纺织机器构架起来；在当时，没有一个德国人能够将这台自阿克赖特（Arkwright）工厂（英国）走私的机器运转起来。哈尔陶（Harthau）的棉纺制造商卡尔·弗里德里希·伯恩哈德（Karl Friedrich Bernhard），以一定方式非常明智地得到了机械技工沃森（Watson）、纺纱师埃万斯（Evans）以及铸铁师莫尔特（Moult）等人的服务。1799年，依靠这些人的帮助，他不仅安装了萨克森地区的第一台走锭纺纱机，而且还保证了对这台机器的运行工作进行监控。同样，也只有在英国搅炼技工的技能帮助下，才能保证科特（Cort）过程法得以成功地引进到德国。在18世纪后期，大量带着外国生产程序与方法的工人持续输入德国。1861年来自英国邓迪（Dundee）的工人受聘为德国人传授黄麻纺织技术，而路德维希·勒韦（Ludwig Löwe）则在1869年引入美国工人来操作购自美国的机器。②

---

① 欣策：《现代资本主义在勃兰登堡——普鲁士开始时的工人问题》，第55~63页。【12】

② 参见以下文献：

（1）I. 朗格—科特（Lange-Kothe）：《杜塞尔多夫地区的早期蒸汽动力运用》，载《杜塞尔多夫
【703】年鉴》，第5卷，第1分卷（1963年），第303页；

（2）R. 施特劳斯（Strauss）：《19世纪前半叶开姆尼茨地区劳动力的基本状况与发展变化》（东柏林，1960年），第54~55、59页；

（3）亨德森（Henderson）：《1750~1870年间的大不列颠与欧洲工业化》（利物浦，1954年；第2版，莱斯特，1965年），第146~154页；

（4）A. 施勒特尔（Schröter）与W. 贝克尔（Becker）：《工业革命期间德国的机械制造工业》（东柏林，1962年），第76、225、227、237页；

（5）H. 瓦根布拉斯（Wagenblass）：《1835~1860年间铁路建造与德国炼铁与机械工业的发展》（斯图加特，1973年），第13~15页。【13】

看来，输入劳工质量的重要性比以劳工的数量规模所衡量出来的要大得多。然而，即使从其数量上看，仅以直至1871年以前的多年间从德国其他邦以及从其他国家输入者来论之，也是极为可观的。比如说，1833年在开姆尼茨（Chemnitz）的豪博尔德（Haubold）机械工程厂工作的那些从事金属加工的熟练工，每51人中只有3人是本地的，26人来自萨克森邦的其他地方，16人来自德国其他邦，6人来自国外。

雇主们都极为注重雇用一些起关键作用的工人，以图一劳永逸地解决某些特殊问题。但是，在19世纪末以前的时间里，整个社会都还没有什么地方能够提供关于雇主雇用需要的成套信息，这反映出那时雇主们对通常情况下的弹性劳动供给持续地充满信心。而由工人们所留下的回忆录也透露出当时当事各方都没有成套的正式雇用观念。随着迁入移民的增长，由家族关系和广延化的亲属关系联系起来的网络体系，在充当信息交流渠道的重要性方面不断得到强化。随着新世纪迈进，报纸和商贸期刊在某种程度上成了信 【451】
息工具并被用到了招募白领和技术劳工上面；只是，那时这些东西的流通还过于地方化，从而使它们作为信息工具的用途受到了局限。甚至是排字工人这个熟练体力工人之中最有文化、最富于社会经历的劳工群体，在获取关于雇用机会的信息上，也是依赖于非正式的渠道，而不是依赖于正式渠道。与广告相比，从亲戚朋友那里能够获得相对更真实的，而不是模糊不清的工作条件信息。工厂与建筑物等场地、商店的橱窗与市政办公室等场所的广告牌都公布了若干职位空缺，就是酒吧中的闲聊也能为潜在的工作寻求者提供关于职业机会的信息。工头、分包商、老板帮群等进行的招募活动，培养出了一种带有地方色彩的裙带风气，并促使来自同一地区的移民——他们都处于同一信息链的联系上面——更加集中在同一范围的工作场所与职位种类中。①

也许这种信息非常不完备的市场所导致的最重要的经济后果，就是在1869～1873年间德国西部劳动力的严重短缺与大量劳动力迁离德国东部

① 参见以下文献：

（1）R.J.（原文缺名字——译者）：《进入金属加工行业的经历》，载《廷根档案》，第2卷（1909年版），第732页；

（2）H. 欣克（Hinke）：《排字机应用条件下印刷企业劳动力的选择与适应》，载《各社会政治团体论文集》，第134卷（1910年），第85页；

（3）C. 海斯（Heiss）：《精密机械劳动工人的选择与适应》，上引书，第228页；

（4）宾科斯基（Bienkowski）：《关于电缆线制造厂工人群体劳动能力与生产效率的调查》，第6页。【14】

同时发生。易北河（Elbe）人大量涌入了美国的哈得逊河（Hudson）流域而不是德国的莱茵（Rhine）河流域。这是因为，劳工供需关系在德国地区之间脱节，德国东部的用工信息网路传递美国劳动力市场的新消息比传递德国西部劳动力市场的新消息的传递速度要快得多。我们还可以颇怀兴趣地推测，在经济繁荣年代（Gründerjahre）① 劳动力供给是否更具弹性。②

第一个城市劳工管理局于1860年在莱比锡（Leipzig）地区成立，但那时劳工职位需求的正式信息体系还非常零星少见。到19世纪90年代，由公共机构与私人分别主持的劳动力交易市场基本组成了一个交易信息构架。这时，零星分散的状况才有所改变。最终，一种连贯持久的劳动需求信息流开始在这个市场构架中形成。1891～1893年间，经济陡然下滑，严重的失业现象促使各邦政府鼓励各市政当局直接建立劳动力交易所，或者对这种建立活动予以资助。随后，弗赖堡（Freiburg）市在1892年，柏林市在1893年，科隆（Cologne）市在1894年，慕尼黑、斯图加特、法兰克福和施特拉斯堡（Strasbourg）等城市在1895年，纽伦堡市在1896年，都相继建立或资助建立劳动力交易市场。在1894年之后所发生的经济复苏期间，劳动力显得更加缺乏，工会力量也变得更为强大，促使雇主们建立由自己主办的劳动力交易场所。到1907年时，有超过700个地方性的劳工市场管理办公室向帝国统计公署定期提供常规统计报告。

1914年，大量求职人员通过在私人、公共机构主办的各种中介机构中进行登记，由此得以进驻职位空缺，其人数规模大大超过100万人，这两类加在一起也许能够占到此间新就业总人口的30%。1918年以后，由雇主私人所主办的劳动力交易市场由于名誉扫地而基本消失，但是到1925年时，只通过公共机构主办的劳动力交易市场这一种中介活动，就能为40%的职位空缺补充上新人手。然而，建立全国范围内的劳动力交易机构体系的工作，乃至再将这种交易服务范围从原来主要面向蓝领工人延伸到白领工人上的任务，却都留给纳粹（Nazis）政府来完成了。1935年，一个关于培训与职业历史的工作档案体系得以引入，它专用于记录和保存2 200万工人的职

① “经济繁荣年代（*Gründerjahre*）”已经成了德国历史学的专有名词，指1871～1873年间。——译者注

② 在这个阶段的1871～1874年间，由于德国其他地方的人口迁出导致的莱茵兰与威斯特伐利亚两地的非农业劳动力增加程度大致在10%左右。【15】

业和素质信息，其规模可谓前所未有。① 【452】

无疑，劳动力市场将通过降低失业者找工作的时间长度而减少资源浪费。1896年，针对处在发展萌芽状态的官方劳动力交易所，工会组织发言人表达过谴责的意思。然而，不久以后，他们就转而对这种市场在缩短工会成员失业时间，以及积极缓解工会失业基金所面临的救助压力的作用，表示出赞赏态度。实际上，这种交易市场一般能帮助那些仍在工作的人，以不存在消极等待的时间风险为条件，再找到一个替代性的工作。因而，我们一方面看到，劳动力交易市场是市场功能的发挥；另一方面也应指出，这种有形市场的建立，则是政府公共管理——在促使市场功能更加平稳地发挥作用方面——所做的一个主要贡献。②

当然，雇主以及他们所指派的工头一般不会去雇用那些明显与工作事务不相适应的职业申请者。尽管在整个19世纪，国内人员流动程度大为增加，但那些迁离农村者所能受募进入的职业种类范围仍然还是局限于那种"肮脏"、仆务、繁难以及户外工作上。比如说，1907年，在人口超过10万人的城市中，生于农村的工人能够占到从业于制砖、啤酒酿造以及钢铁锻制等的劳动力总数的60%以上，而在国内的机工、建筑、采石与黏土、玻璃制造、邮政和电信、铁路、电车、搬运以及递送服务等行业的从业劳动力中，来自农村的工人也能占到50%~60%。再看职业谱类的另一端，在诸如金匠、银匠、金属针与金属线制造、印刷、精密仪器制作、照相、地毯制作与织造等工种上，农村出生者所占比例不到20%，在所有技工人员中则不到10%。③

因此，在迁出农村者的实际迁离行动发生之前，他们在这个颇显得有些宽广的职业范围中的工作类型很大程度上就已经确定了。农村出生的工人占到城市中泥瓦匠和木匠的50%，但是在漆绘工、管装工、玻璃安装工中只能占到25%。并且，对于这些工种来说，农村人所能获得的培训

---

① 参见以下文献：
(1) W.H. 道森（Dawson）：《德国工人》（伦敦，1906年），第1~8页；
(2) W.H. 贝费里奇（Beveridge）：《德国公共机构主办的劳动力交易所》，载《经济杂志》，第18卷（1908年）；
(3) O. 魏格特（Weigert）：《劳动力市场的组织》，收入B. 哈姆斯（Harms）编撰：《德国经济结构变化》，2卷本（柏林，1928年），第1卷，第472页及以后；
(4) H. 屈内（Kühne）：《四年计划时期的义务劳动》，载《国民经济与统计年鉴》，第147册（1937年），第694~695页。【16】

② W.H. 道森（Dowson）：《德国工人》。【17】

③ 见《德意志帝国统计》，第2卷，第211分卷，第231、268~269页。【18】

机会显然被局限在农村住宅，他们的审美观念与审美方式也就过于简单了。主题为“选择与适应”的劳动力调查曾给出过这样一个结论：“不是职业，而是职业者的地理位置在发生着变化”，尽管当时得出这一结论更多地是来自调查者的印象，但是，我们上面提到的这些统计资料基本能够确证这一结论。①

9.3　劳动力的培训

如果说，工业化早期，外来劳动力起到非常重要的作用，那也应该说，这时本国劳动力态度乖巧，甘做学徒。不过，1850年之后，铁路建造活动
【453】虽然在供应某些钢铁上还要持续地依赖于英格兰，但很快，这些活动本身已不再非要有英国劳动力的参与不可了。事实情况是，德国主要的火车头制造企业——位于柏林的博尔西希（Borsig）、位于开姆尼茨（Chemnitz）的哈特曼（Hartmann）、位于汉诺威（Hanover）的埃格斯托夫（Egestorff）、位于慕尼黑的马法（Maffei）、位于卡塞尔（Kassel）的亨舍尔（Henscher）、位于卡尔斯鲁厄（Karlsruhe）的凯斯勒（Kessler）——都位于城市，这反映出对这些企业的创办者来说，靠近现有的熟练技工群体的重要性。而这些技工群体在工厂生产中也表现出动作迅捷、举事成功的特点，从而向社会证明了他们能够调整与适应现代工业的需要。马克斯·韦伯（Max Weber）曾通过将德国工业中大量分散存在的小企业——1907年所有企业中雇用工人数超过5人的只有5%——与一些发展强劲的大型企业对照起来进行分析，认为这是工业的一种二元结构。他对这种结构（主要就二者区别太大）持一种贬低的态度。在我们看来，诸如马克斯·韦伯这种评论家所提出的现代工业与手工技艺两大部门之间存在天壤之别的常规说法实际上歪曲和低估了技艺工人面对工业化挑战的素质。

1850年以后，国内的棉纺活动很快就陷入一种工厂间相互竞争的格局，在19世纪末之前而手动织机工人一直都在开展的抵制行动却显得没有什么

① 参见以下文献：
（1）M. 贝尔奈斯（Bernays）：《现代工业劳动力的职业选择与职业生涯》，载《社会政治与社会科学档案》，第35卷（1912年），第140页；
（2）格贝尔（Gaebel）：《为非熟练工人辩护!》，载《社会实践》，第45卷，第21号（1936年5月23日），第594栏。【19】

效果，这些都对有关研究者产生了重要影响，使得他们对手工艺人的经验做出负面评论与分析。在这些分析中，变革常常被混淆为是衰败。而事实上，与其说那些衰落的手工艺职业是现代工厂竞争的牺牲品，倒不如说是由于新兴的手工艺部门的竞争所导致。比如说，19 世纪是马力用做交通的时代，这时铁匠、鞍匠、马具商的生意就颇为兴隆；到后来，（同属于手工业的）拖拉机与汽车的修理工就逐步抢去了这些人的活计。在地方范围内，手工艺人的财运实际上是与工业化程度直接而正向的保持变化，而不是反向变化。这是因为，在若干生产部门中，现代工厂与手工作坊之间被证明更具有互补性而不是相互竞争性。安装工程的需要为管装工带来了新的市场，而原来的锁匠也在金属线缆的修理中寻找到了新工作。并且在 20 世纪早些时候，那些雇用人员大致在 10 人左右的锁匠铺涉足范围广泛的金属制品生产与加工领域中，也被证明具有竞争力。① 电能像提供光亮——光亮条件可是任何现代高质量工作必需的重要条件——一样，也给“钻机、车床、磨床以及磨轮”提供所需动力。正是由于这种电光亮与电动力，刀具行业才能够在面临现代工厂竞争的情况下得以复苏和兴盛。当然，尽管我们也不能由此说电力的推广使用使得手工艺人普遍都能赶上瑟林根（Sölingen）刀具行业中那些充分利用电能技术的外务工人，但我们至少可以认为，在许多情形下，电力在手工艺人中的应用也会帮助他们，使他们所曾面对的——由煤所曾给予——那些集中式企业的竞争优势被抵消，并能够使他们更加随心所欲地保持原有的工艺方式。②

如果我们将手工艺人定义为那些曾被授予过（由学徒升为）新师傅证书并且（在 1895 年后）已经获准在手工业者协会中注册的企业受雇，那手工艺人的比例在整个 19 世纪中无疑是下降了。不过，此后，他们在整个工业劳动力中所占比例从 1895 年的 27.3% 上升到了 1939 年的 33.6%。在 19 世纪下半叶，即使他们占劳动力的相对份额在下降，但他们的实际绝对数目 【454】 仍在持续上升。内部结构的这种前所未有的快速变化反映出来的只是一种适应式调整，而不是表明手工艺人在走向衰微。在 1816 ~ 1895 年间，新近学徒

---

① 参见以下文献：

（1）W. 菲舍尔（Fischer）：《德国工业化早期的手工业状况》，载《社会科学综论》，第 120 卷（1964 年）；

（2）W. 菲舍尔：《1850 ~ 1914 年间德国小型企业在经济发展过程中的地位与作用》，收入《15/16 世纪至 19 世纪期间企业发展过程中的经济与社会问题》（斯图加特，1968 年）。【20】

② G. I. H. 劳埃德（Lloyd）：《索林根刀具行业中的劳动力组织》，载《经济杂志》，第 18 卷（1908 年），第 376 页。【21】

期满的手工艺人在工艺师傅中的比例翻了1倍——而在1895～1939年间，这个比例又翻了1倍——这本身就在向我们指出，手工艺行业的总规模在不断扩大。在19世纪晚期，手工艺行业远非当时人们所想像和预见的那样在走向衰朽。在德国，手工艺行业经济活动的开展显得持续而有效，这种行业称得上是德国经济体系中一种颇富价值的资产。①

手工艺部门的一个最重要的贡献就在于它为工业部门提供了工艺技能。19世纪50年代，一些机械厂建立了自己的学徒制工场。但是，到1914年时，总共只有100家左右的企业还拥有这种类似工场。直至1933年以后，这一数目并没有显著增长。即使是在20世纪20年代的所谓合理化浪潮的阵痛中，大型制造厂在其规模达到现代工厂（制造厂、现代工厂各有其含义，参见下章——译者）规模的时候，对劳动力的供给也还是表现出充分满意，从而对牵扯到劳动力配置的所谓合理化活动表现出某种消极的态度。在学徒制工场并不发生相应增长的情况下，所雇用的工人的技能是从什么地方学来的呢？根据1895年的职业状况统计调查，在所有有记录的799 000名学徒中，有400 000人是在那种雇工人数少于6人的企业中获得培训的，有172 000名是在那些雇工人数在6～20人的企业中培训的，而只有227 000人（大约占30%）是在规模更大的企业中培训的。1933年（因经济衰退）雇用工人超过20人的企业比例下降到25%。在经济衰退期间，（因大量企业倒闭）受过培训的学徒工数目的陡然下降导致了1934年之后熟练劳动力开始发生短缺，并促使纳粹政府强迫大型企业采纳劳工培训速成计划。到1937年时，实际投入运转的有836家学徒制工场和114家半熟练工工场，另外还有404家学徒制工场和113家半熟练22场处在建造过程中。尽管纳粹政府做出了种种努力，但一直到第二次世界大战的全部时间里，在那些学徒们获得大企业的招募并受到更精致的造就之前，都普遍地要到那些小型工场中接受3年时间的多面手式的培训。不过，也是在纳粹政府的压力下，那些大型企业的雇主才像对待学徒期满的工艺师傅一样，对那些持

① 参见以下文献：

（1）P. 福格特（Voigt）：《关于1895年以来德国手工业的最新统计成果总览》，载《施莫勒学术年刊》，第21卷（1897年），第238页；

（2）W. 菲舍尔与P. 恰达（Czada）：《20世纪德国工业结构的变化》，收入G. A. 里特尔（Ritter）编撰：《现代公司的发展与变化》（柏林，1970年），第160页；

（3）菲舍尔：《1850～1914年间德国小型企业在经济发展过程中的地位与作用》。【22】

有“工业工人”证书的熟练工予以承认和接纳。①

因而，我们可以说，劳动力素质并没有什么二元结构。关于工人们的备忘录，在谈到他们从小企业的学徒生转而变为大企业的雇工时，也没有揭示出他们有什么次等的感受。在这个方面，那种按照很多人的习惯思维方式做出的将“小”等同于“劣”，将“大”等同于“好”的评判并没有什么合理依据。

社会各界通常总是认定行会对经济增长会产生不利影响，因而，评论者通常也都贬低手工艺人的作用。另外，在有关人士从法律地位角度集中关注行会的角色与作用并开展有关讨论的时候，他们也太过于坚持套用（讨论者）当代的评判标准。当然，确实可能出于一种逃避行会限制的动机，使【455】
得一些 18 世纪的商人们试图寻求在农村，而不是城镇地带开展活动，然而，与对经济发展带来的不利影响形成对照的是，行会施加的控制一般能够给工匠个人带来便利。1845 年，普鲁士通过了有关包含自由主义内容（指削弱行会的影响——译者）的法规，但 1849 年的工业法令又将这种趋向给倒了过来。这种倒转看来并没有阻碍普鲁士经济在 19 世纪 50 年代取得前所未有的快速增长。这种增长程度，与在 1859 年做出废除行会控制以加速其经济增长的奥地利相比，还要更高。行会控制程度在不同省份之间差别很大，然而，它们和工业化速率并没有什么明显的关联。1869 年，北部德国邦联（North German Confederation）废除了行会（所施加的）控制，1871 年，整个帝国全面废止，这显然标志着行会精神走向终结。不过，1890 年之后，随着新形势下的学徒制体制因管理上的自由放任而导致学徒生养成一些恶习并引发了社会抱怨，在社会公众中又重新出现了一种倾向于同情行会的态度。1904 年仍有500 000名手工艺人——大约占到所有熟练劳动力的1/8——属于行会体系。尽管这些行会的行规仪式显得陈旧古老，然而却并没有明显地阻碍其所属成员对工业化过程进行调整和适应。②

克拉彭（Clapham）的认识在一定程度上是正确的。他注意到，普鲁士

① 参见以下文献：

（1）《德意志帝国统计》，第 2 卷，第 462 分卷，第 3 节，第 2 部分；

（2）W. 松巴特（Sombart）：《现代资本主义》，第 2 版，3 卷本（慕尼黑与莱比锡，1916 年；重印于柏林，1955 年）：第 3 卷，第 1 部分，第 439 ~ 441 页；

（3）H. 施图德斯（Studders）：《战时经济的技术工人问题》（汉堡，1938 年），第 33、72 ~ 75 页。【23】

② P. H. 诺伊斯（Noyes）：《组织与革命：1848 ~ 1849 年德国革命期间的工人阶级团体》（普林斯顿，1966 年），第 29、319 ~ 320、374 页。【24】

在19世纪中叶进行的限制性立法本来会促使行会组织规模收缩，但由于对相关法律的执行不力，这种潜在的收缩效应并没有完全实现。事实上，当时社会上对手工艺人组织的法律权力正展开激烈的争论，以至于人们没能注意到，就造就和提供技术熟练的劳动力来说，行会组织所具有的正面效应超过了负面效应。行会的积极作用主要表现在：（1）行业组织培养了诚实的商业态度；（2）工业化对劳动者技能提出了前所未有的高需求，行会活动促进了其成员尽快适应这种需求；（3）行会活动鼓励其成员接受更高级别的教育。

19世纪，技术熟练劳动力的储备给德国带来了好处。只是，这种劳动力的高技术素质可能会使得装配流水线技术的采用以及生产过程向适合于技术非熟练、半熟练工人的转化变得更加迟缓。在美国实现机械化与提高资本密集度的过程中，实际上倒是技术熟练的劳动力短缺起到了很大的刺激作用；但在德国，可没有什么类似于美国的情况发生。

德国经济发展的最初动力很大程度上源于18世纪自发地形成于英格兰的若干技术，而德国人正是试图通过教育活动，来对这种技术起源进行替代。只是在18世纪，诸多雄心勃勃的立法活动很少有多少被付诸实施。不过，到后来，来自拿破仑的冲击又给寻求改革的运动新增了刺激性因素。1817～1842年间，有45所培训教师的学校在普鲁士成立。到1835年，普鲁士的孩子有80%的比例都进入初等学校（小学）学习。到1850年时，除
【456】了德国东部的一些偏远地区之外，在年轻一代人中，文盲现象实际上已经消除了。①

1860年以前，非熟练工人、来自农村的工人在对待既有强制性又要花费钱财的初等教育上，都表现出抵制的态度，在此之后则有所改变。不过，那些曾在历史记录中留有声迹的手工艺人，则对知识表露出一种热切渴望，并敏锐地知晓教育的价值。早在1841年，科隆（Cologne）的行会便把技术技能的传播与书本知识联系起来。它们不但要求政府普遍实行免费教育，而且要求建立工业图书馆，以利于被个别人掌握的新技术能够通过适当方式传播到全社会。甚至是法兰克福的“保守的”老师傅议会（Masters’ Con-

---

① 参见以下文献：

（1）U. P. 里特尔（Ritter）：《工业化早期阶段政府的作用》（柏林，1961年），第18～21页；

（2）K. H. 拉乌（Rau）：《大众政治经济学原理》，第5版（莱比锡，1862年），第46页。

【25】

gress)，[①] 也在1848年要求实行普遍的免费教育，而法兰克福与柏林的新师傅议会（journeymen' s congress）也像推进免费儿童教育那样努力地促成免费成人教育。[②]

也有一些开明的制造厂厂主支持周日学校。不过，这种始于18世纪晚期而在19世纪30年代获得广泛社会影响的周日学校运动，其主要推动力量来自于手工艺人自己的热切渴望。也正是这个原因，这种学校的教学内容主要集中于实践性主题，比如说，德语、算术、制图、几何、物理以及地理等。[③]

此时，经典的中级学校教育或大学教育都很少会与工业实践活动发生什么关联。不过，社会上还拥有一个与经典教育相并行的继续教育体系，这一体系的形成得益于手工艺师傅们意识到若要与现代工厂进行竞争，则他们的学徒们就需要获得更多教育。这种教育体系在1830年之后，以原来的周日学校为基础而得到培育和发展。继续教育学校的法律地位经历了起落与反复，但到20世纪早期，对于男性工人来说，在他们年龄达到18岁以前，一般都必须按规定每周投入6个小时参与到这种学校的课业教育中去。在普鲁士，继续教育学校的入学人数也从1884年的58 000人增加到了1913年的505 000人。[④]

许多雇主也都对继续教育持欢迎态度，还有一些雇主对继续教育予以资助。1890年之后，迫于法律上所采取的一系列措施，以前那些态度显得有些固执的商人也不得不允许他们的工人在正常工作时间参与学校学习。关于以成本—收益来对教育投资进行思考的模式，我们可以从1904年的有关法令中找到相对较早的思想痕迹，这一法令禁止继续教育学校在晚上8点钟之

---

① 英文“journeyman”指的就是“刚从学徒期满师的人”，以下我们一律译为“新师傅”；而对应地，我们将“master”译为“老师傅”。——译者注

② 参见以下文献：

（1）诺伊斯（Noyes）：《组织与革命：1848～1849年德国革命期间的工人阶级团体》，第35、75、189页；

（2）施特劳斯：《19世纪前半叶开姆尼茨地区劳动力的基本状况与发展变化》，第38页。【26】

③ 参见以下文献：

（1）施特劳斯，上引书，第134～135页；

（2）T. C. 班菲尔德（Banfield）：《莱茵地区的工业》，2卷本（1846～1848年），第2卷，第133页。【27】 【704】

④ 参见以下文献：

（1）M. E. 萨德利尔（Sadleir）：《英格兰以及其他地方的继续教育学校》（曼彻斯特，1908年），第517页及以后；

（2）科卡：《以1847～1914年间的西门子公司为例证说明企业管理与企业雇员状况》，第471页注28。【28】

后开课，理由是这时教师们再也不能吸引住疲倦学生们的注意力，从而这种学校“再也不能获得充足回报，以补偿所花费的钱财”。同时，手工艺人也作为教师广泛参与继续教育，如果没有他们的参与，这些继续教育学校也很难寻找到适合教学需要的老师。占新师傅与手工艺作坊主的很大一部分人自愿参与到这些学校的施教活动中来，并且对他们自己的知识结构做出调整，从而更加强化了这种教育服务于工业活动（包括小型工业活动）的目标导向。①

那些领班和监工一般都是从企业内部那些表现较好的工人之中提拔上
【457】来，而以前有过军官（NCOs）经历的则一般能够获得优先提拔。如果说，在早些时候，对工头的资质要求方面，还没有哪一位雇主能够比得上开姆尼茨（Chemnitz）的哈特曼（Hartmann）的话——从19世纪60年代开始，他坚持要求将机械厂中的那些潜在的工头都送到理工学院去学习——那么，到后来，这种对工头的培训就变得更为制度化了。欧洲第一家专门培训工头的学校于1882年在波鸿（Bochum）开设。实际上煤炭行业正式建立工头培训体系的时间要早得多。1767年在萨克森地区的弗赖堡建立了专门培养监工的学校；在柏林地区，这种学校则建立于1770年。到1927年时，有总数超过1 000人的学生进入普鲁士和萨克森地区的15家采矿学院中进行学术式学习，而这种学院教育能够帮助学员在采矿理论与实践之间建立起某种联系。②

这些技术高等学校的教学活动是尝试性的，其立意是要在一个更高的水平层次上培养与造就一批技术精英。它们大都是从相对更早的商务学校与理工学院发展过来的。后一类学校一般都建立于19世纪，也就是在1900年左右，这些学校才获得了大学的身份承认，而且这是在社会各方就此问题进行长时间的争论后，政府才给予认可的。普鲁士的官员彼得·博伊特（Peter Beuth）于1821年开办了柏林职业技术学院（Berliner Gewerbeschule），这所学校专门致力于讲授从国外引进的替代性的技术技能。而博伊特本人则确信，是技能的缺乏而不是资本的缺乏构成普鲁士工业化的主要障碍，因而，他的目的是要将实践技能与理论指导结合起来。其方式是以教师培训中心的

① P. W. 马斯格雷夫（Musgrave）：《技术变迁：劳动力及其教育》（牛津，1967年），第111页。【29】

② 参见以下文献：

（1）上引书，第90~91页；

（2）宾科斯基：《关于电缆线制造厂工人群体劳动能力与生产效率的调查》，第6页。【30】

模式来发展从事技能教育的学校，并通过设在各地的此类学校为这些教师们提供新课程，课程内容是传授正在迅速发展的重要技术。从一开始，柏林职业技术学院的毕业生就有着大量社会需求，它的学生数目从1827年的52名上升到1875年的722名。到1827年时，这所学校已成为一所高等学院（institute），1866年再升格为学术院校（academy）。此时，它能够自豪地宣称，它所开展教育的水准超过任何英格兰同类机构所能提供的。随着英国参观者怀着虔敬的心情踏上夏洛滕堡（Charlottenburg）之旅，这所学校也就能因此事而备感光荣。因为这表明它在此时再也不是仅仅传授一些引进的替代技术，而是已被证明在技术与人才的出口市场上具有高度竞争力。这所学术院校在1902年又与柏林建筑学院（Berliner Bauakademie）合并，组建为柏林技术大学（Berliner Technische Hochschule）。同样，卡尔斯鲁厄（Karlsruhe）也以拥有德国的第一所理工学院而感到自豪。这所学院创立于1825年，1833年由尼贝纽斯（Nibenius）主持重组，并成为若干其他类似院校的办学楷模。①

如果有谁说技术教育体系与工业过程之间的关系看上去似乎显得有些混乱，但实际上他们存在密切的关系。弗朗茨·罗伊洛伊克斯（Franz Reuleux）在卡尔斯鲁厄理工学院（Karlsruhe Polytechnic）时是应用机械工程学创始人费迪南德·雷德滕巴赫尔（Ferdinand Redtenbacher）的学生，他自己则成了柏林商务学院（Berlin Trade Academy）的董事以及帝国世界展览大会专任委员（Imperial Commissioner for World Exhibitions）。而雷德滕巴赫尔在卡尔斯鲁厄的继承人弗朗茨·加斯肖夫（Franz Gasshoff）在1856年成了颇具影响的德国工程师协会（Unions of German Engineers）的创办成员之一，并在1865年和1875年为该协会起草了关于技术教育的原则与组织的决议。在这些院校中任教的人员的薪水被定在很高的水平，足以将工作在工业领域的人士吸引过来做教师，同时也便于以此为基础在商务人士与教育人员之间构建一个连锁网络。1890~1903年间，在11所技术大学中就学的学生数目从5 000人上升到17 000人，达到了前后相当长一段时期内接纳学生数的历史最高点。在接下来的10年中，学生人数大致呈一种停滞状态。这主要因为，就受雇者拥有的教育背景而言，当时工业企业更多时候是在寻找中等级别的监工，而且并不要求这些人所曾获得的教育要达到技术大学教育【458】

① W. O. 亨德森（Henderson）：《彼得·博伊特与1810~1845年间普鲁士工业的兴起》，载《经济史评论》，第2卷，第8分卷（1955~1956年）。【31】

这种程度，从而，它们对这些学校学生的需求数量也就趋向稳定。①

当我们转而考察商务技能时，我们看到，德国的生意人——这与他们在工艺技术方面的大量引进形成鲜明对照——一般都依赖于国内供给。私立商务学校的分散存在正适应了这种需要。从传统意义上说，早些时候，商务职员由于他们的文化水平而享有社会尊崇。然而，19 世纪文化水平的迅速普及降低了他们的稀有性与价值度；而且，在 19 世纪后期的一些领域中，对于那些更显得普遍的白领来说，实际上还形成了一种永久性的买方市场。商务技能的继续教育要滞后于技艺技能的继续教育。不过，在普鲁士，学习商务的学生还是从 1898 年时的 15 000 人上升到了 1910 年时的 65 000 人。即使是到那时，学习商务仍在一定程度上具有身份象征的意义，社会对商务方面的正式资质所给予的推崇仍然非常高，因而商务高等学校的建立倾向于比商务实体的发展来得超前。这些高等学校的发展与技术高等学校的发展相平行或相伴随。对于在 1898 ~ 1914 年间成立的 6 所院校来说，商务过程被当作一种学术对象来进行研究，这个课题也一定程度地进入了这些学校的课程目录。②

就服务于经济增长目标而论，试图对德国教育状况做出可靠评判，要比我们从有关文献中乍一见到而得出的印象更为复杂。实际上，由于评判者社会地位或是采用其自我宣称的非经济评判标准的原因，都会使这些评判掺杂进很多的偏见成分。不过，在德国争取欧洲经济优势地位的奋斗过程中，它的教育质量与教育种类范围构成了一种重要的优势资产，这一点是毫无疑问的。平均来讲，到 1900 年时，德国工人在 9 年初级学校教育中每周花费 32 小时；与之对比的是，英国工人则是在 7 年的初级学校中，每周花费 20 小时。而且德国工人在走出学校之后还有可能再参与 2 ~ 4 年、每周花费时间在 5 小时左右的继续教育。早在 19 世纪 60 年代，在德国机械行业中，有理论素养者就已经迅速地替代了那些只有纯粹实践经历的人员。就连不怀什么敬意的英国评论者也对德国的技艺师所享有的普通教育与技能教育素质的优胜状况连连称道。到 1914 年时，各种观察家也许都应该——如果不说是深怀感情的话，那么也可以说是颇含钦羡地——注意到：德国不仅建立了世界

① 马斯格雷夫，上引书，第 66 页及以后。【32】

② 参见以下文献：

（1）上引书，第 125 页及以后；

（2）科卡：上引书，第 471 页注 24；

（3）G. 科托夫斯基（Kotowski）：《教育事业》，收入 H. 赫茨菲尔德（Herzfeld）：《19 世纪与 20 世纪柏林与地方的办学热潮》（柏林，1968 年），第 547 页。【33】

前所未见的一流综合大学体系，而且也建成了世界前所未见的最好的技术与商务教育体系。① 【459】

9.4　劳动力的调整与适应

如何适应新工业体系的需要而对劳动力进行调整，是雇主们面临的新问题。首先，要能够按照一定模式对劳动力新手进行培养塑造。一些使命感强烈的企业家把自己设想为参与到一个具有历史意义的斗争进程之中，在此进程中他们要以自己的想像对新人进行塑造。弗里德里希·哈尔科特（Friedrich Harkort）在 1844 年认为，适应工业需要的培训不足只是工业无产阶级具有的显著特征之一。他们的其他显著特点包括，不能与资产阶级的卫生、宗教、教育和军事等方面的社会习惯一致起来。由此，此类具有自负使命的雇主就认为，给这些思想不成熟的劳工大众们灌输纪律与服从、庄重与礼貌等方面的观念，是他们的天然职责。他们必须从进入工厂熔炉的无产阶级群体中锻造出为己所用的新工具。还有，我们更可以从诸如施图姆（Stumm）兄弟之类的雇主那种近乎精神虐待般的工厂管控上找到他们管理个性所具有的攻击性："每一领班与工人在私人生活中的行为方式，必须能够给施图姆兄弟的家族带来荣耀，他们都必须要与像在工作时受到自己上司持续监视时的那种态度来看待和保持自己的私人生活方式。"②

也许部分是作为这种近乎精神虐待的一种回应，工人们从工业化前的工匠师傅身上，或是在各式各样的非熟练工人群体之中找回自己"若有所失"的身份；进而，工人阶级的自我意识终于出现。当然，大多数雇主还是不会采取我们前面提到的那种过于理想主义的管控标准。他们不追求做社会改革家，但是他们力图造就一个具有以下特征的劳工队伍：由具有团队精神（*esprit de corps*）的熟练工人组成一个稳定核心，围绕着这个核心的其余人员可以从市场中不断得到循环补充。如果在这一目标上能够部分成功，他们就会感到比较满意了。

在雇主所面临的劳动力问题中，人员流动性是最具有持久性的一个。随

---

① 参见以下文献：

（1）施勒特尔（Schröter）与贝克尔（Becker）：《工业革命期间德国的机械制造工业》，第 200 页；

（2）詹姆斯·萨缪尔森（James Samuelson）：《德国工人》（伦敦，1869 年），第 10、105 ~ 107 页。【34】

② W. 克尔曼（Köllmann）：《弗里德里希·哈尔科特评传》（哈根，1965 年）。【35】

着劳动力市场规模的扩大以及潜在雇主数量的不断增加，这个问题就显得更为突出。在20世纪早期，制造工业的年均劳动力流动总量占劳工流动总量的50%左右。它很少能够下降到低于25%，即使是在克虏伯（Krupp）这种让人感觉能持久存在的企业，或是在伊尔塞德·许特尔（Ilseder Hütter）那种显得很封闭的企业中也是这样。一般来说，新建企业人员流动性比例比老企业流动性比例要高，女性流动比例比男性要高，非熟练工人比熟练工人要高，蓝领工人比白领工人要高。流动性比例在每年春季和初夏达到季节性高峰，到了12月则下落到低谷。①

有一些劳动力流动能够反映出，在工业化完成前，劳动力在适应工业需要方面可能还存在着困难。然而，流动程度与商业周期的正相关关系则意味着，相比其他指标，它更适合于被用做工人谋生希望程度的指数，而不是绝望程度的指数。比如说，从1893年这一经济周期低谷年至1900年的周期高峰年，鲁尔地区煤矿工人的流动人数上升了60%；然后，到1901~1902年的经济衰退期间，下降了25%；到1907年的经济新高峰
【460】时，上升了30%；再至1908年这一经济衰退年，下降了15%。人员流动不仅是劳动力在做出改善自己境遇的愿望表达，而且也是他们试图捕捉前所未遇机会的一种愿望表达。正是这些机会，将会使我们所臆想的工业化前的企业间在“人员稳定”方面的差别变得不复存在。在主题为“选择与适应”的企业劳动力调查中，关于变换工作的动机，在来自所抽选小组工人回答中，“消极性”原因并不占优势，而“试图使自己变得更好”倒是惟一最常提到的一个原因。即使是那些选择“消极性”原因的工人，其实际情况也大多是出于一些较为具体而难解的原因，而不是起因于工人自己“对工作感到厌烦”并由此导致疏远工业生产。这就意味着，即使是那些不满意的工人也能够被整合到整个工业环境中来。除非在繁荣的最后阶段，否则，新产业工人并不必然通过厮守最初雇主的方式来最大程度地减少自己的损失。很多劳工新手在第一年就实现了迅速流动，这本身就说明他们寻找到一个替代性的工作很容易，而并不是在向世人说明调整与适应于“工业社会”的困难。实际上，就很多潜在新受雇用机会对求职者所提出的主要“要求”而言，也

---

① 参见以下文献：

（1）R. 埃伦贝格（Ehrenberg）：《近现代劳动群体的衰弱与加强》，载《经济学研究档案》，第3卷（1911年），第450页及以后；

（2）F. 西鲁普（Syrup）：《关于工业劳动力能力的研究》，上引书，第4卷（1912年），第264页及以后。【36】

不过是要求他们在工业萧条期间能够留在农地上并有一定的忍耐力而已，一旦经济环境充分改善了，他们肯定能够找到工作。①

如果说，确实有什么东西能够促使劳动力变得更适应的话，实际上这种东西就是人员的自然流动，正是它在发挥着实际作用，而不是通常人们认为的具有重要功用的职业向导。而这种人员流动又极为密集地集中在参加工作在1年以内的单身工人身上。比如说，在1906年的克虏伯，在所有工人离开公司的事例中，有60%是发生在那些到公司工作不满6个月的工人身上。在上西里西亚（Upper Silesian）工厂检查行署区，有80%的工厂离开者集中在那些进厂不满1年的新人上面。整个劳动力队伍实际上包含着两个组群：常驻部分与流动部分，它们多少存在着某种互斥关系。松巴特（Sombart）曾经有一个说法，“看来，现代工厂工人就是要通过频繁地变换工作来寻求减轻工作的痛苦，这就好比躺在床上的高烧病人也要来回地翻身”，然而，上面看到的这种主要集中在新人员上的流动似乎要给这种针对所有工人的说法加上疑问。如果说，真能把流动的工人比作这种病人，那么，婚姻会使这个病人的高烧稳定下来，结婚使得他们快速而明显地从最初的感染中恢复过来。如同在前工业社会，在工业社会中，婚姻——而不是城市，也不是工厂——一直都是工人生活状态发生最大跳跃的一个转折点。②

雇主们试图采取各种各样的措施来减少他们所雇到的熟练劳动力的流动。关于企业的留人计划，克虏伯提供了一个著名例证。不过，克虏伯形成这样的方式，其最基础的动机来自于害怕竞争对手可能会通过猎取本企业的熟练工人而获得本企业的秘密，但它无损于这是一个好例证。阿尔弗雷德·克虏伯（Alfred Krupp）在实际操作上要求政府介入并要求全部工人在政府面前做出保密的誓言。19世纪80年代，政府福利政策措施得以在各企业中推广。在1887年，有一项法院法令还禁止克虏伯公司剥夺那些要离开公司的工人所应享有的由工人们自己缴纳贡献的各种福利基金权益。到这时，克

① 参见以下文献：
（1）埃伦贝格，上引书，第448～457页；
（2）皮珀（Pieper）：《鲁尔工业区的矿工状况》，第125～126页；
（3）宾科斯基：《关于电缆线制造厂工人群体劳动能力与生产效率的调查》，第21页；
（4）海斯（Heiss）：《精密机械劳动工人的选择与适应》，第141页及以后；
（5）E. 伯恩哈特（Bernhard）：《工人的选择与适应》，载《施莫勒学术年刊》，第35卷（1911年），第380页。【37】

② 参见以下文献：
（1）埃伦贝格，上引书，第461、469页；
（2）松巴特：《现代资本主义》，第3卷，第1部分，第442页；
（3）西鲁普（Syrup）：《关于工业劳动力能力的研究》。【38】

虏伯公司原来的计划实际上就面临着压力。弗里德里希·阿尔弗雷德·克虏伯（Friedrich Alfred Krupp）回应这一挑战的方法是把公司的福利水平提高到比政府所规定的程度要高得多的水平上。到 1900 年时，有 12% 的埃森
【461】（Essen）人口居住在克虏伯公司自建的公寓中，其房租比同类可比住宅的公开市场租金要低 15% ~20%。尽管对工人们“怎样在住所中生活”有着严格管理要求，其中包括克虏伯公司的住宅检察员有权在任何时候进入这些寓所执行检查，但克虏伯公司的新婚雇员大都还是情愿住进这些住所，并且，居住资格还要排队等候。另外，到 1913 年时，有约50 000名在公司注册的消费品雇员购买者能够通过享受克虏伯公司消费者合作社的商品价格而获得利益，而公司是为这种低价付出过补贴的。①

早在 1885 年，克虏伯的福利支出就已超过了其工资发放额的 3%。在雇员福利的覆盖范围、实惠程度、成本付出等方面，其他企业很少有几家能赶得上克虏伯公司做出的安排。但是，很多企业也会提供一些福利。特别地，雇员住宅计划在企业中变得越来越普遍。为了留住熟练工人企业提供住宅，这尤其发生在对外交往相对封闭的地区，并已成为一个长久存在的惯例。位于鲁尔地区人烟稀少的矿区前线的康克迪亚（Concordia）煤矿，就在 1954 年，开创式地为矿工提供住宅。1900 年之后，同类企业的这种提供住宅的服务加快了步伐。由采矿公司所提供的住宅数量从 1901 年的 26 000 所上升到了 1927 年的 157 000 所。所有这些住宅，都是单家样式的，并以一种优惠租金的方式提供，在那时，它们容纳了鲁尔地区约 2/5 的采矿劳动力。②

不过，在企业的留人措施上——如果我们不说它是最富有影响力的话，也确实是能称得上——最为有趣的由位于耶拿（Jena）的蔡司（Zeiss）公司开创与实施。这家企业的劳动力总数在 1910 ~1913 年间翻了一番，达到 5 000 人。这些措施包括员工红利设计计划、享有假日与各种津贴，这些基本激励方式与克虏伯不同的地方在于，蔡司公司将它的工人看做是有奉献潜能的思想成熟者，而企业做出激励就是要将这种潜能调动起来，而不是将他们看做或希望他们成为企业的永久依附人。③

各公司的留人计划对稳定劳动力队伍有积极作用，同时我们观察到拥有

---

① E. C. 麦克里里（McCreary）：《社会福利与商务企业：克虏伯公司的福利计划》，载《商务企业历史评论》，第 42 卷，第 1 分卷（1968 年），第 31 页及以后。【39】

② R. A. 布雷迪（Brady）：《德国工业的合理化运动》（加利福尼亚州，伯克利，1933 年），第 81 页。【40】

③ 施诺尔布斯（Schnorbus）博士：《关于耶拿地区的蔡司工厂的若干问题分析》，载《劳动者之友》，第 50 卷（1912 年），第 453 页及以后。【41】

留人计划的样本公司的人员流动数据也相对很低。只是，我们还有疑问的地方是，这种积极作用是否真的就像这些数据所反映的那样大。确实，在采矿公司中，获得公司提供住宅的劳动力的流动人员数与那些没有获得的同事相比要低得多。然而，这在很大程度上又牵涉到工人在已婚和未婚之间的区别问题，因而仅凭单纯的人员流动数据还不能说问题已经得到解决。在1906～1907年间，克虏伯公司的人员流动仅仅是杜塞尔多夫（Düsseldorf）地区平均水平的60%。然而怎么也不能将这种相对稳定全然地归结到公司的福利措施上面去。在整个埃森（Essen）市，克虏伯公司员工的工资水平更高，并在地方劳动力市场上享有绝对优势。在1913年，它的雇员超过了整个城市全部制造业从业人口的一半。只要公司工人还想留在埃森市工作，那么他所面临的替代选择就很有限。还有，其他公司也在老员工的安家方面引入了基本类同的退休政策，因而，退休政策也不能对克虏伯公司与毗邻的其他企业之间在流动性比率上的差距做出多少解释。看来，更可能是这样，与其说是公司福利计划留住了更多工人，倒不如说这些政策在那些本来就选择留在公司的人【462】的心中培养出了更浓烈的忠诚感，它在后一方面的贡献更大。①

也就是说，相比于产生稳定劳工队伍的效果而言，公司的福利计划对劳工其他方面的影响可能更大，其中包括使得劳工更富于活力和变得更加准时。公司的雇员住宅，就建造在靠近工厂和矿山的地方，这使得雇员乏味的上班路途变得更短了，也使得那些迟到者再也找不到诸如“不知道时间”的借口，因为他们的邻居中有这么多人都准时地上班。由于在工业化的进程中，生活与工作过程开始分离，人们的这种分离感受又有时间差异，因而通常上班行程的长短，也会影响到工人的生活节奏。在19世纪早期，对于那些文化程度不高而又没有计时工具的工人来说，要估计提前多长时间开始启程上班都有困难。农村地区的工人前往厂区上班常常要走相当长的一段路，这就特别容易在时间估算上犯错误。虽然通常也有教堂钟声，但是它在地域上，有时甚至在时间间隔分布上都显得漫无规律，不能充分地代替闹钟声。早在17世纪和18世纪，在工厂和矿山的管理中，准时性就已经成为一个恼人的问题，这也反映出这个问题一直都具有普遍性。随着工业化进程的推进，那些经常变换他们工作和住址的工人们在做出变换考虑时，也一定会引

---

① 参见以下文献：

（1）西鲁普：《关于工业劳动力能力的研究》，第294页；

（2）盖恩斯伯勒委员会（Gainsborough Commission）报告：《德国的劳动力与经济生活》（伦敦，1906年），第26页及以后。【42】

入这种上班行程计算。公共汽车、有轨电车以及市内铁路当然会使得城市居民的时间与距离观念在一定程度上变得更感性与条理化。在工业化早期，因上班不准时而受罚的事情频繁发生，这本身就说明那时这个问题的严重性，不过，就这个问题的根源而论，更应该说来自于社会技术方面，而不能说成是因为工人精神状态不积极。事实上，有关企业按照计划对雇员住宅地进行选址，至少也能部分解决这个问题。①

通常人们所持的观点是，规定时间与使用机器是铸在工业劳工队伍身上的双重枷锁。然而，即使是就工厂内部的情况来说，所谓压迫的说法也不能说成是绝对就有的。实际上，早期机械（器）化培养了，而不能说是压抑了熟练技术工人的个性。技术熟练者从他们与机器的融洽关系中感受到了愉悦，他们也只有通过机器这一同盟者才能向自己的工作伙伴展示出自己的工作能力。"只有素质差的工作者才会责备到他的工具上去。"工人们在自己的回忆记录里讲述着，正由于他们掌控了质量更好的机器，才提高了工作的满意程度——而他们之所以有这么一种自我满意感，主要是由于他们的工作伙伴与工作环境赋予他们恰当的评价与地位。这种评价之所以发生，其原因应归结到他们现在的工作水准更高和绩效更佳。在规模特别大并且工作内容多样的企业之中，劳动力流动数量要明显低得多。显然，产生这种现象的原因一定程度上在于这些企业中的工人们比较看重他们所使用的机器性能，认为它们更先进，由此自己获得了工作质量更高的感受。熟练技术工人对身份与地位仍然很敏感，自我保持着一种独特的交往方式，这主要源自于他们认为自己的工作内容复杂且富于挑战性。有许多职业职位还要依靠服饰来进行区别，而那些领班与部门领导者们，则坚持用拥有在工作时穿衬衫与戴衣领
【463】的权利来对他们的身份做出标识。②

路德派（Luddite）③ 那样的行为，集中发生于纺织部门，运动的矛头更多地是指向虐待工人等事项，而不大指向工厂机器化。大量的机器捣毁事

① 欣策：《现代资本主义在勃兰登堡——普鲁士开始时的工人问题》，第 197 ~ 198 页。【43】

② 参见以下文献：

（1）贝尔奈斯（Bernays）：《现代工业劳动力的职业选择与职业生涯》，第 162 页；

（2）F. 韦里斯霍费尔（Wörishoffer）：《曼海姆产业工人的社会地位》（卡尔斯鲁厄，1891 年），第 55 页；

（3）齐默尔曼（Zimmermann）：《普鲁士铁路工人的社会地位》，载《各社会政治团体论文集》，第 99 卷（1902 年），第 84 页；

（4）R. J.：《进入金属加工行业的经历》，第 737 页及以后，第 748、752、756 页。【44】

③ 路德派成员，是指在 19 世纪初用捣毁机器等手段反对企业主的工人运动的参加者。——译者注

件成串地发生在经济衰退期间——在亚琛（Aachen）发生于1830年，在西里西亚（Silesia）发生于1844年，在开姆尼茨发生于1847年。工人们用这种方式所表达的反抗情绪更多地是针对雇主们试图在高失业期间引入节省劳动的装置，而并不是要表明他们对机器有什么怨恨。在缺少其他可以用来支持谈判的力量的情况下，工人们就常常以损坏机器作为一种威胁手段与策略。亚琛的工厂工人们威胁捣毁纺织机器，并不是因为他们反对机械化本身，而是为了取消实物工资制，并且工人们也很少会反对节约资本的发明。而对机器所施以的攻击，大部分来自于那些感觉到自己的生活水平受到先进技术威胁的其他国内工人，现代工厂内部的工人们自己反倒很少会攻击机器。我们知道，对那些在经济衰退期间极力鼓噪反对雇用外国人的人，有些人称之为盲目仇外主义者（xenophobe）；对那些曾于1794年前往位于柏林所辖法尔克曼（Falckmann）的缎带制造厂中去攻击受雇在（他们所认为的）“男性”岗位上的女工的制带男工，有些人会称之为厌女倾向者（misogynists）；而对那些曾对土地掠夺者的家有牲畜进行残害的农民，有些人会称之为仇视动物者（animal-hater）。也就是说，这些事情都事出有因，而有些人却以一种变态心理来看待当事人。而我们再回到工厂工人捣毁机器，即使是发生这种事情，从原理上讲，他们也是事出有因，不大是对机械化有什么敌意，即使有，也不会超过我们上面提到的，并且社会就是要以变态心理看待这三种人对外国人、女性以及动物本身的仇恨。①

那些非熟练技术工人却不能如同熟练技术工人那样与他们的机器建立融洽的关系，不过，工人们所存在的最大问题，还不是调整与适应于机械化，而是调整与适应于人的问题。并不是新的机器，而是新旧如人类始祖——亚当——的普通人，在影响着技术熟练者与非熟练者的精神状态。很少有工人在以前曾经经历过必须调整与适应于和这么多新工友共事的压力。家族、亲属以及居所上的邻里关系共同构成了工作环境，这种环境和工厂内部常常只是偶然相识的相互关系有所不同。就工人们适应新形势而言，相比时间限制与机器使用，个人之间的关系能够起到更为直接的作用。在工人们的回忆材料中所提到的与工头或工友发生的摩擦要比和机器发生的不愉快多得多。新的人员角色要比新器具更令人感到厌烦。在有关

① 参见以下文献：
(1) P.C. 卢茨（Ludz）编辑：《社会学与社会史学》（奥普拉登，1973年），第533页及以后；
(2) 欣策，上引书，第139页。【45】

记录中，与工头之间发生争吵是经常出现的仅有的工人辞退原因。由于工头一般不仅享有雇用与解雇的权力，而且还享有决定工资的权力——在计件工资越来越流行的情况下，这种权力的行使越来越显得具有压制性——这就毫不奇怪会有“工头意志就是上帝意志”的说法。①

在采煤活动中，是“矿层与监工在共同造就着矿工”，而机械化实际上对劳工条件恶化所应负的责任相对很小。直到20世纪20年代，煤矿才迎来了机械化旋风，在此之前，则一直是鹤嘴镐与普通铲充作挖掘煤层表面的主导工具。矿工们的抱怨集中于监工决定的武断性，诸如煤车没装满就自作主
【464】张地推走，对加班进行任意分配，蛮横地施加一些约束措施，等等。工人们也发现，采用清楚明白的规章进行管理，比用相互接近的个人关系来施以统制更让人舒心，后者只会将他们压制于工头们轻率而无常的冲动之下。在1905年的罢工之后，针对工作差错，一笔数目固定的罚金得以代替工头的特权，尽管当时这种罚金常常要超过原来工头们的工资扣减，但他们把这种惩罚方式改变当作一场胜利来庆贺。1903年发生于西门子（Siemens）公司的罢工也是部分地由于工人对工头的行为方式憎恨而引发的。罢工导致了工头的权力受到严格限制。工头们自身常常被人们有意地谴责为一种易患上精神分裂症的社会角色。对工人和雇主而言，他们都易于成为怀疑的目标。不管人们对工头权威有多么深恶痛绝，一般地，他自己还是喜好以某种方式“主宰别人”。与小企业相比，定额罚金在大企业中实行得更广泛②，并且——只要我们所获得的数据还值得信赖——大企业的人员流动率看来还是要比小企业更低。③

一旦他们离开了原来家族与朋友的圈子，许多迁入者就更钟情与向往在一家大工厂中过上一种相对隐姓埋名的生活。在那里他们可以躲避（如果在小工厂工作就要遇到的）老板鄙吝与苛责的目光，工人们讨厌受到监视。我们推测，女性劳动者的这种考虑显得更为突出。在两代人的时间里，她们的就业阵地就从家庭服务业（它的流动比例是所有职业中最高的）推进到了工厂和办公室。这就反映出，对她们而言，同样也有对个人自由的追求。这是促进她们积极就业的一种力量，她们对权威主义所表现出来的是沉默的

---

① 格雷（Göhre）：《3个月的车间经历》［伦敦，1895年，为德文本（莱比锡，1891年）的译本］，第67～68页。【46】

② 按照英文原文，这里的译文应是，“与大企业相比，定额罚金在小企业之中实行得更广泛”，但译者认为这与上下文语义相矛盾，故改动。——译者注

③ 皮珀：《鲁尔工业区的矿工状况》，第30、67页与第93页。【47】

反抗。①

对于白领工人而言，随着企业规模扩张，他们就要经历与以往有些不同的压力。以前，与体力劳动者相比，他们与企业所有者的个人关系基础有很大不同，因而他们更看重和珍视这种关系。然而，当企业规模变得更大，当个人亲密关系变得没有了人情味，他们就会因此而体会到一种失落感。西门子公司白领员工的经历可谓具有特殊性，其独特之处在于白领员工数目增长非同寻常地快，而且达到了一种非同小可的规模——从1860年的10人增加到了1890年的360人，1912年又增加到了不下12 500人。尽管西门子公司情况如此特殊，但从管理层努力创造标准化个性员工的角度看，随着人员数量增长，白领员工也并不能免除那些问题。对这个公司的白领管理群体而言，在新的管理模式引入之际，公务人员管理模式得到了最系统的应用。这种模式经过修订，成为严格的服务规章，在1899年得以引入并作为白领员工的管理样板。西门子公司的情况当然是一个极端例证情况，但它代表了一种普遍的发展趋势。公司规模增大能给体力劳动者带来利益，而对白领员工而言，所获利益基本上没有多少。对后者来说，管理技术也没有能够变好多少，并且由于原来与所有者发生的那种令人垂涎的个人接触被割断了，在他们身上所引发的失落感反倒大大增加。②

人际关系问题比技术熟练问题更具有重要性，正是这种相对重要性，能够解释为什么外国工人所经受的调整与适应的压力显得更重。在有关文献的举证论述中，鲁尔地区的波兰人常常被引征为例证，通过他们来说明劳动力新手在调整与适应机器的需要方面会遇到什么困难。就是那些于19世纪上 【465】
半叶前来为国人传授技艺的英国熟练工人也常常会发现他们在调整与适应于——显然不是指机器，而是——“德国人”方面会存在不小困难。他们的问题特别地来源于，“与他们一起工作的人和他们通常在国内遇到的人并不相同”。在英国与德国之间明显存在的文化裂痕，要比在工业化过程与“前工业化”社会之间存在的差异要更大。就波兰人与英国人而言，他们来自于当时国际社会技术类谱的两端。与调整适应于机器相比，他们实际上在调整适应于德国人方面所感觉到的困难会显得更大。③

---

① 贝尔奈斯，上引书，第162页。【48】

② 科卡：《以1847～1914年间的西门子公司为例证说明企业管理与企业雇员状况》，第484页。【49】

③ 亨德森（Henderson）：《1750～1870年间的大不列颠与欧洲工业化》，第9页，第146页注33，第148页注40。【50】

当然对于参与到这个适应进程中的工作者来说，实际上这种从前工业化时代到工业化时代工作方式的转变所引发的伤害被证明并不如后来许多观察者所看到的那么大。早些时候在家庭工业中工作的工人的理想化图景是，他在方便的时候就继续工作进程，如果什么时候感到将工作停下来更开心一些他就停下来，处于这种闲暇状态的人当然不会感受到什么就业压力。然而，18 世纪中叶以后，由于人口持续增长，人们一旦处于闲暇状态，就会感受到无情的就业和生存压力。换言之，社会环境变迁将这种闲暇的自愿性——就它所曾存在的那种程度而言——从家庭制造业中带走。于是，那些在家庭工业中自发出现的闲暇时间间隔，常常会引发工人们的怀旧情绪。在 19 世纪 40 年代的西里西亚，劳动力闲暇与经济萧条同时发生，实际上，从历史演变的角度上看，早在 18 世纪 80 年代，现代工厂产生但还没有引发严重竞争，并对劳动力非自愿闲暇产生影响时，劳动力非自愿闲暇就在不断恶化。诸如柏林的制衣坊、雇用血汗劳动力生产香烟的制造坊，或是黑林山（Black Forest）、哈茨山（Harz Mountains）的玩具产业——在这里，处于饥饿状态的穷家儿童极其辛苦地在为那些厌腻于各种满足的富人们的小孩们制造着玩具娃娃——等等家庭制造业，它们步履蹒跚地进入了 20 世纪。这引起了观察者深切的同情。他们认为这些工业活动与工业社会的伦理标准相背弃。然而，并不能说这种活动的存在就表明家庭工业的道德标准堕落，它们都还是一种正常状态。只是在现在，在工业化使得人们所希望的工业活动道德标准——似乎工业活动开展应该带着田园牧歌般的理想主义——有了革命般上升时，它们才被揭露为一种丑陋的笑柄。①

早些年间的童工雇用使得以后多代人的脆弱感情都受到了伤害。然而，对于同时代人，它们却并没有感到不悦，至少是对那些——在为各种生产活动提供着不可或缺的劳力的——孩子们的父母亲来说是这样的。在早期的纺织工厂中，童工被证明很是有用，不仅是因为其劳动价格低廉，而且也因为需要使用他们来逐根地清检纱线。到 19 世纪 50 年代，机器的工作性能变得更为可靠，工作内容也变得更加复杂，但童工们在对纺织技术形成补充方面仍然起到某种积极作用。男人们提供着力气，女人与小孩们提供着敏捷的手指。似乎，按照某个犯罪团伙的说法，“软手与硬手并不能够随意调换位

---

① W. H. 道森（Dawson）：《工业化德国》（伦敦，1912 年），第 238 页及以后。【51】

置”，在工业活动中也有类似的适用度。①

现代工厂继承了来自家庭工业体系中的童工。实际上，在1800～1846年间，在工厂体系中雇用童工的数量增长要比家庭工业所雇数量的增长快得多。② 此间，在现代工厂所雇用的劳动力总量中，有10%～20%的部分其年龄低于14岁。或许，事实情况能够说明，与成年人相比，对于孩童来说完成从 【466】
家庭工业劳动力到现代工业劳动力的转变，所引发的烦扰相对更少。那种关于在家庭工业工作中“随自已高兴”就将工作时间取消的描绘——即使其构思是多么富于想像力——却并不适用于童工。在家庭工业中，孩子们虽然也会在他们父母高兴的时候将工作时间取消，但这无疑会很少与他们自已的某种喜好活动或时间安排恰好相互一致；而从成人这一方面来看，在从家庭工业转到现代工厂中工作时，就不得不抛弃若干属于自已的工作与生活习惯，尽管其数量可能相对较少。孩子们如遇到这种从家庭工业活动向现代工厂的转变，可能也仅仅是觉得自已现在逐渐成为一个成年人了，并致力于对成年人的习惯进行学习，与在家庭工业环境中相比，到现代工厂中工作并不需要再做什么令自已不适意的事项。不过，这些孩子们对那些强制实行工厂学校教育的成年人并没有多少感激之情。这些童工至少是以他们憎恨工厂的那种程度，也在憎恨工厂学校。学校的作业从本质上而言就是令人厌烦的，而学校的体罚又是由陌生人施与的，这与由自已的亲人施加的相比，在肌肤受到同样的痛苦程度上就显得更加可恨。③

儿童只是集中于几个产业部门。其一，农业部门雇用的儿童数量最多且大大超过其他部门。农业儿童的雇用活动在整个19世纪都处于一种不受政府约束的状态。当然，强制入学作为一种消极政策是一种例外。其

---

① 参见以下文献：

（1）K. H. 路德维希（Ludwig）：《19世纪的工厂童工》，载《社会经济历史季刊》，第52卷（1965年）；

（2）兰德（Lande）：《20世纪初期机械制造业的劳工与工资状况》，第458页；

（3）C. 海斯（Heiss）：《精密机械劳动工人的选择与适应》，上引书，第229页；

（4）A. 图恩（Thun）：《莱茵河下游地区的工业以及工人状况》，2卷本（莱比锡，1879年），第1卷，第51页。【52】

② 原文为“家庭工业体系中雇用的童工数量的增长要比工厂中所雇童工数量的增长快得多”，但这与上下文语义矛盾，故改动。——译者注

③ 参见以下文献：

（1）库青斯基：《资本主义统治下的劳工状况史》，第1卷，第231页；

（2）库青斯基，上引书，第18卷，第68页；

（3）W. 布雷波尔（Brepohl）：《鲁尔地区从农业迁向工业人口群体生活状况》（蒂宾根，1967 【705】
年），第97页；

（4）R. 福贝格尔（Forberger）：《16世纪末至19世纪初萨克森的制造商》，第64页。【53】

二，家庭工业部门雇用的童工居第二位。在这个部门，直至1891年前，童工的劳动时间是不受到任何政府政策约束。其三，纺织行业1846年雇用着所有“现代工厂”童工的2/3。不过，它的童工绝对数量比家庭工业的童工数量还是要少很多。普鲁士第一部关于童工的立法出现于1839年，它禁止“在一般情况下”雇用年龄低于9岁的儿童以及年龄低于16岁的文盲儿童进入工厂和矿山工作。由于政府并没有提供什么实质性的检查，这部法律实际上直至1853～1854年间还处于一种无效状态。就是在这两年，进一步的立法将禁止雇用的孩童年龄提高到12岁，并且建立起了地方政府检察制度。而直到1878年，当这部立法在内容上得到扩充，并得以加紧付诸实施时，在工厂中雇用的童工才完全成为非法了。与其他各邦相比，普鲁士的立法活动相对要超前一些。比如说萨克森直至1861年才对年龄低于10岁的童工予以禁止；直至1865年才对那些年龄低于12岁的童工予以禁止。①

可以说，19世纪50年代，就童工规模的降低来说，市场需求模式的变化至少和立法具有同等重要的作用。实际上，早在19世纪40年代，机械化程度提高以及机器质量改善就已经在促使童工数量迅速降低，而立法只不过是加速了降低速度。在1846～1853年间，在立法能够发挥出很明显的作用以前，普鲁士纺织工厂中的童工数量就已经下降了约30%。②

工人的工作节奏，从工业化之前至工业化早期，并没有发生什么明显变化。在一个整个工作年度，与工业活动相比，农业生产所需要的持续性劳作可能要更少；然而，在农忙季节，能够找到的工作间歇时间也很少。农作物
【467】的收取需要农民们起早贪黑地付出劳作。类似地，早期的纺织、皮革以及纸张等产品的贸易方式虽然已经批量化了，但一系列技术因素使得这些工业部门的生产节奏基本上与农业同步，同时也使得规模化的批量贸易形成一种季节性市场。工业化前的技术水平还不允许任何人对生产活动过程做出全然的个人控制。这主要有三方面的原因：第一是传送动力问题。早期的现代工厂不能凭借自己的力量解决传送装置动力问题并获得工作的连续性。工业企业最初的动力源，是依靠水力动力而不是蒸汽动力——在萨克森的纺织制造厂中，25家有19家在晚至1840年都还是单一地依赖水力动力——而这种动力的有无要听命于是否发生霜冻与干旱。在哈茨山那些更好的水力位置都已

① L. 普普克（Puppke）：《关于莱茵兰与威斯特伐利亚地区工业化早期企业家们的社会政治与社会观点的分析》（科隆，1966年），第46页及以后。【54】

② 路德维希，引上书，第68页，第77～78页。【55】

被占据的情况下，对于那些位置不太理想的工厂来说，当水力供应充足时，工人们还能够日夜奔忙地开展劳作，而当水力供不上时，他们可能要歇上好几周。第二是机器性能。众所周知，早期的棉纺机器肯定时不时地会发生故障，这样，机器工作性能的不可靠也常常会使工作日中断。第三是原材料问题。在铁路系统形成前，企业的运输计划不能常规化，由于原材料的供应不足也常常会导致生产受到延误。①

工业化导致了大量农民迁到现代工厂的说法被广为接受，然而，这一看法夸大了由工业化进程所引发的工作节奏调整变化上的突然性。实际上，大量国内人口迁移，虽然牵涉到地理位置的变化，但只是一种短距离的、职业意义上的变动。国内迁移人口中，有 2/3 的人是进入到那些他们已经很熟悉的职业种类中去的。那种试图从引人注目的特例情形中总结一般趋势的倾向掩盖了事实真相，“从农村到工厂”并不是一种典型的迁移与进入模式。倒是“从耕田犁到挖煤锄”更为确切地抓住了第一代迁离者位置重新变换的真谛。在迁离现象混乱表象的下面，以工作节奏来衡量转移前后工作种类所具有的连续性——而不是非连续性——是第一代农村—城镇转移者职业结构变换的显著特点。尽管这种说法就其精确度而言还显得有些模糊与粗糙，但它毕竟还是比“从农村到工厂”这一虚妄的说法所显示的要更博大、更复杂、更显得具有经济理性、更让人在心理感受上觉得有人情味。建筑、餐饮以及交通等活动当然能够吸收相当一部分农村迁离者，但从另一方面来看，这些活动又时不时地会发生工作中断、运作不正常以及在工作流量上出现显著的季节性变化。农村的迁离者不成比例地集中于那些需要付出紧张、艰苦的劳动，但在工作时间上又有间歇性的职业领域，这使得这些职业者与他们的农村发源地保持着一种松散的联系，而非导致了原来的密切关系全然中断。大多数生于农村的女性迁离者也是在她们相对熟悉的职业之中寻找生计，比如说家庭服务、食品饮料、衣物洗涤等。晚至 1907 年，仍有 50% 的女性农村迁离者是集中在家庭服务业中就业。②

那些长距离迁离者，特别是迁入采矿行业的人，则形成了一种很特殊的情况。不过，只是快到 19 世纪结束时，这种长距离迁移者才显得有些引人注目。在 19 世纪 50 年代，鲁尔地区的劳动力需求虽然还在上升，但是地方 【468】
劳动力还是足以满足需要的。而 1853 ~ 1857 年间的经济景气则吸引了更远

① 施特劳斯：《19 世纪前半叶开姆尼茨地区劳动力的基本状况与发展变化》，第 21 ~ 22 页，第 49 ~ 50 页。【56】

② 《德意志帝国统计》，第 2 卷，第 211 分卷，第 120 页。【57】

地方的迁离者，不过，主要仍是来自于莱茵兰（Rhineland）与威斯特伐利亚（Westphalia）两地区以内的人群。来自这两地的人能够占到1865～1870年间迁入鲁尔各城镇的总共69 000名左右人员中的79%，与此形成对照的是，来自东埃尔伯根的人只占到2.1%。特别是当采煤量扩大以后，来自东部的这种迁移涓流终于逐渐壮大成为一条溪流。1900年时在鲁尔各矿区，来自东埃尔伯根的51 000人能占到这些矿区劳动力总数的25%；1913年时总数则上升为139 000人，所占比例为34%。这些新到来者，集中在鲁尔地区煤田的北部，集中在那些样式最新、规模最大的煤矿，位于奥伯豪森（Oberhausen）的埃瓦尔德（Ewald）煤矿的新补充者中的85%，位于同一地方的格拉夫·俾斯麦（Graf Bismarck）煤矿的新来者中的71%，都是波兰人。而在煤田的南部，在那些国有煤矿，新受雇者几乎仍然都是本地人——比如说，在韦尔登（Werden）地区，只有5%的劳动力来自东埃尔伯根。①

在西部（West）地区，那些远距离的移民，不管是条顿人（Teuton），还是斯拉夫人（Slav），在融入新环境时，不论是从种族还是从地域起源的角度上看，都会有一种沉重的疏离感。比如说，在埃森西部，在那些来自东埃尔伯根矿区的劳动力当中，上西里西亚人能够占到45%；而在埃森东部，这个比例只有3%。这种远距离到来者的集中自然会将原住民的注意力吸引到这些新到来者的身上。那些成批地来到鲁尔地区的波兰人尤为惹人注目。当他们的总数目从1890年的约3万人上升到1913年的约40万人时，他们引起了各种责难——责难声中掺杂着伦理上的反感——这些反对的声音认为移入民的行为方式与工业社会本身相矛盾。就迁入移民与原住民相处方面而言，当然会引发若干特殊的问题，只是这些问题看来被不怀好意的观察者夸大了。有些人给这些波兰人起了一个诨号“候鸟（*Zugövgel*）”，还为辩护他们这种骂人行径搜集了很多证据，然而这些证据是经不住仔细考证的。事实上，如果能够针对不同年龄、性别、体力与职业结构而给予这些波兰人适当的薪酬，他们的人员流动比例与那些不大引人注意的短距离迁入者相比，高不了多少。②

诸多农村迁入者们所偏爱的那些工作实际上是充当着一种职业降落伞的

---

① 皮珀：《鲁尔工业区的矿工状况》，第17～20页。【58】

② 参考以下文献：

（1）皮珀，上引书，第21页；

（2）R. 黑贝勒（Heberle）与F. 迈尔（Meyer）：《国内移民潮形成的大城市》（莱比锡，1937年），第157页及以后。【59】

作用。也就是说，他们防止这些人在从一种社会跳跃进入另一种社会时被摔死的可能。他们使得这些迁入者能够先获得一种城市的时间概念。如果说，他们感到自己与整个——对自己而言，仍然维持着面对面的权威关系的——生存框架之间，在许多方面还不能融洽起来的话，但无论怎么说，他们也还是置身其中并逐渐熟悉起来了。对于他们当中那些没有在更具吸引力的工业部门寻找到工作的人来说，不能仅仅将他们所从事的劳动视作职业场上的“倾销站”，实际上，他们的这种劳作方式，在他们的农村与城市生活之间充当了一种过渡渠道的作用。①

毫无疑问，直接招募到工厂的农村工人占工人总数的比例甚至比农村地区的工人所占比例都还要更小。在有关职业与人口的统计调查中，将“农村地区”定义为所有居民少于2 000人的社区。特别是在19世纪早期，很多这种社区都还拥有一些工业。看来，实际情况可能是，进入到工厂工作的农村迁入者中有相当大的比例来自于分布在农村地区的制造业领域，他们的【469】
原有职业背景并不是单一农业背景。松巴特（Sombart）声称，劳动分工能够将工作“技巧的更大部分”给分离出来，并把它原来的神秘性降低到了一种很低的地步——“这样，每一个农村姑娘都能够迅速地被教会”。在讲这话时，他是否忽略了现代工厂对女性工人所要求的灵巧、机敏与方法呢，很显然，许多农村女孩缺少适合这种工作的双手。实际上，雇主们也是因为留心到了这种工作要求，所以只会给很少机会将农村姑娘招募到现代工厂中。由此，现代工厂工作更有可能是第二代女性迁入者的职业目标。②

在工业化早期，由于技术熟练劳动力能够部分意识到自己的稀有价值，并且能够按照工业化前的处事模式利用自己的这种有利的讨价还价地位，因此，对于雇主来说，他们还颇显得难以驾驭。这本身就反映出，他们在调整——在经济的这一发展阶段，这种劳动力所需做出的调整可谓是相对有限——与适应于新的工作模式方面并不存在着多大的困难。不过，尽管他们的地位相对有利，并且在此阶段这些技术熟练工人与非熟练工人之间的薪酬差异在扩大，但是，那些一流的熟练技工所获得的报酬比他们的真实价值还

① 有人发现，早期的工业化运动主要是由当地出生的人推动形成，而非主要是由迁入的工人所贡献产生，这个发现的启示性作用值得我们仔细考虑。参见R. 蒂利（Tilly）：《19世纪德国的人口骚动：一个初步考察》，载《社会历史杂志》，第4卷（1970年），第25页。【60】

② 参见以下文献：

（1）松巴特：《现代资本主义》，第3卷，第1部分，第430～431页；

（2）M. 贝尔奈斯（Bernays）：《现代工业劳动力的职业选择与职业生涯》，第140～141页。【61】

是要低很多。如果他们真的曾经在调整与适应工业需要的过程中遇到了更大的困难的话，那他们就可能会起来——为获得与他们给经济过程所做贡献相称的报酬——进行更强有力的斗争。

工人们对待现代工厂的态度很大程度上取决于他们的具体优势。那些手工艺老师傅出身的人都发自内心地痛恨现代工厂。他们一般都太老了，也太习惯于对别人发出命令，以至于不能平静地考虑接受别人对自己发出的命令。[①] 而学徒期满刚成师傅的人则通常对工厂雇用采取一种更积极的态度。1848 年，新师傅议会（“新师傅”与“老师傅”的含义见本章有关译者注——译者）就拒绝对老师傅议会所提出的有关要求予以支持。并且，由于老师傅们企图对自己拥有的限制新师傅自由移动的权力予以保留，并企图禁止新师傅进入现代工厂受雇，新师傅议会当然颇怀怨恨地力图对这些企图进行抵制。当然，进入现代工厂中工作的实际数目也是越来越多。[②]

传统纺织行业工种的社会地位较低，而在这个行业中，地位低下的妇女与儿童又占现代工厂工人中的绝大多数。那些纺纱制造厂，通常都位于监狱与军营附近，并且在人力来源上也和这些场所相联系，他们通常都雇用“受压迫的”孤儿或赤贫者作为工厂劳动力，这就无怪乎他们在 18 世纪会获得一种不好的名声。不过，这种臭名却并不适用于那些成年男性占到劳工绝大多数的机械工厂。柏林的那些机器建造者对自己有很高的价值评判，社会也广泛地将他们认可为劳动力中的贵族阶层。实际上他们不仅可以获得高工资，而且能够以精湛技艺获得较高社会声誉，其地位与声誉都能够在现代工厂的雇佣活动中实实在在地表现出来，他们的这种自我评判不过是以自我方式对这种事实的反映而已。从这里看到，源于自我的“推力”与来自环境的“拉力”在共同造就着早期现代工厂的劳动力。

【470】早在 18 世纪中叶，工作于伍珀山谷的那些亚麻纺织工人，就由于受到物质利益引诱而离开他们原先那些生意规模小的老师傅们。这些规模相对更大的工厂雇主引诱工人前往的条件甚至包括有工作时的（喝）咖啡时间等。等到 1830 年时，那些将家庭工业中工人吸引到开姆尼茨（Chemnitz）现代工厂中来的原因，则不仅包括有高工资，而且还有通常在家庭工业中见不到的更大程度的人身自由，尽管工厂的管理条例可能令人感到厌烦，现代工厂一般还是给予所雇工人私人生活免受干涉的自由，当然，我们前面提到的施

① 施特劳斯：《19 世纪前半叶开姆尼茨地区劳动力的基本状况与发展变化》，第 130 页及以后。【62】

② 诺伊斯（Noyes）：《组织与革命：1848～1849 年德国革命期间的工人阶级团体》。【63】

图姆兄弟的工厂例外。因而，我们可以说，开姆尼茨的现代工厂能够将这些新织工师傅吸引过来，并由此剥夺老师傅们以前那种心安理得地享有的——获得新师傅劳工服务的——权力，不仅是由于现代工厂给出了更高的工资水平，而且也因为劳动力获得了更大的人身自由。①

他们指责现代工厂工人工作态度恶劣，工作风格散漫。在早先时候，他们对家庭工业工人也有类似指责。那时，他们以为家庭工业应是农业劳动力的"专属领地"，但是，后来又反过来将家庭工业工人理想化为工作楷模。要不是他们的态度显得有些反复无常，人们本来还会觉得这种贬损现代工厂工人的评论有些客观价值。与揭露工人对待现代工厂的恶劣态度相对比，同时代人士还更多地揭露出资产阶级对法国大革命这种"灾难"的过敏的反应。当然会有一些工人不喜欢工厂工作，然而，有证据表明他们的厌恶情绪的对象不是指向现代工厂，而是某种工作。②

我们还可以非常确切地感受到一种演化趋势：从工人在工作过程中的自我控制到由集体工作规范进行约束的演化；从工人在某种程度上自定劳动步调到在集体共同决定步调的环境中工作，再到——如20世纪20年代的合理化运动中所发生的那样——由管理活动精确确定工作过程规范与对象规格的演化。不过这整个演化过程，延续时间超过了一个世纪。在实际发生上，它当然会比我们作最初与最终阶段比较所给出的感觉印象要显得自然、渐进得多。实际上，劳动力对合理化运动做出非常怨恨的反应，这本身就表明，在那个历史阶段，甚至在许多大工厂中，许多工人对自己的工作模式仍然保留着某种程度的控制。③

9.5　劳动者收入与劳动生产率

促使工人们做出调整与适应于城市和工业生活的选择的最有效诱导因素就是他们的收入水平。而有许多的雇主反倒都对这一点表示质疑。时间晚至1901年，鲁尔地区的采煤巨头们还论证道，更高工资只会导致那些

① 诺伊斯，上引书，第23页。【64】

② 关于就一个人口群体而言其自身观念用作为实际行动的指导具有不可靠性的论述，参见约翰·G·加利亚多（John G. Gagliardo）：《从贱民到爱国者：1770～1840年间农民观念的变化》（列克星敦，肯塔基，1969年）。【65】

③ R. A. 布雷迪（Brady）：《德国工业的合理化运动》。【66】

雇自东欧的采煤工付出更少的劳动。不过，我们还是难以寻找到确切证据以能对18世纪以来经济体系中存在着一个向后弯曲的劳动供给曲线的论点进行支持。这种曲线只是在一定程度上适用于那些消费支出机会或是生活状况改善机会受到限制的封闭经济社会，而不能说它具有一般适应性。
【471】对18世纪全德国这一特殊经济社会中的劳动者来说，它也不具有适应性。工人们早已把握了物质进步的观念。有大量证据表明，工资增加会导致收入者寻求获得更高的物质积累而不是进行更大的闲暇替代，而更多的人员流动也反映出更高工资水平所具有的吸引力。简而言之，除非是在不正常的环境状况下，更高的工资被证明是工人们变换工作的有效诱因。①

1800~1820年间，年货币工资的增长程度可能还只是微乎其微；到1850年时，增长了25%；1850~1870年间继续增长了50%。以单位小时计的货币工资增长程度比这要小，而这又是因为在19世纪的第二个1/4时段中，工作日长度有着增加的趋向。在直至1870年左右的20年里，单位小时货币工资都没有明显下降的变化。可以说，在从世纪之初开始的70多年中，年实际工资还是维持着某种稳定状态。不过，这种长期稳定掩盖了短期的剧烈波动，而实际工资在短期的这种上下摆动又是由于食物价格波动引起的。②

1870~1914年间，年度与周度货币收入都增长为原来的3倍，而以小时计的货币收入则增长为原来的4倍，周实际收入赚取量上升了大约50%，而小时实际收入赚取量则近乎翻番了。通常认为，在第一次世界大战前的这一时期，实际工资在1873~1896年间比其他时间要增长得更快。不过，除非我们能获得更多关于零售价格的资料，否则，武断地下这种结论就显得为时过早并有犯错之虞。格哈德·布里（Gerhard Bry）曾经开展的有关工作能够为这里余留的不确定因素给出一种度量。他先是公开发表他的其价值之大无法评估的工资调查资料，并在论述中强调，实际工资的上升趋势在1900年左右有一次中断；在资料发表的2年之后，他又注意到，艾伯特·雷（Albert Ree）曾经用零售物价指数代替批发价格指数对美国的实际工资指数做过方向上的修正。仅是以这个启示为基础，他继而用类似方法对他自己以前所曾强调的这一结论做出了大幅度修正。J. 库青斯基的所谓标准估数曾经指出，在战争之前的10年间，实际工资增长率有一个显著下降；而

① 参见皮珀：《鲁尔工业区的矿工状况》，第113页。皮珀的数据指出，在19世纪晚期，工人们有一种强烈的加班工作热情，而旷工率则很低（第48、54页）。【67】

② 参见，比如说，库青斯基：《资本主义统治下的劳工状况史》，第2卷，第152页。【68】

德赛（Desai）与奥萨（Orsagh）主要是通过修正库青斯基的生活成本指数，曾经对库氏的标准估数进行过修正。这两位修正者仍感觉到，从世纪之交开始，实际工资的增长受到某种力量的阻滞，而有所减缓。①

进一步的研究能够使这种修正深入。当时人士所发出的大量抱怨毫无疑问地在向我们提示，他们对1900年之后所有实际工资向上变动趋势的减缓有着主观感受。只是这种主观感觉可能还不能反映出客观的发展变化。从环境影响上看，20世纪早期，工会宣传力度大为增加。而不论是半熟练的体力工作阶层，还是白领劳工阶层，规模都扩大了，劳工的行业内与行业间差别反倒缩小了，由此工人们变得比任何时候都感受到身份地位的差别。而食品价格在经历了30年的下降之后在第一次世界大战之前的10年间反倒上升，这更为强化了人们那种生活成本在发生前所未有的变化的感受。即使是 【472】
白领工人，也像那些处于18世纪作物歉收后的饥荒状态中的赤贫者一样，领受困难补助金。从集中于肉价上升方面的诸多抱怨看，我们可以感觉到各社会阶层对生活预期水平在不断上升，从而也就毫不奇怪，对地方性的生活成本进行进一步的研究会确证得出，所谓“实际工资增长减缓”只是反映出当事人对增长抱有一种更迅速的预期，而非实际收入增长真的是遇到了什么阻滞。②

1914～1939年间，年实际收入波动得较厉害，但是跨此期间，收入最后所达到的水平还是要比初始水平稍高。1939年每小时实际收入水平比1913年超出20%，只是周工作时间的缩短将这种增长近乎抵消掉了。③

19世纪前半叶，非农业部门的总劳动力生产率变化不大。在1840年前，有着显著增长记录的只是那些已经机械化了的部门，特别是纺织行业。根据霍夫曼的计算，在1850～1913年间，劳动生产率以年平均1.7%的速度增长。在此期间，不同部门之间的生产率增长大体在0.6%～2.9%之间。

---

① 参见以下文献：

（1）G. 布里：《1871～1945年间德国的工资状况》（普林斯顿，1960年）；

（2）G. 布里与C. 博尚（Boschan）：《美国、大不列颠与德国三个工业化国家实际工资的长期趋势与近期变化以及它们之间的工资差别分析》，收入《第二次国际经济史会议论文集》（黑格，1965年），第179～180页；

（3）A.V. 德赛（Desai）：《1871～1913年间德国的实际工资》（牛津，1968年），第36～37页；

（4）T.J. 奥萨（Orsagh）：《1871～1913年间德国工资状况》，载《社会科学综论》，第125卷，第3分卷（1969年），第476～483页。【69】

② 在《各社会政治团体论文集》的第145卷（1914年）的第1部分、第2部分，包含关于地方价格变动的若干研究成果。【70】

③ 参见布里：《1871～1945年间德国的工资状况》，第54页及以后，第233页及以后。【71】

各部门的具体数据为：[1] 贸易与商业0.6%；农业1.2%；工业1.8%；采矿业2.0%；交通运输业2.9%。由具有更高劳动生产率的部门所占权重增加而产生的结构效应在平均增长率中的贡献能够占到1/5。[2]

在短期，劳动生产率增长与收入增加之间的相关程度并不高。至少从短期来看，收入分配于劳动力要素上面的部分取决于当事人事先进行的各种粗略衡量和既定考虑，而这些考虑部分地与劳动生产率没有关系。劳动力需求弹性、利润水平的预期、劳动力进入企业的难易程度、劳动力的教育素质、劳动力的身份等，都会影响约定的工资与薪酬水平。而这并不令人感到特别奇怪，因为劳动生产率的度量的本身就提出了若干难以解决的具体问题。实际上，在1930年，政府主管部门在对经济进行调查研究的过程中就无奈地对当时的度量方法予以放弃。直到现在，度量方法仍没有在这种基础上取得什么新进展。特别地，度量白领工人的劳动生产率，又被证明尤其棘手。科卡（Kocka）曾经提出过一个有趣的假说，即认为在德国大型企业之中，以政府管理模式作为参照基础建立起来的企业等级管理组织，构成了在1895年后德国与英国的相互竞争过程中的一种优势。然而，正是由于上面所说的这种度量的棘手性，使得我们对这个假说进行严格的检验变得近乎不可能。从短期来看，劳动力的收入赚取与劳动生产率还会负相关。劳动生产率倾向于与商业周期负相关，而收入赚取倾向于与商业周期正相关。[3]

约1900年之后，工资水平飘忽不定的程度变得更为明显，工资率与收入赚取之间的差距也越来越大，这就使得关于劳动收入对商业周期的反应的
【473】分析变得更为扑朔迷离。布里（Bry）曾经发现，在1870~1933年间，工资率通常都是滞后于生产周期转折点1年而发生转折变化，而收入赚取的滞后时间长度只有几个月。总的来说，他的这一说法，夸大了滞后时间长度。布里还强调指出，从经济繁荣年代（*Gründerjahre*）开始，“只有一小部分工资上升是发生于经济处于扩张状态的1870~1872年间，而关键性的上升却发生在1872~1876

---

① 菲舍尔（Fisher）与恰达（Czada）：《20世纪德国工业结构的变化》，第125页。【72】

② 霍夫曼及其合作者：《19世纪中叶以来德国经济发展》，第37页。【73】

③ 请参见以下文献：

（1）调查委员会：《以委员会关于劳动效率的调查工作为基础的审理与报告》（柏林，1930年），第9卷，第1~2页，第24页及以后第227页；

（2）霍夫曼及其合作者：《19世纪中叶以来德国经济发展》，第24页；

（3）T. W. 马松（Mason）：《第三帝国在1933~1939年间的劳动力状况》，载《过去与现在》，第33号（1966年4月号），第132、140页；

（4）科卡：《以1847~1914年间的西门子公司为例证说明企业管理与企业雇员状况》，第275、478页。【74】

年间，这是一个商务活动从整体上看处于收缩状态的时期。”①

实际证据却似乎并不支持这样一个似乎很肯定的说法。比如说，印刷工人的工资率在 1871～1872 年间明显上升，而在 1873 年 5 月之后却没有增长，亦即这个行业的工资率与经济活动是同步的。建筑工人的小时工资率在 1871～1872 年间则是以比以后年份都要更为明显的态势与经济量成比例地增长。在 1873～1875 年间，建筑工人工资的这种增长态势仍在持续，只是显得缓慢一些而已。另外，我们还要注意到，在大部分城市中，建筑生产活动的景气状态一直持续到了 1875 年，这比全部经济活动的周期峰值时间推后了 2 年。当我们将建筑工人的工资率与建筑业的生产周期而不是全部经济活动的周期联系起来考察时，那么前面提到的所谓工资变化时滞实际上是不复存在了。在布里的论证中，不止一次地提到了在 1903～1904 年间的经济衰退中，工资率的变动也与这种衰退变动不同步。不过，按照他的说法，这种衰退是这样地温和，以至于施皮托夫（Spiethoff）所计算的指数值甚至不能将它反映出来。有些经济波动在季度收入上似乎确实略有反映，但年度数据太不敏感以至于无法反映。正如布里所正确地认识到的，实际情形可能是，这些来自各单个公司的、以全部劳动力的简单分类表方式给出的全部工资数据低估了工资对衰退所做出的迅速反应。由于经济低潮到来时首先解雇的是低工资的非熟练工人，因此它所反映出来的平均收入相对真实收入发生了向上的偏离，并将工资对周期转折点反应的迅速性掩盖了。②

9.6　工　会

就在北部德国联邦（North German Federation）的《工业法典》于 1869 年有效地解决了工会组织的合法性后，一系列国家级工会组织迅速地得以组建成立。到 1895 年时，这些组织的成员才有 33.2 万人，比非农业劳动力总数的 3% 还要低；但是，从那以后，它跳跃式地迅速增长。1900 年超过 100 万人；1914 年达到 300 万人，占到了全部非农业劳动力总数的 15%。工会组织成员 1916 年降低到 120 万人，然后在 1922 年猛冲到了其数量顶峰，达 920 万人，占到非农业劳动力的近 50%；再以后，1929 年它下降到了 550

① 布里，上引书，第 135 页及以后，第 147 页。【75】
② 布里，上引书，表 A3（第 333～334 页）；第 132 页以及注 16。【76】

万人，占到非农业劳动力总数的约 25% 。①

作为对工会组织成立与扩张的反应，各种雇主组织在随后很短的时间里也大为扩张。1872～1873 年间，为了抵制工人们的要求，各种地方性的雇主组织迅速兴起，只是在随后到来的经济不景气中，由于劳动力再度变得更好对付，其成员规模才随之减少。1903 年发生了克里米乔（Crimmitschau）
【474】纺织工人罢工，在罢工引发了整个德国所有雇主都相互同情的背景下，两个全国性的雇主协会出现了。一个代表轻工业雇主，另一个则代表重工业雇主。它们进而在 1913 年以全德雇主团体联合会（Union of German Employers' Association）的形式相互合并。在合并之初它所代表的工业雇主的雇佣面覆盖着 180 万雇佣工人。而它的成员规模扩张速度也近乎和工会相等，1920 年它的雇主成员的工人覆盖范围扩大到 800 万人。②

作为一种大型组织，工会组织主张集体谈判原则，这一原则也是成员规模扩张导致的自然结果。不过，大多数实业家，特别是重工业部门的实业家，在走向准备将工会看做是平等谈判对手的路途中，还是花费了一定的时间。雇主最初面对工会谈判的局面，常常有被激怒的反应，这种情绪更多是源于一种自尊与威望受到了践踏的感受，却并不怎么是来自于对利润率的斤斤计较。比如说，威廉·西门子（Wilhelm Siemens），在 1872 年时就同意了他的那些工头们增加工资的正当集体要求，但是，却愤慨于他们竟然放肆到了敢于集体考虑与集体要求。在重工行业中，有一些企业试图培养出驯服听话的"懦弱"工会，但是却并不怎么成功，不过，西门子公司显得有些例外。1913 年在属于懦弱工会的总共 111 000 名工人当中，其中西门子的雇员就有共 25 000 人。

尽管大型企业的雇主对工会组织怀有敌意，到 1914 年时，在劳工关系方面，集体谈判还是起到了一定的作用。这时，有 140 万工人——约占工业劳动力总数的 15%——覆盖在工会集体协议的下面。有许多雇主也逐渐地意识到，强大的工会能够将其所有成员组织到一个阵营里来，从而也便于他们与工人打交道，因而有着利于自己的一面，进而也持一种理解的态度。但是，总的来看，重工行业中的雇主还是不同意集体谈判原则，直至 1918 年施廷内斯—莱吉恩（Stinnes-Legien）协议达成，这种情况才有所改变。到 1931 年时，有 1 200 万工人——约占到工业劳动力总数的 75%——覆盖在

① J. 库青斯基：《资本主义统治下的劳工状况史》，第 4 卷，第 400 页，他这里数据以布里（Bry），上引书，第 28 页及以后的数据计算。【77】

② 参见布里，上引书，第 37 页及以后。【78】

工会集体协议的下面。①

集体谈判究竟能在多大程度上对工资水平发生实际影响，仍然是一个存在着争论的问题。那些得到记录的谈判协议实际上代表着一种最终结果，市场力量本来也可以或者说能够以一种更非组织化的方式达成这种结果。1869年后，新组建的工会开展的活动均是很快就获得成功，但可能它们的这些“成果”，只是反映经济周期性复苏带来的影响。在1873年后经济萧条的过程中，工会组织在应对市场力量方面显得无能为力。罢工（罢工通常由工会组织）的数量从1873年的285起下降到了1877年的仅仅6起。在俾斯麦（Bismarck）的限制工会自由行动的反社会主义立法活动发生之前，工会组织——不论是就作为雇主自尊的克星来说，还是就作为雇主钱袋的威胁而言——就已经被证明为没有多大效力。在那个反社会主义的立法发生之后，很快地，也就是在1879~1882年间，工资或是稳定或是上升，这反映着工资水平在度过19世纪70年代的低谷状况之后正在发生周期性复苏。在1890年，俾斯麦主义的立法被取消，之后很快，工会成员实际上下降了。【475】
因而，如果要考察1891~1894年的经济萧条期间工会的发展与工作成就，考察它们所受到的影响，立法状况似乎看上去就是一个可有可无的因素了。而1895年之后工会成员迅猛增长，使得要从市场力量的作用中去清理与区分出工会机构的影响显得颇为困难。在没有罢工发生的情况下，收入中工资所占比例却从1905年的64%上升到了1913年的77%。另外，劳资双方都乐于接受谈判的解决方式一定程度上源于双方都意识到全面冲突可能不仅对被征服者而言获益甚少，对于胜利者来说，也会显得代价高昂。②

由魏玛政权主持建立的政府强制仲裁制度强化了市场力量。与有关社会方面的预期相反的是，这种仲裁并没有取代市场的作用。仲裁者一般都寻求对市场力量的平衡做出估量与判断，并根据这种判断做出裁定。在1929年之后，尽管由于大规模的失业使得工会的谈判筹码丧失殆尽，工会组织当然

① 布里，上引书，第42页（关于本段以及上段的资料基础）。【79】

② 参见以下文献：

（1）H. 克尔布勒（Kaelble）与H. 福尔克曼（Volkmann）：《在向有组织资本主义转变的过渡时期的经济形势与罢工状况》，载《经济学与社会科学杂志》，第92卷（1972年），第532~534页；【706】
（2）V. 伯默特（Böhmert）：《关于德国炼铁与机械行业薪酬方式的最新研究成果概览》，载《劳动者之友》，第49卷（1911年），第295页。

由于我们不可能确定究竟在多大程度上，雇主提高劳工工资和改善劳工条件是为了预先阻止工会组织的形成或是避免随时发生的罢工，因此，关于工会组织在工会化早期所起的影响作用，研究者必定还都只能得到一种推测性的结论（这里作者的意思主要是说，难以将由雇主预先防范导致的影响与直接通过工会工作产生的影响区分开——译者）。【80】

还是不情愿接受工资的削减。这时，约有 3/4 左右的受到集体协议覆盖的工人是根据 1931 年的“工资裁定”而进行工资发放的，在当时既定的市场环境中，这种裁定还是有利于雇主一方。①

相比于对工资水平施加影响，工会组织也许在达成工作小时数的减少以及工作条件的改善等方面所起的作用要更大。各劳动者自身常常就处于一种要为自己的工资进行谈判的位置，同时，毕竟在工会组织到来之前，工资水平变动已十分普遍。这样，从发展传统上看，工作小时数的黏性要比工资黏性大得多，并且更需要集体谈判，而不是需要个人的讨价还价。非常具有讽刺意味的是，工会组织取得了降低工作小时数、实现加班工资等方面的成功，但这却扩大了工资率与薪酬之间的差距，从而损害了工会抵制薪酬降低的能力，并使得它们在达成更具重要性的最低工资率上的谈判也不能完全成功。②

大约在世纪之交，人们通过有关迹象可以明显地感受到工资率向下变动的刚性在增加。看来，在 1901 ~ 1902 年经济衰退期间，工资率在历史上第一次没有依照经济周期方向发生变化。随着谈判所达成的最低工资率在各次经济萧条期间持续地发挥作用，经济收缩所带给劳动者的惩罚就必须主要地由薪酬赚取总量来予以承担了。在大萧条期间工资率变动相对生产变动而言有着明显的时滞——工资率在 1930 年 5 月才达到了它的高峰值，比经济衰退开始的时间要晚 13 个月——这反映出，在建筑、金属、纺织、煤炭等多个行业中，大量工资合约期限还没有到期。从而，在这些部门，薪酬赚取量的下降就比工资率的下降要来得迅速得多。然而，即使是在大萧条的低谷点上，工资的下降也不能与在 19 世纪早期的多次经济衰退中工资所发生的迅猛下降相提并论。在那时，比如 1816 年在开姆尼茨的纺织行业中，工资削减程度达 50% 并不少见。与 1829 年、1842 年以及 1847 年等年份相比，20 世纪的工人们所经历的货币工资下降一点儿都不具有可比性；即使是真实工资下降，程度也要低得多。随着工业化进程推进，不论是工资的季节性变动
【476】还是年度波动的剧烈程度都大为缩减。工资水平上的这种稳定，也反映出工人阶级的生活质量有了重要改善。③

工人的集体谈判，也许还导致了工资在地区之间、在技能程度之间差异的缩小。基准工资率上升在地域覆盖范围上变得越来越全国化了。从另一方面来看，这至少部分地再次反映出：到 20 世纪早期，国家劳动力市场的范

① 布里：《1871 ~ 1945 年间德国的工资状况》，第 43 页，第 301 页。【81】
② 布里，上引书，第 163 页。【82】
③ 布里，上引书，第 153 页及以后。【83】

围与深度都有了实质性增长。①

对于工资谈判，工会对谈判样式的影响要大于对谈判的内容与实质发生的作用。工会对雇主中的极端主义分子的极端行为起到了一种遏制作用。特别是在经济萧条期间，有可能阻遏他们冒险做出那种炫耀式的挑衅行为；同时，在经济复苏阶段，它们实际也降低了那种迫使雇主做出让步的进行必要罢工的次数。但是，它们却没有能够取代市场机制的作用。实际上，它们的成功也取决于其对市场进行利用的技巧。通过将劳工内部关系、劳资关系制度化，它们帮助工人们融入到工业社会当中去。它们也试图培养出一种工作精神，并且以资本主义与市民社会的体面与责任的准则来教导它们的成员。在 1887 年之后，各工会组织都成立了劳工书记处（Labour Secretariats）。在这个机构所处理的工作案卷中，有 1/3 的问题牵涉到国家政务法律，另有 1/3 则涉及工业法律。在 19 世纪 80 年代，泥瓦工工会发言人向社会大肆宣扬它们的城市工人价值观；而在 1899 年，矿工工会的领导人则痛斥旷工行为——旷工率在这个行业中能达到2% ~3%——的“耻辱性”。事实上，弗里德里希·哈尔科特（Friedrich Harkort）很早就提倡工会的这种功能作用，看来，他若了解到以上这些事情，应对此大感高兴。②

1850 年以前，劳资冲突发生得最为激烈的时候通常都是经济衰退的低谷期间，比如 1844 年发生于西里西亚的冲突就是这种情况。19 世纪的 50 年代和 60 年代则是一个过渡时期。60 年代以后，工人罢工都倾向于在经济复苏或高潮年份成串发生。这就意味着罢工的动机不仅是表达源于直觉的抗议，而是转变为对经济周期变动带来的机会进行更有计划的利用。关于工人阶级的心态在适应工业化进程进行的主动调整，为我们提供了最好的例证说明。甚至是采煤工人，尽管他们的罢工方式仍表现出某种类似农民造反的——长时期的驯服状态被突然的、短期的、激烈的情绪爆发所打断——特征，然而，他们却也具备了类似的机智性。他们利用了诸如 1872 年、1889 年以及 1905 年等年份的经济景气，并进行了爆发式罢工。在 1899 年——就是从这一年开始，内容充实而广泛的统计资料得以被收集起来——至 1933 年间，由于罢工而导致

---

① 参见库青斯基：《资本主义统治下的劳工状况史》，第 1 卷，附录 1，第 350 页及以后。【84】

② 参见以下文献：

（1）皮珀：《鲁尔工业区的矿工状况》，第 54 页；

（2）道森（Dawson）：《德国工人》，第 220、235 页；

（3）G. 阿德尔曼（Adelmann）：《鲁尔矿区从产生经 19 世纪至第一次世界大战的社会性劳资关系法》（波恩，1962 年），第 118 页。【85】

的工作日损失高峰年份包括有1905年、1913年、1919年以及1923年。资方有时会因避免罢工而对工厂进行封闭，封闭导致的工作日损失高峰年份则包括有1910年、1924年以及1929年等年份。在这些年间，与罢工所可能引发的工作日减少相比，工厂封闭导致的实际损失更高。不过，从工作日总损失来看，数目很小。1905年是这种工作日损失在第一次世界大战前的高峰年，损失了1 900个工作日，摊到每个工业工薪赚取者的身上，平均1年损失不到2天。即使是第一次世界大战之后的高峰年，1924年，总共损失了3 600万个工作日，但摊到每个工业工薪赚取者的身上，平均1年的损失也不到3天。显然，工作日损失的间接影响才具有重要后果。那些联系面很广、起关键作用的生产部门的工人与雇主
【477】发生冲突行为所导致的一种后果是，它可能会（因本部门的生产停顿而）促使许多其他部门的工人非自愿地失业或就业不足。因此，与浮现出来的工作时间直接损失相比，劳资冲突实际上还有着更为严重的后果。①

1870年之后，劳资冲突主要集中发生于经济的复苏与高潮年间，但这并不必然地意味着这些年间的工资变动主要要归结为这种斗争性行动。通常，做出罢工或封闭工厂的决定都起因于双方在某些判断上一定程度的不一致。因此，这种决定的形成实际上很大程度上不取决于实际条件，而取决于双方对对方要求条件的预期。比如说，罢工之所以在经济复苏阶段比经济高潮阶段更多地成串发生，是因为在此阶段，雇主的预期还倾向于维持在一种相对低迷的状态，而在经济高峰点他们则常常会过分乐观并由此而做出那种——他们在别的时候可能觉得难以承受的——让步。②

实际上，绝大多数劳资争议都是在不中断工作的前提下得到解决的，解决方式主要是通过工业法庭机构的调停。在1869年《工业法典》（Industrial Code）颁布时，这种机构还处于一种萌芽状态，只是在1890年之后，它才取得了重要进展。法庭由双方互相协议指定的仲裁人主持，仲裁缺乏强制执行力，但这种仲裁却能防止很多的小争执发展扩大成更为严重的局面。

---

① 参见以下文献：
（1）布里：《1871～1945年间德国的工资状况》，第143页；
（2）库青斯基，上引书，第1卷，第250、254页；
（3）克尔布勒与福尔克曼：《在向有组织资本主义转变的过渡时期的经济形势与罢工状况》。【86】

② 关于这一段所涉及的内容的一种视角范围较广的讨论，请参见以下文献：
（1）克尔布勒与福尔克曼，上引书；
（2）P. N. 斯特恩斯（Stearns）：《对罢工运动发展过程的比较观察》，载《社会史国际观察》，第19卷，第1分卷（1974年）；
（3）L. 舍弗（Schofer）：《1865～1914年间上西里西亚地区工人抗议资方的模式》，载《社会史杂志》，第5卷，第4分卷（1972年）。【87】

1904～1905年间，仅柏林法庭就处理了13 000宗案卷。它对这些一半左右争议事件的处理是以双方达成协议的方式完成，而另有1/4则是在工业法庭之外获得解决的。①

尽管工会组织并不能直接而显著地提高工资水平，它们却可能对雇主关于考察劳动力成本的工作质量施加某种微妙影响。即使是那些为雇主辩护的人也承认，关于劳动力问题的调查，工会的工作效果与工作质量要高于雇主，而工会的压力也定然会迫使雇主们对成本结构做出——比他们当中许多人自己最初看来所可能做出的想法或考虑——更为系统化的考虑。②

在19世纪的商人中，几乎没有谁会承认更高的工资水平或更低工作时数可以增加劳动生产率。企业掌控者对经济危机的本能反应一般都是降低工资和提高工作时数。只有当企业必须不惜任何代价去留住核心员工时，这种反应才能有所缓和。雇主除了对劳动力做这种考虑之外，还常常试图在经济低谷时期以廉价劳力来代替昂贵劳工。不过，到20世纪早期，随着工资差别程度缩小，最低工资率在社会上得到推广和采纳，雇主在经济低谷条件下所能做出的这些潜在选择在实际实施范围上也就受到了限制。有充分证据表明，工资上升会促使雇主进行劳动节省型的投资。20世纪20年代的合理化运动浪潮从某种程度上讲是企业当事人对1919年强制实行的8小时工作日制所做出的一种迟滞反应。尽管在1924年以后，8小时工作时数的限制有被破坏的倾向，但就在1924年，通货膨胀环境已走向终结，雇主们仍然被 【478】
迫面临着社会各方或明或暗地提出的削减工作时数的要求。③

J. 库青斯基曾经有力地论证道，1860～1866年间——这是在19世纪里，他所考察到的第一个实际工资发生上升记录的时期——雇主们在思考逻辑上变得接受高工资，并且认为这是一种合理的经济方式。他们在劳动力的利用上也在从“外延式”转向“内涵式”。当然，对工业化进程中强调劳动（利用）深化，是一件很有意义的事情，但是试图将这种要素利用方式转变的关键时间归结到这个时期，就不能令人全然感到信服。看

① 参见道森：《德国工人》，第176～192页。【88】

② 即使像埃伦贝格（Ehrenberg）这种关于管理方应有特权的强烈辩护者，也在他的《近现代劳动群体的衰弱与加强》一文中承认这一点。【89】

③ 参见以下文献：

（1）阿德尔曼：《鲁尔矿区从产生经19世纪至第一次世界大战的社会性劳资关系法》，第152页；

（2）科卡：《以1847～1914年间的西门子公司为例证说明企业管理与企业雇员状况》，第212页注26。【90】

来，库青斯基在论证中忽略了他自己所给出的有关证据，即指在19世纪前60年间，货币工资在——如果说只是在缓慢地上升的话，但也毕竟是在——稳步地上升着。而作为雇主首要关心物的货币工资，1860～1866年间的上升速度比1850～1856年间实际上要更慢。1860～1866年间的实际工资上升并不是因为所利用的技术发生了什么变革，而是因为生活成本指数——影响实际工资发生短期变化的关键性因素——呈现出前所未有的稳定。也是因为物价指数的上升，1866～1870年间，实际工资并没有维持住其在1850～1856年间的增长态势，而是在此间有了轻微下降。这就难以说雇主对劳动的利用在此间正发生着什么从外延式向内涵式的转变了。实际上，以1861～1866年间作为一个时期来讲，实际工资状况与前期对比的增长率，再也没有能保持住1857～1861年间相对于1852～1856年间的那种增长率。①

显然，雇主们对高工资不经济性的担心只有在最短期的考虑下才具有一定的正当合理性。（在充分的微观研究缺乏的情况下）我们很难确定，从其自身利益来看，雇主们对更短的工作时数所做的反对态度究竟在多大程度上具有合理性。在不同行业中，经济环境差别很大。1889年，在上西里西亚地区的煤田中，8小时工作制对12小时工作制的替代导致了小时产出量有了明显增长，只是增长程度在各煤田间不是很均匀。如果要将采煤活动中技术创新的影响效果隔离开来进行评估，那地理条件的变化又会带来特别棘手的问题。19世纪晚期，劳动生产率在全欧洲各个煤田都趋于停滞或是趋于下降。很可能的是，西里西亚地区工作时数的大幅削减导致了该地区的劳动生产率发生了大幅度的下降。而在1919年时，8小时工作制的实施看来为范围广泛的各种行业提供了更短的时数标准来衡量劳动投入，并为度量经济活动与经济效率提供了一个极好机会，这样，由小时产出量度量的生产率变化反倒可能会上升。不幸的是，1917～1918年间，影响劳动生产率的其他一些特定条件又都倾向于使所有计算陷入模糊不清的境地。1916～1924年间，劳动力的性别、年龄以及技能程度等方面的结构状况在迅速地发生变化，劳动力队伍的营养状况也明显改变，这些都导致我们实际上不可能将短
【479】期影响分离并展现出来。②

---

① J. 库青斯基：《资本主义统治下的劳工状况史》，第1卷，附录1，第350页及以后。【91】

② 皮珀：《鲁尔工业区的矿工状况》，第118～119页。【92】

9.7 工　资

9.7.1 工资差别

在18世纪最后1/4的时间里，随着人口增长速度超过经济增长，由技能状况引发的工资差异也扩大了。在1770年之后的一个世纪的时间里，在技能熟练者内部的工资差异扩大程度也许要比在技能熟练工人与非熟练工人之间更明显。工业化进程会——相对增加对某些种类技能的需要，并将另一些种类冷落到废弃不用的地步，并由此——使得社会需要程度不同的各技能种类之间产生明显的工资差异。工业增长引发了技能种类与工人类别的大量增加，从而打乱了工业化之前的那种相对简单的社会收入结构。比如说，当克虏伯公司的劳工队伍从1825年的10名工人扩充为1845年的115名雇员时，不同工资率的种类数目从3类增长为17类，而由技能状况所引发的工资差别幅度（最大比最小）也从2:1上升到5:1。在1850~1895年间，这家公司的工资差别幅度基本可称得上大体维持稳定，而在此后直至1914年的时间里，则有明显的缩小。在第一次世界大战中，这种差别幅度继续有轻微缩小；而在战后至1925年的通货膨胀环境中，又有轻微缩小；在1925年以后，则逐渐地恢复到1914年的差别幅度水平上。①

我们说技能状况差别，可能是指从技能的名称到内容的全部变动，也可能仅仅意味着内容发生变动，但名称仍保持不变，而我们很难把握实际的技能差别变动究竟在多大程度上是指这两种变动中的哪一种。各家企业于1900年左右开始对半熟练技能与非熟练技能工作做出区分。此前，他

---

① 参见以下文献：
(1) 福贝格尔（Forberger）：《16世纪末至19世纪初萨克森的制造商》，第224页；
(2) 罗伊特（Reuter）：《法兰克地区的制造商》，第88页；
(3) O. 维德费尔特（Wiedfeldt）：《关于1720~1890年间柏林经济发展史的统计研究》（莱比锡，1898年），第70页；
(4) 施特劳斯：《19世纪前半叶开姆尼茨地区劳动力的基本状况与发展变化》，第24页；
(5) W. 菲舍尔（Fisher）：《早期产业工人在企业内部与整个社会中的地位状况》，收入吕特格（Lütge）编撰：《处于18~19世纪之交时期的德国与奥地利经济形势》（斯图加特，1964年），第211~213页。【93】

们的许多非熟练技能工作实际包含着半熟练工作的份额。在1903～1904年，西门子公司所订出的半熟练技能工资率要比非熟练技能高出27%，相应地，熟练技能工作的工资率要比半熟练技能高出38%。在1866～1914年间，西门子公司技术领班与熟练工人之间的工资率差别，在10%～40%之间的范围内波动。而体力劳动者与白领工人之间的工资差别在20世纪早期也缩减了不少。1903年，平均每个西门子白领工人所赚取的薪酬相当于平均每个体力劳动者的2.26倍；而到1912年时，这个倍数变成了1.75。尽管我们并不能说，这种变动幅度反映了这个时期西门子公司的白领工人数量在发生着异乎寻常的迅猛增长，但可以说数量增长是其中一部分内容。并且，我们还要注意到，随着这种数量增长，毫无疑问会有大量新受募者进入到低层白领职位上去。从而，薪酬差别变动幅度倒可以说反映出了白领职位级别的变动方向。1895～1914年间，整个工资结构差别的缩减程度似乎并没有被有关研究者充分地领会到。① 工资差别缩减一定程度上源于生活费用上升——这种上升刺激了国家基准工资率上
【480】升，也一定程度上是由于技术教育体系的迅速扩张导致了有技能的劳动力供给增加。如果说，1914年德国技能熟练的劳动力的工资水平与英国同类工资水平相比还处于一种不利状态的话，那么，此时德国的非熟练劳动力实际上享有着一种相对更有利的工资率。②

1750～1914年间，两性之间的工资差别大体保持稳定。不论是白领还是蓝领职业，女性雇员薪酬与同类男性雇员薪酬数量相比较的比例数大体在1/3～1/2的幅度内波动。当工人们还主要是以实物形式——直至19世纪的后半叶，在许多农村地区仍然采用这种支付方式——来获得工资支付时，工资的性别差别自然就更小。因而，支付方式从实物支付向现金支付的转变对女性产生了歧视性影响。③

工资的性别差异在第一次世界大战的开始阶段扩大了。男性劳动力变得

---

① 科卡：《以1847～1914年间的西门子公司为例证说明企业管理与企业雇员状况》，第226页及以后，第346、492页。【94】

② 参见以下文献：

（1）福贝格尔，上引书，第221页；

（2）盖恩斯伯勒委员会（Gainsborough Commission）报告：《德国的劳动力与经济生活》，第19～20页。【95】

③ 参见以下文献：

（1）J. 库青斯基：《资本主义统治下的劳工状况史》，第1卷，第261页；

（2）J. 库青斯基，上引书，第4卷，第49页及以后，第363页；

（3）欣策：《现代资本主义在勃兰登堡——普鲁士开始时的工人问题》，第140页。【96】

更加稀少。另外，因为战争剥夺了年轻女性劳动力短期内结婚的机会，她们所组成的储备队伍也就大为扩充。然而，随着战争显示出持久进行的态势，在男性劳动力大量减少的情况下，女性劳动力也就越来越显得起到某种至关重要的作用，性别差异反倒开始变小。在这种形势下，还有比工资差别缓慢缩小更为重要的变化，那就是生产过程与生产方式因为女性劳动力而专门进行了调整，从而为她们敞开了许多先前由男性劳动力占有的工作机会。工资的性别差异在战后的高通货膨胀期间进一步缩小，整个 1913 ~ 1925 年间，其全部缩减程度达到了约15%。从1925 年直至1939 年的时间里，工资的性别差别基本呈现出相对稳定的态势，此间女性雇员所赚取的工资率大体上是同类男性员工的 3/5。①

工业化前，学徒工们还要向师傅们支付学费。随着工业化进程推进，技能工严重短缺的局面迅速形成，学徒工所处地位也在讨价还价中得到改善。他们现在能够赚取一定程度的净收入，在经济高潮期间，他们还可能有望获得迅速的提升。比如说，在鲁尔矿区的煤矿学徒工就是这种情况；到这时，他们常常仅在 1 年之后就被提升到全能工的级别，而不是以往通行的 3 年之后。而后，工会则会促使雇方维持这种提升方式，这也部分地是为了挫败雇主以廉价的学徒工来代替成年劳力的图谋。到 1930 年时，柏林建筑业的学徒工在学徒期开始时，工资率一般是成年工的 10%，而到他们 3 年学徒期的最后半年，工资率能够达到成年工的 50%。不过，在这些学徒工年龄达到 20 岁以前，不论是男性还是女性，通常都不能获得成年工人的全部工资率。体力工人的薪酬赚取通常都是在 25 ~ 40 岁的年龄段达到其峰值状态，然后发生程度不小的下降。而从另一方面看，那些白领工人，则通常在他们 40 岁时达到薪酬赚取的峰值，然后持续地享有这种薪酬水平。至于那些技术熟练工人，也是在 40 岁左右达到薪酬水平的峰值，但此后薪酬量开始持续下降。薪酬流量的生命周期分布差异，连同它在工人前程、安全感以及生活方式等方面的含义，或许是蓝领工人与白领工人之间一个最重要的标志和区别。② 【481】

一般地说，19 世纪中期以后，不同行业之间的工资差别缩小了。然而，社会却不可能抹平由技能程度、性别、年龄以及地区等因素在工业领域中导

---

① 布里：《1871 ~ 1945 年间德国的工资状况》，第 93 ~ 101 页。【97】

② 参见以下文献：

(1) 皮珀：《鲁尔工业区的矿工状况》，第 66 页；

(2) 贝尔奈斯（Bernays）：《现代工业劳动力的职业选择与职业生涯》，第 143 ~ 144 页。【98】

致的工资差异。对在不同行业中的同类职位，各雇主则流行给付大致相当的工资。比如，那些受雇在金属加工行业之外的锁匠——1933 年时，这些人能够占到锁匠总数的 1/3——看来都有希望获得与他们那些留在金属加工业中的同行们大体相当的薪酬收入。①

9.7.2 工资支付方式

在 18 世纪，手工艺人们都是以周或稍长的其他时间单位受雇并以这种时间单位给付一定工资，非熟练劳动力则通常以天数来给付工资。随着进入工业化早期，工作时数倾向于增加，而雇主们对工人在闲散时间进行支付的责任意识却减弱了，以工作日计算的工资率方式——它自然地便利了随时都可进行的解雇——越来越在有技能的劳动力队伍中得到扩展。不过，它从未延伸使用到白领工人的身上，这些人在这个方面仍持续地享有特权。而开始于 19 世纪 60 年代的工作时数缩短的风潮一旦在工人群众中显露出某种影响力，雇主们就又转而肯定和坚持小时工资率的优点。②

在 18 世纪，对大多数工人而言，仍有相当一部分薪酬收入是以实物形式获取的。但是，随着工业化进程的推进，货币支付方式变得越来越普遍，不过，仍有一小部分雇主还在持续地利用不时存在的物物交易制度来哄骗他们的雇工。如果在某些时候，由于通货短缺导致以物易物不可避免，就连地方性的官员都同样认为工人们对这种物物交易制度的敌意——这种敌意，比如说，在 1830 年亚琛暴动中明确地表达过——有其正当性。然而，历史却还需要在 1848 年时再见证一次工人不满情绪的爆发式表达，然后，普鲁士以及萨克森的当政者才受到触动并于 1849 年通过立法对这种制度予以禁止。③

19 世纪晚期，随着雇主们开始对如何恰当处理劳动力成本有了一些感受与把握，计件工资方式——它在外包制度（其含义见于下章正文——译者）中已经被人们熟悉很长时间了——又在机器建造与建筑施工行业中迅

---

① 《德意志帝国统计》，第 2 卷，第 458 分卷，第 56 页。【99】

② 参见科卡：《以 1847 ~ 1914 年间的西门子公司为例证说明企业管理与企业雇员状况》，第 107 ~ 108页。【100】

③ 参见以下文献：

（1）劳埃德：《索林根刀具行业中的劳动力组织》，第 375 页；

（2）普普克（Puppke）：《关于莱茵兰与威斯特伐利亚地区工业化早期企业家们的社会政治与社会观点的分析》，第 43 页注 161。【101】

速地得到推广普及。到1914年时，大约有一半左右的工业劳动力主要是以计件工资的形式工作与付薪。工会领导人对计件工资制予以痛心疾首的谴责，但是工人们的态度则显得有些矛盾。那些工作速度快的工人们通常原则上同意这种方式，那些工作速度较慢，或是工作仔细一些的工人，则相对不那么热心。然后，即使是在那些手脚灵活的工人内部，就如何对待这种工资方式，实际上也发生过漫无休止的争论。他们当中也有人认为雇主们正在以计件工资制的方式滥用“斯达汉诺夫（Stakhanovite）”[①] 绩效制度，意图在于加快工作节奏并降低实际工资率。除大企业之外，由于所有企业都由工头来确定工资，工人们感到在工资率确定上自己被置于专制而随意的个人处置之下。1906年柏林金属加工行业中有超过50%的劳工争议与计件工资制有关。即使是将这种工资方式尽量往好的方面想，在许多职业中就如何订出公 【482】
平的成果工资率上也存在着困难，这种困难特别地存在于机械工程行业中。在这个行业中——在其他领域，诸如采煤活动中的采矿工与运输工、锅炉制造工、装配工、制模工以及工作于水泥、陶器和锯木等活动上面的工人，情况类似——讲求实际的雇主偏好采用集体计件工资率，然后再由工作小组在自己成员内部进行薪酬分成。[②]

1914年以后，在工资支付技术上，几乎没有什么创新发生。在1923年通货膨胀高潮期，工资常常采取分期支付的方式，一般是以周为一个时段来支付，以尽力使得工资水平追赶上通货膨胀浪潮。这时，许多企业又回到了实物支付方式，而双方的工资合同也常常是以实际工资而不是货币工资方式来获准生效的。与以前相比，工会组织在第一次世界大战之后对计件工资制采取一种更为灵活的态度。随着它们的成员范围拓展到了重工行业中大型工厂——而在这一行业中计件工资占到了绝对优势，工会就必然地要对此类成员不能容忍回到计时工资的态度予以采纳和包容。实际上，在魏玛政权期间，计件工资制以集体协议的方式得以形成并且工资率通常被设定在这样的

---

① 斯达汉诺夫制度（Stakhanovism）是前苏联矿工斯达汉诺夫（Stakhanov）创建的一种绩效制度。在这种制度下，那些自愿地通过提高技能而增加产量的工人将获得奖励与特权。——译者注

② 参见以下文献：

（1）J. 库青斯基：《资本主义统治下的劳工状况史》，第18卷，第36页；

（2）科卡，上引书，第66页，第68页注110；

（3）兰德（Lande）：《20世纪初期机械制造业的劳工与工资状况》，第332页及以后，第345～347页，第406页及以后；

（4）韦里斯霍费尔（Wörishoffer）：《曼海姆产业工人的社会地位》，第56页；

（5）贝尔奈斯，上引书，第163页及以后；

（6）V. 伯默特（Böhmert）：《劳工工资准则与薪酬支付方式——主要以德国炼铁与机械行业来说明》，载《劳动者之友》，第47卷（1909年），第423页及以后。【102】

程度：它们所对应的工资水平比当时认为适当的计时工资率所对应的工资水平要高出约 15%。①

通常所称的基准工资率，不论是计时的还是计件的，都将特定职业的“额外”薪酬增量忽略掉了。比如说，工作在饮食与交通运输行业的工人们就有望在他们基本工资的基础上再以很明了的方式获得变动范围为基本工资 5% ~15% 的小费。到 1914 年时，圣诞节礼金——其多少程度，对体力工人大致是相当于 1 周的工资，对白领雇员大致相当于 1 个月的工资——也变得较为普遍。大约在 1890 年之后，超过规定工作时间的劳动也逐渐开始以时间量方式、以 1 刻钟为单位而给予报酬；进而，由于规定工作时数的充分缩短已足以使得“加班工作”成为一个可以付诸实行的说法。具有讽刺意味的是，相比白领工人所提出的加班工资率的要求而言，雇主们对蓝领工人的这种要求不至于有愤怒的表示：他们觉得这种要求并非“忠诚的”雇员所屑于提出。不过，1907 年在柏林还是有 59% 的白领工人因为加班而再按某种比率获得了额外工资。②

9.8 工作时间与工作条件

在 18 世纪，工人们的日平均工作时数是 13 小时。19 世纪早期，在纺织行业的现代工厂中，工作时数增加到了 14 小时，而且，在工厂体系之外，这个行业的日工作时数的增加程度可能还要更高。在 1825 ~1850 年间，日工作时数一般都倾向于增加，尽管增加的程度通常不如纺织行业那样高。在1850 ~1870年间，周工作时数维持在大约 75 小时的水平上，并表现得相对稳定。到 1890 年时下降到了 66 小时。1914 年又下降到 54 小
【483】时。工作时数的变化过程在不同行业间先后有所不同。直至 1918 ~1919 年间，才通过立法活动，将 8 小时工作日作为一种统一制度在大多数行业

① 布里：《1871 ~1945 年间德国的工资状况》，注 5，第 124 页。【103】
【707】② 参见以下文献：
（1）P. 蒙贝特（Mombert）：《杜塞尔多夫市内交通行业雇员的劳动与工资关系》，载《各社会政治团体论文集》，第 99 卷（1902 年）；
（2）汉普克（Hampke）博士：《波森市内交通行业的雇主雇员关系》，上引书，第 310 ~311 页；
（3）皮珀：《鲁尔工业区的矿工状况》，第 53 页；
（4）科卡：《以 1847 ~1914 年间的西门子公司为例证说明企业管理与企业雇员状况》，第 350 页，第 490 页注 99。【104】

中实施。但1923年后，工作日时数差别又有回潮的态势，1933年以后，这种差别更进一步扩大。从19世纪中期开始，白领工人——他们一般每天工作8小时——都一直享有比体力工人更短的工作时数。最长的劳动者工作时数发生在农业部门和自我雇佣者身上。在1919年的立法活动之前，农业劳动力一直都没有在法律上实现10小时的工作日。从1839年开始，邦政府开始勉强而逐渐地对童工的工作时数施加约束。不过，在早期德国工人阶级历史中，那种关于工厂法律建设的斗争还是没有呈现出壮大的场面。19世纪60年代末，正值第一次工作时数削减浪潮发生时，雇主们还是能够不屑于理会工人工作时数的要求，并将工资水平保持在一种充分低的水平上。另外，我们还注意到，德国的纺织行业没有像英国的同行业那样在工业化进程中起到一种突出的作用，德国纺织行业有一个独特之处在于它的妇女与童工的比例极高。从而，在1892年之前，女工的工作时数没有在法律上得到控制，在该年，工业法令才规定11小时为日工作时数的上限。在家庭工业中的工作时数，如农业中的情况一样，一直到第一次世界大战之后都还处于一种未受政府控制的状态。①

整个19世纪，随着雇主在追求劳动生产率增长方面变得越来越精明，他们也开始置工会的压力于不顾，在工作时数上采取灵活多变的操作方式。1870年以后，特别是在那些自身越来越需要持续使用固定资本的资本品生产行业中，工作变换是一种普遍现象。“英国工作时数方法”——一种午餐间歇更少、总工作时数更少的工作日制——在那些由于上班路途变长因而中途不能回家的工人之间变得十分流行，同时工作餐服务的普及也为这些人在

---

① 参见以下文献：

（1）J. 库青斯基，上引书，第1卷，第265页注文；

（2）J. 库青斯基，上引书，第18卷，第40、76页；

（3）罗伊特（Reuter）：《法兰克地区的制造商》，第94页；

（4）欣策：《现代资本主义在勃兰登堡——普鲁士开始时的工人问题》，第197～198页；

（5）福贝格尔：《16世纪末至19世纪初萨克森的制造商》，第221页；

（6）施特劳斯：《19世纪前半叶开姆尼茨地区劳动力的基本状况与发展变化》，第33、66页；

（7）路德维希：《19世纪的工厂童工》，第74页；

（8）施勒特尔（Schröter）与贝克尔（Becker）：《工业革命期间德国的机械制造工业》，第232页；

（9）普普克：《关于莱茵兰与威斯特伐利亚地区工业化早期企业家们的社会政治与社会观点的分析》，第48页；

（10）科卡，上引书，第480页；

（11）阿德尔曼：《鲁尔矿区从产生经19世纪至第一次世界大战的社会性劳资关系法》，第33页；

（12）A. 京特（Günther）：《炼铁行业的工作时间》，载《社会实践》，第21卷，第46号（1912年8月15号），第1450～1451栏；

（13）霍夫曼及其合作者：《19世纪中叶以来德国经济发展》，第213页，在这里作者给出了若干和我们有所不同的数字，不过这些数据看上去也并不完全具有真实可靠性。【105】

工作场所获得新鲜温热的午饭提供了机会。也许，这种饭菜比原本由自己家里所提供出来的还要烧制得更好，并且，受用者还免除了受到妻子唠叨与儿子哭闹的干扰。那种短暂的咖啡工歇时间，也被认为能够增加劳动效率，特别是在炼钢行业中。①

一旦基本工作日的标准时数缩短，加班现象就变得越来越流行。工人们也就很快地把握了标准工作时数缩短与从加班中拿更多的钱回家二者之间的相互联系。对于基本工作日的时数缩短的要求很大程度上掩盖着对于更高工资的实际要求。对于大多数行业来说，加班成为一种常见现象。在经济处于高潮态的1911年，炼铁行业203 000名工人中，48%的人平均每周要加班3小时。而从另一方面来看，实际上，基本周工作时数的缩短也在某种程度上具有虚假性，因为很多加班工作都是雇主强制实施的。很明显，星期日工作
【484】现象在19世纪中期很普遍，但在半个世纪之后就被认为是不正常的。但它在采煤行业中却仍很流行。我们可以从后来1905年鲁尔地区的矿工罢工者将废除星期日工作列在所提要求清单的较前位置中看出这一点。大约在1880年之后，白领雇员通常享有1周或2周的带薪假日。蓝领工人可以以牺牲工资为代价偶尔地一两天不工作，在1919年以前他们通常还不享有带薪离职的待遇。②

从一个方面来看，工作时间缩短会导致产量减少，从另一方面来看，它又会导致劳动生产率上升并促使产量增加。即使20世纪60年代离我们这么近，然而，关于这一年代工作时间缩短引起的产量上升对产量减少补偿的程度大小，研究者们所作的结论也是相互分歧并难下定论。因而，针对更早的时期，凭借那些片断与矛盾的证据资料，我们就更难以指望能够推演出多少确定的结论了。不过，我们可以做出某种看似合理的假定。我们可以认为，对大多数职业而言，周工作的时数长度从19世纪70年代的70小时开始不断削减，产生了促进劳动生产率的效果并对产出水平形成了完全的或超过完

---

① 参见以下文献：
（1）欣克（Hinke）：《排字机应用条件下印刷企业劳动力的选择与适应》，第93页；
（2）兰德（Lande）：《20世纪初期机械制造业的劳工与工资状况》，第404~405页；
（3）格雷（Göhre）：《3个月的车间经历》，第33页；
（4）布雷迪（Brady）：《德国工业的合理化运动》，第41页。【106】

② 参见以下文献：
（1）阿德尔曼：《鲁尔矿区从产生经19世纪至第一次世界大战的社会性劳资关系法》，第82、120、183页；
（2）兰德，上引书，第423页；
（3）京特，上引书；
（4）科卡，上引书，第102页注266。【107】

全程度的补偿（完全的补偿即劳动生产率及相应的产量提高恰好补偿工作时数减少带来的产量减少——译者）。这既是通过减少参与劳动主体的疲倦程度以及增加努力程度而实现的，也有丹尼森（Denison）所称的“管理质量的诱导式增加”的贡献。诱导管理质量上升的因素是企业处于需要回应新挑战的环境之中。在第一次世界大战之后，周工作时数在以 54 小时为基础的增加明显地在一个时滞之后导致了总产出量的减少。①

周工作时数长度的下降可能会对德国的实业投资模式产生特殊影响，尤其是影响要素的相对密集程度。1871～1913 年间，不论是与大不列颠相比，还是与美国相比，德国的周工作时数长度的减少都要更为明显。不论是在第一次世界大战之前，还是之后，工作时数下降、货币工资量迅速增长以及工资的技能差别缩小的共同影响，使得德国雇主在实业投资上有着更为资本密集型的偏好。②

对于体力劳动者而言，工作时数减少是工作条件改善中最独一无二的重要因素了。不过，上班路程逐渐增加，又部分地将这种收益削减下来了。到 1914 年时，每个工人每周大致要花费 5 个小时用在上下班的交通路途上。曼海姆（Mannheim）的人口数量规模为 80 000 人，这个规模属于相对较小的。但是，1890 年，在其受到调查的分布于 47 家工厂的那些劳动者当中，有 40% 的人每天上班往返路程总长超过了 6 公里。此间的住宅搬迁率也很高，表明许多工人试图让住所跟着工作走，如果说它对单身工人而言还是一件简单事情的话，那对已婚的工人而言则显得不大便利。而在诸如建筑等行业部门之中，搬迁则在很大程度上是出于迫不得已，它们的工人可能在一年之中工作于几个不同的建筑施工场所。③

在工业化之前和工业化早期，通常所说的工作条件包括是否有噪声干扰、实物脏污、热度、冷度以及对生理与心理过程的各种不良刺激。随着工【485】
业化进程推进到 19 世纪，从雇主一方看，他们的自我利益意识变得开明化；从工人一方看，则在为争取自己的权益施加强烈压力，这两方面相互结合促使劳动条件都逐渐地有所改善。新型工业建筑物的种类选择范围不断延伸扩

① 参见以下文献：
(1) S. E. 丹尼森（Denison）：《增长率为何不同》（华盛顿，1967 年），第 61 页及以后；
(2) 兰德，上引书，第 406 页；
(3) 格雷，上引书，第 58～75 页；
(4)《经济杂志》，第 27 号（1917 年 3 月号），第 125 页。【108】
② 布里：《1871～1945 年间德国的工资状况》，第 275 页。【109】
③ 韦里斯霍费尔：《曼海姆产业工人的社会地位》，第 75 页。【110】

大使得社会最时新的技术优势能够体现到工厂设计当中，而这种工厂一旦完工便可以提供更好的设施条件，乃至被启动用做工人的工作场所。到1900年时，在钉子制造行业中在工人中再也没有胸肺疾病的普遍蔓延，而就在19世纪早期，这种制造活动还是在完全密闭的隔离室里进行。在火柴制造厂中工作的妇女越来越得到免受暴露于磷挥发范围内的保护，正是这种暴露曾经导致早先几代的火柴女工的脸骨发生可怕病变。1884年通过的采矿管理法规将矿工在高于29°C的地下环境中的作业时间限制在6小时以内。在整整一个世纪的时间进程中，工作的物质条件有了明显改善。从另一方面看，随着城市住宅中高层建筑所占比例越来越大，那种附带小花园的住宅已不常见，尽管其数目还为数不少，但是对工人阶级来说，这种住宅可谓是不复存在了。终于，可以说，许多工人感到一个新时刻的到来，即他们感到在工作时所享有的设施条件比在家里还要更好。①

在不同职业之间，工作条件仍有很大差别。一个行业越是接近农业，它的普遍的工作条件水准就越是低劣与原始。比如说，1891年，面粉工人工会所提出的要求——12小时工作日、星期日休息得到保证、废除实物工资制、对加工厂实施政府检查、废止学徒工的夜间工作、对学徒工的数目进行政府控制——就可以为我们揭示出，甚至在工业水平先进的萨克森邦，这种农产品加工部门的既有工作条件还是令人吃惊的恶劣。②

工作小时数缩短可能会导致对体力工人劳动强度的要求增加。不幸的是，众所周知，劳动强度难以度量。根据有关历史记录，1821~1850年间普鲁士采煤行业中的死亡事故率、1814~1853年间亚琛煤田中的非死亡事故率——就整个19世纪前半叶所有事故发生情况而言，是我们仅能得到具体数据的两个时期——有轻微下降。J. 库青斯基在相关数据发掘上曾经花费了大量精力，在资料数据上我们首先要感谢他。他以令人信服的论证指出，死亡事故率的数据和实际情况相比显得偏低。看来可能的情况

---

① 参见以下文献：

（1）J. 库青斯基：《资本主义统治下的劳工状况史》，第18卷，第76页；

（2）施特劳斯：《19世纪前半叶开姆尼茨地区劳动力的基本状况与发展变化》，第51页；

（3）普普克：《关于莱茵兰与威斯特伐利亚地区工业化早期企业家们的社会政治与社会观点的分析》，第36页注115；

（4）阿德尔曼：《鲁尔矿区从产生经19世纪至第一次世界大战的社会性劳资关系法》，第112页注4，第177页；

（5）格雷，上引书，第75页；

（6）F. 德克尔（Decker）：《19世纪迪伦地区工业企业的社会福利制度》（科隆，1965年），第147~152页。【111】

② 《中央社会政治日报》，第1卷，1892年1月4日，第8版。【112】

是，在整个世纪，成年人的事故率显得比较稳定，而童工的事故率很高并将工厂的总事故率抬高了。①

在采煤行业，死亡事故率从1852～1860年间的2.04‰上升到1876～1886年间的3.04‰，然后到1892～1914年间下降为2.16‰。对工业部门整体来说，死亡事故率在1887～1893年间为0.70‰，到1907～1914年间下降为0.63‰，再到1924～1932年间下降为0.45‰，然后一直都在稳步上升，到1937年达到0.57‰。J. 库青斯基坚持认为，如果将工作时数缩短与保护措施改善都考虑进来，这种下降程度反映的实际情况仍是劳动力工作强度的上升。J. 库青斯基的这种分析当然颇具价值，但是仍有疑问的地方是，我们能否从这种事故统计数据中确切地推出关于劳动强度的结论。这些数据还可能低估了1887～1914年间的事故下降。由于重复计算，事故保险基金会中的参保成员数据将实际所要统计的数量夸大了，这种情况一直持续到1900年。将保险基金会所提供的成员数用做计算事故率的分母显然低估了19世纪晚期的事故率程度。很明显，最有可能的是，刚开始工作的工人事故发生情况会和经验老练的工人的事故发生情况有区别。如果新开始工作者的死亡事故率发生的可能性要比总体的平均水平高，那可以设想，由于劳动力中新手比重的增加会导致事故率上升。看来，实际情况是处于工作第一年的工人易于发生事故。就1895～1910年间莱茵兰—威斯特伐利亚（Rhenish-Westphalian）钢铁生产联盟中，以及1903～1910年间卢森堡钢铁生产联盟中的情况而言，二者都是有超过40%的事故发生在第一年新工作者身上，这至少部分地是因为他们是新手。另外，当新机器安装之后，死亡事故率通常都会上升，然后随着工人们对它变得熟悉起来而趋于下降。尽管看起来新机器常常也会导致劳动强度增加，但这里要研究的事故问题，从一般情况来看似乎不大和劳动强度有关，而更应该说是与工人的熟悉程度相关。尽管在经济萧条期间工人面临的害怕解雇的压力更大，但是在诸如1892年、1902年以及1929～1933年间等经济不景气时期，死亡事故率还是趋于下降。而以我们的推测来说，这至少部分地是由于这些年间新工人的补偿量有了陡然下降。事故率在经济复苏年份则相应地回升。比如说，1933～1938年间死亡事故率上升，其部分原因就在于此间新工人流入数目异常之多。②

【486】

① J. 库青斯基，上引书，第3卷，第368页及以后。【113】

② 参见以下文献：

（1）阿德尔曼：《鲁尔矿区从产生经19世纪至第一次世界大战的社会性劳资关系法》，第41页；

（2）西鲁普（Syrup）：《关于工业劳动力能力的研究》，第538～542页。【114】

根据1890～1913年间健康保险的统计资料记录，此间平均每一个参保成员的年均“生病”天数从5.47天上升到8.66天。不过，我们仍然有疑问的是，如同运用事故统计资料那样，在营养条件改善和工作时数减少的情况下，我们究竟在多大程度上能够运用这些数据做出有关劳动强度增加的推论。同样，这种数据在早些年间存在着参保成员的重复计算问题，并且，这种保险的覆盖面在逐渐地延伸到那些生病风险比最初参保的人更大一些的人口群体。此间得到记录的参保成员数从1890年的660万人上升到了1913年的1 460万人。由于这种生病保险基金能够一次提供13周时间损失补偿金，因此对于生病或受伤的工人来说，没有多大必要在身体条件尽可能允许的情况下返回到工作岗位上去。尤其需要提到的是，此间医生数
【487】量的增长率是1880～1914年间人口增长率的3倍，因此可以说，到这时，这种医疗服务的供给水平终于开始与满足潜在医疗需要发生某种程度的联系。由此，人们的潜在需要现实化，并且病种和病程都趋向增加。①

关于工作，工人们最强烈的抱怨还是就业机会的缺乏。除了亚麻纺织行业在19世纪第二个1/4时间中的情况之外，德国失业人群的数量变化是周期性或季节性的，而不是技术性或结构性的。工会组织在1887年首次计算失业率数据，然而，除了1887年、1891～1892年间、1901年外，它的失业率记录在第一次世界大战之前从未超过3%。这肯定是低估了经济危机年份的失业程度。对1893年来说，社会的失业程度可能要大大超过工会所记录的那些参加了工会、就业地位相对更有利的劳工群体的失业率。在那时，工会计算的失业人口仅占到工业劳动力的5%。在随后20年间，工会成员数目迅猛增长。另一方面，即使我们找到的表征就业周期强度的指标是不精确的，那至少应该承认，就业者数量波动是至为明显的。对工会成员数目的增加而言，与观察者可以从原有趋势上预期的增长量相比，就业数量的周期波动会拉低实际增长数。如此看来，在1901年以及1908～1909年间，工会计算的失业率数据低估的百分比缺口接近10%。② 不过，尽管官方数据低估了失业率，但真正的失业率在1919～1922年间确实仍维持在一种低水平。进入1923年，它迅速攀升，到该年11月达到25%的水平，并继而保持稳定，

---

① 参见以下文献：

（1）H. 克尔布勒（Kaelble）：《1850～1914年间德国社会成员的地位上升》，载《社会经济史季刊》，第60卷（1973年），第49页；

（2）W. 冯·格尔德恩（von Geldern）：《医生数目与疾病保险赔偿》，载《施莫勒学术年刊》，第36卷（1912年），第701页。【115】

② 布里：《1871～1945年间德国的工资状况》，第32页。【116】

以后直至纳粹统治期它都没有低于8%以下。

1895年以后，德国的人口迁出潮逐渐弱化为涓涓细流，从这一年开始，德国就时常成为一个人口净迁入国。这种情况表明，1914年以前，德国的劳动力市场可能还处于某种供不应求的紧张状态。在1849~1929年间，每一次经济萧条发生的严重程度持续而稳定地趋于下降。1876~1877年间，失业率可能达到了15%，1892~1893年间的可能水平是10%，而在1901年与1908年则可能还要低一些。在1873年之后，即使是深度萧条，所得到记录的产出水平的下降程度，也还是不如以前的程度那样大。以前，在1845~1846年间，普鲁士棉花产量下降40%，在1847~1848年间，柏林机械工程行业中工人数量减少75%。确实，与那些工作在运营已有较长时间企业的工人相比，那些从业于新企业、新行业的工人更易于受到经济风向的迅速倒转的影响。比如说，轿车行业在1907~1908年间所受影响就尤为突出。从长期的工作方式向短期工作方式转变也加速了经济周期振幅的（趋小）变化趋势。实际工作时数下降始终都要比仅由失业人员的数据所反映出来的下降幅度更大。比如说，1891年在马格德堡（Magdeburg）工厂检查区，有13%的工人被解雇了，而有大约20%的工人被安置在短期的工作岗位上。鲁尔地区的矿工在1900年的经济景气年份的工作班次，要比1892年的经济低谷年份多增加约8%。不管怎么说，总的来看，在任何有关生活水平变化的评估中，1850年之后经济衰退变得更为温和与短暂的情况其所具有的影响都不能被忽略掉。然而，1929~ 【488】
1932年间的经济大萧条，其衰退深度至少是从19世纪40年代以来前所未有，却成为我们上面所指出的这种具有一般性的——也可以说是逐渐的——改善趋势中的一个重大例外。1927年10月份失业率开始上升，从1928年11月上升速度开始加快，一直持续到1932年时失业率才达到上升峰顶。到这时，约有800万人失业，他们占到所有非农业劳动力的40%。①

① 参见以下文献：

（1）J. 库青斯基，上引书，第1卷，第233~234、237页；

（2）施特劳斯：《19世纪前半叶开姆尼茨地区劳动力的基本状况与发展变化》，第20页；

（3）阿德尔曼：《鲁尔矿区从产生经19世纪至第一次世界大战的社会性劳资关系法》，第64页；

（4）科卡：《以1847~1914年间的西门子公司为例证说明企业管理与企业雇员状况》，第268页；

（5）F. 舒曼（Schumann）：《位处斯图加特一下蒂克海姆的戴姆勒汽车公司的工人情况分析》，载《各社会政治团体论文集》，第135卷，第1分卷（1911年），第16页。【117】

9.9 结束语

在整个历史进程中，年龄变大一直都是笼罩在工人阶级面前的可怖阴影。对于体力工人来说，1914 年时过了 40 岁就意味着老年开始了，更不用说在 1800 年了。然而，在这两个时间段上，年老者的命运有了根本性地改变。在绝大多数情况下，一个体力工人一旦度过了生理能力的高峰，虽仍可能指望赚取薪酬，但数量却在不断下降。一部分人会被提升到监工阶层，但对大多数人来说，薪酬水平会随着年龄增大而大幅度下降。只是对第一代迁入城镇者而言，才存在年纪大了之后返回土地的可能性，这种情形在当时的建筑业尤为普遍。然而，即使是这种情况，也只有那些实际还工作在农业部门并持续地承接季节性非农业活动的人才真正有希望在年龄更大时退返农田工作。大量的“年老”体力工人只能越来越依赖别人而生活。不过，1889 年时，养老保险得以引入，此后，赡养老人的财务负担也就从他们的家人身上转到政府与社会方面了。到 1914 年时，大部分工人都有望在他们最终年老体衰时获得——如果还不能说是舒适的话，也可以称得上是安全的——养老保障。①

对于白领雇员来说，通常开始计算“年纪变老”的时间要比体力工人晚 15 年。直到 1937 年，约有 1/3 的在职白领雇员，但只有 1/8 的在岗体力

---

① 参见以下文献：

（1）贝尔奈斯（Bernays）：《现代工业劳动力的职业选择与职业生涯》，第 132 页，第 143 ~ 144 页；

（2）皮珀：《鲁尔工业区的矿工状况》，第 16 页；

（3）舒曼，上引书，第 113 页；

（4）E. 伯恩哈德（Bernhard）：《工人的选择与适应》，第 376 页。

（5）宾科斯基：《关于电缆线制造厂工人群体劳动能力与生产效率的调查》，第 21 页；

（6）C. 海斯（Heiss）：《精密机械劳动工人的选择与适应》，第 231 页；

（7）《德意志帝国统计》，第 2 卷，第 211 分卷，第 100、259 页；

（8）马克斯·莫根施特恩（Max Morgenstern）：《工业劳动力的选择与适应：以说明皮革工人进行专例分析》，载《各社会政治团体论文集》，第 135 卷（1912 年），第 37 页；

（9）载《社会实践》，第 24 卷，第 28 号（1915 年 4 月 8 日），第 657 栏的未署名报告。

（10）W. 伯默特（Böhmert）：《劳动者超过 40 岁之后的职业命运》，载《劳动者之友》，第 51 卷（1913 年）。【118】

工人的年龄超过了 40 岁。①

将某些赡养老年人的开支负担转给政府与社会，部分地解除了原来家庭承担的这项重要功能。家庭原来还负有为年轻一代提供职业信息与职业培训的责任。但是，初等教育被强制实行并被规定为公民义务，劳动力交易市场与学校就业指导逐渐得到普遍实施，商务学校规模在持续扩张，社会职业结构也在全面变革，所有这一切都使得家庭从这种责任中解脱出来。不过，尽管在此方面，制度性分工范围面的不断拓展会使大部分劳动力都能够获得其所应得的报酬水平，但父母的建议仍可能对孩子的最初职业选择具有既独特又重要的影响，而父母的收入水平当然又会继续影响孩子的职业选择范围。

关于社会流动性究竟在多大的程度上使社会继承这种联系纽带松动，我们仍不清楚。克尔布勒（Kaelble）发现，由中产阶级向上层阶级提升的机
会比从工人阶级向中产阶级提升的机会要大得多。几乎没有疑问的是，中产 【489】
阶级——以及作为最有可能成为中产阶级的白领阶层——总在努力扩大那种能将他们与工人阶级分隔开来的鸿沟。在向建成一个福利国家的努力过程中，俾斯麦第一个尝试性的步骤是促使柏林的技术人员组建他们自己的福利基金，其意图是避免出现和工人一道参与同一项计划所导致“不体面”。商务白领人士们则在 1911 年将自己的保险基金从整个社会的保险基金中单独地分离出来，而他们的保险基金成员所享有的权利也只是对成员与所规定的白领职业种类不相适应时才给予保险偿付，而非对全部社会职业种类的不适合情形都给予偿付。不过，白领工人对他们的社会地位表现出关心乃至警惕和防护，恰恰表明现在有不少相对低层的人能够成功地向这个阶层渗透，只是跨越这门槛者为数不多。克尔布勒指出，即使是在白领阶层扩张速度很快的 20 世纪早期，也只有约 1/6 的新补充者的是出自工人阶级。如果把技术熟练工人们有文化的后代组成一个群体，则出身工人阶级的白领人士能在这一群体中占到 1/5。如果以工业化之前的标准来衡量，这一数值可能就标志着跨越社会阶级分界线的社会成员占全体社会成员的比率前所未有地高。以前，只要自己的孩子进入白领阶层的机会比较渺茫，那些技术熟练工人就可能会酸溜溜地对那种“没多少生产效率”的玩笔杆子的白领者表现出轻视

① 参见以下文献：
(1) 科卡，上引书，第 501 页注 134；
(2) 屈内（Kühne）：《四年计划时期的义务劳动》，第 709 页； 【708】
(3) 兰德：《20 世纪初期机械制造业的劳工与工资状况》，第 387 页；
(4) E. 莱德雷尔（Lederer）：《关于收入赚取与支出需要的细致考察》，收入哈姆斯（Harms）编撰：《德国经济结构变化》，第 1 卷，第 86 页及以后。【119】

的态度。然而，当白领数目迅速上升，以至于他们那种——按所要求的标准——将其孩子培养与造就为白领人士的想法具有实现可能性时，他们很快确信，“白领员工也确实是一种重要角色”，尽管他们这一转变可能不如自己的夫人来得那么快。①

随着劳动力队伍的结构变得越来越复杂，在同一阶层内的社会流动性也显得越来越重要。不论是在白领还是蓝领队伍的内部都包含着范围广泛的社会差别。即使是这两个队伍的男性人员也以近乎女性才有的敏感性形成了某种既含蓄又尖刻的内部等级观念。约在1880年之后，一方面是熟练技术工人减少，另一方面又至少是等量地从非技术熟练工人中提升，这两种过程不断相互补充，使得半技术熟练社会阶层的规模才得以增长。在行会管制放松的条件下，这一阶层的规模增长既增加了向上流动的范围与规模，也使得向体力劳动者流动的影响变得相对缓和。

一名妇女在攀登社会阶梯的路程上所遇到机会的好坏，更取决于她在婚姻市场上的命运，而不是在工作生涯中的进展，而且，她对丈夫的选择看来通常会限制在她自己所处社会阶层的很小范围内，范围大小程度也许并不如前工业化社会那样大。②

有一群资产阶级好心人试图找回那已失去的所谓工人阶级享有福佑的黄金时代，而不论工人们对他们自己所处社会地位表现出什么样的主观感受，工人们当中几乎没有谁会和这些人一样戴着有色眼镜来看待工业化问题。工
【490】人们有时也受到思乡或怀旧情绪的困扰，但那都是有着特定目的，这正如鲁尔地区采煤工在1889年罢工过程中对取消8小时轮班制所做感叹中表达出

① 参见以下文献及其相关内容：
（1）克尔布勒（Kaelble）：《1850～1914年间德国社会成员的地位上升》，第71页；
（2）科卡，上引书，第101页，第476～477页，第516页及以后，以及第522页注33；
（3）P.N. 斯特恩斯（Stearns）：《1890～1914年间欧洲劳工运动与工人阶级》，收入H. 米切尔（Mitchell）与P.N. 斯特恩斯：《工人与抗议》（伊萨卡，纽约，1971年），第147页；
（4）K.M. 博尔特（Bolte）：《变化中的德国企业》（奥普拉登，1967年），第47页以及第55页；
（5）H. 兰普雷希特（Lamprecht）：《手工艺人的社会出身》，载《社会生活》，第3卷（1951年），此文作者强调在同一局部地方也存在着范围广泛的差异；
（6）D. 克鲁（Crew）：《现代性的定义：以1880～1901年间一个德国城镇的社会阶层流动性进行说明》，载《社会历史杂志》，第7卷，第1分卷（1973年秋季本），在此文中作者提供了关于波鸿（Bochum）的颇富价值的案例研究。【120】

② 参见以下文献：
（1）兰普雷希特（Lamprecht），上引书，第47页及以后；
（2）S.M. 利普塞特（Lipset）与R. 本迪克斯（Bendix）：《工业社会的社会阶层流动性》（伯克利，加利福尼亚，1964年），第43页。【121】

来的，这种轮班制“继承自我们的父辈”，其感情也仅此而已。当然，从道理上讲，工人阶级的发言人也会以嘲弄的口吻提及“久远过去的好日子”，并且也会抱怨劳资关系是经济生活中惟一一个未曾现代化的方面。但是，作为事实见证，在城镇经济萧条期间，德国工人还是不愿意回到农地上去，这一点充分地表达了他们——在关于田园牧歌究竟会带来什么快乐这一问题上——的观点。在 19 世纪 40 年代之后，工业化为比以前规模大得多的农村迁出者提供了惟一可行的替代性解决方案。工人们的后代非常了解农村的现实，以至于他们也领会到，尽管经济增长有很大的社会成本，但经济停滞将使他们付出更高的社会代价，而只有持续的增长才能将他们从这种代价中解救出来。① 【491】

① 参见以下文献：
(1) 皮珀：《鲁尔工业区的矿工状况》，第 34 页及以后；
(2) 道森：《德国工人》，第 13、81 页；
(3) 阿德尔曼：《鲁尔矿区从产生经 19 世纪至第一次世界大战的社会性劳资关系法》，第 62 页。【122】

第十章

德国工业化进程中的企业家与管理者

10.1 概念与范围

我们在本章中所使用的定义必须满足两项要求。

第一，它们必须适用于我们所研究的从18世纪晚期到20世纪整个时期。我们所要研究的对象正是发生在这一时期的历史事实。在这一历史过程的开端，德国的前身开始按照资本主义原则推进工业化进程，直至现在，尽管德国地理领土更大、经济范围更广，但这一进程还在持续。也就是说，我们所使用的这些定义必须要具有足够的灵活性与包容性，能够涵盖这个历史时期全部企业家职能与管理职能的变化。不过，我们也并不要求它们的意义宽广与抽象到能够涵盖曾在人类历史上出现的所有企业家类型那种程度。既然要满足这种特定时期的适应性，这些定义的构建就应该考虑到在该时期中，德国经济体系在发展变化上持续存在的若干特征（当然，这也并不意味着在其他场合这些特征都必然存在），这些特征对企业家职能与管理职能的发展具有强烈影响，应该说，它们属于工业（化）资本主义体系中所展现出来的一般性特征，也对我们研究这个历史时期的企业家职能与管理职能具有重要意义。这些特征包括：

（1）现代工厂制度。在这种制度下，生产活动开展的特征包括：使用设备进行动力驱动，使用机器进行产品制造，固定资本数量极多，生产技术颇为成熟并且更多地建立在应用科学的基础之上，生产过程的组织与操作活动相互分离，劳动者要离开家庭接受管理者的集中管理，按照精确细致的分工模式，以签订劳动契约的方式来从事生产劳动，等等。

（2）工商企业群体。这些企业非常独立，它们以资本私人拥有与私人控制作为运作基础，企业的资本被使用到产品与服务的生产过程中，而这些产品与服务又在市场上出售，产品的生产与销售都是以赢利为目的，所有这些企业都由市场机制联系在一起。①

第二，有关定义与概念的选择，必须考虑到研究目的。对一本主要目的（参见第一章）是通过观察各种投入要素的增长与变化来对经济增长做出说明与解释的著作来说，问题的焦点不应该集中到——作为一个社会群体，或是作为某种权威拥有者的——企业家队伍本身。我们的中心问题应该是：在整个德国工业化时期，这些企业家与管理者对经济增长与发展做出的贡献是以什么方式实现的；他们的行动出自什么动机，由哪些原因所引发；他们活 【492】
动的开展凭借什么样的策略，使用了什么工具；另外，他们的行为引发了什么直接后果与附加作用（既包括社会后果，也包括所引起的生产成本变化），等等。我们承认，现在的研究者们，还不可能直接问答所有这些问题，甚至也不可能用较为粗略的数量关系来解答。正是从这种研究现状出发，我们要将这一研究课题继续下去，并且认为企业家与管理者的经济功能——或者更精确地说，在某家企业或是整个经济体系范围内，企业家与管理者所具有的功能——应该成为我们讨论的焦点。就我们分析的对象而言，其他诸多现象（比如说生意人的社会与意识特征、企业结构、一般经济要素、社会环境以及全部历史，等等）就像它们起初给人的印象一样，也具有研究价值，而且关于它们的研究也有可行性。但是，这些现象与就职于成

① 参见以下文献：
（1）K. 马克思：《资本论》，3卷本（柏林，1962～1964年）；
（2）J. 熊彼特：《企业家》，载《政治科学词典》，第8卷（耶拿，1928年），第476～487页；
（3）熊彼特：《资本主义、社会主义与民主》（纽约，1950年），第1页及以后。【1】

长中的企业，或者说，与活动在增长的经济体的那些企业家与管理者的行为相比，将主要被看做是后一核心研究对象的原因与条件。

我们就研究对象做出以上交代，作为我们以下研究活动开展的准绳。关于企业家功能，我们认为，它是指企业家按照——资本利润率在其中起主导作用的——某种标准，进行基本的（“战略性”）决策，以决定企业发展目标、市场定位以及企业个体与社会经济环境的各种关系。这些决策的具体内容，则包括各种生产要素的调动与组合、资金的分配以及新管理队伍的招募形成。关于管理（者）功能，则包括各种“战术性”决定。这些决定是指那些为执行企业家决策所必须进行的规划与操作，特别是对企业的内部单元以及企业运作的日常监管。管理功能还包括：决定企业的各个组成部分与企业的功能性组织之间的一般关系；保证内部信息充分存在，保证各个内部单元相互之间充分协调；在企业内部建立起权力构架并对雇员进行控制。我们知道，创新只是企业家职能的一个方面，我们还应该明确，管理活动也应该有创新，而不仅是限于日常性工作。这两个领域（指企业家功能领域与管理功能领域）都意味着策略决定与权力掌控，尽管对它们而言，具体的策略与权力属于不同范围。它们又都与另一个功能，即“所有者功能”或“资本家功能”相区别。所有者功能的含义是（为企业）提供必要的资本（也就是做出基本的，或者说是最初的投资决策）并承担可能引发的风险，它当然是通过“所有者”的行为得以履行，尽管这种所有权可能处于一种分裂的状态。不论是管理者功能与企业家功能，都会和“所有者”发生某种联系。从联系的表现上看，这两种功能都既可以由自我独立且自我雇用的所有者来完成，也可以由所有者付薪的雇员来完成。[①]

---

① 参见以下文献：

（1）F. 雷德利希（Redlich）：《论企业家》（格丁根，1964年），第97页及以后［英文翻译见于《美国经济学与社会学月刊》，第8卷（1949年4月号），第132页］；

（2）E.T. 彭罗斯（Penrose）：《企业成长理论》（牛津，1959年），第26页以后，第31页以下，以及第185页；

（3）A.D. 钱德勒（Chandler）与 F. 雷德利希：《美国企业管理的新近发展以及它的概念表达》，载《商务企业历史评论》，第35卷（1961年），第1～27页，特别是其中的第24页以后；

（4）G. 图林（Turin）：《企业家概念考察》（苏黎世，1947年），第222页。

关于“企业家”与“管理者”概念的历史，以及关于它们各自的定义，请参见：

（1）雷德利希：《论企业家》，第171～188页；

（2）V. 容费尔（Jungfer）：《企业家概念的变化》，载《企业形态的变化——1953年纽伦堡（Nürberger）高等院校成果周辑》（柏林，1954年），第108～128页；

（3）E. 萨林（Salin）：《管理者》，载《社会科学词典》，第7卷（斯图加特，1961年），第107～113页；

无疑特别是在工业化早期，以及当今的大部分小企业中，资本家、企业家和管理者三方的功能都是由同一个人或是同一小群人来兼顾承担的。只是在20世纪的那些大型股份公司之中，三种功能才有明显的分化，并被授予不同的人来完成。在下面的讨论中，主要问题之一是：是哪些人或哪一群人在企业内或企业外，在经济发展的不同阶段履行着三种不同的职能？它们又是如何影响企业和经济的运转的？我们将根据他们的行为所完成的主导功能究竟是冒险决策型的，还是管理操作型的，抑或是资本所有型的，来把他们分别界定为“企业家”、“管理者”或者“资本家”。 【493】

对一个处于工业化进程的经济体系而言，生产部门非常重要。以这个判断为前提，本章的考察对象主要集中在经济体系的采掘与制造部门中的那些工业企业家和管理者。而对于商业与服务业的企业家与管理者，将只略微涉及到。

是否可以认为，就其自身的存在而言，企业家与管理者并不依赖于促成工业化（或经济全面增长）进程的那些因素，甚至那些对工业化具有关键作用的前提条件对它来说也显得无关紧要？抑或这样表述：这种企业家与管理者资源是否仅仅就是那些环境因素（诸如市场机会、生产要素可获得性、赢利机会、创造发明等等）一旦出现就会相伴而生的准自发性反应呢？这是一个争议颇多的问题，接触这个问题的学者会因他们的专业领域、所处环境、对科学与非科学事物的兴趣以及其他方面情况的差别而给出不同回答。② 正因为答案不一致，我们在这一章中，一方面力图避免对这种存在争议的问题进行全面讨论，但另一方面也以思考它们作为我们研

---

(4) H. 哈特曼（Hartmann）:《管理者与企业家：这种区分有什么用处吗?》，载《管理科学季刊》，第3卷（1958～1959年），第429～451页；

(5) F. 雷克斯豪森（Rexhausen）:《企业家与国民经济发展》（柏林，1960年），第14～31页；

(6) F. 哈比森（Harbison）与 C. A. 迈尔斯（Myers）编撰：《产业界的企业管理》（纽约，1964年），第8页以下；

(7) P. 基尔比（Kilby）:《哈法伦普（Haffalump）追踪》，收入基尔白编撰：《企业家能力与经济发展》（纽约与伦敦，1971年），第1～40页。【2】

② 参见以下文献：

(1) D. S. 兰德斯：《束缚解脱的普罗米修斯》（剑桥，1969年），第355～357、525～528页，以及在那里曾经提到过的由斯文尼尔松（Svennilson）和哈巴库克所做的有关研究工作；

(2) 基尔比（Kilby）:《企业家能力与经济发展》，特别是其中的第2～3页以及第24页以后，还有在那里的注3、注35所提到的那些著作；

(3) A. 希尔施曼（Hirschman）:《经济发展战略》（纽黑文，康涅狄格，1958年），第1～7页。【3】

究工作的起点。即使企业家与管理者的供给（从所有必要方面看）具有高度弹性，即使看起来，正如某些经济学家所认为的那样，需求方面的某些环境性因素一旦出现，合格的企业家与管理者就会以极高的概率出现，即使后者确实是前者的准自发性反应，等等——即使有着诸如此类的原因，我们仍然认为，对经济增长与环境发展中的企业家职能与管理职能进行研究，有助于探索这些环境性因素怎样影响经济变迁，并解释这种变化为什么会以这种准自发性方式出现。也正因为如此，我们认为，我们的研究将既富有意义又饶有趣味。

人类对周围环境的行为干预一般都建立在感知、动机、决策等等精神活动的基础之上。毫无疑问，没有这种行为干预，经济变革（和社会变革与历史变革有类似之处）也不可能发生，因而，对那些经济舞台上的主要角色——企业家与管理者的思想倾向、经济决策乃至行为过程进行考察，就是一件有重要意义的事情。当然，我们不应期待，这些演员们会全面而
【494】且正确地了解影响他们行为方式的那些原因与条件，会了解他们的决策与行为所引发的后果（事实上这些后果也并不必然地就是他们所希望发生的）。正是带着这些感受，我们将对企业家职能与管理职能进行研究。从研究内容上看，这意味着我们要对发生在企业家身上的那些从环境条件到增长结果之间的转换要点（或曰领域）进行研究。亦即，如果说环境因素引发了经济过程的全面变革的话，那必定是有相关中间渠道在起作用。其中尤为重要的是，如果欲使导致经济增长的若干因素的综合作用被激发到有效状态，那么企业家就必须以某种特定方式看待市场机会并且采取某些行动。我们认为，在经济演进的“舞台”上，正是因为人类存在着感知、决策与行为等各种活动，许多不同——心理的、社会的与历史的——因素，才能在这些企业家“演员”回应市场机会的过程中，起到极为重要的作用。

然而，我们上面所提到的那种以环境需求为中心的思想链条（指上文那种认为“企业家反应是准自发性反应”的思想——译者），却将企业家（管理者）的服务看做是一种依赖与被动的因素，如果说，忽略这些属于企业家的心理与社会方面的因素有一定合理性的话，那么，我们可以试着从以下三方面来对其做出解释：其一，相关的心理与社会因素之所以没引起重视，是由于它们是人类行为过程中的常量，并且，人们想当然地认为它们本来就已经存在；其二，或是因为，（在所考察的时间范围内）这些因素是如此频繁地出现，以至于它们的出现被看成是理所当然的，或者换句话说，这是由于在经济大“舞台”上如果某一位“演员”不能以我们所希望的方式

做出反应的话，一定会有另一位“演员”代替前者应有的角色；其三，要不就是因为在整个经济体系中，相关“游戏规则”已经建立，在这些规则之下，只要这些“演员”们不想被全然排除在经济“舞台”之外，他们就会被迫以一定方式行事。如果说，以上这些理由在一定程度上肯定了企业家服务是准自发事件的话，那我们所要进行的关于很长历史时期上的企业家功能的研究活动就是要力图确定，就所有以上这些“本来”、“当然”或“被迫”事件发生的可能性来说，哪些事情的发生更具有现实性，通过一种什么样的机制，在什么条件下更具有现实性。企业家和管理者会自觉与不自觉地受所处环境特别是经济环境的影响，并且反过来，他们也会对这种环境施加影响。关于企业家职能与企业管理的历史研究必须考虑这种环境因素的影响，这一点已经被学术界说得够多了，以至于我们都不会对它产生什么疑问了。而从另一方面看，我们一旦提到企业家职能与管理职能，如果不能在最低限度上体会到，因为它们对环境施加了影响，因此它们应该被视作要素投入与经济发展之间的联系纽带，那毫无疑问，我们就没有把握其中的全部要义。

就对企业家在经济发展中的作用进行论证来说，以上“纽带”之说当然是一种最低限度的思考模式。在我们的实际研究中，我们没有必要退回到这种模式上去。尽管还没有定论，但却有多种较可靠的理论与实证研究指出，由历史与社会条件所导致的企业家与管理者资源上的若干弱点可能会——如果不是阻止的话——延缓与妨碍工业化进程的启动。不过，在这些学者看来，一旦工业化进程已经处在持续进行的状态，这些资源就会理所当然地存在于经济体系之中。① 另外，还有一些学者认识到，甚至是关于经济发展的晚些阶段，企业家们在思想传统、心理倾向及其行动模式等等方面的

---

① 参见马克斯·韦伯（Max Weber）在他的《新教伦理与资本主义精神》（1905 年版）一文快结束时的有趣论述，此文收入《宗教社会学学术论丛》，第 1 卷，第 5 版（蒂宾根，1963 年），第 204 页以后。在说明了加尔文派（Calvinistic）教义对早期企业家的对待社会经济问题的态度，乃至对资本主义发展的有益影响之后，韦伯指出，这种原创性精神现在却离开了它所曾一度支持过的社 【709】
会经济体系。“获胜的资本主义现在再也不需要这种支持了，这是因为它现在可以停留在一个有着内在机制支持的基础之上了。”而大部分显示社会文化传统妨碍与迟滞了经济发展的证据，来自于处在工业化进程之前或是之初的那些社会体系。参见：

（1）R. 布劳恩（Braun）：《社会文化条件对企业家能力与行为的影响》，收入 W. 菲舍尔（Fischer）编撰：《工业化早期的经济与社会历史问题》（柏林，1968 年），第 248 页及以后；

（2）基尔比（Kilby）：《企业家能力与经济发展》，第 29 ~ 40 页；

（3）希尔施曼：《经济发展战略》，第 14 ~ 28 页；

（4）F. 哈比森（Harbison）与 C. A. 迈尔斯（Myers）：《产业界的企业管理》，第 87 页以后。

【4】

表现，都不能够仅仅用经济方面的原因来解释。而反过来看，这些方面却能
【495】够解释各国的工业化进程在形式、重点、社会与意识形态后果，甚至还包括进展速度等方面所显现出来的差别。① 当然，仅仅对这个问题进行一般性概括还远远不够，研究者们应该努力从企业家、管理家、企业自身的历史之中收集证据。当然，获取和加工经验素材的工作也是从研究经济发展的视角来开展的。有些研究者在仔细研究的基础上，已经提出了若干理论模型，试图对企业家影响经济发展的问题作恰如其分的解释。从研究现状来看，这一问题现在需要经济史学家们（特别是从实际材料方面）投入更多的精力。②

下文所要论述的内容，将主要集中在工业化进程的初始阶段——即所谓的“工业革命”或者说“起飞”阶段。对德国而言，我们划定这个阶段对应于从19世纪30年代或40年代开始直至1873年发生所谓“大萧条”为止的整个时期。确实，我们若将时间回溯到18世纪或是17世纪（甚至更早），就会发现那时德国一些地区已经存在很强的“原始—工业化”传统。通常，研究者——如果不说是没有可能的话——也很难在所谓“原始—工业化”与“工业革命”两个阶段之间划出一条明显的界限。但是，我们还是可以看到，在19世纪的前1/3，一系列重要活动都还没有发生，而这一时期后，重要活动才开始发生。这些活动包括铁路建造以及相关制造行业的

---

① 参见由以下作者在有关著作中所作的比较研究：

（1）K. 维登费尔德（Wiedenfeld）：《现代企业家的个性分析》（莱比锡，1911年）；

（2）D. S. 兰德斯：《先进工业国家的企业家能力：英德两国的竞争关系分析》，收入《企业家能力与经济增长》（剑桥，马萨诸塞，1954年）；

（3）T. C. 科克伦（Cochran）：《经济变革中的企业家能力》，载《企业家历史探索》，第2卷，第3分卷（1965～1966年合订本），第25～38页；

（4）J. E. 索耶（Sawyer）：《美国制造业体系的社会基础》，载《经济史杂志》，第14卷（1954年），第361～379页；

（5）D. 格拉尼克（Granick）：《欧洲经理人》（纽约，1962年）；

（6）A. 格申克隆：《社会态度、企业家能力与经济发展》，载《企业家历史探索》，第4卷（1953～1954年），第1～19页（这篇文章的主要内容却是对滥用这种研究方式进行告诫），以及就在同一刊物的第6、7卷（1953～1954年）中，由索耶与兰德斯等人就这个问题所作的有关后续评论。【5】

② 在德国，有关企业与企业家历史研究状况的一个评论性回顾，参看H. 耶格尔（Jaeger）：《德国企业历史研究：关于最新进展的考察》，载《企业历史评论》，第48卷（1974年），第28～48页。关于19世纪与20世纪的德国经济史，新近所作的有关总结很大程度上忽视了企业家与管理者的角色与作用。参见以下文献：

（1）K. 博尔夏特（Borchardt）：《德国工业革命》［慕尼黑，1972年；此著作被翻译为英文，题为《1700～1914年间的德国》，并被收入C. M. 西波拉编撰：《丰塔纳（Fontana）欧洲经济史》，第4卷，第140页］；

（2）F. W. 亨宁（Henning）：《德国工业化进程：1800～1914》（帕德博恩，1973年）；

（3）亨宁：《德国工业化进程：1914～1972》（帕德博恩，1973年）。【6】

加速发展，也包括由此而引发的整个工业领域中耐用的固定资产被大规模替换。正是在此期间，净投资在国民生产总值（GNP）中的比重迅速增长。这种增长逐渐变成持续的，只是在若干很短时期才发生过某些中断。所有这些，都是工业化经济的典型特点。此间德国市场一体化进程不断深入是这一增长进程得以推进的一个基础条件。通过经济管理与政权治理的统一［代表性事项：关税同盟（Zollverein），建立于1834年；北德意志邦联（*Norddeutscher Bund*），建立于1866/1867年；德意志帝国（Foundation of the Empire）的成立，发生于1870/1871年］以及交通工具的扩展，市场体系也不断得到深化和扩充。与此同时，由企业与工业部门所创造的GNP份额在显著增长。在工业部门（尤为突出的是在原材料供应、金属加工与纺织等行业）内部，属于私人资本主义系列的现代工厂制度建立起来了。德国经济开始突飞猛进，这是一种典型的、属于工业化启动时期的“井喷式”增长，只是它在时间上比英国晚了约半个世纪，比法国晚20年，但比俄罗斯早了50年。①

我们以下的考察时期范围主要集中在19世纪的中间1/3时段，我们将详细讨论在这一时间段的企业家职能与管理职能（10.3节）。但是，关于企业家职能的历史，要做出清晰的时间划分是不可能的。这既是因为不同经济部门的重要事件毕竟不会同时发生，也是因为与中小规模企业相比，一小群大规模企业的发展形成需要用几十年的时间作前期准备，而关于它们的企业家和管理者的行为实践的观察需要更长的时间。这些原因都使得对这个论题进行任何概括与总结会面临困难，而要做出非常明确的时期划分也是不可行 【496】
的。因而，10.3节作为本章内容的重点，虽然初步为其设定了所属时期，但其中讨论的很多内容，实际上也适用于19世纪最后1/4的时段以及20世纪早期。但从另一方面看，为了突出经济发展趋势，并且也为了在一定程度上便利我们对照分析德国的企业家职能与管理职能发展进程所处的经济与社会背景，我们还是有必要基本按照经济发展进程，为全章内容的展开安排出

① 请参见以下文献：
（1）H. 莫特克（Mottek）：《德国工业革命的经过与普遍公认的主要问题》，收入莫特克（Mottek）及其合作者编撰：《德国工业革命历史研究》（柏林，1960年），第11～63页；
（2）W. G. 霍夫曼（Hoffmann）：《德国经济的起飞》，收入罗斯托（Rostow）编撰：《关于从起飞进入持续增长的经济学》（伦敦，1964年），第95～118页；
（3）亨宁：《德国工业化进程》，第111页以下。
关于强调工业革命之前的经济发展的论述，请参见F. 门德尔斯（Mendels）：《原始工业化：工业化过程的首要阶段》，载《经济史杂志》，第32卷（1972年），第241～261页。【7】

一个大致时期顺序。

10.2 节将考察（德国工业化进程的）一般前提条件，以及 18 世纪和 19 世纪早期的工业企业家先行者。10.3 节考察工业革命时期（即 19 世纪第 2 个1/3 时段）的企业家与管理者。从内容安排上看，我们将先探讨他们的经济背景与商业模式（10.3.1），然后分析他们通常具有的行为动机与才能素质（10.3.2）。接着，我们试图将注意力集中在资本融通、工业核算以及早期劳工关系，还有大规模管理的开始等等方面，描述与评价这一时期的企业家与管理者所取得的成就（10.3.3）。10.4 节着力于分析从 19 世纪的最后 1/3 时段开始，在整个所谓的“大型企业”与“有组织的资本主义”兴起的期间，企业家功能与管理方式经历了哪些重要变化。[①]

将在 10.4 节中使用的主要研究方法，会和 10.3 节的方法有一些细微差别。关于工业化进程的第一阶段，研究者可能看到，企业家职能与管理职能在一定程度上独立于经济发展，而且还是经济发展的一种启动力量，然而，在工业化进程的后续阶段，由于这个发展过程自身已经集聚起了这么大的冲量，以至于此时企业家职能与管理职能更应该视作为受影响因素，视作为经济发展的结晶，而不应看作为独立、偶发的变量。因此，在 10.3 节中，企业家与管理者至少是部分地被当作为变化着的对象来予以分析，我们在分析中也顾及到诱导、刺激以及锻炼他们的诸多环境因素。10.4 节则进入另一方面的主题，集中分析在股份公司以及经济体系内所发生的全面结构变化，分析它们对诸种企业家职能与管理职能变化模式的影响和意义，也分析企业家职能与管理职能的改变对这种全面结构变化的影响和意义。就这方面的内容而言，我们的着重点将放在以下方面：大型股份公司的规模扩张、经营多样化以及企业一体化（10.4.1）；卡特尔以及企业联盟的兴起（10.4.2）；银行与制造工业企业之间的关系（10.4.3）；工业活动中科学的重要性日益增加（10.4.4）；系统化管理的兴起及其局限性（10.4.5）；所有权与控制权的分离以及受薪企业家的兴起（10.4.6）；工业化晚期企业家功能的一般
【497】性变化（10.4.7），等等。

① 参见 H. A. 温克勒（Winkler）编撰：《组织化资本主义：前提条件与初始阶段》（格丁根，1974 年）。【8】

10.2　前提条件

10.2.1　“行会成员—外包制度—制造厂”的演变

和其他许多只是在第二次世界大战之后才开始工业化国家的发展历程不同，在19世纪中间1/3时段所发生的德国工业革命，有着长达一个世纪的工商业传统作为发展基础。尽管这种传统在德国的内部呈现出较大地区差别，但它却总是在缓慢地发展，并在不断侵袭着一个原本还是以农业为主要经济特征的社会。尽管从总的来看，相比西欧其他国家，德国的经济发展程度相对更低，但是，一方面是通过大规模与长距离的贸易活动，另一方面是通过工业生产活动，整个三十年战争（Thirty Years' War）所引发的德国经济的巨大倒退又逐渐恢复。这种经济活动的恢复又特别发生在莱茵兰与威斯特伐利亚（Westphalia），发生在萨克森（Saxony），发生在德国西南部，还发生在西里西亚（Silesia）等地区。在18世纪快要结束时，在这些地方，特别是在它们的纺织、金属制造与加工以及采矿等相关生产部门中，取得的进展如此之大，以至于也出现了模仿西欧其他国家使用蒸汽动力与机器的工厂。尽管这种出现只是个别情况，还没有广为扩散，不能由此说德国经济已经全面“起飞”，但这毕竟是引人注目的发展。这些发展激发了技术进步，能够投入到实业中去的资金也出现了，劳工队伍也产生了，这些发展还使得已经存在的或潜在的企业家阶层能够展露身手。正是这一阶层，是工业革命得以展开的重要条件。

一方面是工业革命时期的企业家与管理者，另一方面则是18世纪与19世纪早期的同类人群，究竟二者之间的连续性怎样？为回答这个问题，需要用上我们这里对工业生产组织形式所作的三种区分：亦即手工业（*Handwerk*）、外包制度（*Verlag*）以及制造厂（*Manufaktur*）。① 首先，在手工业活动中，具有典型代表性的“角色”是在1800年左右的那些手工艺师傅们。他们通常是独自地工作或是与很少数量的助手或学徒一起工作，他们对精细

① 关于“制造厂”这一概念，参见H. 弗罗伊登伯格尔（Freudenberger）与F. 雷德利希（Redlich）：《欧洲工业发展》，载《凯克罗斯（Kyklos）》，第17卷（1964年），第372~403页，特别是其中的第386~392页。【9】

的财务计算全不知晓。他的生产活动中没有机器，也很少发生劳动分工，因而他自身一人同时兼任着生产监督与实际生产的职责；他买进自己所用的原材料，并在地方市场上将他的产品出售给消费者，在有些时候也出售给经销商。所谓外包制度，它与手工业这种分散生产体系的区别在于：（1）就生产过程而言，某种产品集中配售方式已经确立，通常，生产者所使用的原材料也进行集中购买。（2）许多时候，这种生产过程的某些生产手段也采取相对集中所有的方式，并且，如果它能进一步向前发展的话，甚至在劳动力之间也有协作式分工。（3）生产过程在地理上分散的特点还得以保留下来。处于这个体系之中的工人们，为一个事先确定下来的、共同的、大规模产品的收购者——我们称之为外包产品承销商（putter-out，*Verlager*）开展生产。
【498】这个外包承销商自己当然不消费这些产品，而是将它们转销出去，而且这种转销活动还远离当地市场，遵循利润最大化的资本主义行为原则。逐渐地，这种外包承销商开始能够决定他所承销产品的品性、数量、质量以及价格。有时，他也为体系之中的手工艺人提供原材料与半成品，或提供各种工具。从而，从生产体系上看，原来手工艺人所具有的独立特点消失，转而形成了对外包承销商的依赖，而后者则逐渐能够影响整个生产过程，并且能够构架起各种产品制造工作流程。当时制针生产活动中发生的正是这一过程。经过这一发展过程，手工艺人们转变成一种分工于特定生产活动的乡间工人。

所谓制造厂，是指那些存在着劳动分工且生产规模相对较大的工厂。和所谓手工业生产活动相比，它的规模大到了在生产组织与生产工艺具体操作之间，存在着明显的职能分工。不过，它和现代工厂相比还是存在着差别，那就是它不使用机器。而与所谓外包制度相比，二者的区别在于，制造厂取得了一定地理范围内的集中。与手工业生产以及外包制度形成鲜明对照的是，从历史演变进程上看，至少是对大多数制造厂工人而言，住宅与工作地点首次发生分离。

然而，在实际运作中，这三种生产方式很少会以纯粹的形式出现。在手工艺生产与外包制度之间，就存在着许多过渡形式。而制造厂与外包制度常常也是相互联系在一起；这特别表现在，某一生产过程中的某一部分（比如说，原材料的印染、漂洗以及对原材料的最后加工）已经在一定地理范围内集中起来，而这种生产过程的另一些部分（比如说纺纱与织造）却仍然还由分散的手工艺人或是乡间工人来完成。①

毫无疑问，在操持这三种生意方式的人当中，与后来的实业家，或者说与资本主义企业家差别最大的，就是那种典型、地道的手工艺人。手工艺人显然不像实业家那样分工从事于那些非直接产品制作类事务，而且，通常手工艺人的行为方式也缺乏实业家的那种市场与利润导向。他不像实业家那样，要负责管理一个拥有机器的大型工厂和精细的劳动力分工体系，由此他也无须去与一个数量庞大的劳工队伍打交道，通常地，他并不知道如何去掌管与控制资本。他倾向于固守着古老的生产与销售方式，而不是要去改变它们，而且只要那些古老的方式还足以供养乃至维持他那颇显安逸的生活，他就不会踏上对原有方式进行根本性改变的道路上去。还有，如果他成为某个行会的成员，这种行为特征就会更加明显，即使是在行会的控制已经丧失了它们以前所具有的那种约束力时——如同在18世纪晚期和19世纪早期那样——手工艺人的行为方式也仍然常会表现出这些特点。手工艺人的利润额，很少能够大到促使他们去扩张生产规模，去改变其生产方式以及去创新生产技术。在1800年左右，在所有从事非农业生产活动的人当中，至少有一半是在这种手工业的背景下进行劳作，而他们大多又是以一种独立个人的 【499】

① 我们这里所使用的概念，和那些强调以劳动之间的分工，而不是地理上的集中性来用作外包制度与制造厂之间区分主要标准的概念界定方式有所不同，这后一种概念方式将外包制度与制造厂二者以这样的方式划线区分，即传统的社会分工模式（它继承自手工艺生产过程并且继续在外包制度存续发展）正在由承销商的作用而得以转变和提炼，从而独立的手工艺人转化为一种在地理上分散的制造（厂）工人（这里作者的意思是说，按照这种观点，这种工人由于劳动得到分工而被看做属于制造厂的工人；但按照作者的地理标准，他们却仍从属于外包制度——译者）。参见，比如说，H. 克吕格尔（Krüger）：《普鲁士手工艺生产者到手工工人的发展史》（柏林，1958年），第178～196页，还可参见其他一些有着马克思主义背景的作家的论述。

许多在地理上分散分布的企业，以我们界定的术语论之，本应属于外包制度，而根据这种观念，它们却被认为是（分散的）制造厂；以这种观点立场（我们整个这一章都不使用它），我们可以说，在工业资本主义之前的（16～18世纪）时期，就存在着一个所谓“制造厂时期”。然而，这个观念所遇到的一个困 【710】
难之处在于，它难以实证式地精确确定是在什么时候，典型的传统手工艺生产（而这种生产方式自身毕竟也在变化）的劳作分工模式转变成了典型的制造厂劳动分工模式；以常理论之，这种转变应该是渐进的过程。而且，如果研究者考虑到在工厂中工人们的集中劳作——还有由此带来的他（她）们家宅与工作场地的分离——既对企业家与管理者职能的履行产生了重要影响，也对工人们所处社会环境产生了深远影响，那在很大程度上，我们这里所使用的概念方法就更具有正当合理性。而关于这一话题，许多著述也同于我们的看法。参见：

（1）E. 施雷默尔（Schremmer）：《关于巴伐利亚邦的经济分析》（慕尼黑，1970年），第472页及以后；

（2）J. 克尔曼（Kermann）：《1790～1833年间莱茵兰地区的手工艺活动》（波恩，1972年），第79页及以后。

使用这种范围相对较窄的定义，我们也就摈弃存在着所谓“制造厂时期”这一说法。这是由于，实际上这个意义上的“制造厂”比外包生产单位在数量上要少得多，同时也由于它们通常不是工业革命时期的那些现代工厂所由以发展而来的生产组织形式（参见以下正文的第507～510页）。【10】

形式进行工作与生产。在数量上，当时大致有100万左右的手工艺师傅。[①]不过，工业革命时期的企业家群体，大部分却不是从兴隆的手工艺作坊主之中产生的。另一方面，从普遍情况上看，工业化第一阶段的工厂也并不是从以前的手工艺作坊演化过来的。尽管如此，手工艺人的生产传统对工业发展的影响还是积极的，我们在后面将会指出，这种有益影响是怎样发生的。

从另一方面看，18世纪晚期和19世纪早期的那些外包承销商与那时正在逐步发展着的现代工厂企业家之间的关系，相对更加直接。在商业与工业的传统中心地区，比如说在萨克森（Saxony），在莱茵兰（Rhineland），还有在奥格斯堡（Augsburg）等地方，大部分外包承销商都是离家外出的销售商，或者是有着经营大规模与长距离商品贸易经历的那些商业家庭的成员。除了这个主体之外，另外还有一些手工艺人和官员，也加入进来。由于大部分外包承销商都曾经有过做销售商的经历，他们的市场阅历非常丰富，并且行为方式的市场导向特征明显。在处理那些产品数量规模很大、质地又大致相同（比如说，衣服、饰带、时钟、缝纫针、小刀等）的生产部门销售活动时间，他们能够在一个规模扩张、行情变化的市场之中，以一种传统的手工艺人因地方局限性而无法企及的方式，使得生产活动与市场需求同步变化。这些人的优势，在诸如纺织生产活动中特别突出。对这些行业中的企业而言，按照需求变化来对产出活动进行引导的商业导向原则已经显得很重要，其重要性至少和生产技术自身的重要性相等。这样，外包承销商们成了那种在地域上分散但规模却不小的生意活动的主导者，并且是在固定资本的数量规模并不很大的情况下经营着。但是，他们却是以利润作为行为的基本导向，常常也能够以书面方式控制生产活动，并且也不时做出各种创新。和普通手工艺人相比，他们不那么强烈地受到传统的束缚。在现代工厂出现以前的很长时间里，他们对工业发展与社会变革都极有贡献。正是通过他们这种外包制度方式，独立的手工艺人才得以转化成为到处存在的受雇乡间工人。他们也通过促进分工来提高生产效率。他们确定着生产领域的分化与扩张，并通过对生产过程实施更加严格的监控，通过生产工具的更新，推动着生产技术的发展。他们后来还将若干小型机器（比如说，纺纱机以及后来的缝纫机）配置到乡间工人的住宅中去，此时他们促进生产技术发展的作

---

① 参见K. H. 考夫霍尔德（Kaufhold）：《德国手工艺人的规模与种类》，收入W. 阿贝尔（Abel）编撰：《对德国手工艺人发展史的新观察》（格丁根，1970年），第33页以后。【11】

用达到了高潮。[①] 因此，我们可以说，外包承销商已经在履行工业企业家的若干重要职能，并且在产品生产和配售领域中激发着创新。不过，从另一个方面来看，他们却根本没有履行以后几十年中工业企业家所承担的那种功能。这是因为，在这种地域分散的大规模生产活动之中，仍然没有多少固定资本得到使用，并且这里所使用的生产工具常常还是由实际的生产操作者自己所有。[②] 由于生产过程与劳动力在地理分布上是分散的，这些承销商们也【500】
不需要将自己的精力限制在管理职能上面。

甚至在大机器生产导致生产集中以前，一些外包承销商就已经开始着手将一定地理范围上的生产操作过程统一起来，从而使他们在朝向成为制造厂企业家的过程中又向前迈出了一步。他们这样做往往是出于各种不同的原因：其一，现在产品需求常常是由所谓时尚来决定，在产品需求不断变化、竞争不断加剧的情况下，他们需要通过一体化来持续改善自己对生产过程的控制和影响；其二，他们还可能需要改善产品的质量；其三，可能是原材料价格上升的压力导致；其四，他们也试图使得自己相对于供货商、相对于产品的完成与制造者都更加独立。比如说，他们要独立于手工业行会，独立于漂洗者或是印染者等操作者之间所组成的合作关系；他们需要有效地保护生产过程中的秘密，甚至是在没受到什么触动情况下试图打破行会的旧规。而当这些外包承销商开始为完成生产过程的若干单阶段操作而使用水力动力与蒸汽动力时，甚至当他们开始引入机器时，他们在更大程度上向着规模较大的集中式工厂靠近了。通常情况是，生产过程的若干个阶段仍然还会有一段时期维持着分散化，而一般首先是产品的完工过程，会被集中到若干具有多层结构的建筑物，或者是集中到多个工作间之中。在那里，集中雇用的工人能够达到好几百人。

10.2.2　作为工业革命企业家先驱的制造厂企业家[③]

单个外包承销商转变成制造厂企业家，尤其发生在规模最大的工业部

---

① 参见 R. 福尔贝格（Forberger）：《萨克森手工艺生产记评》（柏林，1958 年），第 289 页。【12】

② 1760 年，在蒙绍（Monschau）附近一带的地区，在那些还处在萌芽阶段的制衣工业之中，只有 5% 的资本被投向机器，而其余的则被投向了存货、未偿付债务以及已偿付债务，参见 M. 巴尔克豪森（Barkhausen）：《18 世纪德国西部以及北部与南部荷兰等地区近代工业发展中产生的国有经济与独立企业主》，载《经济与社会发展史研究季刊》，第 45 卷（1958 年），第 168～241 页，特别是其中的第 197 页。【13】

③ 制造厂企业家之所以在这里得到广泛讨论，是因为从分类意义上，他们与工业革命时期的工业企业家与管理者最为相似。【14】

门——纺织行业之中。在当时，在所有外包生产单位转化制造厂的例子中，纺织行业所占比例能够超过90%。就转变的程度来说，原有的外包承销商功能得到了根本改变，他们变得更像工业革命时期的工厂企业家了。转变为制造厂主的人与那些还仅仅停留在外包承销商阶段的人形成对比的地方在于，他们在原来拥有的流动与周转资本之外，现在还必须调动与掌控数量较大的固定资本。当处在外包承销商阶段，他们一般会将自己的全部精力都投入到产品营销以及自己企业的全面组织，有些时候还要照看原材料供应，而制造厂企业家还必须控制生产过程自身。① 亦即，制造厂企业家们除需应付外包承销商所需要处理的那些商务活动、日常组织、财务事项之外，还要解决诸如生产工作组织、生产技术决定以及厂属员工管理等等方面的问题。对17与18世纪的很多制造厂企业家而言，是集资本提供人、企业家、管理者等功能于一身的，来自地处勒耶恩（Leyen）的克雷费尔德·门诺尼特（Krefeld Mennonite）家族的若干个主要成员就是良好例证。1794年，他们凭借经营丝织制造厂，使得自己所控制的私人资本规模超过了120万塔勒。②

【501】不过，这些制造厂，并没有对外包制度形成大范围的替代。实际情况是，在工业革命之前的几十年之中，外包制度这种分散生产方式仍然维持着它的明显优势，特别是在那些工业更先进的地区。所谓更先进，是指在有些地方，工商业走向现代化的动力更多地是来自资本家与私人企业家，而不是政府，比如莱茵兰。③ 另一方面，我们也绝不能说，在18世纪晚期与19世纪早期，所有制造厂都是从外包制度演化过来的。在以前几个世纪里，就有好些制作和加工原材料的企业主人能够很好地理解和利用劳动分工。这些企

① 当然，有许多的制造厂企业家他们自己并不经营产品的配售，而只是将它们售给当地的批发商。参见O. 罗伊特（Reuter）：《法兰克地区的制造商》（斯图加特，1961年），第116页以下。我们也可以认为，这种人并不那么源自产品外售商，或是承销商企业家，而更应看做是手工艺人转变过来的，或是来自其他背景的人。【15】

② 参见以下文献：

（1）巴尔克豪森（Barkhausen）：《18世纪德国西部以及北部与南部荷兰等地区近代工业发展中产生的国有经济与独立企业主》；

（2）M. 巴尔克豪森：《18世纪莱茵兰地区工业的繁荣与富裕实业家市民阶层发展史》，载《莱茵兰季刊》，第19卷（1954年），第135～178页；

（3）K. 沃尔夫（Wolf）：《工业组织的阶段划分》，载《企业家历史探索》，第2卷，第1分卷（1963年），第125～141页；

（4）W. 措恩（Zorn）：《1648～1870年间巴伐利亚—士瓦本地区贸易与工业历史》（奥格斯堡，1961年），第205页以下。【16】

③ 参见以下文献：

（1）克尔曼（Kermann）：《1790～1833年间莱茵兰地区的手工艺活动》，第606页；

（2）罗伊特（Reuter）：《法兰克地区的制造商》，第142页。【17】

业的生产活动往往集中在一个地方，并且将一件产品的不同生产阶段一体化了。比如说，从冶炼炉中加工铁矿、形成铁材，再到对铁材的锤炼处理，再到武器制造就是其中的一种。它们比通常的手工艺作坊要大得多，并且在较早时候就已经将某些单个生产制作过程机械化了，只是它们用来推动机器的非人力形式通常都较为简单，而且最经常使用的动力是水力。①

除了上面所举的冶金活动的例证外，其他行业的大企业也有可能在创建时就将若干种生产活动集中在一起。贯穿 17、18 世纪的时间，这种企业创建的事例越来越多。实际上，在一些地区和工业分支部门，由于没有既定的手工艺活动和现行的商业框架可资利用，外包制度的形成条件也不存在，企业创办者要在这一领域中创办企业，惟一可行的办法就是被迫建立集中式的制造型企业——不仅生产活动在地理上集中，而且生产活动的多道工序与不同阶段都被一体化到同一企业中。在实际经济生活中，这种企业的产生可能又有某些具体的缘由。

从企业家动机这一方面看，最常见的是以下两种情况。比如说，尽管某些企业家由于宗教原因或是由于企图逃避既定行业组织的反对不得不离开城镇，但是他们却具有开创事业的雄心，并且掌握了比较成熟的工业方式，对未来事业发展也有了较为清晰的规划。在这种时候，他就更加需要新招募工人，并在乡间组建起自己的企业了。② 还有一种情况是，某些贵族地主早些时候在自己的地产上已经建立了若干个规模较大而又高度分散的企业，现在这些企业试图转而利用属于他们自己的、或是就近的自然资源。③ 如果他们想要的是在一个地方创建一家全然不带有旧式经营传统的企业，那这家企业的实际运作往往就必须涵盖生产过程的几个阶段，并且完成若干项功能，亦即必须一体化。社会上现有企业以前对此类事项的最可能处置方式却是将这些功能留给有关供货商，或是转移给某一工业分支的某个独立生产单位，或

---

① 关于这一点，我们只要想想历史上的银矿、铁矿，铸造厂，以及较早从事铁锤造、铜锤造、钟铸造、铁片、钢丝等工艺活动的制作坊，还有火药制造厂、硫磺制作坊等就很好理解了；读者可以参见：

（1）罗伊特：《法兰克地区的制造商》，第 178 页及以后；

（2）W. 松巴特：《现代资本主义》，3 卷本（慕尼黑与莱比锡，1919 ~ 1927 年），第 2 卷，第 740 页及以后。

也许还有人要问这些企业应不应该称作“制造厂”，请参看以上所列文献，以及 G. 雅恩（Jahn）：《工厂的演化发展》，载《施莫勒学术年刊》，第 69 卷（1949 年），第 94 页及以后。【18】

② 关于这种情况的一个事例是 1700 年左右，一位不得不离开另一个天主教地区亚琛（Catholic Aachen）的路德派教徒（Lutheran）制衣商创办了一家制衣厂，参见巴尔克豪森（Barkhausen）：《18 世纪德国西部以及北部与南部荷兰等地区近代工业发展中产生的国有经济与独立企业主》，第 190 页。【19】

③ 参见 F. 雷德利希（Redlich）：《处在发展头 100 年的 18 世纪德国制铁厂》，载《企业历史研究会学术公告》，第 27 卷（1953 年），第 69 ~ 96 页，特别是第 71、76 页及以后以及第 79 页。【20】 【711】

是借助于贸易商等来完成。

再从当时的政府政策这一方面看。我们知道，如果要在没有什么竞争的领域中创办一家企业，可以对新产品生产线进行充分的试验，失败的风险也较小，但是如果要在那些传统工业领域中创办企业，企业赢得市场的困难要大得多，它必须要应对来自现有企业以及这些企业的老练的技术与经营专家的竞争。17 和 18 世纪专制王室在奉行重商主义工业政策的时候面临的就是类似的形势。也就是说，政策瞄准那些工业企业都还未曾成熟的领域，也无须对经营风险做出充分考量，政策制订者试图以创建企业或给予企业家个人
【502】特许权的形式来开展企业活动，这种领域包括丝织、瓷器制造、武器生产等等。这种企业一般都会将若干较大的工厂一体化并实施集中式管理（常常也都会与某家外包企业相关联）。由于这种企业资本密集程度往往较高，那些要以个人责任承担风险的私人企业家，除非是有什么特定原因，否则常常是对之回避。由此我们看到，作为一种经济现象，工业革命前的德国企业既可以看做是生产方式相对落后的一种后果，也可以说成是在特定政策背景下所发生的一种针对落后状况的补偿。

这是一幅总的经济图景。其中大部分国有企业和深受政府影响的企业规模更大，业务更多样化，但是从业务经营方面看，它们很少能够比那些利润导向的私人企业更成功，有时甚至连生存能力都难以保证，而当我们结合前面提到的有关历史背景来看待这个问题时，会觉得这很自然。①

我们之所以说 18 世纪后半期的制造厂企业家与后来工业革命时期的那些生意人相像，不仅是因为他常常将资本提供者、企业家、管理者的功能集

---

① 参见以下文献：

（1）K. 亚伯拉罕（Abraham）：《19 世纪前半部分手工业的结构转变》（科隆，1955 年），第 115 页；

（2）K. 格罗巴（Groba）：《西里西亚工业化开始阶段的企业家述评》（布雷斯劳，1936 年），第 6、12 页及其以下页；

（3）施雷默尔（Schremmer）：《关于巴伐利亚邦的经济分析》，第 523 页以后；

（4）O. 达舍尔（Dascher）：《16 ~ 19 世纪黑森—卡塞尔地带的纺织业》（马尔堡，1968 年），特别是第 62 页以后；

（5）H. 拉赫尔（Rachel）与 P. 瓦利希（Wallich）：《柏林的大商人与资本家》，第 2 版，3 卷本（柏林，1967 年），第 2 卷，第 209 页以后，第 253 页以后，以及第 351、352 页；

（6）克吕格尔：《普鲁士手工艺生产者到手工工人的发展史》，第 63 页以后，第 233 页以后。

从总情况来说，关于相对落后与重商主义政府干预之间的关联，请参看 A. 格申克隆：《以俄罗斯为借鉴的欧洲》（剑桥，1970 年），特别是其中的第 86 页以后；

而关于工业组织，在它们的相对落后与它们所存在的规模变大趋向之间的正向关联，参看 A. 格申克隆：《从历史视角对经济落后所做出的观察》（剑桥，马萨诸塞，1962 年），第 5 ~ 51 页，特别是其中的第 10、15、16、26 页。【21】

于一身，而且也因为他不时地会将资本提供者或是管理者的功能从自己身上分离出来让给其他人或机构来承担。制造企业的大量资本来源于商人、手工艺人、官员以及——尤其是在采矿及原材料工业之中——贵族地主。也就是说，它们的资本来自私人，尽管私人在这种行为过程中常常受到政府的强烈影响，但大部分重要企业家决策还是得由他们自己来完成。同时，我们既已认识到当时的重商主义政策环境，也就毫不奇怪还有许多通过公共财力的支持才得以建成的制造厂。只要这些企业还没有出售给私人主体（主管官员们常常总是促使形成这种结局），这些企业一般都是由公共委员会和官员们来经营运作，要不就是由租赁人、委派的企业家来主管，而承租或受委派者常常已经加入到政府的公务员队伍之中。在具有私人性质的主体所操持的那些制造厂事例中，却也出现了类似的资本掌管人员与企业家功能履行人员的相互分离。至少在18世纪的萨克森地区，这种例证的数量增加了。① 另一方面，特别是在那些经济受到政府较强影响的落后地区，由于企业创办者自己积极投身在数个相关企业事务之中，无疑他也可能会将某些企业的日常管理委托给——这也和现代联合大公司的情形相类似——一些专家，通常是若干手工艺人或外出工作的政府官员。比如柏林的重要企业家戴维·施普利特格贝尔（David Splitgerber）与格特弗里德·阿道夫·道姆（Gottfried Adolph Daum）。他们除了经营多种国际贸易业务之外，还操持运作银行与运输企业（企业家涉足这些业务在当时十分普遍），另一方面又承接租赁了4家国有金属加工厂；另外，在国王鼓动下，他们还创办了施潘道尔·韦格尔与瓦芬制造厂（Spandauer Gewehr-und Waffenmanufaktur），并购买了1家炼糖厂，1家制镜厂，1家象牙梳制造厂，1家骨膳加工厂。他们几乎不可能做到对这些不同种类的企业进行日常经营与控制。② 对那些贵族企业家来说，情况也是这【503】
样，特别是在西里西亚与波希米亚（Bohemia）等地，贵族企业家们通过使用

① 有关例证来自以下文献的有关内容：

（1）H. 拉赫尔（Rachel）与 P. 瓦利希（Wallich）：《柏林的大商人与资本家》一书的第134～180页关于储运企业家约翰·安德列亚斯·克劳斯（Johann Andreas Kraus）的述评；

（2）达舍尔在《16～19世纪黑森—卡塞尔地带的纺织业》一书的第57页以后、第81页以后关于黑森—卡塞尔（Hessen-Kassel）一带地方的有关例证介绍；

（3）罗伊特（Reuter）在《法兰克地区的制造商》的第22、74以及第93页以后关于法兰克（Franconia）地区有关例证介绍；

（4）福尔贝格（Forberger）：《萨克森手工艺生产记评》的第211页及其下页关于萨克森地区的70个私人企业的介绍。【22】

② 参见拉赫尔与瓦利希：《柏林的大商人与资本家》，第209～224页；而另一个相比较没这么典型与突出的这种企业家拥有着分散众多的企业业务的例证，见于《16～19世纪黑森—卡塞尔地带的纺织业》一书的第66页。【23】

他们的农业资本以及权力，积极涉足多个工业领域并转变成企业家。这种转变尤其发生在各种原材料工业行业，诸如采矿、金属冶炼与金属加工、砖加工与玻璃制造、酿造与蒸馏化工等等工业分支部门。在许多情况下，这些工业企业的日常管理，基本和他们所拥有的农业产业一样，都是留给那些中产阶级管理者、监督人以及检查员去做。①

18 世纪的那些制造厂企业家们，还有那些外包承销商（外包厂）们，不论他们以前是商人、手工艺人、官员，或是地主，都有一个共同愿望，那就是将他们自己从手工艺人与商人所建立的行会中解脱出来。而抱此愿望的这些商人、官员、境况较好的手工艺人以及自由农民，很少出身于较低阶层。他们大部分来自城镇或农村的中高层。但是，他们与旧秩序生意场中的那些人存在着某种紧张关系。他们也并不总是充分地——至少可以说是不能迅速实现充分地——融合到社会阶层中去。一些西德工业企业家，比如说，在莱茵兰的那些人，已经在 18 世纪积累了巨额财富并获得了较高的社会地位，他们也由此极为明显地表露出那种属于中产市民阶层特有的自信心。然而，以通常情形论，这些人又都不是在传统贸易与商业城镇（诸如科隆、杜塞尔多夫以及法兰克福）中起步成长的，他们的事业多起步于小镇或是农村地区。就他们开展实业活动而言，正是在这种地方，很少会有传统的社团与行会会给事业带来障碍。历史上就有过这样的事实，经营金属加工的实业家们，比如施图姆（Stumm）与赫施（Hoesch），来自受人尊崇而又羡慕并且已经在金属生产与加工活动中涉足很长时间的家族，然而他们的产业最初却表现为某种农业副业的形式，并且这些产业与他们所在城镇的行会所属行业差别明显。②

一个地区如果强烈地奉行鼓励工业的重商主义政策，通常也就意味着当

① 参见以下文献：

（1）W. 特罗伊厄（Treue）：《重商主义政策时期王室、政府与企业家之间的关系探析》，载《经济与社会发展史研究季刊》，第 44 卷（1957 年），第 27 页，第 37 页及以后；

（2）H. 米勒（Müller）：《国有（VEB）炼钢与轧钢大企业发展史》（柏林，1961 年），第 39 页及以后，第 49 页及以后，第 60、62 页，第 65 页及以后。【24】

② 参见以下文献：

（1）措恩：《1648 ~ 1870 年间巴伐利亚—士瓦本地区贸易与工业历史》，第 206 页及以后，第 275 页：在这里，文献指出，在巴伐利亚邦的士瓦本（Bavarian Swabia）地区，外地来的人在没有与当地的家族联姻的情况下就得以兴起，并不是 17 世纪与 18 世纪的一种现象，而只是 19 世纪的现象；

（2）巴尔克豪森：《18 世纪德国西部以及北部与南部荷兰等地区近代工业发展中产生的国有经济与独立企业主》；

（3）M. 巴尔克豪森：《18 世纪莱茵兰地区工业的繁荣与富裕实业家市民阶层发展史》；

（4）H. 克伦本茨（Kellenbenz）：《德国西南部的企业家》，载《传统》，第 10 卷（1965 年），第 175 页。【25】

地私人企业家的主动与首创作用相对较弱。在这些地区，与王室结成毗邻关系的吸引力是这样的大，以至于它足以能够促使企业家们选择那些建有王室住宅的城镇作为创建制造厂的地方，或者是将他们的外包企业集中到那里去。实际上，他们认为，没有必要非得要逃到乡间去躲避行会的反对。他们围绕着王室住地发展，以图从王室贵族那里获得特权的帮助。由此，政治因素影响着厂址选择，并且还常常导致有些企业会建在那些从经济角度来看并不理想的地方。这里所谓的经济标准，主要包括与原材料、与市场的接近程度以及其他相关条件。不过，只要政治风向有所变化，这些企业就会陷入困境——特别是在1800年左右，制造业活动的重商主义政策被经济思想自由化的官员们废除，这些企业受到极大的冲击。① 同样，作为重商主义政策的结果，在制造厂企业家发展实业的地区，有一个长久定居、基本确定的人口 【504】
核心部分，而这些企业家也难以融合到其中。从先进地区招募有技巧有经验的迁入人口，常常就是王室对待制造业的政策基准。通常，来自瑞士、法国以及荷兰的那些拥有资本与知识的企业家大受欢迎。不过，18世纪晚期，在王室特权许可的制造厂企业家之中，本国人的数量看起来是增加了。而就在这个时候，别的属于地方与私人性质的制造商们，即使是在没有王室许可的情况下，其创建与操持企业的意愿也非常强烈。②

在18世纪，甚至在德国的那些经济更为落后的地区，只要能够获得政府许可（这是企业创办的重要条件），试图通过操持制造厂或外包企业获利者也不乏其人——尽管这些人还是常常想得到来自政府的财力援助以及特权。对创办企业的特权或许可进行申请的数量远远超过了最后实际获准的数量。尽管在这些申请者当中，有很多情况是项目发起人（‘*Projecktemacher*’）已经多次冒险尝试，而又常是以失败告终。然而，他们中大部人推出的创新在经济意义上是可行的。当然，也有冒充者试图向王室提供假想的技术发明或商业秘密，还有一些骗子试图在某种令人疑云丛生的公司中通

---

① 参见以下文献中给出的例证：
（1）克伦本茨：《德国西南部的企业家》，第174页；
（2）施雷默尔：《关于巴伐利亚邦的经济分析》，第569页及以后；
（3）福尔贝格：《萨克森手工艺生产记评》，第272页以下。【26】

② 参见以下文献：
（1）达舍尔在《16～19世纪黑森—卡塞尔地带的纺织业》的第81页及以后；
（2）施雷默尔：《关于巴伐利亚邦的经济分析》，第508、515、517页［在这里作者指出，那时的巴伐利亚（Bavaria）人还牢牢地信奉罗马天主教。因此，这个邦没能像德国的其他那些邦程度那样大地，从宗教迫害，还有从随后发生的胡格诺派教徒（Huguenots）以及其他少数宗教群体迁离其祖国的事件中受益］。【27】

过讹诈与欺骗来突出他们自己。在那时，商务道德观念较为薄弱，特别是在那些相对落后的地区尤其如此。颁发许可状的官员们常常没有充分信息，没有一般的指导准则，因而常常会受到很多误导性、偶然性因素的干扰，甚至掉入贿赂的陷阱。然而，他们最终还是要在申请者之间做出选择。通过这种最初选择，以及后来的控制、干预以及扶助，政府官员们部分地行使着某些具有重大意义的企业家功能。总之，我们可以从以下两方面来看待当时的情况：一方面，那些利润导向的企业家并没有为了获得他们所缺少的成功或财富而急于对各种可能机会加以利用；另一方面，人们又可以感受到，经济体系中常常缺少这样一种人，他能够在高风险的情况下，将利润导向的行为方式与成功所必须具备的技巧与能力结合到一起。

良好的制造厂企业家应该是聪敏、多艺、善纳的实干家，具备这些方面的品性又需要拥有宽广的知识面。他需要全面掌握产品销售与配置过程面临的主要顾客与主要市场，也要把握经营之中的各种机会；他还需要对产品以及其生产方法有基本知识；他必须进而了解与产品相关的技术发展状况，从而在可能时将这种技术用于自己的生产过程并实现技术的经济价值。在理想情形下，他应该曾经是去过国外，并进行过有关考察，或是曾经前往某些——诸如位于奥格斯堡（Augsburg）地区的许勒舍纺织厂（Schülesche Textil-Manufaktur）之类的——著名大型工厂并在那里工作过，由此还获得了商务与技术方面的最前沿知识与信息。不论是在产品销售还是在技术创新
【505】信息方面，亲身经历仍然还应视作是最为重要的，甚至具有决定性作用。另外，他要从更为发达的地区招募或引进若干稀缺技能工人，这些人的技能也同样非常重要。制造厂主必须善于使用大量非行会工人，并给予培训；他还要对他们进行动员性思想灌输，以将他们留在企业之中；另外，他应做到能够控制和用纪律约束他们。他在实现这些目标时，也能够使用非经济方法：他不时地得到官方权力的许可，即许可他从其他工作场所提取“人手”，或是许可他禁止他的工人改换工作地点。这些制造厂企业家，也能够像当地那些地主一样，经常动员当地基层王室成员的力量来帮助他们控制工人。如果企业人员的住所不够，企业家就会为引进的劳动力建造住宅，这种情形尤其发生在偏远农村地区；还有，甚至是他们自己，也经常住在工厂。他还力图从政府那里为他所引进的有技能的工人获取特权（比如说，免除从军服役和免除税收）；而且，他通常也雇用当地的非熟练工与半熟练工，而这其中包括了许多儿童，他向这些工人给出的条件当然更加苛刻。在那个时代，所有这些素质较低的制造厂工人有一个共同的特点，那就是贫困，但对大量的

制造厂企业家而言，却从未面临过贫困问题。在18世纪的最后1/4的时间里，他们在柏林所拥有的财富超过了许多贵族，即使是和后来工业革命过程中那些开展再投资的节俭的工厂主相比，差别也很大。最后，在重商主义政策体制环境下，良好的制造厂厂主还需要非常强悍的外交与政治技巧，并且也需要诸如暗中谋划、贿赂讹诈以及调整适应当权者等才能。在那个政治决策与政治利益直接干预着产品的生产与分配过程的经济体系中，他与王室成员以及政府官员的接触具有重要意义。至少是从短期来看，并不是说一家企业在市场上的失败就决定了这家企业会破产，倒是官方支持、行政特权、关税减让、任职委任状以及政府补助等原有特权的撤除会导致企业破产。常常，企业亏损也只有在被某个王室调查委员会注意到时，才会成为一件危险的事情。政府权力机构的政策很少会和市场有什么关系，并且这种政策毫无规律可循。尽管与西方省份那些更大程度上依赖于他们自己的企业家相比，柏林以及慕尼黑两地的企业家能够更好地受到（政府）为防范市场的反复多变而做出的保护，但是，他们却因为有着来自政府的更多干涉，从而会比后者承受着某种更高程度的风险。这些企业家当然也能考虑到失败结局到来时的贫困与痛苦，并力图避免这种结局，但同时，从追求目标上看，这些人的头脑之中充充斥着巨额财富、政府授予的资格、贵族头衔等等东西。①

如果说，把政治因素实实在在地认作是理性资本主义的先决条件可能具有一定合理性，那么，正如马克斯·韦伯所指出，专制王室的重商主义政策实际上是给企业家造就了一种不合时宜的成长环境。这种政策环境，总在促发着一种既积极有为却又通融乖巧的企业家群体出现，这些人可谓是雄心勃勃甚至还有些大胆造次，他们为了成功不惜使用一切手段。然而，从行动的【506】动机上看，他们总是更看重政治意义，而非经济价值，并且，他们还远不具有工业革命时期企业家那种严格而理性的作风。他们考虑到，财富状况可能摇摆不定，因而一旦聚集了足够财富，他们就欣然转变成不动产拥有者与收租人。从他们作为企业管理者这一方面来看，这些早期生意人仍停留在热衷于使用那些不具系统性的方法，而这种方法更适合小企业。即使是在高度发达的弗兰科尼亚（Franconia）地区，虽然平均每家企业拥有45个工人，其中最多的能够达到500人，并且这些企业还需要大规模的固定资本，但情况

① 这里所作的这些总结以上面注文中所曾提到的达舍尔、福尔贝格、克伦本茨、克吕格尔、拉赫尔与瓦利希、施雷默尔、特罗伊厄等人的有关研究为基础，同时也请参见G. 斯拉温格（Slawinger）：《1740～1833年间库尔巴地区的制造业》（斯图加特，1966年）。【28】

仍是这样。由于没有很好的账簿保存知识和折旧摊提观念，这些企业家不能够以固定资本和货币计量的方式，正确确定他们的建筑物、设备、工具以及机器等东西的价值，因而也就不能够对赢利状况进行良好测评。经常地，这些 18 世纪的制造厂企业家们甚至还没有采用单式记账法，因而他们通常对利润与财务状况也没有一个全面把握。只是在年终时，如果他们的现金柜屉中还有货币，他们则认为自己赢利了。而对于实业投资或是原材料的长期供应，他们也都没有计划。在缺少财务控制的情况下，他们也不可能严格地以赢利率为标准来做出日常决策。那个时代的许多企业家，也力图避免直接控制大量工人：内部的签约转包广泛存在。这意味着，集中管理权力的链条常常在单独负责管理某项生产操作的工头或承包主那儿就已经中断。这样，和后来工厂不同的是，那时企业往往缺乏对劳工队伍的集中控制，因而，可以说，制造厂企业家们回避了首次出现在他们那里的大规模管理问题，而这一问题将会成为日后工厂制度的一个典型问题。最后，大部分制造厂企业家，充其量也不过是对已知的技术优势进行采纳，而很少会是自己创造。值得注意的是，18 世纪实业家们的这些弱点与特性，与当今发展中国家企业家中所普遍存在的某些特点不无一致之处：他们所缺乏的不是对利润的关心，也不是行为方式的市场导向，更不是处理政治关系的才能，而是缺乏某种动机与才能。这种动机与才能会使得企业家能力显得更为理性、系统、稳定。也只有具备这种动机与才能，他们才能够对技术过程进行有创造力的控制。在这些方面，这些早期的企业家和工业革命时期典型的工厂企业家相比，确实大为不同。①

普通制造厂企业的期望寿命非常严格地受制于若干不利因素：（1）企
【507】业家功能与管理技巧缺乏，这使得整个企业的存续都极大地依赖于企业主的个人才能以及他的交际状况；（2）有财富的人不愿意投资于这些有风险的制造厂企业，导致大部分制造厂企业都缺少资本；（3）由于市场开发程度相对不成熟，也由于政治原因使市场处于分割状态，市场能够给企业提供的机会也就少得可怜。在巴伐利亚邦的 190 家制造厂企业之中，有 50% 存活期限没有能够超过 20 年，有 22% 的没有超过 10 年。而在工业相对发达的法兰克地区，在那些其创建日期为人所知的制造厂企业之中，有 1/4 在它们

① 参见以下文献：
（1）弗罗伊登伯格尔（Freudenberger）与雷德利希：《欧洲工业发展》，第 392～397 页；
（2）罗伊特：《法兰克地区的制造商》；
（3）基尔比：《企业家能力与经济发展》，第 35 页。【29】

经营的头10个年头，就被各种困难拖垮了，不过，这其中毕竟还是有30%生存期超过了50年。在1800~1830年间，企业破产的数目增加，尽管企业新创建数目也在增加。也就是在这个时期，经济自由主义思想的流行开始取得突破。①

10.2.3 两个时期企业与企业家之间的连续性问题

所有这些来自上一时代的制造厂传统，对于蕴藏在工业革命过程中的企业家与管理者潜能而言，究竟有什么意义呢？这里的一个重要问题是，必须对地区状况做出清楚区分：在那些经济相对发达的地区，尤其在莱茵兰，制造厂们原本就是由决策行为市场导向的私人企业家在没有政府干预条件下兴办的，在生产的各主要分支部门——这其中首先是在纺织行业，当然还包括矿石冶炼与金属加工，以及造纸行业——企业家的行为方式在时间上具有明显的连续性。当然，有许多老企业都消失了，但更多新企业，也还是从新人群的粗糙规划中得到创建，而许多新老工厂以及操持这些工厂的企业主，都是从早先的制造厂体系中演化过来的。企业家们在外包与制造厂企业中所积累的资本与经验，连同他们以前在相当长时期中所形成的与市场之间的关系，以及实际是在他们事业进展影响下才得以积累形成的合乎要求的工人储备库——所有这些方面，都得以延续下来，都直接表现出了与19世纪工业化进程之间的连续性。只是，随着时间推进、技术变迁、竞争加剧以及市场变化，环境对企业家提出了调整的需要——要求他们在适当的时候做出恰当决策。绝不能说，企业家们总是能够很成功地做出这种决策。我们可以考察位处迪伦（Düren）地区的那些从事纺织、造纸以及金属加工的工厂，它们建立时间很长，运作技巧较高。我们可以观察到，在19世纪，这些掌管外包制度或制造厂的企业家，是怎样在面临市场竞争压力的情况下，通过及时地引入机器工具与生产分工，从而成功地做出有关调整决策，并由此继续保持乃至推进它们在市场中的重要地位的。② 另外，我们所说的连续性，在与地质情况有很强联系的铁矿生产与铁材制造工业中，也有明显表现。在锡格

① 施雷默尔：《关于巴伐利亚邦的经济分析》，第522页；罗伊特：《法兰克地区的制造商》，第15、16页。【30】

② 参见F. 德克尔（Decker）：《19世纪迪伦地区企业内部的社会制度》（科隆，1964年）；同时也请参看A. 图恩（Thun）：《莱茵河下游地区的工业以及工人状况》，2卷本（莱比锡，1879年）。【31】

兰德（Siegerland）与上贝格兰德（Oberbergland），那些经营炼铁厂的“外包企业家（*Reidemeister*）”，还有，在欣斯吕克（Hunsrück）、在艾费尔
【508】（Eifel）或是在萨尔河（Saar）流域，那些经营类似于制造厂的金属加工厂厂主——他们的名字，在19世纪和20世纪的采矿工业中，仍然广为人知。与这些名字相联系的若干事迹也广为流传，它们向人们道出，19世纪那些已经拥有现代式鼓风高炉的现代工厂，就是直接从以前若干世纪的某些生产组织中成长起来的。不过，农村地区的炼铁工业从18世纪开始衰落，在整个工业化过程之中，这种衰落一直都在持续。这意味着，大多数从事于这种老式矿冶工业的家族后继者们，现在不得不转迁到新地方，常常还要转而从事完全不同的生产活动。①

在工业相对发达的萨克森地区，研究者同样也可以看到这种连续性，尤其是在纺织行业中。在这一地区，重商主义政府的影响相对更强，而这种政策所曾造就的商业与市场环境随着重商主义的终结也消失了。尽管如此，连续性还是存在着。当重商主义的政策条件发生改变时，许多制造厂企业就再也不能维系生存了。其他一些因素，诸如战争、地区间的相互封锁、企业老一代领导者们在转向更有潜力的生产部门（比如说棉花加工）上面缺乏灵活性等等，这些问题都一定程度地在起作用，它们共同使得曾经存在于1800年间的那些制造厂只有很少一部分成功地转向了机器化生产，其余的大部分都销声匿迹了。只是，那些曾经营制造厂与外包制度的企业家们，仍然在萨克森地区的这些新纺织工厂的资金提供与事务主管活动中起主导作用（至少是在棉纺、羊毛梳理以及毛绒精纺等行业中是这样的），其经济地位毫无疑问地要比手工艺人以及纯粹的商贩们更为重要。②

在18世纪晚期和19世纪早期，那些由政府创建而由官员们来开展经

---

① 参见以下文献：

（1）F. 聪克尔（Zunkel）：《1834～1879年间莱茵兰—威斯特伐利亚地区企业家述评》（科隆与奥普拉登），第15、16页；

（2）A. 艾贝格（Eyberg）：《19世纪上贝格诸专区企业家所处社会环境与行为方式研究》（未
【712】公开发表的学位论文，科隆，1955年），第10页及以后，第27页及以后，第54页及以后；

（3）F. 黑尔维希（Hellwig）：《萨尔流域工业化地区的企业家与企业行为方式》，载《国民经济与统计年鉴》，第158册（1943年），第404页，以及第413页及以后；

（4）松巴特：《现代资本主义》，第712页；

（5）关于赫尔施钢铁制造有限责任公司（Hoesch Iron and Steel Works，Ltd）的有关情况，参见《1871～1921年间位处多特蒙德的赫尔施钢铁股份公司述评》（多特蒙德，出版日期不明），第1～3页。【32】

② 福尔贝格：《萨克森手工艺生产记评》，第272～277、286～293页；H. 布伦贝格：《工业革命中的德国纺织业》（柏林，1965年），第132～144页。【33】

营活动的大规模企业，能够较好地在采矿、冶炼以及对各种不同原材料进行第一道工序加工的有关工业活动领域中生存。而由就职于（1789 年革命前的）旧政治秩序中（*ancien régime*）的国务大臣海尼茨（Heinitz）与雷登（Reden）主持创建于西里西亚地区的若干工业企业，通过其自身经营运作表明，相比于以前那些重商主义政策保护之下的行动做作而又没有赢利的新创建企业，它们开始朝着相反方向转变。至少是在 19 世纪中期以前，在西里西亚，那些私人企业在规模和生产能力上还是不能和国家企业相提并论。这些国家企业通过它们的创新活动，通过对那些后来成为私人企业主的人员进行培训，通过促进市场需求的形成，对西里西亚地区的重工业发展产生了最重要的有利影响。①

尽管如此，总的来看，重商主义政策环境下培育出来的制造厂与制造厂企业家，与私人工业中的现代工厂及企业家之间存在的连续性还是较为有限。重商主义政策时期由政府保护伞以及专制式干预决定的企业外部条件，与工业革命中培育造就的自由市场经济环境之间的反差非常大，以至于老旧的制度、技巧、个性再也不能保留到新时代。还有，在世纪之交发【509】
生的多次战争与边界改变，以及政治干扰等都毁坏了原来那些从事制造活动的生产单位。这些单位本应能够成功地存续并且或许还有可能会转化成现代工厂。1833 年，在巴伐利亚邦的所有制造厂企业中，仅有 16 家成功地完成了这种调整，大致占到那些在 1740～1833 年间有记载的企业的 1/10。只有在弗兰科尼亚地区，能够进一步向前发展的制造厂企业的比例才略高（在 98 家中占到 15 家）。而位处于柏林的那些制造厂与外包企业，由于曾经受到过太多政府扶助，存活时间也普遍地不长，即不能存续到重商主义政策体系结束时。这和莱茵兰的那些私人企业形成鲜明对照。在工业革命过程中，新型工业方式，比如说技巧性制造、制衣活动以及类似的生产过程都在普鲁士的首都得到创建。不过，到这时候，这些企业的创建

① 参见以下文献：

（1）A. 施韦姆曼（Schwemann）：《弗里德里希·威廉的内务大臣冯·雷登述评》，载《技术与工业历史论文集》，第 14 卷（1924 年），第 22～39 页；

（2）K. 富克斯（Fuchs）：《对自由主义的政府调控政策：以上西里西亚为例来说明普鲁士的采矿与冶金工业》（威斯巴登，1970 年），第 33～69、94、135、136 页；

（3）雷德利希：《论企业家》，第 251 页及以后，第 292 页。

不过，如果说，对于地区经济增长而言，普鲁士对莱茵兰与鲁尔地区的采矿产业的国家所有权形式会比改换形成的私人所有权形式具备更大的优越性，那真让我们感到困惑不解。【34】

都以商业考虑作为动机，而并不是因为获得了政府特许权。① 不管怎么说，在（1789 年革命前的）旧政治秩序中（*ancien régime*），制造厂企业家本来就数量很少，其数目比那些从事外包活动的企业家的数目还要少，而与那时众多的工匠手艺人的数量相比，就更显得微不足道了。数量上很少的这种企业之中又只有很小部分成功地跨入了新时代并维系了自己的生命力。

总而言之，从制度以及领导者这一层面上讲，在前工业化时期与工业革命时期之间，连续性很有限。而新式现代工厂之中的大多数，又更像是从早先的外包企业发展过来的，而不像是从旧式制造厂企业蜕变形成的，也不像是从古老的手工艺人的生产作坊演变形成的。仅有的这一点从外包制度向现代工厂的连续演变，看起来也只是更加倾向于会在德国西部那些先进地区发生，而不大会发生在那些企业家方式相对落后的地域以及那些曾经是重商主义工业培育政策集中推行的地区。我们可以这样说，工业革命之前掌控生产企业的那些主人们，并没有什么理所当然的理由会自然演化为现代工业企业的头领。只是，我们还要注意，这个问题在不同企业与地区之间会存在着差别，并且也需要得到进一步的深入研究。

上面我们指出了在制度环境与企业家个人等方面所表现出来的某种程度的不连续性。与此形成对照的是，从企业家的家族关系以及作为一个社会群体的全面情况来看，则连续程度要大得多。甚至是当一个制造厂企业家，一个手工艺师傅，或是一个外包企业家没有能够将他的企业转化为一家现代工厂时，通常也都是他的后代自然地会成为某家工厂的主人。只是就后者成为企业主的地域与行业属性而言，可能会有所不同。这也解释了，为什么工业革命时期的大多数企业家会出身于那些甚至在 17、18 世纪就已经在工商领域之中开创生意活动的古老家族，而为什么这种情形又尤其会发生在德国西部，诸如施图姆（Stumm）、旺德尔（Wendel）、赫施以及克虏伯（Krupp）、彭斯根（Poensgen）和舍勒（Schöller）就是具有这种出身特征的若干企业家例证。这些名字是既古老又庞杂的资产阶级企业王朝群体的代表。这些王
【510】朝之间常常也存着某种姻亲关联，与政治贵族王朝的“联姻政策”颇为相像。不同之处只在于，这些人联姻怀抱的目的，不像政治联姻那样意在增加

① 参见以下文献：
（1）斯拉温格（Slawinger）：《1740～1833 年间库尔巴地区的制造业》，第 68 页；
（2）施雷默尔：《关于巴伐利亚邦的经济分析》，第 572 页；
（3）罗伊特：《法兰克地区的制造商》，第 152 页；
（4）拉赫尔与瓦利希：《柏林的大商人与资本家》，第 223、256 页以及其他若干处；
（5）L. 巴尔（Baar）：《工业革命中的柏林工业》（柏林，1966 年），第 40～73 页。【35】

所辖领土，而在于增加企业业务、获得企业家技巧以及增殖资本。弗里茨·雷德利希（Fritz Redlich）由此推测，部分地由于上面这些原因，现代德国的全部经济扩张，也如同其他西方国家一样，是几百个家族的工作成果。这种观点还需要且值得作更加透彻的研究。如果它正确，那就意味着，即使我们可以恰当地用“革命性”来描述这一时期的经济变化特性，但在社会历史的演变过程中仍表现出颇为有趣的连续性。

以上这种企业家职业具有代际连续性的观点可以由以下事实得到支持：工业革命期间，对所有的柏林企业家而言，三个之中只有一个其企业继承自父辈，然而，企业家之中却有3/4的人是企业家的儿子。其他的研究也清楚地显示，工业革命中的大多数企业家，都是诸如手工艺师傅、商人以及生产经营者的儿子，也有数目相当多、但比例相对较少的部分，其父亲是政府公职人员，还有一些则来自农民与地主家庭，但他们很少会来自没有什么财产的下层阶级。①

总的来说，单个企业及其领导者这一层面确实表现出了不连续性，这种不连续性是经济发展进程取得了迅速、重要、变革性进展的一种征兆。它说明，新出现的生产组织形式大为不同，新的环境也对企业主提出了新的资质要求，而这种资质，又是传统生产单位那些现成的当家者所不能轻易提供的。而且，形式新颖的工业部门的重要性增加了，其中又以铁路、机械工程以及重工业等部门的作用显得尤其突出，正是这些新式部门削弱了其他工业部门的地位。曾几何时，这些被削弱者是那时的时新一族，也只是它们这些部门才可能表现出最大程度的历史连续性。在各部门中，也出现了类似变化：不同企业的相对地位发生了改变，新机构与新人员取代

---

① 关于著名企业家家族与王朝有关传统在较长时间上得以延续，请参见以下文献的有关内容：（1）聪克尔：《1834～1879年间莱茵兰一威斯特伐利亚地区企业家述评》，第13页及以后；

（2）黑尔维希：《萨尔流域工业化地区的企业家与企业行为方式》，第407页及以后、第413页；

（3）H. 克尔布勒（Kaelble）：《工业化早期的柏林企业家》（柏林与纽约，1972年），第59、33、55页；

（4）H. 博（Beau）曾经提到过，1790～1870年间，在莱茵兰以及威斯特伐利亚的300位企业家之中，有251位（或者说其中的5/6）是经济上很独立的家庭的儿子［参见他的著作《工业化早期莱茵兰与威斯特伐利亚两地企业家的成就意识》（科隆，1959年），第71页］。

（5）在19世纪出生并且被名列在有关自传全书（书的全名参见注40）上的杰出企业家有50%是来自生意人家庭，参见W. 施塔尔（Stahl）：《企业家精英队伍》（法兰克福，苏黎世，1973年），第104～123页；

（6）关于黑森（Hessen）地区早些时候的制造厂企业家与后来工业革命时期的企业家之间的家庭关系，请参见达舍尔：《16～19世纪黑森一卡塞尔地带的纺织业》（马尔堡，1968年），第84页及以后。【36】

了原来的老机构与老人员。但是，从另一方面来看，这些所谓的新人也并不总是那么“新鲜”——他们的父辈一般都是贸易商、手工艺人以及生产经营者，并且独立自主地开展着自己的产业。至于他们自己，也大都借父辈扶助已在原始工业时代的传统产业中赚了一笔，从而相比其他人，在资本资源、企业家动机、知识、技巧的获取过程中，还有各种交际活动的开展过程中，能够更加容易寻找到自己的位置。实际上他们获取的这些东西，也都是一种“资产”。正是这种宝贵“资产”，常常在企业家家族之内，从一代传到另一代。这一方面意味着，在社会成员朝向上层社会的流动性上面，存有某种外在的限制；另一方面也表明，早期的手工艺传统与商业传统——这些传统中有一些还可以追溯到很远的过去——对于德国的工业革命而言具有重要意义。

10.2.4 若干社会与文化因素

事实上，与德国前工业化时代经济传统相关联的法律和社会文化环
【511】境并不妨碍本土企业家脱颖而出，从某种程度上讲，这种综合环境还促进了企业家的成长。尽管德国社会的各种来自封建时代的社会遗产都是在没有革命爆发的情况下逐渐地改造为现社会化方式的，但是在1848年以前，德国并不存在什么强有力的法律条件可能会对社会个人或是特定社会群体采取某种特定经济行动形成阻碍。对商务自由的限制是有的，但这种限制更多发生在南部以及西南部，而不是发生在普鲁士。毫无疑问，政府特许权政策的残余对那些试图开展企业家行动的个人而言，构成了一定困难，尽管这种困难比18世纪的同类困难要小得多。这种障碍直到19世纪后1/3时期里，才最终消失，不过从实际效果看，这些障碍能够克服。它们只能被说成是经济处于落后状态的一种表现，而不能视为经济落后的原因。①

1870年以前，尽管德国社会的政治框架还有着某种复杂性，但是从企业家的地理流动性上看，却并不存在着什么阻碍。确实，在工业革命期间，在那些传统工业中心，生意人的地理流动程度相对较低：在莱茵兰以及威斯

① 参见F. W. 亨宁（Henning）在《职业自由以及它对德国的手工业影响导论》一文指出的，在巴伐利亚，甚至在19世纪50年代仍存在着特许权政策制度的有限作用，此文载阿贝尔（Abel）编撰：《对德国手工艺人发展史的新观察》，第148页。【37】

特伐利亚地区，早期企业家们所具有的稳定性常常得到研究或叙述者的强调。但从另一方面来看，在那些没有强烈、现成的工商业传统的地区，开展生意活动的企业家们却往往都是移民。在不来梅（Bremen）地区，企业家主要来自德国北部边界内的小城镇。而在柏林，对工业化早期的那些企业家而言，很少有人出生于柏林。特别是在19世纪的30年代和40年代，企业家们更多地来自外地移民，其中有的还来自边远省份。①

从理论上说，一个处于下层的社会成员，也有可能获得一个独立企业家的位置，并且这种事情实际发生的例证也很多。还有，在那时候，德国上层社会对企业经营行为并没有什么抵触态度。在好几十年的时间里，社会很正常地——只是这种事情在不同地区间有一些差别——会对在工商业领域之中取得成功的人士授予贵族头衔。肯定地，这些人一旦融合到上层社会之中，常常会——尽管不总是这样——放弃他们早先的生意而转而成为地主与地产出租人。另外，在17与18世纪那段处于专制王室的重商主义经济政策统治下的时期，获得经济成就的人持久地享有社会尊重和好评，在18世纪的启蒙运动中，企业家们也被社会称作为是富有远见、思维理性、看法公正、行动成熟的社会成员，并获得了很高的社会地位。这些事实，都促使包括贵族阶层在内的上层社会越来越认可和接受，企业家的商务活动和经济成就。②

工业革命期间的企业家来自不同的地区与社会群体，但是，从地区 【512】
来源上看，来自柏林、不来梅以及汉堡，还有来自莱茵兰、萨克森、图林根以及威斯特伐利亚的企业家所占比例相对更高。尽管大多数企业家都拥有城市背景，但他们也可能来自乡间和农村。从宗教特征上看，尽管他们分属于不同宗教派别，但与人口总体相比，这个社会群体的宗教分布表现出明显的不同。以19世纪370个著名德国企业家为样本，其中74%是新教徒、16%是罗马天主教徒、7%是犹太教徒，而在1900年前后，从全部人口组成的总体来看，这几大宗教群体所占比例分别是

① 参见以下文献：
(1) L. 博伊廷（Beutin）:《工业化早期来自边远地区的企业家述评》，载《威斯特伐利亚学术研究》，第10卷（1957年），第65页；
(2) H. 博：《工业化早期莱茵兰与威斯特伐利亚两地企业家的成就意识》，第48页及以后；
(3) 克尔布勒（Kaelble）:《工业化早期的柏林企业家》，第19、20页；
(4) 如果需要了解更多的细节，请参见施塔尔（Stahl）:《企业家精英队伍》，第179~191页。【38】

② 参见以下文献：
(1) 雷德利希：《论企业家》，第334页及以后；
(2) 恩格尔辛（Engelsing）:《不来梅地区企业家述评》，载《维特海特至不来梅地区经济论丛》，第2卷（1958年），第9~23页。【39】

62%、36%和1%。不论是在罗马天主教徒占优势的地区，如莱茵兰与巴伐利亚，还是在新教徒占优势的地区，如柏林以及德国的中心部分，新教徒在早期企业家群体中所占比例都大大超过了其人口比例。① 这种情况看来至少部分地印证了广受争议的韦伯论点。韦伯坚持认为，新教信仰中的若干方面对某些特定的工作伦理、对成就感的固化、对苦行僧式的生活方式、对储蓄以及提前计划的意愿等等，都会产生有利影响，从而它会为资本主义精神的出现以及企业家阶层的发展提供良好的社会意识环境条件。从另一方面来说，企业家群体的信教种类结构分布与人口总体的结构分布不相同，也有可能表明在罗马天主教的教义环境中存在着若干反现代化的因素，正是这些因素扼制了机动灵活性以及强烈的个人奋斗精神。这些因素还使得它的教徒对现世自由主义、对新的“物质主义”精神、乃至对发展着的资本主义体系的动力机制形成了某种怀疑甚至敌对的态度。值得思考的还有，在那些罗马天主教徒占多数且又存在着很好商业机会的地区，新教徒的少数教徒群体地位本身就可能会促使这些新教徒去培养与发展强势的企业家才能。因为在这里，通向财富、尊贵、权力的传统道路很大程度上对他们封闭了，这激发他们以一个群体的形式团结在一起，这种团结有利于长途商贸及经营活动的展开。在柏林以及西里西亚等地，对于犹太教生意人而言，同样的机制导致了类似结果。② 不过，重要

① 参见施塔尔：《企业家精英队伍》，第206～221页；O. 金德曼（Kindermann）：《来自〈新德国自传〉（NDB）的19世纪德国企业家群像图景勾勒》（未发表的论文手稿，明斯特，1975年），第80页。施塔尔与金德曼的数据都是以包括在首印多卷本《新德国自传》中的那些企业家作为样本基础。【40】

② 关于在德国西部的企业家之中新教徒比例超过其人口比例的情形，请参见：

（1）W. 德布里茨（Däbritz）：《莱茵兰—威斯特伐利亚地区在社会经济生活中有重要影响的人物群体的个性分析》，收入O. 莫斯特（Most）及其合作者编撰：《莱茵兰—威斯特伐利亚经济科学》（柏林，1931年），第113、114页；

（2）黑尔维希：《萨尔流域工业化地区的企业家与企业行为方式》，第412页［这篇论文强调的是路德教派信徒（Lutherans），而不是加尔文派教徒（Calvinists），在萨尔地区企业家中的超比例］；

（3）聪克尔：《1834～1879年间莱茵兰—威斯特伐利亚地区企业家述评》，第29页及以后（这
【713】本著作强调对于资本主义精神、对于市民阶层的工作概念的形成，加尔文教派教义所具有的重要性，它也探讨了在莱茵兰地区新教徒的少数派地位以及他们如何从被迫害移民传承形成的情况）；

（4）克尔布勒：《工业化早期的柏林企业家》，第79页及以后；这本著作探讨了工业革命期间在柏林的企业家之中犹太教徒的超人口比例（企业家教徒比例为50%，而在总人口中教徒比例为2%～4%）问题；

（5）松巴特：《现代资本主义》，第3卷，第21、22页。

关于这些信教企业家的地区起源，参见：

（1）奥伊伦堡（Eulenburg）：《德国工商界领导者出身探源》，载《施莫勒学术年刊》，第74卷（1954年），第86页及以后；

（2）施塔尔：《企业家精英队伍》，第179页及以后。【41】

的是，在19世纪，企业家之中新教徒的比例偏高的现象并不仅仅局限于那些罗马天主教徒占大多数的地区。

无论如何，在那时，社会成员成为企业家的机会相对较多，由此行使企业家功能的人没有——像当今世界的某些发展中国家那样——集中到由社会、伦理或是宗教关系而相联系的少数人群体上面。但是，社会生活中也明显存在着某些逆向潮流，它们在某些情况下会对社会成员获取企业家职位产生限制，并且会使得若干社会群体的企业家潜能不能充分发挥。① 在那时，广大妇女的特定社会角色被规范得这样严格，以至于可以说在整个工业革命期间几乎没有女性企业家。实际上，这种情况也和早若干世纪的情形形成了鲜明对比。② 企业家队伍中来自农民的比例与人口比例极不相匹配，而且是 【513】
前者更低；还有工人和家仆阶层，实际上在获取企业家职位方面被排除在外了。这些都意味着，在技能、动机、信息与财富等方面的缺乏，通常是低下阶层的社会成员通向企业家进程中不能克服的障碍。③

不过，从另一方面来看，上层阶级与上层中产阶级还是抱有某种态度，这种态度使他们这一阶层的成员都不大愿意成为生意经营者。对于贵族来说，体力或手工劳动——甚至对他们中的某些人（特别是在西部和西南部地区），全部工商业活动都是这样——是一种和他们的社会地位不相称的生活方式。然而，如果一旦某个企业最初是从与农业相关联（采矿、冶炼、制砖等等）的某个工业分支部门开始其经营业务的，或是它的存续与政府的某项任命相联系，那对于许多贵族来说，这种企业领导事务极为值得尊敬。这种现象实见于诸如西里西亚以及波希米亚等地区。④

德国经济本来就相对落后。就对待那些“商务”类事务来说，与美国相比，或许与大不列颠相比也是这样，有教养的德国中产阶级更倾向于采取某种鄙视的态度。社会越是将“有教养中产阶级”的受教育情况作为尊重他们的条件，那些所谓的学者和官员就越是轻视在世纪中期出现

---

① 我们这里还不能探讨是否这种对接近企业家职位的限制，会不会在总体效果上对经济增长产生限制性的作用。【42】

② 参见雷德利希：《论企业家》，第296、297页。【43】

③ 参见克尔布勒在《工业化早期的柏林企业家》一书的第30～124页中所给出的关于企业家们社会出身与职业渊源方面情况的数据和描述，在这里，作者说明了，来自相对低下阶层的社会成员接近企业家的机会被广泛排除掉了。同时也请参见以上正文的第510～511页，以及以下的注57。【44】

④ 参见以下文献：
（1）雷德利希：《论企业家》，第281～298页（题头“欧洲贵族与经济发展”）；
（2）W. 措恩：《企业家与德国贵族》，载《传统》第8卷（1963年），第241～254页；
（3）布劳恩：《社会文化条件对企业家能力与行为的影响》，第253页及以后。【45】

的、受教育程度通常又不高的那些小生意人以及小资产阶级实业家。他们甚至也瞧不起那些“低贱”（*Kommis*）的小商人、手工艺人以及财务主管人员。在他们眼中，这些人只是追逐着特定的金钱利益。至于他们自己，则不去接近物质财富，而是开展着各种“精神文化（*geistig*）”事业。并且，对广大官员而言，他们还感到自己是在为着整个国家的“普遍”利益服务，抱着这样的态度，他们理所当然地不会考虑让他们的后代去选择从事工商活动并把它作为终身职业。①

有教养中产阶级的这种态度一直持续到20世纪，只是在第一次世界大战以前，这种看法才越来越少了。那时，社会上对它产生了很强的抵制力量。从19世纪中期以来，随着工业技术与自然科学的结合更为紧密，学者们有可能怀抱追求正义与真理之真诚，以推动科学技术进步为正当理由，找到他们与工业融合的某种方式。显然，这种对真理与正义的追求态度，本身也是一种“精神文化”。② 进而，也很正常地，社会各方也会将“进步”这个词的修辞学含义赋予民族主义色彩。正是出于对“社会进步”的追求，资产阶级群体才对交通、商贸以及工业的发展提出各方面的要求。甚至早在1848年以前，对“父邦之工业建设”的呼声就已响遍各邦。一种试图通过技术与商务教育、通过商务协会（*Vereine*）的创建，还有通过公开表扬与竞争来传播技术知识的国家政策，成为社会各方的争论焦点，在普鲁士尤其如此。而社会各方的努力既激发了企业家的创造精神，也在国家政治
【514】层面为企业家的正名提供了依据。所谓加强“父邦之工业建设”的要求，不久就和社会对国家政治统一的希望相联系起来。这种希望作为一种政治要求，曾经在1848年由那时的自由企业家们提出过，时至19世纪50年代与60年代，出现了许多工程协会，这些协会以议论世事的方式，对它也有所

---

① 请参见以下文献及其内容：

（1）H. 扎赫特勒（Sachtler）：《19世纪早期德国工业企业家的转变》，公开发表的学位论文（哈勒—维滕贝格，1937），第8页；

（2）格罗巴（Groba）：《西里西亚工业化开始阶段的企业家述评》，第28页及以后；

（3）雷德利希：《论企业家》，第336页及以后；

（4）C. 马乔斯（Matschoss）的《1862～1912年间马格德堡—布考地区的R. 沃尔夫机器制造厂评述》（马格德堡，1912）讲述了这样一件事情，一个中等学校的教师，在其儿子在世纪之交成为一个工程师时，感到很失望；

（5）K. 黑尔费里希（Helfferich）的《乔治·冯·西门子》（3卷本）（柏林，1923年）的第3卷的第153页和第159页讲述到，甚至到了1870年，一位政府公职人员对鄙视他的儿子——一位德国银行的领导者［他的原话是：“我的儿子，一个低贱的商人（*Kommis*）”］。【46】

② 参见K. H. 马内戈尔德（Manegold）：《关于19世纪自然科学与技术通过科研机构作用而得以应用的有关问题论述》，载《19世纪自然科学与技术发展史》（杜塞尔多夫，1969年），第141～187页，特别是其中的第160页及以后。【47】

表达。后来，为追求政治统一，又发生了一连串战争。在这些战争之中，现代工业与现代技术第一次被认作为战争的工具，同时国人也认定它是能够导致胜利的原因之一。战争发生之后，整个社会在对待经济扩张与进步上面，所表现出来的这种国家主义情感和国家意识被加强了。只是，不幸的是，国家主义情感不久就演变成为民族主义情绪，最终，到世纪之交时，这种意识形态竟被融合到帝国主义者的有关宣传活动之中了。① 在社会与心理方面发生这种变革的过程中，封建思维模式与中上社会阶层看待工商业活动的那种保守思想被弱化了，这种弱化尤其表现在国人对待富于生产效率的工业，对待那些对科学技术创造有积极意义的生产活动，对待那些对国家力量与民族威望有着核心重要性的生产活动的态度上。

不过，甚至在19世纪后半期，在这些变革最终以胜利结局之前，实业家也还只是处于一种奋争状态之中。这种奋争就是针对当时属于其职业方式的不良名声进行的反抗。有若干职业方式只是有限地需要地位或身份作为前提条件，实业家属于其中之一。尽管在上层阶级还存在着若干保守看法，但实业家大体上能够为各个社会群体所接受，只是接受的程度不同而已。在经历了两个世纪的专制主义时期之后，在启蒙运动以及1800年左右的改革发生之后，实业家遇到的来自社会地位的障碍已经很少，这保证了他们企业家潜能的实现过程没有受到阻滞。而且，社会流动性非常充分，这保证了在不同情势下——即并不仅仅是在国家发起的企业与技术社团之中，也包括在手工艺人与技工师、政府官员与生意人、大学教授与项目规划者等等人群之间——各种和企业家功能相关联的人能够走到一起，相互接触，从而在某些时候，他们可以为新的联合项目而将资本与技术知识、首创想法与商务经验

---

① 其中这方面的一个例子，请参见有关研究者对1830年萨克森地区报纸的转引，见E. 迪特里齐：《费迪南德·哈特曼》，收入迪特里齐编撰：《萨克森地区工商界领导人传略》（莱比锡，1941年），第134页及以后。

关于普鲁士政府对工业的鼓励，请参见I. 米克（Mieck）：《1806～1844年间普鲁士对柏林地区的经济政策》（柏林，1965年）；

关于后来德国政府的政策，请参看：

（1）J. 科卡（Kocka）：《模范的西门子企业家管理与职员队伍》（斯图加特，1969年），第525页及以后；

（2）R. 蒂利（Tilly）：《与英格兰的区别，德国经济发展中的民族主义问题》，载H. 吉施（Giesch）与H. 绍尔曼（Sauermann）编撰：《经济发展的数量方面》（蒂宾根，1968年）；

（3）K. W. 哈达赫（Hardach）：《德国在工业革命期间的英国迷恋与英国恐怖》，载《施莫勒学术年刊》，第91卷（1971年），第153～181页；

而关于总体情况，请参见A. 格申克隆：《从历史视角对经济落后所做出的观察》，第25页。

【48】

结合到一起。①

不仅如此，1830 年左右，对旧世界的摧毁就已经持续了较长时间并取得了一些进展，这种摧毁以一种更为全面彻底的方式，便利了企业家职业方式的开发：老式生产体制正在没落，那些属于它们的传统表达方式、符号媒介、信念态度、生活风格变得越来越没有影响力，也越来越不能获得社会的广泛认同。变化程度之大，使得社会能够为其成员提供更为宽广的活动舞台。在这种舞台上，社会成员个人能够在工作与生活的各个方面，对个人的立业信条和成功方式做出选择。传统财产经营秩序的持续瓦解为某种相对独立的经济活动领域的出现提供了可能。对照地看，在此之前，经济行为仍然被融合在一个体系之中，是其中难以分开的一部分，或者说，它以前总是和社会、政治以及文化等方面组成的空间紧密且有机地结合。② 然而，现在经济成功却能够在不顾及，甚至是挑战既有的行会与
【515】阶级秩序的基础上成为可能，经济成功还能够表现到与社会地位无关的“炫耀性消费”之中。③ 18 世纪晚期以及 19 世纪早期，可谓是一个突破性变革时期，恰恰就在此间，社会大众能够清楚地观察到，社会成员可以通过个人成就与个人创造改变命运。即使是在没有革命的情况下，从过去传承下来的很多东西也逐渐地失去了它们传统的合法权利以及它们原有的天经地义的合理性。看来，我们可以肯定的是：在那个时代，在德国社会与经济环境下，促成变革与创新的力量被积蓄起来了，并且新价值的宣讲者在有教养的社会阶层中也获得了充分尊敬。尽管与英国相比，所有这些东西都要来得更晚，并且显得相对不那么有力。④ 这种高度重视创新与进步的态度，也在各种公共工业与技术学校的创办建设及有关教育活动的开展过程之中得到充分表现。尽管学校范围内人们的新态度形成不如全社会的价值观转变那样有影

---

① 请参见：
（1）C. 马乔斯（Matschoss）：《普鲁士采矿企业及其全部从业人员》，（柏林，1921 年）；
（2）科卡：《模范的西门子企业家管理与职员队伍》，第 56 页。【49】

② 这个变革过程可以由纯粹完成某种经济功能的若干种生产组织形式，诸如外包企业、制造厂以及现代工厂的出现来得到说明，这些种类的生产组织和以往的手工艺作坊以及手工业行会形成对照的地方是，后者将经济的功能与社会的、文化的，以及在某种程度上说还包括政治的功能混合到一起去了。参见施雷默尔：《关于巴伐利亚邦的经济分析》，第 571 页及其下页。【50】

③ H. 克吕格尔：《普鲁士手工艺生产者到手工工人的发展史》，第 242 页说明了在 18 世纪的最后 1/3 的时间里，制造活动领域中的企业家是在怎样的程度上，将新近获得的财富以及奢侈物品用于炫耀显示；也说明了这些新富阶层是怎样地不理会在新资产阶级与贵族之间所存在的那些传统社会地位差别。但是，这些成功的企业家从传统的社会架构中解放出来也有一定的限度，这表现在他们乐而不疲地持续争取与追求传统的成功象征，诸如追求某些头衔以及贵族生活方式等等方面。【51】

【714】④ 参见布劳恩：《社会文化条件对企业家能力与行为的影响》，第 277～281 页。【52】

响，但我们注意到，这些学校最初是在1820年之后的普鲁士，以促进工业发展为目的，以国家政治为基本缘由得到创建的，因而这种新态度非常富有经济意义。①

毫无疑问，有时社会中会出现某些制度的、法律的以及社会文化等方面的环境因素，它们会使得工业企业家的出现变得近乎不可能，或者说，在某种环境状况下，即使企业家能够出现，但是面临着极大困难。然而，我们却可以说，19世纪开始时，德国社会已经如此有力地克服了此类障碍因素，以至于从这时起，德国迈向工业化再也不会遇到什么困难了。

10.3　工业革命中的企业家与管理者

10.3.1　经济背景与职业模式

工业革命在19世纪中间1/3时间段得以全面展开，是哪些人在这段时期成了企业家呢？他们拥有什么样的社会经济背景呢？在这里，我们所考察的社会经济背景不是指他们的社会起源，也不是指他们父辈的职业，而是他们开始起家时的社会经济地位，亦即他们开展企业家活动的身份起点。我们也将探究，在19世纪30年代至70年代的整个时期，这些人是通过什么样的社会渠道成为企业家的，这个过程涉及什么样的社会运行机制，当然我们还要对他们最终成就的企业家职位本身详加考察。②

给人深刻印象的是，在工业革命进程中，类似于以前的时期，除了某些特例外，几乎没有实业家是从熟练、非熟练工人、现代工厂工人、体力劳动者、仆从，或是谋生方式与此类似的身份起家的。排除个别例外情况

① 参见O. 西蒙（Simon）：《18与19世纪普鲁士工商业专门教育》（柏林，1902年）。【53】

② 参见以下文献及其内容：

（1）W. 措恩：《德国企业家的种类与经济发展动力》，载《社会经济史季刊》，第46卷（1956年，1966年），第56～77页，该文由K. E. 博恩（Born）编撰的《现代德国经济史》（科隆与柏林）一书在第25～41页收录，与这里相关的内容特别见于第30页及以后；

（2）克尔布勒：《工业化早期的柏林企业家》，第54、55页；

（3）R. 本迪克斯（Bendix）：《工业领域中的工作与权威》（纽约，1956年），第251、252页；

（4）了解在企业家之中，企业创办者、继承者以及政府任命者之间所存在的差别，是我们进行以下正文内容讨论的基础。关于这方面的情况，请参看克尔布勒：《工业化早期的柏林企业家》，第38页及以后，第76页及以后。【54】

以及那些手工艺学徒（手工艺者我们将另行讨论），都市中的下层劳动者所缺乏的肯定不仅是资本——因为就缺乏资本这一点而言，许多来自手工艺人背景的企业家也有相像之处——他们还缺乏具有关键用处的商务技巧与技术知识，同时，还缺乏关于商务机会的信息以及教育经历。这种教育经
【516】历本应能够给作为受教育者的他们灌输企业家的动机与灵感。① 同时，还值得注意的是，只有为数不多的农民、农场劳动者以及农业工人成为掌管实业的企业家。当然也有若干例外情况，特别是在那些到世纪中期之后才开始启动工业化的偏远地区。② 不过，总的来看，从农业环境的中低层上升到工商企业家层次的人员数目还是很少。从而，人口群体中的大多数实际上都没有能够参与到工业企业家群体的初创形成过程之中。这样，我们可以说，在那个时代，社会阶层之间所具有的相互渗透性十分有限，这种有限不仅表现在政治阶层，甚至是将企业家阶层——无论如何我们都不能说，在当时这个阶层中的人士天生享有既定的社会声望——考虑进来也是这样。在这方面，德国和那些使用英语的国家并没有表现出多大不同，只是在那些国家之中，进入社会上层的可流动性机会在一代人的奋斗历程中看起来要略高一点。③

在工业革命时期，绝大多数企业家是经过了工商贸易活动的锻炼才得以产生的（不像前工业革命时期，可以由政府任命产生——译者），在这一点上，德国与法兰西、英格兰、美利坚合众国等国相比，情况类似。这清楚地表明，对德国来说，拥有长达一个世纪之久的工商与贸易传统，显得多么重要。尽管我们已经指出，在这种演化过程中，企业制度的发展与企业家个人职位的变化表现出不连续性。工业革命时期的那些企业家最初起家的活动领域大都以这种或那种方式，与或是手工艺经济、或是商务贸易经济有关联关系。就关联方式而言，或是作为手工艺学徒，或是成为其师傅；或是作为中

---

① 所谓的例外情况介绍请参见以下文献：
（1）扎赫特勒：《19世纪早期德国工业企业家的转变》，第9页及以后；
（2）恩格尔辛：《不来梅地区企业家述评》，第54页；
（3）雷德利希：《论企业家》，第308、309页。【55】

② 请参见A. 艾贝格：《19世纪上贝格诸专区企业家所处社会环境与行为方式研究》，第132页；也请参见博：《工业化早期莱茵兰与威斯特伐利亚两地企业家的成就意识》，第318页。【56】

③ 我们这里论述的根据来自克尔布勒：《工业化早期的柏林企业家》在第110页及以后所做的初步比较。我们这里所指的是在一代范围内的流动性，并且也只是局限于早期企业家自身的职业起源。关于在连续多代之间情况的考察，以企业家父辈的有关职业地位作为分析分类标准，也得出了类似结论（上引书，第30页及以后以及第97页及以后，还有第512～514页）。这和早期有些研究者的有关推论存在着差别，比如扎赫特勒（文献《19世纪早期德国工业企业家的转变》，第7页及以后）常常提到，有关计算指出工业革命期间存在的流动性就要相对高得多，但是这些计算似乎没有多大用处，因为它们所使用的分类方法是不精确、不清晰的。【57】

间商人，或是成为销售店主；或是作为外包过程的承销商，或是成为技师；要不就是某家制造作坊主的儿子。最初起家的企业家中的绝大多数都具备实业、技术与商务方面的知识。他们中的许多人，还拥有他们可以处置的财力来源或是财产方式，而这些财力与财产，又都是他们先前在工商活动中聚集起来的。

1. 从贸易活动中起家的企业家

如果我们首先将注意力集中在那个时期为数最多的企业家群体，即那些独立企业的创办者，也就是说，暂且将企业主的继承者们放在一旁不作考察，那应该说，是那些中间贸易商和外包承销商——这些人至少在约1850年前仍常涉足银行与交通业务——先以一个群体的形式出现；然后，以原来的活动为基础，他们在早期工业企业家群体的形成与不断补充过程之中，起到了极为重要的作用。① 我们知道，纺织工业部门最早出现现代工厂，中间贸易与外包承销商对纺织工厂企业家的形成显得尤为重要。在早期的纺织企业家之中，批发贸易商与外包承销商所占的优势地位，可以部分地从我们已经描述过的这一部门的外包生产单位与制造厂的生产方式传统上面得到解释，这种传统在这个部门得以延续；并且在所有生产部门中，这个部门的传统的中断与丢失程度是最小的。另外，社会时尚开始诱导产品需求方式变化，产品的大规模消费与远距离贸易也得以形成。并且，仍然是在纺织工业产品中，这种消费与贸易方式形成得最早，表现得最为清晰。当产品的生产过程本身在技术上并不存在大问题时，这种消费和贸易就会转而引发商务与经营知识或是经营能力的巨大需求。所有这一切，都给予 【517】
了外包承销商（他们在19世纪40年代的那些纺织现代工厂的创办者之中显得尤为普遍）以及纺织品的中间贸易商（他们后来常常不经过外包制度这一中间阶段而直接成为现代工厂的企业主）相比于手工艺人的明显优势。后来的企业家大都是在纱线与织布贸易中有着特定经验的外包商与中间商，而并非仅仅是零售店主，这一事实说明，就贸易商与新兴纺织工业之间的相互联系而言，专业与能力具有重要意义。进而，棉毛加工行业的企业创办活动所需的资本数额在不断增加，这使得那些只拥有少量资本的

---

① 关于莱茵兰地区的情况，请参见聪克尔：《1834～1879年间莱茵兰—威斯特伐利亚地区企业家述评》，第25页。（1870年以前）在柏林地区的126个工业企业家之中，其起家职业种类中出现次数最多的是出现59次的中间贸易商（*Kaufmann*），接下来是手工艺人（出现50次）、大学毕业生（出现12次）、化学家（3次）、政府官员与地主（各1次），参见克尔布勒：《工业化早期的柏林企业家》，第42页。【58】

手工艺人要在这个行业中上升到企业家的职位变得更加困难了，尽管他还是能够与贸易商形成合伙关系——这种合伙形式在当时的纺织行业中也很是常见。[①]

19 世纪 30 年代之后，在柏林的成衣制造业的发展过程中，同样也是以前的贸易商起着某种领导作用。通常，在其他工业分支部门之中的一般情况都是：批发贸易商先积极而辛勤地开展经营，再以默默无闻的合伙人的形式成长为工业资本提供者，再到外包承销商，乃至成长为现代工厂的主人。然而，在成衣制造这个领域，发展的推动力量来自零售贸易商。在产品需求时尚发展的强烈影响下，在与裁缝艺人组成的行会发生持续冲突的过程中，成衣制造企业创造了一种部分集中、部分分散的生产组织形式。[②] 不过，在化学行业中，不是药剂零售店的主人，而是那些从事药品、有色金属以及油漆涂料经营的中间贸易商逐渐变成为德国化学工业的企业创办者。[③] 类似地，在那些有着分散的手工艺金属加工企业传统的地区，金属加工行业也获得发展，其中也是中间贸易商起到了主导作用。还有，属于曼内斯曼（Mannesmann）大家族的雷姆沙伊德（Remscheid）家庭的成员也为我们提供了类似例证，而位于索林根（Sölingen）的那些小型铁制品加工厂中的许多企业家同样在向世人证明这一点——亦即，他们都以他们自己的经历证明，一般地，都是由中间贸易商通过外包制度的中间作用，来完成由手工艺生产向现代工厂方式的转变。1819 年，在鲁尔地区的韦特尔（Wetter）城堡，一家名叫“梅夏尼施·韦克施泰特”（德语意为“机械工场”，‘Mechanische Werkstätte’）的企业，这是涉足机械工程的先驱之一，就是一个中间贸易商［弗里德里希·哈尔科特（Friedrich Harkort）］的成果，不过他得到

---

① 参见以下文献：

（1）布伦贝格：《工业革命中的德国纺织业》，特别是其中第 62 页及以后，第 132 ~ 144 页；

（2）迪特里齐：《萨克森地区工商界领导人传略》，第 48 页及以后，第 128 ~ 142 页；

（3）H. 武茨默（Wutzmer）：《19 世纪的 40 年间普鲁士工业资产阶级出身探源》，收入莫特克（Mottek）及其合作者编撰：《德国工业革命历史研究》，第 147 页，第 158 页及以后；

（4）博：《工业化早期莱茵兰与威斯特伐利亚两地企业家的成就意识》，第 61 页以及第 67 ~ 69页；

（5）A. 图恩（Thun）：《莱茵河下游地区的工业以及工人状况》，第 1 卷，第 38 页。【59】

② 参见 G. 施莫勒（Schmoller）：《19 世纪小企业历史》（哈勒，1870 年），第 648 页及以后；巴尔（Baar）：《工业革命中的柏林工业》，第 75 ~ 83 页。【60】

③ 参见克尔布勒：《工业化早期的柏林企业家》，第 42、45 页；博：《工业化早期莱茵兰与威斯特伐利亚两地企业家的成就意识》，第 14 页及以后。【61】

了一位来自亚琛（Aachen）的银行家以及一位来自英格兰的技师的支持。①

如同在钢铁的生产与加工部门一样，在采矿业的发展过程中，中间商也起着领导作用。1808 年之后，煤炭贸易对莱茵（Rhine）与鲁尔（Ruhr）地区重工业的发展产生了极为明显的影响，弗朗茨·哈尼尔（Franz Haniel）与马蒂亚斯·施廷内斯（Matthias Stinnes）创办的两家企业可谓是绝好的例证。煤炭中间贸易商哈尼尔将他的资本与企业精神带到莱茵河下游（Lower-Rhine）地区的一家熔炼制造厂。当时，这家制造厂的生产还很分散，而且生产经营也并不成功。在来自另一个中间商家族以及一个从某家老式熔炼制造厂中出来的技师的帮助下，哈尼尔组建了新工厂，其名为古特霍夫农格许特（Gutehoffnungshütte）。这家企业不久就将其经营领域由原来仅包括原材 【518】
料采掘延伸到了直接生产若干加工产品（造船、铁路设备的制造）。早在 1843 年，这家企业的雇工总数就达 2 000 人。哈尼尔同时也是采用竖井采矿法的先驱之一。另一个中间商施廷内斯，也是从原来经营煤炭贸易以及船货运输业务转向了经营煤炭采炼本身。他依靠对矿井的购并、集中以及挖掘——甚至还在政府对采矿业进行管制的情形下，他就开展这些经营活动了，这种管制直至 1861 年才在鲁尔地区解除——逐渐成为鲁尔地区最重要的采矿企业家之一。当他于 1848 年去世时，他所经营的各个企业中雇用着约1 000名左右的工人。而就在这一年，弗里德里希·格里洛（Friedrich Grillo）接管他父亲在埃森（Essen）的炼铁与制衣作坊，他是鲁尔地区采煤业中从事大规模生产经营并占据竞争优势的若干企业家之一，堪称活跃在商务经营、财务融资、政治事务中的多面能手。19 世纪 50 年代以后，也还是中间贸易商们，与银行家们一道，组建了大型联合采煤股份公司。类似地，铸钢生产先锋以及克虏伯工厂的创办者弗里德里希·克虏伯（Friedrich Krupp），最初也是一位中间贸易商，创业时他曾想和多个有一定技术资质的合伙人联合，不过没有成功，但到了最后，他自己在炼钢生产技术中获得较大进展，以至于足以能够在历史上为自己留下“工业领域先导技术之父”的美名。另外的相似例证，还包括萨尔河（Saar）地区的重工业发展史。在那里，也是来自萨尔布吕肯（Saarbrücken）的商业财主在积极地参与。

① 参见以下文献：
（1）博，上引书；
（2）W. 克尔曼（Köllmann）：《弗里德里希·哈尔科特评传（一）：1793 ~ 1838》（杜塞尔多夫，1964 年）。【62】

在所有这些例证中，在各中间贸易商所曾积极从事的专门领域与他们后来才进入的工业领域之间，都存在着密切关系。这样，他们从商务贸易活动领域转到某个生产分支部门，所带来的就不仅仅是资本、某种立业与创造的灵感以及他们的组织才能，还包括他们所从事的特定部门的专门知识。①

最后，我们还必须对那种多面手企业家有所评论，他们也主要是来自中间贸易活动领域，在工业革命过程中所起到的作用非常之大。卢多尔夫·坎普豪森（Ludolf Camphausen，1803～1890），是莱茵地区一位中间贸易商的儿子，他可以视为这种企业家的一个典型例证。他最初是做食用油与谷物生意，并购进了一个炼油加工厂，另外又和他的兄弟一道，开办了一家经营银行业务的企业。而且，他还积极投身于科隆地区的那些与经济活动相关的政治事务。如同其他的有着经营中间贸易背景，又同时身兼贸易商与工厂主职能的那些人一样，他也成为莱茵兰涉足铁路投资的最早一批企业家之一，同时又是倡导在莱茵河（Rhine）上使用蒸汽动力进行航运的积极鼓吹者之一。他在运输与工业领域的诸多项目只是很松散地相互联系着。他既在这些项目上积极发挥企业家的指挥作用，同时又是政治舞台上的重要角色。比如说，在1848年他领导了普鲁士的第一届自由党内阁。古斯塔夫·冯·梅菲森（Gustav von Mevissen，1815～1899），是克雷菲尔德（Krefeld）地区的一个经营纺织行业的家族的后代，而这个家族中的多个主要成员，都既是外包企业主与中间商，也是新教徒。梅菲森本人则可以作为既积极活跃于贸易、银行、运输以及工业活动，又积极参与政治的另一个例证。一方面，他运用
【519】自己的金融资本进行实业投资，另一方面，又如同一个银行家那样，将别人交给他的资本运营配置到其他用途。并且他的企业的法律架构是联合股份公司形式，他作出重大决策，并将这些决策付诸执行，但是他很少会去履行什么管理职能。所有这些企业家都富有胆略与眼光，他们当然也对利润抱有极大兴趣，但他们同时又极力对企业做出全面掌控。19世纪30年代以后，也

---

① 参见以下文献：

(1) W. 克尔曼（Köllmann）：《早期企业家》，收入W. 弗勒斯特（Frörst）编撰：《鲁尔地区与新土地》（科隆与柏林，1968年），第16页及以后，第22页及以后；

(2) W. 德布里茨（Däbritz）：《莱茵兰—威斯特伐利亚地区在社会经济生活中有重要影响的人物群体的个性分析》，第110、111页，第114页及以后，第117页及以后，第120～123页；

(3) W. 赫尔曼（Herrmann）：《莱茵兰—威斯特伐利亚工业化地区采矿行业企业家的发展线索探究》（多特蒙德，1954年），第14、22页；

(4) F. 黑尔维希（Hellwig）：《萨尔流域工业化地区的企业家与企业行为方式》，第404、410、411页。

(5) H. 沙赫特（Schacht）：《鲁尔地区采煤—采矿行业财务融资方式发展史》，载《施莫勒学术年刊》，第37卷，第3分卷（1913年），第162～169页。【63】

是他们，成为铁路公司的主要创建者和第一代铁路企业家。这些铁路公司从一开始就是以联合股份公司的形式创建的。他们顶着反对声浪，组建了这些资本密集的运输企业先驱，并为这些企业提供了资金来源。当然，他们参与资金提供的原因部分是由于他们确实想从这些投资中直接获取利润，但还有其他原因：那就是促进他们的其他产业所在的城镇与地区的经济发展，从而间接达到为他们在其他经营与贸易领域开展活动提供便利的目的。① 不过，还要提到的是，这种多面手企业家也并不仅仅是在与铁路相关联的活动中才能找到。比如说，极富代表性的柏林企业家威廉·赫兹（Wilhelm Herz，出生于1823年），他是一个拥有良好社会背景与奢侈生活方式的谷物经营商的儿子。他既继承了他父亲的谷物批发贸易业务；也以一个管理者的身份经营一家种子压榨加工厂；另外，他还以董事的身份主管一家煤炭公司；再有，他创办了一家生产橡胶产品的工厂；并且，在柏林地区的舒尔特海斯（Schultheiss）酿造厂的创办活动中，他也起到了领导作用。② 我们还可以找到更多类似例证。③

与只是在这里或那里投下他们资金的纯资本家或是投机者不同，这些多面手企业家都在积极地指挥着他们所拥有的实业生产。而这些生产企业又分布于不同的经济部门，实际上相互之间关联很少，或是根本就没有什么关联。也正是因为这个原因，这种企业家往往不能够将他所拥有的所有企业通过一个统一的管理构架与统一的管理操作一体化起来。正是从这个方面看，这种多面手企业家群体，与后来那种以集中式管理将一个商业王国全面掌控在手中的工商领导者不同。当然，到这时，多面手企业家的数目在不断减少，而后一种企业则越来越多。另外，与工业革命期间其他的大部分企业家也有所不同的是，他们并不是制衣、炼铁或是机器等生产技术领域的专家，

① 参见以下文献：
（1）M. L. 哈特索（Hartsough）：《19世纪科隆地区的企业领导人》，载《经济与商务历史学刊》，第3卷（1929～1930年合订本），第232～252页；
（2）B. 库斯克（Kuske）：《经济发展过程中企业家的社会地位》（科隆，1921年）；
（3）贝根格林（Bergengrün）：《戴维·汉泽曼》（柏林，1901年），第158页及以后。【64】

② 参见克尔布勒：《工业化早期的柏林企业家》，第49、50页。【65】

③ 参阅，比如说，以下文献：
（1）上引书，第48、49、50、51页；
（2）H. 维特（Witt）：《关于100年前至今工业企业家活力的探讨》（汉堡，1929年），第91、92页；
（3）黑尔维希：《萨尔流域工业化地区的企业家与企业行为方式》，第410、411页；
（4）A. 克吕格尔：《从18世纪结束至1875年间科隆人中的银行企业家》（埃森，1925年），第33页及以后。【66】

也不是产品配送、产品供应或是劳动力管理方面的专业人士，然而，他们却在各种不同的生产分支部门，行使着所有这些方面的企业家职能。这既可能是同时行使，也可能是非常迅速地从一方面功能转向另一方面功能。同时，正是由于自己并非专家，这些企业家们往往不是执著而冒险地投身于一个企业，并系统地对这个企业的业务活动进行拓展，而是不断地在他们所接触的各种场所搜寻，以发现重大机会。这种发现往往由某种偶然因素导致。正因为这样，他们在职业生涯中表现出的特点就是对成功与机遇的无止境的探索。①

有一种观点认为，在德国工业化早期，手工艺人或是拥有一定资质的企业家才是起着主导作用的企业主；而只是在后来，那些经商的生意人才逐渐地从技工人员那里将企业指挥权拿了过去。② 这种观点包含着某种富怀思古
【520】幽情之罗曼蒂克。他们认为："发展图景是这样的，追求永无止境的小人物们，从一个手工艺作坊主做起，然后成为一家大型企业的指挥者"。③ 这种观点认为早期企业家的目标与精力主要在于"生产"方面，而不是利润方面。它在德国公众中颇为流行。它反映出在德国公众的潜意识之中就有着某种反商业与反资本主义的态度。在持此观点者的印象中，广大工业企业将自己装扮成技术发展的先驱以及推进工业化的干将，而不是以利润作为行动导向的商人。亦即，企业更像是"生产者"而不应看做是"生意人"。就相对早期的许多大企业而言，这种描述当然有某种程度的合理性。毕竟，我们应该注意到，在多数情况下，成为实业家的商人都是以手工艺技师作为其合伙人共同创业的。④ 尽管这样，上述信息却表明，在德国工业化进程中，商业与贸易活动的经营者起到了极有力的促进作用，甚至可以说，这种作用是主导性的。

【715】① 恩格尔辛：《不来梅地区企业家述评》，第98页及以后。【67】

② 参见以下文献及其内容：

（1）维登费尔德（Wiedenfeld）在《现代企业家的个性分析》中关于企业家阿尔弗雷德·克虏伯以及维尔纳·西门子的考察；

（2）扎赫特勒：《19世纪早期德国工业企业家的转变》，第7页；

（3）恩格尔辛：《不来梅地区企业家述评》，第95页及以后。【68】

③ 措恩：《德国企业家的种类与经济发展动力》，第31页。【69】

④ 博（《工业化早期莱茵兰与威斯特伐利亚两地企业家的成就意识》，第69页）曾经估算出，在莱茵兰与威斯特伐利亚的工业化地区的400家企业当中，有266家是由商人与技工师共同经营，有78家是单独地由技工师操持，而有56家单独地由商人主持。而关于采矿行业，他又发现，在108家企业中有91家是这种合伙型企业，在纺织行业的120家中有83家是合伙型的。他的计算结果有可能存在着偏误，即可能低估了商人主导型以及合伙型所占的比重，而不是它们的绝对数目。这是因为，他采用了一种很宽泛的企业家概念，从而将许多属于手工艺人性质的小企业家也类同于大型手工艺师傅包括进来了。【70】

2. 从手工技艺活动中起家的企业家

在早期企业家中，有手工业者背景的企业家的作用也不应该被低估。全面地看，来自手工艺人背景的企业家可能比有商务贸易经历的人更多。与起自一个有商业活动背景的企业家相比，起自手工业者的企业家往往在那些中小规模的工业分支部门占据优势地位，并且其所管理的企业规模要小得多。① 从手工艺人向企业家的转变，也是工业革命过程之中人们的社会地位在一代人的时间范围内向前发展的最重要模式之一。特别是当我们考虑到，这些地位向上提升的手工艺人通常并不都是社会的最富有者。他们可能是以下手工艺人中的某一种：（1）由于社会生产环境变化，他们处于一个手工艺人能够生存与不能生存的界限边缘，从手工艺活动中所能获取的收入并不充足；（2）学徒制关系仍未建立的手工艺学徒生；（3）他们中有不少是典型的无产者，这种人的社会地位低下，生活状况痛苦不堪，而他们所用资产的所有者——即小资产阶级群体——的生活则优裕而从容；二者形成鲜明对比。② 从手工艺人向现代工厂企业家的转变也是技术知识得以传递到工厂管理中的重要通道。

就企业家更多地来自手工艺人阶层这一点来说，再也没有比在机械工程部门以及随处可见的那种小规模金属加工部门中更有代表性的了。产生这种现象的原因是多方面的：（1）在这种生产领域之中，技术知识很重要；（2）在这种制造活动推出的最初几十年间，就批量销售而言，服务于订货的单个

---

① 在 G. 哈恩（Hahn）的《企业家失败原因研究》（公开发表的学位论文）（科隆，1956 年）一书的第 40 ~ 41 页给出了关于与这个问题相关的证据。还有，关于出自手工活动者在企业家之中占到了优势比例这一结论，参见以下文献：

（1）W. 胡施克（Huschke）:《19 世纪图林根企业家中的手工艺人》（巴登—巴登，1962 年），第 9、10 页；

（2）达舍尔:《16 ~ 19 世纪黑森—卡塞尔地带的纺织业》，第 85 页。【71】

② 参见以下文献及其内容：

（1）关于不来梅以及萨克森地区的企业家们从衰退的手工业活动以及濒临倒闭的手工艺作坊中起家发展的介绍，参见恩格尔辛:《不来梅地区企业家述评》，第 95 页；以及迪特里齐编撰:《萨克森地区工商界领导人传略》，第 50 页；

（2）关于以 G. T. 比纳特（Bienert，1813 ~ 1894）——他是一个碾磨作坊主的儿子（很早就成了孤儿），以雇用 250 个雇员，继续从事碾磨生产，上升成为一个碾磨企业家——作为一个突出例证，请参见迪特里齐，上引书，第 58 ~ 73 页；

（3）另外还请参看 C. 马乔斯（Matschoss）:《弗朗茨·丁嫩达尔（1775 ~ 1826）》，收入《莱茵兰—威斯特伐利亚地区工商要人传记（第 1 卷）》（明斯特，1932 年），第 357 ~ 372 页；

（4）扎赫特勒:《19 世纪早期德国工业企业家的转变》，第 9 页及以后；

（5）F. D. 马夸特（Marquardt）:《1806 ~ 1848 年间柏林工人阶级的社会地位上升与下降变化及其演变史分析》，载《历史与社会》，第 1 卷（1975 年），第 43 ~ 77 页，特别是其中的第 57 页及以后。【72】

产品生产更重要；（3）由于考虑到风险极大，商业资本也不愿意向这种产
【521】品没有标准形式的部门进行投资。据我们所知，截至1870年，柏林地区的机械工程企业家的总数目为32人，在这些人之中，有25位直接来自手工艺人，有7位有着技术学校或高等学校的教育经历，而没有一位是来自商业贸易领域。将在1831～1850年间创办于德国各邦的机械工厂企业家组成一个72人样本，我们也明确知道这些样本个体的职业起源：其中有11位是来自中间贸易商，有17位曾经接受过某一种类的技术学校培训（这其中包括有以前是手工艺人的若干人），而有33位是没有受过任何技术训练的手工艺人。在这33位手工艺人之中，有10位是锁匠，5位是橱柜制造匠，4位是铁匠，4位普通木匠，2位钟表制造匠，2位铸铁匠，2位印刷工，2位裁缝，1位制桶匠，另外还有1名"工人"。① 在这里，也如其他例证中的情形一样，是曾经在同一生产部门有过手工艺经历的企业家占了优势地位。当然，也有企业家是来自其他行业的手工艺人的情况。②

通常情况是，手工艺人们有一个"游学时期（*Wanderjahre*）"。在这个时期，他们逐渐通晓新生产程序与新机器，而他们的行程也大多要涉足其他西欧国家。这个时期过后不久，他们就会创建自己的工厂，这时他们的雄心壮志会被激发起来。像19世纪的大多数现代工厂的创建者一样，他们都是在25～30岁期间，才开始创建他们自己的工厂的。③ 试举一例。约翰·尼古劳斯·德赖泽（Johann Nikolaus Dreyse）是一个锁钥匠师傅的儿子，他的外出学习行程最终到达了巴黎。回来之后，在1822年，他在借贷者的帮助之下，创建了一家制造纽扣、钉子以及窗架设施的小企业。1835年之后，他自己发明了针形枪，他将自己的全部精力都奉献到这种专业性制造上面，并且迅速地建立了一个规模不断扩张的枪支工厂。一般地，某种技术发明或技术改善，通常都是由年轻人完成的，并且，它们常常就是一家工厂得以创办的动因。比如说，雅各布·迈尔（Jacob Meyer，出生于1813年）——士

---

① 参见以下文献：
（1）克尔布勒：《工业化早期的柏林企业家》，第42页；
（2）A. 施勒特尔与W. 贝克尔：《工业革命期间德国的机械制造工业》（柏林，1962年），第64页及以后；
（3）武茨默（Wutzmer）：《19世纪的40年间普鲁士工业资产阶级出身探源》，第152页，第156、157页，第161页【73】。
② 参见以下文献：
（1）恩格尔辛：《不来梅地区企业家述评》，第98页及以后；
（2）哈恩：《企业家失败原因研究》，第210～221页；
（3）巴尔：《工业革命中的柏林工业》（柏林，1966年），第142页及以后。【74】
③ 施塔尔：《企业家精英队伍》，第237～245页。【75】

瓦本（Swabian）地区一个农场主的儿子——就曾前往科隆，从他舅舅那里学会了钟表制造技艺，继而，他非常关注于为钟表弹簧找到一种更好的钢质材料。为此，他前往英格兰，并且在1836年回来之后，终于发现了一种可供使用的钢质材料。他和一位中间贸易商以及另一位借贷者一道，不久就在波鸿（Bochum）创建了一家铸钢工厂。他之所以选择这个地方，是由于靠近煤炭产地。这家工厂在克服许多财务与资金方面的困难之后终于得以存续下来。后来，就是以它为基础，波鸿采矿与浇钢工厂联合股份公司（Bochumer Verein für Bergbau und Gussstahlfabrikation AG）得以诞生。再举一例。卡尔·戈特利布·豪博尔德（Carl Gottlieb Haubold，1783～1856）在很早就已经学会了木匠技术。然后，在他20岁时，进入开姆尼茨（Chemnitz）一家纺织企业的修理作坊。就在此地，也就是他的家乡，经过了数度尝试之后，在30岁左右创建了开姆尼茨第一家机械工厂。这家工厂在发展过程中遇到了很大困难，并且很长时间处在资金缺乏状态。但是，如同柏林地区的埃格尔斯（Egells）以及博尔西希（Borsig）一样，它成为所谓的“企业摇篮”之一，许多未来的工程师都曾在那里学习过技术。①

我们还可以找到很多这种例子。这些例证看来能够说明，工业革命期间，手工艺人在成长为企业家的过程中操办的事务很少会与他原来操持的事务相同，他的企业也大多是由原来的生产作坊扩张形成的。② 而现代工厂厂主，也通常并不是直接地由相应的手工艺师傅转化过来。情况往往是，一个由手工艺人建立的现代工厂，在它创建时就是以某种大型工程形式，以制造厂或现代工厂的构架来设计规划的。在大多情况下，创建者通常都是事业处于起步阶段的手工艺人，但是他这时还没能拥有自己的工作场所；还有就是某些已经放弃了以前的工作，而试图寻找到另一个工作的人。通常，一家企业的创办也会涉及创办者工作地点的改变，③ 有时甚至还会涉及行业的改变。看起来，现代工业企业家发展进程中的某个方面也可能会发生跃变；或者，至 【522】

① 参见克尔曼：《早期企业家》，第143页及以后；迪特里齐：《萨克森地区工商界领导人传略》，第143页及以后。【76】

② 这一点当然存在着许多例外情况。参见布伦贝格：《工业革命中的德国纺织业》，第132页及以后，在这里介绍了一个大型纱线手工生产作坊逐渐演变成一家毛纱生产厂的例证；同时，关于从手工艺作坊到现代工厂的演变有时持续，有时中断的例子，请参看E. 克莱因（Klein）：《19世纪早期工业企业的财务融资问题》，收入H. 克伦本茨（Kellenbenz）编撰：《中世纪晚期与19世纪前半期的公共财务与私人资本》（斯图加特，1971年），第123页及以后。【77】

③ 在柏林，大多数主持机械工厂的企业家——其中多数同时也来自手工艺人——成长地域并不出自柏林。参见克尔布勒：《工业化早期的柏林企业家》，第23页。【78】

少后来的工作风格会与他的工作传统表现出某种程度的差别。这些都很常见。①

另一方面，也存在着某些手工艺人们的生产作坊发展演化为小型工厂的事例。只是，这种情形的发生，常常需要两代，甚或更多代的时间才能完成，而且，这也是社会成员在跨代的时间范围上向上层阶层跨越的一种主要途径。从实际情况看来，从手工艺企业到现代工厂的演化，在 19 世纪的最后 1/3 时期以及 20 世纪早期的那段时间里显得更为常见。只是，到了那时，一家现代工厂的出现已不再像在工业化最初阶段那样多少显得有点“革命意义”。后来这种演化模式，在多个工业部门，比如房屋建造以及食品加工等部门，都频繁地发生了，它也使得这些部门基本避免了发生于 19 世纪中间 1/3 时间里那种现代工厂要通过中间贸易商的作用才得以形成的演化模式。②

直接来自手工艺人的企业家，常常是和另一个手工艺人，有时也可能是和一位中间贸易商，组成合伙关系。一般而言，在开始启动企业运作时，他们所拥有的资本数量都很少，在过去也没有多少经营工业的经历。就是他们新成立的企业，增长速度也常常很缓慢，简直就不会有多样化经营，并且频繁地发生倒闭。在这些企业内部，不同成员之间也没有什么企业家功能与管理者功能的区分，而企业指挥者大都拥有企业资本的大部分。不过，在 19 世纪 60 年代和 70 年代，在诸如机械工程等工业部门，那些手工艺人创办的企业也不得不使用商人与银行资本。到这时，这种事例之所以大为增加，原因在于这时创建企业需要的资本数量增加了。与此同时，就机械工程企业投资来说，大部分贸易商以及银行家也都放弃了以前过于谨慎的态度。当时，在机械工程行业，大部分重要公司都是以联合股份公司的形式重新组建的。

---

① 参见以下文献：

（1）K. H. 施密特（Schmidt）：《来自手工艺人的企业家的企业创建目标及其成长过程》，收入阿贝尔（Abel）编撰：《对德国手工艺人发展史的新观察》，第 245 ~ 251 页；

（2）K. 阿斯曼（Assmann）：《外包制度—制造厂—现代工厂的演化过程》，上引书，第 202 ~ 209 页；

（3）O. 博斯特（Borst）：《符腾堡地区工业发展早期的政府与企业家》，载《传统》，第 11 卷（1966 年），第 126 页、155 页及第 161 页以下；

（4）拉赫尔与瓦利希：《柏林的大商人与资本家》，第 351 页；

（5）G. 伦托斯基：《19 世纪吕讷堡地区企业家》，载《传统》，第 11 卷（1966 年），第 201 ~ 217 页；

（6）克伦本茨：《德国西南部的企业家》，第 173、187 页。【79】

② 参见以下文献：

（1）L. 博伊廷（Beutin）：《工业化早期来自边远地区的企业家述评》，第 66 页；

（2）博：《工业化早期莱茵兰与威斯特伐利亚两地企业家的成就意识》，第 14、15 页；

【716】（3）艾贝格：《19 世纪上贝格诸专区企业家所处社会环境与行为方式研究》，第 51 页及以后；

（4）哈恩：《企业家失败原因研究》，第 201 ~ 221 页。【80】

通常，以前的工厂主仍都还持有这种联合股份公司资本中的相当重要的部分，并且常常仍占据着公司的技术主管职位，不过，通常会有另一个商务性质的董事持有大致相当的股份，并在新公司中占据与前者级别相同的职位。有时，后者甚至还会在持股以及职务上超过前者。不过，还是有许多中小规模的手工艺企业，仍然纯粹由私人掌控，这时，如果这些企业的主人们还能【523】以一个规模较大且其成员都积极参与的家族作为解决资本与管理问题的基础，那它们就更倾向于采取私人公司形式了。①

3. 从技师开始起家的企业家

企业家对自己拥有的企业进行创建与管理，是一个地位上升过程，这个越升的第三种社会职位起点，就是技师。这种人包括来自不同社会阶层的人，尽管他们之中的大多数以前都是手工艺人。他们的事业发展不外乎遵循以下两种模式。他们或是从技术学校或学院中毕业的学生，在离开学校不久，便创建了自己的工厂，要不就是曾在其他工厂中以工头或是以其他某种多少算是领导的职位形式，受过若干年的雇用，并由此获得了实际工作经验。关于后一种模式，我们可以举戈特利布·雅各比（Gottlieb Jacobi）为例证，他曾在一家熔炼厂中做过许多年的检查员。然后，他先是尝试着拟定多个行动计划，终于在1805年时成为矿冶联合公司（Hüttengewerkschaft）的创建者之一。就是从这家公司中，以后分离出了我们前面提到的古特霍夫农格许特（Gutehoffnungshütte）工厂。有不少在多个纺织工厂中服务过很长时间的工头们，都成功地创办了自己的工厂。手工艺人的儿子奥古斯特·博尔西希（August Borsig），在经过了木匠训练之后，前往由政府主办的柏林工商学院（Berliner Gewerbe-Institut）观摩。这个学院成立于1821年，它孕育了后来的柏林—夏洛滕堡高等技术学校（Technische Hochschule Berlin-Charlottenburg），后者是于1879年独立出来的。再说博尔西希，在观摩之后，他又在F.A.埃格尔斯（Egells）主办的柏林机械工程厂中以一个工头以及管理员的身份工作

① 参见以下文献及其内容：

（1）A. 施勒特尔（Schröter）与贝克尔（Becker）：《工业革命期间德国的机械制造工业》，第195~198页；

（2）有关例证见于迪特里齐编撰：《萨克森地区工商界领导人传略》，第170页与第250、251页；

（3）例证还见于克尔曼：《早期企业家》，第39页；

（4）关于一个手工艺者创建的企业以一个家族实业的形式得以生存下来的一个例证，请参见S.豪博尔德（Haubold）：《开姆尼茨机械制造厂的发展历程与组织结构》，公开发表的学位论文（波恩，1939年）。【81】

了13年。也就是从这家工厂之中，走出大量以技术主管身份工作的工厂主。1837年，博尔西希创办了一家雇有50名工人的机械厂。1841年时，他的工厂建造了德国的第一个火车头。到1848年，他所雇用的工人增加到了300个。而到了这时，他的工厂成为若干最重要的工厂主实践培训基地之一。①

作为有着许多年工作资历的技术人员，这些企业创办者不只是在理解技术、市场以及工厂组织方面获得了一些实际知识，而且，由于他们的收入水平较高，由于能常常从他们以前的雇主那儿获得财力帮助，他们由此能够积攒一定数量的资本，并能够创办规模较大的工厂。通常地，他们所创办的工厂比手工艺人的工厂扩张的速度要快。在那几十年的时间里，对于一个工厂主的成功而言，在少数的某几家规模较大且素质较高的企业中积累实践知识，明显地要比从技术学院毕业显得更为重要。不过，即使是那时，从技术学校或学院中毕业的学生成为企业主的数目也值得我们重视。从1821年至1850年，在由离开柏林工商学院的100位技工人员中，我们发现，其中有39位后来都创立了相对独立的门户（即成为工厂主或手工艺
【524】人）——而可以肯定的是，他们中大多数都是在规模相对较小的建筑行业中开展他们的技术活动。就我们所知道的毕业于这所学院的纺织技工师而言，有1/3左右的人，其职业地位相对独立；另一方面，对于其中从事金属加工和机器建造的技工师而言，则只有10%的人在毕业之后做到了这一点。总而言之，柏林工商学院在那时是一个优良的技术教育中心，到1850年为止，它已经向社会输送了1 000名毕业生。从总体上看，在工业革命的几十年间，获得过技术教育的企业家的比例上升了。②

除了这几种社会阶层作为新企业家的主要补充来源之外，几乎没有什么社会群体，不曾产生过至少几个企业家。1826年有一位不能赚钱养活自己的家庭音乐家迁居到古默斯巴赫（Gummersbach）。首先，他两度试图以一个零售商的方式创设店面；接着，他又开办了一家小型的蜡纸制造作坊；而后，在他儿子的规划下，凭借自己的力量与方法，对作坊进行修缮扩充，这家作坊后来发展成了一个中型规模的纸张与锅炉制造厂。类似地，还有前政府官

① 参见以下文献：

（1）C. 马乔斯（Matschoss）：《技术方式》（柏林，1925年），第128、129、243、244、299页。（在这些地方举了很多其他的例子）；

（2）克尔布勒：《工业化早期的柏林企业家》，第66页及以后。【82】

② 参见P. 隆格伦（Lundgreen）：《工业化早期普鲁士的技工师：一个兴起着的社会群体的培训与职业方式》（柏林，1975年），第190、191页。【83】

员库尔米茨（Kulmiz）。19世纪中期前后，他已经成了在西里西亚（Silesia）铁路行业中起领导作用的企业家。不仅如此，他还经营着矿藏开发。他在某个地方拥有一家玻璃加工厂，又在另一地方拥有一家制造钢锯的工厂。进而，他还到处建立销售产品的商贸分支机构。最后，1858年，他在萨劳（Saarau）地区建立了西里西亚地区第一家大型化学工厂。还有，有的人本身就是政府任命的经营国有采矿工厂的官员；其他一些官员则是由于他们在政界具有名声，或是因为他们与政府权力部门有联系，会被推选到铁路开发公司的董事会中去。有一位弗兰克（Francke）先生，他是马格德堡（Magdeburg）的贵族市长，像许多地方政府官员一样，他通过有关活动，成功地确保了一条——能把他治下的城镇纳入到整个铁路网线之中的——铁路线的立项铺设。还有一位神学研究者，他在迪伦（Düren）摇身一变，成了一个纸张制造商。另有某个医生，1855年也成了哈佩纳·贝格堡公司（Harpener Bergbau-Gesellschaft）的联合创办人之一。①

最后，我们还须提到那些有着贵族背景的地产拥有人，他们——特别是在西里西亚地区，同时也见于波希米亚（Bohemia）、萨克森以及其他各邦——在18世纪晚期以及19世纪早期，就已经创建了规模巨大且产品经营非常多样化的企业。这些企业通常又以煤炭经营为中心业务。这些巨头们往往来自唐纳斯马克（Donnersmarck）、霍亨洛厄—英格尔芬根（Hohenlohe-Ingelfingen）、科隆纳（Colonna）、巴勒施特雷姆（Ballestrem）、普勒斯（Pless）、蒂勒—温克勒（Tiele-Winckler）、沙夫戈奇（Schaffgotsch）等家族。他们在活动模式上表现出这样的特征：常常在政府怂恿下，能够在自已拥有的土地上，利用自已的贵族权力并使用自已的农业资本，以国有企业模式开展工业活动。甚至在19世纪50年代之后，即使这些巨头们所拥有的企业财产已经按照联合股份公司的模式进行过重组，他们中的大多数人还是能对他们的公司保持着具有决定作用的影响力。其中之一就是吉多伯爵（Count Guido，王室成员，从1902年开始拥有伯爵头衔），此人名叫亨克尔·冯·唐纳斯马克（Henckel von Donnersmarck，1830～1917）。1853年，他创办了施勒西舍采矿与冶锌股份公司（Schlesische AG für Bergbau und Zinkhüttenbetrieb），在此后不久，他通过生产的纵向一体化，在他的产业王

① 参见以下文献：
（1）艾贝格：《19世纪上贝格诸专区企业家所处社会环境与行为方式研究》，第51页及以后；
（2）格罗巴（Groba）：《西里西亚工业化开始阶段的企业家述评》，第22、23页；
（3）聪克尔：《1834～1879年间莱茵兰—威斯特伐利亚地区企业家述评》，第28页及以后。【84】

国中荟萃了西里西亚内外的诸多采煤、铁矿以及轧钢工厂。以类似方式，他
【525】的经营领域逐渐扩展到造纸、人造纤维、人造丝、肥料、钾碱、水泥等领域。最终，他还进入到建筑工业活动之中。①

关于工业革命时期的企业家中的那些企业创办者，我们就讨论到这里。不过，随着工业化进程的推进，继承父辈产业的企业家所占比例在不断上升。关于这种人在柏林地区的重要性的不断上升也得到过有关学者的分析。② 如表 137 所示，在这整个时期（1873 年以前），在从事机械工程的实业家中，只有 14%的人能够被划归到继承者当中，而从事纺织生产的实业家之中则有 60%的比例可以划归到这个类目里边。对于那些私有企业（包括合伙企业）的所有者而言，我们一般都认为他们的孩子能够继承他们的工厂。这种继承不仅是指企业所有权，而且也包括对企业的实际指挥权的继承，这是我们分析之中使用的一个基本假定。在一些规模中等的工业部门，工厂主们往往认为，他们额外地创办某些工厂——为每一个儿子创办一个——多少也是他们应尽的义务。而从子辈的这一方面看，在早些时候，儿子们拒绝接管这种传承企业的事例寥寥无几。情况往往是他们不加拒绝，在那些被称做“第二代权位至高者”的人当中，阿尔弗雷德·克虏伯（Alfred Krupp）可以称得上是最佳例证。③ 而这种对权位的要求，与这些企业家们的

---

① 参见以下文献：

（1）B. 克诺亨豪尔（Knochenhauer）：《上西里西亚的采矿与冶金行业》（哥达，1927 年），第 107～146 页；

（2）A. 佩尔利克（Perlick）：《上西里西亚的采矿与冶金雇员》（基青根，1953 年）；

（3）U. 洛泽（Lohse）：《吉多伯爵亨克尔·冯·唐纳斯马克与他的工业创造活动》，载《钢与铁》，第 37 卷（1917 年），第 156～161 页。【85】

② 参见克尔布勒：《工业化早期的柏林企业家》，第 55 页及下页。这些数据当然与作为一个社会群体的企业家的新手自相补充（self-recruitment，我们这里译为新手自相补充，其意思是儿子继续从事同于父亲的职业——译者）比率会不相一致。有很大数量的企业家是某个企业家的儿子，但是他们却并不接管他们父亲的企业，这既可能是因为他们已经独立创建了自己的企业，或是由于他必须将继承的优先权让给一位兄弟，或者是因为其他原因。参看上面所提到的这一文献的第 59 页，另外，还请参看 H. 克尔布勒：《1850～1914 年间德国社会成员的地位上升》，载《社会经济史季刊》，第 60 卷（1973 年），第 52 页。在这一文献中，对所谓社会顶层群体进行了研究，里面有（1800～1870 年间）235 位德国企业家，其中有 54%的人是企业家的儿子。而只有军官才有比这还要更高的新手自相补充比例。【86】

③ 参见一些文献及其内容：

（1）恩格尔辛：《不来梅地区企业家述评》，第 67 页（特别是其中关于不来梅地区的船主们的内容）；

（2）有关例证和相类似的结论见于维特（Witt）：《关于 100 年前至今工业企业家活力的探讨》，第 103 页及以后；

（3）W. 贝尔德罗（Berdrow）：《阿尔弗雷德·克虏伯》（2 卷本）（柏林，1928 年）；

（4）E. 施勒特尔（Schröter）：《阿尔弗雷德·克虏伯》，收入《莱茵兰—威斯特伐利亚地区企业家传略》（卷 5）（明斯特，1953 年），第 46～78 页。【87】

教育状况，还有他们所受的外部激励究竟在多大程度上相关联，我们将在下文予以探讨。

表 137　在柏林的企业家之中继承人与创建者所占比例　单位：%

企业被继承人接管或创建者创建所属时期	1835 年以前	1835～1850 年	1851～1873 年	总计
继承人比例	14	28	57	35
创建者比例	86	72	43	65
总计	100	100	100	100
被研究样本案例数	58	65	74	197

资料来源：克尔布勒（Kaelble）：《工业化早期的柏林企业家》，第 55、56 页。

最后，我们还必须提到另一种企业家，在工业革命时期，这种企业家数量并不很多，但他们在经济生活中的作用在上升：这就是那些受到任命并领取固定薪水的企业家，我们称之为受薪企业家。在那个时代，在柏林地区总数近 200 位的企业家之中，有 3% 左右的人，能够归入到这个类别之中。在没有大量资本，没有与企业主通过家族关系联结起来的情况下，这些人也获得了某些职位。这些职位在某种程度上能够将管理活动与企业家功能结合起来。受薪企业家在第三产业，在银行、保险、铁路等经济部门的公司中出现得较为频繁。不过，在工业革命开始时，他们在采矿行业中也起到了重要作用。比如说，工业革命初期，西里西亚那些企业家巨头们，在管理方式上，仍然停留在追随某种古老的农业管理传统上，于是，他们将他们所拥有的工业企业的日常管理以及那些不大重要的决策，都留给所谓的小资产阶级管理【526】
者，而将自己的精力都集中于重大决策活动。从另一方面看，实际上，在 18 世纪晚期，国有采矿与熔炼产业在鲁尔地区发展起来，而正是来自那里的管理阶层的人士，继而又在西里西亚执行着那种既有管理者因素又有企业家因素的诸多事务活动。工业革命时期，这种企业家的例证也较多。从爱尔兰（Ireland）来的托马斯·马尔瓦尼（Thomas Mulvany）以及德国本土的路易斯·巴雷（Louis Baare），都是受过商务管理教育的前铁路事务官员。19 世纪 50 年代，他们展现出受薪企业家的各种特征。他们不拥有自己的资本，却分别在海伯尼亚（Hibernia）与沙姆罗克（Shamrock）的诸多采矿公司中担任董事，并在波鸿采矿与浇钢工厂股份公司联合会（Bochumer Verein für Bergbau und Gussstahlfabrikation AG）中任职。1873 年，当柏林的银行机构在将马尔瓦尼（Mulvany）管理的那些采矿厂收购下来时，也将马尔瓦尼本人收买了下来。也是以这种方式，受过培训的律师们寻找到了某种途径，使得自己能够进入企业的董事会。最初，他们是进入铁路与银行部门，后来也开始挺进工业部门。大致在19世纪中期，某些受过专业训练，但是自己没有资本的纺织专家——至少就个别情况来说是这样——也成功地获得了企业管理职位。比如说，费迪南德·卡泽洛斯基（Ferdinand Kaselowsky），他来自柏林工商学院（Berliner Gewerbe-Institut），就是由政府运营的泽汉德伦格（Seehandlung）所授权和任用，创建了数家纺纱工厂；1854～1871年间他还经营过拉文斯贝格纺纱厂（Ravensberg Spinning Works），这家工厂地处比勒费尔德（Bielefeld），是由政府支持创办的工厂之中的典范。①

10.3.2 动机与资质

是什么东西激励这些人决定从事企业家活动？根据我们上面的分析，他们当中有一些过去从事长途与批量贸易。尽管对这些贸易商来说，经济境况已经非常好，在充分满足物质生活需要方面不存在问题，但他们还是力图寻找和捕捉新机会，并以此为基础来赚取利润和追求经济成就。原因何在呢？我们注意到，在相当长时间里，经济成就往往就是决定这些长途与批量贸易活动从事者获得社会地位与社会尊重的一个重要因素。他们是这样一种职业人——教育背景良好、周游地域广袤，并且拥有广泛的社会联系。由此，他们就有可能培养或锻炼出某种深谋远虑、富于活力、积极创新的个人素质。拥有这些素质本身就意味着他们能对目标进行系统而又理性的追求，也能对各种机会进行权衡把握。这种素质与能力也是企业家胆识的有机组成部分。但这种既为贸易商拥有，也为企业家活动所需的品性，是否真的就会被运用

① 请参看以下文献及其内容：

（1）关于F.W.格伦德曼（Grundmann，1804～1887）作为蒂勒—温克勒（Tiele-Winckler）家族企业管理层的一名指挥者的有关情况介绍，请参见佩尔利克（Perlick）：《上西里西亚的采矿与冶金工人》，第158～161页；

（2）关于在莱茵兰地区这种企业家例证的介绍，请参见克尔曼：《早期企业家》，第17、18、20、32、39页；

（3）W.O.亨德森（Henderson）：《德国鲁尔地区的爱尔兰人先锋企业家W.托马斯·马尔瓦尼》，载《企业家历史探索》，第6卷（1953年），第230～245页；

（4）A.拜恩（Bein）：《弗里德里希·哈马赫尔：1824～1904年间政府议员与工商界领导者传记》（柏林，1932年），第36页及以后；

（5）克尔布勒：《工业化早期的柏林企业家》，第63页，第73页及以后；

（6）关于卡泽洛斯基（Kaselowsky）的情况，请参见P.隆格伦（Lundgreen）：《工业化早期普鲁士的技工师：一个兴起着的社会群体的培训与职业方式》，第329页。【88】

于工业企业家的活动之中？或者还只是局限于纯粹商贸活动中？这取决于个人条件的不同，以及个人面对的环境变化。并且，可以肯定的是，就环境因素而言，再也没有比真实可见的市场机会，特别是获利时机更具有决定作用的了。当莱茵兰地带的贸易商们运用集中式与机械化的方式改进纺纱生产过程的组织时，西里西亚的棉纺制品贸易商却以这种方式过于困难为借口，将完成这一变革的任务推给了政府。[①] 这种结局的可能原因在于，官僚主义传统以前就在西里西亚地区存在，但是在莱茵兰却较少见，正是这一因素发生 【527】
某种重要影响。但是，如果我们仔细考察，西里西亚的企业家的算计也表现得很谨慎理性，我们就可以看到问题还另有原因：西里西亚的市场，特别是，西里西亚的交通网路与莱茵兰相对比尚未开发，整个地区又显得如此封闭，这使企业家获得经济成就和经营利润的机会都要少得多。

其他的企业创办者，特别是那些起自手工艺人背景的人，常常在他们穷困的经济与社会地位的促动之下开始企业创建活动的，即他们感受到负担沉重但是可以改变——这是一个具有决定性的影响因素。研究者必须注意而且应该记住的是，从 19 世纪 20 年代至 1850 年左右，手工艺人的实际收入水平下降了。在 19 世纪 60 年代之前，他们的经济地位一直都很低，在此之后，他们的境况才有所改观。由于社会收入水平普遍较低，甚至整体经济水平还稍稍发生了倒退，对于社会的低下阶层以及中低阶层而言，经济环境实际上是在造就着他们的生存危机。而且，在各个工商业部门，失业蔓延。在没有财产支持的情况下，那些还没有进入立业状态的手工艺学徒的生存前景，如果不说是在全然变坏的话，即使从最好的方向来设想，也是充满了不确定性。对于他们来说，要在原有的职业框架内建立自己的职业地位已经没有多少可能。当这种人正在创业或正在赡养家庭时，情况就更是这样。从而，与实际的或是潜在的贫困进行奋争，是最基本的驱动力。正是出于对逆境的抗争，早期企业家才敢于以非凡的精力、以勤劳与敏捷的个人品质，去承担处于现代环境中的人所难以想像的风险。许多后来成为企业家的人，开始时，都是满怀希望地从一个项目走到另一个项目，启动、试验，失败了，但是却并不放弃。这个过程当然免不了会产生痛苦与辛酸的感受，但他们一般能得到整个家庭的理解与支持。最后，在这种为自己创建一个稳定、有前

① 参见格罗巴：《西里西亚工业化开始阶段的企业家述评》，第 8、9 页。【89】

途以及受人尊敬的社会职位的路途上，他们通常最终也都能够成功。[①] 1846年时，从军官出身的维尔纳·西门子（Werner Siemens）——尽管无论从哪方面来说，他都不是这些人之中最穷的——这样抱怨道："只有万恶的金钱才能使人不陷入肮脏之中！"他以极大的热情试图使他自己以及他的家庭"进入到一种不受担忧所扰的境况"。为此，他在多个不同领域中，都力图探索出某种技术发现，目的在于促使所投下的财产能获取赢利。最终，他在指针电报机上面，找到了一个赢利的机会。[②]

然而，上面考察的这些因素，只是促发了这些人产生成为企业家的努力动机。这种努力要获得成功，当然还得有一些其他方面的因素：技术与商务才能、可能的发明创造、关于一次新机会的信息、知识、资本、运气。尤为重要的，这种时机要真实存在，并且已被当事人发现。不过，就表现在许多企业创建者身上的情况来说，还是当前物质条件所产生的压力会成为实业家树立志向与采取行动的基本驱动力量，这种作用不可低估。在许多成功的个人的例证中，这种压力并不被当事者接受为命运的安排，至少对那些起自城市中低社会阶层的人来说是这样的。研究者们通过观察认为，这种压力是基本动力。除此之外，激励他们的还有一些个人心理因素：这些人有着强烈的
【528】独立愿望，他们对社会地位颇为看重，他们胸怀热切的权力与支配欲。在我们所知的若干——但不是全部——事例中，技师们表现出的特点是，他们认为其他社会职位虽然较为稳定，但从长期来看获利可能性较低，获利更少；而且，至关重要的，即使是管理职位，他们在职位上也没有相对独立性。因此，他们更偏好一个自己能相对独立自主的企业家位置。企业家的儿子们也常常总是在想着如何创办自己的企业，而不是试图先在他们父辈的企业之中去做什么小老板的角色，再经过漫长的等待继承父亲的企业。[③]

---

① 为了对早期极为辛勤苦干的那些工厂主的这种对追求成功的根深蒂固的迫切需要有一个大致概念，读者应参读企业家戈特利布·特劳戈特·比纳特（Gottlieb Traugott Bienert）的职业生涯故事，见于迪特里齐：《萨克森地区工商界领导人传略》，第58~73页。

关于来自于不能接受贫困现状所产生的驱动力量的例证，则请参看：

（1）维特：《关于100年前至今工业企业家活力的探讨》，第36页（介绍了企业家A. 克虏伯及A. 布施）；

（2）艾贝格：《19世纪上贝格诸专区企业家所处社会环境与行为方式研究》，第56页（介绍了企业家P. W. E. 施泰因米勒）。【90】

② C. 马乔斯（Matschoss）编撰：《维尔纳·西门子》（2卷本）（柏林，1916年），第1卷，第28页及其下页，第30、31页。【91】

③ 参见以下文献：

（1）迪特里齐：《萨克森地区工商界领导人传略》，第250页；

（2）维特：《关于100年前至今工业企业家活力的探讨》，第40页及以后。【92】

在当时的社会意识看来，这种追求个人独立的奋斗，还有这种对实业家社会职位的争取，当然被认为是理性的。政府通过精神鼓励，通过扶助社团组建和开展学校教育，通过面向广大社会公众的立法许可，也在不断地鼓励和支持人们成为企业家。我们难道不可以说，政府不也在试图通过各种活动，来唤起个人的商务经营行动吗？社会各方难道不也已经认识到，个人的成功最终也必定会促进社会的普遍利益吗？至少从经济自由主义的信条来看，情况就是这样的，而这种信条已经影响了许多受教育者。外国竞争者的优势已经为德国公众所知晓，难道这些公众不也会讲出道理：技术以及工业上的成功，最终能够服务于国家与民族的目标？我们说，从形成社会环境的角度看，这些道理都是支持和激励企业家采取行动的意识形态条件，特别是那些其行为动机并不由物质条件需要而促发的企业家。我们应该记得，铁路是德国工业革命的“领导部门”，因而，为了社会公众们自己的工厂、城镇以及乡村的利益，政府引入了一种长期发展铁路部门的政策，并对这种政策广为宣传。如此看来，工业革命之中那些最重要的决策，从某种意义上来说，也是那些已逐渐变得更自信、更有组织、更富远见的资产阶级的政治决策。第一代铁路公司公布与出版它们的董事会会议记录，而并不是像“公共”官僚机构那样，把它们作为机密予以封存。在这种事情发生的时候，当事人的行为方式就既有着象征意义，也起到了政治示范以及社会教育的效果。诸如梅菲森（Mevissen）、坎普豪森（Camphausen）、汉泽曼（Hansemann）、西门子、哈尔科特（Harkort）以及利斯特（List）等人，都不仅仅是把他们自己的企业家行为当作是个人成功的一种方式，而且也把它们视作为国家与文明所赋予的使命的一部分。①

---

① 请参看以下文献关于有关这方面情况的介绍：

（1）关于将个人成功与社会普遍利益视作是某种和谐关系的两个方面的自由主义者的典型例证，可以参看有关企业家维尔纳·西门子的介绍（见于科卡：《模范的西门子企业家管理与职员队伍》，第81页）；

（2）关于坎普豪森的民族主义思想，请参看哈特索（Hartsough）：《19世纪科隆地区的企业领导人》，第342页；

（3）对于西门子来说，“伟大的技术性商务机构被某种使命所感召，它们使出全部能力以使得它们的祖国能够在文明世界的伟大竞争中占领风头领先的阵地，或者至少也是使得它们的祖国达到那些适合其特点与身份的地位”［引自他自己的《生平回忆录》（第17版）（慕尼黑，1966年），第298页］；【717】

（4）关于从一个工业革命期间的德国企业家的角度来说，反英国的民族主义的情感成为对经济成功进行追求的激发因素与行事理由，参见L. 哈茨费尔德（Hartzfeld）：《德国金属线材工业的开端》，载《传统》，第6卷（1961年），第250页及所对应的注63；

（5）关于戴维·汉泽曼（David Hansemann）在对修筑铁路进行呼吁时，从观感上将铁路发展提到了文明与理性的高度，请参见他所著的《铁路部门及其股份在全国的比例状况》一书（莱比锡，哈雷，1837）；

（6）关于莱茵铁路公司（Rheinische Eisenbahn-Gesellschaft）公布其董事会的决策讨论情况，参见K. 孔普曼（Kumpmann）：《1830～1844年间莱茵铁路公司发展史》（埃森—鲁尔，1910年），第182页及其下页。【93】

当然，肯定也有某些社会与心理因素从另一个方向施加影响，这种影响使得资本利用和企业家资源的开发乃至工业化目标的完成都变得更为困难。我们已经提到，在工业化初期，工业企业家们的社会威望相对较低，这可能会消除某些贸易商尝试组建工业企业的愿望。还有，对工业化的社会后果的恐惧感，特别是害怕将一个“流民大众”聚集到一起，并由此产生无产阶级，也使得某些贸易商以及资本所有者对工业增长采取保守态度。而只要在商贸、农业以及公共债务等（非工业）领域中，还有更为常见、风险更少、自己所拥有条件更加适应其要求的企业创办与投资机会时，他们开办工业企业的意愿就更不积极。

最后，我们还必须提到，工业革命期间，社会逐渐对工作这一概念赋予
【529】了高度正面的伦理与宗教价值。这种赋予为经济成功与实业成就正了名。即使此时企业家成就不再是满足个人生存需要所必需，也并不意味着企业家行动丧失根据，因为社会对它们的正当性已经有了承认。在工作中的成功，不仅保证了自己获得来自家人的支持，也为对自己的成就享有自豪感、为社会个体的自身荣耀提供了基础。按照中产阶级的观念，这种荣耀总是与诚实、才干、坚强以及勤奋等等品性不可分割地联系在一起。对于那时常见的加尔文教派企业家来说，工作也是上帝对他们施以慈爱的保证。从而，工作与成就的观念，使得苦干与（也包括在私人生活中的）节俭的行为方式、规则与纪律的意识状况、理性与自得的赚钱追求都变得正当。这样，保证企业在行业中处于一种恰当的领导地位、保证所投资本具有赢利性、通过资本自我积累而促使企业规模扩张、使企业家家庭的私人生活状况与相应企业的成功联系起来，都成了企业家正当而合理的目标。在其他历史环境或社会场合，追求扩张与成功可能会变得没有多大意义，然而现在，社会观念变化却使得它完全具有合理性。这种变化显然会对那个时代的经济增长产生有力影响。①

必须强调指出的是，对利润与扩张的无止境追求并不是非得要以这些宗

---

① 请参看以下文献的有关内容：

（1）关于从莱茵兰以及威斯特伐利亚的实业家的角度，对这些社会态度所进行的分析，参见聪克尔：《1834～1879年间莱茵兰—威斯特伐利亚地区企业家述评》，第66页及以后；

（2）关于加尔文教派的教义（Calvinism）与工作伦理之间的联系，请参看同上文献的第30页及以后；

（3）关于与上相同问题，尤请参看韦伯：《新教伦理与资本主义精神》，第17页及以后；

（4）关于与上相同的问题，还请注意黑尔维希：《萨尔流域工业化地区的企业家与企业行为方式》，第412页，他也描述了在萨尔地区，新教徒资产阶级的经济行为更为积极活跃，不过他强调这些家庭都是路德教派信徒。【94】

教或伦理上的鼓励作为必要条件。后来的实际情况发展更显示出，投资求利的意愿与社会态度、宗教精神和生活伦理关系不大，甚至早在19世纪50年代的经济景气期间，而尤其又表现在1870年之后的“经济繁荣年代（*Gründerjahre*[①]）”——在这些时候，就已经有人对社会公众的股票投资行为所导致的投机热潮，甚至对他（她）们那种孜孜追求利润的心态都给予了批评。到工业革命结束期间（19世纪70年代），这种利润渴求心理就更加与工作伦理没有关系了，并且它不仅为追求成为企业家的人士拥有，而且已经渗透到广大的小市民阶级中去了。而我们可以在早期企业家的私人生活中观察到的辛苦节俭的品行和简朴的生活风格，在工业革命进程中也部分地丧失了。1869~1873年间是经济景气时期，在此期间，在莱茵兰以及其他一些地方的纺织行业中，那些属于工业革命最晚一代实业家的人们，却是以他们的新财富，以及奢侈与浪费的品性而为世所周知的。[②]

另一方面，企业家们对成功、成就、企业扩张，以及个人经济状况的改善、社会地位的提升等等方面的追求——即使是这些东西已不再具有什么宗教以及伦理上的意义，即使原来所存在的供养家庭的基本驱动目标现在早已不存在——对大量的企业家来说，也仍是支配行动的主要动力。那个时代的企业家都是苦干到年老。“当一个人，像我这样，这么长时期地卷入到企业事务之中，那他就必须在任何时候都要有点事做，否则他就会一蹶不振。”[③]也就是说，有时他们并不是将他们的行动观念自觉地建立在工作伦理之上，但这并不意味着他们就没有信念了。诸多企业创建者们，还有在同样创业传统中成长起来的继承者们，都把他们自己看做是其所从事产业的奴仆。他们都试图保证他们的企业能够在他们死后的很长时间都能维系生存。“我常把 【530】
我的工厂看做是一个孩子。并且，我希望这孩子获得良好的教养，希望这孩子的行为予人快乐。抱着这种心态，又有谁不希望尽可能多地将己的关切系

① 见第九章关于这一德文词的译者注。——译者注

② 参见以下文献及其有关这方面的内容：

（1）关于在1870年左右，亚琛地区的纺织工厂主的情况介绍，请参看图恩：《莱茵河下游地区的工业以及工人状况》，第1卷，第75、76页；

（2）关于企业家汉泽曼早在1837年就对社会公众陷于对利润的追逐而难以自拔的批评，请参看贝根格林（Bergengrün）：《戴维·汉泽曼》，第193页及以后；

（3）关于社会公众有着投机的欲望，参看聪克尔：《1834~1879年间莱茵兰—威斯特伐利亚地区企业家述评》，第52页及以后；

（4）拉赫尔与瓦利希：《柏林的大商人与资本家》，第3卷，第229页；

（5）克尔布勒：《工业化早期的柏林企业家》，第92、94页。【95】

③ 引语出自企业家哈尔科特（Harkort），见于维特：《关于100年前至今工业企业家活力的探讨》，第75页。【96】

于其上呢？”（语出A. 克虏伯）[①] 维尔纳·西门子，曾经在1861年说，为了他的企业的命运，真是“夜以继日”地工作，并强调道，“就我对所有生活问题的态度来说，工作是最为重要的”。像那个时代的许多其他企业创建者那样，像那些所有人一企业家那样，他也是以家庭成员间的亲切关系来比照与论说自己与自身的产业，与和这种产业相关的永久性事务之间的关系。正是周旋于这些事务，这些企业家中的大多数人，都感觉到自己的身心被强烈地吸引。由此，他们着眼于赢得企业的长期兴盛，而正是出于企业兴盛的考虑，使得他们能够为了企业的长期成功而采取某些有损短期利益的行动。“我所主要关心的……是创建一个持久存在的企业。也许在某一天，这个在我的儿孙们领导下的企业，能够成为一个像罗思柴尔德（Rothschild）那样的世界级企业，我希望的，就是发生诸如此类的事情，这些事情能够使得我们的名字为整个世界所关注！至于我个人，只要还认为这个伟大的计划是应该的，是正确的话，就都必须心甘情愿地为了它而承受个人要付出的牺牲！”[②]

不过，有时，对某些企业家来说，以这种家庭亲情来比照他们那种义无反顾的热情，也会变得不恰当。然而，即使是这时也可以说，大部分企业家还是会采取持续扩张策略，尽管这是环境强加给他们的。这将在下文再次讨论。

英格兰（England）的经济水平较之德国更为先进，从德国企业家的角度来说，以前所曾有过的前往英格兰的经历，当然能够激发自己的成就与成功的意愿，但其作用远不止此。早期企业家们通过到国外进行长途旅行，通过与拥有同类技术的外国人士进行接触，既获得了信息与知识，也使自己追求成功的素质得到了锻炼。众所周知，其他欧洲各国相对更早地启动了工业化进程，它们在许多方面都对作为后来者的德国发生了影响。所有这些影响本身，又都可以部分地对德国的工业化进程并不完全追随英国模式做出解释。亦即，德国工业化所受的影响是多方面的，不仅仅局限于受到来自西面的那些知识与经验的影响。尽管人们通常认为，这些知识和经验是18、19世纪欧洲工业化的标志。当然，西欧的经济水平无疑更先进，技术和商务知识的传播、企业家动机和胆识的示范是西欧影响中欧地区的工业化乃至后来再影响东欧地区工业化的最重要的方式。

---

① 关于这里的克虏伯的介绍，参看上注文献，第45页。【97】

② 马乔斯（Matschoss）：《维尔纳·西门子》，第1卷，第218页；以及同一文献，第2卷，第911页。【98】

对于德国的工业化进程来说，其中“怎么干”之类知识的最重要出口者，当属大不列颠，它显然要比法国和比利时更为重要，而美国则由于相距遥远，从影响的重要程度上看显得更小。但是，到19世纪末，美国的作用上升，进入20世纪，美国的重要性超过了不列颠。其中，英国的
工业经历对德国的机械、钢铁以及纺织等分支部门的实业家产生了特殊影 【531】
响。而法国与比利时的经历则对德国早期的游学手工艺者以及银行家的发展起到了很大作用；来自美国的经验则主要对后来的一些技工人员、工程师以及有组织的专家队伍的形成发生了影响。就影响效果而言，最重要的知识传播方式当属企业家或未来的企业家以及领导性雇员在外国的旅行与游历。这比［诸如科克里尔（Cockerill)、马尔瓦尼（Mulvany)、托马斯(Thomas)、多布（Dobb）以及其他等］外国企业家与技工师的迁入，比众多外国工人的招募，比书写信息的传播等等活动的作用都更重要。由于在那时，实践方式是人们获取知识与传导信息的主要途径，由此个人的亲身印象与直接观察的作用就不可替代。截至1870年，在莱茵兰与威斯特伐利亚地区的企业家中，有近1/3的人有过前往外国进行商务或从学活动的游历。而在所有有过“国外游历”的企业家中，从业于原材料以及化学工业中的企业家所占比例超过了这两部门全部企业家在社会企业家总数中所占的比例。

在贵族阶层之中，进行“大周游（Grand Tour)”是一种很平常的事情。这就意味着，西里西亚的那些巨头们能够借此知道英国的工业方法并会在国内模仿。对那些经营规模相对较大的贸易商来说，长久地与外国商业界的朋友在一起并受到教育以及频繁地到国外去旅行，这都是某种获得经验的活动。这种活动影响长远，因为周游者显然会将这些已与自己形影相伴的经验带到国内工业活动之中。那些到国外去旅行的手工艺学徒，不仅仅会因某些政治问题而与保守的德国政府相对抗，他还会将更为先进的技术与企业家理想带到国内。最后，所谓自觉“技术之旅”，所指的就是一种由政府官员以及实业家到英国这一发生着技术与工业进步的黄金国度（El Dorado）进行技术学习或信息获取的观摩旅行。18世纪晚期以后，这种旅行不仅数量增加，而且影响意义也大为扩展。1800年左右，这种旅行也常常同时被旅行者用作为购买新机器与新工具的机会。1848年以前，这种旅行常由政府策划提出，并且由财政进行资助。在历史上，这种旅行观摩在性质上变为工业间谍也并不少见。在那时，这种活动违反了英国的有关法律。直至1825年之前，英国法律还禁止熟练技术工人的输出，而在1842年前，则是一直禁止机器的出口。

有关这种行程的追踪，可以找到大量事例，这些事例说明德国人有着对创新技术进行模仿、改造与提高的意图。从另一方面看，对德国工业化而言，这种活动所具有的价值，怎么评说都不为过。不仅仅对那些相对较老的诸如纺织、采矿以及金属加工行业来说是有价值；就是后来，在19世纪50年代以及60年代时，德国的煤焦印染工业也还是以英国和法国的既有生产方法作为技术基础而建立的。而当时德国的专利法的不完善也使这种模仿变得更为容易。①

英国在技术上领先的一个后果是，德国工业的若干部门，能够力图超越
【532】最初由模仿而发生的技术进步，并随即在一个更为先进的技术水平上启动实业生产。不过，在工业化早期，这也导致了那些迷恋于英国的榜样的企业忽视这一事实：德国市场与基础设施并不完全适合于这种更先进的生产方式。也有仅仅是因为这种不适应而导致失败的事例。② 不过，就新奇生产方式的引进与时代实际需要脱节的问题来说，工商界较早就主动做出过应对。尽管技术专长相对德国要求来说是超前了，但一旦运用新技术时显示出"瓶

---

① 请参见以下文献：
(1) 雷德利希：《论企业家》，第322页及以后；
(2) 措恩：《德国企业家的种类与经济发展动力》，第35页及以后；
(3) W.O. 亨德森（Henderson）：《英格兰与德国工业化》，载《社会科学综论》，第108卷（1952年），第264～294页；
(4) 博：《工业化早期莱茵兰与威斯特伐利亚两地企业家的成就意识》，第37～45、68页；
(5) F. 雷德利希：《德国煤焦印染工业的国家经济意义》（慕尼黑与莱比锡，1914年），第1页及以后；
(6) 克罗克尔（Kroker）：《18世纪后半期英格兰与德国之间的技术扩散途径》（柏林，1971年），特别是其中的第49页及以后以及第109页及以后；
(7) M. 舒马赫（Schumacher）：《1750～1851年间德国企业家的国外旅行：关于莱茵兰与威斯特伐利亚地区的特别分析》（科隆，1968年）。【99】

② 请参看，比如说，格罗巴：《西里西亚工业化开始阶段的企业家述评》的第9页。在这里，他讲述了一系列关于企业家的事情。西里西亚的冯·马尔灿伯爵（Count von Maltzan，1733～1817），他是这样地陶醉于英国的经验以至于他试图在他自己的地产上创建出一个曼彻斯特（Manchester）城，然后却没有任何起色，并终于失败了。类似地，在19世纪20年代，哈尔科特（Harkort）的多样产品在市场中之所以会失败，原因可能恰恰就是他们在生产技术上非常先进，并且过于忠实地追随英国榜样。而卡尔·戈特利布·豪博尔德（Carl Gottlieb Haubold）在萨克森的机械工程厂（它是这一领域的"先锋"企业），尽管使用了最为先进的英国生产方法，却也是因为进口技术与当地需求之间毕竟还是存在差距，从而多次遭受到失败。

另也请参看迪特里齐编撰：《萨克森地区工商界领导人传略》，第143页及以后，特别是第150页及以后。这一文献讲述了博丘默尔·费尔赖因（Bochumer Verein），尽管这个人在技术上的发展一直都相当成功，但从财务状况上看，他的企业多年都处于一种几无利润和勉强维系生存的状态，尽管此后他还是获得了成功。【100】

颈”，反过来又会促使德国工商界去解决它们。① 从而，从短期来看，这种技术引进可能会是单个公司的一种商务错误，但从整个国家经济和相对较长的时间视角来看，它还是对经济增长产生了积极促进作用。②

相比于拥有商贸背景的企业家而言，技师出身的企业家更为强调和重视先进生产技术，而不是短期产品市场的出路。不过，拥有商贸背景的企业家也可能对前沿技术产生需求，而弗里德里希·克虏伯（Friedrich Krupp）、弗里德里希·哈尔科特（Friedrich Harkort），还有其他若干早期纺织实业家都是例证。

早期企业的生产技术与业务规模得以加强，是与德国的技术学校与高等院校在教育上的配套支持分不开的。工业革命期间，企业创建者之中获得过实践技能教育的人占了绝大多数。其中一些人获得教育的方式可能是以下诸种中的某一种：有限的初级中学教育、手工艺人学徒传教、某一段时期的外出游学；而另一些人，则往往是接受中高等学校教育和商务培训。实业家之中，有一少部分人还在工业企业的基层车间有过实地工作经历，这种人的数量在不断增长；他们可能是在那种“企业摇篮”中的某一个［比如说埃格尔斯（Egells）或博尔西希（Borsig）］之中；或者，对那些第二代实业家来说，在他父亲的企业之中曾经有过这种经历。尽管存在着若干新老商务夜校，但是实践技能培训在数十年时间里仍然还是严格地按照传统的（实地培训）模式来开展。不过，特别是在19世纪20年代之后，在政府主动促进下，从事商务与技术教育的学校与学院还是发展起来了。这种教育所传授的知识较多地含有科学成分。开始时，相对于那些以手工艺或是工厂方式进行实践与技工教育来说，它还只是一种补充。当然，这些学校的意图在于大量培养拥有技术素质的企业雇员，而不是独立的企业家。就19世纪的中间1/3时期与最后1/3的时期相对比，这些学校在后一阶段中显得更有影响。尽管其主要目标不是造就企业家，但在整个工业革命期间还是有不少实业家曾经有过在那里

① 作为一个生意人来说，哈尔科特（Harkort）失败了；但正是由于他对英格兰的榜样所表现出来的迷恋，工商界从多个角度都把他当作是工业技术进步的促进者与宣传人。至于机械工厂主S. 豪博尔德（Haubold），则最终还是促使萨克森地区纺织行业中那些外包制度企业家采用机械化生产过程并且购买他的机器。企业家丁嫩达尔（Dinnendahl）跟随在威斯特伐利亚的那些矿工——他们仍然还在部分的时间里像农民那样耕田——的田犁后边，并请求他们让他为这些人的矿山装建一个蒸汽动力机车。还有，钢材制造商阿尔弗雷德·克虏伯在早些年间还做过自己产品的商贸推销员，【718】
并且，他在推销时还表现出高昂的热情。【101】

② 这种观念的基础性思想（它无疑还需要再通过仔细的研究来验证）方式有所变化地见于D. S. 兰德斯（Landes）的《19世纪的企业结构》，送交第11届国际历史学研讨会（1960年8月21~28日在斯德哥尔摩举行），收入《第11届国际历史科学研讨会论文报告集》（阿普萨拉，1960年），第5卷，第121页。【102】

求学的经历。以上我们展现给大家的就是第二代实业家所处的教育环境。

企业家的行为会将其精神价值与行事准则体现出来，这使他们的后代会
【533】在家庭中耳濡目染并受到熏陶。莱茵兰一带的企业家家庭，其成员亲密和睦，并且对孩子的教育具有严格、宗教化以及灌输商务观念与中产阶级价值等特点。这种教育极为强调受教育者在家庭、在学校中严格履行相关职责。只有那些起自手工艺人的规模特小的工厂厂主们的儿子，才仍然常常是在他们父亲的企业之中完成具有实践教育意义的学徒制，之后，则会立即接受初等学校教育，但从此不得不自我满足于这种状态。许多工厂主的儿子们——至少是在莱茵兰地区是这样的——先前受的都是私人教育，然后直至 15 岁或 16 岁，才进入更高年级的学校就学。他们的父亲一般对于人文类的普通中等学校没有多少认同感，而更为偏好自然科学以及现代语言方面的教育。从总的情况来看，企业家的儿子通常在他们自己的家庭企业之中都能够获得一种既强调商务又强调技术的实地培训，当然，这种培训在其他与自家企业行业背景相同并且受到同行们推崇的企业之中进行也是常有的事情。然后，在实际进入他们父亲的工厂工作之前，这些小字辈们通常还要到国外去，以雇员的形式工作若干年。只是，越到后来，实业家儿辈所受这种传统教育越来越多地得到技术学校或技术学院教育的补充。①

企业家所受的普通教育与商务和技术教育的程度一直都在增加，这可以通过从 1790 ~ 1870 年间莱茵兰与威斯特伐利亚地区企业家之中抽取的一个由 400 人组成的样本情况反映出来（见表 138）。其中，有高等（学院式）教育背景的 67 人当中，有 44 位是属于采矿工业的。这既反映出这类实业家的教育背景要求相对较高，也反映出在 18 世纪创建的采矿学院的教育不仅常常有政府采矿管理部门的高级官员加入（对这些人而言，接受这个教育
【534】是强制性的），而且还得到了私人采矿公司领导者们的积极参与。大部分采矿企业的领导者都是政府矿山管理候补“文职人员（*Bergassessoren*）”，甚至进入 20 世纪，情况还是这样。在这 67 位受到过学院式培训的实业家之中，另还有 12 名属于化学工业。化学工业领域所使用的复杂技术，呼唤着拥有新知识的管理人才登场，而科学技术是这些知识的基本组成部分。尤其在

① 参见以下文献及其内容：
（1）博伊廷（Beutin）：《工业化早期来自边远地区的企业家述评》，第 67 页及以后；
（2）博：《工业化早期莱茵兰与威斯特伐利亚两地企业家的成就意识》，第 19 页及以后；
（3）聪克尔：《1834 ~ 1879 年间莱茵兰—威斯特伐利亚地区企业家述评》，第 69 页及以后，第 75 页及以后；
（4）克尔布勒：《工业化早期的柏林企业家》，第 60 页及以后。【103】

19 世纪的 60 年代之后，情况更是这样。在纺织与金属加工行业中，则仍找不到有学院教育背景的企业家的踪迹。

表 138　　莱茵兰与威斯特伐利亚两地企业家的受教育状况　　单位：%

时　期	1790~1810	1811~1830	1831~1850	1851~1870	1790~1870
普通教育					
初等中学	72.8	58.3	31.4	19.2	43.5
高等中学	27.2	41.7	68.6	80.8	56.5
专门教育					
独有实际经验	96.3	95.8	67.5	47.7	74.0
商务或技术学校	0.9	2.8	16.8	14.6	9.3
高等（学院式）研修	2.8	1.4	15.7	37.7	16.7
受调查企业家个数	109	72	89	130	400

资料来源：博：《工业化早期莱茵兰与威斯特伐利亚两地企业家的成就意识》，第 66~68 页。受调查的群体将一些手工艺人式的小规模企业主也包括进来了。

在这整个期间（1790~1870 年），在金属加工、化学以及纺织工业的企业家之中，出自技术学校的学生所占比例大致相同——在 10% 左右，而在 1830 年以前，这种比例实际上是零。在纺织与金属加工行业，纯粹经验型企业家比例相对较大，但在缓慢下降。从整个时期来看，这两部门的比例分别为 88% 和 85%。对这两个工业部门而言，没有一家专门对应的技术学校，对两部门的所有企业家而言，没有一位曾经进过技术学校学习。这些情况都表明：一方面，那时只是部分机械化了的金属加工行业企业家的社会地位还较低，他们的企业的总体特点是中小规模企业占了绝大多数；另一方面，从纺织行业来说，企业所使用的生产方法相对简单。

如果将经验型企业家与那些有着各种学校培训经历的企业家混在一起，则在 400 位企业家当中，那些受过某种“技能”培训的人（即上文“有过学校培训经历的企业家”，以下也简称技师）（212 位）超过了那些拥有特定“商贸”背景者（即上文“经验型企业家”，以下也简称商家）（188 位）。而在基础工业以及金属加工部门，这种技师的绝对优势地位显得尤为突出。商家在纺织，同时也在化学工业部门中相比技师占了优势地位；不过，与前些年相对比，在 1850 年之后的化学工业部门，更多受过技术培训的人逐渐上升到了企业管理顶层。

总之：由于长期以来采矿工业中就有政府采矿管理官员接受教育的传

统，因而，这一部门表现出的是一种非常特殊的情况；而在1850年之后，规模很小的化学工业部门所表现出来的则是某种新趋势。除这两个一特一新的部门之外，在工业革命期间，接受过技术学校或技术学院教育的企业家所占比例非常小（10%~15%）；但1830年之后，这个比例有了较为明显的上升。这部分地是由于，此时技术学校与技术学院正在向前发展，它们所教授的技术知识内容也在调整；也部分地因为，那些曾经以这种方式受过技术教育的企业继承者的数目在相对上升。在这种技术理论教育得到改善的同时，在**商务**理论教育方面却没有任何新进展：商务专门知识仍然主要是通过实践经历来获取。尽管技术学校正在向前发展，但它还是未曾教授普通的经营技能或是商务管理知识。和以前有所不同的是，在1830年之后，大部分
【535】企业家都还另外获得了超越初级中学水平的普通教育。在工业革命结束时，对普通意义上的企业家来说，接受普通教育已经成为惯常现象。随着社会公众越来越意识到教育的重要性，企业家受教育程度的上升也会给他们带来更多尊敬与更高地位。随着第二代工厂企业主在企业家之中的比例上升，那些为了胜任这种职位而有意接受培训的人的比例也在增加。因此，从总的情况来看，同样是履行企业家职责，1870年时的企业家比他们的前代受到了更好的培训。

10.3.3 企业家与管理者绩效：存在问题、解决方式以及不足之处

1. 融资问题

那么，在整个工业革命期间，不管以他们自己企业的情况而论，还是从对整个经济体系的整体影响来说，企业家的绩效改善了吗？目前的相关研究状况还不允许我们对这个问题给出一个明确回答。我们在这里，也只能集中对那个时代的企业家自身所认为的最重要的问题尝试着开展研究。

在最近一些年间，大部分经济史学家逐渐从原来所持有的那种观点上脱离出来。这种观点认为，是资本短缺阻滞了德国的经济发展过程，并由此使得德国工业化进程在其早期就与英国产生差异。他们所说的资本短缺，是就可获得的储蓄资源的绝对短缺这种意义上来说的。现在，这种论调至少已被经济史学家们修正为：就使用于政府贷款、铁路工程，还有其他的非制造业实业资本的

用途来说，储蓄资源具有可获得性。这似乎说明，并不是储蓄资源本身存在着不足，而主要是将既定储蓄资源转化为工业资本的意愿与力度显得不足。我们不能很轻易地辨识，对于这些可资运用的潜在资金的所有者来说，这种不情愿的态度究竟在多大程度上可以看成是当事人对当时实际态势的“合理”的反应——当时的市场机会实际上很少；在某些工业部门中，赢利机会也很少，或者说赢利的不确定性程度是这样地大，以至于理性的经济决策者，在面临工业投资风险时，会畏惧退缩。我们也不能明确地说，投资不足是不是因为实际存在的市场机会没有能够被当事人开发出来，这种未开发又或是因为储蓄资源有着某种不利于开发使用的分布状态——即储蓄资源主要为反对工业化的社会集团，尤其是那些大地产所有者所拥有；或是因为储蓄所有者们大都具有谨慎、偏见或其他非经济类障碍品性。我们认为，这些因素都有合理性，问题在于，我们应该努力去探明所有这些方面以及其他方面的诸多因素在解释这个现象时所能占到的相对权重。①

许多本来试图在工业化早期创建企业的人，还有许多清楚地看到了这种企业创建机会的人，却最终没能获得成功。很明显地，我们上面提到的资本缺乏，就是这些人行动的主要障碍，也是这种现象的解释。我们可以从柏林工商学院（Berliner Gewerbe-Institut）早期的信件来往之中找到确切的佐证。【536】信件提到，在那时，研习技工的学生们创建企业的希望破灭往往是因为缺乏一个拥有资本的合伙人。② 同时，众所周知的是，即使是对那时已经存在的企业来说，企业家所面临的一个最迫切与最困难的问题，常常仍是如何获取充足的资本。关于 1870 年后的 10 年间所发生的企业倒闭案例的一项调查发现，在所有倒闭事例之中，资本短缺的原因占到 12%，从而在 12 种倒闭原因中排到第 3 位，即仅排在“来自企业家方面的能力缺乏”、“企业过度扩张”两项之后。③

从一个工业部门到另一个部门，资本供给的困难会有所不同。比如说，

---

① 参见以下文献：

（1）K. 博尔夏德：《关于 19 世纪上半期德国的资本缺乏问题的分析》，载《德国国家经济统计年鉴》，第 73 卷（1961 年），第 401～421 页；

（2）R. 蒂利：《1815～1870 年间的德国》，收入 R. 卡梅龙（Cameron）及其合作者编撰：《工业化早期的银行活动》（纽约，1967 年），第 151～182 页；

（3）H. 温克尔（Winkel）：《德国工业繁荣阶段前夕的资本来源与资本使用》，载《施莫勒学术年刊》，第 90 卷，第 1 分卷（1970 年），第 275～301 页；

（4）克莱因：《19 世纪早期工业企业的财务融资问题》，第 118～128 页。【104】

② P. 隆格伦（Lundgreen）：《工业化早期普鲁士的技工师：一个兴起着的社会群体的培训与职业方式》，第 198、202、203、209～211、228、267 页。【105】

③ 哈恩（Hahn）：《企业家失败原因研究》，第 81 页。【106】

到1850年时，纺织企业获取商业资本就比从事机械工程的工厂要更为容易一些。当时，机械工程行业是新兴行业，并且经营机械工程企业的风险更大。尽管19世纪40年代机械工程行业的领先企业已经向世人展示，这一行业创建成本相对更低，并能够获取巨额利润，虽然这种利润水平在波动，但也要比一个正常运营、构建良好的纺织企业的平均利润要高得多。并且，无论怎么说，它都在政府的贷款利率水平之上。然而，实际的资本融通和获取还是有这种难易之分。① 不过，我们从另一方面来看这一问题，则可以在一定程度上发现其中的缘由。同属机械工程行业的其他某些非领先型企业，在迅速地走向倒闭。也就是说，这里既有着巨大的利润机会，但是风险至少也是同等巨大。而我们现在考虑问题时常常会低估企业家所承受的这种风险。比如，我们总是从我们所知的事例中看到，那些试图寻找资本的企业家与那些只是在潜在意义上才是出资人的企业家（这种企业家至少在理论意义上是确实存在的）相对比，常常更加愿意冒风险。但事实上我们一般都是仅从成功的企业家例证之中进行总结，而且总以事后眼光做出评判，就会倾向于将比常人更大的经济理性作为一种品质赋予观察到的若干企业家。如果作为评判者，我们同时也应将那些已经失败的公司纳入观察范围，那我们得出的结论就会有所不同。

潜在实业资本投资者在投资前要尝试着对工业项目的赢利机会与风险做出明确评判。毫无疑问，很多因素都会使得这种评判变得——如果不说是不可能的话——极为困难。各种可能性中的未知事项、既成评价标准的缺乏、地区之间的差别、每一项目个例中的特点，以及迅速变化的市场形势，等等，所有这些因素都意味着企业家在投资前要做到对地方条件以及所涉及行业都深为了解，要理性与冷静地对各种可能情况进行盘算。否则，他要想把

---

① 由有关账簿数据显示，在1841~1846年间，企业家豪博尔德的机械工程厂达到的利润水平在投入资本的6%~83%之间波动。这家工厂组建于1837年：1842年，它所拥有的固定资本只有8 000塔勒，流动资本只有1 000塔勒；到1847年时，通过企业的自我融资发展，这两个数据分别上升到36 000塔勒以及3 500塔勒。西门子与哈尔斯克（Siemens & Halske）的电报机生产厂于1847年在柏林以6 843塔勒的资本金创建，只是到1863年，它才获得了它的第一台蒸汽动力机器；而在1847年10月1日至1850年1月1日的整个期间，它实现的利润总额已达32 000塔勒。企业家博尔西希于1837年在柏林创建的一家规模类似的机械工程厂的成本造价在同行业中属于较高的，为67 500塔勒。而在1835年企业家威廉·蔡斯（Wilhelm Zeis）是以100 000荷兰盾（大约合57 000塔勒）数额资本才创建了他的大型棉纺织工厂。请参看以下文献及其内容：

（1）豪博尔德：《开姆尼策机械制造厂的发展历程与组织结构》，第30页；

（2）科卡：《模范的西门子企业家管理与职员队伍》，第59页；

（3）拉赫尔与瓦利希：《柏林的大商人与资本家》，第3卷，第182页；

（4）克莱因：《19世纪早期工业企业的财务融资问题》，第120页。【107】

握项目的赢利可能性，就会成为一句空话。我们试着回忆，比如说，早期的那些经历丰富、行事老练的铁路建造商们，即便是有着专业助手以及技术人员的协助，在事前也还是大大低估了项目所需要的资本投入规模。① 甚至是在项目的总体形势已经明朗的情况下，由于随着项目的进展还可能发生各种具体情况，从而，投资的可行性也还是会显得难于判断。同时，从获取贷款上看，由于贷款人不大可能以所要求的目标条件为标准去分析所有可能出现的情况，从而，贷款发放只有以对借款者个人的充分信任为基础才能进行。但是，贷款人要对借款人建立信任，除了要考虑借款人的经济实力之外，还要考虑多种非经济因素。

实际上，在工业革命的头几十年，企业融资问题的解决几乎全部都是以 【537】
个人关系作为基础的。在企业创建的第一步，创建者的同一家族成员、与创建者关系至为亲密的朋友等人的个人储蓄往往能够对创建者自有的资金储蓄有所补充。这些亲友之所以愿将他们的金钱交由创建者支配，就是有着家族成员之间的诚实态度、有着朋友之间的个人信任作为基础。亦即，通常不是以投资项目拥有怎样的生产技术，或以出让人知晓项目的市场前景作为资金出让基础。因此，在那时，中产阶级家族内部的团结一致在早期工业发展的融资问题解决上起到了重要作用。②

1830 年以后，尽管确实存在着某些企业家，由于他们明显地不再另有其他资本来源，从而致力于寻求政府帮助，并且在不停地申请政府贷款。但是，来自政府的贷款扶助以及财政支付总体上还维持在极低的水平。大型地产所有者在对工业进行投资时也一直很谨慎，这种情况到 19 世纪 50 年代才有所改变。因此，工业革命期间，来自商贸经营的利润就有可能成为最重要的资本源头，而这种资本也是通过个人联系才能寻找到其进入工业领域的途径。其方式既可能是通过商贸经营者自己独立地成为一个工业企业家；也可能是他与一个手工艺人或技工师一道建立合伙关系；还有可能就是他成为一个对他个人来说非常相知的实业家所主持企业的“名义合伙（股）者”。不过，在 1850 年之前，长期的银行信贷还是存在，只是在覆盖范围上还没有

---

① 参见贝根格林（Bergengrün）：《戴维·汉泽曼》，第 190 页；同时，主要是关于纽伦堡地区的生意，人们于 1835 年创建德国第一家铁路实业开发单位（纽伦堡—菲尔特公司）时，在评估与计算过程中发生了错误的情况，请参见阿图尔·冯·迈尔（Arthur von Mayer）：《从产生直至当代 1890 年期间德国铁路的历史与地理》（柏林，1891 年），第 1 卷，第 192 页。【108】

② 不过，家族（庭）成员之间的融资也要求以有关担保契约为纽带。参见 P. 诺伊鲍尔（Neubaur）：《马蒂亚斯·施廷内斯与他的家庭》（米尔海姆，未注明成书日期），第 304 页及以后，这里讲述的就是一个能给人留下较深印象的例子。【109】

达到后来那种普遍的地步。在科隆、莱比锡、德累斯顿（Dresden）、奥格斯堡（Augsburg）以及柏林，许多私人银行家很早就参与到促进工业增长的事业中去，作为储蓄与投资之间的联系纽带。在1870年以前，他们的这种作用可能比那些在1850年之后才逐渐出现的联合股份银行在同一时期所起的作用还要大。不过，这些地方性银行常常只是将它们的业务联系局限在那些它们能够对借款人做出细致而审慎的检查的有限地域范围内。另外，它们在农村地区的分布也极不平衡。同样地，在这里，实业家与银行家之间的个人联系仍然起着决定性作用。就从一个遥远地方来对贷款使用所从事的业务活动进行监管而言，由于相关联系与控制机制还没能建立，依赖于借贷双方的个人关系来促成贷款发放就仍是不可避免的。①

在这种情况下，在私人生活中有意识地与融资提供者形成某种关系，就成为早期企业家寻求解决资本短缺问题的最重要途径之一。为解决资本提供问题，首先，他们通过节省个人消费，以力图实现高度的自我融资。其次，他们会在范围非常大的家族体系中，与各位同一家族成员保持亲密关系；或许他们还会在经过周密安排的婚姻纽带的帮助下，来推动形成这种关系。再次，他们对自己的私人生活有意识地进行塑造，以给人某种印象，即他们在操持自己的职业领地方面真可谓是既诚实又可靠，并由此而获取和保持个人的信用价值。在工业革命期间，莱茵兰的那些实业家们保持着风范高尚的私人与家庭生活，这实际上也是一种理性的商业策略，处在那个时代背景中的

---

① 关于当时博伊特（Beuth）与普鲁士政府对寻求财务贷款的技工师与企业家们的谨慎反应，很清楚地在以下文献中得到了说明：

（1）隆格伦（Lundgreen）：《工业化早期普鲁士的技工师：一个兴起着的社会群体的培训与职业方式》，第210页；

（2）克莱因：《19世纪早期工业企业的财务融资问题》，第126页；

（3）W. 菲舍尔：《巴登地区的政府与工业化》（柏林，1962年），第156页及以后。

关于大型地产主的情况，请参看H. 温克尔（Winkel）：《出自西部与南部德国农村地区的周转资本》（斯图加特，1968年）。

关于私人银行家，请参见以下文献的有关内容：

（1）克吕格尔（Krüger）：《从18世纪结束至1875年间科隆人中的银行企业家》；

（2）拉赫尔与瓦利希：《柏林的大商人与资本家》，第3卷，第184页（讲述了银行家席克勒尔兄弟）；

（3）克莱因：《19世纪早期工业企业的财务融资问题》，第121页及以后（讲述了德国南部以及西南部的银行家例证）；

（4）P. 瓦茨（Schwartz）：《德国私人银行企业家的发展趋向》，公开发表的学位论文（斯特拉斯堡，1915年），第42~47页（讲述了萨克森与柏林地区的银行家）。

关于在1848年以前的时间里，私人银行参与了某些联合股份公司的业务，请参看P.C. 马丁（Martin）：《工业化早期以股份公司法律形式存在的企业》，收入W. 菲舍尔编撰：《16~19世纪期间经济发展与经济结构的影响因素》（柏林，1971年），第208、209页。

【719】 关于以上方面的总括性介绍，参见蒂利：《1815~1870年间的德国》，第159页及以后。【110】

企业家的一大特征就是，他们个人力量的耀眼光芒还没有被企业集体的整体光亮湮没。

相比英国而言，通过联合股份公司的形式，将大量所有者未知而规模巨大的资本组织、动员乃至集中起来的股份融资方式，在德国的工业革命时期所起的作用要显得更为重要。联合股份公司作为一种企业制度减少了单个投 【538】
资者所面临的风险，由此，它也克服了私人投资活动中的一个重要障碍。亦即，它便利了小额资本的筹集与投资，使得工业活动可以吸纳分散的社会储蓄。从前，实业投资要能够进行，不管是从地域方面，还是从个人关系方面，都必然要求在储蓄的社会分布与企业家机会之间存在着紧密联系，现在，这种联系也可以变得松散了。联合股份公司还造就了一系列机制，这些机制使得投资的风险对各私人投资个体而言，变得更可计算，由此也使得它对社会公众来说显得更具有吸引力。联合股份公司与投资银行的联系也越来越紧密。这种银行机构广泛吸纳储蓄资源，并以一种更为科学而审慎的方式，向不同方向投放。联合股份公司与投资银行结合在一起，造就了一种富有活力的储蓄促进机制。如果没有这种机制，这些储蓄不可能被吸收成为实业投资，也不可能被投向需要实业资本的工业部门。对公司组建的政府监控，在 1870 年以前已经消失了，但在那以后又被加强了，这种监管实际上大大降低了股份投资者的风险。

甚至早在 19 世纪 40 年代，若干经营经历丰富、社会联系宽广的企业家，比如说梅菲森（Mevissen）与坎普豪森（Camphausen），就呼吁社会采用联合股份公司的形式来组建企业。他们说，可获得的资本资源可能会有某种限制，但股份公司可以最大程度地促进资本的动员组织。① 不过，在 1850 年以前，社会有关方面认可和采纳工业企业采取联合股份公司形式经历了一个缓慢的进展过程。那时，有关公司组建管理的法律相对落后，而其中的特许权管理体系尤为如此，它使得政府官员得以对联合股份公司的增长进行控制。由私人申请者所提议申请组建的新公司的数量，要大于由政府权力机构所授权允许的数量。官僚机关以一种不信任的眼光来看待私人财产与私人势力的扩充。政府权力机构同时还害怕由于工业部门的实业投资增长过快，从而可能会损害大型地产拥有者的利益。而那个时代的自由主义经济理念对股份公司发展的影响也是不利的。它使得管理当局以及一部分普通社会民众，只是以一种最低限度，而且是特殊对待的方式对联合股份公司予以承认——

① 参见兰德斯：《企业结构》，第 117 页及以后。【111】

亦即，社会各方在意识方式上将它们认定为一种只是在特定场合下才采用的、非常态的垄断性制度安排；而所谓的特定场合，应是指那些若没有这种企业制度形式，自由竞争就不能促成社会所需经济结局的场合。人们认为，在正常情况下，这种安排还是应该反对。而许多企业家也认为，只有像他们自己那样，通过私人资本、通过建立在个人联系基础上的融资方式来开展企业运作，才能促使企业家明确和承担自己的责任。因此，他们也对这种拥有由财务专家与领薪职员组成的管理队伍的股份公司抱着极大的保留态度。最后，社会公众的普遍不信任也进一步限制了对联合股份公司形式的普遍采用。这种状况一直持续到19世纪30年代中期。从那以后，这种新的公司形式被用于对建造铁路所需的大规模资本进行融资。从此，它才在社会公众的
【539】观念中树立了自己的正面形象。当然，转变过程是逐步的，而政府利息担保也在促成转变方面发挥了作用。①

不过，在1850年之前，还是至少有总数为3 300万塔勒的股份资本，或者说有占到直至那时普鲁士所有股份资本中约15%的部分，投向了工业股份公司，其中有超过2 800万塔勒的部分投在了21家采矿公司。② 此间（从19世纪30年代开始至1850年），采矿方式由原来的水平巷采转向深坑采掘，采矿公司所需的资本也极大地增加了。因此，联合股份公司的企业形式在采煤、冶炼行业中都起到了重要作用。在19世纪40年代，创建一家专业的冶炼工厂，需要20万~30万塔勒的初始资本金，而一家纯粹的采矿企业所需初始资本金为50万~75万塔勒，若一家工厂要将鼓风高炉与搅炼设备结合到一起，其所需初始资本金为100万塔勒。这种资本规模水平显然超

---

① 参见以下文献及其内容：

（1）马丁：《工业化早期以股份公司法律形式存在的企业》，第196页及以后；

（2）K. 伯塞尔曼（Bösselmann）：《19世纪德国股份制度的发展》（柏林，1939年），在这个文献中所涉及的只是到1850年时就终了的时期；

（3）关于地位重要的那些企业家对股份制度所持的保守态度，可以参看西门子：《生平回忆录》，第297页以及黑尔维希（Hellwig）：《萨尔流域工业化地区的企业家与企业行为方式》。【112】

② 参见以下文献及其内容：

（1）据说，此间有14 300万塔勒（占到股份资本22 500万塔勒价值总额中的61%）资本被投在了27家铁路公司，连同正文的数据（柏林，1876年），第10页及以后；（当然并不严格地精确）来自E. 恩格尔（Engel）：《普鲁士政府对私人与股份公司的立法工作》。

（2）伯塞尔曼（《19世纪德国股份制度的发展》，第201页）曾经将投在普鲁士铁路系统的资本额估定在15 600万塔勒；

（3）同时还请参看P. C. 马丁（Martin）：《社会经济史季刊》，第56卷（1969年），第500~502页，这一文献给出了作者校正的截至1843年前的数据；

（4）另请参看H. 蒂梅（Thieme）：《关于截至1867年前普鲁士股份公司政府许可的统计资料》，载《经济史杂志》，1960年，第2部分，第286~300页。【113】

出了大部分单个家庭的财力限度。对鲁尔地区的采矿企业而言，可以说，是企业的所有权与控制权相分离的悠久传统便利了联合股份公司企业形式的引入：这种传统早在18世纪70年代就已经开始了，当时的普鲁士政府的矿产管理部门掌握与履行着采矿生产单位的企业家与管理者职能；私人参与者（'*Gewerken*'，可汉译为“矿山个人股东”——译者）的角色被局限在提供资本（对一个矿山而言，股金常常都是来自多个股东并且是他们小额而分散股份的共同贡献）和获取利润。当然，他们也可参与选举若干股东代表，只是这些代表所享有的对政府矿山管理层决定进行驳议的权力较为有限。因此，实际的企业决策与管理的工作，不是由这些资本所有者来履行，而是由政府官员来完成。这种多方结构状况在1851年之后还有所持续，但从那时起，普鲁士政府就已开始启动它从矿山董事这种角色上退却下来的进程了。从此，私人资本就逐渐取代政府权力机构，成为决定采矿公司中具有关键决策权企业家的基础因素。①

在其他场合，股份公司的企业组织形式还很稀少，作为一种企业制度，它所涉及的细节性问题在其他各种场合也都还没有得到解决。早期股份公司的章程也是一家与另一家明显地不同。其中有一些公司规定只有股份持有者可以负责有关管理活动，这当然阻碍了公司所有权与控制权的分离。资本市场的作用也仍未能真正促成股东名字互不知晓的结局：在公司股份没有能力在股票市场上市出售的情况下，股份的分配以及相应的联合股份公司融资，仍然是极为紧密地与个人关系联系在一起；而潜在股份持有者则会受到严格审查，以确认他们是否能够被接受为股东参加人。这样，在有的情况下，如果公司有关当事方不希望某个已故投资者的继承人继续留作公司股东的话，就会采取某种方式，以公司名义对这位投资者所属股份进行吞并。而且，不是所有股份持有者都享有同样的投票权。地方性资本占到了绝对优势，股份常常是在一个由相互知晓、且可以相互监督的人（诸如商人、银行家、工厂主，有些时候也可能是军人、政府官员、私人财产所有者或是其他市民）所组成的小群体之间进行分配。股东的股份也常常能够获得固定分红的保证，因而这种股份资本方式，是金融资本从利息相对固定的信贷资本形式向有股息风险的股份资本形式转变过程之中的一种过渡形态。有一些公司章程 【540】
将新组建的股份公司的寿命预先就限制起来，并且事先就以抽签方式选取股

① 参见H. D. 克兰佩（Krampe）：《1800～1865年间鲁尔采煤业所受政府影响》（科隆，1961年）。【114】

份并排出先后顺序。然后，在公司运营中，按这种顺序使用公司的最终利润去补偿相应股份的面额价值。这样，那些外部股份持有人就会一个接一个地退出股东这个圈子，直至最初拥有的那些家庭也离开，公司就宣告寿终正寝。当事人也只是在抱着克服暂时性资本短缺的目的的时候，才会决定将企业的组织形式改换成为联合股份公司。在这种情况下，这种企业组织形式显然也就意味着只是当事人的一种具有过渡性的权宜之策。而只是通过逐渐向前迈进，真正意义上的新型股份公司形式才得以实现：当事人要以资本短缺为促动力量，才会去寻求实现这种形式，而每迈出一步也确实会造就一个小创新。①

从 1850 年到 1870 年，投入普鲁士工业中的股份资本增长到大致为 16 500 万塔勒。另外，工业股份资本投资一直只能占到投在普鲁士经济体系中的所有股份资本总量的 15% ~16%。这是因为，在此期间，投在铁路上的资本也在增长，正是工业和铁路部门的股份资本共同增长才使得这一比例持续稳定。工业股份资本数量的一个大飞跃发生在 1870 ~1874 年间。在这 5 年当中，投在普鲁士工业股份公司中的资本数额达到了近 34 300 万塔勒，或者说它占到了在此期间发生的所有股份资本投资总额的 28%。在这 5 年期间，在普鲁士工业股份公司之中发生的这种投资，比截至 1870 年以前所有年间同类投资总额的 2 倍还要多。② 1850 ~1870 年间，在所有投在工业领域的股份资本总额之中，有 69% 投在了采矿部门，16% 投在纺织部门，8.5% 的部分投在金属加工与机械工程行业，5% 投在食品加工行业，2% 投在化学行业；相应地，在 1870 ~1874 年间，还是这些部门分类，投资比例分别为 38%、6.5%、22.5%、16% 以及 4.5%。

这些数据非常明显地说明，采矿部门在所有工业联合股份公司的全部股份总额中大幅地超比例（其公司股份比例比企业价值比例要更高），这种超高比例在 1870 年左右才开始下降。股份资本规模的增长使得现有企业转而采用联合股份公司形式的范围扩大，并且也使得企业家当事人早就企图实现的企业规模扩充，以及先进技术的采用都具备了可能性。通过这些股份的再次出售，它们与原始的所有人分离了；对企业来说，它们也就变为“主人名字未知”的股份了。19 世纪 50 年代中期以后，在科隆与柏林的股票证券

① 参见马丁：《工业化早期以股份公司法律形式存在的企业》；赫尔曼（Herrmann）：《莱茵兰一威斯特伐利亚工业化地区采矿行业企业家的发展线索探究》，第 14、15 页。【115】

② 所有数据来自恩格尔（Engel）：《普鲁士政府对私人与股份公司的立法工作》，第 10 ~17 页。【116】

交易所进行着来自莱茵兰与威斯特伐利亚地区采矿行业的股票买卖；也就是在这个时候，报纸开始征引采矿行业股票买卖的有关数据。一直要到1870年之后，全部工业部门的股份票证的买卖才逐渐变得正规。19世纪50年代以后，公司对社会公众说明公司股票的内容并发布有关广告也变成很平常的事情。资本所有权在相对更广的范围上分布的局面也已形成，一如早些时候铁路部门已发生的情形。不过，到这时，政府控制也变得不再总是有效。在
19世纪50年代，来自非普鲁士的他国资本（其中部分来自法国以及比利 【541】
时）平均能占到莱茵兰与威斯特伐利亚两地采矿工业部门所有股份公司有效资本总量之中的1/3。一种跨地区资本市场，从某种程度上讲也是国际资本市场，已经粗具雏形。

1851~1865年间，普鲁士政府逐步从鲁尔地区的生产活动中退出企业家与管理者角色，所谓的“政府统领主义（*Direktionsprinzip*）”走向终结。这种终结却向公司的有关当事各方提出了这样一个问题，即究竟在多大的程度上，股份所有权的分散也同时意味着控制权在走向分散？这个问题，曾经于1860年左右，在一些公司的股东大会（AGMs）上获得过热烈讨论。我们自己可以仔细辨析并能够发现公司的外表形式具有欺骗性。这里有必要对属于股份持有群体的两个“内部圈层”进行分辨。第一个“外圈层”，指的是公司的“创建者”们，他们通常都持有大额股权资本，并进入董事会，参与重大的企业家决策。有关研究者通过研究一个由42家创建于19世纪50年代的普鲁士采矿公司所组成的样本，对这个圈层的人士进行过考察：他们当中，有30%的人来自商贸领域，15%的人来自政府公务队伍，11%的人是银行家，9%是大地产所有者，6%的人将自己填写为采矿或金属加工厂厂主，5%的人填写为工厂主，还有3%的人填写为固定租金收入者。除此之外，这个圈层也包括了许多更为外层的人。这是指许多虽加入到董事会之中，但其主要兴趣与利益都在别的地方的人士。这些人对这家公司而言，可谓是纯资本家。在“外圈层”的内部，有一个由当地人组成的、范围更小的“内圈层”，内圈层的成员明显地掌握着政府在19世纪60年代所放弃的控制权。他们都是大额股份持有者，但是他们很少会拥有公司的大部分股份。他们在董事会中累积下了足够的席位，从而可以充分地集中其全部精力去规划管理他们已获得充足影响力的若干不同的采矿企业。他们都是企业生产活动的专家，并且相互知晓底细。他们大部分都来自那些从事商贸活动以及企业家事务的古老家族（诸如施廷内斯、格里洛、泽韦斯、哈尼尔等等）；在所掌控企业股份化的条件下，通过重新组建企业以及企业集中，这

些家族大都保留、稳固并且通常都还加强了他们在这些企业中的领导地位。从企业家功能和拥有权限来说，在重要性上仅次于他们的是前政府管理部门的领导官员，这些官员属于我们前面所称的外圈层。除了这两个群体之外，从19世纪50年代开始，在企业事务这种场合，首先是地方的银行家，不久之后还另有柏林的银行家，也都首次亮相登场。与旧式的私人银行家所不同的是，他们更为强烈地坚持，他们也要以一种企业家决策的方式来表达他们的意愿。1857年之后，在经济危机发生的背景下，资本的供应再度变得短缺，这些银行也就趁机增强了他们的影响，特别是柏林贴现公司（Berlin Disconto-Gesellschaft）。银行家在工业企业中拥有的权力高峰点出现于19世纪70年代早期。那也正是企业并购、重组和扩充等类变动大量发生的时期。由于此后企业需要的资本规模极大，又由于它们都具有国家资本主义的特殊传统（提到这一传统可能是类比和强调资本所有权与管理权一定程度相分
【542】离的特征——译者），因此在随后几十年间的鲁尔地区，联合股份公司这一企业制度形式——从它在某些本质特征上符合人们要求来看——已经赶在工业革命的第一阶段结束时得以构建完成。①

正如我们已经看到的，1870年左右发生过经济高潮。在此期间，其他工业行业中的股份制度方式也得以形成和发展。而尤为引人注目的是，金属加工（包括机械工程）行业以及食品加工行业的股份在全部工业部门股份中所占份额大为增长。这很大程度上是现有企业重新组建为公司的一种结果，而不能说成是因为新创办公司引起的。而且，此间人们常常出于投机目的才创办公司。管理股份发行的《公司法》放松了对公司的管制，而原来的政府特许权制度也被废止了，由于有关法律障碍得以消除，股份公司的筹资创建或重新组建都变得很容易，由此形成了一次公司成立活动的浪潮。只是在1873年经济危机时，成立活动的声浪才有所平息。对于那些大型股份公司的领导者来说，资本短缺问题以一种新方式出现：即它再也不能以个人关系为基础而得到解决。另外，我们还不应忘记的是，对于绝大部分企业家——在一些行业分支中，几乎是所有企业家——并没有立即受到这些变革的影响。对他们来说，资本问题仍然还是以它原有的方式在持续出现，并且

---

① 参见以下文献：

（1）沙赫特（Schacht）：《鲁尔地区采煤—采矿行业财务融资方式发展史》，第162~185页；

（2）布伦贝格（Blumberg）：《融资问题》，收入莫特克（Mottek）及其合作者编撰：《德国工业革命历史研究》，特别是其中的第185、196页；

（3）F. 顺德（Schunder）：《传统与进步》（斯图加特，1959年）。【117】

在相当长的时间内仍是以个人关系为基础，通过节俭、家族（庭）帮助、个人信用以及自我融资等方式来得到解决。

2. 会计与簿记问题

与提供资本密切相关的，就是有条不紊地进行会计核算和相应的簿记。维尔纳·松巴特（Werner Sombart）将复式簿记看做是每一家资本主义企业运作的核心。“当当事人的精力全神贯注于复式簿记时，他就忘记了产品与服务的质地属性，忘记了由需求满足原理（*Bedarfsdeckungsprinzip*）所决定的产品需求量的基本限度，惟一吸引他的只有利润观念；如果他想在这个簿记体系中寻找出自己的道路，可谓是别无选择，因为他所看到的必定不是货箱与货物、面粉与棉花，他所看到的只有金钱价值，只是这些价值在增加和消失着。”[①] 对这个问题，松巴特显然是有些夸大其词了。看来，19 世纪，许多工业企业家还运用单式簿记并且也较好地解决了核算问题。[②] 但不管怎么说，在整个世纪，对许多企业家来说，特别是对那些从事相对小规模生意的经营者来说，账目簿记会计核算是一个常年困扰的难题。

复式簿记方法早在中世纪晚期就已经发明了。从原理上，实业家们也能对它进行运用。只是，由于这种使用并没有先例，它的诸多细节性内容，在成功进入现代资本主义工厂并且获得运用之前，一定需要进行重大调整。比如工业企业所记账本应该考虑到数量巨大的固定资本，而这种资本在商贸经营者的生意过程中并不重要。为此，原有的复式簿记必须做出调整。折旧摊提技术能够为这个问题提供一种解决方法。再比如，为了能让企业领导者通过会计管理既对整个企业的运转进行监控并且保证不出差错，而且——至少是对那些大型企业来说是这样的——也能监督单个基层部门，并且能够辨识和消除企业中绩效较低的环节，原有的复式簿记也必须在内容上进行拓展和调整。 【543】

因此，在 19 世纪前半期，随着现代工厂规模的不断扩张，通过众多工厂中那些无名人士的持续努力，工业部门的会计与簿记方法，以一种不断试错、再不断纠正的方法得到开发和发展。我们所知道的是，18 世纪以后，与手工艺人不同，现代工厂企业家被当时的法律视作商贸生意人，从而必须按规定以“一种商业方式”来进行“商务簿记”。这种簿记还必须满足某些

① 参见松巴特：《现代资本主义》，第 2 卷，第 110 页及以后（引文取自第 120 页）。【118】

② 关于这个信息，我得感谢在位于新奥尔良（New Orleans）的图拉内大学（Tulane University）工作的赫尔曼·弗罗伊登贝格尔（Herman Freudenberger）的帮助。【119】

法律规定的要求。对于那些“无限责任商业公司（*öffene Handelsgesellschaften*）”——这可是当时在数量上占优势的最常见的公司法律形式——法律还额外地规定了它们负有报送年度存货清单以及年度资产损益报告的义务。①

毋庸置疑，会计核算问题是最大的障碍之一，对那些起自手工艺人背景的早期企业家来说就更是这样。有关报告指出，许多这类企业中的簿记员，一般要在企业创办之后的若干年才得以任用。在他们被任用后，所面临的工作就是要揭开一团混乱。这是因为相关实业家已经有很长时间对企业财务失去了全面察量与基本控制。在其他情况下，一个有手工艺人或技术人员背景但陷入财务困难的企业家，会前往银行信贷者那儿寻求帮助，但这些信贷者在对财务与资金进行介入之前，常常坚持要对企业的会计方式进行一次变革，并通常还会坚持要求任用一个在资质上胜任的商务董事。我们可以列举的有关证据是，我们已经提到过，1790～1870年间曾对莱茵兰与威斯特伐利亚两地的400家企业进行过调查，在这些企业之中，有超过一半是属于那种由一位技术熟练者与一位商贸家共同合股、共同工作型的，而只有78家是由技术熟练人员单独掌控的企业。不过，在许多合股企业中，一般也只有一位合伙人在整个企业的实际指挥过程中起着主导作用，其他人都是“名义合股（伙）者”，并且在积极参与其他公司的商务活动。即使是在1870年之后，在那些破产倒闭的企业案例中，会计知识的缺乏仍然是最为常见的失败因素，而它又可以再追溯到企业相关管理人员的不胜任上面去。常见的问题有，比如说，资产负债表的借方数据的计入不是在借债发生的时刻进行，而只是在某些认为应该将它们填写进去的时候，有关企业管理者才会记录。这样做的结果是，企业主管者会对企业成功做出不切实际的估量。1870年之后，来自针对企业倒闭原因而进行的一项调查的研究结果表明，有28
【544】个案例（占17%）的倒闭原因在于它的企业家“不得力”，所有这28个案例对应的企业主都是技术背景或某种其他背景，但都不是商贸背景。② 即使

① 参见《全国通用法律》，第2卷，第8页，第483、562、566、567～613等页，以及第642页及以后。相关的法律条款提供还见于1861年和1900年的《德国普通商法》。【120】

② 请参见以下文献：

（1）哈恩（Hahn）：《企业家失败原因研究》，第80、81、89～93页；

（2）德克尔（Decker）：《19世纪迪伦地区企业内部的社会制度》，第51页及以后，第69页；

（3）科卡：《模范的西门子企业家管理与职员队伍》，第95页；

（4）迪特里齐：《萨克森地区工商界领导人传略》，第152、153、161页；

（5）图恩（Thun）：《莱茵河下游地区的工业以及工人状况》，第1卷，第40页及以后。【121】

是当企业有一位董事多才多艺并通晓商贸知识，或是当技术专家类企业家已经指定了一位簿记员，因而从道理上应该会有财务会计体系，但是，当时这种体系通常也仍是以企业的存货目录作为基础，并且在它们的会计活动中，常常还是不存在折旧摊提定额，也不存在将经常性开支更为精确地分摊到每一个具体的生产与销售环节的基本方法。① 晚至 1878 年，一位曾经在机械工程行业有过工作经历的著作者这样写道："大部分工厂对于它们的单个产品都没有精确的核算。这又是因为，从它们所制造的产品多样性方面来说，这种核算显得太困难了；同时，当事人在面对过于庞大的核算队伍并且还面临着要支付相关费用时，也采取回避态度。"② 在企业之间，处于初创阶段的会计实践也是各不相同。所存有关工厂簿记的手稿表明，簿记最晚是从 1850 年就开始存在了，从 19 世纪的 60 年代开始，数量开始增加。③ 但是，一直要迟至私人公司或个人企业转变为联合股份公司，并且股东和银行需要对和他们相关的企业利益进行控制时，这些粗略的会计核算才变得更为精确。

生产技术愈是复杂，一个只有纯商贸经历的企业家就会愈加坚定地去寻找良好的技术指挥者或曰技术领班。一般来说，前者能够将企业中存在的技术问题留给后者去解决。社会关于那时有着商贸背景的企业家存在着技术缺陷的抱怨，比关于那时技术人员型企业家缺乏商务经营素质的抱怨要少得多，但前一种抱怨还是存在。没有技术资质的商贸型企业家，可以较为轻松地依靠他的技术领班，但技术专家则较少能够"独闯单干"。在早些年间，在那些资本相对并不密集的行业中，比如说，在不来梅河港码头的经营活动之中，技术领班也曾抛开他们对商贸家的依靠，独立地对工作流程进行设计，并对那些能够明显判断的事项做出结论。不过，资本越是显得必需，资

---

① 请参见以下文献及其内容：

（1）关于对 1860 年左右位于柏林的西门子与哈尔斯克（Siemens & Halske）公司的簿记方法的一个简短介绍，见于科卡：《模范的西门子企业家管理与职员队伍》，第 97 页；

（2）关于豪博尔德（Haubold）的开姆尼茨的机械制造厂的情况是，在这家企业中当事者只是在 1874 年才引入折旧摊提的方法（尽管工厂 1837 年就已经成立），到这个时候它的资本金已经超过了 110 000 塔勒，参见豪博尔德（Haubold）：《开姆尼茨机械制造厂的发展历程与组织结构》，第 44 页及其下页。【122】

② 参见 E. 勒克西（Roeksy）：《工厂的管理与指挥》（莱比锡，1878 年），第 7 页。【123】

③ 参见以下文献：

（1）C. G. 奥托（Otto）：《工商企业簿记》（柏林，1850 年）；

（2）C. G. 戈特沙尔克（Gottschalk）：《会计制度基础及其在工业部门的应用指南》（莱比锡，1865 年）；

（3）E. 施特恩（Stern）：《工商行业与小工厂应用簿记说明大全》（达姆施塔特，1867 年）。【124】

本的融通与权属分配问题就越是显得突出，这种技术领班/技术专家从与商贸家合作者形成的依赖关系中解脱出来的可能程度也就越小。在19世纪下半期，合作式与功能化的管理趋势得到增强，同时管理与技术运作种类增加。这些事实使得管理与技术的任务都变得更为复杂。从长期变化趋势来看——比如说在采矿、机械制造以及电气等等行业中——董事会的组织更加围绕着某种功能性生产工作线为中心来进行，但相对技术专家而言，商贸家在董事会中的影响与权力还是增强了。不过，这些方面的情况在不同部门之
【545】间、不同企业之间仍然表现出巨大差别。①

3. 与劳工的关系问题

由有关文献给出的资料所能给人的印象似乎是，对大部分企业家来说，将一个劳工队伍集结起来的问题，要比资本短缺的问题更加容易解决，也不会更令人担忧。② 与18世纪和19世纪早期相比，在工业革命期间，劳动力市场的效率显著地提高了。在那些使用先进生产技术并高速增长的部门，比如说在工具制造、机械工程或是光学仪器等生产部门，当然也遇到了符合素质条件的劳工人员短缺的问题，这个问题在经济高涨时期显得尤为突出。对于那些大型企业而言，要寻找到符合素质要求，并且也具有一定的资历，还要符合诚实、可靠以及工作积极性等等条件的领薪雇员，也不是容易的事情。

与手工艺作坊、外包制度不同的是，现代工厂必须以集中运作为基础，它力图将很多工人集中起来，对他们进行有效的协调、训练以及任用。相比那些制造厂，它向前迈出的一步是，工厂企业家必须保证所有企业运作过程都按照一个中心计划来进行，保证对它们的调整能够与机器体系相适应，保证各环节的功能履行符合一个共同节奏并做到相互和谐。因此，企业家现在必须采纳新的组织形式与协调体系，采取新的刺激与动员方式，采用新的管理掌控手段。在摩擦不断发生的过程中，管理劳工队伍的问题就变得更为尖

---

① 参见以下文献的有关内容：

（1）关于对1870年左右亚琛地区纺织行业实业家在技术方面不胜任的批评，参见图恩（Thun）：《莱茵河下游地区的工业以及工人状况》，第1卷，第38页；

（2）恩格尔辛：《不来梅地区企业家述评》；

（3）博：《工业化早期莱茵兰与威斯特伐利亚两地企业家的成就意识》，第47页及以后、第52页及以后以及第58页及以后。【125】

② 这里及以下若干段落以J. 科卡（Kocka）的论文《工业革命期间的企业管理与雇员的关系》为资料基础，此文收入R. 布劳恩等人编撰：《关于工业革命期间公司的研究》（科隆与柏林，1973年），第162～201页。【126】

锐。对工厂纪律以及用工的消极抵制在第一代现代工厂的工人之中普遍存在。那些有手工艺背景的工人往往将现代工厂的工作看成是下等事情，尽管他们的薪酬状况比以前更好。而那些来自农村的工人——他们占大多数——则将新型工厂体系中的那种劳动纪律与员工管制，那些对其而言全新的时间节奏，还有分工等等，都看做是不自然与压制性的。为了将生产经营中的风险尽可能地转移到工人身上，用短期性的大规模解雇来对强烈而频繁的市场波动做出反应等等做法，在许多企业家之中广为流行。所有这些当然谈不上能够在工人身上引发什么对现代工厂体系的感情。公开的抗议活动常常是由社会民主党成员组织起来，在19世纪60年代和70年代极为频繁，它们给管理阶层造成了一种独特的社会问题。还有，老式的、更消极的内部对抗对于工厂工作过程来说，也仍在造成破坏性后果，正如某些实业家已经认识到的，它降低了劳资双方对工作的满意程度，也使生产效率的提高受到了限制。

面对这些问题，工业革命期间的企业家们用什么方法来应对呢？以企业
家管制权威直接地发出指示和命令，是最为常见的手段。在早期的现代工厂 【546】
之中，公开的训斥惩戒是极为常见的事情，并且常常还伴有若干制裁手段相威胁乃至实际执行制裁。这些制裁手段包括肉体惩罚、课以罚金乃至解雇等等。这样做的目的是强化劳工的——如果不说是忠诚的话——服从意识。这实际上意味着，在那时，管理者对工人还缺乏精巧与有效的控制技术，也说明了在工厂内部所存在的摩擦的强烈程度。当一家企业的财务价值已经获得了增长，以至于企业家再也不可能使用以面对面、人对人为基础模式的直接指令与控制手段来开展管理活动的时候，当与此同时，某些企业的生产、销售以及簿记等等活动所需的精确度都大为提高的时候，企业家们开始为生产车间颁布详细的并且通常是成文的工厂与工作规范，也开始为办公工作人员颁布服务守则。[①] 这些规范与守则涵盖的内容，常常都包括了雇员在岗期间

---

① 关于工作规范的若干早期例证，请参看：

（1）菲舍尔：《巴登地区的政府与工业化》，第356、357页（介绍了1837年、1838年以及1845年的情况）；

（2）O. 诺伊洛（Neuloh）：《德国工人的管理规章、社会结构以及工人参与工厂管理状况》（蒂宾根，1956年），第154页及以后（讲述了克房伯的企业中的情况）。

关于工作规范的进一步延伸，请参见上引书的第79页；也请参见哈尔科特（Harkort）的“《机 【720】
械工厂》”（1830年）的工务规范，见克尔曼（Köllmann）：《弗里德里希·哈尔科特评传（一）：1793～1838年间》，第66页及以后、第187页及以后。

关于“对大型工业企业进行治理的第一个管理法规”（1872年），请参看施勒特尔（Schröter）：《阿尔弗雷德·克房伯的管理总规范》，载《传统》，第1卷（1956年），第35～57页。

商务管理规范与指导条令从19世纪50年代以及60年代在西门子的那些企业中也开始出现。
【127】

的时数与行为要求，它们一般都更精确地对雇员义务做出详细规定，并相对忽略了他（她）们的权利。再通过在企业组织与权限关系方面引入一种官僚（等级）体制般的刺激机制——尽管这种刺激强度在各家企业中有所不同——这些成文规范从道理上能够用于限制基层领班或是车间头目的个人权力滥用。从此，领班和工头就是以其职位及职位所对应的工作功能为基础来行事，而不是以个人关系作为言行基础。总的来看，这种成文规范使得管理组织的正式化、规范化趋势得到强化。这种对工人进行掌控的方式，直接或间接地以国家公务以及军队系统中的古老模式作为借鉴基础。而前政府官员、前军队人士也较为普遍地在兴起着的工业管理层之中出现。这些人将等级体制的管理方式、结构、理念乃至沟通的语言带到了规模扩大着的现代工厂之中。“精密的分工组织、明确的个人职责以及严格的管理控制都在管理活动中得到贯彻执行……我的意图只是要拥有一个精致的组织与秩序，并且不想只是对劳动本身盲目付薪。因而，对工人来说，处在这个秩序之下，一个适宜的办法便是仅仅考虑什么时候会太晚了；每一个人也都知道该干些什么，该对谁负责。”① 当然，对等级体制方式进行简单的模仿也是不可能的：大部分生产车间规模太小了，企业的基层生产操作因总在发生变化而显得极不稳定，企业的组织也可能会与管理者的个性发生紧密联系，而企业以利润与市场作为中心对所有行为进行统领引导的趋向也显得过于强烈。因而，其他管理方式会与等级体制形式一道并行。

以工作成果和利润分红为基础的价值偿付，是物质刺激的形式，可以用来对劳工队伍进行激励。从19世纪40年代以后，计件薪酬方式的运用大为增加。而员工参与利润分红也由企业家们以不同形式明文规定下来，尤其是对那些进入到决策层且有着稳定薪金的企业员工。这种管理设计在直接控制十分困难的情况下显得尤其有效。“我每每发现，不让那些参与到企业事务指挥的人参与成果的分享，是一种极为荒唐的言论……在大型而分支繁复的
【547】 企业之中，企业家不能亲自进行直接监管，那么有关当事人就必须将其利润的很重要的一部分让渡给他的那些监管代理人员，这是操持一个大型企业的基本规则。”②

这样，等级体制与利益补偿是员工管理中的基本指挥与控制手段，但它们还由在管理者与被管对象之间建立某种亲情关系而得到补充。在这里，仍

① 这是前军队官员 W. 西门子的原话，引自科卡：《工业革命期间的企业管理与雇员的关系》，第178页。【128】

② 出自1868年时维尔纳·西门子讲出的原话，上引书，第175页。【129】

是工业化以前的某些做法在提供着操作标准，这种作为参照标准的事例取自于那时的手工业活动，也取自封建农村的环境之中。在相对较小的企业之中，是企业家自己与工人们之间试图培养和建立个人联系。如果后者生病了，前者会承诺给他们一定的帮助（尽管是有限的），而并没有什么合同迫使他做出这种支持与帮助。还有其他一些雇主则会给一些老雇员赠送一些圣诞礼物或是礼金。在某些情况下，工厂主还会为他们的劳工队伍建造住宅，甚至整个工厂村区。许多雇主创建了事故与养老基金，并向其提供资金支持。这些旨在改善雇主与雇员之间关系的措施，都大大超出了原来纯由雇佣合同所规定的雇主义务范围。通过这种额外且自愿的付出，雇主能够有限地表示出他对整个工人群体的关怀，从而他也希望从雇员那里得到比纯由雇佣合同所规定的工作成绩更多一些的回报：他希望雇员对企业表现出忠心、诚实以及认同感。在一种极端的情形下，家长风格的企业家——正如企业家阿尔弗雷德·克虏伯（Alfred Krupp）以及萨尔河流域（Saarland）的采矿实业家冯·施图姆男爵（Freiherr von Stumm）所曾做出的——声称要对工人们的个性与生活的一切方面进行慈爱式控制，不管是对工厂工作还是私人生活，甚至包括对阅读某种特定报纸的规定，还有结婚必须征得工厂的允许等等。

从某种程度上讲，这种家长与亲情式的管理方式直接地起源于前工业化时期。具体地讲，它起源于那些受过手工艺传统影响的小型工厂，也起源于那些有着封建农业气息的大型贵族所有企业，另外，还起源于偏远农村地区的普通工业活动。只是，随着工业化进程推进，这种出自“自然”、漫无规划的所谓亲情联系逐渐地衰落了。以利润和市场为导向的自由放任原则以及自由主义思想在19世纪50年代与60年代影响巨大，而“亲情联系”与这种原则和思想在一定程度上是相抵触的。然而，衰退的趋势中也存在不少例外。那些需要较高素质工人的企业，在19世纪的40、50与60年代仍然使用非常特别的亲情联系方式，以试图将雇员拴在企业内，并鼓励他们产生额外的回报动机。在某些雇主的头脑中，甚至还有着伦理、宗教与社会改革的愿望。还有一些企业家将教育措施视为手段来促使工人提高工作效率，并将他们转化为良好市民。从19世纪60年代开始，一些大企业的财务价值仍维持着相对稳定的增长，它们的雇主以及其他一些在财力上仍然能够对亲情政策进行支持的企业家，也都仍旧使用家长关怀与亲情方法，并把它视作是“征服工人 【548】
思想的一种武器”，视为与越来越强烈的有组织抗议、与工会和社会民主党等社会活动或社会势力进行斗争的一种工具。

这三种劳工管理方式（等级体制、财务补偿以及亲情关怀）相互结合的方式从一家企业到另一家企业、从一个部门到另一个部门、从这个地区到那个地区、从某个时代进入到后一个时代，都会有所不同。仅从招募、处置以及培训劳工队伍的角度上讲，这些方法是基本能够达到目标的。只是，劳工管理问题还会受到诸如学校教育、军事服役、政府社会政策以及政府态度的影响。当然，这些活动的目的也是促使所属活动对象劳动生产效率提高。另外，以上这些手段和方法仅仅是在企业范围内得到运用，它们当然不足以防范一种激进而对立的无产阶级社会意识以及不断升级的劳工运动浪潮的出现。①

4. 企业的组织与管理问题

工业革命期间的大部分企业都是中小规模的，这种生产单位大都将自己的经营活动集中在一种工业活动领域之中，比如棉纱与棉布生产、机械与工具生产，或是纸张生产等等。企业通常由单个人或是参与合伙的有限的几个人进行指挥与经营。就在这些人身上，资本家与企业家的功能紧密地结合在一起。在这些企业之中，某一种管理风格会占绝对优势，这种风格既会受到那个时代经济生活中起主导作用的管理模式的影响，也会深深打上某个企业领导者个人影响的烙印。在工业革命期间，没有任何关于领导与组织工业企业的正确方法的书面文字论述。这种书面的东西首次问世的时间是在 19 世纪 70 年代。② 关于企业的组织管理，雇主在私下之间可能会进行个人经验交流；还有，在稍后时期，有的雇主在前往其他工厂进行学徒式观摩的时候，也会相互学习；除此之外，每一个雇主一旦遇到这类问题，一般都是自行解决。而对技巧的“秘而不宣”可谓是广泛存在，这不仅仅是对技术发明来说是这样的。雇主们如果看到他们的组织体制创新泄露给了竞争者，也会感到很不高兴。从而，企业的个性特征会十分强烈地显现出来。与以后几十年间

① 请参见以下文献：
（1）L. H. A. 格克（Geck）：《不同时期社会雇佣关系的变化》（柏林，1931 年）；
（2）E. 米歇尔（Michel）：《工业化过程中劳动关系的社会史》（法兰克福，1853 年）；
（3）F. 德克尔（Decker）：《19 世纪迪伦地区企业内部的社会制度》；
（4）L. 普普克（Puppke）：《关于莱茵兰与威斯特伐利亚地区工业化早期企业家们的社会政治与社会观点的分析》（科隆，1966 年）；
（5）G. 阿德尔曼（Adelmann）：《从其开始经 19 世纪直至第一次世界大战期间鲁尔地区采矿部门的社会劳工管理法规评析》（波恩，1962 年）。【130】

② 参见 J. 科卡：《1914 年前德国工业企业管理的方法与模式研究》，载《社会经济史季刊》，第 56 卷（1969 年），第 332 ~ 372 页。不过，在更早时候（指 19 世纪 70 年代以前），出现过论述各工业分支部门技术问题的文献，也出现过关于公司法和劳工问题的讨论；并且，19 世纪 50 年代以后，还出现了一些保持工厂财务会计方法的书籍。【131】

在同一方面问题的表现相比，大部分工厂主都更加理直气壮地认为，这个企业纯粹就是他们自己的成就，也理应受着他们自己的直接控制（这种控制在任何时候也都能够付诸实施），并且，企业与他们个人和家庭形成紧密关系也是理所当然的。尽管企业的领导人员也在发生着变化，企业家们还是倾向于将一个企业看做是他们自己的"王国"，而不是一个其独立身份与连续运作得到保证的正式组织。既然在一个企业的头领与他的雇员之间总是存在着直接接触，而且事实上他能轻而易举地做到监管整个企业，那企业家就不大可能[①]有动力去形成某种制度——在这种制度下，人手和事项的分配是通过事先规划且执行严格的等级命令来开展的。从而，在这时，很少能够见到精心设计的控制机制以及系统规划的信息流向。这些企业的领导者们通过他们的日常【549】到场与参与，通过频繁的交涉与鼓励，通过直接的命令与控制来开展工作。不过，第一本给出一个"成功掌管企业的应用准则体系"的书籍，带着一种既源自实践也合于学术的观点，还是于1868年得以诞生，这当然是一件极有意义的事情。只是书中这样坚持道："最好的指令就是口头发出的，而且是由那个永远到场、处处在场以及无所不察的雇主亲自发出的，这个雇主还应该能够持续地为他的雇员们提供一个榜样。"[②] 和早期的制造厂企业相似的地方是，这些现代工厂的成败很大程度上取决于处于企业顶层的个人的工作状况。

然而，这种在功能上全然融合着资本提供者—企业家—管理人的非正规、个人统制式的管理体制，在某些企业之中，却显得并不足以胜任。在它们那里，必须开展新式的管理设计来补充原有体制的缺失。作为客观要求，它可以由以下三方面的发展趋势来得到印证乃至解释。这些趋势在工业革命开始时就出现。

第一方面，当某个企业的雇员人数达到了一两百人时，看起来，企业就已经在进入一个新关口。在度过这个关口之后，所有这些个人指令与直接控制的管理方法再也不能胜任。如果不引入新的管理方式的话，再沿用全面控制以及内部沟通的老模式就会变得有危险。而当企业的成长又与地域上的分散结合到一起时，这个问题会显得尤为迫切。这时，在其他的城镇乃至国外

---

① 此处英文原文为"…frequently made it possible…"，但译者根据上下文语义判断，似为"…seldom made it possible…"之误。——译者注

② 参见A. 埃明豪斯（Emminghaus）：《一般企业规范》（柏林，1868年），第9页和第164页。实际上，在迪伦地区，从事纺织、金属加工以及造纸的中小规模工厂只是从1891年开始才按法律强制规定的要求引入书面的工作过程和书面的工厂规章。【132】

设立管理分支就很常见了。在铁路大规模出现后，铁路运营也迫切要求管理方式朝着精确性和连续性为特征的方向转变。

第二方面，即使是在工业革命期间，许多企业就在将生产与配售的功能融会起来。在德国，那些有志于采炼与制造工业的商贸经营者们通常并不将自己的钱财局限于为自己的商贸活动提供融资，也不满意于只能对工业活动施加间接影响，他们倾向于自己也成为工业企业家。而那些工业企业家们也力图做起自己的市场销售工作，而不愿这项事务经过在他们看来可能靠不住的商贸人之手。当然，对这个说法会存在许多例外，特别是在纺织行业，在所有中小规模企业占据绝对优势的（比如说纸张制造）工业部门。不过，从总的情况来看，这种功能一体化的趋势在德国的发生要比英格兰来得早而且更为强烈。要对两国之间的这种差别做出全面解释不是一件容易的事情，而且这种解释还需要投入更多研究工作。看来，就是那个时代的企业家们自己，也没有能够对这种功能一体化做出过多少评论。对这些企业家来说，这种功能一体化在它产生时，就是不言自明而且必须存在的。在我们看来，这种趋势或许与德国工业的相对落后以及由此它从后面起步，并且发展也相对较快这一事实情况相关联。与英国相比，德国的工业与前工业化的经济结构更显得
【550】没有什么连续性。在那些对德国发展至关重要（比如说机械工程与矿山采掘）的工业部门之中，早期实业家们往往都没有什么既成的、已得到充分发展的商贸构架可资利用。从而，当事情变成要对技术相对复杂的产品进行销售，并且在销售活动开展过程中的有关产品专家只能由生产者自己来组织提供时，生产商们就必须将商贸方面的事情全盘承担下来。而且，早期工厂主常常还对那些与自己没有什么牵连关系的配售商充满着不信任，制造商们的一个普遍存在的念头就是使自己“独立于”这些配售商。这可能是由于，德国的商业经济自由民的传统相对有限，德国国民对市场中其他人的正面行为的基本信任没有被充分地培养出来。这种信任本应存在于相互分工的个体与组织之间，也是它们所参与形成的相互联系、相互依赖的市场关系得以存续的前提。在这种情况下，出于预防的动机，企业家们就会产生扩张想法，即他们会尽可能地将从原材料的提供，直至产品的最终销售等等多种经济功能融合到一起。①

---

① 参见以下文献：

（1）H. J. 哈巴库克：《工业革命以来的工业企业组织》（南安普敦，1968 年），第 4 ~ 15 页；

（2）K. 维登费尔德（Wiedenfeld）：《现代企业家的个性分析》，第 59 页及以后；

（3）T. 福格尔施泰因（Vogelstein）：《资本主义工业企业的财务结构》，收入《社会经济概论》，第 6 卷，第 2 版（蒂宾根，1923 年），第 390、391 页，第 393 页及以后。【133】

作为这种早期就已发生的功能一体化的结果，企业当事人迫切需要拥有不同素质条件的人士参与到企业管理层中。早期的许多实业家都力图仅仅是在若干少数的“企业官员”或是受薪员工的帮助之下对企业的生产过程和配售过程做出部署与指挥。然而，在那些大型企业，由于企业家功能的复杂程度在不断上升，这种做法被证明是不可能实现的。对于某些单个的任务，需要多个专家全力承担，因而专门工作部门很快就出现了。比如说，结构设计部门，19 世纪 50 年代快要结束时，就在一些中等规模的机械工程厂得到建立。这一部门专门雇用工程师参与，它的活动与基层车间、与管理队伍的活动都明显不同。而与此同时，随着按照客户订货、为着市场销售以及自身备货而组织进行的大规模生产活动变得越来越重要，企业也就越来越需要对配售活动进行组织。专门从事营销的企业部门得以分离出来并独立出现。同时，部门化的基层车间也形成了，并需要企业领导者对它们进行特殊、新式的协调与整合。[①]我们看到，这些企业都是在必需的情况下，才去构建功能不同的部门，并形成新型的部门管理模式，由此，也造就了新式的全面协调方法。

最后，第三个趋势。早期的企业家总是试图将相当数量的工厂都掌握在他们的手中，并试图将他们的经营范围延伸到若干不同生产部门，这也给他们提出了与上面相类似的管理问题。在工业化进程的前几十年间，在经济生活的各个方面，这个趋势就已经以不同形式表现得非常明显。同样，也可以将它们解释为是德国经济发展相对落后的一种结果。比如说，在从事机械工程的早期实业家之中，就奉行一个共同行事准则，即尽可能地生产制造更多种类的东西，而这也还是因为市场没有得到充分的培育与发展。在这种环境下，在分工细密的技术链条上从事技术属性单一、范围狭窄的生产活动的企业难以独立生存。[②] 企业家的这种行为动机随着经济发展进程的推进当然会 【551】
有所减少。事实上，在 19 世纪 50 年代和 60 年代，有一些部门出现了生产分工细化的趋势，这其中包括机械工程行业。类似地，大部分纺织业制造商，在工业化前几十年间，为了满足自己的需要，都建立了他们自己的机器

---

① 参见施勒特尔（Schröter）与贝克尔（Becker）：《工业革命期间德国的机械制造工业》，第 199 页及以后。这一文献强调，1860 年左右，德国的机械工程工厂们在形成专门的设计部门方面，甚至还要超前于英国。

关于在西门子的企业中，部门管理结构的形成以及随后所带来的企业指挥问题，请参看科卡：《模范的西门子企业家管理与职员队伍》，第 135 页及以后。【134】

② 参见迪特里齐：《萨克森地区工商界领导人传略》，第 150 页及以后（在这一文献中讲述了豪博尔德非常清楚地认识到了 1830 年左右德国与英国之间所存在的这个差别）。【135】

制造工场，但后来，他们也将这种车间性质的工场发展成为具有充分独立性的纺织机械企业。于是，不管怎么说，德国很早就有大量企业尝试过产品多样化，这种多样经营后来存续下来了，只是以后的生存条件可能在某种程度上会和引发它们产生的环境条件有所不同。

纵向一体化[①]出现得很早，尤其是在采矿行业。早在19世纪20年代和30年代，位于奥伯豪森（Oberhausen）的工厂古特霍夫农格许特（Gutehoffnungshütte），就已经发展成为一个多过程生产企业。在这个企业内部，包含着从铁矿采掘到重工机械再到企业自己的配售网络等等不同的"生产阶段"，而且企业不久就生产出了自己的煤产品，并且还另外发展了化学副产品的制造业务。这种早期的产品经营多样化，主要是通过建立新工厂来实现的。但是，已经存在的那些企业，也常常会被接管、合并或改造。在这里，仍然还是相对不发达的经济局势，迫使企业创建者们去采取这些权宜之策，在早期阶段尤为如此。交通设施没有得到良好开发、市场范围有限、产品需求趋势显得不确定乃至渺茫，所有这一切都意味着企业家的明智决策就是产品多样化。对于早期的那些先锋企业家来说，情况尤为如此，他们在类似于"绿色草场"的地块上创办自己的企业，使用着某种远远超过现有需求潜力限制的生产技术与生产规模。他们所固化的这种生产能力，只有通过一种明显的经营多样化，才能利用内部组成部分之间的相互联系而得到某种程度的使用。同样，企业家在这里再次呈现出那种力争最终做到"独立化"的防范动机。诚然，在1870年以前，也还只有少部分采矿公司，坚持要以这种方式进行产品经营多样化，而在其他工业部门，比如说在纺织行业之中，这种趋势根本没有发生。[②]

① 纵向一体化，是指以原材料、生产、销售为线索发生的企业联合。——译者注

② 参见以下文献及其内容：

（1）关于古特霍夫农格许特（Gutehoffnungshütte），参见E. 马施克（Maschke）：《康采恩的兴起》（奥伯豪森，1969年），第19~31页；

（2）关于哈尔科特（Harkort）的**"机械工厂"**在1820年左右所发生的极多样化生产与经营，请参看克尔曼（Köllmann）：《早期企业家》，第11页及以后；

（3）关于企业家博尔西希（Borsig）在1840年左右广为延伸的多样化生产经营，请参看维特（Witt）：《关于100年前至今工业企业家活力的探讨》，第93页；

（4）关于西里西亚（Silesian）地区的有关企业创办活动，参见富克斯（Fuchs）：《对自由主义的政府调控政策：以上西里西亚为例来说明普鲁士的采矿与冶金工业》，第32页及以后；

（5）关于萨尔（Saar）地区的采矿实业家的有关情况，请参看黑尔维希（Hellwig）：《萨尔流域工业化地区的企业家与企业行为方式》，第409、415页；

（6）赫尔曼（Herrmann）：《莱茵兰—威斯特伐利亚工业化地区采矿行业企业家的发展线索探究》，第10页，第22页及以后；

（7）关于早些时候在"绿色的草场"上发生的企业创建活动，请参看马丁：《工业化早期以股份公司法律形式存在的企业》，第204~206页。【136】

随着企业规模的不断增长，企业的地域分散程度、劳动复杂程度以及分化的细密程度都在不断增加（这些都是由企业功能一体化促成的变化），企业还表现出产品多样化的趋势，所有以上这些方面，在一小部分企业中，都带来了以往常见的那种单个生产单位所未曾经历过的管理问题。问题变成为，这个组织再也不能由单个人来掌控，并且组织内部实际已经引入了劳动分工以及分散的管理方法，而针对这种组织，怎样才能保证必要而有效的功能协调、信息沟通以及权力行使呢？相关的企业和社会人士也都意识到了这一问题。单个的人面对规模在不断扩充着的大型企业和企业所属的那些变换多端的功能，都不能做到独立整合；他也不能单独地对一家经营多样化企业的多个不同工厂进行管制，或是单独地对一家有着多种不同分支部门的联合大企业进行协调。然而替代的解决方法又不是完全明朗。1862 年有一个关【552】税联盟委员会（*Zollverein*）报告说，管理上的难题，势必限制大型企业的进一步扩充。[①]“我的手头已经被各种事项堆满了……我现在开始思索，如果它们当中的某些能够很快地付诸实施，是否有必要将自己的处理范围只是局限于这些事项上面去”，这是那时拥有许多产业的企业家梅菲森（Mevissen）于 1845 年写下的。不过，他还是不断地感受到，试图遵循自己找出的这种限制方法，是十分困难的。[②] 而在“铁路大王”贝特尔·亨利·施特斯贝格（Bethel Henry Strousberg，1823～1884）那里，我们则明显地看到，一个企业家要以各种个人管理方式将若干个规模大而又产品品种多样化的企业组成的集团掌管在手里有多么困难。这位集商贸家、保险代理商以及新闻记者于一身的头面人物，在英格兰停留过较长时间之后，于 1855 年定居柏林。在 19 世纪 60 年代和 70 年代早期，他已经成了德国名气最大、钱财最多，也最引人注目的铁路建造商。他不仅推动形成了新的融资方式并建造了铁路线路，而且还持久地掌控着他曾建造铁路中的某一些。另外，为了给铁路建造供应必需的原材料，他进而在采矿、冶炼以及重工机械行业中收购和创办了若干家企业。为了摆脱对供应商的依赖，施特斯贝格试图创办一个产品种类高度分散化的企业。他确实以创办或购买的形式，造就了这个企业整体的不同组成部分，却不知道怎样才能将它们形成一体化的体系。在构建一个控制组织上面，他失败了。在对组织缺乏控制的情况下，对整个企业失去了全面体察。也就是说，他仍旧停留在直觉与自发式的决策陷阱之中，整个企业也

---

① 参见 O. 施瓦茨（Schwarz）：《现代大工业的企业培养》，载《社会科学综论》，第 25 卷（1869 年），第 595 页。【137】

② 汉森（Hansen）：《古斯塔夫·冯·梅菲森》，第 1 卷，第 408 页。【138】

缺乏必要的内部协调。部分地是由于这个原因，他在19世纪70年代早期的经济危机中走向破产，随后，他在俄罗斯的一个债务人监狱中撰写自己的自传，并且最终穷困潦倒地离开人世。①

总的来说，在那时，有两种策略可以用来解决企业规模增长与复杂性增加带来的管理问题：一个是以家族关系为基础来解决，另一个就是建立等级体制。② 正如之前50年大不列颠就已经遇到过的情形那样，也正如当今诸多发展中国家所存在的问题那样，1850年左右，德国的工厂主很难找到既符合素质要求而又诚实可靠的企业官员或是企业文职队伍来执行与完成那些企业家们自己不能密切监控的任务。由于欺诈的风险持续存在，在雇主们选择员工的标准中，诚实可靠甚至比受过培训和能力胜任更重要。那时的雇主们总是尽可能地将自己的血缘亲戚与亲密朋友放到那些行使着决策权力，或是雇主难以控制的职位上面去。这样，在后来能够通过更为直接的方式以及以更为协调的节奏，由等级控制、财资激励和职业伦理来完成的管理职能，在当时却是通过个人忠诚来实现的。通常，在某家公司之中，那些资历老且享受常薪的雇员，都是创办者的兄弟或堂、表兄弟，而全面负责的首席管理者，则往往是创办者在学校或是在军队服役期间的关系最密切的朋友。当产
【553】 品多样化带来了新管理问题的时候，企业家通常做出的反应就是为新种类的产品生产再创办一家地位独立的公司，而将他所信任的（堂、表）兄弟或是子侄放在这家公司负责人的位置上。当然，我们也不能说“他信任”就完全意味着后者不能胜任。由此，家族成员的相互忠诚为责任与权力的成功分散提供了必要的控制方式——尽管是非正式的。国际电气制造与配售商西门子与哈尔斯克（Siemens & Halske）公司的协调方式为家族联系的实际运用提供了另一个例证。西门子分别设在德国、俄罗斯与大不列颠的三个主要分支机构之间的相互协调基本就是通过西门子家族的三兄弟之间的私人信函

① 参见以下文献及其内容：

（1）B.H. 施特斯贝格（Strousberg）：《施特斯贝格与他自己的职业生涯历史》（柏林，1876年），第405～421页；

（2）G. 赖特伯克（Reitböck）：《铁路大王施特斯贝格》，载《技术与工业历史论文集》，第14卷（1924年），第65～84页；

（3）特别请参看有关学者对 B.H. 施特斯贝格与 J.I. 梅雷斯（Merès）所做的比较，见F. 雷德利希：《关于19世纪的两位资本家与自传作家的比较》，载《经济与历史》，第10卷（1967
【721】 年），第37～128页，特别是其中的第113～128页。【139】

② 前面提到的企业家施特斯贝格，却不能够使用这二者当中的任何一个。从前一方法来看，他不属于任何血缘联系较紧的大型家族，而是一个到处漂游的人，对德国来说他更是一个新到来者；从另一策略来看，他是一个极其反对企业采用政府等级体制方式的人。【140】

以及亲情信任来进行的。这三人分别是维尔纳（Werner）（驻柏林）、卡尔（Carl）（驻圣彼得堡）以及威廉（William）（驻伦敦）。他们各自都是所在分支的头领，却都要去过问与干涉另外两个分支的细节性事务。在那个相互之间信息沟通还显得较困难的时代，在国际层次范围上，兄弟之间的忠诚为达到其他任何方式都不能达成的相互配合与协调提供了可能。而当这些兄弟之中的某一个因为某种原因离开他原来所驻分支机构，或是在分支机构中失去了权威性影响，那就会由此引发管理裂痕与事务摩擦。这就越发显示出这种家族联系具有重要性。早期实业家的这种"任人惟亲主义"，不仅仅是要在商务事务中体现他们亲密的家庭感情，而且实际上也是出于促进企业增长与成功的考虑，并且确实也起到了这样的效果。当然，这种以个人关系为基础的协调方式，也仅仅能够在企业的不同部分之间达成某种松散联系。不管整个企业是以操作功能还是以地域关系作为其组织分支机构的线索，这种协调方式都给分支机构留下了很大程度的自主权。然而，只要这种协调方式足以完成预想功能，那么家族成员的相互忠诚——由于它既不昂贵又切实可行——就是达成这种协调效果的首选工具。在工业化进程的早期，正是在这种成员之间有着亲密联系的家族结构之中，早期企业家得以成长成熟。从而对那个时代的公司成长乃至经济增长而言，不管是从资本形成（这种"资本形成"在本书前面章节中曾经做过讨论）的意义上，还是从启动大规模企业管理的开端的意义上讲，这种"惟亲主义"都更应该被视为是一种社会资产，而不能说是社会负担。①

另一个可供选择的策略，就是建立等级体制的组织模式。等级体制曾经在公共事务管理中得以形成。规模正在增大着的私人公司可以按照自己需要，调整组织管理的方式并模仿和采用公共部分的等级体制。在德国的一些大中型公司之中，劳动人手之间的分工和等级体系的模式确实是得到过仔细设计、精心规划并且得以成文。责任的明确划分、信息的沟通渠道以及为不同职能者沟通所必备之专门知识，都显得清楚明白。尽管也可能发生的是，因为公司规模较小并且公司业务变化迅速，或者是因为公司的行为必须以市

---

① 请参看以下文献：

（1）J. 科卡：《德国工业企业管理中的家族联系与等级体系》，载《商务企业历史评论》，第45卷（1971年），第137～140页；

（2）克尔布勒：《工业化早期的柏林企业家》，第28页；

（3）迪特里齐：《萨克森地区工商界领导人传略》，第60页及以后、第252页及以后；

（4）艾贝格（Eyberg）：《19世纪上贝格诸专区企业家所处社会环境与行为方式研究》，第127、128页。【141】

场为导向，要不就是因为许多的工种操作有着过于独特具体的特性等等——因为诸如此类的实际情况会给这种管理模式的施用带来限制，由此这种全面秩序与成文规范在某些时候、在某些场合的可用性也会落空或是变得无效。虽然有这些局限性，但这种源自各家公司之外的等级管理模式，毕竟还是为
【554】早期企业形成系统管理的设计方案提供了借鉴。有的企业已经将企业家与管理者的功能分配给了不同组群的人来承担，对这些企业来说，这种借鉴意义就表现得更加明显。

关于这一问题，最好的例证就是铁路部门。在这里，对系统管理的要求非常强烈。铁路企业规模较大，而且在地域上又很分散，它们常常以联合股份公司作为企业形式。有很多前政府官员，经过了有关技术培训，也曾有过事务管理的经历，进入了铁路公司的那些新近形成而又颇诱人的管理职位，但这种人究竟有多少，还需要有关研究者进一步调查。就是由这些人为企业制定了管理规范并且构建了组织形式，这种组织的结构和程式与公共事务管理中的等级体制极为类似。铁路公司完成这项工作，距离政府后来于 1880 年对铁路进行接管还有很长一段时间。①

当然，等级体制方式对德国工业部门的影响程度与方式，在部门与部门之间，公司与公司之间都会有很大不同。通过在等级体制上进行组织技术选择，也可以使得等级体制的管理方式与其他方式，比如说财务刺激与家族联合方式，做到相互之间密切融合并相互平衡。有时，等级体制的管理方法也可能会导致僵化与不灵活，不过，从总的来说，等级体制对早期大型企业管理的发展产生了有利影响，并由此促进了公司乃至经济的增长。正是以这种历史环境为背景，读者才会理解维尔纳·西门子——一位可谓是曾以自己的亲眼观察和亲身经历对德英两国的企业家功能都进行过深入了解的企业家——所做的有关评论："相比英国而言，普鲁士企业的优势在于它的良好

---

① 参见以下文献及其内容：

（1）施特斯贝格：《施特斯贝格与他自己的职业生涯历史》，第 158 页及以后；

（2）孔普曼（Kumpmann）：《1830～1844 年间莱茵铁路公司发展史》，第 165 页及以后、第 178 页及以后、第 180、181、183 页及以后以及第 245 页及以后；

（3）关于相比美国，德国铁路管理模式受到这种政府等级管理体系的影响的不同之处，请参看 A. D. 钱德勒（Chandler）：《论铁路》，载《商务企业历史评论》，第 39 卷（1965 年），第16～40页。

（4）关于对这个方面的一般讨论，请参看科卡：《德国工业企业管理中的家族联系与等级体系》，第 140 页及以后（在这里作者给出了来自西门子公司的例证）。

（5）还请参看 C. 黑尔费尔（Helfer）：《刍议军队对德国工业发展的影响》，载《施莫勒学术年刊》，第 83 卷（1963 年），第 597～609 页。【142】

的组织管理，正是它们的这一特点使英国企业所具有的许多重要优点相形见绌。”①

10.4 大企业的兴起与有组织的资本主义

19 世纪 70 年代所发生的经济萧条，意味着在“经济繁荣年代(*Gründerjahre*)”所出现的经济景气走向终结。而周期性经济低潮在 19 世纪 70 年代与 90 年代又显得特别地漫长与深重。至 19 世纪 90 年代中期，一次稳定、长期且发生过程迅速的经济扩张再次启动。除了在 1900 ~ 1902 年间以及 1907 ~ 1909 年间有过短时间中断以外，这次经济扩张一直持续到了第一次世界大战。从 1873 年至 1913 年，德国的 GNP 翻了三番。其中，第二产业的发展又对这次经济扩张起到了推动作用，这种作用大大超出了与其从业人口比例相称的那种程度。1873 年，约有 1/3 的国民财富来自工业以及手工艺与采矿生产活动；而到 1913 年时，这些部门所生产的产品价值几乎占到全部国民产值的 1/2。就在同一时期跨度上，工业与手工艺部门所雇用的劳动者占全部劳动大军的比例从大约 30% 上升到 38%。这些都清楚地说明，第二产业部门的生产效率相比其他部门在以更快的速度上升。在 1870 ~1913 年间，工业产品（不包括采矿业）的年增长率为 3.7%。增长程度比这个平均速度更快的行业包括供气、供水以及 【555】
供电、造纸、化学、金属制造与加工（这其中也包括机械与电气技术行业)，以及矿石采掘。消费品行业的增长速度要比生产用品行业的增长速度低；不过，在第一次世界大战的前 10 年间，这两大工业部门的增长速度基本相当。采矿业中 3 个分支部门的产值分别以 4.3%（无烟煤）、5.8%（褐煤）、5.0%（铁矿石）的速度增长，这些增长速度也比（工业和经济的）平均扩张程度更快。②

---

① 此话见于他于 1870 年 2 月 28 日写给他的兄弟卡尔（Carl）的一封私人信件，此信收入科卡:《模范的西门子企业家管理与职员队伍》，第 90 页。【143】

② 请参阅以下有关文献：

(1) W.G. 霍夫曼及其合作者：《19 世纪中叶以来德国经济发展》（柏林，1965 年)，第 63 页、第 204 页及以后、第 454 页及以后；

(2) R. 瓦根菲尔（Wagenführ）:《工业经济研究》（柏林，1933 年)，第 56 页及以后；

(3) A. 施皮托夫（Spiethoff）:《论经济发展》（2 卷本）（蒂宾根与苏黎世，1955 年）；

(4) J.A. 熊彼特（Schumpeter）:《商业周期：关于资本主义经济过程的理论、历史与统计的分析》，2 卷本（纽约，1939 年)，第 1 卷。【144】

就是在这40年间，作为经济发展的后来者，德国终于改变了它经济地位相对落后的状况。它在经济规模与现代化程度方面赶上了所有大陆国家。并且，在某些重要的方面，比如说生铁与钢材生产、化学与电化学产品生产、工业组织甚至还部分地包括工业技术的成熟化程度等等方面，甚至超过了大不列颠。德国工业的扩张，在德国的国民中引发了高涨的自信与乐观情绪。这种扩张与整个工业结构的变迁进程相伴随，而结构变迁又受到企业家决策的强烈影响。但反过来，总量扩张与结构变迁也对企业家功能与管理思想的形成与成熟有着重要意义。在此期间，经济发展呈现出的趋势性变化包括：大型企业通过内部扩张与外部并购，财务价值进一步增长；所有权与控制权更加趋向分离；通过内部扩张或外部并购，大型企业所经营的产品进一步趋向多样化；德国工业企业更进一步地卡特尔化（组成企业联盟）；银行对企业的参股控股也普遍兴起。而大型企业的复杂性增加，又恰逢在生产、配售以及管理活动中科学的应用变得活跃之时，这反过来又会对所有这些重要结构变迁产生影响。①

10.4.1 规模扩张与产品多样化

在这几十年间，企业规模扩大的趋势越来越强。1882年，在每1 000名受雇于工业和手工艺领域的人当中，只有263人所在的工厂的雇工人数超过了50人；而到1907年时，相应的数据是455人。1882年，在工业与手工艺领域所雇用的所有人员之中，只有7.2%的部分属于那些雇工总数超过了1 000人的工厂；而到了1907年，这个百分比上升到13.7%。无疑，演变的基本方向是生产更为集中，正是采矿、机械工程（包括电气机械工程）、化学以及纺织——在这几十年间，纺织行业也在采取以规模扩张为主要特征的企业政策——等等工业部门，在主导着这种演变。在以上提到的这些分支部门中的每一个，都至少有占着部门所有雇员2/3的人，是在人数超过50人的工厂之中工作。另一方面，生产集中程度最低的工业分支部门，则包括制衣、食品、木材以及皮革等行业。②

① 这些结构性变化是一种普遍存在而又包容广泛的社会变革过程的组成部分，这种变革过程被描述成在向着“有组织资本主义”转变。参见J. 科卡：《有组织的资本主义还是国家垄断资本主义?》，收入H. A. 温克勒（Winkler）编撰：《有组织的资本主义：前提条件与初始阶段》（格丁根，1973年），第19～35页；以及由韦勒（Wehler）、温克勒等人撰写并收入这同一论文集的有关文章。【145】

② 参见松巴特：《现代资本主义》，第3卷，第835～838页。【146】

以上这些数据，还只是对“工厂（*Betriebe*）”这种局部生产单位变得越来越集中作了一个说明，我们不能说它尽述了企业的集中化。企业是所有权与管理方式的实现单位。若干家工厂常常隶属于一家企业。从所属工厂生产【556】
用设备的实体形态来看，这家企业是被分散化了，但它的所有权与管理操作却是集中进行的。不过，毫无疑问，企业间的集中过程比工厂之间发生得更为迅速，只是关于这一点我们还没有具有代表性的数据。也许进行下面的一个比较能够做出某种说明：1893 年，莱茵兰与威斯特伐利亚煤炭辛迪加（Coal Syndicate of the Rhineland and Westphalia）得以组建，在那时，共有 98 个采煤企业加入，平均给予每一个企业的采煤量限额是 342 650 吨；1915 年，有一家属于混合型且被称作是“铸造采煤公司”的企业集团——它在 1893 年并没有加入到这个辛迪加，但是这时也正式成为这个联盟的成员。我们看到，相比 1893 年，这个辛迪加组织当时至少是多容纳了一个企业巨头，但它的企业成员数目却下降到了 57 个，而分配给每一个成员的煤产量配额上升到1 600 000吨。①

毫无疑问，在大多数情况下，企业的扩张反映着它们的指挥者所怀有的某种特定目标。也就是说，领导者的意图以及工作努力方向就是扩张。不过，要想去揣摩并理解他的更深层次的动机常常很困难，特别是要去了解在 1900 年左右主持那些规模正在扩张的大型企业、并且领受着基本固定的薪水的那些企业家就更是困难。肯定地，他们不会以利润作为他们的最终目标，他们已经可以在没有什么风险的情况下领取较高的经济收入。我们更应该这样说，他们力争获取利润，只是为了替企业扩张融资。扩张又是成功的象征，成功在他们以及他们的同行以及先辈们的眼里，主要就是以营业额与利润额来衡量的。他们对企业扩张的追求是标榜自己能力强大的一种手段。正因为如此，他们才斤斤计较于自己企业的规模。企业规模变大意味着他们所拥有权力的支配领地也扩大了，而这就是他们的享受，他们渴望获得这种享受。他们非常明白，通过这种方式能够为自己赢取社会名声。瓦尔特·拉特瑙（Walther Rathenau）是通用电气公司（AEG）的第二把手，他以其特有的观察力并用自己的体会来说明产生这种扩张动机的合理性：

---

① 在这整个期间，这种辛迪加组织以绝对市场优势控制着整个煤炭生产市场，其程度接近完全：它的市场份额在 80% ~90% 之间。参见：

（1）K. 维登费尔德（Wiedenfeld）：《1815 ~ 1915 年莱茵兰地区矿冶工业发展 100 年》（波恩，1916 年），第 111 页；

（2）W. N. 帕克（Parker）：《企业家能力、工业企业组织与经济增长》，载《经济史杂志》，第 44 卷（1954 年），第 384 页及以后。【147】

> 只要持有大额股份的私人所有者仍旧存在，他们自己就会习惯于长期地将他们的股份企业看做是一个独立实体。这个实体自我独立地进行会计、生产、扩张、对外签署协议，还有与其他企业组成联盟等等活动，亦即这个实体以自己的资源开展价值繁衍增殖，以某种自我扩张目标作为自己生存的意义。确实它也有回报它的创办者的义务，但如果不说这是一种副产品的话，至少在通常情况下，这也不是什么主要目的；即使是一个能干的独立生意人也会倾向于在超过真正必需的程度上，对他自己和他的家庭的消费水平做出限制，从而为壮大他的企业提供资源手段并促使企业扩张。因而，企业的扩充以及拥有这种规模扩张了的企业的支配权本身，对企业创办者来说就是一种回报，这种回报要比利润更富于实际意义。拥有支配权的意愿激励着追求成功的雄心与冲动。① 而我们对大型公司的领导者所做的观察，也能够发现，这些企业家所持有的也正是这种思维模式。②

这种行动方向指向扩张、指向将来的企业家政策，能够为了长期的成功而放弃短期的收益，它和那种有着投机倾向的企业家行为方式明显不同。对
【557】于后者来说，主要目的在于凭借资本来获得可观的利润，这个企业的存在发展并不重要。但与那些以家庭为基础的古典企业家的政策相对比，二者在以将来发展作为行为导向上面并没有表现出很大的不同。那些古典企业家，甚至还是在相对更早的几十年间，也是为了企业的持续存在与安全发展而乐于接受短期的不利条件。③ 只是，就后者来说，至少还可以通过非经济方面的原因，比如说家庭状况，来对他们作为企业家的成就感做出了具有一定合理性的说明。然而，拉特瑙所提到的他那个时代的实业领导者，却是处于一种为了扩张而扩张、为了成功而追求成功的危机感中。或许，就是这种企业家之中的很多人，也很难或不愿对他们自己追求企业扩张与经济成功的动机做出清楚的辩白，毕竟在他们能够记起的往事中，既包含权威的显赫，也充满

① 此处原文为“… The desire to enjoy possession weakens ambition and the urge to achieve…”，译者认为从上下文语义上看，中间几个词应为“…possession strengthens the ambition and the…”。——译者注

② 参见 W. 拉特瑙（Rathenau）：《骑士团的雇佣》（柏林，1918 年），第 144 页。这是 W. 松巴特在评论出资人与经营者目标相异时所使用的一个例证［参见松巴特：《论资产阶级》（慕尼黑与莱比锡，1913 年），第 212 页及以后］。【148】

③ 参看，比如说，维尔纳·西门子 1884 年写给他兄弟卡尔的一封私人信件：“纯粹地赚取金钱……当然是令人身心愉悦，但是它却并不是架构我们公司信念的基础，也不能提供任何的生存保障。我所希望的只是，至少要使得我们在柏林的公司，能够持续乃至永久地作为我们的家族机构而存在！”（马乔斯：《维尔纳·西门子》，第 2 卷，第 837 页）。【149】

奋争的惨烈与艰辛。

与那些中型或大型的家族企业领导者相比，这种为扩张而扩张的特点在那些领取固定薪水的企业家身上表现得更为典型。这种企业家的数量在不断增加，并且他们并没有将自己的股份用作为某种成败决策的赌注。一般地，家族式企业家为了获得和稳固自己对企业的控制，为了企业不对自己不能掌控的条件形成依赖，常常在一定时候倾向于限制扩张；或者，至少是在所有市场机会都已经开发，所有外部金融资源都已经充分利用的情况下，他们不会主动地实现那本来确实可以捕捉到的企业规模增长机会。然而，处于那时的环境之中，尽管这些实业家有着这种思想，却又常常会发生这样的事情：如果他们不希望在不远的将来承担失败风险的话，他们就得被迫走上扩张的道路。这种情况从西门子家族企业上面，得到了很好的例证说明。[①] 西门子的企业成立于1847年。在19世纪80年代初期，当他的企业还只是有着涉足高压电流新领域并进行多样化经营的苗头时，他就力图制止这种倾向。他希望将他的企业以一个人就能控制得住的规模留给他的儿子们，并且为了将自己所拥有的这种企业王国的独立主人地位维持住，他还尽可能地避免使用来自企业外部的资本。他的这种畏于扩张的态度，却给了受薪企业家埃米尔·拉特瑙（Emil Rathenau）可乘之机，后者不失时机地创办了通用电气公司（AEG）。若干年过去之后，这种畏于扩张的态度给西门子公司造成了丧失其他更多企业机会的损失，企业当事人在意识到这一点之后，才迅速采取行动，以弥补失去的机会。1897年，由于来自银行的压力，企业改换成为一家联合股份公司。不过，原来的家族还是能够维持占有股份中的大部分，并保持着原有的影响力。也就是说，西门子与哈尔斯克（Siemens & Halske）现在是一个以股份公司形式出现的家族企业。在20世纪之初所发生的并购浪潮之中，这种改换形式但控制者不变的变化又发生了两次。西门子企业的领导者，以压制竞争和稳定价格为最终目标，试图与别人达成类似于卡特尔的协议，但他们还是对引发股份资本大量增加的企业并购没有多大兴趣。原因在于，这类事情可能很轻易地就会影响家族对企业的绝对控制。不过，拉特瑙的通用电气公司却试图通过企业收购来达到规模扩张的目的，并且他没有什么家族王朝利益的拖累。因此，对西门子与哈尔斯克来说，通

---

① 以下正文内容的资料基础，更准确地说，是取自：

（1）J. 科卡：《西门子与通用电气公司的突然兴起》，载《传统》，第17卷（1972年），第125~142页；

（2）科卡：《模范的西门子企业家管理与职员队伍》，第319~335页。【150】

用电气公司的气势可谓是咄咄逼人。在这种情况下，公司当事人不久也发现，他们也不得不去收购和控制别的公司，否则的话，他们强有力的竞争对
【558】手就会抢先走出这一步，继而会给西门子带来沉痛代价：它将会致命性地丧失银行的支持；并且从长期看，企业还面临着最终会被通用电气公司控制和吞并的危险。因而，对于西门子这个思想偏保守的公司来说，扩张就是保守商务战场阵地的一种必要手段。因此，他们具有的侵略性正是源于他们感受到的威胁。看来正是市场形势给二者都加上了紧身衣。因此可以说，在发达的工业资本主义社会中，所谓的个人动机也只具有第二位的重要性。第一位是市场形势原因，正是它才使得两个经营传统、发展动机以及社会联系都是如此不同的公司采取类似的扩张政策。

但是，上面事例中表现出来的不可避免性，极端地说，它在运作机制上与参与者以及他们的非经济动机是不相干的。并且，它只是在特定的前提条件下才能发生。第一个条件就是所涉及的企业都应是高度资本密集型的。只有在这种情况下，才能够防止有的企业转而进入那些竞争程度较低、规模较小的替代市场之中；也惟其如此，才能够迫使当事人即使是在有着破产威胁的痛苦体验之下，也仍不得不力争持续维持企业生产能力的充分使用。第二个条件就是这些企业中的任何一家，在生产与营销方面都缺乏关键性的优势，比如说生产秘诀或是强势的专利技术。最后一个条件是，面临的竞争对手充分强大，要不就是对手数量充分地多，这些对手又富于进取精神，对手（们）在试图进行无止境的扩张方面并不像家族企业那样存在着源自非经济动机的障碍。① 在德国那些不具有这些条件的生产部门，在那些由数量众多、分工精细的劳动密集型企业组成的行业部门，企业主管人会受利益动机的驱动。亦即，他们要保持企业原有的可受家族控制的家族王国状态。由此，他们就会奉行一种“有节制地增长”政策，而且他们的政策的可实现性还颇高。② 再回过来说，在诸如采矿、钢铁、电气工程、化学等资本密集

---

① 需要强调指出的是，受薪企业家也会形成某种“他们的”企业的认同感，从而使得他们在进入更大规模的企业重组上面也会显得很勉强；在这时，他们也是在面临更具有进取心的竞争对手的压力下才最终走向这种扩张政策的。参见：

（1）维登费尔德：《现代企业家的个性分析》，第92、93页；

（2）H. 伯梅（Böhme）：《埃米尔·基尔多夫》，载《传统》，第13卷（1968年），第286页、第290页及以后。【151】

② 关于许多这种情况中的一个例证，就是豪博尔德位于开姆尼茨的机械制造厂的发展，这个
【722】企业创建于1837年，1939年它雇用着1 200个工人，参见豪博尔德：《开姆尼茨机械制造厂的发展历程与组织结构》，特别是其中的第64页（这里作者阐述了对企业扩张与产品多样化实施某种程度限制的家庭政策）。【152】

型的生产部门，在联合股份公司形式安排下，所有权与控制权常常是相互分离的，而那些富于进取心的受薪主管人员又具有主导发言权。那么，与前面所提到的这种私人式考量相比，他们所散发出来的扩张动力，就会在企业与部门之中更富于影响力。相对照地，私人企业的当事人则时常倾向于采取一种缓慢的增长速度，尽管他们并不总是这样。①

总之，这种扩张动力，展现着处于竞争性市场经济环境之中的那些工业企业的基本特点，也就是说，内在的压力在导致着扩张、改善、理性化以及层次"提高"。在这种条件下，如果一个企业拒绝对新出现的商业阵地进行占领，或是拒绝对新形成的可资利用的商业机会进行开发，除非企业的竞争者也同意放弃同样的时机——这种情况在工业资本主义发展的高级阶段几乎不可能发生，而在帝国主义德国无论如何都不会发生——那么这个企业就是自取天亡。②

在采矿、电气工程、化学等部门，一定程度上也包括其他工业部门，扩张就意味着企业的生产行为得以拓展。由此，新的生产程式与生产功能也将引入到企业内部。而那些产品规模较大、生产结构完整、运作过程复杂的企业，还在极力推进规模扩张与产品多样化。这种情况尤其发生在采【559】
矿行业。③ 采矿行业的这类公司，将从煤炭与铁矿石的采掘，到生铁与钢材的生产，再到金属加工的多道工序，甚至时常还要再延伸到重工机械的制造等等，都整合到一家企业内进行。在此基础上，这些企业的生产活动还可能

① 比如说，鲁尔地区有些纯粹从事熔炼与轧制钢材的工厂，以各种各样的理由，拒绝通过收购或内部发展来将自己扩张成混合型的企业，而就是这些企业，1914年，在这个地区发生的企业集中的过程中被扩张意愿更积极主动竞争者吞并；参见维登费尔德：《莱茵兰地区矿冶工业发展100年：1815～1915》，第129、130页。

在这个方面，德国与法国的发展可能存在着某种重要差别。在法国，不在家族控制之中的联合股份公司的数量太少了，而即使是那少数存在的若干家此类公司，也不是足够强大，以至于会对其他公司的家族导向的行为方式产生什么弱化的影响效果。正如我们所曾概要地指出，这种亲密的家庭关系导向会阻滞企业扩张和经济成长。然而，在德国——可能部分地是因为工业化先被"耽搁"了，然后它非常突然地深入——从19世纪的中间1/3时期以后，在那些我们已经提到过的生产部门，那种在规模上没能绝对胜过老式家族（庭）企业的联合股份公司出现的数量可谓充分的多，具有的影响可谓充分的强。关于法国的情况，参见D.S.兰德斯（Landes）：《法国的企业家能力与19世纪的工业增长》，载《经济史杂志》，第11卷（1949年）。【153】

② 关于这种因果联系的理论基础，参见本罗斯（Penrose）：《企业增长理论》，特别是其中的第65～151页。【154】

③ 请参见以下文献：

（1）维登费尔德：《1815～1915年莱茵兰地区矿冶工业发展100年》，第77～152页；

（2）H.G.海曼（Heymann）：《德国大型制铁企业的多样化经营》（斯图加特与柏林，1904年）；

（3）A.特罗斯（Tross）：《德国钢铁生产与钢铁制造工业中康采恩集团的形成》（柏林，1923年）。【155】

会包括对这些生产过程的副产品进行利用。另外，通常都是由企业自己来对产品的批发进行掌控。

产品多样化的动机本来就已经存在，而技术发现又在此基础上推动产生新的激励因素。比如说，将鼓风炉中的气体用作能源的技术发现诱使——甚至可以说是迫使——铸造厂加入到与炼钢和轧钢厂的联合之中，因为通过这种联合，能够使它的生产操作更经济。另一方面，对轧钢厂来说，与铸造厂合并，或是新建铸造厂的动机也上升了。为了使用新技术而将生产的不同工序结合到一起，并以此追求更为经济的结果，就是产品多样化的一种常见动机。当然，也有其他动机，举例言之，它还可能因为当事人的某种考虑，比如考虑将多个生产过程控制起来并保证自己独占质量提高的利益。不过，在世纪之交，相对技术因素，纯粹出于商务动机的促进力量变得更为重要起来——当然，也不能说在以前的几十年间这种商务动机就全然缺乏。在第一次世界大战开始时，两家最大的企业，克虏伯公司（Krupp）与格尔森基尔兴纳采矿股份公司（Gelsenkirchener Bergwerks AG），每一家都有总额为18 000万马克的股份资本，并分别雇用着总数为80 000人与30 000 人的劳工队伍。它们的生产规模非常巨大，因而，只要是生产过程之中发生了微小的混乱，就意味着损失重大，而如果能够在原材料与运输领域实行一体化与多样化经营，则能够使得风险降低到最小。这种经营多样化也使得企业有可能对成本做出事先计算，甚至可以将这种成本基本固定下来，否则，就会对不可预见的市场变化形成依赖。寻求最大程度地“自主于市场”是这些企业反复强调的目标，而这种多样化策略正好可以用于这种目标的实现上。最后，这种纵向一体化也受到了企业卡特尔[①]组织形成过程的促进。从 19 世纪 90 年代中期以来，这种卡特尔组织在煤炭配售活动中显得尤其富有影响力，这不仅是因为它使得所产煤的销售能够更容易地绕过现有的批发商，也在于它促使采矿与铸造工序之间形成更紧密的联系。而正由于在公司内部的煤消费不能算作是卡特尔的销售配额部分，因而从一定程度上讲，是卡特尔组织促使（采煤）企业通过截取其他领域——比如说铁矿石采取——之中的利润来对那些还没有明显卡特尔化的生产领域，比如说钢材生产与加工，进行扩张。总结地说，所有诸如此类的经营多样化的一个重要动力通常就是当事人害怕被竞争者接管，还有/要不就是他有着独立经营的愿望。因此，

① 卡特尔是指具有独立地位、生产同类产品的若干企业组成的，主要是在销售领域进行合作与相互约束的企业联盟组织。——译者注

这种并购活动本身就表明：全部当事人的相互争斗仍在持续进行。

在第一次世界大战之前的20年间，企业的生产规模有了很大增长。从这一点来看，上面提到的经营领域多样化主要是通过强势企业对现有公司的吞并，特别是通过接管与并购来实现的，而很少是全然通过创建新企业摊子 【560】
来实现的。采矿行业的股份公司明显地不以家族作为企业运作的基础，这一点有着重要意义，它使得并购活动更加容易进行。

在电气和化学行业之中，则是其他的激励动机显得更为有效。① 对这些行业来说，可以应用到多种场合的高水准昂贵技术诀窍组成了知识库，而相关的方法与机器似乎总在以自己的巨大作用呼唤着人们对它们进行推广使用。对于企业当事人，从应用新技术来促成新发展机会的角度上看，这些东西真可谓是唾手可得。在这种产业领域，经营产品的多样化就将主要地表现为这些新型的技术窍门与技术方法在此整个工业领地范围内进行自然配置而已。而这里所谓领地，比如对电气工业部门来说，就是指由从电报机到输电站等等一系列技术设施组成的总体。这个配置过程当然也要通过企业机构的变化才能得以付诸实施；只是在这里，机构变化将主要地体现为相关新部门、新分支、新附属机构的创建。而也只是在19世纪90年代晚期以后，我们才在这些行业之中，看到了通过收购、合并，或是通过对已经存在的原材料或半成品提供单位进行接收而实现的企业扩张。另外，由于电气与化学行业的最终产品与服务具有技术复杂的特性，这两个行业的那些大型企业，早在19世纪80年代中期，就将面向最终消费者的零售业务全盘承揽下来。

在那些相对地不是资本密集型，而属于劳动密集型的最终工业产品生产部门之中，产品多样化趋势的表现程度仍很有限。② 那些大型的机械工程厂向社会提供的常常是范围广泛的成套产品或服务。其目的在于分散内部风险，并保证维持一种相对均衡的内部雇工水平。他们相信，市场在形成细致与狭窄的分工方面具有局限性，也相信那些产品或服务的买主也总是尽可能地希

---

① 参见以下文献：
(1) 科卡：《模范的西门子企业家管理与职员队伍》，第319页及以后，第368页及以后；
(2) 雷德利希：《德国煤焦印染工业的国家经济意义》，第8、9页，第18~23页；
(3) J. J. 比尔（Beer）：《德国印染工业的兴起》（厄巴纳，伊利诺伊，1959年），第94页及以后、第115页及以后。【156】

② 关于以下正文段的文献基础，请参看：
(1) 维登费尔德：《现代企业家的个性分析》，第73页及以后；
(2) 豪博尔德：《开姆尼茨机械制造厂的发展历程与组织结构》，第53~64页；
(3) H. 冯·贝克拉特（von Beckerath）：《现代的工业化主义》（耶拿，1930年），第61、62页；
(4) 松巴特：《现代资本主义》，第3卷，第793页。【157】

望从单个生产者那里购进他们想要的所有机器。然而，随着市场的发展，与早些时期相比，技术分工深入、细密的机械产品与服务所占的比例看起来还是增长了。类似于许多其他的劳动密集型行业中的情况，比如说各种纺织分支部门，还有皮革、制陶行业等等，机械工程行业中特有的生产技术、原材料，还有那或是变化迅速，或是模式特定的市场需求，都使得标准化作业程式的优势地位难以建立，也使得生产的开展过程迫切需要有人对企业做出强力领导。正因为这些原因，在第一次世界大战之前，将这些种类行业（也包括它们的原材料，以及重工机械产品）的活动包含与结合到单个企业之中的产品高度多样化的例子，可谓是凤毛麟角。这显示出，那些在 19 世纪中期被证明为不利于采矿厂与铸造厂一体化的若干障碍，主要是企业家与管理者的能力所具有的局限性，即使是在 20 世纪早期，也仍不时地对企业管理过程施加不利影响。就对企业进行一体化管理来说，1914 年一个采矿企业的一把手的工作功能，与一个大型机械工程企业领导者的工作方式，二者实在是太不相干了——以至于把它们撮合到一起，就不可能会有统一的管理，其中前者将自己束缚于某种协调事务之中，这就是对相对同质的若干主要产品的生产与营销活动进行协调，而后者，则会将主要精力集中在某种——其产品与服
【561】务的属性既丰富多彩又变化多端的——生产过程，集中在单个大型产品合同的签订及其技术保证上面。

制造商越来越倾向于——尽管也发生了相反的例证——将商贸经营功能也承揽下来。这种情况不仅发生在电气和化学工业部门，缝纫机械以及自行车等等行业也组建形成了它们自己的配售网络。对这种销售通路进行经营，需要将商贸与技术技巧结合到一起。1906 年，有关研究者选择了 500 家有出口业务的工业企业进行调查。其中有 290 家直接将自己的产品出口到南美洲，只有 150 家使用了地位独立的出口经营公司，而还有 60 家是两种方式兼而有之。位于比勒费尔德（Bielefeld）地区的林格里（Lingerie）一带的制造厂主们，不仅拥有他们自己的纺织工作坊，在 1900 年左右，他们还组建了他们自己的包含销售渠道和销售队伍的销售组织。在纺织工业的大部分分支部门，大型企业与纵向一体化组织原本就不如采矿工业来得先进，而与当代英国相比，德国纺织品中间贸易商所起到的联系生产过程不同阶段的作用也要小得多。另外，还是在这个市场之中，也发生着某种方向相反的一体化过程：那些家具与衣服的零售商店，也包括若干批发商，着手兴建一些小型的生产单位。这种一体化是通过商贸单位对生产单位实行直接统领与间接

控制达到的，从运作机制基础上看，它在某种程度上属于外包制度。①

由于可获得的统计资料有限，我们难以对德国企业的产品经营多样化开展某种具有代表性的研究，所以它的详细全景对我们而言仍不清晰。不过，有一点看来还是可以肯定下来，即在1914年以前的几十年间，将生产的不同功能与阶段结合到同一家企业中去的趋势更为加强了。还可以明显地看出来的是，这种变化趋势比大不列颠要显著得多。只是从一个行业至另一个行业所表现出来的差别极大。在第一次世界大战之前的时期所发生的企业一体化与产品多样化过程，并没有导致那种混合型联合企业的组建，组成混合型联合企业的各方或生产产品与提供服务，或在不同生产阶段开展经营，或者追寻着其他社会功能，但它们活动的这些领域一般既不在技术种类上，也不在市场关系上有着相互关联关系。混合型联合企业在第一次世界大战以及20世纪20年代早期的通货膨胀经济环境之中首次大量出现，企业家们这时乐于组建这种企业的主要动机在于对实物商品进行追逐。在1914年以前，由于非常异质的产品生产分支组成企业联盟可能会在企业决策与管理方面产生难题，这使得企业家们害怕涉足这种企业合并。从这一点来看，在20世纪早期，那些涉足产品经营多样化的企业家，即使和19世纪早期那些多面手企业家相比，在行事风格上也要显得更为谨慎。

10.4.2　卡特尔与企业协会

企业扩张与产品多样化将大型企业的范围在企业内部延伸。与此同时，它们的外部关系也在以某种风格发生着变革，而正是这种风格能够作为那个【562】时代正在形成着的“有组织的资本主义”的特征。一方面，为控制产品和劳工市场，大型工业企业之间的合作增强了；另一方面，工业企业与银行之间的关系也变得更为密切。大型企业外部关系的这种双重变化，部分地是由

① 参见以下文献：
（1）松巴特，上引书，第3卷，第784～829页；
（2）福格尔施泰因：《资本主义工业企业的财务结构》，第390～412页；
（3）M. 施特默一佐格迈尔（Stemme-Sogemeier）：《比勒费尔德与塞纳两地的工业》（特劳泰姆，1953年），第52页及以后；
（4）E. 兰道尔（Landauer）：《棉纺行业的贸易与生产》（蒂宾根，1912年）；
（5）E. 兰道尔：《贸易在现代工业发展中的作用地位研究》，载《社会科学与社会政治档案资料》，第34卷（1912年），第879～892页；
（6）J. 科卡：《扩张——体化一经营多样化：1914年前德国大型工业企业的总体发展战略》，收入H. 温克尔（Winkel）编撰：《19与20世纪的工业与企业》（柏林，1975年），第203～226页。【158】

企业家的决策与行为引起的，而反过来，这种结构性变化又会对企业决策与企业管理事项、企业管理活动的组织，以及大型企业领导层的组构等方面产生影响。

从1873年至19世纪90年代中期，经济增长进程中断了，价格也下降了，这使得加入到卡特尔组织之中的企业数目迅速上升。这些卡特尔组织的兴起始于19世纪80年代，它们都是由仍保持着独立地位的企业通过自愿协议组成的。这些企业通常都在同一生产分支部门、同一生产阶段之中开展生产活动。卡特尔协议的目标，就是要在这些企业之间建立一种共同市场政策。在它们之间形成一系列契约，而最初达成的协议，常常是纯粹指向一种共同的价格政策。当这种企业联盟也对每一个企业的生产数量，还有产品配售条件进行调节时，卡特尔组织就进入到相对稳定运作的状态。在晚些年间，那些表现最为成功的卡特尔组织，比如说1893年间形成的莱茵兰与威斯特伐利亚煤炭辛迪加（Coal Syndicate of the Rhineland and Westphalia），还进一步组建了在销售活动上有联合关系的企业间组织，这种组织被称为“辛迪加”。

19世纪90年代中期之后，在相对不利的经济环境下，在人们对价格下降与生产过剩进行斗争的过程中，以一种“必需的新生者”姿态，各类卡特尔组织得以持续组建和发展。它们的数目还在不断上升。它们被用来限制竞争、稳定价格与协调利润，并且还倾向于要对市场进行垄断和控制。1897年，卡特尔组织的合法性得到帝国最高法院的肯定。而德国的社会公众本来就从来没有对流行在“曼彻斯特”经济学中的自由主义思想表现过什么偏好，在19世纪70年代的经济萧条发生之后，就更是对这种理论弃而不顾了。因此，总的来说，人们对卡特尔还是颇怀好感，至少从第一印象来说是这样的。只是，当时间推进到世纪之交之后，社会上才针对卡特尔组织所造就的价格“恐怖主义”，针对它们意在侵害外部人与消费者的“不正当”行为，发出了若干抗议声。

然而，这种抗议也并没有阻止德国卡特尔组织的数目持续上升。根据来自多位不同作者的计算，1875年有4个卡特尔组织；1890年有106个；1905年有385个；1925年有1 500个；而1930年，其数目达到了约2 100个。时至此时，这种组织之中的大部分都具有地区性、不稳定、寿命短等特点。那些规模更大而又相对稳定地生产同质产品的工业部门与那些生产异质产品或是生产运作过程较短的部门相对比，更乐于并且易于形成卡特尔组织。砖块生
【563】产部门形成了大约130个卡特尔组织，其中大部分都是地区性的。1905年，除此部门之外，卡特尔组织数目居第二位的行业当属基础钢铁生产部门（62

个），接下来就是化学工业部门（32 个）和纺织行业（31 个）。据估计，在1907 年的时候，无烟煤产量中有 82%、钾碱产量中的 100%、水泥产量中的48%、粗钢产量中的 50%、纸张产量中的 90%，而在皮革制品与油毡的产量中只有 5%、在钢铁制品中产量只有 20%、在机械与工具中只有 2%，是由加入到卡特尔组织中的企业生产的。有资料认为，1907 年卡特尔组织所属企业生产的产品占到总产出的 25%。在第一次世界大战以及两次世界大战之间，这个比例上升了。到 1938 年时，则翻了一番。只是在 1945 年之后，在战胜国以及自由主义的影响下，企业之间组建卡特尔组织才在西德受到了禁止。但是，在这种禁令之外，仍有可能获得特殊准许，并且企业还有可能对管制进行逃避。而时至此时，其他市场控制形式变得更加重要起来，其中最为突出的又是以企业合并与一体化为形式的企业合作。即使是在 1914 年前，德国的企业就已经加入到了大约 100 个国际卡特尔组织。

企业的卡特尔化是一个方面的趋势，企业的多样化经营与企业并购是另一方面的趋势，它们之间有着一定程度的相互依存关系。不论是企业合并还是卡特尔组织，都意味着社会生产在原来竞争性资本主义（不过以纯粹的形式论，它可从未出现过）的基础之上，朝向更为“组织化”（它也从未达到完善的地步）迈出了重要一步。而企业合并，也和卡特尔组织一样，并没有降低竞争者的数量，也没有将竞争的激烈程度降低。不过，二者都使产量与产品价格水平更加趋于稳定。另外，尽管合并后企业的组织方式仍显得松弛和分散，但毕竟导致了拥有管理中心的大型与一体化企业的出现。这种组织方式能够主动利用在一体化过程中形成的技术性优势并由此实现规模经济效应，而这种一体化又是企业指挥者有意识地推动形成的，目的在于将原来处于分割状态的各阶段连成有机整体。这些合并活动，也使得独立企业的数目降低了。然而，我们再从卡特尔组织这一方面来看，除了产量配额的影响之外——这种配额在采矿与化学工业中尤为普遍——从原理上讲，卡特尔组织却持续地保证了加入企业继续拥有着相对独立性，它本身也并不必然导致出现具有规模大、内容复杂与过程一体化等等特征的企业。尽管卡特尔成员之间的合作还能够维持下去，并且有可能降低成员的行动独立性，但是，卡特尔组织却很少会对生产环境本身造成什么根本性的改变。它推动成员企业增加产量水平——在价格水平固定的情况下，这常常就是剩下的能使利润增加的惟一方法；也促进了管理过程的合理化。从卡特尔组织影响管理的途径来看，最多也只能说是间接的，只是在很少的情形下，在卡特尔组织的成员之间，才会达成对产出种类进行指定分工的协议。

然而，正如我们前面所曾提到的，卡特尔组织常常能够通过间接影响促使它的企业成员经营产品多样化。同时，大型一体化企业的出现，
【564】也给卡特尔组织，主要是在某单个生产分支的产量关系方面，提出了很大难题。我们前面已经接触到了，有很多“铸造厂矿山”加入莱茵兰与威斯特伐利亚煤炭辛迪加（Coal Syndicate of the Rhineland and Westphalia）之中，正如前面所说：这种大型综合生产企业能够通过企业内部操作来对有关产品生产做出处理，以逃避卡特尔组织所规定的产量限额；它们既有这样的行为倾向，也有相应的能力。①

在企业进行目的在于控制产品价格乃至控制市场的相互联合的同时，那种试图寻求保证社会与政治利益的企业间有组织合作也越来越多了。在19世纪70年代、80年代以及90年代，经济多次发生大幅衰退，同时政府也通过关税法、社会保险、政府产业行为增加等方式强化对经济和社会领域的干预。它们都对企业间合作造成了影响。从19世纪70年代以来，在工业企业层面出现了强有力的特殊利益团体以及社会压力集团，他们在应对政府与社会公众的评判和斗争中代表着实业家利益。从19世纪末开始，来自有组织的劳工队伍的挑战，也使得以雇主协会等形式进行的实业家合作在整个国家的范围内都得到了加强。由此，工人与雇主之间的对立关系——

---

① 以上正文的基础文献资料请参见：

（1）维登费尔德：《卡特尔与康采恩》（柏林与莱比锡，1927年）；

（2）A. 利维（Levy）：《工业化德国：关于它的垄断组织以及政府对垄断组织控制的研究》（纽约，1966年）。

有关数据资料来自：

（1）W. 瓦根菲尔（Wagenführ）：《德国的卡特尔组织》（纽伦堡，1931年），第8页；

（2）H. 柯尼希（König）：《卡特尔与企业集中》，收入H. 阿恩特（Arndt）编撰：《经济领域的集中现象》，第2版，2卷本（柏林，1960年），第1卷，第303～332页，特别是第310、311页；

（3）V. 霍尔茨舒尔（Holzschuher）：《卡特尔运动的社会与经济背景》（未公开发表的学位论文，埃朗根/纽伦堡，1937年）；

（4）E. 马施克（Maschke）：《1914年前德国卡特尔组织的历史特点》（多特蒙德，1964年）；

（5）R. 利夫曼（Liefmann）：《卡特尔、托拉斯与社会经济组织的培养》（斯图加特，1910年）；

（6）利夫曼：《卡特尔、康采恩与托拉斯》，第9版（斯图加特，1930年）。

在文献H. 吕特根（Lüthgen）：《第一次世界大战前后的莱茵兰与威斯特伐利亚煤炭辛迪加及其存在问题》（莱比锡与埃朗根，1926年）之中则给出了一个很好的案例研究。

关于辛迪加组织对产品价格的影响，参见：

（1）上引书，第229页；在这里描述了在辛迪加组织的作用下，与前些年间相比，1893～1914年间的煤炭价格变动显得相对稳定；

（2）A. 克洛茨巴赫（Klotzbach）：《生铁企业联盟》（杜塞尔多夫，1926年），第266页及以
【723】后，在这里作者指出，德国的生铁辛迪加企业组织的产品价格比英国和美国的同类产品价格要更为稳定。【159】

即使是在1914年之前的很早时候，这种对立就由来已久，而从那以后，它就更有所加强——就被集中在一个比单个企业要高得多的层次上面了。[①]以上这些情况，改变了实业家相互之间、实业家与他们的环境之间的关系，并对企业领导者提出了新的要求。

10.4.3　银行与工业

大型企业、多生产阶段联合企业以及卡特尔组织的发展，是与银行在德意志帝国的工业体系中的角色与作用的变化紧密地联系在一起的。大致在1850~1875年间，出现了不少联合股份制银行。正是它们，在19世纪50年代、在1870年前后等经济高潮时期，首度在为工业企业提供融资方面，起到了极为重要的作用。不过，随着经济衰退的出现，它们在参与工业发展上面也变得更为谨慎。但总的来看，19世纪90年代以后，银行与工业企业之间的合作仍在稳步地开展与深化。其中，在柏林注册的那些大型联合股份银行在所有银行业务活动中占着绝对优势。它们当中包括：沙夫豪森舍银行公司（Schaaffhausen'sche Bankverein，组建于1848年）、贴现公司（Disconto-Gesellschaft，组建于1851年）、（达姆施塔特）工商银行［（Darmstadt）Bank für Handel und Industrie，1853年］、柏林商务公司（Berliner Handelsgesellschaft，1856年），德国银行（Deutsche Bank，1870年），以及德雷斯德纳银行（Dresdner Bank，1872年）。它们在柏林的股票交易中占尽优势。并且，在1914年前的整20年间，它们将那些老式的私人、地方以及邦属的银行置于自己的影响之下。所有这些大银行，都在不长时间内控制了一个由小型分支机构组成的网络。并且，以柏林为中心，它们将整个德国乃至全世界都纳入到它们业务开展的范围内。1904年它们每家拥有的股份资本在10 000万~18 000万马克之间。它们的主要功能之一就是要通过长期信贷 【565】
的开展以及工业股票的发售来为工业企业提供融资。与1870年前的时期形成对照的是，它们以一种不断增加的规模，通过借贷形式，为它们那些规模正在迅速扩张的工业客户提供了大量资金。1913年，这种资金量能够占到

---

① 请参见以下文献：
（1）H. 罗森贝格（Rosenberg）：《经济大衰退与利益对立时代》（柏林，1967年）；
（2）H. 克尔布勒（Kaelble）：《威廉二世时代社会集团的实业利益政治：关于1895~1914年间德国实业家核心团体的分析》（柏林，1967年）；
（3）K. 索尔（Saul）：《1903~1914年间凯撒赖希地区的政府、工业与劳动运动的关系》（杜塞尔多夫，1974年）。【160】

它们的资产量的3/4。从它们的资金获取来说，其中大部分是通过吸收社会公众以短期票证形式存入并可随时提走的存款来提供的。由此，德国的股份制银行将“普通”银行业务与工业融资的功能结合到一起，它们为分散的社会储蓄的组织动员提供了中间管道，并以它们自己的判断将这些储蓄转入到工业企业。至于德国的企业，与它们的英国同行相比，在资金融通上也表现得更为依赖资本市场。正是德国的这种特殊的融资与经济环境，使得我们能够理解，为什么德国那些独立的商贸经营者亦即“中间人”，与他们的英国同行相比，在工业融资和工业事务中所起的作用是这样的小：德国的“全能”银行的功能曾得到过强化、德国的独立贸易在工业经济中的重要性相对较小、德国的生产与销售过程在大型工业企业中较早地就实现了一体化。

到这时，企业的扩张、合并，亦即从私人企业向联合股份公司转变等等活动，要比新企业创建来得更加频繁，作用也更为重要。由此，长期信贷的地位上升，并成为银行与工业企业发生关系的主要业务基础。① 在以长期信贷为基础的合作关系建立以后，大型银行下一步要做的，通常就是为工业企业发行股票与债券。与19世纪50年代和70年代早期相比，银行对工业企业股份的直接与长期性的参与程度下降了；对银行来说，参与工业股票市场投机活动所具有的重要性与早些时候相比也下降了。小型的私人银行为工业企业提供的金融服务，仍持续地起着作用。与这种作用相比，处在世纪之交的那些大型股份银行的功能，比简单地充当金融中介要更加深入。他们寻求为“他们的”工业企业做出垄断性的金融安排。并且，他们还试图通过面向企业形成一种具有广泛包容性的政策，通过为保证长期合作关系而接受短期金融损失，来做到以不同方式为企业们提供“从摇篮到坟墓”的全程服务。在早些时候，当发生经济萧条时，银行通常都要收缩它们对工业企业的实业投资服务，然而在1900～1902年间，它们第一次利用经济景气下滑，对它们与工业企业之间的合约业务量进行扩张，而非缩减。作为银行与工业企业之间发生的这种紧密联系的一个结果，现在的银行——与前几十年相对比——开始追求对企业的生产决策进行干预。银行对那些它们帮助融资组建的公司的所有重要实业投资决策都有某种方式的发言权、甚至还能够影响到
【566】工业企业中进入领导职位的人员选择，并且，为了帮助企业进行各种交易和

① 参见A. 韦伯（Weber）：《莱茵兰—威斯特伐利亚地区的地方银行与经济危机》（莱比锡，1903年），第337页。1896～1900年间，在莱茵兰与威斯特伐利亚地区，有18家工业股份公司得以组建并于1901年在柏林的股票交易市场上市。它们当中，有16家是从原先已经存在的私人公司转化过来的，只有2家是新创办的。【161】

开展各项业务，他们还提出建议。①

这么一批以柏林为中心的大型银行能够对数量众多的大型工业企业产生影响也有前提条件，那就是后者已经被组织成联合股份公司的形式。实际上，正是为了替当前的企业或是新的实业投资融资，企业有求于资本市场——而这常常就是意味着求助于银行——的必要性。这种必要性也是私人公司所以会愿意在银行帮助下，将其形式改换为联合股份公司的主要原因。1873 年，所有联合股份公司的注册资本金数额大致为 12 亿马克，而到 1913 年时，相应数额为这个数字的 10 倍。根据松巴特的计算，在 1886～1895 年间，有 1 696 家联合股份公司得到组建，其资本金总额为 16.86 亿马克；在 1896～1905 年间，联合股份公司组建数目与资本金总额分别为2 015家和 31 亿马克；在 1906～1913 年间，这二者的数据分别为 1 467 家与 20.87 亿马克。对它们当中的大多数而言，这种组建都不是公司的新创建，而是由原先私人拥有的公司转化形成新公司。1902 年，在普鲁士所有联合股份公司之中，只有 9.3% 的部分是在 1870 年之前创建的，有 54.3% 的部分是在1871～1895 年间创建，1895 年之后创建的只占 36.4%。当还是在 1873 年时，只有大致占到股份资本总额中 30% 的部分是工业企业股份，而到 1903～1904 年间，在所有股份资本投资之中，有 50% 的部分投向了工业部门（包括采矿部门）。采矿部门吸收了比其他任何单个工业部门都要多的股份资本数额，但即使是这样，它所吸收的量在所有工业股份中所占的比例也只有 29%。就在第二产业部门的股份资本总额在全社会联合股份资本总额中的比例上升——这明显地是以交通部门的比例下降为代价形成的——时，对工业内部的各个分支部门而言，股份公司企业形式也相对均衡地扩散开来。1903～1904 年间，在所有德意志帝国共 4 740 家联合股份公司之中，属于工业部门的，有 535 家属于酿造行业，369 家属于机械行业，358 家属于陶制品行业，327 家属于纺织行业，297 家属于采矿行业，217 家属于造纸与印刷行业，212 家属糖与酒精制品行业，157 家属化学行业，140 家属精密仪器行业，137 家属食品制造业，123 家属电气工程行业，还有 62 家属皮革与橡胶制品行业。甚至是在大部分企业——特别是中小型企业——都是私人所有（采矿工业部门例外）的情形下，也没有任何一个工业

---

① 请参见以下文献：

（1）O. 雅德尔斯（Jeidels）：《主要以铁路部门情况为代表关于德国大型银行与工业企业之间关系的分析》（莱比锡，1905 年）；

（2）E. 里塞尔（Riesser）：《德国的大银行与它们的集中》（耶拿，1910 年）；

（3）M. 格尔（Gehr）：《关于从 19 世纪中期至 1931 年银行危机发生期间德国银行与工业企业之间关系的研究》，公开发表的学位论文（斯图加特，1959 年）。【162】

分支部门没有出现联合股份公司。①

正是联合股份公司的组建为银行提供了影响工业企业的方式，股份公司股票与债券的发行通常都是在银行的帮助下完成的。也正是联合股份公司首次给予了社会公众知晓一个工业企业的公开账目的权力。由此，它显然便利
【567】了外部投资者的参与。不过，最重要的是，联合股份公司形式给工业企业提供出一种内部结构，这种结构使得银行（银行也是以这种形式进行组织）能够对公司内部事务施加一定程度的直接影响。公司的监事会（*Aufsichtsrat*）由股东或是股东代表的年度大会选举产生。从 1870 年开始，这一公司机构及其形成方式由法律强制规定下来。1884 年产生的一个法律，再次强化了这种制度方式。监事会的功能并不只是局限于对董事会（*Vorstand*）成员进行任命与工作监督，它在自己的季度或是年度会议上，也能做出某些极为重要的决策，或是对这类决策产生某种影响，尤其是其中的实业投资决策。1914 年之前，在德国联合股份公司的监事会成员之中，银行董事小群体是监事会内部有团体属性之中的规模最大者，他们一般能占到全部席位的 20% 左右。在 1913 ~ 1914 年间，德国银行在 186 家公司中都派驻有董事代表。在第一次世界大战之前，一些重要银行的董事们在各家企业监事会中占据了多达 44 个席位，而在 1930 年左右，则有一些银行董事获得了大约 100 个企业监事会席位。就大型银行之所以能够对工业生产发生直接而持久的影响来说，通过使用撤走信用资金、拒绝发行股份之类的威胁和各种各样的非正式协议，监事会实际上起到了极为重要的中间管道作用，股东们参加的股东大会（AGM）实际上只起到了某种相对边缘的作用。②

通常认为，银行的影响导致了那些受到这种影响的董事们在考虑问题时，更加注重对金融与商务方面的考虑。来自银行的代表们，抱着改善那些

---

① 请参见以下文献：

（1）松巴特：《现代资本主义》，第 3 卷，第 213 页；

（2）霍夫曼及其合作者：《19 世纪中叶以来的德国经济发展》，第 454 页及以后，第 773 页及以后；

（3）R. 帕索（Passow）：《股份公司的经济含义与组织方式》（耶拿，1907 年），第 7 ~ 12 页。【163】

② 参见以下文献及其内容：

（1）同上注后一文献，第 127 ~ 211 页，在这里，作者分析了在 1914 年前，有关联合股份公司组建与结构的法律与现实情况；

（2）E. 奥伊伦堡（Eulenburg）：《德国股份公司的监事会》，载《国民经济与统计年鉴》，第 32 册（1906 年），第 92 ~ 109 页；

（3）松巴特：《现代资本主义》：第 3 卷，第 740 页；

（4）雅德尔斯（Jeidels）：《主要以铁路部门情况为代表关于德国大型银行与工业企业之间关系的分析》，第 143 页及以后。【164】

需要改革的公司的生产效率与赢利状况的目的，对企业的会计方法与管理方式改进表现得十分关心。一家大型银行的密切参与——我们必须认为它们都是出于长远考虑才相互合作——降低了工业企业对产品市场中所出现的短期波动的依赖程度。通过银行的影响，工业企业的实业投资决策也就能够以一个更为长远的视角展开预期，并更具战略导向。原因在于，它现在不再受制于商品市场以及货币市场上的短期变化。通常，来自一家有着雄厚资本储备并且行事动机具有战略眼光的银行的支持，能够引导许多企业渡过相对长时期的困难，并在最后取得赢利；如果没有这种帮助，这些企业便无法继续生存。再有，一旦它们深深地介入了，即使是从长远前景来考虑，某家公司不再值得帮助了，银行仍会对自己已投入到这家企业中的利益给予关注。通过银行的介入，至少以中短期眼光来对一家企业的生存机遇与市场成功的关系做出观察判断，我们可以说，它所面临的压力缓解了。相比小型公司，银行表现出对大型公司的偏好，由此银行也加速了业已存在的企业扩张趋势。它们还表现出对资本品生产企业更为偏好，特别是偏好采矿与电气工业；同样，就这些部门本来扩张趋势就显得程度更甚而言，银行的参与对这种趋势起到了强化作用，尽管这种趋势在开始的时候并不是银行造就的。比如说，【568】
银行便利了工业企业合并，但这种合并的最初动机却还是来自于工业企业自身。从总的来看，银行所起的作用就像大型的惯性轮：它们没有对运动本身进行启动，但是却加速了运动，增加了隐藏在既定趋势后面的运动冲量。①

银行与工业企业之间的相互依赖程度，在各个部门之间、各个企业之间以及各个不同年份都有所不同。例如，银行对企业的影响，在采矿工业部门就比化学工业部门要来得强烈一些，在后者那里，银行从未起到什么重要作用。再从企业间差别上看，比如，拉特瑙的通用电气公司（AEG）就让银行柏林商务公司（Berliner Handelgesellschaft）担负着颇为重要的影响者角色，而西门子的家族企业受德国银行（Deutsche Bank）的影响程度却从未达到过那么大。一家处在金融困难中的企业当然要面对来自银行的压力，然而，从另一方面看，一家经营稳健、赢利可观的大型企业，却也能够对那些在追逐着它竞争金融业务的各家银行指手画脚。我们还应该记住的是，这种影响的发生有着这样的背景作为双方打交道的前提：在银行代表与工业企业之间，在那些易于发生冲突的决策领域，其中一者不能驱使另一者完全服从的决策领域范围相当广泛。从总的来看，银行对工业企业的影响在世纪之交达到了

① 参见雅德尔斯，上引书有关注，第162～268页。【165】

顶峰，从那以后则有所收敛。然而，工业企业的合并趋势虽然也为银行本身所鼓励，却使得大型工业企业的力量大为增加，进而使得大型企业现在的资本需求常常超过了单家银行的能力范围；如此又迫使银行之间进行相互合作，并形成更大的银行集团。另外，在大型企业中，自我融资所占比率也相当高。比如说，西门子—舒克特（Siemens-Schuckert）公司于 1903 年创建，在创建之后的头 15 年，它进行过规模大致在 5.12 亿马克的实业投资，其中 50% 来自于它自己的利润。据有关计算指出，截至 1900 年，化学工业部门能够以自己的经营利润为其全部业务扩张活动所需资金的 1/3 至一半提供支持，而制铁行业这个比例在 20% ~25% 之间。在两次世界大战之间，尤其是在第二次世界大战之后，自我融资比率明显上升了。对于企业来说，这就意味着，相对资本市场以及银行，它们都取得了程度更大的独立，而且从长期看，这种独立程度还在不断增加。特别是在电气行业——举它为例子并不意味着它是出现这种情况的惟一行业——有一些大型工业企业建立了自己的附属银行，这使得它们自身对大型银行的依赖程度降低了。

在大型企业的领导层中，来自银行的董事们常常也会发现自己处于困难的境地。他们在监事会中的席位数量当然具有相当程度的重要性。但是，由于技术与商务问题的复杂性，却使得企业董事会成员的重要性相对增加，董事会成员对企业有着更为精确与细致的了解，并且与监事会的成员相比，他
【569】们也更为经常地出现在企业现场。监事会成员只是在较长的时间间隔之后才开会一次，并且他们也不能够对每一家企业获得全面而详细的了解，除非是监事会成员数目非常地大。不管社会法律与公司章程说了一些什么，从以后的长期演变上看，与监事会相比，董事会的影响程度还是上升了。1905 年，格尔森基尔兴纳采矿股份公司（Gelsenkirchener Bergwerks AG）的总董事[①]就对大型银行在决定性地影响着采矿工业企业这一说法予以了否定："大型银行对莱茵兰与威斯特伐利亚地区工业企业的影响，从来没有像它现在这样具有局限性……是那些大型银行在追逐着工业企业的好处，而不是相反。"我们既承认这种情况在部门与企业之间存在着差别，也认为这段评论正确地将发展的一般趋势点评出来了。鲁道夫·希尔弗丁（Rudolf Hilferding）于 1910 年出版《金融资本》一书，在这部著作中，他构建了他自己的所谓银

① general director，是董事会（executive board）的头领，然而，由于与英美法系相比，德国企业的监事会实际上行使了英美董事会的若干职权，而董事会的头领又履行着英美体系中总经理的若干职责，因此，虽然我们基本按照有关工具书，将 supervisory board，executive board 译为监事会、董事会，但是将 general director 不译作"董事长"，而译为"总董事"。——译者注

行对工业形成优势控制的理论。自那以后，这种理论也持续不断地得到有关人士的印证。不过，事实上这种理论在它问世时就已经基本过时了。①

10.4.4 科学重要性的增加

企业规模在扩张，产品经营品种在多样化，企业的卡特尔与联合组织在兴起，银行与工业企业之间的密切关系也在不断得到加强。伴随着所有这些变化，另一个具有重要意义的变革就是科学作为影响产品生产与销售过程的一种重要力量，其地位不断上升。如果我们能够注意到，此间自然科学不断得以在生产技术领域中广泛应用，那我们就更会觉得“科学重要性增加”这一说法站得住脚。关于科学对经济生活的影响和渗透，我们有必要对三方面的相互独立的趋势做出区分。

第一方面，正如我们已经注意到的，在工业革命期间，只是在采掘工业部门，那些受过学术教育的企业家才起重要作用，而这主要又是由于政府对采矿与铸造行业企业家进行过系统培训，这种培训政策起源于国家的重商主义政策时期，但在政府停止承担采矿行业企业家活动时得到了保留。第二方面，从19世纪的中间1/3时期以来，那些受过学术培训的人在机械技术以及其他相关领域中变得越来越重要；由商务学院、理工专科学校以及技术学院向社会提供着受过学术培训的工程师，这些工程师与那

---

① 引语出自基尔多夫（Kirdorf）：《关于社会政治团体的论述》，第116卷（莱比锡，1916年），第285页。

关于以上正文的资料基础，可进一步参看：

（1）科卡：《模范的西门子企业家管理与职员队伍》，第429页及以后；

（2）格尔（Gehr）：《关于从19世纪中期至1931年银行危机发生期间德国银行与工业企业之间关系的研究》，第62页及以后；

（3）雅德尔斯：《主要以铁路部门情况为代表关于德国大型银行与工业企业之间关系的分析》，第233页及以后、第258～272页；

（4）维登费尔德：《现代企业家的个性分析》，第104～107页；

（5）卡尔·菲尔斯滕贝格（Carl Fürstenberg）：《德国银行家的生活传记》（威斯巴登，1961年），第165、166、175、394、395页；

（6）W. 哈格曼（Hagemann）：《德国大银行与工业企业之间关系》（未发表的学位论文，柏林，1931年），第18页及以后。

关于自我融资所占比率的情况，请参见：

（1）W. G. 霍夫曼：《1871～1957年间德国股份公司的利润分配》，载《社会科学综论》，第115卷（1959年），第271～291页，特别是其中的第277、281、282页；

（2）科卡：《模范的西门子企业家管理与职员队伍》，第327页；

（3）R. 蒂利：《从19世纪中期以来德国大型企业的价值增长》，收入H. 达姆斯（Daems）与H. 范德威（Van der Wee）编撰：《管理资本主义的兴起》（海牙，1974年），第145～169页。

相关文献还包括R. 希尔弗丁（Hilferding）：《金融资本》（维也纳，1910年）。【166】

些只受过实践性训练的人员确实不同。随着工业革命的推进，尽管出自这些院校的学生在数量上还只是少数，但他们却在机械工程以及其他领域的公司之中，获得了越来越多的工作职位。他们很容易地就坐进了从19世纪50年代开始在工厂中出现的制图办公室。不过，工程师们得以对那些只在生产作坊或旧式工厂中受过纯实践性教育的工厂指挥者进行替换，只是从约1890年之后，才开始真正付诸实施。就在大致同一时间之后，那些技术学院也开始对实践性要求给予更多关注：原来学生培训工作的内容
【570】构成基本上就是讲课、演示以及实际作业，现在这些内容还得到了学校自己的技术实验课程的补充和完善。这种课程一点也不拘泥于美国榜样的影响，但是却符合工业部门所提出的实际要求。1899年，这些技术学院成功地获得了博士学位授予权，由此实现了与综合性大学的平等。正是这些综合性大学，在其原有教学传统上就一直轻视与忽略科学在技术领域的应用，并且不开设和提供任何相应的课程。①

第三方面的趋势。科学对生产技术的影响加强还有另一个途径，那就是实验室，这些实验室于19世纪70年代和80年代由工业人士创建。这些实业家先是与综合大学、技术学院的自然科学研究、技术研究发生密切接触，此后才在化学和电气工业部门开展这种创建活动的。在德国煤焦印染工业初创时，就已经有相当数目的大学化学专家前来开创实验室工作。② 所有企业创办者最初大都抱有对现有生产方法进行系统改进的意图。后来，1880年左右，他们开始在自己企业的范围内，开展系统的基础性研究。总之，在经历了若干不同组织形式的尝试之后，相对独立的研究实验室在工业企业中出现了，它们所雇用的来自综合性大学与技术学院的毕业生的数目也在不断上升。比如说，1891年，在企业埃伯菲尔德（Elberfeld）的拜尔（Bayer's）实验室，其负责人是卡尔·杜伊斯贝格（Carl Duisberg），它的人员规模大到了能够装满一个价值150万马克的3层楼房。克虏伯也曾在1862年建立了一个主要工作是对钢材与原材料进行分析的公司化学实验室。有一家由一

① 参见以下文献：

（1）A. 里德勒（Riedler）：《埃米尔·拉特瑙与大企业的变化》（柏林，1916年），第30页以后、第144页以后；

（2）马内戈尔德（Manegold）：《关于19世纪自然科学与技术通过科研机构作用而得以应用的有关问题论述》，第167~187页；

（3）K. H. 马内戈尔德：《综合性大学、技术学院与工业部门》（柏林，1970年）。【167】

② 1825~1875年间，在德国的大学之中出现了11个化学学院，它们在现代化学工业出现之前，就已培养出一批化学家。参见松巴特：《现代资本主义》，第3卷，第890页。【168】

位拥有大学博士学位的物理学家主持的实验室，在1872年前一直都是由创办人在他的若干助手协助下相对独立地开展工作。1872年，西门子与哈尔斯克（Siemens & Halske）公司将这家实验室变成企业的常设机构，并将它所开展的技术与物理科学研究工作列入企业事务。1876年电气技术的基础知识首次在一家理工专科学校中教授，而1882年之后，电气技术则正式成为技术学院的一个专业。在19世纪70年代，物理学教授埃恩斯特·阿贝（Ernst Abbé）与卡尔·蔡司（Carl Zeiss）公司携手将光学技术工业推进到一个新的境界，至1882年时，他干脆在耶拿（Jena）的蔡司工厂内部创办了一个玻璃技术实验室。[①]

实验室数量的增加，从根本上改变了技术变革的方式与过程。现在，技术开发就有可能深入到人员之间有着功能分工的层次上进行：研究工作成了一个长时间的过程，它也需要大量的实业投资作为其资源支持，而这种投资常常又不定向于具体目标。比如说，电灯泡的开发就是这样一个过程。不过，尽管它的附属成果在一定程度上不可确切预见，但从长期效应上看却是有用途有价值的，由此，这种实验室的组建与操作也越来越多地得到有关企业的参与。以前经常发生的情形是，先是某个个人发明者在没有任何机构支持的前提下进行技术开发并获得成果，然后，在他和贸易商或其他融资人合伙存在困难的情况下，为了将这一成果付诸应用，他或者是将自己的技术思想卖给一家企业，或者是自己创办一家企业。尽管现在这种情形仍然频繁发生，但从经济全局来看，它的重要性相对降低了。[②] 【571】

科学技术在企业活动中的地位越是重要，那些经过学术训练的研究部门负责人就越是有可能行使企业家功能并融合到企业的领导阶层中去。诸如卡尔·杜伊斯贝格、恩斯特·阿贝以及后来的卡尔·博施（Carl Bosch）等人的例证都表明，如果这些人确实拥有商务、组织以及综合决策的能力，研究部门就是他们通向企业顶层管理职位的通路。除了来自企业研究部门的领导者之外，企业家之中技术学院毕业生所占比例在这些年间也上升了。而发生这

---

① 参见以下文献：

（1）比尔（Beer）：《德国印染工业的兴起》，第57~93页；

（2）科卡：《模范的西门子企业家管理与职员队伍》，第139、140页；

（3）马内戈尔德：《关于19世纪自然科学与技术通过科研机构作用而得以应用的有关问题论述》，第179页及以后。【169】

② 请参看，W. 特罗伊厄（Treue）：《发明者与企业家》，载《传统》，第8卷（1963年），第255~271页；W. 特罗伊厄：《欧根·朗根与尼克·奥古斯特·奥托：关于企业家与发明者、工程师与贸易商关系的分析》（慕尼黑，1963年）。【170】

种现象的原因之一就是实业家们往往都会让他们那些有前途的继承人前往技术学院学习，尽管这些继承人是否胜任职位并不主要地取决于他是否受过学术培训。另一个原因是，到这时，以下现象也变得更加普遍了：持有毕业文凭的工程师们或者是在世纪交接之后那些拥有“工程学博士（Dr. Ing.）”学位的大学毕业生们往往在企业内部得到提升，并且还以董事会或监事会成员的身份成为受薪企业家。只是，我们还不能说，那时所发生的提升对象总是这种受过学术教育者，即使是晚至1953年，在总共12 000位企业两会成员或是企业主之中，也只有31%的人拥有学术学位，而这些人当中，又有超过1/3的人是来自技术学院的毕业生。①

有过高等院校教育资历并不是获得企业最高层职位的必要条件，甚至对那些最大规模企业来说也是这样。在这一点上，企业官员与政府官员在补充方式上有所区别。在第一次世界大战之前以及在两次大战之间的时间里，与由专业人员组成的政府官员等级体系模式最为接近的是大型化学工业公司。在那里，有科学技术教育资质证书的工程师与科学家在董事会与监事会中形成明显的数量优势。不过，受过科学技术教育的董事会成员数量很多也决不意味着，与前几十年相比，此时企业对技术的重视超出了对商务的重视。在19世纪晚期，颇有代表性的是，即使是在诸如化学与电气之类的技术有着突出作用的行业，对于销售组织所具有的影响和商务方面的重要性的考虑都加强了，并付诸制度与机构建设。② 从而，在德国公司领导层之中，科技专家数量的增加可能只是强化了技术具有重要作用、企业有着大量长期发展机会的信念，它并没有使得技术进步本身变成为一个公司天经地义就得要达到的目标。

资本主义工业企业商务功能实现的操作方式从一开始就具有书面式、系统性、理论化等等特征。尽管这些特征常常表现得不够明显，但与实现生产技术功能的操作方式相比，商务活动中更早地体现出了这些特征。从19世

---

① 参见以下文献：

【724】（1）H. 哈特曼（Hartmann）：《对商务领导层的教育：德国“高等院校”的作用分析》（巴黎，1955年），第18页及以后；

（2）H. 哈特曼：《当今企业家的大学教育》，载《传统》，第4卷（1959年），第133～148页。【171】

② 参见以下文献及其内容：

（1）比尔：《德国印染工业的兴起》，第91、92页；

（2）科卡：《模范的西门子企业家管理与职员队伍》，第363页及以后；

（3）关于在采矿行业中也可以看到这种类似趋势，见于维登费尔德：《现代企业家的个性分析》，第66页及以后。【172】

纪70年代经济萧条发生开始，各个公司就在营销与会计等领域的活动中取得了很大进步。在化学、电气技术、缝纫机械，以及——相当大部分的——原材料等工业领域之中，制造业公司如果要批发商品，或者在一定限度范围 【572】
内承接运作商品零售等等活动，它们就会感觉到有着手建立地方性的商业网路、销售分支以及代售处的需要。1885年费利克斯·多伊奇（Felix Deutsch）就为通用电气公司（AEG）构建了一个触角广布的国际营销体系，这个体系为了实现电气技术产品的销售，将商务与技术实践结合到一起了。而那些大型的化学股份公司之所以能在1885年之后获得成功，很大程度上是由于它们那些精明而又富于进取精神的销售队伍在他们的批发销售活动中使用了新的广告形式。① 19世纪70年代的经济萧条使得企业利润水平受到限制，也使得实业家的成本意识增强。至此，企业的专家书面资料变得更为普遍。在这些资料之中，更为准确细致的簿记方法得到了开发与应用。② 转化为联合股份公司的个人企业与私人公司的数目在不断增加，这种增加也和卡特尔与商务协会等组织的参与者数目增多一样，都对正式的会计与簿记提出了要求。然而，商务管理方面取得的这些进展，看来并不是由那些受过商务学术培训的管理者推动形成的，而是由那些最多只受过中等商务学校教育的实干者实实在在地做出来的。

20世纪初，商务学校体系还不能够和已经得到良好建设的技术学校体系相提并论。这一点在相对低层次的学校中表现得尤为明显：1910年，在普鲁士共有1 877所政府技术继续教育学校（*gewerbliche Fortbildungsschulen*），其在校生总数为327 000人；但只有501所商务学校（*kaufmännische*），在校生总数为65 000人。③ 1898～1920年间，与其说是出自商务实践的实际需求的推动，倒不如说是因为生意人、各种商会以及学校教授等方面表现出的那种追求专业声誉的意识在起着实际推动作用，科隆、莱比锡、柏林、法兰克福、曼海姆（Mannheim）以及慕尼黑（Munich）等地，创办了不少商务学院（*Handelshochschulen*）。最初，这些学院教授政治经济学以及普通

---

① 参见以下文献：

（1）F. 平纳（Pinner）：《埃米尔·拉特瑙与电气时代》（莱比锡，1918年），第126页及以后；

（2）F. 雷德利希：《德国焦油印染工业的经济意义》（慕尼黑与莱比锡，1914年），第8页及下页；

（3）比尔：《德国印染工业的兴起》，第94页及以后。【173】

② 参见科卡：《1914年前德国工业企业管理的方法与模式研究》，第337页及以后。【174】

③ 请参见，F. E. 法林顿（Farrington）：《德国的商务教育》（纽约，1914年），第23页；而关于更高级别商务学校的情况，请参看科卡，上引书，第144页。【175】

高等课程，但从 1906 年以后，也讲授“公司经济学（*Betriebswirtschaftslehre*）”——一种以商务过程为核心内容的企业管理课程。与此同时，技术学院也开始更加集中地提供有关商业商务、组织管理、法律法规等方面的课程与讲座。在德国，人们努力使这种商务培训成为在学术上受到推崇的活动，只是在时间上，这比在技术培训中引入学术地位与科学思想要晚得多。而也是晚至 1913 年，商务学院才开始授予“商学硕士（Diplom-Kaufmann）”。在 1914 年之前，在各种企业的领导者之中，也很难找到曾经受过商务学术教育的人。与各种公司技术部门相比，企业商务部门的提升之门对那些只是有着实践培训经历的人敞开的时间更长，他们可能获得的提升次数也更多。即使是在 1954 年，也只有 17% 的企业管理者完成了他们获取“商学硕士
【573】（Diplom-Kaufmann）”、“经济学硕士（Diplom-Volkswirt）”或者“政治学博士（Dr. rer. pol）”等称号的高等教育。与管理者中持有法律资质证书的人的比例（19%）相比，这个比例相对更小。但在最近 20 年间，获取学位的管理者的数量无疑是明显地上升了，不论是从绝对意义上，还是从与有资质证书的工程师、律师的数目对比的相对意义上，都是这样。①

10.4.5　系统管理的兴起及其局限性

企业通过内部发展与相互合并实现了内部规模扩张。在企业外部，则出现了通过卡特尔与商务协会形成企业间组织的趋势，工业企业与银行之间的联系变得更为密切。所有这一切都意味着大型企业领导者面临的任务变得更加繁重和困难，他们监督与控制的领域变得更广泛而且复杂。信息沟通与相互协调的问题也出现了，而这种问题通常不为那些中小企业的管理者知晓。以家族关系为基础、以个人疏导为手段的管理方法现在再也不能充分胜任了。并且，从企业现在需要开展范围广泛、次数众多的协调活动并且仍要达到高效率运作的角度上讲，以前使用的那些管理方式现在甚

① 关于这方面的详细情况，请参看：

（1）科卡：《1914 年前德国工业企业管理的方法与模式研究》，第 347 页及以后；

（2）F. 雷德利希：《关于商务学术教育的分析》，载《商务企业历史评论》，第 31 卷（1957 年），第 35 ~ 91 页，特别是第 48 页及以后；

（3）A. 伊扎克（Isaac）：《1898 年以来德国企业管理科学发生史》（柏林，1923 年）；

（4）W. 伯梅（Böhme）：《商科硕士联合会（正式注册）25 年》，载《商科硕士》，第 10 卷（1930 年），第 247 ~ 259 页；

（5）哈特曼：《对商务领导层的教育：德国“高等院校”的作用分析》，第 18 页及以后。【176】

至只会起到反作用。正是为了应对新型需求，大规模的系统化管理方式得以发展形成。这种管理方式表现到一个企业内部会随着所属部分的不同而有所不同。

在世纪之交，“科学管理”首次出现在一些大型企业的生产车间之中，而这部分地来自于美国的刺激。德国的企业家与工程师曾经为通晓美国工厂的管理技术而专程前往美国学习。1907 年左右，“泰勒（Taylor）管理制度”还曾在德国得到过公众的深入讨论。不过，在泰勒管理思想引入到德国之前，就已经有相当部分的德国大公司在独立地缔造系统化的工厂组织，同时也在将类似于泰勒思想的管理建议付诸实施。在很早时候，企业中所存在的旧式等级机构及其管理传统就已经在引导着企业形成书面指令、精确信息以及程式化运作，并帮助企业进入到系统化管理。在大型机械工程企业的不同生产部门——主要是在从事生产的准备与控制的诸部门与从事生产实施的诸部门组成的两方面——之间也已经形成了明确分工。车间办公室作为技术部门与生产班组之间的联系与调停力量也出现了；工头的权力下降了；书面工作增加了，更为精细的索引卡与活页簿得以建成。一般地说，到这时候，企业内部已经开始适应产品标准化与大规模生产的需求，尽管不同企业之间的标准化还是要等到第一次世界大战时才开始实施。另外，企业管理开始形成动员与控制工人的新方法体系。就在这时候，社会上新近出现计时表产品，而企业管理中也出现了专门的工作时间方法研究。①

由受薪员工组成的部门在增加，而对这些部门的组织则充分使用了等级
体系模式。在技术与商务办公室中，即使是那些相对中低层次的受薪雇员的 【574】
工作也和负责全面管理的企业官员一样，充斥着系统的书面指令与规章条款。企业内的劳动分工逐渐深化，职能的划分也至为精细。至于权力形成等级层次，信息链条变得程式化，则更是说明这种私人的“官僚体系”与公共权力的官僚体系没有什么差别。②

全部的管理组织在各企业之间当然是互不相同的。我们可以肯定，世纪交接之后，学术界有着这样一种趋向——学者们试图为“企业组织与管理”这一主题建立一种具有一般指导意义的理论。此间，在一系列的出版

---

① 科卡：《1914 年前德国工业企业管理的方法与模式研究》，第 356 ~ 360 页以及第 365 页及以后。【177】

② 关于这个论题，来自西门子公司的例证见于科卡：《模范的西门子企业家管理与职员队伍》，第 363 ~ 382 页以及第 547 页及以后；关于这个论题在两次世界大战之间时期的情况，请参见 O. H. 冯德·加布伦茨（von der Gablentz）：《工业企业等级体制》，载《施莫勒学术年刊》，第 50 卷（1926 年），第 539 ~ 572 页。【178】

物当中，构建了所谓正确管理的规则。这些规则以实践为基础，其应用范围被设想为能够不局限于任何特定部门，并且，我们多次见到试图将这些规则组合成为一个“科学”体系的尝试。“组织”成了时代流行的口头禅，尽管其流行程度还是比不上同一时期“科学管理”在美国社会公众中的受偏爱程度。社会上首次出现了独立的组织管理顾问，大型企业雇用着若干“专职官员”，其主要职责就是构建公司组织，并解决有关组织的问题。

但从另一方面看，变化虽呈现出了某种趋势，但这种趋势的影响还很有限。从实际情况来看，那些特大型公司的领导者们就公司顶层的过于系统化而发出反对声音的现象并不少见。他们的目的是要为自己的掌管与策略留下余地。尽管他们也都对技术与科学、对在企业的中低层次构建的系统化管理与程序化组织表现出高度尊重，但他们同时也认为，对于企业的顶层领导者来说，诸如开拓创造与积极进取、勇气胆量与创思创见、直觉意识与领导才能之类的个人品质也具有关键作用。按照他们当中许多人的看法，过于科学的管理只会抑制企业家身上那种不可言传、不可组织化的可贵品质和才能。因而，科学对企业内部的功能发生冲击，首先作用在生产技术上面，最后才作用到企业管理的顶层。①

第一次世界大战前后，大型企业的顶层管理活动是系统操作与临时决定、等级体系与个人方式、固定程式与灵活变动等两个对立方面复杂结合的产物。这一点可以通过分析企业的信息渠道来说明。即使是在19世纪70年代初，企业家阿尔弗雷德·克虏伯（Alfred Krupp）就给自己立下了这么一条目标，即在他设于埃森（Essen）的雇员规模为10 000人的企业中，决不应该发生那种“不为顶层管理者所知道且批准”而又具有重要意义的事情。他做出要求：“管理者应该能够就在企业的管理核心办公室中，对工业企业的过去情况以及将来可能的走向做出审视、研究与判断，他应该得心应手地做到这一点，而不会感觉到自己还有必要去追问死人。”他对领导结构进行了重组，对领导者的权力与事项进行了精确的界定与分配。为此，企业还成立了一个管理委员会，这个委员会每周至少开

① 关于正文的资料来源以及这方面的详细情况，请参看科卡：《1914年前德国工业企业管理的方法与模式研究》，第347～356页；20世纪50年代德国企业家自身做出过类似讨论，可参看哈特曼：《权威与组织》。【179】

会两次。[①] 20 世纪早期，在一些大型股份公司中，为了试图解决信息沟通问题，企业管理层定期举行例会。在例会上，以标准程式准备的报告被呈交上来，而支持某些论点的统计数字与表格越来越多地成为这些报告的内容。另一方面，许多精确可靠的分析显示出，最重要的信息（比如说，在负全面领导责任的董事与企业主办银行代表之间的信息沟通）却是以私人信件或是通过社交场合的非正式信息渠道来进行沟通的。电话的引入也为正式信息交流提供了便利。【575】

在一家中型企业中，通常的管理控制职能分工形式是：分别设置一个技术主管和一个商务主管，后者日常性地对企业的全面管理与组织工作负责。在相对大型的企业之中，负实际责任的主管人（董事会成员）增加了。这些人一般代表着职能得到明确界定的某个分支部门——如营销、生产、财务，或许还有出口等等部门。在有的企业中，有时还会看到“政治经济部门”，这种部门专门负责企业的公共关系，负责与各种权力机构、政府组织、利益集团发生联系。另外，这些主管人还可能是某个特定生产领域的管理者，还可能是企业划定的地理区域的指定负责人。即使是在 1914 年前，这些将企业家与管理者职责集于一身的董事或管理委员会成员，相互之间就已经存在着明确的职能分工，以至于当他们中的某些人在生产性质完全不同的工业行业之间转换工作时——比如从一家火药厂转换到一家电气企业——他还能维持承担他原来的工作类型，比如仍然做财务主管。同时，还很常见的是，有不少在政府公务体系中拥有较高地位的官员，转而进入工业企业的董事会或管理委员会。对企业来说，其意图不仅是要利用他们的社会联系，而且也要让他们负责公司管理任务的执行。公司的董事或管理委员之间的职责愈是划分得清楚，则没有获得职责划分的“全面负责人”——总董事，他们在那时各企业的董事会中很常见——的作用就愈重要。在各个董事之间的工作职责划分，通常是以书面形式，通过精确的条令表达出来。另一方面，当有某个重要人物进入或离开这个公司时，这个管理系统也会发生一些变化。亦即，在高层与重要场合，不是工作职责划分在先，而是人员的确定在先。某些常设并且功能特定的委员会还会在公司内部组成一个高度分散、联系松散的管理体系，相对那个不同组成部分职能有着明确划分的管理系统来说，这个体系实际上是附属

---

① 诺伊洛（Neuloh）：《德国工人的管理规章、工人的社会结构以及工人参与工厂管理状况》，第 151 页及以后。【180】

品，也起到了功能补充作用。负有特殊领导责任的人在需要时，也会对所谓“正确”的信息沟通通路进行“短路操作”。还有，尽管企业建立了管理系统，引入了等级管理模式，企业的某些特殊领导人与其他各类社会机构——比如说银行——的“领导要人”之间的个人关系仍旧极为重要。①

【576】关于纵向一体化且经营多样化的大型企业是通过怎样的管理技术将庞杂的内容结合到一起的问题，很少得到仔细研究。不过，有一点很明显，即正是由于管理问题，才拖住了企业家们试图通过相互结合、通过多样化经营而达成企业规模进一步扩张的后腿；另外，还可以说，甚至就是管理问题导致了那些过于大胆的企业合并走向破产，这正如施特斯贝格（Bethel Henry Strousberg）的例证所显示。建立一个整合良好的统一管理体系必然会对管理方式提出要求。企业管理方式按照这种要求朝着集中与分散方向变化的程度，将取决于这家经营多样化的大型企业是主要通过对现有的有着相互分工的多个企业的并购组成的，还是主要通过内部扩张形成的。无疑，管理解决方案在企业之间差别明显，并且没有任何普遍适用的计划。有一种企业形式——如果说它还是分散型的话，那也已经部分一体化了——是由多个子公司以相互联盟（它们几乎全是通过资本纽带、个人联系、相互协议才得以聚合到一起的）的形式，将子公司的若干单方面功能与事务进行集中管理（比如说，企业各子公司的实业投资决策统一由企业董事会或某个核心管委会来决定，或者企业的营销事务交由某个销售事务办公室统管，等等）。我们再对比地看，纵向一体化企业的各单位之间的相互依赖程度越大，就越需要在从原材料生产直至最终销售的链条上保持某种一致性。有的人可能会认为，在那时的德国，具有生产纵向一体化、部门功能分化、事务集中管理等特征的企业组织形式与美国一样，占着绝对优势。② 然而，我们认为，在德国，多种形态各异、内容混杂的企业结构也肯定还存在着；有的企业的中心部分也是良好一体化的，只是在它的外围是一些松散的生产单位联合。从实际情况来看，与公司内部相比较而言，外部附属机构的一体化程度在各大企业之间差别就非常大。同时，这些附属机构的法律主体形式也呈现多

① 关于“领导要人”所具有的重要性，可以参看，比如说，菲尔斯滕贝格（Fürstenberg）：《德国银行家的生活传记》，第135页。【181】

② 关于这种企业结构，还有正文以下将要讨论的那种更为分散的结构的有关情况，请参看A. D. 钱德勒：《战略与结构：关于工业企业历史的论述》（剑桥，马萨诸塞，1962年）。【182】

样性。

至少有一个例证，这就是位于柏林的西门子与哈尔斯克公司，它能够表明，后来在20世纪为经营品种高度多样化的那些大企业所使用的管理形式的典型——分散式多分支结构已经在第一次世界大战之前形成了。这些企业将日常决策与管理事务都交由各个分支单位独立处理。这些分支单位生产不同产品，并且从地理分布上讲，也一定程度地处于分散状态。另一方面，一种经过精心设计的——包括董事会、管理委员会、各种办公室等等机构——的管理系统也建立起来了。这个系统的顶层，能够进行整个体系的中央控制、决策以及管理监督。顶层的管理者们将精力完全集中于重大决策、资本设备与管理人员的配置、对外关系、法律事务、专利事务以及企业的全面组织，还有那越来越显得重要的劳工队伍管理。接下来就是经理会议成员。大部分分支部门的头领，还有职能与事务得到明确界定的顶层官员，都定期参加经理会议。公司还设有一个独立的总办公室，这个办公室的主要职责在于参与公司的全局性政策的形成与管理。日常性报告、统计资料、图表，还有高度的管理标准化，共同使得整个企业情况能 【577】
够得到有效的监测与控制。从整个公司角度来看，履行各种不同功能的中央职能分支部门的数目在增加。这些分支部门分工负责企业事务，包括对企业进行监督与协调、结构标准化、研究与开发活动开展、整个企业原材料购买、企业所属业务领域各销售办公室的监控，产品出口到海外、法律与经济交涉、公共关系、中央会计核算等等方面。最后，企业的顶层委员会形成了一种灵活的制度，在这一制度下，各个董事会成员以及其他的顶层官员能够不定期地开会。还有，公司的一个内部价格系统也会对公司的各分支与部门进行协调，即它会将非完全官控（这里的“官”，是从企业内部管理的意义上讲的）的市场因素与这种本质上是非市场的内部组织形式结合到一起，并试图在各个工厂与部门之间形成某种有限的竞争。各个分支单位与部门的成功与失败能够按照管理中心设定的价格，在部门的财务报表上以盈利或亏损的形式表现。从而，在某种程度上，内部单位与部门也以互为独立竞争者来看待相互之间的关系。这个系统使得管理者很容易地就能够对企业内部的经济低效率之处进行发现和辨别；由此，效率激励机制也得以建立。①

在其他股份公司的各个部门之间，也存在着内部价格系统以及有限的竞

① 参见科卡：《德国工业企业管理中的家族联系与等级体系》，第152~155页。【183】

争。看起来，甚至在1914年以前，管理职能上的分散性就被那些大型企业的缔造者们视作为此类企业管理运作之必需。[①] 但是，这些问题却几乎为所有有关单个公司的经验研究忽略了，由此也使得我们不可能再对那个时代大型企业的管理问题作更多总结。

10.4.6　所有权与控制权的分离：受薪企业家

20世纪早期，在大型股份公司之中，资本所有者、企业家与管理者三者之间的相互分离程度比以往任何时候都更为明显。分离有着多种表现方式，不过还并不彻底。同时，也并不是在所有的联合股份公司之中，资本所有权与企业家功能之间都形成了明显的分离。联合股份公司通常就是维系一个家族企业的惟一外部形式。比如说，威廉·冯·西门子（Wilhelm von Siemens），是企业创办人维尔纳·西门子的儿子，与他的家族一道，拥有西门子与哈尔斯克联合股份公司的大部分股份。在1913年时，这家公司与数量极多的个人与机构有着广泛联系，在这些联系的支持下，公司本身成了一个雇拥着超过80 000人的国际性集团的核心，由既是总
【578】董事又是监事会成员的威廉·西门子做出这家公司的大部分重要决策。不过，通常他也让来自企业顶层的若干雇员——其人选主要是由他决定——以及来自与企业相关的多家银行代表参与到决策中来，尽管后者参与的程度逐渐地变得越来越低。

但是，在诸多其资本所有权分散范围较广泛的大型股份公司之中，大部分重要的企业家与管理者的决策权还是被掌控在来自相关工业企业以及相关银行的受薪企业家的手中。埃米尔·基尔多夫［Emil Kirdorf，格尔森基尔兴纳采矿股份公司（Gelsenkirchener Bergwerks AG）的总董事，也是莱茵兰与威斯特伐利亚煤炭辛迪加（Coal Syndicate of the Rhineland and Westphalia）的缔造者］、埃米尔·拉特瑙（Emil Rathenau，通用电气公司的创办人与总

---

① 参见以下文献及其内容：

（1）J. 胡雷特（Huret）：《A. E. G. 公司》，载《企业组织》，第10卷（1908年），第608页及以后；

（2）R.T. 布拉迪（Brady）：《德国工业的理性化运动：以下关于经济计划发展过程的研究》（伯克利，加利福尼亚，1933年），第121、172、173、178、179页，在这里给出了20世纪20年代之后的若干例证；

（3）E. 马施克（Maschke）：《康采恩的兴起》，第62、63页（这里讲述了保罗·罗伊施在古特霍夫农格许特公司采取的管理职能分散化的政策）；

（4）科卡：《德国工业企业管理中的家族联系与等级体系》，第152~155页（这里讲述了西门子与哈尔斯克公司的有关情况）。【184】

董事）以及卡尔·菲尔斯滕贝格［Carl Fürstenberg，柏林商务公司（Berliner Handelsgesellschaft）的董事］等人，就是自己不拥有很多资本但又起着有力作用的企业家的例证。这些受薪企业家被当时的社会大众普遍地称作"管理者"（即使是今天也还有此称呼，当然这一称呼所含意义和我们这一章前面"管理者"这一术语的意义有所不同）。从19世纪晚期以来，这一术语就既激发起了社会科学研究者的研究热情，也引发了社会公众的关注与兴趣。只是，以德国情况而论，能够允许我们对这个类别的企业家群体进行系统了解的实证研究还是很缺乏，而这一群体的人员数量也确实还是要大大小于企业所有人一企业家。①

在19世纪最后25年里，处于采矿与各种工业活动领域的——尽管在银行与交通部门并不是这样——这些受薪企业家，必须忍受社会公众、大型企业的所有人一企业家所表现出来的不信任与轻视。根据当时许多作者的记录，当时社会普遍认为，受薪企业家与资本所有权之间缺乏联系定然意味着他们为企业工作时不够热心。这又是因为，他既不会在企业将要失败时承担全部风险，也不会在它将会成功时获得全部利益。甚至是到了19世纪80年代，社会公众还认为，企业受薪主管的工作动机和工作效率与那些传统的工厂主相比要更低。另外，前者相对后者，还被认为会有更大可能卷入到形迹可疑的企业内外事务之中。即使是在所有人一企业家对受雇主管的能力有着信任感时，前者对后者还是会表现出轻视态度，这源于所有人一方认为，是他们自己在付出股权资本的赌注并承担由此产生的风险来作为受薪企业家获取经济收益、管理权力和社会地位的根据。② 然而，另一方面，有志于社会改革的社会科学家，从古斯塔夫·施莫勒（Gustav Schmoller）到詹姆斯·伯纳姆（James Burnham），再到"专家治国"社会哲学的现代提倡者，都对受薪企业家的兴起持正面态度。与传统的所有人一企业家相比，这些受薪企业家被认为会更受公共利益思想激励，并且会不那么强烈地受私人利润标准的影响（以这个方面来看，他们被认为和公共事务官员相类似）。而由于他们所曾受到的良好教育，他们还被认为特别能够以理性、客观、系统的 【579】
行为方式处事。于是，看来他们就是解决——或至少也可以说是缓和——社

① 查考"企业家企业"这一概念，它是指公司发展过程中，处于"个人企业"与"管理企业"之间的一个中间阶段，专见于A.D.钱德勒与H.达姆斯（Daems）：《介绍》，收入达姆斯与范德威（Van der Wee）编撰：《管理资本主义的兴起》，第5页及以后。【185】

② 参看H.伯梅（Böhme）：《埃米尔·基尔多夫》，第284、285、290页；关于这方面的一般性情况，请参考科卡：《德国工业企业管理中的家族联系与等级体系》，第341、342页。【186】

会问题，以及承担社会各层次乃至整个国家范围内领导职位的合适人选。受薪企业家的数量与重要程度都在增加，这似乎在预示着，这个直到那时都还是以生产工具所有权作为建构基础的资本主义体系以及由此派生出来的阶级结构关系，都在发生着某种根本性的变革——某种社会性质与政治意义上的变革。[①] 而从另一方面来看，以上这些关于受薪企业家具有积极作用的思想越是明白地表达出来，那这个新企业家群体自身也就越是会采纳这种思想进行，并使用它们来塑造自己的形象，进而使得自己的社会地位与社会权力的要求更具有合法性。[②]

根据我们掌握的证据，关于受薪企业家的兴起，不管是持否定态度的评判，还是持积极态度的期待，都是没有什么根据的。我们先从认为他们危险的否定看法谈起。由于法律约束变得更为有效，再加上交通与通讯条件的改善，使得对企业家实行相关控制变得越来越容易。还有，受薪企业家这个社会群体内部所存在的职业伦理，也表现出若干变化趋势。这些变化所能发挥的作用也意味着，与传统的所有人—企业家相比，他们对签约雇用自己的大股东、对消费者、对出让资本的社会公众等等社会方面都不会引发更大风险。实际上我们也看到，就在 1900 年左右，那些针对联合股份公司以及它们的主管人员的指责逐渐平息下来了。对这类在自己公司里没能拥有多少股权资本的企业家群体的轻视也在逐渐减少，只是即使时至 1945 年之后，轻视还没有在德国社会中完全消失。[③] 另外，很清楚的是，随着所有人—企业家向受薪企业家过渡，企业领导层的基本目标并没有发生什么大变化。正如我们已经看到，维系企业生存、企业利润获取、企业扩张等等仍然是企业领导层的主导目标。或许有人会说，由于受薪企业家收入与企业财务成功只有通过奖金方式才会发生直接关系，那上面这些目标的强度就会变得不如原来

---

① 参见以下文献的有关内容：

（1）施莫勒（Schmoller）：《大企业的风格与状况》，收入他自己的《社会与职业政策》，第 388 ~ 394 页；

（2）J. 伯纳姆（Burnham）：《管理革命》（韦斯特波特，康涅狄格，1972 年，再版于纽约，1941 年）；

（3）关于对社会对待受薪企业家的若干态度所进行的一次评论性考察，见于 H. 普罗斯（Pross）：《德国的管理者与股权人》（法兰克福，1965 年），第 12 ~ 42 页；

（4）J. 梅诺（Meynaud）：《专家治国论》（伦敦，1964 年）。【187】

② 请参见以下文献：

（1）拉特瑙：《骑士团的雇佣》，第 140 页及以后；

（2）W. 拉特瑙：《反思》（莱比锡，1912 年），第 81 页及以后；

（3）W. 冯 · 默伦多夫（von Moellendorff）：《德国经济一般情况》（柏林，1916 年）。【188】

③ 参见格拉尼克（Granick）：《欧洲经理人》，第 62 页及以后。这种对受薪企业家的轻视态度，看来直至 20 世纪 60 年代，我们才可肯定完全消失。【189】

那么大；还有，因为受薪企业家往往只拥有由有关合同强制规定的少部分投资（不论是货币资金，还是某种形式的股权资本），所以他只是关注于"他"的利益所涉及的事项，从而某些目标对他而言就显得不如原本那么重要。然而，正如我们所说，利润与扩张仍然是这个体系的内在要求，如果当事人忽略这种要求，就只有付出整个公司面临危险的代价，自然也是居于体系高位的人职位危险的征兆。在 20 世纪前 2/3 的时间里，在资本主义体系中，企业的生存、利润与扩张仍然是衡量企业家成功的主要准绳。通常，只有按这些标准，受薪企业家获得了成功，才能以此为前提，再来完成另一些也激励着这个社会群体的目标与愿望：名誉、社会地位、权力夺取、职位愿望、工作满意度、关心劳工队伍，还有为一般社会利益（对这个词读者可以从多种方面的意义来进行理解）服务等等。

从管理者与劳工关系的角度来看，独立企业家转变为受薪企业家没有引起什么显著变化。在与工人队伍分享自己的决策权力上面，他们都没有表现【580】出更多愿望，对劳动力队伍的潜能进行优化利用，都是这两种工业企业领导者的永久性目标。在这几十年间，能够为我们所观察到的且在研究者之间不存在争议的管理者一劳工队伍关系——在不同企业之间的——差别，只能用工业部门不同、企业利润水平不同、劳工队伍构成不同、企业大小不同才能做出更好解释，而不能用企业是否由所有者来掌控，还有它的顶层管理者之中是否有受薪企业家存在来解释。

我们再对肯定他们的社会功能的说法做评判。如果有人认为，受薪企业家已经成为一个"新社会阶级"，他们在不同社会利益团体之间是客观、理性与中立的，有着解决社会摩擦的天性与才能，这个阶级还能够克服私人资本主义体系中的相互敌对的社会情绪；则我们总结性地认为，不论是从企业的内部关系来看，还是从企业外部的社会冲突来看，都难以找到支持这种论断的根据。[①] 我们只需看看埃米尔·基尔多夫（Emil Kirdorf），或是看看位于西里西亚的王牌桂冠联合冶炼公司（Vereinigte Königshütte und Laurahütte）的总董事埃瓦尔德·希尔格（Ewald Hilger），亦或是看看克虏伯的主管人员约·弗里德里希·延克（Joh. Friedrich Jencke）与阿尔弗雷德·胡根贝格（Alfred Hugenberg）。这些人的事业开展都处在 20 世纪前 1/3 时期，他们可都属于那种传统的——"做自己房产所有者"——观点的最坚定的捍卫者。并且，与许

---

① 关于离现在至近的一段时期的情况，还有我们在这里不能对之展开讨论的有关社会变革，【725】请参见 M. M. 波斯坦：《1945～1964 年间西欧经济史》（伦敦，1967 年），第 290 页及以后。【190】

多所有人—企业家相比，他们推行着一种更为严厉的反工会的保守社会政策。①

我们还可以指出，伴随着从独立企业家到受薪企业家的演变，也有某些变化真正发生了。从变化的程度上看，这种演变当然只是影响到了一小部分并通常还是大型企业，而大部分中小规模工业企业仍旧由所有人—企业家掌管。但是，正如我们已经注意到的，随着受薪企业家兴起，企业家努力扩张的意愿是加强了，而不是减弱了。这又是因为，相比早期的工厂主，他们更不受非经济因素（比如说家族关系考虑）的驱使。从而，在企业的决策顶层，对待创新的积极态度也就有可能增加，这可是与约瑟夫·熊彼特关于现代大企业的悲观预测全然相反——他认为，大企业官僚式的管理体制会使企业僵化程度增加，并会对企业家活力产生不利影响。② 受薪企业家还可能倾向于强调对长期计划做出考虑，倾向于将长期利益放到比短期利益更为优先的地位，倾向于将企业的维护与存续作为工作的最重要目标。在他们的大型管理组织中，固定资产规模已经上升到了很高的水平，以至于不但企业清算会招至损失，甚至就连极短时间的生产中止也不可避免地会引发大量损失，企业家当然会对此做出自觉反应。这种自觉性使得保证企业稳定与持续发展
【581】的企业内在要求增加。如果有必要的话，他们会拒绝接受突然与短期的收益。③ 在这方面，他们和早期企业家之中的许多利益集团、投机者以及暴发户不同，但是和工业革命期间曾占绝对优势的家庭（族）企业创办者、所有人以及企业规划师却有类似之处。④ 受薪企业家总是奉行着对企业进行维

---

① 请参看以下文献及其内容：

（1）关于基尔多夫（Kirdorf），请参看 H. 伯梅（Böhme）：《埃米尔·基尔多夫》；

（2）关于延克（Jencke），参看 W. A. 伯尔克（Boelcke）编撰：《克虏伯与霍亨索伦公司文献》（法兰克福，1970 年），第 118 ~ 134、277 页；

（3）关于胡根贝格（Hugenberg），请参看 D. 古拉奇（Guratzsch）：《来自组织的权力》（杜塞尔多夫，1973 年）；

（4）关于希尔格（Hilger），请参看佩尔利克（Perlick）：《上西里西亚的采矿与冶金雇员》，第 161、162 页。【191】

② 关于这种判断在 1945 年之后时期的有关情况，参看波斯坦：《1945 ~ 1964 年间西欧经济史》，第 275 页及以后；关于另一方面，参看 J. 熊彼特：《当今经济体系中的企业家》，收入 B. 哈姆斯（Harms）：《德国经济结构变化》，2 卷本（柏林，1928 年），第 1 卷，第 295 ~ 312 页。【192】

③ 参见 K. 哈克斯（Hax）：《收益观念的变化》，收入他自己的《企业情况的变化》（柏林，1954 年），第 209 页。【193】

④ 在社会科学文献中，常常会对新兴的受薪企业家与工业革命期间的"暴发户"进行比较，并通过这种比较的方法，来说明 20 世纪那些起着领导作用的受薪员工与 19 世纪的那些所有人—企业家之间的明显区别。有过这样做法的文献见于 P. A. 巴兰（Baran）与 P. M. 斯威齐（Sweezy）：《垄断资本》（纽约与伦敦，1968 年），第 29 页及以后（讲的是美国的情况）。这是一种有问题的总结，至少对德国的情况来说是不妥当的，因为这种从事投机的"暴发户"无论如何也不是工业革命期间企业家的主流种类。尤其是在企业家这个领域，在工业革命与有组织资本主义期间存在着很强连续性。【194】

护与扩张的政策（对于他们，这几乎是一个自我支持的目标），而不仅仅是追求短期利润最大化。他们的这种行为倾向，在限制红利与奖金的分配、保留利润以用作再投资，还有为坚持这样做而对股东大会（AGM）中的股东团体利益进行抵制等等行为上得到了最好的说明。这种行为方式，可能也是在两次世界大战期间以及1945年之后，引发大企业自我融资比率长期性增加的一个因素。①

在新手补充与职业方式上面，受薪企业家肯定会和所有人—企业家存在差别。不过，关于这方面情况在第二次世界大战之前与两次世界大战之间这两个时期的表现，我们所能找到的既成体系又富有代表性的研究成果还不充分。② 现在，从原理上讲，获得企业家职位已不取决于资本所有权，从而与以前相比，进入企业家阶层的门户面向更多的人敞开。现在与以前相比，想成为企业家，不再非得要自己那么富有，或者是成为富有人家的孩子，或是去寻找富有的合伙人了。这就毫不奇怪，在这种背景下有人会发出企业家职位获取平民化的判断。③ 不过，与这种似乎显得“平民化”的表面状况形成

① 参见以下文献及其内容：
（1）霍夫曼：《1871～1957年间德国股份公司的利润分配》；
（2）关于通用电气公司（AEG）的管理阶层对待股东大会（AGM）的政策，参见F. 平纳（Pinner）：《埃米尔·拉特瑙与电气时代》，第384页及以后；
（3）W. 拉特瑙：《历史的评论》（柏林，1919年），第207页。

不过，需要强调指出的是，就大型家族（庭）企业之间的行为方式而言，在19与20两个世纪之间，差别不是很大。【195】

② 关于英格兰的有关情况，可以参看C. 埃里克森（Ericson）：《英国实业家：以1850～1950年间炼钢与针织行业进行说明》（伦敦，1959年）。

由T. 皮伦肯珀（Pierenkemper）完成的一项研究成果即将问世，这项研究主要是以19世纪晚期以及20世纪早期威斯特伐利亚地区（采煤与重工业）的实业家作为研究对象。【196】

③ 这个说法参看松巴特：《现代资本主义》，第3卷，第19页及以后（作者举出了例证）。另一位研究者扎赫特勒（Sachtler）（《19世纪早期德国工业企业家的转变》，第41页）则调查了在《德国公司通用手册》（柏林，1930～1931年）中所列出的既包括有企业受薪主管，也包括有所有人—企业家的总共为1 300人的出身状况，并得出以下关于这些人的出身分类情况（不幸的是他没有同时给出各个类别的精确定义）：

出身	受薪企业家（%）	所有人—企业家（%）
工人、小资产阶级	12	8
中产阶级	34	25
上层阶级	34	12
大型企业家	20	55

不过，读者也可以同时参看施塔尔（Stahl）：《企业家精英队伍》，第104、126、155、160页。在这部书里，由著名受薪企业家所组成的样本情况反映出，受薪企业家父亲的社会地位总体上要略高于所有人—企业家群组。【197】

对照的是，与独立企业家相比，获得成功的受薪企业家需要拥有一个更为重要的前提条件，这就是较高的教育资质。我们将1890~1930年间总共1 300位知名企业家组成样本，样本情况显示，受薪企业家之中有52%的人曾经受过正式学术教育，而对所有人—企业家而言，这个比例仅为37%。对受薪企业家而言，只受过初等程度（指小学）教育的人员比例只有5%，而对所有人—企业家而言，则比例高达10%。除了这两种教育之外，其余的人所受的是一种高级学校（指中学）但是没有达到高等学术院校程度的教育。[①] 我们不应忘记的是，能否获得高等教育——甚至从部分条件上讲，获得高级中等学校教育也是这样——很大程度上取决于父辈的社会经济地位。而工人阶级的孩子获得高等教育的比例直至最近，甚至是在1945年后的联邦共和国中，也还是不到5%。显然，教育程度已经取代了所有权，成为有关人员能否晋升到企业家职位的主要障碍。[②]

从正式教育对受薪企业家职位所具有的高度重要性上，我们可以清楚地看到，从工人到企业领导成员的提升只是在例外的情况下才有可能发生。[③] 不过，除了以上这些之外，我们对那个时代受薪企业家的职业生涯知道得也很少。看来，那些拥有专科学院以及大学教育资质的企业员工变得越
【582】来越普遍。不过，企业家还是要从一个相对低层次的管理职位做起，然后，在企业等级体系中获得逐步提升并进入到全盘掌控企业的层次。在他们职业的最初若干年中，他们可能会数次变换他们工作的公司，只是等到他们年龄更大一些，这种变换才很少发生。通常，他们在将近40岁获得他们的第一个企业家职位，这与同一时期所有人—企业家形成的年龄相比，平均地要晚

---

① 参见扎赫特勒：《19世纪早期德国工业企业家的转变》，第41页；类似的研究结果见于施塔尔：《企业家精英队伍》，第228页及以后。【198】

② 由H. 克尔布勒（《1850~1914年间德国社会成员的地位上升》，第52页）所进行的一项关于重要企业家的调查也表明，在19世纪晚期与20世纪早期，从低阶层和中低阶层中补充到重要企业家这一社会群体中的新手并没有明显增加。其他有的证据则表明，一般地说，受薪企业家队伍与所有人企业家相对比，其成员更多是来自政府公务员的儿子，或是拥有较高社会地位的稳定薪水领
【726】取者的儿子，而手工艺人与中间贸易商的儿子们则是更为频繁地出现在所有人—企业家的队伍之中。参见施塔尔：《企业家精英队伍》，第104、155页。【199】

③ 这段正文论述以以下文献作为资料基础：

（1）科卡：《模范的西门子企业家管理与职员队伍》，第383~459页；

（2）拉特瑙：《新一代企业家》，收入他自己的《历史的评论》，第206~228页；

（3）松巴特：《现代资本主义》，第3卷，第3~22、736~747页；

（5）贝克拉特（Beckerath）：《现代的工业化主义》，第37页及以后，第58页及以后，第231页及以后；

（6）维登费尔德：《现代企业家的个性分析》，第101页及以后；

（7）施塔尔：《企业家精英队伍》，页码如前处所出现，这一文献的第245页讲述了有关年龄模式的内容。【200】

10 年。这种准官僚的提升方式产生的问题是，虽然兴起的这一代受薪企业家获得了专业性强的（技术与商务）实践锻炼，但对于一个良好的企业家在事务处理上——良好的专家却并不——所必然需要的全面掌控与关系协调才能却还没准备好。无疑，与父教子学的教育方式（这种方式我们前面描述过）相比，这是一个缺点。后一方式在私人企业中仍然发挥着很大作用。在私人企业中，谁从一开始就注定要掌管这家公司，谁就会随着时间推进，越来越多地将他所受到的学术教育与他在其父亲的企业中受到的多方面实践锻炼结合起来。然而，从某种程度上讲，这种专门的企业家训练在有些大型股份公司之中也得到了开展并起到了重要作用——这不仅仅是指那些诸如克虏伯或西门子之类的家族式的公司。在这些公司之中，总董事通常会遴选一个"年轻人"作为他的继承人，常常会是他的儿子、亲戚或亲密朋友。并且就在公司之中，让后者获得内容广泛的训练，以为他后来领导这个企业做准备。总董事的这种做法，表明他作为当事人，已经意识到要缔造一个合格的接班人了；他还意识到，希望一个良好但单纯的专家成为一个良好的企业家，或是让一个运作顺畅的官僚体系以按部就班的方式来造就一个成功的主政者，都不会取得什么好效果。而企业领导人的这种自助行为，也反映出以下客观事实：大学与技术院校能够培养出很好的专家，但是除了引入公司经济学会有某些影响效果之外，却一般不能造就出良好的企业家。就良好的企业家能够完全在学校中培养形成来说，只是随着教育部门能力加强才变得有可能，时至第二次世界大战之后，这种培养过程还只能说刚刚开始。

除了企业有意培养以外，其他的很多受薪企业家一般是在某些相对独立的管理职位上获得他们的实际经验的，并且是在他们原来的公司合并或组建成为联合股份公司时成为这种受薪管理者的。另外，还有一些受薪企业家是在 19 世纪结束时由一些来自技术院校或大学的毕业生直接走向工业企业的领导职位形成的，而这种情况特别发生在那些"新兴行业"（比如说电气与化学行业）。再有，我们前面也已提到，银行领导者也有可能会流入到企业的监事会。最后，我们也必须提到，有些政府高级公务人员，带着他们的公务处理经验、他们的专业经验（通常是法律方面的）、他们的社会接触面以及他们关于怎样组织等级体系的知识，也进入到各种负有专项功能同时薪酬也颇为可观的公司管理职位之中。

在遴选企业高级管理者方面，家族联系、亲属关系、各种各样的非正式个人联系都仍旧持续地起着极大作用。而当专业知识以及提升的基础等级并【583】不被认为是提升的充分（尽管有可能还是必要的）条件时，这些方面就显得尤为重要。然而，提升也要求一些其他方面的因素，比如当事者主观感受到的“企业家”能力，这当然是一种难以精确度量的能力。很显然，如果各种亲属关系、个人联系、主观感受都成为遴选的影响因素，那么，最高层主政者的选募应该说成是一种非等级秩序式、非程式化的。虽然人们曾对这种遴选方式进行过若干修改，但直到今天却还在持续地使用。就对选募者的权力进行限制来说，这种遴选方式实际上不如官僚等级规则。同样也很明显的是，这种方式的应用不利于从那些当前还没有得到社会认可的群体中招募企业家新手，也是与某些人提出的最高企业职位获得“平民化”准则背道而驰的。在这里，企业家职位并不需要什么明确与正式的资质要求。如果要说这种企业家职位人员的遴选方式也有一种标准的话，我们也不能明确地给出它的定义，但基本可以说其选择方式是非正式、惟亲的。然而，总的来说，这种方式却对企业家成就有着正面影响，而这主要又是因为，作为非正式判据的亲属关系、个人联系与主观感受，是在对实际适合性与工作才能等等实际遴选标准已经得到应用之外的补充考虑，并且前者并没有完全取代后者。比如说瓦尔特·拉特瑙（Walther Rathenau），他之所以继承他父亲的职位，不仅是因为他们有父子关系，也是因为他出类拔萃，拥有经过证实的工作才能。在竞争（正如我们已经指出过，在有组织的资本主义时代，竞争方式有所改变，但是并没有消失）的压力下，在大型组织的体制环境中，没有任何企业能够完全以取消工作能力标准为代价来实施任人惟亲的制度。不过，这一点可以肯定，有着类似或明显类似的工作能力与正式资质条件的候选人的数目越多，则公司头领们的个人或主观偏好就越具有决定性的作用。

尽管在遴选受薪企业家的过程中存在着非正式、非专业的因素，但绝不意味着遴选工作会混乱失调。而且，我们不应低估的是，毕竟发生了若干历史性变化使得企业家的选择对生产手段所有权的依赖程度变得更小了。受薪企业家的兴起同时也意味着公司领导层已经获得并且还将获得各种专业知识。这种知识包括技术、商务、法律以及组织等方面的技能。由于企业家职位与所有权之间的传统必然联系已不存在，从而相比财产权与掌控权紧密结合的时代，毕竟还是工作成就能够成为企业家遴选过程中一个更重要的判断依据。而所有这些方面，又都对企业家职能与企业管理方式演变形成某种——朝着专业化、理性化以及系统化方向发展的——趋势有着促进作用。

10.4.7　不断变动的企业家模式

这些就是企业所有权与企业家职能相互分离的有关内容，包括它的局限性与历史后果。另一个分离问题，明显和上面这一分离不同，并且是独立于它而出现在历史事实之中，那就是企业家职能与管理职能的分离。在这一时期，即使是在大型股份公司之中，这种分离也仍是较为有限的。由于德国的 【584】
《公司法》在过去和现在都规定了监事会的正当存在，因而在监事会与董事会区分明显的情况下，德国的企业家职能与管理职能分离会变得更容易一些。[①] 不过，监事会在英美的企业管理机构和管理体制中可没有对应物。监事会由大规模股权持有者、银行领导者、相关企业的代表、原料供应商以及产品消费者的代表、社会公众代表组成，有时它也吸纳一定范围内的外部专家参加。它将自己的职权范围几乎完全限制在企业家决策（指企业重大事项决策）上面。而与此对照的是，在大部分企业主管以及董事会成员的日常活动中，许多事项兼有企业家决策与管理的因素。这部分也是因为，企业分支机构与大部分部门主管的事项都是由董事会分派的。不过，还是在1914年以前，负责企业全面指挥的管理职位就已经在有的企业中出现了，后来，这种职位普遍出现在各企业之中（所谓职位，从其含义外延上也包括那些集体从事这种全面指挥工作的董事会）。此后，在很多规模较大的企业之中，这种指挥性的职位不再与各单个部门与工厂的管理活动直接联系，而是与整个企业的战略决策相联系。也就是说，这种最纯粹的企业家职能与企业的日常管理活动以及所有的纯专业性事务都分离开来了。看起来，这些纯粹的“全面决策者”——其中既包括大额股份股东（或许还可能是掌控企业的家族代表），也包括没贡献多少资本的顶层员工（这些人常常来自社会公共事务管理部门）——并没有从他们那些相当概念化并且没有什么具体职责的事务之中感受到多少快乐。甚至到了1930年，还有报道说，在德国重工行业，属于规模最大者之一的某家企业的总董事，时常要到下属工厂中去参与管理活动，其目的就是要使自己至少做到与企业运作维持经常性的

---

① 关于针对这些企业机构的法律规定以及这种规定的历史性变化，还有各种不同公司形式（包括我们这里未加专门讨论的有限责任公司）的问题，有关研究者做过考察，见于A. 许克(Hueck)：《公司组织法》，第17版（慕尼黑，1975年）。【201】

直接接触，并由此使得自己的管理经验基础并不全然丧失。[①] 另一方面，在对一个管理操作分散化企业的各分支部门开展指挥的过程中，企业家决策与管理职能仍旧维持着紧密关联。

资本所有权分散的联合股份公司之中出现的情况表明，企业家职能本身之所以发生变革，更多的是起因于企业扩大、复杂程度增加以及产品与市场结构发生了变化，而控制权与所有权的分离却不构成原因。我们可从以下方面来说明这些原因。首先，企业的技术水平提高与技术内容增加，它们进而使得掌控企业的具体工作与企业目标之间的延续链条变长，其内容也变得更丰富；其次，一种将企业家功能从管理者的功能中分离出来的变化趋向，正在发生与增强；还有，我们上面曾经说明过的某些企业内部情况变化，如管理专业性增强、管理等级制度化等等，也是其中的原因。除了以上这些方面之外，另外还有两项重要变化也推动着企业家职能变革。第一项变化在内容上既包括各种卡特尔以及企业联合组织的兴起，也包括工业企业与银行关系
【585】更为密切化，它们使得在各种正式组织内外施加影响的能力乃至采取行动的技巧，变成为各个企业家都必须拥有的资质条件。只要这个企业想成功，企业家们就必须要在拥有市场绩效以及其他传统企业家才能的基础上再拥有这种素质，它所具有的重要性变得比以往任何时候都更为明显。有技巧地影响一个自己对他并没有正式权威的合作者，将一个自己信任的人任命到辛迪加的重要职位上面去，谈判达成一项企业合并协议，给一家实力雄厚的银行领导留下良好的个人印象——所有诸如此类的行动能力，与在恰当时候引入一项技术创新，或是通过恰到好处地比竞争对手出低竞价以获取一笔巨额订单相比，都更重要。从公司外部关系上看，如果企业家不具备相应能力，他就有可能将与自己的竞争对手达成双方需要的长期性协议的机会错过了，导致即使他在市场中通过削价竞争而获得单方成功，甚至也只会给企业带来害处。再从一家大公司的内部关系来看也是这样——公司的内部有着许多非常独立的下属单位，这些单位的领导人对他们自己的部门负责，从而企业决策与命令的贯彻执行都具有政治过程属性，包含着取予与妥协的关系，体现着领导者的个人影响，而不是通过什么正式权威、内部冲突、一味服从来实现

① 请参见以下文献及其内容：
（1）贝克拉特（Beckerath）：《现代的工业化主义》，第 60、61、233、234 页；
（2）科卡：《模范的西门子企业家管理与职员队伍》，第 383 ~ 462 页；
（3）关于在 1905 年左右监事会的构成状况，见奥伊伦堡（Eulenburg）：《德国工商界领导者出身探源》。【202】

的。这样，在那几十年间，受薪企业家必须懂得，怎样在有着决定性作用的全体会议上造就出有利于自己的多数，怎样把握好商务事务的工作日程，以及怎样在一种准议会的体制环境下采取恰当行动。[①] 显然，在这时，为应对所有以上这些职能与事务，与工业革命时代那种典型工厂主所具备的有关品质与能力相对比，一家大企业的领导者就需要拥有更多素质条件。

第二项重要变化是，属于决策者与管理活动操作者的各种功能相互分化，并且，这些功能履行的场所范围向企业内外蔓延。这种变化出现于1914年以前，而在这之后，趋势有所增强。在某种程度上，这种变化却与我们所曾描述过的更大管理单位的形成与演变的过程，以及企业家职能与管理者职能的相互分离与纯化的过程，显得有些互相矛盾。我们已经提到过，掌控一家企业的各个领导者之间的功能专务（业）化；也提到过，在多分支机构与产品多样化的股份公司之中，属于企业家的若干职能领域分散化。我们还指出过，作为外部人员的银行领导者，在一个银行雇员群体的帮助下，也会面向某个他们能够称得上是专家的工业部门之中——常常数量很大——的多家企业，履行有重要影响的企业家职能。然而，所谓的功能蔓延比这些变化还走得更远。比如说，卡特尔组织以及这种组织的领导者，会将所属企业在产品销售领域以及——常常还有——生产控制方面的大部分重要事务都掌控起来了。许多与工业活动有关的问题的处理会显得越来越具有重要性，这些问题包括企业如何处理与社会公众、与政府权力机构、与劳工队伍等等社会方面的关系。由此，各种商务社团、利益团体以及雇主协会也就帮助做了属于企业家职能的事情。在卡特尔、辛迪加以及各种各样的商务社团之中，迅速地涌现出由受薪高级员工组成的各种群体，对这些群体中的人的底细我们 【586】
知之甚少。他们常常是来自各个不同的企业。经常地在他们之中出现的是一些有过法律事务经验的人，有时也有些来自政府公务员队伍。就是这些人，为某些大型企业团体中的多个企业掌控着本应属于企业家职能的事务。[②] 我们注意到，在第一次世界大战、20世纪20年代早期、第三帝国专制时期、第二次世界大战等时期，政府权力直接介入到企业的融资、生产以及分配事务之中。实际上，不论是此前还是此后，在大型企业这个层次上，企业家职能就已经发生了触角深远、范围广泛的蔓延与溢出。当然，第二次世界大战以后，公共事务官员再度像重商主义时期那样，在非常大的社

① 参见松巴特：《现代资本主义》，第3卷，第738页。【203】

② 参见J. 赫尔勒（Herle）：《经济体系中各种商务社团的职能分析》（柏林，1926年）；贝克拉特（Beckerath）：《现代的工业化主义》，第242、243页。【204】

会范围内执掌重要的企业家决策权，情况就更是这样了。这种“蔓延”体现在，企业家职能不仅见于规模巨大、职能分散的企业内部多种不同场所，而且即使在单个公司边界之外也时常如此。

某些个人就有可能为一群企业组成的整个企业集团行使部分或全部企业家职能：带有监事会的联合股份公司制度，将企业家职能从管理职能中分离出来的趋势，银行的重要角色，在公司之间、地区之间、国家之间形成的企业合并与合作趋势等等，所有这些方面，都使得一个由大型公司及其“连锁董事会”① 组成的网络体系得以呈现。这又进一步允许那种特别强有力的单个企业家，能够构架起特殊的决策职能与决策职位，也使得企业家之间能够进行集体协调，尽管这种协调是通过各种分散渠道，通过一个明显地是以散布蔓延方式传导信息的体系实现的。根据一位内部知情人（瓦尔特·拉特瑙，通用电气公司的第二把手）的说法，在第一次世界大战之前，由300～400位起着社会主导作用的企业家形成了一个企业家顶层群体——包括企业的大额股份持有者，企业所有人，在银行、工业、交通以及商贸等领域的企业掌控者。正是这个群体及其所属成员领导着欧洲与美国的全部经济生活。②

不管采取什么方式，我们都不能清楚地给出这个掌控经济权力的精英队伍的定义及范围，同时它本身也不是一个紧密联系的社会团体，我们努力瞄准它并聚焦观察，但还是难以看清楚。它自己对那些新获得成功的进入者又是动态开放的。然而，这个群体的信息交流架构却只是部分地属于正规方式（通过在监事会会议、卡特尔会议上的会面等等），在这种正式交流之外，通过非正式交往以及各种社会圈子，不同群体之间也会发生关系密切的信息沟通。在这个精英群体的内部，也存在着激烈的竞争与争夺，这不仅仅是指在群体秩序与专项权力方面的争斗，而且也包括那些关系到各个大型企业生死存亡的相互竞赛。同时，通过对游戏规则达成某种基本的默契，通过对理念与思想形成一致认识，这个精英群体却又能结合到一起。与工业革命期间的早期企业家有着多种志趣（见上文）一样，这些企业家巨头也是同时在为许多不同的企业进行决策。只是相比而言，其规模要大得多，并且制度与机构基础也有所不同。另外，与他们的工业
【587】革命期间的先辈们形成鲜明对照的是，他们对于一个成体系的机构网络拥

① 所谓连锁董事会（interlocking directorate），是指若干不同企业的董事会，其中每一家都至少有1名董事，是由某些人共同兼任。——译者注

② 说法源自松巴特：《现代资本主义》，第3卷，第746、747页。【205】

有处置权——这个网络由诸如监事会、形式多样的公司间合作以及银行等等发育成熟的机构与制度组成；他们还掌握了新兴管理技术，应用着新型通讯手段；另外，更为重要的，他们还获得了有管理经验且按照专项功能组织起来的政府与企业机构的支持。

不过，这种企业家的专项职能组织化的演变趋势，至少在两个方面仍不够完善。第一方面，有许多不尽如人意的现象还在不断发生，其程度又颇显激烈。这类现象包括权力争斗、质价竞争、企业破产、过度投资、经济萧条、若干新发展未能被预料以及以增长自身为目的的增长，等等。这些现象表明，这种企业家职能的规划与组织所具有的作用还有局限性。尽管在这种环境下，公司之间有着大量的协调，但实业投资决策的核心部分仍然掌控在若干企业家，或者说若干组群企业家的手中。这些人与其他组群的企业或企业家以按照利润导向行事原则、带着若干特定目标的方式进行相互竞争。而且，这些人也定然不会对全面经济形势，以及它在将来的发展有完全准确的了解。因而，尽管经济运行基础现在更多地要由公司巨头们来承担，尽管触角深远的组织化趋势已经对经济体系广为渗透，我们还是要说，这种增长与变革的过程在一定程度上仍是混乱无序及原始粗野的。

这种管理职能与企业家职能的组织化趋势的第二方面局限性在于，在第一次世界大战前后，绝大多数企业的雇员数目继续处于一种小于 100 人的水平，并且由那种更类似于我们在第 10.4 节描绘过的工业革命时期企业家的人进行掌控。关于这种广为分布的企业家“步兵团”，我们知之甚少，正是在他们当中，造就着能够补充进大型企业决策与管理办公室的新鲜血液。也只是由于以上原因，我们不能在这里，在这个探讨“有组织的资本主义”的篇幅里对这些小企业主进行详细讨论。另一方面，正如我们在前面正文曾经论述的，在系统化管理活动中，在大型企业的运作中，都出现了集中趋势，这种趋势的影响还在进一步扩大。这种现象一定程度是合理的——集中形成的大型股份公司体现着未来的发展趋势，这些大企业包含的企业家数量在全部企业家中所占的比例在不断上升，这些企业家对整个经济体系所产生的影响远远超过中小规模企业家等等，所有以上理由都在部分地为这种集中趋势提供合理依据。①

在第一次世界大战之后，一系列新鲜、系统的内容被写入到企业家职

---

① 可以总结地说，作者第一方面局限性的意思是说，企业家职能与管理方式的组织化趋势还是没有能够解决经济体系的诸多问题；第二方面的局限性是说，这种组织化趋势尽管在经济意义上是合理正当的，但并没有涵盖到全部经济体系，经济体系中还是有大量中小企业。——译者注

能与管理职能的历史之中。企业家们过去与现在都看到，他们自己面临着对自己的社会身份正名的复杂问题，也面对着来自广大社会公众的激进批评。另外，社会公共权力的干预又变得更为直接与强化，这种干预对于一个企业的经济成功比以往任何时候都更具有至关重要的作用。所有这些变化趋势，都使得企业家在社会与经济政策领域所付出努力的重要性增加，而这些种类的活动通常是由公司内外的专职官员与专职部门去完成的。作
【588】为维护工人利益代表的独立工会组织，获得了政治与法律的承认，这个重大突破在德国发生在第一次世界大战期间。而且，除了在纳粹专制统治时期有所中断，在德意志民主共和国（DDR）时期方式有所变化以外，它的存在的合理合法性被历史证明是大势所趋。然而，这个突破却给企业对雇员的管理带来了新问题。第二次世界大战以后，劳资“共同决策”将工会组织引入企业监事会，并且，在西德企业之中，工会也一定程度地参与到董事会之中。装配流水线、生产自动化以及计算机应用，以在1920年时所没法想像的多种方式，改变了生产与管理的操作过程。新的产业出现了，特别是在汽车、飞机、电子等等类别的产品生产领域。在第二次世界大战之后，跨国公司获得了全面胜利，只是我们在这里不能再对这些以及其他的变化进行更为详尽的讨论。

另一方面，我们在本章10.4节中所分析的有关变化趋势，却大体上一直持续到了今天，并且，那些趋势甚至还有所增强。企业的增长、扩张与经营领域多样化更进一步地向前推进，甚至尽管从第二次世界大战时起，卡特尔组织被法律所禁止，企业之间的并购与合作还是得到了加强。而工业企业与银行之间的紧密关系也没有疏远，在两次世界大战期间，它们之间的相互关系继续朝着利于大型工业企业（家）的方向发展。在生产、销售以及企业管理等领域，应用科学解决问题的重要性仍在持续增加。沿着我们对1914年前情况所辨识出来的演变线索，管理职能的系统化进一步地向前发展。所有权与管理控制权之间的分离也在取得进展，它对整体经济形势所产生的影响效果却和第一次世界大战之前一样，仍旧是相当有限的。管理员工的专业化趋势也获得强化，在近些年来，这种强化特别地表现在商务活动的组织过程中。要成为当今经济舞台的一个优秀企业家，在各种正式组织中富于活动技巧、有善于谈判的能力、有开展各种政治活动的才能显得更为重要。劳动分工深化与企业家职能的扩大乃至企业家们能通过国际范围上的“全能掌控者”群体、通过个人和机构网络达成相互协调都获得了更明确、更具体的实现。我们可以说，在工业革命与第一次世界大战之间的短短几十

年间，在有组织的资本主义体系之中出现了若干重要特点，进而，从第一次世界大战直至现在，这个体系的发展演变历程仍旧持续地被打上这些特点的烙印。【589】

第十一章

19 世纪与 20 世纪斯堪的纳维亚诸国的资本与劳动力

11.1 发展过程

“斯堪的纳维亚”是一个国际通用的术语，但几乎不被斯堪的纳维亚人自己使用。从严格意义上来说，它指丹麦、挪威和瑞典。但是，在实际使用中，它又不可避免地包括芬兰。这不仅有历史原因，也是由于芬兰社会，不管是从总特征还是从经济角度来看，都属于典型的斯堪的纳维亚方式。作为一个国家，即使经历了一个世纪（1809～1907 年）的俄罗斯统治，芬兰还是力图保持自己的斯堪的纳维亚特色。不过，出于将复杂的情况简单化的考虑，我们还是将人们很感兴趣的芬兰放在斯堪的纳维亚三国之后单独考察。

1800 年，丹麦、挪威和瑞典三国的总人口是 410 万，1850 年 630 万，

1900 年 970 万，到 1950 年时达到1 460 万。可以看出，在 150 年间，总人口增长了 3 倍多。关于这段时期的早期，我们不可能给出这三个国家国民产出的精确数据，甚至粗略的也无法给出。只是在最近，才有一项研究尝试对丹麦的此类数据进行回溯估算，但回溯最早年份也只到 1820 年。我们可能进行的比较观察，起始期只能是 19 世纪 60 年代。在从 1860 年到 1950 年的 90 年间里，瑞典的国民产出的增长倍数是 14——这个估算出来的倍数也许有些夸张，丹麦的增长倍数是 10，而挪威在 1865 ~ 1950 年间这一略短的时期内，国民产值增长倍率大约是 8。研究者们要谨慎对待所有这些数据，这是因为，在这几个国家，估算这些数据所用的定义和方式是不相同的。不过，就能够为人们给出经济量的大致印象而言，它们还是可靠的。1950 年以后，这三国的 GNP 以一种前所未有的迅猛态势增长，同时它们的人口增长却相对显得缓慢。

在分别对劳动与资本贡献予以讨论之前，我们首先应该交代这种长期持续增长的一般性质和它作为一个进程的主要阶段。

19 世纪初期，斯堪的纳维亚诸国在许多方面都很好地融入了欧洲国际社会。它们也都拥有相对有效的政府制度和一个组织良好的管理体系。以那个时代的国际标准来说，这种政府管理相较而言还是可靠的。但是，从经济方面看，它们相当落后，农业部门占绝对优势地位。不论是在瑞典还是在挪 【590】
威，很大程度上是一种生存型经济。只是，我们还应该肯定，这里的农业部门并不是纯粹的农业活动。农业生产活动往往与其他生产结合在一起。后者当中的很大一部分属于第一产业的非农业生产部门，比如说渔业与林业——晚至 19 世纪中期，挪威的鱼类产品出口额仍然是国内首位。不过，它们当中也有不少部分属于那种手工艺、商贸以及交通运输活动。因此，尽管官方统计数据显示，在这个世纪中农业部门产出量有所下降，但实际上其中有一部分只是反映出劳动力的部门分类更为细化（农业部门范围变窄），而并不是绝对表示劳动与产量在不同部门之间发生了转移。

不论是内部还是外部的商贸活动的数量，肯定在 GNP 中占的比例仍然不大。然而，由于交通成本很高，交通速度很慢，储存体系应需而生，并且分布广泛、规模较大。另外，经济生活中存在着各种不同风险与不确定性因素。所有这些，都意味着经济生活哪怕只是实现规模并不很大的交易量，都需要较多的资本与劳动作为资源支持。当然，不论是这些商贸经营人的利润，还是他们的经营经历，都成为经济增长的重要起点。例如丹麦，因为地处波罗的海入口的重要战略位置，使得它成为国际中间贸易活动中的一个重要角色。

由于特殊的进口需求，导致了挪威的经济发展极大地依赖于国际部门。除了挪威之外，其他国家国际贸易量占国民收入的比例都不大。尽管如此，但从性质上看却具有重要意义。它为军队体系以及王室政府的日常运转提供了必要的商品和外汇；它对那些更富有和教养更好的社会阶层的文化发展过程——更不用说这些人所享用的奢侈品——有贡献；它还帮助了各国发展形成更高级别的工业与商贸组织。国际贸易活动还满足了一些基础性产品的需求，尽管在瑞典与挪威都是农业部门占绝对优势，但是它们，特别是挪威，都是谷物的净进口国。

斯堪的纳维亚诸国的经济状况特点就在于它们的产品出口模式。这些处于西欧边缘、人口稀疏的国家，为那些经济更为先进的国家提供着各种不同的原材料和粮食（还包括些半成品）。比如说，丹麦人提供谷类与奶油，挪威人提供木材与鱼。而瑞典的熟铁、铜等产品的出口则是以它的工业传统以及一定程度的科学知识作为条件支持的。不过，瑞典熟铁具有竞争力，其主要原因却在于在熟铁开始出现时，来自瑞典森林的燃料成本相对较低。正是由于与欧洲其他国家有着商贸联系，斯堪的纳维亚人的经济生活自然会受到欧洲经济运行与经济波动的影响。只是，不论是这种影响，还是各国自身那
【591】些为国内市场生产的工业（或原始工业）活动的开展，都不足以影响它们的经济总模式发生改变。

在 19 世纪上半期时，这种基本经济架构并没有全面改变，但当事人还是在它的外围部分明显地感受到了变革压力。同时，就在传统构架内，经济体系也有所增长。到上半期结束时，人口比世纪之初增长 50% 还略多一些。这就是说，在 18 世纪就开始发生的——瑞典和挪威明显比丹麦要早——增长过程一直都在持续。在经济各部门的相对地位只有微弱变化的情况下，若不是农业部门有了强有力的规模扩张，这种人口增长程度就不可能，会带来灾难性后果。

农业的统计资料错误百出。事实上，除了丹麦以外，农业规模的扩张程度也确实难以度量，而丹麦也只是有度量的可能性。不过，说明农业产量增长幅度大大超过人口增长幅度的证据却比较充分。不管怎么说，从 1824～1827 年间到 1844～1847 年间，丹麦谷物出口量的增长幅度至少是 80%，而挪威谷物进口则下降了。到 19 世纪中期时，瑞典已不是一个谷类产品净进口国，在此后的几十年间，瑞典燕麦产品的充足程度令人吃惊，燕麦成了瑞典出口产品中的一个主要类目。

这种发生较早、程度显著的规模扩张自然都是劳动密集型的：农业部门在为一个持续增长的适宜工作人口提供就业机会方面表现出了灵活性。在这三国，土地的拓垦都还有一定余地，这个特征在瑞典尤为突出。相对来说，丹麦的可资继续拓垦的农地规模则比其他两国要小一些。同时，劳动生产率也上升了，其原因是劳动组织的改善以及技术进步。总的来看，这种改善体现于一系列持续发生的小幅进步上，而不表现为迅猛跃进。

总而言之，在19世纪20年代农业全面萧条结束之后，农业还是取得了不少进展。在整个30、40年代，它还引发了整个经济体系其他部分的大幅增长：既包括各种原料生产与粗加工工业，也包括各种进口替代工业（比如说，在纺织行业中就出现了现代工厂体系），还包括诸如酿造、蒸馏等工业活动。总的来看，非常有趣的是，在这个时期，经济规模初步扩张，但扩张的资源基础有限，扩张也表现得温和适度。另外，扩张让人感受到经济前景良好。这些都是经济成功增长的表现，而斯堪的纳维亚诸国为具有以上这些特征的增长模式提供了很好的例证。

1850年左右，瑞典的人口数量比丹麦和挪威的总和还多。我们再考察一般收入水平。根据我们所获得的数据，首先，丹麦的人均GNP水平比瑞典高得多。这正合乎人们的意料，因为丹麦经济仍处在农业为主要部门的时期，农业取得的进展确实更为显著。其次，挪威的人均GNP与丹麦基本相 【592】
等。从丹麦的经济优势来看，这似乎出人意外。不过，需要强调的是，这些统计资料中部分数据的可信度近似于纯粹猜测。我们的感觉是，挪威的经济规模起点比统计资料所显示出的更低，而在1850年之后，其经济进展速度要比人们通常设想的略快。只是，同样地，我们上面的假设与推理也停留在猜测状态。

人均收入的大幅度转变发生在19世纪中期至第一次世界大战之间。1860~1914年间，瑞典的（以不变价计）人均国内生产总值可能增长为期初的3倍；不过，精确的统计数字仍不清楚。而到1914年时，丹麦的人均要素收入接近于1860年水平的2.5倍。挪威的增长速度尽管要慢一些，但也很显著。

这种大幅度规模扩张同时也伴随着深刻的结构变迁。我们只使用一种常用的度量方式（广义意义上的），农业部门所雇用的劳动力在这个时期期初占到绝对优势。但到1914年时，在这三国中，都下降到了劳动力总数的一半以下。不过，要更为恰当地理解究竟经济过程发生了什么，则应在观察不同产业部门之间比例变化的同时，也对发生于这些产业部门内部的结构变化进行辨识。不论是从结构变化还是从总量增长上看，我们都可以明显感到经济发展呈现出两个阶段：第一个阶段更具有过渡性质，可以认为它的起止年份分别是1850年和1895年，其中19世纪70年代早期的规模扩张显得很重要；另一个阶段显得更为现代化，可以认为它对应的时间范围是1895～1914年。

产出增长中的很大一部分是由出口引发的，上面所提到的两个时期阶段代表着诸国适应国际市场环境的两种不同形式。19世纪70年代和80年代，国际市场对斯堪的纳维亚产品产生需求基本上还符合传统分工模式。这些产品或者是一些原材料商品，也有一些工业品，但大都体现出工业化初期阶段的特征。在瑞典北部，生产规模处在扩张状态中的产品包括有木材、板材、制板，它们的大量生产通常被看做是瑞典工业化的起点。在挪威，则是船运业有了显著扩张，它使得挪威成为几个船运经营大国之一，这种扩张是帆船航运处于最后一个兴盛时期的典型特点。随着风帆动力逐渐被蒸汽动力淘汰，船运业也随之面临着调整的难题。此间，挪威的渔业不论是从技术水平上还是从经济规模上都取得了重要进展，并且对广大农村人群而言，它也没有丧失作为重要的辅助职业的传统地位。对瑞典的炼铁行业来说，尽管现代化进程也推进到了一定程度，但它的基本特点仍然是：生产规模小（与炼
【593】钢先进国家相比）、生产方式陈旧、集中于所谓高质产品上进行小量生产。丹麦的谷类产品出口在19世纪70年代达到了高峰。随后，谷类出口进入一个相对困难的市场重新定位时期，它在丹麦出口产品中的相对优势也让位于奶油和其他动物产品。

当然，19世纪90年代中期以后，这些特征并没有完全变化。丹麦在第一次世界大战前的最后10年亦即1904～1914年间，农业部门产品在外贸交易总额（GFI）中的份额甚至还有轻微上升，从31%上升到32%，变化在于，在这些生产扩张年份，丹麦出口的农产品再也不是传统的种类了。可以说，这个国家的整个经济体系中最惹人注意的变化都表现在农业生产过程和农产品出口上面。丹麦的奶油产品质量极高并且质量受到严格控制，在出口市场上也显得越来越成功。这种成功是因为它的生产技术以及生产组织都取得了进步，进步表现出工业革命的特点。同时，丹麦的机械工程业，还有其他种类的制造业（这时仍主要是面向国内市场生产），也度过了结构重组的阶段并步入增长期。

这个时期，瑞典的铁矿石作为一种未经加工的原材料，其出口也变得越来越重要。19世纪90年代后，瑞典的木材出口处于停滞状态，但各种木浆

产品却在大规模扩张，超过了挪威的生产量，而事实上直到那时，挪威一直都是生产这种产品的国际领头者。对这两个国家而言，普通纸和新闻纸的产量都在上升。瑞典机械工程业的发展也很强劲，预示着它将在 20 世纪起到特别重要的作用。从而，产品种类的转移模式可以清楚地辨别出来：从木材到木浆，从炼铁到机械，从加工程度相对小的转到经过高度加工的工业产品。

在三国之间，这种产品种类与方式的重新定位，发生得最为明显的当属挪威。挪威的工业化进程相对滞后，但到此时也取得了有力突破。电气技术领域取得全面进展，使得挪威丰富的水力资源具有了新价值。大量新建的水电动力站突然涌现出来，即使工业化还处在初级阶段，在使用这种新型能源的行业之中，就包括有地位上重要、技术上先进的化学部门。就在此期间，挪威的商用船只也以一种前所未有的程度大规模地采用蒸汽动力。

除了产品种类与方式外，这种大转变的另一方面特点是，随着经济活动范围的全面拓展以及消费水平上升，国内市场需求开始表现出重要性并能为生产活动提供进一步的动力。最终结果是，一种新型社会形态正在形成，而这引发了数量更多、范围更广泛的实业投资。到这时，经济扩张还表现出一个新特征，那就是不断增长着的瑞典炼钢行业的新增生产能力是在为国内需求而不是为出口增加服务。后来，这个内需特征的重要性才有所下降。原因 【594】
在于，有一些钢材事实上是在以一种如同机械产品那样的经过了更多加工程序的形式出口。

斯堪的纳维亚诸国都没有卷入第一次世界大战。它们在战争的早些年间尝到了经济繁荣的甜头，也在战争后期受到了经济封锁以及其他困难的严重打击。从战争的净效应来说，它阻滞了经济增长。不过，战争也带来了某些具有长久利益的影响。其中一方面就是在燃料困难的形势下，瑞典的水电站的数目有了大量增长，而挪威的增长程度甚至更高。

像所有其他地方一样，斯堪的那维亚在两次世界大战之间也遭受到严重困难，其中的一些困难将在下面讨论。20 世纪 20 年代早期，经济萧条在瑞典显得特别严重。不过，那里的经济复苏也要比其他国家来得成功。约在 20 年代中期，挪威的经济增长也遇到了困难，但随后的经济扩张却非常令人满意。30 年代早期发生的经济危机，不论是在挪威还是在瑞典，不管是从对经济长期增长的影响——尽管对就业的影响并不是这样——而言，还是从它对这个时期产生的净经济效果来看，都是相对温和的，在世界诸国对照中也能给人深刻印象。但丹麦情况则大为不同，丹麦的生产严重依赖农产品出口。30 年代，当食品与工业原料的世界市场形势趋向逆转时，丹麦经济遭受到猛烈打击，并且不能像其他两个伙伴国那样很轻易地恢复。在那个十年间，经济贸易活动中的民族主义蔓延，国际社会由此强调双边协定。这种形势对丹麦这种经济体系有负面影响。丹麦的产品对外贸易模式是，出口产品的差异性很小，产品进口的需要非常迫切并且需求种类多样化。

从而，像第一次世界大战前两个充满活力的时代一样，在两次世界大战之间，三国经济总体上都有了相当程度的增长，尽管并不如在一战前那么快。就是经济增长途径也在许多方面遵循着战前模式：在此时期已经发生或正在发生的结构变迁对后来第二次世界大战之后的时期产生了重要影响。同样，30 年代所发生的社会与经济政策上的深刻变革的影响也极为深远。发生在社会历史与社会心理上的关联性变革——这种变革在这三国之间的差异极为有趣——是巨大的，只是在任何地方它都不能迅速而明显地产生经济影响。

还有，在 20 世纪 20 年代和 30 年代，斯堪的纳维亚诸国的工业化结局与工业化问题，从内涵上看不断得到深化，从外延上看不断获得拓展。城市化进程、道路与交通体系建设都在持续进行，制造业在经济体系中的重要性在稳步上升，一种更为先进的技术方式也在逐渐发展形成。如一战前所预
【595】料，在瑞典出口产品的品种类别中，木浆制品以及机械制品上升到占据优势地位。这时，对丹麦来说，一方面，制造品的生产充满活力，重要性不断上升；另一方面，农产品在产品出口中仍具有优势地位，但在总产出的优势地位已不复存在。如何在制造品和农产品之间选择扶助重点，成为政府决策和社会选择的关键问题。然而，在 20 年代，这个国家的政策是倾斜于农业的，但到了 30 年代，这种政策趋向被扭转过来了。尽管在这个时期，结构变迁并不剧烈，但这一时期却是经济结构关系变化的一个分水岭。挪威经济的现代化进程在第一次世界大战前就已进行得非常好了，在这个时期则继续围绕着若干领域充满活力地持续向前推进。这些领域包括采矿行业以及一般意义上的冶金行业，其中电化冶金行业表现尤为突出。而对挪威来说，一旦它在第一次世界大战中所发生的大量船只损失被性能良好、样式现代化的新船代替，其商业船队的工作效率也就达到了新高峰。

丹麦与挪威在第二次世界大战期间受到了入侵和占领。而瑞典则保持在和平状态。瑞典的经济此间获得了发展，尽管它也必须应对许多严重问题，但毕竟，它的各种社会与经济关系在这一时期都显得很稳定。相对而言，另两个国家则遭受着严重困难，挪威的情况尤为如此。

第二次世界大战之后，斯堪的纳维亚诸国都进入了一个更快速的增长时

期，它们的投资率比以往任何时候都要高。而瑞典经济在三国之中又显得最为繁荣。原因在于它在两次世界大战之间的成功发展及二战中的相对有利地位为它的经济打下了更好的基础。然而，战后瑞典的经济增长率并不比其他两国更突出，投资率也不是最高的。这个“荣耀”当属挪威，挪威在三国中之所以会拥有最高投资率，有多方面原因，其中一个原因就是它必须再次造就一个现代化商用船队。

像所有其他国家一样，这三个国家在二战后也实施充分就业政策。同样，由此伴随产生的通货膨胀与经济全面过热的风险也带来了一系列问题。从另一方面讲，经济的短期平衡与短期绩效是有成功之处的，但人们关注由此引发的问题却使得他们忽略了取得的成绩。同时，产量与生产效率的全面上升也与结构的持续变迁相互结合在一起。对丹麦而言，它既在朝向一个特征更强烈更显著的工业化社会转变，同时还需要一定程度地维护农业的优势地位，这就使得它的经济运行获得了特别有趣、特别戏剧化的表现形式。不过，就丹麦的情况而论，它以某种方式在全部斯堪的纳维亚历史故事中仅仅是写下了其中——相对晚期、较为迷人——的一小部分。再对照回溯到我们故事的开始，我们发现，经过一个半世纪之后，这三个国家在经济上都不再以位处欧洲外围的方式保持着早期那种作为原材料与农业商品供给者的姿 【596】
态。从那种定位于欧洲的原材料提供者的传统角色开始，在沿着工业化与现代化的道路不断前进的过程中，它们的发展都经历了几个不同阶段，并且最终也达到了这样一种境界：一方面，真正起决定性作用的生产要素并不是自然资源，而是表现为技能程度、技术与商务培训以及先进工业化国家所独有的发明创造力；另一方面，到这时，被使用到加工部门最初若干工艺阶段的自然资源常常能够以一种更低成本从其他国家获得。

以上我们简要地对这一整个发展过程进行了描述。在此过程中，劳动和资本要素的角色作用在持续变化，现在我们就转而考察它们的作用。

11.2 工业化时期：1850 ~1914 年

11.2.1 劳动、资本与农业环境

几个世纪过去后，斯堪的纳维亚的大部分农地都改装成了小农场，这些

农场或由其主人直接占有，或者被出租给了佃户。在19世纪早期，农地的再拓垦以及——特别是在丹麦与瑞典——一场声势壮观的圈地运动为许多小农场主的力量积蓄与企业发展提供了新机会。同时，这种新形势也带来了不可避免的两极分化趋势：那些行动更积极、拥有现金更多的人，就能够承担起相关成本并改善自己的境况；其他人则由于面临着更大困难，不得不放弃原来那种相对独立的农耕劳作。

农场的数目，特别是独立农场的数目，不可能与不断增长的农村人口同比例上升。于是，农业劳动力便迅速增长。这些劳动力可能会、也可能不会耕作一小块农地，但不管怎么样，他们要依靠为别人干活才能维生。在瑞典，1850年左右，与农场主相比，这种劳动力在农业人口中所占的比例更高。然而，整个形势很快就发生了变化，农村人口也开始了长期性下降。即使是在1850年左右，这两类农业人口之间的比例变化也不能给人留下什么“资本主义”显著发展的印象，不过，这种结构的变化程度还是不小的。我们还应该记住的是，这两种人群结构在不同地区之间有着很大差别，有些地方这种变化比其他地方要进展得更快。

这种结构调整的更大意义是，不同组群的人在中小农业单位之间发生转移。当然，还有一个大地主阶层。对于这个阶层中的有些人来说，农村地区的人口爆炸为他们利用廉价新劳力进行更富效率的农作活动提供了机会。一
【597】些丹麦的地主将早先给他们带来租金收入和劳工服务的大部分地产卖掉了，并且对剩余地产的使用方式进行了重组。

大地主当中有一些是政府官员和知识分子，他们常常在农业新技术的使用上走在前列。但是，近来挪威人所做的研究工作也似乎在说明，小农场主对技术的贡献也不可低估。有关学者对不同地区所使用的新方法、新器具进行过仔细研究，结果显示，变革程度比通常所想像的要大得多——即使是在农业不如丹麦与瑞典先进的挪威，情况也是这样。而由小人物们开展的小规模投资所具有的累积效应所带来的最终影响，能够与那些曾得到过有关研究者细致观察的、其为数不多的开明绅士所开展经济活动之绩效相媲美。在很多场合中，比如说在排水灌溉与新建建筑物等活动上，这些小人物通过直接使用他们自己的劳动力，或使用地方上可资利用的劳动力，以实物方式进行投资。当然，他们当中也另有一些人以分步方式，多次小额度购买新型的工具与器具（只是，对于购买者自身的财力来说，这种工具器具无论如何都不能说小，他们最终也能通过添加与累积，使得工具器具的总量达到一种可观的规模）。

这种农业投资中的大部分都可以通过自我融资来实现。对于小农场主来说，信贷机会并不能够轻而易举地获得。对于挪威和瑞典来说，情况就更是这样。长期农业信用贷款市场还处于一种原始状态，私人借款者在提供抵押贷款上起着不小作用。在丹麦，老一代地产拥有阶级也致力于为他们的地产承租者——他们是以前的非自由农民的后裔——提供资金支持，而后者则希望获得他们所承租土地的所有权。总的来说，丹麦的农业经济水平要比其他两个国家更为先进。

专门提供农业信贷资金的组织，诸如信贷协会，在1850年之前和1850年前后若干年间都显得不重要，并且在开始时它们也不会对小规模农场主产生多大兴趣。储蓄银行很快成为农业融资服务中的重要角色，但是它们仍处于起步阶段。不言自明的是，在这种信贷市场上，大地主以及真正的大农场主所具有的个人联系以及充分的可信任程度给了他们其他人所不及的优势。不过，在此期间，农村地区的抵押贷款总量还是不断地快速上升。

总的来说，一种以个人进取精神更加强烈、市场引导效率更为有效、借入货币使用数量不断增长为显著特征的农业社会正在形成。这些积极变化以及那些有利于农业的农产品价格变动，都通过另一种现象表现出来：土地市场的买卖活动日趋活跃、土地价格不断上升并且市场上还有着大量投机活动。

丹麦工业资本的来源虽说并非全部为农业利润，但大型农业企业的利润【598】
至少是非常重要的。瑞典和挪威的情况并非如此。不过，在这两个国家来自其他与农业相关的人，比如说谷物经销商与其他农产品经销商等的利润就非常可观并会产生重要影响。

无须重复，所有这些处于农业部门的人并不是都将自己的精力全部投向农业。产量在19世纪30、40年代获得大幅上升的挪威渔业就是很好的例证。那些沿海岸居住的小农场主觉得投资于渔船与渔具——常常以集体的形式——是非常自然的事情，并且每年都在一个时间颇长的捕鱼季节出海。最近的研究表明，这种捕鱼活动对于个人参与者来说，利润有时低得可怜。可能他们所得到的好处在于，从捕鱼中得到的回报能够满足财产流动性方面的需要。当然，与纯农产品中的情形一样，挪威渔业贸易的中间商一定赚了不少利润。

一种新型的个人农场主正在兴起，一个农业劳动力阶级的规模也得到扩充，这些都成了发生于农业部门的重大变革。变革所带来的净效应是劳动生产率有了上升。不过，在农村人口迁离以及农业机械化发生之前的较长时间里，还是有大量的生产效率不高的劳动力仍厮守着土地。

11.2.2 工业劳动力

1850～1914年间，三国的劳动与资本要素发生了明显的结构变化，这种变化包括工业劳动力队伍的出现以及现代信贷体系（制度）的建立。尤为重要的是，对于经济增长率来说，劳动与资本的投入贡献了具有决定意义的部分。我们将在下面先讨论劳动，再讨论资本，最后再对它们之间的相互关系进行探讨。

表139列出了1850～1910年间斯堪的纳维亚的适宜工作人口（年龄界定为15～64岁之间），总数增长量为240万人，或者说增长了60%多。这比从斯堪的纳维亚人口的自然增长数中推算出的增长程度要相对小一些。其原因在于，在此期间，所有这三国都发生了程度不小的人口迁出。迁徙导致的人口净损失量大致为200万。他们当中的大部分当然都处于适宜工作的年龄。三国当中，迁出数量最低的当属丹麦。那时，丹麦经济仍是一种农业型的，并且适应性强，持续扩张，是斯堪的纳维亚诸国中最繁荣者。而挪威则由于存在着诸多难以解决的经济问题，其人口迁出率是三国中的最高者。

从某一个方面来看，斯堪的纳维亚诸国人口迁出的影响是积极的。它便
【599】利了经济各方对经济波动做出迅速调整。迁出斯堪的纳维亚的移民主要发生在19世纪80年代及其前后不长的时间里。在此期间，瑞典劳动力人口根本就没有表现出什么增长，而在挪威甚至还有所下降。只是，当经济回到繁荣状态时，适宜工作人口数量才再次上升。

表139　1850～1910年间瑞典、丹麦与挪威的适宜工作人口

（15～64岁）　　单位：百万人

年份	瑞典	丹麦	挪威	总计
1850	2.2	0.9	0.8	3.9
1870	2.5	1.1	1.0	4.6
1890	2.8	1.3	1.1	5.2
1910	3.3	1.6	1.4	6.3

资料来源：

关于瑞典：P. 西伦施坦（Silenstam）：《关于1870～1965年间劳动力状况的分析》（乌普萨拉，1970年），第97页。

关于丹麦：《丹麦经济发展》，2卷本，第2卷（哥本哈根，1974年），第201～203页。

关于挪威：《1865～1960年间挪威经济发展研究》（奥斯陆，1966年），第26页；挪威中央统计局：《挪威历史统计：1968》，挪威政府统计资料第7类第245号（奥斯陆，1969年），第38页。

在这种移民迁出潮发生之前，斯堪的纳维亚人口总体中的大多数当然只能提供出一种生产效率较低的劳动。那些生产效率处于最低层次的人，或者说，那些受雇时工作效率最低的人常常没有能力迁出去。然而，一旦有移民迁离，他们当中的一些人就会发现新的工作机会在等着他们。我们上面提到过，劳动力供给增长迟缓甚至不增长，那发生迁离潮也意味着留下来的劳动力可以获得一个相对更有利的讨价还价地位。然而，由于我们难以想像，如果一个规模更大的劳动力队伍得以保存下来，经济体系究竟本应会取得什么样的成就，由此我们也就难以估量这种移民迁出给劳动力队伍质量所带来的损失。很可能是，我们今天总要阐明的移民迁出具有积极作用的说法表现得过于乐观了。从迁出移民本身的性质来看，在相对更早时候，社会对它抱以爱国主义式的谴责也是一种自然反应。

移民迁徙不仅反映出人口生活的艰难，而且反映出人口总体对经济发展的调整适应特征。从这个方面来看，它只是一个包容面更广的变化模式中的一部分内容。对经济全面增长而言，正是这一部分内容非常重要。人口的内部迁移也发生了显著增长，甚至其流动规模比外部迁移还要更大。关于全面城市化所引发的人口净增量数据，关于诸如哥本哈根、斯德哥尔摩等首都城市的人口增长量数据本身就能给人深刻印象。然而，它们也未能将整个迁移程度全部度量出来。像斯德哥尔摩这种城市的年移民净增量所反映的只是规模相对更大的迁入人口与较小的迁出人口数量二者之间的差额，这个差额当【600】
然比总迁移量要小。对于这三个国家而言，常常情形都是这样的：在整个国家范围内，某种更古朴社会的人口季节性移动模式，在逐渐地转变成若干种更加明显地受到人类有意识经济活动影响的人口移动模式。这些人口移动都会引发相应的社会后果。其中之一便是总存在着一个过剩人口群体在寻找工作。这样，从人口迁徙中所获得的社会收益是以在大城市中发生严重萧条作为代价的。另外，即使某些工人在调整和适应城镇和工厂生活方面表现得相对成功，但他们当中还是有新到来者会显得不习惯。

不过，有人口从农村地区迁出并不会导致农业社会的突然中断。丹麦在许多方面可谓显得特殊（迁移量大）。但很自然地，1900年左右，它的农业劳动力数量要比制造业的受雇人口数量多得多。另外，对瑞典而言，这时农业部门所雇用的人口也还是比其他部门要多一些。

工人阶级规模增长是一个复杂而缓慢的过程，惯用的分类方法常显得难以胜任。这里所发生的事情，与其说它意味着制造业受雇人口在以初级产品生产缩减的代价得到扩张，倒不如说这种扩张现在得以在一个更广泛的范围内进行，并且扩张导致资源的动员以及生产能力的配置变得更为合理化。某些案例，即便是从绝对意义上，它们也可能并不总是显得特别重要，但在类型演化学上具有重要性，因为它们能够从某种程度上揭示出这种过程的动力机制。

到19世纪结束时，以“工人”、“劳动力”等词语在统计上狭义的含义而言，瑞典的锯木厂雇用着3万~4万名工人。不过，这个数字，并没有将这种形势下关于劳动力使用含义中的重要内容表达出来。首先，对此间的锯木厂而言，经济学术语“劳动”、“劳动力”的性质发生了变化。劳动力使用的季节性变化十分明显。在这个时期之初，季节性变化有着更强烈的影响，一直到1914年，这种季节性影响都不能忽略。在冬天大部分时间里，工作节奏变得更加松散甚至完全停止下来，而到了船运季节快要结束时，对劳动量的需求会急剧增加。因此，临时劳动（力）所起的作用重大，尽管这种作用的重要程度也在逐渐下降。从来自这个国家遥远的西部并经过艰苦跋涉的希望寻找到长期性工作的人群，到那些来自很近的毗邻地或来自芬兰的只是想在夏天从事装卸工作的临时工，他们的流动目标都朝向瑞典东北部的这些锯木厂，由此还汇成了若干股人流。在这样一种情形下，对“真正的”、“典型的”工业劳动力做出界定的困难是显而易见的。这些季节性工人在不从事工业工作的其他时间的职业状况是怎样的呢？他们的个人劳动生产率的大小又怎样呢？

其次，还有一点非常重要。锯木厂工人的工作只是锯木行业所提供的全部雇用机会中的一部分。我们可以想像，木头成本是总产品成本中的主要因
【601】素，它包括森林伐木的工人的工资以及木头运往河道的费用，还有木头漂流到锯木厂的费用。一位芬兰作家曾在1912年试图计算出锯木工人与其他为他们提供木头的劳动力之间的比例关系。他得出，为支持每一个锯木厂工人的工作，需要8个其他种类工人。这个数字对瑞典和挪威的传统锯木行业也是同样适用的。

劳动力自身、资本与劳动的关系、所雇工人的素质水准等等方面都在向前发展。由上考察，如果“工业”这个经济学术语被定义得过于严格，这种发展就很容易被误解。在这个时期，与工作在其他工业领域中的工人对比，锯木工人的薪酬水平还是相对好的。不过，这个工资水平对雇主来说也算不了什么。而我们再对照地看林区砍伐工与木头运输工，他们还是属于农业人口群体中的成员，对这些人来说，这种工作是一种副业并且薪酬水平显得很低。对于经营这种业务的公司而言，可以因此节省大量劳动成本。

实际上，在劳动供给方面，锯木厂采用的是以前流行于炼铁厂中的传统

组织形式，而对应于炼铁行业中每一个工作在冶炼炉或锻制间的工人，也都有若干个木炭烧制工与木炭运输工在进行着配套工作。由此可见，锯木行业对劳动力市场所产生的影响比由通常意义上的直接数目所反映出来的要大得多。在挪威，即使是在经济发展水平相对先进的邦，渔业生产活动与农业环境之间的联系大部分仍保留下来，渔业的传统方式与季节性特点也很大程度得到了延续。

斯堪的纳维亚诸国工业化进程引发了经济关系大转变，这种转变有着影响深刻、意义重大的表现形式。这种转变不仅表现到数量关系上，比如说表现为工业部门整体扩张，而且也很大程度上表现到结构关系上。从结构意义上说，大转变表现为工业内部那些工作与运行更具有持久性、更少受到季节约束的生产单位的增长，也表现为那些相比产品的原材料，增加值率更高的生产行业的增长。同时，经济关系大转变还包含着生产方式变革，即原来的是从事于手工艺生产活动的生产单位更多，转变成越来越多的生产单位规模变大，并且生产方式更为机械化。

19世纪90年代以后，工业在所有这些方面所取得的进展都非常重要。无疑，这种变革的渐进性质使工人们对新的工作任务做出适应与调整变得更为容易，只是我们很难把握前者究竟在多大程度上影响后者。工人当中的很【602】
多人来自农村并且仍然有待吸收到工业社会之中。斯堪的纳维亚诸国的教育普及相对较好，这或许会使这些国家的那些由农民转化过来的工人能更好地与工业过程相融合。就实际工作中所需的其他知识而言，工人们主要是从工作过程中学到的。同样的调整适应方式也适用于那些工程师。对他们来说，最重要的事情是，首先，当地就有着管理相对较好的生产与经营活动传统，然后，他们还要到国外去旅行和学习。不过，瑞典与丹麦在提供高质量的国内技术教育方面，也做了大量工作。

与工人们的人格独立以及与他们的工厂工作成就相关联的阶级意识，也非常缓慢地形成了。一项关于挪威的调查显示，工人们的政治态度在地区与地区之间表现不同。应该说，在挪威与瑞典两国，工人们的政治凝聚力是否增加，可能会受到这两国工业体系的分散特点，还有如此众多的工厂远离城市的实际状况的影响。这种特点与状况，再加上丹麦的经济水平更为先进，丹麦的政治经济形势更为“欧洲化”，可以解释为什么丹麦的劳工运动相对其他两国来说发展得更早。在第一次世界大战之前，在整个斯堪的纳维亚，劳工运动进程都进展得很好，劳资关系也较好地建立了起来。不过，有趣的是，部分地是由于在1909年发生了一场对工人而言显得不很成功的劳资冲突（“大罢工”），到1914

年时，瑞典只有少部分工业工人加入到工会之中。看来，在第一次世界大战之前，瑞典工会也未能很明显地影响工资水平，但他们却对其他工作条件，比如说工作日长度施加了明显影响。在丹麦，人们关于工会影响的评价则更积极，尽管对这个问题还没有学者做出严肃的比较研究。

由于在这个时期经济增长势头强劲，所以实际工资上升几乎不可避免。在这三个国家的不同地方，工业发展富于活力而又形式多样，因而试图做出某种泛泛比较必定是没多大意思。只是，到目前为止，有关研究指出，实际工资水平确实有了明显上升。对瑞典的采矿与制造业而言，1914 年的单位小时工资是 1870 年水平的 2.5 倍；在丹麦，这种时间上的差异就更为明显。就在这个时期，制造业小时工资水平增长为原来的 3 倍。不过，日工资水平（对于全年性工作来说应该说是年工资水平）的增长则相对缓慢一些，这是因为工作日的小时长度相对缩短了。

生活水平提高本来应该提高劳动者的工作绩效与质量。也许这确实发生
【603】了，但事实上却表现得不怎么明显。正如多位英国学者所评论的，没有工人住宅条件的改善，就不要指望更好的工资条件会带来健康状况乃至福利水平提高。我们上面所描述的发展进程体现出了渐进性与适应性，这种发展无疑会促使所涉及工人状况问题中的某一些获得一定程度的解决。但是，众所周知，住宅条件仍常常是彻底解决问题的一个“瓶颈”。

从各方面看，新一代工业劳动力面貌都显得焕然一新。他们虽然仍然还和农村社会保持着密切联系，但他们并不曾带有任何割舍不掉并会导致他们与新的社会方式不相适应的传统。他们有时也受到既定权威的压迫并且常常表现出对抗情绪，但他们也总是努力寻找到建立稳定关系的新基础。将所有这些情况综合起来看，就调整和适应工业化进程而言，他们取得了非常显著的成就。

11.2.3 投资

现在，人们通常接受这种看法，即认为一个经济如果处在工业化时期，它对交通运输、城市设施、新住宅、公共设施等基础设施的投资需求量要比对直接用于工业部门发展的投资需求量更大。至少是在工业化进程的早期阶段，经济的传统部门仍然会占据优势，并且总投资中也会有一个不小份额被用在这些部门上面。斯堪的纳维亚诸国的发展起点也有着明显的农业背景，它们的发展也有着逐渐推进的特点，因而，这些带有普遍性的规则也就自然

适用于这三国的工业化时期。

这一点可以通过一项关于瑞典的计算来得到印证。表140计算了在所选择的若干个5年时段上该国（在固定资产上的）总投资的部门分布（以百分率计）。根据这些计算数据，1866～1870年间，瑞典在农业、交通运输以及住宅等部门上的投资能占到所有投资的78%，或者说它是工业投资数据的5～6倍。实际上，在整个19世纪70年代，农业投资所占份额要远远高于在制造业与采矿业部门所发生投资的份额。即使是在早些时候的经济繁荣年间，也是农业份额高。那种将工业部门的投资份额提高到农业部门份额的2倍的根本性变化，一直要等到19世纪90年代后半阶段才发生和完成。瑞典交通运输投资量的波动同时也将它的铁路建设的不同阶段给反映出来了：19世纪70年代是投资与建设的峰值阶段（这没有在表140中反映出来），而后则经历了某种程度下降，90年代重新又有一个向上转折。从铁轨里程数来看，不论是以绝对数来衡量还是以和人口的相对关系来衡量，瑞典的铁路系统都比丹麦和挪威的规模要更大。由于地理环境原因，丹麦和挪威在船运和诸如港口、码头等船运设施上面的投资要重要得多。在瑞典的数据中，住宅的角色也值得一提。住宅投资的数据看上去高得令人怀疑，但从这些数据背后的相应背景看是毋庸置疑的（亦即，此时的社会投资结构中住宅建筑本来就应具有很高的比重）。丹麦的实业投资分布与瑞典的颇为相似，农业的优势地位显得尤为突出。

表140　　1866～1915年间瑞典固定资产总投资的部门分布

单位：%

时期	农业	制造与采矿工业	交通运输业	住宅	公共设施	总计
1866～1870	28	14	19	31	8	100
1881～1885	20	19	13	40	8	100
1896～1900	10	21[a]	17	42	10	100
1911～1915	9	26[a]	19	31	15	100

a　其中包含有1%的商业份额。

资料来源：L. 伦德贝格（Lundberg）：《1861～1965年间瑞典王国资本形成》（乌普萨拉，1969 【604】
年），第142页。

19世纪60年代，瑞典的固定资产总投资（将修理与维护费用排除在外）在GNP中所占份额不超过8%。70年代早期，这个份额迅速上升到略高于11%的水平；然后，在经济萧条中有所下降；再后，到80年代，处于9.5%~10%之间；90年代早期，这个份额再有所下降；只是在1896~1905的经济扩张年份，它才上升到了高至12.5%的水平。在此之后，它又有某种程度的下降。在以上这整个波动的过程中，它所表现出的基本变化趋势是明显上升的。

丹麦数据的计算基础和瑞典有些不同，所计算出的结果可信度最高，但是我们还是能够对两个国家的数据进行有意义的比较。在这个时期的早些阶段——特别是在1890年左右——丹麦的投资率似乎比瑞典更低，但是它在19世纪90年代发生了明显上升，并且在1914年之前都相当程度地高于瑞典的水平。挪威的投资率明显地和其他两国的投资率大致处在同一数量级别上。1890年左右——这正是丹麦的投资率数据较低时——以及在第一次世界大战之前的那些年间，挪威的投资率显得很高。正像在世界其他地方一样，发生于斯堪的纳维亚诸国的投资率，既衡量了人们为了将来进步而愿意在当前做出牺牲的程度，又反映出实现不同发展目标的难易程度。

实业投资的主要资源源自国内，但三国的资本输入所具有的辅助性贡献都被证明是必不可少。1870~1910年间，输入的资本能够占到瑞典总实业
【605】投资中的大约1/6。19世纪80年代，输入资本尤其显得重要，这时它能够在实业投资中占到近1/4。通过这种方式，在瑞典，在那些产品价格走低的困难年间，外国资本帮助将瑞典的实业投资保持在一种至少能够支撑经济正常增长的水平。在世纪之交经济发生波动时，外国输入的资本也起到了相当重要的作用。

外国长期投资几乎无一例外地采取债券的形式，这种债券不是那种由制造业公司发行的企业债券。当时，对瑞典而言，这种债券在国外并没有现成市场；在操作上，这种债券由中央政府、市政、铁路公司以及农业信贷协会等机构发行，它的款项偿还由中央政府进行担保。我们已经提到过，这都是一些资本需要量至为巨大的领域，并且人们也并不总能指望它们以后能轻易地偿还贷款。一项关于瑞典铁路公司财务状况的调查显示，从19世纪70年代的经济危机期间直至这个世纪之末，私人铁路公司的财务状况常常处于一种濒临危机的状态。从而，政府不仅有必要自己承担铁路系统的战略干线建造，而且也有必要为私人铁路公司在外国发行债券提供还款保证和做出必要帮助。这里顺便提到，相对而言，斯堪的纳维亚诸国铁路建造所需付出的努力显得特别突出，因为它们的铁路建造对其他行业的直接经济影响相对来说较小。即使是就钢材生产来说，瑞典铁路建造所需钢轨也近乎全部地来自进

口。它们本来是应该能够在国内制造生产的，但问题是铁路钢轨生产方式与瑞典炼铁行业的通行产品样式不相适应。

在吸收外资方面，丹麦与瑞典在一个方面表现出不同。由于丹麦的农产品出口数量巨大并且在贸易条件上一直都处在一种有利条件下，这个国家直到晚至19世纪70年代经常收支项目都还处在一种盈余状态。但是，19世纪80年代，它的外汇储备也逐渐地耗尽了；到了90年代，它也迎来了净输入资本的阶段。这种输入在逐渐地增加并变得非常重要：在战争开始的时候，输入的总数量达到10亿丹麦克朗，大致相当于这个时期（19世纪90年代）全部实业投资的1/4。不论是从输入形式还是从组成结构上看，丹麦所使用的外国借贷资金都和瑞典相同，而作为最老练于处理金融领域事务的国家，丹麦的资本输入又对其他斯堪的纳维亚诸国起到了榜样作用。

挪威的工业大发展起始于19世纪90年代，大致持续到1914年。这个期间，输入资本起到了特别重要的作用，在实业投资总量中占到20%。它的资本输入与丹麦和瑞典有所不同，对后两者而言，外国资本直接投资于生产活动的企业——尽管从其他观点看来，这种经济现象或许还具有重要作用——在数量上非常有限。相比而言，挪威的银行体系则显得更为保守，并且在为工业实业投资提供融资服务上调整与适应得并不怎么好。从而，来自【606】国外的直接实业投资就显得极具重要性。在1913年总共为8.63亿克朗的资金进入量中，超过1/3的部分是直接投在工业企业上面的。挪威联合股份公司约40%的股权是掌握在外国人的手里。那些对将来经济增长具有战略重要性的部门就特别为外国投资者所偏好，挪威采矿工业中有高至80%的股权，水力电力工业中也有很大一部分股权都掌握在外国人的手里。

毫无疑问，外国的资本与企业推动了挪威经济的快速增长，一个重要的例证是电气化学行业。这个行业既需要大规模的资本投入，也需要与国际市场保持良好接触。但从另一方面看，外国资本流入可能具有的潜在后果又使大量挪威人备感忧虑并引发了很强烈的民族主义抵制情绪。1907年以后，政府开始采取限制性措施。首先是采取一种临时适用措施，后来的战争期间则通过了相关法律，立法的限制效果无疑具有长期适用性。

（正如我们已经提到）不管外国资本的重要性如何，斯堪的纳维亚诸国的实业投资主要还是由各国的国内储蓄提供资金来源。关于它们的来源以及它们的使用方式，我们在这里拟结合这一问题的微观层面的情况——也就是从企业、行业以及其他视角——来予以讨论。

在前工业化时代，资本量增长十分缓慢，各单个企业最为紧迫的资金需要都是指向流动资本而不是固定资本。由炼铁与木材组成的主导产业的生产活动是季节性的，生产单位对原材料的购买支出也大部分是集中发生在年中未取回货款之时。未取回货款又是由于产品还没能通过船运到达外国买主手中，这就注定它们会发生财务困难。按照原先的制度方式，自然是这些生产者的买家提供信贷资金，即瑞典的中间贸易商事先就能够支付给瑞典炼铁制造厂熟铁货款；而他也是提前从英国的中间贸易商那里获取货款。一旦且只有熟铁产品从瑞典的港口开始发船运输，这笔货款才能够相互结清。

这种传统制度的运作当然起到了不小作用，季节性信贷后来逐渐发展成为长期信贷并且导致了企业对信贷提供者形成依赖。不过，需要强调的是，并不是说，企业都普遍而又确实需要这种制度。在旧社会秩序（*ancien régime*）中的资本家既不拥有无限的资源，也不在意愿上具备马基雅弗利主义（Machiavellian）[①] 所要求的那种乖巧，从而他们也就不能对生产活动所有领域进行系统的征服，而实际的融资方式也是变化多端的。关于 18 世纪和 19 世纪早期瑞典炼铁工业的各种不同研究显示，到每一年年底，有 50%
【607】的炼铁厂是中间贸易商的净债务人；在其余 50% 的厂商中，有一些实际上还是巨额债权人。一项关于 19 世纪早期汉堡（Hamburg）的中间贸易商与他们那些在卑尔根（Bergen）的鱼及其他产品提供者之间关系的调查所反映出的情况也大致相同。颇为有趣的是，丹麦的情况也十分类似。日德兰半岛（Jylland）的贸易商也是依赖于来自汉堡的季节性信贷资金的支持。在半岛西部，债务人还常常处于一种常年持久依赖信贷资金的地位；而在半岛东部，这种短期信贷则通常会按约定时间偿还，并且仍保持着它的季节性特点。

尽管有如此诸多方面的局限性，一直到 19 世纪 50 年代——那时瑞典木材行业正处在扩张期间——乃至再到随后几十年间，这种传统制度方式一直都还在持续。在这个时期，也是有赖于买主提供的季节性信贷的支持，燕麦产品才得以出口到英国。然而，此后不久，商品贸易和信贷体系之间就出现了越来越大的差异。到 19 世纪末，瑞典的那些大型木材生产企业达成协议，不再向它们的外国客户提供超过 1 个月的信贷。从此，瑞典木材出口者的信贷资金需求必须通过其他方式才能得到满足。

到那时，若干个性质非常不同的生产领域都在利用着来自国外的短期信

---

① 马基雅弗利（Machiavelli）是意大利政治家兼历史学家，通常“马基雅弗利（主义）式（Machiavellian）”是指一种为达目的而不择手段的信念或方式。——译者注

贷资金。在瑞典，商业银行的规模也正处在扩张阶段。它们也能够以某些方式从德国或是其他地方获取短期货币资金，这些短期信贷资金中有一些能够持续地得到延期优惠。当然，有某些经历不怎么老练的银行也以这种方式做生意，可对它们来说，真可谓是担当了不少风险。

在工业化期间，固定资本投资所引发的资金需求数量在不断增加，这自然使得工业化的推进具有缓慢渐进的特点，而也正是这种特性才从某些方面缓和了紧张的资金需求。在工业化较早阶段，资本资源与信贷设施都还有限，生产者能够做到的常常是将生产活动集中于一些投资需求量相对较低的生产类型上。瑞典北部的木材行业就属于这种类型。产木森林（或者说是按照某些限定条件，在某一约定时期，对这些林地进行开发的权力）可能会以非常低廉的价格从农民那里获得；这些农民自身不拥有任何手段组织起自身的木材工业。这种森林的遥远距离也使得经营者能够在很大程度上避免由不同公司间竞争而导致林地价格上升。同样，为什么 19 世纪这个国家的炼铁工业企业总规模较小而且设备陈旧，原因也在于企业的规模拓展与现代化会引发更大风险，并导致需要更大数量的外部资本，而这些都超过了企业（主）所能承担的限度。在这个世纪的大部分时间里，炼铁企业的财务状况实际处在一种不佳状态。还有，当按照技术更新的要求，挪威船运业必须使用蒸汽动力时，船运界人员的大部分精力却用到了其他两方面去了，一是用于寻找那些帆船仍能相对获取利润的运营水道，二是再度利用那些小型或二手的蒸汽机船，以试图在不用很多投资前提下保住一个适当的市场份额。【608】

到 19 世纪快要结束时，在资本融通方式上发生了结构性变化，从某一方面来看，这种变化的含义是：现在需要将整个投融资体制的大量领域——主要是从融资功能实现的角度讲——进行延伸与强化。长期资本需要的满足可以通过三种方式：通过资本所有者的直接贡献，通过对企业所实现的利润进行留取和投资，还有就是通过借贷。

在斯堪的纳维亚诸国，迄今还没有进行过任何系统的调查研究，以试图发现哪些人曾经负责过企业的启动与发展以及他们的资本资源究竟来自何方。不过，我们可以试着对这些问题进行某种程度的回答。丹麦制造商的创业资金中有一些是来自（正如已经提到过的）成功的农业经营家。不论是在丹麦还是在其他两个国家，商人资本都是资本来源中的一个重要因素。我们已经说明过，在许多情况下，瑞典北部的木材工业的背后支持力量就是商人钱财，木材厂主是从经营进口商贸或航运的人士转变过来的，而他们之所以做出这种转变，是因为19世纪中期之后遭遇了业务环境条件的改变，并且业务本身的赢利状况变差。随着工业化进程推进，新行业的企业创办活动常常也是由其他老行业中的实业家们来筹划和推进的。比如说，瑞典钢铁行业初创时经营就显得有些风险，新企业创办资金常常就是由以前那些相对并不惹人注意、风险也更小的消费品行业企业提供的，这一行业终于得以投资建设起来。只是，这种融资与投资的细节性故事没有得到记录。

关于在工业企业上进行实业投资的整个过程所涉及的风险程度究竟有多大，我们并不全然知道。在新生产领域，由于经验不足，也由于经营环境的变化无常，许多投资不可避免地会归于失败。这种资本的错误配置可以区分为以下两种：其一，在有些情况下，他们在企业之中的投资以及扩大生产的活动，在短时并不会让人感觉到不妙，但持续下去却没有什么利润。其二，在另一些情况下，投资运作的具体目标是正确的，只是这时创业的个人先锋们的资本资源或是操作技巧——被事实证明——显得并不充分。从整个经济体系的角度来看，前一种情况意味着全然失败。而后一种情况，则常常会导致后续事情发生：一个新企业，不管是有没有发生正式破产，最终都会获得一种企业价格。尽管这个价格相对于原有投资额降低了，但从价格支付者的角度看，这一支付还能提供出一定程度的利润回报。从而，最后事实会证明，从整个经济体系角度来衡量，投资成本要高于那些在最终成功攫取利润的个人所付出的成本。不过，在此种情况下，那些过于乐观的先锋者可谓是起到了一种建设性作用并付出了牺牲。

关于究竟在什么准确的时间上，联合股份制度导致了工业企业所有权方式真正地有了拓展，我们既不可得知也无从说起。通常，早期的公司创建的目的并不是为了从事制造活动。比如说，它们是为了从事商贸和运输活动。并且，对于许多公司来说，改换成联合股份公司，通常只是意味着既定的合伙或合股形式有所变化，而实际的所有权并没有发生什么变化。不过，和经
【609】济体系其他方面情况一样，在第一次世界大战前的20年间，企业制度形式就有了重大变化。面向广大社会公众发行股份变得越来越普遍。从业于股票交易的有组织经营活动以及有组织的投机活动对社会影响的范围面不断得到拓展。企业并购与工业企业重组联合的活动成系列发生。在各行各业，尤其是在消费品生产行业，这种企业扩张后规模变大并常常会导致垄断局面，或者至少也是多寡头垄断局面的形成。

这里并不是详细讨论农业企业组织形式转变的地方，不过，我们可以试着从某一方面来观察转变特征。丹麦农业生产情况相对表现突出，农业变得

越来越多地包含有工业加工过程。在这一发展过程中，农业合作组织的迅速增长起到了很大推动作用。由于一系列采取合作组织形式的奶油公司装备良好，在卫生条件上也受到了良好监控；同时创新技术能够在原有农业所有权结构不被打破的情况下付诸使用，生产方式也能向前推进式地发展；所有这些都使丹麦奶油业在国际上赢得了声誉。另外，丹麦储蓄银行在为这种合作企业提供融资方面也起到了一定作用。

在现代工业扩张的较早阶段，高度的工业自我融资及相应的财务谨慎心态至关重要。关于1830~1913年间瑞典工业企业融资状况，戈德隆德(Gårdlund)教授在他的著作中指出，那些规模相对更大、经营颇为认真的企业总是非常慎重地看待企业利润。这些先锋企业家从企业中拿走的钱财通常并不超过他们以最低程度来衡量的必须使用部分，并且还常常大幅度地削减利润分红。通过一个包含约25个企业的样本，戈德隆德教授同时还说明了这些企业自己付出的资本能够在企业资产价值中占到相对更大份额。直至1900年左右，由于企业扩张速度变得更快，同时，信贷体系功能也变得更好，融资环境也已经发生了较大变化，这种自我融资占据主导形式的情况才有所改变。

表141所示的是在三个选择年份瑞典工业企业样本所反映出的不同工业信贷类型的分布情况。在“其他”栏目数据里面包括有私人提供的信贷资金。1850年时，这种信贷资金占的份额超过40%，到1880年时也有25%之多，但是到1910年时只有10%。从一种历史的眼光来看，它们所起到的作用颇为有趣。在19世纪早期的斯堪的纳维亚，即使是给予工业企业的钱可以称得上贷款，那从其主流上看，这种贷款也没有实现制度化。大部分私人贷款与信用资金自然地都来自于企业家的亲戚或有着某种联系的个人，不过也有不少部分是来自诸如经纪人以及私人专业融资者等金融中介。在银行体系取得突破性进展之前，通常，不仅是实业家们很难获得贷款与信用资金，

表141　　一个瑞典工业企业的长期信贷类型　　单位：%

年份	银行贷款	债券	其他	总计
1850	24	—	76	100
1880	25	26	49	100
1910	39	37	24	100

资料来源：T. 戈德隆德：《1830~1913年间瑞典工业企业融资》(斯德哥尔摩，1947年)，第80页。 【610】

而且私人资本所有者们也难以为他们的货币资金寻找到有利且安全的实业投资形式。两个方面都缺少联系。有些私人中介金融业务之广泛令人瞠目结舌。斯德哥尔摩的约翰·霍尔姆（Johan Holm）开展的金融交易曾经在许多大工业企业的经营活动中起到了重要作用。当他在1865年走向破产时，由这件事所引发的资金亏空达到了2 000万克朗。位处法伦（Falun）的斯托拉·科帕尔伯格（Stora Kopparberg）是一家建立时间很久的工业企业，甚至直接地接受存款并为它们支付利息。晚至19世纪90年代早期，它的外围资本中大约仍有200万克朗是通过这种方式由单个的私人以及各种公共或半公共基金提供的。在具体操作上，采取若干个月的正式通知形式，不过在实际操作中贷款期限会或多或少地长一些。到这个年代晚期，在斯堪的纳维亚诸国，不论是在信贷业务领域还是在公司开办活动中，都仍有私人自发行动的余地。私人个体融资者的影响不可低估。我们不应忘记的是，在丹麦和瑞典，那些对工业领域投资有着特别浓厚兴趣的商业银行头领们，比如说丹麦的蒂根（Tietgen）以及格吕克斯塔特（Glückstadt），瑞典的瓦伦伯格（Wallenberg）家族以及路易斯·弗伦克尔（Louis Fraenckel），都将他们自己的银行借贷业务与他们那种以自己名声作为基础的私人联系相互结合起来。

在工业化开始阶段，由斯堪的纳维亚诸国国家银行所提供的信贷资金的发放条件通常都对借款者很有利，只是，如果利息率水平不高，贷款量也就受到限制。从这种贷款方式的实质内容来看，这些信贷资金对工业以及其他活动更具有授予而非交易的性质。

储蓄银行不久就对农业部门显得富于影响力。在世纪之交，它们在信贷总量中所占份额引人关注，特别是在丹麦。1899年，丹麦储蓄银行存款总量有商业银行存款总量2倍那么大；到1913～1914年间，两个总量差别程度很快地趋于下降，但是并没有消失；最终，却是商业银行的存款总量占据了小小上风。

在18世纪的瑞典，也有商业银行的例证，只是研究者找不到这种银行发展到现代银行的连续线索。19世纪时，瑞典第一家商业银行于1830年在南部组建成立，它对为商业与农业活动提供资金有着特殊兴趣。然后，在瑞
【611】典地方省份，又出现了若干家银行后继者。斯堪的纳维亚诸国银行历史的重要阶段开始于19世纪50年代。19世纪70年代，这些银行既起到了重要作用，又遇到了程度不小的经营困难。不过，银行发展取得真正意义上的突破性进展是在19世纪90年代以及随后一个时期。此间，银行扩张与实体经济

扩张全面地向对方施加交互影响。瑞典商业银行的借款总量翻成比原来的 4 倍还多，从 1895 年的 5.6 亿克朗增长到 1913 ~ 1914 年间的约 25 亿克朗。丹麦银行借款的相对上升幅度更大，1913 ~ 1914 年间的数量比 1895 年数量的 5 倍还要多，尽管从绝对数上这些数值比瑞典相应年份的数字值要更低。在这个时间段上，挪威借款量增长率和瑞典、丹麦的增长率大致相当。

在诸多丹麦银行当中，对工业化起到了重要作用的主要是哥本哈根的那些大银行，特别是其中的普里瓦银行（Privatbanken，成立于 19 世纪 50 年代）以及兰德曼斯银行（Landmansbanken，成立于 19 世纪 70 年代）。它们都倾向于变成德国式银行。也就是说，它们都积极涉足于为工业活动提供直接融资。从银行业务上看，与储户所提供的储蓄资金相比，它们自己的自有资本也起到了重要作用。在工业化早些阶段，是普里瓦银行，而在后些阶段，则是兰德曼斯银行在大企业规模扩张中起到主导作用。同时，通过组织丹麦政府证券在国外的出售活动，丹麦银行在输入和提供外国资本方面也起到了重要作用。

相对而言，瑞典的银行要分散得多。颇具特色之处在于，直至 19 世纪与 20 世纪之交时，除了另一家在瑞典南部马尔默（Malmö）拥有总部办公室的银行之外，这个国家最大的银行不过就是斯德哥尔摩银行。1910 年，它与一家哥德堡—斯德哥尔摩两地银行，名曰斯坎迪拉维斯卡·克雷迪塔克蒂波拉格特（Skandinaviska Kreditaktiebolaget）者进行了合并。后者在合并前刚以很微弱的优势在经营规模上胜过前者。经过这一合并后的新银行当然比瑞典其他银行的规模都要大得多。不过，它在经营风格上却比它的两个竞争者——位处斯德哥尔摩的恩斯基尔达银行（Enskilda Bank，成立于 1856 年）以及同位处斯德哥尔摩的汉德尔斯银行（Handelsbank，成立于 1871 年）——要来得保守。这后两家银行为了与大型企业开展合作，做了很好的组织工作，而其中恩斯基尔达银行在这方面的动作较早。从经营结构上看，汉德尔斯银行的风格很大程度上是德国式的，1910 年它所借出的款项中只有 60% 来自于储户存款。在挪威，关于组织一家信贷调动银行（*crédit-mobilier*）早在 1851 年就曾在多个计划中提出过。但是，（正如曾经指出的那样）挪威的银行并不专门从事于直接的工业资金提供。与丹麦以及瑞典的大银行相比，它的经营领域导向更为传统。

在斯堪的纳维亚，工业企业债券的发行是一项融资创新，它在时间上可以追溯到 19 世纪后半期。最初它倾向于由私人银行家来进行组织。但是，逐渐地，它也被商业银行接受为经营业务中的一部分。债券发行特点上的变 【612】

化反映出这个时期经济量与金融量规模的扩张。到 20 世纪开始时，在经历过充分的完善发展之后，经过银行主办发行的债券被看做绝对安全并且能够找到现成的市场需求。从银行角度来看，尽管发行经营的利润不高，但是开展这种经营活动却也不存在什么太大困难。不过，几十年之前，为工业活动提供融资的渠道格局却是全然不同的。至少是在瑞典，工业企业与其他公司的债券并非能轻易出手，这些证券的大部分常常要在发行银行保留好多年，从而发行人仍然要承担不小的风险。只是，与这种风险相对应，在较早时候，在发行成功的例子中，承销者从这些债券发行中所能获得的利润也非常可观。因此可以说，工业企业经营的金融环境发生了显著变化。

11.2.4 资本—劳动之间的关系

在近些年来，研究者们对资本—劳动要素关系做出的正式解释要比追溯到 1914 年时研究者的解释来得精确，学术意义也显得更重要。不过，就瑞典情况而论，两个瑞典人的贡献值得在这里作简要介绍。1966 年，K.G. 容根费尔特（Jungenfeldt）试图度量 1870 ~ 1950 年整个时期瑞典的工资—收入比例。这种工资也包括了一部分以工资单形式发放的企业家收入，其经济含义是对企业家所从事的企业指挥工作进行补偿。大致在 1870 ~ 1895 年间，工资对总收入的比率维持在 70% 左右。同时这位研究者还认为，这个比率值通常的那种反周期变动趋势——在经济萧条期间上升而在高潮期间下降——在瑞典的数据中却并不总是能够分辨出来，这部分地是由于此时瑞典农业占整个国民经济的份额仍然很大，而农业经济的波动又并不总能与整个工业的波动相一致。比如说，在 19 世纪 70 年代早期，经济扩张却伴随着工资/收入比率的上升，而不是通常的下降。不过，从 19 世纪 90 年代中期开始，这一比率持续下降。从平均水平上说，在 1896 ~ 1900 年间它仍维持在 70%，或者说比 70% 略多一点；但到 1912 ~ 1916 年间它下降到了略低于 60%。正是在那个时候，工业化进程取得了真正意义上的突破性进展，并且在越来越多地提供着重要投资机会。

从绝对数意义上，工人实际工资在 1896 ~ 1914 年间上升了。各年实际工资在收入中所占份额变化十分有趣，它显示出这样一个事实：即并不能说，这个时期的经济增长未曾伴有社会与政治关系紧张程度的上升。工资份额变化以及同时相伴的紧张关系最明显地表现在 20 世纪之初的那几年间，这时实际工资上升速度事实上比其前其后都要更慢。当我们提到这一点时，我们还应指出的是，这些数据在很大程度上仍是推测意义上的，主要是用于长期发展分析，它们才富有一定意义；同时，我们不能完全按照它们的字面 【613】
程度来对待它们或寻找它们的意义。

英韦·奥贝里（Yngve Åberg）分析了 1896 ~ 1955 年间瑞典经济体系生产效率的发展变化。根据他所给出的数据，1871 ~ 1890 年间，人均产出平均每年增长 1%，而 1891 ~ 1915 年间平均每年的增长程度不低于 2.8%。关于这种总增长，其中很重要的一部分原因当然要归结到劳动的重新配置，越来越多的劳动力转移到了更富于生产效率的制造业当中去了。在早些年间，最明显的生产效率上升发生在公共服务与交通运输部门；在更晚时期，则是制造与采矿部门的生产效率获得了最快速度增长，其年均增长率能够达到 3.2%。

按照一个修正过的柯布—道格拉斯（Cobb-Douglas）生产函数形式，奥贝里试图展示出资本、劳动以及“剩余因素”对产量增长率的贡献。这种“剩余因素”包括的内容有生产技术与生产组织方面的改善。自然地，与劳动要素的作用相对比，资本要素的作用增加了，尤其是在 19 世纪 90 年代中期之后那段工业化正风风火火开展的时期。看起来，1913 年，这个国家的总资本存量是它 1895 年时数量的 2.5 倍，而劳动力数量的增长程度不到 15%。

根据奥贝里的研究，1870 ~ 1913 年间，在产量增长率中，劳动要素的贡献份额并不怎么高，其数值为 10%，而资本要素的贡献份额则一枝独秀，超过了 48%。剩余量的贡献程度，尽管不超过 42%，但幅度已经很大了。这种度量结果也可谓是在预料之中。在经济处于工业革命期间，技术变革节奏还相对较为适度，这时资本要素贡献份额相对劳动而言在大幅上升，与剩余量相比较也更大。挪威的同类度量与估算进行得更早，表达形式更为简明扼要，也得出了类似结果。亦即，资本对增长的贡献越来越重要，剩余量当时的贡献比起后来的贡献还是小一些。不过，挪威剩余量的贡献在这一时期还是发生了明显上升。

不管是从什么角度来研究斯堪的纳维亚的工业化进程，我们不断能够感受到这一印象：从统计数据显示出的发展态势来看，在 1895 年后的 20 年间，经济发展显示出非同寻常的特点；从实际情况来看，就在这个很短时期
里，确实也是有一些不平凡的事情发生了。 【614】

11.3 第一次世界大战与两次大战之间的时期

11.3.1 劳动

1910～1940年间，斯堪的纳维亚的适宜工作人口——年龄在15～64岁者——从630万人上升到910万人，或者说约上升到占全部人口的45%。与人口的其余部分相比，这是一个程度更为显著的增长。在20世纪20年代和30年代发生的经济增长与所采取的某些经济政策都不足以将所有的剩余人口都吸收就业。当然，以不菲的薪酬受雇的斯堪的纳维亚人（Scandinavian）呈现出前所未有的绝对数规模，然而，失业问题却比第一次世界大战之前要严重得多。

由于一战之前统计资料不足，我们很难做出有关比较。不过，有一点看来没有疑问：在19世纪和20世纪早期的斯堪的纳维亚，除了各种不同形式的农业就业不足以及隐性失业之外，大规模失业只是一种短期现象。公开的失业主要发生在经济萧条时期。但从对比来看，在两次世界大战之间显得特殊，其失业数量峰值显得特别高。在此时期，即使是在经济状况较好的年份，不论以当前还是以1914年前的标准来衡量，失业水平也都要比衡量标准高得多。

在这三个国家之间，不论是人口统计操作还是失业的概念方式都一定程度地有所不同。在瑞典，第二次世界大战前适宜工作人口的份额比例非同寻常地高，而这类人口的后续增长率则比丹麦和挪威要慢一些。瑞典的失业率水平早在两次世界大战之间就得到记录，这一时期的最高失业率，1921年被记录为26.6%。随后，20世纪30年代早期，出现了另一次失业率高峰（即1933年的23.3%），不过，在此间经济状况相对较好的年份，失业率水平通常不高过10%～12%。在挪威，适宜工作人口在30年代发生了大幅增长，其失业率水平1933年达到一个高峰值，为33.4%，然后一直到1938年都大致保持在22%的水平上——尽管这还是一个经济总体状况相对繁荣的时期。20年代，挪威失业率问题显得最为尖锐的时候并不是在这十年开始时，而是在其中间年份。这是因为，不论挪威还是丹麦，此时都在做出某种艰苦努力，试图恢复金本位制，瑞典做出这种努力的时间要相对晚一些。丹麦失业问题不如挪威那样严重。它的失业高峰年份的失业率水平也略低(1932 年失业率为 32%，是得到记录中情况最坏的年份)，而从就业情况看，经济复苏也显得颇为成功，尽管从经济增长的全面情况来说并不是这样。不过，这两个国家失业情况的一般变化模式，却是大体类似的：在我们 【615】
所讨论的这个时期末端，两国都比瑞典拥有规模更为广大的失业群体。

这种具有一般性的环境形势，当然不会给劳动力造就什么有利的讨价还价地位。人们可能预想工资水平会压得很低，但实际情况和这种预想有所不同——工资水平还是有较大增长。1914 ~ 1939 年间，挪威工业领域的小时工资几乎翻了一番，瑞典相应时期的增长程度超过了 80%，丹麦的增长程度要略低一些。大部分工资增长都发生在 20 世纪 20 年代，到 30 年代时，经济形势已经被失业所主导。1930 ~ 1939 年间，瑞典小时工资的净增长只有 7%，而同一时期，丹麦全然没有增长，在挪威，那些幸运受雇者的工资则比其他两个国家的就业者要增长得更多——约 10%。因此，挪威与丹麦两国之间就业与工资情势存在着显著区别，挪威的情况是工资水平更有利于就业者，而丹麦则是由工资水平相对停滞造就了一种更为有利的就业形势。通常地，与 1914 年的形势相比，工人们的薪酬赚取总量的变动并不如他们的小时工资率的增长程度那样大。原因主要有：首先，到第一次世界大战结束时，三个国家都采取了 8 小时工作制。其次，每年工作的小时数，即使是对那些没有获得持久雇用的人而言，也由于经济形势变化而相对减少了。

从而，可以说，对工人阶级的历史而言，20 世纪 20 年代与 30 年代很难说得上是什么辉煌灿烂的时期。不过，正是在这一时期，历史印证了某些变化的启动和事项的进展，而正是这些变化在将来被证明为极具重要性。

首先，劳动力质量有改善，同时劳动力供给的利用变得更为合理。如同在其他地方一样，在斯堪的纳维亚，工作日缩短已经持续发生了很长时间，到这时开始形成制度，从而使得缩短后的工作日具有持久适用性。这种缩短逐渐被纳入法规管理，受其影响，雇主的关注对象转而集中于劳动效率。在过去，工作日持续时间很长，这导致的结果是，过去工作日常发生短暂工作中断；还有，工作常常难以持续地按部就班。20 世纪 20 年代早期，工作日时间就成为劳资双方谈判经常涉及的重要话题。尽管这时劳动力供给显得充分，但在此期间，斯堪的纳维亚诸国企业在财务与融资方面都存在着困难。这种情况促使雇主们对企业总劳动效率发生了更大兴趣，尽管这种兴趣他们通常情况下也都具有。工作时数缩短与劳动效率提高交互作用可谓是由来已久，并且还成为双方关系紧张的原因之一。不过，从总的来看，工人们工作绩效提高必定对经济增长有很大贡献。

同时，劳动（者）的社会地位以及工人们对待社会问题的态度也在发生变化。工会成员数目在第一次世界大战期间发生了有力增长，入会劳动力
【616】在全部劳动力队伍中所占比例之大足以使得作为工人组织的工会具有真正意义的代表性。从政治上看，社会民主党（Social Democrats）影响力比第一次世界大战前要大得多，所获政治地位也更为稳固。到1939年时，三国都有了社会民主党政府，或者以较严谨的话说，都至少有了社会民主党人作总理或首相的政府。不过，三国没有一个社会民主党占到了政党席位中的绝对多数。社会民主党人的权力与威望很大程度上取决于他们与农场主党派之间做出的妥协性政治安排。这对斯堪的纳维亚而言，是一种全新的政治构架，它把劳工大众放到了一种全新的政治位置上面了。然而，要达成和保持这种形式的党派联合和政治统一在具体操作上也存在着不小困难。与瑞典的情况相比，这种困难在丹麦和挪威更为尖锐地被人们感受到了——丹麦农业危机在大家的脑海中可谓是记忆犹新。不过，三国最后的政治结局相差不大。在挪威，工人们的新政治态度显得尤为有趣。该国的工人阶级队伍扩张得较晚，而20世纪20年代时劳工群体在政治活动中又尤为激进。这种新形势带来的一个后果是，不论在瑞典还是在挪威，到30年代后期，劳资冲突又变得不怎么明显起来。在丹麦，在那些情况相对紧急的年份，许多劳资冲突都被临时的特定立法给禁止住了。

还有另一个变化也逐渐显示出重要作用。政府对充分就业负有责任，政府应该把充分就业当作经济与社会政策的最重要目标之一——这被看做一种原则，尽管社会各方对这一原则还会发生一些争论，但人们至少是以前所未有的严肃态度来对待它。新的政府政策实际上也在朝向这个方向努力，尽管最初政策效果并不非常明显——在1931年金本位制放弃之后，政府所实行的货币政策就体现着政府政策操作正在对就业形势做出更多考虑。当然，这三个国家的政策在现代化程度上并不同步。不过，各种不同的社会改革都得以引入，各方的政治积极性也被调动起来。这不仅产生了实际效果，而且使人产生一种新感受：从整体上来说，政府毕竟在宏观政策方面做了一些事情。而且，我们或许也可以说，这种感受尤其表现在瑞典社会生活中。经过理论探索、心理承受、实践操作等方面的准备，三国都为将来实施充分就业政策奠定了坚实的社会基础。

11.3.2 投资

资本要素所起的作用以及投资主体的投资动机当然会受到20世纪20年代和30年代经济剧烈波动的影响。我们在前面关于瑞典的情况中说明过，工资—收入比率的反周期方式变动在20年代早期的经济萧条期间显得十分明显。在经济处于相对困难的境地下，工薪赚取者却获取着萎缩着的国民收入中的一个更大份额。在这幅图景的另一方面——或者说是经济图景中的另【617】
一部分内容中——我们又在较长时间上以这样的次序看到企业利润份额衰减、彻底亏损以及实际已经发生或将要发生的企业破产等等事态。即使是最为困难的岁月过去了，但经济衰退的经历对不论是工人还是企业家的思想意识都产生了强烈而持久的影响。在这整个时期，利润量不可避免地起伏波动，不仅是从这个时间到那个时间不同，从一个行业到另一个行业也不相同。在瑞典，锯木厂与炼钢厂，它们可谓是这个国家的传统主导产业，在多个年份里都是在某种亏损状态下运作经营。

这种状况，连同20世纪20年代颇显困难的信贷市场，使得即使是相对成功的企业和行业也在投资政策上变得更加谨慎起来。实业投资尽可能地集中发生于那些经过了仔细计划的合理项目，而这些项目又都被期待着产生特定的资本与劳动节约效果。从投融资角度来看，相比于以前，工业企业家更不愿承担风险。有时，他们形成这种态度可能是迫于企业的现有状况处于危险境地，也可能是因为企业管理已被置于银行掌控之下。逐渐地，企业还形成了仔细核算与健全财务的新观念。它为后续时期的发展提供了新起点。另外，高失业率将既定资源利用不充分地表达出来，而解决这一问题，肯定还有不少事情要做。不管怎么说，那种在战争期间非常明显地存在于三个国家的投机氛围，还有那种在第二次世界大战之前10年中仍显得极为活跃的投机氛围可以说是基本消失了。那些关于大兴土木活动，关于伊瓦尔·克雷于格（Ivar Kreuger）的冒险性风险承担活动的记录在20年代瑞典乃至斯堪的纳维亚的普通生意经营活动中并不多见，它们是能引发人们感触的例外。

此间，丹麦和挪威的投资率一般都要比它们在1914年前的各年数值更低一些，不过，1937~1939年间挪威发生了经济扩张，这次经济扩张最终使得它的投资率超过了上一次的峰值。在瑞典，则是在20世纪20年代和30年代的大部分时间里，投资率都比第一次世界大战前的水平要更高，30年代晚期高出幅度还不小。从整个时期的特点来看，真正推动形成高投资率的行业部门是住宅与公共工程行业，其中道路建造尤为活跃。对照地看，瑞典的工业投资则没有显示出程度相当的增长。

实际上，在此期间，斯堪的纳维亚诸国的这种投资所需外国资本支持的程度并不像第一次世界大战前那样大。斯堪的纳维亚诸国在战争中的独特地位使它们都由债务国转变成了债权国。在整个20世纪20年代，瑞典始终保持着某种债权国地位，此间它一直是资本净输出者。其他两个国家情况则有很大不同，不过丹麦也还是没有回到它第一次世界大战前的那种大量资本输
【618】入国的地位。挪威的国际收支平衡表则是在这个时期有了很大变化：在20年代，它——尤其是在重建商用船队的过程中——使用了大量外国资本，这使它迅速丧失了债权人地位，但进入30年代，挪威国际收支平衡表又重新恢复到一种非同寻常的持续顺差状态。

剧烈的短期波动以及诸多局部性变化很容易将经济增长的一般趋势给掩盖起来。从关于这个时期的记录所给人的全面印象来看，特别是瑞典与挪威两国的情况，如果与当时大部分西方国家的经历相对比，还是颇令人满意的。只是，这时所取得进展的特点还是与斯堪的纳维亚在第一次世界大战前的开创性突出成就表现出不同。在两次经济萧条之间所发生的增长更具有复苏性质，既定的基本经济结构也没有大变化，经济体系只是在原有的结构框架下延伸扩张。

这些给人留下的总体印象能够与正式的宏观经济学研究所得到的结论相一致起来。瑞典的工资一收入比率，在第一次世界大战前那些紧锣密鼓地开展工业化的岁月里曾经是下降了。只是，在1914年之后再次回升，并且一直到1933年时仍在上升，这种上升不仅仅发生在那些——上升被指望为无论怎样都会发生的——经济萧条年份。1933年之后，这一比率发生了幅度很小的下降，不过它的绝对水平仍比第一次世界大战之前要高一截。至于从生产函数方面看，“剩余量”、“技术进步因素”所占的贡献份额并没有持续地增长，而劳动要素的贡献则发生了显著增长。在这个方面，挪威经济图景所能给人的总体印象也大致相同。

三个国家的信贷体系都发生了重要的结构变化。正如已曾提到的，1890～1914年间的经济规模扩展伴有商业银行大量增加。在战争期间，银行带着一种引发通胀的扩张主义姿态，数目持续增加，开展的投机性业务的数量也不断增长。同时，银行中出现了一种集中过程，在银行间发生了若干大并购。我们通过将此时的瑞典与它1908年时的情况进行对比，就可以将并购后的结局状况清楚地反映出来。1908年时，它的4家最大的银行营业

额能够达到全部银行营业额的28%；而到了1924年，4家最大银行的营业额所占份额比例为56%。在后一个时间上，两家最大的银行，斯文斯卡·汉德尔斯银行（Svenska Handelsbanken）（它就是前面提到的位处斯德哥尔摩的汉德尔斯银行与斯坎迪拉维斯卡·克雷迪塔克蒂波拉格特银行）的营业额加起来能够占到全部银行营业额的40%。

一方面，信贷体系的结构变化带来了持久影响；另一方面，在随后几十年间，集中过程仍在持续。只是，这几国在第一次世界大战年间所获得的巨大经济利益以及银行体系在这些年间所享有的全面影响却再也没有重现过。20世纪20年代的经济萧条、金本位制的回复、低落的价格水平促使政策当局做出严肃认真的反应。三个国家都有银行危机以及银行重组的问题，这种问题常常还会延续很长时间。在这些事情发生之后，各国经济经历了一个相 【619】
对停滞与稳定的时期。此间，各国商业银行在信贷总量中的份额都有所下降。而储蓄银行，还有30年代也包括一些政府所有的信贷机构，另外也包括由政府提供特别信贷设施的有关信贷经营活动——共同将这种下降导致的份额缺口中的大部分给填补起来了。

信贷市场上所发生的数量变化是与信贷性质的各种变化结合在一起的。在瑞典，大量地位重要但在经济危机期间陷入了困难的工业企业很长时间仍旧掌控在银行手中，其中有些企业在两次世界大战之间都是如此。这些企业逐步地得到重组，直至它们最后重又获得了独立发展能力。1924年，由“银行控制”或“银行所有”的大型工业企业的大额银行借款额不下8.5亿克朗，或者说占到了瑞典所有商业银行借款额的18%。尽管这一数额随后就发生了下降，但到30年代早期，它又恢复到了与此数额大致相同的数量水平。在比企业重组过渡期更长的一段时期内，法律禁止银行原公司的股份。但是，在过渡期间，由银行们所主持或执行的大型企业的重组活动对这些瑞典工业企业的持久发展与地位稳固极具重要性。有一些银行为此还将自己暴露在高度风险之中。当然，在很多情况下，它们也是由于自己的过于乐观与判断错误才卷进去的。

自然，20年代是一个工业信用贷款与工业风险资本都难以获得的10年，公司不得不学会制定财务与融资计划，并且要节省开支，以度过艰难的日子。而它们在30年代的表现则能给人一种印象，它们从教训中所学到的可谓是出人意料地好。不论是在挪威还是在瑞典，在经济相对繁荣的30年代后期，尽管信贷设施改善了，但出人预料，工业企业并没有以很高数量水平的信贷需求对信贷条件改善进行回应。企业自我融资所占份额极大程度地增长了，银行在为它们所持有资金寻找出路上真可谓困难重重。即使低利率水平普遍流行，情况还是这样。发生这种变化的部分原因在于，在经济危机之后的经济复苏显得相对成功。不过，也还有其他原因——当时的这种扩张很大程度上是逐渐式的与持久型的，而不是投机性与迸发态的，而扩张很大程度上又是在既有的企业中发生，而不是通过大量企业的新建活动来实现。

不论是资本要素还是劳动要素都没有得到充分利用。这一点与第二次世界大战之后的情况相比有显著区别。然而，尽管它有这么多弱点与不足，20世纪20年代和30年代斯堪的纳维亚的经济局面还是为它以后——那种和原来显得有些不同，某种程度上也可以称为新型社会——的发展提供了一个既
【620】充分宽广又特别坚实的基础。

11.4　当代：1945~1970年

第二次世界大战结束以来，15~64岁人口群体的数量规模增长比20年代和30年代要慢一些。由于一个更大比例的年轻人还在学校里上学，同时对老年人口的社会帮助也在增加，由此导致受薪雇用的男性人口在全部人口群体中的百分比下降。这种下降在某种程度上得到了女性劳动力供给数量增加的弥补。不过，这些变化所产生的综合效果是：与全部处于适宜工作年龄段的人群数量增长率相比，受薪雇佣者的增长率要显得更小一些。

另一方面，与两次世界大战之间相比，此间社会对可资利用的劳动力的使用程度要更为充分。在20世纪50年代的经济困难年份，丹麦的失业率也曾高达8%~10%，但这是一个例外。而关于20世纪70年代的就业问题，我们将不在这里讨论。像讨论其他问题一样，以下关于就业的讨论主要是适用于二战后直至60年代中期的时间段。

在20年代和30年代，每个人都感到难于找到工作。然而，在第二次世界大战之后，困难的事情变成了难于为某些工作找到合适的人。在瑞典——瑞典的工资水平是三国中最高的——移民迁入对经济全面扩张有重要贡献。1945~1965年间，年均净迁入人口（包括所有年龄者在内）约为1万人。迁入者通常在工厂里或是在服务部门承担着那些不具吸引力的工作。也就是说，他们承担着那些工资相对较低的工作；或者，工资水平还可以，但工作条件却较差。

关于社会对劳动力表现出异乎寻常的需求会产生负面影响已经被说得够

多的了，比如说，它会导致工人产生一种过分寻求调换工作的心理倾向。不管这些负面影响怎么样，雇主们总还是怀有从不怎么丰富的劳动力供给源中去尽可能地获得自己所需劳动力的内在动机。在二战后的世界性技术革命中，斯堪的纳维亚诸国一直都能维持某种与自己实力相称的地位，它们的劳动生产率也比以往任何时候都要更为强劲地增长。而新型技术与改善过的生产组织所带来的利益或许又得到了——所受教育更加良好的——工人们的更高工作效率的强化。实际工资水平当然是上升了。当然，这些变化的时间先后与最终效果，三个国家有所区别，但每一个国家最终都有很大的改变。比如说，瑞典工厂工人的实际小时工资在1946~1961年间上升了87%。

尽管经济非同寻常地繁荣，工资—收入比率却有了显著增长，这可能会让人觉得有些出人意料。原因主要是结构方面的：人们都从那些低工资—收入比例的职业向那些比率更高的职业移动，比如说向服务业移动；而其他有些人则放弃原来私人所有的小企业而转而成为工薪赚取者。在这一时期，只【621】有制造业部门的工资—收入比率看上去没有发生什么大变化。

在此期间，劳资关系一般来说也相对协调。公开冲突很少发生，而集中进行的工资讨价还价也取得了不小进步。经济的全面扩张看来使双方都看到了相互合作的利益（在丹麦和挪威，在第二次世界大战刚刚过去的那些年间，经济复苏还需要有关各方进行相互协调）。如果说，这种相互和好的精神中某些内容在二战后的前20年间又烟消云散了，其原因也只能在一些新出现的问题上面去寻找；或者至少也可以说，应在有关社会方面对这些问题的新认识中去寻找。

在第二次世界大战之后，发生了一些引人关注的结构性变化，其中包括：办公室工人的数目在增加，同时，以地位及其他方面来观察，办公室工人与体力工人等级体系的相互关系也在发生变化——体力工人仍按惯例在技能程度、职位大小等方面被归类到一种复杂等级体系中去。就劳工队伍来说，通常会发生和遇到工资水平的问题，现在又得加上以前未曾遇到的各种工薪赚取者之间的相互差别问题。这既包括有工资方面的差别，也包括着各种工作条件的不同。在很多的情况下，这种差别还会在较高薪酬水平群体与较低薪酬水平群体二者之间引发相互团结的问题。同时，生态意义上的环境问题、在企业与各种工业组织之间的权力结构问题、工作的保有期限与安全性问题等等，都和工资问题一样，引起了很大关注。关于这些问题的讨论具有政治学和社会学的意义。不过，按照我们从经济学意义上做出的感受看来，它们反映出某种新型生产模式正在形成。

如果说，人力的增长程度还相对显得缓慢，那资本要素的增长可谓是极为显著，而这又以挪威为甚。1945～1960年间，这个国家的资本存量翻了一番还多，以1955年价格计，从690亿克朗上升到1 470亿克朗。在二战后不久就这么迅速地增长到这样一个高水平，很大程度上是由于这个国家有着大规模重建的需要。这种需要推动影响了政治决策。在二战之后的经济环境中，投资品的相对价格水平较高，这更使得这种需要显得更为强烈，投资数量扩张速度也得到加快。相比而言，瑞典与丹麦的投资率要低一些，但其幅度也不小。从历史延续来看，整个经济体系从20世纪30年代以来就在发生根本性变革。

三个国家直接用于生产性目的的投资在总投资中的份额增加了。在1939～1940年间与1961～1965年间两时期之间，瑞典制造以及采矿部门发生的投资在总投资中的份额从23%上升到了29%，而住宅投资的份额则从33%下降到了22%。不过，政府还是常常通过公共机构借款或是通过各种不同的信贷控制，努力开展政策活动，以力图保证住宅资本充分供应。当然，很多时候，这种政府干预或只是它的某些方面内容，会受到银行以及实
【622】业家们的厌恨。只是我们要记住，事实上在此期间，投向工业领域中的资本比以往任何时候都要更多。

如果我们试图在一个生产函数框架中表达出这一时期不同生产要素的贡献，那可谓能给出一幅与20世纪20、30年代大不相同的贡献份额图景。尽管这时可以获得大量资本，但是这时在贡献份额中占着优势地位的不是资本要素而是剩余量。对瑞典的情况来说，“技术进步因素”能够解释产量增长率中的近60%。而与之对照的劳动要素的贡献份额，则比两次世界大战之间的时期要更低一些。换一句话说，生产函数已经确定无疑地变成为现代形式。

在挪威，在其过量投资政策的指导下，不得不输入国外资本，以对国内储蓄形成补充，这些额外输入的资本被用来满足第二次世界大战结束之初的投资需求。1946～1962年间，净资本输入能够占到这一时期挪威资本形成增量中的14%。在丹麦，资本输入形势的变化前后有所反复。不过，20世纪60年代早期之后，丹麦经济扩张伴随有大量资本输入。而对照地，这一时期的瑞典，不论是资本输入还是输出都不怎么引人注目。

至于说斯堪的纳维亚的储蓄源泉，正如我们已曾做出的说明，和其他西方国家中的情况一样，私人部门对储蓄总量的贡献比两次世界大战之间变小了。不论是就斯堪的纳维亚人的储蓄模式来说，还是对诸国的信贷体系而

言，最具有重要性的一般性变化是公共部门的直接的与间接的影响力在不断增加。与其他国家相比，就这种贡献的内在构成而言，斯堪的纳维亚诸国政府所有企业在其中贡献程度更小，其他公共部门的贡献程度相对较大。

第二次世界大战之后，一方面，私人所有企业在许多方面显得前所未有的成功，其经济规模也在不断扩张；另一方面，各种政府活动大为增加，活动形式包括有，交替式地对经济体系进行刺激和阻抑，不时地与私人部门单位以一种相互竞争的关系站在一起，等等。这二者又常常以令人惊奇的和谐关系相互结合在一起，可谓是第二次世界大战后经济体系的一个显著特点。关于最终将会从现有的混合经济体系中浮现出来的社会类型，还有劳资关系问题的各种解决方案，我们现在还很难做出预测。不过，毫无疑问的是，不论这种类型与方案将会以什么姿态显现，我们在上面简要讨论过的这种经济形势，只是对将来更具有根本性的诸多变革的一种准备罢了。从变革形态上看，这种准备看上去还显得有些温和。也正因为如此，我们认为，第二次世界大战之后的时代与其后数十年之间所存在的情况差别，将会比 20 世纪的 30 年代与 60 年代之间的情况差别要更大一些。【623】

11.5　芬　兰

19 世纪和 20 世纪，芬兰的经济发展也遵循着斯堪的纳维亚诸国的一般发展模式——以一种相对不发达的经济状态和一个农业占到绝对优势的经济体系作为发展起点，再通过增加若干主导产品的出口以及逐步的工业化来对国家的自然资源予以利用，然后再演化形成一种——拥有现代工业方式以及高水平生活的——先进经济体系。与我们从这个国家富于戏剧性的政治历史中所能做出的联想对比，这种经济发展过程更具有演化上的连续性。需要强调指出的是，在俄罗斯统治期（1809～1917 年），芬兰实际拥有的独立自主程度很高，被称作芬兰大公（Grand Duchy of Finland）的人拥有自己独立的行政、立法与货币管理体系，而与俄罗斯的商贸关系在技术上也是被当成国际贸易的一部分来进行处理的。

不过，与其他斯堪的纳维亚国家相比，芬兰的经济起点相对要更落后一些，经济发展中的大变革时间也要来得更晚一些。事实证明，它在发展进程中所要克服的经济与政治方面的困难也要大得多。1800 年前后，三个姊妹国家中没有哪一个像芬兰这样农业占到一种绝对优势的地位。甚至是一个世纪后的第一次世界大战之前，芬兰仍有2/3的适宜工作人口被雇用在农业部门。当然，这个比例在两次世界大战之间下降了，但一直要到第二次世界大战之后，它才下降到了大大低于50%的水平。

是工业增长转变了芬兰社会，而又是高水平的国外需求拉动形成了这种工业增长。如同瑞典和挪威，芬兰由于拥有大量森林而拥有着极具重要性的林木资源。直到现在，相对其国土与人口规模而言，天赋的森林地带也称得上是非同寻常。只是在19世纪，芬兰的经济条件特点可谓是过于初级化，即使是与瑞典的情况相比，经济扩张也更加过分单一地依赖木材生产，更不用说与挪威相比。板材与松木产品是仅有的数量较大的出口产品类别，在产品出口中占有绝对优势，不过，到第一次世界大战前夕，它们逐渐得到木浆与新闻纸的补充。这些产品的出口数量从19世纪70年代开始发生强劲扩张，到了19世纪90年代后期以及20世纪开始时，它们在经济生活中所具有的重要性更为突出。到1914年时，林木行业的产品出口在出口总价值量中占到70%。芬兰锯木产品的最大消费国是大不列颠。

19世纪，芬兰的整个工业部门都不具重要性，它只能为10%~15%的总人口提供就业。不过，除了林木类工业产品之外，19世纪的芬兰也生产了一些其他工业品，这些产品既供应了地区性市场，也起到了替代进口产品
【624】的作用。在从19世纪30年代至80年代的约半个世纪的时间里，从关税方面讲，芬兰相对俄罗斯帝国（Russian Empire）的附属地位实际上还造就了一种对芬兰相对有利的态势。在这个时期的大部分时间里，俄罗斯工业竞争力一直都处于一种不怎么有分量的状态。从而，俄罗斯市场为芬兰工业发展提供了有利时机。对芬兰的纺织品加工厂，对芬兰某些以欢喜姿态跨入斯堪的纳维亚最大工厂行列的生产单位而言，情况就更是这样了。不过，随着19世纪80年代的过去，这种时机的有利性也就再次消失了。这是由于，随着俄罗斯工业化进程的推进，它的关税政策变得不再那么大度了。不过，芬兰经济发展全貌还是让人感受到，除了若干起着主导作用的工业产品之外，它还另有发展潜能的蕴藏点。它在基础设施建设方面也取得了不小进步，尤其是在铁路建造上。这种建造活动几乎全由政府提供建造资金。

1917年之后，独立的芬兰共和国便不再如同第一次世界大战前那样享有与俄罗斯进行相对有利的商贸活动的机会。由此，相比以前，这个国家的对外贸易就不得不更加依赖于其林木产品出售，这种销售的目的地主要是西方各国。1939年，林木产品占出口总额的80%以上。同时，不论是从数量还是从质量上看，出口和工业生产整体上都取得了不小进展。也正是在这一

时期，这个国家的木浆与造纸工业取得了真正意义上的突破。此间，尽管这个国家的经济状况还存在着诸多问题，但整个经济从第一次世界大战时的通货膨胀以及战后20年代初期的经济危机中转变过来，显得非常安稳和协调，而20世纪30年代所发生的经济萧条带来的影响持续时间又很短。这种事实，也只有将这些木料类产品在国际市场上有着持久需求作为主要原因，才能够做出解释。30年代后期，则是一个增长显得强劲而成功的时期。

第二次世界大战期间，芬兰面临着一系列困难，其中包括领土丧失。然而战争结束后，快速的经济增长得以恢复，恢复速度比人们所期望的还要快。20世纪50年代，芬兰经济增长速度在斯堪的纳维亚诸国中是最快的。到这个10年结束时，它的人均国民收入水平并不比挪威低多少。产业的分化也取得了很大进展。在出口产品中，林木产品虽然仍占主导地位，但是，即便是在林木产品中——在所有工业产品组成的整体中更是——新近都发生了重要的结构变化，比如说，金属产品以及机械产品的增加。很显然，在这一时期，相比丹麦而言，芬兰的结构优化是全面、深入的，并对整个经济体系产生了重要影响。

颇具有讽刺意味的是，第二次世界大战后必须支付给苏联的赔偿却帮助芬兰为完成上述变革所做的准备工作。这些赔偿都以实物形式支付，而且当然是苏联当时正需要的实物商品。就战后俄国的工业结构而言，意味着这些
赔偿必须是船舶及机械。那么，在这些产品领域，芬兰就必须创办企业和开 【625】
发资本设备。实业投资因此而发生了。要不是有着赔偿的背景，在这种战后形势下，这种投资本来是不大可能发生的。

我们很容易地看到，斯堪的纳维亚诸国发展中经历的若干特点都在芬兰以更加突出的形式出现。比如说，在很长时期，芬兰获取劳动力供给非常容易，而资本要素相对短缺，这二者之间表现出来的对照关系比其他斯堪的纳维亚国家都更为明显。

1800～1950年，芬兰人口从83万增长到略超400万人。在19世纪的大部分时间里，人口增长在时间上的分布显得很不平衡，农作物歉收仍会不时地将原有增长曲线形态打断。然而，从1870年到第一次世界大战期间，芬兰人口增长率持续地快于其他斯堪的纳维亚国家。芬兰迁出移民显得具有重要性的时间要比其他国家来得相对较晚，直至19与20世纪之交，迁出才成为芬兰人的一个重要出路。

在世纪之交，由于就业需求弹性很小而农业部门的人口规模又很大，自然地，农业部门所面临的人口过剩压力就很大。当时，城市化与工业化的影

响力还很微弱，只能提供一种局部解决方法。从而，当时整个国家所面临的一个很大的社会难题就是众多茅屋农与农业劳动力的去向问题。在芬兰赢得政治独立并经过一段时间的内战之后，早先的有关改革尝试在实施范围上得到了拓展，在实施力度上得到了加强，其结局是小农方式成为芬兰农业生产的主流形态。在第二次世界大战结束后，芬兰又一次面临着必须进行的类似变革，即从丧失的领土上撤回的人口必须得到安置。

很多本来应该在农业部门内部解决的问题没有解决，这当然迟滞了经济增长。比如说，在第一次世界大战之前，动物养殖业的规模发生了程度可观的扩张（并且获利匪浅）。但与此同时，谷物生产却必须解决部分是由于来自俄罗斯的竞争所导致的严重问题。这种形势中所内含的风险实际上在战争期间就显现出来了。这时，俄罗斯的农产品供给被中止了，而芬兰的农业生产又不能保证做到完全自给。在这种背景下，谷物生产在二战之后又重新受到有关方面的强烈鼓励，同时又使得动物养殖丧失了它的有利地位。尽管这时，动物养殖仍然还有很大的扩张潜力和获利可能性。不过，尽管有着这些不利条件，在农业生产领域，生产效率还是取得了很大进展，农产品质量也有很大提高。

在芬兰，在很长历史时间内，由于产业工人的数目相对来说一直都很少，而诸如林木行业这种与非工业性雇佣活动有着紧密联系的工业部门又在工业领域拥有极明显的优势地位，可以想见，一个自身特征明显、阶级意识
【626】明确的产业工人群体的出现自然而然地会遇到困难。正是由于芬兰的资本资源相对有限，同时工人的社会力量又相对弱小，在1914年之前，工业部门的工资水平就不可避免地处于很低水平，并且，即使是在20世纪20年代和30年代的经济状况较好的年份，工资水平也都没有发生大幅上升。工人阶级难以兴起还有一个原因，那就是芬兰工会运动的发展被延迟了，即使在20、30年代，这种发展还遇到了法律障碍。芬兰经济在农业领域——这也是那时最大的社会问题——取得了建设性成就，而在劳资关系领域却并没有取得同样成功的类似成就。

第二次世界大战以后，芬兰工人在社会中的地位有了很大提高，这并不仅仅是由于这时他们相比以前能在总人口中占到一个更大的比例。此时，不论是实际工资还是工资—收入比率都大大地提高了；与此同时，工会组织成为社会与政治事务中的重要力量。与20世纪30年代的形势形成鲜明对比的是，工资水平上升与通货膨胀压力之间的关系很快就成了这个国家的重大经济问题之一。这是一个经济发生全面变化和重组的时期，但就业机会并没有

像工资那样发生有利于劳动者的变化，倒是有不少芬兰人迁移到外国，特别是前往瑞典。

不用说，在第一次世界大战之前，由农业部门以及住宅建造活动所产生的资本需求要比工业部门大得多。相比人们从第一印象做出的想像，那时资本输入的贡献实际上较小，而与瑞典的资本输入相比，则要小得多。从实业投资使用上看，本国人所能提供的储蓄资源也是不容易获得，收集与利用既有资本资源的技术从某些方面来看也显得原始而粗糙。比如说，在那时的芬兰，还没有工业企业的债券市场。放在这样一种背景下观察，1914年前商业银行的数目增长就显得尤为引人注意。

上面提到的这些已经发生过的困难在以后还会以各种不同形式再次出现。从芬兰资金融通历史来看，外国信贷资金极难获得也并不是什么少见现象。第一次世界大战刚刚过去，这个年轻的共和国还要略花费一些时间来赢取政局稳定和国家安全，而也只有实现了稳定和安全，它才能在国际商务领域赢取普遍信任。继而，一些时间过去之后，在20世纪20年代后期，大量投资发生了，其中就包括有相当数量的外国资本投资。这对芬兰人自己在资本资源提供上所曾取得的显著成就还有继续补充的作用。在此期间以及在30年代早期经济萧条环境下产生的那些债务，随即就在30年代其余时间里以一种非常少见的迅捷速度被偿还了。这给这个时期的国际金融市场留下了深刻印象。它当然也反映出，1939年之前，芬兰经济社会中的资本要素供给处在一种强劲态势。普遍繁荣的经济态势，再加上工资水平相对较低，意味着在这个十年的那些经济形势相对较好的年份，工业企业所有者会有非常 【627】
好的利润回报。然后，我们再从经济前景上看，30年代后期，芬兰经济体系中的投资力度持续加强，融资形势得到改善，这些都为它以后的发展提供了宝贵基础。投资力度加强表现在，在农业、制造业等领域以及在诸如对水电潜能进行治理利用的有关活动中发生了大量投资。

在第二次世界大战之后，来自国外的资金援助——尽管不能说完全没有——再次变得十分有限。比如说，对芬兰人而言，就没有所谓的马歇尔援助计划。不过，在一种扩张型经济政策的影响作用之下，投资率还是很高。只是，外资流入很少，国际环境不利。这时，要去实现既强劲有力又富于建设性的经济增长乃至企图获得非凡成就，会导致这个国家的资源利用趋向紧张并不可避免地会引发通货膨胀。

就各国朝向现代经济体系转变的过程进行对比，我们看到，芬兰在斯堪的纳维亚诸国中可谓是一个资源丰富的后来者。我们上面已经扼要地介绍了它所经历的引人注目的发展过程。我们从对这一发展过程的认识之中就可以肯定，它已经进入到转变状态之中。毋庸讳言，我们上面还提到了通货膨胀问题与就业问题。如果把发展变化比作耀眼光辉，那么，这些问题则可谓是
【628】光亮中的若干黑点。

参考书目

编者注

为了与本剑桥经济史系列的既定操作保持一致，以下索引所列示的文献将是有所选择的，从而会显得不完全。它们的目的并不是要列出与各章节论题直接或间接地相关的所有出版物，而只是意图于使得读者们能够对各论题中的某些内容开展更为详尽的研究。作为一项选取准则，那些内容和观点被其后的出版物涵盖或超过的著作与论文将不被选入本索引，而那些与单个章节的主题只是间接相关的一般性论述文献的选取数量则尽可能地降减到最低程度。由于大部分章节都并不是作者们自己的新研究成果，而只是对已经获得的二手文献中的有关知识进行总结与评论，因而，我们一方面省去那些原始资料来源（即不选用二手文献中所转引或参考的文献），另一方面，关于各种证据文献的选取，也只是限于那些最为主要与重要的部分。

我们既指定以上这些原则作为限制，同时也给予各单个撰稿人以自己所认为的最好方式来安排与组织文献索引的自由。从而，索引清单的“布局”，在章与章之间就会显得互不相同。【730】

第二章　大不列颠的资本形成

在以下索引第 1、2 节，将列出专门用于估算 1760～1860 年间不列颠实质资本形成与资本存量的那些最为重要的著作与论文。但这两节清单都并没有覆盖到讨论——为实质资本形成过程进行——融资问题的文献（参见本书上文第 631 页本章注 3）；也不包含有那些从多方面探讨资本要素对经济增长的全面贡献的理论文献；同时，有一些论著将工业革命看做相对更具全面性的讨论，而将实质资本形成论题看做其中一部分，这两节清单也没有把这种相关文献包括进来。

以下第 3 节中则主要列示在注释中提到的其他（除第 1、2 节中之外的）文献，尽管这些著述中有许多并不是主要地探讨关于实质资本积累的估算，但它们在作为数据资料与全部信息的来源方面特别具有帮助性。

1. 讨论经济全面情况的文献

Beeke, H., *Observations on the Produce of the Income Tax*. 1800.

Colquhoun, P. A. , *Treatise on the Wealth, Power and Resources of the British Empire*, 1815.

Crouzet, F. 'Capital Formation in Britain during the Industrial Revolution', in Crouzet (ed.), *Capital Formation* (below).

Crouzet, F. (ed.). *Capital Formation in the Industrial Revolution*. 1972.

Deane, P. M. 'Capital Formation in Britain before the Railway Age', *Economic Development and Cultural Change*, IX (1961); reprinted in Crouzet (ed.), *Capital Formation* (above).

—— 'New Estimates of Gross National Product for the United Kingdom, 1830–1914', *Review of Income and Wealth*, XIV (1968).

—— 'The Role of Capital in the Industrial Revolution', *Explorations in Entrepreneurial History*, X (1972–3).

Deane, P. M., and W. A. Cole. *British Economic Growth, 1688–1959*. 1962; 2nd edn 1967.

Deane, P. M., and H. J. Habakkuk. 'The Take-Off in Britain', in W. W. Rostow (ed.), *The Economics of Take-Off into Sustained Growth*. 1963.

Economist. 'The Annual Accumulations of Capital in the United Kingdom', *Economist*, December 1863.

Gayer, A. D., W. W. Rostow, and A. J. Schwartz. *The Growth and Fluctuations of the British Economy, 1790–1850*. 1953.

Giffen, R. *The Growth of Capital*. 1889.

Higgins, J. P. P., and S. POLLARD (eds.). *Aspects of Capital Investment in Great Britain, 1750–1850*. 1971.

Lowe, J. *The Present State of England*. 1823.

Pebrer, P. de. *Taxation, Revenue, Expenditure, Power, Statistics and Debt of the Whole British Empire*. 1833.

Pollard. S. 'Fixed Capital in the Industrial Revolution in Britain', *Journal of Economic History*, XXIV (1964); reprinted in Crouzet (ed.), *Capital Formation* (above).

—— 'The Growth and Distribution of Capital in Great Britain, *c*. 1770–1870', in *Third International Conference of Economic History* (Munich 1965). 1968.

Spackman, W. S. *An Analysis of the Occupations of the People, showing the Relative Importance of the Agricultural, Manufacturing, Shipping, Interests*. 1847.

2. 讨论各经济部门的文献

Blaug, M. 'The Productivity of Capital in the Lancashire Cotton Industry in the Nineteenth Century', *Economic History Review*, 2nd ser., XIII (1961).

Cairncross, A. K., and B. Weber, 'Fluctuations in Building in Great Britain, 1785–1849', *Economic History Review*, 2nd ser., IX (1956).

Chalklin, C. W. *The Provincial Towns of Georgian England: A Study of the Building Process, 1740
【731】 –1820*. 1974.

Chapman, S. D. 'Fixed Capital Formation in the British Cotton Industry, 1770–1815', *Economic History Review*, 2nd ser., XXIII (1970).

—— 'Industrial Capital before the Industrial Revolution', in Harte and Ponting (eds.), *Textile History and Economic History* (below).

Craig, R. S. 'Capital Formation in Shipping', in Higgins and Pollard (eds.), *Aspects of Capital Investment* (above).

Ginarlis, J. E. 'Road and Waterways Investment in Britain, 1750–1850'. Unpublished Ph. D. thesis, University of Sheffield, 1970.

Hadfield, C. *The Canal Age*. 1968.

Holderness, B. A. 'Capital Formation in Agriculture', in Higgins and Pollard (eds.), *Aspects of Capital Investment* (above).

—— 'Landlord's Capital Formation in East Anglia, 1750–1870', *Economic History Review*, 2nd ser., XXV (1972).

Jenkins, D. T. *The West Riding Wool Textile Industry, 1770–1835: A Study of Fixed Capital For-*

mation. 1975.

Kenwood, A. G. 'Railway Investments in Britain, 1825–75', *Economica*, xxxii(1965).

——'Port Investments in England and Wales, 1851–1913', *Yorkshire Bulletin of Economic and Social Research*, xvii(1965).

Mitchell, B. R. 'The Coming of the Railway and United Kingdom Economic Growth', *Journal of Economic History*, xxiv(1964).

Shannon, H. A. 'Bricks – A Trade Index, 1785–1849', *Economica*, i(1934).

Swann, D. 'The Pace and Progress of Port Investment in England, 1600–1830', *Yorkshire Bulletin of Economic and Social Research*, xii(1960).

3. 本章注释中提到的其他文献

Booth, C. 'Occupations of the people of the United Kingdom', *Journal of the Royal Statistical Society*, xlix(1886).

Boreham, A. J., and J. R. Bellerby. 'Farm Occupiers' Capital in the United Kingdom before 1939', *Farm Economist*. vii, 6(1953).

Cairncross, A. K. *Home and Foreign Investment, 1870–1913*. 1953.

Carter, A. 'Dutch Foreign Investment, 1738–1800', *Economica*, xx(1953).

Central Statistical Office. *National Accounts Statistics: Sources and Methods*. 1968 (cited in the notes as '*Sources and Methods*').

——*National Income and Expenditure*. Annual.

Clapham, J. H. *An Economic History of Modern Britain*. 3 vols. 1926–38.

Deane, P. M. *The First Industrial Revolution*. 1965.

Dyos, H. J. *Victorian Suburb*. 1961.

Feinstein, C. H. *Domestic Capital Formation in the United Kingdom, 1920–1938*. 1965.

——*National Income, Expenditure and Output of the United Kingdom, 1856–1965*. 1972.

Giffen, R. 'On Recent Accumulations of Capital in the United Kingdom', *Journal of the Royal Statistical Society*, xli(1878).

Harris, W. J. 'A Comparison of the Growth of Wealth in France and England, specially with reference to their Agricultural Systems', *Journal of the Royal Statistical Society*, lvii(1894).

Harte, N. B., and K. G. Ponting (eds.). *Textile History and Economic History: Essays in Honour of Miss Julia de Lacy Mann*. 1973.

Hawke, G. R. *Railways and Economic Growth in England and Wales, 1840–1870*. 1970.

Hitchcock, H.-R. *Early Victorian Architecture in Britain*. 1954.

Hobhouse, H. *Thomas Cubitt, Master Builder*. 1971.

Hoffmann, W. *British Industry, 1700–1950*. 1955.

Hutchins, J. G. B. *The American Maritime Industries and Public Policy, 1878–1914*. 1941.

Imlah, A. H. *Economic Elements in the Pax Britannica*. 1958.

Jackman, W. J. *The Development of Transportation in Modern England*. 1916.

Law, H., and D. K. Clark. *Construction of Roads and Streets*. 8th edn. 1914.

Mcculloch, J. R. *A Statistical Account of the British Empire*. 1837; 4th edn, 1854.

Macpherson, D. *Annals of Commerce, Manufactures, Fisheries and Navigation*. 1805. 【732】

Maywald, K. 'An Index of Building Costs in the United Kingdom, 1845–1938', *Economic History Review*, 2nd ser., vii(1954–5).

——'The Construction Costs and the Value of the British Merchant Fleet, 1850–1938', *Scottish Journal of Political Economy*, iii(1956).

Mingay, G. E. *English Landed Society in the Eighteenth Century*. 1963.

Mitchell, B. R. *Abstract of British Historical Statistics*. 1962.

Olsen, D. J. *Town Planning in London*. 1964.

Paget, F. A. 'Report on... Steam Road-Rolling', in Law and Clark (eds.), *Construction of Roads* (above).

Poole, G. Braithwaite. *Statistics of British Commerce*. 1852.

SIGSWORTH, E. M. *Black Dyke Mills*. 1958.
SINCLAIR, SIR JOHN. *The History of the Public Revenue of the British Empire*. 3rd edn. 1804.
Sources and Methods: *see* Central Statistical Office (above).
STAMP, J. C. *British Incomes and Property*. 1916.
SUMMERSON, SIR JOHN. *Georgian London*. 1945; 2nd edn, 1962.
THOMPSON, F. M. L. *English Landed Society in the Nineteenth Century*. 1963.
——*Hampstead: Building a Borough, 1650–1964*. 1974.
THOMPSON, R. J. 'An Inquiry into the Rent of Agricultural Land in England and Wales during the Nineteenth Century', *Journal of the Royal Statistical Society*. LXX (1907).
TOOKE, T., and W. NEWMARCH. *A History of Prices*. 6 vols. 1838–57.
WALSH, J. H. *A Manual of Domestic Economy*. 1857.

第三章 大不列颠的劳动力状况

ADAMS, L. P. *Agricultural Depression and Farm Relief in England, 1813–1852*. 1932; repr. 1965.
ADAMS, W. E. *Memoirs of a Social Atom*. 1903; repr. 1968.
AIKIN, JOHN *A Description of the Country from Thirty to Forty Miles round Manchester*. 1795.
ALISON, WILLIAM PULTENEY. *Observations on the Management of the Poor in Scotland*. 2nd edn. 1840.
——*Reply to the Pamphlet Entitled Proposed Alteration of the Scottish Poor Law*. 1840.
——*Reply to Dr Chalmers' Objections*. 1841.
ANDERSON, J. *Observations on the Means of Exciting a Spirit of National Industry*, 1777.
ANDREWS, C. BRUYN (ed.). *The Torrington Diaries*. 4 vols. 1935–8.
[ARBUTHNOT, JOHN]. *An Inquiry into the Connection between the Present Price of Provisions and the Size of Farms. By a Farmer*. 1773.
ASHTON, T. S. 'Some Statistics of the Industrial Revolution in Britain', *Manchester School*, XVI (1948).
——*An Economic History of England: The Eighteenth Century*. 1955.
——*Economic Fluctuations in England, 1700–1800*. 1955.
ASHTON, T. S., and J. SYKES. *The British Coal Industry in the Eighteenth Century*. 1929.
ASPINALL, A. *Early English Trade Unions*. 1949.
BAIRD, C. R. 'On the Poorest Class of Operative in Glasgow in 1837', *Journal of the Royal Statistical Society*, I (1838–9).
BAMFORD, SAMUEL. *Autobiography*. 2 vols. 1967 edn (first published 1839–41).
BARTON, JOHN. *Observations on... the Condition of the Labouring Classes of Society*. 1817; repr. 1934.
——*An Inquiry into the Causes of the Progressive Depreciation of Agricultural Labour in Modern Times*. 1820.
【733】 ——*In Defence of the Corn Laws*. 1833.
BEALES, H. L. 'The Historic Context of the Essay on Population', in D. V. Glass (ed.), *Introduction to Malthus*. 1953.
BIENEFELD, M. A. 'A Study of the Course of Change in the... Hours of Work of Manual Workers in Certain British Industries... from the Eighteenth Century to the Present Day'. Unpublished Ph. D. thesis, London, 1969.
——*Working Hours in British Industry: An Economic History*. 1972.
BLAUG, M. *Ricardian Economics: A Historical Study*. 1958.
——'The Myth of the Old Poor Law and the Making of the New', *Journal of Economic History*, XXIII, 2 (1963).
BOOTH, CHARLES. *Life and Labour of the People in London*. 2 vols. 1889; and 17 vols. 1903.
BOWLEY, A. L. 'The Statistics of Wages in the United Kingdom during the Last Hundred Years', articles in various issues of *Journal of the Royal Statistical Society*, LXI-LXIII (1898–1900).
——*Wages in the United Kingdom in the Nineteenth Century*. 1900.
——*The Division of the Product of Industry*. 1919.

——*The Change in the Distribution of the National Income,1880-1913*. 1920.

——*Wages and Incomes since 1860*. 1937.

Bowley,A. L.,and A. R. Burnett-Hurst. *Livelihood and Poverty*. 1915.

Bowley,Marian. *Innovations in Building Materials*. 1960.

——*The British Building Industry:Some Studies in Response and Resistance to Change*. 1966.

Brassey,Thomas(Lord Brassey). *Work and Wages*. 1894 edn(first published 1872).

Briggs,Asa,and J. Saville(eds.). *Essays in Labour History*. 1960.

Brooke,D. 'Railway Navvies on the Pennines,1841-1871',*Journal of Transport History*. n. s.,III (1975).

Brothwell. J. F. 'The Theoretical Basis for the Phillips Curve',*Bulletin of Economic Research*, XXIV(1972).

Brown,E. H. Phelps,and Margaret H. Browne. *A Century of Pay*. 1968.

Brown,E. H. Phelps,and P. E. Hart, 'The Share of Wages in National Income',*Economic Journal*,LXII(1952).

Buckatzsch,E. J. 'Places of Origin of a Group of Immigrants into Sheffield,1624-1799',*Economic History Review*,2nd ser.,II,3(1950).

——'The Constancy of Local Populations and Migration in England before 1800',*Population Studies*,V,I(1951).

Buret,Eugène. *De la misère des classes laborieuses en Angleterre et en France*. 2 vols. 1840.

Burness,W. *Essay on the Elements of British Industry*. 1848.

Burnett,J. *Useful Toil:Autobiographies of Working People from the 1820's to the* 1920's. 1974.

Burt,Roger. *Cornish Mining*. 1969.

Burt,Roger(ed.). *Industry and Society in the South-West*. 1970.

Butterworth,E. *Historical Sketches of Oldham*. 1856.

Bythell,Duncan. *The Handloom Weavers*. 1969.

Caird,J. *English Agriculture in 1850-51*. 2nd edn. 1968.

Cairncross,A. K. 'Internal Migration in Victorian England',*Manchester School*,XVII(1949).

Chalklin,C. W. *The Provincial Towns of Georgian England*. 1974.

Challinor,Raymond,and Brian Ripley. *The Miners' Association:A Trade Union in the Age of the Chartists*. 1968.

Chalmers,Thomas. *The Christian and Civic Economy of Large Towns*. 3 vols. 1821-6.

Chaloner,W. H. *The Skilled Artisans during the Industrial Revolution,1750-1850*. Historical Association pamphlet. 1969.

Chambers,J. D. 'Enclosure and Labour Supply in the Industrial Revolution',*Economic History Review*,2nd ser.,V(1953).

——*Nottinghamshire in the Eighteenth Century*. 2nd edn. 1965.

——*Population,Economy and Society in Pre-Industrial England*,1972.

Chambers,J. D.,and G. E. Mingay. *The Agricultural Revolution,1750-1880*. 1966.

Chambers,William. *Memoir of Robert Chambers with Autobiographical Reminiscences*. 1872. 【734】

Chapman,S. D. 'The Transition to the Factory System in the Midland Cotton Industry',*Economic History Review*,2nd ser.,XVIII(1965).

——*The Early Factory Masters*. 1967.

Church,R. A. 'Labour Supply and Innovation,1800-1860:The Boot and Shoe Industry',*Business History*,XII,I(1970).

Clapham,J. H. *Economic History of Modern Britain*. 3 vols. 1926-39;repr. 1964.

——'Work and Wages', in G. M. Young(ed.),*Early Victorian England*. 2 vols. 1934; repr. 1963.

Clegg,H. A.,Alan Fox,and A. F. Thomson. *A History of British Trade Unions since 1889*,I:*1889-1910*. 1964.

Coats,A. W. 'Changing Attitudes to Labour in the Mid-Eighteenth Century',*Economic History Review*,2nd ser.,XI(1958).

——'The Classical Economists and the Labourer', in Jones and Mingay(eds.),*Land*, *Labour*

and Population in the Industrial Revolution.
COBDEN, JOHN C. *The White Slaves of England.* 1853.
COLE, G. D. H. *Attempts at General Union.* 1953.
——*Studies in Class Structure.* 1955.
COLE, G. D. H., and A. W. FILSON (eds.). *British Working-Class Movements: Select Documents, 1789–1875.* 1965 edn (first published 1951).
COLLIER, F. *The Family Economy of the Working Class in the Cotton Industry, 1784–1833.* 1964.
COLLINS, E. J. T. 'Labour Supply and Demand in European Agriculture, 1800–1880', in E. L. Jones and S. J. Woolf (eds.), *Agrarian Change and Economic Development.* 1969.
——'Harvest Technology and Labour Supply in Britain, 1790–1870', *Economic History Review*, 2nd ser., XXII (1969).
——'Harvest Technology and Labour Supply in Britain, 1790–1870'. Unpublished Ph. D. thesis, Nottingham, 1970.
COLQUHOUN, PATRICH. *A Treatise on Indigence.* 1806.
COOKE-TAYLOR, R. W. *The Modern Factory System.* 1841.
COONEY, E. W. 'The Origins of the Victorian Master Builders', *Economic History Review*, 2nd ser.; VIII (1955).
COONTZ, SYDNEY H. *Population Theories and the Economic Interpretation*, 1961.
CORRY, B., and D. LAIDLER. 'The Phillips Relation: A Theoretical Explanation', *Economica*, XXXIV, 134 (1967).
DAVID, PAUL A. 'Labour Productivity in English Agriculture, 1850–1914: Some Quantitative Evidence on Regional Differences', *Economic History Review*, 2nd ser., XXIII, 3 (1970).
DEANE, P., and W. A. COLE. *British Economic Growth, 1688–1959.* 1962.
DERRY, T. K. 'The Repeal of the Apprenticeship Clause of the Statute of Apprentices', *Economic History Review*, III (1931–2).
DESAI, ASHOK V. *Real Wages in Germany, 1871–1913.* 1968.
DEVEY, JOSEPH. *The Life of Joseph Locke.* 1962.
[DODD, WILLIAM]. *The Labouring Classes of England.* 1847.
DRAKE, MICHAEL (ed.). *Population in Industrialization.* 1969.
DUCKHAM, BARON F. 'Serfdom in Eighteenth Century Scotland', *History*, LIV (1969).
DYER, G. *Complaints of the People of England.* 1793.
EDWARDS, J. K. 'Norwich Bills of Mortality, 1707–1830', *Yorkshire Bulletin*, XXI (1969).
EDWARDS, M. M. *The Growth of the British Cotton Trade, 1780–1815.* 1967.
ENGELS, F. *Condition of the Working Class in England.* 1845; repr. 1958.
FAIRLIE, S. 'The Corn Laws and British Wheat Production, 1829–76', *Economic History Review*, 2nd ser., XXII (1969).
FAUCHER, LÉON, *Manchester in 1844: Its Present Condition and Future Prospect.* 1844.
——*Etudes sur l' Angleterre.* 2nd edn. 1856.
FEI, J. C. H., and G. RANIS. *Development of the Labor Surplus Economy.* 1964.
FEINSTEIN, C. H. 'Changes in the Distribution of the National Income in the United Kingdom since
【735】 1860', in Marchal and Ducros (eds.), *Distribution of the National Income.*
FELKIN, W. 'The Labouring Classes in the Township of Hyde, Cheshire', *Journal of the Royal Statistical Society*, I (1838–9).
FEYNES, R. *History of the Northumberland and Durham Miners.* 1873; repr. 1923.
FISCHER, J. C. *Tagebücher.* 1951.
FISCHER, W. 'Innerbetrieblicher und sozialer Status der frühen Fabrikarbeiterschaft', *Forschungen zur Sozial-und Wirtschaftsgeschichte*, VI (1964).
FONG, H. D. *The Triumph of the Factory System.* 1932.
FRASER, W. H. *Trade Unions and Society: The Struggle for Acceptance, 1850–1880.* 1974.
FURNISS, E. S. *The Position of the Labourers in a System of Nationalism.* 1920; repr. 1957.
FUSSELL, G. E., and M. COMPTON. 'Agricultural Adjustment after the Napoleonic Wars', *Economic History*, IV (1939).

GASH, N. 'Rural Unemployment, 1815–1834', *Economic History Review*, VI(1935).
GASKELL, P. *The Manufacturing Population of England.* 1833.
——*Artisans and Machinery.* 1836; repr. 1968.
GHOSH, R. N. 'The Colonization Controversy: R. J. Wilmot-Horton and the Classical Economists', in Shaw(ed.), *Great Britain and the Colonies.*
GILBOY, E. W. *Wages in Eighteenth-Century England.* 1934.
GONNER, E. C. K. *Common Land and Enclosure.* 2nd edn. 1965.
GREG, W. R. 'English Socialism' (1850), in *Mistaken Aims and Attainable Ideals of the Artisan Class.* 1876.
GUEST, JOHN, *Compendious History of the Cotton Manufacture.* 1823; repr. 1968.
HABAKKUK, H. J. *American and British Technology in the Nineteenth Century.* 1962.
——*Population Growth and Economic Development since 1750.* 1971.
HAMILTON, E. J. 'Profit Inflation and the Industrial Revolution, 1751–1800', *Quarterly Journal of Economics*, LVI(1942).
HAMMOND, J. L., and B. HAMMOND. *The Village Labourer, 1760–1832.* 1912.
——*The Skilled Labourer, 1760–1832.* 1920 edn.
HANDLEY, J. E. *The Irish in Scotland, 1798–1845.* 2nd edn. 1945.
HARRISON, R. J. *Before the Socialists.* 1965.
HARTWELL, R. M. (ed.). *The Industrial Revolution.* 1970.
HASBACH, W. *A History of the English Agricultural Labourer.* 1908.
D'HAUSSEZ, BARON. *Great Britain in 1833.* 1833.
HAWKE, G. R. *Railways and Economic Growth in England and Wales, 1840–1870.* 1970.
HEAD, SIR GEORGE. *A Home Tour through the Manufacturing Districts of England in the Summer of 1835.* 1968 edn.
HENDERSON, W. O. (ed.). *Industrial Britain under the Regency: The Diaries of Escher, Bodmer, May and de Gallois.* 1968.
HICKS, J. R. *Value and Capital.* 1946.
HILL, SIR FRANCIS. *Georgian Lincoln.* 1966.
HILL, R. L. *Toryism and the People, 1832–46.* 1929.
HILTON, W. S. *Foes to Tyranny: A History of the Amalgamated Union of Building Trade Workers.* 1963.
HINDMARSH, L. 'Condition of the Agricultural Labourers in the Northern Division of Northumberland', *Journal of the Royal Statistical Society*, I(1838–9).
HINES, A. G. 'Trade Unions and Wage Inflation in the United Kingdom, 1893–1961', *Review of Economic Studies*, XXXI(1964).
——'Unemployment and the Rate of Change of Money Wage Rates in the United Kingdom, 1862–1963: A Reappraisal', *Review of Economics and Statistics*, L, I(1968).
HOBSBAWM, E. J. 'The British Standard of Living, 1790–1850' *Economic History Review*, 2nd ser., X (1957).
——'Customs, Wages and Work-Load in Nineteenth Century Industry', in Briggs and Saville (eds.), *Essays in Labour History.*
——*Labouring Men.* 1964.
HOBSBAWM, E. J., and GEORGE RUDÉ. *Captain Swing.* 1969.
HOLMES, J. M., and D. J. SMYTH. 'The Relation between Unemployment and Excess Demand for Labour: An Examination of the Theory of the Phillips Curve', *Economica*, XXXVII, 148(1970). 【736】
HOPKINSON, G. G. 'The Development of Lead Mining and of the Coal and Iron Industries in North Derbyshire and South Yorkshire, 1700–1850'. Unpublished Ph. D. thesis, Sheffield, 1958.
HOUSE, J. W. 'North-Eastern England: Population Movements and the Landscape since the Early 19th Century' (cyclostyled). 1954.
HOWELL, GEORGE. *The Conflicts of Capital and Labour.* 1878.
HUGHES, EDWARD. *North Country Life in the Eighteenth Century.* 2 vols. 1952.
HUGHES, J. R. T. *Fluctuations in Trade, Industry and Finance.* 1960.

Hunt, E. H. 'Labour Productivity in English Agriculture, 1850–1914', *Economic History Review*, 2nd ser., XX (1967).

—— 'Quantitative and Other Evidence in Agriculture, 1850–1914', *Economic History Review*, 2nd ser., XXIII (1970).

—— *Regional Wage Variations in Britain, 1850–1914*. 1973.

John, A. H. *The Industrial Development of South Wales, 1750–1850*. 1950.

—— 'Farming in Wartime, 1793–1815', in Jones and Mingay (eds.). *Land, Labour and Population in the Industrial Revolution.*

Jones, E. L. 'The Agricultural Labour Market in England', *Economic History Review*, 2nd ser., XVII (1964).

—— 'The Agricultural Origins of Industry', *Past and Present*, no. 40 (1968).

Jones, E. L., and G. E. Mingay (eds.). *Land, Labour and Population in the Industrial Revolution.* 1967.

Kaldor, N. 'Economic Growth and the Problem of Inflation, II', *Economica*, XXVI, 104 (1959).

Kay, J. P. 'Earnings of Agricultural Labourers in Norfolk and Suffolk', *Journal of the Royal Statistical Society*, I (1838–9).

Keeling, Frederic. *Child Labour in the United Kingdom.* 1914.

Keynes, J. M. 'Relative Movements of Real Wages and Output', *Economical Journal*, XLIX (1939).

Kindleberger, C. P. *Foreign Trade and the National Economy.* 1962.

—— *Europe's Postwar Growth: The Role of Labor Supply.* 1967.

Kingsford, P. W. *Victorian Railwaymen.* 1970.

Kittrell, E. R. 'The Development of the Theory of Colonization in English Classical Political Economy', in Shaw (ed.), *Great Britain and the Colonies.*

Knowles, K. G. J. C., and D. J. Robertson. 'Differences between the Wages of Skilled and Unskilled Workers, 1880–1950', *Bulletin of the Oxford Institute of Statistics*, XIII (1951).

Kuczynski, J. *Die Geschichte der Lage der Arbeiter unter dem Kapitalismus.* 40 vols. 1962–8.

Laslett, Peter. *The World We Have Lost.* 1971 edn (first published 1965).

Law, John. *Money and Trade.* 1705.

Leeds Town Council. Statistical Committee. 'Report upon the Condition of the Town of Leeds and of Its Inhabitants', *Journal of the Royal Statistical Society*, II (1839–40).

Leifchild, J. R. *Our Coal and Our Pits.* 1856.

Lewis, J. Parry. *Building Cycles and Britains's Growth.* 1965.

Lewis, Richard A. *Edwin Chadwick and the Public Health Movement, 1832–1854.* 1952.

Lewis, W. A. 'Economic Development with Unlimited Supplies of Labour', *Manchester School*, XXII (1954).

—— *Socialism and Economic Growth.* 1971.

Lipsey, R. G. 'The Relation between Unemployment and the Rate of Change of Money Wages in the United Kingdom, 1862–1957', *Economica*, XXVII, 105 (1960).

Lipsey, R. G., and M. D. Steuer. 'The Relations between Profits and Wag Rates', *Economica*, XXVIII, 108 (1961).

Loftus, P. J. 'Labour's Share in Manufacturing', *Lloyds Bank Review*, XCII (1969).

London and Cambridge Economic Service and *The Times*. 'The British Economy: Key Statistics, 1902–1966'.

Louis, Henry. 'The Pitmen's Yearly Bond', *Transactions of the North of England Institute of Min-*
【737】 *ing*, LXXX (1930).

Ludlow, J. M., and Lloyd Jones. *The Progress of the Working Class, 1832–1867.* 1867.

MacAskill, Joy. 'The Chartist Land Plan', in Asa Briggs (ed.), *Chartist Studies.* 1959.

McCormick, B. 'Hours of Work in British Industry', *Industrial and Labour Relations Review*, XII (1959).

McCormick, B., and J. E. Williams. 'The Miners and the Eight-Hour Day, 1863–1910', *Economic History Review*, 2nd ser., XII (1959).

McCulloch, J. R. *A Descriptive and Statistical Account of the British Empire.* 2 vols. 3rd edn. 1847.
——*A Treatise on the Circumstances which Determine the Rate of Wages and the Condition of the Labouring Classes.* 2nd edn. 1854; repr. 1963.
M'Douall, P. M. 'Statistics of the Parish of Ramsbottom, nr Bury, Lancashire', *Journal of the Royal Statistical Society*, I (1838–9).
McKeown, T., and R. G. Brown. 'Medical Evidence relating to English Population Changes in the Eighteenth Century', in D. V. Glass and D. E. Eversley (eds.), *Population in History.* 1965.
Malthus, T. R. *Essay on the Principle of Population.* 2 vols. 3rd edn. 1806.
——*Principles of Political Economy.* 2nd edn. 1836; repr. 1936.
Mayhew, H. *London Labour and the London Poor.* 4 vols. 1861.
Marchal, Jean, and Bernard Ducros (eds.). *The Distribution of National Income.* 1968.
Marshall, J. D. 'The Lancashire Rural Labourer in the Early Nineteenth Century', *Transactions of the Lancashire and Cheshire Antiquarian Society*, LXXI (1961).
Marshall, W. *A Review of the Reports to the Board of Agriculture for the Northern Department of England.* 1808.
Marx, Karl. *Capital*, vol. I. Everyman edn. 2 parts. 1930; repr. 1957.
——*Capital*, vol. III. Chicago edn. 1909.
Mather, F. C. *After the Canal Duke*, 1970.
Mathias, Peter. *The First Industrial Nation: The Economic History of Britain, 1700–1914.* 1969.
Matthews, R. C. O. *Economic Fluctuations in Great Britain, 1833–1842*, 1954.
Meek, R. L. *Marx and Engels on Malthus.* 1953.
Mendels, F. F. 'Proto-Industrialization: The First Phase of the Industrialization Process', *Journal of Economic History*, XXXII (1972).
Merttens, F. 'The Hours and Cost of Labour in the Cotton Industry at Home and Abroad', *Transactions of the Manchester Statistical Society*, 1893–4.
Mingay, G. E. 'The Size of Farms in the Eighteenth Century', *Economic History Review.* 2nd ser., XIV (1962).
Mitchell, B. R., and P. Deane. *Abstract of British Historical Statistics*, 1962.
Morgan, Valerie. 'Agricultural Wage Rates in Late Eighteenth-Century Scotland', *Economic History Review*, 2nd ser., XXIV (1971).
Morris, Max (ed.). *From Cobbett to the Chartists, 1815–1848.* 1948.
Mosley, John V. 'Poor Law Administration in England and Wales, 1830 to 1850, with Special Reference to the Problem of the Able-Bodied Labourer', Unpublished Ph. D. thesis, London, 1976.
National Association for the Promotion of Social Science. *Trades' Societies and Strikes.* 1860.
National Income and Expenditure. Central Statistical Office blue books: annual.
Neale, R. S. 'Class and Class Consciousness in Early Nineteenth-Century England: Three Classes or Five', *Victorian Studies*, XII (1968–9).
Notes to the People (journal), ed. Ernest Jones, vols. I–II (1851–2); repr. 1967.
Nurkse, R. *Capital Formation.* 1953.
Ohkawa, K., and R. Minami. 'The Phase of Unlimited Supplies of Labour'. *Hitotsubashi Journal of Economics*, V, I (1964).
Owen, R. *On the Employment of Children in Manufactories* (1818), repr. in *New View of Society*, ed. G. D. H. Cole. 1927.
——*Life of Robert Owen, by Himself.* 1920 edn.
Pappé, H. O. 'Wakefield and Marx', in Shaw (ed.), *Great Britain and the Colonies.*
Peacock, A. J. *Bread or Blood.* 1965. 【738】
Pelling, Henry. *Popular Politics and Society in Late Victorian Britain.* 1968.
Perkin, Harold. *The Origins of Modern English Society, 1780–1880.* 1969.
Phillips, A. W. 'The Relation between Unemployment and the Rate of Change of Money Wage Rates in the United Kingdom, 1861–1957', *Economica*, XXV, 100 (1958).
Pimlott, J. A. R. *The Englishman's Holiday: A Social History.* 1947.

PINCHBECK, IVY. *Women Workers and the Industrial Revolution, 1750–1850.* 1930.

POLE, WILLIAM. *The Life of Sir William Fairbairn, Bart.* 1877.

POLLARD, S. 'Trade Unions and the Labour Market, 1870–1914', *Yorkshire Bulletin of Economic and Social Research*, XVII (1965).

POLLARD, S., and D. W. CROSSLEY. *The Wealth of Britain, 1085–1966.* 1968.

PORTER, G. R. *Progress of the Nation.* 3rd edn. 1851.

POSTGATE, R. W. *The Builders' History.* 1923.

PRESSNELL, L. S. (ed.). *Studies in the Industrial Revolution.* 1960.

PREST, A. R. 'National Income of the United Kingdom, 1870–1946', *Economic Journal*, LVIII (1948).

PREST, J. *The Industrial Revolution in Coventry.* 1960.

PROTHERO, I. J. 'Chartism in London', *Past and Present*, no. 44 (1969).

—— 'London Chartists and the Trades', *Economic History Review*, 2nd ser., XXIV, 2 (1971).

RADCLIFFE, WILLIAM. *Origin of the New System of Manufacture.* 1828.

RAZZELL, P. E. 'Statistics and English Historical Sociology', in Hartwell (ed.), *The Industrial Revolution.*

REDER, M. W. 'The Size Distribution of Earnings', in Marchal and Ducros (eds.), *The Distribution of National Income.*

REDFORD, A. *Labour Migration in England, 1800–1850.* 2nd edn. 1964.

RICARDO, D. *The Works and Correspondence of David Ricardo*, ed. P. Sraffa and M. H. Dobb. II vols. 1951–73.

RICHARDSON, C. 'Irish Settlement in Mid-Nineteenth-Century Bradford', *Yorkshire Bulletin of Economic and Social Research*, XX (1968).

RIMMER, W. G. 'Working-Men's Cottages in Leeds, 1770–1840', *Thoresby Society*, XLVI (1960).

ROBINSON, J. *An Essay on Marxian Economics.* 1942; repr. 1947.

ROGERS, J. E. THOROLD. *Six Centuries of Work and Wages.* 1894.

RONDEAU, C. 'The Autonomous Influence of Institutional Determinants of the Movement of Money Wages in the United Kingdom, 1862–1938'. Unpublished Ph. D. thesis, London, 1969.

ROUTH, GUY. *Occupation and Pay in Great Britain, 1906–1960.* 1965.

ROWNIREE, B. SEEBOHM. *Poverty: A Study of Town Life.* 1901.

RULE, JOHN G. 'Some Social Aspects of the Cornish Industrial Revolution', in Burt (ed.), *Industry and Society in the South-West.*

SCOTT, HYLTON. 'The Miners' Bond in Northumberland and Durham', *Proceedings of the Society of Antiquaries of Newcastle-upon-Tyne*, 4th ser., XI (1947).

SEMMEL, B. 'The Philosophic Radicals and Colonialism', in Shaw (ed.), *Great Britain and the Colonies.*

SHAW, A. G. L. (ed.). *Great Britain and the Colonies, 1815–1865.* 1970.

SIGSWORTH, E. M. 'A Provincial Hospital in the Eighteenth and Early Nineteenth Centuries', *College of General Practitioners, Yorkshire Faculty Journal*, June 1966.

SIMOND, L. *Journal of a Tour and Residence in Great Britain during the Years 1810 and 1811.* 2 vols. 1815.

SIMPSON, J. B. *Capital and Labour in Coal Mining.* 1900.

SMELSER, NEIL J. *Social Change in the Industrial Revolution.* 1959.

SMITH, ADAM. *Wealth of Nations*, ed. J. R. McCulloch. 1863 edn.

SOMERVILLE, ALEXANDER. *The Autobiography of a Working Man.* 1848; repr. 1967.

SOTIROFF, G. (ed.). *Economic Writings.* 2 vols. 1962–3.

STATISTICAL SOCIETY OF LONDON, COMMITTEE OF. 'State of the Working Classes in the Parishes of St
【739】 Margaret and St John, Westminster', *Journal of the Royal Statistical Society*, III (1840–1).

STATISTICAL SOCIETY OF MANCHESTER, 'Report on the Condition of the Population in Three Parishes in Rutlandshire', *Journal of the Royal Statistical Society*, II (1839–40).

STEFFEN, G. *Studien zur Geschichte der englischen Lohnarbeiter.* 3 vols. 1901.

STEUART, SIR JAMES. *An Inquiry into the Principles of Political Œconomy.* 2 vols. 1767; repr. 1966.

STYLES, PHILIP. 'The Evolution of the Law of Settlement', *University of Birmingham Historical Journal*, IX(1963).

SYMONS, JELINGER C. *Arts and Artisans at Home and Abroad.* 1839.

TAYLOR, A. J. 'The Sub-Contract System in the British Coal Industry', in Pressnell(ed.), *Studies in the Industrial Revolution.*

TAYLOR, JAMES STEPHEN. 'The Mythology of the Old Poor Law', *Journal of Economic History*, XXIX (1969).

THACKRAH, C. TURNER. *The Effects of Arts, Trades and Professions... on Health and Longevity.* 1832.

THOMAS, R. L., and P. M. STONEY. 'Unemployment Dispersion as a Determinant of Wage Inflation in the U. K., 1926-1966', *Manchester School*, XXXIX(1971).

THOMAS, W. E. S. 'Francis Place and Working-Class History', *Historical Journal*, V(1962).

THOMIS, M. I. *Politics and Society in Nottingham, 1785-1835.* 1969.

THOMPSON, E. P. *The Making of the English Working Class.* 1963.

——'Time, Work Discipline and Industrial Capitalism', *Past and Present*, no. 38(1967).

THOMPSON, E. P., and EILEEN YEO. *The Unknown Mayhew.* 1971.

Torrington Diaries: see Andrews, C. B. (above).

TREBLE, J. H. 'The Place of the Irish Catholics in the Social Life of the North of England, 1829-51'. Unpublished Ph. D. thesis, Leeds, 1968.

——'Irish Navvies in the North of England, 1830-1880', *Transport History*, VI(1973).

TURNBULL, G. *A History of Calico Printing in Great Britain.* 1939.

TUCKER, JOSIAH. *Reflections on the Present Low Price of Coarse Wools.* 1782.

UMEMURA, MATAJI. 'Agriculture and Labour Supply in Japan in the Meiji Era', *The Developing Economies*, III, 3(1965).

UNWIN, MRS COBDEN(ed.). *The Hungry Forties: Life under the Bread Tax.* 1904.

VANDERKAMP, J. 'The Phillips Relation: A Theoretical Explanation-A Comment', *Economica*, XXXV, 138(1968).

VESTER, M. *Die Entstehung des Proletariats als Lernprozess.* 1970.

[WADE, JOHN]. *History of the Middle and Working Classes.* 1833.

WAKEFIELD, EDWARD GIBBON. *England and America.* 2 vols. 1833.

——*The Collected Works of Edward Gibbon Wakefield*, ed. M. F. Lloyd Pritchard. 1968.

WALKER, F. A. *The Wages Question.* 1887.

WALLAS. G. *Francis Place, 1771-1854.* 1908.

WARD, JAMES. *Workmen and Wages at Home and Abroad.* 1868.

WARD, J. T. *The Factory Movement, 1830-1855.* 1962.

——*The Factory System.* 2 vols. 1970.

WEBB, S., and B. WEBB. *History of Trade Unionism.* 1902 edn.

WEBER, A. F. *The Growth of Cities in the 19th Century.* 1899.

WILES, R. C. 'The Theory of Wages in Later English Mercantilism', *Economic History Review*, 2nd ser., XXI(1968).

WILLIAMS, J. E. *The Derbyshire Miners.* 1962.

WING, CHARLES. *Evils of the Factory System, Demonstrated by Parliamentary Evidence.* 1837; repr. 1967.

WOODWARD, J. H. 'Before Bacteriology - Deaths in Hospitals', *College of General Practitioners, Yorkshire Faculty Journal*, Autumn 1969.

WOOTTON, BARBARA. *The Social Foundations of Wage Policy.* 1955.

[WRIGHT, THOMAS]. *Some Habits and Customs of the Working Classes, by a Journeyman Engineer.* 1867; repr. 1967.

YOUNG, ARTHUR. *A Farmer's Tour through the East of England.* 4 vols. 1771.

——*Political Arithmetic.* 1774.

YOUNG, G. M. (ed.). *Early Victorian England.* 2 vols. 1934; repr. 1963.

【740】 YOUNGSON, A. J. *The Making of Classical Edinburgh, 1750–1850*. 1966.

第四章 大不列颠的工业企业家与企业管理

关于不列颠企业家所处的工业环境，戴维·S·兰迪斯（David S. Landes）教授为本《剑桥欧洲经济史》第六卷所撰稿文《西欧的技术变革》（见第六卷第五章，作者此处所引题目和第六卷实际题目文字上略有出入。——译者）（后来扩充为专著《束缚解脱的普罗米修斯：从1750年至当今西欧技术变革与工业发展》）毫无疑问称得上是最好的全面介绍，而本章大部分内容的所属时期都与这一论著相同，因此，我们这里的索引也就没有多大必要再去对兰德斯教授那个已经非常全面的参考文献清单予以复制。从而，我们以下所给出索引的全部意图，就在于试图展示我们曾以简明方式和解释性语气撰写的这一章所主要依靠的二手资料来源。它们大致被划分到7个主要组别，而七者在内容之间并不相互排斥，同时，无论怎么说，它们当中的任何一个都不能称得上十分详尽。

1. 产业结构与产业组织

AARONOVITCH, S. *Monopoly. A Study of British Monopoly Capitalism*. London, 1955.

AARONOVITCH, S., and MALCOLM C. SAWYER. 'The Concentration of British Manufacturing', *Lloyds Bank Review*, no. 114 (October 1974), 14–23.

ARMSTRONG, A., and A. SILBERSTON. 'Size of Plant, Size of Enterprise and Concentration in British Manufacturing Industry, 1935–58', *Journal of Royal Statistical Society*, ser. A, CXXVIII, 3 (1965), 395–420.

ASHWORTH, W. 'Changes in the Industrial Structure, 1870–1914', *Yorkshire Bulletin of Economic and Social Research*, XVII, I (May 1965), 61–74.

BANNOCK, G. *The Juggernauts: The Age of the Big Corporation*. London, 1971.

BULL, GEORGE, and ANTHONY VICE. *Bid for Power*. London, 1958.

BURN, DUNCAN (ed.). *The Structure of British Industry*. 2 vols. Cambridge, 1958.

COMMITTEE ON INDUSTRY AND TRADE (Balfour Committee). *Factors in Industrial and Commercial Efficiency*. London, 1927.

DUNNING, J. H., and C. J. THOMAS. *British Industry: Change and Development in the Twentieth Century*. London, 1961.

EVELY, R., and I. M. D. LITTLE. *Concentration in British Industry*. Cambridge, 1960.

GEORGE, K. D. 'Changes in British Industrial Concentration, 1951–58', *Journal of Industrial Economies*, XV, 3 (July 1967), 200–11.

—— 'A Note on Changes in Industrial Concentration in the United Kingdom', *Economic Journal*, LXXXV (1975), 124–8.

GEORGE, K. D., and A. SILBERSTON. 'The Causes and Effects of Mergers', *Scottish Journal of Political Economy*, XXII (1975), 179–93.

VAN DER HAAS, H. *The Enterprise in Transition: An Analysis of European and American Practice*. London, 1967.

HABAKKUK, H. J. *Industrial Organisation since the Industrial Revolution: The Fifteenth Fawley Foundation Lecture*. Southampton, 1968.

HANNAH, LESLIE. 'Takeover Bids in Britain before 1950: An Exercise in Business "Pre-History"', *Business History*, XVI (1974), 65–77.

—— 'Mergers in British Manufacturing Industry, 1880–1918', *Oxford Economic Papers*, n. s., XXVI (1974), 65–77.

—— *The Rise of the Corporate Economy*. London, 1976.

HANNAH, LESLIE (ed.). *Management Strategy and Business Development: An Historical and Comparative Study.* Papers presented at a conference on management history, June 1975. London, 1976.

HART, P. E., and S. J. PRAIS. 'The Analysis of Business Concentration: A Statistical Approach', *Journal of the Royal Statistical Society*, ser. A, CXIX (1956), 150-81.

HART, P. E. M. A. UTTON, and G. WALSHE. *Mergers and Concentration in British Industry.* Cambridge 1973. [741]

INDUSTRIAL REORGANISATION CORPORATION. *First Report and Accounts* (December 1966-March 1968). London, 1968.

KINDLEBERGER, C. P. *Economic Growth in France and Britain, 1851-1950.* Cambridge, Mass., 1964.

KITCHING, JOHN. 'Why Acquisitions are Abortive', *Management Today*, November 1974, 82-7 and 148.

LEAK, H., and A. MAIZELS. 'The Structure of British Industry', *Journal of the Royal Statistical Society*, CVIII, 1-2 (1945), 142-207.

LUCAS, A. F. *Industrial Reconstruction and the Control of Competition: The British Experiments.* London, 1937.

LYDALL, H. F. 'Aspects of Competition in Manufacturing Industry', *Bulletin of the Oxford University Institute of Statistics*, XX (1958), 320-37.

—— 'The Growth of Manufacturing Firms', *Bulletin of the Oxford University Institute of Statistics*, XXI (1959), 85-111.

MCCLELLAND, W. G. 'The Industrial Reorganisation Corporation, 1966-71: An Experimental Prod', *The Three Banks Review*, no. 94 (June 1972), 23-42.

MARSHALL, A. *Industry and Trade.* London, 1920.

MENNELL, WILLIAM. *Takeover: The Growth of Monopoly in Britain, 1951-61.* London, 1962.

NEWBOULD, G. D. *Management and Merger Activity.* Liverpool, 1970.

NEWBOULD, G. D., and ANDREW S. JACKSON. *The Receding Ideal.* Liverpool, 1972.

POLLARD, S. *The Development of the British Economy, 1914-1950.* London, 1962.

POSTAN, M. M. *An Economic History of Western Europe, 1945-1964.* London, 1967.

PLUMMER, ALFRED. *New British Industries in the Twentieth Century: A Survey of Development and Structure.* London, 1937.

PRAIS, S. J. 'A New Look at the Growth of Industrial Concentration', *Oxford Economic Papers*, n. s., XXVI (1974), 273-88.

REDDAWAY, W. B. 'An Analysis of Take-overs', *Lloyds Bank Review*, no. 104 (April 1972), 8-19.

SAMUELS, J. M. (ed.). *Readings on Mergers and Takeovers.* London, 1972.

SAWYER, MALCOLM C. 'Concentration in British Manufacturing Industry', *Oxford Economic Papers*, n. s. XXIII, 3 (November 1971), 352-75.

SILVERMAN, H. A. (ed.). *Studies in Industrial Organisation.* London, 1946.

SINGH, AJIT. *Take-overs: Their Relevance to the Stock Market and the Theory of the Firm.* Cambridge, 1971.

SMITH, RANDALL, and DENNIS BROOKS. *Mergers Part and Present.* London, 1963.

STACEY, NICHOLAS A. H. *Mergers in Modern Business*, 2nd, rev. edn. London, 1970.

SUTHERLAND, A. *The Monopolies Commission in Action.* Cambridge, 1969.

TURNER, G. *Business in Britain.* London, 1969.

UTTON, M. A. 'The Effect of Mergers on Concentration: U. K. Manufacturing Industry, 1954-65', *Journal of Industrial Economics*, XX (1971-2), 42-58.

—— 'On Measuring the Effects of Industrial Mergers', *Scottish Journal of Political Economy*, XXI (1974), 13-26.

—— 'Mergers and the Growth of Large Firms', *Bulletin of the Oxford University Institute of Economics and Statistics*, XXXIV (1972), 189-97.

—— 'Some Features of the Early Merger Movements in British Manufacturing Industry', *Business History*, XIV, I (January 1972), 51-60.

WALSHE, G. *Recent Trends in Monopoly in Great Britain.* Cambridge, 1974.

Whittington, G. 'Changes in the Top 100 Quoted Manufacturing Companies in the United Kingdom, 1948 to 1968', *Journal of Industrial Economics*, xxi(1972-3), 17-34.

Wright, J. F. 'The Capital Market and the Finance of Industry', in G. D. N. Worswick and P. H.
【742】 Ady(eds.), *The British Economy in the Nineteen-Fifties*. Oxford, 1962. 461-501.

2. 关于各具体行业与地区的研究

Allen, G. C. *The Industrial Development of Birmingham and the Black Country*. London, 1929.

Andrews, P. S., and E. Brunner. *Capital Development in Steel*. Oxford, 1952.

Ashton, T. S. *Iron and Steel in the Industrial Revolution*, 2nd edn. Manchester, 1951.

Bartlett, J. N. 'The Mechanisation of the Kidderminster Carpet Industry', *Business History*, ix, i (January 1967), 49-67.

Bellamy, Joyce M. 'Cotton Manufacture in Kingston Upon Hull', *Business History*, iv, 2 (June 1962), 91-108.

Birch, Alan. *The Economic History of the British Iron and Steel Industry, 1784-1879*. London, 1967.

Bremner, D. *The Industries of Scotland: Their Rise, Progress and Present Condition*. London, 1869.

Burn, D. L. 'The Genesis of American Engineering Competition', *Economic History*, ii(1931), 292-311.

——*The Economic History of Steelmaking, 1867-1939*. Cambridge, 1940.

Burnham, T. H., and G. O. Hoskins. *Iron and Steel in Britain, 1870-1930*. London, 1943.

Buxton, Neil K. 'Entrepreneurial Efficiency in the British Coal Industry between the Wars', *Economic History Review*, 2nd ser., xxiii, 3(December 1970), 476-97.

Chapman, S. D. *The Early Factory Masters*. Newton Abbot, 1967.

——'Fixed Capital Formation in the British Cotton Industry, 1770-1815', *Economic History Review*, 2nd ser., xxiii, 2(August 1970), 235-66.

——'Enterprise and Innovation in the British Hosiery Industry, 1750-1850', *Textile History*, v (1974), 14-37.

——'Working Capital in the British Cotton Industry, 1770-1850'. Unpublished paper presented at Ealing Business History Conference, 1975.

Chapman, Sydney J. *The Lancashire Cotton Industry: A Study in Economic Development*. Manchester, 1904.

Church, R. A. 'The Effect of the American Export Invasion on the British Boot and Shoe Industry, 1885-1914', *Journal of Economic History*, xxviii(1968), 223-54.

——'Labour Supply and Innovation, 1800-1860: The Boot and Shoe Industry', *Business History*, xii, i(January 1970), 25-45.

——'The British Leather Industry and Foreign Competition, 1870-1914', *Economic History Review*, 2nd ser., xxiv, 4(November 1971), 543-70.

Clapham, J. H. *The Woollen and Worsted Industries*. London, 1907.

Clow, Archibald, and Nan L. Clow. *The Chemical Revolution: A Contribution to Social Technology*, London, 1952.

Coleman, D. C. *The British Paper Industry, 1495-1860*. Oxford, 1958.

Duckham, Baron F. *History of the Scottish Coal Industry, i: 1700-1815*. Newton Abbot, 1970.

Edwards, M. M. *The Growth of the British Cotton Trade, 1780-1815*. Manchester, 1967.

Ellis, C. Hamilton. *Nineteenth Century Railway Carriages*. London, 1949.

Farnie, D. A. 'The English Cotton Industry, 1850-1896'. Unpublished M. A. thesis, University of Manchester, 1953.

Forward, E. A. *Handbook of the Collections Illustrating Land Transport*, iii: *Railway Locomotives and Rolling Stock, part 2: Descriptive Catalogue*. London, 1948.

Glover, F. J. 'The Rise of the Heavy Woollen Trade of the West Riding of Yorkshire in the Nineteenth Century', *Business History*, iv, i(December 1961), 1-21.

Gulvin, Clifford. *The Tweedmakers: A History of the Scottish Fancy Woollen Industry, 1600-1914*.

Newton Abbot, 1973.
HAMILTON, HENRY. *An Economic History of Scotland in the Eighteenth Century*. Oxford, 1963.
HARRISON, A. E. 'The Competitiveness of the British Cycle Industry, 1890–1914', *Economic History Review*, 2nd ser., XXII (1969), 287–303.
HARTE, N. B., and K. G. PONTING (eds.). *Textile History and Economic History: Essays in Honour of Miss Julia de Lucy Mann*. Manchester, 1973. [743]
HELM, ELIJAH. 'The Alleged Decline of the British Cotton Industry', *Economic Journal*, II (1892), 735–44.
KIRBY, M. W. 'The Lancashire Cotton Industry in the Inter-War Years: A Study in Organisational Change', *Business History*, XVI (1974), 145–9.
LENMAN, BRUCE, and KATHLEEN DONALDSON. 'Partners' Incomes, Investment and Diversification in the Scottish Linen Area, 1850–1921', *Business History*, XIII, 1 (January 1971), 1–18.
MCCLOSKEY, DONALD M. 'Productivity Change in British Pig Iron, 1870–1939', *Quarterly Journal of Economics*, LXXXII, 2 (May 1968), 281–96.
——*Economic Maturity and Entrepreneurial Decline: British Iron and Steel, 1870–1913*. Cambridge, Mass., 1973. (See note 171 to this chapter, above.)
MCKENDRICK, NEIL. 'The Victorian View of the Midland Potteries', *Midland History*, I (1971), 34–47.
MANN, J. DE L. *The Cloth Industry in the West of England from 1640 to 1880*. Oxford, 1971.
MINCHINTON, W. E. *The British Tinplate Industry: A History*. Oxford, 1957.
MUSSON, A. E., and E. ROBINSON. 'The Origins of Engineering in Lancashire', *Journal of Economic History*, XX (1960), 209–32.
OLIVER, J. L. *The Development and Structure of the Furniture Industry*. London, 1966.
ORSAGH, T. G. 'Progress in Iron and Steel: 1870–1913', *Comparative Studies in Society and History*, III (1960–1), 216–30.
POLLARD, SIDNEY. 'British and World Shipbuilding. 1890–1914: A Study in Comparative Costs', *Journal of Economic History*, XVII (1957), 426–44.
RAINNIE, G. F. (ed.). *The Woollen and Worsted Industry: An Economic Analysis*. Oxford, 1965.
ROBERTSON, A. J. 'The Decline of the Scottish Cotton Industry', *Business History*, XII, 2 (July 1970), 116–28.
ROBERTSON, P. L. 'Technical Education in the British Shipbuilding and Marine Engineering Industries, 1863–1914', *Economic History Review*, 2nd ser., XXVII (1974), 225–35.
SANDBERG, LARS G. 'Movements in the Quality of British Cotton Textile Exports, 1815–1913', *Journal of Economic History*, XXVIII (1968), 1–27.
——'American Rings and English Mules: The Role of Economic Rationality', *Quarterly Journal of Economics*, LXXXIII, 1 (February 1969), 25–43.
——*Lancashire in Decline*. Columbus, Ohio, 1974.
SAUL, S. B. 'The American Impact on British Industry, 1895–1914', *Business History*, III, 1 (January 1960), 19–38.
——'The Motor Industry in Britain', *Business History*, V, 1 (December 1962), 22–44.
——'The Market and Development of the Mechanical Engineering Industries in Britain, 1860–1914', *Economic History Review*, 2nd ser., XX (1967), 111–30.
SHAPIRO, SEYMOUR. *Capital and the Cotton Industry*. Ithaca, N. Y., 1967.
SHIMMIN, ARNOLD N. 'Distribution of Employment in the Wool Textile Industry in the West Riding of Yorkshire', *Journal of the Royal Statistical Society*, LXXXIX (1926), 96–118.
SIGSWORTH, E. M. 'The West Riding Wool Textile Industry and the Great Exhibition', *Yorkshire Bulletin of Economic and Social Research*, IV, 1 (1952), 21–31.
SMITH, ROLAND. 'The Lancashire Cotton Industry and the Great Depression, 1873–1896'. Unpublished Ph. D. thesis, University of Birmingham, 1954.
TAYLOR, A. J. 'Concentration and Specialisation in the Lancashire Cotton Industry, 1825–50', *Economic History Review*, 2nd ser., I (1949), 114–22.
THOMAS, JOHN. *The Rise of the Staffordshire Potteries*. Bath, 1971.

Thomson, A. G. *The Paper Industry in Scotland*, Edinburgh, 1974.

Timmins, S. (ed.). *The Resources, Products and Industrial History of Birmingham and the Midland Hardware District.* London, 1866.

Trinder, Barrie. *The Industrial Revolution in Shropshire.* London, 1973.

Turnbull, G. *A History of the Calico Printing Industry of Great Britain.* Altrincham, 1951.

Turner, Graham. *The Car Makers.* London, 1963.

Ure, A. *The Cotton Manufacture of Great Britain.* 2 vols. London, 1836.

【744】 Vaizey, John. *The History of British Steel.* London, 1974.

Vamplew, Wray. 'Scottish Railways and the Development of Scottish Locomotive Building in the Nineteenth Century', *Business History Review*, xlxi (1972), 320–38.

Warner, Sir Frank. *The Silk Industry of the United Kingdom: Its Origin and Development.* London, 1921.

Wilson, R. G. *Gentlemen Merchants: The Merchant Community in Leeds, 1700–1830.* Manchester, 1971.

Wolff, Klaus H. 'Textile Bleaching and the Birth of the Chemical Industry', *Business History Review*, xlviii (1974), 143–63.

3. 企业的内部结构、规模扩张、所有权以及控制权

Ashton, T. S. 'The Growth of Textile Businesses in the Oldham District, 1884–1924', *Journal of the Royal Statistical Society*, lxxxix (1926), 567–83.

Blease, J. G. 'Institutional Investors and the Stock Exchange', *District Bank Review*, no. 151 (September 1964), 38–64.

Bolton Report. *Report of the Committee of Inquiry on Small Firms.* Cmnd 4811. London, 1971.

Boswell, Jonathan. *The Rise and Decline of Small Firms.* London, 1972.

Channon, Derek F. *The Strategy and Structure of British Enterprise.* London, 1973.

Child, John. *The Business Enterprise in Modern Industrial Society.* London, 1969.

Clapham, J. H. *An Economic History of Modern Britain.* 3 vols. Cambridge, 1926–38.

Daems, Herman, and Herman van der Wee (eds.). *The Rise of Managerial Capitalism.* Louvain, 1974.

Florence, P. S. 'The Statistical Analysis of Joint Stock Company Control', *Journal of the Royal Statistical Society*, cx, 1 (1947), 19–26.

——*Ownership, Control and Success of Large Companies.* London, 1961.

——*The Logic of British and American Industry. A Realistic Analysis of Economic Structure and Government.* 2nd edn. London, 1961.

Galambos, Louis. 'Business History and the Theory of the Growth of the Firm', *Explorations in Entrepreneurial History.* 2nd ser., iv (1966), 3–16.

Hunt, B. C. *The Development of the Business Corporation in Britain, 1800–1877.* Cambridge, Mass, 1936.

Jefferys, J. B. 'Trends in Business Organisation in Great Britain Since 1856'. Unpublished Ph. D. thesis, University of London, 1938.

——'The Denomination and Character of Shares, 1855–1885', *Economic History Review*, xvi (1946), 45–55.

Kaysen, C. B. 'The Social Significance of the Modern Corporation', *American Economic Review*, xlvii (1957), 311–19.

Landes, D. S. 'The Structure of Enterprise in the Nineteenth Century. The cases of Britain and Germany' in Comité International des Sciences Historiques, XLe Congrès International des Sciences Historiques, Stockholm, *Rapports*, v: *Histoire contemporaire.* Uppsala, 1960. 107–28.

Levi, Leone. 'On Joint Stock Companies', *Journal of the* [*Royal*] *Statistical Society*, xxxiii (1870), 1–37.

Levy, A. B. *Private Corporations and their Control*, 2 vols. London, 1950.

Macrosty, H. W. 'Business Aspects of British Trusts', *Economic Journal*, xii (1902), 347–66.

——*The Trust Movement in British Industry*. London,1907.

MacGregor,D. H. 'Joint Stock Companies and the Risk Factor', *The Economic Journal*, xxxix (1929),491-505.

Machlup,Fritz. 'Theories of the Firm: Marginalist, Behavioral, Managerial', *American Economic Review*, lvii,1(March 1967),1-33.

Marwick,W. H. 'The Limited Company in Scottish Economic Development', *Economic History*, iii (1937),415-29.

Melman,S. *Dynamic Factors in Industrial Productivity*. Oxford,1956.

Merritt,A. J. and M. E. Lehr. *The Private Company Today*. London,1971. 【745】

Midgley,K. 'How Much Control do Shareholders Exercise?', *Lloyds Bank Review*, no. 114(October 1974),24-37.

Miller,Harry. *The Way of Enterprise: A Study of the Origins, Problems and Achievements in the Growth of Post-War British Firms*. London,1963.

Monson,R. J.,J. S. Chiu, and D. E. Cooley. 'The Effect of Separation of Ownership and Control on the Performance of the Large Firm', *Quarterly Journal of Economics*, lxxxii(1968),435-51.

Napier,T. B. 'The History of Joint Stock and Limited Liability Companies', in *A Century of Law Reform*(London,1901),380-415.

Nichols,Theo. *Ownership, Control and Ideology*. London,1969.

Parkinson,Hargreaves. *Ownership of Industry*. London,1951.

Payne,P. L. 'The Emergence of the Large-Scale Company in Great Britain,1870-1914', *Economic History Review*, 2nd ser., xx,3(December 1967),519-42.

Saville,J. 'Sleeping Partnership and Limited Liability,1850-1856', *Economic History Review*, 2nd ser., viii,3(April 1956),418-33.

Scott,Bruce R. 'The Industrial State: Old Myths and New Realities', *Harvard Business Review*, li (1973),133-48.

Shannon,H. A. 'The Coming of General Limited Liability', *Economic History*, ii(1931),267-91.

——'The First Five Thousand Limited Companies and Their Duration', *Economic History*, ii (1932),396-424.

——'The Limited Companies of 1866 and 1883', *Economic History*, iv(1932-3),290-307.

Shenfield,Barbara. *Company Boards: Their Responsibilities to Shareholders, Employees and the Community*. London,1971.

Spiegelberg,Richard. *The City: Power without Accountability*. London,1973.

Stopford,John M. 'The Origins of British-Based Multinational Manufacturing Enterprises', *Business History Review*, xviii(1974),303-35.

Tew,Brian, and R. F. Henderson(eds.). *Studies in Company Finance: A Symposium on the Economic Analysis and Interpretation of British Company Accounts*. Cambridge,1959.

Thomas,W. A. *The Provincial Stock Exchanges*. London,1973.

Todd,Geoffrey. 'Some Aspects of Joint Stock Companies,1844-1900', *Economic History Review*, iv(1932-3),46-71.

Welbourne,E. 'Bankruptcy Before the Era of Victorian Reform', *Cambridge Historical Journal*, iv (1932),51-62.

Williamson,Oliver E. 'Managerial Discretion, Organisational Form and the Multidivision Hypothesis' in R. Marris and A. Wood(eds.), *The Corporate Economy*. London,1971. 343-86.

4. 企业家的含义界定、激励动机、新手补充以及角色作用

Aitken,H. G. J. 'The Future of Entrepreneurial Research', *Explorations in Entrepreneurial History*, 2nd ser., 1,1(Fall 1963),3-9.

Aldcroft,D. H. 'Investment in and Utilisation of Manpower: Great Britain and Her Rivals,1870-1914', in Barrie M. Ratcliffe(ed.), *Great Britain and Her World, 1750-1914: Essays in Honour of W. O. Henderson*. Manchester,1975.

Ames,E., and N. Rosenberg. 'Changing Technological Leadership and Industrial Growth', *Econom-*

ic Journal, LXXIII (1963), 13-31.

ATKINSON, J. W., and B. F. HOSELITZ. 'Entrepreneurship and Personality', *Explorations in Entrepreneurial History*, X, 3-4 (April 1958), 107-12.

ASHTON, T. S. *The Industrial Revolution*. Oxford, 1948.

BALDWIN, W. L. 'The Motives of Managers, Environmental Restraints, and the Theory of Managerial Enterprise', *Quarterly Journal of Economics*, LXXVIII (1964), 238-56.

BARRITT, D. P. 'The Stated Qualifications of Directors of Larger Public Companies', *Journal of Industrial Economics*, V (1956-7), 220-4.

BENDIX, REINHARD. *Work and Authority in Industry: Ideologies of Management in the Course of Industrialization*. New York, 1956. 【746】

—— 'A Study of Managerial Ideologies', *Economic Development and Cultural Change*, V, 2 (1957), 118-28.

BRADBURN, N. M., and D. E. BERLEW. 'Need for Achievement and English Industrial Growth', *Economic Development and Cultural Change*, X (1961), 8-20.

CHAPMAN, S. J., and F. J. MARQUIS. 'The Recruiting of the Employing Classes from the Ranks of the Wage-Earners in the Cotton Industry', *Journal of the Royal Statistical Society*, LXXV (1912), 293-306.

CHILD, JOHN. 'Quaker Employers and Industrial Relations', *Sociological Review*, XII, 3 (November 1964), 293-315.

COCHRAN, T. C. 'The Entrepreneur in Economic Change', *Behavioral Science*, IX (1964).

COLE, G. D. H. 'Self-Reliance and Social Legislation', *The Listener*, 20 May 1948.

COPEMAN G. *Leaders of British Industry: A Study of the Careers of more than a Thousand Public Company Directors*. London, 1955.

——*The Chief Executive and Business Growth*. London, 1971.

CROUZET, FRANÇOIS. 'Capital Formation in Great Britain during the Industrial Revolution', in F. Crouzet (ed.), *Capital Formation in the Industrial Revolution*. London, 1972. 162-222.

DENISON, E. F. *Why Growth Rates Differ*. Washington, 1967.

ELLIS, HAVELOCK. *A Study of British Genius*. London, 1904.

ERICKSON, CHARLOTTE. *British Industrialists: Steel and Hosiery, 1850-1950*. Cambridge, 1959.

EVANS, G. H., jun. 'A Theory of Entrepreneurship', *Journal of Economic History*, II, Suppl. (1942), 141-6.

—— 'The Entrepreneur and Economic Theory: A Historical and Analytical Approach', *American Economic Review*, XXXIX (1949), 336-48.

EVERSLEY, D. E. C. 'The Home Market and Economic Growth in England, 1750-1780', in E. L. Jones and G. Mingay (eds.), *Land, Labour and Population in the Industrial Revolution: Essays Presented to J. D. Chambers*. London, 1967. 206-59.

FLINN, M. *Origins of the Industrial Revolution*. London, 1966.

—— 'Social Theory and the Industrial Revolution', in Tom Burns and S. B. Saul (eds.), *Social Theory and Economic Change*. London, 1967. 9-34.

GERSCHENKRON, ALEXANDER. Review of E. E. Hagen's *On the Theory of Social Change*. *Economica*, new ser., XXXII (1965), 90-4.

GRANICK, DAVID. *The European Executive*. New York, 1962.

HAGEN, E. E. *On the Theory of Social Change*. London, 1964.

HANS, N. *New Trends in Education in the Eighteenth Century*. London, 1951.

HARBISON, FREDERICK. 'Entrepreneurial Organisation as a Factor in Economic Development', *Quarterly Journal of Economics*, LXX (1956), 364-79.

HARTWELL, R. M. 'Business Management in England during the Period of Early Industrialisation: Inducements and Obstacles', in R. M. Hartwell (ed.). *The Industrial Revolution*. Oxford, 1970. 28-41.

HOBSBAWM, E. J. 'Custom, Wages and Work-Load in Nineteenth-Century Industry', in *Labouring Men* (London, 1964), 344-70.

——*Industry and Empire*. Harmondsworth, 1969 (first published London, 1968).

HOSELITZ, B. F. 'Entrepreneurship and Capital Formation in France and Britain since 1700', in *Capital Formation and Economic Growth*, NBER Special Conference Series, 6. Princeton, 1955. 291–337.

——*Sociological Aspects of Economic Growth*. New York, 1960.

JENKINS, HESTER, and D. CARADOG JONES. 'Social Class of Cambridge University Alumni of the 18th and 19th Centuries', *British Journal of Sociology*, 1, 2 (June 1950), 93–116.

KILBY, PETER (ed.). *Entrepreneurship and Economic Development*. New York, 1971.

LEES, J. P. 'The Social Mobility of a Group of Eldest-Born and Intermediate Adult Males', *British Journal of Psychology*, XLII (1952), 210–21.

LEES, J. P. and STEWART, A. H. 'Family or Sibship Position and Scholastic Ability', *Sociological Review*, V (1957), 85–106.

LEIBENSTEIN, HARVEY. 'Allocative Efficiency vs. "X-Efficiency"', *American Economic Review*, LXI (1966), 392–415. [747]

LEWIS, ROY, and ROSEMARY STEWART. *The Boss: The Life and Times of the British Business Man*. London, 1961.

MCCLELLAND, D. C. *The Achieving Society*. Princeton, 1961.

MANTOUX, P. *The Industrial Revolution in the Eighteenth Century*. London, 1923.

MARRIS, ROBIN. *The Economic Theory of 'Managerial' Capitalism*. London, 1964.

MATHEW, W. M. 'The Origins and Occupations of Glasgow Students, 1740–1839', *Past and Present*, no. 33 (April 1966), 74–94.

PENROSE, EDITH. *The Theory of the Growth of the Firm*. Oxford, 1959.

PERKIN, HAROLD. *The Origins of Modern English Society*. London, 1969.

POLLARD, S. 'Fixed Capital in the Industrial Revolution in Britain', *Journal of Economic History*, XXIV (1964), 299–314.

PUMPHREY, R. E. 'The Introduction of Industrialists into the British Peerage: A Study in Adaptation of a Social Institution', *American Historical Review*, LXV (1959), 1–16.

REDLICH, F. 'Economic Development, Entrepreneurship and Psychologism: A Social Scientist's Critique of McClelland's *Achieving Society*', *Explorations in Entrepreneurial History*, 2nd ser., 1, 1 (Fall 1963), 10–35.

ROSENBERG, NATHAN. 'The Direction of Technical Change: Inducement Mechanisms and Focusing Devices', *Economic Development and Cultural Change*, XVIII, 1, part 1 (October 1969), 1–24.

RUBINSTEIN, W. D. 'British Millionaires, 1809–1949', *Bulletin of the Institute of Historical Research*, XLVIII (1974), 202–23.

RUTTAN, V. 'Usher and Schumpeter on Invention, Innovation and Technological Change', *Quarterly Journal of Economics*, LXXIII (1959), 596–606.

SAMPSON, ANTHONY. *The New Anatomy of Britain*. London, 1971.

SAWYER, J. E. 'The Social Basis of the American System of Manufacturing', *Journal of Economic History*, XIV, 4 (Fall 1954), 361–79.

SMALLEY, ORANGE. 'Variations in Entrepreneurship', *Explorations in Entrepreneurial History*, 2nd ser., 1 (1964), 250–62.

SMILES, AILEEN. *Samuel Smiles and his Surroundings*. London, 1956.

SMITH, M. BREWSTER. Review of D. C. McClelland's *The Achieving Society*, *History and Theory*, III (1964), 371–81.

STANWORTH, PHILIP, and ANTHONY GIDDENS (eds.). *Elites and Power in British Society*. Cambridge, 1974.

SUTTON SMITH, BRIAN, and B. G. ROSENBERG. *The Sibling*. New York, 1970.

THOMPSON, E. P. *The Making of the English Working Class*. London, 1963.

——'Time, Work-Discipline and Industrial Capitalism', *Past and Present*, no. 38 (December 1967), 56–97.

WILES, P. J. D. *Price, Cost and Output*. Oxford, 1961.

5. 企业家绩效的全面评判

Aldcroft, D. H. 'The Entrepreneur and the British Economy, 1870–1914', *Economic History Review*, 2nd ser., xvii, 1 (August 1964), 113–34.

——'Technical Progress and British Enterprise, 1875–1914', *Business History*, viii, 2 (July 1966), 122–39.

——(ed.). *The Development of British Industry and Foreign Competition, 1875–1914*. London, 1968.

Brown, E. H. Phelps, and Margaret H. Browne. *A Century of Pay*. London, 1968.

Byres, T. J. 'The Scottish Economy During the Great Depression, 1873–1896', 2 vols. Unpublished B. Litt. thesis, University of Glasgow, 1962.

——'Entrepreneurship in the Scottish Heavy Industries, 1870–1900', in P. L. Payne (ed.), *Studies in Scottish Business History*. London, 1967.

Coleman, D. C. 'Gentlemen and Players', *Economic History Review*, 2nd ser., xxvi (1973), 92–116.

Gray, H. G., and Samuel Turner. *Eclipse or Empire?* London, 1916.

【748】 Habakkuk, H. L. *American and British Technology in the Nineteenth Century*. Cambridge, 1962.

Harley, C. K. 'Skilled Labour and the Choice of Technique in Edwardian Industry', *Explorations in Economic History*, XI (1974), 391–414.

Hoffman, Ross. *Great Britain and the German Trade Rivalry, 1875–1914*. Philadelphia, 1933.

Jewkes, John. 'Is British Industry Inefficient?', *The Manchester School*, xiv, 1 (1946), 1–16.

Johnston, J. 'The Productivity of Management Consultants', *Journal of the Royal Statistical Society*, ser. A, cxxvi, 2 (1963), 237–49.

Kindleberger, C. P. 'Obsolescence and Technical Change', *Bulletin of the Oxford University Institute of Statistics*, xxiii, 3 (December 1961), 281–97.

Landes, David S. 'Entrepreneurship in Advanced Industrial Countries: The Anglo-German Rivalry', in *Entrepreneurship and Economic Growth*, Papers presented at a conference sponsored jointly by the Committee on Economic Growth of the Social Science Research Foundation and the Harvard University Research Center in Entrepreneurial History, Cambridge, Mass. 12–13 November 1954.

——'Technological Change and Development in Western Europe, 1750–1914', in *Cambridge Economic History of Europe*, vi: *The Industrial Revolutions and After*. Cambridge, 1965.

——*The Unbound Prometheus: Technological Change and Industrial Development in Western Europe from 1750 to the Present*. Cambridge, 1969.

Levine, A. L. *Industrial Retardation in Britain, 1880–1914*. London, 1967.

McCloskey, Donald M. 'Did Victorian Britain Fail?' *Economic History Review*, 2nd ser., xxiii (1970), 446–59.

——(ed.). *Essays on a Mature Economy: Britain after 1840*. Papers and Proceedings of the MSSB Conference on the New Economic History of Britain, 1840–1930. London, 1971.

McCloskey, Donald M., and Lars G. Sandberg. 'From Damnation to Redemption: Judgments on the Late Victorian Entrepreneur', *Explorations in Economic History*, ix, 1 (Fall 1971), 89–108.

Payne, P. L. *British Entrepreneurship in the Nineteenth Century*. London, 1974.

Sigsworth, Eric M. 'Some Problems in Business History, 1870–1914', in C. J. Kennedy (ed.), *Papers of the Sixteenth Business History Conference*. Lincoln, Nebraska, 1969. 21–37.

Tucker, K. A. 'Business History: Some Proposals for Aims and Methodology', *Business History*, xiv (1972), 1–16.

Wilson, Charles. 'The Entrepreneur in the Industrial Revolution in Britain', *Explorations in Entre-*

preneurial History, VII, 3 (February 1955), 129–45.
——'Economy and Society in Late Victorian Britain', *Economic History Review*, 2nd ser., XVIII (1965), 183–98.

6. 管理者与管理方式

Acton Society Trust. *Management Succession: The Recruitment, Selection, Training and Promotion of Managers.* London, 1956.
Child, John. *British Management Thought.* London, 1969.
Clark, D. G. *The Industrial Manager: His Background and Career Pattern.* London, 1966.
Clements, R. V. *Managers: A Study of their Careers in Industry.* London, 1958.
Hannah, Leslie. 'Managerial Innovation and the Rise of the Large-Scale Company in Interwar Britain', *Economic History Review*, 2nd ser., XXVII (1974), 252–70.
Hannah, Leslie (ed.). *Management Strategy and Business Development: An Historical and Comparative Study.* London, 1976.
Hume, L. J. 'Jeremy Bentham on Industrial Management', *Yorkshire Bulletin of Economic and Social Research*, XXII, 1 (May 1970), 3–15.
Jenks, L. H. 'Early Phases of the Management Movement', *Administrative Science Quarterly*, V (1960–1), 421–47.
Lee, G. A. 'The Concept of Profit in British Accounting, 1760–1900', *Business History Review*, XLIX (1975), 6–36. 【749】
McGivering, I. C., D. G. J. Matthews, and W. H. Scott. *Management in Britain.* Liverpool, 1960.
National Economic Development Council. *Management Recruitment and Development.* London, 1965.
Pollard, S. *The Genesis of Modern Management.* London, 1965.
Stewart, Rosemary, Pauline Wingate, and Randall Smith. *The Human Effects of Mergers: The Impact on Managers.* London, 1964.
Taylor, B., and K. Macmilian (eds.). *Top Management.* London, 1973.
Tillett, A., T. Kempner, and Gordon Wills (eds.). *Management Thinkers.* London, 1970.
Urwick, L. and E. F. L. Brech. *The Making of Scientific Management.* 2 vols. London, 1949.
Williamson, Harold F. (ed.). *Evolution of International Management Structure.* Newark, N. J., 1975.

7. 关于具体企业或企业家的研究

Addis, J. B. *The Crawshay Dynasty: A Study in Industrial Organisation and Development, 1756–1867.* Cardiff, 1967.
Alford, B. W. E. *W. D. & H. O. Wills and the Development of the U. K. Tobacco Industry, 1786–1965.* London, 1973.
Anon. [various authors]. *Fortunes Made in Business.* 3 vols. London, 1884–7.
Anon. *James Finlay and Company Limited, Manufacturers and East India Merchants, 1750–1950.* Glasgow, 1951.
Ashton, T. S. 'The Records of a Pin Manufactory, 1814–21', *Economica*, V (1925), 281–92.
——*An Eighteenth Century Industrialist: Peter Stubs of Warrington, 1756–1806.* Manchester, 1939.
Barker, T. C. *Pilkington Brothers and the Glass Industry.* London, 1960.
Boyson, Rhodes. *The Ashworth Cotton Enterprise: The Rise and Fall of a Family Firm, 1818–1880.* Oxford, 1970.
Campbell, R. H. *Carron Company.* Edinburgh and London, 1961.
Chaloner, W. H. 'Robert Owen, Peter Drinkwater and the Early Factory System in Manchester, 1788–1800', *Bulletin of the John Rylands Library*, XXXVII (1954), 78–102.

Chapman, Dennis. 'William Brown of Dundee, 1791–1864: Management in a Scottish Flax Mill', *Explorations in Entrepreneurial History*, iv, 3 (1952), 119–34.

Chapman, S. D. 'The Peels in the Early English Cotton Industry', *Business History*, xi, 2 (July 1969), 61–89.

——'James Longsdon (1745–1821), Farmer and Fustian Manufacturer: The Small Firm in the Early English Cotton Industry', *Textile History*, 1, 3 (December 1970), 265–92.

——*Jesse Boot of Boots the Chemists*. London, 1974.

Checkland, S. G. *The Mines of Tharsis*. London, 1967.

——*The Gladstones: A Family Biography, 1764–1851*. Cambridge, 1971.

Church, R. A. 'An Aspect of Family Enterprise in the Industrial Revolution', *Business History*, viii, 2 (July 1966), 120–5.

——'Messrs Gotch & Sons and the Rise of the Kettering Footwear Industry', *Business History*, vii (1966), 140–9.

——*Kenricks in Hardware: A Family Business, 1791–1966*. Newton Abbot, 1969.

Coleman, D. C. *Courtaulds: An Economic and Social History*. 2 vols. Oxford, 1969.

Corley, T. A. B. *Quaker Enterprise in Biscuits: Huntley & Palmers of Reading, 1822–1972*. London, 1972.

Daniels, G. W. 'The Balance Sheets of Three Limited Companies in the Cotton Industry', *The Manchester School*, iii, 2 (1932), 77–84.

Donnachie, I. L., and John Butt. 'The Wilsons of Wilsontown Ironworks (1779–1813): A Study in Entrepreneurial Failure', *Explorations in Entrepreneurial History*, 2nd ser., iv (1966–7),
【750】 150–68.

Farnie, D. A. 'John Rylands of Manchester', *Bulletin of the John Rylands University Library of Manchester*, lvi, 1 (Autumn 1973), 93–129.

Fitton, R. S., and A. P. Wadsworth. *The Strutts and the Arkwrights, 1758–1830*. Manchester, 1958.

Glover, F. J. 'History of Messrs Wormalds and Walker Ltd, Dewsbury'. Unpublished Ph. D. thesis, University of Leeds, 1959.

Heaton, H. 'Benjamin Gott and the Industrial Revolution in Yorkshire', *Economic History Review*, iii, 1 (1931–2), 45–66.

John, A. H. (ed.). *The Walker Family: Ironfounders and Lead Manufacturers, 1741–1893*. London, 1951.

Jones, Robert, and Oliver Marriott. *Anatomy of a Merger: A History of G. E. C., A. E. I. and English Electric*. London, 1970.

Lee, C. H. 'M'Connel and Kennedy, Fine Cotton Spinners.' Unpublished M. Litt. thesis, University of Cambridge, 1966.

——*A Cotton Enterprise, 1795–1840: A History of M'Connel and Kennedy, Fine Cotton Spinners*. Manchester, 1972.

Logan, John C. 'The Dumbarton Glass Works Company: A Study in Entrepreneurship', *Business History*, xiv, 1 (January 1972), 61–81.

Lloyd, Humphrey. *The Quaker Lloyds in the Industrial Revolution*. London, 1975.

McKendrick, Neil. 'Josiah Wedgwood: An Eighteenth-Century Entrepreneur in Salesmanship and Marketing Techniques', *Economic History Review*, 2nd ser., xii, 3 (April 1960), 408–33.

——'Josiah Wedgwood and Factory Discipline', *Historical Journal*. iv, 1 (1961), 30–55.

——'Josiah Wedgwood and the Factory System', *Proceedings of the Wedgwood Society*, no. 5 (1963), 1–29.

——'Josiah Wedgwood and Thomas Bentley: An Inventor-Entrepreneur Partnership in the Industrial Revolution', *Transactions of the Royal Historical Society*, xiv (1964), 1–33.

——'Josiah Wedgwood and Cost Accounting in the Industrial Revolution', *Economic History Review*, 2nd ser., xxiii, 1 (April 1970), 45–67.

Mackenzie, N. H. 'Cressbrook and Litton Mills, 1779–1835', *Derbyshire Archaeological Journal*, lxxxviii (1968), 1–25.

MORRIS, W. R. (Lord Nuffield). 'Policies that have Built the Morris Business', *Journal of Industrial Economics*, II, 3 (August 1954), 193-206.

MORTON, JOCELYN. *Three Generations in a Family Textile Firm.* London, 1971.

MUSSON, A. E. 'An Early Engineering Firm: Peel, Williams & Co. of Manchester', *Business History*, III, 1 (December 1960), 8-18.

——*Enterprise in Soap and Chemicals, Joseph Crosfield and Sons Ltd, 1815-1965.* Manchester, 1965.

NAMIER, L. B. 'Anthony Bacon, M. P., An Eighteenth Century Merchant', in W. E. Minchinton (ed.), *Industrial South Wales.* London, 1970. 59-106.

O'HAGEN, H. OSBORNE. *Leaves from My Life.* 2vols. London, 1929.

OWEN, ROBERT. *The Life of Robert Owen, written by Himself.* London, 1857.

PAFFORD, ELIZABETH R., and JOHN H. P. PAFFORD. *Employer and Employed: Ford Ayrton & Co. Ltd, Silk Spinners.* Edington, Wilts., 1974.

PAYNE, P. L. *Rubber and Railways in the Nineteenth Century.* Liverpool 1961.

PIGOTT, S. *Hollins: A Study of Industry, 1784-1949.* Nottingham, 1949.

RAISTRICK, A. *Dynasty of Iron Founders.* Newton Abbot, 1970.

RAPP, DEAN. 'Social Mobility in the Eighteenth Century: the Whitbreads of Bedfordshire, 1720-1815', *Economic History Review*, 2nd ser., XXVII (1974), 380-94.

READER, W. J. *Imperial Chemical Industries: A History.* I: *The Forerunners, 1870-1926.* Oxford, 1970. II; *The First Quarter-Century, 1926-1952.* Oxford, 1975.

REID, SIR WEMYSS. *Memoirs and Correspondence of Lyon Playfair.* London, 1900.

RICHARDSON, H. W. and J. M. BASS. 'The Profitability of Consett Iron Company before 1914', *Business History*, VII, 2 (July 1965), 71-93.

RIDEN, PHILIP. *The Butterfly Company, 1790-1830.* Wingerworth, Chesterfield, 1973.

RIMMER, W. G. *Marshalls of Leeds, Flax Spinners, 1788-1886.* Cambridge, 1960. 【751】

ROBERTSON, A. J. 'Robert Owen, Cotton Spinner: New Lanark, 1800-1825,' in S. Pollard and J. Salt (eds.), *Robert Owen, Prophet of the Poor.* London, 1971. 135-165.

ROBINSON, ERIC. 'Boulton and Fothergill, 1762-1782 and the Birmingham Export of Hardware,' *University of Birmingham Historical Journal*, VII (1959), 60-79.

——'Eighteenth Century Commerce and Fashion: Matthew Boulton's Marketing Techniques', *Economic History Review*, 2nd ser., XVI, 1 (August 1963), 39-60.

ROLL, E. *An Early Experiment in Industrial Organisation, Being a History of Boulton & Watt, 1775-1805.* London, 1930.

SCOTT, J. D. *Vickers: A History.* London, 1962.

SIGSWORTH, Eric M. *Black Dyke Mills.* Liverpool, 1958.

SMITH, ROLAND. 'An Oldham Limited Liability Company, 1875-1896', *Business History*, IV, 1 (December 1961), 34-53.

STONE, WILLARD E. 'An Early English Cotton Mill Cost Accounting System: Charlton Mills, 1810-1889', *Accounting and Business Research*, no. 13 (Winter 1973), 71-8.

SUTTON, G. B. 'The Marketing of Ready Made Footwear in the Nineteenth Century. A Study of the Firm of C. and J. Clark', *Bussiness History*, VI, 2 (June 1964), 93-112.

TRIPP, BASIL H. *Renold Limited, 1956-67.* London, 1969.

TURNER, G. *The Leyland Papers.* London, 1971.

TYSON, R. E. 'The Sun Mill Company Limited: A Study in Democratic Investment, 1858-1959.' Unpublished M. A. thesis, University of Manchester, 1962.

WEDGWOOD, HENSLEIGH C. 'Josiah Wedgwood, Eighteenth-Century Manager', *Explorations in Entrepreneurial History*, 2nd ser., II, 3 (Spring-Summer 1965), 205-26.

WELLS, F. A. *Hollins and Viyella: A Study in Business History.* Newton Abbot, 1968.

WILSON, A. S. 'The Origin of the Consett Iron Company, 1840-1864', *Durham University Journal*, N. S. XXXIV (1972), 90-120.

WILSON, CHARLES. *The History of Unilever: A Study of Economic Growth and Social Change.* 2 vols. London, 1954.

——*Unilever,1945-65:Challenge and Response in the Post-War Industrial Revolution.* London, 1968.

Wilson, Charles, and William Reader. *Men and Machines: A History of D. Napier & Son, Engineers, Ltd, 1808-1958.* London, 1958.

第五章　1820～1930 年间法国的资本投资与经济增长

Aftallon, A. *Les Crises périodiques de surproduction.* Paris, 1913.

Bardet, J. P., *et al. Le Bâtiment: Enquête d' histoire économique. XIVeXIXe siècles.* Paris and The Hague, 1971.

Berthet, J., J. J. Carré, P. Dubois, and E. Malinvaud. ' Sources et origines de la croissance française au milieu du XXe siècle.' First draft, mimeographed; Paris, June 1965. (See below, Carré *et al.*, *La Croissance française.*)

Bourgeois-Pichat, J. ' Evolution de la population française depuis le XVIIIe siècle', *Population*, vi, 4(1951).

Boutin, M. E. ' La Propriété bâtie', *Journal de la Société de Statistique de Paris*, July 1891.

Bouvier, J., F. Furet, and M. Gillet. *Le Mouvement du profit en France au XIXe siècle.* Paris and The Hague, 1965.

Brosselin, M. ' Evaluation de la production intérieure de bois d' oeuvre, 1840-1912.' Unpublished thesis, University of Dijon, 1972.

Cahen, Mme. ' Evolution de la population active en France depuis cent ans', *Etudes et Conjoncture*, ' Economie française', no. 3 (May-June 1953).

Cairncross, A. K. *Home and Foreign Investment, 1870-1913.* Cambridge, 1953.

Caron, F. *Histoire de l' exploitation d' un grand réseau: La Compagnie du Chemin de Fer du*
【752】 *Nord, 1846-1937.* Paris and the Hague, 1973.

——' Investment Strategy in France', in H. Daems and H. van der Wee (eds), *The Rise of Managerial Capitalism.* Louvain, 1974.

Carré, J. J., P. Dubois, and E. Malinvaud. *La Croissance française: Un Essai d' analyse économique causale de l' après-guerre.* Paris, 1972. (The definitive version of Berthet *et al.*, ' Sources et origines', above)

Chevalier, L. *La Formation de la population parisienne au XIXe siècle.* Paris, 1950.

Colson, C. *Cours d' économie politique.* 1st edn. Paris, 1903.

Crouzet, F. ' Un Indice de la production industrielle française au XIXe siècle', *Annales*, xxv, 1 (January-February 1970).

Dauzet, P. *Le Siècle des chemins de fer en France.* Pairs, 1948.

Denuc, J. ' Dividendes, valeur mobilière et taux de capitalisation des valeurs mobilières françaises', *Bulletin Statistique Générale de la France*, xiii, 4(1934).

Désert, G. ' Aperçus sur l' industrie française du bâtiment au XIXe siècle', in Bardet *et al.*, *Le Bâtiment.*

Dessirier, J. ' Chemin de fer et progrès technique', *Année Ferroviaire*, 1952.

Dollfus, J. *De l' industrie cotonnière.* Paris, 1855.

Duon, M. *Documents sur le problème des logements à Paris.* Institut National de Statistique et des Etudes Economiques (INSEE). Paris, 1946.

Dupeux, G. ' La Croissance urbaine en France au XIXe siècle', *Revue d' Histoire Economique et Sociale*, liii, 4(1975).

Dupin, C. *Les Forces productives de la France.* Paris, 1827.

' Evolution des conditions de logement depuis cent ans', *Etudes et Conjoncture*, October-November 1957.

Feinstein, C. H. ' Home and Foreign Investment: Some Aspects of Capital, Finance and Income in the United Kingdom, 1870-1914.' Unpublished Ph. D. thesis, University of Cambridge, 1959.

Feis, H. *Europe: The World' s Banker, 1870-1914.* Rev. edn. New York, 1965.

Flageollet, M. ' Les Débuts de l' industrie automobile française: Panhard et Levassor.' Unpublished thesis, University of Paris (Nanterre), 1970.

Flaus, L. ' Fluctuations de la construction urbaine, 1830–1940 ', *Journal de la Société de Statistique de Paris*, 1949.

Foville, A. de. *La France économique*. Paris, 1887.

Fridenson, P. *Histoire des usines Renault*. Paris, 1972.

Gaillard, J. *Paris: La Ville, 1852–1870*. Lille and Paris, 1976.

Gille, B. *La Sidérurgie française au XIXe siècle*. Paris and Geneva, 1968.

Girard, L. *La Politique des travaux publics du Second Empire*. Paris, 1952.

Gripon-Lamothe, G. *Historique du réseau des chemins de fer français*. Paris, 1904.

Halbwachs, M. *Les Expropriations et le prix des terrains à Paris, 1860–1900*. Paris, 1909.

Huber, M., H. Bunilé, and F. Boverat. *La Population française*. Rev. edn. Paris, 1965.

James, A. M. ' Sidérurgie et chemins de fer en France ', *Cahiers de l' ISEA* (Institut de Science Economique Appliquée), ser. T 5, no. 158 (February 1965).

Jeanneney, J. M., and C. A. Colliard. *Economie et droit de l' électricité*. Grenoble, 1950.

Kuznets, S. ' International Differences in Capital Formation and Financing ', in M. Abramovitz (ed). *Capital Formation and Economic Growth*. New York, 1956.

Laurent, R. *L' Octroi de Dijon au XIXe siécle*. Paris, 1960.

Lévy-Leboyer, M. *Les Banques européennes et l' industrialisation internationale dans la premiére moitié du XIXe siécle*. Paris, 1964.

—— ' La Croissance économique en France au XIXe siècle: Résultats préliminaires ', *Annales*, xxiii, 4 (1968).

—— ' L' Héritage de Simiand: Prix, profit, et termes de l' échange au XIXe siècle ', *Revue Historique*, no. 493 (1970).

—— ' La Décélération de l' économie française dans la seconde moitié du XIXe siécle ', *Revue d' Histoire Economique et Sociale*, xlix, 4 (1971).

—— ' La Balance des paiements et l' exportation des capitaux français, 1820–1940 ', in *La Position internationale de la France: Aspects économiques et financiers, XIXe et XXe siècles*. Paris and The Hague, 1977.

Lubell, H. *The French Investment Program: A Defense of the Monnet Plan*. Paris, 1952. 【753】

Lucas, F. *Etude sur les voies de communication*. Paris, 1873.

Mairesse, J. *L' Evaluation du capital fixe productif: Méthodes et résultats*. Collections de l' INSEE, ser. C, nos. 18–19, Paris, 1972.

Marczewski, J. ' Some Aspects of the Economic Growth of France, 1660–1958 ', *Economic Development and Cultural Change*, ix, 3 (1961).

—— ' Le Produit physique de l' économie française de 1789 à 1913 ', *Cahiers de l' ISEA*, ser. AF 4, no. 163 (July 1965).

Markovitch, T. J. ' L' Industrie française de 1789 à 1964 ', *Cahiers de l' ISEA*, ser. AF 6, no. 174 (June 1966), and ser. AF 7, no. 179 (November 1966).

Marnata, F. *Les Loyers des bourgeois de Paris, 1860–1958*. Paris, 1961.

Massénat-Deroche, L. *L' Automobile aux Etats-Unis et en Angleterre*. Paris, 1910.

Mayer, J. ' La Croissance du revenu national français ', *Cahiers de l' ISEA*, ser. D7 (1949).

Maywald, K. ' The Construction Costs and the Value of the British Merchant Fleet, 1850–1938 ', *Scottish Journal of Political Economy*, iii, i (1956).

Merger, M. ' La Consommation chaumontaise '. Unpublished thesis, University of Dijon, 1970.

Merlin, P. *L' Exode rural*. Paris, 1971.

Michalet, C. A. *Les Placements des épargnants français de 1815 à nos jours*. Paris, 1968.

Morsel, H. ' Les Industries hydro-électriques de la région alpine ', in Centre National de la Recherche Scientifique, *L' Industrialisation en Europe au XIXe siècle*. Lyons, 1970.

Perroux, F, ' Matériaux pour une analyse de la richesse privée en France, 1826–1914 ', in Proceedings of Congress of Castelgandolfo, *Cahiers de l' ISEA*, ser. D 7 (1953).

—— ' Prise de vue sur la croissance de l' économie française, 1780–1950 ', in S. Kuznets (ed), *Income and Wealth*, ser. v. London, 1955.

PICARD, A. *Traité des chemins de fer*. Paris, 1887.
PIQUET-MARCHAL, O. *Etude économique des chemins de fer d' intérêt local*. Paris, 1964.
PUPIN, R. *La Richesse française devant la guerre*. Paris, 1916.
RIBOUD, P. 'Les Grands Réseaux de chemin de fer français de 1884 à 1937', *Revue Générale des Chemins de Fer*, 1938.
ROUSSEAU, E. 'Rapport d' examen des demandes des constructeurs et des armateurs', in *Commission Extra-parlementaire de la Marine Marchande*. Paris, 1903.
SAUVY, A. 'Rapport général au Conseil Economique sur le revenu national', *Journal Officiel*, 7 April 1954.
—— 'Le Revenu des Français au XIXe siècle', *Population*, xx, 5(1965), and XXVII, I(1971).
SAUVY, A. *Histoire économique de la France dans l' entre-deux-guerres*. 3 vols. Paris, 1965–72.
SCHWARZ, H. 'L' Industrie de l' automobile', *Journal Officiel: Documents Administratifs*, 26–7 August 1936.
SOCIÉTÉ NATIONALE DES CHEMINS DE FER FRANÇAIS (SNCF). 'Principales Statistiques des chemins de fer depuis 1821'. Internal document, 1964.
TERNY, G., *et al. L' Evolution de longue période des dépenses publiques françaises*. Paris, 1974.
THUILLIER, G. *Georges Dufaud et les débuts du grand capitalisme dans la métallurgie, en Nivernais, au XIXe siècle*. Paris, 1959.
TOUTAIN, J. C. 'Les Transports en France de 1830 à 1965', *Cahiers de l' ISEA*, ser. AF 9, no. 8 (September–October 1967).
VIAL, J. *L' Industrialisation de la sidérurgie française, 1814–1864*. 2 vols, Paris and The Hague, 1967.
VINCENT, L. A. 'Evolution de la production intérieure brute en France de 1896 à 1938', *Etudes et Conjoncture*, XVII, II(1962).
—— 'Population active, production et productivité dans 21 branches de l' économie française, 1896–1962', *Etudes et Conjoncture*, xx, 2(February 1965).
—— 'Les Comptes nationaux', in Sauvy(ed), *Histoire économique de la France*, vol. III.
ZYLBERMAN, E. 'La Croissance et les comptes économiques de la France sous le Second Empire'.
【754】 Unpublished thesis, University of Paris, 1969.

第六章 大革命以来法国经济中的劳动力状况

我们都不应认为以下关于本章的文献索引做到了详尽周到。它只是涵盖到了那些作用最重要的论著，同时，这些论著中的大部分其自身的参考文献对于我们的研究工作也有重要作用。

1. 关于这一主题全面情况的论著

埃米尔·勒瓦瑟尔（Emile Levasseur）的著作，就其谋篇的规模来说，至今仍无人能出其右：只是这些论述所涉及的时间范围是 19 世纪末至 20 世纪初，如果说，以更为时新的经济概念来衡量，他所做的工作还显得略有不足的话，那么，当代有些历史学研究与论著则可以通过对多个方面发展趋势的阐述将这个不足给弥补和完善起来。因此，我们这里的文献清单就有必要从 E. 勒瓦瑟尔（E. Levasseur）的著作开始：

LEVASSEUR, EMILE. *La Population française*. 3 vols. Paris, 1889–92.
——*Histoire des classes ouvrières et de l' industrie en France de 1789 à 1870*. 2nd edn. 3 vols. Paris, 1904.
——*Questions ouvrières et industrielles en France sous la IIIe République*. Paris, 1907.

有若干关于人口统计研究的论著包含了大量有关法国的实证材料，对于我们而言，最有用的包括：

CHEVALIER, LOUIS. *Démographie générale*. Paris, 1951.

LANDRY, A. *Traité de démographie*. Paris, 1945.

PRESSAT, ROLAND. *L' Analyse démographique*. 2nd edn. Paris, 1969.

REINHARD, M., A. ARMENGAUD, and J. DUPAQUIER. *Histoire générale de la population mondiale*. Paris, 1968.

在法国，传统的（诸如亨利·塞等人）经济史论著很少讨论劳动力问题，但是以下则属例外情况，不过，它们也只是讨论了20世纪的劳动力状况：

PARODI, MAURICE. *L' Economie et la société française de 1945 à 1970*. Paris, 1971.

SAUVY, ALFRED (ed). *Histoire économique de la France dans l' entre-deux-guerres*. 3 vols. Paris, 1965–72.

关于法国人口全面状况的历史，在最近，有两本篇幅较小的书籍既涉及到了那些最为重要的问题，也对研究成果进行了综合：

ARMENGAUD, A. *La Population française au XXe siècle*. 3rd edn. Paris, 1970.

——*La Population française au XIXe siècle*. Paris, 1971.

不过，这两本书在作用上也不能取代以下相对较早的研究：

BOURGEOIS PICHAT, JEAN. 'Evolution générale de la population française depuis le XVIIIe siècle', *Population*, VI, 4 (1951), 635–62.

——'Note sur l' évolution générale de la population français depuis le XVIIIe siècle', *Population*, VII, 2 (1952), 319–29.

HUBER, M., H. BUNLÉ, and F. BOVERAT. *La Population de la France: Son évolution et ses perspectives*. 4th edn. Paris, 1965.

TOUTAIN, J. C. 'La Population de la France de 1700 à 1959', *Cahiers de l' ISEA*, ser. AF. no. 3 (January 1963).

虽然覆盖内容的年月范围显得更为有限，但是也有很重要作用的论著有：

POUTHAS, CHARLES H. *La Population française pendant la premiére moitié du XIXe siécle*. INED Travaux et Documents, 25. Paris, 1956.

《人口》杂志从1946年开始由法国国家人口数量研究所（Institut National des Etudes Démographiques，简称INED）公开发行，而它的文章频繁地受到学术界的引用则显示着，在作为法国人口数量历史的资料来源方面，它具有重要作用。【755】

2. 法国人口数量变化的总体趋势与结构特点

'De la France d' avant-guerre à la France d' aujourd' hui: 25 ans d' évolution de la structure économique et sociale française', special number of *Revue d' Economie Politique*, LIII (1939), notably pp. 9–87.

ARMENGAUD, A. 'Mouvement ouvrier et néo-malthusianisme au début du XXe siècle', *Annales de démographie historique*, 1966, 7–21.

DUPAQUIER, JACQUES. 'Problèmes démographiques de la France napoléonienne', *Revue d' Histoire Moderne et Contemporaine* (special number, 'La France à l' époque napoléonienne'), XVII (1970), 339–58.

FAGE, ANITA. 'La Révolution française et la population', *Population*, VIII, 2 (1953), 311–38.

IBARROLA, JÉSUS. *Les Incidences des deux conflits mondiaux sur l'évolution démographique française*. Grenoble, 1964.

Le Roy Ladurie, Emmanuel. 'Révolution française et "funestes secrets"', *Annales Historiques de la Révolution Française*, XXXVII (1965), 386-400.
Reinhard, M. 'La Révolution française et le problème de la population', *Population*, I, 3 (1946), 419-27.
—— 'Bilan démographique de l'Europe 1789-1815', in *Comité International des Sciences, Historiques, XIIe Congrès... Vienne* 1965, *Rapports*, I: *Grands thèmes*, Vienna, n. d., 451-71.
Sauvy, Alfred. *Richesse et population.* Paris, 1943.
Vincent, Paul. 'Conséquences de six années de guerre sur la population française', *Population*, I, 3 (1946), 429-40.

3. 适宜工作人口的变化趋势

上面所提到的图坦（Toutain）'La Population de la France de 1700 à 1959' 一文也属于这一类，除此之外，首先应被提到的仍应是：

Cahen, Mme, 'Evolution de la population active en France depuis cent ans d'après les dénombrements quinquennaux', *Etudes et Conjoncture*, 'Economie française', no. 3 (May-June 1953), 230-88.

当然，本类文献还应同时包括有以下一些：

Crebouw, Yvonne. 'Recherches sur l'évolution numérique de la main d'oeuvre industrielle depuis un siècle, 1866-1972', 3 vols. Unpublished thesis, Paris, 1967 (typescript).
Fourastié, Jean (ed). *Migrations professionelles: Données statistiques sur leur évolution en divers pays de 1900 à 1955.* INED Travaux et Documents, 31. Paris, 1957.
Nizard, Alfred. 'La Population active selon les recensements depuis 1946', *Population*, XXVI, I (1971), 9-61.
Vimont, Claude. *La population active, évolution passée et prévisions.* Paris, 1960.

而局限于适宜工作人口某(些)方面情况的论著有：

Daric, Jean. 'Vieillissement de la population et prolongation de la vie active', *Population*, I, I (1946), 69-78.
—— 'La Population féminine active en France et à l'étranger', *Population*, II, I (1947), 61-6.
—— 'Le Travail des femmes: Professions, métiers, situations sociales et salaires', *Population*, X, 4 (1955), 675-90.
Houdaille, J. 'La Structure professionnelle en France au début du XIXe siècle', *Population*, XXV (1970), 1289-93.
Peritz, Eric. 'La Jeunesse dans la population active de la France', *Population*, VIII, 3 (1953), 527-54.
Pressat, Roland. 'La Population active de la France: Premiers résultats du recensement de 1962', *Population*, XVIII, 3 (1963), 473-88.
【756】 Sauvy, Alfred. 'Les Tendances de la population active en France', *Population*, X, 3 (1955), 413-26.
—— 'Développement économique et répartition professionnelle de la population', *Revue d'Economie Politique*, LXXVI (1966), 372-96.

从 19 世纪适宜工作人口变化所处经济环境的角度来看，最近有一些论著对工业增长过程进行了阶段划分，其中，首先应提到的是：

Lévy-Leboyer, Maurice. *Les Banques européennes et l'industrialisation internationale dans la première moitié du XIXe siècle.* Paris, 1964.
—— 'Les Processus d'industrialisation: Le Cas de l'Angleterre et de la France', *Revue Historique*, CCXXXIX, 2 (April-June 1968), 281-98.

同时也请参考：

CROUZET, FRANÇOIS. 'Un Indice de la production industrielle française au XIXe siècle', *Annales ESC*, XXV, 1(January–February 1970), 56–99.
MARKOVITCH, T. J. 'L'Industrie française de 1789 à 1964', *Cahiers de l'ISEA*, ser. AF 5 and AF 6 (1966).

我们还可以从自第二次世界大战以来公开发表的分别由 P. 莱昂（P. Léon）、C. 福朗（C. Fohlen）、A. 阿芒戈（A. Armengaud）以及 P. 维吉耶（P. Vigier）等人所做出的其他若干关于经济史与社会史研究的主要成果之中发掘到有价值的东西。

关于工业无产者的形成的论述相对显得不完全，不过，我们还是应该注意到以下的总体性论著：

ARIÈS, PHILIPPE. *Histoire des populations françaises et de leurs attitudes devant la vie depuis le XVIIIe siècle*. Paris, 1948.
CROUZET, FRANÇOIS. 'Agriculture et Révolution industrielle: Quelques réflexions', *Cahiers d'Histoire*, XII, 1 and 2(1967), 67–86.
DUVEAU, GEORGES. *La Vie ouvrière en France sous le Second Empire*. Paris, 1946.
FOURASTIÉ, JEAN. 'Le Personnel des entreprises: Remarques de démographie et de sociologie', *Population*, XV, 2(1960), 289–300.
FRIEDMANN, GEORGES(ed). *Villes et campagnes*. Ecole Pratique des Hautes Etudes, VIe Section. Paris, 1953.
LEFRANC, GEORGES. *Histoire du travail et des travailleurs*. Paris, 1957.
MAUCO, GEORGES. *Les Migrations ouvrières en France au début du XIXe siècle*. Paris, 1932.

关于新近局限于讨论单个地区以及某一具体职业部门适宜工作人口的论著，可以参看以下一些：

AGULHON, MAURICE. *Une Ville ouvrière au temps du socialisme utopique: Toulon de 1815 à 1851*. Paris and The Hague, 1970.
CHEVALIER, LOUIS. *La Formation de la population parisienne au XIXe siècle*. Paris, 1950.
GILLE, B. 'La Formation du prolétariat ouvrier dans l'industrie sidérurgique française', *Revue d'Histoire de la Sidérurgie*, IV, 4(1963), 244–51.
HARDACH, GERT H. 'Les Problèmes de main d'oeuvre à Decazeville', *Revue d'Histoire de la Sidérurgie*, VIII, 1(1967), 51–68.
——*Der soziale Status des Arbeiters in der Frühindustrialisierung*. Berlin, 1969.
TREMPÉ, ROLAND. *Les Mineurs de Carmaux, 1848–1914*. 2 vols. Paris, 1971.
VIAL, JEAN. *L'Industrialisation de la sidérurgie française, 1814–1864*. 2 vols. Paris and The Hague, 1967.
WRIGLEY, E. A. *Industrial Growth and Population Change: A Regional Study of the Coalfield Areas of North-West Europe in the Later Nineteenth Century*. Cambridge, 1961.

4. 移民迁入

关于 19 世纪与 20 世纪初期移民迁入的情况，重要论著仍是以下一些：

MAUCO, GEORGES. *Les Etrangers en France: Leur rôle dans l'activité économique*. Paris, 1932.

关于第一次世界大战之后的情况，请参看：

CHEVALIER, LOUIS. 'L'Immigration en France, 1950–1960', *Population* XVI, 1(1961), 113–16.
GRANOTIER, BERNARD. *Les Travailleurs immigrés en France*. Paris, 1970.
LANNES, XAVIER. *L'Immigration en France depuis 1945*. Publications du Groupe de Recherches pour les Migrations Européennes. The Hague, 1953. 【757】
'Les Etrangers en France', special number of *Esprit*, XXXIV, 1, no. 348(April 1966).

特别是其中以下文章：

CLAVIÈRE, PHILIPPE. 'Les Immigrants dans l' économie française', 862–8.
PROST, ANTOINE. 'L' Immigration en France depuis cent ans', 532–45.

有关更局限于讨论这个问题某(些)方面的论著，可以参看以下一些：

FAIDUTTI-RUDOLPH, ANNE-MARIE. *L' Immigration italienne dans le Sud-Est de la France*. Etudes et Travaux de Méditerranée. 2 vols. Gap, 1964.
SAUVY, ALFRED. 'Evaluation des besoins de l' immigration française', *Population*, I(1946), 91 ff.

我们还要指出的是，关于迁入移民对 19 世纪与 20 世纪法国劳动力队伍形成的作用，最近进行过一次大型调查研究。这项研究活动由国家科学研究中心（Centre National de la Recherche Scientifique）主办，由乔治·迪珀（Georges Dupeux）主持，其中有些成果在法国社会史学会(Institut Français d' Histoire Sociale)最近主办的两次研讨会上展示过。

5. 劳动力教育与人员培训

最近的重要论著有：

GUINOT, JEAN-PIERRE. *Formation professionnelle et travailleurs qualifiés depuis 1789*. Paris, 1946.

还有，这尤为值得一提：

PROST, ANTOINE. *L' Enseignement en France, 1800–1967*. Paris, 1968.

这一文献自身包含有一个内容广泛的文献索引，同时，关于法国过去与现在的教育问题，它一方面做出了最完好、最时新的研究成果综合，另一方面自身也可以称得上是最耐人寻味的论文。

ANGEVILLE, GOMTE A. D'. *Essai sur la statistique de la population française*. Bourg, 1836; reprint, Paris, The Hague, and New York, 1969［其中有埃马纽埃尔·勒鲁瓦·拉迪里（Emmanuel Le Roy Ladurie）所作的一篇重要介绍］。

DUVEAU, GEORGES. *La Pensé ouvrière sur l' éducation pendant la Seconde République et le Second Empire*. Paris, 1948.

FLEURY, MICHEL. and PIERRE VALMARY. 'Les Progrès de l' instruction élémentaire de Louis XIV à Napoléon III', *Population*, XII, I(1957), 71–92［它恢复了马焦洛（Maggiolo）的研究，而自 E. 勒瓦瑟尔以来这种研究就为人所忽视］。

GONTARD, MAURICE. *L' Enseignement primaire en France de la Révolution à la Loi Guizot (1789–1833)*. Lyon, 1955.

VILAR, PIERRE. 'Enseignement primaire et culture populaire en France sous la IIIe République', in Louis Bergeron(ed), *Niveaux de culture et groupes sociaux*. Proceedings of a conference at the Ecole Normale Supérieure, Paris, 7–9 May 1966. Paris, 1967.

VIMONT, CLAUDE, and JACQUES BAUDOT. 'Les Titulaires d' un diplôme d' enseignement technique ou professionel dans la population active de 1962', *Population*, XX, 5(1965). 783–4.

关于法国技术“干部”的“生产”，我们可以从以下文献中找到大量内容：

CAMERON, RONDO. *La France et le développement économique de l' Europe, 1800–1914*. Paris, 1966［1961 年时，它的英文本初版于美国新泽西州普林斯顿（Princeton, N. J.）；而它自身则

是这一英文本的节略式法文译本]。

最后，涉及到这个论题所有方面的图景式介绍也很重要，见于：

BOUJU, P. M., G. DUPEUX, *et al. Atlas historique de la France contemporaine, 1800–1965*. Paris, 1966.

第七章　19世纪法国的企业家和企业管理

在最近若干年间，企业史研究并没有引起法国经济史学家多大注意，在法国，这一研究被认为还处于萌芽状态。法国学者们的注意力更多地被吸引到宏观经济学方面的问题上面去了，这些问题包括有，比如说价格与经济活动的长期趋势与短期变动，以及更新近得到关注的经济增长问题。正是这一现象，可以用来解释为什么这一领域研究信息缺乏。【758】

最为完整的企业档案——至少是对那些大型企业以及位处巴黎的企业而言是这样的——现在保存在巴黎市的国家档案馆（Archives Nationalcs）之中（第AQ系列档案），我们可以从那里获得一系列的文件资料。有一些政府经济管理部门（*départements*）所积存的历史资料之中也包含有企业档案（它们大部分都应该到这种资料库的系列E中去寻找）。

关于商务企业的统计资料，则可以到一些定期出版物上面寻找：

Compte rendu général de l' administration de la justice civile et commerciale en France pendant l' année...（年度发行），它从1825年时开始发行，此后，其发行时间贯穿整个19世纪，它为各个管理部门（*département*）提供了各年的新创办企业以及破产企业的数目，只是，颇为遗憾的是，它没有给出其中所涉及的资本数量。

Compte rendu des travaux des ingénieurs des mines pendant l' année...（年度发行）；以及

Resumé des travaux statistiques de l' administration des mines en..（年度发行），它从1834年开始由法国公共工程部（Ministry of Public Works）公开发行。关于包括矿山、采石场、钢铁厂、铸造厂以及鼓风高炉等任何当时的分支工业部门，它为各个管理部门提供了最为完整的信息系列。

其他的数据资料则可以从持续时间不长的评论性刊物 *Histoire des Entreprises* 中进行寻找，这一刊物在1957~1964年间由高等研究培训学院（Ecole Pratique des Hautes Etudes）的历史学研究中心（Centre de Recherches Historiques）每半年公开发行一次。

有许多企业会在它们百年纪念或两百周年纪念的时候公开发行专刊，只是这种东西对我们而言很少说得上有用，它的主要内容是企业对社会做出的各种表白，而没有留下多少富有科学价值的数据资料。以下列出了若干并不多见的重要而有用的企业专刊（其完全的文献信息见于以下即将给出的“注释提到的论著清单”）：

LÉON, ‘Deux siècles d' activité minière et métallurgique’.
LÉON, ‘Crises et adaptations de la métallurgie alpine’.
THUILLIER, *Georges Dufaud*.
FOHLEN, *Une Affaire de famille au XIXe siècle*.
CARON, *Histoire de l' exploitation d' un grand réseau*.

以下文献探讨了工业企业的全面性问题：

Gille,*Recherches sur la formation de la grande entreprise capitaliste.*
Gille,*La Sidérurgie française au XIXe siècle.*
Bouvier,*Le Crédit Lyonnais de 1863 à 1882.*
Bouvier,Furet and Gillet,*Le Mouvement du profit en France.*
Fohlen,*L' Industrie textile au temps du Second Empire.*
Lévy-Leboyer,*Les Banques européennes.*
Vial. *L' Industrialisation de la sidérurgie francaise.*
Charbon et Sciences Humaines.

关于各种要素对法国经济增长影响的讨论以及企业家能力所起到的角色作用，参见：Kindleberger，*Economic Growth in France and Britain*，关于兰德斯（Landes）以及其他人的“行为方式假设”，这一文献又给出了多方面的参考文献。

关于这个问题的一个总结性论述则由福朗（Fohlen）在 The Industrial Revolution in France. 1700–1914 中给出。

注释提到的论著清单

Bouvier,J. *Le Crédit Lyonnais de 1863 à 1882.* 2 vols. Paris,1961.

——'*Rapports entre systèmes bancaires et entreprises industrielles*',*in the colloquium L' Industrialisation en Europe au XIXe siècle*,held at Lyons,7–10 October 1970. Paris,1972.

Bouvier,J.,F. Furet and M. Gillet. *Le Mouvement du profit en France au XIXe siècle:Matériaux et études.* Paris and The Hague,1965.

Cameron,R. E.'Economic Growth and Stagnation in France,1815–1914',*Journal of Modern History*,xxx(1958–9).

——*France and the Economic Development of Europe,1800–1914.* Princeton,N. J.,1961.

Cameron,R. E.(ed). *Banking in the Early Stages of Industrialization.* New York and Oxford,
【759】 1967.

Caron,F. *Histoire de l' exploitation d' un grand réseau:La Compagnie du Chemin de Fer du Nord*,1846–1937. Paris and The Hague,1973.

Chandler,A. D. *Strategy and Structure:Chapters in the History of Industrial Enterprise.* Gambridge,Mass.,1962.

Chaptal,J. A. *De l' industrie française*,2 vols. Paris,1819.

Charbon et Sciences Humaines. Proceedings of a colloquium held by the Faculty of Letters of the University of Lille in May 1963. Paris,1966.

Clough,S. B.'Retardative Factors in French Economic Development in the 19th and 20th Centuries',*Journal of Economic History*,Suppl. III(1946),91–102.

Cobden,R. *Political Writings.* 2 vols. London,1867.

Coquelin,C.'Des sociétés commerciales en France et en Angleterre',*Revue des Deux-Mondes*,III(1843),397–437.

Earle,E. M.(ed). *Modern France:Problems of the Third and Fourth Republics.* Princeton,N. J.,1951.

Fohlen,C. *Une Affaire de famille au XIXe siècle:Mequillet-Noblot.* Paris,1955.

——*L' Industrie textile au temps du Second Empire.* Paris,1956.

——'Sociétés anonymes et développement capitaliste',*Histoire des Entreprises*,VI and VIII(1960–1).

——'The Industrial Revolution in France,1700–1914',in *The Fontana Economic History of Europe*,IV. London 1970.

Gille,B.'Les Problèmes du crédit en Alsace et les milieux financiers parisiens(1825–1848)',*Revue d' Alsace*,XCV(1956).

——*La Banque et le crédit en France de 1815 à 1848.* Paris,1959.

——*Recherches sur la formation de la grande entreprise capitaliste, 1815–1848*. Paris, 1959.

——*La Sidérurgie française an XIXe siècle*. Paris and Geneva, 1968.

GILLET, M. *Les Charbonnages du nord de la France*. Paris, 1973.

KEMP, T. *Industrialization in Nineteenth Century Europe*. London, 1969.

KINDLEBERGER, CHARLES P. *Economic Growth in France and Britain, 1851–1950*. Cambridge, Mass., 1964.

LANDES, D. S. 'French Entrepreneurship and Industrial Growth in the Nineteenth Century', *Journal of Economic History*, IX (1949), 45–61.

——'French Business and the Businessmen: A Social and Cultural Analysis', in Earle (ed.), *Modern France*.

——'Vieille banque et banque nouvelle: La Révolution financière du XIXe siècle', *Revue d'Histoire Moderne et Contemporaine*, III (1956), 204–22.

——'New Model Entrepreneurship in France and Problems of Historical Explanation', *Explorations in Entrepreneurial History*, 1 (1963).

——*The Unbound Prometheus: Technical Change and Industrial Development in Western Europe from 1750 to the Present*. Cambridge, 1969.

LÉON, P. 'Deux siècles d'activité minière et métallurgique en Dauphiné: L'Usine d'Allevard, 1675–1870', *Revue de Géographie Alpine*, XXXVI (1948), 215–58.

——'Crises et adaptations de la métallurgie alpine: L'Usine d'Allevard, 1869–1914', *Cahiers, d'Histoire*, 1963, 6–35 and 141–64.

LEVASSEUR, P. *Histoire des classes ouvrières en France depuis la conquête de Jules César jusqu'à la Révolution*. 2 vols. Paris, 1859.

——*Histoire des classes ouvrières en France depuis* 1789 *jusqu'à nos jours*. 2 vols. Paris, 1867.

LÉVY-LEBOYER, M. *Les Banques européennes et l'industrialisation internationale dans la première moitié du XIXe siècle*. Paris, 1964.

LHOMME, J. *La Grande Bourgeoisie au pouvoir (1830–1880)*. Paris, 1960.

MORSEL, H. 'L'Innovation technique dans les Alpes françaises du Nord de 1870 à 1921', *Bulletin du Centre d'Histoire Economique et Sociale de la Région Lyonnaise*, II (1970).

PARSONS, T. *The Structure of Social Action*. New York and London, 1936.

——*Essays in Sociological Theory*, 2nd edn. New York, 1958.

RIPERT, G. *Aspects juridiques du capitalisme moderne*, 2nd edn. Paris, 1951.

SAWYER, J. E. 'Strains in the Social Structure of Modern France', in Earle (ed.), *Modern France*. 【760】

THUILLIER, G. 'Pour une histoire bancaire régionale: En Nivernais, de 1800 à 1880', *Annales ESC*, 1955.

——*Georges Dufaud et les débuts du grand capitalisme dans la métallurgie, en Nivernais, au XIXe siècle*. Paris, 1959.

——*Aspects de l'économie nivernaise*. Paris, 1966.

TILLY, R. *Financial Institutions and Industrialization in the Rhineland, 1815–1870*. Madison, Wisconsin, 1966.

VIAL, J. *L'Industrialisation de la sidérurgie francaise, 1814–1864*. 2 vols. Paris and The Hague, 1967.

第八章 19世纪德国的资本形成

AUBIN, H. and W. ZORN (eds.). *Handbuch der deutschen Wirtschafts-und Sozialgeschichte*. 2 vols. Stuttgart, 1976.

BLUMBERG, H. *Die deutsche Textilindustrie in der industriellen Revolution*. East Berlin, 1965.

BORCHARD, KARL. 'Staatsverbrauch und öffentliche Investitionen in Deutschland, 1780–1850'. Doctoral dissertation, University of Göttingen, 1968.

BORCHARDT, KNUT. 'Zur Frage des Kapitalmangels in der ersten Hälfte des 19. Jahrhunderts in Deutschland', *Jahrbücher für Nationalökonomie und Statistik*, CLXXIII (1961); reprinted in Braun *et al.* (eds.), *Industrielle Revolution*.

——*Hundert Jahre Rheinische Hypothekenbank*. Frankfurt, 1971.

Braun, R., *et al.* (eds.). *Industrielle Revolution: Wirtschaftliche Aspekte*. Cologne, 1972.

Brinkmann, Carl. 'The Place of Germany in the Economic History of the Nineteenth Century', *Economic History Review*, 1933.

Brockhage, B. *Zur Entwicklung des preussisch-deutschen Kapitalexports*, part I: *Der Berliner Markt für ausländische Staatspapiere 1816 bis um 1840*. Staats-und sozialwissen-schaftliche Forschungen, 148. Leipzig, 1910.

Bry, Gerhard. *Wages in Germany, 1871–1945*. Princeton, 1960.

von Ciriacy-Wantrup, S. *Agrarkrisen und Stockungsspannen: Zur Frage der langen 'Wellen' in der wirtschaftlichen Entwicklung*. Berlin, 1936.

Dieterici, C. F. W. *Der Volkswohlstand im preussischen Staat*. Berlin, 1846.

——*Handbuch der Statistik des preussischen Staates*. Berlin, 1861.

Dieterici, C. F. W. (ed.). *Mitteilungen des statistischen Bureaus in Berlin*, II, 12–14 (1849).

Engel, Ernst. 'Die Viehhaltung im preussischen Staate in der Zeit von 1816 bis mit 1858', *Zeitschrift des Königlichen Preussischen Statistischen Bureaus*, I, 8 (1861).

——*Das Zeitalter des Dampfes in technisch-statistischer Betrachtung*, Berlin, 1879–80; 2nd edn, 1881.

Fairlie, Susan. 'The Nineteenth-Century Corn Laws Reconsidered', *Economic History Review*, 2nd ser., XVIII (1965).

von Finckenstein, Graf, M. W. *Die Entwicklung der Landwirtschaft in Preussen und Deutschland, 1800–1930*. Würzburg, 1960.

Fischer, W. (ed.). *Beiträge zu Wirtshaftswachstum und Wirtschaftsstruktur im 16. und 19. Jahrhundert*. Berlin, 1971.

Franz, G. 'Landwirtschaft, 1800–1850', in Aubin and Zorn (eds.), *Handbuch der deutschen Wirtschafts-und Sozialgeschichte*, II.

Fremdling, Rainer. 'Eisenbahnen und deutsches Wirtschaftswachstum, 1840–79.' Unpublished dissertation, University of Münster, 1974.（以上所提到的是未公开出版版本，该著作于 1975 年在多特蒙德以同一题目公开出版）

Gador, R. 'Die Entwicklung des Strassenbaues in Preussen 1815–1875 unter besonderer Berücksichtigung des Aktienstrassenbaues.' Unpublished dissertation, Free University of Berlin, 1966.

von der Goltz, T. *Geschichte der deutschen Landwirtschaft*. 2 vols. Stuttgart, 1903; reprinted Aalen,
【761】 1963.

Hansemann, D. *Preussen und Frankreich*. Leipzig, 1833.

Helfferich, Karl. *Deutschlands Volkswohlstand, 1888–1913*. Berlin, 1913.

Helling, G. 'Berechnung eines Index der Agrarproduktion in Deutschland im 19. Jahrhundert', *Jahrbuch für Wirtschaftsgeschichte*, no. 4 (1965).

Henning, F.-W. 'Kapitalbildungsmöglichkeiten der bäuerlichen Bevölkerung im 19. Jahrhundert', in Fischer (ed.), *Beiträge zu Wirtschaftswachstum und Wirtschaftstruktur*.

Higgins, J., and S. Pollard. *Aspects of Capital Investment in Great Britain, 1750–1850*. London, 1971.

Hirschman, A. *The Strategy of Economic Development*. New Haven, Conn., 1958.

Hoffmann, W. *Growth of Industrial Economies*, transl. W. O. Henderson and W. H. Chaloner. Manchester, 1958.

——'The Take-Off in Germany', in Rostow (ed), *The Economics of Take-Off into Self-Sustained Growth*.

Hoffmann, W., and J. Müller. *Das deutsche Volkseinkommen 1851–1957*. Tübingen, 1959.

Hoffmann, W., *et al. Das Wachstum der deutschen Wirtschaft seit der Mitte des 19. Jahrhunderts*. Berlin, Heidelberg, and New York, 1965.

Hohorst, Gerd. 'Bevölkerungsentwicklung und Wirtschaftswachstum in Preussen, 1816 bis 1914.' Dissertation, University of Münster, 1974.

HOLTFRERICH, C. *Quantitative Wirtschaftsgeschichte des Ruhrkohlenbergbaus im 19. Jahrhundert: Eine Führungssektoranalyse.* Dortmund, 1973.

IPSEN, G. 'Die preussische Bauernbefreiung als Landesausbau', *Zeitschrift für Agrargeschichte und Agrarsoziologie*, II (1954).

JACOBS, A., and H. RICHTER. *Die Grosshandelspreise in Deutschland von 1792 bis 1934.* Sonderhefte des Instituts für Konjunkturforschung. Berlin, 1935.

JANTKE, C., and D. HILGER. *Die Eigentumslosen, der deutsche Pauperismus und die Emanzipationskrise in Darstellungen und Deutungen der zeitgenössischen Literatur.* Freiburg and Munich, 1965.

JOCHIMSEN, R. *Theorie der Infrastruktur: Grundlagen der marktwirtschaftlichen Entwicklung.* Tübingen, 1966.

JOSTOCK, P. 'The Long-Term Growth of National Income in Germany', *Studies in Income and Wealth*, ser. v. London, 1955.

KAUFHOLD, K. 'Handwerk und Industrie, 1800–1850', in Aubin and Zorn (eds.), *Handbuch der deutschen Wirtschafts-und Sozialgeschichte*, II.

KINKEL, HANS-JÜRGEN. 'Kapitalbildung und Finanzierungsprobleme im Ruhrgebiet, 1830–1880'. Unpublished diploma thesis, University of Münster, 1968.

KIRCHHAIN, G. 'Das Wachstum der deutschen Baumwollindustrie im 19. Jahrhundert'. Doctoral dissertation, University of Münster, 1971 (privately published in photocopy).

KLEIN, E. *Geschichte der deutschen Landwirtschaft im Industriezeitalter.* Wissenschaftliche Paperbacks, I. Wiesbaden, 1973.

KLEMENT, D. *Strukturwandlungen des Kapitalstocks nach Anlagearten in Deutschland seit der Mitte des 19. Jahrhunderts.* Tübingen, 1967.

KOSELLECK, R. *Preussen zwischen Reform und Revolution: Allgemeines Landrecht, Verwaltung und soziale Bewegung.* Stuttgart, 1967.

KRUG, L. *Betrachtungen über den Nationalreichtum der preussichen Staaten.* 2 vols. Berlin, 1805; reprinted Aalen, 1967.

KRUG, L., and L. VON MÜTZELL. *Neues topographisch-statistisch-geographisches Wörterbuch des preussischen Staates.* 6 vols. Halle, 1825.

KUCZYNSKI, JÜRGEN. *Die Geschichte der Lage der Arbeiter unter dem Kapitalismus*, I–II. East Berlin, 1961–2.

KUTZ, MARTIN. 'Die deutsch-britischen Handelsbeziehungen von 1790 bis zur Gründung des Zollvereins', *Vierteljahrschrift für Sozial-und Wirtschaftsgeschichte*, September 1969.

KUZNETS, SIMON. *Modern Economic Growth: Rate, Structure, Spread.* New Haven, Conn., 1966.

LANDES, DAVID. 'Die Industrialisierung in Japan und Europa: Ein Vergleich', in Wolfram Fischer (ed.), *Wirtschafts-und sozialgeschichtliche Probleme der frühen Industrialisierung.* Berlin, 1968. 【762】

LÜTGE, FRIEDRICH. *Deutsche Sozial-und Wirtschaftsgeschichte*, 3rd edn. Berlin, Heidelberg, and New York, 1966.

LUTZ, F. A., and D. C. HAGUE (eds.). *The Theory of Capital.* London, 1961.

MARTIN, P. C. 'Frühindustrielles Gewerbe in der Rechtsform der AG', in Fischer (ed.), *Beiträge zu Wirtshaftswachstum und Wirtschaftsstruktur.*

MEITZEN, A. *Der Boden und die landwirtschaftlichen Verhältnisse des preussischen Staates nach dem Gebietsumfange vor 1866*, 8 vols. Berlin, 1868–1908 (esp. vol. III, 1871).

MOTTEK, HANS. *Wirtschaftsgeschichte Deutschlands: Ein Grundriss.* 2 vols. East Berlin, 1957 and 1964.

PARKER, W. N. 'Productivity Growth in American Grain Farming: An Analysis of Its 19th-Century Sources', in R. W. Fogel and Stanley I. Engerman (eds.), *The Reinterpretation of American Economic History.* New York, Evanston, San Francisco, and London, 1971.

PARKER, W. N. and E. L. JONES (eds), *European Peasants and Their Markets.* Princeton, 1975.

PRIMACK, M. 'Land Clearing under Nineteenth-Century Techniques: Some Preliminary Calculations', *Journal of Economic History*, XXII (1962).

PRUSSIA. Preussisches Ministerium für Handel, Gewerbe und öffentliche Arbeiten, Technisches Eisenbahnbureau. *Statistische Nachrichten von den preussischen Eisenbahnen*, I-XXVII. Berlin, 1855-80.

——Königliches Preussisches Statistisches Bureau. *Tabellen und amtliche Nachrichten für das Jahr 1849*, I-VI. Berlin, 1853.

——. ——*Tabellen und amtliche Nachrichten über den preussischen Staat*. Berlin, 1858.

——. ——*Jahrbuch für die amtliche Statistik des preussischen Staates*, V. Berlin, 1883.

VON REDEN, F. W. *Erwerbs-und Verkehrsstatistik des Königstaats Preussen*. Darmstadt, 1853.

——*Deutschland und das übrige Europa*. Wiesbaden, 1854.

——*Finanz-Statistik*. 3 vols. Darmstadt, 1856.

RITTER, U. *Die Rolle des Staates in den Frühstadien der Industrialisierung: Die preussische Industrieförderung in der ersten Hälfte des 19. Jahrhunderts*. Berlin, 1961.

ROSTOW, W. W. *The Stages of Economic Growth*. Cambridge, 1960.

ROSTOW, W. W. (ed.). *The Economics of Take-Off into Self-Sustained Growth*. New York and London, 1963.

SAX, E. *Die Eisenbahnen*: vol. III of *Die Verkehrsmittel in Volks-und Staatswirtschaft*, 2nd edn. Berlin, 1922.

SCHUMPETER, J. *Business Cycles: A Theoretical, Historical and Statistical Analysis of the Capitalist Process*. 2 vols. New York, 1939.

SERING, M. *Geschichte der preussisch-deutschen Eisenzölle von 1818 bis zur Gegenwart*. Staats-und sozialwissenschaftliche Forschungen, 3. Leipzig, 1882.

SPIETHOFF, A. *Die wirtschaftlichen Wechsellagen: Aufschwung, Krise, Stockung*. 2 vols. Tübingen, 1955.

TILLY, RICHARD. 'The Political Economy of Public Finance and Prussian Industrialization, 1815-1866', *Journal of Economic History*, XXVI (1966).

——'Los von England: Probleme des Nationalismus in der deutschen Wirtschaftsgeschichte', *Zeitschrift für die gesamte Staatswissenschaft*, CXXIV (1968).

——'Soll und Haben: Recent German Economic History and the Problem of Economic Development', *Journal of Economic History*, XXIX (1969).

TOWNE, M. and E. RASMUSSEN. 'Farm Gross Product and Gross Investment in the Nineteenth Century', in National Bureau of Economic Research, *Trends in the American Economy in the Nineteenth Century*. Studies in Income and Wealth, 24. Princeton, 1960.

UCKE, A. 'Die Agrarkrise in Preussen während der zwanziger Jahre dieses Jahrhunderts'. Doctoral dissertation, University of Halle, 1887.

UNGEWITTER, F. H. *Die preussische Monarchie*. Berlin, 1859.

VON VIEBAHN, G. *Statistik und Geographie des Regierungs-Bezirks Düsseldorf*. Düsseldorf, 1836.

——*Statistik des zollvereinten und nördlichen Deutschlands*. 3 vols. Berlin, 1862.

WAGENBLASS, H. *Der Eisenbahnbau und das Wachstum der deutschen Eisen-und Maschinenbauindustrie, 1835 bis 1860*. Stuttgart, 1973. 【763】

WAGENFÜHR, R. *Die industriewirtschaftlichen Entwicklungstendenzen der deutschen und internationalen Industrieproduktion 1860 bis 1932*. Sonderhefte des Instituts für Konjunkturforschung, 31. Berlin, 1933.

ZORN, W. 'Die wirtschaftliche Struktur der Rheinprovinz um 1820', *Vierteljahrschrift ür Sozial-und Wirtschaftsgeschichte*, IV, 3 (1967).

第九章　德国工业化进程中的劳动力状况

ABEL, W. 'Der Pauperismus in Deutschland', in Abel *et al.* (eds.), *Wirtschaft, Geschichte und Wirtschaftsgeschichte*.

ABEL, W., *et al.* (eds.). *Wirtschaft, Geschichte und Wirtschaftsgeschichte*. Stuttgart, 1966.

ABRAHAM, K. *Der Strukturwandel im Handwerk in der ersten Hälfte des 19. Jahrhunderts*. Cologne, 1955.

ADELMANN, G. *Die soziale Betriebsverfassung des Ruhrbergbaus vom Anfang des 19. Jahrhunderts bis zum ersten Weltkrieg.* Bonn, 1962.

——'Strukturwandlungen der rheinischen. Leinen-und Baumwollgewerbe zu Beginn der Industrialisierung', *Vierteljahrschrift für Sozial-und Wirtschaftsgeschichte*, LIII (1966).

ANGEL-VOLKOV, S. 'The "Decline of the German Handicrafts" – Another Reappraisal', *Vierteljahrschrift für Sozial-und Wirtschaftsgeschichte*, LXI, 2 (1974).

ANTON, G. K. *Geschichte der preussischen Fabrikgesetzgebung bis zu ihrer Aufnahme durch die Reichsgewerbeordnung.* Berlin, 1953.

ASHLEY, W. J. *The Progress of the German Working Classes in the Last Quarter of a Century.* London, 1904.

BAAR, L. *Die Berliner Industrie in der Industriellen Revolution.* East Berlin, 1966.

BECKER, W. 'Die Bedeutung der nichtagrarischen Wanderungen für die Herausbildung des industriellen Proletariats in Deutschland, unter besonderer Berücksichtigung Preussens von 1850 bis 1870', in H. Mottek (ed.), *Studien zur Geschichte der industriellen Revolution in Deutschland.* East Berlin, 1960.

BENDIX, R. *Work and Authority in Industry.* New York, 1956.

BERNAYS, M. 'Berufswahl und Berufsschicksal des modernen Industriearbeiters' *Archiv für Sozialwissenschaft und Sozialpolitik*, XXXV (1912).

BERNHARD, E. 'Auslese und Anpassung der Arbeiterschaft', *Schmollers Jahrbuch*, XXXV (1911).

BERNHARD, L. *Die Akkordarbeit in Deutschland.* Leipzig, 1903.

BIENKOWSKI, L. VON. 'Untersuchungen über Arbeitseignung und Leistungsfähigkeit der Arbeiterschaft einer Kabelfabrik', *Schriften des Vereins für Sozialpolitik*, CXXXIV (1910).

BLUMBERG, H. *Die deutsche Textilindustrie in der industriellen Revolution.* East Berlin, 1965.

BOLTE, K. M. *Deutsche Gesellschaft im Wandel.* Opladen, 1967.

BOLTE, K. M., *et al. Struktur und Wandel der Gesellschaft.* Opladen, 1970.

BORCHARDT, K. 'Zum Problem der Erziehungs-und Ausbildungsinvestitionen im 19. Jahrhundert', in H. Aubin *et al.* (eds.), *Beiträge zur Wirtschafts-und Stadtgeschichte.* Wiesbaden, 1965.

——'Regionale Wachstumsdifferenzierung in Deutschland im 19. Jahrhundert unter besonderer Berücksichtigung des West-Ost Gefälles', in Abel *et al.* (eds.), *Wirtschaft, Geschichte und Wirtschaftsgeschichte.*

——*The Industrial Revolution in Germany.* London, 1970.

BORN, K. E. *Staat und Sozialpolitik seit Bismarcks Sturz, 1890–1914.* Wiesbaden, 1957.

——'Sozialpolitische Probleme und Bestrebungen in Deutschland von 1848 bus zur Bismarckschen Sozialgesetzgebung', *Vierteljahrschrift für Sozial–und Wirtschaftsgeschichte*, XLVI (1959).

BRADY, R. A. *The Rationalization Movement in German Industry.* Berkeley, Calif., 1933. 【764】

BREPOHL, W. *Industrievolk im Wandel von der agraren zur industriellen Daseinform dargestellt am Ruhrgebiet.* Tübingen, 1957.

BROWN, E. H. PHELPS and MARGARET H. BROWNE. *A Century of Pay.* London. 1968.

BRY, GERHARD. *Wages in Germany, 1871–1945.* Princeton, 1960.

BUCHHOLZE, E. W. *Ländliche Bevölkerung an der Schwelle des Industriezeitalters: Der Raum Braunschweig als Beispiel.* Stuttgart, 1966.

BURGDORFER, F. 'Migrations across the Frontiers of Germany', in W. F. Willcox (ed.), *International Migrations.* 2 vols., II. New York, 1931.

CONZE, W. 'Vom "Pöbel" zum "Proletariat": Sozialgeschichtliche Voraussetzungen für den Sozialismus in Deutschland', *Vierteljahrschrift für Sozial–und Wirtschaftsgeschichte*, XLI (1954).

CREW, D. 'Definitions of Modernity: Social Mobility in a German Town, 1880–1901', *Journal of Social History*, VII, I (Fall 1973).

CROON, H. 'Die Einwirkung der Industrialisierung auf die gesellschaftliche Schichtung der Bevölkerung im Rheinisch-Westfälischen Industriegebiet', *Rheinische Vierteljahrsblätter*, XXIX (1955).

DAWSON, W. H. *The German Workman.* London, 1906.

——*Industrial Germany.* London, 1912.

DECKER, F. *Die betriebliche Sozialordnung der Dürener Industrie im 19. Jahrhundert.* Cologne,

1965.

DESAI, A. V. *Real Wages in Germany, 1871–1913.* Oxford, 1968. An exceptionally penetrating work.

DETHLOFF, J. 'Das Handwerk in der kapitalistischen Wirtschaft', in Harms (ed.), *Strukturwandlungen der deutschen Volkswirtschaft*, II.

EHRENBERG, R. 'Der Gesichtskreis eines deutschen Fabrikarbeiters', *Thünen Archiv*, I (1906).

—— 'Schwäche und Stärkung neuzeitlicher Arbeitsgemeinschaften', *Archiv für exacte Wirtschaftsforschung*, III (1911).

ENGELSING, R. 'Lebenshaltungen und Lebenshaltungskosten im 18. und 19. Jahrhundert in den Hansestadten Bremen und Hamburg', *International Review of Social History*, 1966.

Enquete-Ausschuss: Verhandlungen und Berichte des Unterausschusses für Arbeitsleistung (Ausschuss zur Untersuchung der Erzeugungs-und Absatzbedingungen der deutschen Wirtschaft). Berlin, 1930.

FISCHER, W. 'Die Rolle des Kleingewerbes im wirtschaftlichen Wachstumsprozess in Deutschland, 1850–1914', in Fischer, *Wirtschaftliche und soziale Probleme der gewerbliche Entwicklung im 15.–16. und 19. Jahrhundert.* Stuttgart, 1968.

——*Wirtschaft und Gesellschaft im Zeitalter der Industrialisierung.* Göttingen. 1972. A collection which includes many of Fischer's pioneering studies on the structure of the labour force in early industrialization.

FISCHER, W. (ed.). *Wirtschafts-und sozialgeschichtliche Probleme der frühen Industrialisierung.* Berlin, 1968.

——*Beiträge zu Wirtschaftswachstum und Wirtschaftsstruktur im 16. und 19. Jahrhundert.* Berlin, 1971.

FISCHER, W., and P. CZADA. 'Wandlungen in der deutschen Industriestruktur im 20. Jahrhundert', in G. A. Ritter (ed.), *Entstehung und Wandel der modernen Gesellschaft.*

FORBERGER, R. *Die Manufaktur in Sachsen vom Ende des 16. bis zum Anfang des 19. Jahrhunderts*, East Berlin, 1958.

—— 'Zur Auseinandersetzung über das Problem des Überganges von der Manufaktur zur Fabrik', in Deutsche Akademie der Wissenschaften zu Berlin (eds.), *Beiträge zur Deutschen Wirtschafts-und Sozialgeschichte des 18. und 19. Jahrhunderts.* East Berlin, 1962.

GAINSBOROUGH COMMISSION. *Life and Labour in Germany.* London, 1906.

GERMANY. Kaiserliche Statistische Amt. *Statistik des deutschen Reichs.* 2nd ser., various dates.

GÖHRE, P. *Three Months in a Workshop.* London, 1895 (translation of *Drei Monate Fabrikarbeiter* (Leipzig, 1891)).

【765】 GRANDKE, H. 'Die vom Verein für Sozialpolitik veranstalteten Untersuchungen über die Lage des Handwerks in Deutschland, mit besonderer Rücksicht auf seine Konkurrenzfähigkeit gegenüber der Grossindustrie', *Schmollers Jahrbuch*, XXI (1897).

GRUMBACH, F., and H. KÖNIG. 'Beschäftigung und Löhne der deutschen Industriewirtschaft, 1888–1954.', *Weltwirtschaftliches Archiv*, LXXIX (1957).

GÜNTHER, A. 'Die Arbeitszeit in der Grosseisenindustrie', *Soziale Praxis*, XXI, 46 (15 August 1912).

GÜNTHER, A., and R. PREVOT. 'Die Wohlfahrtseinrichtungen der Arbeitgeber in Deutschland und Frankreich', *Schriften des Vereins für Sozialpolitik*, CXIV (1905).

HARDACH, K. 'Anglomanie und Anglophobie während der industriellen Revolution in Deutschland', *Schmollers Jahrbuch*, XCI (1971).

—— 'Some Remarks on German Economic Historiography and Its Understanding of the Industrial Revolution in Germany', *Journal of European Economic History*, I (1972).

HARMS, B. (ed.). *Strukturwandlungen der deutschen Volkswirtschaft.* 2 vols. Berlin, 1928.

HARTWICK, H. H. *Arbeitsmarkt, Verbände und Staat, 1918–1933.* Berlin, 1967.

HEBERLE, R., and F. MEYER. *Die Grossstädte im Strome der Binnenwanderung.* Leipzig, 1937.

HEISS, C. 'Auslese und Anpassung der Arbeiter in der Berliner Feinmechanik', *Schriften des Vereins für Sozialpolitik*, CXXXIV (1910).

Henderson, W. O. *Britain and Industrial Europe, 1750–1870.* Liverpool, 1954; 2nd edn, Leicester, 1965.

Hesse, H. 'Die Entwicklung der regionalen Einkommensdifferenzen im Wachstumsprozess der deutschen Wirtschaft vor 1913', in W. Fischer (ed.), *Beiträge zu Wirtschaftswachstum.*

Hinke, H. 'Auslese und Anpassung der Arbeiter im Buchdruckergewerbe mit besonderer Rücksichtnahme auf die Setzmaschine', *Schriften des Vereins für Sozialpolitik*, CXXXIV (1910).

Hinze, K. *Die Arbeiterfrage zu Beginn des Modernen Kapitalismus in Brandenburg-Preussen.* Berlin, 1927; reprinted Berlin, 1963.

Hirschberg, E. *Die soziale Lage der arbeitenden Klassen in Berlin.* Berlin, 1897.

Hoffmann, W. G. 'Der tertiäre Sektor im Wachstumsprozess', *Jahrbücher für Nationalökonomie und Statistik*, CLXXXIII (1969).

—— 'Die Phillips-Kurve in Deutschland', *Kyklos*, XXII (1969).

Hoffmann, W. G., *et al. Das Wachstum der deutschen Wirtschaft seit der Mitte des 19. Jahrhunderts.* Berlin, 1965. The indispensable statistical compilation, but full of heroic assumptions about the quality of the data.

Ipsen, G. 'Die preussische Bauernbefreiung als Landesausbau', *Zeitschrift für Agrargeschichte und Agrarsoziologie*, II (1954).

J., R. 'Erlebnisse eines Metalldrehers', *Thünen-Archiv*, II (1909).

Jantke, C., and D. Hilger. *Die Eigentumslosen, der deutsche Pauperismus und die Emanzipationskrise in Darstellungen und Deutungen der zeitgenössischen Literatur.* Freiburg and Munich, 1965.

Kaelble, H. 'Sozialer Aufstieg in Deutschland, 1850–1914', *Vierteljahrschrift für Sozial-und Wirtschaftsgeschichte*, LX (1973).

Kaelble, H., and H. Volkmann. 'Konjunktur und Streik während des Übergangs zum Organisierten Kapitalismus', *Zeitschrift für Wirtschafts-und Sozialwissenschaften*, XCII (1972).

Kaufhold, K. H. 'Das preussische Handwerk in der Zeit der Frühindustrialisierung', in W. Fischer (ed.), *Beiträge zu Wirtschaftswachstum.*

Kessler, G. 'Die Lage der deutschen Arbeiterschaft seit 1914', in Harms (ed.), *Strukturwandlungen der deutschen Wirtschaft*, I.

Kisch, H. 'The Textile Industries in Silesia and the Rhineland: A Comparative Study in Industrialisation', *Journal of Economic History*, XIX (1959).

—— 'From Monopoly to Laissez Faire: The Early Growth of the Wupper Valley Textile Trades', *Journal of European Economic History*, I (1972).

Kistler, F. *Die wirtschaftliche und soziale Verhältnisse in Baden, 1849–1870.* Freiburg, 1954.

Knauerhase, R. 'The Compound Steam Engine and Productivity Changes in the German Merchant Fleet, 1871–87', *Journal of Economic History*, XXVIII (1968). 【766】

Knodel, John E. *The Decline of Fertility in Germany, 1871–1939.* Princeton, 1974.

Kocka, J. *Unternehmensverwaltung und Angestelltenschaft am Beispiel Siemens, 1847–1914.* Stuttgart, *1969*.

Köllmann, W. *Sozialgeschichte der Stadt Barmen im 19. Jahrhundert.* Tübingen, 1960.

—— *Bevölkerung in der industriellen Revolution.* Göttingen, 1974. A collection of Köllmann's indispensable essays on population, migration, and social structure.

Kraus, A. *Die Unterschichten Hamburgs in der ersten Hälfte des 19. Jahrhunderts: Entstehung, Struktur und Lebenverhältnisse.* Stuttgart, 1965.

Kreuger, H. *Zur Geschichte der Manufakturen und der Manufakturarbeiter in Preussen.* Berlin, 1958.

Kuczynski, J. *Die Geschichte der Lage der Arbeiter unter dem Kapitalismus.* 38 vols. East Berlin, 1961– . Almost all directly or indirectly relevant.

Kuczynski, R. R. *Der Zug nach der Stadt: Statistische Studien über Vorgänge der Bevölkerungsbewegung im deutschen Reich.* Stuttgart, 1897.

—— *Die Entwicklung der gewerblichen Löhne seit der Begründung des deutschen Reichs.* Berlin,

1909.
——*Arbeitslohn und Arbeitszeit in Europa und Amerika, 1870–1909*. Berlin, 1913.
KÜHNE, H. 'Der Arbeitseinsatz im Vier Jahres Plan', *Jahrbücher für Nationalökonomie und Statistik*, CXLVII (1937).
LAMPRECHT, H. 'Über die soziale Herkunft der Handwerker', *Soziale Welt*, III (1951).
LANDE, D. 'Arbeits-und Lohnverhältnisse in der Berliner Maschinenindustrie zu Beginn des 20. Jahrhunderts', *Schriften des Vereins für Sozialpolitik*, CXXXIV (1910).
LANDES, D. S. 'Technological Change and Development in Western Europe, 1750–1914', in *Cambridge Economic History of Europe*, VI. Cambridge, 1965.
LANGE, E. 'Die ortsüblichen Tagelöhne gewöhnlicher Tagearbeiter im deutschen Reiche', *Archiv für soziale Gesetzgebung und Statistik*, VI (1893).
LAZARSFELD, P. F. *Jugend und Beruf*. Jena, 1931.
LEUCKE, O. 'Über einige Bestimmungsgründe der Lohnverdienste', *Archiv für exacte Wirtschaftsforschung*, III (1911).
Life and Labour in Germany: see Gainsborough Commission.
LLOYD, G. I. H. 'Labour Organisation in the Cutlery Trade of Solingen', *Economic Journal*, XVIII (1908).
LÖSCH, A. *Bevölkerungswellen und Wechsellagen*. Jena, 1936.
LUDWIG, K. H. 'Die Fabrikarbeit von Kindern im 19. Jahrhundert', *Vierteljahrschrift für Sozial-und Wirtschaftsgeschichte*, LII (1965).
MCCREARY, E. C. 'Social Welfare and Business: The Krupp Welfare Program, 1860–1914', *Business History Review*, XLII, I (1968).
MOMBERT, P. 'Die Arbeits – und Lohnverhältnisse der Angestellten der Düsseldorfer Strassenbahnen', *Schriften des Vereins für Sozialpolitik*, XCIX (1902).
——'Der innerstaatliche Bevölkerungsausgleich', *Allgemeines statistisches Archiv*, XXIII (1933–4).
MÖNCKMEIER, W. *Die deutsche überseeische Auswanderung*. Jena, 1912.
MORGENSTERN, MAX. 'Auslese und Anpassung der industrieller Arbeiterschaft, betrachtet bei den Offenbacher Lederwarenarbeitern', *Schriften des Vereins für Sozialpolitik*, CXXXV (1912).
MOTTEK, H. *Wirtschaftsgeschichte Deutschlands: Ein Grundriss*. 2 vols. East Berlin, 1957 and 1964.
MUSGRAVE, P. W. *Technical Change: The Labour Force and Education*. Oxford, 1967.
NEUSS, E. *Entstehung und Entwicklung der Klasse der besitzlosen Lohnarbeiter in Halle*. East Berlin, 1958.
NOYES, P. H. *Organization and Revolution: Working Class Associations in the German Revolutions of 1848–49*. Princeton, 1966.
OBERMANN, K. 'Zur Rolle der Eisenbahnarbeiter im Prozess der Formierung der Arbeiterlöhne in Deutschland', *Jahrbuch für Wirtschaftsgeschichte*, 1970, part 2.
ORSAGH, T. J. 'Löhne in Deutschland, 1871–1913', *Zeitschrift für die gesamte Staatswissenschaft*, CXXV, 3 (1969).
【767】 PIEPER, L. *Die Lage der Bergarbeiter im Ruhrrevier*. Stuttgart, 1903.
PLATZER, H. J. 'Die Steigerung der Erwerbsziffer in Deutschland', *Jahrbücher für Nationalökonomie und Statistik*, CXXXV (1931).
PUPPKE, L. *Sozialpolitik und soziale Anschauungen frühindustrieller Unternehmer in Rheinland und Westfalen*. Cologne, 1966.
QUANTE, P. *Die Abwanderung aus der Landwirtschaft*. Kiel, 1958.
——'Die Bevölkerungsentwicklung der preussischen Ostprovinzen im 19. und 20. Jahrhundert', *Zeitschrift für Ostforschung*, VIII (1959).
REUTER, O. *Die Manufaktur im fränkischen Raum*. Stuttgart, 1961.
RIMLINGER, G. 'The Legitimation of Protest: A Comparative Study in Labour History', *Comparative Studies in Society and History*, II (1960).
RITTER, G. A. (ed.). *Entstehung und Wandel der modernen Gesellschaft*. Berlin, 1970.
RITTER, U. P. *Die Rolle des Staates in den Frühstadien der Industrialisierung*. Berlin, 1961.

SAMUELSON, JAMES. *The German Working Man*. London, 1869.

SCHMITZ, W. 'Regelung der Arbeitszeit und Intensität der Arbeit', *Archiv für exacte Wirtschaftsforschung*, IV (1912).

SCHMOLLER, G. *Zur Geschichte der deutschen Kleingewerbe im 19. Jahrhundert*. Halle, 1870.

SCHOFER, L. 'Patterns of Worker Protest: Upper Silesia, 1865–1914', *Journal of Social History*, v. 4 (1972).

SCHOTT, S. *Die grossstädtischen Agglomerationen des deutschen Reichs, 1871–1910*. Breslau, 1912.

SCHRÖTER, A., and W. BECKER. *Die deutsche Maschinenbauindustrie in der industriellen Revolution*. East Berlin, 1962.

SCHUMACHER, M. *Auslandsreisen deutscher Unternehmer, 1750–1851, unter besonderer Berücksichtigung von Rheinland und Westfalen*. Cologne, 1968.

SCHUMANN, F. 'Die Arbeiter der Daimler-Motoren-Gesellschaft, Stuttgart-Untertürkheim', *Schriften des Vereins für Sozialpolitik*, CXXXV, I (1911).

SLAWINGER, G. *Die Manufaktur in Kurbayern*. Stuttgart, 1965.

SOMBART, W. *Der moderne Kapitalismus*. 2nd edn. 5 vols. Munich and Leipzig, 1916; reprinted Berlin, 1955.

SPIETHOFF, A. *Die wirtschaftlichen Weshsellagen: Aufschwung, Krise, Stockung*. 2 vols. Tübingen, 1955.

Statistik des deutschen Reichs: see Germany, Kaiserliche Statistische Amt.

STEARNS, P. N. 'Adaptation to Industrialization: German Workers as a Test Case', *Central European History*. III (1970).

—— 'Die Herausbildung einer sozialen Gesinnung im Frühindustrialismus', in P. C. Ludz (ed.), *Soziologie und Sozialgeschichte*. Opladen, 1972.

—— 'Measuring the Evolution of Strike Movements', *International Review of Social History*, XIX, I (1974).

STEGLICH, W. 'Eine Streiktabelle für Deutschland 1864–1880', *Jahrbuch für Wirtschaftsgeschichte*, 1960 (no. 2).

STRAUSS, H. *Die Lage und die Bewegung der Chemnitzer Arbeiter in der ersten Hälfte des 19. Jahrhunderts*. East Berlin, 1960.

STUDDERS, H. *Die Facharbeiterfrage in der Kriegswirtschaft*. Hamburg, 1938.

SYRUP, F. 'Studien über den industriellen Arbeiterwechsel', *Archiv für exacte Wirtschaftsforschung*, IV (1912).

—— *Arbeitseinsatz und Arbeitslosenhilfe in Deutschland*. Berlin, 1936.

TEUTEBERG, H. J. *Geschichte der industriellen Mitbestimmung in Deutschland*. Tübingen, 1961.

THUN. A. *Die Industrie am Niederrhein und ihre Arbeiter*. 2 vols Leipzig, 1879.

TILLY, R. 'Popular Disturbances in Nineteenth Century Germany: A Preliminary Survey', *Journal of Social History*, IV (1970).

TODT, E. *Die gewerkschaftliche Betätigung in Deutschland, 1850–1859*. East Berlin, 1950.

UHDE, K. *Die Produktions-Bedingungen der deutschen und englischen Steinkohlen Bergbaues*. Jena, 1907.

UHEN, L. *Gruppenbewusstsein und informelle Gruppenbildungen bei deutschen Arbeitern*. Berlin, 1964.

VOIGT, P. 'Die Hauptergebnisse der neuester deutschen Handwerksstatistik von 1895', *Schmollers Jahrbuch*, XXI (1897). 【768】

WALKER, M. *Germany and the Emigration*. Gambridge, Mass., 1964.

WEHLER, H.-U. 'Theorieprobleme der modernen deutschen Wirtschaftsgeschichte (1800–1945)', in G. A. Ritter (ed.), *Entstehung und Wandel der modernen Gesellschaft*.

WIEDFELDT, O. *Statististische Studien zur Entwicklungsgeschichte der Berliner Industrie von 1720 bis 1890*. Leipzig, 1898.

WÖRISHOFFER, F. *Die soziale Lage der Fabrikarbeiter in Mannheim*. Karlsruhe, 1891.

WOYTINSKY, W. 'Arbeitslosigkeit und Kurzarbeit' *Jahrbücher für Nationalökonomie und Statistik*, CXXXIV (1931).

Wrigley, E. A. *Industrial Growth and Population Change*. Cambridge, 1960.

Wunderlich, F. *Farm Labour in Germany, 1810–1945*. Princeton, 1961.

Zimmermann, W. 'Zur sozialen Lage der Eisenbahner in Preussen', *Schriften des Vereins für Sozialpolitik*, xcix (1902).

Zorn, W. 'Typen und Entwicklungskräfte deutschen Unternehmertums', in K. E. Born (ed.), *Moderne deutsche Wirtschaftsgeschichte*. Cologne, 1966.

Zwahr, H. 'Zur Konstituierung des Proletariats als Klasse: Strukturuntersuchung über das Leipziger Proletariat während der industriellen Revolution', in H. Bartel and E. Engelberg (eds.), *Die grosspreussisch-militäristische Reichsgründung, 1871*. i. East Berlin, 1971.

第十章 德国工业化进程中的企业家与管理者

Abel, W., *et al. Handwerksgeschichte in neuer Sicht*. Göttingen, 1970.

Abraham, K. *Der Strukturwandel im Handwerk in der ersten Hälfte des 19. Jahrhunderts*. Cologne, 1955.

Adelmann, G. *Die soziale Betriebsverfassung des Ruhrbergbaus vom Anfang des 19. Jahrhunderts bis zum Ersten Weltkrieg*. Bonn, 1962.

——'Führende Unternehmer im Rheinland und in Westfalen, 1850–1914', *Rheinische Vierteljahrsblätter*, xxxv (1971).

Arndt, H. (ed.). *Die Konzentration in der Wirtschaft*. 2nd edn. 2 vols. Berlin, 1971.

Arps, L. *Deutsche Versicherungsunternehmer*. Karlsruhe, 1968.

Baar, L. *Die Berliner Industrie in der industriellen Revolution*. Berlin, 1966.

Baran, P. A., and P. M. Sweezy. *Monopoly Capital*. New York and London, 1968.

Barkhausen, M. 'Der Aufstieg der rheinischen Industrie im 18. Jahrhundert und die Entstehung eines industriellen Grossbürgertums', *Rheinische Vierteljahrsblätter*, xix (1954).

——'Staatliche Wirtschaftslenkung und freies Unternehmertum im westdeutschen und im nord-und südniederländischen Raum bei der Entstehung der neuzeitlichen Industrie im 18. Jahrhundert', *Vierteljahrschrift für Sozial-und Wirtschaftsgeschichte*, xlv (1958).

Beau, H. *Das Leistungswissen des frühindustriellen Unternehmertums in Rheinland und Westfalen*. Cologne, 1959.

Beckerath, H. von. *Der moderne Industrialismus*. Jena, 1930.

Beer, J. J. *The Emergence of the German Dye Industry*. Urbana, Illinois, 1959.

Bein, A. *Friedrich Hammacher: Lebensbild eines Parlamentariers und Wirtschaftsführers, 1824–1904*. Berlin, 1932.

Bendix, R. *Work and Authority in Industry*. New York, 1956.

Berdrow, W. *Alfred Krupp*. 2nd edn. 2 vols. Berlin, 1928.

Bergengrün, A. *David Hansemann*. Berlin, 1901.

Beutin, L. *Geschichte der südwestfälischen Industrie-und Handelskammer zu Hagen und ihre Wirtschaftslandschaft*. Hagen, 1956.

——'Die märkische Unternehmerschaft in der frühindustriellen Zeit', *Westfälische Forschungen*, x (1957).

【769】 Biermann, B. *Die soziale Struktur der Unternehmerschaft*. Stuttgart, 1971.

Blaich, F. *Kartell-und Monopolpolitik im Kaiserlichen Deutschland*. Düsseldorf, 1973.

Blumberg, H. *Die deutsche Textilindustrie in der industriellen Revolution*. Berlin, 1965.

Boelcke, W. A. (ed.). *Krupp und die Hohenzollern in Dokumenten*. Frankfurt, 1970.

Böhme, H. 'Emil Kirdorf', *Tradition*, xiii (1968) and xiv (1969).

——*Deutschlands Weg zur Grossmacht*. 2nd edn. Cologne, 1972.

Böhme, W. 'Ein Vierteljahrhundert Verband Deutscher Diplom-Kaufleute e. V.', *Der Diplom-Kaufmann*, x (1930).

Borchardt, K. 'Zur Frage des Kapitalmangels in der ersten Hälfte des 19. Jahrhunderts in Deutschland', *Jahrbücher für Nationalökonomie und Statistik*, clxxiii (1961).

——*Die industrielle Revolution in Deutschland*. Munich, 1972. English translation 'Germany,

1700–1914', in C. M. Cipolla (ed.), *Fontana Economic History of Europe*, IV (London and Glasgow, 1973).

Born, K. E. (ed.). *Moderne deutsche Wirtschaftsgeschichte.* Cologne and Berlin, 1966.

Borst, O. 'Staat und Unternehmer in der Frühzeit der Württembergischen Industrie', *Tradition*, XI (1966).

Bösselmann, K. *Die Entwicklung des deutschen Aktienwesens im19. Jahrhundert.* Berlin, 1939.

Bourcart, J. J. *Die Grundsätze der Industrieverwaltung.* Zürich, 1874.

Brady, R. A. *The Rationalization Movement in German Industry: A Study in the Evolution of Economic Planning.* Berkeley, Calif., 1933.

Braun, R. *Industrialisierung und Volksleben.* Erlenbach and Zürich, 1960.

——*Sozialer und kultureller Wandel in einem ländichen Industriegebiet.* Erlenbach and Zürich, 1965.

——'Zur Einwirkung soziokultureller Umweltbedingungen auf das Unternehmerpotential und das Unternehmerverhalten', in Fischer (ed.), *Wirtschafts-und sozialgeschichtliche Probleme.*

Brinkmann, C. *Zur Wirtschaftsgeschichte der deutschen Unternehmungen.* Berlin, 1942.

Burnham, J. *The Managerial Revolution.* New York, 1941 (repr. Westport, Conn., 1972).

——*Das Regime der Manager.* Stuttgart, 1948.

Cameron, R. E. 'Founding the Bank of Darmstadt', *Explorations in Entrepreneurial History*, VIII (1955–6).

Chandler, A. D. *Strategy and Structure.* Cambridge, Mass, 1962.

——'The Railroads', *Business History Review*, XXXIX (1965).

Chandler, A. D., and F. Redlich. 'Recent Developmetns in American Business Administration and Their Conceptualization', *Business History Review*, XXXV (1961).

Cochran, T. C. 'The Entrepreneur in Economic Change', *Explorations in Entrepreneurial History*, 2nd ser., III (1965–6).

Däbritz, W. 'Führende Persönlichkeiten des rheinisch-westfälischen Wirtschafts -und Soziallebens', in O. Most *et al.* (eds.), *Writschaftskunde für Rheinland und Westfalen.* Berlin, 1931.

Daems, H., and H. van der Wee (eds.). *The Rise of Managerial Capitalism.* The Hague, 1974.

Dascher, O. *Das Textilgewerbe in Hessen-Kassel vom 16. bis 19. Jahrhundert.* Marburg, 1968.

Decker, F. *Die betriebliche Sozialordnung der Dürener Industrie im 19. Jahrhundert.* Cologne, 1964.

Dittrich, E. (ed.). *Lebensbilder sächsischer Wirtschaftsführer.* Leipzing, 1941.

Eichholtz, D. *Junker und Bourgeoisie vor 1848 in der preussischen Eisenbahngeschichte.* Berlin, 1962.

Emminghaus, A. *Allgemeine Grewerkslehre.* Berlin, 1868.

Engel, E. *Die erwerbsthätigen juristischen Personen insbesondere die Actiengesellschaften im preussischen Staate.* Berlin, 1876.

Engelsing, R. 'Bremisches Unternehmertum', *Schriften der Wittheit zu Bremen*, II (1958).

Eulenburg, F. 'Die Aufsichtsräte der deutschen Aktiengesellschaften', *Jahrbücher für Nationalökonomie und Statistik*, XXXII (1906). 【770】

——'Die Herkunft der deutschen Wirtschaftsführer', *Schmollers Jahrbuch*, LXXIV, I (1954).

Eyberg, A. 'Umwelt und Verhalten der Unternehmer des Oberbergischen Kreises im 19. Jahrhundert'. Unpublished dissertation, Cologne, 1955.

Farrington, F. E. *Commercial Education in Germany.* New York, 1914.

Fischer, W. *Der Staat und die Industrialisierung in Baden.* Berlin, 1962.

——*Herz des Reviers.* Essen, 1965.

——*Wirtschaft und Gesellschaft im Zeitalter der Industrialisierung.* Göttingen, 1972.

Fischer, W. (ed.). *Wirtschafts-und Sozialgeschichtliche Probleme der frühen Industrialisierung.* Berlin, 1968.

Forberger, R. *Die Manufaktur in Sachsen.* Berlin, 1958.

Freudenberger, H. 'Die Struktur der frühindustriellen Fabrik', in Fischer (ed.), *Wirtschafts-und Sozialgeschichtliche Probleme.*

FREUDENBERGER, H., and F. REDLICH. 'The Industrial Development of Europe', *Kyklos*, XVII (1964).
FUCHS, K. *Vom Dirigismus zum Liberalismus: Die Entwicklung Oberschlesiens als preussisches Berg-und Hüttenrevier*. Wiesbaden, 1970.
FÜRSTENBERG, C. *Die Lebensgeschichte eines deutschen Bankiers*. Wiesbaden, 1961.
GABLENTZ, O. H. VON DER. 'Industriebürokratie', *Schmollers Jahrbuch*, L (1926).
GEBHARD, G. *Ruhrbergbau*. Essen, 1957.
GECK, L. H. A. *Die sozialen Arbeitsverhältnisse im Wandel der Zeit*. Berlin, 1931.
GEHR, M. *Das Verhältnis zwischen Banken und Industrie in Deutschland seit der Mitte des 19. Jahrhunderts bis zur Bankenkrise von 1931*. Published dissertation. Stuttgart, 1959.
GERSCHENKRON, A. 'Social Attitudes, Entrepreneurship, and Economic Development', *Explorations in Entrepreneurial History*, VI (1953-4).
——*Economic Backwardness in Historical Perspective*. Cambridge, Mass., 1962.
——*Europe in the Russian Mirror*. Cambridge, 1970.
Gestaltwandel der Unternehmung. Nürnberger Hochschulfestwoche 1953. Berlin, 1954.
GOTTSCHALK, C. G. *Die Grundlage des Rechnungswesens und ihre Anwendung auf industrielle Anstalten*. Leipzig, 1865.
GRANICK, D. *The European Executive*. New York, 1962.
GROBA, K. *Der Unternehmer im Beginn der Industrialisierung Schlesiens*. Breslau, 1936.
GURATZSCH, D. *Macht durch Organisation: Die Grundlegung des Hugenbergschen Presseimperiums*. Düsseldorf, 1973.
HABAKKUK, H. J. *Industrial Organisation since the Industrial Revolution*. Southampton, 1968.
HAGEMANN, W. 'Das Verhältnis der deutschen Grossbanken zur Industrie'. Unpublished dissertation, Berlin, 1931.
HAHN, G. *Untersuchungen über die Ursachen von Unternehmensmisserfolgen*. Published dissertation. Cologne, 1956.
HANSEMANN, D. *Die Eisenbahnen und deren Aktionäre in ihrem Verhältnis zum Staate*. Leipzig and Halle, 1837.
HANSEN, J. *Gustav von Mevissen, 1815-1899*. 2 vols. Berlin, 1906.
HARBISON, F., and C. A. MYERS. *Management in the Industrial World*. New York, 1964.
HARDACH, K. 'Anglomanie und Anglophobie während der Industriellen Revolution in Deutschland', *Schmollers Jahrbuch*, XCI (1971).
HARTMANN, H. *Education for Business Leadership: The Role of the German 'Hochschulen'*. Paris, 1955.
——'Managers and Entrepreneurs: A Useful Distinction?' *Administrative Science Quarterly*, III (1958-9).
——*Authority and Organization in German Management*. Princeton, 1959.
——'Die Akademiker in der heutigen Unternehmerschaft', *Tradition*, IV (1959).
HARTMANN, H., and W. WIENOLD. *Universität und Unternehmer*. Gütersloh, 1963.
HARTSOUGH, M. L. 'Business Leaders in Cologne in the Nineteenth Century', *Journal of Economic and Business History*, III (1929-30)
【771】 HATZFELD, L. 'Der Anfang der deutschen Drahtindustrie', *Tradition*, VI (1961).
HAUBOLD, S. *Entwicklung und Organisation einer Chemnitzer Maschinenfabrik*. Published dissertation. Bonn, 1939.
HELFER, C. 'Über militärische Einflüsse auf die industrielle Entwicklung Deutschlands', *Schmollers Jahrbuch*, LXXXIII (1963).
HELFFEREICH, K. *Georg von Siemens*. 3 vols. Berlin, 1923.
HELLWIG, F. *Karl Ferdinand Freiherr von Stumm-Halberg*. Heidelberg, 1936.
——'Unternehmer und Unternehmensform im saarländischen Industriegebiet', *Jahrbücher für Nationalökonomie und Statistik*, CLVIII (1943).
HENDERSON, W. O. 'England und die Industrialisierung Deutschlands', *Zeitischrift für die gesamte Staatswissenschaft*, CVIII (1952).
——'W. Th. Mulvany, an Irish Pioneer in the Ruhr', *Explorations in Entrepreneurial History*, V

(1953).

HENNING, F. W. 'Die Einführung der Gewerbefreiheit und ihre Auswirkungen auf das Handwerk in Deutschland', in Abel *et al.*, *Handwerksgeschichte in neuer Sicht*.

——*Die Industrialisierung in Deutschland, 1800–1914*. Paderborn, 1973.

——*Das industrialisierte Deutschland, 1914–1972*. Paderborn, 1974.

HERLE, J. *Die Stellung des Verbandsgeschäftsführers in der Wirtschaft*. Berlin, 1926.

HERRMANN, W. *Entwicklungslinien montanindustrieller Unternehmungen im rheinischwestfälischen Industriegebiet*. Dortmund, 1954.

HEYMANN, H. G. *Die gemischten Werke im deutschen Grosseisengewerbe*. Stuttgart and Berlin, 1904.

HILFERDING, R. *Das Finanzkapital*. Vienna, 1910.

HIRSCHMAN, A. O. *The Strategy of Economic Development*. New Haven, Conn., 1958.

HOESCH IRON AND STEEL WORKS, LTD. *Eisen-und Stahlwerke Hoesch Aktiengesellschaft in Dortmund, 1871–1921*. Dortmund, n. d.

HOFFMANN, W. G. 'Die unverteilten Gewinne der Aktiengesellschaften in Deutschland, 1871–1957', *Zeitschrift für die gesamte Staatswissenschaft*, CXV (1959).

——'The Take-Off in Germany', in W. W. Rostow (ed.), *The Economics of Take-Off into Self-Sustained Growth*. London and New York, 1963.

HOFFMANN, W. G., *et al. Das Wachstum der deutschen Wirtschaft seit der Mitte des 19. Jahrhunderts*. Berlin, 1965.

HOLZSCHUHER, V. 'Soziale und ökonomische Hintergründe der Kartellbewegung'. Unpublished dissertation, Erlangen/Nuremberg, 1937.

HUECK, A. *Gesellschaftsrecht*. 17th edn. Munich and Berlin, 1975.

HURET, J. 'Die A. E. G.', *Organisation*, X (1908).

HUSCHKE, W. *Forschungen über die Herkunft der thüringischen Unternehmerschicht des 19. Jahrhunderts*. Baden-Baden, 1962.

ISAAC, A. *Die Entstehung der wissenschaftlichen Betriebswirtschaftslehre in Deutschland seit 1898*. Berlin, 1923.

ISAY, R. *Die Geschichte der Kartellgesetzgebung*. Berlin, 1955.

JAEGER, H. *Unternehmer in der deutschen Politik, 1890–1918*. Bonn, 1967.

——'Gegenwart und Zukunft der historischen Unternehmerforschung', *Tradition*, XVII (1972).

——'Business History in Germany: A Survey of Recent Developments', *Business History Review*, XLVIII (1974).

JAHN, G. 'Die Entstehung der Fabrik', *Schmollers Jahrbuch*, LXIX (1949).

JEIDELS, O. *Das Verhältnis der deutschen Grossbanken zur Industrie mit besonderer Berücksichtigung der Eisenindustrie*. Leipzig, 1905.

KAELBLE, H. *Industrielle Interessenpolitik in der Wilhelminischen Gesellschaft: Centralverband Deutscher Industrieller, 1895–1914*. Berlin, 1967.

——*Berliner Unternehmer während der frühen Industrialisierung*. Berlin and New York, 1972.

——'Sozialer Aufstieg in Deutschland, 1850–1914', *Vierteljahrschrift für Sozial-und Wirtschaftsgeschichte*, LX (1973).

KELLENBENZ, H. 'Unternehmertum in Südwestdeutschland', *Tradition*, X (1965).

KELLENBENZ, H., and K. VAN EYLL. *Die Geschichte der unternehmerischen Selbstverwaltung in Köln, 1797–1914*. Cologne, 1972.

KERMANN, J. *Die Manufaktur im Rheinland, 1750–1833*. Bonn, 1972. 【772】

KINDERMANN, O. 'Das Sozialprofil deutscher Unternehmer im 19. Jahrhundert anhand der NDB'. Unpublished manuscript, Münster, 1975.

KISCH, H. *Prussian Mercantilism and the Rise of the Krefeld Silk Industry*. Philadelphia, 1968.

——'The Textile Industries in Silesia and the Rhineland', *Journal of Economic History*, XIX (1968).

KLAVEREN, J. VAN. 'Die Manufakturen des Ancien Régime', *Vierteljahrschrift für Sozial-und Wirtschaftsgeschichte*, LI (1964).

——*Die Industrielle Revolution und das Eindringen des Fabrikanten in den Handel*. Dortmund,

1971.

Klein, E. 'Zur Frage der Industriefinanzierung im frühen 19. Jahrhundert', in H. Kellenbenz (ed.), *Öffentliche Finanzen und privates Kapital im späten Mittelalter und in der ersten Hälfte des 19. Jahrhunderts*. Stuttgart, 1971.

Klotzbach, A. *Der Roheisenverband*. Düsseldorf, 1926.

Kluitmann, L. *Der gewerbliche Geld-und Kapitalverkehr im Ruhrgebiet im 19. Jahrhundert*. Bonn, 1931.

Knochenhauer, B. *Die oberschlesische Montanindustrie*. Gotha, 1927.

Kocka, J. *Unternehmensverwaltung und Angestelltenschaft am Beispiel Siemens, 1844–1914*. Stuttgart, 1969.

——'Industrielles Management: Konzeptionen und Modelle in Deutschland vor 1914', *Vierteljahrschrift für Sozial-und Wirtschaftsgeschiche*, LVI (1969).

——'Family and Bureaucracy in German Industrial Management', *Business History Review*, XLV (1971).

——'Siemens und der aufhaltsame Aufstieg der AEG', *Tradition*, XVII (1972).

——'Management und Angestellte im Unternehmen der Industriellen Revolution', in R. Braun *et al.* (eds.), *Gesellschaft in der industriellen Revolution*. Cologne and Berlin, 1973.

——'Organisierter Kapitalismus oder Staatsmonopolistischer Kapitalismus?' in Winkler (ed.), *Organisierter Kapitalismus*.

——'Expansion-Integration-Diversifikation: Wachstumsstrategien industrieller Grossunternehmen in Deutschland vor 1914', in Winkel (ed.), *Industrie und Gewerbe im 19. und 20. Jahrhundert*.

Köllmann, W. *Sozialgeschichte der Stadt Barmen im 19. Jahrhundert*. Tübingen, 1960.

——*Friedrich Harkort*, I: *1793–1838*. Düsseldorf, 1964.

——'Frühe Unternehmer', in W. Först (ed.), *Ruhrgebiet und neues Land*. Cologne and Berlin, 1968.

Krampe, H. D. *Der Staatseinfluss auf den Ruhrkohlengergbau in der Zeit von 1800 bis 1865*. Cologne, 1961.

Kroker, W. *Wege zur Verbreitung technologischer Kenntnisse zwischen England und Deutschland in der zweiten Hälfte des 18. Jahrhunderts*. Berlin, 1971.

Krüger, A. *Das Kölner Bankiergewerbe vom Ende des 18. Jahrhunderts bis 1875*. Essen, 1925.

Krüger, H. *Zur Geschichte der Manufakturen und der Manufakturarbeiter in Preussen*. Berlin, 1958.

Kuh, F. *Der selbständige Unternehmer*. Berlin, 1918.

Kumpmann, K. *Die Entstehung der Rheinischen Eisenbahn-Gesellschaft, 1830–1844*. Essen-Ruhr, 1910.

Kuske, B. *Mevissens Stellung in der Wirtschaftsentwicklung*. Cologne, 1921.

Landauer, E. *Handel und Produktion in der Baumwollindustrie*. Tübingen, 1912.

——'Über die Stellung des Handels in der modernen industriellen Entwicklung', *Archiv für Sozialwissenschaft und Sozialpolitik*, XXXIV (1912).

Landes, D. S. 'French Entrepreneurship and Industrial Growth in the Nineteenth Century', *Journal of Economic History*, IX (1949).

——'Entrepreneurship in Advanced Industrial Countries: The Anglo-German Rivalry', in *Entrepreneurship and Economic Growth*. Cambridge, Mass., 1954.

——'The Structure of Enterprise in the Nineteenth Century', in XIe Congrès International des
【773】 Sciences Historiques (Stockholm, 21–8 August 1960), *Rapports*, V. Uppsala, 1960.

Landes, D. S. *The Unbound Prometheus*. Cambridge, 1969.

——(ed.). *The Rise of Capitalism*. New York and London, 1966.

Levy, H. *Industrial Germany: A Study of Its Monopoly Organizations and Their Control by the State*. New York, 1966.

Liefmann, R. *Kartelle und Trusts und die Weiterbildung der volkswirtschaftlichen Organisation*. Stuttgart, 1910.

——*Kartelle, Konzerne und Trusts.* 9th edn. Stuttgart, 1930.

LOHSE, U. 'Guido Graf Henckel von Donnersmarck und seine industriellen Schöpfungen', *Stahl und Eisen*, XXXVII (1917).

LUNDGREEN, P. *Techniker in Preussen während der frühen Industrialisierung: Ausbildung und Berufsfeld einer entstehenden sozialen Gruppe.* Berlin, 1975.

LUNTOWSKI, G. 'Lüneburger Unternehmer im 19. Jahrhundert', *Tradition*, XI (1966).

LÜTHGEN, H. *Das Rheinisch-westfälische Kohlensyndikat in der Vorkriegs-, Kriegs-und Nachkriegszeit und seine Probleme.* Leipzig and Erlangen, 1926.

MANEGOLD, K.-H. 'Das Verhältnis von Naturwissenschaften und Technik im 19. Jahrhundert im Spiegel der Wissenschaftsorganisation', in *Geschichte der Naturwissenschaften und der Technik im 19. Jahrhundert.* Düsseldorf, 1969.

——*Universität, Technische Hochschule und Industrie.* Berlin, 1970.

MARBURG, T. F. 'Government and Business in Germany: Public Policy toward Cartels', *Business History Review*, XXXVIII (1964).

MARQUARDT, F. D. 'Sozialer Aufstieg, sozialer Abstieg und die Entstehung der Berliner Arbeiterklasse, 1806-1848', *Geschichte und Gesellschaft*, I (1975).

MARTIN, P. C. 'Die Entstehung des preussischen Aktiengesetzes von 1843', *Vierteljahrschrift für Sozial-und Wirtschaftsgeschichte*, LVI (1969).

——'Frühindustrielles Gewerbe in der Rechtsform der AG', in W. Fischer (ed.), *Beiträge zu Wirtschaftswachstum und Wirtschaftsstruktur im 16. und 19. Jahrhundert.* Berlin, 1971.

MARX, K. *Das Kapital.* 3 vols. Berlin, 1962-4.

MASCHKE, E. *Grundzüge der deutschen Kartellgeschichte bis 1914.* Dortmund, 1964.

——*Es entsteht ein Konzern.* Oberhausen, 1969.

MATSCHOSS, C. *Die Maschinenfabrik R. Wolf Magdeburg-Buckau, 1862-1912.* Magdeburg, 1912.

——*Preussens Gewerbeförderung und ihre grossen Männer.* Berlin, 1921.

——*Männer der Technik.* Berlin, 1925.

MATSCHOSS, C. (ed.). *Werner Siemens.* 2 vols. Berlin, 1916.

MAUERSBERG, H. *Deutsche Industrien im Zeitgeschehen eines Jahrhunderts.* 2 vols. Stuttgart, 1966.

MAYER, A. VON. *Geschichte und Geographie der deutschen Eisenbahnen von ihrer Entstehung bis auf die Gegenwart, 1890.* 2 vols. Berlin, 1890-1.

MENDELS, F. 'Proto-Industrialization: The First Phase of the Industrialization Process', *Journal of Economic History*, XXXII (1972).

MEYNAUD, J. *Technocracy.* London, 1964.

MICHEL, E. *Sozialgeschichte der industriellen Arbeitswelt.* 4th edn. Frankfurt, 1960.

MIECK, I. *Preussische Gewerbepolitik in Berlin, 1806-44.* Berlin, 1965.

MOELLENDORF, W. VON. *Deutsche Gemeinwirtschaft.* Berlin, 1916.

MOTTEK, H. *Wirtschaftsgeschichte Deutschlands: Ein Grundriss.* 2 vols. Berlin, 1972.

MOTTEK, H., *et al.* *Studien zur Geschichte der industriellen Revolution in Deutschland.* Berlin, 1960.

MÜLLER, H. *Geschichte des VEB Stahl-und Walzwerks Riesa.* Berlin, 1961.

NEUBAUR, P. *Matthias Stinnes und sein Haus.* Mülheim, n. d.

NEULOH, O. *Die deutsche Betriebsverfassung und ihre Sozialformen bis zur Mitbestimmung.* Tübingen, 1956.

NUSSBAUM, H. *Unternehmer gegen Monopole.* Berlin, 1966.

OSTHOLD, P. *Die Geschichte des Zechenverbandes, 1908-1933* Berlin, 1934.

OTTO, C. G. *Buchführung für Fabrikgeschäfte.* Berlin, 1830.

PARKER, W. N. 'Entrepreneurship, Industrial Organization and Economic Growth', *Journal of Economic History*, XIV (1954). 【774】

PASSOW, R. *Die wirtschaftliche Bedeutung und Organisation der Aktiengesellschaften.* Jena, 1907.

PENROSE, E. T. *The Theory of the Growth of the Firm.* Oxford, 1959.

PERLICK, A. *Oberschlesische Berg-und Hüttenleute.* Kitzingen, 1953.

PINNER, F. *Emil Rathenau und das elektrische Zeitalter.* Leipzig, 1918.

Postan, M. M. *An Economic History of Western Europe, 1945–1964*. London, 1967.
Pross, H. *Manager und Aktionäre in Deutschland*. Frankfurt, 1965.
Pross, H., and K. W. Boetticher. *Manager des Kapitalismus*. Frankfurt, 1971.
Puppke, L. *Sozialpolitik und soziale Anschauungen frühindustrieller Unternehmer in Rheinland und Westfalen*. Cologne, 1966.
Rachel, H., and P. Wallich. *Berliner Grosskaufleute und Kapitalisten*. 3 vols. 2nd edn. Berlin, 1967.
Rathenau, W. *Reflexionen*. Leipzig, 1912.
——*Zur Kritik der Zeit*. Berlin, 1912.
——*Von kommenden Dingen*. Berlin, 1918.
Redlich, F. *Die volkswirtschaftliche Bedeutung der deutschen Teerfarbenindustrie*. Munich and Leipzig, 1914.
——'A German Eighteenth Century Iron Works during Its First Hundred Years', *Bulletin of the Business Historical Society*, xxvii (1953).
——'Academic Education for Business', *Business History Review*, xxxi (1957).
——*Anfänge und Entwicklung der Firmengeschichte und Unternehmerbiographie*. Baden-Baden, 1959.
——*Der Unternehmer*. Göttingen, 1964.
——'Two Nineteenth-Century Financiers and Autobiographers', *Economy and History*, x (1967).
——*Steeped in Two Cultures: A Selection of Essays*. New York, 1971.
Reichshandbuch der Deutschen Gesellschaft. Berlin, 1930–1.
Reichwein, R. *Funktionswandlungen der betrieblichen Sozialpolitik*. Cologne, 1965.
Reitböck, G. 'Der Eisenbahnkönig Strousberg', *Beiträge zur Geschichte der Technik und Industrie*, xiv (1924).
Reuter, O. *Die Manufaktur im fränkischen Raum*. Stuttgart, 1961.
Rexhausen, F. *Der Unternehmer und die volkswirtschaftliche Entwicklung*. Berlin, 1960.
Rheinisch-westfälische Wirtschaftsbiographien. Münster, 1932 ff.
Riedler, A. *Emil Rathenau und das Werden der Grosswirtschaft*. Berlin, 1916.
Rieker, K. 'Die Konzentrationsentwicklung in der gewerblichen Wirtschaft', *Tradition*, v (1966).
Riesser, E. *Die deutschen Grossbanken und ihre Konzentration*. 3rd edn. Jena, 1910.
Roesky, E. *Die Verwaltung und Leitung von Fabriken*. Leipzig, 1878.
Röseler, K. 'Unternehmer in der Weimarer Republik', *Tradition*, xiii (1968).
Rosenberg, H. *Grosse Depression und Bismarckzeit*. Berlin, 1967.
Sachtler, H. *Wandlungen des industriellen Unternehmertums in Deutschland seit Beginn des 19. Jahrhunderts*. Published dissertation. Halle-Wittenberg, 1937.
Salin, E. 'The Schumpeterian Theory and Continental Thoughts', in D. L. Spencer and A. Woroniak (eds.), *The Transfer of Technology to Developing Countries*, New York, 1967.
Saul, K. *Staat, Industrie und Arbeiterbewegung im Kaiserreich, 1903–1914*. Düsseldorf, 1974.
Schacht, H. 'Zur Finanzgeschichte des Ruhrkohlen-Bergbaus', *Schmollers Jahrbuch*, xxxvii, 3 (1913).
Schmoller, G. *Zur Geschichte des Kleingewerbes im 19. Jahrhundert*. Halle, 1870.
——*Zur Social-und Gewerbepolitik*. Leipzig, 1890.
Schremmer, E. *Die Wirtschaft Bayerns*. Munich, 1970.
Schriften des Vereins für Sozialpolitik, cxvi. Leipzig, 1916.
Schröder, E. 'Alfred Krupp's Generalregulativ', *Tradition*, i (1956).
Schröter, A., and W. Becker. *Die deutsche Maschinenbauindustrie in der industriellen Revolution*. Berlin, 1962.
Schumacher, M. *Auslandsreisen deutscher Unternehmer, 1750–1851, unter besonderer Berücksichtigung*
【775】 *von Rheinland und Westfalen*. Cologne, 1968.
Schumpeter, J. *Theorie der wirtschaftlichen Entwicklung*. Munich, 1911.
——'Der Unternehmer in der Volkswirtschaft von heute', in B. Harms (ed.), *Strukturwandlun-*

gen der deutschen Volkswirtschaft. 2 vols. Berlin, 1928.

——*Business Cycles.* 2 vols. New York, 1939.

——*Capitalism, Socialism, and Democracy.* New York, 1950.

——*History of Economic Analysis.* New York, 1954.

SCHUNDER, F. *Tradition und Fortschritt.* Stuttgart, 1959.

SCHWARTZ, P. *Die Entwicklungstendenzen im deutschen Privatbankiergewerbe.* Published dissertation. Strassburg, 1915.

SCHWARZ, O. 'Die Betriebsformen der modernen Grossindustrie', *Zeitschrift für die gesamte Staatswissenschaft*, XXV (1869).

SCHWEMANN, A. 'Friedrich Wilhelm Graf v. Reden', *Beiträge zur Geschichte der Technik und Industrie*, XIV (1924).

SERLO, W. *Westduetsche Berg-und Hüttenleute und ihre Familien.* Essen, 1938.

SIEBERT, P. *Gottlieb Daimler.* 4th edn. Stuttgart, 1950.

SIEMENS, G. *Der Weg der Elektrotechnik. Geschichte des Hauses Siemens.* 2nd edn. 2 vols. Freiburg, 1961.

SIEMENS, W. *Lebenserinnerungen.* 17th edn. Munich, 1966.

SIMON, O. *Die Fachbildung des preussischen Gewerbe-und Handelsstandes im 18. und 19. Jahrhundert.* Berlin, 1902.

SLAWINGER, G. *Die Manufaktur in Kurbayern, 1740–1833.* Stuttgart, 1966.

SOMBART, W. *Der Bourgeois.* Munich and Leipzig, 1913.

——*Der moderne Kapitalismus.* 3 vols. (first published 1916–27). Munich and Leipzig. I: 3rd edn, 1919; II: 6th edn, 1924; III: 1st edn, 1927.

SPIETHOFF, A. *Die wirtschaftlichen Wechsellagen.* 2 vols. Tübingen and Zürich, 1955.

STAHL, W. *Der Elitekreislauf in der Unternehmerschaft.* Frankfurt, 1973.

STEMME-SOGEMEIER, M. *Bielefeld und seine Industrie.* Trautheim, 1953.

STERN, E. *Vollständige Anleitung zur Buchführung für die Gewerbtreibenden und kleinere Fabrikanten.* Darmstadt, 1867.

STROUSBERG, B. H. *Strousberg und sein Wirken von ihm selbst geschildert.* Berlin, 1876.

TEUTEBERG, H. J. *Geschichte der Industriellen Mitbestimmung in Deutschland.* Tübingen, 1961.

THIEME, H. 'Statistische Materialien zur Konzessionierung von Aktiengesellschaften in Preussen bis 1867', *Jahrbuch für Wirtschaftsgeschichte*, 1960, part 2.

THUN, A. *Die Industrie am Niederrhein und ihre Arbeiter.* 2 vols. Leipzig, 1879.

TILLY, R. 'Germany, 1815–1870', in R. Cameron *et al.*, *Banking in the Early Stages of Industrialization.* New York, 1967.

——'Los von England: Probleme des Nationalismus in der deutschen Wirtschaftsgeschichte', in H. Giesch and H. Sauermann (eds.), *Quantitative Aspekte der Wirtschaftsgeschichte.* Tübingen, 1968.

——'The Growth of Large-Scale Enterprise in Germany since the Middle of the Nineteenth Century', in Daems and van der Wee (eds.), *Rise of Managerial Capitalism.*

TREUE, W. 'Das Verhältnis von Fürst, Staat und Unternehmer in der Zeit des Merkantilismus', *Vierteljahrschrift für Sozial-und Wirtschaftsgeschichte*, XLIV (1957).

——*Die Geschichte der Ilseder Hütte.* Peine, 1960.

——*Eugen Langen und Nic. August Otto: Zum Verhältnis von Unternehmer und Erfinder, Ingenieur und Kaufmann.* Munich, 1963.

TROSS, A. *Der Aufbau der Eisen-und eisenverarbeitenden Industrie-Konzerne Deutschlands.* Berlin, 1923.

TURIN, G. *Der Begriff des Unternehmers.* Zürich, 1947.

UFERMANN, P., and C. HÜGELIN, *Stinnes und seine Konzerne.* Berlin, 1924.

VISSER, D. 'The German Captain of Enterprise', *Explorations in Entrepreneurial History*, 2nd ser., VI (1968–9).

VOGELSTEIN, T. 'Die finanzielle Organisation der kapitalistischen Industrie', in *Grundriss der Sozialökonomik*, VI. 2nd edn. Tübingen, 1923.

WAGENBLASS, H. *Der Eisenbahnbau und das Wachstum der deutschen Eisen-und Maschinenbauin-*
【776】 *dustrie, 1835–1860*. Stuttgart, 1973.
WAGENFÜHR, H. *Kartelle in Deutschland*. Nuremberg, 1931.
WAGENFÜHR, R. *Die Industriewirtschaft*. Berlin, 1933.
WAGON, E. *Die finanzielle Entwicklung deutscher Aktiengesellschaften von 1870–1900*. Jena, 1903.
WATANABE, H. 'Die Wuppertaler Unternehmer in den Dreissiger Jahren des Neunzehnten Jahrhunderts', *Hokudai Economic Papers*, III (Hokkaido, 1972–3).
WEBER, A. *Die rheinisch-westfälischen Provinzialbanken und die Krisis*. Leipzig, 1903.
WEBER, M. 'Die protestantische Ethik und der Geist des Kapitalismus' (1905), in *Gesammelte Aufsätze zur Religionssoziologie*, I. 5th edn. Tübingen, 1963.
WEHLER, H.-U. 'Probleme der deutschen Wirtschaftsgeschichte', in *Krisenherde des Kaiserreichs, 1871–1918*. Göttingen, 1970.
WIEDENFELD, K. *Das Persönliche im modernen Unternehmertum*. Leipzig, 1911.
——*Ein Jahrhundert rheinischer Montanindustrie, 1815–1915*. Bonn, 1916.
——*Kartelle und Konzerne*. Berlin and Leipzig, 1927.
WINKEL, H. *Die Ablösungskapitalien aus der Bauernbefreiung in West-und Süddeutschland*. Stuttgart, 1968.
——'Kapitalquellen und Kapitalverwendung am Vorabend des industriellen Aufschwungs in Deutschland', *Schmollers Jahrbuch*, XC (1970).
WINKEL, H. (ed.). *Industrie und Gewerbe im 19. und 20. Jahrhundert*. Berlin, 1975.
WINKLER, H. A. (ed.). *Organisierter Kapitalismus: Voraussetzungen und Anfänge*. Göttingen, 1974.
WITT, H. *Die Triebkräfte des industriellen Unternehmertums vor hundert Jahren und heute*. Hamburg, 1929.
WOLF, K. 'Stages in Industrial Organization', *Explorations in Entrepreneurial History*, 2nd ser., I (1963).
WUTZMER, H. 'Die Herkunft der industriellen Bourgeoisie in Preussen in den vierziger Jahren des 19. Jahrhunderts', in Mottek *et al.*, *Studien zur Geschichte der industriellen Revolution*.
ZORN, W. 'Typen und Entwicklungskräfte deutschen Unternehmertums', *Vierteljahrschrift für Sozial-und Wirtschaftsgeschichte*, XLIV (1957).
——*Handels-und Industriegeschichte Bayerisch-Schwabens, 1648–1870*. Augsburg, 1961.
——'Unternehmertum und Aristokratie in Deutschland', *Tradition*, VIII (1963).
ZUNKEL, F. *Der rheinisch-westfälische Unternehmer, 1834–1879*. Cologne and Opladen, 1963.

第十一章 19世纪与20世纪斯堪的纳维亚诸国的资本与劳动力

ÅBERG, YNGVE. *Produktion och produktivitet i Sverige 1861–1965*. Uppsala, 1969.
ADAMSON, ROLF. *Järnavsättning och bruksfinansiering 1800–1860*. Göteborg, 1966.
AHVENAINEN, JORMA. 'The Competitive Position of the Finnish Paper Industry in the Inter-War Years', *Scandinavian Economic History Review*, XXII (1974).
ATTMAN, ARTUR. *Fagerstabrukens historia: Adertonhundratalet*. Uppsala, 1958.
BAGGE, GÖSTA, ERIK LUNDBERG, and INGVAR SVENNILSON. *Wages in Sweden, 1860–1930*. Stockholm, 1933.
BERGSTRÖM, VILLY. *Den ekonomiska politiken i Sverige och dess verkningar*. Stockholm, 1969.
BJERKE, JUUL. *Langtidslinjer i norsk økonomi 1865–1960*. Samfunnsøkonomiske studier, 16. Oslo, 1966.
BJERKE, KJELD. 'The National Product of Denmark 1870–1952', *Income and Wealth*, V. London, 1955.
【777】 BJERKE, KJELD, and NIELS USSING. *Studier over Danmarks nationalprodukt 1870–1950*. Copenhagen, 1958.
BOURNEUF, ALICE. *Norway: The Planned Revival*. Cambridge, Mass., 1958.
BRISMAN, SVEN. 'Affärsbankerna i Danmark och Norge', *Ekonomisk tidskrift*, XI (1911).
BULL, EDVARD. *Arbeidermiljø under det industrielle gjennembrudd*. Oslo, 1958.

COHN, EINAR. *Privatbanken i Kjøbenhavn gennem hundrede aar, 1857–1957*. Copenhagen, 1957.
DAHMÉN, ERIK. *Ekonomisk utveckling och ekonomisk politik i Finland*. Helsinki, 1963.
——*Entrepreneurial Activity in Swedish Industry, 1919–1939*. Cambridge, Mass., 1970.
DRAKE, MICHAEL. *Population and Society in Norway, 1735–1865*. Cambridge, 1969.
Emigrationen fra Norden indtil I. Verdenskrig. Reports to the Meeting of Scandinavian Historians, Copenhagen 1971. Copenhagen, 1971.
FLEETWOOD, ERIN E. *Sweden's Capital Imports and Exports*. Geneva, 1947.
FRIDLIZIUS, GUNNAR. *Swedish Corn Export in the Free Trade Era*. Lund, Sweden, 1957.
——'Sweden's Exports, 1850–1960', *Economy and History*, IV (1963).
FURRE, BERGE. *Norsk historie 1905–1940*. Oslo, 1972.
GÅRDLUND, TORSTEN. *Svensk industrifinansiering under genombrottsskedet 1830–1913*. Stockholm, 1947.
GASSLANDER, OLLE. *History of Stockholm's Enskilda Bank to 1914*. Stockholm, 1955.
GUSTAFSSON, BO. *Den norrländska sågverksindustrins arbetare 1890–1913*. Uppsala, 1965.
HAMMARSTRÖM, INGRID. *Stockholm i svensk ekonomi 1850–1914*. Stockholm, 1970.
HANSEN, SVEND AAGE. *Early Industrialization in Denmark*. Copenhagen, 1970.
——*Økonomisk vækst i Danmark*. 2 vols. Copenhagen, 1972–4.
HEDIN, LARS-ERIK. 'Some Notes on the Financing of the Swedish Railroads', *Economy and History*, X (1967).
HENRIKSEN, OLE BUS, and ANDERS ØLGAARD. *Dansk udenrigshandel 1874–1958*. Copenhagen, 1960.
HILDEBRAND, KARL-GUSTAF. *Erik Johan Ljungberg och Stora Kopparberg*. Uppsala, 1970.
——*I omvandlingens tjänst: Svenska Handelsbanken 1871–1955*. Stockholm, 1971.
——*Banking in a Growing Economy*. Stockholm, 1971.
HODNE, FRITZ. 'Growth in a Dual Economy – the Norwegian Expansion, 1814–1914', *Economy and History*, XVI (1973).
——*An Economic History of Norway, 1815–1970*. Bergen, 1975.
HÖÖK, ERIK. *Den offentliga sektorns expansion 1913–1958*. Uppsala, 1962.
JOHANSSON, ÖSTEN. *The Gross Domestic Product of Sweden and Its Composition, 1861–1955*. Stockholm, 1967.
JÖRBERG, LENNART. *Growth and Fluctuations of Swedish Industry, 1869–1912*. Lund, Sweden, 1961.
——'Structural Change and Economic Growth: Sweden in the 19th Century', *Economy and History*, VIII (1965).
——'The Industrial Revolution in the Nordic Countries', in *Fontana Economic History of Europe*, IV. London, 1970.
JÖRBERG, LENNART, and OLLE KRANTZ. 'Scandinavia, 1914–1970', in *Fontana Economic History of Europe*, VI. London, 1975.
JUNGENFELT, KARL G. *Löneandelen och den ekonomiska utvecklingen*. Uppsala, 1966.
JUTIKKALA, EINO. *Bonden i Finland genom tiderna*. Helsinki, 1963.
JUTILA, K. T. *The Agricultural Depression in Finland during the Years 1928–35*. Helsinki, 1937.
KALELA, JORMA. 'Torpare och småbrukare i finländsk politik från storstrejken till 1930-talskrisen', *Historisk tidskrift för Finland*, 1974.
KEILHAU, WILHELM. *Det norske folks liv og historie*, VIII: *Tidsrummet 1814 til omkrign 1840*. Oslo, 1929.
——*Ibid.* IX: *Tidsrummet 1840 til omkring 1875*. Oslo, 1931.
——*Ibid.* X: *Tidsrummet fra omkring 1875 til omkring 1920*.
——*Det norske folks liv og historie i vår egen tid*. Oslo, 1938.
KING, MERVYN A. 'Economic Growth and Social Development–the Finnish Achievement', *Ekonomiska samfundets tidskrift*, XXVII (1974). 【778】
KNOELLINGER, CARL ERIK. *Fackföreningar och arbetsmarknad i Finland*. Helsinki, 1959.
KOCK, KARIN. *Kreditmarknad och räntepolitik 1924–1958*, 2 vols. Stockholm, 1961–2.
KRANTZ, OLLE, and CARL-AXEL NILSSON. 'Relative Income Levels in the Scandinavian Countries', *Economy and History*, XVII (1974).

——*Swedish National Product, 1861–1970*. Lund, Sweden, 1975.

Kriser och Krispolitik i Norden under mellankrigstiden. Reports to the Meeting of Scandinavian Historians, Uppsala 1974. Uppsala, 1974.

Kuuse, Jan. *Interaction between Agriculture and Industry: Case Studies of Farm Mechanisation and Industrialisation in Sweden and the United States, 1830–1930*. Göteborg, 1974.

Lieberman, Sima. *The Industrialization of Norway, 1800–1920*. Oslo, 1970.

Lindahl, Erik, Einar Dahlgren, and Karin Kock. *National Income of Sweden, 1861–1930*. Stockholm, 1937.

Lindbeck, Assar. *Svensk ekonomisk politik: Problem och teorier*. Stockholm, 1975.

Lundberg, Erik. *Konjunkturer och ekonomisk politik*. 2nd edn., Stockholm, 1958.

——*Instability and Economic Growth*. New Haven, Conn., 1968.

Lundberg, Erik, (ed.). *Svensk finanspolitik i teori och praktik*. Lund, Sweden, 1971.

Lundberg, Erik, and Torkel Backelin (eds.). *Ekonomisk politik i förvandling*. Stockholm, 1970.

Lundberg, Lars. *Kapitalbildningen i Sverige 1861–1965*. Uppsala, 1969.

Maddison, Angus. *Economic Growth in the West*. New York, 1964.

Martinius, Sture. *Agrar kapitalbildning och finansiering 1833–1892*. Göteborg, 1970.

——*Jordbruk och ekonomisk tillväxt i Sverige 1830–1870*. Göteborg, 1970.

Meinander, Nils, *Penningpolitik under etthundrafemtio år, Finlands Bank, 1811–1961*. Helsinki, 1963.

Milward, Alan S. *The Fascist Economy in Norway*. Oxford, 1972.

Milward, Alan S., and S. B. Saul. *The Economic Development of Continental Europe, 1780–1870*. London, 1973.

Modig, Hans. *Järnvägarnas efterfrågan och den svenska industrin 1860–1914*. Uppsala, 1971.

Montgomery, Arthur. *The Rise of Modern Industry in Sweden*. Stockholm, 1939.

——*Svensk och internationell ekonomi 1913–1939*. Malmö, 1954.

Nilsson, Carl-Axel. *Järn och stål i svensk ekonomi 1885–1912*. Lund, 1972.

Norway, Central Bureau of Statistics. *Historisk statistikk 1968*. Norges Offisielle Statistikk, XII: 245. Oslo, 1969.

Ohlsson, Lennart. *Utrikeshandeln och den ekonomiska tillväxten i Sverige 1871–1966*. Stockholm, 1969.

Öhman, Berndt. *Svensk arbetsmarknadspolitik 1900–1947*. Stockholm, 1970.

Östlind, Anders. *Svensk samhällsekonomi 1914–1922*. Stockholm, 1945.

Philip, Kjeld. *En fremstilling og analyse af den danske kriselovgivning 1931–1938*. Copenhagen. 1939.

Pihkala, Erkki. *Suomen ulkomaankauppa 1860–1917*. Helsinki, 1970.

Pipping, Hugo E. *Finlands näringsliv efter andra världskriget*. Helsinki, 1954.

Rasmussen, Poul Nørregaard. ' Den offentlige sektor gennem 100 år', *Nationaløkonomisk Tidsskrift*, 1972.

Rygg, Nicolai. *Norges Banks historie*. 2 vols. Oslo, 1929–35.

Schiller, Berndt. *Storstrejken 1909: Förhistoria och orsaker*. Göteborg, 1967.

Schybergson, Per. ' Joint Stock Companies in Finland in the Nineteenth Century', *Scandinavian Economic History Review*, XII (1964).

——*Hantverk och fabriker: Finländsk konsumtionsvaruindustri 1815–1870*. 3 vols. Åbo and Helsinki, 1972–4.

Sejersted, Francis. *Historisk introduksjon til økonomien*. Oslo, 1973.

——*Ideal, teori og virkelighet: Nicolai Rygg og pengepolitikken i 1920–årene*. Oslo, 1973.

Semmingsen, Ingrid. ' Emigration from Scandinavia', *Scandinavian Economic History Review*, XX (1972).

Silenstam, Per. *Arbetskraftsutbudets utveckling i Sverige 1870–1965*. Uppsala, 1970.

Söderlund, Ernst (ed.). *Swedish Timber Exports, 1850–1950*. Stockholm, 1952.

【779】 ——*Skandinaviska Banken i det svenska bankväsendets historia 1864–1914*. Stockholm, 1964.

Steen, Sverre. *Det gamle samfunn*. Det frie Norge, 4. Oslo, 1957.

STOLTZ, GERHARD. *Økonomisk utsyn 1900–1950*. Samfunnsökonomiske studier, 3. Oslo, 1955.

STONEHILL, ARTHUR. *Foreign Ownership in Norwegian Enterprises*. Samfunnsökonomiske studier, 14. Oslo, 1965.

SVENDSEN, KNUD ERIK, SVEND AAGE HANSEN, ERLING OLSEN, and ERIK HOFFMEYER. *Dansk pengehistorie*. 2 vols. Copenhagen, 1968.

SWEDEN, CENTRAL BUREAU OF STATISTICS. *Statistisk översikt av det svenska näringslivets utveckling åren 1870 – 1915*. Stockholm, 1919.

——*Historisk statistik för Sverige*. 3 vols. Stockholm, 1955 – 72.

——*Historisk statistik för Sverige : Översiktstabeller*. Stockholm, 1960.

——Federation of Swedish Industries. *Sveriges industri*. Stockholm, 1967.

TVEITE, STEIN. *Jord og gerning*. Kristiansand, 1959.

——'Hamburg og norsk naeringsliv 1814–1860', *Historisk Tidsskrift* (Oslo), XLII (1963).

UTTERSTRÖM, GUSTAF. *Jordbrukets arbetare*, 2 vols. Stockholm, 1957.

VALEN–SENSTAD, FARTEJN. *Norske landbruksredskaper* 1800–1850–*aarene*. Lillehammer, 1964.

YOUNGSON, A. J. *Possibilities of Economic Progress*. Cambridge, 1955. 【780】

索　引

---

① 英文版页码,即中文版的边码,下同。英文版索引只列要者。以本词为例,实际检索,除在该页出现外,至少还在464、482、486页以及711页注19、718页注95、720页注125出现。另外,原书索引页码少数有误,恕不一一订正。——译者注

① 原文为“Borchard，Knut”，根据正文改。根据索引页码看，原书索引把卡尔·博尔夏德（Karl Borchard）和克努特·博尔夏特（Kunt Borchardt）混为一人。411～413页出现的应为卡尔·博尔夏德，该学者另出现在第八章注72、73、75、77、79、88、111。

译 后 记

本卷翻译主要翻译者及分工如下：

章节内容	初 译
目录、表目、图目	徐 强
前言	李 军
第一至三章	李 军
第四至八章	徐 强
第九章	徐 强 马宏生
第十章	徐 强
第十一章	徐 强 马宏生
参考文献	徐 强
索引	徐 强

校订者除谭雅玲、徐强外，还有汤建军、王中海、汤静、姜江等。参与这项工作的其他同志恕不一一列出。

图书在版编目（CIP）数据

剑桥欧洲经济史．第 7 卷，工业经济：资本、劳动力和企业．上册，英国、法国、德国和斯堪的纳维亚／（英）波斯坦等主编；（英）马赛厄斯分册主编；王春法等译．—北京：经济科学出版社，2003.11

书名原文：The Cambridge Economic History of Europe

ISBN 7－5058－2891－6

Ⅰ．剑…　Ⅱ．①波…　②马…　③王…　Ⅲ．①经济史—欧洲②工业经济—经济史—欧洲—19 世纪～20 世纪

Ⅳ．F150.9

中国版本图书馆 CIP 数据核字（2003）第 098394 号

剑桥欧洲经济史

（第七卷）

工业经济：资本、劳动力和企业

（上册）

英国、法国、德国和斯堪的纳维亚

彼得·马赛厄斯　M. M. 波斯坦　主编

徐　强　李　军　马宏生　译

谭雅玲　徐　强　校订

经济科学出版社出版、发行　新华书店经销

社址：北京海淀区阜成路甲 28 号　邮编：100036

总编室电话：88191217　发行部电话：88191540

网址：www.esp.com.cn

电子邮件：esp@esp.com.cn

北京天宇星印刷厂印刷

河北三佳装订厂装订

787×1092　16 开　63.25 印张　1080000 字

2004 年 12 月第一版　2004 年 12 月第一次印刷

印数：0001—1500 册

ISBN 7－5058－2891－6/F·2259　定价：128.00 元